中国人口普查
CHINA POPULATION CENSUS

2020

广东省人口普查年鉴

(第1册)

GUANGDONG POPULATION CENSUS YEARBOOK 2020

(BOOK 1)

广　东　省　统　计　局
广东省第七次全国人口普查领导小组办公室　编

Compiled by
Guangdong Provincial Bureau of Statistics
Office of the Leading Group of Guangdong Province for the Seventh National Population Census

中国统计出版社
China Statistics Press

图书在版编目（CIP）数据

广东省人口普查年鉴. 2020. 第 1 册 / 广东省统计局, 广东省第七次全国人口普查领导小组办公室编. -- 北京 : 中国统计出版社, 2022.9
ISBN 978-7-5037-9948-8_1

Ⅰ. ①广… Ⅱ. ①广… ②广… Ⅲ. ①人口普查－统计资料－广东－2020－年鉴 Ⅳ. ①C924.256.5-54

中国版本图书馆 CIP 数据核字(2022)第 157088 号

广东省人口普查年鉴-2020（第 1 册）
Guangdong Population Census Yearbook 2020 (Book 1)

作　　者/国务院第七次全国人口普查领导小组办公室
责任编辑/郭　栋　佘竞雄
执行编辑/张　怡
封面设计/李雪燕
出版发行/中国统计出版社有限公司
通信地址/北京市丰台区西三环南路甲 6 号　邮政编码/100073
发行电话/邮购（010）63376909　书店（010）68783171
网　　址/http://www.zgtjcbs.com/
印　　刷/河北鑫兆源印刷有限公司
经　　销/新华书店
开　　本/880mm×1230mm　1/16
字　　数/1500 千字
印　　张/60.25
版　　别/2022 年 9 月第 1 版
版　　次/2022 年 9 月第 1 次印刷
定　　价/1680.00 元（全六册附光盘）

《广东省人口普查年鉴—2020》
编委会和编辑工作人员

编辑说明

根据《中华人民共和国统计法》《全国人口普查条例》规定和《国务院关于开展第七次全国人口普查的通知》以及《广东省人民政府转发国务院关于开展第七次全国人口普查的通知》要求，以 2020 年 11 月 1 日零时为标准时点进行了第七次全国人口普查。在以习近平同志为核心的党中央坚强领导下，在广东省委、省政府统一部署下，在各地区各有关部门的大力支持下，在全省各级普查机构和普查人员的共同努力下，在广大普查对象的积极配合下，第七次全国人口普查取得了圆满成功，获得了丰富翔实的资料。为满足社会各届对普查数据的需求，编辑出版《广东省人口普查年鉴—2020》。

为方便读者使用，现将有关情况说明如下：

一、2020 年第七次全国人口普查的普查对象指普查标准时点在中华人民共和国境内的自然人以及在中华人民共和国境外但未定居的中国公民，不包括在中华人民共和国境内短期停留的境外人员。

二、2020 年第七次全国人口普查采用长、短两种普查表登记。普查短表包括反映人口基本状况的项目，由全部住户（不包括港澳台居民和外籍人员）填报；普查长表包括所有短表项目和人口的经济活动、婚姻生育和住房等情况的项目，在全部住户中抽取 10%的户（不包括港澳台居民和外籍人员）填报。

三、年鉴内容共为五部分，第一部分是全部人口数据资料，主要反映人口基本状况，分为八卷，共 196 张表；第二部分是长表数据资料，主要反映人口结构情况，分为九卷，共 218 张表；第三部分是跨县（市、区）流动人口（全部数据资料），主要反映流动人口基本状况，分为六卷，共 55 张表；第四部分是跨县（市、区）流动人口（长表数据资料），主要反映流动人口结构情况，分为八卷，共 52 张表；第五部分是附录，主要为普查的有关规定和技术文件等。

四、年鉴数据为实际登记的直接汇总数据，既不包括漏登的人口（事后质量抽查表明，人口漏登率为 0.05%），也不包括现役军人。由于各项指标的汇总结果未作任何误差校正，故在使用时应考虑不同指标登记误差因素的影响。

五、普查长表是按户抽样并进行登记，人口总数以及各类人口结构数据的抽样比会存在略微差异，因此使用长表数据推算总体时，对采用的方法予以注意。

六、2020 年第七次全国人口普查关于城乡的划分，按照国家统计局《统计上划分城乡的规定》执行。

七、年鉴中部分相对数由于单位取舍问题而产生的计算误差，均未作任何机械调整。另资料的空项表示无数字或数字很小。

八、本年鉴为行政区划汇总数据，深圳市未包含“深汕合作区”的人口数。

目　录

第 1 册

第一部分　全部数据资料

第一卷　概要

第三卷 年龄

第四卷 教育

第 2 册

第一部分　全部数据资料(续)

第五卷　家庭

第六卷　死亡

第七卷　户口登记状况

第八卷 住房

第3册

第二部分　长表数据资料

第一卷　概要

第二卷　民族

第 4 册

第二部分　长表数据资料（续）

第五卷　婚姻

第六卷　生育

第七卷　迁移和户口登记地

第5册

第二部分　长表数据资料（续）

第九卷　住房

第三部分　跨县（市、区）流动人口（全部数据资料）

第一卷　概要

第二卷　民族

第三卷　年龄

第 6 册

第四部分 跨县（市、区）流动人口（长表数据资料）

第一卷 概要

第二卷 民族

第三卷 教育

第四卷 就业

第五卷　婚姻

第六卷　生育

第七卷　迁移和户口登记地

第八卷　老年人口

第五部分　附　录

第一部分　全部数据资料

第一卷　概要

1—1　各地区户数、

地　区	户　数				合　计		
	合计	家庭户	集体户	合计	男	女	性别比（女=100）
广　东	**46691647**	**42469178**	**4222469**	**126012510**	**66873646**	**59138864**	**113.08**
广州市	**8007681**	**7185023**	**822658**	**18676605**	**9866005**	**8810600**	**111.98**
荔湾区	506120	421995	84125	1238305	635252	603053	105.34
越秀区	414404	384946	29458	1038643	507768	530875	95.65
海珠区	813226	757207	56019	1819037	919076	899961	102.12
天河区	1040654	884692	155962	2241826	1178753	1063073	110.88
白云区	1726892	1564667	162225	3742991	2015549	1727442	116.68
黄埔区	534047	478199	55848	1264447	699706	564741	123.90
番禺区	1233625	1103060	130565	2658397	1404879	1253518	112.07
花都区	653428	597951	55477	1642360	883456	758904	116.41
南沙区	348212	315840	32372	846584	470128	376456	124.88
从化区	205207	191468	13739	717684	375921	341763	109.99
增城区	531866	484998	46868	1466331	775517	690814	112.26
韶关市	**1012599**	**969413**	**43186**	**2855131**	**1452541**	**1402590**	**103.56**
武江区	136347	127818	8529	373686	187230	186456	100.42
浈江区	130885	118029	12856	364319	188359	175960	107.05
曲江区	102589	98093	4496	290455	149566	140889	106.16
始兴县	72908	71066	1842	198060	98281	99779	98.50
仁化县	66219	64685	1534	186009	94793	91216	103.92
翁源县	107392	103874	3518	322482	164279	158203	103.84
乳源瑶族自治县	61290	59796	1494	187276	95771	91505	104.66
新丰县	67348	65819	1529	195430	100566	94864	106.01
乐昌市	138932	135949	2983	383498	195656	187842	104.16
南雄市	128689	124284	4405	353916	178040	175876	101.23
深圳市	**7467377**	**6406899**	**1060478**	**17494398**	**9629111**	**7865287**	**122.43**
罗湖区	421953	372258	49695	1143801	582817	560984	103.89
福田区	590497	510115	80382	1553225	803830	749395	107.26
南山区	680853	547661	133192	1795826	955912	839914	113.81
宝安区	2044733	1747974	296759	4476554	2524557	1951997	129.33
龙岗区	1747377	1523036	224341	4135273	2251459	1883814	119.52
盐田区	73088	60694	12394	214225	116326	97899	118.82
龙华区	1140663	986744	153919	2528872	1433793	1095079	130.93
坪山区	243613	209256	34357	551333	319139	232194	137.44
光明区	524600	449161	75439	1095289	641278	454011	141.25
珠海市	**960654**	**836663**	**123991**	**2439585**	**1304196**	**1135389**	**114.87**
香洲区	560042	487991	72051	1384317	729794	654523	111.50
斗门区	228138	213094	15044	608899	327502	281397	116.38
金湾区	172474	135578	36896	446369	246900	199469	123.78
汕头市	**1435562**	**1364282**	**71280**	**5502031**	**2776205**	**2725826**	**101.85**
龙湖区	192769	182409	10360	630749	318777	311972	102.18
金平区	257908	248402	9506	777024	382169	394855	96.79
濠江区	67044	62280	4764	269471	136601	132870	102.81
潮阳区	383879	365102	18777	1654276	833722	820554	101.60
潮南区	278557	266269	12288	1231638	626540	605098	103.54
澄海区	232855	217608	15247	874444	446187	428257	104.19
南澳县	22550	22212	338	64429	32209	32220	99.97
佛山市	**3775771**	**3326970**	**448801**	**9498863**	**5163849**	**4335014**	**119.12**
禅城区	548816	497073	51743	1330262	702259	628003	111.82
南海区	1448524	1241779	206745	3667247	2006179	1661068	120.78
顺德区	1284240	1154560	129680	3229090	1760951	1468139	119.94
三水区	309612	265814	43798	803226	441222	362004	121.88
高明区	184579	167744	16835	469038	253238	215800	117.35

人口数和性别比

单位：户、人

人口数								平均家庭户规模（人/户）
家庭户				集体户				
小计	男	女	性别比（女=100）	小计	男	女	性别比（女=100）	
111671837	**58021641**	**53650196**	**108.15**	**14340673**	**8852005**	**5488668**	**161.28**	**2.63**
15977731	**8294675**	**7683056**	**107.96**	**2698874**	**1571330**	**1127544**	**139.36**	**2.22**
949671	473157	476514	99.30	288634	162095	126539	128.10	2.25
942821	454391	488430	93.03	95822	53377	42445	125.76	2.45
1649164	827058	822106	100.60	169873	92018	77855	118.19	2.18
1785317	927422	857895	108.10	456509	251331	205178	122.49	2.02
3202572	1699507	1503065	113.07	540419	316042	224377	140.85	2.05
1074870	575336	499534	115.17	189577	124370	65207	190.73	2.25
2300992	1200933	1100059	109.17	357405	203946	153459	132.90	2.09
1432645	760946	671699	113.29	209715	122510	87205	140.49	2.40
748980	398135	350845	113.48	97604	71993	25611	281.10	2.37
598002	305366	292636	104.35	119682	70555	49127	143.62	3.12
1292697	672424	620273	108.41	173634	103093	70541	146.15	2.67
2676613	**1347282**	**1329331**	**101.35**	**178518**	**105259**	**73259**	**143.68**	**2.76**
341457	169289	172168	98.33	32229	17941	14288	125.57	2.67
310152	155404	154748	100.42	54167	32955	21212	155.36	2.63
272500	138598	133902	103.51	17955	10968	6987	156.98	2.78
190989	94760	96229	98.47	7071	3521	3550	99.18	2.69
179859	90965	88894	102.33	6150	3828	2322	164.86	2.78
309232	156739	152493	102.78	13250	7540	5710	132.05	2.98
180086	91566	88520	103.44	7190	4205	2985	140.87	3.01
188135	96176	91959	104.59	7295	4390	2905	151.12	2.86
367487	185060	182427	101.44	16011	10596	5415	195.68	2.70
336716	168725	167991	100.44	17200	9315	7885	118.14	2.71
14422407	**7572261**	**6850146**	**110.54**	**3071991**	**2056850**	**1015141**	**202.62**	**2.25**
971518	473509	498009	95.08	172283	109308	62975	173.57	2.61
1293520	636444	657076	96.86	259705	167386	92319	181.31	2.54
1369922	683125	686797	99.47	425904	272787	153117	178.16	2.50
3656855	1973145	1683710	117.19	819699	551412	268287	205.53	2.09
3521066	1846111	1674955	110.22	614207	405348	208859	194.08	2.31
169466	85625	83841	102.13	44759	30701	14058	218.39	2.79
2094602	1130930	963672	117.36	434270	302863	131407	230.48	2.12
448507	245324	203183	120.74	102826	73815	29011	254.44	2.14
896951	498048	398903	124.85	198338	143230	55108	259.91	2.00
2058355	**1067311**	**991044**	**107.70**	**381230**	**236885**	**144345**	**164.11**	**2.46**
1165452	594604	570848	104.16	218865	135190	83675	161.57	2.39
560836	294827	266009	110.83	48063	32675	15388	212.34	2.63
332067	177880	154187	115.37	114302	69020	45282	152.42	2.45
4988871	**2484808**	**2504063**	**99.23**	**513160**	**291397**	**221763**	**131.40**	**3.66**
582160	289780	292380	99.11	48589	28997	19592	148.00	3.19
745920	364315	381605	95.47	31104	17854	13250	134.75	3.00
247525	122003	125522	97.20	21946	14598	7348	198.67	3.97
1452715	723459	729256	99.21	201561	110263	91298	120.77	3.98
1130298	569651	560647	101.61	101340	56889	44451	127.98	4.24
766815	383972	382843	100.29	107629	62215	45414	137.00	3.52
63438	31628	31810	99.43	991	581	410	141.71	2.86
8021857	**4215533**	**3806324**	**110.75**	**1477006**	**948316**	**528690**	**179.37**	**2.41**
1154890	597668	557222	107.26	175372	104591	70781	147.77	2.32
2969688	1557524	1412164	110.29	697559	448655	248904	180.25	2.39
2812637	1490214	1322423	112.69	416453	270737	145716	185.80	2.44
666745	350358	316387	110.74	136481	90864	45617	199.19	2.51
417897	219769	198128	110.92	51141	33469	17672	189.39	2.49

1-1 续表 1

地区	户数						
				合计			
	合计	家庭户	集体户	合计	男	女	性别比(女=100)
江门市	**1689413**	**1606832**	**82581**	**4798090**	**2485465**	**2312625**	**107.47**
蓬江区	310069	284897	25172	853007	442486	410521	107.79
江海区	128196	115821	12375	364694	191995	172699	111.17
新会区	321605	308732	12873	909277	472177	437100	108.02
台山市	318616	309882	8734	907744	463992	443752	104.56
开平市	255570	247434	8136	748777	379008	369769	102.50
鹤山市	197913	188267	9646	530684	281958	248726	113.36
恩平市	157444	151799	5645	483907	253849	230058	110.34
湛江市	**2093701**	**2004387**	**89314**	**6981236**	**3640165**	**3341071**	**108.95**
赤坎区	141863	129682	12181	414539	205741	208798	98.54
霞山区	226401	211968	14433	653403	333280	320123	104.11
坡头区	101787	99778	2009	337723	177820	159903	111.20
麻章区	149556	127309	22247	525790	277018	248772	111.35
遂溪县	248692	242600	6092	824608	430961	393647	109.48
徐闻县	183540	176811	6729	633258	329606	303652	108.55
廉江市	395644	385245	10399	1363470	720765	642705	112.15
雷州市	384037	376259	7778	1321091	692074	629017	110.02
吴川市	262181	254735	7446	907354	472900	434454	108.85
茂名市	**1832776**	**1763265**	**69511**	**6174050**	**3228813**	**2945237**	**109.63**
茂南区	324862	305435	19427	1035411	537254	498157	107.85
电白区	419586	406453	13133	1503737	792635	711102	111.47
高州市	409640	395481	14159	1328657	692999	635658	109.02
化州市	373091	360306	12785	1291668	680112	611556	111.21
信宜市	305597	295590	10007	1014577	525813	488764	107.58
肇庆市	**1392447**	**1319834**	**72613**	**4113594**	**2141295**	**1972299**	**108.57**
端州区	219827	200438	19389	602402	304417	297985	102.16
鼎湖区	60785	53193	7592	209116	110395	98721	111.83
高要区	248317	236780	11537	741591	390867	350724	111.45
广宁县	144447	141084	3363	408112	209075	199037	105.04
怀集县	250850	246522	4328	805177	413144	392033	105.39
封开县	125111	123193	1918	374848	193228	181620	106.39
德庆县	110952	109189	1763	331438	171042	160396	106.64
四会市	232158	209435	22723	640910	349127	291783	119.65
惠州市	**2116419**	**1896645**	**219774**	**6042852**	**3249429**	**2793423**	**116.32**
惠城区	751293	664590	86703	2090578	1112751	977827	113.80
惠阳区	563637	491101	72536	1404137	785898	618239	127.12
博罗县	397365	357473	39892	1210878	646752	564126	114.65
惠东县	298749	283228	15521	1018076	537768	480308	111.96
龙门县	105375	100253	5122	319183	166260	152923	108.72
梅州市	**1245418**	**1198758**	**46660**	**3873239**	**1952489**	**1920750**	**101.65**
梅江区	136876	120948	15928	435616	217995	217621	100.17
梅县区	184296	178185	6111	556735	279137	277598	100.55
大埔县	120099	117187	2912	330948	167700	163248	102.73
丰顺县	151112	146969	4143	478731	246430	232301	106.08
五华县	255597	247078	8519	916961	463843	453118	102.37
平远县	64687	63047	1640	190482	95004	95478	99.50
蕉岭县	63900	61520	2380	184355	91753	92602	99.08
兴宁市	268851	263824	5027	779411	390627	388784	100.47

单位：户、人

人口数								平均家庭户规模（人/户）
家庭户				集体户				
小计	男	女	性别比（女=100）	小计	男	女	性别比（女=100）	
4439242	**2261420**	**2177822**	**103.84**	**358848**	**224045**	**134803**	**166.20**	**2.76**
754598	381969	372629	102.51	98409	60517	37892	159.71	2.65
318468	164404	154064	106.71	46226	27591	18635	148.06	2.75
849402	433954	415448	104.45	59875	38223	21652	176.53	2.75
859530	433577	425953	101.79	48214	30415	17799	170.88	2.77
714512	358428	356084	100.66	34265	20580	13685	150.38	2.89
484227	251132	233095	107.74	46457	30826	15631	197.21	2.57
458505	237956	220549	107.89	25402	15893	9509	167.14	3.02
6622893	**3450434**	**3172459**	**108.76**	**358343**	**189731**	**168612**	**112.53**	**3.30**
364442	183499	180943	101.41	50097	22242	27855	79.85	2.81
603276	304971	298305	102.23	50127	28309	21818	129.75	2.85
329821	173192	156629	110.57	7902	4628	3274	141.36	3.31
438671	230381	208290	110.61	87119	46637	40482	115.20	3.45
801260	419247	382013	109.75	23348	11714	11634	100.69	3.30
604352	313663	290689	107.90	28906	15943	12963	122.99	3.42
1319282	697326	621956	112.12	44188	23439	20749	112.96	3.42
1286341	673035	613306	109.74	34750	19039	15711	121.18	3.42
875448	455120	420328	108.28	31906	17780	14126	125.87	3.44
5776665	**3012203**	**2764462**	**108.96**	**397385**	**216610**	**180775**	**119.82**	**3.28**
957542	494348	463194	106.73	77869	42906	34963	122.72	3.14
1434219	753923	680296	110.82	69518	38712	30806	125.66	3.53
1215912	632768	583144	108.51	112745	60231	52514	114.70	3.07
1219923	640477	579446	110.53	71745	39635	32110	123.44	3.39
949069	490687	458382	107.05	65508	35126	30382	115.61	3.21
3783555	**1941433**	**1842122**	**105.39**	**330039**	**199862**	**130177**	**153.53**	**2.87**
522169	260174	261995	99.30	80233	44243	35990	122.93	2.61
164790	83300	81490	102.22	44326	27095	17231	157.25	3.10
692568	361010	331558	108.88	49023	29857	19166	155.78	2.92
388928	197951	190977	103.65	19184	11124	8060	138.01	2.76
767138	393762	373376	105.46	38039	19382	18657	103.89	3.11
364791	187188	177603	105.40	10057	6040	4017	150.36	2.96
323721	166956	156765	106.50	7717	4086	3631	112.53	2.96
559450	291092	268358	108.47	81460	58035	23425	247.75	2.67
5192486	**2712635**	**2479851**	**109.39**	**850366**	**536794**	**313572**	**171.19**	**2.74**
1787054	922912	864142	106.80	303524	189839	113685	166.99	2.69
1140535	613449	527086	116.38	263602	172449	91153	189.19	2.32
1021816	530214	491602	107.85	189062	116538	72524	160.69	2.86
945993	493164	452829	108.91	72083	44604	27479	162.32	3.34
297088	152896	144192	106.04	22095	13364	8731	153.06	2.96
3670401	**1840215**	**1830186**	**100.55**	**202838**	**112274**	**90564**	**123.97**	**3.06**
369710	181608	188102	96.55	65906	36387	29519	123.27	3.06
535762	267939	267823	100.04	20973	11198	9775	114.56	3.01
316079	159250	156829	101.54	14869	8450	6419	131.64	2.70
460410	235865	224545	105.04	18321	10565	7756	136.22	3.13
871545	439015	432530	101.50	45416	24828	20588	120.59	3.53
183258	91036	92222	98.71	7224	3968	3256	121.87	2.91
175128	86438	88690	97.46	9227	5315	3912	135.86	2.85
758509	379064	379445	99.90	20902	11563	9339	123.81	2.88

1-1 续表 2

地区	户数			合计			
	合计	家庭户	集体户	合计	男	女	性别比(女=100)
汕尾市	**790761**	**764298**	**26463**	**2738482**	**1420706**	**1317776**	**107.81**
城　区	136409	128206	8203	450959	234455	216504	108.29
海丰县	240411	230977	9434	802454	420476	381978	110.08
陆河县	69493	67445	2048	249242	127610	121632	104.91
陆丰市	344448	337670	6778	1235827	638165	597662	106.78
河源市	**923411**	**874581**	**48830**	**2837686**	**1448488**	**1389198**	**104.27**
源城区	218892	195238	23654	703607	361074	342533	105.41
紫金县	167158	160907	6251	551095	280948	270147	104.00
龙川县	207216	200967	6249	595471	300207	295264	101.67
连平县	92682	89732	2950	285224	144334	140890	102.44
和平县	122635	119884	2751	353903	180083	173820	103.60
东源县	114828	107853	6975	348386	181842	166544	109.19
阳江市	**834758**	**804747**	**30011**	**2602959**	**1362137**	**1240822**	**109.78**
江城区	259954	246508	13446	814688	420257	394431	106.55
阳东区	153258	147536	5722	478299	256251	222048	115.40
阳西县	137962	134179	3783	434076	230343	203733	113.06
阳春市	283584	276524	7060	875896	455286	420610	108.24
清远市	**1277701**	**1208065**	**69636**	**3969473**	**2061098**	**1908375**	**108.00**
清城区	348371	309826	38545	1119901	585533	534368	109.57
清新区	200729	194335	6394	618523	320816	297707	107.76
佛冈县	104158	100058	4100	315502	163983	151519	108.23
阳山县	121491	119208	2283	367175	188730	178445	105.76
连山壮族瑶族自治县	30546	29938	608	95136	48913	46223	105.82
连南瑶族自治县	44945	44423	522	134691	68406	66285	103.20
英德市	297720	282943	14777	941325	492403	448922	109.69
连州市	129741	127334	2407	377220	192314	184906	104.01
东莞市	**5057386**	**4388293**	**669093**	**10466625**	**5917079**	**4549546**	**130.06**
市辖区	5057386	4388293	669093	10466625	5917079	4549546	130.06
中山市	**1838819**	**1697001**	**141818**	**4418060**	**2383175**	**2034885**	**117.12**
市辖区	1838819	1697001	141818	4418060	2383175	2034885	117.12
潮州市	**743174**	**717700**	**25474**	**2568387**	**1305930**	**1262457**	**103.44**
湘桥区	183885	172716	11169	575795	285791	290004	98.55
潮安区	318873	309024	9849	1175150	603584	571566	105.60
饶平县	240416	235960	4456	817442	416555	400887	103.91
揭阳市	**1451150**	**1418586**	**32564**	**5577814**	**2852630**	**2725184**	**104.68**
榕城区	238825	231347	7478	931868	474294	457574	103.65
揭东区	246970	241430	5540	931719	482585	449134	107.45
揭西县	192581	190026	2555	674829	346159	328670	105.32
惠来县	248502	245240	3262	1040779	526003	514776	102.18
普宁市	524272	510543	13729	1998619	1023589	975030	104.98
云浮市	**744669**	**716936**	**27733**	**2383350**	**1232840**	**1150510**	**107.16**
云城区	122115	114466	7649	408537	213580	194957	109.55
云安区	71935	67936	3999	235390	124074	111316	111.46
新兴县	137985	132774	5211	430831	220518	210313	104.85
郁南县	119480	117132	2348	371661	191880	179781	106.73
罗定市	293154	284628	8526	936931	482788	454143	106.31

单位：户、人

人口数								平均家庭户规模（人/户）
家庭户				集体户				
小计	男	女	性别比（女=100）	小计	男	女	性别比（女=100）	
2604737	**1345446**	**1259291**	**106.84**	**133745**	**75260**	**58485**	**128.68**	**3.41**
410413	211964	198449	106.81	40546	22491	18055	124.57	3.20
753833	391797	362036	108.22	48621	28679	19942	143.81	3.26
236839	120846	115993	104.18	12403	6764	5639	119.95	3.51
1203652	620839	582813	106.52	32175	17326	14849	116.68	3.56
2635277	**1335050**	**1300227**	**102.68**	**202409**	**113438**	**88971**	**127.50**	**3.01**
624669	315834	308835	102.27	78938	45240	33698	134.25	3.20
525233	266040	259193	102.64	25862	14908	10954	136.10	3.26
564749	283313	281436	100.67	30722	16894	13828	122.17	2.81
270154	136003	134151	101.38	15070	8331	6739	123.62	3.01
338816	171816	167000	102.88	15087	8267	6820	121.22	2.83
311656	162044	149612	108.31	36730	19798	16932	116.93	2.89
2454459	**1274519**	**1179940**	**108.02**	**148500**	**87618**	**60882**	**143.91**	**3.05**
754407	387054	367353	105.36	60281	33203	27078	122.62	3.06
447016	235684	211332	111.52	31283	20567	10716	191.93	3.03
413950	218626	195324	111.93	20126	11717	8409	139.34	3.09
839086	433155	405931	106.71	36810	22131	14679	150.77	3.03
3693494	**1891273**	**1802221**	**104.94**	**275979**	**169825**	**106154**	**159.98**	**3.06**
971286	492879	478407	103.03	148615	92654	55961	165.57	3.13
591956	305032	286924	106.31	26567	15784	10783	146.38	3.05
300367	154637	145730	106.11	15135	9346	5789	161.44	3.00
358631	183732	174899	105.05	8544	4998	3546	140.95	3.01
92441	47382	45059	105.16	2695	1531	1164	131.53	3.09
131868	66985	64883	103.24	2823	1421	1402	101.36	2.97
881484	454523	426961	106.46	59841	37880	21961	172.49	3.12
365461	186103	179358	103.76	11759	6211	5548	111.95	2.87
8571041	**4714506**	**3856535**	**122.25**	**1895584**	**1202573**	**693011**	**173.53**	**1.95**
8571041	4714506	3856535	122.25	1895584	1202573	693011	173.53	1.95
3961597	**2099045**	**1862552**	**112.70**	**456463**	**284130**	**172333**	**164.87**	**2.33**
3961597	2099045	1862552	112.70	456463	284130	172333	164.87	2.33
2456138	**1244519**	**1211619**	**102.72**	**112249**	**61411**	**50838**	**120.80**	**3.42**
534169	266229	267940	99.36	41626	19562	22064	88.66	3.09
1131147	577338	553809	104.25	44003	26246	17757	147.81	3.66
790822	400952	389870	102.84	26620	15603	11017	141.63	3.35
5410579	**2757661**	**2652918**	**103.95**	**167235**	**94969**	**72266**	**131.42**	**3.81**
900293	455933	444360	102.60	31575	18361	13214	138.95	3.89
904757	465494	439263	105.97	26962	17091	9871	173.14	3.75
660077	337778	322299	104.80	14752	8381	6371	131.55	3.47
1025054	516317	508737	101.49	15725	9686	6039	160.39	4.18
1920398	982139	938259	104.68	78221	41450	36771	112.72	3.76
2253439	**1159412**	**1094027**	**105.98**	**129911**	**73428**	**56483**	**130.00**	**3.14**
375713	193943	181770	106.70	32824	19637	13187	148.91	3.28
221961	115804	106157	109.09	13429	8270	5159	160.30	3.27
401726	204670	197056	103.86	29105	15848	13257	119.54	3.03
360487	185662	174825	106.20	11174	6218	4956	125.46	3.08
893552	459333	434219	105.78	43379	23455	19924	117.72	3.14

1-1a 各地区户数、

地区	户数						
				合计			
	合计	家庭户	集体户	合计	男	女	性别比(女=100)
广东	**30821964**	**27382359**	**3439605**	**76387659**	**40817255**	**35570404**	**114.75**
广州市	**6589356**	**5901655**	**687701**	**14878353**	**7808741**	**7069612**	**110.46**
荔湾区	506120	421995	84125	1238305	635252	603053	105.34
越秀区	414404	384946	29458	1038643	507768	530875	95.65
海珠区	813226	757207	56019	1819037	919076	899961	102.12
天河区	1040654	884692	155962	2241826	1178753	1063073	110.88
白云区	1343748	1235744	108004	2781103	1492578	1288525	115.84
黄埔区	488434	435005	53429	1126425	625352	501073	124.80
番禺区	1076143	959759	116384	2315247	1213770	1101477	110.19
花都区	440831	411561	29270	1042688	555893	486795	114.19
南沙区	197168	175993	21175	462387	261011	201376	129.61
从化区	70174	64674	5500	228603	115428	113175	101.99
增城区	198454	170079	28375	584089	303860	280229	108.43
韶关市	**345490**	**320509**	**24981**	**952247**	**474058**	**478189**	**99.14**
武江区	116372	108335	8037	313011	155113	157898	98.24
浈江区	102163	91237	10926	278074	141116	136958	103.04
曲江区	52548	50635	1913	147569	73295	74274	98.68
始兴县							
仁化县							
翁源县							
乳源瑶族自治县							
新丰县							
乐昌市	37379	36025	1354	102619	50094	52525	95.37
南雄市	37028	34277	2751	110974	54440	56534	96.30
深圳市	**7442233**	**6387556**	**1054677**	**17438289**	**9594171**	**7844118**	**122.31**
罗湖区	421953	372258	49695	1143801	582817	560984	103.89
福田区	590497	510115	80382	1553225	803830	749395	107.26
南山区	679392	547387	132005	1791801	952409	839392	113.46
宝安区	2044733	1747974	296759	4476554	2524557	1951997	129.33
龙岗区	1724486	1504724	219762	4085484	2221119	1864365	119.14
盐田区	73088	60694	12394	214225	116326	97899	118.82
龙华区	1140663	986744	153919	2528872	1433793	1095079	130.93
坪山区	242821	208499	34322	549038	318042	230996	137.68
光明区	524600	449161	75439	1095289	641278	454011	141.25
珠海市	**756249**	**658765**	**97484**	**1898013**	**995246**	**902767**	**110.24**
香洲区	537311	474669	62642	1331277	692629	638648	108.45
斗门区	96891	91963	4928	245780	130459	115321	113.13
金湾区	122047	92133	29914	320956	172158	148798	115.70
汕头市	**734637**	**693471**	**41166**	**2530788**	**1266228**	**1264560**	**100.13**
龙湖区	169667	160361	9306	530241	268190	262051	102.34
金平区	253953	244881	9072	761608	374499	387109	96.74
濠江区	48400	45732	2668	190147	94862	95285	99.56
潮阳区	94436	87247	7189	358885	177147	181738	97.47
潮南区	93121	87717	5404	422737	215089	207648	103.58
澄海区	75060	67533	7527	267170	136441	130729	104.37
南澳县							
佛山市	**3389563**	**2993935**	**395628**	**8538876**	**4619700**	**3919176**	**117.87**
禅城区	466259	425117	41142	1115246	583161	532085	109.60
南海区	1370392	1172868	197524	3470385	1894728	1575657	120.25
顺德区	1265700	1137810	127890	3184098	1735048	1449050	119.74
三水区	134663	120266	14397	377355	196314	181041	108.44
高明区	152549	137874	14675	391792	210449	181343	116.05

人口数和性别比(城市)

单位：户、人

人口数								平均家庭户规模(人/户)
家庭户				集体户				
小计	男	女	性别比(女=100)	小计	男	女	性别比(女=100)	
65293291	**33952063**	**31341228**	**108.33**	**11094368**	**6865192**	**4229176**	**162.33**	**2.38**
12713535	**6560241**	**6153294**	**106.61**	**2164818**	**1248500**	**916318**	**136.25**	**2.15**
949671	473157	476514	99.30	288634	162095	126539	128.10	2.25
942821	454391	488430	93.03	95822	53377	42445	125.76	2.45
1649164	827058	822106	100.60	169873	92018	77855	118.19	2.18
1785317	927422	857895	108.10	456509	251331	205178	122.49	2.02
2445890	1292891	1152999	112.13	335213	199687	135526	147.34	1.98
946806	508370	438436	115.95	179619	116982	62637	186.76	2.18
1996615	1034395	962220	107.50	318632	179375	139257	128.81	2.08
933270	492391	440879	111.68	109418	63502	45916	138.30	2.27
401652	216101	185551	116.46	60735	44910	15825	283.79	2.28
181902	90026	91876	97.99	46701	25402	21299	119.26	2.81
480427	244039	236388	103.24	103662	59821	43841	136.45	2.82
853121	**419676**	**433445**	**96.82**	**99126**	**54382**	**44744**	**121.54**	**2.66**
282903	138682	144221	96.16	30108	16431	13677	120.14	2.61
234900	116735	118165	98.79	43174	24381	18793	129.73	2.57
139835	69212	70623	98.00	7734	4083	3651	111.83	2.76
95190	46023	49167	93.61	7429	4071	3358	121.23	2.64
100293	49024	51269	95.62	10681	5416	5265	102.87	2.93
14382592	**7550067**	**6832525**	**110.50**	**3055697**	**2044104**	**1011593**	**202.07**	**2.25**
971518	473509	498009	95.08	172283	109308	62975	173.57	2.61
1293520	636444	657076	96.86	259705	167386	92319	181.31	2.54
1369511	682864	686647	99.45	422290	269545	152745	176.47	2.50
3656855	1973145	1683710	117.19	819699	551412	268287	205.53	2.09
3483827	1825200	1658627	110.04	601657	395919	205738	192.44	2.32
169466	85625	83841	102.13	44759	30701	14058	218.39	2.79
2094602	1130930	963672	117.36	434270	302863	131407	230.48	2.12
446342	244302	202040	120.92	102696	73740	28956	254.66	2.14
896951	498048	398903	124.85	198338	143230	55108	259.91	2.00
1599078	**819314**	**779764**	**105.07**	**298935**	**175932**	**123003**	**143.03**	**2.43**
1140935	580167	560768	103.46	190342	112462	77880	144.40	2.40
228500	118774	109726	108.25	17280	11685	5595	208.85	2.48
229643	120373	109270	110.16	91313	51785	39528	131.01	2.49
2290041	**1130258**	**1159783**	**97.45**	**240747**	**135970**	**104777**	**129.77**	**3.30**
487008	242199	244809	98.93	43233	25991	17242	150.74	3.04
731515	357135	374380	95.39	30093	17364	12729	136.41	2.99
178442	87645	90797	96.53	11705	7217	4488	160.81	3.90
294015	143253	150762	95.02	64870	33894	30976	109.42	3.37
383263	192436	190827	100.84	39474	22653	16821	134.67	4.37
215798	107590	108208	99.43	51372	28851	22521	128.11	3.20
7223329	**3781439**	**3441890**	**109.87**	**1315547**	**838261**	**477286**	**175.63**	**2.41**
973748	500087	473661	105.58	141498	83074	58424	142.19	2.29
2804907	1468688	1336219	109.91	665478	426040	239438	177.93	2.39
2772049	1467380	1304669	112.47	412049	267668	144381	185.39	2.44
326172	164041	162131	101.18	51183	32273	18910	170.67	2.71
346453	181243	165210	109.70	45339	29206	16133	181.03	2.51

1-1a 续表 1

地 区	户数			合计			
	合计	家庭户	集体户	合计	男	女	性别比(女=100)
江门市	**983049**	**921283**	**61766**	**2821211**	**1447618**	**1373593**	**105.39**
蓬江区	302175	277161	25014	826984	429013	397971	107.80
江海区	128196	115821	12375	364694	191995	172699	111.17
新会区	165948	157951	7997	481500	244699	236801	103.34
台山市	123420	117966	5454	357132	181261	175871	103.06
开平市	109084	105242	3842	337647	167661	169986	98.63
鹤山市	94857	90505	4352	257132	132096	125036	105.65
恩平市	59369	56637	2732	196122	100893	95229	105.95
湛江市	**631973**	**587413**	**44560**	**1988010**	**1015876**	**972134**	**104.50**
赤坎区	139538	127364	12174	406012	201334	204678	98.37
霞山区	216693	202337	14356	617141	314437	302704	103.88
坡头区	22545	21524	1021	69248	35509	33739	105.25
麻章区	33003	28170	4833	118440	63580	54860	115.90
遂溪县	6844	6534	310	20740	10916	9824	111.12
徐闻县							
廉江市	72567	68532	4035	253790	130059	123731	105.11
雷州市	71536	67912	3624	247281	129052	118229	109.15
吴川市	69247	65040	4207	255358	130989	124369	105.32
茂名市	**535100**	**496327**	**38773**	**1820721**	**938299**	**882422**	**106.33**
茂南区	214943	201251	13692	656192	338605	317587	106.62
电白区	69628	65475	4153	241593	124649	116944	106.59
高州市	88242	79449	8793	318402	163387	155015	105.40
化州市	77871	72369	5502	285182	148442	136740	108.56
信宜市	84416	77783	6633	319352	163216	156136	104.53
肇庆市	**442073**	**394005**	**48068**	**1254121**	**655497**	**598624**	**109.50**
端州区	219827	200438	19389	602402	304417	297985	102.16
鼎湖区	32757	26585	6172	118036	62037	55999	110.78
高要区	40387	35995	4392	116457	60904	55553	109.63
广宁县							
怀集县							
封开县							
德庆县							
四会市	149102	130987	18115	417226	228139	189087	120.65
惠州市	**1017651**	**896200**	**121451**	**2668887**	**1442450**	**1226437**	**117.61**
惠城区	589809	524559	65250	1622750	856528	766222	111.79
惠阳区	417992	362835	55157	1023888	573489	450399	127.33
博罗县	9850	8806	1044	22249	12433	9816	126.66
惠东县							
龙门县							
梅州市	**300795**	**278519**	**22276**	**952698**	**471401**	**481297**	**97.94**
梅江区	122837	107138	15699	392785	196341	196444	99.95
梅县区	75227	71483	3744	251207	123292	127915	96.39
大埔县							
丰顺县							
五华县	4342	4187	155	14388	7167	7221	99.25
平远县							
蕉岭县							
兴宁市	98389	95711	2678	294318	144601	149717	96.58

单位：户、人

人口数								平均家庭户规模（人/户）
家庭户				集体户				
小计	男	女	性别比（女=100）	小计	男	女	性别比（女=100）	
2560604	**1291070**	**1269534**	**101.70**	**260607**	**156548**	**104059**	**150.44**	**2.78**
729058	368798	360260	102.37	97926	60215	37711	159.67	2.63
318468	164404	154064	106.71	46226	27591	18635	148.06	2.75
446511	223596	222915	100.31	34989	21103	13886	151.97	2.83
325375	162087	163288	99.26	31757	19174	12583	152.38	2.76
319174	157640	161534	97.59	18473	10021	8452	118.56	3.03
237811	120407	117404	102.56	19321	11689	7632	153.16	2.63
184207	94138	90069	104.52	11915	6755	5160	130.91	3.25
1799795	**917784**	**882011**	**104.06**	**188215**	**98092**	**90123**	**108.84**	**3.06**
355936	179102	176834	101.28	50076	22232	27844	79.84	2.79
567320	286288	281032	101.87	49821	28149	21672	129.89	2.80
65472	33418	32054	104.26	3776	2091	1685	124.09	3.04
94144	48510	45634	106.30	24296	15070	9226	163.34	3.34
19829	10416	9413	110.66	911	500	411	121.65	3.03
230572	118883	111689	106.44	23218	11176	12042	92.81	3.36
230424	120334	110090	109.31	16857	8718	8139	107.11	3.39
236098	120833	115265	104.83	19260	10156	9104	111.56	3.63
1570437	**801951**	**768486**	**104.35**	**250284**	**136348**	**113936**	**119.67**	**3.16**
600113	305490	294623	103.69	56079	33115	22964	144.20	2.98
216059	110675	105384	105.02	25534	13974	11560	120.88	3.30
237173	121255	115918	104.60	81229	42132	39097	107.76	2.99
249069	128626	120443	106.79	36113	19816	16297	121.59	3.44
268023	135905	132118	102.87	51329	27311	24018	113.71	3.45
1060940	**537422**	**523518**	**102.66**	**193181**	**118075**	**75106**	**157.21**	**2.69**
522169	260174	261995	99.30	80233	44243	35990	122.93	2.61
86447	43331	43116	100.50	31589	18706	12883	145.20	3.25
96932	49961	46971	106.37	19525	10943	8582	127.51	2.69
355392	183956	171436	107.30	61834	44183	17651	250.31	2.71
2234814	**1166634**	**1068180**	**109.22**	**434073**	**275816**	**158257**	**174.28**	**2.49**
1395554	715234	680320	105.13	227196	141294	85902	164.48	2.66
820245	440895	379350	116.22	203643	132594	71049	186.62	2.26
19015	10505	8510	123.44	3234	1928	1306	147.63	2.16
863878	**423818**	**440060**	**96.31**	**88820**	**47583**	**41237**	**115.39**	**3.10**
327790	160566	167224	96.02	64995	35775	29220	122.43	3.06
239330	117557	121773	96.54	11877	5735	6142	93.37	3.35
13991	6930	7061	98.14	397	237	160	148.13	3.34
282767	138765	144002	96.36	11551	5836	5715	102.12	2.95

1-1a 续表 2

地区	户数						
				合计			
	合计	家庭户	集体户	合计	男	女	性别比(女=100)
汕尾市	**152005**	**143885**	**8120**	**527989**	**273663**	**254326**	**107.60**
城　区	90044	84427	5617	303634	156501	147133	106.37
海丰县							
陆河县							
陆丰市	61961	59458	2503	224355	117162	107193	109.30
河源市	**190471**	**172352**	**18119**	**631400**	**322204**	**309196**	**104.21**
源城区	190471	172352	18119	631400	322204	309196	104.21
紫金县							
龙川县							
连平县							
和平县							
东源县							
阳江市	**313540**	**297164**	**16376**	**1005216**	**514605**	**490611**	**104.89**
江城区	177106	167768	9338	559976	285612	274364	104.10
阳东区	56702	54501	2201	183508	96109	87399	109.97
阳西县							
阳春市	79732	74895	4837	261732	132884	128848	103.13
清远市	**379799**	**354621**	**25178**	**1238100**	**624209**	**613891**	**101.68**
清城区	200824	186241	14583	654214	331897	322317	102.97
清新区	70418	67054	3364	236594	118825	117769	100.90
佛冈县							
阳山县							
连山壮族瑶族自治县							
连南瑶族自治县							
英德市	63292	57656	5636	205285	105150	100135	105.01
连州市	45265	43670	1595	142007	68337	73670	92.76
东莞市	**4626805**	**4021954**	**604851**	**9557552**	**5385311**	**4172241**	**129.07**
市辖区	4626805	4021954	604851	9557552	5385311	4172241	129.07
中山市	**1153957**	**1068268**	**85689**	**2742775**	**1469866**	**1272909**	**115.47**
市辖区	1153957	1068268	85689	2742775	1469866	1272909	115.47
潮州市	**289559**	**277089**	**12470**	**933560**	**472555**	**461005**	**102.51**
湘桥区	142822	136071	6751	426902	212244	214658	98.88
潮安区	146737	141018	5719	506658	260311	246347	105.67
饶平县							
揭阳市	**383447**	**365890**	**17557**	**1435906**	**731802**	**704104**	**103.93**
榕城区	165193	158904	6289	645532	327512	318020	102.98
揭东区	76244	73100	3144	301771	155411	146360	106.18
揭西县							
惠来县							
普宁市	142010	133886	8124	488603	248879	239724	103.82
云浮市	**164212**	**151498**	**12714**	**572947**	**293755**	**279192**	**105.22**
云城区	91150	84222	6928	312362	162442	149920	108.35
云安区	5838	5316	522	20083	10483	9600	109.20
新兴县							
郁南县							
罗定市	67224	61960	5264	240502	120830	119672	100.97

单位：户、人

人口数								平均家庭户规模（人/户）
家庭户				集体户				
小计	男	女	性别比（女=100）	小计	男	女	性别比（女=100）	
485521	**251556**	**233965**	**107.52**	**42468**	**22107**	**20361**	**108.58**	**3.37**
273520	140915	132605	106.27	30114	15586	14528	107.28	3.24
212001	110641	101360	109.16	12354	6521	5833	111.79	3.57
567081	**285147**	**281934**	**101.14**	**64319**	**37057**	**27262**	**135.93**	**3.29**
567081	285147	281934	101.14	64319	37057	27262	135.93	3.29
923804	**471005**	**452799**	**104.02**	**81412**	**43600**	**37812**	**115.31**	**3.11**
515619	263121	252498	104.21	44357	22491	21866	102.86	3.07
172196	89746	82450	108.85	11312	6363	4949	128.57	3.16
235989	118138	117851	100.24	25743	14746	10997	134.09	3.15
1125473	**558619**	**566854**	**98.55**	**112627**	**65590**	**47037**	**139.44**	**3.17**
588693	293120	295573	99.17	65521	38777	26744	144.99	3.16
223438	112038	111400	100.57	13156	6787	6369	106.56	3.33
179107	88603	90504	97.90	26178	16547	9631	171.81	3.11
134235	64858	69377	93.49	7772	3479	4293	81.04	3.07
7832974	**4300166**	**3532808**	**121.72**	**1724578**	**1085145**	**639433**	**169.70**	**1.95**
7832974	4300166	3532808	121.72	1724578	1085145	639433	169.70	1.95
2459596	**1294859**	**1164737**	**111.17**	**283179**	**175007**	**108172**	**161.79**	**2.30**
2459596	1294859	1164737	111.17	283179	175007	108172	161.79	2.30
887055	**447014**	**440041**	**101.58**	**46505**	**25541**	**20964**	**121.83**	**3.20**
401524	199296	202228	98.55	25378	12948	12430	104.17	2.95
485531	247718	237813	104.17	21127	12593	8534	147.56	3.44
1350748	**685990**	**664758**	**103.19**	**85158**	**45812**	**39346**	**116.43**	**3.69**
622266	314335	307931	102.08	23266	13177	10089	130.61	3.92
287126	147097	140029	105.05	14645	8314	6331	131.32	3.93
441356	224558	216798	103.58	47247	24321	22926	106.08	3.30
508875	**258033**	**250842**	**102.87**	**64072**	**35722**	**28350**	**126.00**	**3.36**
282265	144689	137576	105.17	30097	17753	12344	143.82	3.35
17149	8942	8207	108.96	2934	1541	1393	110.62	3.23
209461	104402	105059	99.37	31041	16428	14613	112.42	3.38

1-1b 各地区户数、

地　　区	户　　数			合　　计			
	合计	家庭户	集体户	合计	男	女	性别比(女=100)
广　东	**5529015**	**5096023**	**432992**	**17048413**	**8892530**	**8155883**	**109.03**
广州市	**477996**	**411505**	**66491**	**1218371**	**657327**	**561044**	**117.16**
荔湾区							
越秀区							
海珠区							
天河区							
白云区	106069	79896	26173	264504	143638	120866	118.84
黄埔区	13075	12569	506	39683	19976	19707	101.36
番禺区	31586	27235	4351	66073	36871	29202	126.26
花都区	37352	27858	9494	101246	53724	47522	113.05
南沙区	64366	58308	6058	158019	86612	71407	121.29
从化区	28052	23036	5016	100105	57583	42522	135.42
增城区	197496	182603	14893	488741	258923	229818	112.66
韶关市	**238833**	**228426**	**10407**	**684648**	**340192**	**344456**	**98.76**
武江区	1076	1030	46	2827	1433	1394	102.80
浈江区	11914	10542	1372	33602	19469	14133	137.76
曲江区	11040	10439	601	28292	14833	13459	110.21
始兴县	29503	28199	1304	81780	38993	42787	91.13
仁化县	27829	26802	1027	76629	37638	38991	96.53
翁源县	37878	36157	1721	114951	55475	59476	93.27
乳源瑶族自治县	28196	26959	1237	86827	43062	43765	98.39
新丰县	33737	32633	1104	102680	51183	51497	99.39
乐昌市	36142	35327	815	96819	48071	48748	98.61
南雄市	21518	20338	1180	60241	30035	30206	99.43
深圳市	**2253**	**1031**	**1222**	**6320**	**4600**	**1720**	**267.44**
罗湖区							
福田区							
南山区	1461	274	1187	4025	3503	522	671.07
宝安区							
龙岗区							
盐田区							
龙华区							
坪山区	792	757	35	2295	1097	1198	91.57
光明区							
珠海市	**124870**	**101490**	**23380**	**309077**	**183153**	**125924**	**145.45**
香洲区	22223	13079	9144	51981	36371	15610	233.00
斗门区	58439	50737	7702	149473	82129	67344	121.95
金湾区	44208	37674	6534	107623	64653	42970	150.46
汕头市	**324949**	**306293**	**18656**	**1359381**	**692222**	**667159**	**103.76**
龙湖区							
金平区							
濠江区	1645	1582	63	5458	2759	2699	102.22
潮阳区	131960	123496	8464	621039	317945	303094	104.90
潮南区	73050	68799	4251	311173	157894	153279	103.01
澄海区	99794	94234	5560	370442	188042	182400	103.09
南澳县	18500	18182	318	51269	25582	25687	99.59
佛山市	**207338**	**176762**	**30576**	**503633**	**286909**	**216724**	**132.38**
禅城区	82557	71956	10601	215016	119098	95918	124.17
南海区	23327	20351	2976	52028	29591	22437	131.88
顺德区							
三水区	90009	74604	15405	210331	123035	87296	140.94
高明区	11445	9851	1594	26258	15185	11073	137.14

人口数和性别比(镇)

单位：户、人

人口数								平均家庭户规模（人/户）
家庭户				集体户				
小计	男	女	性别比（女=100）	小计	男	女	性别比（女=100）	
15243214	**7816039**	**7427175**	**105.24**	**1805199**	**1076491**	**728708**	**147.73**	**2.99**
965297	**506661**	**458636**	**110.47**	**253074**	**150666**	**102408**	**147.12**	**2.35**
170523	90860	79663	114.06	93981	52778	41203	128.09	2.13
37969	18892	19077	99.03	1714	1084	630	172.06	3.02
54870	30110	24760	121.61	11203	6761	4442	152.21	2.01
72198	38109	34089	111.79	29048	15615	13433	116.24	2.59
139032	72277	66755	108.27	18987	14335	4652	308.15	2.38
55265	28611	26654	107.34	44840	28972	15868	182.58	2.40
435440	227802	207638	109.71	53301	31121	22180	140.31	2.38
639887	**313417**	**326470**	**96.00**	**44761**	**26775**	**17986**	**148.87**	**2.80**
2682	1345	1337	100.60	145	88	57	154.39	2.60
24452	12214	12238	99.80	9150	7255	1895	382.85	2.32
26902	13918	12984	107.19	1390	915	475	192.63	2.58
76578	36393	40185	90.56	5202	2600	2602	99.92	2.72
72315	35210	37105	94.89	4314	2428	1886	128.74	2.70
109026	52278	56748	92.12	5925	3197	2728	117.19	3.02
81142	39999	41143	97.22	5685	3063	2622	116.82	3.01
97087	48101	48986	98.19	5593	3082	2511	122.74	2.98
93488	46236	47252	97.85	3331	1835	1496	122.66	2.65
56215	27723	28492	97.30	4026	2312	1714	134.89	2.76
2576	**1283**	**1293**	**99.23**	**3744**	**3317**	**427**	**776.81**	**2.50**
411	261	150	174.00	3614	3242	372	871.51	1.50
2165	1022	1143	89.41	130	75	55	136.36	2.86
237098	**129126**	**107972**	**119.59**	**71979**	**54027**	**17952**	**300.95**	**2.34**
24109	14165	9944	142.45	27872	22206	5666	391.92	1.84
126789	66372	60417	109.86	22684	15757	6927	227.47	2.50
86200	48589	37611	129.19	21423	16064	5359	299.76	2.29
1198789	**600818**	**597971**	**100.48**	**160592**	**91404**	**69188**	**132.11**	**3.91**
5260	2612	2648	98.64	198	147	51	288.24	3.32
526456	264318	262138	100.83	94583	53627	40956	130.94	4.26
280949	140963	139986	100.70	30224	16931	13293	127.37	4.08
335721	167820	167901	99.95	34721	20222	14499	139.47	3.56
50403	25105	25298	99.24	866	477	389	122.62	2.77
413423	**225101**	**188322**	**119.53**	**90210**	**61808**	**28402**	**217.62**	**2.34**
181142	97581	83561	116.78	33874	21517	12357	174.13	2.52
42549	23269	19280	120.69	9479	6322	3157	200.25	2.09
167590	92125	75465	122.08	42741	30910	11831	261.26	2.25
22142	12126	10016	121.07	4116	3059	1057	289.40	2.25

1-1b 续表 1

地区	户数			合计			
	合计	家庭户	集体户	合计	男	女	性别比(女=100)
江门市	**158041**	**148811**	**9230**	**423723**	**227268**	**196455**	**115.68**
蓬江区							
江海区							
新会区	44375	42131	2244	122281	64733	57548	112.49
台山市	27688	26608	1080	76134	39361	36773	107.04
开平市	33007	30891	2116	92388	48986	43402	112.87
鹤山市	34205	31749	2456	77300	44539	32761	135.95
恩平市	18766	17432	1334	55620	29649	25971	114.16
湛江市	**359492**	**324765**	**34727**	**1185454**	**613165**	**572289**	**107.14**
赤坎区							
霞山区	1213	1164	49	4351	2264	2087	108.48
坡头区	22577	21751	826	77379	39751	37628	105.64
麻章区	33164	18258	14906	108138	55298	52840	104.65
遂溪县	83344	78596	4748	268796	138059	130737	105.60
徐闻县	70399	64296	6103	238402	122959	115443	106.51
廉江市	59041	54757	4284	190022	99881	90141	110.81
雷州市	51432	49313	2119	165010	86608	78402	110.47
吴川市	38322	36630	1692	133356	68345	65011	105.13
茂名市	**258363**	**244611**	**13752**	**868859**	**453927**	**414932**	**109.40**
茂南区	13214	12573	641	43810	23079	20731	111.33
电白区	105255	100032	5223	366207	191215	174992	109.27
高州市	55321	52344	2977	171899	90397	81502	110.91
化州市	54751	51355	3396	187564	98519	89045	110.64
信宜市	29822	28307	1515	99379	50717	48662	104.22
肇庆市	**287635**	**271221**	**16414**	**844493**	**441658**	**402835**	**109.64**
端州区							
鼎湖区	9268	8148	1120	36277	20275	16002	126.70
高要区	59372	54147	5225	162638	88576	74062	119.60
广宁县	56060	53590	2470	164249	82125	82124	100.00
怀集县	69647	66462	3185	221882	115517	106365	108.60
封开县	42824	41582	1242	124170	63928	60242	106.12
德庆县	37725	36677	1048	99967	51163	48804	104.83
四会市	12739	10615	2124	35310	20074	15236	131.75
惠州市	**567615**	**511544**	**56071**	**1730389**	**915308**	**815081**	**112.30**
惠城区	48064	40150	7914	132379	72014	60365	119.30
惠阳区	46093	39538	6555	121096	66850	54246	123.23
博罗县	233671	206099	27572	690344	367614	322730	113.91
惠东县	189167	177631	11536	640377	335527	304850	110.06
龙门县	50620	48126	2494	146193	73303	72890	100.57
梅州市	**317011**	**299267**	**17744**	**1045097**	**524592**	**520505**	**100.79**
梅江区	2175	2032	143	6393	3256	3137	103.79
梅县区	16426	15529	897	44110	22932	21178	108.28
大埔县	50653	48550	2103	154719	75994	78725	96.53
丰顺县	76796	73537	3259	254264	130261	124003	105.05
五华县	83814	77155	6659	317195	159788	157407	101.51
平远县	30749	29314	1435	95296	46691	48605	96.06
蕉岭县	32566	30596	1970	101777	49532	52245	94.81
兴宁市	23832	22554	1278	71343	36138	35205	102.65

单位：户、人

人口数								平均家庭户规模（人/户）
家庭户				集体户				
小计	男	女	性别比（女=100）	小计	男	女	性别比（女=100）	
384795	**200533**	**184262**	**108.83**	**38928**	**26735**	**12193**	**219.27**	**2.59**
112280	58143	54137	107.40	10001	6590	3411	193.20	2.67
71519	36428	35091	103.81	4615	2933	1682	174.38	2.69
85250	44050	41200	106.92	7138	4936	2202	224.16	2.76
65391	35817	29574	121.11	11909	8722	3187	273.67	2.06
50355	26095	24260	107.56	5265	3554	1711	207.71	2.89
1058604	**546523**	**512081**	**106.73**	**126850**	**66642**	**60208**	**110.69**	**3.26**
4176	2182	1994	109.43	175	82	93	88.17	3.59
73967	37719	36248	104.06	3412	2032	1380	147.25	3.40
57516	30188	27328	110.47	50622	25110	25512	98.42	3.15
249175	128426	120749	106.36	19621	9633	9988	96.45	3.17
214214	109997	104217	105.55	24188	12962	11226	115.46	3.33
175517	91142	84375	108.02	14505	8739	5766	151.56	3.21
156970	82061	74909	109.55	8040	4547	3493	130.17	3.18
127069	64808	62261	104.09	6287	3537	2750	128.62	3.47
798115	**414192**	**383923**	**107.88**	**70744**	**39735**	**31009**	**128.14**	**3.26**
41785	21978	19807	110.96	2025	1101	924	119.16	3.32
342152	178028	164124	108.47	24055	13187	10868	121.34	3.42
153149	79958	73191	109.25	18750	10439	8311	125.60	2.93
168538	87326	81212	107.53	19026	11193	7833	142.90	3.28
92491	46902	45589	102.88	6888	3815	3073	124.15	3.27
753348	**387477**	**365871**	**105.91**	**91145**	**54181**	**36964**	**146.58**	**2.78**
25512	13116	12396	105.81	10765	7159	3606	198.53	3.13
141498	75193	66305	113.40	21140	13383	7757	172.53	2.61
150997	74759	76238	98.06	13252	7366	5886	125.14	2.82
195033	101200	93833	107.85	26849	14317	12532	114.24	2.93
117557	60070	57487	104.49	6613	3858	2755	140.04	2.83
96599	49364	47235	104.51	3368	1799	1569	114.66	2.63
26152	13775	12377	111.30	9158	6299	2859	220.32	2.46
1491428	**770954**	**720474**	**107.01**	**238961**	**144354**	**94607**	**152.58**	**2.92**
103968	54642	49326	110.78	28411	17372	11039	157.37	2.59
98682	52571	46111	114.01	22414	14279	8135	175.53	2.50
561242	288856	272386	106.05	129102	78758	50344	156.44	2.72
591162	306807	284355	107.90	49215	28720	20495	140.13	3.33
136374	68078	68296	99.68	9819	5225	4594	113.74	2.83
960637	**477841**	**482796**	**98.97**	**84460**	**46751**	**37709**	**123.98**	**3.21**
5954	3001	2953	101.63	439	255	184	138.59	2.93
41271	21102	20169	104.63	2839	1830	1009	181.37	2.66
143522	70028	73494	95.28	11197	5966	5231	114.05	2.96
240368	122108	118260	103.25	13896	8153	5743	141.96	3.27
279482	139660	139822	99.88	37713	20128	17585	114.46	3.62
89008	43391	45617	95.12	6288	3300	2988	110.44	3.04
94658	45622	49036	93.04	7119	3910	3209	121.84	3.09
66374	32929	33445	98.46	4969	3209	1760	182.33	2.94

1-1b 续表 2

地区	户数						
				合计			
	合计	家庭户	集体户	合计	男	女	性别比（女=100）
汕尾市	**304568**	**293514**	**11054**	**1033314**	**532944**	**500370**	**106.51**
城　区	12730	12058	672	41739	21953	19786	110.95
海丰县	158147	151950	6197	537278	279165	258113	108.16
陆河县	36985	35197	1788	133178	67632	65546	103.18
陆丰市	96706	94309	2397	321119	164194	156925	104.63
河源市	**233717**	**214818**	**18899**	**744768**	**369516**	**375252**	**98.47**
源城区	14390	9287	5103	31550	16894	14656	115.27
紫金县	59470	54599	4871	207394	103735	103659	100.07
龙川县	63238	60091	3147	197714	95529	102185	93.49
连平县	33047	31346	1701	105906	52525	53381	98.40
和平县	35401	33324	2077	115301	56201	59100	95.09
东源县	28171	26171	2000	86903	44632	42271	105.59
阳江市	**126560**	**120542**	**6018**	**404604**	**212074**	**192530**	**110.15**
江城区	17375	16303	1072	53343	27783	25560	108.70
阳东区	19271	18108	1163	62768	35250	27518	128.10
阳西县	56586	53764	2822	189866	98250	91616	107.24
阳春市	33328	32367	961	98627	50791	47836	106.18
清远市	**297697**	**277709**	**19988**	**925109**	**474940**	**450169**	**105.50**
清城区	86554	76073	10481	266427	143267	123160	116.33
清新区	13913	13357	556	40346	21184	19162	110.55
佛冈县	44979	43126	1853	136789	69001	67788	101.79
阳山县	49362	47561	1801	154401	76232	78169	97.52
连山壮族瑶族自治县	12713	12221	492	38758	19294	19464	99.13
连南瑶族自治县	20432	19967	465	61042	30232	30810	98.12
英德市	58350	54425	3925	192781	98225	94556	103.88
连州市	11394	10979	415	34565	17505	17060	102.61
东莞市	**43892**	**36686**	**7206**	**87319**	**49443**	**37876**	**130.54**
市辖区	43892	36686	7206	87319	49443	37876	130.54
中山市	**473397**	**434609**	**38788**	**1099098**	**601373**	**497725**	**120.82**
市辖区	473397	434609	38788	1099098	601373	497725	120.82
潮州市	**199546**	**188852**	**10694**	**715083**	**361981**	**353102**	**102.51**
湘桥区	21059	17314	3745	78845	38286	40559	94.40
潮安区	61538	58534	3004	241602	123982	117620	105.41
饶平县	116949	113004	3945	394636	199713	194923	102.46
揭阳市	**376282**	**363716**	**12566**	**1389331**	**712132**	**677199**	**105.16**
榕城区	24706	23763	943	89992	46186	43806	105.43
揭东区	55320	53189	2131	205611	107930	97681	110.49
揭西县	62706	60458	2248	209233	107166	102067	105.00
惠来县	112465	109565	2900	437430	222177	215253	103.22
普宁市	121085	116741	4344	447065	228673	218392	104.71
云浮市	**148960**	**139851**	**9109**	**470342**	**237806**	**232536**	**102.27**
云城区							
云安区	14606	12822	1784	47599	25018	22581	110.79
新兴县	59645	55535	4110	185930	93120	92810	100.33
郁南县	51340	49295	2045	160255	80747	79508	101.56
罗定市	23369	22199	1170	76558	38921	37637	103.41

单位：户、人

人口数								平均家庭户规模（人/户）
家庭户				集体户				
小计	男	女	性别比（女=100）	小计	男	女	性别比（女=100）	
977463	**502063**	**475400**	**105.61**	**55851**	**30881**	**24970**	**123.67**	**3.33**
38652	20131	18521	108.69	3087	1822	1265	144.03	3.21
505830	261704	244126	107.20	31448	17461	13987	124.84	3.33
121628	61416	60212	102.00	11550	6216	5334	116.54	3.46
311353	158812	152541	104.11	9766	5382	4384	122.76	3.30
669613	**329753**	**339860**	**97.03**	**75155**	**39763**	**35392**	**112.35**	**3.12**
18320	9797	8523	114.95	13230	7097	6133	115.72	1.97
188473	93613	94860	98.69	18921	10122	8799	115.04	3.45
183034	88045	94989	92.69	14680	7484	7196	104.00	3.05
98216	48377	49839	97.07	7690	4148	3542	117.11	3.13
103439	50046	53393	93.73	11862	6155	5707	107.85	3.10
78131	39875	38256	104.23	8772	4757	4015	118.48	2.99
374587	**193253**	**181334**	**106.57**	**30017**	**18821**	**11196**	**168.10**	**3.11**
49691	25717	23974	107.27	3652	2066	1586	130.26	3.05
55865	29587	26278	112.59	6903	5663	1240	456.69	3.09
173283	88924	84359	105.41	16583	9326	7257	128.51	3.22
95748	49025	46723	104.93	2879	1766	1113	158.67	2.96
855781	**432785**	**422996**	**102.31**	**69328**	**42155**	**27173**	**155.14**	**3.08**
232723	120877	111846	108.07	33704	22390	11314	197.90	3.06
38012	19633	18379	106.82	2334	1551	783	198.08	2.85
130523	65602	64921	101.05	6266	3399	2867	118.56	3.03
148061	72919	75142	97.04	6340	3313	3027	109.45	3.11
36580	18124	18456	98.20	2178	1170	1008	116.07	2.99
58484	28981	29503	98.23	2558	1251	1307	95.72	2.93
178622	90155	88467	101.91	14159	8070	6089	132.53	3.28
32776	16494	16282	101.30	1789	1011	778	129.95	2.99
68084	**37613**	**30471**	**123.44**	**19235**	**11830**	**7405**	**159.76**	**1.86**
68084	37613	30471	123.44	19235	11830	7405	159.76	1.86
976215	**523883**	**452332**	**115.82**	**122883**	**77490**	**45393**	**170.71**	**2.25**
976215	523883	452332	115.82	122883	77490	45393	170.71	2.25
665963	**335103**	**330860**	**101.28**	**49120**	**26878**	**22242**	**120.84**	**3.53**
65441	32684	32757	99.78	13404	5602	7802	71.80	3.78
228266	115765	112501	102.90	13336	8217	5119	160.52	3.90
372256	186654	185602	100.57	22380	13059	9321	140.10	3.29
1322471	**671915**	**650556**	**103.28**	**66860**	**40217**	**26643**	**150.95**	**3.64**
83716	42211	41505	101.70	6276	3975	2301	172.75	3.52
194457	99923	94534	105.70	11154	8007	3147	254.43	3.66
196471	99877	96594	103.40	12762	7289	5473	133.18	3.25
423901	214003	209898	101.96	13529	8174	5355	152.64	3.87
423926	215901	208025	103.79	23139	12772	10367	123.20	3.63
429040	**215745**	**213295**	**101.15**	**41302**	**22061**	**19241**	**114.66**	**3.07**
42084	21663	20421	106.08	5515	3355	2160	155.32	3.28
164917	82562	82355	100.25	21013	10558	10455	100.99	2.97
150505	75504	75001	100.67	9750	5243	4507	116.33	3.05
71534	36016	35518	101.40	5024	2905	2119	137.09	3.22

1-1c 各地区户数、

地区	户数						
				合计			
	合计	家庭户	集体户	合计	男	女	性别比(女=100)
广东	**10340668**	**9990796**	**349872**	**32576438**	**17163861**	**15412577**	**111.36**
广州市	**940329**	**871863**	**68466**	**2579881**	**1399937**	**1179944**	**118.64**
荔湾区							
越秀区							
海珠区							
天河区							
白云区	277075	249027	28048	697384	379333	318051	119.27
黄埔区	32538	30625	1913	98339	54378	43961	123.70
番禺区	125896	116066	9830	277077	154238	122839	125.56
花都区	175245	158532	16713	498426	273839	224587	121.93
南沙区	86678	81539	5139	226178	122505	103673	118.16
从化区	106981	103758	3223	388976	202910	186066	109.05
增城区	135916	132316	3600	393501	212734	180767	117.68
韶关市	**428276**	**420478**	**7798**	**1218236**	**638291**	**579945**	**110.06**
武江区	18899	18453	446	57848	30684	27164	112.96
浈江区	16808	16250	558	52643	27774	24869	111.68
曲江区	39001	37019	1982	114594	61438	53156	115.58
始兴县	43405	42867	538	116280	59288	56992	104.03
仁化县	38390	37883	507	109380	57155	52225	109.44
翁源县	69514	67717	1797	207531	108804	98727	110.21
乳源瑶族自治县	33094	32837	257	100449	52709	47740	110.41
新丰县	33611	33186	425	92750	49383	43367	113.87
乐昌市	65411	64597	814	184060	97491	86569	112.62
南雄市	70143	69669	474	182701	93565	89136	104.97
深圳市	**22891**	**18312**	**4579**	**49789**	**30340**	**19449**	**156.00**
罗湖区							
福田区							
南山区							
宝安区							
龙岗区	22891	18312	4579	49789	30340	19449	156.00
盐田区							
龙华区							
坪山区							
光明区							
珠海市	**79535**	**76408**	**3127**	**232495**	**125797**	**106698**	**117.90**
香洲区	508	243	265	1059	794	265	299.62
斗门区	72808	70394	2414	213646	114914	98732	116.39
金湾区	6219	5771	448	17790	10089	7701	131.01
汕头市	**375976**	**364518**	**11458**	**1611862**	**817755**	**794107**	**102.98**
龙湖区	23102	22048	1054	100508	50587	49921	101.33
金平区	3955	3521	434	15416	7670	7746	99.02
濠江区	16999	14966	2033	73866	38980	34886	111.74
潮阳区	157483	154359	3124	674352	338630	335722	100.87
潮南区	112386	109753	2633	497728	253557	244171	103.84
澄海区	58001	55841	2160	236832	121704	115128	105.71
南澳县	4050	4030	20	13160	6627	6533	101.44
佛山市	**178870**	**156273**	**22597**	**456354**	**257240**	**199114**	**129.19**
禅城区							
南海区	54805	48560	6245	144834	81860	62974	129.99
顺德区	18540	16750	1790	44992	25903	19089	135.70
三水区	84940	70944	13996	215540	121873	93667	130.11
高明区	20585	20019	566	50988	27604	23384	118.05

人口数和性别比(乡村)

单位：户、人

人口数								平均家庭户规模（人/户）
家庭户				集体户				
小计	男	女	性别比（女=100）	小计	男	女	性别比（女=100）	
31135332	**16253539**	**14881793**	**109.22**	**1441106**	**910322**	**530784**	**171.51**	**3.12**
2298899	**1227773**	**1071126**	**114.62**	**280982**	**172164**	**108818**	**158.21**	**2.64**
586159	315756	270403	116.77	111225	63577	47648	133.43	2.35
90095	48074	42021	114.40	8244	6304	1940	324.95	2.94
249507	136428	113079	120.65	27570	17810	9760	182.48	2.15
427177	230446	196731	117.14	71249	43393	27856	155.78	2.69
208296	109757	98539	111.38	17882	12748	5134	248.31	2.55
360835	186729	174106	107.25	28141	16181	11960	135.29	3.48
376830	200583	176247	113.81	16671	12151	4520	268.83	2.85
1183605	**614189**	**569416**	**107.86**	**34631**	**24102**	**10529**	**228.91**	**2.81**
55872	29262	26610	109.97	1976	1422	554	256.68	3.03
50800	26455	24345	108.67	1843	1319	524	251.72	3.13
105763	55468	50295	110.29	8831	5970	2861	208.67	2.86
114411	58367	56044	104.14	1869	921	948	97.15	2.67
107544	55755	51789	107.66	1836	1400	436	321.10	2.84
200206	104461	95745	109.10	7325	4343	2982	145.64	2.96
98944	51567	47377	108.84	1505	1142	363	314.60	3.01
91048	48075	42973	111.87	1702	1308	394	331.98	2.74
178809	92801	86008	107.90	5251	4690	561	836.01	2.77
180208	91978	88230	104.25	2493	1587	906	175.17	2.59
37239	**20911**	**16328**	**128.07**	**12550**	**9429**	**3121**	**302.11**	**2.03**
37239	20911	16328	128.07	12550	9429	3121	302.11	2.03
222179	**118871**	**103308**	**115.06**	**10316**	**6926**	**3390**	**204.31**	**2.91**
408	272	136	200.00	651	522	129	404.65	1.68
205547	109681	95866	114.41	8099	5233	2866	182.59	2.92
16224	8918	7306	122.06	1566	1171	395	296.46	2.81
1500041	**753732**	**746309**	**100.99**	**111821**	**64023**	**47798**	**133.94**	**4.12**
95152	47581	47571	100.02	5356	3006	2350	127.91	4.32
14405	7180	7225	99.38	1011	490	521	94.05	4.09
63823	31746	32077	98.97	10043	7234	2809	257.53	4.26
632244	315888	316356	99.85	42108	22742	19366	117.43	4.10
466086	236252	229834	102.79	31642	17305	14337	120.70	4.25
215296	108562	106734	101.71	21536	13142	8394	156.56	3.86
13035	6523	6512	100.17	125	104	21	495.24	3.23
385105	**208993**	**176112**	**118.67**	**71249**	**48247**	**23002**	**209.75**	**2.46**
122232	65567	56665	115.71	22602	16293	6309	258.25	2.52
40588	22834	17754	128.61	4404	3069	1335	229.89	2.42
172983	94192	78791	119.55	42557	27681	14876	186.08	2.44
49302	26400	22902	115.27	1686	1204	482	249.79	2.46

1-1c 续表 1

地区	户数			合计			
	合计	家庭户	集体户	合计	男	女	性别比(女=100)
江门市	**548323**	**536738**	**11585**	**1553156**	**810579**	**742577**	**109.16**
蓬江区	7894	7736	158	26023	13473	12550	107.35
江海区							
新会区	111282	108650	2632	305496	162745	142751	114.01
台山市	167508	165308	2200	474478	243370	231108	105.31
开平市	113479	111301	2178	318742	162361	156381	103.82
鹤山市	68851	66013	2838	196252	105323	90929	115.83
恩平市	79309	77730	1579	232165	123307	108858	113.27
湛江市	**1102236**	**1092209**	**10027**	**3807772**	**2011124**	**1796648**	**111.94**
赤坎区	2325	2318	7	8527	4407	4120	106.97
霞山区	8495	8467	28	31911	16579	15332	108.13
坡头区	56665	56503	162	191096	102560	88536	115.84
麻章区	83389	80881	2508	299212	158140	141072	112.10
遂溪县	158504	157470	1034	535072	281986	253086	111.42
徐闻县	113141	112515	626	394856	206647	188209	109.80
廉江市	264036	261956	2080	919658	490825	428833	114.46
雷州市	261069	259034	2035	908800	476414	432386	110.18
吴川市	154612	153065	1547	518640	273566	245074	111.63
茂名市	**1039313**	**1022327**	**16986**	**3484470**	**1836587**	**1647883**	**111.45**
茂南区	96705	91611	5094	335409	175570	159839	109.84
电白区	244703	240946	3757	895937	476771	419166	113.74
高州市	266077	263688	2389	838356	439215	399141	110.04
化州市	240469	236582	3887	818922	433151	385771	112.28
信宜市	191359	189500	1859	595846	311880	283966	109.83
肇庆市	**662739**	**654608**	**8131**	**2014980**	**1044140**	**970840**	**107.55**
端州区							
鼎湖区	18760	18460	300	54803	28083	26720	105.10
高要区	148558	146638	1920	462496	241387	221109	109.17
广宁县	88387	87494	893	243863	126950	116913	108.59
怀集县	181203	180060	1143	583295	297627	285668	104.19
封开县	82287	81611	676	250678	129300	121378	106.53
德庆县	73227	72512	715	231471	119879	111592	107.43
四会市	70317	67833	2484	188374	100914	87460	115.38
惠州市	**531153**	**488901**	**42252**	**1643576**	**891671**	**751905**	**118.59**
惠城区	113420	99881	13539	335449	184209	151240	121.80
惠阳区	99552	88728	10824	259153	145559	113594	128.14
博罗县	153844	142568	11276	498285	266705	231580	115.17
惠东县	109582	105597	3985	377699	202241	175458	115.26
龙门县	54755	52127	2628	172990	92957	80033	116.15
梅州市	**627612**	**620972**	**6640**	**1875444**	**956496**	**918948**	**104.09**
梅江区	11864	11778	86	36438	18398	18040	101.98
梅县区	92643	91173	1470	261418	132913	128505	103.43
大埔县	69446	68637	809	176229	91706	84523	108.50
丰顺县	74316	73432	884	224467	116169	108298	107.27
五华县	167441	165736	1705	585378	296888	288490	102.91
平远县	33938	33733	205	95186	48313	46873	103.07
蕉岭县	31334	30924	410	82578	42221	40357	104.62
兴宁市	146630	145559	1071	413750	209888	203862	102.96

单位：户、人

人口数								平均家庭户规模（人/户）
家庭户				集体户				
小计	男	女	性别比（女=100）	小计	男	女	性别比（女=100）	
1493843	**769817**	**724026**	**106.32**	**59313**	**40762**	**18551**	**219.73**	**2.78**
25540	13171	12369	106.48	483	302	181	166.85	3.30
290611	152215	138396	109.99	14885	10530	4355	241.79	2.67
462636	235062	227574	103.29	11842	8308	3534	235.09	2.80
310088	156738	153350	102.21	8654	5623	3031	185.52	2.79
181025	94908	86117	110.21	15227	10415	4812	216.44	2.74
223943	117723	106220	110.83	8222	5584	2638	211.68	2.88
3764494	**1986127**	**1778367**	**111.68**	**43278**	**24997**	**18281**	**136.74**	**3.45**
8506	4397	4109	107.01	21	10	11	90.91	3.67
31780	16501	15279	108.00	131	78	53	147.17	3.75
190382	102055	88327	115.54	714	505	209	241.63	3.37
287011	151683	135328	112.09	12201	6457	5744	112.41	3.55
532256	280405	251851	111.34	2816	1581	1235	128.02	3.38
390138	203666	186472	109.22	4718	2981	1737	171.62	3.47
913193	487301	425892	114.42	6465	3524	2941	119.82	3.49
898947	470640	428307	109.88	9853	5774	4079	141.55	3.47
512281	269479	242802	110.99	6359	4087	2272	179.89	3.35
3408113	**1796060**	**1612053**	**111.41**	**76357**	**40527**	**35830**	**113.11**	**3.33**
315644	166880	148764	112.18	19765	8690	11075	78.47	3.45
876008	465220	410788	113.25	19929	11551	8378	137.87	3.64
825590	431555	394035	109.52	12766	7660	5106	150.02	3.13
802316	424525	377791	112.37	16606	8626	7980	108.10	3.39
588555	307880	280675	109.69	7291	4000	3291	121.54	3.11
1969267	**1016534**	**952733**	**106.70**	**45713**	**27606**	**18107**	**152.46**	**3.01**
52831	26853	25978	103.37	1972	1230	742	165.77	2.86
454138	235856	218282	108.05	8358	5531	2827	195.65	3.10
237931	123192	114739	107.37	5932	3758	2174	172.86	2.72
572105	292562	279543	104.66	11190	5065	6125	82.69	3.18
247234	127118	120116	105.83	3444	2182	1262	172.90	3.03
227122	117592	109530	107.36	4349	2287	2062	110.91	3.13
177906	93361	84545	110.43	10468	7553	2915	259.11	2.62
1466244	**775047**	**691197**	**112.13**	**177332**	**116624**	**60708**	**192.11**	**3.00**
287532	153036	134496	113.78	47917	31173	16744	186.17	2.88
221608	119983	101625	118.06	37545	25576	11969	213.69	2.50
441559	230853	210706	109.56	56726	35852	20874	171.75	3.10
354831	186357	168474	110.61	22868	15884	6984	227.43	3.36
160714	84818	75896	111.76	12276	8139	4137	196.74	3.08
1845886	**938556**	**907330**	**103.44**	**29558**	**17940**	**11618**	**154.42**	**2.97**
35966	18041	17925	100.65	472	357	115	310.43	3.05
255161	129280	125881	102.70	6257	3633	2624	138.45	2.80
172557	89222	83335	107.06	3672	2484	1188	209.09	2.51
220042	113757	106285	107.03	4425	2412	2013	119.82	3.00
578072	292425	285647	102.37	7306	4463	2843	156.98	3.49
94250	47645	46605	102.23	936	668	268	249.25	2.79
80470	40816	39654	102.93	2108	1405	703	199.86	2.60
409368	207370	201998	102.66	4382	2518	1864	135.09	2.81

1-1c 续表 2

地区	户数			合计			
	合计	家庭户	集体户	合计	男	女	性别比（女=100）
汕尾市	**334188**	**326899**	**7289**	**1177179**	**614099**	**563080**	**109.06**
城　区	33635	31721	1914	105586	56001	49585	112.94
海丰县	82264	79027	3237	265176	141311	123865	114.08
陆河县	32508	32248	260	116064	59978	56086	106.94
陆丰市	185781	183903	1878	690353	356809	333544	106.98
河源市	**499223**	**487411**	**11812**	**1461518**	**756768**	**704750**	**107.38**
源城区	14031	13599	432	40657	21976	18681	117.64
紫金县	107688	106308	1380	343701	177213	166488	106.44
龙川县	143978	140876	3102	397757	204678	193079	106.01
连平县	59635	58386	1249	179318	91809	87509	104.91
和平县	87234	86560	674	238602	123882	114720	107.99
东源县	86657	81682	4975	261483	137210	124273	110.41
阳江市	**394658**	**387041**	**7617**	**1193139**	**635458**	**557681**	**113.95**
江城区	65473	62437	3036	201369	106862	94507	113.07
阳东区	77285	74927	2358	232023	124892	107131	116.58
阳西县	81376	80415	961	244210	132093	112117	117.82
阳春市	170524	169262	1262	515537	271611	243926	111.35
清远市	**600205**	**575735**	**24470**	**1806264**	**961949**	**844315**	**113.93**
清城区	60993	47512	13481	199260	110369	88891	124.16
清新区	116398	113924	2474	341583	180807	160776	112.46
佛冈县	59179	56932	2247	178713	94982	83731	113.44
阳山县	72129	71647	482	212774	112498	100276	112.19
连山壮族瑶族自治县	17833	17717	116	56378	29619	26759	110.69
连南瑶族自治县	24513	24456	57	73649	38174	35475	107.61
英德市	176078	170862	5216	543259	289028	254231	113.69
连州市	73082	72685	397	200648	106472	94176	113.06
东莞市	**386689**	**329653**	**57036**	**821754**	**482325**	**339429**	**142.10**
市辖区	386689	329653	57036	821754	482325	339429	142.10
中山市	**211465**	**194124**	**17341**	**576187**	**311936**	**264251**	**118.05**
市辖区	211465	194124	17341	576187	311936	264251	118.05
潮州市	**254069**	**251759**	**2310**	**919744**	**471394**	**448350**	**105.14**
湘桥区	20004	19331	673	70048	35261	34787	101.36
潮安区	110598	109472	1126	426890	219291	207599	105.63
饶平县	123467	122956	511	422806	216842	205964	105.28
揭阳市	**691421**	**688980**	**2441**	**2752577**	**1408696**	**1343881**	**104.82**
榕城区	48926	48680	246	196344	100596	95748	105.06
揭东区	115406	115141	265	424337	219244	205093	106.90
揭西县	129875	129568	307	465596	238993	226603	105.47
惠来县	136037	135675	362	603349	303826	299523	101.44
普宁市	261177	259916	1261	1062951	546037	516914	105.63
云浮市	**431497**	**425587**	**5910**	**1340061**	**701279**	**638782**	**109.78**
云城区	30965	30244	721	96175	51138	45037	113.55
云安区	51491	49798	1693	167708	88573	79135	111.93
新兴县	78340	77239	1101	244901	127398	117503	108.42
郁南县	68140	67837	303	211406	111133	100273	110.83
罗定市	202561	200469	2092	619871	323037	296834	108.83

单位：户、人

人口数								平均家庭户规模(人/户)
家庭户				集体户				
小计	男	女	性别比(女=100)	小计	男	女	性别比(女=100)	
1141753	**591827**	**549926**	**107.62**	**35426**	**22272**	**13154**	**169.32**	**3.49**
98241	50918	47323	107.60	7345	5083	2262	224.71	3.10
248003	130093	117910	110.33	17173	11218	5955	188.38	3.14
115211	59430	55781	106.54	853	548	305	179.67	3.57
680298	351386	328912	106.83	10055	5423	4632	117.08	3.70
1398583	**720150**	**678433**	**106.15**	**62935**	**36618**	**26317**	**139.14**	**2.87**
39268	20890	18378	113.67	1389	1086	303	358.42	2.89
336760	172427	164333	104.93	6941	4786	2155	222.09	3.17
381715	195268	186447	104.73	16042	9410	6632	141.89	2.71
171938	87626	84312	103.93	7380	4183	3197	130.84	2.94
235377	121770	113607	107.19	3225	2112	1113	189.76	2.72
233525	122169	111356	109.71	27958	15041	12917	116.44	2.86
1156068	**610261**	**545807**	**111.81**	**37071**	**25197**	**11874**	**212.20**	**2.99**
189097	98216	90881	108.07	12272	8646	3626	238.44	3.03
218955	116351	102604	113.40	13068	8541	4527	188.67	2.92
240667	129702	110965	116.89	3543	2391	1152	207.55	2.99
507349	265992	241357	110.21	8188	5619	2569	218.72	3.00
1712240	**899869**	**812371**	**110.77**	**94024**	**62080**	**31944**	**194.34**	**2.97**
149870	78882	70988	111.12	49390	31487	17903	175.88	3.15
330506	173361	157145	110.32	11077	7446	3631	205.07	2.90
169844	89035	80809	110.18	8869	5947	2922	203.52	2.98
210570	110813	99757	111.08	2204	1685	519	324.66	2.94
55861	29258	26603	109.98	517	361	156	231.41	3.15
73384	38004	35380	107.42	265	170	95	178.95	3.00
523755	275765	247990	111.20	19504	13263	6241	212.51	3.07
198450	104751	93699	111.80	2198	1721	477	360.80	2.73
669983	**376727**	**293256**	**128.46**	**151771**	**105598**	**46173**	**228.70**	**2.03**
669983	376727	293256	128.46	151771	105598	46173	228.70	2.03
525786	**280303**	**245483**	**114.18**	**50401**	**31633**	**18768**	**168.55**	**2.71**
525786	280303	245483	114.18	50401	31633	18768	168.55	2.71
903120	**462402**	**440718**	**104.92**	**16624**	**8992**	**7632**	**117.82**	**3.59**
67204	34249	32955	103.93	2844	1012	1832	55.24	3.48
417350	213855	203495	105.09	9540	5436	4104	132.46	3.81
418566	214298	204268	104.91	4240	2544	1696	150.00	3.40
2737360	**1399756**	**1337604**	**104.65**	**15217**	**8940**	**6277**	**142.42**	**3.97**
194311	99387	94924	104.70	2033	1209	824	146.72	3.99
423174	218474	204700	106.73	1163	770	393	195.93	3.68
463606	237901	225705	105.40	1990	1092	898	121.60	3.58
601153	302314	298839	101.16	2196	1512	684	221.05	4.43
1055116	541680	513436	105.50	7835	4357	3478	125.27	4.06
1315524	**685634**	**629890**	**108.85**	**24537**	**15645**	**8892**	**175.94**	**3.09**
93448	49254	44194	111.45	2727	1884	843	223.49	3.09
162728	85199	77529	109.89	4980	3374	1606	210.09	3.27
236809	122108	114701	106.46	8092	5290	2802	188.79	3.07
209982	110158	99824	110.35	1424	975	449	217.15	3.10
612557	318915	293642	108.61	7314	4122	3192	129.14	3.06

1-2 各地区分性别、

地区	人口数			居住本乡、镇、街道，户口在本乡、镇、街道		
	合计	男	女	小计	男	女
广东	**126012510**	**66873646**	**59138864**	**64370531**	**32652666**	**31717865**
广州市	**18676605**	**9866005**	**8810600**	**6986546**	**3480683**	**3505863**
荔湾区	1238305	635252	603053	459110	222889	236221
越秀区	1038643	507768	530875	596801	285625	311176
海珠区	1819037	919076	899961	740039	358365	381674
天河区	2241826	1178753	1063073	647784	320327	327457
白云区	3742991	2015549	1727442	938667	470017	468650
黄埔区	1264447	699706	564741	429646	217472	212174
番禺区	2658397	1404879	1253518	869179	432133	437046
花都区	1642360	883456	758904	638541	324696	313845
南沙区	846584	470128	376456	398304	200418	197886
从化区	717684	375921	341763	495967	254577	241390
增城区	1466331	775517	690814	772508	394164	378344
韶关市	**2855131**	**1452541**	**1402590**	**1946536**	**995946**	**950590**
武江区	373686	187230	186456	190716	94794	95922
浈江区	364319	188359	175960	198462	104731	93731
曲江区	290455	149566	140889	193720	98901	94819
始兴县	198060	98281	99779	148577	74626	73951
仁化县	186009	94793	91216	140449	71546	68903
翁源县	322482	164279	158203	255256	130797	124459
乳源瑶族自治县	187276	95771	91505	131978	68034	63944
新丰县	195430	100566	94864	143308	74233	69075
乐昌市	383498	195656	187842	277595	143468	134127
南雄市	353916	178040	175876	266475	134816	131659
深圳市	**17494398**	**9629111**	**7865287**	**3268528**	**1616208**	**1652320**
罗湖区	1143801	582817	560984	340268	164713	175555
福田区	1553225	803830	749395	508744	246453	262291
南山区	1795826	955912	839914	586358	289834	296524
宝安区	4476554	2524557	1951997	541578	269661	271917
龙岗区	4135273	2251459	1883814	735897	366371	369526
盐田区	214225	116326	97899	55909	27318	28591
龙华区	2528872	1433793	1095079	340301	169765	170536
坪山区	551333	319139	232194	80701	42713	37988
光明区	1095289	641278	454011	78772	39380	39392
珠海市	**2439585**	**1304196**	**1135389**	**941969**	**465568**	**476401**
香洲区	1384317	729794	654523	510087	248018	262069
斗门区	608899	327502	281397	288898	145483	143415
金湾区	446369	246900	199469	142984	72067	70917
汕头市	**5502031**	**2776205**	**2725826**	**4492041**	**2229378**	**2262663**
龙湖区	630749	318777	311972	419039	204386	214653
金平区	777024	382169	394855	547025	264778	282247
濠江区	269471	136601	132870	233924	114859	119065
潮阳区	1654276	833722	820554	1460799	728047	732752
潮南区	1231638	626540	605098	1134595	571331	563264
澄海区	874444	446187	428257	638446	316918	321528
南澳县	64429	32209	32220	58213	29059	29154
佛山市	**9498863**	**5163849**	**4335014**	**3885782**	**1891981**	**1993801**
禅城区	1330262	702259	628003	559130	271506	287624
南海区	3667247	2006179	1661068	1407677	678473	729204
顺德区	3229090	1760951	1468139	1348183	658639	689544
三水区	803226	441222	362004	338836	166846	171990
高明区	469038	253238	215800	231956	116517	115439

户口登记状况的人口

单位：人

居住本乡、镇、街道，户口在外乡、镇、街道，离开户口登记地半年以上			居住本乡、镇、街道，户口待定			原住本乡、镇、街道，现在港澳台或国外工作学习		
小计	男	女	小计	男	女	小计	男	女
60635086	**33711847**	**26923239**	**700586**	**359835**	**340751**	**306307**	**149298**	**157009**
11522907	**6302836**	**5220071**	**91678**	**48113**	**43565**	**75474**	**34373**	**41101**
768996	407592	361404	2855	1505	1350	7344	3266	4078
417677	211142	206535	3193	1703	1490	20972	9298	11674
1060498	552155	508343	6600	3297	3303	11900	5259	6641
1573823	848459	725364	12696	6563	6133	7523	3404	4119
2761490	1523670	1237820	29434	15602	13832	13400	6260	7140
826321	477919	348402	6775	3546	3229	1705	769	936
1775598	965692	809906	11527	6122	5405	2093	932	1161
987462	550355	437107	8209	4363	3846	8148	4042	4106
444824	267872	176952	2914	1595	1319	542	243	299
219385	120207	99178	1507	736	771	825	401	424
686833	377773	309060	5968	3081	2887	1022	499	523
896241	**450599**	**445642**	**9528**	**4587**	**4941**	**2826**	**1409**	**1417**
180820	91418	89402	1564	784	780	586	234	352
164656	83023	81633	832	436	396	369	169	200
95570	50083	45487	782	391	391	383	191	192
48678	23248	25430	617	309	308	188	98	90
44651	22834	21817	698	303	395	211	110	101
65853	32819	33034	1162	540	622	211	123	88
54228	27244	26984	887	399	488	183	94	89
51484	26033	25451	493	222	271	145	78	67
103908	51210	52698	1596	761	835	399	217	182
86393	42687	43706	897	442	455	151	95	56
14089685	**7943327**	**6146358**	**101406**	**52644**	**48762**	**34779**	**16932**	**17847**
792671	412853	379818	6687	3395	3292	4175	1856	2319
1025636	548337	477299	8339	4334	4005	10506	4706	5800
1191559	656422	535137	7632	3960	3672	10277	5696	4581
3907260	2240601	1666659	25193	13128	12065	2523	1167	1356
3366933	1868446	1498487	28226	14589	13637	4217	2053	2164
156096	87845	68251	1069	648	421	1151	515	636
2173167	1256129	917038	13974	7182	6792	1430	717	713
466743	274335	192408	3691	1999	1692	198	92	106
1009620	598359	411261	6595	3409	3186	302	130	172
1476534	**828154**	**648380**	**14472**	**7588**	**6884**	**6610**	**2886**	**3724**
861208	475325	385883	9379	4901	4478	3643	1550	2093
315053	179585	135468	2619	1402	1217	2329	1032	1297
300273	173244	127029	2474	1285	1189	638	304	334
976345	**529388**	**446957**	**29984**	**15481**	**14503**	**3661**	**1958**	**1703**
209120	113084	96036	2047	1064	983	543	243	300
226368	115542	110826	2856	1487	1369	775	362	413
34064	21018	13046	1310	638	672	173	86	87
179994	98605	81389	13257	6949	6308	226	121	105
87245	50103	37142	8527	4342	4185	1271	764	507
233620	128033	105587	1717	860	857	661	376	285
5934	3003	2931	270	141	129	12	6	6
5565101	**3247371**	**2317730**	**36639**	**19419**	**17220**	**11341**	**5078**	**6263**
761862	426184	335678	6077	3187	2890	3193	1382	1811
2241402	1318312	923090	15142	8061	7081	3026	1333	1693
1865658	1094517	771141	11352	5978	5374	3897	1817	2080
460823	272528	188295	2678	1472	1206	889	376	513
235356	135830	99526	1390	721	669	336	170	166

1-2 续表 1

地　　区	人　口　数			居住本乡、镇、街道，户口在本乡、镇、街道		
	合计	男	女	小计	男	女
江门市	**4798090**	**2485465**	**2312625**	**2738723**	**1371444**	**1367279**
蓬江区	853007	442486	410521	415025	203470	211555
江海区	364694	191995	172699	149203	72755	76448
新会区	909277	472177	437100	537305	268896	268409
台山市	907744	463992	443752	609009	307792	301217
开平市	748777	379008	369769	419109	208137	210972
鹤山市	530684	281958	248726	280622	140727	139895
恩平市	483907	253849	230058	328450	169667	158783
湛江市	**6981236**	**3640165**	**3341071**	**5331640**	**2801369**	**2530271**
赤坎区	414539	205741	208798	185045	92393	92652
霞山区	653403	333280	320123	276158	140728	135430
坡头区	337723	177820	159903	291373	153856	137517
麻章区	525790	277018	248772	391062	205119	185943
遂溪县	824608	430961	393647	707208	371838	335370
徐闻县	633258	329606	303652	514306	268593	245713
廉江市	1363470	720765	642705	1095166	587210	507956
雷州市	1321091	692074	629017	1107101	580650	526451
吴川市	907354	472900	434454	764221	400982	363239
茂名市	**6174050**	**3228813**	**2945237**	**5084147**	**2673478**	**2410669**
茂南区	1035411	537254	498157	757882	393964	363918
电白区	1503737	792635	711102	1302473	691409	611064
高州市	1328657	692999	635658	1109834	580423	529411
化州市	1291668	680112	611556	1060099	562871	497228
信宜市	1014577	525813	488764	853859	444811	409048
肇庆市	**4113594**	**2141295**	**1972299**	**3045758**	**1557842**	**1487916**
端州区	602402	304417	297985	346246	169468	176778
鼎湖区	209116	110395	98721	115733	58263	57470
高要区	741591	390867	350724	585533	301770	283763
广宁县	408112	209075	199037	347077	177416	169661
怀集县	805177	413144	392033	726316	372842	353474
封开县	374848	193228	181620	337467	173903	163564
德庆县	331438	171042	160396	290358	150583	139775
四会市	640910	349127	291783	297028	153597	143431
惠州市	**6042852**	**3249429**	**2793423**	**2670117**	**1345535**	**1324582**
惠城区	2090578	1112751	977827	829585	410433	419152
惠阳区	1404137	785898	618239	387865	191706	196159
博罗县	1210878	646752	564126	682637	345343	337294
惠东县	1018076	537768	480308	527913	273030	254883
龙门县	319183	166260	152923	242117	125023	117094
梅州市	**3873239**	**1952489**	**1920750**	**2821459**	**1428436**	**1393023**
梅江区	435616	217995	217621	191118	96347	94771
梅县区	556735	279137	277598	323533	163348	160185
大埔县	330948	167700	163248	241807	123303	118504
丰顺县	478731	246430	232301	406652	209464	197188
五华县	916961	463843	453118	817112	411827	405285
平远县	190482	95004	95478	147025	73515	73510
蕉岭县	184355	91753	92602	122705	61540	61165
兴宁市	779411	390627	388784	571507	289092	282415

单位：人

居住本乡、镇、街道，户口在外乡、镇、街道，离开户口登记地半年以上			居住本乡、镇、街道，户口待定			原住本乡、镇、街道，现在港澳台或国外工作学习		
小计	男	女	小计	男	女	小计	男	女
1924205	**1047249**	**876956**	**15891**	**8166**	**7725**	**119271**	**58606**	**60665**
429754	235025	194729	3909	2082	1827	4319	1909	2410
212872	117929	94943	1626	858	768	993	453	540
361858	198406	163452	2421	1278	1143	7693	3597	4096
223027	119249	103778	2537	1275	1262	73171	35676	37495
314360	163559	150801	1938	966	972	13370	6346	7024
243814	138085	105729	1569	792	777	4679	2354	2325
138520	74996	63524	1891	915	976	15046	8271	6775
1584833	**806490**	**778343**	**56526**	**27681**	**28845**	**8237**	**4625**	**3612**
226538	111896	114642	2288	1172	1116	668	280	388
370281	189026	181255	5138	2779	2359	1826	747	1079
43315	22451	20864	2577	1244	1333	458	269	189
131201	70041	61160	3144	1627	1517	383	231	152
111200	56056	55144	5330	2502	2828	870	565	305
113107	58065	55042	5303	2641	2662	542	307	235
257295	128269	129026	9708	4511	5197	1301	775	526
199861	104228	95633	13165	6624	6541	964	572	392
132035	66458	65577	9873	4581	5292	1225	879	346
1014730	**517337**	**497393**	**69356**	**34211**	**35145**	**5817**	**3787**	**2030**
270175	139671	130504	6585	3215	3370	769	404	365
186242	93462	92780	13171	6446	6725	1851	1318	533
200929	103280	97649	16859	8647	8212	1035	649	386
209865	106471	103394	20611	10053	10558	1093	717	376
147519	74453	73066	12130	5850	6280	1069	699	370
1043590	**570927**	**472663**	**20285**	**10387**	**9898**	**3961**	**2139**	**1822**
251861	132737	119124	3713	1967	1746	582	245	337
92749	51799	40950	519	279	240	115	54	61
153033	87494	65539	1680	898	782	1345	705	640
59106	30592	28514	1352	706	646	577	361	216
72480	37084	35396	6019	2965	3054	362	253	109
35129	18223	16906	1971	948	1023	281	154	127
37560	18685	18875	3400	1705	1695	120	69	51
341672	194313	147359	1631	919	712	579	298	281
3332388	**1882821**	**1449567**	**37152**	**19605**	**17547**	**3195**	**1468**	**1727**
1244513	693721	550792	15586	8163	7423	894	434	460
1006478	589012	417466	9273	4966	4307	521	214	307
522221	298251	223970	5100	2696	2404	920	462	458
483304	261182	222122	6209	3302	2907	650	254	396
75872	40655	35217	984	478	506	210	104	106
1035174	**515667**	**519507**	**11945**	**6129**	**5816**	**4661**	**2257**	**2404**
243283	121116	122167	759	390	369	456	142	314
231543	115066	116477	945	464	481	714	259	455
87883	43808	44075	782	376	406	476	213	263
69361	35468	33893	1473	759	714	1245	739	506
95182	49572	45610	4067	2095	1972	600	349	251
42624	21091	21533	673	331	342	160	67	93
61044	29927	31117	402	203	199	204	83	121
204254	99619	104635	2844	1511	1333	806	405	401

1-2 续表 2

地　　区	人　口　数			居住本乡、镇、街道，户口在本乡、镇、街道		
	合计	男	女	小计	男	女
汕尾市	**2738482**	**1420706**	**1317776**	**2005697**	**1035379**	**970318**
城　区	450959	234455	216504	270200	139119	131081
海丰县	802454	420476	381978	435318	226072	209246
陆河县	249242	127610	121632	197067	101310	95757
陆丰市	1235827	638165	597662	1103112	568878	534234
河源市	**2837686**	**1448488**	**1389198**	**1811127**	**926085**	**885042**
源城区	703607	361074	342533	232595	118833	113762
紫金县	551095	280948	270147	449785	228236	221549
龙川县	595471	300207	295264	407871	208469	199402
连平县	285224	144334	140890	220396	111510	108886
和平县	353903	180083	173820	270388	139185	131203
东源县	348386	181842	166544	230092	119852	110240
阳江市	**2602959**	**1362137**	**1240822**	**1752570**	**918612**	**833958**
江城区	814688	420257	394431	432180	220578	211602
阳东区	478299	256251	222048	280245	150053	130192
阳西县	434076	230343	203733	334001	178455	155546
阳春市	875896	455286	420610	706144	369526	336618
清远市	**3969473**	**2061098**	**1908375**	**2613398**	**1354192**	**1259206**
清城区	1119901	585533	534368	540974	275267	265707
清新区	618523	320816	297707	345375	180026	165349
佛冈县	315502	163983	151519	235143	121780	113363
阳山县	367175	188730	178445	291078	151266	139812
连山壮族瑶族自治县	95136	48913	46223	78807	41012	37795
连南瑶族自治县	134691	68406	66285	114710	58679	56031
英德市	941325	492403	448922	703907	369995	333912
连州市	377220	192314	184906	303404	156167	147237
东莞市	**10466625**	**5917079**	**4549546**	**2093990**	**1039002**	**1054988**
市辖区	10466625	5917079	4549546	2093990	1039002	1054988
中山市	**4418060**	**2383175**	**2034885**	**1619488**	**798274**	**821214**
市辖区	4418060	2383175	2034885	1619488	798274	821214
潮州市	**2568387**	**1305930**	**1262457**	**2104524**	**1062904**	**1041620**
湘桥区	575795	285791	290004	353336	175004	178332
潮安区	1175150	603584	571566	975632	492836	482796
饶平县	817442	416555	400887	775556	395064	380492
揭阳市	**5577814**	**2852630**	**2725184**	**5265301**	**2683647**	**2581654**
榕城区	931868	474294	457574	877499	443996	433503
揭东区	931719	482585	449134	872644	448793	423851
揭西县	674829	346159	328670	641547	328696	312851
惠来县	1040779	526003	514776	996252	502556	493696
普宁市	1998619	1023589	975030	1877359	959606	917753
云浮市	**2383350**	**1232840**	**1150510**	**1891190**	**976703**	**914487**
云城区	408537	213580	194957	249727	128528	121199
云安区	235390	124074	111316	209905	109463	100442
新兴县	430831	220518	210313	317994	161885	156109
郁南县	371661	191880	179781	325440	168721	156719
罗定市	936931	482788	454143	788124	408106	380018

单位：人

居住本乡、镇、街道，户口在外乡、镇、街道，离开户口登记地半年以上			居住本乡、镇、街道，户口待定			原住本乡、镇、街道，现在港澳台或国外工作学习		
小计	男	女	小计	男	女	小计	男	女
712075	**374925**	**337150**	**18850**	**9526**	**9324**	**1860**	**876**	**984**
177919	93936	83983	2406	1236	1170	434	164	270
362701	192214	170487	3782	1883	1899	653	307	346
50736	25595	25141	1294	628	666	145	77	68
120719	63180	57539	11368	5779	5589	628	328	300
1009881	**513978**	**495903**	**14275**	**7155**	**7120**	**2403**	**1270**	**1133**
465979	239637	226342	4812	2497	2315	221	107	114
98443	51347	47096	2162	1047	1115	705	318	387
185239	90517	94722	1946	972	974	415	249	166
63243	32006	31237	1227	596	631	358	222	136
81187	39735	41452	2073	1010	1063	255	153	102
115790	60736	55054	2055	1033	1022	449	221	228
837124	**436748**	**400376**	**10737**	**5196**	**5541**	**2528**	**1581**	**947**
379278	197926	181352	2902	1546	1356	328	207	121
196387	105361	91026	1425	712	713	242	125	117
97055	50237	46818	2251	1049	1202	769	602	167
164404	83224	81180	4159	1889	2270	1189	647	542
1329007	**693211**	**635796**	**22674**	**11385**	**11289**	**4394**	**2310**	**2084**
572125	306720	265405	5864	3065	2799	938	481	457
269341	138824	130517	3198	1642	1556	609	324	285
78057	41048	37009	2078	1048	1030	224	107	117
73673	36239	37434	2076	1011	1065	348	214	134
15651	7567	8084	580	288	292	98	46	52
18849	9180	9669	1068	509	559	64	38	26
229076	118325	110751	6595	3187	3408	1747	896	851
72235	35308	36927	1215	635	580	366	204	162
8308567	**4843788**	**3464779**	**61497**	**33086**	**28411**	**2571**	**1203**	**1368**
8308567	4843788	3464779	61497	33086	28411	2571	1203	1368
2765605	**1567974**	**1197631**	**26719**	**14101**	**12618**	**6248**	**2826**	**3422**
2765605	1567974	1197631	26719	14101	12618	6248	2826	3422
452923	**237333**	**215590**	**9072**	**4610**	**4462**	**1868**	**1083**	**785**
220082	109497	110585	1487	758	729	890	532	358
193575	107658	85917	5346	2761	2585	597	329	268
39266	20178	19088	2239	1091	1148	381	222	159
279720	**152046**	**127674**	**31142**	**15945**	**15197**	**1651**	**992**	**659**
50832	28481	22351	3460	1769	1691	77	48	29
53319	30832	22487	5512	2821	2691	244	139	105
27637	14539	13098	5220	2675	2545	425	249	176
36310	19171	17139	7864	4058	3806	353	218	135
111622	59023	52599	9086	4622	4464	552	338	214
478451	**249678**	**228773**	**10758**	**4820**	**5938**	**2951**	**1639**	**1312**
157016	84114	72902	1411	743	668	383	195	188
24003	13861	10142	1250	629	621	232	121	111
110737	57571	53166	1534	783	751	566	279	287
43881	21997	21884	1611	736	875	729	426	303
142814	72135	70679	4952	1929	3023	1041	618	423

1-2a　各地区分性别、

地　　区	人　口　数			居住本乡、镇、街道，户口在本乡、镇、街道		
	合计	男	女	小计	男	女
广　东	**76387659**	**40817255**	**35570404**	**26193433**	**12984770**	**13208663**
广州市	**14878353**	**7808741**	**7069612**	**4919524**	**2427729**	**2491795**
荔湾区	1238305	635252	603053	459110	222889	236221
越秀区	1038643	507768	530875	596801	285625	311176
海珠区	1819037	919076	899961	740039	358365	381674
天河区	2241826	1178753	1063073	647784	320327	327457
白云区	2781103	1492578	1288525	528909	265738	263171
黄埔区	1126425	625352	501073	345453	175144	170309
番禺区	2315247	1213770	1101477	730354	363181	367173
花都区	1042688	555893	486795	328684	165277	163407
南沙区	462387	261011	201376	173593	87890	85703
从化区	228603	115428	113175	124323	60790	63533
增城区	584089	303860	280229	244474	122503	121971
韶关市	**952247**	**474058**	**478189**	**457738**	**229054**	**228684**
武江区	313011	155113	157898	142168	69533	72635
浈江区	278074	141116	136958	134429	70047	64382
曲江区	147569	73295	74274	82289	40958	41331
始兴县						
仁化县						
翁源县						
乳源瑶族自治县						
新丰县						
乐昌市	102619	50094	52525	51442	25155	26287
南雄市	110974	54440	56534	47410	23361	24049
深圳市	**17438289**	**9594171**	**7844118**	**3261010**	**1612427**	**1648583**
罗湖区	1143801	582817	560984	340268	164713	175555
福田区	1553225	803830	749395	508744	246453	262291
南山区	1791801	952409	839392	586326	289803	296523
宝安区	4476554	2524557	1951997	541578	269661	271917
龙岗区	4085484	2221119	1864365	729188	362989	366199
盐田区	214225	116326	97899	55909	27318	28591
龙华区	2528872	1433793	1095079	340301	169765	170536
坪山区	549038	318042	230996	79924	42345	37579
光明区	1095289	641278	454011	78772	39380	39392
珠海市	**1898013**	**995246**	**902767**	**707109**	**346500**	**360609**
香洲区	1331277	692629	638648	503413	244628	258785
斗门区	245780	130459	115321	102912	51552	51360
金湾区	320956	172158	148798	100784	50320	50464
汕头市	**2530788**	**1266228**	**1264560**	**1831869**	**896920**	**934949**
龙湖区	530241	268190	262051	328484	159403	169081
金平区	761608	374499	387109	533046	257890	275156
濠江区	190147	94862	95285	168120	82433	85687
潮阳区	358885	177147	181738	280937	137212	143725
潮南区	422737	215089	207648	382576	192053	190523
澄海区	267170	136441	130729	138706	67929	70777
南澳县						
佛山市	**8538876**	**4619700**	**3919176**	**3448836**	**1672834**	**1776002**
禅城区	1115246	583161	532085	462485	223475	239010
南海区	3470385	1894728	1575657	1311081	630607	680474
顺德区	3184098	1735048	1449050	1328198	648661	679537
三水区	377355	196314	181041	168565	81487	87078
高明区	391792	210449	181343	178507	88604	89903

户口登记状况的人口(城市)

单位：人

居住本乡、镇、街道，户口在外乡、镇、街道，离开户口登记地半年以上			居住本乡、镇、街道，户口待定			原住本乡、镇、街道，现在港澳台或国外工作学习		
小计	男	女	小计	男	女	小计	男	女
49618272	**27539974**	**22078298**	**415921**	**218575**	**197346**	**160033**	**73936**	**86097**
9824621	**5315061**	**4509560**	**76238**	**40074**	**36164**	**57970**	**25877**	**32093**
768996	407592	361404	2855	1505	1350	7344	3266	4078
417677	211142	206535	3193	1703	1490	20972	9298	11674
1060498	552155	508343	6600	3297	3303	11900	5259	6641
1573823	848459	725364	12696	6563	6133	7523	3404	4119
2224579	1212477	1012102	23478	12512	10966	4137	1851	2286
773322	446335	326987	6076	3165	2911	1574	708	866
1572674	844261	728413	10331	5482	4849	1888	846	1042
706132	386531	319601	6134	3266	2868	1738	819	919
286406	171841	114565	2026	1117	909	362	163	199
103602	54297	49305	400	195	205	278	146	132
336912	179971	156941	2449	1269	1180	254	117	137
490654	**243136**	**247518**	**2821**	**1444**	**1377**	**1034**	**424**	**610**
169011	84717	84294	1305	669	636	527	194	333
142740	70610	72130	610	331	279	295	128	167
64848	32121	32727	317	161	156	115	55	60
50750	24742	26008	346	159	187	81	38	43
63305	30946	32359	243	124	119	16	9	7
14041548	**7912385**	**6129163**	**101172**	**52521**	**48651**	**34559**	**16838**	**17721**
792671	412853	379818	6687	3395	3292	4175	1856	2319
1025636	548337	477299	8339	4334	4005	10506	4706	5800
1187566	652950	534616	7632	3960	3672	10277	5696	4581
3907260	2240601	1666659	25193	13128	12065	2523	1167	1356
3324279	1841691	1482588	28013	14477	13536	4004	1962	2042
156096	87845	68251	1069	648	421	1151	515	636
2173167	1256129	917038	13974	7182	6792	1430	717	713
465253	273620	191633	3670	1988	1682	191	89	102
1009620	598359	411261	6595	3409	3186	302	130	172
1174271	**640528**	**533743**	**12131**	**6286**	**5845**	**4502**	**1932**	**2570**
815332	441914	373418	8932	4556	4376	3600	1531	2069
140993	77937	63056	1230	686	544	645	284	361
217946	120677	97269	1969	1044	925	257	117	140
686063	**362783**	**323280**	**11177**	**5707**	**5470**	**1679**	**818**	**861**
199309	107548	91761	1943	1009	934	505	230	275
224966	114776	110190	2834	1476	1358	762	357	405
21058	11962	9096	884	421	463	85	46	39
75895	38869	37026	2042	1066	976	11		11
37246	21558	15688	2681	1333	1348	234	145	89
127589	68070	59519	793	402	391	82	40	42
5045997	**2924355**	**2121642**	**33529**	**17798**	**15731**	**10514**	**4713**	**5801**
644487	355614	288873	5138	2719	2419	3136	1353	1783
2141621	1254964	886657	14782	7876	6906	2901	1281	1620
1840898	1078720	762178	11150	5869	5281	3852	1798	2054
207137	113952	93185	1244	699	545	409	176	233
211854	121105	90749	1215	635	580	216	105	111

1－2a 续表 1

地 区	人口数			居住本乡、镇、街道，户口在本乡、镇、街道		
	合计	男	女	小计	男	女
江门市	**2821211**	**1447618**	**1373593**	**1319524**	**650676**	**668848**
蓬江区	826984	429013	397971	392323	192025	200298
江海区	364694	191995	172699	149203	72755	76448
新会区	481500	244699	236801	238783	117388	121395
台山市	357132	181261	175871	169047	84607	84440
开平市	337647	167661	169986	135016	67309	67707
鹤山市	257132	132096	125036	112959	53915	59044
恩平市	196122	100893	95229	122193	62677	59516
湛江市	**1988010**	**1015876**	**972134**	**931356**	**478570**	**452786**
赤坎区	406012	201334	204678	177568	88559	89009
霞山区	617141	314437	302704	245323	124730	120593
坡头区	69248	35509	33739	46107	23783	22324
麻章区	118440	63580	54860	67735	34560	33175
遂溪县	20740	10916	9824	17091	9036	8055
徐闻县						
廉江市	253790	130059	123731	95072	50138	44934
雷州市	247281	129052	118229	116063	61013	55050
吴川市	255358	130989	124369	166397	86751	79646
茂名市	**1820721**	**938299**	**882422**	**1108071**	**570334**	**537737**
茂南区	656192	338605	317587	424276	216933	207343
电白区	241593	124649	116944	165239	85914	79325
高州市	318402	163387	155015	162639	83652	78987
化州市	285182	148442	136740	150021	78509	71512
信宜市	319352	163216	156136	205896	105326	100570
肇庆市	**1254121**	**655497**	**598624**	**591764**	**295793**	**295971**
端州区	602402	304417	297985	346246	169468	176778
鼎湖区	118036	62037	55999	47739	23925	23814
高要区	116457	60904	55553	53450	27157	26293
广宁县						
怀集县						
封开县						
德庆县						
四会市	417226	228139	189087	144329	75243	69086
惠州市	**2668887**	**1442450**	**1226437**	**829469**	**406098**	**423371**
惠城区	1622750	856528	766222	585999	287054	298945
惠阳区	1023888	573489	450399	239908	117330	122578
博罗县	22249	12433	9816	3562	1714	1848
惠东县						
龙门县						
梅州市	**952698**	**471401**	**481297**	**340716**	**170854**	**169862**
梅江区	392785	196341	196444	156089	78815	77274
梅县区	251207	123292	127915	49123	23920	25203
大埔县						
丰顺县						
五华县	14388	7167	7221	13533	6678	6855
平远县						
蕉岭县						
兴宁市	294318	144601	149717	121971	61441	60530

单位：人

居住本乡、镇、街道，户口在外乡、镇、街道，离开户口登记地半年以上			居住本乡、镇、街道，户口待定			原住本乡、镇、街道，现在港澳台或国外工作学习		
小计	男	女	小计	男	女	小计	男	女
1456227	**774962**	**681265**	**10649**	**5558**	**5091**	**34811**	**16422**	**18389**
426603	233062	193541	3892	2076	1816	4166	1850	2316
212872	117929	94943	1626	858	768	993	453	540
238175	125172	113003	1551	800	751	2991	1339	1652
164870	85443	79427	1224	640	584	21991	10571	11420
199071	98673	100398	905	455	450	2655	1224	1431
142542	77404	65138	878	436	442	753	341	412
72094	37279	34815	573	293	280	1262	644	618
1039358	**528479**	**510879**	**14409**	**7570**	**6839**	**2887**	**1257**	**1630**
225520	111341	114179	2260	1157	1103	664	277	387
365104	186306	178798	4945	2684	2261	1769	717	1052
22414	11369	11045	652	325	327	75	32	43
50084	28691	21393	588	311	277	33	18	15
3532	1814	1718	82	48	34	35	18	17
157181	79136	78045	1494	769	725	43	16	27
129290	67031	62259	1886	983	903	42	25	17
86233	42791	43442	2502	1293	1209	226	154	72
695893	**359092**	**336801**	**15622**	**8212**	**7410**	**1135**	**661**	**474**
227635	119479	108156	3800	1968	1832	481	225	256
74388	37662	36726	1608	817	791	358	256	102
152831	78187	74644	2826	1490	1336	106	58	48
130569	67468	63101	4497	2399	2098	95	66	29
110470	56296	54174	2891	1538	1353	95	56	39
655704	**356190**	**299514**	**5808**	**3141**	**2667**	**845**	**373**	**472**
251861	132737	119124	3713	1967	1746	582	245	337
69850	37871	31979	408	220	188	39	21	18
62622	33530	29092	384	217	167	1		1
271371	152052	119319	1303	737	566	223	107	116
1817919	**1025023**	**792896**	**20691**	**10941**	**9750**	**808**	**388**	**420**
1022978	562277	460701	13168	6895	6273	605	302	303
776369	452081	324288	7410	3992	3418	201	86	115
18572	10665	7907	113	54	59	2		2
609336	**299244**	**310092**	**2159**	**1133**	**1026**	**487**	**170**	**317**
235710	117069	118641	687	355	332	299	102	197
201470	99097	102373	537	258	279	77	17	60
797	459	338	38	20	18	20	10	10
171359	82619	88740	897	500	397	91	41	50

1–2a 续表 2

地　区	人口数			居住本乡、镇、街道，户口在本乡、镇、街道		
	合计	男	女	小计	男	女
汕尾市	**527989**	**273663**	**254326**	**314616**	**162989**	**151627**
城　区	303634	156501	147133	152591	78791	73800
海丰县						
陆河县						
陆丰市	224355	117162	107193	162025	84198	77827
河源市	**631400**	**322204**	**309196**	**208479**	**106593**	**101886**
源城区	631400	322204	309196	208479	106593	101886
紫金县						
龙川县						
连平县						
和平县						
东源县						
阳江市	**1005216**	**514605**	**490611**	**427356**	**219225**	**208131**
江城区	559976	285612	274364	225772	114360	111412
阳东区	183508	96109	87399	53413	28317	25096
阳西县						
阳春市	261732	132884	128848	148171	76548	71623
清远市	**1238100**	**624209**	**613891**	**464147**	**234391**	**229756**
清城区	654214	331897	322317	259845	130609	129236
清新区	236594	118825	117769	36064	18033	18031
佛冈县						
阳山县						
连山壮族瑶族自治县						
连南瑶族自治县						
英德市	205285	105150	100135	86751	46134	40617
连州市	142007	68337	73670	81487	39615	41872
东莞市	**9557552**	**5385311**	**4172241**	**1833651**	**906625**	**927026**
市辖区	9557552	5385311	4172241	1833651	906625	927026
中山市	**2742775**	**1469866**	**1272909**	**990000**	**483721**	**506279**
市辖区	2742775	1469866	1272909	990000	483721	506279
潮州市	**933560**	**472555**	**461005**	**596390**	**296735**	**299655**
湘桥区	426902	212244	214658	225430	110760	114670
潮安区	506658	260311	246347	370960	185975	184985
饶平县						
揭阳市	**1435906**	**731802**	**704104**	**1295633**	**656438**	**639195**
榕城区	645532	327512	318020	603310	304369	298941
揭东区	301771	155411	146360	269657	137533	132124
揭西县						
惠来县						
普宁市	488603	248879	239724	422666	214536	208130
云浮市	**572947**	**293755**	**279192**	**316175**	**160264**	**155911**
云城区	312362	162442	149920	162679	82823	79856
云安区	20083	10483	9600	15873	8217	7656
新兴县						
郁南县						
罗定市	240502	120830	119672	137623	69224	68399

单位：人

居住本乡、镇、街道，户口在外乡、镇、街道，离开户口登记地半年以上			居住本乡、镇、街道，户口待定			原住本乡、镇、街道，现在港澳台或国外工作学习		
小计	男	女	小计	男	女	小计	男	女
207531	**107616**	**99915**	**5695**	**3000**	**2695**	**147**	**58**	**89**
149312	76847	72465	1611	819	792	120	44	76
58219	30769	27450	4084	2181	1903	27	14	13
418507	**213322**	**205185**	**4244**	**2208**	**2036**	**170**	**81**	**89**
418507	213322	205185	4244	2208	2036	170	81	89
573594	**293171**	**280423**	**4026**	**2091**	**1935**	**240**	**118**	**122**
331948	170068	161880	2193	1148	1045	63	36	27
129415	67430	61985	668	358	310	12	4	8
112231	55673	56558	1165	585	580	165	78	87
766040	**385667**	**380373**	**7522**	**3976**	**3546**	**391**	**175**	**216**
390184	199110	191074	3904	2063	1841	281	115	166
198906	99926	98980	1612	858	754	12	8	4
117022	58231	58791	1473	766	707	39	19	20
59928	28400	31528	533	289	244	59	33	26
7663530	**4446379**	**3217151**	**58101**	**31251**	**26850**	**2270**	**1056**	**1214**
7663530	4446379	3217151	58101	31251	26850	2270	1056	1214
1730279	**974614**	**755665**	**17888**	**9449**	**8439**	**4608**	**2082**	**2526**
1730279	974614	755665	17888	9449	8439	4608	2082	2526
332021	**173183**	**158838**	**4582**	**2356**	**2226**	**567**	**281**	**286**
199829	100656	99173	1264	645	619	379	183	196
132192	72527	59665	3318	1711	1607	188	98	90
134539	**72378**	**62161**	**5612**	**2914**	**2698**	**122**	**72**	**50**
39714	21849	17865	2470	1272	1198	38	22	16
30735	17185	13550	1356	679	677	23	14	9
64090	33344	30746	1786	963	823	61	36	25
254640	**132406**	**122234**	**1845**	**945**	**900**	**287**	**140**	**147**
148353	78919	69434	1148	613	535	182	87	95
4167	2246	1921	40	18	22	3	2	1
102120	51241	50879	657	314	343	102	51	51

1－2b 各地区分性别、

地区	人口数			居住本乡、镇、街道，户口在本乡、镇、街道		
	合计	男	女	小计	男	女
广东	**17048413**	**8892530**	**8155883**	**10764945**	**5483794**	**5281151**
广州市	**1218371**	**657327**	**561044**	**476268**	**239908**	**236360**
荔湾区						
越秀区						
海珠区						
天河区						
白云区	264504	143638	120866	72546	36437	36109
黄埔区	39683	19976	19707	21960	11194	10766
番禺区	66073	36871	29202	17463	8678	8785
花都区	101246	53724	47522	33104	16548	16556
南沙区	158019	86612	71407	81212	40414	40798
从化区	100105	57583	42522	34270	17336	16934
增城区	488741	258923	229818	215713	109301	106412
韶关市	**684648**	**340192**	**344456**	**422603**	**212031**	**210572**
武江区	2827	1433	1394	2226	1105	1121
浈江区	33602	19469	14133	21717	12720	8997
曲江区	28292	14833	13459	19823	10215	9608
始兴县	81780	38993	42787	41731	20249	21482
仁化县	76629	37638	38991	42820	21115	21705
翁源县	114951	55475	59476	72360	35309	37051
乳源瑶族自治县	86827	43062	43765	45378	22735	22643
新丰县	102680	51183	51497	60519	30648	29871
乐昌市	96819	48071	48748	64134	32008	32126
南雄市	60241	30035	30206	51895	25927	25968
深圳市	**6320**	**4600**	**1720**	**809**	**399**	**410**
罗湖区						
福田区						
南山区	4025	3503	522	32	31	1
宝安区						
龙岗区						
盐田区						
龙华区						
坪山区	2295	1097	1198	777	368	409
光明区						
珠海市	**309077**	**183153**	**125924**	**88369**	**44513**	**43856**
香洲区	51981	36371	15610	6601	3348	3253
斗门区	149473	82129	67344	49976	24757	25219
金湾区	107623	64653	42970	31792	16408	15384
汕头市	**1359381**	**692222**	**667159**	**1177457**	**591131**	**586326**
龙湖区						
金平区						
濠江区	5458	2759	2699	5116	2530	2586
潮阳区	621039	317945	303094	544745	274683	270062
潮南区	311173	157894	153279	283741	142746	140995
澄海区	370442	188042	182400	297930	148221	149709
南澳县	51269	25582	25687	45925	22951	22974
佛山市	**503633**	**286909**	**216724**	**191822**	**95189**	**96633**
禅城区	215016	119098	95918	96645	48031	48614
南海区	52028	29591	22437	17897	8644	9253
顺德区						
三水区	210331	123035	87296	65080	32166	32914
高明区	26258	15185	11073	12200	6348	5852

户口登记状况的人口(镇)

单位：人

居住本乡、镇、街道，户口在外乡、镇、街道，离开户口登记地半年以上			居住本乡、镇、街道，户口待定			原住本乡、镇、街道，现在港澳台或国外工作学习		
小计	男	女	小计	男	女	小计	男	女
6173567	**3352112**	**2821455**	**90417**	**46518**	**43899**	**19484**	**10106**	**9378**
734023	**413312**	**320711**	**6711**	**3476**	**3235**	**1369**	**631**	**738**
189287	105882	83405	1943	970	973	728	349	379
17332	8570	8762	373	206	167	18	6	12
48168	27958	20210	400	217	183	42	18	24
67420	36797	30623	652	344	308	70	35	35
76398	45991	30407	313	173	140	96	34	62
65602	40143	25459	190	92	98	43	12	31
269816	147971	121845	2840	1474	1366	372	177	195
259383	**126887**	**132496**	**2281**	**1065**	**1216**	**381**	**209**	**172**
588	322	266	11	5	6	2	1	1
11806	6708	5098	62	31	31	17	10	7
8328	4553	3775	104	43	61	37	22	15
39756	18606	21150	251	120	131	42	18	24
33493	16380	17113	260	112	148	56	31	25
42134	19946	22188	420	200	220	37	20	17
41062	20139	20923	336	160	176	51	28	23
41887	20407	21480	247	116	131	27	12	15
32182	15818	16364	429	203	226	74	42	32
8147	4008	4139	161	75	86	38	25	13
5483	**4187**	**1296**	**21**	**11**	**10**	**7**	**3**	**4**
3993	3472	521						
1490	715	775	21	11	10	7	3	4
218432	**137392**	**81040**	**1673**	**971**	**702**	**603**	**277**	**326**
44893	32662	12231	445	343	102	42	18	24
98428	56830	41598	777	414	363	292	128	164
75111	47900	27211	451	214	237	269	131	138
172073	**95955**	**76118**	**8999**	**4661**	**4338**	**852**	**475**	**377**
314	217	97	16	7	9	12	5	7
70150	40095	30055	6030	3109	2921	114	58	56
24726	13697	11029	2305	1223	1082	401	228	173
71759	39432	32327	436	208	228	317	181	136
5124	2514	2610	212	114	98	8	3	5
309250	**190412**	**118838**	**2202**	**1139**	**1063**	**359**	**169**	**190**
117375	70570	46805	939	468	471	57	29	28
33961	20858	13103	130	68	62	40	21	19
143981	90208	53773	1025	549	476	245	112	133
13933	8776	5157	108	54	54	17	7	10

1-2b 续表 1

地 区	人口数			居住本乡、镇、街道，户口在本乡、镇、街道		
	合计	男	女	小计	男	女
江门市	**423723**	**227268**	**196455**	**237409**	**122396**	**115013**
蓬江区						
江海区						
新会区	122281	64733	57548	81426	41368	40058
台山市	76134	39361	36773	58636	29982	28654
开平市	92388	48986	43402	38883	19449	19434
鹤山市	77300	44539	32761	27748	15478	12270
恩平市	55620	29649	25971	30716	16119	14597
湛江市	**1185454**	**613165**	**572289**	**882588**	**459597**	**422991**
赤坎区						
霞山区	4351	2264	2087	3066	1620	1446
坡头区	77379	39751	37628	65407	33512	31895
麻章区	108138	55298	52840	52489	27449	25040
遂溪县	268796	138059	130737	193495	100574	92921
徐闻县	238402	122959	115443	155195	80606	74589
廉江市	190022	99881	90141	153132	80697	72435
雷州市	165010	86608	78402	142554	74939	67615
吴川市	133356	68345	65011	117250	60200	57050
茂名市	**868859**	**453927**	**414932**	**736872**	**387264**	**349608**
茂南区	43810	23079	20731	39134	20718	18416
电白区	366207	191215	174992	308293	161942	146351
高州市	171899	90397	81502	148336	78306	70030
化州市	187564	98519	89045	153810	81590	72220
信宜市	99379	50717	48662	87299	44708	42591
肇庆市	**844493**	**441658**	**402835**	**581978**	**301265**	**280713**
端州区						
鼎湖区	36277	20275	16002	18667	9633	9034
高要区	162638	88576	74062	109890	57401	52489
广宁县	164249	82125	82124	119415	59795	59620
怀集县	221882	115517	106365	156518	82245	74273
封开县	124170	63928	60242	96257	49810	46447
德庆县	99967	51163	48804	69614	36270	33344
四会市	35310	20074	15236	11617	6111	5506
惠州市	**1730389**	**915308**	**815081**	**736182**	**370957**	**365225**
惠城区	132379	72014	60365	44003	22154	21849
惠阳区	121096	66850	54246	33963	16896	17067
博罗县	690344	367614	322730	313797	156002	157795
惠东县	640377	335527	304850	247810	127485	120325
龙门县	146193	73303	72890	96609	48420	48189
梅州市	**1045097**	**524592**	**520505**	**744777**	**375235**	**369542**
梅江区	6393	3256	3137	5320	2715	2605
梅县区	44110	22932	21178	34878	18135	16743
大埔县	154719	75994	78725	83667	41572	42095
丰顺县	254264	130261	124003	197097	101102	95995
五华县	317195	159788	157407	250335	125722	124613
平远县	95296	46691	48605	60486	29782	30704
蕉岭县	101777	49532	52245	49900	24509	25391
兴宁市	71343	36138	35205	63094	31698	31396

单位：人

居住本乡、镇、街道，户口在外乡、镇、街道，离开户口登记地半年以上			居住本乡、镇、街道，户口待定			原住本乡、镇、街道，现在港澳台或国外工作学习		
小计	男	女	小计	男	女	小计	男	女
176182	**99698**	**76484**	**1312**	**699**	**613**	**8820**	**4475**	**4345**
39398	22654	16744	301	163	138	1156	548	608
11645	6391	5254	174	101	73	5679	2887	2792
52054	28803	23251	340	173	167	1111	561	550
48934	28737	20197	305	165	140	313	159	154
24151	13113	11038	192	97	95	561	320	241
294631	**149350**	**145281**	**7495**	**3791**	**3704**	**740**	**427**	**313**
1245	622	623	33	18	15	7	4	3
11355	5922	5433	537	270	267	80	47	33
55124	27546	27578	480	276	204	45	27	18
73813	36698	37115	1353	702	651	135	85	50
81412	41462	39950	1709	842	867	86	49	37
35804	18631	17173	944	489	455	142	64	78
21233	11036	10197	1163	605	558	60	28	32
14645	7433	7212	1276	589	687	185	123	62
122817	**61915**	**60902**	**8491**	**4308**	**4183**	**679**	**440**	**239**
4445	2254	2191	215	97	118	16	10	6
54824	27662	27162	2758	1388	1370	332	223	109
21423	10943	10480	2008	1071	937	132	77	55
31479	15782	15697	2168	1074	1094	107	73	34
10646	5274	5372	1342	678	664	92	57	35
258702	**138422**	**120280**	**3381**	**1725**	**1656**	**432**	**246**	**186**
17523	10592	6931	75	44	31	12	6	6
52269	30921	21348	308	163	145	171	91	80
44163	21940	22223	550	316	234	121	74	47
64002	32596	31406	1311	644	667	51	32	19
27407	13876	13531	457	218	239	49	24	25
29714	14577	15137	627	308	319	12	8	4
23624	13920	9704	53	32	21	16	11	5
984058	**539001**	**445057**	**9601**	**5112**	**4489**	**548**	**238**	**310**
87405	49352	38053	917	480	437	54	28	26
86520	49638	36882	582	304	278	31	12	19
372925	209683	163242	3389	1820	1569	233	109	124
388101	205676	182425	4278	2293	1985	188	73	115
49107	24652	24455	435	215	220	42	16	26
296144	**147158**	**148986**	**2965**	**1516**	**1449**	**1211**	**683**	**528**
1028	524	504	14	9	5	31	8	23
9155	4756	4399	59	33	26	18	8	10
70555	34172	36383	445	224	221	52	26	26
55746	28350	27396	560	299	261	861	510	351
65704	33489	32215	1068	523	545	88	54	34
34472	16735	17737	289	151	138	49	23	26
51578	24876	26702	237	120	117	62	27	35
7906	4256	3650	293	157	136	50	27	23

1—2b 续表 2

地区	人口数			居住本乡、镇、街道，户口在本乡、镇、街道		
	合计	男	女	小计	男	女
汕尾市	**1033314**	**532944**	**500370**	**618674**	**317447**	**301227**
城　区	41739	21953	19786	28313	14232	14081
海丰县	537278	279165	258113	221958	114689	107269
陆河县	133178	67632	65546	89455	45674	43781
陆丰市	321119	164194	156925	278948	142852	136096
河源市	**744768**	**369516**	**375252**	**361052**	**180562**	**180490**
源城区	31550	16894	14656	1656	808	848
紫金县	207394	103735	103659	137256	68443	68813
龙川县	197714	95529	102185	76624	38341	38283
连平县	105906	52525	53381	63371	31547	31824
和平县	115301	56201	59100	52993	26500	26493
东源县	86903	44632	42271	29152	14923	14229
阳江市	**404604**	**212074**	**192530**	**279826**	**147886**	**131940**
江城区	53343	27783	25560	42671	21998	20673
阳东区	62768	35250	27518	45821	26058	19763
阳西县	189866	98250	91616	108826	57015	51811
阳春市	98627	50791	47836	82508	42815	39693
清远市	**925109**	**474940**	**450169**	**607783**	**308693**	**299090**
清城区	266427	143267	123160	155980	79678	76302
清新区	40346	21184	19162	31309	16232	15077
佛冈县	136789	69001	67788	79595	40298	39297
阳山县	154401	76232	78169	91520	46094	45426
连山壮族瑶族自治县	38758	19294	19464	25908	13199	12709
连南瑶族自治县	61042	30232	30810	44083	22079	22004
英德市	192781	98225	94556	148241	75365	72876
连州市	34565	17505	17060	31147	15748	15399
东莞市	**87319**	**49443**	**37876**	**16871**	**8513**	**8358**
市辖区	87319	49443	37876	16871	8513	8358
中山市	**1099098**	**601373**	**497725**	**313557**	**155235**	**158322**
市辖区	1099098	601373	497725	313557	155235	158322
潮州市	**715083**	**361981**	**353102**	**648850**	**328069**	**320781**
湘桥区	78845	38286	40559	64523	32234	32289
潮安区	241602	123982	117620	218973	110931	108042
饶平县	394636	199713	194923	365354	184904	180450
揭阳市	**1389331**	**712132**	**677199**	**1313189**	**671581**	**641608**
榕城区	89992	46186	43806	86165	43988	42177
揭东区	205611	107930	97681	195663	101810	93853
揭西县	209233	107166	102067	195654	100201	95453
惠来县	437430	222177	215253	409497	207713	201784
普宁市	447065	228673	218392	426210	217869	208341
云浮市	**470342**	**237806**	**232536**	**328009**	**165923**	**162086**
云城区						
云安区	47599	25018	22581	38533	19751	18782
新兴县	185930	93120	92810	95137	47454	47683
郁南县	160255	80747	79508	126463	64116	62347
罗定市	76558	38921	37637	67876	34602	33274

单位：人

居住本乡、镇、街道，户口在外乡、镇、街道，离开户口登记地半年以上			居住本乡、镇、街道，户口待定			原住本乡、镇、街道，现在港澳台或国外工作学习		
小计	男	女	小计	男	女	小计	男	女
409070	**212675**	**196395**	**5126**	**2603**	**2523**	**444**	**219**	**225**
13112	7566	5546	277	141	136	37	14	23
312875	163237	149638	2256	1144	1112	189	95	94
43026	21616	21410	667	326	341	30	16	14
40057	20256	19801	1926	992	934	188	94	94
380153	**187173**	**192980**	**3372**	**1679**	**1693**	**191**	**102**	**89**
29578	15928	13650	315	158	157	1		1
69341	34897	34444	714	350	364	83	45	38
120353	56813	63540	719	365	354	18	10	8
41970	20705	21265	501	236	265	64	37	27
61648	29375	32273	655	323	332	5	3	2
57263	29455	27808	468	247	221	20	7	13
122474	**63015**	**59459**	**2078**	**1036**	**1042**	**226**	**137**	**89**
10538	5715	4823	95	49	46	39	21	18
16727	9081	7646	181	90	91	39	21	18
79580	40503	39077	1385	678	707	75	54	21
15629	7716	7913	417	219	198	73	41	32
311103	**163044**	**148059**	**5340**	**2746**	**2594**	**883**	**457**	**426**
108656	62647	46009	1422	736	686	369	206	163
8874	4856	4018	157	93	64	6	3	3
56175	28176	27999	977	508	469	42	19	23
61977	29650	32327	840	453	387	64	35	29
12610	5971	6639	208	111	97	32	13	19
16645	8002	8643	285	134	151	29	17	12
42859	22040	20819	1357	664	693	324	156	168
3307	1702	1605	94	47	47	17	8	9
70155	**40754**	**29401**	**287**	**171**	**116**	**6**	**5**	**1**
70155	40754	29401	287	171	116	6	5	1
777940	**442199**	**335741**	**6977**	**3649**	**3328**	**624**	**290**	**334**
777940	442199	335741	6977	3649	3328	624	290	334
64058	**32772**	**31286**	**1870**	**960**	**910**	**305**	**180**	**125**
14128	5947	8181	109	52	57	85	53	32
21711	12583	9128	815	413	402	103	55	48
28219	14242	13977	946	495	451	117	72	45
67461	**36076**	**31385**	**8216**	**4203**	**4013**	**465**	**272**	**193**
3648	2102	1546	175	94	81	4	2	2
8666	5456	3210	1228	640	588	54	24	30
12100	6185	5915	1365	715	650	114	65	49
24213	12548	11665	3560	1808	1752	160	108	52
18834	9785	9049	1888	946	942	133	73	60
139975	**70715**	**69260**	**2019**	**997**	**1022**	**339**	**171**	**168**
8735	5097	3638	301	155	146	30	15	15
90083	45301	44782	626	332	294	84	33	51
32976	16235	16741	659	315	344	157	81	76
8181	4082	4099	433	195	238	68	42	26

1-2c 各地区分性别、

地区	人口数			居住本乡、镇、街道，户口在本乡、镇、街道		
	合计	男	女	小计	男	女
广东	**32576438**	**17163861**	**15412577**	**27412153**	**14184102**	**13228051**
广州市	**2579881**	**1399937**	**1179944**	**1590754**	**813046**	**777708**
荔湾区						
越秀区						
海珠区						
天河区						
白云区	697384	379333	318051	337212	167842	169370
黄埔区	98339	54378	43961	62233	31134	31099
番禺区	277077	154238	122839	121362	60274	61088
花都区	498426	273839	224587	276753	142871	133882
南沙区	226178	122505	103673	143499	72114	71385
从化区	388976	202910	186066	337374	176451	160923
增城区	393501	212734	180767	312321	162360	149961
韶关市	**1218236**	**638291**	**579945**	**1066195**	**554861**	**511334**
武江区	57848	30684	27164	46322	24156	22166
浈江区	52643	27774	24869	42316	21964	20352
曲江区	114594	61438	53156	91608	47728	43880
始兴县	116280	59288	56992	106846	54377	52469
仁化县	109380	57155	52225	97629	50431	47198
翁源县	207531	108804	98727	182896	95488	87408
乳源瑶族自治县	100449	52709	47740	86600	45299	41301
新丰县	92750	49383	43367	82789	43585	39204
乐昌市	184060	97491	86569	162019	86305	75714
南雄市	182701	93565	89136	167170	85528	81642
深圳市	**49789**	**30340**	**19449**	**6709**	**3382**	**3327**
罗湖区						
福田区						
南山区						
宝安区						
龙岗区	49789	30340	19449	6709	3382	3327
盐田区						
龙华区						
坪山区						
光明区						
珠海市	**232495**	**125797**	**106698**	**146491**	**74555**	**71936**
香洲区	1059	794	265	73	42	31
斗门区	213646	114914	98732	136010	69174	66836
金湾区	17790	10089	7701	10408	5339	5069
汕头市	**1611862**	**817755**	**794107**	**1482715**	**741327**	**741388**
龙湖区	100508	50587	49921	90555	44983	45572
金平区	15416	7670	7746	13979	6888	7091
濠江区	73866	38980	34886	60688	29896	30792
潮阳区	674352	338630	335722	635117	316152	318965
潮南区	497728	253557	244171	468278	236532	231746
澄海区	236832	121704	115128	201810	100768	101042
南澳县	13160	6627	6533	12288	6108	6180
佛山市	**456354**	**257240**	**199114**	**245124**	**123958**	**121166**
禅城区						
南海区	144834	81860	62974	78699	39222	39477
顺德区	44992	25903	19089	19985	9978	10007
三水区	215540	121873	93667	105191	53193	51998
高明区	50988	27604	23384	41249	21565	19684

户口登记状况的人口(乡村)

单位：人

居住本乡、镇、街道，户口在外乡、镇、街道，离开户口登记地半年以上			居住本乡、镇、街道，户口待定			原住本乡、镇、街道，现在港澳台或国外工作学习		
小计	男	女	小计	男	女	小计	男	女
4843247	**2819761**	**2023486**	**194248**	**94742**	**99506**	**126790**	**65256**	**61534**
964263	**574463**	**389800**	**8729**	**4563**	**4166**	**16135**	**7865**	**8270**
347624	205311	142313	4013	2120	1893	8535	4060	4475
35667	23014	12653	326	175	151	113	55	58
154756	93473	61283	796	423	373	163	68	95
213910	127027	86883	1423	753	670	6340	3188	3152
82020	50040	31980	575	305	270	84	46	38
50181	25767	24414	917	449	468	504	243	261
80105	49831	30274	679	338	341	396	205	191
146204	**80576**	**65628**	**4426**	**2078**	**2348**	**1411**	**776**	**635**
11221	6379	4842	248	110	138	57	39	18
10110	5705	4405	160	74	86	57	31	26
22394	13409	8985	361	187	174	231	114	117
8922	4642	4280	366	189	177	146	80	66
11158	6454	4704	438	191	247	155	79	76
23719	12873	10846	742	340	402	174	103	71
13166	7105	6061	551	239	312	132	66	66
9597	5626	3971	246	106	140	118	66	52
20976	10650	10326	821	399	422	244	137	107
14941	7733	7208	493	243	250	97	61	36
42654	**26755**	**15899**	**213**	**112**	**101**	**213**	**91**	**122**
42654	26755	15899	213	112	101	213	91	122
83831	**50234**	**33597**	**668**	**331**	**337**	**1505**	**677**	**828**
983	749	234	2	2		1	1	
75632	44818	30814	612	302	310	1392	620	772
7216	4667	2549	54	27	27	112	56	56
118209	**70650**	**47559**	**9808**	**5113**	**4695**	**1130**	**665**	**465**
9811	5536	4275	104	55	49	38	13	25
1402	766	636	22	11	11	13	5	8
12692	8839	3853	410	210	200	76	35	41
33949	19641	14308	5185	2774	2411	101	63	38
25273	14848	10425	3541	1786	1755	636	391	245
34272	20531	13741	488	250	238	262	155	107
810	489	321	58	27	31	4	3	1
209854	**132604**	**77250**	**908**	**482**	**426**	**468**	**196**	**272**
65820	42490	23330	230	117	113	85	31	54
24760	15797	8963	202	109	93	45	19	26
109705	68368	41337	409	224	185	235	88	147
9569	5949	3620	67	32	35	103	58	45

1-2c 续表 1

地　区	人　口　数			居住本乡、镇、街道，户口在本乡、镇、街道		
	合计	男	女	小计	男	女
江门市	**1553156**	**810579**	**742577**	**1181790**	**598372**	**583418**
蓬江区	26023	13473	12550	22702	11445	11257
江海区						
新会区	305496	162745	142751	217096	110140	106956
台山市	474478	243370	231108	381326	193203	188123
开平市	318742	162361	156381	245210	121379	123831
鹤山市	196252	105323	90929	139915	71334	68581
恩平市	232165	123307	108858	175541	90871	84670
湛江市	**3807772**	**2011124**	**1796648**	**3517696**	**1863202**	**1654494**
赤坎区	8527	4407	4120	7477	3834	3643
霞山区	31911	16579	15332	27769	14378	13391
坡头区	191096	102560	88536	179859	96561	83298
麻章区	299212	158140	141072	270838	143110	127728
遂溪县	535072	281986	253086	496622	262228	234394
徐闻县	394856	206647	188209	359111	187987	171124
廉江市	919658	490825	428833	846962	456375	390587
雷州市	908800	476414	432386	848484	444698	403786
吴川市	518640	273566	245074	480574	254031	226543
茂名市	**3484470**	**1836587**	**1647883**	**3239204**	**1715880**	**1523324**
茂南区	335409	175570	159839	294472	156313	138159
电白区	895937	476771	419166	828941	443553	385388
高州市	838356	439215	399141	798859	418465	380394
化州市	818922	433151	385771	756268	402772	353496
信宜市	595846	311880	283966	560664	294777	265887
肇庆市	**2014980**	**1044140**	**970840**	**1872016**	**960784**	**911232**
端州区						
鼎湖区	54803	28083	26720	49327	24705	24622
高要区	462496	241387	221109	422193	217212	204981
广宁县	243863	126950	116913	227662	117621	110041
怀集县	583295	297627	285668	569798	290597	279201
封开县	250678	129300	121378	241210	124093	117117
德庆县	231471	119879	111592	220744	114313	106431
四会市	188374	100914	87460	141082	72243	68839
惠州市	**1643576**	**891671**	**751905**	**1104466**	**568480**	**535986**
惠城区	335449	184209	151240	199583	101225	98358
惠阳区	259153	145559	113594	113994	57480	56514
博罗县	498285	266705	231580	365278	187627	177651
惠东县	377699	202241	175458	280103	145545	134558
龙门县	172990	92957	80033	145508	76603	68905
梅州市	**1875444**	**956496**	**918948**	**1735966**	**882347**	**853619**
梅江区	36438	18398	18040	29709	14817	14892
梅县区	261418	132913	128505	239532	121293	118239
大埔县	176229	91706	84523	158140	81731	76409
丰顺县	224467	116169	108298	209555	108362	101193
五华县	585378	296888	288490	553244	279427	273817
平远县	95186	48313	46873	86539	43733	42806
蕉岭县	82578	42221	40357	72805	37031	35774
兴宁市	413750	209888	203862	386442	195953	190489

单位：人

居住本乡、镇、街道，户口在外乡、镇、街道，离开户口登记地半年以上			居住本乡、镇、街道，户口待定			原住本乡、镇、街道，现在港澳台或国外工作学习		
小计	男	女	小计	男	女	小计	男	女
291796	**172589**	**119207**	**3930**	**1909**	**2021**	**75640**	**37709**	**37931**
3151	1963	1188	17	6	11	153	59	94
84285	50580	33705	569	315	254	3546	1710	1836
46512	27415	19097	1139	534	605	45501	22218	23283
63235	36083	27152	693	338	355	9604	4561	5043
52338	31944	20394	386	191	195	3613	1854	1759
42275	24604	17671	1126	525	601	13223	7307	5916
250844	**128661**	**122183**	**34622**	**16320**	**18302**	**4610**	**2941**	**1669**
1018	555	463	28	15	13	4	3	1
3932	2098	1834	160	77	83	50	26	24
9546	5160	4386	1388	649	739	303	190	113
25993	13804	12189	2076	1040	1036	305	186	119
33855	17544	16311	3895	1752	2143	700	462	238
31695	16603	15092	3594	1799	1795	456	258	198
64310	30502	33808	7270	3253	4017	1116	695	421
49338	26161	23177	10116	5036	5080	862	519	343
31157	16234	14923	6095	2699	3396	814	602	212
196020	**96330**	**99690**	**45243**	**21691**	**23552**	**4003**	**2686**	**1317**
38095	17938	20157	2570	1150	1420	272	169	103
57030	28138	28892	8805	4241	4564	1161	839	322
26675	14150	12525	12025	6086	5939	797	514	283
47817	23221	24596	13946	6580	7366	891	578	313
26403	12883	13520	7897	3634	4263	882	586	296
129184	**76315**	**52869**	**11096**	**5521**	**5575**	**2684**	**1520**	**1164**
5376	3336	2040	36	15	21	64	27	37
38142	23043	15099	988	518	470	1173	614	559
14943	8652	6291	802	390	412	456	287	169
8478	4488	3990	4708	2321	2387	311	221	90
7722	4347	3375	1514	730	784	232	130	102
7846	4108	3738	2773	1397	1376	108	61	47
46677	28341	18336	275	150	125	340	180	160
530411	**318797**	**211614**	**6860**	**3552**	**3308**	**1839**	**842**	**997**
134130	82092	52038	1501	788	713	235	104	131
143589	87293	56296	1281	670	611	289	116	173
130724	77903	52821	1598	822	776	685	353	332
95203	55506	39697	1931	1009	922	462	181	281
26765	16003	10762	549	263	286	168	88	80
129694	**69265**	**60429**	**6821**	**3480**	**3341**	**2963**	**1404**	**1559**
6545	3523	3022	58	26	32	126	32	94
20918	11213	9705	349	173	176	619	234	385
17328	9636	7692	337	152	185	424	187	237
13615	7118	6497	913	460	453	384	229	155
28681	15624	13057	2961	1552	1409	492	285	207
8152	4356	3796	384	180	204	111	44	67
9466	5051	4415	165	83	82	142	56	86
24989	12744	12245	1654	854	800	665	337	328

1-2c 续表 2

地 区	人口数			居住本乡、镇、街道，户口在本乡、镇、街道		
	合计	男	女	小计	男	女
汕尾市	**1177179**	**614099**	**563080**	**1072407**	**554943**	**517464**
城 区	105586	56001	49585	89296	46096	43200
海丰县	265176	141311	123865	213360	111383	101977
陆河县	116064	59978	56086	107612	55636	51976
陆丰市	690353	356809	333544	662139	341828	320311
河源市	**1461518**	**756768**	**704750**	**1241596**	**638930**	**602666**
源城区	40657	21976	18681	22460	11432	11028
紫金县	343701	177213	166488	312529	159793	152736
龙川县	397757	204678	193079	331247	170128	161119
连平县	179318	91809	87509	157025	79963	77062
和平县	238602	123882	114720	217395	112685	104710
东源县	261483	137210	124273	200940	104929	96011
阳江市	**1193139**	**635458**	**557681**	**1045388**	**551501**	**493887**
江城区	201369	106862	94507	163737	84220	79517
阳东区	232023	124892	107131	181011	95678	85333
阳西县	244210	132093	112117	225175	121440	103735
阳春市	515537	271611	243926	475465	250163	225302
清远市	**1806264**	**961949**	**844315**	**1541468**	**811108**	**730360**
清城区	199260	110369	88891	125149	64980	60169
清新区	341583	180807	160776	278002	145761	132241
佛冈县	178713	94982	83731	155548	81482	74066
阳山县	212774	112498	100276	199558	105172	94386
连山壮族瑶族自治县	56378	29619	26759	52899	27813	25086
连南瑶族自治县	73649	38174	35475	70627	36600	34027
英德市	543259	289028	254231	468915	248496	220419
连州市	200648	106472	94176	190770	100804	89966
东莞市	**821754**	**482325**	**339429**	**243468**	**123864**	**119604**
市辖区	821754	482325	339429	243468	123864	119604
中山市	**576187**	**311936**	**264251**	**315931**	**159318**	**156613**
市辖区	576187	311936	264251	315931	159318	156613
潮州市	**919744**	**471394**	**448350**	**859284**	**438100**	**421184**
湘桥区	70048	35261	34787	63383	32010	31373
潮安区	426890	219291	207599	385699	195930	189769
饶平县	422806	216842	205964	410202	210160	200042
揭阳市	**2752577**	**1408696**	**1343881**	**2656479**	**1355628**	**1300851**
榕城区	196344	100596	95748	188024	95639	92385
揭东区	424337	219244	205093	407324	209450	197874
揭西县	465596	238993	226603	445893	228495	217398
惠来县	603349	303826	299523	586755	294843	291912
普宁市	1062951	546037	516914	1028483	527201	501282
云浮市	**1340061**	**701279**	**638782**	**1247006**	**650516**	**596490**
云城区	96175	51138	45037	87048	45705	41343
云安区	167708	88573	79135	155499	81495	74004
新兴县	244901	127398	117503	222857	114431	108426
郁南县	211406	111133	100273	198977	104605	94372
罗定市	619871	323037	296834	582625	304280	278345

单位：人

居住本乡、镇、街道，户口在外乡、镇、街道，离开户口登记地半年以上			居住本乡、镇、街道，户口待定			原住本乡、镇、街道，现在港澳台或国外工作学习		
小计	男	女	小计	男	女	小计	男	女
95474	**54634**	**40840**	**8029**	**3923**	**4106**	**1269**	**599**	**670**
15495	9523	5972	518	276	242	277	106	171
49826	28977	20849	1526	739	787	464	212	252
7710	3979	3731	627	302	325	115	61	54
22443	12155	10288	5358	2606	2752	413	220	193
211221	**113483**	**97738**	**6659**	**3268**	**3391**	**2042**	**1087**	**955**
17894	10387	7507	253	131	122	50	26	24
29102	16450	12652	1448	697	751	622	273	349
64886	33704	31182	1227	607	620	397	239	158
21273	11301	9972	726	360	366	294	185	109
19539	10360	9179	1418	687	731	250	150	100
58527	31281	27246	1587	786	801	429	214	215
141056	**80562**	**60494**	**4633**	**2069**	**2564**	**2062**	**1326**	**736**
36792	22143	14649	614	349	265	226	150	76
50245	28850	21395	576	264	312	191	100	91
17475	9734	7741	866	371	495	694	548	146
36544	19835	16709	2577	1085	1492	951	528	423
251864	**144500**	**107364**	**9812**	**4663**	**5149**	**3120**	**1678**	**1442**
73285	44963	28322	538	266	272	288	160	128
61561	34042	27519	1429	691	738	591	313	278
21882	12872	9010	1101	540	561	182	88	94
11696	6589	5107	1236	558	678	284	179	105
3041	1596	1445	372	177	195	66	33	33
2204	1178	1026	783	375	408	35	21	14
69195	38054	31141	3765	1757	2008	1384	721	663
9000	5206	3794	588	299	289	290	163	127
574882	**356655**	**218227**	**3109**	**1664**	**1445**	**295**	**142**	**153**
574882	356655	218227	3109	1664	1445	295	142	153
257386	**151161**	**106225**	**1854**	**1003**	**851**	**1016**	**454**	**562**
257386	151161	106225	1854	1003	851	1016	454	562
56844	**31378**	**25466**	**2620**	**1294**	**1326**	**996**	**622**	**374**
6125	2894	3231	114	61	53	426	296	130
39672	22548	17124	1213	637	576	306	176	130
11047	5936	5111	1293	596	697	264	150	114
77720	**43592**	**34128**	**17314**	**8828**	**8486**	**1064**	**648**	**416**
7470	4530	2940	815	403	412	35	24	11
13918	8191	5727	2928	1502	1426	167	101	66
15537	8354	7183	3855	1960	1895	311	184	127
12097	6623	5474	4304	2250	2054	193	110	83
28698	15894	12804	5412	2713	2699	358	229	129
83836	**46557**	**37279**	**6894**	**2878**	**4016**	**2325**	**1328**	**997**
8663	5195	3468	263	130	133	201	108	93
11101	6518	4583	909	456	453	199	104	95
20654	12270	8384	908	451	457	482	246	236
10905	5762	5143	952	421	531	572	345	227
32513	16812	15701	3862	1420	2442	871	525	346

1-3 各地区分性别的户口登记地在外乡镇街道的人口状况

单位：人

地 区	户口登记地					
	合 计			本县(市、区)		
	合计	男	女	小计	男	女
广 东	**60635086**	**33711847**	**26923239**	**9842695**	**4827451**	**5015244**
广州市	**11522907**	**6302836**	**5220071**	**1064867**	**513766**	**551101**
荔湾区	768996	407592	361404	91635	43529	48106
越秀区	417677	211142	206535	67070	31275	35795
海珠区	1060498	552155	508343	122678	58424	64254
天河区	1573823	848459	725364	111575	54339	57236
白云区	2761490	1523670	1237820	103921	49420	54501
黄埔区	826321	477919	348402	58585	28336	30249
番禺区	1775598	965692	809906	140903	65382	75521
花都区	987462	550355	437107	143539	71961	71578
南沙区	444824	267872	176952	27219	12573	14646
从化区	219385	120207	99178	55864	26831	29033
增城区	686833	377773	309060	141878	71696	70182
韶关市	**896241**	**450599**	**445642**	**441850**	**212273**	**229577**
武江区	180820	91418	89402	41144	19744	21400
浈江区	164656	83023	81633	41732	20545	21187
曲江区	95570	50083	45487	38458	18934	19524
始兴县	48678	23248	25430	36036	16466	19570
仁化县	44651	22834	21817	21316	10003	11313
翁源县	65853	32819	33034	45495	21635	23860
乳源瑶族自治县	54228	27244	26984	38346	18509	19837
新丰县	51484	26033	25451	36857	17687	19170
乐昌市	103908	51210	52698	73509	35578	37931
南雄市	86393	42687	43706	68957	33172	35785
深圳市	**14089685**	**7943327**	**6146358**	**759311**	**370556**	**388755**
罗湖区	792671	412853	379818	75992	35882	40110
福田区	1025636	548337	477299	129108	60664	68444
南山区	1191559	656422	535137	183232	91144	92088
宝安区	3907260	2240601	1666659	125177	62164	63013
龙岗区	3366933	1868446	1498487	138276	67837	70439
盐田区	156096	87845	68251	9791	4698	5093
龙华区	2173167	1256129	917038	66749	32746	34003
坪山区	466743	274335	192408	12862	6479	6383
光明区	1009620	598359	411261	18124	8942	9182
珠海市	**1476534**	**828154**	**648380**	**190237**	**91982**	**98255**
香洲区	861208	475325	385883	123906	59719	64187
斗门区	315053	179585	135468	52131	25015	27116
金湾区	300273	173244	127029	14200	7248	6952
汕头市	**976345**	**529388**	**446957**	**276739**	**134775**	**141964**
龙湖区	209120	113084	96036	29665	14262	15403
金平区	226368	115542	110826	88173	42420	45753
濠江区	34064	21018	13046	7293	3512	3781
潮阳区	179994	98605	81389	64142	31897	32245
潮南区	87245	50103	37142	10155	5263	4892
澄海区	233620	128033	105587	74802	36225	38577
南澳县	5934	3003	2931	2509	1196	1313
佛山市	**5565101**	**3247371**	**2317730**	**426743**	**202511**	**224232**
禅城区	761862	426184	335678	64700	30530	34170
南海区	2241402	1318312	923090	108722	51359	57363
顺德区	1865658	1094517	771141	104641	46206	58435
三水区	460823	272528	188295	76403	37198	39205
高明区	235356	135830	99526	72277	37218	35059

1-3　续表 1　　　　单位：人

地　　区	户口登记地					
	合　　计			本县(市、区)		
	合计	男	女	小计	男	女
江门市	**1924205**	**1047249**	**876956**	**612917**	**301369**	**311548**
蓬江区	429754	235025	194729	62025	29619	32406
江海区	212872	117929	94943	8849	4143	4706
新会区	361858	198406	163452	133892	65712	68180
台山市	223027	119249	103778	116996	57860	59136
开平市	314360	163559	150801	158833	77005	81828
鹤山市	243814	138085	105729	57576	29131	28445
恩平市	138520	74996	63524	74746	37899	36847
湛江市	**1584833**	**806490**	**778343**	**745703**	**373267**	**372436**
赤坎区	226538	111896	114642	57139	28414	28725
霞山区	370281	189026	181255	98465	48942	49523
坡头区	43315	22451	20864	15607	7569	8038
麻章区	131201	70041	61160	18499	9870	8629
遂溪县	111200	56056	55144	57956	28961	28995
徐闻县	113107	58065	55042	74205	36778	37427
廉江市	257295	128269	129026	182245	91066	91179
雷州市	199861	104228	95633	157419	81455	75964
吴川市	132035	66458	65577	84168	40212	43956
茂名市	**1014730**	**517337**	**497393**	**648733**	**323944**	**324789**
茂南区	270175	139671	130504	133492	67207	66285
电白区	186242	93462	92780	114699	55195	59504
高州市	200929	103280	97649	137615	69866	67749
化州市	209865	106471	103394	149376	75094	74282
信宜市	147519	74453	73066	113551	56582	56969
肇庆市	**1043590**	**570927**	**472663**	**407124**	**203781**	**203343**
端州区	251861	132737	119124	60662	29998	30664
鼎湖区	92749	51799	40950	22855	11282	11573
高要区	153033	87494	65539	55012	28813	26199
广宁县	59106	30592	28514	38852	18752	20100
怀集县	72480	37084	35396	57079	28336	28743
封开县	35129	18223	16906	23364	11506	11858
德庆县	37560	18685	18875	24266	11617	12649
四会市	341672	194313	147359	125034	63477	61557
惠州市	**3332388**	**1882821**	**1449567**	**591539**	**293229**	**298310**
惠城区	1244513	693721	550792	178227	87076	91151
惠阳区	1006478	589012	417466	76875	38407	38468
博罗县	522221	298251	223970	77345	38247	39098
惠东县	483304	261182	222122	224849	113383	111466
龙门县	75872	40655	35217	34243	16116	18127
梅州市	**1035174**	**515667**	**519507**	**619255**	**300384**	**318871**
梅江区	243283	121116	122167	80893	39032	41861
梅县区	231543	115066	116477	125987	61597	64390
大埔县	87883	43808	44075	64012	30892	33120
丰顺县	69361	35468	33893	45757	22491	23266
五华县	95182	49572	45610	56656	27996	28660
平远县	42624	21091	21533	31066	15016	16050
蕉岭县	61044	29927	31117	47930	22954	24976
兴宁市	204254	99619	104635	166954	80406	86548

1-3 续表 2

单位：人

地区	户口登记地					
	合计			本县(市、区)		
	合计	男	女	小计	男	女
汕尾市	**712075**	**374925**	**337150**	**464390**	**237158**	**227232**
城　区	177919	93936	83983	103594	52660	50934
海丰县	362701	192214	170487	236410	121351	115059
陆河县	50736	25595	25141	36276	17462	18814
陆丰市	120719	63180	57539	88110	45685	42425
河源市	**1009881**	**513978**	**495903**	**427703**	**204891**	**222812**
源城区	465979	239637	226342	68864	33208	35656
紫金县	98443	51347	47096	53752	25920	27832
龙川县	185239	90517	94722	145925	68752	77173
连平县	63243	32006	31237	41571	19986	21585
和平县	81187	39735	41452	66118	31230	34888
东源县	115790	60736	55054	51473	25795	25678
阳江市	**837124**	**436748**	**400376**	**494718**	**250348**	**244370**
江城区	379278	197926	181352	199890	100898	98992
阳东区	196387	105361	91026	97134	50659	46475
阳西县	97055	50237	46818	69224	34885	34339
阳春市	164404	83224	81180	128470	63906	64564
清远市	**1329007**	**693211**	**635796**	**637804**	**313527**	**324277**
清城区	572125	306720	265405	154733	77323	77410
清新区	269341	138824	130517	164128	82775	81353
佛冈县	78057	41048	37009	46736	22726	24010
阳山县	73673	36239	37434	55547	26260	29287
连山壮族瑶族自治县	15651	7567	8084	9982	4593	5389
连南瑶族自治县	18849	9180	9669	13098	6233	6865
英德市	229076	118325	110751	140655	68692	71963
连州市	72235	35308	36927	52925	24925	28000
东莞市	**8308567**	**4843788**	**3464779**	**356353**	**173970**	**182383**
市辖区	8308567	4843788	3464779	356353	173970	182383
中山市	**2765605**	**1567974**	**1197631**	**181158**	**81899**	**99259**
市辖区	2765605	1567974	1197631	181158	81899	99259
潮州市	**452923**	**237333**	**215590**	**167259**	**81268**	**85991**
湘桥区	220082	109497	110585	107620	52268	55352
潮安区	193575	107658	85917	34461	16601	17860
饶平县	39266	20178	19088	25178	12399	12779
揭阳市	**279720**	**152046**	**127674**	**86933**	**43090**	**43843**
榕城区	50832	28481	22351	5026	2703	2323
揭东区	53319	30832	22487	10086	5470	4616
揭西县	27637	14539	13098	7201	3435	3766
惠来县	36310	19171	17139	16582	8234	8348
普宁市	111622	59023	52599	48038	23248	24790
云浮市	**478451**	**249678**	**228773**	**241359**	**119463**	**121896**
云城区	157016	84114	72902	48451	24471	23980
云安区	24003	13861	10142	4441	2207	2234
新兴县	110737	57571	53166	67624	33522	34102
郁南县	43881	21997	21884	26495	12971	13524
罗定市	142814	72135	70679	94348	46292	48056

1-3 续表 3

单位：人

地区	户口登记地					
	本省其他县(市、区)			省外		
	小计	男	女	小计	男	女
广　东	**21170281**	**11372715**	**9797566**	**29622110**	**17511681**	**12110429**
广州市	**5523042**	**2916652**	**2606390**	**4934998**	**2872418**	**2062580**
荔湾区	479467	247675	231792	197894	116388	81506
越秀区	211422	104626	106796	139185	75241	63944
海珠区	486512	242425	244087	451308	251306	200002
天河区	899782	473037	426745	562466	321083	241383
白云区	1418946	750584	668362	1238623	723666	514957
黄埔区	364362	201448	162914	403374	248135	155239
番禺区	796880	421035	375845	837815	479275	358540
花都区	330174	178198	151976	513749	300196	213553
南沙区	159196	93855	65341	258409	161444	96965
从化区	118294	66135	52159	45227	27241	17986
增城区	258007	137634	120373	286948	168443	118505
韶关市	**307073**	**154272**	**152801**	**147318**	**84054**	**63264**
武江区	98585	48431	50154	41091	23243	17848
浈江区	94549	46826	47723	28375	15652	12723
曲江区	39007	20403	18604	18105	10746	7359
始兴县	6976	3539	3437	5666	3243	2423
仁化县	13748	7204	6544	9587	5627	3960
翁源县	12412	6329	6083	7946	4855	3091
乳源瑶族自治县	9702	4988	4714	6180	3747	2433
新丰县	8040	4222	3818	6587	4124	2463
乐昌市	15423	7844	7579	14976	7788	7188
南雄市	8631	4486	4145	8805	5029	3776
深圳市	**5109168**	**2749238**	**2359930**	**8221206**	**4823533**	**3397673**
罗湖区	371138	187234	183904	345541	189737	155804
福田区	433378	230818	202560	463150	256855	206295
南山区	375743	201700	174043	632584	363578	269006
宝安区	1262063	691285	570778	2520020	1487152	1032868
龙岗区	1401577	745814	655763	1827080	1054795	772285
盐田区	74723	40263	34460	71582	42884	28698
龙华区	752774	406376	346398	1353644	817007	536637
坪山区	151488	84391	67097	302393	183465	118928
光明区	286284	161357	124927	705212	428060	277152
珠海市	**549996**	**299464**	**250532**	**736301**	**436708**	**299593**
香洲区	325128	176045	149083	412174	239561	172613
斗门区	104240	58165	46075	158682	96405	62277
金湾区	120628	65254	55374	165445	100742	64703
汕头市	**284246**	**149587**	**134659**	**415360**	**245026**	**170334**
龙湖区	102801	52968	49833	76654	45854	30800
金平区	84912	42768	42144	53283	30354	22929
濠江区	16759	10720	6039	10012	6786	3226
潮阳区	28856	15549	13307	86996	51159	35837
潮南区	24254	12998	11256	52836	31842	20994
澄海区	25170	13883	11287	133648	77925	55723
南澳县	1494	701	793	1931	1106	825
佛山市	**2031591**	**1150213**	**881378**	**3106767**	**1894647**	**1212120**
禅城区	377202	204970	172232	319960	190684	129276
南海区	933841	533520	400321	1198839	733433	465406
顺德区	522070	298084	223986	1238947	750227	488720
三水区	141330	81552	59778	243090	153778	89312
高明区	57148	32087	25061	105931	66525	39406

1—3 续表 4

单位：人

地区	户口登记地					
	本省其他县(市、区)			省外		
	小计	男	女	小计	男	女
江门市	**528732**	**282386**	**246346**	**782556**	**463494**	**319062**
蓬江区	176812	92663	84149	190917	112743	78174
江海区	94212	48527	45685	109811	65259	44552
新会区	65908	36055	29853	162058	96639	65419
台山市	39843	22022	17821	66188	39367	26821
开平市	65013	34459	30554	90514	52095	38419
鹤山市	50893	28770	22123	135345	80184	55161
恩平市	36051	19890	16161	27723	17207	10516
湛江市	**703059**	**356994**	**346065**	**136071**	**76229**	**59842**
赤坎区	149687	72736	76951	19712	10746	8966
霞山区	242367	123793	118574	29449	16291	13158
坡头区	19366	9924	9442	8342	4958	3384
麻章区	95407	48848	46559	17295	11323	5972
遂溪县	46431	23441	22990	6813	3654	3159
徐闻县	28739	15497	13242	10163	5790	4373
廉江市	54437	27685	26752	20613	9518	11095
雷州市	35980	19032	16948	6462	3741	2721
吴川市	30645	16038	14607	17222	10208	7014
茂名市	**273609**	**142855**	**130754**	**92388**	**50538**	**41850**
茂南区	105380	54003	51377	31303	18461	12842
电白区	54327	28780	25547	17216	9487	7729
高州市	44037	22850	21187	19277	10564	8713
化州市	46651	24751	21900	13838	6626	7212
信宜市	23214	12471	10743	10754	5400	5354
肇庆市	**349859**	**191692**	**158167**	**286607**	**175454**	**111153**
端州区	152935	80447	72488	38264	22292	15972
鼎湖区	44039	23487	20552	25855	17030	8825
高要区	35203	20282	14921	62818	38399	24419
广宁县	12122	6591	5531	8132	5249	2883
怀集县	7925	4303	3622	7476	4445	3031
封开县	5633	3051	2582	6132	3666	2466
德庆县	9296	4792	4504	3998	2276	1722
四会市	82706	48739	33967	133932	82097	51835
惠州市	**1126667**	**613359**	**513308**	**1614182**	**976233**	**637949**
惠城区	514308	275989	238319	551978	330656	221322
惠阳区	326851	181977	144874	602752	368628	234124
博罗县	147865	81188	66677	297011	178816	118195
惠东县	117824	63397	54427	140631	84402	56229
龙门县	19819	10808	9011	21810	13731	8079
梅州市	**327113**	**164258**	**162855**	**88806**	**51025**	**37781**
梅江区	138671	68552	70119	23719	13532	10187
梅县区	83267	41010	42257	22289	12459	9830
大埔县	17995	9493	8502	5876	3423	2453
丰顺县	15058	7910	7148	8546	5067	3479
五华县	29276	15802	13474	9250	5774	3476
平远县	7130	3696	3434	4428	2379	2049
蕉岭县	7724	3822	3902	5390	3151	2239
兴宁市	27992	13973	14019	9308	5240	4068

1-3　续表 5　　　　单位：人

地　区	户口登记地					
	本省其他县(市、区)			省　外		
	小计	男	女	小计	男	女
汕尾市	**149927**	**78848**	**71079**	**97758**	**58919**	**38839**
城　区	48807	25214	23593	25518	16062	9456
海丰县	70715	37512	33203	55576	33351	22225
陆河县	8917	4666	4251	5543	3467	2076
陆丰市	21488	11456	10032	11121	6039	5082
河源市	**431017**	**218462**	**212555**	**151161**	**90625**	**60536**
源城区	309387	155224	154163	87728	51205	36523
紫金县	27936	14814	13122	16755	10613	6142
龙川县	25547	13463	12084	13767	8302	5465
连平县	15823	8523	7300	5849	3497	2352
和平县	10122	5351	4771	4947	3154	1793
东源县	42202	21087	21115	22115	13854	8261
阳江市	**232132**	**122033**	**110099**	**110274**	**64367**	**45907**
江城区	136531	71669	64862	42857	25359	17498
阳东区	55863	29562	26301	43390	25140	18250
阳西县	18262	9677	8585	9569	5675	3894
阳春市	21476	11125	10351	14458	8193	6265
清远市	**463780**	**242861**	**220919**	**227423**	**136823**	**90600**
清城区	291636	153667	137969	125756	75730	50026
清新区	75789	39079	36710	29424	16970	12454
佛冈县	15305	8230	7075	16016	10092	5924
阳山县	12233	6380	5853	5893	3599	2294
连山壮族瑶族自治县	3447	1798	1649	2222	1176	1046
连南瑶族自治县	4535	2292	2243	1216	655	561
英德市	48169	24977	23192	40252	24656	15596
连州市	12666	6438	6228	6644	3945	2699
东莞市	**1758711**	**994310**	**764401**	**6193503**	**3675508**	**2517995**
市辖区	1758711	994310	764401	6193503	3675508	2517995
中山市	**654445**	**356563**	**297882**	**1930002**	**1129512**	**800490**
市辖区	654445	356563	297882	1930002	1129512	800490
潮州市	**110523**	**53582**	**56941**	**175141**	**102483**	**72658**
湘桥区	70119	32659	37460	42343	24570	17773
潮安区	33141	17136	16005	125973	73921	52052
饶平县	7263	3787	3476	6825	3992	2833
揭阳市	**86720**	**45241**	**41479**	**106067**	**63715**	**42352**
榕城区	16285	7558	8727	29521	18220	11301
揭东区	12750	6831	5919	30483	18531	11952
揭西县	12698	6666	6032	7738	4438	3300
惠来县	14913	7895	7018	4815	3042	1773
普宁市	30074	16291	13783	33510	19484	14026
云浮市	**168871**	**89845**	**79026**	**68221**	**40370**	**27851**
云城区	83571	44084	39487	24994	15559	9435
云安区	13481	7574	5907	6081	4080	2001
新兴县	23717	12497	11220	19396	11552	7844
郁南县	12276	6335	5941	5110	2691	2419
罗定市	35826	19355	16471	12640	6488	6152

1-3a 各地区分性别的户口登记地在外乡镇街道的人口状况(城市)

单位：人

地 区	户口登记地					
	合 计			本县(市、区)		
	合计	男	女	小计	男	女
广 东	**49618272**	**27539974**	**22078298**	**6908534**	**3387888**	**3520646**
广州市	**9824621**	**5315061**	**4509560**	**968421**	**468647**	**499774**
荔湾区	768996	407592	361404	91635	43529	48106
越秀区	417677	211142	206535	67070	31275	35795
海珠区	1060498	552155	508343	122678	58424	64254
天河区	1573823	848459	725364	111575	54339	57236
白云区	2224579	1212477	1012102	90927	43146	47781
黄埔区	773322	446335	326987	53175	25697	27478
番禺区	1572674	844261	728413	126449	59333	67116
花都区	706132	386531	319601	131007	65775	65232
南沙区	286406	171841	114565	16162	8056	8106
从化区	103602	54297	49305	46160	22876	23284
增城区	336912	179971	156941	111583	56197	55386
韶关市	**490654**	**243136**	**247518**	**199129**	**95987**	**103142**
武江区	169011	84717	84294	39034	18688	20346
浈江区	142740	70610	72130	35838	17329	18509
曲江区	64848	32121	32727	32242	15731	16511
始兴县						
仁化县						
翁源县						
乳源瑶族自治县						
新丰县						
乐昌市	50750	24742	26008	37465	17960	19505
南雄市	63305	30946	32359	54550	26279	28271
深圳市	**14041548**	**7912385**	**6129163**	**756728**	**369089**	**387639**
罗湖区	792671	412853	379818	75992	35882	40110
福田区	1025636	548337	477299	129108	60664	68444
南山区	1187566	652950	534616	183204	91119	92085
宝安区	3907260	2240601	1666659	125177	62164	63013
龙岗区	3324279	1841691	1482588	135989	66528	69461
盐田区	156096	87845	68251	9791	4698	5093
龙华区	2173167	1256129	917038	66749	32746	34003
坪山区	465253	273620	191633	12594	6346	6248
光明区	1009620	598359	411261	18124	8942	9182
珠海市	**1174271**	**640528**	**533743**	**166458**	**79774**	**86684**
香洲区	815332	441914	373418	122028	58557	63471
斗门区	140993	77937	63056	33378	15673	17705
金湾区	217946	120677	97269	11052	5544	5508
汕头市	**686063**	**362783**	**323280**	**231698**	**111940**	**119758**
龙湖区	199309	107548	91761	29489	14166	15323
金平区	224966	114776	110190	88140	42405	45735
濠江区	21058	11962	9096	6718	3192	3526
潮阳区	75895	38869	37026	48472	23335	25137
潮南区	37246	21558	15688	5764	3086	2678
澄海区	127589	68070	59519	53115	25756	27359
南澳县						
佛山市	**5045997**	**2924355**	**2121642**	**410992**	**194753**	**216239**
禅城区	644487	355614	288873	61374	29155	32219
南海区	2141621	1254964	886657	106166	50042	56124
顺德区	1840898	1078720	762178	104234	46123	58111
三水区	207137	113952	93185	67608	32577	35031
高明区	211854	121105	90749	71610	36856	34754

1－3a 续表 1

单位：人

地区	户口登记地					
	合计			本县(市、区)		
	合计	男	女	小计	男	女
江门市	**1456227**	**774962**	**681265**	**555835**	**272136**	**283699**
蓬江区	426603	233062	193541	61876	29538	32338
江海区	212872	117929	94943	8849	4143	4706
新会区	238175	125172	113003	126956	62119	64837
台山市	164870	85443	79427	109665	53989	55676
开平市	199071	98673	100398	143104	69124	73980
鹤山市	142542	77404	65138	50252	25248	25004
恩平市	72094	37279	34815	55133	27975	27158
湛江市	**1039358**	**528479**	**510879**	**503963**	**254027**	**249936**
赤坎区	225520	111341	114179	56967	28320	28647
霞山区	365104	186306	178798	97666	48492	49174
坡头区	22414	11369	11045	8391	4074	4317
麻章区	50084	28691	21393	9771	5344	4427
遂溪县	3532	1814	1718	1301	658	643
徐闻县						
廉江市	157181	79136	78045	138853	70651	68202
雷州市	129290	67031	62259	122280	63340	58940
吴川市	86233	42791	43442	68734	33148	35586
茂名市	**695893**	**359092**	**336801**	**507564**	**255911**	**251653**
茂南区	227635	119479	108156	123259	62069	61190
电白区	74388	37662	36726	60391	29720	30671
高州市	152831	78187	74644	113277	57176	56101
化州市	130569	67468	63101	113054	57799	55255
信宜市	110470	56296	54174	97583	49147	48436
肇庆市	**655704**	**356190**	**299514**	**236799**	**119361**	**117438**
端州区	251861	132737	119124	60662	29998	30664
鼎湖区	69850	37871	31979	21130	10432	10698
高要区	62622	33530	29092	42401	21971	20430
广宁县						
怀集县						
封开县						
德庆县						
四会市	271371	152052	119319	112606	56960	55646
惠州市	**1817919**	**1025023**	**792896**	**226569**	**110981**	**115588**
惠城区	1022978	562277	460701	157591	76595	80996
惠阳区	776369	452081	324288	68094	33986	34108
博罗县	18572	10665	7907	884	400	484
惠东县						
龙门县						
梅州市	**609336**	**299244**	**310092**	**350599**	**169560**	**181039**
梅江区	235710	117069	118641	79060	38123	40937
梅县区	201470	99097	102373	116725	56932	59793
大埔县						
丰顺县						
五华县	797	459	338	239	125	114
平远县						
蕉岭县						
兴宁市	171359	82619	88740	154575	74380	80195

1－3a 续表 2

单位：人

地 区	户口登记地					
	合 计			本县(市、区)		
	合计	男	女	小计	男	女
汕尾市	**207531**	**107616**	**99915**	**143029**	**73613**	**69416**
城 区	149312	76847	72465	93002	47157	45845
海丰县						
陆河县						
陆丰市	58219	30769	27450	50027	26456	23571
河源市	**418507**	**213322**	**205185**	**65815**	**31784**	**34031**
源城区	418507	213322	205185	65815	31784	34031
紫金县						
龙川县						
连平县						
和平县						
东源县						
阳江市	**573594**	**293171**	**280423**	**365703**	**184355**	**181348**
江城区	331948	170068	161880	191798	96679	95119
阳东区	129415	67430	61985	76990	39834	37156
阳西县						
阳春市	112231	55673	56558	96915	47842	49073
清远市	**766040**	**385667**	**380373**	**418916**	**206749**	**212167**
清城区	390184	199110	191074	136090	67400	68690
清新区	198906	99926	98980	141008	70895	70113
佛冈县						
阳山县						
连山壮族瑶族自治县						
连南瑶族自治县						
英德市	117022	58231	58791	91980	45056	46924
连州市	59928	28400	31528	49838	23398	26440
东莞市	**7663530**	**4446379**	**3217151**	**343180**	**168336**	**174844**
市辖区	7663530	4446379	3217151	343180	168336	174844
中山市	**1730279**	**974614**	**755665**	**139514**	**64315**	**75199**
市辖区	1730279	974614	755665	139514	64315	75199
潮州市	**332021**	**173183**	**158838**	**134187**	**65333**	**68854**
湘桥区	199829	100656	99173	106566	51720	54846
潮安区	132192	72527	59665	27621	13613	14008
饶平县						
揭阳市	**134539**	**72378**	**62161**	**51382**	**25846**	**25536**
榕城区	39714	21849	17865	4487	2421	2066
揭东区	30735	17185	13550	8132	4268	3864
揭西县						
惠来县						
普宁市	64090	33344	30746	38763	19157	19606
云浮市	**254640**	**132406**	**122234**	**132053**	**65391**	**66662**
云城区	148353	78919	69434	47316	23885	23431
云安区	4167	2246	1921	2218	1044	1174
新兴县						
郁南县						
罗定市	102120	51241	50879	82519	40462	42057

1-3a　续表 3　　　　单位：人

地　　区	户口登记地					
	本省其他县(市、区)			省　　外		
	小计	男	女	小计	男	女
广　东	**17849756**	**9546476**	**8303280**	**24859982**	**14605610**	**10254372**
广州市	**4820896**	**2524240**	**2296656**	**4035304**	**2322174**	**1713130**
荔湾区	479467	247675	231792	197894	116388	81506
越秀区	211422	104626	106796	139185	75241	63944
海珠区	486512	242425	244087	451308	251306	200002
天河区	899782	473037	426745	562466	321083	241383
白云区	1156517	606036	550481	977135	563295	413840
黄埔区	343105	189467	153638	377042	231171	145871
番禺区	729141	379988	349153	717084	404940	312144
花都区	224206	120224	103982	350919	200532	150387
南沙区	114081	67415	46666	156163	96370	59793
从化区	45121	24458	20663	12321	6963	5358
增城区	131542	68889	62653	93787	54885	38902
韶关市	**210113**	**102472**	**107641**	**81412**	**44677**	**36735**
武江区	92767	45264	47503	37210	20765	16445
浈江区	83382	40535	42847	23520	12746	10774
曲江区	22611	10925	11686	9995	5465	4530
始兴县						
仁化县						
翁源县						
乳源瑶族自治县						
新丰县						
乐昌市	6990	3534	3456	6295	3248	3047
南雄市	4363	2214	2149	4392	2453	1939
深圳市	**5093850**	**2739812**	**2354038**	**8190970**	**4803484**	**3387486**
罗湖区	371138	187234	183904	345541	189737	155804
福田区	433378	230818	202560	463150	256855	206295
南山区	375150	201164	173986	629212	360667	268545
宝安区	1262063	691285	570778	2520020	1487152	1032868
龙岗区	1387635	737294	650341	1800655	1037869	762786
盐田区	74723	40263	34460	71582	42884	28698
龙华区	752774	406376	346398	1353644	817007	536637
坪山区	150705	84021	66684	301954	183253	118701
光明区	286284	161357	124927	705212	428060	277152
珠海市	**448418**	**239107**	**209311**	**559395**	**321647**	**237748**
香洲区	311169	166333	144836	382135	217024	165111
斗门区	42309	23148	19161	65306	39116	26190
金湾区	94940	49626	45314	111954	65507	46447
汕头市	**226080**	**116956**	**109124**	**228285**	**133887**	**94398**
龙湖区	100534	51744	48790	69286	41638	27648
金平区	84039	42315	41724	52787	30056	22731
濠江区	8024	4532	3492	6316	4238	2078
潮阳区	12039	6550	5489	15384	8984	6400
潮南区	8510	4719	3791	22972	13753	9219
澄海区	12934	7096	5838	61540	35218	26322
南澳县						
佛山市	**1873581**	**1054775**	**818806**	**2761424**	**1674827**	**1086597**
禅城区	338757	182614	156143	244356	143845	100511
南海区	905719	515720	389999	1129736	689202	440534
顺德区	517519	295157	222362	1219145	737440	481705
三水区	61555	33305	28250	77974	48070	29904
高明区	50031	27979	22052	90213	56270	33943

1－3a 续表 4 单位：人

地　区	户口登记地					
	本省其他县(市、区)			省　外		
	小计	男	女	小计	男	女
江门市	**400215**	**209302**	**190913**	**500177**	**293524**	**206653**
蓬江区	175995	92181	83814	188732	111343	77389
江海区	94212	48527	45685	109811	65259	44552
新会区	35487	18726	16761	75732	44327	31405
台山市	21059	11349	9710	34146	20105	14041
开平市	33907	17243	16664	22060	12306	9754
鹤山市	28337	15366	12971	63953	36790	27163
恩平市	11218	5910	5308	5743	3394	2349
湛江市	**465634**	**235680**	**229954**	**69761**	**38772**	**30989**
赤坎区	149009	72370	76639	19544	10651	8893
霞山区	239045	122147	116898	28393	15667	12726
坡头区	9849	4954	4895	4174	2341	1833
麻章区	36090	20463	15627	4223	2884	1339
遂溪县	1482	763	719	749	393	356
徐闻县						
廉江市	13741	6321	7420	4587	2164	2423
雷州市	6330	3309	3021	680	382	298
吴川市	10088	5353	4735	7411	4290	3121
茂名市	**139260**	**74337**	**64923**	**49069**	**28844**	**20225**
茂南区	80810	43387	37423	23566	14023	9543
电白区	9222	4907	4315	4775	3035	1740
高州市	27277	13897	13380	12277	7114	5163
化州市	13386	7406	5980	4129	2263	1866
信宜市	8565	4740	3825	4322	2409	1913
肇庆市	**265069**	**143684**	**121385**	**153836**	**93145**	**60691**
端州区	152935	80447	72488	38264	22292	15972
鼎湖区	35187	18441	16746	13533	8998	4535
高要区	15213	8525	6688	5008	3034	1974
广宁县						
怀集县						
封开县						
德庆县						
四会市	61734	36271	25463	97031	58821	38210
惠州市	**687644**	**372322**	**315322**	**903706**	**541720**	**361986**
惠城区	428063	228585	199478	437324	257097	180227
惠阳区	252988	140139	112849	455287	277956	177331
博罗县	6593	3598	2995	11095	6667	4428
惠东县						
龙门县						
梅州市	**215110**	**105385**	**109725**	**43627**	**24299**	**19328**
梅江区	134445	66354	68091	22205	12592	9613
梅县区	68117	33013	35104	16628	9152	7476
大埔县						
丰顺县						
五华县	465	275	190	93	59	34
平远县						
蕉岭县						
兴宁市	12083	5743	6340	4701	2496	2205

1-3a 续表 5

单位：人

地区	户口登记地					
	本省其他县(市、区)			省外		
	小计	男	女	小计	男	女
汕尾市	**44115**	**22361**	**21754**	**20387**	**11642**	**8745**
城区	39987	20164	19823	16323	9526	6797
海丰县						
陆河县						
陆丰市	4128	2197	1931	4064	2116	1948
河源市	**284586**	**142426**	**142160**	**68106**	**39112**	**28994**
源城区	284586	142426	142160	68106	39112	28994
紫金县						
龙川县						
连平县						
和平县						
东源县						
阳江市	**159473**	**82284**	**77189**	**48418**	**26532**	**21886**
江城区	115275	59650	55625	24875	13739	11136
阳东区	34998	17936	17062	17427	9660	7767
阳西县						
阳春市	9200	4698	4502	6116	3133	2983
清远市	**265880**	**133627**	**132253**	**81244**	**45291**	**35953**
清城区	199062	100547	98515	55032	31163	23869
清新区	45508	22533	22975	12390	6498	5892
佛冈县						
阳山县						
连山壮族瑶族自治县						
连南瑶族自治县						
英德市	14777	7463	7314	10265	5712	4553
连州市	6533	3084	3449	3557	1918	1639
东莞市	**1648559**	**927475**	**721084**	**5671791**	**3350568**	**2321223**
市辖区	1648559	927475	721084	5671791	3350568	2321223
中山市	**393001**	**213390**	**179611**	**1197764**	**696909**	**500855**
市辖区	393001	213390	179611	1197764	696909	500855
潮州市	**80883**	**40078**	**40805**	**116951**	**67772**	**49179**
湘桥区	56536	27665	28871	36727	21271	15456
潮安区	24347	12413	11934	80224	46501	33723
饶平县						
揭阳市	**31572**	**15852**	**15720**	**51585**	**30680**	**20905**
榕城区	13235	5937	7298	21992	13491	8501
揭东区	6476	3409	3067	16127	9508	6619
揭西县						
惠来县						
普宁市	11861	6506	5355	13466	7681	5785
云浮市	**95817**	**50911**	**44906**	**26770**	**16104**	**10666**
云城区	79279	41686	37593	21758	13348	8410
云安区	1293	757	536	656	445	211
新兴县						
郁南县						
罗定市	15245	8468	6777	4356	2311	2045

1-3b 各地区分性别的户口登记地在外乡镇街道的人口状况(镇)

单位：人

地　区	户口登记地					
	合　计			本县(市、区)		
	合计	男	女	小计	男	女
广　东	**6173567**	**3352112**	**2821455**	**2266671**	**1113942**	**1152729**
广州市	**734023**	**413312**	**320711**	**60167**	**29779**	**30388**
荔湾区						
越秀区						
海珠区						
天河区						
白云区	189287	105882	83405	7317	3524	3793
黄埔区	17332	8570	8762	3460	1731	1729
番禺区	48168	27958	20210	7867	3642	4225
花都区	67420	36797	30623	4597	2267	2330
南沙区	76398	45991	30407	6112	2816	3296
从化区	65602	40143	25459	4452	2173	2279
增城区	269816	147971	121845	26362	13626	12736
韶关市	**259383**	**126887**	**132496**	**183654**	**87125**	**96529**
武江区	588	322	266	235	122	113
浈江区	11806	6708	5098	3826	2110	1716
曲江区	8328	4553	3775	2020	1013	1007
始兴县	39756	18606	21150	32509	14860	17649
仁化县	33493	16380	17113	18611	8639	9972
翁源县	42134	19946	22188	33701	15863	17838
乳源瑶族自治县	41062	20139	20923	30040	14340	15700
新丰县	41887	20407	21480	33840	16150	17690
乐昌市	32182	15818	16364	23358	11441	11917
南雄市	8147	4008	4139	5514	2587	2927
深圳市	**5483**	**4187**	**1296**	**296**	**158**	**138**
罗湖区						
福田区						
南山区	3993	3472	521	28	25	3
宝安区						
龙岗区						
盐田区						
龙华区						
坪山区	1490	715	775	268	133	135
光明区						
珠海市	**218432**	**137392**	**81040**	**17621**	**9040**	**8581**
香洲区	44893	32662	12231	1811	1113	698
斗门区	98428	56830	41598	12988	6411	6577
金湾区	75111	47900	27211	2822	1516	1306
汕头市	**172073**	**95955**	**76118**	**37663**	**18876**	**18787**
龙湖区						
金平区						
濠江区	314	217	97	28	23	5
潮阳区	70150	40095	30055	11616	6279	5337
潮南区	24726	13697	11029	2675	1313	1362
澄海区	71759	39432	32327	20960	10121	10839
南澳县	5124	2514	2610	2384	1140	1244
佛山市	**309250**	**190412**	**118838**	**10597**	**5113**	**5484**
禅城区	117375	70570	46805	3326	1375	1951
南海区	33961	20858	13103	438	169	269
顺德区						
三水区	143981	90208	53773	6282	3272	3010
高明区	13933	8776	5157	551	297	254

1-3b　续表 1　　单位：人

地　　区	户口登记地					
	合　　计			本县(市、区)		
	合计	男	女	小计	男	女
江门市	**176182**	**99698**	**76484**	**32794**	**16495**	**16299**
蓬江区						
江海区						
新会区	39398	22654	16744	3582	1788	1794
台山市	11645	6391	5254	3072	1491	1581
开平市	52054	28803	23251	8429	4281	4148
鹤山市	48934	28737	20197	4821	2540	2281
恩平市	24151	13113	11038	12890	6395	6495
湛江市	**294631**	**149350**	**145281**	**165106**	**82961**	**82145**
赤坎区						
霞山区	1245	622	623	176	94	82
坡头区	11355	5922	5433	5550	2762	2788
麻章区	55124	27546	27578	4131	2224	1907
遂溪县	73813	36698	37115	50270	25283	24987
徐闻县	81412	41462	39950	63108	31421	31687
廉江市	35804	18631	17173	19958	10089	9869
雷州市	21233	11036	10197	15754	8128	7626
吴川市	14645	7433	7212	6159	2960	3199
茂名市	**122817**	**61915**	**60902**	**82807**	**40876**	**41931**
茂南区	4445	2254	2191	1721	844	877
电白区	54824	27662	27162	38334	18787	19547
高州市	21423	10943	10480	14261	7159	7102
化州市	31479	15782	15697	21594	10729	10865
信宜市	10646	5274	5372	6897	3357	3540
肇庆市	**258702**	**138422**	**120280**	**149331**	**73497**	**75834**
端州区						
鼎湖区	17523	10592	6931	1232	594	638
高要区	52269	30921	21348	9792	5280	4512
广宁县	44163	21940	22223	35064	16839	18225
怀集县	64002	32596	31406	55131	27379	27752
封开县	27407	13876	13531	20639	10068	10571
德庆县	29714	14577	15137	21659	10406	11253
四会市	23624	13920	9704	5814	2931	2883
惠州市	**984058**	**539001**	**445057**	**317489**	**158654**	**158835**
惠城区	87405	49352	38053	11830	5945	5885
惠阳区	86520	49638	36882	4816	2325	2491
博罗县	372925	209683	163242	64102	31834	32268
惠东县	388101	205676	182425	206817	104443	102374
龙门县	49107	24652	24455	29924	14107	15817
梅州市	**296144**	**147158**	**148986**	**228336**	**110748**	**117588**
梅江区	1028	524	504	232	100	132
梅县区	9155	4756	4399	3108	1529	1579
大埔县	70555	34172	36383	59139	28362	30777
丰顺县	55746	28350	27396	41211	20252	20959
五华县	65704	33489	32215	50012	24752	25260
平远县	34472	16735	17737	27316	13024	14292
蕉岭县	51578	24876	26702	43206	20662	22544
兴宁市	7906	4256	3650	4112	2067	2045

1-3b 续表 2 单位：人

地区	户口登记地					
	合计			本县(市、区)		
	合计	男	女	小计	男	女
汕尾市	**409070**	**212675**	**196395**	**289688**	**147353**	**142335**
城　区	13112	7566	5546	7015	3620	3395
海丰县	312875	163237	149638	219864	112784	107080
陆河县	43026	21616	21410	33171	16030	17141
陆丰市	40057	20256	19801	29638	14919	14719
河源市	**380153**	**187173**	**192980**	**275417**	**130898**	**144519**
源城区	29578	15928	13650	2006	918	1088
紫金县	69341	34897	34444	48630	23428	25202
龙川县	120353	56813	63540	103808	48453	55355
连平县	41970	20705	21265	32700	15707	16993
和平县	61648	29375	32273	54873	25654	29219
东源县	57263	29455	27808	33400	16738	16662
阳江市	**122474**	**63015**	**59459**	**85298**	**42892**	**42406**
江城区	10538	5715	4823	2130	1046	1084
阳东区	16727	9081	7646	7249	3829	3420
阳西县	79580	40503	39077	64346	32389	31957
阳春市	15629	7716	7913	11573	5628	5945
清远市	**311103**	**163044**	**148059**	**156118**	**75228**	**80890**
清城区	108656	62647	46009	12742	6731	6011
清新区	8874	4856	4018	2037	1064	973
佛冈县	56175	28176	27999	41088	19953	21135
阳山县	61977	29650	32327	53016	24923	28093
连山壮族瑶族自治县	12610	5971	6639	9219	4230	4989
连南瑶族自治县	16645	8002	8643	12660	6005	6655
英德市	42859	22040	20819	23888	11599	12289
连州市	3307	1702	1605	1468	723	745
东莞市	**70155**	**40754**	**29401**	**1571**	**745**	**826**
市辖区	70155	40754	29401	1571	745	826
中山市	**777940**	**442199**	**335741**	**25882**	**11509**	**14373**
市辖区	777940	442199	335741	25882	11509	14373
潮州市	**64058**	**32772**	**31286**	**25682**	**12594**	**13088**
湘桥区	14128	5947	8181	878	467	411
潮安区	21711	12583	9128	3362	1531	1831
饶平县	28219	14242	13977	21442	10596	10846
揭阳市	**67461**	**36076**	**31385**	**28811**	**14176**	**14635**
榕城区	3648	2102	1546	359	179	180
揭东区	8666	5456	3210	1492	987	505
揭西县	12100	6185	5915	6016	2923	3093
惠来县	24213	12548	11665	14545	7344	7201
普宁市	18834	9785	9049	6399	2743	3656
云浮市	**139975**	**70715**	**69260**	**92343**	**45225**	**47118**
云城区						
云安区	8735	5097	3638	1120	592	528
新兴县	90083	45301	44782	63303	31117	32186
郁南县	32976	16235	16741	24055	11654	12401
罗定市	8181	4082	4099	3865	1862	2003

1-3b　续表 3　　单位：人

地　区	户口登记地					
	本省其他县(市、区)			省　外		
	小计	男	女	小计	男	女
广　东	**1635389**	**885203**	**750186**	**2271507**	**1352967**	**918540**
广州市	**334963**	**183629**	**151334**	**338893**	**199904**	**138989**
荔湾区						
越秀区						
海珠区						
天河区						
白云区	115190	62562	52628	66780	39796	26984
黄埔区	8469	4141	4328	5403	2698	2705
番禺区	17723	10513	7210	22578	13803	8775
花都区	30367	15708	14659	32456	18822	13634
南沙区	21306	12137	9169	48980	31038	17942
从化区	43318	26777	16541	17832	11193	6639
增城区	98590	51791	46799	144864	82554	62310
韶关市	**46957**	**24058**	**22899**	**28772**	**15704**	**13068**
武江区	220	115	105	133	85	48
浈江区	6188	3596	2592	1792	1002	790
曲江区	4100	2208	1892	2208	1332	876
始兴县	4221	2104	2117	3026	1642	1384
仁化县	9497	4828	4669	5385	2913	2472
翁源县	6091	2896	3195	2342	1187	1155
乳源瑶族自治县	6803	3415	3388	4219	2384	1835
新丰县	4669	2306	2363	3378	1951	1427
乐昌市	3791	1878	1913	5033	2499	2534
南雄市	1377	712	665	1256	709	547
深圳市	**1376**	**906**	**470**	**3811**	**3123**	**688**
罗湖区						
福田区						
南山区	593	536	57	3372	2911	461
宝安区						
龙岗区						
盐田区						
龙华区						
坪山区	783	370	413	439	212	227
光明区						
珠海市	**70853**	**42972**	**27881**	**129958**	**85380**	**44578**
香洲区	13640	9478	4162	29442	22071	7371
斗门区	34119	19406	14713	51321	31013	20308
金湾区	23094	14088	9006	49195	32296	16899
汕头市	**27326**	**14513**	**12813**	**107084**	**62566**	**44518**
龙湖区						
金平区						
濠江区	90	58	32	196	136	60
潮阳区	9873	5313	4560	48661	28503	20158
潮南区	7911	4073	3838	14140	8311	5829
澄海区	8208	4500	3708	42591	24811	17780
南澳县	1244	569	675	1496	805	691
佛山市	**95871**	**57446**	**38425**	**202782**	**127853**	**74929**
禅城区	38445	22356	16089	75604	46839	28765
南海区	9839	5917	3922	23684	14772	8912
顺德区						
三水区	43220	26602	16618	94479	60334	34145
高明区	4367	2571	1796	9015	5908	3107

1－3b 续表 4　　单位：人

地区	户口登记地					
	本省其他县(市、区)			省外		
	小计	男	女	小计	男	女
江门市	**43278**	**24243**	**19035**	**100110**	**58960**	**41150**
蓬江区						
江海区						
新会区	8895	4964	3931	26921	15902	11019
台山市	3710	2046	1664	4863	2854	2009
开平市	12924	7084	5840	30701	17438	13263
鹤山市	11796	6837	4959	32317	19360	12957
恩平市	5953	3312	2641	5308	3406	1902
湛江市	**104622**	**51880**	**52742**	**24903**	**14509**	**10394**
赤坎区						
霞山区	776	360	416	293	168	125
坡头区	4195	2139	2056	1610	1021	589
麻章区	41592	19373	22219	9401	5949	3452
遂溪县	21114	10096	11018	2429	1319	1110
徐闻县	14590	7931	6659	3714	2110	1604
廉江市	11583	6398	5185	4263	2144	2119
雷州市	4805	2556	2249	674	352	322
吴川市	5967	3027	2940	2519	1446	1073
茂名市	**28113**	**14778**	**13335**	**11897**	**6261**	**5636**
茂南区	1941	963	978	783	447	336
电白区	11732	6185	5547	4758	2690	2068
高州市	4578	2409	2169	2584	1375	1209
化州市	7436	3947	3489	2449	1106	1343
信宜市	2426	1274	1152	1323	643	680
肇庆市	**41229**	**22928**	**18301**	**68142**	**41997**	**26145**
端州区						
鼎湖区	6424	3606	2818	9867	6392	3475
高要区	9412	5567	3845	33065	20074	12991
广宁县	5629	2904	2725	3470	2197	1273
怀集县	3994	2167	1827	4877	3050	1827
封开县	3193	1737	1456	3575	2071	1504
德庆县	5779	2942	2837	2276	1229	1047
四会市	6798	4005	2793	11012	6984	4028
惠州市	**270634**	**146709**	**123925**	**395935**	**233638**	**162297**
惠城区	37275	20398	16877	38300	23009	15291
惠阳区	32024	17568	14456	49680	29745	19935
博罗县	105901	58190	47711	202922	119659	83263
惠东县	84853	45062	39791	96431	56171	40260
龙门县	10581	5491	5090	8602	5054	3548
梅州市	**44421**	**22946**	**21475**	**23387**	**13464**	**9923**
梅江区	613	315	298	183	109	74
梅县区	4573	2400	2173	1474	827	647
大埔县	7942	3985	3957	3474	1825	1649
丰顺县	8307	4338	3969	6228	3760	2468
五华县	11339	6098	5241	4353	2639	1714
平远县	4182	2165	2017	2974	1546	1428
蕉岭县	5299	2545	2754	3073	1669	1404
兴宁市	2166	1100	1066	1628	1089	539

1-3b　续表 5　　　　单位：人

地　区	户口登记地					
	本省其他县(市、区)			省　外		
	小计	男	女	小计	男	女
汕尾市	**73329**	**38507**	**34822**	**46053**	**26815**	**19238**
城　区	2897	1681	1216	3200	2265	935
海丰县	57276	30018	27258	35735	20435	15300
陆河县	5908	3091	2817	3947	2495	1452
陆丰市	7248	3717	3531	3171	1620	1551
河源市	**64319**	**32716**	**31603**	**40417**	**23559**	**16858**
源城区	14992	7404	7588	12580	7606	4974
紫金县	12720	6642	6078	7991	4827	3164
龙川县	10958	5499	5459	5587	2861	2726
连平县	6736	3549	3187	2534	1449	1085
和平县	4219	2194	2025	2556	1527	1029
东源县	14694	7428	7266	9169	5289	3880
阳江市	**24366**	**12749**	**11617**	**12810**	**7374**	**5436**
江城区	5389	2946	2443	3019	1723	1296
阳东区	5643	2965	2678	3835	2287	1548
阳西县	10907	5612	5295	4327	2502	1825
阳春市	2427	1226	1201	1629	862	767
清远市	**79682**	**42588**	**37094**	**75303**	**45228**	**30075**
清城区	44830	24710	20120	51084	31206	19878
清新区	4275	2261	2014	2562	1531	1031
佛冈县	8191	4336	3855	6896	3887	3009
阳山县	6185	3169	3016	2776	1558	1218
连山壮族瑶族自治县	2051	1044	1007	1340	697	643
连南瑶族自治县	3056	1496	1560	929	501	428
英德市	9938	5001	4937	9033	5440	3593
连州市	1156	571	585	683	408	275
东莞市	**12102**	**6813**	**5289**	**56482**	**33196**	**23286**
市辖区	12102	6813	5289	56482	33196	23286
中山市	**205356**	**111552**	**93804**	**546702**	**319138**	**227564**
市辖区	205356	111552	93804	546702	319138	227564
潮州市	**16788**	**7244**	**9544**	**21588**	**12934**	**8654**
湘桥区	10116	3678	6438	3134	1802	1332
潮安区	3173	1769	1404	15176	9283	5893
饶平县	3499	1797	1702	3278	1849	1429
揭阳市	**19557**	**10485**	**9072**	**19093**	**11415**	**7678**
榕城区	1061	564	497	2228	1359	869
揭东区	2061	1166	895	5113	3303	1810
揭西县	3573	1864	1709	2511	1398	1113
惠来县	7313	3883	3430	2355	1321	1034
普宁市	5549	3008	2541	6886	4034	2852
云浮市	**30247**	**15541**	**14706**	**17385**	**9949**	**7436**
云城区						
云安区	5135	2855	2280	2480	1650	830
新兴县	15833	7961	7872	10947	6223	4724
郁南县	6348	3191	3157	2573	1390	1183
罗定市	2931	1534	1397	1385	686	699

1-3c 各地区分性别的户口登记地在外乡镇街道的人口状况(乡村)

单位：人

地区	户口登记地					
	合计			本县(市、区)		
	合计	男	女	小计	男	女
广东	**4843247**	**2819761**	**2023486**	**667490**	**325621**	**341869**
广州市	**964263**	**574463**	**389800**	**36279**	**15340**	**20939**
荔湾区						
越秀区						
海珠区						
天河区						
白云区	347624	205311	142313	5677	2750	2927
黄埔区	35667	23014	12653	1950	908	1042
番禺区	154756	93473	61283	6587	2407	4180
花都区	213910	127027	86883	7935	3919	4016
南沙区	82020	50040	31980	4945	1701	3244
从化区	50181	25767	24414	5252	1782	3470
增城区	80105	49831	30274	3933	1873	2060
韶关市	**146204**	**80576**	**65628**	**59067**	**29161**	**29906**
武江区	11221	6379	4842	1875	934	941
浈江区	10110	5705	4405	2068	1106	962
曲江区	22394	13409	8985	4196	2190	2006
始兴县	8922	4642	4280	3527	1606	1921
仁化县	11158	6454	4704	2705	1364	1341
翁源县	23719	12873	10846	11794	5772	6022
乳源瑶族自治县	13166	7105	6061	8306	4169	4137
新丰县	9597	5626	3971	3017	1537	1480
乐昌市	20976	10650	10326	12686	6177	6509
南雄市	14941	7733	7208	8893	4306	4587
深圳市	**42654**	**26755**	**15899**	**2287**	**1309**	**978**
罗湖区						
福田区						
南山区						
宝安区						
龙岗区	42654	26755	15899	2287	1309	978
盐田区						
龙华区						
坪山区						
光明区						
珠海市	**83831**	**50234**	**33597**	**6158**	**3168**	**2990**
香洲区	983	749	234	67	49	18
斗门区	75632	44818	30814	5765	2931	2834
金湾区	7216	4667	2549	326	188	138
汕头市	**118209**	**70650**	**47559**	**7378**	**3959**	**3419**
龙湖区	9811	5536	4275	176	96	80
金平区	1402	766	636	33	15	18
濠江区	12692	8839	3853	547	297	250
潮阳区	33949	19641	14308	4054	2283	1771
潮南区	25273	14848	10425	1716	864	852
澄海区	34272	20531	13741	727	348	379
南澳县	810	489	321	125	56	69
佛山市	**209854**	**132604**	**77250**	**5154**	**2645**	**2509**
禅城区						
南海区	65820	42490	23330	2118	1148	970
顺德区	24760	15797	8963	407	83	324
三水区	109705	68368	41337	2513	1349	1164
高明区	9569	5949	3620	116	65	51

1-3c　续表 1　　　　单位：人

地　区	户口登记地					
	合　计			本县(市、区)		
	合计	男	女	小计	男	女
江门市	**291796**	**172589**	**119207**	**24288**	**12738**	**11550**
蓬江区	3151	1963	1188	149	81	68
江海区						
新会区	84285	50580	33705	3354	1805	1549
台山市	46512	27415	19097	4259	2380	1879
开平市	63235	36083	27152	7300	3600	3700
鹤山市	52338	31944	20394	2503	1343	1160
恩平市	42275	24604	17671	6723	3529	3194
湛江市	**250844**	**128661**	**122183**	**76634**	**36279**	**40355**
赤坎区	1018	555	463	172	94	78
霞山区	3932	2098	1834	623	356	267
坡头区	9546	5160	4386	1666	733	933
麻章区	25993	13804	12189	4597	2302	2295
遂溪县	33855	17544	16311	6385	3020	3365
徐闻县	31695	16603	15092	11097	5357	5740
廉江市	64310	30502	33808	23434	10326	13108
雷州市	49338	26161	23177	19385	9987	9398
吴川市	31157	16234	14923	9275	4104	5171
茂名市	**196020**	**96330**	**99690**	**58362**	**27157**	**31205**
茂南区	38095	17938	20157	8512	4294	4218
电白区	57030	28138	28892	15974	6688	9286
高州市	26675	14150	12525	10077	5531	4546
化州市	47817	23221	24596	14728	6566	8162
信宜市	26403	12883	13520	9071	4078	4993
肇庆市	**129184**	**76315**	**52869**	**20994**	**10923**	**10071**
端州区						
鼎湖区	5376	3336	2040	493	256	237
高要区	38142	23043	15099	2819	1562	1257
广宁县	14943	8652	6291	3788	1913	1875
怀集县	8478	4488	3990	1948	957	991
封开县	7722	4347	3375	2725	1438	1287
德庆县	7846	4108	3738	2607	1211	1396
四会市	46677	28341	18336	6614	3586	3028
惠州市	**530411**	**318797**	**211614**	**47481**	**23594**	**23887**
惠城区	134130	82092	52038	8806	4536	4270
惠阳区	143589	87293	56296	3965	2096	1869
博罗县	130724	77903	52821	12359	6013	6346
惠东县	95203	55506	39697	18032	8940	9092
龙门县	26765	16003	10762	4319	2009	2310
梅州市	**129694**	**69265**	**60429**	**40320**	**20076**	**20244**
梅江区	6545	3523	3022	1601	809	792
梅县区	20918	11213	9705	6154	3136	3018
大埔县	17328	9636	7692	4873	2530	2343
丰顺县	13615	7118	6497	4546	2239	2307
五华县	28681	15624	13057	6405	3119	3286
平远县	8152	4356	3796	3750	1992	1758
蕉岭县	9466	5051	4415	4724	2292	2432
兴宁市	24989	12744	12245	8267	3959	4308

1-3c 续表 2

单位：人

地区	户口登记地					
	合计			本县(市、区)		
	合计	男	女	小计	男	女
汕尾市	**95474**	**54634**	**40840**	**31673**	**16192**	**15481**
城　区	15495	9523	5972	3577	1883	1694
海丰县	49826	28977	20849	16546	8567	7979
陆河县	7710	3979	3731	3105	1432	1673
陆丰市	22443	12155	10288	8445	4310	4135
河源市	**211221**	**113483**	**97738**	**86471**	**42209**	**44262**
源城区	17894	10387	7507	1043	506	537
紫金县	29102	16450	12652	5122	2492	2630
龙川县	64886	33704	31182	42117	20299	21818
连平县	21273	11301	9972	8871	4279	4592
和平县	19539	10360	9179	11245	5576	5669
东源县	58527	31281	27246	18073	9057	9016
阳江市	**141056**	**80562**	**60494**	**43717**	**23101**	**20616**
江城区	36792	22143	14649	5962	3173	2789
阳东区	50245	28850	21395	12895	6996	5899
阳西县	17475	9734	7741	4878	2496	2382
阳春市	36544	19835	16709	19982	10436	9546
清远市	**251864**	**144500**	**107364**	**62770**	**31550**	**31220**
清城区	73285	44963	28322	5901	3192	2709
清新区	61561	34042	27519	21083	10816	10267
佛冈县	21882	12872	9010	5648	2773	2875
阳山县	11696	6589	5107	2531	1337	1194
连山壮族瑶族自治县	3041	1596	1445	763	363	400
连南瑶族自治县	2204	1178	1026	438	228	210
英德市	69195	38054	31141	24787	12037	12750
连州市	9000	5206	3794	1619	804	815
东莞市	**574882**	**356655**	**218227**	**11602**	**4889**	**6713**
市辖区	574882	356655	218227	11602	4889	6713
中山市	**257386**	**151161**	**106225**	**15762**	**6075**	**9687**
市辖区	257386	151161	106225	15762	6075	9687
潮州市	**56844**	**31378**	**25466**	**7390**	**3341**	**4049**
湘桥区	6125	2894	3231	176	81	95
潮安区	39672	22548	17124	3478	1457	2021
饶平县	11047	5936	5111	3736	1803	1933
揭阳市	**77720**	**43592**	**34128**	**6740**	**3068**	**3672**
榕城区	7470	4530	2940	180	103	77
揭东区	13918	8191	5727	462	215	247
揭西县	15537	8354	7183	1185	512	673
惠来县	12097	6623	5474	2037	890	1147
普宁市	28698	15894	12804	2876	1348	1528
云浮市	**83836**	**46557**	**37279**	**16963**	**8847**	**8116**
云城区	8663	5195	3468	1135	586	549
云安区	11101	6518	4583	1103	571	532
新兴县	20654	12270	8384	4321	2405	1916
郁南县	10905	5762	5143	2440	1317	1123
罗定市	32513	16812	15701	7964	3968	3996

1-3c　续表 3　　单位：人

地　区	户口登记地					
	本省其他县(市、区)			省　外		
	小计	男	女	小计	男	女
广　东	**1685136**	**941036**	**744100**	**2490621**	**1553104**	**937517**
广州市	**367183**	**208783**	**158400**	**560801**	**350340**	**210461**
荔湾区						
越秀区						
海珠区						
天河区						
白云区	147239	81986	65253	194708	120575	74133
黄埔区	12788	7840	4948	20929	14266	6663
番禺区	50016	30534	19482	98153	60532	37621
花都区	75601	42266	33335	130374	80842	49532
南沙区	23809	14303	9506	53266	34036	19230
从化区	29855	14900	14955	15074	9085	5989
增城区	27875	16954	10921	48297	31004	17293
韶关市	**50003**	**27742**	**22261**	**37134**	**23673**	**13461**
武江区	5598	3052	2546	3748	2393	1355
浈江区	4979	2695	2284	3063	1904	1159
曲江区	12296	7270	5026	5902	3949	1953
始兴县	2755	1435	1320	2640	1601	1039
仁化县	4251	2376	1875	4202	2714	1488
翁源县	6321	3433	2888	5604	3668	1936
乳源瑶族自治县	2899	1573	1326	1961	1363	598
新丰县	3371	1916	1455	3209	2173	1036
乐昌市	4642	2432	2210	3648	2041	1607
南雄市	2891	1560	1331	3157	1867	1290
深圳市	**13942**	**8520**	**5422**	**26425**	**16926**	**9499**
罗湖区						
福田区						
南山区						
宝安区						
龙岗区	13942	8520	5422	26425	16926	9499
盐田区						
龙华区						
坪山区						
光明区						
珠海市	**30725**	**17385**	**13340**	**46948**	**29681**	**17267**
香洲区	319	234	85	597	466	131
斗门区	27812	15611	12201	42055	26276	15779
金湾区	2594	1540	1054	4296	2939	1357
汕头市	**30840**	**18118**	**12722**	**79991**	**48573**	**31418**
龙湖区	2267	1224	1043	7368	4216	3152
金平区	873	453	420	496	298	198
濠江区	8645	6130	2515	3500	2412	1088
潮阳区	6944	3686	3258	22951	13672	9279
潮南区	7833	4206	3627	15724	9778	5946
澄海区	4028	2287	1741	29517	17896	11621
南澳县	250	132	118	435	301	134
佛山市	**62139**	**37992**	**24147**	**142561**	**91967**	**50594**
禅城区						
南海区	18283	11883	6400	45419	29459	15960
顺德区	4551	2927	1624	19802	12787	7015
三水区	36555	21645	14910	70637	45374	25263
高明区	2750	1537	1213	6703	4347	2356

1－3c 续表 4

单位：人

地 区	户口登记地					
	本省其他县(市、区)			省 外		
	小计	男	女	小计	男	女
江门市	**85239**	**48841**	**36398**	**182269**	**111010**	**71259**
蓬江区	817	482	335	2185	1400	785
江海区						
新会区	21526	12365	9161	59405	36410	22995
台山市	15074	8627	6447	27179	16408	10771
开平市	18182	10132	8050	37753	22351	15402
鹤山市	10760	6567	4193	39075	24034	15041
恩平市	18880	10668	8212	16672	10407	6265
湛江市	**132803**	**69434**	**63369**	**41407**	**22948**	**18459**
赤坎区	678	366	312	168	95	73
霞山区	2546	1286	1260	763	456	307
坡头区	5322	2831	2491	2558	1596	962
麻章区	17725	9012	8713	3671	2490	1181
遂溪县	23835	12582	11253	3635	1942	1693
徐闻县	14149	7566	6583	6449	3680	2769
廉江市	29113	14966	14147	11763	5210	6553
雷州市	24845	13167	11678	5108	3007	2101
吴川市	14590	7658	6932	7292	4472	2820
茂名市	**106236**	**53740**	**52496**	**31422**	**15433**	**15989**
茂南区	22629	9653	12976	6954	3991	2963
电白区	33373	17688	15685	7683	3762	3921
高州市	12182	6544	5638	4416	2075	2341
化州市	25829	13398	12431	7260	3257	4003
信宜市	12223	6457	5766	5109	2348	2761
肇庆市	**43561**	**25080**	**18481**	**64629**	**40312**	**24317**
端州区						
鼎湖区	2428	1440	988	2455	1640	815
高要区	10578	6190	4388	24745	15291	9454
广宁县	6493	3687	2806	4662	3052	1610
怀集县	3931	2136	1795	2599	1395	1204
封开县	2440	1314	1126	2557	1595	962
德庆县	3517	1850	1667	1722	1047	675
四会市	14174	8463	5711	25889	16292	9597
惠州市	**168389**	**94328**	**74061**	**314541**	**200875**	**113666**
惠城区	48970	27006	21964	76354	50550	25804
惠阳区	41839	24270	17569	97785	60927	36858
博罗县	35371	19400	15971	82994	52490	30504
惠东县	32971	18335	14636	44200	28231	15969
龙门县	9238	5317	3921	13208	8677	4531
梅州市	**67582**	**35927**	**31655**	**21792**	**13262**	**8530**
梅江区	3613	1883	1730	1331	831	500
梅县区	10577	5597	4980	4187	2480	1707
大埔县	10053	5508	4545	2402	1598	804
丰顺县	6751	3572	3179	2318	1307	1011
五华县	17472	9429	8043	4804	3076	1728
平远县	2948	1531	1417	1454	833	621
蕉岭县	2425	1277	1148	2317	1482	835
兴宁市	13743	7130	6613	2979	1655	1324

1－3c　续表 5　　　　单位：人

地　区	户口登记地					
	本省其他县(市、区)			省　外		
	小计	男	女	小计	男	女
汕尾市	**32483**	**17980**	**14503**	**31318**	**20462**	**10856**
城　区	5923	3369	2554	5995	4271	1724
海丰县	13439	7494	5945	19841	12916	6925
陆河县	3009	1575	1434	1596	972	624
陆丰市	10112	5542	4570	3886	2303	1583
河源市	**82112**	**43320**	**38792**	**42638**	**27954**	**14684**
源城区	9809	5394	4415	7042	4487	2555
紫金县	15216	8172	7044	8764	5786	2978
龙川县	14589	7964	6625	8180	5441	2739
连平县	9087	4974	4113	3315	2048	1267
和平县	5903	3157	2746	2391	1627	764
东源县	27508	13659	13849	12946	8565	4381
阳江市	**48293**	**27000**	**21293**	**49046**	**30461**	**18585**
江城区	15867	9073	6794	14963	9897	5066
阳东区	15222	8661	6561	22128	13193	8935
阳西县	7355	4065	3290	5242	3173	2069
阳春市	9849	5201	4648	6713	4198	2515
清远市	**118218**	**66646**	**51572**	**70876**	**46304**	**24572**
清城区	47744	28410	19334	19640	13361	6279
清新区	26006	14285	11721	14472	8941	5531
佛冈县	7114	3894	3220	9120	6205	2915
阳山县	6048	3211	2837	3117	2041	1076
连山壮族瑶族自治县	1396	754	642	882	479	403
连南瑶族自治县	1479	796	683	287	154	133
英德市	23454	12513	10941	20954	13504	7450
连州市	4977	2783	2194	2404	1619	785
东莞市	**98050**	**60022**	**38028**	**465230**	**291744**	**173486**
市辖区	98050	60022	38028	465230	291744	173486
中山市	**56088**	**31621**	**24467**	**185536**	**113465**	**72071**
市辖区	56088	31621	24467	185536	113465	72071
潮州市	**12852**	**6260**	**6592**	**36602**	**21777**	**14825**
湘桥区	3467	1316	2151	2482	1497	985
潮安区	5621	2954	2667	30573	18137	12436
饶平县	3764	1990	1774	3547	2143	1404
揭阳市	**35591**	**18904**	**16687**	**35389**	**21620**	**13769**
榕城区	1989	1057	932	5301	3370	1931
揭东区	4213	2256	1957	9243	5720	3523
揭西县	9125	4802	4323	5227	3040	2187
惠来县	7600	4012	3588	2460	1721	739
普宁市	12664	6777	5887	13158	7769	5389
云浮市	**42807**	**23393**	**19414**	**24066**	**14317**	**9749**
云城区	4292	2398	1894	3236	2211	1025
云安区	7053	3962	3091	2945	1985	960
新兴县	7884	4536	3348	8449	5329	3120
郁南县	5928	3144	2784	2537	1301	1236
罗定市	17650	9353	8297	6899	3491	3408

1-4 各地区分性别、民族的人口

单位：人

地区	合计			汉族		
	合计	男	女	小计	男	女
广东	**126012510**	**66873646**	**59138864**	**121260372**	**64136835**	**57123537**
广州市	**18676605**	**9866005**	**8810600**	**18100214**	**9538416**	**8561798**
荔湾区	1238305	635252	603053	1212667	620421	592246
越秀区	1038643	507768	530875	1020405	498320	522085
海珠区	1819037	919076	899961	1789210	903152	886058
天河区	2241826	1178753	1063073	2188049	1150133	1037916
白云区	3742991	2015549	1727442	3579381	1922753	1656628
黄埔区	1264447	699706	564741	1214285	669936	544349
番禺区	2658397	1404879	1253518	2569374	1354879	1214495
花都区	1642360	883456	758904	1572220	842525	729695
南沙区	846584	470128	376456	811302	448836	362466
从化区	717684	375921	341763	710425	371440	338985
增城区	1466331	775517	690814	1432896	756021	676875
韶关市	**2855131**	**1452541**	**1402590**	**2798832**	**1422406**	**1376426**
武江区	373686	187230	186456	367883	184115	183768
浈江区	364319	188359	175960	360826	185998	174828
曲江区	290455	149566	140889	286409	147397	139012
始兴县	198060	98281	99779	190791	94335	96456
仁化县	186009	94793	91216	182645	93028	89617
翁源县	322482	164279	158203	319182	162614	156568
乳源瑶族自治县	187276	95771	91505	165819	84906	80913
新丰县	195430	100566	94864	194281	99920	94361
乐昌市	383498	195656	187842	380915	194278	186637
南雄市	353916	178040	175876	350081	175815	174266
深圳市	**17494398**	**9629111**	**7865287**	**16404563**	**9005628**	**7398935**
罗湖区	1143801	582817	560984	1109160	564437	544723
福田区	1553225	803830	749395	1499662	776328	723334
南山区	1795826	955912	839914	1736652	923612	813040
宝安区	4476554	2524557	1951997	4102685	2309370	1793315
龙岗区	4135273	2251459	1883814	3929506	2134480	1795026
盐田区	214225	116326	97899	206385	111692	94693
龙华区	2528872	1433793	1095079	2356772	1332930	1023842
坪山区	551333	319139	232194	507843	293309	214534
光明区	1095289	641278	454011	955898	559470	396428
珠海市	**2439585**	**1304196**	**1135389**	**2335318**	**1243974**	**1091344**
香洲区	1384317	729794	654523	1331383	699888	631495
斗门区	608899	327502	281397	582654	311848	270806
金湾区	446369	246900	199469	421281	232238	189043
汕头市	**5502031**	**2776205**	**2725826**	**5421147**	**2728471**	**2692676**
龙湖区	630749	318777	311972	620822	312747	308075
金平区	777024	382169	394855	766899	376177	390722
濠江区	269471	136601	132870	266794	134875	131919
潮阳区	1654276	833722	820554	1632904	821327	811577
潮南区	1231638	626540	605098	1221233	620375	600858
澄海区	874444	446187	428257	848399	430946	417453
南澳县	64429	32209	32220	64096	32024	32072
佛山市	**9498863**	**5163849**	**4335014**	**9006581**	**4867519**	**4139062**
禅城区	1330262	702259	628003	1298385	683772	614613
南海区	3667247	2006179	1661068	3456474	1878751	1577723
顺德区	3229090	1760951	1468139	3054326	1656038	1398288
三水区	803226	441222	362004	748441	408057	340384
高明区	469038	253238	215800	448955	240901	208054

1-4　续表 1　　单位：人

地　区	合　计			汉　族		
	合计	男	女	小计	男	女
江门市	**4798090**	**2485465**	**2312625**	**4591759**	**2369834**	**2221925**
蓬江区	853007	442486	410521	813466	419906	393560
江海区	364694	191995	172699	338863	177213	161650
新会区	909277	472177	437100	861640	444515	417125
台山市	907744	463992	443752	889481	455125	434356
开平市	748777	379008	369769	715471	360492	354979
鹤山市	530684	281958	248726	497392	263032	234360
恩平市	483907	253849	230058	475446	249551	225895
湛江市	**6981236**	**3640165**	**3341071**	**6936010**	**3618593**	**3317417**
赤坎区	414539	205741	208798	410701	203657	207044
霞山区	653403	333280	320123	647242	329959	317283
坡头区	337723	177820	159903	335301	176662	158639
麻章区	525790	277018	248772	522283	275077	247206
遂溪县	824608	430961	393647	821748	429725	392023
徐闻县	633258	329606	303652	626584	326122	300462
廉江市	1363470	720765	642705	1355046	717984	637062
雷州市	1321091	692074	629017	1317913	690437	627476
吴川市	907354	472900	434454	899192	468970	430222
茂名市	**6174050**	**3228813**	**2945237**	**6136700**	**3213750**	**2922950**
茂南区	1035411	537254	498157	1025313	532523	492790
电白区	1503737	792635	711102	1497255	790130	707125
高州市	1328657	692999	635658	1318119	688382	629737
化州市	1291668	680112	611556	1285621	678036	607585
信宜市	1014577	525813	488764	1010392	524679	485713
肇庆市	**4113594**	**2141295**	**1972299**	**4044131**	**2100148**	**1943983**
端州区	602402	304417	297985	594636	299957	294679
鼎湖区	209116	110395	98721	204138	107232	96906
高要区	741591	390867	350724	718956	377441	341515
广宁县	408112	209075	199037	405868	207737	198131
怀集县	805177	413144	392033	797151	408604	388547
封开县	374848	193228	181620	373481	192476	181005
德庆县	331438	171042	160396	330185	170392	159793
四会市	640910	349127	291783	619716	336309	283407
惠州市	**6042852**	**3249429**	**2793423**	**5761102**	**3082613**	**2678489**
惠城区	2090578	1112751	977827	2001816	1059588	942228
惠阳区	1404137	785898	618239	1305628	726847	578781
博罗县	1210878	646752	564126	1149135	610892	538243
惠东县	1018076	537768	480308	997371	525690	471681
龙门县	319183	166260	152923	307152	159596	147556
梅州市	**3873239**	**1952489**	**1920750**	**3861110**	**1945698**	**1915412**
梅江区	435616	217995	217621	432770	216254	216516
梅县区	556735	279137	277598	554778	278095	276683
大埔县	330948	167700	163248	330061	167197	162864
丰顺县	478731	246430	232301	477017	245535	231482
五华县	916961	463843	453118	914806	462601	452205
平远县	190482	95004	95478	190036	94800	95236
蕉岭县	184355	91753	92602	183823	91462	92361
兴宁市	779411	390627	388784	777819	389754	388065

1-4 续表 2

单位：人

地区	合计			汉族		
	合计	男	女	小计	男	女
汕尾市	**2738482**	**1420706**	**1317776**	**2725189**	**1412989**	**1312200**
城　区	450959	234455	216504	448467	232916	215551
海丰县	802454	420476	381978	794209	415671	378538
陆河县	249242	127610	121632	248395	127105	121290
陆丰市	1235827	638165	597662	1234118	637297	596821
河源市	**2837686**	**1448488**	**1389198**	**2798980**	**1426162**	**1372818**
源城区	703607	361074	342533	685436	350682	334754
紫金县	551095	280948	270147	546979	278538	268441
龙川县	595471	300207	295264	592319	298502	293817
连平县	285224	144334	140890	282959	143003	139956
和平县	353903	180083	173820	352225	179086	173139
东源县	348386	181842	166544	339062	176351	162711
阳江市	**2602959**	**1362137**	**1240822**	**2553280**	**1334666**	**1218614**
江城区	814688	420257	394431	798407	411009	387398
阳东区	478299	256251	222048	456943	244298	212645
阳西县	434076	230343	203733	430740	228645	202095
阳春市	875896	455286	420610	867190	450714	416476
清远市	**3969473**	**2061098**	**1908375**	**3778532**	**1959382**	**1819150**
清城区	1119901	585533	534368	1094052	570463	523589
清新区	618523	320816	297707	612970	317821	295149
佛冈县	315502	163983	151519	312539	162306	150233
阳山县	367175	188730	178445	363520	186772	176748
连山壮族瑶族自治县	95136	48913	46223	35095	16942	18153
连南瑶族自治县	134691	68406	66285	57063	28334	28729
英德市	941325	492403	448922	932009	487267	444742
连州市	377220	192314	184906	371284	189477	181807
东莞市	**10466625**	**5917079**	**4549546**	**9510229**	**5352619**	**4157610**
市辖区	10466625	5917079	4549546	9510229	5352619	4157610
中山市	**4418060**	**2383175**	**2034885**	**4080800**	**2187820**	**1892980**
市辖区	4418060	2383175	2034885	4080800	2187820	1892980
潮州市	**2568387**	**1305930**	**1262457**	**2512703**	**1273715**	**1238988**
湘桥区	575795	285791	290004	565081	279600	285481
潮安区	1175150	603584	571566	1132424	578774	553650
饶平县	817442	416555	400887	815198	415341	399857
揭阳市	**5577814**	**2852630**	**2725184**	**5537113**	**2828467**	**2708646**
榕城区	931868	474294	457574	918737	466408	452329
揭东区	931719	482585	449134	919743	475335	444408
揭西县	674829	346159	328670	670449	343663	326786
惠来县	1040779	526003	514776	1039627	525343	514284
普宁市	1998619	1023589	975030	1988557	1017718	970839
云浮市	**2383350**	**1232840**	**1150510**	**2366079**	**1223965**	**1142114**
云城区	408537	213580	194957	402676	210141	192535
云安区	235390	124074	111316	233807	123195	110612
新兴县	430831	220518	210313	426179	218014	208165
郁南县	371661	191880	179781	370497	191364	179133
罗定市	936931	482788	454143	932920	481251	451669

1-4 续表 3

单位：人

地　　区	蒙古族			回　　族			藏　　族		
	小计	男	女	小计	男	女	小计	男	女
广　东	**34319**	**18578**	**15741**	**88346**	**48853**	**39493**	**11347**	**5489**	**5858**
广州市	**7369**	**3818**	**3551**	**19853**	**10365**	**9488**	**2016**	**934**	**1082**
荔湾区	294	167	127	1358	695	663	73	37	36
越秀区	403	195	208	2810	1437	1373	86	33	53
海珠区	562	278	284	1938	939	999	148	46	102
天河区	1415	651	764	2808	1389	1419	245	96	149
白云区	1487	776	711	4747	2577	2170	594	290	304
黄埔区	783	425	358	1544	846	698	146	82	64
番禺区	1072	557	515	2201	1154	1047	287	134	153
花都区	564	311	253	1081	578	503	191	98	93
南沙区	349	220	129	587	333	254	115	59	56
从化区	74	48	26	164	98	66	47	16	31
增城区	366	190	176	615	319	296	84	43	41
韶关市	**183**	**97**	**86**	**385**	**211**	**174**	**86**	**33**	**53**
武江区	46	19	27	93	43	50	15	5	10
浈江区	46	24	22	85	56	29	9	6	3
曲江区	20	10	10	49	21	28	11	4	7
始兴县	6	4	2	15	9	6	9	3	6
仁化县	13	10	3	20	13	7	3	1	2
翁源县	13	7	6	28	16	12	7	3	4
乳源瑶族自治县	13	7	6	19	13	6	8	3	5
新丰县	6	5	1	16	7	9	6	1	5
乐昌市	17	10	7	39	20	19	11	5	6
南雄市	3	1	2	21	13	8	7	2	5
深圳市	**13638**	**7250**	**6388**	**30811**	**16578**	**14233**	**2600**	**1392**	**1208**
罗湖区	959	501	458	2234	1140	1094	127	74	53
福田区	2069	978	1091	3956	1874	2082	195	105	90
南山区	2077	1041	1036	4263	2185	2078	382	195	187
宝安区	2908	1600	1308	7201	4009	3192	742	387	355
龙岗区	2755	1492	1263	5702	3113	2589	468	242	226
盐田区	220	109	111	490	250	240	39	28	11
龙华区	1795	1025	770	4520	2566	1954	298	164	134
坪山区	369	199	170	863	520	343	146	76	70
光明区	486	305	181	1582	921	661	203	121	82
珠海市	**1771**	**883**	**888**	**3548**	**1924**	**1624**	**554**	**273**	**281**
香洲区	1258	598	660	2655	1408	1247	391	179	212
斗门区	213	121	92	346	206	140	96	62	34
金湾区	300	164	136	547	310	237	67	32	35
汕头市	**345**	**225**	**120**	**953**	**523**	**430**	**86**	**39**	**47**
龙湖区	77	46	31	122	55	67	12	7	5
金平区	41	21	20	154	80	74	14	4	10
濠江区	17	11	6	31	17	14	2		2
潮阳区	30	20	10	175	95	80	31	14	17
潮南区	21	13	8	89	47	42	13	6	7
澄海区	157	114	43	380	228	152	13	8	5
南澳县	2		2	2	1	1	1		1
佛山市	**1983**	**1102**	**881**	**5107**	**2971**	**2136**	**921**	**482**	**439**
禅城区	213	110	103	546	293	253	195	81	114
南海区	763	430	333	1765	999	766	341	202	139
顺德区	766	422	344	2226	1330	896	271	144	127
三水区	152	86	66	257	137	120	66	32	34
高明区	89	54	35	313	212	101	48	23	25

1-4 续表 4

单位：人

地　　区	蒙古族			回　族			藏　族		
	小计	男	女	小计	男	女	小计	男	女
江门市	**594**	**361**	**233**	**1103**	**618**	**485**	**595**	**206**	**389**
蓬江区	178	107	71	330	171	159	94	52	42
江海区	74	43	31	151	77	74	139	18	121
新会区	90	57	33	129	74	55	88	42	46
台山市	70	41	29	100	60	40	86	23	63
开平市	59	37	22	101	61	40	53	21	32
鹤山市	97	59	38	233	142	91	62	25	37
恩平市	26	17	9	59	33	26	73	25	48
湛江市	**272**	**156**	**116**	**632**	**304**	**328**	**264**	**51**	**213**
赤坎区	42	22	20	69	36	33	21	7	14
霞山区	96	52	44	157	76	81	21	6	15
坡头区	23	12	11	44	20	24	11	5	6
麻章区	35	25	10	134	89	45	14	8	6
遂溪县	6	3	3	37	13	24	33	6	27
徐闻县	7	3	4	29	16	13	10	2	8
廉江市	33	17	16	61	19	42	113	5	108
雷州市	14	11	3	63	28	35	10	5	5
吴川市	16	11	5	38	7	31	31	7	24
茂名市	**153**	**77**	**76**	**317**	**135**	**182**	**339**	**42**	**297**
茂南区	84	46	38	112	50	62	74	25	49
电白区	29	13	16	82	39	43	28	2	26
高州市	15	9	6	61	24	37	93	3	90
化州市	11	5	6	35	14	21	55	6	49
信宜市	14	4	10	27	8	19	89	6	83
肇庆市	**530**	**346**	**184**	**727**	**380**	**347**	**346**	**202**	**144**
端州区	131	80	51	246	103	143	28	16	12
鼎湖区	41	28	13	51	33	18	11	6	5
高要区	94	65	29	69	41	28	54	34	20
广宁县	2	1	1	39	26	13	6	1	5
怀集县	10	5	5	15	5	10	10	4	6
封开县	9	6	3	27	19	8	7	2	5
德庆县	3	2	1	21	10	11	2		2
四会市	240	159	81	259	143	116	228	139	89
惠州市	**1792**	**979**	**813**	**4580**	**2767**	**1813**	**666**	**345**	**321**
惠城区	859	474	385	2288	1405	883	308	160	148
惠阳区	655	352	303	1453	856	597	181	97	84
博罗县	158	85	73	645	391	254	114	62	52
惠东县	98	55	43	160	97	63	44	19	25
龙门县	22	13	9	34	18	16	19	7	12
梅州市	**113**	**64**	**49**	**227**	**141**	**86**	**58**	**24**	**34**
梅江区	49	26	23	87	63	24	7	5	2
梅县区	21	9	12	24	9	15	6		6
大埔县	6	3	3	14	8	6	6	4	2
丰顺县	7	4	3	26	20	6	2		2
五华县	18	14	4	37	20	17	13	5	8
平远县	2	1	1	6	5	1	10	3	7
蕉岭县	1	1		12	6	6	6	3	3
兴宁市	9	6	3	21	10	11	8	4	4

1-4　续表 5　　　　单位：人

地　区	蒙古族			回族			藏族		
	小计	男	女	小计	男	女	小计	男	女
汕尾市	**107**	**62**	**45**	**213**	**131**	**82**	**35**	**10**	**25**
城　区	37	22	15	46	26	20	8	1	7
海丰县	48	30	18	108	70	38	19	5	14
陆河县	2	1	1	16	9	7	5	3	2
陆丰市	20	9	11	43	26	17	3	1	2
河源市	**144**	**84**	**60**	**407**	**239**	**168**	**107**	**46**	**61**
源城区	82	52	30	268	155	113	38	15	23
紫金县	16	6	10	40	22	18	13	9	4
龙川县	20	12	8	40	26	14	26	12	14
连平县	9	4	5	20	12	8	5	2	3
和平县	6	2	4	9	5	4	5		5
东源县	11	8	3	30	19	11	20	8	12
阳江市	**115**	**60**	**55**	**197**	**113**	**84**	**203**	**91**	**112**
江城区	45	21	24	77	46	31	45	20	25
阳东区	36	19	17	43	24	19	95	47	48
阳西县	7	5	2	33	21	12	20	9	11
阳春市	27	15	12	44	22	22	43	15	28
清远市	**324**	**170**	**154**	**669**	**404**	**265**	**108**	**39**	**69**
清城区	212	110	102	385	228	157	39	19	20
清新区	26	16	10	60	38	22	11	6	5
佛冈县	18	9	9	82	49	33	9	4	5
阳山县	5	2	3	20	13	7	9	1	8
连山壮族瑶族自治县	8	6	2	8	4	4			
连南瑶族自治县	5	2	3	6	3	3	5	2	3
英德市	41	23	18	90	60	30	29	5	24
连州市	9	2	7	18	9	9	6	2	4
东莞市	**3445**	**2092**	**1353**	**14770**	**8834**	**5936**	**1621**	**909**	**712**
市辖区	3445	2092	1353	14770	8834	5936	1621	909	712
中山市	**1174**	**602**	**572**	**3321**	**1945**	**1376**	**617**	**329**	**288**
市辖区	1174	602	572	3321	1945	1376	617	329	288
潮州市	**68**	**37**	**31**	**122**	**61**	**61**	**36**	**18**	**18**
湘桥区	29	16	13	38	22	16	9	6	3
潮安区	27	15	12	53	27	26	21	11	10
饶平县	12	6	6	31	12	19	6	1	5
揭阳市	**130**	**73**	**57**	**255**	**130**	**125**	**35**	**15**	**20**
榕城区	32	16	16	43	20	23	5	1	4
揭东区	50	34	16	57	36	21	10	5	5
揭西县	6	2	4	14	6	8	2	1	1
惠来县	8	5	3	34	17	17	6	4	2
普宁市	34	16	18	107	51	56	12	4	8
云浮市	**69**	**40**	**29**	**149**	**79**	**70**	**54**	**9**	**45**
云城区	22	14	8	52	29	23	6	3	3
云安区	5	4	1	28	23	5	4		4
新兴县	22	8	14	21	13	8	12	2	10
郁南县	2	1	1	19	6	13	8	2	6
罗定市	18	13	5	29	8	21	24	2	22

1-4 续表 6 单位：人

地区	维吾尔族			苗族			彝族		
	小计	男	女	小计	男	女	小计	男	女
广东	**9905**	**5042**	**4863**	**612699**	**357156**	**255543**	**141942**	**80728**	**61214**
广州市	**3064**	**1462**	**1602**	**61811**	**36042**	**25769**	**13428**	**7492**	**5936**
荔湾区	269	110	159	2767	1667	1100	377	230	147
越秀区	216	85	131	1334	713	621	207	99	108
海珠区	280	127	153	2596	1470	1126	455	217	238
天河区	610	311	299	5099	2780	2319	887	446	441
白云区	388	176	212	16253	9329	6924	3003	1604	1399
黄埔区	142	73	69	5623	3386	2237	1557	929	628
番禺区	947	460	487	8850	5173	3677	2316	1238	1078
花都区	53	31	22	9300	5393	3907	1510	841	669
南沙区	49	25	24	4195	2650	1545	2288	1366	922
从化区	41	26	15	1272	792	480	226	160	66
增城区	69	38	31	4522	2689	1833	602	362	240
韶关市	**54**	**31**	**23**	**3017**	**1817**	**1200**	**594**	**394**	**200**
武江区	12	8	4	683	404	279	109	67	42
浈江区	3		3	392	279	113	166	149	17
曲江区	13	7	6	388	244	144	34	23	11
始兴县	6	3	3	150	80	70	29	11	18
仁化县	3	1	2	150	80	70	36	16	20
翁源县	8	5	3	454	259	195	84	45	39
乳源瑶族自治县	2	2		136	70	66	17	11	6
新丰县	3	3		263	156	107	39	26	13
乐昌市	2	1	1	210	127	83	55	32	23
南雄市	2	1	1	191	118	73	25	14	11
深圳市	**1793**	**996**	**797**	**131432**	**75059**	**56373**	**38195**	**21739**	**16456**
罗湖区	152	71	81	4248	2299	1949	778	458	320
福田区	315	189	126	5649	2894	2755	1484	830	654
南山区	445	242	203	6732	3797	2935	1824	1163	661
宝安区	236	131	105	38288	21810	16478	14360	7901	6459
龙岗区	237	133	104	27222	15526	11696	6360	3687	2673
盐田区	8	5	3	941	540	401	350	237	113
龙华区	111	62	49	20353	11919	8434	5558	3079	2479
坪山区	130	45	85	6638	3911	2727	2411	1500	911
光明区	159	118	41	21361	12363	8998	5070	2884	2186
珠海市	**667**	**268**	**399**	**10185**	**5994**	**4191**	**3578**	**2033**	**1545**
香洲区	392	165	227	5209	3028	2181	1364	796	568
斗门区	20	14	6	2442	1458	984	892	492	400
金湾区	255	89	166	2534	1508	1026	1322	745	577
汕头市	**85**	**48**	**37**	**27906**	**16624**	**11282**	**3901**	**2294**	**1607**
龙湖区	16	5	11	3053	1887	1166	258	147	111
金平区	16	9	7	5348	3147	2201	376	221	155
濠江区	4		4	886	558	328	101	64	37
潮阳区	19	14	5	6401	3797	2604	555	335	220
潮南区	17	11	6	2783	1659	1124	403	239	164
澄海区	13	9	4	9339	5522	3817	2206	1286	920
南澳县				96	54	42	2	2	
佛山市	**610**	**338**	**272**	**43501**	**26090**	**17411**	**9981**	**5849**	**4132**
禅城区	101	54	47	2397	1373	1024	441	257	184
南海区	204	116	88	19841	11929	7912	3722	2147	1575
顺德区	206	115	91	13876	8246	5630	4034	2359	1675
三水区	68	35	33	5125	3122	2003	1274	780	494
高明区	31	18	13	2262	1420	842	510	306	204

1-4　续表 7　　　　单位：人

地　　区	维吾尔族			苗　　族			彝　　族		
	小计	男	女	小计	男	女	小计	男	女
江门市	**574**	**213**	**361**	**22040**	**12795**	**9245**	**3859**	**2199**	**1660**
蓬江区	481	153	328	4594	2678	1916	678	377	301
江海区	21	15	6	3116	1849	1267	581	315	266
新会区	13	10	3	5592	3349	2243	497	282	215
台山市	11	4	7	2005	1143	862	193	115	78
开平市	8	5	3	2382	1300	1082	501	293	208
鹤山市	19	10	9	3395	1960	1435	1196	705	491
恩平市	21	16	5	956	516	440	213	112	101
湛江市	**80**	**32**	**48**	**4072**	**2142**	**1930**	**1018**	**454**	**564**
赤坎区	4	3	1	366	214	152	44	21	23
霞山区	13	8	5	498	271	227	102	48	54
坡头区	1		1	277	173	104	63	16	47
麻章区	34	10	24	400	247	153	63	31	32
遂溪县	2		2	412	215	197	58	16	42
徐闻县	1		1	813	429	384	45	9	36
廉江市	7	3	4	449	178	271	75	21	54
雷州市	7	2	5	206	113	93	27	12	15
吴川市	11	6	5	651	302	349	541	280	261
茂名市	**45**	**15**	**30**	**4702**	**2102**	**2600**	**860**	**317**	**543**
茂南区	11	3	8	1087	542	545	207	91	116
电白区	15	7	8	1152	498	654	300	98	202
高州市	6	1	5	1433	610	823	168	57	111
化州市	9	2	7	577	271	306	126	54	72
信宜市	4	2	2	453	181	272	59	17	42
肇庆市	**194**	**82**	**112**	**8051**	**4966**	**3085**	**1029**	**636**	**393**
端州区	141	47	94	999	598	401	102	57	45
鼎湖区	4	3	1	672	428	244	110	74	36
高要区	10	6	4	3080	1863	1217	169	95	74
广宁县	3	3		350	223	127	31	21	10
怀集县	5	4	1	538	320	218	48	35	13
封开县	1	1		160	107	53	25	19	6
德庆县	2		2	215	130	85	15	8	7
四会市	28	18	10	2037	1297	740	529	327	202
惠州市	**390**	**243**	**147**	**58581**	**34772**	**23809**	**14976**	**8702**	**6274**
惠城区	169	112	57	15054	9093	5961	4696	2812	1884
惠阳区	124	69	55	21027	12624	8403	6813	3934	2879
博罗县	25	14	11	16203	9383	6820	2579	1461	1118
惠东县	69	45	24	4658	2728	1930	735	412	323
龙门县	3	3		1639	944	695	153	83	70
梅州市	**134**	**85**	**49**	**2913**	**1814**	**1099**	**476**	**321**	**155**
梅江区	47	33	14	671	431	240	87	59	28
梅县区	20	13	7	561	337	224	64	35	29
大埔县	6	4	2	163	110	53	29	15	14
丰顺县	6	5	1	400	231	169	80	58	22
五华县	22	13	9	549	347	202	113	87	26
平远县	1	1		60	33	27	26	15	11
蕉岭县	10	4	6	156	99	57	18	11	7
兴宁市	22	12	10	353	226	127	59	41	18

1－4 续表 8 单位：人

地　区	维吾尔族			苗　族			彝　族		
	小计	男	女	小计	男	女	小计	男	女
汕尾市	**58**	**32**	**26**	**2399**	**1483**	**916**	**588**	**351**	**237**
城　区	6	2	4	482	315	167	117	77	40
海丰县	30	20	10	1389	857	532	390	225	165
陆河县	4	3	1	202	138	64	27	19	8
陆丰市	18	7	11	326	173	153	54	30	24
河源市	**69**	**39**	**30**	**8022**	**4835**	**3187**	**1305**	**751**	**554**
源城区	41	22	19	4033	2397	1636	593	356	237
紫金县	5	2	3	1476	929	547	138	75	63
龙川县	9	7	2	495	283	212	106	49	57
连平县	8	4	4	316	172	144	29	17	12
和平县	3	2	1	296	209	87	30	20	10
东源县	3	2	1	1406	845	561	409	234	175
阳江市	**59**	**36**	**23**	**6952**	**3741**	**3211**	**697**	**397**	**300**
江城区	20	10	10	2722	1473	1249	178	126	52
阳东区	17	13	4	2395	1300	1095	358	189	169
阳西县	10	6	4	1158	626	532	70	31	39
阳春市	12	7	5	677	342	335	91	51	40
清远市	**251**	**148**	**103**	**6259**	**3733**	**2526**	**965**	**621**	**344**
清城区	107	57	50	3157	1883	1274	442	300	142
清新区	31	27	4	603	353	250	87	42	45
佛冈县	83	48	35	527	322	205	141	87	54
阳山县				184	129	55	19	13	6
连山壮族瑶族自治县	1		1	82	38	44	7	2	5
连南瑶族自治县				70	33	37	3	1	2
英德市	18	8	10	1499	898	601	250	168	82
连州市	11	8	3	137	77	60	16	8	8
东莞市	**1416**	**764**	**652**	**142215**	**83243**	**58972**	**39080**	**22019**	**17061**
市辖区	1416	764	652	142215	83243	58972	39080	22019	17061
中山市	**253**	**145**	**108**	**30659**	**17536**	**13123**	**5123**	**2834**	**2289**
市辖区	253	145	108	30659	17536	13123	5123	2834	2289
潮州市	**27**	**19**	**8**	**21237**	**12349**	**8888**	**1029**	**577**	**452**
湘桥区	6	4	2	2917	1699	1218	177	90	87
潮安区	15	11	4	17538	10187	7351	795	461	334
饶平县	6	4	2	782	463	319	57	26	31
揭阳市	**61**	**35**	**26**	**14059**	**8505**	**5554**	**1016**	**622**	**394**
榕城区	15	12	3	5867	3532	2335	363	227	136
揭东区	4	2	2	4147	2494	1653	388	241	147
揭西县	9	5	4	845	509	336	34	13	21
惠来县	3	1	2	318	187	131	36	23	13
普宁市	30	15	15	2882	1783	1099	195	118	77
云浮市	**21**	**11**	**10**	**2686**	**1514**	**1172**	**244**	**126**	**118**
云城区	8	4	4	834	505	329	54	29	25
云安区	2	1	1	349	195	154	24	9	15
新兴县	3	3		715	413	302	112	63	49
郁南县	3	2	1	197	113	84	6	2	4
罗定市	5	1	4	591	288	303	48	23	25

1-4 续表 9 单位：人

地 区	壮族			布依族			朝鲜族		
	小计	男	女	小计	男	女	小计	男	女
广 东	**2017275**	**1167749**	**849526**	**229366**	**133778**	**95588**	**30666**	**15766**	**14900**
广州市	**244373**	**140255**	**104118**	**21266**	**12346**	**8920**	**7961**	**4052**	**3909**
荔湾区	11293	6572	4721	832	498	334	169	90	79
越秀区	6970	3701	3269	453	246	207	184	93	91
海珠区	12232	6763	5469	1205	694	511	414	195	219
天河区	22354	12365	9989	1218	643	575	643	284	359
白云区	77370	44441	32929	6555	3736	2819	2796	1454	1342
黄埔区	18091	10773	7318	1502	933	569	1048	588	460
番禺区	36948	21037	15911	3315	1888	1427	1250	600	650
花都区	30114	17805	12309	2905	1699	1206	827	425	402
南沙区	12814	7538	5276	1671	1020	651	149	80	69
从化区	2477	1483	994	298	193	105	41	23	18
增城区	13710	7777	5933	1312	796	516	440	220	220
韶关市	**6151**	**3130**	**3021**	**623**	**365**	**258**	**61**	**37**	**24**
武江区	1397	730	667	124	66	58	16	11	5
浈江区	910	630	280	137	109	28	15	12	3
曲江区	649	345	304	93	57	36	12	5	7
始兴县	461	219	242	33	15	18	2	1	1
仁化县	421	212	209	31	11	20	2	1	1
翁源县	680	276	404	45	20	25	3	2	1
乳源瑶族自治县	404	161	243	36	16	20	2		2
新丰县	319	147	172	24	12	12			
乐昌市	536	245	291	54	36	18	4	2	2
南雄市	374	165	209	46	23	23	5	3	2
深圳市	**452803**	**264442**	**188361**	**48719**	**28432**	**20287**	**11464**	**5743**	**5721**
罗湖区	10885	5999	4886	1438	842	596	597	289	308
福田区	15160	8267	6893	1553	854	699	1465	652	813
南山区	15258	8747	6511	1663	1014	649	1670	779	891
宝安区	185203	108153	77050	13205	7757	5448	3365	1749	1616
龙岗区	77241	44666	32575	9315	5409	3906	2208	1129	1079
盐田区	2245	1411	834	282	189	93	92	44	48
龙华区	63200	37831	25369	12886	7487	5399	1483	748	735
坪山区	14153	8431	5722	3258	1882	1376	210	118	92
光明区	69458	40937	28521	5119	2998	2121	374	235	139
珠海市	**40796**	**23908**	**16888**	**2381**	**1348**	**1033**	**790**	**374**	**416**
香洲区	18005	10344	7661	1079	624	455	593	276	317
斗门区	12647	7516	5131	588	334	254	80	41	39
金湾区	10144	6048	4096	714	390	324	117	57	60
汕头市	**22339**	**12970**	**9369**	**8415**	**4986**	**3429**	**90**	**41**	**49**
龙湖区	3148	1919	1229	593	371	222	21	7	14
金平区	1721	1043	678	428	283	145	22	6	16
濠江区	652	422	230	112	78	34	3	2	1
潮阳区	8709	4931	3778	558	330	228	6	5	1
潮南区	4009	2350	1659	596	350	246	4	3	1
澄海区	4032	2273	1759	6098	3551	2547	32	16	16
南澳县	68	32	36	30	23	7	2	2	
佛山市	**255592**	**154819**	**100773**	**21933**	**12943**	**8990**	**1382**	**753**	**629**
禅城区	17742	10403	7339	857	516	341	106	52	54
南海区	113033	68851	44182	5377	3217	2160	702	383	319
顺德区	90644	54721	35923	14202	8319	5883	450	250	200
三水区	24061	14690	9371	930	552	378	106	58	48
高明区	10112	6154	3958	567	339	228	18	10	8

1-4 续表 10 单位：人

地 区	壮 族			布依族			朝鲜族		
	小计	男	女	小计	男	女	小计	男	女
江门市	**112684**	**62041**	**50643**	**5014**	**2839**	**2175**	**242**	**119**	**123**
蓬江区	20372	11674	8698	1007	578	429	59	33	26
江海区	11792	6811	4981	829	484	345	109	53	56
新会区	23603	13449	10154	786	439	347	21	10	11
台山市	11406	5023	6383	576	328	248	8	5	3
开平市	21398	11895	9503	917	501	416	6	4	2
鹤山市	19177	10812	8365	783	452	331	30	12	18
恩平市	4936	2377	2559	116	57	59	9	2	7
湛江市	**26656**	**12630**	**14026**	**1921**	**965**	**956**	**97**	**58**	**39**
赤坎区	2096	1181	915	182	90	92	13	8	5
霞山区	3472	1939	1533	324	172	152	33	17	16
坡头区	1244	607	637	88	49	39	7	6	1
麻章区	1624	879	745	142	78	64	14	11	3
遂溪县	1204	474	730	183	64	119	13	9	4
徐闻县	4348	2279	2069	252	159	93	2		2
廉江市	5765	1771	3994	372	150	222	8	3	5
雷州市	2039	1046	993	91	46	45	6	3	3
吴川市	4864	2454	2410	287	157	130	1	1	
茂名市	**21187**	**8298**	**12889**	**1667**	**687**	**980**	**42**	**19**	**23**
茂南区	5967	2769	3198	409	200	209	13	9	4
电白区	3047	1214	1833	398	146	252	12	4	8
高州市	6085	2665	3420	515	236	279	4	1	3
化州市	3781	1160	2621	208	70	138	10	5	5
信宜市	2307	490	1817	137	35	102	3		3
肇庆市	**31231**	**17946**	**13285**	**1360**	**797**	**563**	**68**	**32**	**36**
端州区	2805	1602	1203	143	76	67	21	8	13
鼎湖区	1783	1089	694	130	84	46	4		4
高要区	10034	5824	4210	429	260	169	5	3	2
广宁县	875	461	414	62	41	21			
怀集县	5332	2935	2397	39	18	21	6	4	2
封开县	599	271	328	27	14	13	3	1	2
德庆县	528	249	279	35	20	15	1	1	
四会市	9275	5515	3760	495	284	211	28	15	13
惠州市	**80144**	**47650**	**32494**	**17855**	**10632**	**7223**	**2089**	**1133**	**956**
惠城区	23913	14389	9524	5221	3153	2068	1401	760	641
惠阳区	29182	17721	11461	7489	4473	3016	502	268	234
博罗县	19787	11443	8344	3465	2028	1437	139	76	63
惠东县	6224	3550	2674	1488	862	626	42	27	15
龙门县	1038	547	491	192	116	76	5	2	3
梅州市	**3001**	**1350**	**1651**	**483**	**275**	**208**	**37**	**17**	**20**
梅江区	745	427	318	146	98	48	12	4	8
梅县区	521	227	294	65	32	33	10	4	6
大埔县	274	139	135	30	16	14	7	4	3
丰顺县	363	144	219	56	18	38			
五华县	443	176	267	58	34	24	2	1	1
平远县	131	40	91	24	15	9			
蕉岭县	144	60	84	23	15	8	1	1	
兴宁市	380	137	243	81	47	34	5	3	2

1-4　续表 11　　　　单位：人

地　区	壮　族			布依族			朝鲜族		
	小计	男	女	小计	男	女	小计	男	女
汕尾市	**5279**	**2905**	**2374**	**510**	**313**	**197**	**26**	**12**	**14**
城　区	807	479	328	114	69	45	14	8	6
海丰县	3670	2025	1645	303	197	106	6	2	4
陆河县	220	113	107	35	18	17	2	1	1
陆丰市	582	288	294	58	29	29	4	1	3
河源市	**6244**	**3117**	**3127**	**950**	**563**	**387**	**64**	**33**	**31**
源城区	2985	1551	1434	438	268	170	52	28	24
紫金县	972	468	504	173	106	67	3		3
龙川县	476	174	302	81	49	32	2	1	1
连平县	357	196	161	31	13	18	1	1	
和平县	269	108	161	25	15	10			
东源县	1185	620	565	202	112	90	6	3	3
阳江市	**27974**	**15338**	**12636**	**1296**	**704**	**592**	**22**	**14**	**8**
江城区	10254	5860	4394	366	193	173	4	2	2
阳东区	14052	7909	6143	666	387	279	10	6	4
阳西县	1250	624	626	129	58	71	2	2	
阳春市	2418	945	1473	135	66	69	6	4	2
清远市	**61474**	**32760**	**28714**	**1189**	**671**	**518**	**388**	**190**	**198**
清城区	7241	4173	3068	519	298	221	343	168	175
清新区	2133	1093	1040	131	66	65	25	12	13
佛冈县	764	388	376	122	66	56	3	1	2
阳山县	499	209	290	33	17	16	4	2	2
连山壮族瑶族自治县	45073	24092	20981	20	6	14			
连南瑶族自治县	1373	733	640	27	12	15			
英德市	3491	1690	1801	292	182	110	10	6	4
连州市	900	382	518	45	24	21	3	1	2
东莞市	**400468**	**238054**	**162414**	**72563**	**42641**	**29922**	**4999**	**2705**	**2294**
市辖区	400468	238054	162414	72563	42641	29922	4999	2705	2294
中山市	**186898**	**108642**	**78256**	**10176**	**5693**	**4483**	**765**	**396**	**369**
市辖区	186898	108642	78256	10176	5693	4483	765	396	369
潮州市	**12822**	**7239**	**5583**	**8116**	**4851**	**3265**	**29**	**15**	**14**
湘桥区	1837	1059	778	3212	1898	1314	17	10	7
潮安区	10567	5974	4593	4791	2892	1899	10	5	5
饶平县	418	206	212	113	61	52	2		2
揭阳市	**10327**	**5972**	**4355**	**2521**	**1510**	**1011**	**18**	**9**	**9**
榕城区	2661	1581	1080	1145	688	457	3	2	1
揭东区	2989	1761	1228	808	505	303	2	1	1
揭西县	1685	971	714	126	70	56	1		1
惠来县	302	165	137	79	40	39	10	5	5
普宁市	2690	1494	1196	363	207	156	2	1	1
云浮市	**8832**	**4283**	**4549**	**408**	**217**	**191**	**32**	**14**	**18**
云城区	3447	1978	1469	145	85	60	10	4	6
云安区	680	359	321	40	22	18	4	2	2
新兴县	2123	1116	1007	130	71	59	9	4	5
郁南县	518	178	340	27	12	15	2		2
罗定市	2064	652	1412	66	27	39	7	4	3

1-4 续表 12

单位：人

地区	满族			侗族			瑶族		
	小计	男	女	小计	男	女	小计	男	女
广东	**66722**	**34624**	**32098**	**241790**	**146855**	**94935**	**514447**	**289453**	**224994**
广州市	**15083**	**7735**	**7348**	**28805**	**17509**	**11296**	**56542**	**32233**	**24309**
荔湾区	802	403	399	1107	718	389	2150	1273	877
越秀区	1385	687	698	652	361	291	962	496	466
海珠区	1480	678	802	2116	1170	946	2013	1066	947
天河区	2550	1228	1322	2389	1378	1011	4957	2624	2333
白云区	2826	1530	1296	7636	4629	3007	15711	8747	6964
黄埔区	1533	824	709	2971	1865	1106	5203	3124	2079
番禺区	2187	1108	1079	4372	2643	1729	9430	5256	4174
花都区	923	497	426	3626	2234	1392	8469	4996	3473
南沙区	652	392	260	1589	1024	565	4273	2634	1639
从化区	124	64	60	396	279	117	615	401	214
增城区	621	324	297	1951	1208	743	2759	1616	1143
韶关市	**467**	**253**	**214**	**893**	**545**	**348**	**33976**	**17455**	**16521**
武江区	176	87	89	244	141	103	1818	912	906
浈江区	80	40	40	154	107	47	886	525	361
曲江区	52	30	22	80	47	33	2309	1188	1121
始兴县	14	10	4	45	24	21	4084	2182	1902
仁化县	19	15	4	60	38	22	1996	1003	993
翁源县	24	13	11	73	35	38	1538	816	722
乳源瑶族自治县	36	18	18	44	27	17	19916	10083	9833
新丰县	12	6	6	52	39	13	138	77	61
乐昌市	35	22	13	89	55	34	1186	618	568
南雄市	19	12	7	52	32	20	105	51	54
深圳市	**30855**	**15807**	**15048**	**60003**	**35772**	**24231**	**78301**	**44404**	**33897**
罗湖区	2494	1218	1276	2011	1088	923	2183	1127	1056
福田区	5121	2413	2708	2652	1414	1238	3776	1864	1912
南山区	5259	2580	2679	3042	1688	1354	4051	2105	1946
宝安区	5640	3104	2536	18340	10870	7470	28425	16220	12205
龙岗区	6103	3175	2928	12551	7510	5041	14593	8148	6445
盐田区	562	290	272	454	282	172	581	346	235
龙华区	3967	2053	1914	11033	6801	4232	13348	7897	5451
坪山区	832	460	372	2785	1751	1034	3073	1847	1226
光明区	877	514	363	7135	4368	2767	8271	4850	3421
珠海市	**3938**	**1919**	**2019**	**4558**	**2790**	**1768**	**10346**	**6147**	**4199**
香洲区	2854	1339	1515	2692	1614	1078	4465	2593	1872
斗门区	473	266	207	860	549	311	3199	1973	1226
金湾区	611	314	297	1006	627	379	2682	1581	1101
汕头市	**244**	**129**	**115**	**4909**	**3097**	**1812**	**2549**	**1534**	**1015**
龙湖区	85	47	38	679	420	259	495	309	186
金平区	61	30	31	531	324	207	342	211	131
濠江区	5	2	3	449	304	145	97	62	35
潮阳区	35	18	17	1331	797	534	824	488	336
潮南区	16	8	8	889	567	322	455	264	191
澄海区	42	24	18	976	653	323	323	193	130
南澳县				54	32	22	13	7	6
佛山市	**2929**	**1574**	**1355**	**26464**	**16429**	**10035**	**46636**	**28129**	**18507**
禅城区	438	204	234	1228	782	446	2905	1664	1241
南海区	1123	611	512	16084	10007	6077	20565	12325	8240
顺德区	1055	591	464	4578	2839	1739	17441	10660	6781
三水区	249	139	110	3730	2253	1477	4156	2522	1634
高明区	64	29	35	844	548	296	1569	958	611

1-4 续表 13

单位：人

地区	满族			侗族			瑶族		
	小计	男	女	小计	男	女	小计	男	女
江门市	**626**	**330**	**296**	**5177**	**3062**	**2115**	**17697**	**10127**	**7570**
蓬江区	242	125	117	855	520	335	3167	1813	1354
江海区	73	36	37	787	458	329	2579	1474	1105
新会区	81	43	38	887	525	362	5679	3339	2340
台山市	46	22	24	427	231	196	1683	908	775
开平市	69	42	27	719	439	280	1731	944	787
鹤山市	97	52	45	1030	615	415	2027	1168	859
恩平市	18	10	8	472	274	198	831	481	350
湛江市	**474**	**221**	**253**	**1609**	**995**	**614**	**2830**	**1424**	**1406**
赤坎区	81	32	49	150	89	61	259	138	121
霞山区	188	88	100	205	119	86	325	185	140
坡头区	52	28	24	95	55	40	108	54	54
麻章区	58	30	28	177	118	59	309	157	152
遂溪县	25	12	13	58	30	28	235	109	126
徐闻县	11	3	8	258	169	89	386	205	181
廉江市	26	10	16	291	170	121	622	247	375
雷州市	19	12	7	111	75	36	274	160	114
吴川市	14	6	8	264	170	94	312	169	143
茂名市	**253**	**142**	**111**	**1095**	**519**	**576**	**2560**	**1137**	**1423**
茂南区	158	92	66	272	145	127	591	263	328
电白区	29	19	10	198	73	125	267	114	153
高州市	16	8	8	347	188	159	928	460	468
化州市	33	15	18	141	60	81	473	200	273
信宜市	17	8	9	137	53	84	301	100	201
肇庆市	**278**	**165**	**113**	**6603**	**4066**	**2537**	**5921**	**3517**	**2404**
端州区	95	57	38	572	339	233	449	263	186
鼎湖区	24	13	11	431	314	117	398	247	151
高要区	20	12	8	4374	2633	1741	1232	737	495
广宁县	12	5	7	110	69	41	276	160	116
怀集县	4	2	2	202	129	73	1404	804	600
封开县	12	10	2	85	56	29	262	160	102
德庆县	13	9	4	83	49	34	111	56	55
四会市	98	57	41	746	477	269	1789	1090	699
惠州市	**2981**	**1618**	**1363**	**13301**	**8135**	**5166**	**23209**	**13475**	**9734**
惠城区	1371	719	652	3872	2378	1494	5468	3222	2246
惠阳区	1263	704	559	5082	3163	1919	6131	3760	2371
博罗县	223	115	108	2330	1366	964	3193	1900	1293
惠东县	94	62	32	1695	1029	666	1181	699	482
龙门县	30	18	12	322	199	123	7236	3894	3342
梅州市	**127**	**68**	**59**	**757**	**420**	**337**	**789**	**395**	**394**
梅江区	42	16	26	186	104	82	163	89	74
梅县区	18	8	10	115	74	41	182	94	88
大埔县	6	3	3	36	19	17	68	29	39
丰顺县	10	5	5	79	37	42	74	32	42
五华县	13	8	5	212	121	91	112	59	53
平远县	12	7	5	43	22	21	47	22	25
蕉岭县	6	4	2	20	8	12	19	7	12
兴宁市	20	17	3	66	35	31	124	63	61

1-4 续表 14

单位：人

地区	满族			侗族			瑶族		
	小计	男	女	小计	男	女	小计	男	女
汕尾市	**92**	**51**	**41**	**670**	**425**	**245**	**746**	**443**	**303**
城　区	25	13	12	133	89	44	210	129	81
海丰县	49	27	22	330	213	117	352	201	151
陆河县	6	4	2	73	49	24	42	26	16
陆丰市	12	7	5	134	74	60	142	87	55
河源市	**213**	**127**	**86**	**1231**	**757**	**474**	**1464**	**807**	**657**
源城区	138	85	53	613	378	235	688	378	310
紫金县	10	4	6	150	102	48	181	110	71
龙川县	33	22	11	95	56	39	96	37	59
连平县	2	1	1	40	21	19	94	63	31
和平县	4	4		33	15	18	63	34	29
东源县	26	11	15	300	185	115	342	185	157
阳江市	**177**	**112**	**65**	**1344**	**775**	**569**	**7481**	**4355**	**3126**
江城区	54	30	24	367	227	140	1049	581	468
阳东区	42	34	8	633	372	261	1902	1043	859
阳西县	16	8	8	105	56	49	159	76	83
阳春市	65	40	25	239	120	119	4371	2655	1716
清远市	**547**	**285**	**262**	**2285**	**1392**	**893**	**107574**	**55968**	**51606**
清城区	337	171	166	1448	872	576	5873	3299	2574
清新区	32	19	13	210	133	77	1503	804	699
佛冈县	17	12	5	133	80	53	421	238	183
阳山县	7	5	2	38	27	11	2635	1421	1214
连山壮族瑶族自治县	27	14	13	75	49	26	14597	7689	6908
连南瑶族自治县	42	12	30	34	19	15	75997	39219	36778
英德市	69	43	26	297	189	108	1994	1089	905
连州市	16	9	7	50	23	27	4554	2209	2345
东莞市	**5066**	**2857**	**2209**	**58705**	**36307**	**22398**	**73355**	**42931**	**30424**
市辖区	5066	2857	2209	58705	36307	22398	73355	42931	30424
中山市	**2117**	**1089**	**1028**	**11622**	**6820**	**4802**	**37812**	**22386**	**15426**
市辖区	2117	1089	1028	11622	6820	4802	37812	22386	15426
潮州市	**68**	**31**	**37**	**4507**	**2737**	**1770**	**1190**	**673**	**517**
湘桥区	33	15	18	493	286	207	222	133	89
潮安区	21	9	12	3802	2324	1478	890	503	387
饶平县	14	7	7	212	127	85	78	37	41
揭阳市	**52**	**32**	**20**	**6218**	**3753**	**2465**	**2237**	**1241**	**996**
榕城区	10	5	5	1722	1050	672	240	141	99
揭东区	11	10	1	2166	1304	862	307	182	125
揭西县	4	2	2	346	217	129	1066	586	480
惠来县	11	6	5	67	34	33	82	56	26
普宁市	16	9	7	1917	1148	769	542	276	266
云浮市	**135**	**79**	**56**	**1034**	**550**	**484**	**1232**	**672**	**560**
云城区	84	49	35	363	237	126	293	187	106
云安区	18	14	4	85	43	42	95	52	43
新兴县	21	10	11	243	140	103	374	205	169
郁南县	2	1	1	78	36	42	163	96	67
罗定市	10	5	5	265	94	171	307	132	175

1-4 续表 15

单位：人

地 区	白 族			土家族			哈尼族		
	小计	男	女	小计	男	女	小计	男	女
广 东	**36675**	**21131**	**15544**	**430936**	**249122**	**181814**	**34250**	**20533**	**13717**
广州市	**3755**	**2052**	**1703**	**56125**	**31864**	**24261**	**2220**	**1269**	**951**
荔湾区	138	68	70	2820	1659	1161	17	8	9
越秀区	138	71	67	1463	731	732	17	6	11
海珠区	188	86	102	2509	1300	1209	53	22	31
天河区	420	196	224	4771	2523	2248	116	55	61
白云区	743	420	323	13769	7693	6076	847	489	358
黄埔区	789	472	317	5947	3515	2432	186	115	71
番禺区	539	279	260	9155	5071	4084	348	194	154
花都区	294	165	129	6531	3689	2842	332	207	125
南沙区	250	145	105	4076	2490	1586	181	100	81
从化区	46	26	20	853	546	307	46	28	18
增城区	210	124	86	4231	2647	1584	77	45	32
韶关市	**143**	**91**	**52**	**2195**	**1352**	**843**	**70**	**49**	**21**
武江区	43	31	12	611	366	245	4		4
浈江区	19	14	5	309	222	87	23	21	2
曲江区	19	12	7	173	93	80	9	8	1
始兴县	4	1	3	102	59	43	3	1	2
仁化县	17	10	7	153	91	62	10	6	4
翁源县	17	6	11	186	109	77	6	2	4
乳源瑶族自治县	4	3	1	109	63	46	6	5	1
新丰县	3	1	2	207	137	70	2	1	1
乐昌市	12	10	2	196	123	73	6	5	1
南雄市	5	3	2	149	89	60	1		1
深圳市	**12133**	**6985**	**5148**	**103830**	**57240**	**46590**	**10064**	**6032**	**4032**
罗湖区	325	166	159	3734	1810	1924	125	68	57
福田区	596	322	274	5907	2913	2994	319	183	136
南山区	719	413	306	7783	4116	3667	239	149	90
宝安区	3952	2228	1724	26987	14984	12003	4610	2763	1847
龙岗区	2117	1207	910	25078	13711	11367	1576	932	644
盐田区	98	68	30	961	535	426	37	20	17
龙华区	2079	1240	839	20789	11675	9114	1423	900	523
坪山区	996	612	384	4307	2574	1733	559	342	217
光明区	1251	729	522	8284	4922	3362	1176	675	501
珠海市	**1889**	**1150**	**739**	**12046**	**7050**	**4996**	**647**	**400**	**247**
香洲区	1160	712	448	7132	4098	3034	222	136	86
斗门区	344	212	132	2369	1428	941	189	114	75
金湾区	385	226	159	2545	1524	1021	236	150	86
汕头市	**719**	**423**	**296**	**4518**	**2700**	**1818**	**346**	**200**	**146**
龙湖区	60	33	27	809	477	332	17	13	4
金平区	46	27	19	607	364	243	36	19	17
濠江区	10	9	1	168	115	53	15	13	2
潮阳区	309	183	126	1604	948	656	35	20	15
潮南区	120	70	50	571	350	221	5	2	3
澄海区	174	101	73	716	425	291	238	133	105
南澳县				43	21	22			
佛山市	**2787**	**1684**	**1103**	**55004**	**32896**	**22108**	**1492**	**881**	**611**
禅城区	270	167	103	3139	1824	1315	40	19	21
南海区	820	470	350	19153	11439	7714	618	359	259
顺德区	1292	791	501	17190	10321	6869	677	393	284
三水区	194	123	71	12772	7629	5143	85	63	22
高明区	211	133	78	2750	1683	1067	72	47	25

1-4 续表 16 单位：人

地　区	白族			土家族			哈尼族		
	小计	男	女	小计	男	女	小计	男	女
江门市	**590**	**339**	**251**	**27057**	**15647**	**11410**	**382**	**209**	**173**
蓬江区	107	64	43	6025	3480	2545	58	25	33
江海区	95	51	44	4339	2466	1873	100	58	42
新会区	122	77	45	6581	3922	2659	46	25	21
台山市	55	39	16	1068	664	404	19	7	12
开平市	30	14	16	4578	2560	2018	20	13	7
鹤山市	168	88	80	4030	2300	1730	134	78	56
恩平市	13	6	7	436	255	181	5	3	2
湛江市	**178**	**73**	**105**	**1341**	**707**	**634**	**234**	**33**	**201**
赤坎区	16	6	10	234	107	127	4	2	2
霞山区	34	13	21	356	172	184	19	9	10
坡头区	14	7	7	104	60	44	46	5	41
麻章区	20	10	10	161	96	65	19	8	11
遂溪县	20	6	14	61	29	32	3	1	2
徐闻县	8		8	64	34	30	5	1	4
廉江市	26	11	15	134	64	70	15	2	13
雷州市	13	7	6	90	52	38	1		1
吴川市	27	13	14	137	93	44	122	5	117
茂名市	**159**	**79**	**80**	**1142**	**710**	**432**	**127**	**17**	**110**
茂南区	59	30	29	406	252	154	29	3	26
电白区	35	18	17	234	143	91	28	3	25
高州市	33	17	16	261	167	94	25	6	19
化州市	23	11	12	118	85	33	29	4	25
信宜市	9	3	6	123	63	60	16	1	15
肇庆市	**249**	**141**	**108**	**9825**	**5981**	**3844**	**104**	**66**	**38**
端州区	46	20	26	1504	879	625	4	2	2
鼎湖区	25	17	8	892	567	325	41	28	13
高要区	43	26	17	2123	1272	851	12	8	4
广宁县	9	7	2	357	246	111	3	1	2
怀集县	25	13	12	228	155	73	7	5	2
封开县	2	1	1	88	56	32	1		1
德庆县	6	2	4	127	74	53	1		1
四会市	93	55	38	4506	2732	1774	35	22	13
惠州市	**2833**	**1662**	**1171**	**36484**	**21719**	**14765**	**4857**	**3012**	**1845**
惠城区	715	428	287	16685	9957	6728	1052	713	339
惠阳区	1628	946	682	9229	5434	3795	1266	832	434
博罗县	324	185	139	7192	4252	2940	2098	1224	874
惠东县	100	68	32	2350	1421	929	429	236	193
龙门县	66	35	31	1028	655	373	12	7	5
梅州市	**125**	**71**	**54**	**1576**	**1027**	**549**	**65**	**44**	**21**
梅江区	21	8	13	372	258	114	8	2	6
梅县区	16	10	6	200	129	71	1		1
大埔县	12	7	5	127	90	37	24	21	3
丰顺县	11	4	7	139	81	58	1		1
五华县	35	20	15	320	203	117	26	21	5
平远县				43	20	23			
蕉岭县	7	6	1	73	52	21	1		1
兴宁市	23	16	7	302	194	108	4		4

1-4　续表 17　　　　单位：人

地　区	白　族			土家族			哈尼族		
	小计	男	女	小计	男	女	小计	男	女
汕尾市	**103**	**57**	**46**	**1495**	**911**	**584**	**50**	**35**	**15**
城　区	13	6	7	285	200	85	8	5	3
海丰县	58	35	23	936	562	374	34	26	8
陆河县	4	2	2	112	68	44	3	2	1
陆丰市	28	14	14	162	81	81	5	2	3
河源市	**167**	**84**	**83**	**6065**	**3773**	**2292**	**187**	**106**	**81**
源城区	74	36	38	3757	2299	1458	148	89	59
紫金县	11	4	7	737	476	261	15	8	7
龙川县	31	16	15	230	159	71	1		1
连平县	12	5	7	91	66	25	8	6	2
和平县	11	9	2	164	117	47	1	1	
东源县	28	14	14	1086	656	430	14	2	12
阳江市	**109**	**65**	**44**	**1381**	**829**	**552**	**37**	**23**	**14**
江城区	51	37	14	525	327	198	22	16	6
阳东区	38	18	20	398	227	171	9	5	4
阳西县	7	4	3	189	110	79	1		1
阳春市	13	6	7	269	165	104	5	2	3
清远市	**249**	**158**	**91**	**6505**	**4045**	**2460**	**113**	**70**	**43**
清城区	113	77	36	4617	2847	1770	51	33	18
清新区	16	10	6	454	267	187	8	3	5
佛冈县	52	33	19	322	206	116	21	19	2
阳山县	8	4	4	130	88	42	2		2
连山壮族瑶族自治县	1		1	49	26	23			
连南瑶族自治县	7	3	4	30	17	13	2	1	1
英德市	45	28	17	801	537	264	22	11	11
连州市	7	3	4	102	57	45	7	3	4
东莞市	**8442**	**4867**	**3575**	**65670**	**38239**	**27431**	**12024**	**7344**	**4680**
市辖区	8442	4867	3575	65670	38239	27431	12024	7344	4680
中山市	**1527**	**882**	**645**	**32401**	**18691**	**13710**	**1009**	**615**	**394**
市辖区	1527	882	645	32401	18691	13710	1009	615	394
潮州市	**216**	**100**	**116**	**2718**	**1564**	**1154**	**193**	**107**	**86**
湘桥区	37	17	20	596	325	271	4	1	3
潮安区	150	69	81	2029	1187	842	185	104	81
饶平县	29	14	15	93	52	41	4	2	2
揭阳市	**240**	**137**	**103**	**2015**	**1264**	**751**	**13**	**9**	**4**
榕城区	66	38	28	528	319	209			
揭东区	60	37	23	608	414	194	8	5	3
揭西县	25	16	9	107	60	47	1		1
惠来县	21	10	11	120	76	44	2	2	
普宁市	68	36	32	652	395	257	2	2	
云浮市	**62**	**31**	**31**	**1543**	**913**	**630**	**16**	**12**	**4**
云城区	4	2	2	330	201	129	1	1	
云安区	8	3	5	123	86	37	10	10	
新兴县	19	10	9	699	383	316	3	1	2
郁南县	9	7	2	67	36	31	1		1
罗定市	22	9	13	324	207	117	1		1

1-4 续表 18 单位：人

地　　区	哈萨克族			傣　　族			黎　　族		
	小计	男	女	小计	男	女	小计	男	女
广　东	**1022**	**466**	**556**	**16329**	**8881**	**7448**	**32382**	**16798**	**15584**
广州市	**386**	**160**	**226**	**1488**	**757**	**731**	**5762**	**2963**	**2799**
荔湾区	62	30	32	23	7	16	107	53	54
越秀区	19	7	12	23	9	14	154	73	81
海珠区	32	14	18	44	15	29	333	158	175
天河区	99	45	54	119	52	67	761	361	400
白云区	42	20	22	418	213	205	1996	1082	914
黄埔区	16	6	10	226	128	98	464	237	227
番禺区	96	29	67	210	110	100	920	456	464
花都区	6	4	2	156	84	72	492	259	233
南沙区	5	3	2	152	77	75	208	108	100
从化区	5	1	4	21	9	12	69	32	37
增城区	4	1	3	96	53	43	258	144	114
韶关市	**4**	**2**	**2**	**63**	**34**	**29**	**158**	**61**	**97**
武江区	1		1	14	7	7	27	10	17
浈江区				13	10	3	31	23	8
曲江区	1	1		4	2	2	13	5	8
始兴县				3		3	13	2	11
仁化县	2	1	1	7	3	4	16	4	12
翁源县				3	1	2	6	2	4
乳源瑶族自治县				5	1	4	9	3	6
新丰县				1	1		7	1	6
乐昌市				11	7	4	22	8	14
南雄市				2	2		14	3	11
深圳市	**243**	**129**	**114**	**4534**	**2504**	**2030**	**10289**	**5395**	**4894**
罗湖区	8	1	7	62	31	31	408	145	263
福田区	33	18	15	149	83	66	616	279	337
南山区	47	23	24	219	121	98	496	223	273
宝安区	45	21	24	2001	1100	901	3671	2000	1671
龙岗区	20	10	10	699	392	307	2104	1100	1004
盐田区	1		1	36	13	23	70	33	37
龙华区	23	12	11	528	305	223	1829	1026	803
坪山区	20	9	11	267	160	107	350	184	166
光明区	46	35	11	573	299	274	745	405	340
珠海市	**82**	**27**	**55**	**329**	**184**	**145**	**914**	**476**	**438**
香洲区	41	12	29	142	76	66	541	295	246
斗门区	2	1	1	108	61	47	182	92	90
金湾区	39	14	25	79	47	32	191	89	102
汕头市	**4**	**3**	**1**	**390**	**210**	**180**	**796**	**394**	**402**
龙湖区				12	8	4	40	20	20
金平区				25	10	15	55	25	30
濠江区				44	25	19	14	4	10
潮阳区				19	12	7	214	97	117
潮南区				25	13	12	105	52	53
澄海区	4	3	1	264	142	122	365	194	171
南澳县				1		1	3	2	1
佛山市	**33**	**16**	**17**	**917**	**495**	**422**	**1693**	**925**	**768**
禅城区	5	3	2	40	15	25	183	92	91
南海区	12	7	5	355	174	181	626	330	296
顺德区	14	4	10	349	203	146	663	373	290
三水区	1	1		148	89	59	160	90	70
高明区	1	1		25	14	11	61	40	21

1-4 续表 19

单位：人

地　区	哈萨克族			傣　族			黎　族		
	小计	男	女	小计	男	女	小计	男	女
江门市	**42**	**14**	**28**	**225**	**113**	**112**	**657**	**336**	**321**
蓬江区	38	12	26	46	20	26	163	88	75
江海区				45	22	23	116	67	49
新会区				53	34	19	86	42	44
台山市	4	2	2	11	4	7	94	32	62
开平市				29	16	13	75	35	40
鹤山市				35	15	20	96	63	33
恩平市				6	2	4	27	9	18
湛江市	**7**	**3**	**4**	**222**	**15**	**207**	**937**	**370**	**567**
赤坎区				7	2	5	60	23	37
霞山区	2	1	1	11	5	6	112	49	63
坡头区				34	3	31	32	10	22
麻章区	5	2	3	8	1	7	84	41	43
遂溪县				6		6	107	57	50
徐闻县				24		24	154	32	122
廉江市				20		20	86	25	61
雷州市				3	1	2	34	5	29
吴川市				109	3	106	268	128	140
茂名市	**11**	**1**	**10**	**221**	**26**	**195**	**771**	**146**	**625**
茂南区				60	10	50	153	35	118
电白区	1		1	67	7	60	295	32	263
高州市	8	1	7	56	7	49	144	37	107
化州市	2		2	28	1	27	57	16	41
信宜市				10	1	9	122	26	96
肇庆市				**173**	**102**	**71**	**186**	**95**	**91**
端州区				5	2	3	30	14	16
鼎湖区				12	8	4	35	20	15
高要区				11	6	5	25	15	10
广宁县				7	3	4	5	1	4
怀集县				2	1	1	9	2	7
封开县							9	1	8
德庆县				4	3	1	7	1	6
四会市				132	79	53	66	41	25
惠州市	**39**	**28**	**11**	**1762**	**1078**	**684**	**1518**	**836**	**682**
惠城区	24	17	7	698	421	277	540	301	239
惠阳区	8	6	2	723	451	272	566	315	251
博罗县				296	176	120	319	171	148
惠东县	7	5	2	35	21	14	62	36	26
龙门县				10	9	1	31	13	18
梅州市	**1**	**1**		**54**	**24**	**30**	**126**	**46**	**80**
梅江区				9	3	6	28	14	14
梅县区				5	3	2	23	7	16
大埔县	1	1		4	2	2	18	2	16
丰顺县				7	1	6	20	6	14
五华县				14	9	5	12	6	6
平远县				2	1	1	5	2	3
蕉岭县				2		2	8	4	4
兴宁市				11	5	6	12	5	7

1-4 续表 20

单位：人

地　区	哈萨克族			傣　族			黎　族		
	小计	男	女	小计	男	女	小计	男	女
汕尾市	**1**		**1**	**48**	**27**	**21**	**147**	**69**	**78**
城　区	1		1	22	14	8	27	12	15
海丰县				18	11	7	66	36	30
陆河县				3	1	2	25	9	16
陆丰市				5	1	4	29	12	17
河源市	**2**	**2**		**142**	**79**	**63**	**158**	**72**	**86**
源城区				110	64	46	94	48	46
紫金县	2	2		9	2	7	28	5	23
龙川县				8	5	3	13	9	4
连平县				3	2	1	4	1	3
和平县				4	1	3	5	1	4
东源县				8	5	3	14	8	6
阳江市	**2**		**2**	**46**	**21**	**25**	**212**	**95**	**117**
江城区				7	3	4	44	17	27
阳东区				6	3	3	63	32	31
阳西县				14	7	7	23	4	19
阳春市	2		2	19	8	11	82	42	40
清远市	**1**		**1**	**74**	**34**	**40**	**311**	**130**	**181**
清城区	1		1	46	27	19	156	73	83
清新区				5		5	28	11	17
佛冈县				5	2	3	38	12	26
阳山县				2		2	7	1	6
连山壮族瑶族自治县				1		1	6	1	5
连南瑶族自治县				1	1		5	2	3
英德市				12	4	8	63	29	34
连州市				2		2	8	1	7
东莞市	**144**	**65**	**79**	**5044**	**2874**	**2170**	**5754**	**3346**	**2408**
市辖区	144	65	79	5044	2874	2170	5754	3346	2408
中山市	**15**	**11**	**4**	**532**	**271**	**261**	**1263**	**700**	**563**
市辖区	15	11	4	532	271	261	1263	700	563
潮州市	**2**	**1**	**1**	**25**	**14**	**11**	**272**	**128**	**144**
湘桥区				4	1	3	110	50	60
潮安区	2	1	1	17	11	6	137	70	67
饶平县				4	2	2	25	8	17
揭阳市	**1**	**1**		**25**	**11**	**14**	**351**	**177**	**174**
榕城区	1	1		3		3	156	82	74
揭东区				3	2	1	81	51	30
揭西县				2	1	1	31	5	26
惠来县							12	5	7
普宁市				17	8	9	71	34	37
云浮市	**2**	**2**		**15**	**8**	**7**	**107**	**38**	**69**
云城区				5	2	3	22	11	11
云安区				2	1	1	34	16	18
新兴县	1	1		6	5	1	12	2	10
郁南县	1	1					9	1	8
罗定市				2		2	30	8	22

1-4 续表 21

单位：人

地 区	傈僳族			佤 族			畲 族		
	小计	男	女	小计	男	女	小计	男	女
广 东	**7199**	**3981**	**3218**	**11743**	**6183**	**5560**	**42080**	**24055**	**18025**
广州市	**424**	**194**	**230**	**1234**	**692**	**542**	**4829**	**2688**	**2141**
荔湾区	24	9	15	15	6	9	170	78	92
越秀区	6	2	4	7	3	4	155	74	81
海珠区	12	6	6	32	18	14	278	151	127
天河区	29	11	18	39	11	28	557	282	275
白云区	97	43	54	332	172	160	1283	721	562
黄埔区	97	57	40	124	84	40	430	255	175
番禺区	51	15	36	160	71	89	826	463	363
花都区	30	15	15	173	87	86	352	210	142
南沙区	56	28	28	305	206	99	178	107	71
从化区	1		1	9	5	4	74	44	30
增城区	21	8	13	38	29	9	526	303	223
韶关市	**46**	**25**	**21**	**25**	**14**	**11**	**6447**	**3797**	**2650**
武江区	4	3	1	9	8	1	186	94	92
浈江区	8	7	1	5	2	3	113	65	48
曲江区	4	1	3	1		1	35	18	17
始兴县							2259	1313	946
仁化县	10	3	7				357	226	131
翁源县	9	6	3	3	2	1	16	9	7
乳源瑶族自治县	5	2	3				657	367	290
新丰县				2		2	9	2	7
乐昌市	6	3	3	3	2	1	39	22	17
南雄市				2		2	2776	1681	1095
深圳市	**1732**	**964**	**768**	**3071**	**1608**	**1463**	**6966**	**3960**	**3006**
罗湖区	14	3	11	34	21	13	355	197	158
福田区	34	18	16	49	22	27	511	263	248
南山区	68	49	19	288	195	93	513	271	242
宝安区	586	321	265	859	415	444	1935	1112	823
龙岗区	389	214	175	801	418	383	1785	1026	759
盐田区	6	4	2	19	17	2	75	32	43
龙华区	290	167	123	400	190	210	1090	655	435
坪山区	108	60	48	170	98	72	228	128	100
光明区	237	128	109	451	232	219	474	276	198
珠海市	**749**	**474**	**275**	**201**	**125**	**76**	**538**	**295**	**243**
香洲区	354	219	135	121	86	35	356	193	163
斗门区	266	175	91	26	12	14	82	42	40
金湾区	129	80	49	54	27	27	100	60	40
汕头市	**124**	**63**	**61**	**62**	**25**	**37**	**428**	**230**	**198**
龙湖区	32	20	12	1		1	105	55	50
金平区	25	8	17	1		1	119	66	53
濠江区	3	3		2	1	1	12	8	4
潮阳区	9	4	5	8	4	4	51	24	27
潮南区	2		2	14	8	6	18	11	7
澄海区	53	28	25	35	12	23	123	66	57
南澳县				1		1			
佛山市	**226**	**107**	**119**	**597**	**321**	**276**	**1332**	**761**	**571**
禅城区	21	9	12	34	15	19	145	82	63
南海区	82	42	40	230	136	94	519	303	216
顺德区	93	39	54	291	154	137	558	309	249
三水区	28	17	11	24	10	14	75	43	32
高明区	2		2	18	6	12	35	24	11

1-4 续表 22

单位：人

地区	傈僳族			佤族			畲族		
	小计	男	女	小计	男	女	小计	男	女
江门市	**80**	**47**	**33**	**139**	**63**	**76**	**279**	**157**	**122**
蓬江区	8	6	2	21	10	11	77	43	34
江海区	21	10	11	21	9	12	38	24	14
新会区	24	14	10	13	8	5	37	19	18
台山市	2	1	1	7	5	2	21	10	11
开平市	2	1	1	5		5	29	16	13
鹤山市	23	15	8	56	26	30	67	38	29
恩平市				16	5	11	10	7	3
湛江市	**34**	**10**	**24**	**67**	**15**	**52**	**114**	**60**	**54**
赤坎区	4	4					16	8	8
霞山区	3	2	1	1		1	17	9	8
坡头区	12	1	11	10	1	9	2	1	1
麻章区	2	1	1	7	7		28	14	14
遂溪县	1		1				11	6	5
徐闻县	3		3	3	1	2	16	11	5
廉江市	3	1	2	8	2	6	13	7	6
雷州市	1		1				7	3	4
吴川市	5	1	4	38	4	34	4	1	3
茂名市	**19**	**7**	**12**	**58**	**19**	**39**	**110**	**43**	**67**
茂南区	8	2	6	5	4	1	36	20	16
电白区	4	1	3	17	4	13	20	6	14
高州市	2		2	18	7	11	25	8	17
化州市	4	4		12		12	16	7	9
信宜市	1		1	6	4	2	13	2	11
肇庆市	**26**	**16**	**10**	**46**	**34**	**12**	**121**	**71**	**50**
端州区	1	1		7	7		18	7	11
鼎湖区	3	2	1				13	8	5
高要区	3	2	1	4	1	3	19	9	10
广宁县	3	1	2				4	3	1
怀集县				1	1		1	1	
封开县	3	3		1		1	10	6	4
德庆县							6	1	5
四会市	13	7	6	33	25	8	50	36	14
惠州市	**733**	**430**	**303**	**1240**	**681**	**559**	**2702**	**1497**	**1205**
惠城区	215	131	84	185	103	82	1035	562	473
惠阳区	375	221	154	910	498	412	394	228	166
博罗县	111	60	51	88	46	42	651	363	288
惠东县	22	12	10	28	15	13	599	332	267
龙门县	10	6	4	29	19	10	23	12	11
梅州市	**30**	**21**	**9**	**22**	**11**	**11**	**568**	**306**	**262**
梅江区	18	15	3	3	3		54	29	25
梅县区	3	2	1	4	3	1	42	18	24
大埔县							30	14	16
丰顺县				3	1	2	370	209	161
五华县	1		1	2		2	22	12	10
平远县	1	1					13	8	5
蕉岭县				7	3	4	13	5	8
兴宁市	7	3	4	3	1	2	24	11	13

1-4　续表 23　　　　单位：人

地　区	傈僳族			佤　族			畲　族		
	小计	男	女	小计	男	女	小计	男	女
汕尾市	**11**	**4**	**7**	**19**	**11**	**8**	**253**	**147**	**106**
城　区	4	2	2	2	2		22	13	9
海丰县	5	1	4	16	9	7	222	130	92
陆河县	1	1					5	1	4
陆丰市	1		1	1		1	4	3	1
河源市	**14**	**7**	**7**	**50**	**35**	**15**	**10952**	**6293**	**4659**
源城区	11	5	6	13	7	6	3623	1917	1706
紫金县				6	3	3	35	16	19
龙川县	3	2	1	4	1	3	1342	770	572
连平县							1205	725	480
和平县							713	431	282
东源县				27	24	3	4034	2434	1600
阳江市	**27**	**7**	**20**	**8**	**4**	**4**	**39**	**19**	**20**
江城区	4	2	2	3	1	2	10	5	5
阳东区	1		1	3	2	1	16	10	6
阳西县	1		1	2	1	1	4	1	3
阳春市	21	5	16				9	3	6
清远市	**55**	**31**	**24**	**55**	**26**	**29**	**214**	**105**	**109**
清城区	16	8	8	18	8	10	113	53	60
清新区	2		2	5	2	3	22	12	10
佛冈县	5	2	3	24	13	11	11	4	7
阳山县	3	1	2	1	1		12	6	6
连山壮族瑶族自治县	4	2	2	4	1	3	3	3	
连南瑶族自治县							7	4	3
英德市	24	17	7	1	1		36	17	19
连州市	1	1		2		2	10	6	4
东莞市	**2650**	**1462**	**1188**	**4473**	**2316**	**2157**	**3303**	**2000**	**1303**
市辖区	2650	1462	1188	4473	2316	2157	3303	2000	1303
中山市	**185**	**94**	**91**	**332**	**161**	**171**	**845**	**498**	**347**
市辖区	185	94	91	332	161	171	845	498	347
潮州市	**21**	**11**	**10**	**16**	**7**	**9**	**1903**	**1060**	**843**
湘桥区	5	1	4	3	1	2	463	259	204
潮安区	9	4	5	10	4	6	1167	650	517
饶平县	7	6	1	3	2	1	273	151	122
揭阳市	**6**	**4**	**2**	**7**	**4**	**3**	**89**	**54**	**35**
榕城区	1		1	1	1		21	14	7
揭东区	4	4		3	1	2	36	23	13
揭西县							9	3	6
惠来县							9	6	3
普宁市	1		1	3	2	1	14	8	6
云浮市	**7**	**3**	**4**	**21**	**11**	**10**	**48**	**14**	**34**
云城区				4		4	16	5	11
云安区				12	10	2	3		3
新兴县	4	2	2	4	1	3	14	7	7
郁南县							3		3
罗定市	3	1	2	1		1	12	2	10

1-4 续表 24

单位：人

地　区	高山族			拉祜族			水族		
	小计	男	女	小计	男	女	小计	男	女
广　东	**188**	**93**	**95**	**5710**	**3057**	**2653**	**23025**	**13848**	**9177**
广州市	**31**	**16**	**15**	**606**	**346**	**260**	**2699**	**1635**	**1064**
荔湾区	1		1	14	8	6	155	107	48
越秀区	1		1	7	2	5	66	45	21
海珠区	4	3	1	29	17	12	143	94	49
天河区	4	3	1	34	17	17	204	112	92
白云区	3		3	192	112	80	649	364	285
黄埔区	1	1		77	47	30	453	275	178
番禺区	7	4	3	89	59	30	361	211	150
花都区	6	3	3	103	50	53	283	180	103
南沙区	1		1	36	21	15	166	104	62
从化区				6	3	3	53	36	17
增城区	3	2	1	19	10	9	166	107	59
韶关市				**18**	**7**	**11**	**73**	**42**	**31**
武江区				1		1	25	18	7
浈江区				3	3		7	4	3
曲江区				1	1		4	3	1
始兴县							2		2
仁化县				3	2	1	5	1	4
翁源县				6		6	5	2	3
乳源瑶族自治县							3	1	2
新丰县							14	9	5
乐昌市				1	1		7	4	3
南雄市				3		3	1		1
深圳市	**48**	**21**	**27**	**1314**	**737**	**577**	**7195**	**4333**	**2862**
罗湖区				24	16	8	230	163	67
福田区	10	6	4	47	25	22	250	161	89
南山区	6	3	3	47	28	19	227	143	84
宝安区	11	3	8	442	247	195	1993	1203	790
龙岗区	9	6	3	264	138	126	1176	712	464
盐田区				2	2		43	29	14
龙华区	8	3	5	218	120	98	938	581	357
坪山区	2		2	84	52	32	265	156	109
光明区	2		2	186	109	77	2073	1185	888
珠海市	**7**	**5**	**2**	**75**	**45**	**30**	**654**	**385**	**269**
香洲区	6	5	1	33	22	11	212	130	82
斗门区	1		1	21	10	11	289	170	119
金湾区				21	13	8	153	85	68
汕头市	**4**	**2**	**2**	**46**	**25**	**21**	**450**	**265**	**185**
龙湖区				2		2	75	45	30
金平区	1	1		2	1	1	45	29	16
濠江区				2	2		12	5	7
潮阳区				9	4	5	183	108	75
潮南区				8	4	4	51	31	20
澄海区	3	1	2	23	14	9	82	46	36
南澳县							2	1	1
佛山市	**29**	**17**	**12**	**408**	**227**	**181**	**1659**	**986**	**673**
禅城区	3	2	1	48	27	21	114	55	59
南海区	13	8	5	171	100	71	861	525	336
顺德区	9	4	5	110	56	54	481	278	203
三水区	2	2		49	26	23	135	82	53
高明区	2	1	1	30	18	12	68	46	22

1-4　续表 25　　　　单位：人

地　区	高山族			拉祜族			水　族		
	小计	男	女	小计	男	女	小计	男	女
江门市	**2**		**2**	**89**	**46**	**43**	**589**	**334**	**255**
蓬江区				14	7	7	98	62	36
江海区				16	8	8	115	61	54
新会区				24	12	12	124	72	52
台山市	2		2	11	8	3	23	11	12
开平市				5	2	3	139	81	58
鹤山市				17	9	8	59	30	29
恩平市				2		2	31	17	14
湛江市	**18**	**8**	**10**	**245**	**16**	**229**	**530**	**303**	**227**
赤坎区				1		1	48	32	16
霞山区	7	3	4	2	1	1	37	22	15
坡头区				40	1	39	17	9	8
麻章区	1		1	3	1	2	69	36	33
遂溪县							254	151	103
徐闻县				4	1	3	10	3	7
廉江市				3	1	2	34	14	20
雷州市	10	5	5	2		2	40	23	17
吴川市				190	11	179	21	13	8
茂名市	**2**	**1**	**1**	**57**	**7**	**50**	**261**	**133**	**128**
茂南区	2	1	1	6	2	4	56	29	27
电白区				8	2	6	34	10	24
高州市				14	2	12	99	56	43
化州市				29	1	28	53	29	24
信宜市							19	9	10
肇庆市				**20**	**9**	**11**	**244**	**142**	**102**
端州区				2	1	1	28	19	9
鼎湖区				4	3	1	42	22	20
高要区							65	38	27
广宁县							9	7	2
怀集县				1		1	30	21	9
封开县							1	1	
德庆县							7	2	5
四会市				13	5	8	62	32	30
惠州市	**10**	**6**	**4**	**484**	**282**	**202**	**1262**	**777**	**485**
惠城区				133	73	60	405	253	152
惠阳区	2	1	1	252	159	93	529	327	202
博罗县	3	2	1	83	45	38	232	137	95
惠东县	5	3	2	11	2	9	82	50	32
龙门县				5	3	2	14	10	4
梅州市	**5**	**4**	**1**	**15**	**12**	**3**	**55**	**33**	**22**
梅江区	1	1		1		1	15	10	5
梅县区				3	2	1	3	3	
大埔县	2	2					7	2	5
丰顺县				3	2	1	4	4	
五华县				7	7		6	3	3
平远县	2	1	1	1	1		3	3	
蕉岭县							3	1	2
兴宁市							14	7	7

1−4 续表 26

单位：人

地区	高山族			拉祜族			水族		
	小计	男	女	小计	男	女	小计	男	女
汕尾市	**2**		**2**	**32**	**20**	**12**	**38**	**21**	**17**
城　区				10	6	4	13	7	6
海丰县	1		1	20	14	6	12	6	6
陆河县							3	2	1
陆丰市	1		1	2		2	10	6	4
河源市				**68**	**46**	**22**	**78**	**51**	**27**
源城区				6	5	1	35	20	15
紫金县				2	1	1	18	13	5
龙川县				2		2	2	1	1
连平县							2		2
和平县							4	4	
东源县				58	40	18	17	13	4
阳江市	**1**		**1**	**12**	**5**	**7**	**261**	**137**	**124**
江城区				6	2	4	113	66	47
阳东区	1		1	3	1	2	100	45	55
阳西县				1	1		33	18	15
阳春市				2	1	1	15	8	7
清远市	**1**		**1**	**27**	**17**	**10**	**189**	**113**	**76**
清城区	1		1	17	11	6	79	51	28
清新区				2	1	1	29	16	13
佛冈县				3	1	2	33	13	20
阳山县				1		1	1	1	
连山壮族瑶族自治县							16	12	4
连南瑶族自治县									
英德市				4	4		24	17	7
连州市							7	3	4
东莞市	**24**	**13**	**11**	**2001**	**1124**	**877**	**5496**	**3400**	**2096**
市辖区	24	13	11	2001	1124	877	5496	3400	2096
中山市	**2**		**2**	**172**	**75**	**97**	**1037**	**614**	**423**
市辖区	2		2	172	75	97	1037	614	423
潮州市				**9**	**4**	**5**	**112**	**64**	**48**
湘桥区							27	18	9
潮安区				9	4	5	71	39	32
饶平县							14	7	7
揭阳市	**1**		**1**	**8**	**4**	**4**	**114**	**65**	**49**
榕城区							30	25	5
揭东区				3	2	1	41	20	21
揭西县	1		1	1		1	14	5	9
惠来县				1		1	2		2
普宁市				3	2	1	27	15	12
云浮市	**1**		**1**	**4**	**3**	**1**	**29**	**15**	**14**
云城区				1		1	9	4	5
云安区				2	2		6	6	
新兴县				1	1		5	2	3
郁南县							2	1	1
罗定市	1		1				7	2	5

1-4 续表 27

单位：人

地 区	东乡族			纳西族			景颇族		
	小计	男	女	小计	男	女	小计	男	女
广 东	**4638**	**2994**	**1644**	**942**	**482**	**460**	**2862**	**1460**	**1402**
广州市	**387**	**239**	**148**	**168**	**72**	**96**	**195**	**89**	**106**
荔湾区	26	19	7	6	1	5	14	10	4
越秀区	82	57	25	8	4	4	1		1
海珠区	14	5	9	20	3	17	6	2	4
天河区	35	25	10	37	15	22	16	6	10
白云区	73	45	28	36	16	20	44	17	27
黄埔区	16	6	10	15	7	8	30	13	17
番禺区	72	44	28	27	17	10	12	4	8
花都区	33	18	15	9	5	4	37	18	19
南沙区	21	11	10	2	1	1	27	15	12
从化区				4	3	1			
增城区	15	9	6	4		4	8	4	4
韶关市	**5**	**2**	**3**	**4**	**1**	**3**	**6**	**2**	**4**
武江区				1	1				
浈江区	4	2	2				2	1	1
曲江区									
始兴县									
仁化县	1		1	1		1			
翁源县							2		2
乳源瑶族自治县									
新丰县									
乐昌市				2		2	2	1	1
南雄市									
深圳市	**866**	**538**	**328**	**374**	**196**	**178**	**633**	**330**	**303**
罗湖区	59	35	24	12	8	4	9	4	5
福田区	43	30	13	34	12	22	17	7	10
南山区	18	9	9	79	49	30	42	27	15
宝安区	158	90	68	68	42	26	185	92	93
龙岗区	238	136	102	63	24	39	149	76	73
盐田区	1	1		1	1		11	11	
龙华区	202	138	64	74	37	37	108	66	42
坪山区	71	47	24	14	6	8	29	11	18
光明区	76	52	24	29	17	12	83	36	47
珠海市	**265**	**190**	**75**	**32**	**13**	**19**	**55**	**35**	**20**
香洲区	182	125	57	26	9	17	34	21	13
斗门区				3	1	2	13	8	5
金湾区	83	65	18	3	3		8	6	2
汕头市	**4**	**3**	**1**	**5**	**2**	**3**	**50**	**22**	**28**
龙湖区	1		1				1	1	
金平区				1		1			
濠江区							1	1	
潮阳区				1	1		1	1	
潮南区	1	1					7	3	4
澄海区	2	2		3	1	2	40	16	24
南澳县									
佛山市	**192**	**124**	**68**	**60**	**33**	**27**	**163**	**90**	**73**
禅城区	7	5	2	5	4	1	18	10	8
南海区	67	43	24	15	8	7	55	29	26
顺德区	109	71	38	26	12	14	74	42	32
三水区	1		1	3	2	1	12	7	5
高明区	8	5	3	11	7	4	4	2	2

1-4 续表 28

单位：人

地 区	东乡族			纳西族			景颇族		
	小计	男	女	小计	男	女	小计	男	女
江门市	**90**	**52**	**38**	**16**	**10**	**6**	**13**	**6**	**7**
蓬江区	9	7	2	3	1	2	6	2	4
江海区	2	1	1	5	3	2	3	1	2
新会区	15	8	7	1	1		1		1
台山市	1	1					2	2	
开平市	39	22	17						
鹤山市	24	13	11	7	5	2	1	1	
恩平市									
湛江市				**5**	**2**	**3**	**22**	**9**	**13**
赤坎区							1		1
霞山区							3	2	1
坡头区							7	2	5
麻章区				2	1	1	1		1
遂溪县									
徐闻县									
廉江市				3	1	2	1		1
雷州市							1		1
吴川市							8	5	3
茂名市	**3**		**3**	**6**	**1**	**5**	**57**	**9**	**48**
茂南区	1		1	2		2	23	1	22
电白区	1		1	1		1	20	1	19
高州市	1		1	2	1	1	9	4	5
化州市				1		1	4	3	1
信宜市							1		1
肇庆市	**12**	**7**	**5**	**5**	**2**	**3**	**6**	**2**	**4**
端州区				3	1	2			
鼎湖区	1		1						
高要区									
广宁县									
怀集县									
封开县									
德庆县	2	1	1				4	1	3
四会市	9	6	3	2	1	1	2	1	1
惠州市	**465**	**327**	**138**	**62**	**40**	**22**	**516**	**292**	**224**
惠城区	233	168	65	15	6	9	150	85	65
惠阳区	120	81	39	29	21	8	250	136	114
博罗县	108	75	33	12	9	3	103	65	38
惠东县	4	3	1	6	4	2	11	6	5
龙门县							2		2
梅州市	**13**	**7**	**6**	**6**	**5**	**1**	**1**	**1**	
梅江区	8	5	3	2	1	1			
梅县区	5	2	3						
大埔县									
丰顺县									
五华县				4	4		1	1	
平远县									
蕉岭县									
兴宁市									

1-4　续表 29　　　　单位：人

地　区	东乡族			纳西族			景颇族		
	小计	男	女	小计	男	女	小计	男	女
汕尾市							**29**	**3**	**26**
城　区							27	3	24
海丰县							1		1
陆河县									
陆丰市							1		1
河源市	**84**	**67**	**17**	**8**	**5**	**3**	**14**	**9**	**5**
源城区	78	64	14	3	2	1	4	3	1
紫金县							1	1	
龙川县									
连平县									
和平县	5	2	3						
东源县	1	1		5	3	2	9	5	4
阳江市	**2**		**2**	**1**	**1**		**5**	**2**	**3**
江城区							2	1	1
阳东区	1		1				3	1	2
阳西县									
阳春市	1		1	1	1				
清远市	**14**	**10**	**4**	**4**	**2**	**2**	**16**	**8**	**8**
清城区	5	2	3	3	1	2	11	5	6
清新区	1		1				1		1
佛冈县									
阳山县									
连山壮族瑶族自治县									
连南瑶族自治县									
英德市	8	8		1	1		4	3	1
连州市									
东莞市	**1959**	**1240**	**719**	**149**	**80**	**69**	**939**	**474**	**465**
市辖区	1959	1240	719	149	80	69	939	474	465
中山市	**258**	**176**	**82**	**26**	**11**	**15**	**112**	**59**	**53**
市辖区	258	176	82	26	11	15	112	59	53
潮州市	**13**	**7**	**6**	**3**	**2**	**1**	**22**	**13**	**9**
湘桥区	4	2	2	2	2		2		2
潮安区	9	5	4	1		1	12	7	5
饶平县							8	6	2
揭阳市	**3**	**3**		**3**	**2**	**1**	**5**	**2**	**3**
榕城区				2	1	1			
揭东区	2	2					4	2	2
揭西县									
惠来县									
普宁市	1	1		1	1		1		1
云浮市	**3**	**2**	**1**	**5**	**2**	**3**	**3**	**3**	
云城区	3	2	1						
云安区				2	2		3	3	
新兴县				3		3			
郁南县									
罗定市									

1−4 续表 30 单位：人

地　区	柯尔克孜族			土　族			达斡尔族		
	小计	男	女	小计	男	女	小计	男	女
广　东	**495**	**256**	**239**	**5768**	**3286**	**2482**	**1038**	**492**	**546**
广州市	**51**	**18**	**33**	**768**	**396**	**372**	**200**	**88**	**112**
荔湾区	6	2	4	25	14	11	5	2	3
越秀区	3		3	23	11	12	5		5
海珠区	2	1	1	34	15	19	21	11	10
天河区	11	5	6	63	32	31	48	14	34
白云区	5	2	3	200	99	101	49	21	28
黄埔区	9	3	6	77	44	33	16	10	6
番禺区	15	5	10	142	74	68	24	13	11
花都区				82	42	40	7	3	4
南沙区				42	25	17	3	2	1
从化区				22	7	15	5	3	2
增城区				58	33	25	17	9	8
韶关市				**24**	**13**	**11**	**1**	**1**	
武江区				9	6	3			
浈江区				6	3	3	1	1	
曲江区				1		1			
始兴县				2	1	1			
仁化县				2		2			
翁源县									
乳源瑶族自治县				1	1				
新丰县				2	2				
乐昌市				1		1			
南雄市									
深圳市	**37**	**13**	**24**	**989**	**578**	**411**	**498**	**241**	**257**
罗湖区	3	1	2	39	18	21	27	10	17
福田区	5		5	71	33	38	75	37	38
南山区	9	3	6	70	38	32	103	42	61
宝安区				251	155	96	106	58	48
龙岗区	6		6	233	138	95	89	42	47
盐田区				13	8	5	8	2	6
龙华区	5	3	2	182	112	70	44	30	14
坪山区	5	2	3	42	24	18	23	10	13
光明区	4	4		88	52	36	23	10	13
珠海市	**16**	**2**	**14**	**222**	**124**	**98**	**62**	**26**	**36**
香洲区	3		3	125	68	57	43	19	24
斗门区				38	23	15	13	4	9
金湾区	13	2	11	59	33	26	6	3	3
汕头市				**121**	**66**	**55**	**1**	**1**	
龙湖区				4	3	1			
金平区				19	9	10	1	1	
濠江区									
潮阳区				20	12	8			
潮南区				71	40	31			
澄海区				7	2	5			
南澳县									
佛山市	**3**	**1**	**2**	**608**	**349**	**259**	**49**	**21**	**28**
禅城区				45	23	22	6	2	4
南海区	1		1	252	141	111	14	3	11
顺德区				196	116	80	19	10	9
三水区	2	1	1	87	51	36	7	4	3
高明区				28	18	10	3	2	1

1-4 续表 31 单位：人

地　区	柯尔克孜族			土　族			达斡尔族		
	小计	男	女	小计	男	女	小计	男	女
江门市	**21**	**8**	**13**	**387**	**217**	**170**	**6**	**1**	**5**
蓬江区	8	2	6	100	54	46	1	1	
江海区				58	31	27	3		3
新会区	8	3	5	88	53	35			
台山市				13	11	2			
开平市	5	3	2	32	17	15			
鹤山市				81	44	37	1		1
恩平市				15	7	8	1		1
湛江市	**1**		**1**	**24**	**11**	**13**	**4**	**1**	**3**
赤坎区				1	1				
霞山区				4	1	3	1		1
坡头区				1	1		1		1
麻章区				7	3	4	1	1	
遂溪县									
徐闻县				2	2				
廉江市				5	1	4			
雷州市				1	1		1		1
吴川市	1		1	3	1	2			
茂名市				**22**	**8**	**14**	**2**	**2**	
茂南区				7	1	6	1	1	
电白区				4	1	3	1	1	
高州市				6	4	2			
化州市				3		3			
信宜市				2	2				
肇庆市				**155**	**98**	**57**	**13**	**7**	**6**
端州区				77	54	23	7	5	2
鼎湖区				6	3	3			
高要区				21	11	10			
广宁县				7	5	2			
怀集县				6	3	3			
封开县				1	1				
德庆县									
四会市				37	21	16	6	2	4
惠州市	**265**	**160**	**105**	**600**	**338**	**262**	**56**	**28**	**28**
惠城区				222	120	102	18	9	9
惠阳区	206	120	86	192	104	88	34	16	18
博罗县	1		1	128	79	49	1	1	
惠东县	58	40	18	37	25	12	1		1
龙门县				21	10	11	2	2	
梅州市				**19**	**11**	**8**			
梅江区				4	1	3			
梅县区				3	2	1			
大埔县				2	1	1			
丰顺县				9	7	2			
五华县				1		1			
平远县									
蕉岭县									
兴宁市									

1-4 续表 32

单位：人

地　区	柯尔克孜族			土　族			达斡尔族		
	小计	男	女	小计	男	女	小计	男	女
汕尾市				**28**	**11**	**17**			
城　区				4	1	3			
海丰县				21	10	11			
陆河县									
陆丰市				3		3			
河源市	**1**	**1**		**61**	**39**	**22**	**1**	**1**	
源城区	1	1		30	19	11			
紫金县				11	8	3			
龙川县				1		1	1	1	
连平县									
和平县				2	1	1			
东源县				17	11	6			
阳江市				**43**	**29**	**14**	**4**	**2**	**2**
江城区				10	8	2	1		1
阳东区				25	18	7			
阳西县				2		2			
阳春市				6	3	3	3	2	1
清远市	**3**	**2**	**1**	**58**	**31**	**27**	**21**	**10**	**11**
清城区	3	2	1	33	17	16	8	4	4
清新区				4		4			
佛冈县				14	10	4	1	1	
阳山县									
连山壮族瑶族自治县				1		1			
连南瑶族自治县				1		1	2	1	1
英德市				4	3	1	5	2	3
连州市				1	1		5	2	3
东莞市	**95**	**49**	**46**	**1029**	**617**	**412**	**90**	**47**	**43**
市辖区	95	49	46	1029	617	412	90	47	43
中山市	**1**	**1**		**504**	**288**	**216**	**27**	**15**	**12**
市辖区	1	1		504	288	216	27	15	12
潮州市				**40**	**23**	**17**			
湘桥区				8	3	5			
潮安区				31	20	11			
饶平县				1		1			
揭阳市	**1**	**1**		**33**	**18**	**15**			
榕城区	1	1		1	1				
揭东区				4	1	3			
揭西县				4	3	1			
惠来县				1	1				
普宁市				23	12	11			
云浮市				**33**	**21**	**12**	**3**		**3**
云城区				9	6	3			
云安区				2	2				
新兴县				5	2	3	1		1
郁南县							2		2
罗定市				17	11	6			

1-4　续表 33

单位：人

地　区	仫佬族			羌　族			布朗族		
	小计	男	女	小计	男	女	小计	男	女
广　东	**29190**	**16740**	**12450**	**1599**	**857**	**742**	**1767**	**938**	**829**
广州市	**3439**	**1953**	**1486**	**281**	**143**	**138**	**233**	**121**	**112**
荔湾区	122	59	63	11	3	8	2	1	1
越秀区	97	54	43	8	4	4	7	3	4
海珠区	151	77	74	12	8	4			
天河区	338	189	149	46	11	35	6	3	3
白云区	1157	643	514	53	30	23	61	27	34
黄埔区	260	157	103	30	22	8	16	10	6
番禺区	507	271	236	53	30	23	24	12	12
花都区	466	288	178	27	15	12	94	55	39
南沙区	164	104	60	13	5	8	14	7	7
从化区	34	19	15				3	1	2
增城区	143	92	51	28	15	13	6	2	4
韶关市	**108**	**56**	**52**	**9**	**3**	**6**	**10**	**7**	**3**
武江区	21	12	9	5	2	3			
浈江区	19	13	6	2	1	1	1	1	
曲江区	12	7	5				3	3	
始兴县	3		3				1		1
仁化县	6	4	2				1	1	
翁源县	5	1	4	1		1	3	2	1
乳源瑶族自治县	8	2	6				1		1
新丰县	14	8	6						
乐昌市	11	6	5						
南雄市	9	3	6	1		1			
深圳市	**8328**	**4765**	**3563**	**592**	**293**	**299**	**484**	**247**	**237**
罗湖区	252	123	129	51	19	32	13	8	5
福田区	331	158	173	68	26	42	16	7	9
南山区	401	208	193	75	33	42	24	9	15
宝安区	2645	1508	1137	163	90	73	121	61	60
龙岗区	1322	765	557	106	46	60	133	72	61
盐田区	60	31	29	11	7	4	1	1	
龙华区	1041	614	427	74	47	27	44	23	21
坪山区	312	178	134	21	13	8	43	20	23
光明区	1964	1180	784	23	12	11	89	46	43
珠海市	**466**	**270**	**196**	**58**	**31**	**27**	**25**	**14**	**11**
香洲区	243	131	112	29	16	13	6	4	2
斗门区	131	84	47	11	5	6	15	9	6
金湾区	92	55	37	18	10	8	4	1	3
汕头市	**230**	**137**	**93**	**16**	**9**	**7**	**20**	**10**	**10**
龙湖区	65	43	22	5	3	2			
金平区	31	18	13	4	2	2			
濠江区	9	5	4						
潮阳区	20	9	11	1	1		1		1
潮南区	16	8	8	1		1	3	2	1
澄海区	87	53	34	5	3	2	16	8	8
南澳县	2	1	1						
佛山市	**2302**	**1359**	**943**	**94**	**55**	**39**	**95**	**49**	**46**
禅城区	161	83	78	13	8	5	1	1	
南海区	938	545	393	32	20	12	48	25	23
顺德区	845	515	330	45	23	22	33	12	21
三水区	241	138	103	2	2		10	9	1
高明区	117	78	39	2	2		3	2	1

1-4 续表 34 单位：人

地区	仫佬族			羌族			布朗族		
	小计	男	女	小计	男	女	小计	男	女
江门市	**3592**	**2080**	**1512**	**22**	**11**	**11**	**33**	**18**	**15**
蓬江区	341	199	142	2	1	1	9	6	3
江海区	293	156	137	5	3	2	2	1	1
新会区	2445	1448	997	3	1	2	1		1
台山市	109	57	52	2	2				
开平市	179	98	81	3	1	2	1		1
鹤山市	157	87	70	6	3	3	15	8	7
恩平市	68	35	33	1		1	5	3	2
湛江市	**505**	**249**	**256**	**13**	**3**	**10**	**21**	**5**	**16**
赤坎区	38	15	23	1		1	5	4	1
霞山区	40	15	25	3		3			
坡头区	27	13	14	2	1	1	8		8
麻章区	25	9	16	3	1	2	1	1	
遂溪县	26	12	14	1		1			
徐闻县	173	109	64	1		1			
廉江市	88	31	57	2	1	1			
雷州市	21	11	10						
吴川市	67	34	33				7		7
茂名市	**210**	**64**	**146**	**6**	**3**	**3**	**4**		**4**
茂南区	62	21	41	3	1	2	1		1
电白区	42	15	27	2	1	1	1		1
高州市	30	12	18				1		1
化州市	46	9	37	1	1		1		1
信宜市	30	7	23						
肇庆市	**276**	**166**	**110**	**11**	**10**	**1**	**14**	**7**	**7**
端州区	48	33	15	3	3				
鼎湖区	25	18	7						
高要区	101	58	43	2	1	1			
广宁县	21	15	6	4	4				
怀集县	5	2	3						
封开县	12	6	6						
德庆县	12	6	6						
四会市	52	28	24	2	2		14	7	7
惠州市	**1245**	**732**	**513**	**93**	**48**	**45**	**135**	**68**	**67**
惠城区	373	221	152	36	20	16	17	10	7
惠阳区	433	268	165	30	14	16	77	41	36
博罗县	302	171	131	22	12	10	39	17	22
惠东县	102	54	48	3	2	1	2		2
龙门县	35	18	17	2		2			
梅州市	**49**	**23**	**26**	**8**	**3**	**5**	**3**	**2**	**1**
梅江区	11	6	5	2		2			
梅县区	7	3	4	2	1	1	1		1
大埔县	2		2	1	1				
丰顺县	11	7	4	1		1			
五华县	5	2	3				2	2	
平远县	5		5						
蕉岭县									
兴宁市	8	5	3	2	1	1			

1-4　续表 35　　　　单位：人

地　区	仫佬族			羌　族			布朗族		
	小计	男	女	小计	男	女	小计	男	女
汕尾市	**45**	**32**	**13**	**2**	**1**	**1**	**1**	**1**	
城　区	8	6	2						
海丰县	23	17	6	1	1		1	1	
陆河县	8	5	3						
陆丰市	6	4	2	1		1			
河源市	**115**	**74**	**41**	**11**	**9**	**2**	**6**	**4**	**2**
源城区	54	33	21	3	2	1	2	2	
紫金县	10	7	3	5	5				
龙川县	8	1	7	2	1	1	3	1	2
连平县	10	7	3						
和平县	11	8	3						
东源县	22	18	4	1	1		1	1	
阳江市	**521**	**286**	**235**				**3**	**1**	**2**
江城区	153	81	72						
阳东区	308	177	131				2	1	1
阳西县	21	12	9				1		1
阳春市	39	16	23						
清远市	**186**	**100**	**86**	**20**	**11**	**9**	**6**	**2**	**4**
清城区	87	48	39	13	8	5	3	1	2
清新区	27	13	14						
佛冈县	14	8	6	1	1		2		2
阳山县	2	1	1						
连山壮族瑶族自治县	2	1	1						
连南瑶族自治县	6	3	3	1	1				
英德市	42	24	18	4	1	3	1	1	
连州市	6	2	4	1		1			
东莞市	**4983**	**2927**	**2056**	**287**	**174**	**113**	**602**	**336**	**266**
市辖区	4983	2927	2056	287	174	113	602	336	266
中山市	**2400**	**1374**	**1026**	**58**	**39**	**19**	**66**	**42**	**24**
市辖区	2400	1374	1026	58	39	19	66	42	24
潮州市	**52**	**34**	**18**	**6**	**3**	**3**	**5**	**3**	**2**
湘桥区	9	9		1		1			
潮安区	41	24	17	4	3	1	5	3	2
饶平县	2	1	1	1		1			
揭阳市	**60**	**28**	**32**	**3**	**2**	**1**			
榕城区	14	2	12						
揭东区	22	13	9						
揭西县	1		1	1	1				
惠来县	4	4							
普宁市	19	9	10	2	1	1			
云浮市	**78**	**31**	**47**	**9**	**6**	**3**	**1**	**1**	
云城区	24	12	12						
云安区	5	1	4						
新兴县	24	8	16	9	6	3	1	1	
郁南县	8	2	6						
罗定市	17	8	9						

1-4 续表 36

单位：人

地　区	撒拉族			毛南族			仡佬族		
	小计	男	女	小计	男	女	小计	男	女
广　东	**2312**	**1310**	**1002**	**13150**	**7934**	**5216**	**28142**	**17222**	**10920**
广州市	**323**	**182**	**141**	**1926**	**1151**	**775**	**4558**	**2789**	**1769**
荔湾区	5	2	3	60	36	24	202	132	70
越秀区	26	17	9	33	18	15	94	54	40
海珠区	26	14	12	58	34	24	190	123	67
天河区	71	35	36	125	68	57	288	175	113
白云区	118	67	51	630	382	248	777	459	318
黄埔区	24	15	9	116	77	39	362	220	142
番禺区	18	12	6	419	247	172	1294	800	494
花都区	11	8	3	269	148	121	547	335	212
南沙区	6	3	3	95	65	30	425	250	175
从化区	1	1		16	6	10	183	112	71
增城区	17	8	9	105	70	35	196	129	67
韶关市	**20**	**11**	**9**	**32**	**16**	**16**	**246**	**127**	**119**
武江区	11	6	5	13	5	8	63	40	23
浈江区	9	5	4	4	3	1	25	21	4
曲江区				3	2	1	34	20	14
始兴县				2	2		12	2	10
仁化县				1		1	11	9	2
翁源县				3	1	2	68	23	45
乳源瑶族自治县				1		1	8	3	5
新丰县				1		1	4	2	2
乐昌市				2	1	1	12	5	7
南雄市				2	2		9	2	7
深圳市	**1414**	**802**	**612**	**2622**	**1545**	**1077**	**5242**	**3170**	**2072**
罗湖区	98	55	43	106	60	46	269	164	105
福田区	188	106	82	115	69	46	275	163	112
南山区	152	87	65	119	81	38	356	227	129
宝安区	418	227	191	886	506	380	1651	982	669
龙岗区	188	113	75	534	328	206	1094	668	426
盐田区	4	2	2	4	3	1	53	36	17
龙华区	283	162	121	373	240	133	743	453	290
坪山区	28	14	14	156	84	72	327	194	133
光明区	55	36	19	329	174	155	474	283	191
珠海市	**73**	**43**	**30**	**177**	**99**	**78**	**778**	**478**	**300**
香洲区	48	27	21	108	63	45	412	264	148
斗门区	5	4	1	38	20	18	118	75	43
金湾区	20	12	8	31	16	15	248	139	109
汕头市	**16**	**7**	**9**	**44**	**25**	**19**	**360**	**228**	**132**
龙湖区				11	6	5	78	54	24
金平区				2	2		24	17	7
濠江区				3	2	1	17	11	6
潮阳区				14	6	8	92	54	38
潮南区				8	5	3	43	25	18
澄海区	16	7	9	6	4	2	102	64	38
南澳县							4	3	1
佛山市	**39**	**23**	**16**	**2157**	**1387**	**770**	**2158**	**1372**	**786**
禅城区	2	1	1	119	77	42	190	122	68
南海区	26	14	12	1099	717	382	859	543	316
顺德区	11	8	3	717	436	281	681	430	251
三水区				140	100	40	332	215	117
高明区				82	57	25	96	62	34

1-4　续表 37　　　　单位：人

地　区	撒拉族			毛南族			仡佬族		
	小计	男	女	小计	男	女	小计	男	女
江门市	**16**	**9**	**7**	**433**	**250**	**183**	**937**	**563**	**374**
蓬江区	7	3	4	70	50	20	201	115	86
江海区				64	38	26	193	113	80
新会区	3	2	1	97	55	42	321	202	119
台山市				53	32	21	72	44	28
开平市	1	1		96	50	46	44	23	21
鹤山市	5	3	2	42	20	22	82	53	29
恩平市				11	5	6	24	13	11
湛江市	**1**		**1**	**102**	**43**	**59**	**180**	**113**	**67**
赤坎区				10	5	5	38	27	11
霞山区				17	7	10	23	12	11
坡头区				6	3	3	10	6	4
麻章区	1		1	3	1	2	25	16	9
遂溪县				11	6	5	13	9	4
徐闻县				6	4	2	14	7	7
廉江市				34	9	25	14	5	9
雷州市				6	3	3	6	2	4
吴川市				9	5	4	37	29	8
茂名市	**4**	**2**	**2**	**123**	**46**	**77**	**196**	**116**	**80**
茂南区	1		1	21	9	12	73	42	31
电白区				10	4	6	30	20	10
高州市	1	1		27	14	13	20	6	14
化州市	2	1	1	48	17	31	23	14	9
信宜市				17	2	15	50	34	16
肇庆市	**8**	**4**	**4**	**198**	**132**	**66**	**1315**	**864**	**451**
端州区				40	25	15	190	130	60
鼎湖区				11	8	3	199	136	63
高要区				66	42	24	546	350	196
广宁县				4	4		40	27	13
怀集县				2	1	1	88	67	21
封开县				1	1		11	8	3
德庆县	5	3	2	10	7	3	21	12	9
四会市	3	1	2	64	44	20	220	134	86
惠州市	**129**	**73**	**56**	**618**	**408**	**210**	**1766**	**1080**	**686**
惠城区	44	27	17	206	146	60	545	352	193
惠阳区	81	42	39	250	158	92	605	366	239
博罗县	4	4		115	66	49	446	265	181
惠东县				40	32	8	151	86	65
龙门县				7	6	1	19	11	8
梅州市				**24**	**16**	**8**	**164**	**110**	**54**
梅江区				6	4	2	27	20	7
梅县区				2	2		9	4	5
大埔县							10	6	4
丰顺县							26	16	10
五华县				7	5	2	80	54	26
平远县				3		3			
蕉岭县				1	1				
兴宁市				5	4	1	12	10	2

1－4 续表 38

单位：人

地区	撒拉族			毛南族			仡佬族		
	小计	男	女	小计	男	女	小计	男	女
汕尾市	**2**	**1**	**1**	**52**	**33**	**19**	**137**	**101**	**36**
城　区	2	1	1	4	3	1	26	21	5
海丰县				43	27	16	62	45	17
陆河县				2	1	1	36	26	10
陆丰市				3	2	1	13	9	4
河源市	**3**	**2**	**1**	**61**	**39**	**22**	**143**	**81**	**62**
源城区	1	1		38	24	14	78	44	34
紫金县				12	7	5	20	11	9
龙川县	1		1	3	3		9	6	3
连平县				3	2	1	9	7	2
和平县				1		1	3	2	1
东源县	1	1		4	3	1	24	11	13
阳江市	**3**	**3**		**79**	**46**	**33**	**187**	**113**	**74**
江城区	1	1		23	16	7	80	49	31
阳东区	1	1		36	21	15	64	35	29
阳西县				8	3	5	19	10	9
阳春市	1	1		12	6	6	24	19	5
清远市	**10**	**8**	**2**	**95**	**58**	**37**	**394**	**242**	**152**
清城区	8	6	2	53	34	19	190	128	62
清新区				12	7	5	53	35	18
佛冈县	1	1		11	6	5	59	29	30
阳山县				4	1	3	9	8	1
连山壮族瑶族自治县							1		1
连南瑶族自治县							1	1	
英德市	1	1		13	8	5	73	39	34
连州市				2	2		8	2	6
东莞市	**186**	**101**	**85**	**2876**	**1714**	**1162**	**6524**	**3966**	**2558**
市辖区	186	101	85	2876	1714	1162	6524	3966	2558
中山市	**45**	**28**	**17**	**944**	**568**	**376**	**2065**	**1207**	**858**
市辖区	45	28	17	944	568	376	2065	1207	858
潮州市	**20**	**11**	**9**	**499**	**302**	**197**	**141**	**86**	**55**
湘桥区	6	3	3	370	216	154	37	23	14
潮安区	14	8	6	126	84	42	93	55	38
饶平县				3	2	1	11	8	3
揭阳市				**48**	**27**	**21**	**485**	**309**	**176**
榕城区				15	8	7	161	106	55
揭东区				16	13	3	107	65	42
揭西县				1		1	29	14	15
惠来县				2		2	18	12	6
普宁市				14	6	8	170	112	58
云浮市				**40**	**29**	**11**	**166**	**107**	**59**
云城区				18	15	3	64	35	29
云安区				2	2		13	10	3
新兴县				11	8	3	22	14	8
郁南县				2	1	1	22	16	6
罗定市				7	3	4	45	32	13

1-4　续表 39　　　　单位：人

地　区	锡伯族			阿昌族			普米族		
	小计	男	女	小计	男	女	小计	男	女
广　东	**1607**	**812**	**795**	**1106**	**589**	**517**	**434**	**278**	**156**
广州市	**402**	**194**	**208**	**57**	**36**	**21**	**31**	**25**	**6**
荔湾区	14	2	12						
越秀区	35	16	19				2		2
海珠区	39	19	20	1		1	5	5	
天河区	92	37	55	2	2		5	4	1
白云区	70	33	37	21	16	5	4	4	
黄埔区	34	20	14	11	7	4	10	9	1
番禺区	70	38	32	8	4	4	1	1	
花都区	19	11	8	2		2			
南沙区	15	10	5	8	3	5	4	2	2
从化区	1	1							
增城区	13	7	6	4	4				
韶关市	**11**	**7**	**4**	**1**	**1**				
武江区	2	1	1						
浈江区	1	1							
曲江区	4	2	2						
始兴县									
仁化县									
翁源县									
乳源瑶族自治县									
新丰县									
乐昌市	3	3		1	1				
南雄市	1		1						
深圳市	**718**	**370**	**348**	**216**	**109**	**107**	**175**	**110**	**65**
罗湖区	70	37	33	3	1	2	2		2
福田区	111	43	68	2		2	6	4	2
南山区	143	75	68	23	15	8	9	7	2
宝安区	131	72	59	103	52	51	106	68	38
龙岗区	127	66	61	28	16	12	18	11	7
盐田区	17	14	3						
龙华区	89	48	41	22	10	12	23	14	9
坪山区	13	7	6	12	6	6	4	1	3
光明区	17	8	9	23	9	14	7	5	2
珠海市	**119**	**60**	**59**	**13**	**9**	**4**	**48**	**32**	**16**
香洲区	98	50	48	4	4		36	27	9
斗门区	3		3	6	4	2	8	2	6
金湾区	18	10	8	3	1	2	4	3	1
汕头市	**5**	**2**	**3**	**4**		**4**	**1**		**1**
龙湖区	1	1							
金平区	1		1						
濠江区									
潮阳区	2	1	1	2		2	1		1
潮南区									
澄海区	1		1	2		2			
南澳县									
佛山市	**73**	**35**	**38**	**99**	**53**	**46**	**17**	**10**	**7**
禅城区	16	12	4	4		4			
南海区	24	10	14	54	29	25	3	2	1
顺德区	30	12	18	17	9	8	14	8	6
三水区	3	1	2	20	12	8			
高明区				4	3	1			

1-4 续表 40

单位：人

地区	锡伯族			阿昌族			普米族		
	小计	男	女	小计	男	女	小计	男	女
江门市	**7**	**5**	**2**	**23**	**14**	**9**	**10**	**6**	**4**
蓬江区				6	3	3	3	3	
江海区									
新会区				17	11	6	4	2	2
台山市	3	1	2						
开平市							1		1
鹤山市	4	4					2	1	1
恩平市									
湛江市	**8**	**4**	**4**	**7**		**7**	**1**		**1**
赤坎区									
霞山区	4	3	1						
坡头区	3	1	2	5		5			
麻章区									
遂溪县							1		1
徐闻县	1		1						
廉江市									
雷州市									
吴川市				2		2			
茂名市	**5**	**1**	**4**	**4**	**1**	**3**	**1**		**1**
茂南区	4	1	3	3	1	2			
电白区				1		1			
高州市	1		1						
化州市							1		1
信宜市									
肇庆市	**5**	**1**	**4**	**8**	**5**	**3**			
端州区	2		2	1		1			
鼎湖区	1		1						
高要区	2	1	1						
广宁县									
怀集县									
封开县									
德庆县									
四会市				7	5	2			
惠州市	**67**	**37**	**30**	**168**	**90**	**78**	**51**	**36**	**15**
惠城区	29	16	13	94	51	43	25	15	10
惠阳区	35	20	15	65	36	29	22	18	4
博罗县				8	3	5	4	3	1
惠东县	3	1	2	1		1			
龙门县									
梅州市	**7**	**3**	**4**	**2**	**2**				
梅江区	4	1	3						
梅县区	3	2	1						
大埔县									
丰顺县									
五华县				2	2				
平远县									
蕉岭县									
兴宁市									

1-4 续表 41

单位：人

地 区	锡伯族			阿昌族			普米族		
	小计	男	女	小计	男	女	小计	男	女
汕尾市	**2**	**1**	**1**	**2**		**2**			
城 区	1	1		1		1			
海丰县									
陆河县									
陆丰市	1		1	1		1			
河源市	**4**	**1**	**3**	**1**	**1**		**1**	**1**	
源城区	3		3	1	1				
紫金县	1	1					1	1	
龙川县									
连平县									
和平县									
东源县									
阳江市	**3**	**2**	**1**	**3**	**1**	**2**			
江城区				1	1				
阳东区	1		1	2		2			
阳西县									
阳春市	2	2							
清远市	**9**	**4**	**5**	**2**	**2**				
清城区	6	3	3	2	2				
清新区									
佛冈县									
阳山县									
连山壮族瑶族自治县	1		1						
连南瑶族自治县	1		1						
英德市	1	1							
连州市									
东莞市	**105**	**58**	**47**	**464**	**247**	**217**	**89**	**53**	**36**
市辖区	105	58	47	464	247	217	89	53	36
中山市	**51**	**24**	**27**	**28**	**16**	**12**	**6**	**3**	**3**
市辖区	51	24	27	28	16	12	6	3	3
潮州市							**2**	**2**	
湘桥区							1	1	
潮安区							1	1	
饶平县									
揭阳市	**2**	**1**	**1**	**3**	**2**	**1**			
榕城区	1		1	2	2				
揭东区									
揭西县	1	1							
惠来县									
普宁市				1		1			
云浮市	**4**	**2**	**2**	**1**		**1**	**1**		**1**
云城区	4	2	2						
云安区									
新兴县							1		1
郁南县									
罗定市				1		1			

1-4 续表 42

单位：人

地　区	塔吉克族			怒　族			乌孜别克族		
	小计	男	女	小计	男	女	小计	男	女
广　东	**100**	**64**	**36**	**411**	**237**	**174**	**39**	**21**	**18**
广州市	**9**	**6**	**3**	**21**	**12**	**9**	**14**	**9**	**5**
荔湾区				2	1	1	4	2	2
越秀区							3	2	1
海珠区	2		2						
天河区	5	5		4	4		2	2	
白云区				2	1	1	1		1
黄埔区				2	2				
番禺区	2	1	1	5	1	4	4	3	1
花都区				1		1			
南沙区				4	3	1			
从化区									
增城区				1		1			
韶关市				**1**	**1**				
武江区									
浈江区									
曲江区									
始兴县									
仁化县									
翁源县									
乳源瑶族自治县									
新丰县									
乐昌市				1	1				
南雄市									
深圳市	**6**	**1**	**5**	**86**	**48**	**38**	**9**	**4**	**5**
罗湖区									
福田区	1	1		4	2	2	4	1	3
南山区	2		2	8	2	6	1		1
宝安区				25	16	9	1		1
龙岗区	1		1	16	8	8	1	1	
盐田区									
龙华区				14	9	5	1	1	
坪山区				2	1	1			
光明区	2		2	17	10	7	1	1	
珠海市	**2**		**2**	**117**	**73**	**44**	**6**	**3**	**3**
香洲区	1		1	54	29	25	1		1
斗门区				37	29	8			
金湾区	1		1	26	15	11	5	3	2
汕头市	**1**	**1**		**6**	**1**	**5**			
龙湖区				1		1			
金平区									
濠江区									
潮阳区	1	1		1		1			
潮南区				2		2			
澄海区				2	1	1			
南澳县									
佛山市	**2**	**2**		**12**	**7**	**5**	**1**	**1**	
禅城区				4	2	2			
南海区	1	1		6	4	2			
顺德区	1	1		2	1	1	1	1	
三水区									
高明区									

1-4　续表 43　　　　单位：人

地　区	塔吉克族			怒　族			乌孜别克族		
	小计	男	女	小计	男	女	小计	男	女
江门市				**4**	**3**	**1**			
蓬江区				3	2	1			
江海区				1	1				
新会区									
台山市									
开平市									
鹤山市									
恩平市									
湛江市				**1**		**1**	**1**		**1**
赤坎区									
霞山区									
坡头区				1		1			
麻章区							1		1
遂溪县									
徐闻县									
廉江市									
雷州市									
吴川市									
茂名市	**1**	**1**							
茂南区									
电白区									
高州市	1	1							
化州市									
信宜市									
肇庆市				**1**	**1**				
端州区									
鼎湖区									
高要区									
广宁县									
怀集县									
封开县									
德庆县									
四会市				1	1				
惠州市	**77**	**52**	**25**	**30**	**13**	**17**	**2**	**2**	
惠城区	76	52	24	12	6	6			
惠阳区	1		1	16	7	9	1	1	
博罗县				1		1	1	1	
惠东县				1		1			
龙门县									
梅州市									
梅江区									
梅县区									
大埔县									
丰顺县									
五华县									
平远县									
蕉岭县									
兴宁市									

1-4 续表 44

单位：人

地 区	塔吉克族			怒 族			乌孜别克族		
	小计	男	女	小计	男	女	小计	男	女
汕尾市									
城 区									
海丰县									
陆河县									
陆丰市									
河源市									
源城区									
紫金县									
龙川县									
连平县									
和平县									
东源县									
阳江市									
江城区									
阳东区									
阳西县									
阳春市									
清远市				**1**		**1**			
清城区									
清新区									
佛冈县									
阳山县									
连山壮族瑶族自治县				1		1			
连南瑶族自治县									
英德市									
连州市									
东莞市	**2**	**1**	**1**	**118**	**73**	**45**	**6**	**2**	**4**
市辖区	2	1	1	118	73	45	6	2	4
中山市				**10**	**3**	**7**			
市辖区				10	3	7			
潮州市				**2**	**1**	**1**			
湘桥区									
潮安区				2	1	1			
饶平县									
揭阳市				**1**	**1**				
榕城区									
揭东区				1	1				
揭西县									
惠来县									
普宁市									
云浮市									
云城区									
云安区									
新兴县									
郁南县									
罗定市									

1-4　续表 45　　　　单位：人

地　区	俄罗斯族			鄂温克族			德 昂 族		
	小计	男	女	小计	男	女	小计	男	女
广　东	**277**	**116**	**161**	**215**	**104**	**111**	**455**	**223**	**232**
广州市	**90**	**29**	**61**	**45**	**15**	**30**	**38**	**18**	**20**
荔湾区	4	1	3	1	1		1		1
越秀区	14	6	8	3	1	2			
海珠区	8	2	6				3		3
天河区	20	8	12	13	4	9	1		1
白云区	16	1	15	13	3	10	13	9	4
黄埔区	5	4	1	6	2	4	9	3	6
番禺区	17	4	13	4	2	2			
花都区	1		1				2	1	1
南沙区	4	2	2				3	1	2
从化区	1	1		1	1		2	1	1
增城区				4	1	3	4	3	1
韶关市									
武江区									
浈江区									
曲江区									
始兴县									
仁化县									
翁源县									
乳源瑶族自治县									
新丰县									
乐昌市									
南雄市									
深圳市	**102**	**57**	**45**	**83**	**43**	**40**	**137**	**66**	**71**
罗湖区	3	2	1	7	2	5	1		1
福田区	25	12	13	13	7	6	6	1	5
南山区	18	10	8	5	1	4	4	2	2
宝安区	17	10	7	22	14	8	33	13	20
龙岗区	27	17	10	22	14	8	30	16	14
盐田区	5	3	2	2		2			
龙华区	4	2	2	10	4	6	28	18	10
坪山区	2	1	1	1		1	24	14	10
光明区	1		1	1	1		11	2	9
珠海市	**27**	**10**	**17**	**12**	**6**	**6**	**20**	**9**	**11**
香洲区	15	4	11	7	3	4	20	9	11
斗门区	4	2	2	4	2	2			
金湾区	8	4	4	1	1				
汕头市				**5**	**2**	**3**	**4**	**1**	**3**
龙湖区									
金平区									
濠江区				1		1			
潮阳区									
潮南区									
澄海区				4	2	2	4	1	3
南澳县									
佛山市	**13**	**4**	**9**	**17**	**8**	**9**	**13**	**6**	**7**
禅城区									
南海区	6	2	4	11	5	6	6	4	2
顺德区	6	2	4	5	2	3	5	1	4
三水区				1	1		2	1	1
高明区	1		1						

1−4 续表 46　　　　单位：人

地　区	俄罗斯族			鄂温克族			德昂族		
	小计	男	女	小计	男	女	小计	男	女
江门市	**5**	**3**	**2**	**4**	**2**	**2**	**10**	**5**	**5**
蓬江区	3	2	1				9	5	4
江海区	1		1						
新会区									
台山市	1	1		4	2	2			
开平市							1		1
鹤山市									
恩平市									
湛江市				**1**	**1**		**2**		**2**
赤坎区									
霞山区									
坡头区				1	1				
麻章区							1		1
遂溪县									
徐闻县									
廉江市									
雷州市									
吴川市							1		1
茂名市							**1**		**1**
茂南区							1		1
电白区									
高州市									
化州市									
信宜市									
肇庆市				**2**	**1**	**1**	**3**		**3**
端州区							1		1
鼎湖区									
高要区									
广宁县									
怀集县									
封开县									
德庆县									
四会市				2	1	1	2		2
惠州市	**17**	**5**	**12**	**19**	**12**	**7**	**47**	**23**	**24**
惠城区	11	4	7	9	7	2	12	8	4
惠阳区	4	1	3	10	5	5	30	13	17
博罗县	1		1				3	2	1
惠东县							2		2
龙门县	1		1						
梅州市	**1**		**1**	**1**		**1**			
梅江区									
梅县区	1		1						
大埔县									
丰顺县									
五华县				1		1			
平远县									
蕉岭县									
兴宁市									

1-4　续表 47　　　　单位：人

地　区	俄罗斯族			鄂温克族			德 昂 族		
	小计	男	女	小计	男	女	小计	男	女
汕尾市									
城　区									
海丰县									
陆河县									
陆丰市									
河源市							**1**		**1**
源城区							1		1
紫金县									
龙川县									
连平县									
和平县									
东源县									
阳江市	**1**		**1**	**1**	**1**				
江城区									
阳东区				1	1				
阳西县	1		1						
阳春市									
清远市				**1**		**1**	**2**	**1**	**1**
清城区				1		1	1	1	
清新区							1		1
佛冈县									
阳山县									
连山壮族瑶族自治县									
连南瑶族自治县									
英德市									
连州市									
东莞市	**6**		**6**	**14**	**7**	**7**	**165**	**91**	**74**
市辖区	6		6	14	7	7	165	91	74
中山市	**15**	**8**	**7**	**6**	**5**	**1**	**11**	**2**	**9**
市辖区	15	8	7	6	5	1	11	2	9
潮州市									
湘桥区									
潮安区									
饶平县									
揭阳市				**1**		**1**	**1**	**1**	
榕城区									
揭东区									
揭西县									
惠来县									
普宁市				1		1	1	1	
云浮市				**3**	**1**	**2**			
云城区				3	1	2			
云安区									
新兴县									
郁南县									
罗定市									

1-4 续表 48 单位：人

地区	保安族			裕固族			京族		
	小计	男	女	小计	男	女	小计	男	女
广东	**192**	**113**	**79**	**70**	**37**	**33**	**545**	**235**	**310**
广州市	**22**	**12**	**10**	**6**	**2**	**4**	**120**	**57**	**63**
荔湾区							5	3	2
越秀区	1	1					13	6	7
海珠区							12	3	9
天河区							19	8	11
白云区	9	4	5	3	1	2	19	5	14
黄埔区	3	2	1				13	9	4
番禺区	3	2	1	2	1	1	20	13	7
花都区	5	3	2	1		1	10	5	5
南沙区							3	1	2
从化区							1		1
增城区	1		1				5	4	1
韶关市	**1**		**1**						
武江区	1		1						
浈江区									
曲江区									
始兴县									
仁化县									
翁源县									
乳源瑶族自治县									
新丰县									
乐昌市									
南雄市									
深圳市	**43**	**28**	**15**	**36**	**21**	**15**	**134**	**65**	**69**
罗湖区	1	1					11	6	5
福田区	7	5	2	7	2	5	26	18	8
南山区				4	3	1	14	7	7
宝安区	12	6	6	7	3	4	24	12	12
龙岗区	5	3	2	8	5	3	21	5	16
盐田区									
龙华区	14	10	4	5	4	1	24	11	13
坪山区							5	3	2
光明区	4	3	1	5	4	1	9	3	6
珠海市	**17**	**9**	**8**	**9**	**3**	**6**	**23**	**9**	**14**
香洲区	16	8	8	6	2	4	8	5	3
斗门区							7	3	4
金湾区	1	1		3	1	2	8	1	7
汕头市							**2**		**2**
龙湖区									
金平区									
濠江区									
潮阳区							2		2
潮南区									
澄海区									
南澳县									
佛山市	**4**	**2**	**2**	**6**	**4**	**2**	**26**	**16**	**10**
禅城区							2		2
南海区				3	1	2	8	6	2
顺德区	4	2	2	3	3		10	9	1
三水区							6	1	5
高明区									

1-4　续表 49　　单位：人

地　区	保安族			裕固族			京　族		
	小计	男	女	小计	男	女	小计	男	女
江门市	**13**	**7**	**6**				**20**	**3**	**17**
蓬江区	8	4	4				1		1
江海区	3	2	1						
新会区							2	1	1
台山市							14	2	12
开平市							1		1
鹤山市	2	1	1				1		1
恩平市							1		1
湛江市							**36**	**8**	**28**
赤坎区							1		1
霞山区							5	2	3
坡头区							1	1	
麻章区							3	2	1
遂溪县							3		3
徐闻县							2	1	1
廉江市							12	2	10
雷州市							3		3
吴川市							6		6
茂名市	**1**		**1**				**21**	**1**	**20**
茂南区							5	1	4
电白区							2		2
高州市									
化州市	1		1				8		8
信宜市							6		6
肇庆市							**11**	**4**	**7**
端州区							2	2	
鼎湖区									
高要区							1	1	
广宁县									
怀集县							2		2
封开县									
德庆县							6	1	5
四会市									
惠州市	**29**	**18**	**11**	**4**	**3**	**1**	**45**	**26**	**19**
惠城区	21	12	9	4	3	1	18	13	5
惠阳区	4	3	1				8	5	3
博罗县	3	2	1				19	8	11
惠东县									
龙门县	1	1							
梅州市									
梅江区									
梅县区									
大埔县									
丰顺县									
五华县									
平远县									
蕉岭县									
兴宁市									

1-4 续表 50

单位：人

地　区	保安族			裕固族			京　族		
	小计	男	女	小计	男	女	小计	男	女
汕尾市							**3**		**3**
城　区									
海丰县									
陆河县							1		1
陆丰市							2		2
河源市	**1**		**1**						
源城区	1		1						
紫金县									
龙川县									
连平县									
和平县									
东源县									
阳江市							**4**	**2**	**2**
江城区							1	1	
阳东区							1	1	
阳西县							1		1
阳春市							1		1
清远市							**9**	**2**	**7**
清城区							2		2
清新区							1		1
佛冈县									
阳山县									
连山壮族瑶族自治县							2	2	
连南瑶族自治县									
英德市							4		4
连州市									
东莞市	**44**	**28**	**16**	**6**	**3**	**3**	**61**	**32**	**29**
市辖区	44	28	16	6	3	3	61	32	29
中山市	**17**	**9**	**8**	**2**		**2**	**16**	**9**	**7**
市辖区	17	9	8	2		2	16	9	7
潮州市							**3**		**3**
湘桥区									
潮安区									
饶平县							3		3
揭阳市				**1**	**1**		**1**	**1**	
榕城区							1	1	
揭东区									
揭西县									
惠来县									
普宁市				1	1				
云浮市							**10**		**10**
云城区									
云安区							2		2
新兴县									
郁南县									
罗定市							8		8

1-4　续表 51　　　　单位：人

地　区	塔塔尔族			独 龙 族			鄂伦春族		
	小计	男	女	小计	男	女	小计	男	女
广　东	**13**	**9**	**4**	**73**	**38**	**35**	**59**	**32**	**27**
广州市	**5**	**4**	**1**	**10**	**3**	**7**	**13**	**8**	**5**
荔湾区									
越秀区				1		1			
海珠区				1	1				
天河区	1	1		1		1	3	2	1
白云区	2	1	1	6	1	5	2	1	1
黄埔区							6	4	2
番禺区	2	2		1	1		1	1	
花都区							1		1
南沙区									
从化区									
增城区									
韶关市							**2**		**2**
武江区							2		2
浈江区									
曲江区									
始兴县									
仁化县									
翁源县									
乳源瑶族自治县									
新丰县									
乐昌市									
南雄市									
深圳市	**4**	**2**	**2**	**11**	**6**	**5**	**27**	**13**	**14**
罗湖区				1	1		1	1	
福田区							5	3	2
南山区				1	1		4	1	3
宝安区	2	1	1	7	4	3	6	2	4
龙岗区	2	1	1	1		1	5	3	2
盐田区									
龙华区							5	2	3
坪山区									
光明区				1		1	1	1	
珠海市	**1**	**1**		**25**	**15**	**10**	**1**	**1**	
香洲区	1	1		8	2	6	1	1	
斗门区				5	4	1			
金湾区				12	9	3			
汕头市	**1**		**1**						
龙湖区	1		1						
金平区									
濠江区									
潮阳区									
潮南区									
澄海区									
南澳县									
佛山市	**1**	**1**		**6**	**3**	**3**	**6**	**4**	**2**
禅城区									
南海区	1	1		2	1	1	1	1	
顺德区				3	2	1	5	3	2
三水区				1		1			
高明区									

1-4 续表 52　　　　单位：人

地　区	塔塔尔族			独 龙 族			鄂伦春族		
	小计	男	女	小计	男	女	小计	男	女
江门市							**1**	**1**	
蓬江区									
江海区									
新会区									
台山市									
开平市							1	1	
鹤山市									
恩平市									
湛江市				**1**		**1**	**2**		**2**
赤坎区									
霞山区							1		1
坡头区									
麻章区									
遂溪县									
徐闻县									
廉江市									
雷州市									
吴川市				1		1	1		1
茂名市							**1**		**1**
茂南区							1		1
电白区									
高州市									
化州市									
信宜市									
肇庆市									
端州区									
鼎湖区									
高要区									
广宁县									
怀集县									
封开县									
德庆县									
四会市									
惠州市	**1**	**1**		**1**		**1**	**1**	**1**	
惠城区				1		1	1	1	
惠阳区	1	1							
博罗县									
惠东县									
龙门县									
梅州市									
梅江区									
梅县区									
大埔县									
丰顺县									
五华县									
平远县									
蕉岭县									
兴宁市									

1-4 续表 53

单位：人

地区	塔塔尔族			独龙族			鄂伦春族		
	小计	男	女	小计	男	女	小计	男	女
汕尾市							**2**	**2**	
城　区							2	2	
海丰县									
陆河县									
陆丰市									
河源市									
源城区									
紫金县									
龙川县									
连平县									
和平县									
东源县									
阳江市				**2**	**1**	**1**			
江城区				2	1	1			
阳东区									
阳西县									
阳春市									
清远市									
清城区									
清新区									
佛冈县									
阳山县									
连山壮族瑶族自治县									
连南瑶族自治县									
英德市									
连州市									
东莞市				**16**	**10**	**6**			
市辖区				16	10	6			
中山市				**1**		**1**	**3**	**2**	**1**
市辖区				1		1	3	2	1
潮州市									
湘桥区									
潮安区									
饶平县									
揭阳市									
榕城区									
揭东区									
揭西县									
惠来县									
普宁市									
云浮市									
云城区									
云安区									
新兴县									
郁南县									
罗定市									

1-4 续表 54

单位：人

地　区	赫哲族			门巴族			珞巴族		
	小计	男	女	小计	男	女	小计	男	女
广　东	**119**	**51**	**68**	**23**	**12**	**11**	**12**	**6**	**6**
广州市	**14**	**6**	**8**	**8**	**3**	**5**	**5**	**2**	**3**
荔湾区							1		1
越秀区	1		1	1		1			
海珠区	3	2	1						
天河区	2	1	1	4	2	2			
白云区	3	1	2	2	1	1	4	2	2
黄埔区				1		1			
番禺区	2	1	1						
花都区	2		2						
南沙区									
从化区									
增城区	1	1							
韶关市	**3**	**2**	**1**						
武江区	3	2	1						
浈江区									
曲江区									
始兴县									
仁化县									
翁源县									
乳源瑶族自治县									
新丰县									
乐昌市									
南雄市									
深圳市	**45**	**18**	**27**	**3**	**2**	**1**	**1**	**1**	
罗湖区	3	1	2						
福田区	3		3	1	1				
南山区	12	6	6				1	1	
宝安区	8	4	4						
龙岗区	10	3	7	1		1			
盐田区									
龙华区	7	2	5	1	1				
坪山区	2	2							
光明区									
珠海市	**17**	**10**	**7**	**1**		**1**			
香洲区	13	9	4	1		1			
斗门区	3	1	2						
金湾区	1		1						
汕头市				**1**		**1**			
龙湖区				1		1			
金平区									
濠江区									
潮阳区									
潮南区									
澄海区									
南澳县									
佛山市	**8**	**4**	**4**	**2**	**1**	**1**	**4**	**2**	**2**
禅城区	1	1		1		1	2	1	1
南海区	2	1	1	1	1		2	1	1
顺德区	4	2	2						
三水区	1		1						
高明区									

1-4 续表 55

单位：人

地 区	赫哲族			门巴族			珞巴族		
	小计	男	女	小计	男	女	小计	男	女
江门市	**6**	**3**	**3**						
蓬江区	1		1						
江海区									
新会区									
台山市									
开平市	5	3	2						
鹤山市									
恩平市									
湛江市	**1**		**1**						
赤坎区									
霞山区	1		1						
坡头区									
麻章区									
遂溪县									
徐闻县									
廉江市									
雷州市									
吴川市									
茂名市							**1**		**1**
茂南区									
电白区									
高州市									
化州市							1		1
信宜市									
肇庆市									
端州区									
鼎湖区									
高要区									
广宁县									
怀集县									
封开县									
德庆县									
四会市									
惠州市	**2**	**2**					**1**	**1**	
惠城区									
惠阳区							1	1	
博罗县	2	2							
惠东县									
龙门县									
梅州市									
梅江区									
梅县区									
大埔县									
丰顺县									
五华县									
平远县									
蕉岭县									
兴宁市									

1−4 续表 56 单位：人

地区	赫哲族			门巴族			珞巴族		
	小计	男	女	小计	男	女	小计	男	女
汕尾市	**4**	**2**	**2**						
城　区									
海丰县	3	2	1						
陆河县									
陆丰市	1		1						
河源市									
源城区									
紫金县									
龙川县									
连平县									
和平县									
东源县									
阳江市	**2**	**1**	**1**	**1**		**1**			
江城区									
阳东区	1	1							
阳西县				1		1			
阳春市	1		1						
清远市									
清城区									
清新区									
佛冈县									
阳山县									
连山壮族瑶族自治县									
连南瑶族自治县									
英德市									
连州市									
东莞市	**14**	**3**	**11**	**5**	**4**	**1**			
市辖区	14	3	11	5	4	1			
中山市	**3**		**3**	**2**	**2**				
市辖区	3		3	2	2				
潮州市									
湘桥区									
潮安区									
饶平县									
揭阳市									
榕城区									
揭东区									
揭西县									
惠来县									
普宁市									
云浮市									
云城区									
云安区									
新兴县									
郁南县									
罗定市									

1-4　续表 57　　单位：人

地　区	基诺族			未定族称人口			入　籍		
	小计	男	女	小计	男	女	小计	男	女
广　东	**95**	**39**	**56**	**13002**	**7289**	**5713**	**1025**	**316**	**709**
广州市	**17**	**6**	**11**	**1681**	**959**	**722**	**124**	**63**	**61**
荔湾区	1	1		79	43	36	5	3	2
越秀区				55	24	31	4	1	3
海珠区	1		1	111	68	43	11	4	7
天河区	1		1	176	90	86	14	9	5
白云区	6	3	3	432	260	172	42	23	19
黄埔区	5	1	4	126	79	47	7	4	3
番禺区				328	182	146	9	4	5
花都区	2	1	1	168	102	66	23	12	11
南沙区				83	51	32	1	1	
从化区				27	12	15			
增城区	1		1	96	48	48	8	2	6
韶关市	**3**	**2**	**1**	**72**	**38**	**34**	**8**	**3**	**5**
武江区	2	2		12	8	4			
浈江区				5	1	4			
曲江区				15	10	5			
始兴县				9	4	5			
仁化县				7	3	4			
翁源县				3	2	1	1		1
乳源瑶族自治县				7	3	4			
新丰县				5	3	2			
乐昌市	1		1	6	2	4			
南雄市				3	2	1	7	3	4
深圳市	**21**	**9**	**12**	**3705**	**2178**	**1527**	**161**	**92**	**69**
罗湖区				161	93	68	14	3	11
福田区	1		1	181	121	60	6	6	
南山区	7	2	5	139	78	61	13	6	7
宝安区	4	3	1	1649	975	674	55	33	22
龙岗区	8	3	5	478	286	192	30	17	13
盐田区				34	28	6	3	2	1
龙华区	1	1		493	281	212	19	14	5
坪山区				130	77	53			
光明区				440	239	201	21	11	10
珠海市	**1**	**1**		**317**	**159**	**158**	**19**	**10**	**9**
香洲区				99	51	48	9	6	3
斗门区				42	23	19	6	2	4
金湾区	1	1		176	85	91	4	2	2
汕头市				**273**	**165**	**108**	**5**	**2**	**3**
龙湖区				45	28	17	1		1
金平区				26	14	12			
濠江区				5	2	3			
潮阳区				95	59	36	3	2	1
潮南区				39	23	16			
澄海区				56	35	21	1		1
南澳县				7	4	3			
佛山市	**2**	**2**		**814**	**497**	**317**	**20**	**10**	**10**
禅城区	1	1		62	31	31	6	4	2
南海区				248	157	91	8	3	5
顺德区	1	1		415	255	160	6	3	3
三水区				67	39	28			
高明区				22	15	7			

1-4 续表 58

单位：人

地 区	基诺族			未定族称人口			入 籍		
	小计	男	女	小计	男	女	小计	男	女
江门市	**2**		**2**	**292**	**134**	**158**	**32**	**5**	**27**
蓬江区				36	21	15	2	1	1
江海区	1		1	39	23	16	1		1
新会区				53	30	23	2	1	1
台山市				56	25	31	5	1	4
开平市				39	17	22	2		2
鹤山市	1		1	27	9	18	3		3
恩平市				42	9	33	17	2	15
湛江市	**1**		**1**	**297**	**74**	**223**	**137**	**4**	**133**
赤坎区				26	7	19			
霞山区				23	12	11	1		1
坡头区	1		1	22	6	16	2		2
麻章区				16	6	10	6		6
遂溪县				41	8	33	35		35
徐闻县				10	3	7	12	1	11
廉江市				65	10	55	36		36
雷州市				42	8	34	29	3	26
吴川市				52	14	38	16		16
茂名市	**1**	**1**		**422**	**125**	**297**	**100**	**3**	**97**
茂南区	1	1		72	28	44	11		11
电白区				55	9	46	12		12
高州市				53	4	49	30		30
化州市				48	8	40	29	3	26
信宜市				194	76	118	18		18
肇庆市				**78**	**43**	**35**	**10**	**1**	**9**
端州区				15	9	6			
鼎湖区				5	4	1	4		4
高要区				21	12	9			
广宁县				4	2	2	1	1	
怀集县				6	3	3			
封开县				8	2	6	2		2
德庆县				4	2	2	2		2
四会市				15	9	6	1		1
惠州市	**9**	**2**	**7**	**707**	**419**	**288**	**34**	**20**	**14**
惠城区	1	1		270	166	104	12	8	4
惠阳区	1		1	204	125	79	15	9	6
博罗县	2		2	154	87	67	6	3	3
惠东县	5	1	4	59	38	21	1		1
龙门县				20	3	17			
梅州市				**62**	**32**	**30**	**12**	**2**	**10**
梅江区				8	5	3	2		2
梅县区				16	7	9	1		1
大埔县				2		2			
丰顺县				4	2	2	2	1	1
五华县				8	5	3	7	1	6
平远县				6	3	3			
蕉岭县				1		1			
兴宁市				17	10	7			

1-4　续表 59　　　　单位：人

地　　区	基诺族			未定族称人口			入　　籍		
	小计	男	女	小计	男	女	小计	男	女
汕尾市				**41**	**9**	**32**	**21**		**21**
城　区				8	4	4	3		3
海丰县				6		6	2		2
陆河县				9	3	6	1		1
陆丰市				18	2	16	15		15
河源市				**73**	**37**	**36**	**14**	**9**	**5**
源城区				31	19	12	2	2	
紫金县				9	3	6	6	3	3
龙川县				9	1	8			
连平县				3	2	1	3	2	1
和平县				8	4	4	3	2	1
东源县				13	8	5			
阳江市				**125**	**38**	**87**	**37**	**1**	**36**
江城区				36	23	13	5	1	4
阳东区				21	10	11	2		2
阳西县				33	5	28	15		15
阳春市				35		35	15		15
清远市				**228**	**111**	**117**	**35**	**2**	**33**
清城区				86	42	44	3		3
清新区				16	8	8	14	1	13
佛冈县				23	12	11	3		3
阳山县				17	7	10	3		3
连山壮族瑶族自治县				48	22	26	3	1	2
连南瑶族自治县				2	2				
英德市				35	18	17	8		8
连州市				1		1	1		1
东莞市	**34**	**15**	**19**	**2647**	**1625**	**1022**	**153**	**77**	**76**
市辖区	34	15	19	2647	1625	1022	153	77	76
中山市	**3**	**1**	**2**	**701**	**425**	**276**	**22**	**9**	**13**
市辖区	3	1	2	701	425	276	22	9	13
潮州市				**113**	**59**	**54**	**25**	**2**	**23**
湘桥区				34	20	14	1	1	
潮安区				61	37	24	10		10
饶平县				18	2	16	14	1	13
揭阳市	**1**		**1**	**245**	**137**	**108**	**5**		**5**
榕城区				20	9	11			
揭东区				33	19	14	1		1
揭西县	1		1	10	5	5	3		3
惠来县				3	1	2	1		1
普宁市				179	103	76			
云浮市				**109**	**25**	**84**	**51**	**1**	**50**
云城区				24	16	8	2		2
云安区				9		9	11	1	10
新兴县				7	2	5	15		15
郁南县				7	2	5	6		6
罗定市				62	5	57	17		17

1－4a 各地区分性别、民族的人口(城市)

单位：人

地区	合计			汉族		
	合计	男	女	小计	男	女
广东	**76387659**	**40817255**	**35570404**	**72818684**	**38751391**	**34067293**
广州市	**14878353**	**7808741**	**7069612**	**14429554**	**7556905**	**6872649**
荔湾区	1238305	635252	603053	1212667	620421	592246
越秀区	1038643	507768	530875	1020405	498320	522085
海珠区	1819037	919076	899961	1789210	903152	886058
天河区	2241826	1178753	1063073	2188049	1150133	1037916
白云区	2781103	1492578	1288525	2660689	1424771	1235918
黄埔区	1126425	625352	501073	1080335	598110	482225
番禺区	2315247	1213770	1101477	2240461	1172224	1068237
花都区	1042688	555893	486795	998675	530645	468030
南沙区	462387	261011	201376	441089	248366	192723
从化区	228603	115428	113175	227014	114502	112512
增城区	584089	303860	280229	570960	296261	274699
韶关市	**952247**	**474058**	**478189**	**942269**	**468545**	**473724**
武江区	313011	155113	157898	308305	152609	155696
浈江区	278074	141116	136958	275611	139525	136086
曲江区	147569	73295	74274	146369	72705	73664
始兴县						
仁化县						
翁源县						
乳源瑶族自治县						
新丰县						
乐昌市	102619	50094	52525	101921	49746	52175
南雄市	110974	54440	56534	110063	53960	56103
深圳市	**17438289**	**9594171**	**7844118**	**16352770**	**8973432**	**7379338**
罗湖区	1143801	582817	560984	1109160	564437	544723
福田区	1553225	803830	749395	1499662	776328	723334
南山区	1791801	952409	839392	1733062	920445	812617
宝安区	4476554	2524557	1951997	4102685	2309370	1793315
龙岗区	4085484	2221119	1864365	3883512	2106512	1777000
盐田区	214225	116326	97899	206385	111692	94693
龙华区	2528872	1433793	1095079	2356772	1332930	1023842
坪山区	549038	318042	230996	505634	292248	213386
光明区	1095289	641278	454011	955898	559470	396428
珠海市	**1898013**	**995246**	**902767**	**1823819**	**953691**	**870128**
香洲区	1331277	692629	638648	1283052	666078	616974
斗门区	245780	130459	115321	236464	124873	111591
金湾区	320956	172158	148798	304303	162740	141563
汕头市	**2530788**	**1266228**	**1264560**	**2493615**	**1243957**	**1249658**
龙湖区	530241	268190	262051	522024	263087	258937
金平区	761608	374499	387109	751665	368613	383052
濠江区	190147	94862	95285	188463	93784	94679
潮阳区	358885	177147	181738	354052	174223	179829
潮南区	422737	215089	207648	418768	212767	206001
澄海区	267170	136441	130729	258643	131483	127160
南澳县						
佛山市	**8538876**	**4619700**	**3919176**	**8111919**	**4363368**	**3748551**
禅城区	1115246	583161	532085	1091329	569441	521888
南海区	3470385	1894728	1575657	3273510	1775898	1497612
顺德区	3184098	1735048	1449050	3012263	1631983	1380280
三水区	377355	196314	181041	358978	185356	173622
高明区	391792	210449	181343	375839	200690	175149

1-4a 续表 1

单位：人

地 区	合 计			汉 族		
	合计	男	女	小计	男	女
江门市	**2821211**	**1447618**	**1373593**	**2706789**	**1382282**	**1324507**
蓬江区	826984	429013	397971	788065	406831	381234
江海区	364694	191995	172699	338863	177213	161650
新会区	481500	244699	236801	460395	232347	228048
台山市	357132	181261	175871	351712	178142	173570
开平市	337647	167661	169986	330853	163858	166995
鹤山市	257132	132096	125036	242357	123869	118488
恩平市	196122	100893	95229	194544	100022	94522
湛江市	**1988010**	**1015876**	**972134**	**1972150**	**1007407**	**964743**
赤坎区	406012	201334	204678	402233	199274	202959
霞山区	617141	314437	302704	611269	311279	299990
坡头区	69248	35509	33739	68476	35109	33367
麻章区	118440	63580	54860	117799	63230	54569
遂溪县	20740	10916	9824	20525	10811	9714
徐闻县						
廉江市	253790	130059	123731	252540	129540	123000
雷州市	247281	129052	118229	247042	128931	118111
吴川市	255358	130989	124369	252266	129233	123033
茂名市	**1820721**	**938299**	**882422**	**1805911**	**930673**	**875238**
茂南区	656192	338605	317587	649844	335378	314466
电白区	241593	124649	116944	240512	124065	116447
高州市	318402	163387	155015	312988	160447	152541
化州市	285182	148442	136740	284184	147980	136204
信宜市	319352	163216	156136	318383	162803	155580
肇庆市	**1254121**	**655497**	**598624**	**1230791**	**641523**	**589268**
端州区	602402	304417	297985	594636	299957	294679
鼎湖区	118036	62037	55999	115737	60519	55218
高要区	116457	60904	55553	115005	60023	54982
广宁县						
怀集县						
封开县						
德庆县						
四会市	417226	228139	189087	405413	221024	184389
惠州市	**2668887**	**1442450**	**1226437**	**2535573**	**1362815**	**1172758**
惠城区	1622750	856528	766222	1558087	818358	739729
惠阳区	1023888	573489	450399	956675	532854	423821
博罗县	22249	12433	9816	20811	11603	9208
惠东县						
龙门县						
梅州市	**952698**	**471401**	**481297**	**949080**	**469275**	**479805**
梅江区	392785	196341	196444	390301	194814	195487
梅县区	251207	123292	127915	250585	122967	127618
大埔县						
丰顺县						
五华县	14388	7167	7221	14348	7148	7200
平远县						
蕉岭县						
兴宁市	294318	144601	149717	293846	144346	149500

1-4a 续表 2

单位：人

地　区	合　计			汉　族		
	合计	男	女	小计	男	女
汕尾市	**527989**	**273663**	**254326**	**526548**	**272869**	**253679**
城　区	303634	156501	147133	302442	155821	146621
海丰县						
陆河县						
陆丰市	224355	117162	107193	224106	117048	107058
河源市	**631400**	**322204**	**309196**	**616983**	**314068**	**302915**
源城区	631400	322204	309196	616983	314068	302915
紫金县						
龙川县						
连平县						
和平县						
东源县						
阳江市	**1005216**	**514605**	**490611**	**986225**	**504075**	**482150**
江城区	559976	285612	274364	551266	280697	270569
阳东区	183508	96109	87399	175229	91570	83659
阳西县						
阳春市	261732	132884	128848	259730	131808	127922
清远市	**1238100**	**624209**	**613891**	**1220654**	**614730**	**605924**
清城区	654214	331897	322317	642095	325184	316911
清新区	236594	118825	117769	234804	118005	116799
佛冈县						
阳山县						
连山壮族瑶族自治县						
连南瑶族自治县						
英德市	205285	105150	100135	203520	103990	99530
连州市	142007	68337	73670	140235	67551	72684
东莞市	**9557552**	**5385311**	**4172241**	**8686901**	**4872723**	**3814178**
市辖区	9557552	5385311	4172241	8686901	4872723	3814178
中山市	**2742775**	**1469866**	**1272909**	**2535340**	**1350523**	**1184817**
市辖区	2742775	1469866	1272909	2535340	1350523	1184817
潮州市	**933560**	**472555**	**461005**	**904895**	**455958**	**448937**
湘桥区	426902	212244	214658	418510	207422	211088
潮安区	506658	260311	246347	486385	248536	237849
饶平县						
揭阳市	**1435906**	**731802**	**704104**	**1419598**	**722038**	**697560**
榕城区	645532	327512	318020	636116	321805	314311
揭东区	301771	155411	146360	296930	152543	144387
揭西县						
惠来县						
普宁市	488603	248879	239724	486552	247690	238862
云浮市	**572947**	**293755**	**279192**	**567300**	**290534**	**276766**
云城区	312362	162442	149920	307621	159666	147955
云安区	20083	10483	9600	19982	10423	9559
新兴县						
郁南县						
罗定市	240502	120830	119672	239697	120445	119252

1-4a　续表 3　　　　单位：人

地　区	蒙古族			回　族			藏　族		
	小计	男	女	小计	男	女	小计	男	女
广　东	**30660**	**16450**	**14210**	**78771**	**43249**	**35522**	**8479**	**4291**	**4188**
广州市	**6460**	**3322**	**3138**	**18186**	**9441**	**8745**	**1629**	**729**	**900**
荔湾区	294	167	127	1358	695	663	73	37	36
越秀区	403	195	208	2810	1437	1373	86	33	53
海珠区	562	278	284	1938	939	999	148	46	102
天河区	1415	651	764	2808	1389	1419	245	96	149
白云区	1146	601	545	4258	2305	1953	431	209	222
黄埔区	727	392	335	1453	803	650	129	74	55
番禺区	961	496	465	1963	1016	947	257	123	134
花都区	420	241	179	746	392	354	124	52	72
南沙区	293	176	117	459	264	195	78	36	42
从化区	21	13	8	52	34	18	17	1	16
增城区	218	112	106	341	167	174	41	22	19
韶关市	**108**	**50**	**58**	**234**	**119**	**115**	**30**	**12**	**18**
武江区	46	19	27	88	41	47	15	5	10
浈江区	41	21	20	69	43	26	8	5	3
曲江区	14	7	7	42	17	25	4	1	3
始兴县									
仁化县									
翁源县									
乳源瑶族自治县									
新丰县									
乐昌市	6	3	3	20	10	10	1	1	
南雄市	1		1	15	8	7	2		2
深圳市	**13611**	**7230**	**6381**	**30744**	**16537**	**14207**	**2593**	**1387**	**1206**
罗湖区	959	501	458	2234	1140	1094	127	74	53
福田区	2069	978	1091	3956	1874	2082	195	105	90
南山区	2077	1041	1036	4256	2180	2076	380	193	187
宝安区	2908	1600	1308	7201	4009	3192	742	387	355
龙岗区	2728	1472	1256	5648	3079	2569	463	239	224
盐田区	220	109	111	490	250	240	39	28	11
龙华区	1795	1025	770	4520	2566	1954	298	164	134
坪山区	369	199	170	857	518	339	146	76	70
光明区	486	305	181	1582	921	661	203	121	82
珠海市	**1558**	**751**	**807**	**3131**	**1655**	**1476**	**499**	**234**	**265**
香洲区	1208	571	637	2522	1329	1193	381	171	210
斗门区	116	64	52	185	99	86	70	44	26
金湾区	234	116	118	424	227	197	48	19	29
汕头市	**202**	**127**	**75**	**470**	**238**	**232**	**35**	**15**	**20**
龙湖区	69	42	27	115	52	63	10	5	5
金平区	41	21	20	152	79	73	14	4	10
濠江区	5	3	2	16	8	8			
潮阳区	7	5	2	48	25	23	2	2	
潮南区	9	7	2	37	20	17	3		3
澄海区	71	49	22	102	54	48	6	4	2
南澳县									
佛山市	**1807**	**1001**	**806**	**4623**	**2667**	**1956**	**770**	**408**	**362**
禅城区	172	94	78	470	249	221	128	51	77
南海区	745	419	326	1713	967	746	312	186	126
顺德区	762	418	344	2214	1325	889	267	142	125
三水区	61	32	29	125	61	64	26	13	13
高明区	67	38	29	101	65	36	37	16	21

1-4a 续表 4

单位：人

地　区	蒙古族			回　族			藏　族		
	小计	男	女	小计	男	女	小计	男	女
江门市	**417**	**243**	**174**	**754**	**408**	**346**	**346**	**121**	**225**
蓬江区	176	106	70	327	169	158	94	52	42
江海区	74	43	31	151	77	74	139	18	121
新会区	43	23	20	63	42	21	35	18	17
台山市	32	16	16	59	34	25	20	12	8
开平市	29	18	11	36	20	16	17	6	11
鹤山市	56	33	23	103	59	44	17	7	10
恩平市	7	4	3	15	7	8	24	8	16
湛江市	**199**	**109**	**90**	**296**	**150**	**146**	**66**	**28**	**38**
赤坎区	42	22	20	69	36	33	21	7	14
霞山区	96	52	44	152	73	79	21	6	15
坡头区	18	10	8	28	13	15	6	5	1
麻章区	13	9	4	26	22	4	2	1	1
遂溪县									
徐闻县									
廉江市	18	9	9	8	1	7	3	1	2
雷州市	5	4	1	8	3	5	1	1	
吴川市	7	3	4	5	2	3	12	7	5
茂名市	**83**	**50**	**33**	**140**	**75**	**65**	**77**	**31**	**46**
茂南区	61	37	24	84	43	41	50	25	25
电白区	8	6	2	23	14	9	3		3
高州市	5	4	1	19	11	8	10	1	9
化州市	2		2	11	5	6	8	4	4
信宜市	7	3	4	3	2	1	6	1	5
肇庆市	**380**	**240**	**140**	**504**	**257**	**247**	**73**	**40**	**33**
端州区	131	80	51	246	103	143	28	16	12
鼎湖区	24	14	10	45	31	14	9	4	5
高要区	20	14	6	17	13	4	18	11	7
广宁县									
怀集县									
封开县									
德庆县									
四会市	205	132	73	196	110	86	18	9	9
惠州市	**1367**	**740**	**627**	**3073**	**1863**	**1210**	**392**	**205**	**187**
惠城区	762	412	350	1805	1103	702	258	132	126
惠阳区	601	325	276	1211	722	489	131	71	60
博罗县	4	3	1	57	38	19	3	2	1
惠东县									
龙门县									
梅州市	**54**	**28**	**26**	**99**	**69**	**30**	**8**	**4**	**4**
梅江区	44	22	22	81	60	21	5	3	2
梅县区	5	2	3	11	4	7	2		2
大埔县									
丰顺县									
五华县				1	1				
平远县									
蕉岭县									
兴宁市	5	4	1	6	4	2	1	1	

1-4a　续表 5　　　　　　单位：人

地　区	蒙古族			回族			藏族		
	小计	男	女	小计	男	女	小计	男	女
汕尾市	**27**	**15**	**12**	**42**	**25**	**17**	**3**		**3**
城　区	22	13	9	33	21	12	3		3
海丰县									
陆河县									
陆丰市	5	2	3	9	4	5			
河源市	**77**	**48**	**29**	**178**	**97**	**81**	**23**	**9**	**14**
源城区	77	48	29	178	97	81	23	9	14
紫金县									
龙川县									
连平县									
和平县									
东源县									
阳江市	**64**	**32**	**32**	**91**	**47**	**44**	**43**	**20**	**23**
江城区	33	15	18	51	29	22	24	12	12
阳东区	12	7	5	17	6	11	3		3
阳西县									
阳春市	19	10	9	23	12	11	16	8	8
清远市	**155**	**80**	**75**	**286**	**162**	**124**	**26**	**9**	**17**
清城区	116	58	58	206	107	99	10	3	7
清新区	17	11	6	21	13	8	3	1	2
佛冈县									
阳山县									
连山壮族瑶族自治县									
连南瑶族自治县									
英德市	18	11	7	49	37	12	11	4	7
连州市	4		4	10	5	5	2	1	1
东莞市	**3226**	**1951**	**1275**	**13885**	**8284**	**5601**	**1437**	**816**	**621**
市辖区	3226	1951	1275	13885	8284	5601	1437	816	621
中山市	**760**	**376**	**384**	**1838**	**1050**	**788**	**389**	**199**	**190**
市辖区	760	376	384	1838	1050	788	389	199	190
潮州市	**30**	**18**	**12**	**51**	**30**	**21**	**22**	**14**	**8**
湘桥区	22	12	10	29	18	11	8	5	3
潮安区	8	6	2	22	12	10	14	9	5
饶平县									
揭阳市	**47**	**23**	**24**	**93**	**48**	**45**	**10**	**6**	**4**
榕城区	21	9	12	31	15	16	2	1	1
揭东区	21	13	8	23	15	8	5	4	1
揭西县									
惠来县									
普宁市	5	1	4	39	18	21	3	1	2
云浮市	**28**	**16**	**12**	**53**	**27**	**26**	**8**	**4**	**4**
云城区	19	11	8	46	26	20	4	2	2
云安区				1	1				
新兴县									
郁南县									
罗定市	9	5	4	6		6	4	2	2

1–4a 续表 6 单位：人

地　区	维吾尔族			苗　族			彝　族		
	小计	男	女	小计	男	女	小计	男	女
广　东	**8759**	**4415**	**4344**	**448256**	**260762**	**187494**	**111355**	**63100**	**48255**
广州市	**2782**	**1343**	**1439**	**45375**	**26157**	**19218**	**9991**	**5487**	**4504**
荔湾区	269	110	159	2767	1667	1100	377	230	147
越秀区	216	85	131	1334	713	621	207	99	108
海珠区	280	127	153	2596	1470	1126	455	217	238
天河区	610	311	299	5099	2780	2319	887	446	441
白云区	308	154	154	11360	6450	4910	1799	950	849
黄埔区	137	69	68	5102	3048	2054	1432	852	580
番禺区	843	422	421	7202	4157	3045	1859	987	872
花都区	30	18	12	5596	3202	2394	878	461	417
南沙区	42	21	21	2407	1507	900	1841	1079	762
从化区	23	12	11	223	133	90	32	21	11
增城区	24	14	10	1689	1030	659	224	145	79
韶关市	**29**	**16**	**13**	**1049**	**638**	**411**	**218**	**162**	**56**
武江区	11	8	3	586	342	244	80	52	28
浈江区	3		3	240	163	77	106	96	10
曲江区	13	7	6	129	80	49	12	7	5
始兴县									
仁化县									
翁源县									
乳源瑶族自治县									
新丰县									
乐昌市	1		1	59	34	25	15	7	8
南雄市	1	1		35	19	16	5		5
深圳市	**1793**	**996**	**797**	**130720**	**74614**	**56106**	**37928**	**21582**	**16346**
罗湖区	152	71	81	4248	2299	1949	778	458	320
福田区	315	189	126	5649	2894	2755	1484	830	654
南山区	445	242	203	6690	3760	2930	1742	1109	633
宝安区	236	131	105	38288	21810	16478	14360	7901	6459
龙岗区	237	133	104	26568	15125	11443	6175	3584	2591
盐田区	8	5	3	941	540	401	350	237	113
龙华区	111	62	49	20353	11919	8434	5558	3079	2479
坪山区	130	45	85	6622	3904	2718	2411	1500	911
光明区	159	118	41	21361	12363	8998	5070	2884	2186
珠海市	**650**	**254**	**396**	**7314**	**4193**	**3121**	**2211**	**1217**	**994**
香洲区	389	162	227	4599	2604	1995	1188	673	515
斗门区	12	7	5	949	579	370	276	139	137
金湾区	249	85	164	1766	1010	756	747	405	342
汕头市	**63**	**36**	**27**	**14730**	**8926**	**5804**	**1891**	**1112**	**779**
龙湖区	16	5	11	2598	1670	928	224	135	89
金平区	16	9	7	5276	3104	2172	366	215	151
濠江区				591	367	224	39	26	13
潮阳区	14	11	3	2438	1485	953	166	103	63
潮南区	11	6	5	1107	664	443	139	78	61
澄海区	6	5	1	2720	1636	1084	957	555	402
南澳县									
佛山市	**575**	**316**	**259**	**36830**	**22013**	**14817**	**8442**	**4908**	**3534**
禅城区	88	48	40	1711	951	760	344	200	144
南海区	200	114	86	18401	11047	7354	3414	1965	1449
顺德区	202	112	90	13664	8114	5550	4016	2352	1664
三水区	54	24	30	1368	837	531	260	150	110
高明区	31	18	13	1686	1064	622	408	241	167

1-4a　续表 7　　　　单位：人

地　区	维吾尔族			苗　族			彝　族		
	小计	男	女	小计	男	女	小计	男	女
江门市	**551**	**197**	**354**	**12412**	**7279**	**5133**	**1843**	**1010**	**833**
蓬江区	481	153	328	4482	2607	1875	664	365	299
江海区	21	15	6	3116	1849	1267	581	315	266
新会区	9	6	3	2177	1326	851	184	100	84
台山市	6	2	4	670	397	273	80	53	27
开平市	5	3	2	374	207	167	19	11	8
鹤山市	18	9	9	1484	824	660	297	155	142
恩平市	11	9	2	109	69	40	18	11	7
湛江市	**31**	**18**	**13**	**1228**	**680**	**548**	**374**	**193**	**181**
赤坎区	4	3	1	362	211	151	44	21	23
霞山区	13	8	5	462	251	211	94	44	50
坡头区				69	45	24	18	5	13
麻章区	2	1	1	69	36	33	8	2	6
遂溪县				40	25	15	2		2
徐闻县									
廉江市	1	1		77	37	40	12	4	8
雷州市	2	1	1	19	10	9	8	4	4
吴川市	9	4	5	130	65	65	188	113	75
茂名市	**23**	**8**	**15**	**1752**	**919**	**833**	**310**	**165**	**145**
茂南区	10	3	7	674	346	328	121	63	58
电白区	7	4	3	139	80	59	89	53	36
高州市	4		4	718	383	335	59	27	32
化州市				88	47	41	23	11	12
信宜市	2	1	1	133	63	70	18	11	7
肇庆市	**172**	**65**	**107**	**2693**	**1680**	**1013**	**491**	**302**	**189**
端州区	141	47	94	999	598	401	102	57	45
鼎湖区	2	1	1	334	217	117	62	43	19
高要区	3		3	219	134	85	7	5	2
广宁县									
怀集县									
封开县									
德庆县									
四会市	26	17	9	1141	731	410	320	197	123
惠州市	**275**	**170**	**105**	**24393**	**14690**	**9703**	**8243**	**4822**	**3421**
惠城区	157	103	54	10275	6162	4113	3186	1858	1328
惠阳区	118	67	51	13854	8387	5467	5012	2935	2077
博罗县				264	141	123	45	29	16
惠东县									
龙门县									
梅州市	**67**	**44**	**23**	**822**	**520**	**302**	**116**	**77**	**39**
梅江区	47	33	14	581	379	202	75	52	23
梅县区	3	1	2	153	88	65	26	14	12
大埔县									
丰顺县									
五华县				11	4	7			
平远县									
蕉岭县									
兴宁市	17	10	7	77	49	28	15	11	4

1-4a 续表 8

单位：人

地区	维吾尔族			苗族			彝族		
	小计	男	女	小计	男	女	小计	男	女
汕尾市	**14**	**5**	**9**	**223**	**138**	**85**	**56**	**34**	**22**
城　区	3	2	1	181	117	64	46	28	18
海丰县									
陆河县									
陆丰市	11	3	8	42	21	21	10	6	4
河源市	**40**	**21**	**19**	**3100**	**1826**	**1274**	**392**	**239**	**153**
源城区	40	21	19	3100	1826	1274	392	239	153
紫金县									
龙川县									
连平县									
和平县									
东源县									
阳江市	**34**	**20**	**14**	**1235**	**656**	**579**	**129**	**81**	**48**
江城区	14	6	8	626	332	294	51	38	13
阳东区	11	9	2	477	253	224	43	20	23
阳西县									
阳春市	9	5	4	132	71	61	35	23	12
清远市	**116**	**62**	**54**	**1324**	**785**	**539**	**238**	**164**	**74**
清城区	94	48	46	940	539	401	135	86	49
清新区	1	1		124	58	66	21	10	11
佛冈县									
阳山县									
连山壮族瑶族自治县									
连南瑶族自治县									
英德市	11	6	5	231	173	58	80	68	12
连州市	10	7	3	29	15	14	2		2
东莞市	**1360**	**736**	**624**	**127476**	**74462**	**53014**	**34766**	**19475**	**15291**
市辖区	1360	736	624	127476	74462	53014	34766	19475	15291
中山市	**130**	**74**	**56**	**17608**	**10028**	**7580**	**2535**	**1363**	**1172**
市辖区	130	74	56	17608	10028	7580	2535	1363	1172
潮州市	**20**	**14**	**6**	**10885**	**6289**	**4596**	**618**	**354**	**264**
湘桥区	6	4	2	2312	1331	981	128	62	66
潮安区	14	10	4	8573	4958	3615	490	292	198
饶平县									
揭阳市	**23**	**15**	**8**	**6341**	**3818**	**2523**	**518**	**329**	**189**
榕城区	12	10	2	4205	2535	1670	254	160	94
揭东区	2		2	1592	944	648	225	142	83
揭西县									
惠来县									
普宁市	9	5	4	544	339	205	39	27	12
云浮市	**11**	**5**	**6**	**746**	**451**	**295**	**45**	**24**	**21**
云城区	7	4	3	638	388	250	40	21	19
云安区	1		1	9	5	4			
新兴县									
郁南县									
罗定市	3	1	2	99	58	41	5	3	2

1-4a　续表 9　　　　　　　　　　　　　　　　　　　　　　　　单位：人

地　区	壮　族			布依族			朝鲜族		
	小计	男	女	小计	男	女	小计	男	女
广　东	**1541338**	**902660**	**638678**	**182383**	**106580**	**75803**	**28817**	**14776**	**14041**
广州市	**187602**	**106940**	**80662**	**16017**	**9223**	**6794**	**7402**	**3769**	**3633**
荔湾区	11293	6572	4721	832	498	334	169	90	79
越秀区	6970	3701	3269	453	246	207	184	93	91
海珠区	12232	6763	5469	1205	694	511	414	195	219
天河区	22354	12365	9989	1218	643	575	643	284	359
白云区	56968	32599	24369	4862	2773	2089	2717	1412	1305
黄埔区	16563	9847	6716	1354	837	517	996	565	431
番禺区	30642	17253	13389	2750	1572	1178	1211	579	632
花都区	18177	10683	7494	1941	1121	820	632	328	304
南沙区	7093	4117	2976	889	542	347	143	75	68
从化区	482	288	194	66	40	26	16	11	5
增城区	4828	2752	2076	447	257	190	277	137	140
韶关市	**2285**	**1256**	**1029**	**250**	**150**	**100**	**48**	**29**	**19**
武江区	1166	613	553	100	50	50	16	11	5
浈江区	623	421	202	73	57	16	13	10	3
曲江区	264	132	132	51	30	21	12	5	7
始兴县									
仁化县									
翁源县									
乳源瑶族自治县									
新丰县									
乐昌市	142	58	84	3		3	3	1	2
南雄市	90	32	58	23	13	10	4	2	2
深圳市	**451458**	**263591**	**187867**	**48553**	**28326**	**20227**	**11452**	**5734**	**5718**
罗湖区	10885	5999	4886	1438	842	596	597	289	308
福田区	15160	8267	6893	1553	854	699	1465	652	813
南山区	15192	8695	6497	1658	1010	648	1670	779	891
宝安区	185203	108153	77050	13205	7757	5448	3365	1749	1616
龙岗区	75969	43870	32099	9157	5308	3849	2197	1120	1077
盐田区	2245	1411	834	282	189	93	92	44	48
龙华区	63200	37831	25369	12886	7487	5399	1483	748	735
坪山区	14146	8428	5718	3255	1881	1374	209	118	91
光明区	69458	40937	28521	5119	2998	2121	374	235	139
珠海市	**26751**	**15392**	**11359**	**1692**	**939**	**753**	**734**	**345**	**389**
香洲区	16467	9267	7200	962	537	425	579	272	307
斗门区	4078	2455	1623	191	115	76	54	28	26
金湾区	6206	3670	2536	539	287	252	101	45	56
汕头市	**8491**	**5067**	**3424**	**3393**	**2008**	**1385**	**74**	**31**	**43**
龙湖区	2720	1661	1059	414	281	133	21	7	14
金平区	1688	1027	661	418	275	143	22	6	16
濠江区	399	260	139	72	45	27	3	2	1
潮阳区	797	476	321	277	165	112	2	2	
潮南区	1463	846	617	196	106	90	2	1	1
澄海区	1424	797	627	2016	1136	880	24	13	11
南澳县									
佛山市	**224010**	**135491**	**88519**	**20036**	**11800**	**8236**	**1335**	**727**	**608**
禅城区	13083	7624	5459	609	364	245	84	43	41
南海区	106099	64548	41551	5033	3000	2033	694	375	319
顺德区	89305	53860	35445	13679	8000	5679	450	250	200
三水区	7254	4432	2822	263	167	96	89	49	40
高明区	8269	5027	3242	452	269	183	18	10	8

1-4a 续表 10　　　　单位：人

地　区	壮族			布依族			朝鲜族		
	小计	男	女	小计	男	女	小计	男	女
江门市	**59934**	**34163**	**25771**	**2468**	**1427**	**1041**	**217**	**107**	**110**
蓬江区	20076	11494	8582	985	566	419	59	33	26
江海区	11792	6811	4981	829	484	345	109	53	56
新会区	10367	5983	4384	229	136	93	12	5	7
台山市	3081	1728	1353	100	61	39	2	1	1
开平市	4467	2517	1950	88	49	39	3	3	
鹤山市	9316	5198	4118	225	125	100	28	11	17
恩平市	835	432	403	12	6	6	4	1	3
湛江市	**9163**	**5026**	**4137**	**723**	**377**	**346**	**50**	**27**	**23**
赤坎区	2057	1165	892	180	88	92	13	8	5
霞山区	3315	1849	1466	295	157	138	33	17	16
坡头区	329	175	154	14	8	6	1	1	
麻章区	300	158	142	28	16	12	1	1	
遂溪县	82	36	46	6	1	5			
徐闻县									
廉江市	832	352	480	43	19	24	1		1
雷州市	137	65	72	8	6	2	1		1
吴川市	2111	1226	885	149	82	67			
茂名市	**8508**	**4285**	**4223**	**640**	**338**	**302**	**14**	**8**	**6**
茂南区	3765	1891	1874	222	115	107	12	8	4
电白区	496	261	235	62	27	35			
高州市	3162	1717	1445	304	172	132	1		1
化州市	609	254	355	28	13	15			
信宜市	476	162	314	24	11	13	1		1
肇庆市	**9373**	**5546**	**3827**	**484**	**277**	**207**	**56**	**25**	**31**
端州区	2805	1602	1203	143	76	67	21	8	13
鼎湖区	739	469	270	57	40	17	3		3
高要区	574	348	226	27	16	11	5	3	2
广宁县									
怀集县									
封开县									
德庆县									
四会市	5255	3127	2128	257	145	112	27	14	13
惠州市	**35699**	**21730**	**13969**	**8699**	**5258**	**3441**	**1780**	**951**	**829**
惠城区	16340	9808	6532	3538	2114	1424	1308	702	606
惠阳区	19042	11738	7304	5076	3088	1988	471	248	223
博罗县	317	184	133	85	56	29	1	1	
惠东县									
龙门县									
梅州市	**877**	**468**	**409**	**155**	**97**	**58**	**23**	**9**	**14**
梅江区	630	366	264	122	81	41	12	4	8
梅县区	149	70	79	12	5	7	10	4	6
大埔县									
丰顺县									
五华县	10	4	6	1	1				
平远县									
蕉岭县									
兴宁市	88	28	60	20	10	10	1	1	

1-4a 续表 11

单位：人

地区	壮族			布依族			朝鲜族		
	小计	男	女	小计	男	女	小计	男	女
汕尾市	**475**	**269**	**206**	**58**	**28**	**30**	**14**	**8**	**6**
城　区	418	240	178	50	26	24	14	8	6
海丰县									
陆河县									
陆丰市	57	29	28	8	2	6			
河源市	**2234**	**1151**	**1083**	**308**	**190**	**118**	**46**	**25**	**21**
源城区	2234	1151	1083	308	190	118	46	25	21
紫金县									
龙川县									
连平县									
和平县									
东源县									
阳江市	**13087**	**7311**	**5776**	**310**	**160**	**150**	**11**	**6**	**5**
江城区	6278	3590	2688	143	76	67	4	2	2
阳东区	6201	3413	2788	138	69	69	4	2	2
阳西县									
阳春市	608	308	300	29	15	14	3	2	1
清远市	**5492**	**2908**	**2584**	**311**	**169**	**142**	**119**	**58**	**61**
清城区	3719	2045	1674	190	104	86	94	43	51
清新区	788	332	456	34	12	22	17	9	8
佛冈县									
阳山县									
连山壮族瑶族自治县									
连南瑶族自治县									
英德市	595	368	227	74	47	27	6	5	1
连州市	390	163	227	13	6	7	2	1	1
东莞市	**365336**	**216693**	**148643**	**67001**	**39305**	**27696**	**4874**	**2629**	**2245**
市辖区	365336	216693	148643	67001	39305	27696	4874	2629	2245
中山市	**117775**	**67982**	**49793**	**5254**	**2929**	**2325**	**526**	**265**	**261**
市辖区	117775	67982	49793	5254	2929	2325	526	265	261
潮州市	**5888**	**3393**	**2495**	**4671**	**2760**	**1911**	**27**	**15**	**12**
湘桥区	1209	696	513	2643	1556	1087	17	10	7
潮安区	4679	2697	1982	2028	1204	824	10	5	5
饶平县									
揭阳市	**3542**	**2126**	**1416**	**1265**	**756**	**509**	**4**	**2**	**2**
榕城区	1884	1165	719	819	498	321	3	2	1
揭东区	1106	653	453	345	200	145	1		1
揭西县									
惠来县									
普宁市	552	308	244	101	58	43			
云浮市	**3358**	**1872**	**1486**	**95**	**63**	**32**	**11**	**6**	**5**
云城区	2907	1669	1238	87	56	31	9	4	5
云安区	48	28	20	2	2				
新兴县									
郁南县									
罗定市	403	175	228	6	5	1	2	2	

1-4a 续表 12 单位：人

地　区	满族			侗族			瑶族		
	小计	男	女	小计	男	女	小计	男	女
广　东	**61893**	**31807**	**30086**	**189892**	**115056**	**74836**	**295455**	**170298**	**125157**
广州市	**13814**	**7000**	**6814**	**22650**	**13590**	**9060**	**43330**	**24324**	**19006**
荔湾区	802	403	399	1107	718	389	2150	1273	877
越秀区	1385	687	698	652	361	291	962	496	466
海珠区	1480	678	802	2116	1170	946	2013	1066	947
天河区	2550	1228	1322	2389	1378	1011	4957	2624	2333
白云区	2447	1300	1147	5727	3468	2259	11056	6112	4944
黄埔区	1441	771	670	2701	1682	1019	4805	2862	1943
番禺区	2084	1054	1030	3655	2194	1461	7988	4394	3594
花都区	695	366	329	2467	1486	981	5693	3285	2408
南沙区	577	331	246	1003	632	371	2288	1392	896
从化区	44	19	25	68	50	18	133	80	53
增城区	309	163	146	765	451	314	1285	740	545
韶关市	**324**	**168**	**156**	**381**	**223**	**158**	**2722**	**1370**	**1352**
武江区	173	85	88	208	116	92	1253	608	645
浈江区	74	36	38	84	55	29	686	396	290
曲江区	45	25	20	29	13	16	428	188	240
始兴县									
仁化县									
翁源县									
乳源瑶族自治县									
新丰县									
乐昌市	19	13	6	34	23	11	315	158	157
南雄市	13	9	4	26	16	10	40	20	20
深圳市	**30690**	**15698**	**14992**	**59808**	**35652**	**24156**	**78063**	**44247**	**33816**
罗湖区	2494	1218	1276	2011	1088	923	2183	1127	1056
福田区	5121	2413	2708	2652	1414	1238	3776	1864	1912
南山区	5230	2555	2675	3029	1677	1352	4032	2092	1940
宝安区	5640	3104	2536	18340	10870	7470	28425	16220	12205
龙岗区	5978	3095	2883	12382	7406	4976	14374	8004	6370
盐田区	562	290	272	454	282	172	581	346	235
龙华区	3967	2053	1914	11033	6801	4232	13348	7897	5451
坪山区	821	456	365	2772	1746	1026	3073	1847	1226
光明区	877	514	363	7135	4368	2767	8271	4850	3421
珠海市	**3551**	**1678**	**1873**	**3455**	**2025**	**1430**	**6743**	**3891**	**2852**
香洲区	2720	1259	1461	2359	1349	1010	3980	2263	1717
斗门区	295	162	133	343	218	125	1097	679	418
金湾区	536	257	279	753	458	295	1666	949	717
汕头市	**188**	**96**	**92**	**2447**	**1561**	**886**	**1181**	**736**	**445**
龙湖区	79	43	36	555	368	187	442	281	161
金平区	61	30	31	515	312	203	332	204	128
濠江区	5	2	3	312	209	103	60	39	21
潮阳区	7	4	3	511	309	202	111	69	42
潮南区	7	1	6	251	154	97	128	76	52
澄海区	29	16	13	303	209	94	108	67	41
南澳县									
佛山市	**2777**	**1486**	**1291**	**21828**	**13576**	**8252**	**41108**	**24751**	**16357**
禅城区	388	179	209	970	607	363	2207	1242	965
南海区	1107	599	508	14699	9137	5562	19130	11464	7666
顺德区	1052	589	463	4504	2788	1716	17261	10544	6717
三水区	167	90	77	998	617	381	1285	757	528
高明区	63	29	34	657	427	230	1225	744	481

1–4a 续表 13

单位：人

地区	满族			侗族			瑶族		
	小计	男	女	小计	男	女	小计	男	女
江门市	**486**	**244**	**242**	**2945**	**1732**	**1213**	**9377**	**5422**	**3955**
蓬江区	241	124	117	846	514	332	3119	1779	1340
江海区	73	36	37	787	458	329	2579	1474	1105
新会区	56	31	25	332	196	136	1970	1197	773
台山市	23	9	14	182	98	84	497	296	201
开平市	23	7	16	151	92	59	287	151	136
鹤山市	64	33	31	458	259	199	727	401	326
恩平市	6	4	2	189	115	74	198	124	74
湛江市	**354**	**160**	**194**	**512**	**292**	**220**	**906**	**479**	**427**
赤坎区	81	32	49	150	89	61	252	136	116
霞山区	188	88	100	189	108	81	317	180	137
坡头区	49	25	24	30	15	15	43	20	23
麻章区	19	9	10	32	21	11	48	28	20
遂溪县							12	6	6
徐闻县									
廉江市	12	4	8	34	16	18	99	32	67
雷州市	2	1	1	5	3	2	16	9	7
吴川市	3	1	2	72	40	32	119	68	51
茂名市	**193**	**107**	**86**	**525**	**302**	**223**	**954**	**491**	**463**
茂南区	150	85	65	165	91	74	355	170	185
电白区	5	3	2	47	27	20	51	27	24
高州市	9	3	6	234	143	91	441	241	200
化州市	16	9	7	22	11	11	56	28	28
信宜市	13	7	6	57	30	27	51	25	26
肇庆市	**194**	**110**	**84**	**1346**	**845**	**501**	**1742**	**1046**	**696**
端州区	95	57	38	572	339	233	449	263	186
鼎湖区	19	10	9	207	151	56	184	118	66
高要区	13	7	6	187	115	72	112	62	50
广宁县									
怀集县									
封开县									
德庆县									
四会市	67	36	31	380	240	140	997	603	394
惠州市	**2459**	**1310**	**1149**	**6556**	**4000**	**2556**	**8271**	**4936**	**3335**
惠城区	1267	656	611	2950	1757	1193	4058	2323	1735
惠阳区	1186	649	537	3504	2184	1320	4126	2565	1561
博罗县	6	5	1	102	59	43	87	48	39
惠东县									
龙门县									
梅州市	**57**	**25**	**32**	**216**	**119**	**97**	**257**	**135**	**122**
梅江区	41	16	25	163	88	75	145	80	65
梅县区	11	6	5	36	23	13	60	32	28
大埔县									
丰顺县									
五华县	1		1	1	1				
平远县									
蕉岭县									
兴宁市	4	3	1	16	7	9	52	23	29

1-4a 续表 14 单位：人

地　区	满　族			侗　族			瑶　族		
	小计	男	女	小计	男	女	小计	男	女
汕尾市	**20**	**13**	**7**	**76**	**40**	**36**	**101**	**52**	**49**
城　区	18	11	7	56	30	26	86	44	42
海丰县									
陆河县									
陆丰市	2	2		20	10	10	15	8	7
河源市	**121**	**72**	**49**	**478**	**293**	**185**	**559**	**297**	**262**
源城区	121	72	49	478	293	185	559	297	262
紫金县									
龙川县									
连平县									
和平县									
东源县									
阳江市	**111**	**64**	**47**	**396**	**235**	**161**	**2163**	**1167**	**996**
江城区	41	19	22	179	110	69	656	346	310
阳东区	16	11	5	168	98	70	694	381	313
阳西县									
阳春市	54	34	20	49	27	22	813	440	373
清远市	**283**	**148**	**135**	**645**	**388**	**257**	**5268**	**2666**	**2602**
清城区	216	108	108	498	300	198	3319	1732	1587
清新区	16	9	7	52	29	23	500	248	252
佛冈县									
阳山县									
连山壮族瑶族自治县									
连南瑶族自治县									
英德市	39	23	16	78	53	25	238	138	100
连州市	12	8	4	17	6	11	1211	548	663
东莞市	**4820**	**2696**	**2124**	**53236**	**32906**	**20330**	**66860**	**39018**	**27842**
市辖区	4820	2696	2124	53236	32906	20330	66860	39018	27842
中山市	**1315**	**656**	**659**	**7087**	**4112**	**2975**	**24547**	**14524**	**10023**
市辖区	1315	656	659	7087	4112	2975	24547	14524	10023
潮州市	**37**	**17**	**20**	**2294**	**1377**	**917**	**615**	**346**	**269**
湘桥区	28	12	16	361	209	152	166	98	68
潮安区	9	5	4	1933	1168	765	449	248	201
饶平县									
揭阳市	**15**	**9**	**6**	**2715**	**1598**	**1117**	**360**	**205**	**155**
榕城区	8	4	4	1265	770	495	179	103	76
揭东区	4	4		1019	580	439	96	54	42
揭西县									
惠来县									
普宁市	3	1	2	431	248	183	85	48	37
云浮市	**84**	**50**	**34**	**296**	**190**	**106**	**328**	**195**	**133**
云城区	81	49	32	250	167	83	229	145	84
云安区				12	5	7	7	5	2
新兴县									
郁南县									
罗定市	3	1	2	34	18	16	92	45	47

1-4a　续表 15　　　　单位：人

地　区	白　族			土家族			哈尼族		
	小计	男	女	小计	男	女	小计	男	女
广　东	**30510**	**17513**	**12997**	**335802**	**191233**	**144569**	**27018**	**16305**	**10713**
广州市	**3033**	**1636**	**1397**	**43597**	**24184**	**19413**	**1467**	**818**	**649**
荔湾区	138	68	70	2820	1659	1161	17	8	9
越秀区	138	71	67	1463	731	732	17	6	11
海珠区	188	86	102	2509	1300	1209	53	22	31
天河区	420	196	224	4771	2523	2248	116	55	61
白云区	518	282	236	10056	5542	4514	494	279	215
黄埔区	749	448	301	5432	3186	2246	179	111	68
番禺区	444	231	213	7737	4222	3515	287	161	126
花都区	184	102	82	4091	2209	1882	185	112	73
南沙区	154	94	60	2576	1532	1044	89	44	45
从化区	21	12	9	224	126	98	3		3
增城区	79	46	33	1918	1154	764	27	20	7
韶关市	**65**	**44**	**21**	**960**	**569**	**391**	**26**	**20**	**6**
武江区	39	28	11	543	323	220	4		4
浈江区	16	11	5	215	139	76	18	17	1
曲江区	7	3	4	85	38	47	3	3	
始兴县									
仁化县									
翁源县									
乳源瑶族自治县									
新丰县									
乐昌市				47	23	24	1		1
南雄市	3	2	1	70	46	24			
深圳市	**12021**	**6907**	**5114**	**103357**	**56938**	**46419**	**9966**	**5970**	**3996**
罗湖区	325	166	159	3734	1810	1924	125	68	57
福田区	596	322	274	5907	2913	2994	319	183	136
南山区	694	390	304	7763	4101	3662	239	149	90
宝安区	3952	2228	1724	26987	14984	12003	4610	2763	1847
龙岗区	2030	1152	878	24643	13432	11211	1478	870	608
盐田区	98	68	30	961	535	426	37	20	17
龙华区	2079	1240	839	20789	11675	9114	1423	900	523
坪山区	996	612	384	4289	2566	1723	559	342	217
光明区	1251	729	522	8284	4922	3362	1176	675	501
珠海市	**1448**	**851**	**597**	**9111**	**5116**	**3995**	**355**	**215**	**140**
香洲区	1082	645	437	6421	3560	2861	185	108	77
斗门区	145	88	57	844	508	336	57	34	23
金湾区	221	118	103	1846	1048	798	113	73	40
汕头市	**353**	**215**	**138**	**1840**	**1085**	**755**	**135**	**81**	**54**
龙湖区	52	30	22	477	263	214	7	6	1
金平区	39	25	14	588	355	233	36	19	17
濠江区	7	6	1	109	73	36	5	4	1
潮阳区	124	78	46	83	49	34	24	11	13
潮南区	66	39	27	343	209	134	1		1
澄海区	65	37	28	240	136	104	62	41	21
南澳县									
佛山市	**2389**	**1428**	**961**	**44972**	**26738**	**18234**	**1375**	**793**	**582**
禅城区	238	143	95	2376	1355	1021	38	18	20
南海区	774	440	334	17710	10536	7174	578	330	248
顺德区	1138	696	442	16852	10109	6743	675	391	284
三水区	39	23	16	5865	3413	2452	21	14	7
高明区	200	126	74	2169	1325	844	63	40	23

1-4a 续表 16 单位：人

地 区	白 族			土家族			哈尼族		
	小计	男	女	小计	男	女	小计	男	女
江门市	**340**	**188**	**152**	**17411**	**10012**	**7399**	**215**	**117**	**98**
蓬江区	106	63	43	5925	3412	2513	58	25	33
江海区	95	51	44	4339	2466	1873	100	58	42
新会区	39	24	15	3883	2262	1621	15	8	7
台山市	43	32	11	389	243	146	14	7	7
开平市	11	2	9	1144	648	496	2	1	1
鹤山市	45	15	30	1627	918	709	26	18	8
恩平市	1	1		104	63	41			
湛江市	**87**	**40**	**47**	**803**	**389**	**414**	**42**	**15**	**27**
赤坎区	16	6	10	234	107	127	3	2	1
霞山区	33	13	20	349	168	181	15	7	8
坡头区	9	5	4	80	45	35	10	3	7
麻章区	6	3	3	43	23	20	1		1
遂溪县	5	2	3	6	4	2			
徐闻县									
廉江市	6	4	2	41	17	24	2		2
雷州市	4	3	1	13	6	7			
吴川市	8	4	4	37	19	18	11	3	8
茂名市	**84**	**48**	**36**	**640**	**418**	**222**	**24**	**6**	**18**
茂南区	42	24	18	298	188	110	14	3	11
电白区	12	10	2	44	30	14	1		1
高州市	18	9	9	191	126	65	6	2	4
化州市	7	3	4	56	45	11	1		1
信宜市	5	2	3	51	29	22	2	1	1
肇庆市	**135**	**72**	**63**	**4416**	**2658**	**1758**	**54**	**34**	**20**
端州区	46	20	26	1504	879	625	4	2	2
鼎湖区	23	15	8	414	274	140	27	20	7
高要区	3	2	1	169	104	65	5	4	1
广宁县									
怀集县									
封开县									
德庆县									
四会市	63	35	28	2329	1401	928	18	8	10
惠州市	**1700**	**1006**	**694**	**19946**	**11670**	**8276**	**1570**	**1063**	**507**
惠城区	497	293	204	13185	7690	5495	736	495	241
惠阳区	1187	704	483	6402	3775	2627	817	557	260
博罗县	16	9	7	359	205	154	17	11	6
惠东县									
龙门县									
梅州市	**41**	**21**	**20**	**542**	**354**	**188**	**8**	**2**	**6**
梅江区	21	8	13	325	223	102	8	2	6
梅县区	10	6	4	68	41	27			
大埔县									
丰顺县									
五华县				9	4	5			
平远县									
蕉岭县									
兴宁市	10	7	3	140	86	54			

1-4a 续表 17

单位：人

地区	白族			土家族			哈尼族		
	小计	男	女	小计	男	女	小计	男	女
汕尾市	**20**	**11**	**9**	**172**	**105**	**67**	**5**	**3**	**2**
城　区	6	3	3	142	94	48	4	3	1
海丰县									
陆河县									
陆丰市	14	8	6	30	11	19	1		1
河源市	**59**	**27**	**32**	**2822**	**1716**	**1106**	**95**	**54**	**41**
源城区	59	27	32	2822	1716	1106	95	54	41
紫金县									
龙川县									
连平县									
和平县									
东源县									
阳江市	**42**	**21**	**21**	**592**	**353**	**239**	**24**	**15**	**9**
江城区	18	8	10	284	169	115	13	9	4
阳东区	21	12	9	187	107	80	8	4	4
阳西县									
阳春市	3	1	2	121	77	44	3	2	1
清远市	**63**	**40**	**23**	**2420**	**1479**	**941**	**23**	**16**	**7**
清城区	41	27	14	2056	1255	801	13	10	3
清新区	5	3	2	116	58	58	2	1	1
佛冈县									
阳山县									
连山壮族瑶族自治县									
连南瑶族自治县									
英德市	15	10	5	203	147	56	5	4	1
连州市	2		2	45	19	26	3	1	2
东莞市	**7694**	**4446**	**3248**	**59794**	**34627**	**25167**	**11031**	**6737**	**4294**
市辖区	7694	4446	3248	59794	34627	25167	11031	6737	4294
中山市	**729**	**409**	**320**	**19483**	**11133**	**8350**	**451**	**263**	**188**
市辖区	729	409	320	19483	11133	8350	451	263	188
潮州市	**117**	**53**	**64**	**1858**	**1054**	**804**	**148**	**79**	**69**
湘桥区	27	14	13	535	288	247	4	1	3
潮安区	90	39	51	1323	766	557	144	78	66
饶平县									
揭阳市	**79**	**47**	**32**	**707**	**428**	**279**	**3**	**3**	
榕城区	39	23	16	371	221	150			
揭东区	31	21	10	214	140	74	3	3	
揭西县									
惠来县									
普宁市	9	3	6	122	67	55			
云浮市	**11**	**3**	**8**	**359**	**207**	**152**	**1**	**1**	
云城区	2		2	256	148	108	1	1	
云安区	3	1	2	12	9	3			
新兴县									
郁南县									
罗定市	6	2	4	91	50	41			

1-4a 续表 18

单位：人

地 区	哈萨克族			傣 族			黎 族		
	小计	男	女	小计	男	女	小计	男	女
广 东	**936**	**411**	**525**	**12921**	**7096**	**5825**	**26440**	**14001**	**12439**
广州市	**366**	**150**	**216**	**1037**	**500**	**537**	**4682**	**2345**	**2337**
荔湾区	62	30	32	23	7	16	107	53	54
越秀区	19	7	12	23	9	14	154	73	81
海珠区	32	14	18	44	15	29	333	158	175
天河区	99	45	54	119	52	67	761	361	400
白云区	36	15	21	247	112	135	1508	790	718
黄埔区	16	6	10	213	121	92	438	222	216
番禺区	88	28	60	168	84	84	800	392	408
花都区	5	3	2	83	39	44	311	157	154
南沙区	3	1	2	97	50	47	132	64	68
从化区	5	1	4	3	1	2	20	8	12
增城区	1		1	17	10	7	118	67	51
韶关市	**1**		**1**	**21**	**10**	**11**	**66**	**35**	**31**
武江区	1		1	10	5	5	26	10	16
浈江区				8	5	3	20	15	5
曲江区				1		1	8	4	4
始兴县									
仁化县									
翁源县									
乳源瑶族自治县									
新丰县									
乐昌市				2		2	5	3	2
南雄市							7	3	4
深圳市	**242**	**129**	**113**	**4502**	**2487**	**2015**	**10248**	**5367**	**4881**
罗湖区	8	1	7	62	31	31	408	145	263
福田区	33	18	15	149	83	66	616	279	337
南山区	47	23	24	212	117	95	493	220	273
宝安区	45	21	24	2001	1100	901	3671	2000	1671
龙岗区	20	10	10	674	379	295	2066	1075	991
盐田区	1		1	36	13	23	70	33	37
龙华区	23	12	11	528	305	223	1829	1026	803
坪山区	19	9	10	267	160	107	350	184	166
光明区	46	35	11	573	299	274	745	405	340
珠海市	**79**	**24**	**55**	**213**	**115**	**98**	**750**	**393**	**357**
香洲区	40	11	29	123	62	61	523	284	239
斗门区	1		1	33	17	16	81	39	42
金湾区	38	13	25	57	36	21	146	70	76
汕头市	**1**	**1**		**166**	**82**	**84**	**295**	**155**	**140**
龙湖区				12	8	4	35	17	18
金平区				25	10	15	54	25	29
濠江区				11	8	3	7	2	5
潮阳区				13	8	5	34	23	11
潮南区				10	4	6	51	27	24
澄海区	1	1		95	44	51	114	61	53
南澳县									
佛山市	**31**	**14**	**17**	**746**	**400**	**346**	**1527**	**822**	**705**
禅城区	5	3	2	24	7	17	154	77	77
南海区	12	7	5	335	165	170	589	308	281
顺德区	14	4	10	349	203	146	656	371	285
三水区				22	16	6	73	31	42
高明区				16	9	7	55	35	20

1-4a　续表 19　　　　单位：人

地　区	哈萨克族			傣　族			黎　族		
	小计	男	女	小计	男	女	小计	男	女
江门市	**42**	**14**	**28**	**122**	**55**	**67**	**436**	**228**	**208**
蓬江区	38	12	26	46	20	26	161	86	75
江海区				45	22	23	116	67	49
新会区				12	7	5	39	16	23
台山市	4	2	2	7	3	4	43	18	25
开平市				3	1	2	28	15	13
鹤山市				8	2	6	37	22	15
恩平市				1		1	12	4	8
湛江市	**2**	**1**	**1**	**29**	**8**	**21**	**401**	**195**	**206**
赤坎区				5	1	4	57	23	34
霞山区	2	1	1	11	5	6	110	49	61
坡头区				3	2	1	9	3	6
麻章区				1		1	13	5	8
遂溪县							33	19	14
徐闻县									
廉江市				3		3	25	9	16
雷州市				1		1	1		1
吴川市				5		5	153	87	66
茂名市	**10**	**1**	**9**	**52**	**12**	**40**	**243**	**86**	**157**
茂南区				21	3	18	83	24	59
电白区				14	6	8	33	8	25
高州市	8	1	7	10	3	7	67	25	42
化州市	2		2	6		6	16	8	8
信宜市				1		1	44	21	23
肇庆市				**126**	**73**	**53**	**100**	**57**	**43**
端州区				5	2	3	30	14	16
鼎湖区				7	5	2	18	12	6
高要区				2	2		4		4
广宁县									
怀集县									
封开县									
德庆县									
四会市				112	64	48	48	31	17
惠州市	**11**	**8**	**3**	**1053**	**659**	**394**	**898**	**496**	**402**
惠城区	6	4	2	478	295	183	443	247	196
惠阳区	5	4	1	570	363	207	439	238	201
博罗县				5	1	4	16	11	5
惠东县									
龙门县									
梅州市				**11**	**5**	**6**	**36**	**18**	**18**
梅江区				7	3	4	25	13	12
梅县区				1		1	11	5	6
大埔县									
丰顺县									
五华县									
平远县									
蕉岭县									
兴宁市				3	2	1			

1-4a 续表 20

单位：人

地区	哈萨克族			傣族			黎族		
	小计	男	女	小计	男	女	小计	男	女
汕尾市				**14**	**4**	**10**	**29**	**11**	**18**
城区				11	4	7	20	9	11
海丰县									
陆河县									
陆丰市				3		3	9	2	7
河源市				**38**	**19**	**19**	**72**	**33**	**39**
源城区				38	19	19	72	33	39
紫金县									
龙川县									
连平县									
和平县									
东源县									
阳江市				**15**	**6**	**9**	**80**	**38**	**42**
江城区				1		1	26	8	18
阳东区				4	1	3	30	14	16
阳西县									
阳春市				10	5	5	24	16	8
清远市				**14**	**2**	**12**	**147**	**66**	**81**
清城区				6	2	4	101	48	53
清新区				4		4	15	4	11
佛冈县									
阳山县									
连山壮族瑶族自治县									
连南瑶族自治县									
英德市				4		4	26	14	12
连州市							5		5
东莞市	**140**	**62**	**78**	**4456**	**2513**	**1943**	**5349**	**3082**	**2267**
市辖区	140	62	78	4456	2513	1943	5349	3082	2267
中山市	**10**	**6**	**4**	**267**	**125**	**142**	**741**	**396**	**345**
市辖区	10	6	4	267	125	142	741	396	345
潮州市				**16**	**9**	**7**	**135**	**64**	**71**
湘桥区				3	1	2	67	27	40
潮安区				13	8	5	68	37	31
饶平县									
揭阳市	**1**	**1**		**15**	**9**	**6**	**170**	**96**	**74**
榕城区	1	1		3		3	120	65	55
揭东区				2	2		45	30	15
揭西县									
惠来县									
普宁市				10	7	3	5	1	4
云浮市				**8**	**3**	**5**	**35**	**18**	**17**
云城区				5	2	3	21	10	11
云安区				2	1	1	4	3	1
新兴县									
郁南县									
罗定市				1		1	10	5	5

1－4a　续表 21　　　　单位：人

地　区	傈僳族			佤　族			畲　族		
	小计	男	女	小计	男	女	小计	男	女
广　东	**5940**	**3271**	**2669**	**9486**	**4982**	**4504**	**23199**	**13012**	**10187**
广州市	**336**	**149**	**187**	**935**	**518**	**417**	**3808**	**2103**	**1705**
荔湾区	24	9	15	15	6	9	170	78	92
越秀区	6	2	4	7	3	4	155	74	81
海珠区	12	6	6	32	18	14	278	151	127
天河区	29	11	18	39	11	28	557	282	275
白云区	68	27	41	191	97	94	959	560	399
黄埔区	92	53	39	121	81	40	400	240	160
番禺区	42	11	31	120	46	74	743	409	334
花都区	17	7	10	108	52	56	226	125	101
南沙区	38	19	19	292	195	97	148	96	52
从化区							19	10	9
增城区	8	4	4	10	9	1	153	78	75
韶关市	**12**	**10**	**2**	**14**	**10**	**4**	**879**	**470**	**409**
武江区	4	3	1	9	8	1	183	93	90
浈江区	8	7	1	4	2	2	94	52	42
曲江区							31	16	15
始兴县									
仁化县									
翁源县									
乳源瑶族自治县									
新丰县									
乐昌市							14	8	6
南雄市				1		1	557	301	256
深圳市	**1700**	**940**	**760**	**2952**	**1527**	**1425**	**6950**	**3948**	**3002**
罗湖区	14	3	11	34	21	13	355	197	158
福田区	34	18	16	49	22	27	511	263	248
南山区	54	35	19	208	137	71	513	271	242
宝安区	586	321	265	859	415	444	1935	1112	823
龙岗区	371	204	167	762	395	367	1773	1018	755
盐田区	6	4	2	19	17	2	75	32	43
龙华区	290	167	123	400	190	210	1090	655	435
坪山区	108	60	48	170	98	72	224	124	100
光明区	237	128	109	451	232	219	474	276	198
珠海市	**543**	**336**	**207**	**118**	**72**	**46**	**459**	**251**	**208**
香洲区	315	193	122	95	62	33	340	183	157
斗门区	163	104	59	9	5	4	32	18	14
金湾区	65	39	26	14	5	9	87	50	37
汕头市	**70**	**34**	**36**	**28**	**14**	**14**	**263**	**144**	**119**
龙湖区	32	20	12	1		1	90	49	41
金平区	25	8	17	1		1	118	65	53
濠江区							5	2	3
潮阳区	5	1	4	6	3	3	10	6	4
潮南区				9	7	2	3	1	2
澄海区	8	5	3	11	4	7	37	21	16
南澳县									
佛山市	**186**	**85**	**101**	**554**	**302**	**252**	**1235**	**706**	**529**
禅城区	13	8	5	27	12	15	122	67	55
南海区	81	41	40	217	130	87	496	292	204
顺德区	89	36	53	290	153	137	550	305	245
三水区	1		1	2	1	1	37	22	15
高明区	2		2	18	6	12	30	20	10

1－4a 续表 22　　　　单位：人

地区	傈僳族			佤族			畲族		
	小计	男	女	小计	男	女	小计	男	女
江门市	**49**	**27**	**22**	**84**	**43**	**41**	**208**	**116**	**92**
蓬江区	8	6	2	21	10	11	77	43	34
江海区	21	10	11	21	9	12	38	24	14
新会区	14	8	6	4	2	2	29	15	14
台山市				6	5	1	8	2	6
开平市				2		2	8	3	5
鹤山市	6	3	3	30	17	13	44	26	18
恩平市							4	3	1
湛江市	**12**	**8**	**4**	**7**	**2**	**5**	**40**	**19**	**21**
赤坎区	4	4					16	8	8
霞山区	3	2	1	1		1	16	8	8
坡头区	3	1	2	3		3			
麻章区							2	1	1
遂溪县							1		1
徐闻县									
廉江市	2	1	1				1		1
雷州市							1	1	
吴川市				3	2	1	3	1	2
茂名市	**7**	**2**	**5**	**22**	**15**	**7**	**53**	**25**	**28**
茂南区	6	2	4	5	4	1	27	17	10
电白区				8	4	4	2	1	1
高州市	1		1	9	7	2	13	4	9
化州市							3	1	2
信宜市							8	2	6
肇庆市	**12**	**8**	**4**	**20**	**17**	**3**	**79**	**45**	**34**
端州区	1	1		7	7		18	7	11
鼎湖区	1	1					11	6	5
高要区							9	4	5
广宁县									
怀集县									
封开县									
德庆县									
四会市	10	6	4	13	10	3	41	28	13
惠州市	**433**	**245**	**188**	**594**	**308**	**286**	**1219**	**673**	**546**
惠城区	163	97	66	127	73	54	943	515	428
惠阳区	270	148	122	461	232	229	271	157	114
博罗县				6	3	3	5	1	4
惠东县									
龙门县									
梅州市	**19**	**15**	**4**	**5**	**5**		**90**	**43**	**47**
梅江区	18	15	3	3	3		48	25	23
梅县区	1		1	2	2		30	12	18
大埔县									
丰顺县									
五华县							3	1	2
平远县									
蕉岭县									
兴宁市							9	5	4

1-4a　续表 23　　　　单位：人

地　区	傈僳族			佤　族			畲　族		
	小计	男	女	小计	男	女	小计	男	女
汕尾市	**4**	**1**	**3**				**16**	**7**	**9**
城　区	3	1	2				16	7	9
海丰县									
陆河县									
陆丰市	1		1						
河源市	**3**	**1**	**2**	**12**	**7**	**5**	**3502**	**1848**	**1654**
源城区	3	1	2	12	7	5	3502	1848	1654
紫金县									
龙川县									
连平县									
和平县									
东源县									
阳江市	**6**		**6**	**5**	**3**	**2**	**18**	**10**	**8**
江城区	1		1	2	1	1	7	3	4
阳东区	1		1	3	2	1	7	6	1
阳西县									
阳春市	4		4				4	1	3
清远市	**16**	**9**	**7**	**10**	**6**	**4**	**99**	**44**	**55**
清城区	10	5	5	10	6	4	72	34	38
清新区	1		1				13	6	7
佛冈县									
阳山县									
连山壮族瑶族自治县									
连南瑶族自治县									
英德市	5	4	1				11	3	8
连州市							3	1	2
东莞市	**2444**	**1360**	**1084**	**4015**	**2084**	**1931**	**3070**	**1857**	**1213**
市辖区	2444	1360	1084	4015	2084	1931	3070	1857	1213
中山市	**76**	**37**	**39**	**92**	**42**	**50**	**574**	**340**	**234**
市辖区	76	37	39	92	42	50	574	340	234
潮州市	**10**	**4**	**6**	**11**	**4**	**7**	**575**	**328**	**247**
湘桥区	5	1	4	3	1	2	435	250	185
潮安区	5	3	2	8	3	5	140	78	62
饶平县									
揭阳市	**2**		**2**	**3**	**3**		**46**	**31**	**15**
榕城区	1		1	1	1		16	11	5
揭东区							22	15	7
揭西县									
惠来县									
普宁市	1		1	2	2		8	5	3
云浮市				**5**		**5**	**16**	**4**	**12**
云城区				4		4	11	3	8
云安区									
新兴县									
郁南县									
罗定市				1		1	5	1	4

1－4a 续表 24 单位：人

地 区	高山族			拉祜族			水 族		
	小计	男	女	小计	男	女	小计	男	女
广 东	**144**	**74**	**70**	**4473**	**2494**	**1979**	**18412**	**11112**	**7300**
广州市	**23**	**12**	**11**	**428**	**235**	**193**	**2081**	**1254**	**827**
荔湾区	1		1	14	8	6	155	107	48
越秀区	1		1	7	2	5	66	45	21
海珠区	4	3	1	29	17	12	143	94	49
天河区	4	3	1	34	17	17	204	112	92
白云区	1		1	119	62	57	459	252	207
黄埔区	1	1		74	47	27	416	251	165
番禺区	6	3	3	62	40	22	292	172	120
花都区	4	2	2	53	23	30	181	117	64
南沙区	1		1	29	16	13	103	64	39
从化区							11	7	4
增城区				7	3	4	51	33	18
韶关市				**2**	**1**	**1**	**33**	**23**	**10**
武江区				1		1	23	17	6
浈江区				1	1		5	3	2
曲江区									
始兴县									
仁化县									
翁源县									
乳源瑶族自治县									
新丰县									
乐昌市							5	3	2
南雄市									
深圳市	**48**	**21**	**27**	**1306**	**731**	**575**	**7129**	**4288**	**2841**
罗湖区				24	16	8	230	163	67
福田区	10	6	4	47	25	22	250	161	89
南山区	6	3	3	43	25	18	223	139	84
宝安区	11	3	8	442	247	195	1993	1203	790
龙岗区	9	6	3	260	135	125	1115	671	444
盐田区				2	2		43	29	14
龙华区	8	3	5	218	120	98	938	581	357
坪山区	2		2	84	52	32	264	156	108
光明区	2		2	186	109	77	2073	1185	888
珠海市	**6**	**5**	**1**	**40**	**23**	**17**	**358**	**212**	**146**
香洲区	6	5	1	20	13	7	186	111	75
斗门区				3		3	83	53	30
金湾区				17	10	7	89	48	41
汕头市	**1**	**1**		**24**	**11**	**13**	**222**	**129**	**93**
龙湖区				2		2	62	38	24
金平区	1	1		2	1	1	44	28	16
濠江区				2	2		9	4	5
潮阳区				7	3	4	75	43	32
潮南区				2	2		10	5	5
澄海区				9	3	6	22	11	11
南澳县									
佛山市	**27**	**16**	**11**	**355**	**199**	**156**	**1423**	**832**	**591**
禅城区	3	2	1	47	27	20	88	42	46
南海区	13	8	5	156	91	65	778	470	308
顺德区	9	4	5	109	56	53	479	277	202
三水区	2	2		17	10	7	36	17	19
高明区				26	15	11	42	26	16

1−4a　续表 25　　　　单位：人

地　区	高山族			拉祜族			水　族		
	小计	男	女	小计	男	女	小计	男	女
江门市				**55**	**28**	**27**	**311**	**179**	**132**
蓬江区				14	7	7	97	61	36
江海区				16	8	8	115	61	54
新会区				14	5	9	62	40	22
台山市				9	7	2	9	3	6
开平市				1	1		18	10	8
鹤山市				1		1	8	3	5
恩平市							2	1	1
湛江市	**9**	**4**	**5**	**34**	**4**	**30**	**121**	**73**	**48**
赤坎区				1		1	48	32	16
霞山区	7	3	4	2	1	1	36	21	15
坡头区				13		13	3	3	
麻章区				2	1	1	4	2	2
遂溪县							20	10	10
徐闻县									
廉江市				1		1	1		1
雷州市	2	1	1				2	1	1
吴川市				15	2	13	7	4	3
茂名市	**1**		**1**	**8**	**3**	**5**	**111**	**72**	**39**
茂南区	1		1	2	1	1	30	20	10
电白区				1		1	7	4	3
高州市				5	2	3	52	32	20
化州市							14	10	4
信宜市							8	6	2
肇庆市				**14**	**8**	**6**	**66**	**44**	**22**
端州区				2	1	1	28	19	9
鼎湖区				4	3	1	4	3	1
高要区							5	4	1
广宁县									
怀集县									
封开县									
德庆县									
四会市				8	4	4	29	18	11
惠州市	**2**	**1**	**1**	**268**	**161**	**107**	**720**	**445**	**275**
惠城区				96	57	39	295	175	120
惠阳区	2	1	1	170	103	67	419	265	154
博罗县				2	1	1	6	5	1
惠东县									
龙门县									
梅州市	**1**	**1**		**3**	**2**	**1**	**16**	**10**	**6**
梅江区	1	1		1		1	13	9	4
梅县区				2	2				
大埔县									
丰顺县									
五华县									
平远县									
蕉岭县									
兴宁市							3	1	2

1-4a 续表 26

单位：人

地区	高山族			拉祜族			水族		
	小计	男	女	小计	男	女	小计	男	女
汕尾市				**4**	**3**	**1**	**8**	**2**	**6**
城区				4	3	1	7	2	5
海丰县									
陆河县									
陆丰市							1		1
河源市				**4**	**3**	**1**	**27**	**17**	**10**
源城区				4	3	1	27	17	10
紫金县									
龙川县									
连平县									
和平县									
东源县									
阳江市				**8**	**2**	**6**	**65**	**33**	**32**
江城区				5	1	4	47	25	22
阳东区				1		1	16	7	9
阳西县									
阳春市				2	1	1	2	1	1
清远市	**1**		**1**	**6**	**4**	**2**	**57**	**32**	**25**
清城区	1		1	4	2	2	32	20	12
清新区				1	1		12	4	8
佛冈县									
阳山县									
连山壮族瑶族自治县									
连南瑶族自治县									
英德市				1	1		10	7	3
连州市							3	1	2
东莞市	**24**	**13**	**11**	**1837**	**1037**	**800**	**4950**	**3049**	**1901**
市辖区	24	13	11	1837	1037	800	4950	3049	1901
中山市	**1**		**1**	**71**	**36**	**35**	**601**	**354**	**247**
市辖区	1		1	71	36	35	601	354	247
潮州市				**2**	**1**	**1**	**62**	**35**	**27**
湘桥区							21	13	8
潮安区				2	1	1	41	22	19
饶平县									
揭阳市				**3**	**2**	**1**	**44**	**27**	**17**
榕城区							18	16	2
揭东区				2	1	1	22	10	12
揭西县									
惠来县									
普宁市				1	1		4	1	3
云浮市				**1**		**1**	**7**	**2**	**5**
云城区				1		1	7	2	5
云安区									
新兴县									
郁南县									
罗定市									

1-4a 续表 27

单位：人

地 区	东乡族			纳西族			景颇族		
	小计	男	女	小计	男	女	小计	男	女
广 东	**4013**	**2580**	**1433**	**836**	**418**	**418**	**2199**	**1104**	**1095**
广州市	**338**	**209**	**129**	**153**	**62**	**91**	**147**	**60**	**87**
荔湾区	26	19	7	6	1	5	14	10	4
越秀区	82	57	25	8	4	4	1		1
海珠区	14	5	9	20	3	17	6	2	4
天河区	35	25	10	37	15	22	16	6	10
白云区	55	32	23	32	14	18	24	4	20
黄埔区	16	6	10	15	7	8	30	13	17
番禺区	48	31	17	26	16	10	10	4	6
花都区	32	17	15	6	2	4	27	12	15
南沙区	16	9	7	1		1	16	7	9
从化区									
增城区	14	8	6	2		2	3	2	1
韶关市	**1**	**1**		**1**	**1**		**1**		**1**
武江区				1	1				
浈江区	1	1					1		1
曲江区									
始兴县									
仁化县									
翁源县									
乳源瑶族自治县									
新丰县									
乐昌市									
南雄市									
深圳市	**866**	**538**	**328**	**373**	**196**	**177**	**624**	**324**	**300**
罗湖区	59	35	24	12	8	4	9	4	5
福田区	43	30	13	34	12	22	17	7	10
南山区	18	9	9	79	49	30	38	24	14
宝安区	158	90	68	68	42	26	185	92	93
龙岗区	238	136	102	62	24	38	144	73	71
盐田区	1	1		1	1		11	11	
龙华区	202	138	64	74	37	37	108	66	42
坪山区	71	47	24	14	6	8	29	11	18
光明区	76	52	24	29	17	12	83	36	47
珠海市	**261**	**187**	**74**	**31**	**13**	**18**	**39**	**24**	**15**
香洲区	181	124	57	26	9	17	33	20	13
斗门区				2	1	1	1	1	
金湾区	80	63	17	3	3		5	3	2
汕头市	**1**		**1**	**2**		**2**	**12**	**6**	**6**
龙湖区	1		1				1	1	
金平区				1		1			
濠江区							1	1	
潮阳区							1	1	
潮南区							2	1	1
澄海区				1		1	7	2	5
南澳县									
佛山市	**190**	**123**	**67**	**58**	**32**	**26**	**141**	**76**	**65**
禅城区	7	5	2	4	4		14	8	6
南海区	66	42	24	15	8	7	46	21	25
顺德区	109	71	38	26	12	14	74	42	32
三水区				2	1	1	4	3	1
高明区	8	5	3	11	7	4	3	2	1

1-4a 续表 28

单位：人

地区	东乡族			纳西族			景颇族		
	小计	男	女	小计	男	女	小计	男	女
江门市	**26**	**18**	**8**	**9**	**4**	**5**	**12**	**5**	**7**
蓬江区	9	7	2	3	1	2	6	2	4
江海区	2	1	1	5	3	2	3	1	2
新会区	6	3	3				1		1
台山市	1	1					2	2	
开平市	3	3							
鹤山市	5	3	2	1		1			
恩平市									
湛江市				**3**	**1**	**2**	**9**	**5**	**4**
赤坎区							1		1
霞山区							3	2	1
坡头区							3	2	1
麻章区									
遂溪县									
徐闻县									
廉江市				3	1	2			
雷州市									
吴川市							2	1	1
茂名市	**1**		**1**	**3**	**1**	**2**	**24**	**8**	**16**
茂南区	1		1	2		2	13	1	12
电白区							2		2
高州市				1	1		6	4	2
化州市							3	3	
信宜市									
肇庆市	**10**	**6**	**4**	**5**	**2**	**3**	**2**	**1**	**1**
端州区				3	1	2			
鼎湖区	1		1						
高要区									
广宁县									
怀集县									
封开县									
德庆县									
四会市	9	6	3	2	1	1	2	1	1
惠州市	**273**	**197**	**76**	**32**	**19**	**13**	**310**	**175**	**135**
惠城区	187	137	50	11	4	7	115	68	47
惠阳区	80	56	24	21	15	6	192	107	85
博罗县	6	4	2				3		3
惠东县									
龙门县									
梅州市	**13**	**7**	**6**	**2**	**1**	**1**			
梅江区	8	5	3	2	1	1			
梅县区	5	2	3						
大埔县									
丰顺县									
五华县									
平远县									
蕉岭县									
兴宁市									

1-4a 续表 29 单位：人

地区	东乡族			纳西族			景颇族		
	小计	男	女	小计	男	女	小计	男	女
汕尾市							**26**	**2**	**24**
城　区							26	2	24
海丰县									
陆河县									
陆丰市									
河源市	**42**	**35**	**7**	**1**	**1**		**2**	**2**	
源城区	42	35	7	1	1		2	2	
紫金县									
龙川县									
连平县									
和平县									
东源县									
阳江市							**2**	**1**	**1**
江城区							2	1	1
阳东区									
阳西县									
阳春市									
清远市	**9**	**8**	**1**	**3**	**1**	**2**	**2**		**2**
清城区	1		1	3	1	2	1		1
清新区							1		1
佛冈县									
阳山县									
连山壮族瑶族自治县									
连南瑶族自治县									
英德市	8	8							
连州市									
东莞市	**1854**	**1164**	**690**	**139**	**77**	**62**	**799**	**392**	**407**
市辖区	1854	1164	690	139	77	62	799	392	407
中山市	**113**	**78**	**35**	**16**	**4**	**12**	**34**	**17**	**17**
市辖区	113	78	35	16	4	12	34	17	17
潮州市	**11**	**6**	**5**	**3**	**2**	**1**	**11**	**5**	**6**
湘桥区	4	2	2	2	2		2		2
潮安区	7	4	3	1		1	9	5	4
饶平县									
揭阳市	**1**	**1**		**2**	**1**	**1**	**2**	**1**	**1**
榕城区				2	1	1			
揭东区							2	1	1
揭西县									
惠来县									
普宁市	1	1							
云浮市	**3**	**2**	**1**						
云城区	3	2	1						
云安区									
新兴县									
郁南县									
罗定市									

1-4a 续表 30

单位：人

地　区	柯尔克孜族			土　族			达斡尔族		
	小计	男	女	小计	男	女	小计	男	女
广　东	**211**	**87**	**124**	**4444**	**2520**	**1924**	**961**	**455**	**506**
广州市	**49**	**17**	**32**	**575**	**290**	**285**	**171**	**73**	**98**
荔湾区	6	2	4	25	14	11	5	2	3
越秀区	3		3	23	11	12	5		5
海珠区	2	1	1	34	15	19	21	11	10
天河区	11	5	6	63	32	31	48	14	34
白云区	3	1	2	149	71	78	46	20	26
黄埔区	9	3	6	69	38	31	16	10	6
番禺区	15	5	10	112	58	54	19	10	9
花都区				43	22	21	4	1	3
南沙区				22	12	10	3	2	1
从化区				13	4	9	3	2	1
增城区				22	13	9	1	1	
韶关市				**14**	**7**	**7**	**1**	**1**	
武江区				7	4	3			
浈江区				6	3	3	1	1	
曲江区				1		1			
始兴县									
仁化县									
翁源县									
乳源瑶族自治县									
新丰县									
乐昌市									
南雄市									
深圳市	**37**	**13**	**24**	**979**	**570**	**409**	**494**	**240**	**254**
罗湖区	3	1	2	39	18	21	27	10	17
福田区	5		5	71	33	38	75	37	38
南山区	9	3	6	69	37	32	103	42	61
宝安区				251	155	96	106	58	48
龙岗区	6		6	225	131	94	87	41	46
盐田区				13	8	5	8	2	6
龙华区	5	3	2	182	112	70	44	30	14
坪山区	5	2	3	41	24	17	21	10	11
光明区	4	4		88	52	36	23	10	13
珠海市	**16**	**2**	**14**	**179**	**98**	**81**	**52**	**23**	**29**
香洲区	3		3	119	62	57	43	19	24
斗门区				13	10	3	4	2	2
金湾区	13	2	11	47	26	21	5	2	3
汕头市				**98**	**54**	**44**	**1**	**1**	
龙湖区				4	3	1			
金平区				19	9	10	1	1	
濠江区									
潮阳区				1	1				
潮南区				69	39	30			
澄海区				5	2	3			
南澳县									
佛山市	**1**		**1**	**513**	**291**	**222**	**46**	**19**	**27**
禅城区				33	18	15	6	2	4
南海区	1		1	234	131	103	14	3	11
顺德区				194	114	80	19	10	9
三水区				27	13	14	4	2	2
高明区				25	15	10	3	2	1

1-4a　续表 31　　单位：人

地　区	柯尔克孜族			土　族			达斡尔族		
	小计	男	女	小计	男	女	小计	男	女
江门市	**8**	**2**	**6**	**258**	**145**	**113**	**6**	**1**	**5**
蓬江区	8	2	6	100	54	46	1	1	
江海区				58	31	27	3		3
新会区				57	35	22			
台山市				12	10	2			
开平市				7	4	3			
鹤山市				22	11	11	1		1
恩平市				2		2	1		1
湛江市				**7**	**3**	**4**	**2**		**2**
赤坎区				1	1				
霞山区				4	1	3	1		1
坡头区				1	1		1		1
麻章区				1		1			
遂溪县									
徐闻县									
廉江市									
雷州市									
吴川市									
茂名市				**8**	**5**	**3**	**1**	**1**	
茂南区				3	1	2	1	1	
电白区									
高州市				4	3	1			
化州市									
信宜市				1	1				
肇庆市				**111**	**72**	**39**	**13**	**7**	**6**
端州区				77	54	23	7	5	2
鼎湖区				2	1	1			
高要区				1		1			
广宁县									
怀集县									
封开县									
德庆县									
四会市				31	17	14	6	2	4
惠州市				**319**	**167**	**152**	**49**	**24**	**25**
惠城区				176	91	85	16	8	8
惠阳区				139	74	65	33	16	17
博罗县				4	2	2			
惠东县									
龙门县									
梅州市				**6**	**2**	**4**			
梅江区				4	1	3			
梅县区				2	1	1			
大埔县									
丰顺县									
五华县									
平远县									
蕉岭县									
兴宁市									

1-4a 续表 32

单位：人

地　区	柯尔克孜族			土　族			达斡尔族		
	小计	男	女	小计	男	女	小计	男	女
汕尾市				**5**	**1**	**4**			
城　区				4	1	3			
海丰县									
陆河县									
陆丰市				1		1			
河源市	**1**	**1**		**20**	**12**	**8**			
源城区	1	1		20	12	8			
紫金县									
龙川县									
连平县									
和平县									
东源县									
阳江市				**28**	**18**	**10**	**3**	**2**	**1**
江城区				7	6	1			
阳东区				15	9	6			
阳西县									
阳春市				6	3	3	3	2	1
清远市	**3**	**2**	**1**	**16**	**7**	**9**	**15**	**7**	**8**
清城区	3	2	1	14	6	8	5	3	2
清新区				1		1			
佛冈县									
阳山县									
连山壮族瑶族自治县									
连南瑶族自治县									
英德市							5	2	3
连州市				1	1		5	2	3
东莞市	**95**	**49**	**46**	**938**	**561**	**377**	**89**	**46**	**43**
市辖区	95	49	46	938	561	377	89	46	43
中山市				**315**	**183**	**132**	**18**	**10**	**8**
市辖区				315	183	132	18	10	8
潮州市				**29**	**18**	**11**			
湘桥区				5	3	2			
潮安区				24	15	9			
饶平县									
揭阳市	**1**	**1**		**15**	**9**	**6**			
榕城区	1	1		1	1				
揭东区				2		2			
揭西县									
惠来县									
普宁市				12	8	4			
云浮市				**11**	**7**	**4**			
云城区				8	5	3			
云安区									
新兴县									
郁南县									
罗定市				3	2	1			

1－4a　续表 33　　　　单位：人

地　区	仫佬族			羌　族			布朗族		
	小计	男	女	小计	男	女	小计	男	女
广　东	**22815**	**13080**	**9735**	**1384**	**725**	**659**	**1380**	**737**	**643**
广州市	**2511**	**1400**	**1111**	**233**	**115**	**118**	**182**	**96**	**86**
荔湾区	122	59	63	11	3	8	2	1	1
越秀区	97	54	43	8	4	4	7	3	4
海珠区	151	77	74	12	8	4			
天河区	338	189	149	46	11	35	6	3	3
白云区	734	394	340	41	26	15	40	17	23
黄埔区	241	147	94	27	20	7	16	10	6
番禺区	432	230	202	48	27	21	20	10	10
花都区	258	161	97	16	6	10	75	45	30
南沙区	88	52	36	11	4	7	11	5	6
从化区	9	5	4				3	1	2
增城区	41	32	9	13	6	7	2	1	1
韶关市	**35**	**20**	**15**	**8**	**3**	**5**	**1**	**1**	
武江区	14	8	6	5	2	3			
浈江区	9	6	3	2	1	1	1	1	
曲江区	6	4	2						
始兴县									
仁化县									
翁源县									
乳源瑶族自治县									
新丰县									
乐昌市									
南雄市	6	2	4	1		1			
深圳市	**8306**	**4754**	**3552**	**591**	**292**	**299**	**456**	**235**	**221**
罗湖区	252	123	129	51	19	32	13	8	5
福田区	331	158	173	68	26	42	16	7	9
南山区	400	208	192	75	33	42	22	8	14
宝安区	2645	1508	1137	163	90	73	121	61	60
龙岗区	1301	754	547	105	45	60	107	61	46
盐田区	60	31	29	11	7	4	1	1	
龙华区	1041	614	427	74	47	27	44	23	21
坪山区	312	178	134	21	13	8	43	20	23
光明区	1964	1180	784	23	12	11	89	46	43
珠海市	**350**	**195**	**155**	**40**	**18**	**22**	**11**	**6**	**5**
香洲区	232	122	110	22	9	13	6	4	2
斗门区	48	34	14	4	1	3	3	1	2
金湾区	70	39	31	14	8	6	2	1	1
汕头市	**117**	**68**	**49**	**14**	**8**	**6**	**9**	**5**	**4**
龙湖区	51	33	18	5	3	2			
金平区	31	18	13	4	2	2			
濠江区	8	4	4						
潮阳区	6	2	4				1		1
潮南区	9	4	5				2	1	1
澄海区	12	7	5	5	3	2	6	4	2
南澳县									
佛山市	**2028**	**1200**	**828**	**84**	**48**	**36**	**80**	**38**	**42**
禅城区	122	60	62	5	3	2			
南海区	898	521	377	32	20	12	44	24	20
顺德区	833	508	325	45	23	22	33	12	21
三水区	78	45	33						
高明区	97	66	31	2	2		3	2	1

1-4a 续表 34 单位：人

地　区	仫佬族			羌　族			布朗族		
	小计	男	女	小计	男	女	小计	男	女
江门市	**2049**	**1189**	**860**	**10**	**5**	**5**	**17**	**9**	**8**
蓬江区	338	198	140	2	1	1	9	6	3
江海区	293	156	137	5	3	2	2	1	1
新会区	1263	750	513	1		1	1		1
台山市	47	27	20	1	1				
开平市	39	21	18	1		1	1		1
鹤山市	53	30	23				4	2	2
恩平市	16	7	9						
湛江市	**133**	**57**	**76**	**8**	**2**	**6**	**6**	**4**	**2**
赤坎区	38	15	23	1		1	5	4	1
霞山区	39	15	24	3		3			
坡头区	4	2	2	2	1	1	1		1
麻章区	10	4	6						
遂溪县	4	1	3						
徐闻县									
廉江市	15	7	8	2	1	1			
雷州市	2	1	1						
吴川市	21	12	9						
茂名市	**66**	**32**	**34**	**3**	**2**	**1**			
茂南区	38	17	21	2	1	1			
电白区	7	4	3	1	1				
高州市	10	6	4						
化州市	4		4						
信宜市	7	5	2						
肇庆市	**91**	**59**	**32**	**5**	**5**		**13**	**6**	**7**
端州区	48	33	15	3	3				
鼎湖区	9	8	1						
高要区	4	2	2						
广宁县									
怀集县									
封开县									
德庆县									
四会市	30	16	14	2	2		13	6	7
惠州市	**581**	**344**	**237**	**62**	**33**	**29**	**54**	**24**	**30**
惠城区	276	160	116	35	19	16	10	5	5
惠阳区	304	184	120	27	14	13	41	19	22
博罗县	1		1				3		3
惠东县									
龙门县									
梅州市	**11**	**6**	**5**	**6**	**2**	**4**			
梅江区	10	6	4	2		2			
梅县区	1		1	2	1	1			
大埔县									
丰顺县									
五华县									
平远县									
蕉岭县									
兴宁市				2	1	1			

1-4a　续表 35　　　　单位：人

地　　区	仫佬族			羌　　族			布朗族		
	小计	男	女	小计	男	女	小计	男	女
汕尾市	**10**	**6**	**4**						
城　区	4	2	2						
海丰县									
陆河县									
陆丰市	6	4	2						
河源市	**44**	**26**	**18**	**3**	**2**	**1**	**1**	**1**	
源城区	44	26	18	3	2	1	1	1	
紫金县									
龙川县									
连平县									
和平县									
东源县									
阳江市	**278**	**143**	**135**						
江城区	102	54	48						
阳东区	163	85	78						
阳西县									
阳春市	13	4	9						
清远市	**55**	**29**	**26**	**14**	**7**	**7**	**3**	**1**	**2**
清城区	32	15	17	12	7	5	2		2
清新区	11	3	8						
佛冈县									
阳山县									
连山壮族瑶族自治县									
连南瑶族自治县									
英德市	12	11	1	1		1	1	1	
连州市				1		1			
东莞市	**4520**	**2643**	**1877**	**274**	**164**	**110**	**519**	**291**	**228**
市辖区	4520	2643	1877	274	164	110	519	291	228
中山市	**1556**	**868**	**688**	**26**	**18**	**8**	**23**	**17**	**6**
市辖区	1556	868	688	26	18	8	23	17	6
潮州市	**23**	**16**	**7**	**3**	**1**	**2**	**5**	**3**	**2**
湘桥区	8	8		1		1			
潮安区	15	8	7	2	1	1	5	3	2
饶平县									
揭阳市	**22**	**10**	**12**						
榕城区	11	1	10						
揭东区	7	6	1						
揭西县									
惠来县									
普宁市	4	3	1						
云浮市	**29**	**15**	**14**						
云城区	21	11	10						
云安区									
新兴县									
郁南县									
罗定市	8	4	4						

1－4a 续表 36　　单位：人

地　区	撒拉族			毛南族			仡佬族		
	小计	男	女	小计	男	女	小计	男	女
广　东	**2179**	**1226**	**953**	**10545**	**6351**	**4194**	**21272**	**12976**	**8296**
广州市	**289**	**163**	**126**	**1372**	**815**	**557**	**3487**	**2122**	**1365**
荔湾区	5	2	3	60	36	24	202	132	70
越秀区	26	17	9	33	18	15	94	54	40
海珠区	26	14	12	58	34	24	190	123	67
天河区	71	35	36	125	68	57	288	175	113
白云区	102	59	43	394	238	156	569	331	238
黄埔区	24	15	9	103	69	34	333	201	132
番禺区	17	12	5	302	181	121	1118	691	427
花都区	4	2	2	194	101	93	341	202	139
南沙区	2		2	57	40	17	207	115	92
从化区	1	1		4	1	3	68	43	25
增城区	11	6	5	42	29	13	77	55	22
韶关市	**20**	**11**	**9**	**18**	**11**	**7**	**79**	**49**	**30**
武江区	11	6	5	11	5	6	51	29	22
浈江区	9	5	4	4	3	1	17	14	3
曲江区				1	1		8	5	3
始兴县									
仁化县									
翁源县									
乳源瑶族自治县									
新丰县									
乐昌市									
南雄市				2	2		3	1	2
深圳市	**1414**	**802**	**612**	**2611**	**1536**	**1075**	**5228**	**3157**	**2071**
罗湖区	98	55	43	106	60	46	269	164	105
福田区	188	106	82	115	69	46	275	163	112
南山区	152	87	65	119	81	38	356	227	129
宝安区	418	227	191	886	506	380	1651	982	669
龙岗区	188	113	75	524	320	204	1080	655	425
盐田区	4	2	2	4	3	1	53	36	17
龙华区	283	162	121	373	240	133	743	453	290
坪山区	28	14	14	155	83	72	327	194	133
光明区	55	36	19	329	174	155	474	283	191
珠海市	**64**	**36**	**28**	**140**	**81**	**59**	**591**	**354**	**237**
香洲区	48	27	21	103	60	43	353	216	137
斗门区	1	1		16	10	6	43	32	11
金湾区	15	8	7	21	11	10	195	106	89
汕头市				**25**	**13**	**12**	**169**	**120**	**49**
龙湖区				11	6	5	67	50	17
金平区				2	2		24	17	7
濠江区				3	2	1	11	8	3
潮阳区				4		4	11	9	2
潮南区				3	2	1	26	16	10
澄海区				2	1	1	30	20	10
南澳县									
佛山市	**39**	**23**	**16**	**1951**	**1240**	**711**	**1822**	**1156**	**666**
禅城区	2	1	1	99	61	38	153	103	50
南海区	26	14	12	1027	671	356	816	517	299
顺德区	11	8	3	708	431	277	672	424	248
三水区				44	27	17	108	68	40
高明区				73	50	23	73	44	29

1-4a　续表 37　　　　单位：人

地　区	撒拉族			毛南族			仡佬族		
	小计	男	女	小计	男	女	小计	男	女
江门市	**14**	**8**	**6**	**224**	**141**	**83**	**592**	**357**	**235**
蓬江区	7	3	4	69	49	20	197	113	84
江海区				64	38	26	193	113	80
新会区	3	2	1	42	23	19	122	78	44
台山市				30	21	9	28	21	7
开平市				12	5	7	9	3	6
鹤山市	4	3	1	5	4	1	42	28	14
恩平市				2	1	1	1	1	
湛江市				**30**	**13**	**17**	**77**	**49**	**28**
赤坎区				10	5	5	38	27	11
霞山区				9	2	7	19	10	9
坡头区				4	2	2	4	1	3
麻章区							4	4	
遂溪县							3	1	2
徐闻县									
廉江市				5	2	3	1		1
雷州市									
吴川市				2	2		8	6	2
茂名市	**4**	**2**	**2**	**38**	**18**	**20**	**110**	**66**	**44**
茂南区	1		1	13	7	6	46	24	22
电白区				1		1	14	13	1
高州市	1	1		10	5	5	14	5	9
化州市	2	1	1	10	6	4	1		1
信宜市				4		4	35	24	11
肇庆市	**3**	**1**	**2**	**75**	**49**	**26**	**415**	**286**	**129**
端州区				40	25	15	190	130	60
鼎湖区				4	4		85	66	19
高要区				3	3		36	24	12
广宁县									
怀集县									
封开县									
德庆县									
四会市	3	1	2	28	17	11	104	66	38
惠州市	**110**	**59**	**51**	**330**	**215**	**115**	**873**	**550**	**323**
惠城区	36	21	15	144	97	47	407	265	142
惠阳区	73	37	36	185	117	68	458	280	178
博罗县	1	1		1	1		8	5	3
惠东县									
龙门县									
梅州市				**7**	**4**	**3**	**30**	**23**	**7**
梅江区				6	4	2	24	18	6
梅县区							2	1	1
大埔县									
丰顺县									
五华县							3	3	
平远县									
蕉岭县									
兴宁市				1		1	1	1	

1-4a 续表 38

单位：人

地区	撒拉族			毛南族			仡佬族		
	小计	男	女	小计	男	女	小计	男	女
汕尾市				**2**	**1**	**1**	**7**	**5**	**2**
城　区				2	1	1	5	3	2
海丰县									
陆河县									
陆丰市							2	2	
河源市	**1**	**1**		**32**	**20**	**12**	**56**	**29**	**27**
源城区	1	1		32	20	12	56	29	27
紫金县									
龙川县									
连平县									
和平县									
东源县									
阳江市	**1**	**1**		**43**	**25**	**18**	**69**	**42**	**27**
江城区				17	12	5	49	28	21
阳东区				20	11	9	15	11	4
阳西县									
阳春市	1	1		6	2	4	5	3	2
清远市	**1**	**1**		**27**	**16**	**11**	**117**	**75**	**42**
清城区				21	14	7	94	63	31
清新区							10	4	6
佛冈县									
阳山县									
连山壮族瑶族自治县									
连南瑶族自治县									
英德市	1	1		6	2	4	11	7	4
连州市							2	1	1
东莞市	**176**	**95**	**81**	**2620**	**1561**	**1059**	**5973**	**3607**	**2366**
市辖区	176	95	81	2620	1561	1059	5973	3607	2366
中山市	**24**	**13**	**11**	**612**	**361**	**251**	**1291**	**759**	**532**
市辖区	24	13	11	612	361	251	1291	759	532
潮州市	**19**	**10**	**9**	**352**	**209**	**143**	**57**	**35**	**22**
湘桥区	5	2	3	290	169	121	21	13	8
潮安区	14	8	6	62	40	22	36	22	14
饶平县									
揭阳市				**18**	**9**	**9**	**182**	**111**	**71**
榕城区				11	5	6	122	78	44
揭东区				2	2		33	18	15
揭西县									
惠来县									
普宁市				5	2	3	27	15	12
云浮市				**18**	**13**	**5**	**47**	**24**	**23**
云城区				15	12	3	44	22	22
云安区									
新兴县									
郁南县									
罗定市				3	1	2	3	2	1

1-4a 续表 39

单位：人

地 区	锡伯族			阿昌族			普米族		
	小计	男	女	小计	男	女	小计	男	女
广 东	**1516**	**755**	**761**	**899**	**475**	**424**	**372**	**236**	**136**
广州市	**377**	**176**	**201**	**36**	**22**	**14**	**28**	**22**	**6**
荔湾区	14	2	12						
越秀区	35	16	19				2		2
海珠区	39	19	20	1		1	5	5	
天河区	92	37	55	2	2		5	4	1
白云区	64	28	36	14	9	5	2	2	
黄埔区	31	19	12	9	6	3	9	8	1
番禺区	69	38	31	8	4	4	1	1	
花都区	14	7	7						
南沙区	11	7	4	2	1	1	4	2	2
从化区									
增城区	8	3	5						
韶关市	**10**	**6**	**4**						
武江区	2	1	1						
浈江区									
曲江区	4	2	2						
始兴县									
仁化县									
翁源县									
乳源瑶族自治县									
新丰县									
乐昌市	3	3							
南雄市	1		1						
深圳市	**716**	**369**	**347**	**216**	**109**	**107**	**175**	**110**	**65**
罗湖区	70	37	33	3	1	2	2		2
福田区	111	43	68	2		2	6	4	2
南山区	143	75	68	23	15	8	9	7	2
宝安区	131	72	59	103	52	51	106	68	38
龙岗区	125	65	60	28	16	12	18	11	7
盐田区	17	14	3						
龙华区	89	48	41	22	10	12	23	14	9
坪山区	13	7	6	12	6	6	4	1	3
光明区	17	8	9	23	9	14	7	5	2
珠海市	**113**	**55**	**58**	**6**	**4**	**2**	**36**	**23**	**13**
香洲区	92	45	47	2	2		28	20	8
斗门区	3		3	2	2		7	2	5
金湾区	18	10	8	2		2	1	1	
汕头市	**3**	**1**	**2**	**2**		**2**	**1**		**1**
龙湖区	1	1							
金平区	1		1						
濠江区									
潮阳区				1		1	1		1
潮南区									
澄海区	1		1	1		1			
南澳县									
佛山市	**70**	**33**	**37**	**83**	**43**	**40**	**17**	**10**	**7**
禅城区	15	11	4	2		2			
南海区	24	10	14	54	29	25	3	2	1
顺德区	29	11	18	17	9	8	14	8	6
三水区	2	1	1	6	2	4			
高明区				4	3	1			

1-4a 续表 40

单位：人

地区	锡伯族			阿昌族			普米族		
	小计	男	女	小计	男	女	小计	男	女
江门市	**6**	**4**	**2**	**6**	**3**	**3**	**4**	**3**	**1**
蓬江区				6	3	3	3	3	
江海区									
新会区							1		1
台山市	3	1	2						
开平市									
鹤山市	3	3							
恩平市									
湛江市	**7**	**4**	**3**						
赤坎区									
霞山区	4	3	1						
坡头区	3	1	2						
麻章区									
遂溪县									
徐闻县									
廉江市									
雷州市									
吴川市									
茂名市	**3**		**3**	**2**	**1**	**1**			
茂南区	3		3	2	1	1			
电白区									
高州市									
化州市									
信宜市									
肇庆市	**5**	**1**	**4**	**8**	**5**	**3**			
端州区	2		2	1		1			
鼎湖区	1		1						
高要区	2	1	1						
广宁县									
怀集县									
封开县									
德庆县									
四会市				7	5	2			
惠州市	**55**	**32**	**23**	**122**	**67**	**55**	**41**	**28**	**13**
惠城区	25	13	12	65	35	30	22	13	9
惠阳区	30	19	11	57	32	25	19	15	4
博罗县									
惠东县									
龙门县									
梅州市	**7**	**3**	**4**						
梅江区	4	1	3						
梅县区	3	2	1						
大埔县									
丰顺县									
五华县									
平远县									
蕉岭县									
兴宁市									

1-4a　续表 41　　　　单位：人

地　区	锡伯族			阿昌族			普米族		
	小计	男	女	小计	男	女	小计	男	女
汕尾市	**1**	**1**		**1**		**1**			
城　区	1	1							
海丰县									
陆河县									
陆丰市				1		1			
河源市	**3**		**3**	**1**	**1**				
源城区	3		3	1	1				
紫金县									
龙川县									
连平县									
和平县									
东源县									
阳江市	**2**	**2**		**2**		**2**			
江城区									
阳东区				2		2			
阳西县									
阳春市	2	2							
清远市	**3**	**3**							
清城区	2	2							
清新区									
佛冈县									
阳山县									
连山壮族瑶族自治县									
连南瑶族自治县									
英德市	1	1							
连州市									
东莞市	**98**	**52**	**46**	**399**	**209**	**190**	**67**	**38**	**29**
市辖区	98	52	46	399	209	190	67	38	29
中山市	**32**	**11**	**21**	**13**	**9**	**4**	**2**	**1**	**1**
市辖区	32	11	21	13	9	4	2	1	1
潮州市							**1**	**1**	
湘桥区									
潮安区							1	1	
饶平县									
揭阳市	**1**		**1**	**2**	**2**				
榕城区	1		1	2	2				
揭东区									
揭西县									
惠来县									
普宁市									
云浮市	**4**	**2**	**2**						
云城区	4	2	2						
云安区									
新兴县									
郁南县									
罗定市									

1-4a 续表 42

单位：人

地区	塔吉克族			怒族			乌孜别克族		
	小计	男	女	小计	男	女	小计	男	女
广东	**24**	**11**	**13**	**349**	**198**	**151**	**34**	**18**	**16**
广州市	**8**	**6**	**2**	**20**	**11**	**9**	**12**	**8**	**4**
荔湾区				2	1	1	4	2	2
越秀区							3	2	1
海珠区	2		2						
天河区	5	5		4	4		2	2	
白云区				1		1	1		1
黄埔区				2	2				
番禺区	1	1		5	1	4	2	2	
花都区				1		1			
南沙区				4	3	1			
从化区									
增城区				1		1			
韶关市									
武江区									
浈江区									
曲江区									
始兴县									
仁化县									
翁源县									
乳源瑶族自治县									
新丰县									
乐昌市									
南雄市									
深圳市	**6**	**1**	**5**	**86**	**48**	**38**	**9**	**4**	**5**
罗湖区									
福田区	1	1		4	2	2	4	1	3
南山区	2		2	8	2	6	1		1
宝安区				25	16	9	1		1
龙岗区	1		1	16	8	8	1	1	
盐田区									
龙华区				14	9	5	1	1	
坪山区				2	1	1			
光明区	2		2	17	10	7	1	1	
珠海市	**2**		**2**	**85**	**50**	**35**	**6**	**3**	**3**
香洲区	1		1	49	26	23	1		1
斗门区				19	15	4			
金湾区	1		1	17	9	8	5	3	2
汕头市				**2**		**2**			
龙湖区				1		1			
金平区									
濠江区									
潮阳区				1		1			
潮南区									
澄海区									
南澳县									
佛山市	**2**	**2**		**12**	**7**	**5**	**1**	**1**	
禅城区				4	2	2			
南海区	1	1		6	4	2			
顺德区	1	1		2	1	1	1	1	
三水区									
高明区									

1-4a 续表 43 单位：人

地 区	塔吉克族			怒 族			乌孜别克族		
	小计	男	女	小计	男	女	小计	男	女
江门市				**4**	**3**	**1**			
蓬江区				3	2	1			
江海区				1	1				
新会区									
台山市									
开平市									
鹤山市									
恩平市									
湛江市									
赤坎区									
霞山区									
坡头区									
麻章区									
遂溪县									
徐闻县									
廉江市									
雷州市									
吴川市									
茂名市	**1**	**1**							
茂南区									
电白区									
高州市	1	1							
化州市									
信宜市									
肇庆市				**1**	**1**				
端州区									
鼎湖区									
高要区									
广宁县									
怀集县									
封开县									
德庆县									
四会市				1	1				
惠州市	**3**		**3**	**24**	**11**	**13**			
惠城区	2		2	10	5	5			
惠阳区	1		1	14	6	8			
博罗县									
惠东县									
龙门县									
梅州市									
梅江区									
梅县区									
大埔县									
丰顺县									
五华县									
平远县									
蕉岭县									
兴宁市									

1-4a 续表 44

单位：人

地区	塔吉克族			怒族			乌孜别克族		
	小计	男	女	小计	男	女	小计	男	女
汕尾市									
城区									
海丰县									
陆河县									
陆丰市									
河源市									
源城区									
紫金县									
龙川县									
连平县									
和平县									
东源县									
阳江市									
江城区									
阳东区									
阳西县									
阳春市									
清远市									
清城区									
清新区									
佛冈县									
阳山县									
连山壮族瑶族自治县									
连南瑶族自治县									
英德市									
连州市									
东莞市	**2**	**1**	**1**	**105**	**64**	**41**	**6**	**2**	**4**
市辖区	2	1	1	105	64	41	6	2	4
中山市				**8**	**2**	**6**			
市辖区				8	2	6			
潮州市				**2**	**1**	**1**			
湘桥区									
潮安区				2	1	1			
饶平县									
揭阳市									
榕城区									
揭东区									
揭西县									
惠来县									
普宁市									
云浮市									
云城区									
云安区									
新兴县									
郁南县									
罗定市									

1-4a 续表 45

单位：人

地 区	俄罗斯族			鄂温克族			德 昂 族		
	小计	男	女	小计	男	女	小计	男	女
广 东	**259**	**109**	**150**	**200**	**97**	**103**	**355**	**173**	**182**
广州市	**89**	**29**	**60**	**39**	**13**	**26**	**26**	**10**	**16**
荔湾区	4	1	3	1	1		1		1
越秀区	14	6	8	3	1	2			
海珠区	8	2	6				3		3
天河区	20	8	12	13	4	9	1		1
白云区	15	1	14	11	2	9	5	3	2
黄埔区	5	4	1	6	2	4	9	3	6
番禺区	17	4	13	4	2	2			
花都区	1		1						
南沙区	4	2	2				3	1	2
从化区	1	1							
增城区				1	1		4	3	1
韶关市									
武江区									
浈江区									
曲江区									
始兴县									
仁化县									
翁源县									
乳源瑶族自治县									
新丰县									
乐昌市									
南雄市									
深圳市	**102**	**57**	**45**	**83**	**43**	**40**	**137**	**66**	**71**
罗湖区	3	2	1	7	2	5	1		1
福田区	25	12	13	13	7	6	6	1	5
南山区	18	10	8	5	1	4	4	2	2
宝安区	17	10	7	22	14	8	33	13	20
龙岗区	27	17	10	22	14	8	30	16	14
盐田区	5	3	2	2		2			
龙华区	4	2	2	10	4	6	28	18	10
坪山区	2	1	1	1		1	24	14	10
光明区	1		1	1	1		11	2	9
珠海市	**23**	**9**	**14**	**10**	**5**	**5**	**20**	**9**	**11**
香洲区	15	4	11	7	3	4	20	9	11
斗门区	3	2	1	2	1	1			
金湾区	5	3	2	1	1				
汕头市				**5**	**2**	**3**			
龙湖区									
金平区									
濠江区				1		1			
潮阳区									
潮南区									
澄海区				4	2	2			
南澳县									
佛山市	**13**	**4**	**9**	**15**	**6**	**9**	**11**	**5**	**6**
禅城区									
南海区	6	2	4	10	4	6	6	4	2
顺德区	6	2	4	5	2	3	5	1	4
三水区									
高明区	1		1						

1-4a 续表 46

单位：人

地区	俄罗斯族			鄂温克族			德昂族		
	小计	男	女	小计	男	女	小计	男	女
江门市	**4**	**2**	**2**	**4**	**2**	**2**	**9**	**5**	**4**
蓬江区	3	2	1				9	5	4
江海区	1		1						
新会区									
台山市				4	2	2			
开平市									
鹤山市									
恩平市									
湛江市				**1**	**1**				
赤坎区									
霞山区									
坡头区				1	1				
麻章区									
遂溪县									
徐闻县									
廉江市									
雷州市									
吴川市									
茂名市									
茂南区									
电白区									
高州市									
化州市									
信宜市									
肇庆市				**2**	**1**	**1**	**3**		**3**
端州区							1		1
鼎湖区									
高要区									
广宁县									
怀集县									
封开县									
德庆县									
四会市				2	1	1	2		2
惠州市	**10**	**3**	**7**	**18**	**12**	**6**	**24**	**13**	**11**
惠城区	6	2	4	9	7	2	11	7	4
惠阳区	4	1	3	9	5	4	13	6	7
博罗县									
惠东县									
龙门县									
梅州市	**1**		**1**						
梅江区									
梅县区	1		1						
大埔县									
丰顺县									
五华县									
平远县									
蕉岭县									
兴宁市									

1-4a 续表 47

单位：人

地 区	俄罗斯族			鄂温克族			德 昂 族		
	小计	男	女	小计	男	女	小计	男	女
汕尾市									
城 区									
海丰县									
陆河县									
陆丰市									
河源市									
源城区									
紫金县									
龙川县									
连平县									
和平县									
东源县									
阳江市									
江城区									
阳东区									
阳西县									
阳春市									
清远市				**1**		**1**			
清城区				1		1			
清新区									
佛冈县									
阳山县									
连山壮族瑶族自治县									
连南瑶族自治县									
英德市									
连州市									
东莞市	**6**		**6**	**14**	**7**	**7**	**117**	**63**	**54**
市辖区	6		6	14	7	7	117	63	54
中山市	**11**	**5**	**6**	**5**	**4**	**1**	**8**	**2**	**6**
市辖区	11	5	6	5	4	1	8	2	6
潮州市									
湘桥区									
潮安区									
饶平县									
揭阳市									
榕城区									
揭东区									
揭西县									
惠来县									
普宁市									
云浮市				**3**	**1**	**2**			
云城区				3	1	2			
云安区									
新兴县									
郁南县									
罗定市									

1—4a 续表 48

单位：人

地 区	保安族			裕固族			京 族		
	小计	男	女	小计	男	女	小计	男	女
广 东	**158**	**96**	**62**	**68**	**36**	**32**	**378**	**187**	**191**
广州市	**21**	**12**	**9**	**5**	**2**	**3**	**105**	**51**	**54**
荔湾区							5	3	2
越秀区	1	1					13	6	7
海珠区							12	3	9
天河区							19	8	11
白云区	9	4	5	3	1	2	14	5	9
黄埔区	3	2	1				13	9	4
番禺区	3	2	1	2	1	1	17	12	5
花都区	5	3	2				9	4	5
南沙区							1		1
从化区									
增城区							2	1	1
韶关市	**1**		**1**						
武江区	1		1						
浈江区									
曲江区									
始兴县									
仁化县									
翁源县									
乳源瑶族自治县									
新丰县									
乐昌市									
南雄市									
深圳市	**43**	**28**	**15**	**36**	**21**	**15**	**134**	**65**	**69**
罗湖区	1	1					11	6	5
福田区	7	5	2	7	2	5	26	18	8
南山区				4	3	1	14	7	7
宝安区	12	6	6	7	3	4	24	12	12
龙岗区	5	3	2	8	5	3	21	5	16
盐田区									
龙华区	14	10	4	5	4	1	24	11	13
坪山区							5	3	2
光明区	4	3	1	5	4	1	9	3	6
珠海市	**17**	**9**	**8**	**9**	**3**	**6**	**15**	**5**	**10**
香洲区	16	8	8	6	2	4	7	4	3
斗门区							3	1	2
金湾区	1	1		3	1	2	5		5
汕头市							**1**		**1**
龙湖区									
金平区									
濠江区									
潮阳区							1		1
潮南区									
澄海区									
南澳县									
佛山市	**4**	**2**	**2**	**6**	**4**	**2**	**20**	**15**	**5**
禅城区							2		2
南海区				3	1	2	8	6	2
顺德区	4	2	2	3	3		10	9	1
三水区									
高明区									

1−4a　续表 49　　　　单位：人

地　　区	保安族			裕固族			京　　族		
	小计	男	女	小计	男	女	小计	男	女
江门市	**11**	**6**	**5**				**1**		**1**
蓬江区	8	4	4				1		1
江海区	3	2	1						
新会区									
台山市									
开平市									
鹤山市									
恩平市									
湛江市							**10**	**4**	**6**
赤坎区							1		1
霞山区							5	2	3
坡头区							1	1	
麻章区							2	1	1
遂溪县									
徐闻县									
廉江市									
雷州市									
吴川市							1		1
茂名市	**1**		**1**				**7**	**1**	**6**
茂南区							3	1	2
电白区									
高州市									
化州市	1		1				3		3
信宜市							1		1
肇庆市							**2**	**2**	
端州区							2	2	
鼎湖区									
高要区									
广宁县									
怀集县									
封开县									
德庆县									
四会市									
惠州市	**20**	**12**	**8**	**4**	**3**	**1**	**14**	**8**	**6**
惠城区	17	10	7	4	3	1	7	4	3
惠阳区							7	4	3
博罗县	3	2	1						
惠东县									
龙门县									
梅州市									
梅江区									
梅县区									
大埔县									
丰顺县									
五华县									
平远县									
蕉岭县									
兴宁市									

1-4a 续表 50　　单位：人

地 区	保安族			裕固族			京 族		
	小计	男	女	小计	男	女	小计	男	女
汕尾市									
城 区									
海丰县									
陆河县									
陆丰市									
河源市									
源城区									
紫金县									
龙川县									
连平县									
和平县									
东源县									
阳江市							**2**	**2**	
江城区							1	1	
阳东区							1	1	
阳西县									
阳春市									
清远市							**3**		**3**
清城区							2		2
清新区									
佛冈县									
阳山县									
连山壮族瑶族自治县									
连南瑶族自治县									
英德市							1		1
连州市									
东莞市	**35**	**23**	**12**	**6**	**3**	**3**	**57**	**29**	**28**
市辖区	35	23	12	6	3	3	57	29	28
中山市	**5**	**4**	**1**	**2**		**2**	**6**	**4**	**2**
市辖区	5	4	1	2		2	6	4	2
潮州市									
湘桥区									
潮安区									
饶平县									
揭阳市							**1**	**1**	
榕城区							1	1	
揭东区									
揭西县									
惠来县									
普宁市									
云浮市									
云城区									
云安区									
新兴县									
郁南县									
罗定市									

1-4a　续表 51　　单位：人

地　区	塔塔尔族			独 龙 族			鄂伦春族		
	小计	男	女	小计	男	女	小计	男	女
广　东	**13**	**9**	**4**	**65**	**33**	**32**	**53**	**28**	**25**
广州市	**5**	**4**	**1**	**10**	**3**	**7**	**13**	**8**	**5**
荔湾区									
越秀区				1		1			
海珠区				1	1				
天河区	1	1		1		1	3	2	1
白云区	2	1	1	6	1	5	2	1	1
黄埔区							6	4	2
番禺区	2	2		1	1		1	1	
花都区							1		1
南沙区									
从化区									
增城区									
韶关市							**2**		**2**
武江区							2		2
浈江区									
曲江区									
始兴县									
仁化县									
翁源县									
乳源瑶族自治县									
新丰县									
乐昌市									
南雄市									
深圳市	**4**	**2**	**2**	**11**	**6**	**5**	**27**	**13**	**14**
罗湖区				1	1		1	1	
福田区							5	3	2
南山区				1	1		4	1	3
宝安区	2	1	1	7	4	3	6	2	4
龙岗区	2	1	1	1		1	5	3	2
盐田区									
龙华区							5	2	3
坪山区									
光明区				1		1	1	1	
珠海市	**1**	**1**		**23**	**13**	**10**	**1**	**1**	
香洲区	1	1		8	2	6	1	1	
斗门区				5	4	1			
金湾区				10	7	3			
汕头市	**1**		**1**						
龙湖区	1		1						
金平区									
濠江区									
潮阳区									
潮南区									
澄海区									
南澳县									
佛山市	**1**	**1**		**5**	**2**	**3**	**6**	**4**	**2**
禅城区									
南海区	1	1		1		1	1	1	
顺德区				3	2	1	5	3	2
三水区				1		1			
高明区									

1-4a 续表 52

单位：人

地　　区	塔塔尔族			独 龙 族			鄂伦春族		
	小计	男	女	小计	男	女	小计	男	女
江门市									
蓬江区									
江海区									
新会区									
台山市									
开平市									
鹤山市									
恩平市									
湛江市							**1**		**1**
赤坎区									
霞山区							1		1
坡头区									
麻章区									
遂溪县									
徐闻县									
廉江市									
雷州市									
吴川市									
茂名市							**1**		**1**
茂南区							1		1
电白区									
高州市									
化州市									
信宜市									
肇庆市									
端州区									
鼎湖区									
高要区									
广宁县									
怀集县									
封开县									
德庆县									
四会市									
惠州市	**1**	**1**					**1**	**1**	
惠城区							1	1	
惠阳区	1	1							
博罗县									
惠东县									
龙门县									
梅州市									
梅江区									
梅县区									
大埔县									
丰顺县									
五华县									
平远县									
蕉岭县									
兴宁市									

1-4a　续表 53　　　　单位：人

地　区	塔塔尔族			独 龙 族			鄂伦春族		
	小计	男	女	小计	男	女	小计	男	女
汕尾市							**1**	**1**	
城　区							1	1	
海丰县									
陆河县									
陆丰市									
河源市									
源城区									
紫金县									
龙川县									
连平县									
和平县									
东源县									
阳江市				**2**	**1**	**1**			
江城区				2	1	1			
阳东区									
阳西县									
阳春市									
清远市									
清城区									
清新区									
佛冈县									
阳山县									
连山壮族瑶族自治县									
连南瑶族自治县									
英德市									
连州市									
东莞市				**14**	**8**	**6**			
市辖区				14	8	6			
中山市									
市辖区									
潮州市									
湘桥区									
潮安区									
饶平县									
揭阳市									
榕城区									
揭东区									
揭西县									
惠来县									
普宁市									
云浮市									
云城区									
云安区									
新兴县									
郁南县									
罗定市									

1－4a 续表 54 单位：人

地　区	赫哲族			门巴族			珞巴族		
	小计	男	女	小计	男	女	小计	男	女
广　东	**102**	**41**	**61**	**17**	**8**	**9**	**10**	**5**	**5**
广州市	**12**	**6**	**6**	**6**	**2**	**4**	**5**	**2**	**3**
荔湾区							1		1
越秀区	1		1	1		1			
海珠区	3	2	1						
天河区	2	1	1	4	2	2			
白云区	3	1	2				4	2	2
黄埔区				1		1			
番禺区	2	1	1						
花都区									
南沙区									
从化区									
增城区	1	1							
韶关市	**3**	**2**	**1**						
武江区	3	2	1						
浈江区									
曲江区									
始兴县									
仁化县									
翁源县									
乳源瑶族自治县									
新丰县									
乐昌市									
南雄市									
深圳市	**45**	**18**	**27**	**3**	**2**	**1**	**1**	**1**	
罗湖区	3	1	2						
福田区	3		3	1	1				
南山区	12	6	6				1	1	
宝安区	8	4	4						
龙岗区	10	3	7	1		1			
盐田区									
龙华区	7	2	5	1	1				
坪山区	2	2							
光明区									
珠海市	**17**	**10**	**7**	**1**		**1**			
香洲区	13	9	4	1		1			
斗门区	3	1	2						
金湾区	1		1						
汕头市				**1**		**1**			
龙湖区				1		1			
金平区									
濠江区									
潮阳区									
潮南区									
澄海区									
南澳县									
佛山市	**7**	**3**	**4**	**2**	**1**	**1**	**3**	**1**	**2**
禅城区				1		1	1		1
南海区	2	1	1	1	1		2	1	1
顺德区	4	2	2						
三水区	1		1						
高明区									

1-4a　续表 55　　　　单位：人

地　区	赫哲族			门巴族			珞巴族		
	小计	男	女	小计	男	女	小计	男	女
江门市	**1**		**1**						
蓬江区	1		1						
江海区									
新会区									
台山市									
开平市									
鹤山市									
恩平市									
湛江市	**1**		**1**						
赤坎区									
霞山区	1		1						
坡头区									
麻章区									
遂溪县									
徐闻县									
廉江市									
雷州市									
吴川市									
茂名市									
茂南区									
电白区									
高州市									
化州市									
信宜市									
肇庆市									
端州区									
鼎湖区									
高要区									
广宁县									
怀集县									
封开县									
德庆县									
四会市									
惠州市							**1**	**1**	
惠城区									
惠阳区							1	1	
博罗县									
惠东县									
龙门县									
梅州市									
梅江区									
梅县区									
大埔县									
丰顺县									
五华县									
平远县									
蕉岭县									
兴宁市									

1－4a 续表 56 单位：人

地　　区	赫哲族			门巴族			珞巴族		
	小计	男	女	小计	男	女	小计	男	女
汕尾市									
城　区									
海丰县									
陆河县									
陆丰市									
河源市									
源城区									
紫金县									
龙川县									
连平县									
和平县									
东源县									
阳江市									
江城区									
阳东区									
阳西县									
阳春市									
清远市									
清城区									
清新区									
佛冈县									
阳山县									
连山壮族瑶族自治县									
连南瑶族自治县									
英德市									
连州市									
东莞市	**13**	**2**	**11**	**2**	**1**	**1**			
市辖区	13	2	11	2	1	1			
中山市	**3**		**3**	**2**	**2**				
市辖区	3		3	2	2				
潮州市									
湘桥区									
潮安区									
饶平县									
揭阳市									
榕城区									
揭东区									
揭西县									
惠来县									
普宁市									
云浮市									
云城区									
云安区									
新兴县									
郁南县									
罗定市									

1-4a 续表 57 单位：人

地区	基诺族			未定族称人口			入籍		
	小计	男	女	小计	男	女	小计	男	女
广东	**81**	**36**	**45**	**9928**	**5842**	**4086**	**516**	**264**	**252**
广州市	**15**	**5**	**10**	**1332**	**743**	**589**	**97**	**50**	**47**
荔湾区	1	1		79	43	36	5	3	2
越秀区				55	24	31	4	1	3
海珠区	1		1	111	68	43	11	4	7
天河区	1		1	176	90	86	14	9	5
白云区	5	2	3	300	171	129	29	15	14
黄埔区	5	1	4	114	70	44	7	4	3
番禺区				272	148	124	8	4	4
花都区	2	1	1	118	72	46	15	7	8
南沙区				59	35	24	1	1	
从化区				4	1	3			
增城区				44	21	23	3	2	1
韶关市	**2**	**2**		**19**	**10**	**9**	**5**	**3**	**2**
武江区	2	2		11	7	4			
浈江区				3	1	2			
曲江区				2	2				
始兴县									
仁化县									
翁源县									
乳源瑶族自治县									
新丰县									
乐昌市				3		3			
南雄市							5	3	2
深圳市	**21**	**9**	**12**	**3691**	**2171**	**1520**	**160**	**92**	**68**
罗湖区				161	93	68	14	3	11
福田区	1		1	181	121	60	6	6	
南山区	7	2	5	134	74	60	13	6	7
宝安区	4	3	1	1649	975	674	55	33	22
龙岗区	8	3	5	470	284	186	29	17	12
盐田区				34	28	6	3	2	1
龙华区	1	1		493	281	212	19	14	5
坪山区				129	76	53			
光明区				440	239	201	21	11	10
珠海市	**1**	**1**		**252**	**122**	**130**	**13**	**8**	**5**
香洲区				89	43	46	9	6	3
斗门区				17	10	7			
金湾区	1	1		146	69	77	4	2	2
汕头市				**144**	**87**	**57**	**2**	**1**	**1**
龙湖区				39	25	14	1		1
金平区				26	14	12			
濠江区				3	1	2			
潮阳区				43	29	14	1	1	
潮南区				10	6	4			
澄海区				23	12	11			
南澳县									
佛山市	**2**	**2**		**744**	**451**	**293**	**19**	**10**	**9**
禅城区	1	1		52	24	28	5	4	1
南海区				233	148	85	8	3	5
顺德区	1	1		409	250	159	6	3	3
三水区				35	18	17			
高明区				15	11	4			

1－4a 续表 58

单位：人

地　区	基诺族			未定族称人口			入籍		
	小计	男	女	小计	男	女	小计	男	女
江门市	**2**		**2**	**118**	**63**	**55**	**4**	**1**	**3**
蓬江区				33	18	15	2	1	1
江海区	1		1	39	23	16	1		1
新会区				20	11	9			
台山市				8	4	4			
开平市				6	2	4			
鹤山市	1		1	9	5	4			
恩平市				3		3	1		1
湛江市				**67**	**29**	**38**	**9**		**9**
赤坎区				25	7	18			
霞山区				22	12	10	1		1
坡头区				9	4	5			
麻章区				2	2		2		2
遂溪县							1		1
徐闻县									
廉江市				2	1	1			
雷州市				1	1				
吴川市				6	2	4	5		5
茂名市				**51**	**19**	**32**	**12**	**2**	**10**
茂南区				17	10	7	4		4
电白区				4	1	3			
高州市				19	1	18	2		2
化州市				2	1	1	4	2	2
信宜市				9	6	3	2		2
肇庆市				**36**	**21**	**15**			
端州区				15	9	6			
鼎湖区				3	2	1			
高要区				7	3	4			
广宁县									
怀集县									
封开县									
德庆县									
四会市				11	7	4			
惠州市	**3**	**1**	**2**	**334**	**209**	**125**	**25**	**16**	**9**
惠城区	1	1		187	116	71	10	7	3
惠阳区	1		1	143	91	52	15	9	6
博罗县	1		1	4	2	2			
惠东县									
龙门县									
梅州市				**11**	**7**	**4**	**1**		**1**
梅江区				8	5	3			
梅县区				2	1	1	1		1
大埔县									
丰顺县									
五华县									
平远县									
蕉岭县									
兴宁市				1	1				

1-4a 续表 59　　　　单位：人

地　区	基诺族			未定族称人口			入　籍		
	小计	男	女	小计	男	女	小计	男	女
汕尾市				**7**	**3**	**4**			
城　区				6	3	3			
海丰县									
陆河县									
陆丰市				1		1			
河源市				**20**	**12**	**8**			
源城区				20	12	8			
紫金县									
龙川县									
连平县									
和平县									
东源县									
阳江市				**27**	**13**	**14**	**3**		**3**
江城区				24	13	11	2		2
阳东区				1		1			
阳西县									
阳春市				2		2	1		1
清远市				**51**	**24**	**27**	**4**	**1**	**3**
清城区				42	18	24	1		1
清新区				2	2		2	1	1
佛冈县									
阳山县									
连山壮族瑶族自治县									
连南瑶族自治县									
英德市				7	4	3	1		1
连州市									
东莞市	**34**	**15**	**19**	**2455**	**1510**	**945**	**144**	**73**	**71**
市辖区	34	15	19	2455	1510	945	144	73	71
中山市	**1**	**1**		**436**	**265**	**171**	**13**	**6**	**7**
市辖区	1	1		436	265	171	13	6	7
潮州市				**53**	**31**	**22**	**4**	**1**	**3**
湘桥区				24	13	11	1	1	
潮安区				29	18	11	3		3
饶平县									
揭阳市				**55**	**36**	**19**			
榕城区				11	7	4			
揭东区				15	10	5			
揭西县									
惠来县									
普宁市				29	19	10			
云浮市				**25**	**16**	**9**	**1**		**1**
云城区				18	13	5			
云安区									
新兴县									
郁南县									
罗定市				7	3	4	1		1

1-4b 各地区分性别、民族的人口(镇)

单位：人

地　区	合　计			汉　族		
	合计	男	女	小计	男	女
广　东	**17048413**	**8892530**	**8155883**	**16586885**	**8629402**	**7957483**
广州市	**1218371**	**657327**	**561044**	**1181256**	**635799**	**545457**
荔湾区						
越秀区						
海珠区						
天河区						
白云区	264504	143638	120866	255196	138492	116704
黄埔区	39683	19976	19707	38701	19459	19242
番禺区	66073	36871	29202	63238	35220	28018
花都区	101246	53724	47522	97217	51382	45835
南沙区	158019	86612	71407	151713	82682	69031
从化区	100105	57583	42522	98005	56260	41745
增城区	488741	258923	229818	477186	252304	224882
韶关市	**684648**	**340192**	**344456**	**669564**	**332555**	**337009**
武江区	2827	1433	1394	2744	1390	1354
浈江区	33602	19469	14133	32930	18907	14023
曲江区	28292	14833	13459	27742	14535	13207
始兴县	81780	38993	42787	79739	38059	41680
仁化县	76629	37638	38991	75138	36882	38256
翁源县	114951	55475	59476	114048	55071	58977
乳源瑶族自治县	86827	43062	43765	79124	39271	39853
新丰县	102680	51183	51497	102186	50905	51281
乐昌市	96819	48071	48748	96235	47783	48452
南雄市	60241	30035	30206	59678	29752	29926
深圳市	**6320**	**4600**	**1720**	**5799**	**4228**	**1571**
罗湖区						
福田区						
南山区	4025	3503	522	3590	3167	423
宝安区						
龙岗区						
盐田区						
龙华区						
坪山区	2295	1097	1198	2209	1061	1148
光明区						
珠海市	**309077**	**183153**	**125924**	**288108**	**169937**	**118171**
香洲区	51981	36371	15610	47372	33086	14286
斗门区	149473	82129	67344	140716	76946	63770
金湾区	107623	64653	42970	100020	59905	40115
汕头市	**1359381**	**692222**	**667159**	**1334348**	**677666**	**656682**
龙湖区						
金平区						
濠江区	5458	2759	2699	5382	2709	2673
潮阳区	621039	317945	303094	608929	310935	297994
潮南区	311173	157894	153279	308842	156521	152321
澄海区	370442	188042	182400	360200	182069	178131
南澳县	51269	25582	25687	50995	25432	25563
佛山市	**503633**	**286909**	**216724**	**471625**	**267422**	**204203**
禅城区	215016	119098	95918	207056	114331	92725
南海区	52028	29591	22437	48220	27278	20942
顺德区						
三水区	210331	123035	87296	192149	111921	80228
高明区	26258	15185	11073	24200	13892	10308

1-4b　续表 1　　　　　　　　　　　　　　　　　　　　　　　　　　　　单位：人

地　区	合　计			汉　族		
	合计	男	女	小计	男	女
江门市	**423723**	**227268**	**196455**	**397398**	**212312**	**185086**
蓬江区						
江海区						
新会区	122281	64733	57548	115212	60729	54483
台山市	76134	39361	36773	74863	38750	36113
开平市	92388	48986	43402	82508	43494	39014
鹤山市	77300	44539	32761	70218	40272	29946
恩平市	55620	29649	25971	54597	29067	25530
湛江市	**1185454**	**613165**	**572289**	**1179311**	**610053**	**569258**
赤坎区						
霞山区	4351	2264	2087	4326	2249	2077
坡头区	77379	39751	37628	76951	39535	37416
麻章区	108138	55298	52840	106637	54473	52164
遂溪县	268796	138059	130737	268190	137769	130421
徐闻县	238402	122959	115443	237031	122216	114815
廉江市	190022	99881	90141	188988	99419	89569
雷州市	165010	86608	78402	164794	86490	78304
吴川市	133356	68345	65011	132394	67902	64492
茂名市	**868859**	**453927**	**414932**	**863959**	**451747**	**412212**
茂南区	43810	23079	20731	43444	22916	20528
电白区	366207	191215	174992	364575	190485	174090
高州市	171899	90397	81502	170370	89659	80711
化州市	187564	98519	89045	186669	98140	88529
信宜市	99379	50717	48662	98901	50547	48354
肇庆市	**844493**	**441658**	**402835**	**825844**	**430580**	**395264**
端州区						
鼎湖区	36277	20275	16002	34400	19133	15267
高要区	162638	88576	74062	152292	82495	69797
广宁县	164249	82125	82124	163346	81558	81788
怀集县	221882	115517	106365	220272	114547	105725
封开县	124170	63928	60242	123528	63555	59973
德庆县	99967	51163	48804	99338	50846	48492
四会市	35310	20074	15236	32668	18446	14222
惠州市	**1730389**	**915308**	**815081**	**1665265**	**877704**	**787561**
惠城区	132379	72014	60365	125712	68025	57687
惠阳区	121096	66850	54246	112328	61709	50619
博罗县	690344	367614	322730	654726	347089	307637
惠东县	640377	335527	304850	629992	329505	300487
龙门县	146193	73303	72890	142507	71376	71131
梅州市	**1045097**	**524592**	**520505**	**1042584**	**523226**	**519358**
梅江区	6393	3256	3137	6346	3229	3117
梅县区	44110	22932	21178	43851	22784	21067
大埔县	154719	75994	78725	154423	75863	78560
丰顺县	254264	130261	124003	253659	129919	123740
五华县	317195	159788	157407	316585	159444	157141
平远县	95296	46691	48605	95104	46603	48501
蕉岭县	101777	49532	52245	101587	49455	52132
兴宁市	71343	36138	35205	71029	35929	35100

1-4b 续表 2

单位：人

地 区	合 计			汉 族		
	合计	男	女	小计	男	女
汕尾市	**1033314**	**532944**	**500370**	**1028206**	**529977**	**498229**
城 区	41739	21953	19786	41312	21673	19639
海丰县	537278	279165	258113	533511	277013	256498
陆河县	133178	67632	65546	132740	67351	65389
陆丰市	321119	164194	156925	320643	163940	156703
河源市	**744768**	**369516**	**375252**	**737091**	**365269**	**371822**
源城区	31550	16894	14656	29655	15759	13896
紫金县	207394	103735	103659	206119	102997	103122
龙川县	197714	95529	102185	196774	95095	101679
连平县	105906	52525	53381	105234	52138	53096
和平县	115301	56201	59100	114844	55927	58917
东源县	86903	44632	42271	84465	43353	41112
阳江市	**404604**	**212074**	**192530**	**399425**	**209177**	**190248**
江城区	53343	27783	25560	52141	27120	25021
阳东区	62768	35250	27518	60903	34132	26771
阳西县	189866	98250	91616	188792	97688	91104
阳春市	98627	50791	47836	97589	50237	47352
清远市	**925109**	**474940**	**450169**	**858544**	**440212**	**418332**
清城区	266427	143267	123160	257182	137718	119464
清新区	40346	21184	19162	39932	20930	19002
佛冈县	136789	69001	67788	135749	68443	67306
阳山县	154401	76232	78169	153631	75831	77800
连山壮族瑶族自治县	38758	19294	19464	14494	6791	7703
连南瑶族自治县	61042	30232	30810	32311	15805	16506
英德市	192781	98225	94556	191028	97338	93690
连州市	34565	17505	17060	34217	17356	16861
东莞市	**87319**	**49443**	**37876**	**78384**	**44212**	**34172**
市辖区	87319	49443	37876	78384	44212	34172
中山市	**1099098**	**601373**	**497725**	**1004780**	**546555**	**458225**
市辖区	1099098	601373	497725	1004780	546555	458225
潮州市	**715083**	**361981**	**353102**	**706497**	**356989**	**349508**
湘桥区	78845	38286	40559	77669	37603	40066
潮安区	241602	123982	117620	234973	120104	114869
饶平县	394636	199713	194923	393855	199282	194573
揭阳市	**1389331**	**712132**	**677199**	**1382039**	**707805**	**674234**
榕城区	89992	46186	43806	88887	45542	43345
揭东区	205611	107930	97681	203105	106344	96761
揭西县	209233	107166	102067	208174	106563	101611
惠来县	437430	222177	215253	437008	221936	215072
普宁市	447065	228673	218392	444865	227420	217445
云浮市	**470342**	**237806**	**232536**	**466858**	**235977**	**230881**
云城区						
云安区	47599	25018	22581	47153	24758	22395
新兴县	185930	93120	92810	183676	91893	91783
郁南县	160255	80747	79508	159773	80526	79247
罗定市	76558	38921	37637	76256	38800	37456

1-4b 续表 3

单位：人

地 区	蒙古族			回 族			藏 族		
	小计	男	女	小计	男	女	小计	男	女
广 东	**1890**	**1050**	**840**	**4729**	**2786**	**1943**	**885**	**442**	**443**
广州市	**462**	**234**	**228**	**704**	**372**	**332**	**85**	**42**	**43**
荔湾区									
越秀区									
海珠区									
天河区									
白云区	175	82	93	158	79	79	34	16	18
黄埔区	34	18	16	48	21	27	2	1	1
番禺区	23	13	10	58	33	25	4	1	3
花都区	55	21	34	114	63	51	5	3	2
南沙区	28	22	6	55	28	27	12	4	8
从化区	29	16	13	56	33	23	12	9	3
增城区	118	62	56	215	115	100	16	8	8
韶关市	**49**	**32**	**17**	**82**	**53**	**29**	**21**	**9**	**12**
武江区									
浈江区	3	2	1	12	10	2	1	1	
曲江区				1		1	1	1	
始兴县	5	3	2	10	7	3	5	2	3
仁化县	12	9	3	17	10	7	2		2
翁源县	7	4	3	11	6	5	3	1	2
乳源瑶族自治县	10	6	4	13	9	4	2	1	1
新丰县	5	4	1	12	6	6	1		1
乐昌市	5	3	2	4	3	1	5	2	3
南雄市	2	1	1	2	2		1	1	
深圳市				**13**	**7**	**6**	**2**	**2**	
罗湖区									
福田区									
南山区				7	5	2	2	2	
宝安区									
龙岗区									
盐田区									
龙华区									
坪山区				6	2	4			
光明区									
珠海市	**187**	**116**	**71**	**358**	**230**	**128**	**45**	**32**	**13**
香洲区	50	27	23	133	79	54	10	8	2
斗门区	76	44	32	115	76	39	16	11	5
金湾区	61	45	16	110	75	35	19	13	6
汕头市	**50**	**33**	**17**	**125**	**71**	**54**	**18**	**9**	**9**
龙湖区									
金平区									
濠江区									
潮阳区	8	4	4	38	19	19	3	1	2
潮南区	1		1	23	11	12	10	6	4
澄海区	39	29	10	62	40	22	4	2	2
南澳县	2		2	2	1	1	1		1
佛山市	**92**	**50**	**42**	**395**	**256**	**139**	**106**	**49**	**57**
禅城区	41	16	25	76	44	32	67	30	37
南海区	3	2	1	34	21	13	7	3	4
顺德区									
三水区	41	27	14	90	52	38	23	10	13
高明区	7	5	2	195	139	56	9	6	3

1-4b 续表 4

单位：人

地区	蒙古族			回族			藏族		
	小计	男	女	小计	男	女	小计	男	女
江门市	**42**	**28**	**14**	**147**	**80**	**67**	**58**	**30**	**28**
蓬江区									
江海区									
新会区	6	5	1	32	13	19	2	1	1
台山市	2	1	1	9	6	3	2		2
开平市	12	7	5	17	10	7	17	7	10
鹤山市	19	12	7	84	47	37	13	9	4
恩平市	3	3		5	4	1	24	13	11
湛江市	**27**	**17**	**10**	**134**	**82**	**52**	**23**	**7**	**16**
赤坎区									
霞山区									
坡头区				4	2	2			
麻章区	17	13	4	75	48	27	12	7	5
遂溪县	2	1	1	19	9	10	2		2
徐闻县	6	3	3	16	11	5			
廉江市	2		2	6	5	1	9		9
雷州市				12	7	5			
吴川市				2		2			
茂名市	**13**	**6**	**7**	**31**	**12**	**19**	**32**	**4**	**28**
茂南区	1		1	3		3	2		2
电白区	6	4	2	12	5	7	4		4
高州市	3	1	2	9	3	6	9		9
化州市	1	1		4	1	3	9	1	8
信宜市	2		2	3	3		8	3	5
肇庆市	**70**	**50**	**20**	**113**	**64**	**49**	**24**	**15**	**9**
端州区									
鼎湖区	12	11	1	4	1	3			
高要区	38	25	13	28	17	11	12	8	4
广宁县	1	1		10	6	4	2	1	1
怀集县	3	2	1	3	1	2	2	2	
封开县	8	5	3	10	7	3	2	2	
德庆县	2	2		14	6	8	1		1
四会市	6	4	2	44	26	18	5	2	3
惠州市	**255**	**142**	**113**	**701**	**414**	**287**	**131**	**69**	**62**
惠城区	34	24	10	100	61	39	12	6	6
惠阳区	17	9	8	81	42	39	10	3	7
博罗县	114	59	55	394	234	160	73	43	30
惠东县	82	47	35	107	66	41	26	12	14
龙门县	8	3	5	19	11	8	10	5	5
梅州市	**13**	**8**	**5**	**61**	**35**	**26**	**14**	**6**	**8**
梅江区									
梅县区	1	1		5	3	2	1		1
大埔县	3	2	1	8	3	5	3	1	2
丰顺县	3	1	2	14	9	5	1		1
五华县	4	2	2	19	12	7	3	1	2
平远县	1	1		3	3		3	1	2
蕉岭县				9	4	5	1	1	
兴宁市	1	1		3	1	2	2	2	

1-4b　续表 5　　　　单位：人

地　区	蒙古族			回　族			藏　族		
	小计	男	女	小计	男	女	小计	男	女
汕尾市	**42**	**20**	**22**	**110**	**67**	**43**	**10**	**3**	**7**
城　区	6	2	4	6	1	5			
海丰县	29	15	14	77	48	29	7	1	6
陆河县	2	1	1	12	7	5	3	2	1
陆丰市	5	2	3	15	11	4			
河源市	**30**	**15**	**15**	**113**	**73**	**40**	**22**	**10**	**12**
源城区	2	1	1	51	34	17	3	1	2
紫金县	9	3	6	12	6	6	1	1	
龙川县	4	2	2	21	15	6	10	4	6
连平县	4	2	2	10	6	4	3	2	1
和平县	5	2	3	6	4	2	2		2
东源县	6	5	1	13	8	5	3	2	1
阳江市	**10**	**4**	**6**	**38**	**20**	**18**	**60**	**29**	**31**
江城区	2		2	6	2	4	10	3	7
阳东区	2		2	8	5	3	40	23	17
阳西县	4	3	1	22	13	9	4	1	3
阳春市	2	1	1	2		2	6	2	4
清远市	**115**	**62**	**53**	**251**	**153**	**98**	**37**	**16**	**21**
清城区	79	40	39	147	94	53	16	8	8
清新区	6	3	3	9	4	5	4	4	
佛冈县	9	6	3	59	34	25	4	2	2
阳山县	3	2	1	9	7	2	2		2
连山壮族瑶族自治县	7	5	2	8	4	4			
连南瑶族自治县	2	2		6	3	3	5	2	3
英德市	6	3	3	12	6	6	5		5
连州市	3	1	2	1	1		1		1
东莞市	**22**	**14**	**8**	**120**	**73**	**47**	**14**	**11**	**3**
市辖区	22	14	8	120	73	47	14	11	3
中山市	**357**	**194**	**163**	**1068**	**632**	**436**	**158**	**89**	**69**
市辖区	357	194	163	1068	632	436	158	89	69
潮州市	**17**	**7**	**10**	**40**	**17**	**23**	**6**	**2**	**4**
湘桥区	6	4	2	9	4	5	1	1	
潮安区	7	2	5	9	5	4	2		2
饶平县	4	1	3	22	8	14	3	1	2
揭阳市	**14**	**8**	**6**	**73**	**39**	**34**	**8**	**4**	**4**
榕城区	5	4	1	8	4	4	1		1
揭东区	5	3	2	11	5	6	1	1	
揭西县				4	3	1	1	1	
惠来县	2	1	1	17	11	6	4	2	2
普宁市	2		2	33	16	17	1		1
云浮市	**23**	**10**	**13**	**52**	**36**	**16**	**11**	**4**	**7**
云城区									
云安区	2	2		26	22	4			
新兴县	17	6	11	13	10	3	4	2	2
郁南县	2	1	1	12	4	8	6	2	4
罗定市	2	1	1	1		1	1		1

1-4b 续表 6

单位：人

地区	维吾尔族			苗族			彝族		
	小计	男	女	小计	男	女	小计	男	女
广东	**755**	**408**	**347**	**61194**	**35962**	**25232**	**11551**	**6660**	**4891**
广州市	**197**	**81**	**116**	**4488**	**2675**	**1813**	**890**	**519**	**371**
荔湾区									
越秀区									
海珠区									
天河区									
白云区	51	17	34	960	574	386	171	90	81
黄埔区	2	2		88	52	36	11	5	6
番禺区	72	22	50	314	190	124	67	40	27
花都区	10	4	6	479	277	202	113	63	50
南沙区	7	4	3	773	499	274	236	149	87
从化区	15	12	3	309	198	111	90	60	30
增城区	40	20	20	1565	885	680	202	112	90
韶关市	**17**	**9**	**8**	**519**	**305**	**214**	**133**	**84**	**49**
武江区				4	3	1	1		1
浈江区				83	68	15	53	50	3
曲江区				43	31	12	8	6	2
始兴县	4	1	3	55	23	32	16	4	12
仁化县	1		1	47	29	18	11	4	7
翁源县	8	5	3	67	30	37	7		7
乳源瑶族自治县	1	1		88	41	47	9	6	3
新丰县	2	2		72	47	25	14	9	5
乐昌市				41	25	16	13	4	9
南雄市	1		1	19	8	11	1	1	
深圳市				**58**	**44**	**14**	**82**	**54**	**28**
罗湖区									
福田区									
南山区				42	37	5	82	54	28
宝安区									
龙岗区									
盐田区									
龙华区									
坪山区				16	7	9			
光明区									
珠海市	**13**	**11**	**2**	**2084**	**1324**	**760**	**973**	**587**	**386**
香洲区	3	3		598	417	181	171	118	53
斗门区	4	4		796	457	339	253	142	111
金湾区	6	4	2	690	450	240	549	327	222
汕头市	**10**	**8**	**2**	**7393**	**4340**	**3053**	**843**	**518**	**325**
龙湖区									
金平区									
濠江区				28	17	11	7	6	1
潮阳区	1	1		2673	1587	1086	198	126	72
潮南区	4	4		658	382	276	75	44	31
澄海区	5	3	2	3952	2310	1642	561	340	221
南澳县				82	44	38	2	2	
佛山市	**23**	**13**	**10**	**3227**	**1990**	**1237**	**884**	**540**	**344**
禅城区	13	6	7	686	422	264	97	57	40
南海区				395	244	151	129	74	55
顺德区									
三水区	10	7	3	1879	1157	722	606	379	227
高明区				267	167	100	52	30	22

1-4b　续表 7　　　　单位：人

地　区	维吾尔族			苗　族			彝　族		
	小计	男	女	小计	男	女	小计	男	女
江门市	**6**	**3**	**3**	**2523**	**1444**	**1079**	**775**	**468**	**307**
蓬江区									
江海区									
新会区				728	424	304	97	51	46
台山市	1		1	113	60	53	6	5	1
开平市	1	1		825	440	385	140	86	54
鹤山市	1	1		716	439	277	509	313	196
恩平市	3	1	2	141	81	60	23	13	10
湛江市	**33**	**9**	**24**	**672**	**376**	**296**	**153**	**62**	**91**
赤坎区									
霞山区				7	3	4			
坡头区	1		1	52	31	21	11	4	7
麻章区	29	8	21	175	112	63	39	21	18
遂溪县				85	48	37	13	5	8
徐闻县	1		1	166	94	72	19	2	17
廉江市				57	28	29	8	4	4
雷州市	2	1	1	14	9	5	1		1
吴川市				116	51	65	62	26	36
茂名市	**9**	**2**	**7**	**826**	**393**	**433**	**107**	**47**	**60**
茂南区				30	16	14	4	1	3
电白区	5	2	3	431	205	226	43	16	27
高州市				189	79	110	37	17	20
化州市	3		3	83	43	40	18	13	5
信宜市	1		1	93	50	43	5		5
肇庆市	**9**	**8**	**1**	**2377**	**1454**	**923**	**270**	**171**	**99**
端州区									
鼎湖区	1	1		222	141	81	37	23	14
高要区	2	2		1469	880	589	107	57	50
广宁县	2	2		116	72	44	18	12	6
怀集县	2	2		241	150	91	33	28	5
封开县				38	27	11	19	15	4
德庆县	1		1	89	50	39	10	6	4
四会市	1	1		202	134	68	46	30	16
惠州市	**78**	**47**	**31**	**14340**	**8443**	**5897**	**2644**	**1440**	**1204**
惠城区	4	3	1	1564	929	635	393	234	159
惠阳区	5	2	3	1954	1151	803	310	160	150
博罗县	21	11	10	8233	4827	3406	1577	862	715
惠东县	46	29	17	2205	1308	897	322	165	157
龙门县	2	2		384	228	156	42	19	23
梅州市	**32**	**17**	**15**	**552**	**355**	**197**	**150**	**103**	**47**
梅江区				6	4	2			
梅县区	3		3	73	47	26	15	9	6
大埔县	3	2	1	42	23	19	11	5	6
丰顺县	5	4	1	144	97	47	72	54	18
五华县	13	8	5	162	107	55	13	8	5
平远县	1	1		23	11	12	13	7	6
蕉岭县	7	2	5	30	15	15	8	5	3
兴宁市				72	51	21	18	15	3

1-4b 续表 8

单位：人

地区	维吾尔族			苗族			彝族		
	小计	男	女	小计	男	女	小计	男	女
汕尾市	**38**	**24**	**14**	**882**	**534**	**348**	**219**	**126**	**93**
城　区	2		2	104	69	35	16	10	6
海丰县	25	17	8	568	325	243	160	90	70
陆河县	4	3	1	105	80	25	19	14	5
陆丰市	7	4	3	105	60	45	24	12	12
河源市	**22**	**14**	**8**	**1486**	**910**	**576**	**535**	**282**	**253**
源城区	1	1		431	270	161	143	87	56
紫金县	3	1	2	340	215	125	68	38	30
龙川县	9	7	2	159	90	69	44	11	33
连平县	8	4	4	80	45	35	8	3	5
和平县	1	1		117	89	28	16	6	10
东源县				359	201	158	256	137	119
阳江市	**12**	**7**	**5**	**974**	**549**	**425**	**65**	**34**	**31**
江城区	3	2	1	277	141	136	19	12	7
阳东区				214	132	82	13	7	6
阳西县	9	5	4	356	209	147	24	10	14
阳春市				127	67	60	9	5	4
清远市	**113**	**71**	**42**	**2307**	**1346**	**961**	**343**	**225**	**118**
清城区	6	3	3	1435	869	566	236	162	74
清新区	22	20	2	46	27	19	5	4	1
佛冈县	82	48	34	144	78	66	48	30	18
阳山县				43	29	14	9	7	2
连山壮族瑶族自治县				39	21	18	3		3
连南瑶族自治县				52	26	26	1	1	
英德市	3		3	516	277	239	36	18	18
连州市				32	19	13	5	3	2
东莞市	**4**	**1**	**3**	**1384**	**801**	**583**	**467**	**279**	**188**
市辖区	4	1	3	1384	801	583	467	279	188
中山市	**114**	**66**	**48**	**9051**	**5088**	**3963**	**1614**	**901**	**713**
市辖区	114	66	48	9051	5088	3963	1614	901	713
潮州市	**6**	**4**	**2**	**3247**	**1898**	**1349**	**177**	**92**	**85**
湘桥区				314	171	143	36	21	15
潮安区				2638	1545	1093	110	61	49
饶平县	6	4	2	295	182	113	31	10	21
揭阳市	**16**	**10**	**6**	**2365**	**1434**	**931**	**147**	**84**	**63**
榕城区	2	1	1	505	301	204	23	12	11
揭东区	2	2		869	544	325	57	41	16
揭西县	8	4	4	198	126	72	14	5	9
惠来县	2	1	1	117	60	57	14	8	6
普宁市	2	2		676	403	273	39	18	21
云浮市	**3**	**3**		**439**	**259**	**180**	**80**	**44**	**36**
云城区									
云安区				86	52	34	14	4	10
新兴县	2	2		269	163	106	61	37	24
郁南县	1	1		48	29	19			
罗定市				36	15	21	5	3	2

1-4b 续表 9

单位：人

地　区	壮族			布依族			朝鲜族		
	小计	男	女	小计	男	女	小计	男	女
广　东	**186772**	**106449**	**80323**	**18662**	**10780**	**7882**	**1374**	**728**	**646**
广州市	**15502**	**8928**	**6574**	**1383**	**840**	**543**	**443**	**220**	**223**
荔湾区									
越秀区									
海珠区									
天河区									
白云区	4168	2342	1826	330	185	145	44	26	18
黄埔区	289	150	139	25	16	9	50	21	29
番禺区	1286	777	509	101	49	52	5	2	3
花都区	1640	979	661	168	106	62	169	80	89
南沙区	2776	1644	1132	217	144	73	2	2	
从化区	725	439	286	76	53	23	14	8	6
增城区	4618	2597	2021	466	287	179	159	81	78
韶关市	**1348**	**633**	**715**	**161**	**100**	**61**	**9**	**6**	**3**
武江区	7	2	5						
浈江区	173	146	27	51	48	3	2	2	
曲江区	92	46	46	5	3	2			
始兴县	163	59	104	22	11	11	2	1	1
仁化县	173	77	96	14	3	11			
翁源县	197	77	120	9	5	4	3	2	1
乳源瑶族自治县	266	110	156	29	15	14	1		1
新丰县	124	55	69	6	2	4			
乐昌市	100	38	62	18	9	9			
南雄市	53	23	30	7	4	3	1	1	
深圳市	**73**	**55**	**18**	**8**	**5**	**3**	**1**		**1**
罗湖区									
福田区									
南山区	66	52	14	5	4	1			
宝安区									
龙岗区									
盐田区									
龙华区									
坪山区	7	3	4	3	1	2	1		1
光明区									
珠海市	**9330**	**5715**	**3615**	**495**	**303**	**192**	**50**	**26**	**24**
香洲区	1509	1061	448	117	87	30	14	4	10
斗门区	4283	2516	1767	220	124	96	23	12	11
金湾区	3538	2138	1400	158	92	66	13	10	3
汕头市	**8887**	**5064**	**3823**	**2826**	**1654**	**1172**	**12**	**7**	**5**
龙湖区									
金平区									
濠江区	21	11	10	4	3	1			
潮阳区	6414	3656	2758	161	97	64	4	3	1
潮南区	1002	584	418	65	40	25			
澄海区	1399	787	612	2574	1497	1077	6	2	4
南澳县	51	26	25	22	17	5	2	2	
佛山市	**15529**	**9452**	**6077**	**802**	**478**	**324**	**36**	**19**	**17**
禅城区	4659	2779	1880	248	152	96	22	9	13
南海区	1831	1116	715	110	75	35	5	5	
顺德区									
三水区	8239	5062	3177	387	216	171	9	5	4
高明区	800	495	305	57	35	22			

1-4b 续表 10

单位：人

地区	壮族			布依族			朝鲜族		
	小计	男	女	小计	男	女	小计	男	女
江门市	**14683**	**8315**	**6368**	**687**	**382**	**305**	**15**	**6**	**9**
蓬江区									
江海区									
新会区	3841	2165	1676	158	91	67	5	2	3
台山市	837	373	464	25	12	13	1	1	
开平市	5868	3293	2575	348	189	159	3	1	2
鹤山市	3618	2187	1431	135	80	55	1	1	
恩平市	519	297	222	21	10	11	5	1	4
湛江市	**3117**	**1579**	**1538**	**321**	**174**	**147**	**24**	**18**	**6**
赤坎区									
霞山区	14	10	4	1		1			
坡头区	208	107	101	28	16	12	3	2	1
麻章区	590	328	262	44	20	24	12	9	3
遂溪县	269	121	148	28	13	15	6	5	1
徐闻县	720	410	310	127	79	48			
廉江市	647	277	370	63	27	36	3	2	1
雷州市	120	62	58	1	1				
吴川市	549	264	285	29	18	11			
茂名市	**2544**	**1136**	**1408**	**210**	**89**	**121**	**10**	**6**	**4**
茂南区	224	113	111	23	9	14			
电白区	687	312	375	98	46	52	5	3	2
高州市	848	416	432	54	20	34			
化州市	566	226	340	25	10	15	4	3	1
信宜市	219	69	150	10	4	6	1		1
肇庆市	**8125**	**4639**	**3486**	**321**	**186**	**135**	**6**	**2**	**4**
端州区									
鼎湖区	779	462	317	50	32	18			
高要区	4392	2504	1888	152	88	64			
广宁县	344	194	150	23	18	5			
怀集县	616	320	296	28	14	14	3	1	2
封开县	329	169	160	3	1	2	3	1	2
德庆县	266	126	140	16	9	7			
四会市	1399	864	535	49	24	25			
惠州市	**18791**	**10795**	**7996**	**4193**	**2426**	**1767**	**240**	**136**	**104**
惠城区	1832	1073	759	445	264	181	59	32	27
惠阳区	2867	1677	1190	605	350	255	10	7	3
博罗县	11009	6303	4706	2165	1246	919	135	74	61
惠东县	2692	1534	1158	919	526	393	35	22	13
龙门县	391	208	183	59	40	19	1	1	
梅州市	**658**	**283**	**375**	**92**	**49**	**43**	**5**	**3**	**2**
梅江区	23	12	11	5	3	2			
梅县区	58	22	36	7	2	5			
大埔县	102	45	57	11	5	6	4	2	2
丰顺县	145	66	79	16	5	11			
五华县	148	66	82	19	12	7			
平远县	62	23	39	7	5	2			
蕉岭县	54	14	40	6	4	2	1	1	
兴宁市	66	35	31	21	13	8			

1-4b 续表 11

单位：人

地区	壮族			布依族			朝鲜族		
	小计	男	女	小计	男	女	小计	男	女
汕尾市	**2001**	**1107**	**894**	**151**	**105**	**46**	**6**	**3**	**3**
城　区	122	76	46	23	14	9			
海丰县	1644	911	733	111	80	31	2	1	1
陆河县	95	54	41	7	3	4	2	1	1
陆丰市	140	66	74	10	8	2	2	1	1
河源市	**1482**	**693**	**789**	**219**	**119**	**100**	**10**	**6**	**4**
源城区	437	218	219	95	58	37	6	3	3
紫金县	271	128	143	31	16	15	1		1
龙川县	174	53	121	33	19	14	1	1	
连平县	97	51	46	9	3	6	1	1	
和平县	85	39	46	2	2				
东源县	418	204	214	49	21	28	1	1	
阳江市	**2473**	**1386**	**1087**	**114**	**60**	**54**	**6**	**4**	**2**
江城区	635	362	273	17	9	8			
阳东区	1283	771	512	32	17	15	4	2	2
阳西县	359	174	185	45	22	23	2	2	
阳春市	196	79	117	20	12	8			
清远市	**22272**	**11683**	**10589**	**342**	**189**	**153**	**251**	**126**	**125**
清城区	2199	1302	897	244	139	105	242	122	120
清新区	158	94	64	8	5	3	3	2	1
佛冈县	328	170	158	41	24	17	3	1	2
阳山县	153	67	86	3	1	2	3	1	2
连山壮族瑶族自治县	17687	9170	8517	10	2	8			
连南瑶族自治县	1092	590	502	5	2	3			
英德市	600	271	329	23	11	12			
连州市	55	19	36	8	5	3			
东莞市	**3329**	**1954**	**1375**	**852**	**494**	**358**	**9**	**6**	**3**
市辖区	3329	1954	1375	852	494	358	9	6	3
中山市	**50998**	**29910**	**21088**	**3821**	**2136**	**1685**	**223**	**123**	**100**
市辖区	50998	29910	21088	3821	2136	1685	223	123	100
潮州市	**2228**	**1296**	**932**	**1194**	**722**	**472**			
湘桥区	319	185	134	259	162	97			
潮安区	1763	1028	735	896	539	357			
饶平县	146	83	63	39	21	18			
揭阳市	**1854**	**1052**	**802**	**383**	**228**	**155**	**6**	**5**	**1**
榕城区	206	102	104	106	59	47			
揭东区	657	393	264	140	91	49	1	1	
揭西县	392	221	171	34	21	13			
惠来县	105	63	42	25	15	10	5	4	1
普宁市	494	273	221	78	42	36			
云浮市	**1548**	**774**	**774**	**87**	**41**	**46**	**12**	**6**	**6**
云城区									
云安区	172	97	75	10	3	7	4	2	2
新兴县	971	524	447	58	30	28	8	4	4
郁南县	249	99	150	14	7	7			
罗定市	156	54	102	5	1	4			

1-4b 续表 12 单位：人

地区	满族			侗族			瑶族		
	小计	男	女	小计	男	女	小计	男	女
广东	**2869**	**1595**	**1274**	**19586**	**11889**	**7697**	**79568**	**42568**	**37000**
广州市	**660**	**359**	**301**	**1818**	**1124**	**694**	**4006**	**2302**	**1704**
荔湾区									
越秀区									
海珠区									
天河区									
白云区	124	65	59	372	212	160	1128	570	558
黄埔区	63	32	31	49	23	26	86	50	36
番禺区	11	7	4	126	73	53	236	141	95
花都区	92	47	45	161	98	63	411	246	165
南沙区	51	41	10	272	193	79	954	594	360
从化区	43	25	18	105	70	35	224	137	87
增城区	276	142	134	733	455	278	967	564	403
韶关市	**92**	**55**	**37**	**160**	**96**	**64**	**9737**	**4782**	**4955**
武江区	1		1	2	1	1	64	34	30
浈江区	3	3		28	20	8	139	105	34
曲江区	4	3	1	11	5	6	341	178	163
始兴县	6	5	1	18	10	8	831	363	468
仁化县	17	13	4	35	22	13	908	442	466
翁源县	17	8	9	10	2	8	442	224	218
乳源瑶族自治县	32	16	16	18	14	4	6631	3243	3388
新丰县	9	5	4	17	9	8	68	40	28
乐昌市	2	1	1	17	12	5	296	147	149
南雄市	1	1		4	1	3	17	6	11
深圳市	**40**	**29**	**11**	**26**	**16**	**10**	**19**	**13**	**6**
罗湖区									
福田区									
南山区	29	25	4	13	11	2	19	13	6
宝安区									
龙岗区									
盐田区									
龙华区									
坪山区	11	4	7	13	5	8			
光明区									
珠海市	**344**	**212**	**132**	**837**	**594**	**243**	**2325**	**1474**	**851**
香洲区	132	78	54	329	261	68	448	305	143
斗门区	141	80	61	279	180	99	1036	635	401
金湾区	71	54	17	229	153	76	841	534	307
汕头市	**27**	**15**	**12**	**1350**	**839**	**511**	**644**	**388**	**256**
龙湖区									
金平区									
濠江区				12	9	3			
潮阳区	22	11	11	526	307	219	413	253	160
潮南区	2	1	1	216	141	75	107	57	50
澄海区	3	3		549	354	195	118	75	43
南澳县				47	28	19	6	3	3
佛山市	**120**	**69**	**51**	**1543**	**964**	**579**	**2914**	**1769**	**1145**
禅城区	50	25	25	258	175	83	698	422	276
南海区	9	7	2	288	169	119	368	226	142
顺德区									
三水区	60	37	23	888	551	337	1650	1006	644
高明区	1		1	109	69	40	198	115	83

1-4b　续表 13　　　　单位：人

地　区	满族			侗族			瑶族		
	小计	男	女	小计	男	女	小计	男	女
江门市	**27**	**14**	**13**	**638**	**383**	**255**	**2204**	**1233**	**971**
蓬江区									
江海区									
新会区	1		1	154	89	65	964	526	438
台山市	1	1		30	18	12	126	63	63
开平市	4	2	2	168	105	63	501	283	218
鹤山市	17	9	8	250	149	101	519	310	209
恩平市	4	2	2	36	22	14	94	51	43
湛江市	**57**	**28**	**29**	**283**	**174**	**109**	**458**	**229**	**229**
赤坎区									
霞山区									
坡头区	2	2		39	25	14	19	9	10
麻章区	35	19	16	64	38	26	158	70	88
遂溪县	7	3	4	12	6	6	56	28	28
徐闻县	4	1	3	77	45	32	61	35	26
廉江市	7	3	4	39	25	14	99	49	50
雷州市	1		1	4	3	1	23	14	9
吴川市	1		1	48	32	16	42	24	18
茂名市	**15**	**8**	**7**	**124**	**53**	**71**	**463**	**227**	**236**
茂南区				8	3	5	10	4	6
电白区	10	6	4	55	19	36	53	26	27
高州市	1	1		28	15	13	283	154	129
化州市	3	1	2	23	13	10	70	25	45
信宜市	1		1	10	3	7	47	18	29
肇庆市	**50**	**33**	**17**	**2591**	**1601**	**990**	**1657**	**978**	**679**
端州区									
鼎湖区	3	3		120	90	30	175	102	73
高要区	2	2		2199	1340	859	642	375	267
广宁县	8	4	4	47	31	16	92	48	44
怀集县	4	2	2	96	63	33	310	187	123
封开县	10	9	1	33	21	12	119	78	41
德庆县	12	8	4	41	25	16	68	33	35
四会市	11	5	6	55	31	24	251	155	96
惠州市	**371**	**204**	**167**	**3122**	**1818**	**1304**	**5521**	**3055**	**2466**
惠城区	56	30	26	271	181	90	334	204	130
惠阳区	26	21	5	497	296	201	536	325	211
博罗县	189	92	97	1318	730	588	1956	1150	806
惠东县	79	51	28	927	556	371	675	390	285
龙门县	21	10	11	109	55	54	2020	986	1034
梅州市	**24**	**15**	**9**	**131**	**70**	**61**	**157**	**68**	**89**
梅江区				1	1				
梅县区	1		1	16	12	4	13	6	7
大埔县	3	2	1	13	5	8	27	5	22
丰顺县	5	4	1	19	10	9	38	21	17
五华县	3	3		45	25	20	29	10	19
平远县	8	4	4	17	8	9	21	10	11
蕉岭县	4	2	2	10	2	8	14	7	7
兴宁市				10	7	3	15	9	6

1-4b 续表 14

单位：人

地　区	满　族			侗　族			瑶　族		
	小计	男	女	小计	男	女	小计	男	女
汕尾市	**43**	**25**	**18**	**249**	**163**	**86**	**251**	**142**	**109**
城　区	3	2	1	20	17	3	30	18	12
海丰县	31	17	14	151	94	57	148	86	62
陆河县	6	4	2	50	35	15	22	12	10
陆丰市	3	2	1	28	17	11	51	26	25
河源市	**52**	**29**	**23**	**259**	**149**	**110**	**346**	**199**	**147**
源城区	14	10	4	78	54	24	70	45	25
紫金县	7	3	4	40	30	10	66	42	24
龙川县	19	10	9	34	14	20	26	7	19
连平县				16	6	10	20	12	8
和平县	4	4		13	6	7	21	12	9
东源县	8	2	6	78	39	39	143	81	62
阳江市	**25**	**17**	**8**	**120**	**66**	**54**	**910**	**509**	**401**
江城区	2	2		37	23	14	119	61	58
阳东区	8	7	1	38	21	17	134	75	59
阳西县	12	6	6	31	16	15	68	30	38
阳春市	3	2	1	14	6	8	589	343	246
清远市	**164**	**84**	**80**	**845**	**506**	**339**	**36702**	**18598**	**18104**
清城区	100	54	46	710	421	289	1666	1017	649
清新区	1	1		18	15	3	76	42	34
佛冈县	11	7	4	32	16	16	102	54	48
阳山县	2	1	1	9	5	4	465	242	223
连山壮族瑶族自治县	17	9	8	12	8	4	6412	3244	3168
连南瑶族自治县	22	5	17	24	13	11	27481	13764	13717
英德市	10	7	3	37	25	12	279	149	130
连州市	1		1	3	3		221	86	135
东莞市	**19**	**13**	**6**	**443**	**261**	**182**	**790**	**441**	**349**
市辖区	19	13	6	443	261	182	790	441	349
中山市	**683**	**357**	**326**	**3066**	**1814**	**1252**	**9404**	**5568**	**3836**
市辖区	683	357	326	3066	1814	1252	9404	5568	3836
潮州市	**13**	**4**	**9**	**719**	**441**	**278**	**230**	**135**	**95**
湘桥区	3	2	1	85	50	35	22	14	8
潮安区	6	1	5	565	348	217	178	107	71
饶平县	4	1	3	69	43	26	30	14	16
揭阳市	**21**	**15**	**6**	**1048**	**641**	**407**	**519**	**294**	**225**
榕城区	1	1		138	90	48	22	16	6
揭东区	7	6	1	384	247	137	94	58	36
揭西县				81	47	34	261	145	116
惠来县	6	3	3	19	10	9	36	25	11
普宁市	7	5	2	426	247	179	106	50	56
云浮市	**22**	**10**	**12**	**214**	**116**	**98**	**311**	**164**	**147**
云城区									
云安区	3	2	1	15	9	6	31	16	15
新兴县	17	7	10	142	83	59	182	99	83
郁南县	2	1	1	29	14	15	64	33	31
罗定市				28	10	18	34	16	18

1-4b　续表 15　　　　　　　　　　　　　　　　　　　　　　　　单位：人

地　　区	白　　族			土 家 族			哈 尼 族		
	小计	男	女	小计	男	女	小计	男	女
广　东	**2628**	**1560**	**1068**	**43617**	**25970**	**17647**	**3608**	**2131**	**1477**
广州市	**300**	**172**	**128**	**3837**	**2356**	**1481**	**163**	**95**	**68**
荔湾区									
越秀区									
海珠区									
天河区									
白云区	82	48	34	795	462	333	36	21	15
黄埔区	13	7	6	158	88	70	1		1
番禺区	20	9	11	295	174	121	35	18	17
花都区	29	21	8	304	171	133	34	21	13
南沙区	56	32	24	602	407	195	20	9	11
从化区	6	2	4	235	167	68	16	12	4
增城区	94	53	41	1448	887	561	21	14	7
韶关市	**23**	**13**	**10**	**532**	**327**	**205**	**11**	**5**	**6**
武江区				3	2	1			
浈江区	3	3		73	66	7	4	4	
曲江区				23	14	9			
始兴县	2		2	48	29	19	1		1
仁化县	11	7	4	50	24	26	2		2
翁源县	3	1	2	58	23	35			
乳源瑶族自治县	2	1	1	86	51	35	2	1	1
新丰县				130	87	43	1		1
乐昌市	1		1	49	27	22			
南雄市	1	1		12	4	8	1		1
深圳市	**25**	**23**	**2**	**38**	**23**	**15**			
罗湖区									
福田区									
南山区	25	23	2	20	15	5			
宝安区									
龙岗区									
盐田区									
龙华区									
坪山区				18	8	10			
光明区									
珠海市	**357**	**251**	**106**	**2251**	**1504**	**747**	**187**	**121**	**66**
香洲区	78	67	11	708	535	173	37	28	9
斗门区	119	78	41	900	533	367	27	16	11
金湾区	160	106	54	643	436	207	123	77	46
汕头市	**216**	**126**	**90**	**1448**	**847**	**601**	**163**	**86**	**77**
龙湖区									
金平区									
濠江区				4	4				
潮阳区	160	92	68	1078	634	444	10	8	2
潮南区	14	7	7	88	61	27	1		1
澄海区	42	27	15	240	131	109	152	78	74
南澳县				38	17	21			
佛山市	**131**	**84**	**47**	**5120**	**3100**	**2020**	**69**	**50**	**19**
禅城区	32	24	8	763	469	294	2	1	1
南海区	16	8	8	472	288	184	21	14	7
顺德区									
三水区	79	50	29	3581	2153	1428	38	29	9
高明区	4	2	2	304	190	114	8	6	2

1-4b 续表 16

单位：人

地区	白族			土家族			哈尼族		
	小计	男	女	小计	男	女	小计	男	女
江门市	**116**	**72**	**44**	**3420**	**1944**	**1476**	**50**	**26**	**24**
蓬江区									
江海区									
新会区	18	10	8	642	379	263	2	1	1
台山市	2	2		88	52	36			
开平市	12	9	3	1740	938	802	3	2	1
鹤山市	79	49	30	865	519	346	45	23	22
恩平市	5	2	3	85	56	29			
湛江市	**33**	**11**	**22**	**203**	**115**	**88**	**44**	**12**	**32**
赤坎区									
霞山区				2	1	1			
坡头区	3	1	2	8	4	4	11	1	10
麻章区	10	5	5	93	56	37	17	8	9
遂溪县	6		6	20	9	11			
徐闻县	4		4	41	22	19	2	1	1
廉江市	4	3	1	16	8	8	3	1	2
雷州市	5	2	3	9	7	2			
吴川市	1		1	14	8	6	11	1	10
茂名市	**14**	**7**	**7**	**180**	**108**	**72**	**7**	**1**	**6**
茂南区	3	1	2	9	6	3	4		4
电白区	3		3	107	63	44	3	1	2
高州市	2	1	1	20	14	6			
化州市	5	5		24	16	8			
信宜市	1		1	20	9	11			
肇庆市	**40**	**21**	**19**	**2131**	**1312**	**819**	**29**	**18**	**11**
端州区									
鼎湖区	2	2		325	191	134	12	7	5
高要区	10	6	4	922	540	382	7	4	3
广宁县	3	2	1	185	137	48	2	1	1
怀集县	12	6	6	140	108	32	6	5	1
封开县	1		1	33	21	12	1		1
德庆县	2	1	1	59	28	31			
四会市	10	4	6	467	287	180	1	1	
惠州市	**449**	**239**	**210**	**8361**	**4938**	**3423**	**2244**	**1327**	**917**
惠城区	58	27	31	1030	645	385	58	39	19
惠阳区	94	50	44	867	511	356	114	83	31
博罗县	194	103	91	4460	2603	1857	1885	1096	789
惠东县	55	36	19	1517	888	629	185	108	77
龙门县	48	23	25	487	291	196	2	1	1
梅州市	**25**	**15**	**10**	**351**	**219**	**132**	**1**		**1**
梅江区				7	5	2			
梅县区				55	39	16			
大埔县	7	4	3	23	14	9			
丰顺县	4	1	3	61	33	28			
五华县	12	8	4	96	59	37			
平远县				9	2	7			
蕉岭县				27	13	14			
兴宁市	2	2		73	54	19	1		1

1-4b 续表 17

单位：人

地 区	白族			土家族			哈尼族		
	小计	男	女	小计	男	女	小计	男	女
汕尾市	**38**	**21**	**17**	**773**	**453**	**320**	**17**	**10**	**7**
城 区	4	1	3	66	48	18			
海丰县	27	16	11	584	335	249	14	8	6
陆河县	4	2	2	64	38	26	3	2	1
陆丰市	3	2	1	59	32	27			
河源市	**45**	**24**	**21**	**1306**	**754**	**552**	**41**	**30**	**11**
源城区	9	7	2	358	212	146	24	19	5
紫金县	4	2	2	338	214	124	9	5	4
龙川县	10	4	6	60	33	27			
连平县	3	1	2	24	16	8	7	6	1
和平县	5	3	2	51	34	17			
东源县	14	7	7	475	245	230	1		1
阳江市	**13**	**8**	**5**	**168**	**111**	**57**	**1**	**1**	
江城区	3	2	1	41	28	13			
阳东区	4	2	2	35	27	8	1	1	
阳西县	5	3	2	75	45	30			
阳春市	1	1		17	11	6			
清远市	**75**	**45**	**30**	**2106**	**1277**	**829**	**41**	**28**	**13**
清城区	53	36	17	1745	1066	679	24	16	8
清新区	2	1	1	39	19	20	1	1	
佛冈县	10	4	6	80	44	36	6	5	1
阳山县	4	2	2	38	28	10			
连山壮族瑶族自治县				27	15	12			
连南瑶族自治县	4	2	2	18	8	10			
英德市	2		2	149	89	60	8	4	4
连州市				10	8	2	2	2	
东莞市	**59**	**31**	**28**	**714**	**434**	**280**	**164**	**98**	**66**
市辖区	59	31	28	714	434	280	164	98	66
中山市	**564**	**339**	**225**	**9362**	**5394**	**3968**	**350**	**206**	**144**
市辖区	564	339	225	9362	5394	3968	350	206	144
潮州市	**49**	**24**	**25**	**294**	**162**	**132**	**24**	**17**	**7**
湘桥区	7	2	5	33	20	13			
潮安区	24	12	12	218	122	96	23	16	7
饶平县	18	10	8	43	20	23	1	1	
揭阳市	**45**	**25**	**20**	**481**	**302**	**179**	**1**		**1**
榕城区	4	3	1	54	30	24			
揭东区	11	7	4	175	128	47	1		1
揭西县	6	3	3	27	16	11			
惠来县	13	7	6	37	19	18			
普宁市	11	5	6	188	109	79			
云浮市	**11**	**9**	**2**	**541**	**290**	**251**	**1**		**1**
云城区									
云安区	1	1		47	30	17			
新兴县	5	3	2	440	228	212	1		1
郁南县	3	3		30	17	13			
罗定市	2	2		24	15	9			

1-4b 续表 18

单位：人

地区	哈萨克族			傣族			黎族		
	小计	男	女	小计	男	女	小计	男	女
广东	**50**	**36**	**14**	**1193**	**655**	**538**	**2541**	**1225**	**1316**
广州市	**7**	**4**	**3**	**115**	**63**	**52**	**366**	**195**	**171**
荔湾区									
越秀区									
海珠区									
天河区									
白云区	3	2	1	31	17	14	124	63	61
黄埔区							13	8	5
番禺区	1		1	14	8	6	21	12	9
花都区	1	1		16	11	5	46	20	26
南沙区	1	1		22	9	13	33	23	10
从化区				7	3	4	26	14	12
增城区	1		1	25	15	10	103	55	48
韶关市				**27**	**19**	**8**	**53**	**16**	**37**
武江区									
浈江区				5	5		11	8	3
曲江区				1	1		3		3
始兴县				2		2	10	1	9
仁化县				5	3	2	9	3	6
翁源县				2	1	1	1		1
乳源瑶族自治县				3		3	8	3	5
新丰县				1	1		6	1	5
乐昌市				7	7		3		3
南雄市				1	1		2		2
深圳市	**1**		**1**	**7**	**4**	**3**	**3**	**3**	
罗湖区									
福田区									
南山区				7	4	3	3	3	
宝安区									
龙岗区									
盐田区									
龙华区									
坪山区	1		1						
光明区									
珠海市	**3**	**3**		**64**	**38**	**26**	**107**	**54**	**53**
香洲区	1	1		18	13	5	17	10	7
斗门区	1	1		25	14	11	47	25	22
金湾区	1	1		21	11	10	43	19	24
汕头市				**116**	**70**	**46**	**307**	**139**	**168**
龙湖区									
金平区									
濠江区									
潮阳区				6	4	2	153	65	88
潮南区				7	4	3	19	7	12
澄海区				102	62	40	133	66	67
南澳县				1		1	2	1	1
佛山市	**1**	**1**		**115**	**61**	**54**	**96**	**53**	**43**
禅城区				16	8	8	29	15	14
南海区				4		4	11	2	9
顺德区									
三水区	1	1		91	51	40	52	33	19
高明区				4	2	2	4	3	1

1-4b　续表 19　　　　单位：人

地　区	哈萨克族			傣　族			黎　族		
	小计	男	女	小计	男	女	小计	男	女
江门市				**41**	**28**	**13**	**58**	**34**	**24**
蓬江区									
江海区									
新会区				19	15	4	11	6	5
台山市							2	1	1
开平市				9	6	3	13	6	7
鹤山市				11	6	5	28	20	8
恩平市				2	1	1	4	1	3
湛江市	**5**	**2**	**3**	**22**	**2**	**20**	**170**	**55**	**115**
赤坎区									
霞山区									
坡头区				7	1	6	4		4
麻章区	5	2	3	2		2	32	18	14
遂溪县							15	9	6
徐闻县				4		4	67	10	57
廉江市							27	11	16
雷州市							4		4
吴川市				9	1	8	21	7	14
茂名市				**20**	**5**	**15**	**116**	**19**	**97**
茂南区				2	1	1	20	3	17
电白区				7	1	6	56	8	48
高州市				6	2	4	11	4	7
化州市				1		1	11	2	9
信宜市				4	1	3	18	2	16
肇庆市				**21**	**12**	**9**	**45**	**22**	**23**
端州区									
鼎湖区				5	3	2	14	7	7
高要区				5	1	4	7	6	1
广宁县				4	2	2			
怀集县				1	1		5		5
封开县							2		2
德庆县				4	3	1	2		2
四会市				2	2		15	9	6
惠州市	**22**	**15**	**7**	**326**	**196**	**130**	**326**	**173**	**153**
惠城区	16	11	5	44	24	20	43	20	23
惠阳区	1	1		33	21	12	41	26	15
博罗县				235	143	92	190	96	94
惠东县	5	3	2	14	8	6	43	27	16
龙门县							9	4	5
梅州市	**1**	**1**		**19**	**5**	**14**	**42**	**15**	**27**
梅江区				1		1	2	1	1
梅县区				2	2		3	1	2
大埔县	1	1					9		9
丰顺县				7	1	6	16	6	10
五华县				4	1	3			
平远县				2	1	1	3	1	2
蕉岭县				2		2	3	2	1
兴宁市				1		1	6	4	2

1-4b 续表 20

单位：人

地区	哈萨克族			傣族			黎族		
	小计	男	女	小计	男	女	小计	男	女
汕尾市				**19**	**14**	**5**	**56**	**28**	**28**
城　区				4	4				
海丰县				12	8	4	29	16	13
陆河县				2	1	1	19	7	12
陆丰市				1	1		8	5	3
河源市	**2**	**2**		**34**	**15**	**19**	**45**	**20**	**25**
源城区				23	12	11	18	13	5
紫金县	2	2		5	1	4	11	1	10
龙川县				1		1	5	3	2
连平县				1	1		3	1	2
和平县				3	1	2	4	1	3
东源县				1		1	4	1	3
阳江市				**9**	**4**	**5**	**58**	**28**	**30**
江城区				1	1		1		1
阳东区				1	1		12	6	6
阳西县				7	2	5	12	4	8
阳春市							33	18	15
清远市				**42**	**23**	**19**	**91**	**30**	**61**
清城区				36	22	14	48	19	29
清新区							2	1	1
佛冈县				2		2	19	4	15
阳山县				1		1	5		5
连山壮族瑶族自治县							3	1	2
连南瑶族自治县							5	2	3
英德市				3	1	2	8	3	5
连州市							1		1
东莞市	**2**	**2**		**34**	**22**	**12**	**43**	**25**	**18**
市辖区	2	2		34	22	12	43	25	18
中山市	**3**	**3**		**151**	**68**	**83**	**405**	**237**	**168**
市辖区	3	3		151	68	83	405	237	168
潮州市	**1**	**1**		**2**		**2**	**59**	**33**	**26**
湘桥区							18	9	9
潮安区	1	1					32	19	13
饶平县				2		2	9	5	4
揭阳市				**3**	**1**	**2**	**77**	**42**	**35**
榕城区							11	6	5
揭东区				1		1	13	6	7
揭西县				1	1		8	2	6
惠来县									
普宁市				1		1	45	28	17
云浮市	**2**	**2**		**6**	**5**	**1**	**18**	**4**	**14**
云城区									
云安区							9	3	6
新兴县	1	1		6	5	1	5	1	4
郁南县	1	1					3		3
罗定市							1		1

1-4b　续表 21　　　　单位：人

地　区	傈僳族			佤　族			畲　族		
	小计	男	女	小计	男	女	小计	男	女
广　东	**569**	**342**	**227**	**931**	**509**	**422**	**5151**	**2765**	**2386**
广州市	**32**	**12**	**20**	**99**	**57**	**42**	**387**	**193**	**194**
荔湾区									
越秀区									
海珠区									
天河区									
白云区	4		4	58	35	23	147	62	85
黄埔区							16	6	10
番禺区	2	1	1	3	3		17	12	5
花都区	6	4	2	11	4	7	43	23	20
南沙区	7	3	4	7	6	1	14	6	8
从化区	1		1	6	2	4	34	21	13
增城区	12	4	8	14	7	7	116	63	53
韶关市	**4**	**1**	**3**	**5**	**1**	**4**	**1942**	**1031**	**911**
武江区									
浈江区							12	9	3
曲江区	1		1	1		1	1	1	
始兴县							827	413	414
仁化县							160	100	60
翁源县							10	7	3
乳源瑶族自治县	2	1	1				484	267	217
新丰县				2		2	6	1	5
乐昌市	1		1	2	1	1	11	6	5
南雄市							431	227	204
深圳市	**14**	**14**		**80**	**58**	**22**	**4**	**4**	
罗湖区									
福田区									
南山区	14	14		80	58	22			
宝安区									
龙岗区									
盐田区									
龙华区									
坪山区							4	4	
光明区									
珠海市	**153**	**107**	**46**	**62**	**41**	**21**	**62**	**37**	**25**
香洲区	39	26	13	21	19	2	16	10	6
斗门区	51	40	11	1		1	35	19	16
金湾区	63	41	22	40	22	18	11	8	3
汕头市	**26**	**14**	**12**	**18**	**8**	**10**	**87**	**41**	**46**
龙湖区									
金平区									
濠江区									
潮阳区	1		1	1		1	30	13	17
潮南区	1		1				3	3	
澄海区	24	14	10	16	8	8	54	25	29
南澳县				1		1			
佛山市	**21**	**7**	**14**	**23**	**10**	**13**	**61**	**34**	**27**
禅城区	8	1	7	7	3	4	23	15	8
南海区				3	1	2	9	4	5
顺德区									
三水区	13	6	7	13	6	7	25	12	13
高明区							4	3	1

1-4b 续表 22 单位：人

地 区	傈僳族			佤 族			畲 族		
	小计	男	女	小计	男	女	小计	男	女
江门市	**11**	**7**	**4**	**25**	**10**	**15**	**23**	**12**	**11**
蓬江区									
江海区									
新会区	4	3	1	1	1		3	1	2
台山市							4	2	2
开平市	1	1		1		1	7	4	3
鹤山市	6	3	3	10	5	5	9	5	4
恩平市				13	4	9			
湛江市	**6**	**1**	**5**	**13**	**7**	**6**	**32**	**15**	**17**
赤坎区									
霞山区							1	1	
坡头区	1		1	2	1	1	1		1
麻章区	2	1	1	6	6		21	10	11
遂溪县	1		1						
徐闻县							5	2	3
廉江市				1		1	3	2	1
雷州市							1		1
吴川市	2		2	4		4			
茂名市	**2**	**1**	**1**	**3**		**3**	**10**	**2**	**8**
茂南区							1	1	
电白区							3		3
高州市							3	1	2
化州市	1	1		1		1	2		2
信宜市	1		1	2		2	1		1
肇庆市	**7**	**2**	**5**	**16**	**11**	**5**	**25**	**15**	**10**
端州区									
鼎湖区	2	1	1				2	2	
高要区	2	1	1	3	1	2	4	4	
广宁县	1		1				1		1
怀集县				1	1		1	1	
封开县							10	6	4
德庆县							6	1	5
四会市	2		2	12	9	3	1	1	
惠州市	**147**	**93**	**54**	**260**	**144**	**116**	**494**	**283**	**211**
惠城区	16	13	3	19	9	10	26	7	19
惠阳区	32	22	10	170	101	69	43	27	16
博罗县	84	49	35	62	31	31	283	167	116
惠东县	13	8	5	9	3	6	131	77	54
龙门县	2	1	1				11	5	6
梅州市	**6**	**3**	**3**	**8**	**2**	**6**	**81**	**40**	**41**
梅江区									
梅县区							3	2	1
大埔县							19	10	9
丰顺县				2	1	1	29	14	15
五华县	1		1	2		2	5	1	4
平远县							10	7	3
蕉岭县				3		3	11	5	6
兴宁市	5	3	2	1	1		4	1	3

1-4b 续表 23

单位：人

地区	傈僳族			佤族			畲族		
	小计	男	女	小计	男	女	小计	男	女
汕尾市	**2**	**1**	**1**	**6**	**2**	**4**	**74**	**48**	**26**
城　区							5	5	
海丰县	1		1	5	2	3	64	39	25
陆河县	1	1					2	1	1
陆丰市				1		1	3	3	
河源市	**5**	**2**	**3**	**11**	**4**	**7**	**1423**	**778**	**645**
源城区	5	2	3				65	39	26
紫金县				6	3	3	20	10	10
龙川县				3		3	308	155	153
连平县							373	225	148
和平县							105	60	45
东源县				2	1	1	552	289	263
阳江市	**3**	**1**	**2**				**5**	**1**	**4**
江城区							1		1
阳东区									
阳西县	1		1				1	1	
阳春市	2	1	1				3		3
清远市	**16**	**10**	**6**	**13**	**7**	**6**	**51**	**31**	**20**
清城区	2	1	1	6	2	4	21	12	9
清新区							1	1	
佛冈县	2	1	1	6	4	2	4	2	2
阳山县	3	1	2				9	5	4
连山壮族瑶族自治县							3	3	
连南瑶族自治县							5	3	2
英德市	9	7	2	1	1		7	4	3
连州市							1	1	
东莞市	**25**	**15**	**10**	**85**	**43**	**42**	**26**	**16**	**10**
市辖区	25	15	10	85	43	42	26	16	10
中山市	**77**	**43**	**34**	**189**	**94**	**95**	**223**	**129**	**94**
市辖区	77	43	34	189	94	95	223	129	94
潮州市	**5**	**2**	**3**	**1**	**1**		**114**	**40**	**74**
湘桥区							9	2	7
潮安区	4	1	3				81	29	52
饶平县	1	1		1	1		24	9	15
揭阳市	**4**	**4**		**2**	**1**	**1**	**19**	**11**	**8**
榕城区							3	3	
揭东区	4	4		2	1	1	9	6	3
揭西县							2		2
惠来县							4	2	2
普宁市							1		1
云浮市	**3**	**2**	**1**	**12**	**8**	**4**	**8**	**4**	**4**
云城区									
云安区				9	7	2	1		1
新兴县	3	2	1	3	1	2	6	4	2
郁南县									
罗定市							1		1

1-4b 续表 24 单位：人

地　区	高山族			拉祜族			水　族		
	小计	男	女	小计	男	女	小计	男	女
广　东	**27**	**14**	**13**	**349**	**163**	**186**	**1730**	**1018**	**712**
广州市				**27**	**14**	**13**	**179**	**106**	**73**
荔湾区									
越秀区									
海珠区									
天河区									
白云区				6	3	3	49	28	21
黄埔区							5	2	3
番禺区				3	3		14	8	6
花都区				7	3	4	13	9	4
南沙区				2	1	1	20	12	8
从化区				4	2	2	6	4	2
增城区				5	2	3	72	43	29
韶关市				**6**	**4**	**2**	**15**	**4**	**11**
武江区									
浈江区				2	2		2	1	1
曲江区									
始兴县							1		1
仁化县				3	2	1	3		3
翁源县				1		1	2		2
乳源瑶族自治县							1		1
新丰县							4	3	1
乐昌市							1		1
南雄市							1		1
深圳市				**4**	**3**	**1**	**5**	**4**	**1**
罗湖区									
福田区									
南山区				4	3	1	4	4	
宝安区									
龙岗区									
盐田区									
龙华区									
坪山区							1		1
光明区									
珠海市	**1**		**1**	**26**	**17**	**9**	**191**	**116**	**75**
香洲区				13	9	4	25	18	7
斗门区	1		1	9	5	4	113	66	47
金湾区				4	3	1	53	32	21
汕头市	**3**	**1**	**2**	**14**	**8**	**6**	**157**	**99**	**58**
龙湖区									
金平区									
濠江区									
潮阳区				2	1	1	85	53	32
潮南区				2		2	18	14	4
澄海区	3	1	2	10	7	3	52	31	21
南澳县							2	1	1
佛山市	**2**	**1**	**1**	**18**	**10**	**8**	**98**	**59**	**39**
禅城区				1		1	26	13	13
南海区				3	2	1	24	12	12
顺德区									
三水区				10	5	5	40	27	13
高明区	2	1	1	4	3	1	8	7	1

1-4b　续表 25　　　　单位：人

地　区	高山族			拉祜族			水　族		
	小计	男	女	小计	男	女	小计	男	女
江门市				**14**	**5**	**9**	**110**	**60**	**50**
蓬江区									
江海区									
新会区				3	1	2	22	11	11
台山市				1	1		1	1	
开平市				2		2	64	35	29
鹤山市				7	3	4	21	11	10
恩平市				1		1	2	2	
湛江市	**8**	**4**	**4**	**22**	**1**	**21**	**81**	**40**	**41**
赤坎区									
霞山区									
坡头区				5		5	5	2	3
麻章区				1		1	19	8	11
遂溪县							41	23	18
徐闻县							6	1	5
廉江市				1	1		3	1	2
雷州市	8	4	4				5	4	1
吴川市				15		15	2	1	1
茂名市				**5**	**1**	**4**	**25**	**11**	**14**
茂南区							3	1	2
电白区				3	1	2	6	1	5
高州市				1		1	10	7	3
化州市				1		1	5	2	3
信宜市							1		1
肇庆市				**3**	**1**	**2**	**82**	**48**	**34**
端州区									
鼎湖区							33	15	18
高要区							19	12	7
广宁县							3	3	
怀集县				1		1	18	15	3
封开县									
德庆县							4		4
四会市				2	1	1	5	3	2
惠州市	**8**	**5**	**3**	**86**	**45**	**41**	**234**	**139**	**95**
惠城区				12	5	7	35	23	12
惠阳区				22	12	10	29	18	11
博罗县	3	2	1	44	25	19	126	70	56
惠东县	5	3	2	7	2	5	38	22	16
龙门县				1	1		6	6	
梅州市	**3**	**3**		**3**	**2**	**1**	**7**	**5**	**2**
梅江区							1	1	
梅县区							1	1	
大埔县	2	2					1		1
丰顺县				3	2	1			
五华县							2	1	1
平远县	1	1							
蕉岭县									
兴宁市							2	2	

1-4b 续表 26 单位：人

地 区	高山族			拉祜族			水族		
	小计	男	女	小计	男	女	小计	男	女
汕尾市	**1**		**1**	**4**	**3**	**1**	**3**	**2**	**1**
城 区									
海丰县	1		1	4	3	1	2	1	1
陆河县									
陆丰市							1	1	
河源市				**11**	**6**	**5**	**16**	**8**	**8**
源城区				2	2		6	3	3
紫金县				2	1	1	3	1	2
龙川县				2		2	1		1
连平县							1		1
和平县							1	1	
东源县				5	3	2	4	3	1
阳江市							**23**	**14**	**9**
江城区							9	6	3
阳东区							3	2	1
阳西县							8	3	5
阳春市							3	3	
清远市				**7**	**3**	**4**	**53**	**37**	**16**
清城区				3	2	1	31	21	10
清新区							5	4	1
佛冈县				3	1	2	4	2	2
阳山县				1		1			
连山壮族瑶族自治县							10	9	1
连南瑶族自治县									
英德市							1		1
连州市							2	1	1
东莞市				**21**	**8**	**13**	**99**	**62**	**37**
市辖区				21	8	13	99	62	37
中山市	**1**		**1**	**74**	**30**	**44**	**312**	**181**	**131**
市辖区	1		1	74	30	44	312	181	131
潮州市							**17**	**12**	**5**
湘桥区							5	5	
潮安区							6	5	1
饶平县							6	2	4
揭阳市				**4**	**2**	**2**	**21**	**11**	**10**
榕城区							2	2	
揭东区				1	1		8	4	4
揭西县				1		1	6	1	5
惠来县				1		1			
普宁市				1	1		5	4	1
云浮市							**2**		**2**
云城区									
云安区									
新兴县									
郁南县							1		1
罗定市							1		1

1-4b　续表 27　　单位：人

地　区	东乡族			纳西族			景颇族		
	小计	男	女	小计	男	女	小计	男	女
广　东	**276**	**195**	**81**	**51**	**30**	**21**	**288**	**165**	**123**
广州市	**16**	**11**	**5**	**3**	**3**		**12**	**6**	**6**
荔湾区									
越秀区									
海珠区									
天河区									
白云区	9	7	2				2	1	1
黄埔区									
番禺区	1		1				2		2
花都区	1	1							
南沙区	4	2	2	1	1		5	4	1
从化区				2	2				
增城区	1	1					3	1	2
韶关市	**1**		**1**				**3**	**1**	**2**
武江区									
浈江区							1	1	
曲江区									
始兴县									
仁化县	1		1						
翁源县							2		2
乳源瑶族自治县									
新丰县									
乐昌市									
南雄市									
深圳市							**4**	**3**	**1**
罗湖区									
福田区									
南山区							4	3	1
宝安区									
龙岗区									
盐田区									
龙华区									
坪山区									
光明区									
珠海市	**4**	**3**	**1**	**1**		**1**	**9**	**8**	**1**
香洲区	1	1					1	1	
斗门区				1		1	5	4	1
金湾区	3	2	1				3	3	
汕头市				**3**	**2**	**1**	**11**	**6**	**5**
龙湖区									
金平区									
濠江区									
潮阳区				1	1				
潮南区									
澄海区				2	1	1	11	6	5
南澳县									
佛山市	**1**		**1**	**1**		**1**	**16**	**8**	**8**
禅城区				1		1	4	2	2
南海区							5	4	1
顺德区									
三水区	1		1				6	2	4
高明区							1		1

1-4b 续表 28 单位：人

地区	东乡族			纳西族			景颇族		
	小计	男	女	小计	男	女	小计	男	女
江门市	**23**	**12**	**11**	**5**	**4**	**1**	**1**	**1**	
蓬江区									
江海区									
新会区	7	4	3						
台山市									
开平市	3	1	2						
鹤山市	13	7	6	5	4	1	1	1	
恩平市									
湛江市				**2**	**1**	**1**	**5**	**3**	**2**
赤坎区									
霞山区									
坡头区									
麻章区				2	1	1	1		1
遂溪县									
徐闻县									
廉江市									
雷州市									
吴川市							4	3	1
茂名市	**1**		**1**	**1**		**1**	**8**	**1**	**7**
茂南区									
电白区							7	1	6
高州市	1		1	1		1	1		1
化州市									
信宜市									
肇庆市	**2**	**1**	**1**				**2**	**1**	**1**
端州区									
鼎湖区									
高要区									
广宁县									
怀集县									
封开县									
德庆县	2	1	1				2	1	1
四会市									
惠州市	**68**	**49**	**19**	**14**	**10**	**4**	**114**	**70**	**44**
惠城区	10	7	3	1	1		10	4	6
惠阳区	6	4	2	2	1	1	10	6	4
博罗县	49	36	13	6	5	1	86	57	29
惠东县	3	2	1	5	3	2	8	3	5
龙门县									
梅州市									
梅江区									
梅县区									
大埔县									
丰顺县									
五华县									
平远县									
蕉岭县									
兴宁市									

1-4b　续表 29　　　　单位：人

地　　区	东乡族			纳西族			景颇族		
	小计	男	女	小计	男	女	小计	男	女
汕尾市							**1**		**1**
城　区									
海丰县							1		1
陆河县									
陆丰市									
河源市	**29**	**26**	**3**	**4**	**2**	**2**	**6**	**4**	**2**
源城区	24	24		2	1	1			
紫金县									
龙川县									
连平县									
和平县	5	2	3						
东源县				2	1	1	6	4	2
阳江市									
江城区									
阳东区									
阳西县									
阳春市									
清远市	**3**	**2**	**1**				**10**	**5**	**5**
清城区	3	2	1				10	5	5
清新区									
佛冈县									
阳山县									
连山壮族瑶族自治县									
连南瑶族自治县									
英德市									
连州市									
东莞市	**26**	**19**	**7**	**3**		**3**	**12**	**5**	**7**
市辖区	26	19	7	3		3	12	5	7
中山市	**99**	**70**	**29**	**9**	**6**	**3**	**61**	**33**	**28**
市辖区	99	70	29	9	6	3	61	33	28
潮州市	**1**		**1**				**8**	**6**	**2**
湘桥区									
潮安区	1		1						
饶平县							8	6	2
揭阳市	**2**	**2**		**1**	**1**		**2**	**1**	**1**
榕城区									
揭东区	2	2					2	1	1
揭西县									
惠来县									
普宁市				1	1				
云浮市				**4**	**1**	**3**	**3**	**3**	
云城区									
云安区				1	1		3	3	
新兴县				3		3			
郁南县									
罗定市									

1-4b 续表 30 单位：人

地区	柯尔克孜族			土族			达斡尔族		
	小计	男	女	小计	男	女	小计	男	女
广东	**217**	**124**	**93**	**612**	**335**	**277**	**55**	**24**	**31**
广州市	**2**	**1**	**1**	**70**	**35**	**35**	**18**	**8**	**10**
荔湾区									
越秀区									
海珠区									
天河区									
白云区	2	1	1	6	3	3	2	1	1
黄埔区				5	3	2			
番禺区				17	9	8			
花都区				3	1	2	1		1
南沙区				10	6	4			
从化区				4	1	3			
增城区				25	12	13	15	7	8
韶关市				**2**	**1**	**1**			
武江区									
浈江区									
曲江区									
始兴县				2	1	1			
仁化县									
翁源县									
乳源瑶族自治县									
新丰县									
乐昌市									
南雄市									
深圳市				**2**	**1**	**1**	**2**		**2**
罗湖区									
福田区									
南山区				1	1				
宝安区									
龙岗区									
盐田区									
龙华区									
坪山区				1		1	2		2
光明区									
珠海市				**36**	**23**	**13**	**8**	**2**	**6**
香洲区				6	6				
斗门区				19	11	8	7	1	6
金湾区				11	6	5	1	1	
汕头市				**18**	**12**	**6**			
龙湖区									
金平区									
濠江区									
潮阳区				16	11	5			
潮南区				1	1				
澄海区				1		1			
南澳县									
佛山市	**2**	**1**	**1**	**47**	**28**	**19**	**3**	**2**	**1**
禅城区				12	5	7			
南海区				2	1	1			
顺德区									
三水区	2	1	1	31	20	11	3	2	1
高明区				2	2				

1-4b　续表 31

单位：人

地　区	柯尔克孜族			土　族			达斡尔族		
	小计	男	女	小计	男	女	小计	男	女
江门市	**7**	**3**	**4**	**44**	**22**	**22**			
蓬江区									
江海区									
新会区	7	3	4	14	6	8			
台山市				1	1				
开平市				15	7	8			
鹤山市				14	8	6			
恩平市									
湛江市				**11**	**7**	**4**	**1**	**1**	
赤坎区									
霞山区									
坡头区									
麻章区				5	3	2	1	1	
遂溪县									
徐闻县				2	2				
廉江市				3	1	2			
雷州市				1	1				
吴川市									
茂名市				**3**	**2**	**1**			
茂南区									
电白区				2	1	1			
高州市				1	1				
化州市									
信宜市									
肇庆市				**25**	**15**	**10**			
端州区									
鼎湖区				4	2	2			
高要区				15	9	6			
广宁县				1	1				
怀集县				5	3	2			
封开县									
德庆县									
四会市									
惠州市	**205**	**118**	**87**	**145**	**79**	**66**	**5**	**3**	**2**
惠城区				2	1	1	1		1
惠阳区	203	117	86	17	8	9			
博罗县	1		1	81	47	34	1	1	
惠东县	1	1		27	15	12	1		1
龙门县				18	8	10	2	2	
梅州市				**1**		**1**			
梅江区									
梅县区									
大埔县									
丰顺县									
五华县				1		1			
平远县									
蕉岭县									
兴宁市									

1—4b 续表 32 单位：人

地区	柯尔克孜族			土族			达斡尔族		
	小计	男	女	小计	男	女	小计	男	女
汕尾市				**18**	**9**	**9**			
城　区									
海丰县				17	9	8			
陆河县									
陆丰市				1		1			
河源市				**17**	**8**	**9**	**1**	**1**	
源城区				5	2	3			
紫金县				2	1	1			
龙川县				1		1	1	1	
连平县									
和平县				2	1	1			
东源县				7	4	3			
阳江市				**1**		**1**			
江城区									
阳东区									
阳西县				1		1			
阳春市									
清远市				**21**	**14**	**7**	**5**	**2**	**3**
清城区				13	8	5	3	1	2
清新区									
佛冈县				6	5	1			
阳山县									
连山壮族瑶族自治县				1		1			
连南瑶族自治县							2	1	1
英德市				1	1				
连州市									
东莞市				**3**	**1**	**2**			
市辖区				3	1	2			
中山市	**1**	**1**		**132**	**70**	**62**	**9**	**5**	**4**
市辖区	1	1		132	70	62	9	5	4
潮州市				**3**	**2**	**1**			
湘桥区				1		1			
潮安区				2	2				
饶平县									
揭阳市				**7**	**3**	**4**			
榕城区									
揭东区				1		1			
揭西县				3	2	1			
惠来县				1	1				
普宁市				2		2			
云浮市				**6**	**3**	**3**	**3**		**3**
云城区									
云安区				2	2				
新兴县				4	1	3	1		1
郁南县							2		2
罗定市									

1-4b　续表 33　　　　单位：人

地　区	仫佬族			羌　族			布朗族		
	小计	男	女	小计	男	女	小计	男	女
广　东	**2324**	**1344**	**980**	**126**	**77**	**49**	**144**	**78**	**66**
广州市	**203**	**119**	**84**	**18**	**9**	**9**	**9**	**5**	**4**
荔湾区									
越秀区									
海珠区									
天河区									
白云区	63	35	28	2		2	2	2	
黄埔区	9	4	5	2	1	1			
番禺区	10	4	6	1		1	2	2	
花都区	25	17	8	1	1		1		1
南沙区	28	20	8	1	1				
从化区	4	3	1						
增城区	64	36	28	11	6	5	4	1	3
韶关市	**32**	**15**	**17**				**4**	**4**	
武江区									
浈江区	3	2	1						
曲江区	1		1				3	3	
始兴县	1		1						
仁化县	5	3	2				1	1	
翁源县	1	1							
乳源瑶族自治县	5		5						
新丰县	10	6	4						
乐昌市	5	3	2						
南雄市	1		1						
深圳市	**1**		**1**				**2**	**1**	**1**
罗湖区									
福田区									
南山区	1		1				2	1	1
宝安区									
龙岗区									
盐田区									
龙华区									
坪山区									
光明区									
珠海市	**86**	**58**	**28**	**18**	**13**	**5**	**10**	**6**	**4**
香洲区	11	9	2	7	7				
斗门区	55	34	21	7	4	3	8	6	2
金湾区	20	15	5	4	2	2	2		2
汕头市	**69**	**46**	**23**	**1**		**1**	**7**	**2**	**5**
龙湖区									
金平区									
濠江区									
潮阳区	7	5	2						
潮南区	2	1	1	1		1			
澄海区	58	39	19				7	2	5
南澳县	2	1	1						
佛山市	**128**	**77**	**51**	**8**	**5**	**3**	**8**	**5**	**3**
禅城区	39	23	16	8	5	3	1	1	
南海区	10	7	3				2		2
顺德区									
三水区	74	44	30				5	4	1
高明区	5	3	2						

1−4b 续表 34

单位：人

地　区	仫佬族			羌　族			布朗族		
	小计	男	女	小计	男	女	小计	男	女
江门市	**378**	**223**	**155**	**7**	**4**	**3**	**6**	**4**	**2**
蓬江区									
江海区									
新会区	249	147	102	2	1	1			
台山市	10	7	3						
开平市	64	38	26	1		1			
鹤山市	38	21	17	4	3	1	1	1	
恩平市	17	10	7				5	3	2
湛江市	**89**	**42**	**47**	**4**	**1**	**3**	**4**	**1**	**3**
赤坎区									
霞山区									
坡头区	7	5	2				2		2
麻章区	8	1	7	3	1	2	1	1	
遂溪县	7	2	5						
徐闻县	31	20	11	1		1			
廉江市	19	9	10						
雷州市									
吴川市	17	5	12				1		1
茂名市	**28**	**10**	**18**						
茂南区	2		2						
电白区	10	5	5						
高州市	1		1						
化州市	13	5	8						
信宜市	2		2						
肇庆市	**101**	**60**	**41**	**5**	**4**	**1**			
端州区									
鼎湖区	11	7	4						
高要区	61	34	27	1		1			
广宁县	9	8	1	4	4				
怀集县	2	1	1						
封开县	8	4	4						
德庆县	6	3	3						
四会市	4	3	1						
惠州市	**344**	**191**	**153**	**21**	**11**	**10**	**43**	**16**	**27**
惠城区	27	14	13				2		2
惠阳区	47	27	20	2		2	21	11	10
博罗县	202	116	86	18	11	7	20	5	15
惠东县	51	24	27	1		1			
龙门县	17	10	7						
梅州市	**16**	**5**	**11**						
梅江区	1		1						
梅县区									
大埔县	2		2						
丰顺县	7	4	3						
五华县	1		1						
平远县	3		3						
蕉岭县									
兴宁市	2	1	1						

1-4b　续表 35　　　　单位：人

地　区	仫佬族			羌　族			布朗族		
	小计	男	女	小计	男	女	小计	男	女
汕尾市	**14**	**11**	**3**	**2**	**1**	**1**	**1**	**1**	
城　区	1	1							
海丰县	9	6	3	1	1		1	1	
陆河县	4	4							
陆丰市				1		1			
河源市	**36**	**25**	**11**	**2**	**2**				
源城区	3	2	1						
紫金县	3	3		2	2				
龙川县	5	1	4						
连平县	2	1	1						
和平县	6	4	2						
东源县	17	14	3						
阳江市	**41**	**24**	**17**				**1**		**1**
江城区	12	5	7						
阳东区	17	12	5				1		1
阳西县	9	6	3						
阳春市	3	1	2						
清远市	**61**	**33**	**28**	**3**	**3**		**1**	**1**	
清城区	35	22	13	1	1		1	1	
清新区	4	3	1						
佛冈县	5	2	3						
阳山县									
连山壮族瑶族自治县	2	1	1						
连南瑶族自治县	4	1	3	1	1				
英德市	10	4	6	1	1				
连州市	1		1						
东莞市	**40**	**21**	**19**	**1**		**1**	**18**	**11**	**7**
市辖区	40	21	19	1		1	18	11	7
中山市	**619**	**366**	**253**	**32**	**21**	**11**	**30**	**21**	**9**
市辖区	619	366	253	32	21	11	30	21	9
潮州市	**13**	**8**	**5**	**1**		**1**			
湘桥区	1	1							
潮安区	12	7	5						
饶平县				1		1			
揭阳市	**17**	**9**	**8**	**1**	**1**				
榕城区	1		1						
揭东区	7	5	2						
揭西县				1	1				
惠来县	1	1							
普宁市	8	3	5						
云浮市	**8**	**1**	**7**	**2**	**2**				
云城区									
云安区	1		1						
新兴县	6	1	5	2	2				
郁南县	1		1						
罗定市									

1−4b 续表 36 单位：人

地 区	撒拉族			毛南族			仡佬族		
	小计	男	女	小计	男	女	小计	男	女
广 东	**76**	**49**	**27**	**1012**	**633**	**379**	**2743**	**1658**	**1085**
广州市	**22**	**11**	**11**	**164**	**100**	**64**	**284**	**178**	**106**
荔湾区									
越秀区									
海珠区									
天河区									
白云区	11	5	6	53	32	21	57	32	25
黄埔区				2	1	1	4	2	2
番禺区	1		1	46	27	19	19	11	8
花都区	2	2		13	9	4	36	24	12
南沙区	3	2	1	11	6	5	64	47	17
从化区				3	2	1	39	23	16
增城区	5	2	3	36	23	13	65	39	26
韶关市							**80**	**27**	**53**
武江区							1	1	
浈江区							5	5	
曲江区							10	6	4
始兴县							7	1	6
仁化县							4	4	
翁源县							42	7	35
乳源瑶族自治县							5	2	3
新丰县							2		2
乐昌市							2		2
南雄市							2	1	1
深圳市				**1**	**1**				
罗湖区									
福田区									
南山区									
宝安区									
龙岗区									
盐田区									
龙华区									
坪山区				1	1				
光明区									
珠海市	**5**	**4**	**1**	**26**	**12**	**14**	**153**	**102**	**51**
香洲区				5	3	2	59	48	11
斗门区				11	4	7	44	23	21
金湾区	5	4	1	10	5	5	50	31	19
汕头市	**5**	**2**	**3**	**11**	**8**	**3**	**96**	**53**	**43**
龙湖区									
金平区									
濠江区									
潮阳区				8	6	2	51	29	22
潮南区				1	1		5	1	4
澄海区	5	2	3	2	1	1	36	20	16
南澳县							4	3	1
佛山市				**96**	**70**	**26**	**206**	**134**	**72**
禅城区				20	16	4	37	19	18
南海区				20	11	9	18	12	6
顺德区									
三水区				55	42	13	139	94	45
高明区				1	1		12	9	3

1-4b 续表 37　　　　单位：人

地区	撒拉族			毛南族			仡佬族		
	小计	男	女	小计	男	女	小计	男	女
江门市	**1**		**1**	**55**	**25**	**30**	**91**	**58**	**33**
蓬江区									
江海区									
新会区				16	8	8	50	33	17
台山市				1		1	6	3	3
开平市				18	8	10	15	10	5
鹤山市	1		1	17	7	10	16	11	5
恩平市				3	2	1	4	1	3
湛江市				**18**	**10**	**8**	**21**	**12**	**9**
赤坎区									
霞山区									
坡头区				1	1		2	2	
麻章区				1		1	10	5	5
遂溪县				6	3	3	1	1	
徐闻县				2	2		3	1	2
廉江市				7	3	4	2	1	1
雷州市				1	1		2	1	1
吴川市							1	1	
茂名市				**16**	**7**	**9**	**14**	**9**	**5**
茂南区				3		3	1	1	
电白区				2	2		3	2	1
高州市				2		2			
化州市				9	5	4	9	6	3
信宜市							1		1
肇庆市	**5**	**3**	**2**	**62**	**46**	**16**	**417**	**275**	**142**
端州区									
鼎湖区				6	4	2	56	33	23
高要区				30	22	8	213	141	72
广宁县				1	1		24	18	6
怀集县				2	1	1	71	53	18
封开县							8	5	3
德庆县	5	3	2	1	1		15	10	5
四会市				22	17	5	30	15	15
惠州市	**7**	**5**	**2**	**122**	**81**	**41**	**424**	**228**	**196**
惠城区	1	1		6	5	1	47	25	22
惠阳区	4	2	2	15	10	5	56	27	29
博罗县	2	2		77	47	30	233	132	101
惠东县				21	16	5	82	42	40
龙门县				3	3		6	2	4
梅州市				**5**	**4**	**1**	**41**	**29**	**12**
梅江区									
梅县区				1	1				
大埔县							2		2
丰顺县							12	8	4
五华县							23	17	6
平远县				1		1			
蕉岭县									
兴宁市				3	3		4	4	

1-4b 续表 38

单位：人

地　　区	撒拉族			毛南族			仡佬族		
	小计	男	女	小计	男	女	小计	男	女
汕尾市	**2**	**1**	**1**	**18**	**8**	**10**	**41**	**31**	**10**
城　区	2	1	1				12	10	2
海丰县				17	7	10	19	13	6
陆河县				1	1		10	8	2
陆丰市									
河源市	**1**		**1**	**10**	**7**	**3**	**34**	**20**	**14**
源城区				6	4	2	9	7	2
紫金县				3	2	1	4	2	2
龙川县	1		1	1	1		5	3	2
连平县							2	1	1
和平县							1	1	
东源县							13	6	7
阳江市	**1**	**1**		**6**	**4**	**2**	**19**	**9**	**10**
江城区				1		1	3	1	2
阳东区	1	1		1	1		9	4	5
阳西县				2	2		6	3	3
阳春市				2	1	1	1	1	
清远市	**8**	**6**	**2**	**38**	**22**	**16**	**93**	**50**	**43**
清城区	8	6	2	29	18	11	55	36	19
清新区				2	1	1	1	1	
佛冈县				4	2	2	20	9	11
阳山县				3	1	2	2	2	
连山壮族瑶族自治县									
连南瑶族自治县									
英德市							15	2	13
连州市									
东莞市	**2**	**2**		**41**	**27**	**14**	**38**	**28**	**10**
市辖区	2	2		41	27	14	38	28	10
中山市	**16**	**13**	**3**	**236**	**145**	**91**	**544**	**318**	**226**
市辖区	16	13	3	236	145	91	544	318	226
潮州市	**1**	**1**		**64**	**42**	**22**	**34**	**18**	**16**
湘桥区	1	1		42	27	15	3	2	1
潮安区				20	14	6	23	10	13
饶平县				2	1	1	8	6	2
揭阳市				**17**	**10**	**7**	**83**	**56**	**27**
榕城区							11	9	2
揭东区				10	8	2	22	15	7
揭西县							8	3	5
惠来县				2		2	10	7	3
普宁市				5	2	3	32	22	10
云浮市				**6**	**4**	**2**	**30**	**23**	**7**
云城区									
云安区							5	4	1
新兴县				5	3	2	13	8	5
郁南县							9	8	1
罗定市				1	1		3	3	

1−4b　续表 39　　　　单位：人

地　区	锡伯族			阿昌族			普米族		
	小计	男	女	小计	男	女	小计	男	女
广　东	**62**	**38**	**24**	**51**	**29**	**22**	**24**	**16**	**8**
广州市	**19**	**13**	**6**	**6**	**4**	**2**	**1**	**1**	
荔湾区									
越秀区									
海珠区									
天河区									
白云区	2	2		2	2		1	1	
黄埔区	3	1	2						
番禺区	1		1						
花都区	4	3	1						
南沙区	3	2	1	2		2			
从化区	1	1							
增城区	5	4	1	2	2				
韶关市	**1**	**1**							
武江区									
浈江区	1	1							
曲江区									
始兴县									
仁化县									
翁源县									
乳源瑶族自治县									
新丰县									
乐昌市									
南雄市									
深圳市									
罗湖区									
福田区									
南山区									
宝安区									
龙岗区									
盐田区									
龙华区									
坪山区									
光明区									
珠海市	**6**	**5**	**1**	**3**	**3**		**11**	**9**	**2**
香洲区	6	5	1	2	2		8	7	1
斗门区									
金湾区				1	1		3	2	1
汕头市	**2**	**1**	**1**	**2**		**2**			
龙湖区									
金平区									
濠江区									
潮阳区	2	1	1	1		1			
潮南区									
澄海区				1		1			
南澳县									
佛山市	**2**	**1**	**1**	**16**	**10**	**6**			
禅城区	1	1		2		2			
南海区									
顺德区									
三水区	1		1	14	10	4			
高明区									

1-4b 续表 40

单位：人

地区	锡伯族			阿昌族			普米族		
	小计	男	女	小计	男	女	小计	男	女
江门市	**1**	**1**		**1**	**1**		**4**	**2**	**2**
蓬江区									
江海区									
新会区				1	1		2	1	1
台山市									
开平市									
鹤山市	1	1					2	1	1
恩平市									
湛江市	**1**		**1**						
赤坎区									
霞山区									
坡头区									
麻章区									
遂溪县									
徐闻县	1		1						
廉江市									
雷州市									
吴川市									
茂名市	**1**		**1**	**1**		**1**			
茂南区				1		1			
电白区									
高州市	1		1						
化州市									
信宜市									
肇庆市									
端州区									
鼎湖区									
高要区									
广宁县									
怀集县									
封开县									
德庆县									
四会市									
惠州市	**4**	**2**	**2**	**12**	**5**	**7**	**4**	**3**	**1**
惠城区	1	1		2	2		2	1	1
惠阳区				3	1	2			
博罗县				7	2	5	2	2	
惠东县	3	1	2						
龙门县									
梅州市				**2**	**2**				
梅江区									
梅县区									
大埔县									
丰顺县									
五华县				2	2				
平远县									
蕉岭县									
兴宁市									

1-4b 续表 41

单位：人

地 区	锡伯族			阿昌族			普米族		
	小计	男	女	小计	男	女	小计	男	女
汕尾市	**1**		**1**						
城 区									
海丰县									
陆河县									
陆丰市	1		1						
河源市	**1**	**1**							
源城区									
紫金县	1	1							
龙川县									
连平县									
和平县									
东源县									
阳江市	**1**		**1**						
江城区									
阳东区	1		1						
阳西县									
阳春市									
清远市	**5**	**1**	**4**	**2**	**2**				
清城区	4	1	3	2	2				
清新区									
佛冈县									
阳山县									
连山壮族瑶族自治县									
连南瑶族自治县	1		1						
英德市									
连州市									
东莞市	**2**	**2**		**2**	**1**	**1**			
市辖区	2	2		2	1	1			
中山市	**15**	**10**	**5**	**3**	**1**	**2**	**3**	**1**	**2**
市辖区	15	10	5	3	1	2	3	1	2
潮州市									
湘桥区									
潮安区									
饶平县									
揭阳市				**1**		**1**			
榕城区									
揭东区									
揭西县									
惠来县									
普宁市				1		1			
云浮市							**1**		**1**
云城区									
云安区									
新兴县							1		1
郁南县									
罗定市									

1-4b 续表 42

单位：人

地　　区	塔吉克族			怒　　族			乌孜别克族		
	小计	男	女	小计	男	女	小计	男	女
广　东	**76**	**53**	**23**	**34**	**23**	**11**	**5**	**3**	**2**
广州市	**1**		**1**				**2**	**1**	**1**
荔湾区									
越秀区									
海珠区									
天河区									
白云区									
黄埔区									
番禺区	1		1				2	1	1
花都区									
南沙区									
从化区									
增城区									
韶关市									
武江区									
浈江区									
曲江区									
始兴县									
仁化县									
翁源县									
乳源瑶族自治县									
新丰县									
乐昌市									
南雄市									
深圳市									
罗湖区									
福田区									
南山区									
宝安区									
龙岗区									
盐田区									
龙华区									
坪山区									
光明区									
珠海市				**22**	**16**	**6**			
香洲区				5	3	2			
斗门区				8	7	1			
金湾区				9	6	3			
汕头市	**1**	**1**		**1**		**1**			
龙湖区									
金平区									
濠江区									
潮阳区	1	1							
潮南区									
澄海区				1		1			
南澳县									
佛山市									
禅城区									
南海区									
顺德区									
三水区									
高明区									

1-4b 续表 43

单位：人

地 区	塔吉克族			怒 族			乌孜别克族		
	小计	男	女	小计	男	女	小计	男	女
江门市									
蓬江区									
江海区									
新会区									
台山市									
开平市									
鹤山市									
恩平市									
湛江市							**1**		**1**
赤坎区									
霞山区									
坡头区									
麻章区							1		1
遂溪县									
徐闻县									
廉江市									
雷州市									
吴川市									
茂名市									
茂南区									
电白区									
高州市									
化州市									
信宜市									
肇庆市									
端州区									
鼎湖区									
高要区									
广宁县									
怀集县									
封开县									
德庆县									
四会市									
惠州市	**74**	**52**	**22**	**2**	**1**	**1**	**2**	**2**	
惠城区	74	52	22						
惠阳区				2	1	1	1	1	
博罗县							1	1	
惠东县									
龙门县									
梅州市									
梅江区									
梅县区									
大埔县									
丰顺县									
五华县									
平远县									
蕉岭县									
兴宁市									

1-4b 续表 44

单位：人

地　区	塔吉克族			怒　族			乌孜别克族		
	小计	男	女	小计	男	女	小计	男	女
汕尾市									
城　区									
海丰县									
陆河县									
陆丰市									
河源市									
源城区									
紫金县									
龙川县									
连平县									
和平县									
东源县									
阳江市									
江城区									
阳东区									
阳西县									
阳春市									
清远市									
清城区									
清新区									
佛冈县									
阳山县									
连山壮族瑶族自治县									
连南瑶族自治县									
英德市									
连州市									
东莞市				**6**	**4**	**2**			
市辖区				6	4	2			
中山市				**2**	**1**	**1**			
市辖区				2	1	1			
潮州市									
湘桥区									
潮安区									
饶平县									
揭阳市				**1**	**1**				
榕城区									
揭东区				1	1				
揭西县									
惠来县									
普宁市									
云浮市									
云城区									
云安区									
新兴县									
郁南县									
罗定市									

1-4b　续表 45　　　　单位：人

地　区	俄罗斯族			鄂温克族			德 昂 族		
	小计	男	女	小计	男	女	小计	男	女
广　东	**11**	**5**	**6**	**9**	**5**	**4**	**28**	**14**	**14**
广州市	**1**		**1**	**5**	**2**	**3**	**7**	**5**	**2**
荔湾区									
越秀区									
海珠区									
天河区									
白云区	1		1	2	1	1	5	4	1
黄埔区									
番禺区									
花都区									
南沙区									
从化区				1	1		2	1	1
增城区				2		2			
韶关市									
武江区									
浈江区									
曲江区									
始兴县									
仁化县									
翁源县									
乳源瑶族自治县									
新丰县									
乐昌市									
南雄市									
深圳市									
罗湖区									
福田区									
南山区									
宝安区									
龙岗区									
盐田区									
龙华区									
坪山区									
光明区									
珠海市	**3**	**1**	**2**	**2**	**1**	**1**			
香洲区									
斗门区				2	1	1			
金湾区	3	1	2						
汕头市							**4**	**1**	**3**
龙湖区									
金平区									
濠江区									
潮阳区									
潮南区									
澄海区							4	1	3
南澳县									
佛山市				**1**	**1**		**1**	**1**	
禅城区									
南海区									
顺德区									
三水区				1	1		1	1	
高明区									

1－4b 续表 46

单位：人

地区	俄罗斯族			鄂温克族			德 昂 族		
	小计	男	女	小计	男	女	小计	男	女
江门市									
蓬江区									
江海区									
新会区									
台山市									
开平市									
鹤山市									
恩平市									
湛江市							**1**		**1**
赤坎区									
霞山区									
坡头区									
麻章区							1		1
遂溪县									
徐闻县									
廉江市									
雷州市									
吴川市									
茂名市									
茂南区									
电白区									
高州市									
化州市									
信宜市									
肇庆市									
端州区									
鼎湖区									
高要区									
广宁县									
怀集县									
封开县									
德庆县									
四会市									
惠州市	**3**	**1**	**2**				**10**	**5**	**5**
惠城区	2	1	1				1	1	
惠阳区							4	2	2
博罗县	1		1				3	2	1
惠东县							2		2
龙门县									
梅州市									
梅江区									
梅县区									
大埔县									
丰顺县									
五华县									
平远县									
蕉岭县									
兴宁市									

1-4b　续表 47　　　　单位：人

地　区	俄罗斯族			鄂温克族			德 昂 族		
	小计	男	女	小计	男	女	小计	男	女
汕尾市									
城　区									
海丰县									
陆河县									
陆丰市									
河源市							**1**		**1**
源城区							1		1
紫金县									
龙川县									
连平县									
和平县									
东源县									
阳江市									
江城区									
阳东区									
阳西县									
阳春市									
清远市							**1**	**1**	
清城区							1	1	
清新区									
佛冈县									
阳山县									
连山壮族瑶族自治县									
连南瑶族自治县									
英德市									
连州市									
东莞市									
市辖区									
中山市	**4**	**3**	**1**	**1**	**1**		**2**		**2**
市辖区	4	3	1	1	1		2		2
潮州市									
湘桥区									
潮安区									
饶平县									
揭阳市							**1**	**1**	
榕城区									
揭东区									
揭西县									
惠来县									
普宁市							1	1	
云浮市									
云城区									
云安区									
新兴县									
郁南县									
罗定市									

1－4b 续表 48

单位：人

地 区	保安族			裕固族			京 族		
	小计	男	女	小计	男	女	小计	男	女
广 东	**12**	**6**	**6**	**2**	**1**	**1**	**40**	**12**	**28**
广州市				**1**		**1**	**5**	**1**	**4**
荔湾区									
越秀区									
海珠区									
天河区									
白云区							4		4
黄埔区									
番禺区									
花都区				1		1	1	1	
南沙区									
从化区									
增城区									
韶关市									
武江区									
浈江区									
曲江区									
始兴县									
仁化县									
翁源县									
乳源瑶族自治县									
新丰县									
乐昌市									
南雄市									
深圳市									
罗湖区									
福田区									
南山区									
宝安区									
龙岗区									
盐田区									
龙华区									
坪山区									
光明区									
珠海市							**4**	**2**	**2**
香洲区							1	1	
斗门区							3	1	2
金湾区									
汕头市									
龙湖区									
金平区									
濠江区									
潮阳区									
潮南区									
澄海区									
南澳县									
佛山市							**6**	**1**	**5**
禅城区									
南海区									
顺德区									
三水区							6	1	5
高明区									

1-4b　续表 49

单位：人

地　区	保安族			裕固族			京　族		
	小计	男	女	小计	男	女	小计	男	女
江门市	**2**	**1**	**1**						
蓬江区									
江海区									
新会区									
台山市									
开平市									
鹤山市	2	1	1						
恩平市									
湛江市							**4**	**2**	**2**
赤坎区									
霞山区									
坡头区									
麻章区							1	1	
遂溪县							1		1
徐闻县							1	1	
廉江市									
雷州市									
吴川市							1		1
茂名市							**1**		**1**
茂南区									
电白区									
高州市									
化州市									
信宜市							1		1
肇庆市									
端州区									
鼎湖区									
高要区									
广宁县									
怀集县									
封开县									
德庆县									
四会市									
惠州市	**1**	**1**					**8**	**2**	**6**
惠城区									
惠阳区									
博罗县							8	2	6
惠东县									
龙门县	1	1							
梅州市									
梅江区									
梅县区									
大埔县									
丰顺县									
五华县									
平远县									
蕉岭县									
兴宁市									

1-4b 续表 50

单位：人

地　区	保安族			裕固族			京　族		
	小计	男	女	小计	男	女	小计	男	女
汕尾市									
城　区									
海丰县									
陆河县									
陆丰市									
河源市									
源城区									
紫金县									
龙川县									
连平县									
和平县									
东源县									
阳江市							**1**		**1**
江城区									
阳东区									
阳西县							1		1
阳春市									
清远市							**2**		**2**
清城区									
清新区									
佛冈县									
阳山县									
连山壮族瑶族自治县									
连南瑶族自治县									
英德市							2		2
连州市									
东莞市									
市辖区									
中山市	**9**	**4**	**5**				**8**	**4**	**4**
市辖区	9	4	5				8	4	4
潮州市							**1**		**1**
湘桥区									
潮安区									
饶平县							1		1
揭阳市				**1**	**1**				
榕城区									
揭东区									
揭西县									
惠来县									
普宁市				1	1				
云浮市									
云城区									
云安区									
新兴县									
郁南县									
罗定市									

1-4b　续表 51　　　　单位：人

地　　区	塔塔尔族			独龙族			鄂伦春族		
	小计	男	女	小计	男	女	小计	男	女
广　东				**2**	**2**		**3**	**2**	**1**
广州市									
荔湾区									
越秀区									
海珠区									
天河区									
白云区									
黄埔区									
番禺区									
花都区									
南沙区									
从化区									
增城区									
韶关市									
武江区									
浈江区									
曲江区									
始兴县									
仁化县									
翁源县									
乳源瑶族自治县									
新丰县									
乐昌市									
南雄市									
深圳市									
罗湖区									
福田区									
南山区									
宝安区									
龙岗区									
盐田区									
龙华区									
坪山区									
光明区									
珠海市				**2**	**2**				
香洲区									
斗门区									
金湾区				2	2				
汕头市									
龙湖区									
金平区									
濠江区									
潮阳区									
潮南区									
澄海区									
南澳县									
佛山市									
禅城区									
南海区									
顺德区									
三水区									
高明区									

1-4b 续表 52

单位：人

地区	塔塔尔族			独龙族			鄂伦春族		
	小计	男	女	小计	男	女	小计	男	女
江门市									
蓬江区									
江海区									
新会区									
台山市									
开平市									
鹤山市									
恩平市									
湛江市									
赤坎区									
霞山区									
坡头区									
麻章区									
遂溪县									
徐闻县									
廉江市									
雷州市									
吴川市									
茂名市									
茂南区									
电白区									
高州市									
化州市									
信宜市									
肇庆市									
端州区									
鼎湖区									
高要区									
广宁县									
怀集县									
封开县									
德庆县									
四会市									
惠州市									
惠城区									
惠阳区									
博罗县									
惠东县									
龙门县									
梅州市									
梅江区									
梅县区									
大埔县									
丰顺县									
五华县									
平远县									
蕉岭县									
兴宁市									

1-4b　续表 53　　单位：人

地　区	塔塔尔族			独龙族			鄂伦春族		
	小计	男	女	小计	男	女	小计	男	女
汕尾市							**1**	**1**	
城　区							1	1	
海丰县									
陆河县									
陆丰市									
河源市									
源城区									
紫金县									
龙川县									
连平县									
和平县									
东源县									
阳江市									
江城区									
阳东区									
阳西县									
阳春市									
清远市									
清城区									
清新区									
佛冈县									
阳山县									
连山壮族瑶族自治县									
连南瑶族自治县									
英德市									
连州市									
东莞市									
市辖区									
中山市							**2**	**1**	**1**
市辖区							2	1	1
潮州市									
湘桥区									
潮安区									
饶平县									
揭阳市									
榕城区									
揭东区									
揭西县									
惠来县									
普宁市									
云浮市									
云城区									
云安区									
新兴县									
郁南县									
罗定市									

1-4b 续表 54 单位：人

地区	赫哲族			门巴族			珞巴族		
	小计	男	女	小计	男	女	小计	男	女
广东	**9**	**5**	**4**	**2**	**1**	**1**	**1**	**1**	
广州市	**2**		**2**	**1**	**1**				
荔湾区									
越秀区									
海珠区									
天河区									
白云区				1	1				
黄埔区									
番禺区									
花都区	2		2						
南沙区									
从化区									
增城区									
韶关市									
武江区									
浈江区									
曲江区									
始兴县									
仁化县									
翁源县									
乳源瑶族自治县									
新丰县									
乐昌市									
南雄市									
深圳市									
罗湖区									
福田区									
南山区									
宝安区									
龙岗区									
盐田区									
龙华区									
坪山区									
光明区									
珠海市									
香洲区									
斗门区									
金湾区									
汕头市									
龙湖区									
金平区									
濠江区									
潮阳区									
潮南区									
澄海区									
南澳县									
佛山市	**1**	**1**					**1**	**1**	
禅城区	1	1					1	1	
南海区									
顺德区									
三水区									
高明区									

1-4b　续表 55　　　　单位：人

地　区	赫哲族			门巴族			珞巴族		
	小计	男	女	小计	男	女	小计	男	女
江门市	**2**	**1**	**1**						
蓬江区									
江海区									
新会区									
台山市									
开平市	2	1	1						
鹤山市									
恩平市									
湛江市									
赤坎区									
霞山区									
坡头区									
麻章区									
遂溪县									
徐闻县									
廉江市									
雷州市									
吴川市									
茂名市									
茂南区									
电白区									
高州市									
化州市									
信宜市									
肇庆市									
端州区									
鼎湖区									
高要区									
广宁县									
怀集县									
封开县									
德庆县									
四会市									
惠州市	**1**	**1**							
惠城区									
惠阳区									
博罗县	1	1							
惠东县									
龙门县									
梅州市									
梅江区									
梅县区									
大埔县									
丰顺县									
五华县									
平远县									
蕉岭县									
兴宁市									

1-4b 续表 56

单位：人

地　区	赫哲族			门巴族			珞巴族		
	小计	男	女	小计	男	女	小计	男	女
汕尾市	**3**	**2**	**1**						
城　区									
海丰县	3	2	1						
陆河县									
陆丰市									
河源市									
源城区									
紫金县									
龙川县									
连平县									
和平县									
东源县									
阳江市				**1**		**1**			
江城区									
阳东区									
阳西县				1		1			
阳春市									
清远市									
清城区									
清新区									
佛冈县									
阳山县									
连山壮族瑶族自治县									
连南瑶族自治县									
英德市									
连州市									
东莞市									
市辖区									
中山市									
市辖区									
潮州市									
湘桥区									
潮安区									
饶平县									
揭阳市									
榕城区									
揭东区									
揭西县									
惠来县									
普宁市									
云浮市									
云城区									
云安区									
新兴县									
郁南县									
罗定市									

1－4b　续表 57　　　　单位：人

地　区	基诺族			未定族称人口			入　籍		
	小计	男	女	小计	男	女	小计	男	女
广　东	**8**	**2**	**6**	**908**	**473**	**435**	**88**	**20**	**68**
广州市	**1**	**1**		**88**	**48**	**40**	**4**	**2**	**2**
荔湾区									
越秀区									
海珠区									
天河区									
白云区	1	1		28	14	14	2	2	
黄埔区				4	3	1			
番禺区				4	1	3			
花都区				11	8	3			
南沙区				7	6	1			
从化区				5	2	3			
增城区				29	14	15	2		2
韶关市	**1**		**1**	**13**	**3**	**10**	**1**		**1**
武江区									
浈江区				2		2			
曲江区									
始兴县				3		3			
仁化县									
翁源县									
乳源瑶族自治县				5	3	2			
新丰县				2		2			
乐昌市	1		1						
南雄市				1		1	1		1
深圳市				**6**	**5**	**1**			
罗湖区									
福田区									
南山区				5	4	1			
宝安区									
龙岗区									
盐田区									
龙华区									
坪山区				1	1				
光明区									
珠海市				**53**	**31**	**22**	**2**	**2**	
香洲区				10	8	2			
斗门区				14	7	7	2	2	
金湾区				29	16	13			
汕头市				**59**	**36**	**23**	**3**	**1**	**2**
龙湖区									
金平区									
濠江区									
潮阳区				34	20	14	2	1	1
潮南区				5	3	2			
澄海区				13	9	4	1		1
南澳县				7	4	3			
佛山市				**37**	**22**	**15**	**1**		**1**
禅城区				10	7	3	1		1
南海区				9	5	4			
顺德区									
三水区				18	10	8			
高明区									

1-4b 续表 58

单位：人

地　　区	基诺族			未定族称人口			入　籍		
	小计	男	女	小计	男	女	小计	男	女
江门市				**24**	**10**	**14**			
蓬江区									
江海区									
新会区				8	5	3			
台山市				2	1	1			
开平市				6	2	4			
鹤山市				4		4			
恩平市				4	2	2			
湛江市				**32**	**10**	**22**	**8**	**2**	**6**
赤坎区									
霞山区									
坡头区				2		2			
麻章区				8	4	4			
遂溪县				8	4	4	1		1
徐闻县				1		1	3	1	2
廉江市				4	1	3	1		1
雷州市							2	1	1
吴川市				9	1	8	1		1
茂名市				**52**	**13**	**39**	**8**		**8**
茂南区				10	3	7	2		2
电白区				8		8	3		3
高州市				6	2	4	1		1
化州市				4		4			
信宜市				24	8	16	2		2
肇庆市				**17**	**10**	**7**	**1**		**1**
端州区									
鼎湖区				2	2				
高要区				4	2	2			
广宁县				2	1	1			
怀集县				4	3	1			
封开县				4	2	2	1		1
德庆县				1		1			
四会市									
惠州市	**4**	**1**	**3**	**139**	**79**	**60**	**4**	**2**	**2**
惠城区				16	9	7	1		1
惠阳区				11	8	3			
博罗县				66	38	28	3	2	1
惠东县	4	1	3	39	23	16			
龙门县				7	1	6			
梅州市				**8**	**3**	**5**	**4**	**1**	**3**
梅江区									
梅县区				1		1			
大埔县									
丰顺县							2	1	1
五华县				1	1		2		2
平远县				4	2	2			
蕉岭县									
兴宁市				2		2			

1-4b　续表 59　　　　单位：人

地　区	基诺族			未定族称人口			入　籍		
	小计	男	女	小计	男	女	小计	男	女
汕尾市				**5**	**1**	**4**	**6**		**6**
城　区									
海丰县				2		2	1		1
陆河县							1		1
陆丰市				3	1	2	4		4
河源市				**12**	**4**	**8**	**8**	**5**	**3**
源城区				2	2		2	2	
紫金县				5	1	4	6	3	3
龙川县				2		2			
连平县									
和平县				2	1	1			
东源县				1		1			
阳江市				**17**	**6**	**11**	**3**		**3**
江城区				3	3				
阳东区				3	1	2			
阳西县				6	2	4	3		3
阳春市				5		5			
清远市				**69**	**36**	**33**	**6**		**6**
清城区				30	17	13	1		1
清新区				1	1				
佛冈县				6	3	3			
阳山县				1		1	2		2
连山壮族瑶族自治县				22	11	11	1		1
连南瑶族自治县				1	1				
英德市				8	3	5	1		1
连州市							1		1
东莞市				**13**	**5**	**8**	**3**	**1**	**2**
市辖区				13	5	8	3	1	2
中山市	**2**		**2**	**202**	**118**	**84**	**9**	**3**	**6**
市辖区	2		2	202	118	84	9	3	6
潮州市				**8**	**4**	**4**	**9**	**1**	**8**
湘桥区				2		2			
潮安区				6	4	2	2		2
饶平县							7	1	6
揭阳市				**47**	**28**	**19**			
榕城区				2	1	1			
揭东区				8	5	3			
揭西县				3	1	2			
惠来县				1	1				
普宁市				33	20	13			
云浮市				**7**	**1**	**6**	**8**		**8**
云城区									
云安区				3		3	1		1
新兴县				2		2	3		3
郁南县				1	1		4		4
罗定市				1		1			

1-4c 各地区分性别、民族的人口(乡村)

单位：人

地区	合计			汉族		
	合计	男	女	小计	男	女
广东	**32576438**	**17163861**	**15412577**	**31854803**	**16756042**	**15098761**
广州市	**2579881**	**1399937**	**1179944**	**2489404**	**1345712**	**1143692**
荔湾区						
越秀区						
海珠区						
天河区						
白云区	697384	379333	318051	663496	359490	304006
黄埔区	98339	54378	43961	95249	52367	42882
番禺区	277077	154238	122839	265675	147435	118240
花都区	498426	273839	224587	476328	260498	215830
南沙区	226178	122505	103673	218500	117788	100712
从化区	388976	202910	186066	385406	200678	184728
增城区	393501	212734	180767	384750	207456	177294
韶关市	**1218236**	**638291**	**579945**	**1186999**	**621306**	**565693**
武江区	57848	30684	27164	56834	30116	26718
浈江区	52643	27774	24869	52285	27566	24719
曲江区	114594	61438	53156	112298	60157	52141
始兴县	116280	59288	56992	111052	56276	54776
仁化县	109380	57155	52225	107507	56146	51361
翁源县	207531	108804	98727	205134	107543	97591
乳源瑶族自治县	100449	52709	47740	86695	45635	41060
新丰县	92750	49383	43367	92095	49015	43080
乐昌市	184060	97491	86569	182759	96749	86010
南雄市	182701	93565	89136	180340	92103	88237
深圳市	**49789**	**30340**	**19449**	**45994**	**27968**	**18026**
罗湖区						
福田区						
南山区						
宝安区						
龙岗区	49789	30340	19449	45994	27968	18026
盐田区						
龙华区						
坪山区						
光明区						
珠海市	**232495**	**125797**	**106698**	**223391**	**120346**	**103045**
香洲区	1059	794	265	959	724	235
斗门区	213646	114914	98732	205474	110029	95445
金湾区	17790	10089	7701	16958	9593	7365
汕头市	**1611862**	**817755**	**794107**	**1593184**	**806848**	**786336**
龙湖区	100508	50587	49921	98798	49660	49138
金平区	15416	7670	7746	15234	7564	7670
濠江区	73866	38980	34886	72949	38382	34567
潮阳区	674352	338630	335722	669923	336169	333754
潮南区	497728	253557	244171	493623	251087	242536
澄海区	236832	121704	115128	229556	117394	112162
南澳县	13160	6627	6533	13101	6592	6509
佛山市	**456354**	**257240**	**199114**	**423037**	**236729**	**186308**
禅城区						
南海区	144834	81860	62974	134744	75575	59169
顺德区	44992	25903	19089	42063	24055	18008
三水区	215540	121873	93667	197314	110780	86534
高明区	50988	27604	23384	48916	26319	22597

1-4c 续表 1

单位：人

地 区	合计			汉族		
	合计	男	女	小计	男	女
江门市	**1553156**	**810579**	**742577**	**1487572**	**775240**	**712332**
蓬江区	26023	13473	12550	25401	13075	12326
江海区						
新会区	305496	162745	142751	286033	151439	134594
台山市	474478	243370	231108	462906	238233	224673
开平市	318742	162361	156381	302110	153140	148970
鹤山市	196252	105323	90929	184817	98891	85926
恩平市	232165	123307	108858	226305	120462	105843
湛江市	**3807772**	**2011124**	**1796648**	**3784549**	**2001133**	**1783416**
赤坎区	8527	4407	4120	8468	4383	4085
霞山区	31911	16579	15332	31647	16431	15216
坡头区	191096	102560	88536	189874	102018	87856
麻章区	299212	158140	141072	297847	157374	140473
遂溪县	535072	281986	253086	533033	281145	251888
徐闻县	394856	206647	188209	389553	203906	185647
廉江市	919658	490825	428833	913518	489025	424493
雷州市	908800	476414	432386	906077	475016	431061
吴川市	518640	273566	245074	514532	271835	242697
茂名市	**3484470**	**1836587**	**1647883**	**3466830**	**1831330**	**1635500**
茂南区	335409	175570	159839	332025	174229	157796
电白区	895937	476771	419166	892168	475580	416588
高州市	838356	439215	399141	834761	438276	396485
化州市	818922	433151	385771	814768	431916	382852
信宜市	595846	311880	283966	593108	311329	281779
肇庆市	**2014980**	**1044140**	**970840**	**1987496**	**1028045**	**959451**
端州区						
鼎湖区	54803	28083	26720	54001	27580	26421
高要区	462496	241387	221109	451659	234923	216736
广宁县	243863	126950	116913	242522	126179	116343
怀集县	583295	297627	285668	576879	294057	282822
封开县	250678	129300	121378	249953	128921	121032
德庆县	231471	119879	111592	230847	119546	111301
四会市	188374	100914	87460	181635	96839	84796
惠州市	**1643576**	**891671**	**751905**	**1560264**	**842094**	**718170**
惠城区	335449	184209	151240	318017	173205	144812
惠阳区	259153	145559	113594	236625	132284	104341
博罗县	498285	266705	231580	473598	252200	221398
惠东县	377699	202241	175458	367379	196185	171194
龙门县	172990	92957	80033	164645	88220	76425
梅州市	**1875444**	**956496**	**918948**	**1869446**	**953197**	**916249**
梅江区	36438	18398	18040	36123	18211	17912
梅县区	261418	132913	128505	260342	132344	127998
大埔县	176229	91706	84523	175638	91334	84304
丰顺县	224467	116169	108298	223358	115616	107742
五华县	585378	296888	288490	583873	296009	287864
平远县	95186	48313	46873	94932	48197	46735
蕉岭县	82578	42221	40357	82236	42007	40229
兴宁市	413750	209888	203862	412944	209479	203465

1-4c 续表 2

单位：人

地区	合计			汉族		
	合计	男	女	小计	男	女
汕尾市	**1177179**	**614099**	**563080**	**1170435**	**610143**	**560292**
城区	105586	56001	49585	104713	55422	49291
海丰县	265176	141311	123865	260698	138658	122040
陆河县	116064	59978	56086	115655	59754	55901
陆丰市	690353	356809	333544	689369	356309	333060
河源市	**1461518**	**756768**	**704750**	**1444906**	**746825**	**698081**
源城区	40657	21976	18681	38798	20855	17943
紫金县	343701	177213	166488	340860	175541	165319
龙川县	397757	204678	193079	395545	203407	192138
连平县	179318	91809	87509	177725	90865	86860
和平县	238602	123882	114720	237381	123159	114222
东源县	261483	137210	124273	254597	132998	121599
阳江市	**1193139**	**635458**	**557681**	**1167630**	**621414**	**546216**
江城区	201369	106862	94507	195000	103192	91808
阳东区	232023	124892	107131	220811	118596	102215
阳西县	244210	132093	112117	241948	130957	110991
阳春市	515537	271611	243926	509871	268669	241202
清远市	**1806264**	**961949**	**844315**	**1699334**	**904440**	**794894**
清城区	199260	110369	88891	194775	107561	87214
清新区	341583	180807	160776	338234	178886	159348
佛冈县	178713	94982	83731	176790	93863	82927
阳山县	212774	112498	100276	209889	110941	98948
连山壮族瑶族自治县	56378	29619	26759	20601	10151	10450
连南瑶族自治县	73649	38174	35475	24752	12529	12223
英德市	543259	289028	254231	537461	285939	251522
连州市	200648	106472	94176	196832	104570	92262
东莞市	**821754**	**482325**	**339429**	**744944**	**435684**	**309260**
市辖区	821754	482325	339429	744944	435684	309260
中山市	**576187**	**311936**	**264251**	**540680**	**290742**	**249938**
市辖区	576187	311936	264251	540680	290742	249938
潮州市	**919744**	**471394**	**448350**	**901311**	**460768**	**440543**
湘桥区	70048	35261	34787	68902	34575	34327
潮安区	426890	219291	207599	411066	210134	200932
饶平县	422806	216842	205964	421343	216059	205284
揭阳市	**2752577**	**1408696**	**1343881**	**2735476**	**1398624**	**1336852**
榕城区	196344	100596	95748	193734	99061	94673
揭东区	424337	219244	205093	419708	216448	203260
揭西县	465596	238993	226603	462275	237100	225175
惠来县	603349	303826	299523	602619	303407	299212
普宁市	1062951	546037	516914	1057140	542608	514532
云浮市	**1340061**	**701279**	**638782**	**1331921**	**697454**	**634467**
云城区	96175	51138	45037	95055	50475	44580
云安区	167708	88573	79135	166672	88014	78658
新兴县	244901	127398	117503	242503	126121	116382
郁南县	211406	111133	100273	210724	110838	99886
罗定市	619871	323037	296834	616967	322006	294961

1-4c　续表 3　　　　单位：人

地　区	蒙古族			回　族			藏　族		
	小计	男	女	小计	男	女	小计	男	女
广　东	**1769**	**1078**	**691**	**4846**	**2818**	**2028**	**1983**	**756**	**1227**
广州市	**447**	**262**	**185**	**963**	**552**	**411**	**302**	**163**	**139**
荔湾区									
越秀区									
海珠区									
天河区									
白云区	166	93	73	331	193	138	129	65	64
黄埔区	22	15	7	43	22	21	15	7	8
番禺区	88	48	40	180	105	75	26	10	16
花都区	89	49	40	221	123	98	62	43	19
南沙区	28	22	6	73	41	32	25	19	6
从化区	24	19	5	56	31	25	18	6	12
增城区	30	16	14	59	37	22	27	13	14
韶关市	**26**	**15**	**11**	**69**	**39**	**30**	**35**	**12**	**23**
武江区				5	2	3			
浈江区	2	1	1	4	3	1			
曲江区	6	3	3	6	4	2	6	2	4
始兴县	1	1		5	2	3	4	1	3
仁化县	1	1		3	3		1	1	
翁源县	6	3	3	17	10	7	4	2	2
乳源瑶族自治县	3	1	2	6	4	2	6	2	4
新丰县	1	1		4	1	3	5	1	4
乐昌市	6	4	2	15	7	8	5	2	3
南雄市				4	3	1	4	1	3
深圳市	**27**	**20**	**7**	**54**	**34**	**20**	**5**	**3**	**2**
罗湖区									
福田区									
南山区									
宝安区									
龙岗区	27	20	7	54	34	20	5	3	2
盐田区									
龙华区									
坪山区									
光明区									
珠海市	**26**	**16**	**10**	**59**	**39**	**20**	**10**	**7**	**3**
香洲区									
斗门区	21	13	8	46	31	15	10	7	3
金湾区	5	3	2	13	8	5			
汕头市	**93**	**65**	**28**	**358**	**214**	**144**	**33**	**15**	**18**
龙湖区	8	4	4	7	3	4	2	2	
金平区				2	1	1			
濠江区	12	8	4	15	9	6	2		2
潮阳区	15	11	4	89	51	38	26	11	15
潮南区	11	6	5	29	16	13			
澄海区	47	36	11	216	134	82	3	2	1
南澳县									
佛山市	**84**	**51**	**33**	**89**	**48**	**41**	**45**	**25**	**20**
禅城区									
南海区	15	9	6	18	11	7	22	13	9
顺德区	4	4		12	5	7	4	2	2
三水区	50	27	23	42	24	18	17	9	8
高明区	15	11	4	17	8	9	2	1	1

1-4c 续表 4

单位：人

地区	蒙古族			回族			藏族		
	小计	男	女	小计	男	女	小计	男	女
江门市	**135**	**90**	**45**	**202**	**130**	**72**	**191**	**55**	**136**
蓬江区	2	1	1	3	2	1			
江海区									
新会区	41	29	12	34	19	15	51	23	28
台山市	36	24	12	32	20	12	64	11	53
开平市	18	12	6	48	31	17	19	8	11
鹤山市	22	14	8	46	36	10	32	9	23
恩平市	16	10	6	39	22	17	25	4	21
湛江市	**46**	**30**	**16**	**202**	**72**	**130**	**175**	**16**	**159**
赤坎区									
霞山区				5	3	2			
坡头区	5	2	3	12	5	7	5		5
麻章区	5	3	2	33	19	14			
遂溪县	4	2	2	18	4	14	31	6	25
徐闻县	1		1	13	5	8	10	2	8
廉江市	13	8	5	47	13	34	101	4	97
雷州市	9	7	2	43	18	25	9	4	5
吴川市	9	8	1	31	5	26	19		19
茂名市	**57**	**21**	**36**	**146**	**48**	**98**	**230**	**7**	**223**
茂南区	22	9	13	25	7	18	22		22
电白区	15	3	12	47	20	27	21	2	19
高州市	7	4	3	33	10	23	74	2	72
化州市	8	4	4	20	8	12	38	1	37
信宜市	5	1	4	21	3	18	75	2	73
肇庆市	**80**	**56**	**24**	**110**	**59**	**51**	**249**	**147**	**102**
端州区									
鼎湖区	5	3	2	2	1	1	2	2	
高要区	36	26	10	24	11	13	24	15	9
广宁县	1		1	29	20	9	4		4
怀集县	7	3	4	12	4	8	8	2	6
封开县	1	1		17	12	5	5		5
德庆县	1		1	7	4	3	1		1
四会市	29	23	6	19	7	12	205	128	77
惠州市	**170**	**97**	**73**	**806**	**490**	**316**	**143**	**71**	**72**
惠城区	63	38	25	383	241	142	38	22	16
惠阳区	37	18	19	161	92	69	40	23	17
博罗县	40	23	17	194	119	75	38	17	21
惠东县	16	8	8	53	31	22	18	7	11
龙门县	14	10	4	15	7	8	9	2	7
梅州市	**46**	**28**	**18**	**67**	**37**	**30**	**36**	**14**	**22**
梅江区	5	4	1	6	3	3	2	2	
梅县区	15	6	9	8	2	6	3		3
大埔县	3	1	2	6	5	1	3	3	
丰顺县	4	3	1	12	11	1	1		1
五华县	14	12	2	17	7	10	10	4	6
平远县	1		1	3	2	1	7	2	5
蕉岭县	1	1		3	2	1	5	2	3
兴宁市	3	1	2	12	5	7	5	1	4

1-4c　续表 5　　　　　　　　　　　　　　　　　　　　　　　　单位：人

地　区	蒙古族			回　族			藏　族		
	小计	男	女	小计	男	女	小计	男	女
汕尾市	**38**	**27**	**11**	**61**	**39**	**22**	**22**	**7**	**15**
城　区	9	7	2	7	4	3	5	1	4
海丰县	19	15	4	31	22	9	12	4	8
陆河县				4	2	2	2	1	1
陆丰市	10	5	5	19	11	8	3	1	2
河源市	**37**	**21**	**16**	**116**	**69**	**47**	**62**	**27**	**35**
源城区	3	3		39	24	15	12	5	7
紫金县	7	3	4	28	16	12	12	8	4
龙川县	16	10	6	19	11	8	16	8	8
连平县	5	2	3	10	6	4	2		2
和平县	1		1	3	1	2	3		3
东源县	5	3	2	17	11	6	17	6	11
阳江市	**41**	**24**	**17**	**68**	**46**	**22**	**100**	**42**	**58**
江城区	10	6	4	20	15	5	11	5	6
阳东区	22	12	10	18	13	5	52	24	28
阳西县	3	2	1	11	8	3	16	8	8
阳春市	6	4	2	19	10	9	21	5	16
清远市	**54**	**28**	**26**	**132**	**89**	**43**	**45**	**14**	**31**
清城区	17	12	5	32	27	5	13	8	5
清新区	3	2	1	30	21	9	4	1	3
佛冈县	9	3	6	23	15	8	5	2	3
阳山县	2		2	11	6	5	7	1	6
连山壮族瑶族自治县	1	1							
连南瑶族自治县	3		3						
英德市	17	9	8	29	17	12	13	1	12
连州市	2	1	1	7	3	4	3	1	2
东莞市	**197**	**127**	**70**	**765**	**477**	**288**	**170**	**82**	**88**
市辖区	197	127	70	765	477	288	170	82	88
中山市	**57**	**32**	**25**	**415**	**263**	**152**	**70**	**41**	**29**
市辖区	57	32	25	415	263	152	70	41	29
潮州市	**21**	**12**	**9**	**31**	**14**	**17**	**8**	**2**	**6**
湘桥区	1		1						
潮安区	12	7	5	22	10	12	5	2	3
饶平县	8	5	3	9	4	5	3		3
揭阳市	**69**	**42**	**27**	**89**	**43**	**46**	**17**	**5**	**12**
榕城区	6	3	3	4	1	3	2		2
揭东区	24	18	6	23	16	7	4		4
揭西县	6	2	4	10	3	7	1		1
惠来县	6	4	2	17	6	11	2	2	
普宁市	27	15	12	35	17	18	8	3	5
云浮市	**18**	**14**	**4**	**44**	**16**	**28**	**35**	**1**	**34**
云城区	3	3		6	3	3	2	1	1
云安区	3	2	1	1		1	4		4
新兴县	5	2	3	8	3	5	8		8
郁南县				7	2	5	2		2
罗定市	7	7		22	8	14	19		19

1-4c 续表 6

单位：人

地 区	维吾尔族			苗 族			彝 族		
	小计	男	女	小计	男	女	小计	男	女
广 东	**391**	**219**	**172**	**103249**	**60432**	**42817**	**19036**	**10968**	**8068**
广州市	**85**	**38**	**47**	**11948**	**7210**	**4738**	**2547**	**1486**	**1061**
荔湾区									
越秀区									
海珠区									
天河区									
白云区	29	5	24	3933	2305	1628	1033	564	469
黄埔区	3	2	1	433	286	147	114	72	42
番禺区	32	16	16	1334	826	508	390	211	179
花都区	13	9	4	3225	1914	1311	519	317	202
南沙区				1015	644	371	211	138	73
从化区	3	2	1	740	461	279	104	79	25
增城区	5	4	1	1268	774	494	176	105	71
韶关市	**8**	**6**	**2**	**1449**	**874**	**575**	**243**	**148**	**95**
武江区	1		1	93	59	34	28	15	13
浈江区				69	48	21	7	3	4
曲江区				216	133	83	14	10	4
始兴县	2	2		95	57	38	13	7	6
仁化县	2	1	1	103	51	52	25	12	13
翁源县				387	229	158	77	45	32
乳源瑶族自治县	1	1		48	29	19	8	5	3
新丰县	1	1		191	109	82	25	17	8
乐昌市	1	1		110	68	42	27	21	6
南雄市				137	91	46	19	13	6
深圳市				**654**	**401**	**253**	**185**	**103**	**82**
罗湖区									
福田区									
南山区									
宝安区									
龙岗区				654	401	253	185	103	82
盐田区									
龙华区									
坪山区									
光明区									
珠海市	**4**	**3**	**1**	**787**	**477**	**310**	**394**	**229**	**165**
香洲区				12	7	5	5	5	
斗门区	4	3	1	697	422	275	363	211	152
金湾区				78	48	30	26	13	13
汕头市	**12**	**4**	**8**	**5783**	**3358**	**2425**	**1167**	**664**	**503**
龙湖区				455	217	238	34	12	22
金平区				72	43	29	10	6	4
濠江区	4		4	267	174	93	55	32	23
潮阳区	4	2	2	1290	725	565	191	106	85
潮南区	2	1	1	1018	613	405	189	117	72
澄海区	2	1	1	2667	1576	1091	688	391	297
南澳县				14	10	4			
佛山市	**12**	**9**	**3**	**3444**	**2087**	**1357**	**655**	**401**	**254**
禅城区									
南海区	4	2	2	1045	638	407	179	108	71
顺德区	4	3	1	212	132	80	18	7	11
三水区	4	4		1878	1128	750	408	251	157
高明区				309	189	120	50	35	15

1-4c 续表 7

单位：人

地区	维吾尔族			苗族			彝族		
	小计	男	女	小计	男	女	小计	男	女
江门市	**17**	**13**	**4**	**7105**	**4072**	**3033**	**1241**	**721**	**520**
蓬江区				112	71	41	14	12	2
江海区									
新会区	4	4		2687	1599	1088	216	131	85
台山市	4	2	2	1222	686	536	107	57	50
开平市	2	1	1	1183	653	530	342	196	146
鹤山市				1195	697	498	390	237	153
恩平市	7	6	1	706	366	340	172	88	84
湛江市	**16**	**5**	**11**	**2172**	**1086**	**1086**	**491**	**199**	**292**
赤坎区				4	3	1			
霞山区				29	17	12	8	4	4
坡头区				156	97	59	34	7	27
麻章区	3	1	2	156	99	57	16	8	8
遂溪县	2		2	287	142	145	43	11	32
徐闻县				647	335	312	26	7	19
廉江市	6	2	4	315	113	202	55	13	42
雷州市	3		3	173	94	79	18	8	10
吴川市	2	2		405	186	219	291	141	150
茂名市	**13**	**5**	**8**	**2124**	**790**	**1334**	**443**	**105**	**338**
茂南区	1		1	383	180	203	82	27	55
电白区	3	1	2	582	213	369	168	29	139
高州市	2	1	1	526	148	378	72	13	59
化州市	6	2	4	406	181	225	85	30	55
信宜市	1	1		227	68	159	36	6	30
肇庆市	**13**	**9**	**4**	**2981**	**1832**	**1149**	**268**	**163**	**105**
端州区									
鼎湖区	1	1		116	70	46	11	8	3
高要区	5	4	1	1392	849	543	55	33	22
广宁县	1	1		234	151	83	13	9	4
怀集县	3	2	1	297	170	127	15	7	8
封开县	1	1		122	80	42	6	4	2
德庆县	1		1	126	80	46	5	2	3
四会市	1		1	694	432	262	163	100	63
惠州市	**37**	**26**	**11**	**19848**	**11639**	**8209**	**4089**	**2440**	**1649**
惠城区	8	6	2	3215	2002	1213	1117	720	397
惠阳区	1		1	5219	3086	2133	1491	839	652
博罗县	4	3	1	7706	4415	3291	957	570	387
惠东县	23	16	7	2453	1420	1033	413	247	166
龙门县	1	1		1255	716	539	111	64	47
梅州市	**35**	**24**	**11**	**1539**	**939**	**600**	**210**	**141**	**69**
梅江区				84	48	36	12	7	5
梅县区	14	12	2	335	202	133	23	12	11
大埔县	3	2	1	121	87	34	18	10	8
丰顺县	1	1		256	134	122	8	4	4
五华县	9	5	4	376	236	140	100	79	21
平远县				37	22	15	13	8	5
蕉岭县	3	2	1	126	84	42	10	6	4
兴宁市	5	2	3	204	126	78	26	15	11

1－4c 续表 8

单位：人

地　区	维吾尔族			苗　族			彝　族		
	小计	男	女	小计	男	女	小计	男	女
汕尾市	**6**	**3**	**3**	**1294**	**811**	**483**	**313**	**191**	**122**
城　区	1		1	197	129	68	55	39	16
海丰县	5	3	2	821	532	289	230	135	95
陆河县				97	58	39	8	5	3
陆丰市				179	92	87	20	12	8
河源市	**7**	**4**	**3**	**3436**	**2099**	**1337**	**378**	**230**	**148**
源城区				502	301	201	58	30	28
紫金县	2	1	1	1136	714	422	70	37	33
龙川县				336	193	143	62	38	24
连平县				236	127	109	21	14	7
和平县	2	1	1	179	120	59	14	14	
东源县	3	2	1	1047	644	403	153	97	56
阳江市	**13**	**9**	**4**	**4743**	**2536**	**2207**	**503**	**282**	**221**
江城区	3	2	1	1819	1000	819	108	76	32
阳东区	6	4	2	1704	915	789	302	162	140
阳西县	1	1		802	417	385	46	21	25
阳春市	3	2	1	418	204	214	47	23	24
清远市	**22**	**15**	**7**	**2628**	**1602**	**1026**	**384**	**232**	**152**
清城区	7	6	1	782	475	307	71	52	19
清新区	8	6	2	433	268	165	61	28	33
佛冈县	1		1	383	244	139	93	57	36
阳山县				141	100	41	10	6	4
连山壮族瑶族自治县	1		1	43	17	26	4	2	2
连南瑶族自治县				18	7	11	2		2
英德市	4	2	2	752	448	304	134	82	52
连州市	1	1		76	43	33	9	5	4
东莞市	**52**	**27**	**25**	**13355**	**7980**	**5375**	**3847**	**2265**	**1582**
市辖区	52	27	25	13355	7980	5375	3847	2265	1582
中山市	**9**	**5**	**4**	**4000**	**2420**	**1580**	**974**	**570**	**404**
市辖区	9	5	4	4000	2420	1580	974	570	404
潮州市	**1**	**1**		**7105**	**4162**	**2943**	**234**	**131**	**103**
湘桥区				291	197	94	13	7	6
潮安区	1	1		6327	3684	2643	195	108	87
饶平县				487	281	206	26	16	10
揭阳市	**22**	**10**	**12**	**5353**	**3253**	**2100**	**351**	**209**	**142**
榕城区	1	1		1157	696	461	86	55	31
揭东区				1686	1006	680	106	58	48
揭西县	1	1		647	383	264	20	8	12
惠来县	1		1	201	127	74	22	15	7
普宁市	19	8	11	1662	1041	621	117	73	44
云浮市	**7**	**3**	**4**	**1501**	**804**	**697**	**119**	**58**	**61**
云城区	1		1	196	117	79	14	8	6
云安区	1	1		254	138	116	10	5	5
新兴县	1	1		446	250	196	51	26	25
郁南县	2	1	1	149	84	65	6	2	4
罗定市	2		2	456	215	241	38	17	21

1-4c 续表 9

单位：人

地 区	壮 族			布 依 族			朝 鲜 族		
	小计	男	女	小计	男	女	小计	男	女
广 东	**289165**	**158640**	**130525**	**28321**	**16418**	**11903**	**475**	**262**	**213**
广州市	**41269**	**24387**	**16882**	**3866**	**2283**	**1583**	**116**	**63**	**53**
荔湾区									
越秀区									
海珠区									
天河区									
白云区	16234	9500	6734	1363	778	585	35	16	19
黄埔区	1239	776	463	123	80	43	2	2	
番禺区	5020	3007	2013	464	267	197	34	19	15
花都区	10297	6143	4154	796	472	324	26	17	9
南沙区	2945	1777	1168	565	334	231	4	3	1
从化区	1270	756	514	156	100	56	11	4	7
增城区	4264	2428	1836	399	252	147	4	2	2
韶关市	**2518**	**1241**	**1277**	**212**	**115**	**97**	**4**	**2**	**2**
武江区	224	115	109	24	16	8			
浈江区	114	63	51	13	4	9			
曲江区	293	167	126	37	24	13			
始兴县	298	160	138	11	4	7			
仁化县	248	135	113	17	8	9	2	1	1
翁源县	483	199	284	36	15	21			
乳源瑶族自治县	138	51	87	7	1	6	1		1
新丰县	195	92	103	18	10	8			
乐昌市	294	149	145	33	27	6	1	1	
南雄市	231	110	121	16	6	10			
深圳市	**1272**	**796**	**476**	**158**	**101**	**57**	**11**	**9**	**2**
罗湖区									
福田区									
南山区									
宝安区									
龙岗区	1272	796	476	158	101	57	11	9	2
盐田区									
龙华区									
坪山区									
光明区									
珠海市	**4715**	**2801**	**1914**	**194**	**106**	**88**	**6**	**3**	**3**
香洲区	29	16	13						
斗门区	4286	2545	1741	177	95	82	3	1	2
金湾区	400	240	160	17	11	6	3	2	1
汕头市	**4961**	**2839**	**2122**	**2196**	**1324**	**872**	**4**	**3**	**1**
龙湖区	428	258	170	179	90	89			
金平区	33	16	17	10	8	2			
濠江区	232	151	81	36	30	6			
潮阳区	1498	799	699	120	68	52			
潮南区	1544	920	624	335	204	131	2	2	
澄海区	1209	689	520	1508	918	590	2	1	1
南澳县	17	6	11	8	6	2			
佛山市	**16053**	**9876**	**6177**	**1095**	**665**	**430**	**11**	**7**	**4**
禅城区									
南海区	5103	3187	1916	234	142	92	3	3	
顺德区	1339	861	478	523	319	204			
三水区	8568	5196	3372	280	169	111	8	4	4
高明区	1043	632	411	58	35	23			

1-4c 续表 10

单位：人

地区	壮族			布依族			朝鲜族		
	小计	男	女	小计	男	女	小计	男	女
江门市	**38067**	**19563**	**18504**	**1859**	**1030**	**829**	**10**	**6**	**4**
蓬江区	296	180	116	22	12	10			
江海区									
新会区	9395	5301	4094	399	212	187	4	3	1
台山市	7488	2922	4566	451	255	196	5	3	2
开平市	11063	6085	4978	481	263	218			
鹤山市	6243	3427	2816	423	247	176	1		1
恩平市	3582	1648	1934	83	41	42			
湛江市	**14376**	**6025**	**8351**	**877**	**414**	**463**	**23**	**13**	**10**
赤坎区	39	16	23	2	2				
霞山区	143	80	63	28	15	13			
坡头区	707	325	382	46	25	21	3	3	
麻章区	734	393	341	70	42	28	1	1	
遂溪县	853	317	536	149	50	99	7	4	3
徐闻县	3628	1869	1759	125	80	45	2		2
廉江市	4286	1142	3144	266	104	162	4	1	3
雷州市	1782	919	863	82	39	43	5	3	2
吴川市	2204	964	1240	109	57	52	1	1	
茂名市	**10135**	**2877**	**7258**	**817**	**260**	**557**	**18**	**5**	**13**
茂南区	1978	765	1213	164	76	88	1	1	
电白区	1864	641	1223	238	73	165	7	1	6
高州市	2075	532	1543	157	44	113	3	1	2
化州市	2606	680	1926	155	47	108	6	2	4
信宜市	1612	259	1353	103	20	83	1		1
肇庆市	**13733**	**7761**	**5972**	**555**	**334**	**221**	**6**	**5**	**1**
端州区									
鼎湖区	265	158	107	23	12	11	1		1
高要区	5068	2972	2096	250	156	94			
广宁县	531	267	264	39	23	16			
怀集县	4716	2615	2101	11	4	7	3	3	
封开县	270	102	168	24	13	11			
德庆县	262	123	139	19	11	8	1	1	
四会市	2621	1524	1097	189	115	74	1	1	
惠州市	**25654**	**15125**	**10529**	**4963**	**2948**	**2015**	**69**	**46**	**23**
惠城区	5741	3508	2233	1238	775	463	34	26	8
惠阳区	7273	4306	2967	1808	1035	773	21	13	8
博罗县	8461	4956	3505	1215	726	489	3	1	2
惠东县	3532	2016	1516	569	336	233	7	5	2
龙门县	647	339	308	133	76	57	4	1	3
梅州市	**1466**	**599**	**867**	**236**	**129**	**107**	**9**	**5**	**4**
梅江区	92	49	43	19	14	5			
梅县区	314	135	179	46	25	21			
大埔县	172	94	78	19	11	8	3	2	1
丰顺县	218	78	140	40	13	27			
五华县	285	106	179	38	21	17	2	1	1
平远县	69	17	52	17	10	7			
蕉岭县	90	46	44	17	11	6			
兴宁市	226	74	152	40	24	16	4	2	2

1-4c　续表 11　　　　单位：人

地　区	壮　族			布依族			朝鲜族		
	小计	男	女	小计	男	女	小计	男	女
汕尾市	**2803**	**1529**	**1274**	**301**	**180**	**121**	**6**	**1**	**5**
城　区	267	163	104	41	29	12			
海丰县	2026	1114	912	192	117	75	4	1	3
陆河县	125	59	66	28	15	13			
陆丰市	385	193	192	40	19	21	2		2
河源市	**2528**	**1273**	**1255**	**423**	**254**	**169**	**8**	**2**	**6**
源城区	314	182	132	35	20	15			
紫金县	701	340	361	142	90	52	2		2
龙川县	302	121	181	48	30	18	1		1
连平县	260	145	115	22	10	12			
和平县	184	69	115	23	13	10			
东源县	767	416	351	153	91	62	5	2	3
阳江市	**12414**	**6641**	**5773**	**872**	**484**	**388**	**5**	**4**	**1**
江城区	3341	1908	1433	206	108	98			
阳东区	6568	3725	2843	496	301	195	2	2	
阳西县	891	450	441	84	36	48			
阳春市	1614	558	1056	86	39	47	3	2	1
清远市	**33710**	**18169**	**15541**	**536**	**313**	**223**	**18**	**6**	**12**
清城区	1323	826	497	85	55	30	7	3	4
清新区	1187	667	520	89	49	40	5	1	4
佛冈县	436	218	218	81	42	39			
阳山县	346	142	204	30	16	14	1	1	
连山壮族瑶族自治县	27386	14922	12464	10	4	6			
连南瑶族自治县	281	143	138	22	10	12			
英德市	2296	1051	1245	195	124	71	4	1	3
连州市	455	200	255	24	13	11	1		1
东莞市	**31803**	**19407**	**12396**	**4710**	**2842**	**1868**	**116**	**70**	**46**
市辖区	31803	19407	12396	4710	2842	1868	116	70	46
中山市	**18125**	**10750**	**7375**	**1101**	**628**	**473**	**16**	**8**	**8**
市辖区	18125	10750	7375	1101	628	473	16	8	8
潮州市	**4706**	**2550**	**2156**	**2251**	**1369**	**882**	**2**		**2**
湘桥区	309	178	131	310	180	130			
潮安区	4125	2249	1876	1867	1149	718			
饶平县	272	123	149	74	40	34	2		2
揭阳市	**4931**	**2794**	**2137**	**873**	**526**	**347**	**8**	**2**	**6**
榕城区	571	314	257	220	131	89			
揭东区	1226	715	511	323	214	109			
揭西县	1293	750	543	92	49	43	1		1
惠来县	197	102	95	54	25	29	5	1	4
普宁市	1644	913	731	184	107	77	2	1	1
云浮市	**3926**	**1637**	**2289**	**226**	**113**	**113**	**9**	**2**	**7**
云城区	540	309	231	58	29	29	1		1
云安区	460	234	226	28	17	11			
新兴县	1152	592	560	72	41	31	1		1
郁南县	269	79	190	13	5	8	2		2
罗定市	1505	423	1082	55	21	34	5	2	3

1-4c 续表 12

单位：人

地区	满族			侗族			瑶族		
	小计	男	女	小计	男	女	小计	男	女
广　东	**1960**	**1222**	**738**	**32312**	**19910**	**12402**	**139424**	**76587**	**62837**
广州市	**609**	**376**	**233**	**4337**	**2795**	**1542**	**9206**	**5607**	**3599**
荔湾区									
越秀区									
海珠区									
天河区									
白云区	255	165	90	1537	949	588	3527	2065	1462
黄埔区	29	21	8	221	160	61	312	212	100
番禺区	92	47	45	591	376	215	1206	721	485
花都区	136	84	52	998	650	348	2365	1465	900
南沙区	24	20	4	314	199	115	1031	648	383
从化区	37	20	17	223	159	64	258	184	74
增城区	36	19	17	453	302	151	507	312	195
韶关市	**51**	**30**	**21**	**352**	**226**	**126**	**21517**	**11303**	**10214**
武江区	2	2		34	24	10	501	270	231
浈江区	3	1	2	42	32	10	61	24	37
曲江区	3	2	1	40	29	11	1540	822	718
始兴县	8	5	3	27	14	13	3253	1819	1434
仁化县	2	2		25	16	9	1088	561	527
翁源县	7	5	2	63	33	30	1096	592	504
乳源瑶族自治县	4	2	2	26	13	13	13285	6840	6445
新丰县	3	1	2	35	30	5	70	37	33
乐昌市	14	8	6	38	20	18	575	313	262
南雄市	5	2	3	22	15	7	48	25	23
深圳市	**125**	**80**	**45**	**169**	**104**	**65**	**219**	**144**	**75**
罗湖区									
福田区									
南山区									
宝安区									
龙岗区	125	80	45	169	104	65	219	144	75
盐田区									
龙华区									
坪山区									
光明区									
珠海市	**43**	**29**	**14**	**266**	**171**	**95**	**1278**	**782**	**496**
香洲区	2	2		4	4		37	25	12
斗门区	37	24	13	238	151	87	1066	659	407
金湾区	4	3	1	24	16	8	175	98	77
汕头市	**29**	**18**	**11**	**1112**	**697**	**415**	**724**	**410**	**314**
龙湖区	6	4	2	124	52	72	53	28	25
金平区				16	12	4	10	7	3
濠江区				125	86	39	37	23	14
潮阳区	6	3	3	294	181	113	300	166	134
潮南区	7	6	1	422	272	150	220	131	89
澄海区	10	5	5	124	90	34	97	51	46
南澳县				7	4	3	7	4	3
佛山市	**32**	**19**	**13**	**3093**	**1889**	**1204**	**2614**	**1609**	**1005**
禅城区									
南海区	7	5	2	1097	701	396	1067	635	432
顺德区	3	2	1	74	51	23	180	116	64
三水区	22	12	10	1844	1085	759	1221	759	462
高明区				78	52	26	146	99	47

1-4c 续表 13

单位：人

地 区	满 族			侗 族			瑶 族		
	小计	男	女	小计	男	女	小计	男	女
江门市	**113**	**72**	**41**	**1594**	**947**	**647**	**6116**	**3472**	**2644**
蓬江区	1	1		9	6	3	48	34	14
江海区									
新会区	24	12	12	401	240	161	2745	1616	1129
台山市	22	12	10	215	115	100	1060	549	511
开平市	42	33	9	400	242	158	943	510	433
鹤山市	16	10	6	322	207	115	781	457	324
恩平市	8	4	4	247	137	110	539	306	233
湛江市	**63**	**33**	**30**	**814**	**529**	**285**	**1466**	**716**	**750**
赤坎区							7	2	5
霞山区				16	11	5	8	5	3
坡头区	1	1		26	15	11	46	25	21
麻章区	4	2	2	81	59	22	103	59	44
遂溪县	18	9	9	46	24	22	167	75	92
徐闻县	7	2	5	181	124	57	325	170	155
廉江市	7	3	4	218	129	89	424	166	258
雷州市	16	11	5	102	69	33	235	137	98
吴川市	10	5	5	144	98	46	151	77	74
茂名市	**45**	**27**	**18**	**446**	**164**	**282**	**1143**	**419**	**724**
茂南区	8	7	1	99	51	48	226	89	137
电白区	14	10	4	96	27	69	163	61	102
高州市	6	4	2	85	30	55	204	65	139
化州市	14	5	9	96	36	60	347	147	200
信宜市	3	1	2	70	20	50	203	57	146
肇庆市	**34**	**22**	**12**	**2666**	**1620**	**1046**	**2522**	**1493**	**1029**
端州区									
鼎湖区	2		2	104	73	31	39	27	12
高要区	5	3	2	1988	1178	810	478	300	178
广宁县	4	1	3	63	38	25	184	112	72
怀集县				106	66	40	1094	617	477
封开县	2	1	1	52	35	17	143	82	61
德庆县	1	1		42	24	18	43	23	20
四会市	20	16	4	311	206	105	541	332	209
惠州市	**151**	**104**	**47**	**3623**	**2317**	**1306**	**9417**	**5484**	**3933**
惠城区	48	33	15	651	440	211	1076	695	381
惠阳区	51	34	17	1081	683	398	1469	870	599
博罗县	28	18	10	910	577	333	1150	702	448
惠东县	15	11	4	768	473	295	506	309	197
龙门县	9	8	1	213	144	69	5216	2908	2308
梅州市	**46**	**28**	**18**	**410**	**231**	**179**	**375**	**192**	**183**
梅江区	1		1	22	15	7	18	9	9
梅县区	6	2	4	63	39	24	109	56	53
大埔县	3	1	2	23	14	9	41	24	17
丰顺县	5	1	4	60	27	33	36	11	25
五华县	9	5	4	166	95	71	83	49	34
平远县	4	3	1	26	14	12	26	12	14
蕉岭县	2	2		10	6	4	5		5
兴宁市	16	14	2	40	21	19	57	31	26

1-4c 续表 14

单位：人

地区	满族			侗族			瑶族		
	小计	男	女	小计	男	女	小计	男	女
汕尾市	**29**	**13**	**16**	**345**	**222**	**123**	**394**	**249**	**145**
城区	4		4	57	42	15	94	67	27
海丰县	18	10	8	179	119	60	204	115	89
陆河县				23	14	9	20	14	6
陆丰市	7	3	4	86	47	39	76	53	23
河源市	**40**	**26**	**14**	**494**	**315**	**179**	**559**	**311**	**248**
源城区	3	3		57	31	26	59	36	23
紫金县	3	1	2	110	72	38	115	68	47
龙川县	14	12	2	61	42	19	70	30	40
连平县	2	1	1	24	15	9	74	51	23
和平县				20	9	11	42	22	20
东源县	18	9	9	222	146	76	199	104	95
阳江市	**41**	**31**	**10**	**828**	**474**	**354**	**4408**	**2679**	**1729**
江城区	11	9	2	151	94	57	274	174	100
阳东区	18	16	2	427	253	174	1074	587	487
阳西县	4	2	2	74	40	34	91	46	45
阳春市	8	4	4	176	87	89	2969	1872	1097
清远市	**100**	**53**	**47**	**795**	**498**	**297**	**65604**	**34704**	**30900**
清城区	21	9	12	240	151	89	888	550	338
清新区	15	9	6	140	89	51	927	514	413
佛冈县	6	5	1	101	64	37	319	184	135
阳山县	5	4	1	29	22	7	2170	1179	991
连山壮族瑶族自治县	10	5	5	63	41	22	8185	4445	3740
连南瑶族自治县	20	7	13	10	6	4	48516	25455	23061
英德市	20	13	7	182	111	71	1477	802	675
连州市	3	1	2	30	14	16	3122	1575	1547
东莞市	**227**	**148**	**79**	**5026**	**3140**	**1886**	**5705**	**3472**	**2233**
市辖区	227	148	79	5026	3140	1886	5705	3472	2233
中山市	**119**	**76**	**43**	**1469**	**894**	**575**	**3861**	**2294**	**1567**
市辖区	119	76	43	1469	894	575	3861	2294	1567
潮州市	**18**	**10**	**8**	**1494**	**919**	**575**	**345**	**192**	**153**
湘桥区	2	1	1	47	27	20	34	21	13
潮安区	6	3	3	1304	808	496	263	148	115
饶平县	10	6	4	143	84	59	48	23	25
揭阳市	**16**	**8**	**8**	**2455**	**1514**	**941**	**1358**	**742**	**616**
榕城区	1		1	319	190	129	39	22	17
揭东区				763	477	286	117	70	47
揭西县	4	2	2	265	170	95	805	441	364
惠来县	5	3	2	48	24	24	46	31	15
普宁市	6	3	3	1060	653	407	351	178	173
云浮市	**29**	**19**	**10**	**524**	**244**	**280**	**593**	**313**	**280**
云城区	3		3	113	70	43	64	42	22
云安区	15	12	3	58	29	29	57	31	26
新兴县	4	3	1	101	57	44	192	106	86
郁南县				49	22	27	99	63	36
罗定市	7	4	3	203	66	137	181	71	110

1-4c　续表 15　　　　单位：人

地　　区	白　族			土家族			哈尼族		
	小计	男	女	小计	男	女	小计	男	女
广　东	**3537**	**2058**	**1479**	**51517**	**31919**	**19598**	**3624**	**2097**	**1527**
广州市	**422**	**244**	**178**	**8691**	**5324**	**3367**	**590**	**356**	**234**
荔湾区									
越秀区									
海珠区									
天河区									
白云区	143	90	53	2918	1689	1229	317	189	128
黄埔区	27	17	10	357	241	116	6	4	2
番禺区	75	39	36	1123	675	448	26	15	11
花都区	81	42	39	2136	1309	827	113	74	39
南沙区	40	19	21	898	551	347	72	47	25
从化区	19	12	7	394	253	141	27	16	11
增城区	37	25	12	865	606	259	29	11	18
韶关市	**55**	**34**	**21**	**703**	**456**	**247**	**33**	**24**	**9**
武江区	4	3	1	65	41	24			
浈江区				21	17	4	1		1
曲江区	12	9	3	65	41	24	6	5	1
始兴县	2	1	1	54	30	24	2	1	1
仁化县	6	3	3	103	67	36	8	6	2
翁源县	14	5	9	128	86	42	6	2	4
乳源瑶族自治县	2	2		23	12	11	4	4	
新丰县	3	1	2	77	50	27	1	1	
乐昌市	11	10	1	100	73	27	5	5	
南雄市	1		1	67	39	28			
深圳市	**87**	**55**	**32**	**435**	**279**	**156**	**98**	**62**	**36**
罗湖区									
福田区									
南山区									
宝安区									
龙岗区	87	55	32	435	279	156	98	62	36
盐田区									
龙华区									
坪山区									
光明区									
珠海市	**84**	**48**	**36**	**684**	**430**	**254**	**105**	**64**	**41**
香洲区				3	3				
斗门区	80	46	34	625	387	238	105	64	41
金湾区	4	2	2	56	40	16			
汕头市	**150**	**82**	**68**	**1230**	**768**	**462**	**48**	**33**	**15**
龙湖区	8	3	5	332	214	118	10	7	3
金平区	7	2	5	19	9	10			
濠江区	3	3		55	38	17	10	9	1
潮阳区	25	13	12	443	265	178	1	1	
潮南区	40	24	16	140	80	60	3	2	1
澄海区	67	37	30	236	158	78	24	14	10
南澳县				5	4	1			
佛山市	**267**	**172**	**95**	**4912**	**3058**	**1854**	**48**	**38**	**10**
禅城区									
南海区	30	22	8	971	615	356	19	15	4
顺德区	154	95	59	338	212	126	2	2	
三水区	76	50	26	3326	2063	1263	26	20	6
高明区	7	5	2	277	168	109	1	1	

1-4c 续表 16

单位：人

地 区	白族			土家族			哈尼族		
	小计	男	女	小计	男	女	小计	男	女
江门市	**134**	**79**	**55**	**6226**	**3691**	**2535**	**117**	**66**	**51**
蓬江区	1	1		100	68	32			
江海区									
新会区	65	43	22	2056	1281	775	29	16	13
台山市	10	5	5	591	369	222	5		5
开平市	7	3	4	1694	974	720	15	10	5
鹤山市	44	24	20	1538	863	675	63	37	26
恩平市	7	3	4	247	136	111	5	3	2
湛江市	**58**	**22**	**36**	**335**	**203**	**132**	**148**	**6**	**142**
赤坎区							1		1
霞山区	1		1	5	3	2	4	2	2
坡头区	2	1	1	16	11	5	25	1	24
麻章区	4	2	2	25	17	8	1		1
遂溪县	9	4	5	35	16	19	3	1	2
徐闻县	4		4	23	12	11	3		3
廉江市	16	4	12	77	39	38	10	1	9
雷州市	4	2	2	68	39	29	1		1
吴川市	18	9	9	86	66	20	100	1	99
茂名市	**61**	**24**	**37**	**322**	**184**	**138**	**96**	**10**	**86**
茂南区	14	5	9	99	58	41	11		11
电白区	20	8	12	83	50	33	24	2	22
高州市	13	7	6	50	27	23	19	4	15
化州市	11	3	8	38	24	14	28	4	24
信宜市	3	1	2	52	25	27	14		14
肇庆市	**74**	**48**	**26**	**3278**	**2011**	**1267**	**21**	**14**	**7**
端州区									
鼎湖区				153	102	51	2	1	1
高要区	30	18	12	1032	628	404			
广宁县	6	5	1	172	109	63	1		1
怀集县	13	7	6	88	47	41	1		1
封开县	1	1		55	35	20			
德庆县	4	1	3	68	46	22	1		1
四会市	20	16	4	1710	1044	666	16	13	3
惠州市	**684**	**417**	**267**	**8177**	**5111**	**3066**	**1043**	**622**	**421**
惠城区	160	108	52	2470	1622	848	258	179	79
惠阳区	347	192	155	1960	1148	812	335	192	143
博罗县	114	73	41	2373	1444	929	196	117	79
惠东县	45	32	13	833	533	300	244	128	116
龙门县	18	12	6	541	364	177	10	6	4
梅州市	**59**	**35**	**24**	**683**	**454**	**229**	**56**	**42**	**14**
梅江区				40	30	10			
梅县区	6	4	2	77	49	28	1		1
大埔县	5	3	2	104	76	28	24	21	3
丰顺县	7	3	4	78	48	30	1		1
五华县	23	12	11	215	140	75	26	21	5
平远县				34	18	16			
蕉岭县	7	6	1	46	39	7	1		1
兴宁市	11	7	4	89	54	35	3		3

1-4c 续表 17

单位：人

地区	白族			土家族			哈尼族		
	小计	男	女	小计	男	女	小计	男	女
汕尾市	**45**	**25**	**20**	**550**	**353**	**197**	**28**	**22**	**6**
城 区	3	2	1	77	58	19	4	2	2
海丰县	31	19	12	352	227	125	20	18	2
陆河县				48	30	18			
陆丰市	11	4	7	73	38	35	4	2	2
河源市	**63**	**33**	**30**	**1937**	**1303**	**634**	**51**	**22**	**29**
源城区	6	2	4	577	371	206	29	16	13
紫金县	7	2	5	399	262	137	6	3	3
龙川县	21	12	9	170	126	44	1		1
连平县	9	4	5	67	50	17	1		1
和平县	6	6		113	83	30	1	1	
东源县	14	7	7	611	411	200	13	2	11
阳江市	**54**	**36**	**18**	**621**	**365**	**256**	**12**	**7**	**5**
江城区	30	27	3	200	130	70	9	7	2
阳东区	13	4	9	176	93	83			
阳西县	2	1	1	114	65	49	1		1
阳春市	9	4	5	131	77	54	2		2
清远市	**111**	**73**	**38**	**1979**	**1289**	**690**	**49**	**26**	**23**
清城区	19	14	5	816	526	290	14	7	7
清新区	9	6	3	299	190	109	5	1	4
佛冈县	42	29	13	242	162	80	15	14	1
阳山县	4	2	2	92	60	32	2		2
连山壮族瑶族自治县	1		1	22	11	11			
连南瑶族自治县	3	1	2	12	9	3	2	1	1
英德市	28	18	10	449	301	148	9	3	6
连州市	5	3	2	47	30	17	2		2
东莞市	**689**	**390**	**299**	**5162**	**3178**	**1984**	**829**	**509**	**320**
市辖区	689	390	299	5162	3178	1984	829	509	320
中山市	**234**	**134**	**100**	**3556**	**2164**	**1392**	**208**	**146**	**62**
市辖区	234	134	100	3556	2164	1392	208	146	62
潮州市	**50**	**23**	**27**	**566**	**348**	**218**	**21**	**11**	**10**
湘桥区	3	1	2	28	17	11			
潮安区	36	18	18	488	299	189	18	10	8
饶平县	11	4	7	50	32	18	3	1	2
揭阳市	**116**	**65**	**51**	**827**	**534**	**293**	**9**	**6**	**3**
榕城区	23	12	11	103	68	35			
揭东区	18	9	9	219	146	73	4	2	2
揭西县	19	13	6	80	44	36	1		1
惠来县	8	3	5	83	57	26	2	2	
普宁市	48	28	20	342	219	123	2	2	
云浮市	**40**	**19**	**21**	**643**	**416**	**227**	**14**	**11**	**3**
云城区	2	2		74	53	21			
云安区	4	1	3	64	47	17	10	10	
新兴县	14	7	7	259	155	104	2	1	1
郁南县	6	4	2	37	19	18	1		1
罗定市	14	5	9	209	142	67	1		1

1-4c 续表 18

单位：人

地 区	哈萨克族			傣 族			黎 族		
	小计	男	女	小计	男	女	小计	男	女
广 东	**36**	**19**	**17**	**2215**	**1130**	**1085**	**3401**	**1572**	**1829**
广州市	**13**	**6**	**7**	**336**	**194**	**142**	**714**	**423**	**291**
荔湾区									
越秀区									
海珠区									
天河区									
白云区	3	3		140	84	56	364	229	135
黄埔区				13	7	6	13	7	6
番禺区	7	1	6	28	18	10	99	52	47
花都区				57	34	23	135	82	53
南沙区	1	1		33	18	15	43	21	22
从化区				11	5	6	23	10	13
增城区	2	1	1	54	28	26	37	22	15
韶关市	**3**	**2**	**1**	**15**	**5**	**10**	**39**	**10**	**29**
武江区				4	2	2	1		1
浈江区									
曲江区	1	1		2	1	1	2	1	1
始兴县				1		1	3	1	2
仁化县	2	1	1	2		2	7	1	6
翁源县				1		1	5	2	3
乳源瑶族自治县				2	1	1	1		1
新丰县							1		1
乐昌市				2		2	14	5	9
南雄市				1	1		5		5
深圳市				**25**	**13**	**12**	**38**	**25**	**13**
罗湖区									
福田区									
南山区									
宝安区									
龙岗区				25	13	12	38	25	13
盐田区									
龙华区									
坪山区									
光明区									
珠海市				**52**	**31**	**21**	**57**	**29**	**28**
香洲区				1	1		1	1	
斗门区				50	30	20	54	28	26
金湾区				1		1	2		2
汕头市	**3**	**2**	**1**	**108**	**58**	**50**	**194**	**100**	**94**
龙湖区							5	3	2
金平区							1		1
濠江区				33	17	16	7	2	5
潮阳区							27	9	18
潮南区				8	5	3	35	18	17
澄海区	3	2	1	67	36	31	118	67	51
南澳县							1	1	
佛山市	**1**	**1**		**56**	**34**	**22**	**70**	**50**	**20**
禅城区									
南海区				16	9	7	26	20	6
顺德区							7	2	5
三水区				35	22	13	35	26	9
高明区	1	1		5	3	2	2	2	

1-4c 续表 19

单位：人

地区	哈萨克族			傣族			黎族		
	小计	男	女	小计	男	女	小计	男	女
江门市				**62**	**30**	**32**	**163**	**74**	**89**
蓬江区							2	2	
江海区									
新会区				22	12	10	36	20	16
台山市				4	1	3	49	13	36
开平市				17	9	8	34	14	20
鹤山市				16	7	9	31	21	10
恩平市				3	1	2	11	4	7
湛江市				**171**	**5**	**166**	**366**	**120**	**246**
赤坎区				2	1	1	3		3
霞山区							2		2
坡头区				24		24	19	7	12
麻章区				5	1	4	39	18	21
遂溪县				6		6	59	29	30
徐闻县				20		20	87	22	65
廉江市				17		17	34	5	29
雷州市				2	1	1	29	5	24
吴川市				95	2	93	94	34	60
茂名市	**1**		**1**	**149**	**9**	**140**	**412**	**41**	**371**
茂南区				37	6	31	50	8	42
电白区	1		1	46		46	206	16	190
高州市				40	2	38	66	8	58
化州市				21	1	20	30	6	24
信宜市				5		5	60	3	57
肇庆市				**26**	**17**	**9**	**41**	**16**	**25**
端州区									
鼎湖区							3	1	2
高要区				4	3	1	14	9	5
广宁县				3	1	2	5	1	4
怀集县				1		1	4	2	2
封开县							7	1	6
德庆县							5	1	4
四会市				18	13	5	3	1	2
惠州市	**6**	**5**	**1**	**383**	**223**	**160**	**294**	**167**	**127**
惠城区	2	2		176	102	74	54	34	20
惠阳区	2	1	1	120	67	53	86	51	35
博罗县				56	32	24	113	64	49
惠东县	2	2		21	13	8	19	9	10
龙门县				10	9	1	22	9	13
梅州市				**24**	**14**	**10**	**48**	**13**	**35**
梅江区				1		1	1		1
梅县区				2	1	1	9	1	8
大埔县				4	2	2	9	2	7
丰顺县							4		4
五华县				10	8	2	12	6	6
平远县							2	1	1
蕉岭县							5	2	3
兴宁市				7	3	4	6	1	5

1－4c 续表 20　　　　单位：人

地　区	哈萨克族			傣　族			黎　族		
	小计	男	女	小计	男	女	小计	男	女
汕尾市	**1**		**1**	**15**	**9**	**6**	**62**	**30**	**32**
城　区	1		1	7	6	1	7	3	4
海丰县				6	3	3	37	20	17
陆河县				1		1	6	2	4
陆丰市				1		1	12	5	7
河源市				**70**	**45**	**25**	**41**	**19**	**22**
源城区				49	33	16	4	2	2
紫金县				4	1	3	17	4	13
龙川县				7	5	2	8	6	2
连平县				2	1	1	1		1
和平县				1		1	1		1
东源县				7	5	2	10	7	3
阳江市	**2**		**2**	**22**	**11**	**11**	**74**	**29**	**45**
江城区				5	2	3	17	9	8
阳东区				1	1		21	12	9
阳西县				7	5	2	11		11
阳春市	2		2	9	3	6	25	8	17
清远市	**1**		**1**	**18**	**9**	**9**	**73**	**34**	**39**
清城区	1		1	4	3	1	7	6	1
清新区				1		1	11	6	5
佛冈县				3	2	1	19	8	11
阳山县				1		1	2	1	1
连山壮族瑶族自治县				1		1	3		3
连南瑶族自治县				1	1				
英德市				5	3	2	29	12	17
连州市				2		2	2	1	1
东莞市	**2**	**1**	**1**	**554**	**339**	**215**	**362**	**239**	**123**
市辖区	2	1	1	554	339	215	362	239	123
中山市	**2**	**2**		**114**	**78**	**36**	**117**	**67**	**50**
市辖区	2	2		114	78	36	117	67	50
潮州市	**1**		**1**	**7**	**5**	**2**	**78**	**31**	**47**
湘桥区				1		1	25	14	11
潮安区	1		1	4	3	1	37	14	23
饶平县				2	2		16	3	13
揭阳市				**7**	**1**	**6**	**104**	**39**	**65**
榕城区							25	11	14
揭东区							23	15	8
揭西县				1		1	23	3	20
惠来县							12	5	7
普宁市				6	1	5	21	5	16
云浮市				**1**		**1**	**54**	**16**	**38**
云城区							1	1	
云安区							21	10	11
新兴县							7	1	6
郁南县							6	1	5
罗定市				1		1	19	3	16

1-4c　续表 21　　　　单位：人

地　　区	傈僳族			佤　族			畲　族		
	小计	男	女	小计	男	女	小计	男	女
广　东	**690**	**368**	**322**	**1326**	**692**	**634**	**13730**	**8278**	**5452**
广州市	**56**	**33**	**23**	**200**	**117**	**83**	**634**	**392**	**242**
荔湾区									
越秀区									
海珠区									
天河区									
白云区	25	16	9	83	40	43	177	99	78
黄埔区	5	4	1	3	3		14	9	5
番禺区	7	3	4	37	22	15	66	42	24
花都区	7	4	3	54	31	23	83	62	21
南沙区	11	6	5	6	5	1	16	5	11
从化区				3	3		21	13	8
增城区	1		1	14	13	1	257	162	95
韶关市	**30**	**14**	**16**	**6**	**3**	**3**	**3626**	**2296**	**1330**
武江区							3	1	2
浈江区				1		1	7	4	3
曲江区	3	1	2				3	1	2
始兴县							1432	900	532
仁化县	10	3	7				197	126	71
翁源县	9	6	3	3	2	1	6	2	4
乳源瑶族自治县	3	1	2				173	100	73
新丰县							3	1	2
乐昌市	5	3	2	1	1		14	8	6
南雄市				1		1	1788	1153	635
深圳市	**18**	**10**	**8**	**39**	**23**	**16**	**12**	**8**	**4**
罗湖区									
福田区									
南山区									
宝安区									
龙岗区	18	10	8	39	23	16	12	8	4
盐田区									
龙华区									
坪山区									
光明区									
珠海市	**53**	**31**	**22**	**21**	**12**	**9**	**17**	**7**	**10**
香洲区				5	5				
斗门区	52	31	21	16	7	9	15	5	10
金湾区	1		1				2	2	
汕头市	**28**	**15**	**13**	**16**	**3**	**13**	**78**	**45**	**33**
龙湖区							15	6	9
金平区							1	1	
濠江区	3	3		2	1	1	7	6	1
潮阳区	3	3		1	1		11	5	6
潮南区	1		1	5	1	4	12	7	5
澄海区	21	9	12	8		8	32	20	12
南澳县									
佛山市	**19**	**15**	**4**	**20**	**9**	**11**	**36**	**21**	**15**
禅城区									
南海区	1	1		10	5	5	14	7	7
顺德区	4	3	1	1	1		8	4	4
三水区	14	11	3	9	3	6	13	9	4
高明区							1	1	

1-4c 续表 22

单位：人

地　　区	傈僳族			佤　　族			畲　　族		
	小计	男	女	小计	男	女	小计	男	女
江门市	**20**	**13**	**7**	**30**	**10**	**20**	**48**	**29**	**19**
蓬江区									
江海区									
新会区	6	3	3	8	5	3	5	3	2
台山市	2	1	1	1		1	9	6	3
开平市	1		1	2		2	14	9	5
鹤山市	11	9	2	16	4	12	14	7	7
恩平市				3	1	2	6	4	2
湛江市	**16**	**1**	**15**	**47**	**6**	**41**	**42**	**26**	**16**
赤坎区									
霞山区									
坡头区	8		8	5		5	1	1	
麻章区				1	1		5	3	2
遂溪县							10	6	4
徐闻县	3		3	3	1	2	11	9	2
廉江市	1		1	7	2	5	9	5	4
雷州市	1		1				5	2	3
吴川市	3	1	2	31	2	29	1		1
茂名市	**10**	**4**	**6**	**33**	**4**	**29**	**47**	**16**	**31**
茂南区	2		2				8	2	6
电白区	4	1	3	9		9	15	5	10
高州市	1		1	9		9	9	3	6
化州市	3	3		11		11	11	6	5
信宜市				4	4		4		4
肇庆市	**7**	**6**	**1**	**10**	**6**	**4**	**17**	**11**	**6**
端州区									
鼎湖区									
高要区	1	1		1		1	6	1	5
广宁县	2	1	1				3	3	
怀集县									
封开县	3	3		1		1			
德庆县									
四会市	1	1		8	6	2	8	7	1
惠州市	**153**	**92**	**61**	**386**	**229**	**157**	**989**	**541**	**448**
惠城区	36	21	15	39	21	18	66	40	26
惠阳区	73	51	22	279	165	114	80	44	36
博罗县	27	11	16	20	12	8	363	195	168
惠东县	9	4	5	19	12	7	468	255	213
龙门县	8	5	3	29	19	10	12	7	5
梅州市	**5**	**3**	**2**	**9**	**4**	**5**	**397**	**223**	**174**
梅江区							6	4	2
梅县区	2	2		2	1	1	9	4	5
大埔县							11	4	7
丰顺县				1		1	341	195	146
五华县							14	10	4
平远县	1	1					3	1	2
蕉岭县				4	3	1	2		2
兴宁市	2		2	2		2	11	5	6

1-4c　续表 23　　单位：人

地　区	傈傈族			佤　族			畲　族		
	小计	男	女	小计	男	女	小计	男	女
汕尾市	**5**	**2**	**3**	**13**	**9**	**4**	**163**	**92**	**71**
城　区	1	1		2	2		1	1	
海丰县	4	1	3	11	7	4	158	91	67
陆河县							3		3
陆丰市							1		1
河源市	**6**	**4**	**2**	**27**	**24**	**3**	**6027**	**3667**	**2360**
源城区	3	2	1	1		1	56	30	26
紫金县							15	6	9
龙川县	3	2	1	1	1		1034	615	419
连平县							832	500	332
和平县							608	371	237
东源县				25	23	2	3482	2145	1337
阳江市	**18**	**6**	**12**	**3**	**1**	**2**	**16**	**8**	**8**
江城区	3	2	1	1		1	2	2	
阳东区							9	4	5
阳西县				2	1	1	3		3
阳春市	15	4	11				2	2	
清远市	**23**	**12**	**11**	**32**	**13**	**19**	**64**	**30**	**34**
清城区	4	2	2	2		2	20	7	13
清新区	1		1	5	2	3	8	5	3
佛冈县	3	1	2	18	9	9	7	2	5
阳山县				1	1		3	1	2
连山壮族瑶族自治县	4	2	2	4	1	3			
连南瑶族自治县							2	1	1
英德市	10	6	4				18	10	8
连州市	1	1		2		2	6	4	2
东莞市	**181**	**87**	**94**	**373**	**189**	**184**	**207**	**127**	**80**
市辖区	181	87	94	373	189	184	207	127	80
中山市	**32**	**14**	**18**	**51**	**25**	**26**	**48**	**29**	**19**
市辖区	32	14	18	51	25	26	48	29	19
潮州市	**6**	**5**	**1**	**4**	**2**	**2**	**1214**	**692**	**522**
湘桥区							19	7	12
潮安区				2	1	1	946	543	403
饶平县	6	5	1	2	1	1	249	142	107
揭阳市				**2**		**2**	**24**	**12**	**12**
榕城区							2		2
揭东区				1		1	5	2	3
揭西县							7	3	4
惠来县							5	4	1
普宁市				1		1	5	3	2
云浮市	**4**	**1**	**3**	**4**	**3**	**1**	**24**	**6**	**18**
云城区							5	2	3
云安区				3	3		2		2
新兴县	1		1	1		1	8	3	5
郁南县							3		3
罗定市	3	1	2				6	1	5

1-4c 续表 24 单位：人

地区	高山族			拉祜族			水族		
	小计	男	女	小计	男	女	小计	男	女
广东	**17**	**5**	**12**	**888**	**400**	**488**	**2883**	**1718**	**1165**
广州市	**8**	**4**	**4**	**151**	**97**	**54**	**439**	**275**	**164**
荔湾区									
越秀区									
海珠区									
天河区									
白云区	2		2	67	47	20	141	84	57
黄埔区				3		3	32	22	10
番禺区	1	1		24	16	8	55	31	24
花都区	2	1	1	43	24	19	89	54	35
南沙区				5	4	1	43	28	15
从化区				2	1	1	36	25	11
增城区	3	2	1	7	5	2	43	31	12
韶关市				**10**	**2**	**8**	**25**	**15**	**10**
武江区							2	1	1
浈江区									
曲江区				1	1		4	3	1
始兴县							1		1
仁化县							2	1	1
翁源县				5		5	3	2	1
乳源瑶族自治县							2	1	1
新丰县							10	6	4
乐昌市				1	1		1	1	
南雄市				3		3			
深圳市				**4**	**3**	**1**	**61**	**41**	**20**
罗湖区									
福田区									
南山区									
宝安区									
龙岗区				4	3	1	61	41	20
盐田区									
龙华区									
坪山区									
光明区									
珠海市				**9**	**5**	**4**	**105**	**57**	**48**
香洲区							1	1	
斗门区				9	5	4	93	51	42
金湾区							11	5	6
汕头市				**8**	**6**	**2**	**71**	**37**	**34**
龙湖区							13	7	6
金平区							1	1	
濠江区							3	1	2
潮阳区							23	12	11
潮南区				4	2	2	23	12	11
澄海区				4	4		8	4	4
南澳县									
佛山市				**35**	**18**	**17**	**138**	**95**	**43**
禅城区									
南海区				12	7	5	59	43	16
顺德区				1		1	2	1	1
三水区				22	11	11	59	38	21
高明区							18	13	5

1-4c　续表 25　　　　单位：人

地　区	高山族			拉祜族			水　族		
	小计	男	女	小计	男	女	小计	男	女
江门市	**2**		**2**	**20**	**13**	**7**	**168**	**95**	**73**
蓬江区							1	1	
江海区									
新会区				7	6	1	40	21	19
台山市	2		2	1		1	13	7	6
开平市				2	1	1	57	36	21
鹤山市				9	6	3	30	16	14
恩平市				1		1	27	14	13
湛江市	**1**		**1**	**189**	**11**	**178**	**328**	**190**	**138**
赤坎区									
霞山区							1	1	
坡头区				22	1	21	9	4	5
麻章区	1		1				46	26	20
遂溪县							193	118	75
徐闻县				4	1	3	4	2	2
廉江市				1		1	30	13	17
雷州市				2		2	33	18	15
吴川市				160	9	151	12	8	4
茂名市	**1**	**1**		**44**	**3**	**41**	**125**	**50**	**75**
茂南区	1	1		4	1	3	23	8	15
电白区				4	1	3	21	5	16
高州市				8		8	37	17	20
化州市				28	1	27	34	17	17
信宜市							10	3	7
肇庆市				**3**		**3**	**96**	**50**	**46**
端州区									
鼎湖区							5	4	1
高要区							41	22	19
广宁县							6	4	2
怀集县							12	6	6
封开县							1	1	
德庆县							3	2	1
四会市				3		3	28	11	17
惠州市				**130**	**76**	**54**	**308**	**193**	**115**
惠城区				25	11	14	75	55	20
惠阳区				60	44	16	81	44	37
博罗县				37	19	18	100	62	38
惠东县				4		4	44	28	16
龙门县				4	2	2	8	4	4
梅州市	**1**		**1**	**9**	**8**	**1**	**32**	**18**	**14**
梅江区							1		1
梅县区				1		1	2	2	
大埔县							6	2	4
丰顺县							4	4	
五华县				7	7		4	2	2
平远县	1		1	1	1		3	3	
蕉岭县							3	1	2
兴宁市							9	4	5

1－4c 续表 26

单位：人

地区	高山族			拉祜族			水族		
	小计	男	女	小计	男	女	小计	男	女
汕尾市	**1**		**1**	**24**	**14**	**10**	**27**	**17**	**10**
城　区				6	3	3	6	5	1
海丰县				16	11	5	10	5	5
陆河县							3	2	1
陆丰市	1		1	2		2	8	5	3
河源市				**53**	**37**	**16**	**35**	**26**	**9**
源城区							2		2
紫金县							15	12	3
龙川县							1	1	
连平县							1		1
和平县							3	3	
东源县				53	37	16	13	10	3
阳江市	**1**		**1**	**4**	**3**	**1**	**173**	**90**	**83**
江城区				1	1		57	35	22
阳东区	1		1	2	1	1	81	36	45
阳西县				1	1		25	15	10
阳春市							10	4	6
清远市				**14**	**10**	**4**	**79**	**44**	**35**
清城区				10	7	3	16	10	6
清新区				1		1	12	8	4
佛冈县							29	11	18
阳山县							1	1	
连山壮族瑶族自治县							6	3	3
连南瑶族自治县									
英德市				3	3		13	10	3
连州市							2	1	1
东莞市				**143**	**79**	**64**	**447**	**289**	**158**
市辖区				143	79	64	447	289	158
中山市				**27**	**9**	**18**	**124**	**79**	**45**
市辖区				27	9	18	124	79	45
潮州市				**7**	**3**	**4**	**33**	**17**	**16**
湘桥区							1		1
潮安区				7	3	4	24	12	12
饶平县							8	5	3
揭阳市	**1**		**1**	**1**		**1**	**49**	**27**	**22**
榕城区							10	7	3
揭东区							11	6	5
揭西县	1		1				8	4	4
惠来县							2		2
普宁市				1		1	18	10	8
云浮市	**1**		**1**	**3**	**3**		**20**	**13**	**7**
云城区							2	2	
云安区				2	2		6	6	
新兴县				1	1		5	2	3
郁南县							1	1	
罗定市	1		1				6	2	4

1-4c　续表 27　　　　单位：人

地　区	东乡族			纳西族			景颇族		
	小计	男	女	小计	男	女	小计	男	女
广　东	**349**	**219**	**130**	**55**	**34**	**21**	**375**	**191**	**184**
广州市	**33**	**19**	**14**	**12**	**7**	**5**	**36**	**23**	**13**
荔湾区									
越秀区									
海珠区									
天河区									
白云区	9	6	3	4	2	2	18	12	6
黄埔区									
番禺区	23	13	10	1	1				
花都区				3	3		10	6	4
南沙区	1		1				6	4	2
从化区				2	1	1			
增城区				2		2	2	1	1
韶关市	**3**	**1**	**2**	**3**		**3**	**2**	**1**	**1**
武江区									
浈江区	3	1	2						
曲江区									
始兴县									
仁化县				1		1			
翁源县									
乳源瑶族自治县									
新丰县									
乐昌市				2		2	2	1	1
南雄市									
深圳市				**1**		**1**	**5**	**3**	**2**
罗湖区									
福田区									
南山区									
宝安区									
龙岗区				1		1	5	3	2
盐田区									
龙华区									
坪山区									
光明区									
珠海市							**7**	**3**	**4**
香洲区									
斗门区							7	3	4
金湾区									
汕头市	**3**	**3**					**27**	**10**	**17**
龙湖区									
金平区									
濠江区									
潮阳区									
潮南区	1	1					5	2	3
澄海区	2	2					22	8	14
南澳县									
佛山市	**1**	**1**		**1**	**1**		**6**	**6**	
禅城区									
南海区	1	1					4	4	
顺德区									
三水区				1	1		2	2	
高明区									

1-4c 续表 28

单位：人

地 区	东乡族			纳西族			景颇族		
	小计	男	女	小计	男	女	小计	男	女
江门市	**41**	**22**	**19**	**2**	**2**				
蓬江区									
江海区									
新会区	2	1	1	1	1				
台山市									
开平市	33	18	15						
鹤山市	6	3	3	1	1				
恩平市									
湛江市							**8**	**1**	**7**
赤坎区									
霞山区									
坡头区							4		4
麻章区									
遂溪县									
徐闻县									
廉江市							1		1
雷州市							1		1
吴川市							2	1	1
茂名市	**1**		**1**	**2**		**2**	**25**		**25**
茂南区							10		10
电白区	1		1	1		1	11		11
高州市							2		2
化州市				1		1	1		1
信宜市							1		1
肇庆市							**2**		**2**
端州区									
鼎湖区									
高要区									
广宁县									
怀集县									
封开县									
德庆县							2		2
四会市									
惠州市	**124**	**81**	**43**	**16**	**11**	**5**	**92**	**47**	**45**
惠城区	36	24	12	3	1	2	25	13	12
惠阳区	34	21	13	6	5	1	48	23	25
博罗县	53	35	18	6	4	2	14	8	6
惠东县	1	1		1	1		3	3	
龙门县							2		2
梅州市				**4**	**4**		**1**	**1**	
梅江区									
梅县区									
大埔县									
丰顺县									
五华县				4	4		1	1	
平远县									
蕉岭县									
兴宁市									

1-4c 续表 29 单位：人

地区	东乡族			纳西族			景颇族		
	小计	男	女	小计	男	女	小计	男	女
汕尾市							**2**	**1**	**1**
城　区							1	1	
海丰县									
陆河县									
陆丰市							1		1
河源市	**13**	**6**	**7**	**3**	**2**	**1**	**6**	**3**	**3**
源城区	12	5	7				2	1	1
紫金县							1	1	
龙川县									
连平县									
和平县									
东源县	1	1		3	2	1	3	1	2
阳江市	**2**		**2**	**1**	**1**		**3**	**1**	**2**
江城区									
阳东区	1		1				3	1	2
阳西县									
阳春市	1		1	1	1				
清远市	**2**		**2**	**1**	**1**		**4**	**3**	**1**
清城区	1		1						
清新区	1		1						
佛冈县									
阳山县									
连山壮族瑶族自治县									
连南瑶族自治县									
英德市				1	1		4	3	1
连州市									
东莞市	**79**	**57**	**22**	**7**	**3**	**4**	**128**	**77**	**51**
市辖区	79	57	22	7	3	4	128	77	51
中山市	**46**	**28**	**18**	**1**	**1**		**17**	**9**	**8**
市辖区	46	28	18	1	1		17	9	8
潮州市	**1**	**1**					**3**	**2**	**1**
湘桥区									
潮安区	1	1					3	2	1
饶平县									
揭阳市							**1**		**1**
榕城区									
揭东区									
揭西县									
惠来县									
普宁市							1		1
云浮市				**1**	**1**				
云城区									
云安区				1	1				
新兴县									
郁南县									
罗定市									

1-4c 续表 30

单位：人

地　区	柯尔克孜族			土　族			达斡尔族		
	小计	男	女	小计	男	女	小计	男	女
广　东	**67**	**45**	**22**	**712**	**431**	**281**	**22**	**13**	**9**
广州市				**123**	**71**	**52**	**11**	**7**	**4**
荔湾区									
越秀区									
海珠区									
天河区									
白云区				45	25	20	1		1
黄埔区				3	3				
番禺区				13	7	6	5	3	2
花都区				36	19	17	2	2	
南沙区				10	7	3			
从化区				5	2	3	2	1	1
增城区				11	8	3	1	1	
韶关市				**8**	**5**	**3**			
武江区				2	2				
浈江区									
曲江区									
始兴县									
仁化县				2		2			
翁源县									
乳源瑶族自治县				1	1				
新丰县				2	2				
乐昌市				1		1			
南雄市									
深圳市				**8**	**7**	**1**	**2**	**1**	**1**
罗湖区									
福田区									
南山区									
宝安区									
龙岗区				8	7	1	2	1	1
盐田区									
龙华区									
坪山区									
光明区									
珠海市				**7**	**3**	**4**	**2**	**1**	**1**
香洲区									
斗门区				6	2	4	2	1	1
金湾区				1	1				
汕头市				**5**		**5**			
龙湖区									
金平区									
濠江区									
潮阳区				3		3			
潮南区				1		1			
澄海区				1		1			
南澳县									
佛山市				**48**	**30**	**18**			
禅城区									
南海区				16	9	7			
顺德区				2	2				
三水区				29	18	11			
高明区				1	1				

1-4c 续表 31 单位：人

地区	柯尔克孜族			土族			达斡尔族		
	小计	男	女	小计	男	女	小计	男	女
江门市	**6**	**3**	**3**	**85**	**50**	**35**			
蓬江区									
江海区									
新会区	1		1	17	12	5			
台山市									
开平市	5	3	2	10	6	4			
鹤山市				45	25	20			
恩平市				13	7	6			
湛江市	**1**		**1**	**6**	**1**	**5**	**1**		**1**
赤坎区									
霞山区									
坡头区									
麻章区				1		1			
遂溪县									
徐闻县									
廉江市				2		2			
雷州市							1		1
吴川市	1		1	3	1	2			
茂名市				**11**	**1**	**10**	**1**	**1**	
茂南区				4		4			
电白区				2		2	1	1	
高州市				1		1			
化州市				3		3			
信宜市				1	1				
肇庆市				**19**	**11**	**8**			
端州区									
鼎湖区									
高要区				5	2	3			
广宁县				6	4	2			
怀集县				1		1			
封开县				1	1				
德庆县									
四会市				6	4	2			
惠州市	**60**	**42**	**18**	**136**	**92**	**44**	**2**	**1**	**1**
惠城区				44	28	16	1	1	
惠阳区	3	3		36	22	14	1		1
博罗县				43	30	13			
惠东县	57	39	18	10	10				
龙门县				3	2	1			
梅州市				**12**	**9**	**3**			
梅江区									
梅县区				1	1				
大埔县				2	1	1			
丰顺县				9	7	2			
五华县									
平远县									
蕉岭县									
兴宁市									

1−4c 续表 32

单位：人

地 区	柯尔克孜族			土 族			达斡尔族		
	小计	男	女	小计	男	女	小计	男	女
汕尾市				**5**	**1**	**4**			
城 区									
海丰县				4	1	3			
陆河县									
陆丰市				1		1			
河源市				**24**	**19**	**5**			
源城区				5	5				
紫金县				9	7	2			
龙川县									
连平县									
和平县									
东源县				10	7	3			
阳江市				**14**	**11**	**3**	**1**		**1**
江城区				3	2	1	1		1
阳东区				10	9	1			
阳西县				1		1			
阳春市									
清远市				**21**	**10**	**11**	**1**	**1**	
清城区				6	3	3			
清新区				3		3			
佛冈县				8	5	3	1	1	
阳山县									
连山壮族瑶族自治县									
连南瑶族自治县				1		1			
英德市				3	2	1			
连州市									
东莞市				**88**	**55**	**33**	**1**	**1**	
市辖区				88	55	33	1	1	
中山市				**57**	**35**	**22**			
市辖区				57	35	22			
潮州市				**8**	**3**	**5**			
湘桥区				2		2			
潮安区				5	3	2			
饶平县				1		1			
揭阳市				**11**	**6**	**5**			
榕城区									
揭东区				1	1				
揭西县				1	1				
惠来县									
普宁市				9	4	5			
云浮市				**16**	**11**	**5**			
云城区				1	1				
云安区									
新兴县				1	1				
郁南县									
罗定市				14	9	5			

1-4c　续表 33

单位：人

地　区	仫佬族			羌　族			布朗族		
	小计	男	女	小计	男	女	小计	男	女
广　东	**4051**	**2316**	**1735**	**89**	**55**	**34**	**243**	**123**	**120**
广州市	**725**	**434**	**291**	**30**	**19**	**11**	**42**	**20**	**22**
荔湾区									
越秀区									
海珠区									
天河区									
白云区	360	214	146	10	4	6	19	8	11
黄埔区	10	6	4	1	1				
番禺区	65	37	28	4	3	1	2		2
花都区	183	110	73	10	8	2	18	10	8
南沙区	48	32	16	1		1	3	2	1
从化区	21	11	10						
增城区	38	24	14	4	3	1			
韶关市	**41**	**21**	**20**	**1**		**1**	**5**	**2**	**3**
武江区	7	4	3						
浈江区	7	5	2						
曲江区	5	3	2						
始兴县	2		2				1		1
仁化县	1	1							
翁源县	4		4	1		1	3	2	1
乳源瑶族自治县	3	2	1				1		1
新丰县	4	2	2						
乐昌市	6	3	3						
南雄市	2	1	1						
深圳市	**21**	**11**	**10**	**1**	**1**		**26**	**11**	**15**
罗湖区									
福田区									
南山区									
宝安区									
龙岗区	21	11	10	1	1		26	11	15
盐田区									
龙华区									
坪山区									
光明区									
珠海市	**30**	**17**	**13**				**4**	**2**	**2**
香洲区									
斗门区	28	16	12				4	2	2
金湾区	2	1	1						
汕头市	**44**	**23**	**21**	**1**	**1**		**4**	**3**	**1**
龙湖区	14	10	4						
金平区									
濠江区	1	1							
潮阳区	7	2	5	1	1				
潮南区	5	3	2				1	1	
澄海区	17	7	10				3	2	1
南澳县									
佛山市	**146**	**82**	**64**	**2**	**2**		**7**	**6**	**1**
禅城区									
南海区	30	17	13				2	1	1
顺德区	12	7	5						
三水区	89	49	40	2	2		5	5	
高明区	15	9	6						

1-4c 续表 34

单位：人

地区	仫佬族			羌族			布朗族		
	小计	男	女	小计	男	女	小计	男	女
江门市	**1165**	**668**	**497**	**5**	**2**	**3**	**10**	**5**	**5**
蓬江区	3	1	2						
江海区									
新会区	933	551	382						
台山市	52	23	29	1	1				
开平市	76	39	37	1	1				
鹤山市	66	36	30	2		2	10	5	5
恩平市	35	18	17	1		1			
湛江市	**283**	**150**	**133**	**1**		**1**	**11**		**11**
赤坎区									
霞山区	1		1						
坡头区	16	6	10				5		5
麻章区	7	4	3						
遂溪县	15	9	6	1		1			
徐闻县	142	89	53						
廉江市	54	15	39						
雷州市	19	10	9						
吴川市	29	17	12				6		6
茂名市	**116**	**22**	**94**	**3**	**1**	**2**	**4**		**4**
茂南区	22	4	18	1		1	1		1
电白区	25	6	19	1		1	1		1
高州市	19	6	13				1		1
化州市	29	4	25	1	1		1		1
信宜市	21	2	19						
肇庆市	**84**	**47**	**37**	**1**	**1**		**1**	**1**	
端州区									
鼎湖区	5	3	2						
高要区	36	22	14	1	1				
广宁县	12	7	5						
怀集县	3	1	2						
封开县	4	2	2						
德庆县	6	3	3						
四会市	18	9	9				1	1	
惠州市	**320**	**197**	**123**	**10**	**4**	**6**	**38**	**28**	**10**
惠城区	70	47	23	1	1		5	5	
惠阳区	82	57	25	1		1	15	11	4
博罗县	99	55	44	4	1	3	16	12	4
惠东县	51	30	21	2	2		2		2
龙门县	18	8	10	2		2			
梅州市	**22**	**12**	**10**	**2**	**1**	**1**	**3**	**2**	**1**
梅江区									
梅县区	6	3	3				1		1
大埔县				1	1				
丰顺县	4	3	1	1		1			
五华县	4	2	2				2	2	
平远县	2		2						
蕉岭县									
兴宁市	6	4	2						

1-4c 续表 35

单位：人

地 区	仫佬族			羌 族			布朗族		
	小计	男	女	小计	男	女	小计	男	女
汕尾市	**21**	**15**	**6**						
城 区	3	3							
海丰县	14	11	3						
陆河县	4	1	3						
陆丰市									
河源市	**35**	**23**	**12**	**6**	**5**	**1**	**5**	**3**	**2**
源城区	7	5	2				1	1	
紫金县	7	4	3	3	3				
龙川县	3		3	2	1	1	3	1	2
连平县	8	6	2						
和平县	5	4	1						
东源县	5	4	1	1	1		1	1	
阳江市	**202**	**119**	**83**				**2**	**1**	**1**
江城区	39	22	17						
阳东区	128	80	48				1	1	
阳西县	12	6	6				1		1
阳春市	23	11	12						
清远市	**70**	**38**	**32**	**3**	**1**	**2**	**2**		**2**
清城区	20	11	9						
清新区	12	7	5						
佛冈县	9	6	3	1	1		2		2
阳山县	2	1	1						
连山壮族瑶族自治县									
连南瑶族自治县	2	2							
英德市	20	9	11	2		2			
连州市	5	2	3						
东莞市	**423**	**263**	**160**	**12**	**10**	**2**	**65**	**34**	**31**
市辖区	423	263	160	12	10	2	65	34	31
中山市	**225**	**140**	**85**				**13**	**4**	**9**
市辖区	225	140	85				13	4	9
潮州市	**16**	**10**	**6**	**2**	**2**				
湘桥区									
潮安区	14	9	5	2	2				
饶平县	2	1	1						
揭阳市	**21**	**9**	**12**	**2**	**1**	**1**			
榕城区	2	1	1						
揭东区	8	2	6						
揭西县	1		1						
惠来县	3	3							
普宁市	7	3	4	2	1	1			
云浮市	**41**	**15**	**26**	**7**	**4**	**3**	**1**	**1**	
云城区	3	1	2						
云安区	4	1	3						
新兴县	18	7	11	7	4	3	1	1	
郁南县	7	2	5						
罗定市	9	4	5						

1-4c 续表 36

单位：人

地　区	撒拉族			毛南族			仡佬族		
	小计	男	女	小计	男	女	小计	男	女
广　东	**57**	**35**	**22**	**1593**	**950**	**643**	**4127**	**2588**	**1539**
广州市	**12**	**8**	**4**	**390**	**236**	**154**	**787**	**489**	**298**
荔湾区									
越秀区									
海珠区									
天河区									
白云区	5	3	2	183	112	71	151	96	55
黄埔区				11	7	4	25	17	8
番禺区				71	39	32	157	98	59
花都区	5	4	1	62	38	24	170	109	61
南沙区	1	1		27	19	8	154	88	66
从化区				9	3	6	76	46	30
增城区	1		1	27	18	9	54	35	19
韶关市				**14**	**5**	**9**	**87**	**51**	**36**
武江区				2		2	11	10	1
浈江区							3	2	1
曲江区				2	1	1	16	9	7
始兴县				2	2		5	1	4
仁化县				1		1	7	5	2
翁源县				3	1	2	26	16	10
乳源瑶族自治县				1		1	3	1	2
新丰县				1		1	2	2	
乐昌市				2	1	1	10	5	5
南雄市							4		4
深圳市				**10**	**8**	**2**	**14**	**13**	**1**
罗湖区									
福田区									
南山区									
宝安区									
龙岗区				10	8	2	14	13	1
盐田区									
龙华区									
坪山区									
光明区									
珠海市	**4**	**3**	**1**	**11**	**6**	**5**	**34**	**22**	**12**
香洲区									
斗门区	4	3	1	11	6	5	31	20	11
金湾区							3	2	1
汕头市	**11**	**5**	**6**	**8**	**4**	**4**	**95**	**55**	**40**
龙湖区							11	4	7
金平区									
濠江区							6	3	3
潮阳区				2		2	30	16	14
潮南区				4	2	2	12	8	4
澄海区	11	5	6	2	2		36	24	12
南澳县									
佛山市				**110**	**77**	**33**	**130**	**82**	**48**
禅城区									
南海区				52	35	17	25	14	11
顺德区				9	5	4	9	6	3
三水区				41	31	10	85	53	32
高明区				8	6	2	11	9	2

1-4c 续表 37

单位：人

地区	撒拉族			毛南族			仡佬族		
	小计	男	女	小计	男	女	小计	男	女
江门市	**1**	**1**		**154**	**84**	**70**	**254**	**148**	**106**
蓬江区				1	1		4	2	2
江海区									
新会区				39	24	15	149	91	58
台山市				22	11	11	38	20	18
开平市	1	1		66	37	29	20	10	10
鹤山市				20	9	11	24	14	10
恩平市				6	2	4	19	11	8
湛江市	**1**		**1**	**54**	**20**	**34**	**82**	**52**	**30**
赤坎区									
霞山区				8	5	3	4	2	2
坡头区				1		1	4	3	1
麻章区	1		1	2	1	1	11	7	4
遂溪县				5	3	2	9	7	2
徐闻县				4	2	2	11	6	5
廉江市				22	4	18	11	4	7
雷州市				5	2	3	4	1	3
吴川市				7	3	4	28	22	6
茂名市				**69**	**21**	**48**	**72**	**41**	**31**
茂南区				5	2	3	26	17	9
电白区				7	2	5	13	5	8
高州市				15	9	6	6	1	5
化州市				29	6	23	13	8	5
信宜市				13	2	11	14	10	4
肇庆市				**61**	**37**	**24**	**483**	**303**	**180**
端州区									
鼎湖区				1		1	58	37	21
高要区				33	17	16	297	185	112
广宁县				3	3		16	9	7
怀集县							17	14	3
封开县				1	1		3	3	
德庆县				9	6	3	6	2	4
四会市				14	10	4	86	53	33
惠州市	**12**	**9**	**3**	**166**	**112**	**54**	**469**	**302**	**167**
惠城区	7	5	2	56	44	12	91	62	29
惠阳区	4	3	1	50	31	19	91	59	32
博罗县	1	1		37	18	19	205	128	77
惠东县				19	16	3	69	44	25
龙门县				4	3	1	13	9	4
梅州市				**12**	**8**	**4**	**93**	**58**	**35**
梅江区							3	2	1
梅县区				1	1		7	3	4
大埔县							8	6	2
丰顺县							14	8	6
五华县				7	5	2	54	34	20
平远县				2		2			
蕉岭县				1	1				
兴宁市				1	1		7	5	2

1-4c 续表 38 单位：人

地区	撒拉族			毛南族			仡佬族		
	小计	男	女	小计	男	女	小计	男	女
汕尾市				**32**	**24**	**8**	**89**	**65**	**24**
城　区				2	2		9	8	1
海丰县				26	20	6	43	32	11
陆河县				1		1	26	18	8
陆丰市				3	2	1	11	7	4
河源市	**1**	**1**		**19**	**12**	**7**	**53**	**32**	**21**
源城区							13	8	5
紫金县				9	5	4	16	9	7
龙川县				2	2		4	3	1
连平县				3	2	1	7	6	1
和平县				1		1	2	1	1
东源县	1	1		4	3	1	11	5	6
阳江市	**1**	**1**		**30**	**17**	**13**	**99**	**62**	**37**
江城区	1	1		5	4	1	28	20	8
阳东区				15	9	6	40	20	20
阳西县				6	1	5	13	7	6
阳春市				4	3	1	18	15	3
清远市	**1**	**1**		**30**	**20**	**10**	**184**	**117**	**67**
清城区				3	2	1	41	29	12
清新区				10	6	4	42	30	12
佛冈县	1	1		7	4	3	39	20	19
阳山县				1		1	7	6	1
连山壮族瑶族自治县							1		1
连南瑶族自治县							1	1	
英德市				7	6	1	47	30	17
连州市				2	2		6	1	5
东莞市	**8**	**4**	**4**	**215**	**126**	**89**	**513**	**331**	**182**
市辖区	8	4	4	215	126	89	513	331	182
中山市	**5**	**2**	**3**	**96**	**62**	**34**	**230**	**130**	**100**
市辖区	5	2	3	96	62	34	230	130	100
潮州市				**83**	**51**	**32**	**50**	**33**	**17**
湘桥区				38	20	18	13	8	5
潮安区				44	30	14	34	23	11
饶平县				1	1		3	2	1
揭阳市				**13**	**8**	**5**	**220**	**142**	**78**
榕城区				4	3	1	28	19	9
揭东区				4	3	1	52	32	20
揭西县				1		1	21	11	10
惠来县							8	5	3
普宁市				4	2	2	111	75	36
云浮市				**16**	**12**	**4**	**89**	**60**	**29**
云城区				3	3		20	13	7
云安区				2	2		8	6	2
新兴县				6	5	1	9	6	3
郁南县				2	1	1	13	8	5
罗定市				3	1	2	39	27	12

1−4c　续表 39　　单位：人

地　区	锡伯族			阿昌族			普米族		
	小计	男	女	小计	男	女	小计	男	女
广　东	**29**	**19**	**10**	**156**	**85**	**71**	**38**	**26**	**12**
广州市	**6**	**5**	**1**	**15**	**10**	**5**	**2**	**2**	
荔湾区									
越秀区									
海珠区									
天河区									
白云区	4	3	1	5	5		1	1	
黄埔区				2	1	1	1	1	
番禺区									
花都区	1	1		2		2			
南沙区	1	1		4	2	2			
从化区									
增城区				2	2				
韶关市				**1**	**1**				
武江区									
浈江区									
曲江区									
始兴县									
仁化县									
翁源县									
乳源瑶族自治县									
新丰县									
乐昌市				1	1				
南雄市									
深圳市	**2**	**1**	**1**						
罗湖区									
福田区									
南山区									
宝安区									
龙岗区	2	1	1						
盐田区									
龙华区									
坪山区									
光明区									
珠海市				**4**	**2**	**2**	**1**		**1**
香洲区									
斗门区				4	2	2	1		1
金湾区									
汕头市									
龙湖区									
金平区									
濠江区									
潮阳区									
潮南区									
澄海区									
南澳县									
佛山市	**1**	**1**							
禅城区									
南海区									
顺德区	1	1							
三水区									
高明区									

1-4c 续表 40

单位：人

地　区	锡伯族			阿昌族			普米族		
	小计	男	女	小计	男	女	小计	男	女
江门市				**16**	**10**	**6**	**2**	**1**	**1**
蓬江区									
江海区									
新会区				16	10	6	1	1	
台山市									
开平市							1		1
鹤山市									
恩平市									
湛江市				**7**		**7**	**1**		**1**
赤坎区									
霞山区									
坡头区				5		5			
麻章区									
遂溪县							1		1
徐闻县									
廉江市									
雷州市									
吴川市				2		2			
茂名市	**1**	**1**		**1**		**1**	**1**		**1**
茂南区	1	1							
电白区				1		1			
高州市									
化州市							1		1
信宜市									
肇庆市									
端州区									
鼎湖区									
高要区									
广宁县									
怀集县									
封开县									
德庆县									
四会市									
惠州市	**8**	**3**	**5**	**34**	**18**	**16**	**6**	**5**	**1**
惠城区	3	2	1	27	14	13	1	1	
惠阳区	5	1	4	5	3	2	3	3	
博罗县				1	1		2	1	1
惠东县				1		1			
龙门县									
梅州市									
梅江区									
梅县区									
大埔县									
丰顺县									
五华县									
平远县									
蕉岭县									
兴宁市									

1-4c　续表 41　　单位：人

地　　区	锡伯族			阿昌族			普米族		
	小计	男	女	小计	男	女	小计	男	女
汕尾市				**1**		**1**			
城　区				1		1			
海丰县									
陆河县									
陆丰市									
河源市							**1**	**1**	
源城区									
紫金县							1	1	
龙川县									
连平县									
和平县									
东源县									
阳江市				**1**	**1**				
江城区				1	1				
阳东区									
阳西县									
阳春市									
清远市	**1**		**1**						
清城区									
清新区									
佛冈县									
阳山县									
连山壮族瑶族自治县	1		1						
连南瑶族自治县									
英德市									
连州市									
东莞市	**5**	**4**	**1**	**63**	**37**	**26**	**22**	**15**	**7**
市辖区	5	4	1	63	37	26	22	15	7
中山市	**4**	**3**	**1**	**12**	**6**	**6**	**1**	**1**	
市辖区	4	3	1	12	6	6	1	1	
潮州市							**1**	**1**	
湘桥区							1	1	
潮安区									
饶平县									
揭阳市	**1**	**1**							
榕城区									
揭东区									
揭西县	1	1							
惠来县									
普宁市									
云浮市				**1**		**1**			
云城区									
云安区									
新兴县									
郁南县									
罗定市				1		1			

1-4c 续表 42

单位：人

地　区	塔吉克族			怒　族			乌孜别克族		
	小计	男	女	小计	男	女	小计	男	女
广　东				**28**	**16**	**12**			
广州市				**1**	**1**				
荔湾区									
越秀区									
海珠区									
天河区									
白云区				1	1				
黄埔区									
番禺区									
花都区									
南沙区									
从化区									
增城区									
韶关市				**1**	**1**				
武江区									
浈江区									
曲江区									
始兴县									
仁化县									
翁源县									
乳源瑶族自治县									
新丰县									
乐昌市				1	1				
南雄市									
深圳市									
罗湖区									
福田区									
南山区									
宝安区									
龙岗区									
盐田区									
龙华区									
坪山区									
光明区									
珠海市				**10**	**7**	**3**			
香洲区									
斗门区				10	7	3			
金湾区									
汕头市				**3**	**1**	**2**			
龙湖区									
金平区									
濠江区									
潮阳区									
潮南区				2		2			
澄海区				1	1				
南澳县									
佛山市									
禅城区									
南海区									
顺德区									
三水区									
高明区									

1-4c　续表 43　　　　　　　　　　　　　　　　　　单位：人

地　区	塔吉克族			怒　族			乌孜别克族		
	小计	男	女	小计	男	女	小计	男	女
江门市									
蓬江区									
江海区									
新会区									
台山市									
开平市									
鹤山市									
恩平市									
湛江市				**1**		**1**			
赤坎区									
霞山区									
坡头区				1		1			
麻章区									
遂溪县									
徐闻县									
廉江市									
雷州市									
吴川市									
茂名市									
茂南区									
电白区									
高州市									
化州市									
信宜市									
肇庆市									
端州区									
鼎湖区									
高要区									
广宁县									
怀集县									
封开县									
德庆县									
四会市									
惠州市				**4**	**1**	**3**			
惠城区				2	1	1			
惠阳区									
博罗县				1		1			
惠东县				1		1			
龙门县									
梅州市									
梅江区									
梅县区									
大埔县									
丰顺县									
五华县									
平远县									
蕉岭县									
兴宁市									

1-4c 续表 44　　单位：人

地区	塔吉克族			怒族			乌孜别克族		
	小计	男	女	小计	男	女	小计	男	女
汕尾市									
城　区									
海丰县									
陆河县									
陆丰市									
河源市									
源城区									
紫金县									
龙川县									
连平县									
和平县									
东源县									
阳江市									
江城区									
阳东区									
阳西县									
阳春市									
清远市				**1**		**1**			
清城区									
清新区									
佛冈县									
阳山县									
连山壮族瑶族自治县				1		1			
连南瑶族自治县									
英德市									
连州市									
东莞市				**7**	**5**	**2**			
市辖区				7	5	2			
中山市									
市辖区									
潮州市									
湘桥区									
潮安区									
饶平县									
揭阳市									
榕城区									
揭东区									
揭西县									
惠来县									
普宁市									
云浮市									
云城区									
云安区									
新兴县									
郁南县									
罗定市									

1-4c　续表 45　　　　单位：人

地　区	俄罗斯族			鄂温克族			德 昂 族		
	小计	男	女	小计	男	女	小计	男	女
广　东	**7**	**2**	**5**	**6**	**2**	**4**	**72**	**36**	**36**
广州市				**1**		**1**	**5**	**3**	**2**
荔湾区									
越秀区									
海珠区									
天河区									
白云区							3	2	1
黄埔区									
番禺区									
花都区							2	1	1
南沙区									
从化区									
增城区				1		1			
韶关市									
武江区									
浈江区									
曲江区									
始兴县									
仁化县									
翁源县									
乳源瑶族自治县									
新丰县									
乐昌市									
南雄市									
深圳市									
罗湖区									
福田区									
南山区									
宝安区									
龙岗区									
盐田区									
龙华区									
坪山区									
光明区									
珠海市	**1**		**1**						
香洲区									
斗门区	1		1						
金湾区									
汕头市									
龙湖区									
金平区									
濠江区									
潮阳区									
潮南区									
澄海区									
南澳县									
佛山市				**1**	**1**		**1**		**1**
禅城区									
南海区				1	1				
顺德区									
三水区							1		1
高明区									

1-4c 续表 46 单位：人

地　　区	俄罗斯族			鄂温克族			德 昂 族		
	小计	男	女	小计	男	女	小计	男	女
江门市	**1**	**1**					**1**		**1**
蓬江区									
江海区									
新会区									
台山市	1	1							
开平市							1		1
鹤山市									
恩平市									
湛江市							**1**		**1**
赤坎区									
霞山区									
坡头区									
麻章区									
遂溪县									
徐闻县									
廉江市									
雷州市									
吴川市							1		1
茂名市							**1**		**1**
茂南区							1		1
电白区									
高州市									
化州市									
信宜市									
肇庆市									
端州区									
鼎湖区									
高要区									
广宁县									
怀集县									
封开县									
德庆县									
四会市									
惠州市	**4**	**1**	**3**	**1**		**1**	**13**	**5**	**8**
惠城区	3	1	2						
惠阳区				1		1	13	5	8
博罗县									
惠东县									
龙门县	1		1						
梅州市				**1**		**1**			
梅江区									
梅县区									
大埔县									
丰顺县									
五华县				1		1			
平远县									
蕉岭县									
兴宁市									

1-4c　续表 47　　　　单位：人

地　区	俄罗斯族			鄂温克族			德 昂 族		
	小计	男	女	小计	男	女	小计	男	女
汕尾市									
城　区									
海丰县									
陆河县									
陆丰市									
河源市									
源城区									
紫金县									
龙川县									
连平县									
和平县									
东源县									
阳江市	**1**		**1**	**1**	**1**				
江城区									
阳东区				1	1				
阳西县	1		1						
阳春市									
清远市							**1**		**1**
清城区									
清新区							1		1
佛冈县									
阳山县									
连山壮族瑶族自治县									
连南瑶族自治县									
英德市									
连州市									
东莞市							**48**	**28**	**20**
市辖区							48	28	20
中山市							**1**		**1**
市辖区							1		1
潮州市									
湘桥区									
潮安区									
饶平县									
揭阳市				**1**		**1**			
榕城区									
揭东区									
揭西县									
惠来县									
普宁市				1		1			
云浮市									
云城区									
云安区									
新兴县									
郁南县									
罗定市									

1-4c 续表 48

单位：人

地区	保安族			裕固族			京族		
	小计	男	女	小计	男	女	小计	男	女
广东	**22**	**11**	**11**				**127**	**36**	**91**
广州市	**1**		**1**				**10**	**5**	**5**
荔湾区									
越秀区									
海珠区									
天河区									
白云区							1		1
黄埔区									
番禺区							3	1	2
花都区									
南沙区							2	1	1
从化区							1		1
增城区	1		1				3	3	
韶关市									
武江区									
浈江区									
曲江区									
始兴县									
仁化县									
翁源县									
乳源瑶族自治县									
新丰县									
乐昌市									
南雄市									
深圳市									
罗湖区									
福田区									
南山区									
宝安区									
龙岗区									
盐田区									
龙华区									
坪山区									
光明区									
珠海市							**4**	**2**	**2**
香洲区									
斗门区							1	1	
金湾区							3	1	2
汕头市							**1**		**1**
龙湖区									
金平区									
濠江区									
潮阳区							1		1
潮南区									
澄海区									
南澳县									
佛山市									
禅城区									
南海区									
顺德区									
三水区									
高明区									

1-4c 续表 49

单位：人

地 区	保安族			裕固族			京族		
	小计	男	女	小计	男	女	小计	男	女
江门市							**19**	**3**	**16**
蓬江区									
江海区									
新会区							2	1	1
台山市							14	2	12
开平市							1		1
鹤山市							1		1
恩平市							1		1
湛江市							**22**	**2**	**20**
赤坎区									
霞山区									
坡头区									
麻章区									
遂溪县							2		2
徐闻县							1		1
廉江市							12	2	10
雷州市							3		3
吴川市							4		4
茂名市							**13**		**13**
茂南区							2		2
电白区							2		2
高州市									
化州市							5		5
信宜市							4		4
肇庆市							**9**	**2**	**7**
端州区									
鼎湖区									
高要区							1	1	
广宁县									
怀集县							2		2
封开县									
德庆县							6	1	5
四会市									
惠州市	**8**	**5**	**3**				**23**	**16**	**7**
惠城区	4	2	2				11	9	2
惠阳区	4	3	1				1	1	
博罗县							11	6	5
惠东县									
龙门县									
梅州市									
梅江区									
梅县区									
大埔县									
丰顺县									
五华县									
平远县									
蕉岭县									
兴宁市									

1-4c 续表 50

单位：人

地 区	保安族			裕固族			京 族		
	小计	男	女	小计	男	女	小计	男	女
汕尾市							**3**		**3**
城 区									
海丰县									
陆河县							1		1
陆丰市							2		2
河源市	**1**		**1**						
源城区	1		1						
紫金县									
龙川县									
连平县									
和平县									
东源县									
阳江市							**1**		**1**
江城区									
阳东区									
阳西县									
阳春市							1		1
清远市							**4**	**2**	**2**
清城区									
清新区							1		1
佛冈县									
阳山县									
连山壮族瑶族自治县							2	2	
连南瑶族自治县									
英德市							1		1
连州市									
东莞市	**9**	**5**	**4**				**4**	**3**	**1**
市辖区	9	5	4				4	3	1
中山市	**3**	**1**	**2**				**2**	**1**	**1**
市辖区	3	1	2				2	1	1
潮州市							**2**		**2**
湘桥区									
潮安区									
饶平县							2		2
揭阳市									
榕城区									
揭东区									
揭西县									
惠来县									
普宁市									
云浮市							**10**		**10**
云城区									
云安区							2		2
新兴县									
郁南县									
罗定市							8		8

1-4c　续表 51　　　　单位：人

地　区	塔塔尔族			独 龙 族			鄂伦春族		
	小计	男	女	小计	男	女	小计	男	女
广　东				**6**	**3**	**3**	**3**	**2**	**1**
广州市									
荔湾区									
越秀区									
海珠区									
天河区									
白云区									
黄埔区									
番禺区									
花都区									
南沙区									
从化区									
增城区									
韶关市									
武江区									
浈江区									
曲江区									
始兴县									
仁化县									
翁源县									
乳源瑶族自治县									
新丰县									
乐昌市									
南雄市									
深圳市									
罗湖区									
福田区									
南山区									
宝安区									
龙岗区									
盐田区									
龙华区									
坪山区									
光明区									
珠海市									
香洲区									
斗门区									
金湾区									
汕头市									
龙湖区									
金平区									
濠江区									
潮阳区									
潮南区									
澄海区									
南澳县									
佛山市				**1**	**1**				
禅城区									
南海区				1	1				
顺德区									
三水区									
高明区									

1-4c 续表 52

单位：人

地 区	塔塔尔族			独 龙 族			鄂伦春族		
	小计	男	女	小计	男	女	小计	男	女
江门市							**1**	**1**	
蓬江区									
江海区									
新会区									
台山市									
开平市							1	1	
鹤山市									
恩平市									
湛江市				**1**		**1**	**1**		**1**
赤坎区									
霞山区									
坡头区									
麻章区									
遂溪县									
徐闻县									
廉江市									
雷州市									
吴川市				1		1	1		1
茂名市									
茂南区									
电白区									
高州市									
化州市									
信宜市									
肇庆市									
端州区									
鼎湖区									
高要区									
广宁县									
怀集县									
封开县									
德庆县									
四会市									
惠州市				**1**		**1**			
惠城区				1		1			
惠阳区									
博罗县									
惠东县									
龙门县									
梅州市									
梅江区									
梅县区									
大埔县									
丰顺县									
五华县									
平远县									
蕉岭县									
兴宁市									

1-4c　续表 53　　　　单位：人

地　区	塔塔尔族			独龙族			鄂伦春族		
	小计	男	女	小计	男	女	小计	男	女
汕尾市									
城　区									
海丰县									
陆河县									
陆丰市									
河源市									
源城区									
紫金县									
龙川县									
连平县									
和平县									
东源县									
阳江市									
江城区									
阳东区									
阳西县									
阳春市									
清远市									
清城区									
清新区									
佛冈县									
阳山县									
连山壮族瑶族自治县									
连南瑶族自治县									
英德市									
连州市									
东莞市				**2**	**2**				
市辖区				2	2				
中山市				**1**		**1**	**1**	**1**	
市辖区				1		1	1	1	
潮州市									
湘桥区									
潮安区									
饶平县									
揭阳市									
榕城区									
揭东区									
揭西县									
惠来县									
普宁市									
云浮市									
云城区									
云安区									
新兴县									
郁南县									
罗定市									

1–4c　续表 54　　　　单位：人

地　区	赫哲族			门巴族			珞巴族		
	小计	男	女	小计	男	女	小计	男	女
广　东	**8**	**5**	**3**	**4**	**3**	**1**	**1**		**1**
广州市				**1**		**1**			
荔湾区									
越秀区									
海珠区									
天河区									
白云区				1		1			
黄埔区									
番禺区									
花都区									
南沙区									
从化区									
增城区									
韶关市									
武江区									
浈江区									
曲江区									
始兴县									
仁化县									
翁源县									
乳源瑶族自治县									
新丰县									
乐昌市									
南雄市									
深圳市									
罗湖区									
福田区									
南山区									
宝安区									
龙岗区									
盐田区									
龙华区									
坪山区									
光明区									
珠海市									
香洲区									
斗门区									
金湾区									
汕头市									
龙湖区									
金平区									
濠江区									
潮阳区									
潮南区									
澄海区									
南澳县									
佛山市									
禅城区									
南海区									
顺德区									
三水区									
高明区									

1-4c 续表 55

单位：人

地 区	赫哲族			门巴族			珞巴族		
	小计	男	女	小计	男	女	小计	男	女
江门市	**3**	**2**	**1**						
蓬江区									
江海区									
新会区									
台山市									
开平市	3	2	1						
鹤山市									
恩平市									
湛江市									
赤坎区									
霞山区									
坡头区									
麻章区									
遂溪县									
徐闻县									
廉江市									
雷州市									
吴川市									
茂名市							**1**		**1**
茂南区									
电白区									
高州市									
化州市							1		1
信宜市									
肇庆市									
端州区									
鼎湖区									
高要区									
广宁县									
怀集县									
封开县									
德庆县									
四会市									
惠州市	**1**	**1**							
惠城区									
惠阳区									
博罗县	1	1							
惠东县									
龙门县									
梅州市									
梅江区									
梅县区									
大埔县									
丰顺县									
五华县									
平远县									
蕉岭县									
兴宁市									

1-4c 续表 56

单位：人

地　　区	赫哲族			门巴族			珞巴族		
	小计	男	女	小计	男	女	小计	男	女
汕尾市	**1**		**1**						
城　区									
海丰县									
陆河县									
陆丰市	1		1						
河源市									
源城区									
紫金县									
龙川县									
连平县									
和平县									
东源县									
阳江市	**2**	**1**	**1**						
江城区									
阳东区	1	1							
阳西县									
阳春市	1		1						
清远市									
清城区									
清新区									
佛冈县									
阳山县									
连山壮族瑶族自治县									
连南瑶族自治县									
英德市									
连州市									
东莞市	**1**	**1**		**3**	**3**				
市辖区	1	1		3	3				
中山市									
市辖区									
潮州市									
湘桥区									
潮安区									
饶平县									
揭阳市									
榕城区									
揭东区									
揭西县									
惠来县									
普宁市									
云浮市									
云城区									
云安区									
新兴县									
郁南县									
罗定市									

1-4c　续表 57　　　　单位：人

地　区	基诺族			未定族称人口			入　籍		
	小计	男	女	小计	男	女	小计	男	女
广　东	**6**	**1**	**5**	**2166**	**974**	**1192**	**421**	**32**	**389**
广州市	**1**		**1**	**261**	**168**	**93**	**23**	**11**	**12**
荔湾区									
越秀区									
海珠区									
天河区									
白云区				104	75	29	11	6	5
黄埔区				8	6	2			
番禺区				52	33	19	1		1
花都区				39	22	17	8	5	3
南沙区				17	10	7			
从化区				18	9	9			
增城区	1		1	23	13	10	3		3
韶关市				**40**	**25**	**15**	**2**		**2**
武江区				1	1				
浈江区									
曲江区				13	8	5			
始兴县				6	4	2			
仁化县				7	3	4			
翁源县				3	2	1	1		1
乳源瑶族自治县				2		2			
新丰县				3	3				
乐昌市				3	2	1			
南雄市				2	2		1		1
深圳市				**8**	**2**	**6**	**1**		**1**
罗湖区									
福田区									
南山区									
宝安区									
龙岗区				8	2	6	1		1
盐田区									
龙华区									
坪山区									
光明区									
珠海市				**12**	**6**	**6**	**4**		**4**
香洲区									
斗门区				11	6	5	4		4
金湾区				1		1			
汕头市				**70**	**42**	**28**			
龙湖区				6	3	3			
金平区									
濠江区				2	1	1			
潮阳区				18	10	8			
潮南区				24	14	10			
澄海区				20	14	6			
南澳县									
佛山市				**33**	**24**	**9**			
禅城区									
南海区				6	4	2			
顺德区				6	5	1			
三水区				14	11	3			
高明区				7	4	3			

1-4c 续表 58 单位：人

地 区	基诺族			未定族称人口			入 籍		
	小计	男	女	小计	男	女	小计	男	女
江门市				**150**	**61**	**89**	**28**	**4**	**24**
蓬江区				3	3				
江海区									
新会区				25	14	11	2	1	1
台山市				46	20	26	5	1	4
开平市				27	13	14	2		2
鹤山市				14	4	10	3		3
恩平市				35	7	28	16	2	14
湛江市	**1**		**1**	**198**	**35**	**163**	**120**	**2**	**118**
赤坎区				1		1			
霞山区				1		1			
坡头区	1		1	11	2	9	2		2
麻章区				6		6	4		4
遂溪县				33	4	29	33		33
徐闻县				9	3	6	9		9
廉江市				59	8	51	35		35
雷州市				41	7	34	27	2	25
吴川市				37	11	26	10		10
茂名市	**1**	**1**		**319**	**93**	**226**	**80**	**1**	**79**
茂南区	1	1		45	15	30	5		5
电白区				43	8	35	9		9
高州市				28	1	27	27		27
化州市				42	7	35	25	1	24
信宜市				161	62	99	14		14
肇庆市				**25**	**12**	**13**	**9**	**1**	**8**
端州区									
鼎湖区							4		4
高要区				10	7	3			
广宁县				2	1	1	1	1	
怀集县				2		2			
封开县				4		4	1		1
德庆县				3	2	1	2		2
四会市				4	2	2	1		1
惠州市	**2**		**2**	**234**	**131**	**103**	**5**	**2**	**3**
惠城区				67	41	26	1	1	
惠阳区				50	26	24			
博罗县	1		1	84	47	37	3	1	2
惠东县	1		1	20	15	5	1		1
龙门县				13	2	11			
梅州市				**43**	**22**	**21**	**7**	**1**	**6**
梅江区							2		2
梅县区				13	6	7			
大埔县				2		2			
丰顺县				4	2	2			
五华县				7	4	3	5	1	4
平远县				2	1	1			
蕉岭县				1		1			
兴宁市				14	9	5			

1-4c　续表 59　　单位：人

地　区	基诺族			未定族称人口			入　籍		
	小计	男	女	小计	男	女	小计	男	女
汕尾市				**29**	**5**	**24**	**15**		**15**
城　区				2	1	1	3		3
海丰县				4		4	1		1
陆河县				9	3	6			
陆丰市				14	1	13	11		11
河源市				**41**	**21**	**20**	**6**	**4**	**2**
源城区				9	5	4			
紫金县				4	2	2			
龙川县				7	1	6			
连平县				3	2	1	3	2	1
和平县				6	3	3	3	2	1
东源县				12	8	4			
阳江市				**81**	**19**	**62**	**31**	**1**	**30**
江城区				9	7	2	3	1	2
阳东区				17	9	8	2		2
阳西县				27	3	24	12		12
阳春市				28		28	14		14
清远市				**108**	**51**	**57**	**25**	**1**	**24**
清城区				14	7	7	1		1
清新区				13	5	8	12		12
佛冈县				17	9	8	3		3
阳山县				16	7	9	1		1
连山壮族瑶族自治县				26	11	15	2	1	1
连南瑶族自治县				1	1				
英德市				20	11	9	6		6
连州市				1		1			
东莞市				**179**	**110**	**69**	**6**	**3**	**3**
市辖区				179	110	69	6	3	3
中山市				**63**	**42**	**21**			
市辖区				63	42	21			
潮州市				**52**	**24**	**28**	**12**		**12**
湘桥区				8	7	1			
潮安区				26	15	11	5		5
饶平县				18	2	16	7		7
揭阳市	**1**		**1**	**143**	**73**	**70**	**5**		**5**
榕城区				7	1	6			
揭东区				10	4	6	1		1
揭西县	1		1	7	4	3	3		3
惠来县				2		2	1		1
普宁市				117	64	53			
云浮市				**77**	**8**	**69**	**42**	**1**	**41**
云城区				6	3	3	2		2
云安区				6		6	10	1	9
新兴县				5	2	3	12		12
郁南县				6	1	5	2		2
罗定市				54	2	52	16		16

1-5 各地区分年龄、性别的人口

单位：人

地区	合计			0岁			1-4岁		
	合计	男	女	小计	男	女	小计	男	女
广东	**126012510**	**66873646**	**59138864**	**1290748**	**691738**	**599010**	**6701847**	**3575143**	**3126704**
广州市	**18676605**	**9866005**	**8810600**	**161634**	**86581**	**75053**	**857189**	**457549**	**399640**
荔湾区	1238305	635252	603053	8475	4502	3973	52454	27875	24579
越秀区	1038643	507768	530875	7618	4040	3578	40120	21205	18915
海珠区	1819037	919076	899961	12076	6420	5656	63479	33747	29732
天河区	2241826	1178753	1063073	15557	8325	7232	82543	44187	38356
白云区	3742991	2015549	1727442	30755	16514	14241	148758	79496	69262
黄埔区	1264447	699706	564741	13969	7426	6543	71621	38072	33549
番禺区	2658397	1404879	1253518	22600	12121	10479	120235	64028	56207
花都区	1642360	883456	758904	14871	7920	6951	88204	47714	40490
南沙区	846584	470128	376456	9435	5114	4321	46480	24479	22001
从化区	717684	375921	341763	8265	4416	3849	44465	23547	20918
增城区	1466331	775517	690814	18013	9783	8230	98830	53199	45631
韶关市	**2855131**	**1452541**	**1402590**	**31590**	**16552**	**15038**	**164863**	**87434**	**77429**
武江区	373686	187230	186456	3648	1915	1733	19885	10554	9331
浈江区	364319	188359	175960	2991	1591	1400	16796	8891	7905
曲江区	290455	149566	140889	2857	1560	1297	15511	8185	7326
始兴县	198060	98281	99779	2471	1304	1167	12476	6634	5842
仁化县	186009	94793	91216	2029	1028	1001	10725	5574	5151
翁源县	322482	164279	158203	4505	2332	2173	22737	12073	10664
乳源瑶族自治县	187276	95771	91505	2422	1270	1152	12135	6376	5759
新丰县	195430	100566	94864	2207	1154	1053	11406	6216	5190
乐昌市	383498	195656	187842	4446	2318	2128	22892	12110	10782
南雄市	353916	178040	175876	4014	2080	1934	20300	10821	9479
深圳市	**17494398**	**9629111**	**7865287**	**165127**	**87679**	**77448**	**822985**	**438879**	**384106**
罗湖区	1143801	582817	560984	10291	5452	4839	53946	28898	25048
福田区	1553225	803830	749395	14195	7583	6612	71485	38026	33459
南山区	1795826	955912	839914	15872	8513	7359	78788	41763	37025
宝安区	4476554	2524557	1951997	40646	21672	18974	192797	103380	89417
龙岗区	4135273	2251459	1883814	42237	22251	19986	220217	117371	102846
盐田区	214225	116326	97899	1887	974	913	10068	5354	4714
龙华区	2528872	1433793	1095079	24875	13171	11704	123019	65369	57650
坪山区	551333	319139	232194	5355	2868	2487	27076	14429	12647
光明区	1095289	641278	454011	9769	5195	4574	45589	24289	21300
珠海市	**2439585**	**1304196**	**1135389**	**22367**	**11832**	**10535**	**119858**	**63518**	**56340**
香洲区	1384317	729794	654523	11513	6052	5461	63153	33641	29512
斗门区	608899	327502	281397	6869	3673	3196	35326	18402	16924
金湾区	446369	246900	199469	3985	2107	1878	21379	11475	9904
汕头市	**5502031**	**2776205**	**2725826**	**63154**	**33405**	**29749**	**317929**	**166606**	**151323**
龙湖区	630749	318777	311972	5576	2909	2667	32435	17009	15426
金平区	777024	382169	394855	6718	3463	3255	33076	17135	15941
濠江区	269471	136601	132870	3060	1577	1483	14900	7730	7170
潮阳区	1654276	833722	820554	23230	12467	10763	109840	57666	52174
潮南区	1231638	626540	605098	16924	9042	7882	84762	44918	39844
澄海区	874444	446187	428257	6952	3585	3367	39578	20449	19129
南澳县	64429	32209	32220	694	362	332	3338	1699	1639
佛山市	**9498863**	**5163849**	**4335014**	**82468**	**44078**	**38390**	**456549**	**244435**	**212114**
禅城区	1330262	702259	628003	12599	6729	5870	62603	33503	29100
南海区	3667247	2006179	1661068	31879	17000	14879	180438	96649	83789
顺德区	3229090	1760951	1468139	26068	13902	12166	148366	78863	69503
三水区	803226	441222	362004	7486	4024	3462	39547	21225	18322
高明区	469038	253238	215800	4436	2423	2013	25595	14195	11400

1-5 续表 1 单位：人

地区	合计			0岁			1-4岁		
	合计	男	女	小计	男	女	小计	男	女
江门市	**4798090**	**2485465**	**2312625**	**39749**	**20750**	**18999**	**221532**	**116368**	**105164**
蓬江区	853007	442486	410521	7349	3799	3550	42018	22013	20005
江海区	364694	191995	172699	3215	1689	1526	17637	9198	8439
新会区	909277	472177	437100	7538	3928	3610	42780	22592	20188
台山市	907744	463992	443752	6848	3616	3232	36733	19356	17377
开平市	748777	379008	369769	5867	3056	2811	34326	17924	16402
鹤山市	530684	281958	248726	4343	2251	2092	25007	13287	11720
恩平市	483907	253849	230058	4589	2411	2178	23031	11998	11033
湛江市	**6981236**	**3640165**	**3341071**	**100124**	**54293**	**45831**	**500702**	**268103**	**232599**
赤坎区	414539	205741	208798	4125	2175	1950	24929	13433	11496
霞山区	653403	333280	320123	7110	3866	3244	39992	21712	18280
坡头区	337723	177820	159903	5307	2878	2429	26239	14060	12179
麻章区	525790	277018	248772	6569	3583	2986	33967	18287	15680
遂溪县	824608	430961	393647	12968	6920	6048	59352	31354	27998
徐闻县	633258	329606	303652	8761	4757	4004	45105	23988	21117
廉江市	1363470	720765	642705	20998	11487	9511	101497	54516	46981
雷州市	1321091	692074	629017	20197	11052	9145	103830	55511	48319
吴川市	907354	472900	434454	14089	7575	6514	65791	35242	30549
茂名市	**6174050**	**3228813**	**2945237**	**87348**	**47719**	**39629**	**423033**	**228955**	**194078**
茂南区	1035411	537254	498157	11991	6584	5407	65376	35315	30061
电白区	1503737	792635	711102	22058	12101	9957	107579	58395	49184
高州市	1328657	692999	635658	18391	10139	8252	85750	46567	39183
化州市	1291668	680112	611556	20763	11197	9566	92142	49769	42373
信宜市	1014577	525813	488764	14145	7698	6447	72186	38909	33277
肇庆市	**4113594**	**2141295**	**1972299**	**46224**	**25205**	**21019**	**231679**	**126117**	**105562**
端州区	602402	304417	297985	6421	3482	2939	32466	17751	14715
鼎湖区	209116	110395	98721	2371	1304	1067	12169	6804	5365
高要区	741591	390867	350724	7466	4038	3428	39476	21522	17954
广宁县	408112	209075	199037	4081	2252	1829	21495	11619	9876
怀集县	805177	413144	392033	12074	6623	5451	56017	30643	25374
封开县	374848	193228	181620	4042	2133	1909	21927	11592	10335
德庆县	331438	171042	160396	4243	2326	1917	17379	9323	8056
四会市	640910	349127	291783	5526	3047	2479	30750	16863	13887
惠州市	**6042852**	**3249429**	**2793423**	**63083**	**33949**	**29134**	**331555**	**176870**	**154685**
惠城区	2090578	1112751	977827	22653	12155	10498	119074	63539	55535
惠阳区	1404137	785898	618239	13842	7412	6430	70538	37502	33036
博罗县	1210878	646752	564126	11637	6293	5344	63485	33973	29512
惠东县	1018076	537768	480308	11415	6202	5213	60047	32136	27911
龙门县	319183	166260	152923	3536	1887	1649	18411	9720	8691
梅州市	**3873239**	**1952489**	**1920750**	**44217**	**23850**	**20367**	**231634**	**122530**	**109104**
梅江区	435616	217995	217621	3760	1973	1787	22062	11541	10521
梅县区	556735	279137	277598	5611	3030	2581	31676	16629	15047
大埔县	330948	167700	163248	3183	1676	1507	17655	9273	8382
丰顺县	478731	246430	232301	5649	3094	2555	27616	14553	13063
五华县	916961	463843	453118	13817	7563	6254	68846	36823	32023
平远县	190482	95004	95478	1970	1074	896	9841	5127	4714
蕉岭县	184355	91753	92602	1803	937	866	9775	5173	4602
兴宁市	779411	390627	388784	8424	4503	3921	44163	23411	20752

1-5 续表 2

单位：人

地　区	合　计			0岁			1-4岁		
	合计	男	女	小计	男	女	小计	男	女
汕尾市	**2738482**	**1420706**	**1317776**	**34730**	**18909**	**15821**	**180401**	**95637**	**84764**
城　区	450959	234455	216504	4887	2637	2250	25278	13363	11915
海丰县	802454	420476	381978	9263	5014	4249	50163	26890	23273
陆河县	249242	127610	121632	3671	2001	1670	17131	9054	8077
陆丰市	1235827	638165	597662	16909	9257	7652	87829	46330	41499
河源市	**2837686**	**1448488**	**1389198**	**31307**	**16800**	**14507**	**166344**	**88723**	**77621**
源城区	703607	361074	342533	7251	3886	3365	40949	22134	18815
紫金县	551095	280948	270147	6904	3699	3205	35317	18829	16488
龙川县	595471	300207	295264	6585	3592	2993	34004	18032	15972
连平县	285224	144334	140890	3123	1661	1462	16795	8861	7934
和平县	353903	180083	173820	4152	2171	1981	21743	11513	10230
东源县	348386	181842	166544	3292	1791	1501	17536	9354	8182
阳江市	**2602959**	**1362137**	**1240822**	**26395**	**14245**	**12150**	**148823**	**79506**	**69317**
江城区	814688	420257	394431	7469	4035	3434	44144	23671	20473
阳东区	478299	256251	222048	4600	2473	2127	25628	13820	11808
阳西县	434076	230343	203733	4546	2407	2139	25705	13650	12055
阳春市	875896	455286	420610	9780	5330	4450	53346	28365	24981
清远市	**3969473**	**2061098**	**1908375**	**48504**	**26249**	**22255**	**250797**	**135081**	**115716**
清城区	1119901	585533	534368	12720	6925	5795	66772	36511	30261
清新区	618523	320816	297707	7271	3979	3292	36918	20091	16827
佛冈县	315502	163983	151519	3680	2048	1632	18809	10161	8648
阳山县	367175	188730	178445	5421	2936	2485	28623	15361	13262
连山壮族瑶族自治县	95136	48913	46223	1326	695	631	6336	3302	3034
连南瑶族自治县	134691	68406	66285	1773	934	839	8926	4743	4183
英德市	941325	492403	448922	12358	6679	5679	62355	33251	29104
连州市	377220	192314	184906	3955	2053	1902	22058	11661	10397
东莞市	**10466625**	**5917079**	**4549546**	**64690**	**34544**	**30146**	**398269**	**213928**	**184341**
市辖区	10466625	5917079	4549546	64690	34544	30146	398269	213928	184341
中山市	**4418060**	**2383175**	**2034885**	**39976**	**21167**	**18809**	**213184**	**113044**	**100140**
市辖区	4418060	2383175	2034885	39976	21167	18809	213184	113044	100140
潮州市	**2568387**	**1305930**	**1262457**	**25528**	**13540**	**11988**	**133415**	**70436**	**62979**
湘桥区	575795	285791	290004	4902	2562	2340	27496	14431	13065
潮安区	1175150	603584	571566	12439	6621	5818	62796	33208	29588
饶平县	817442	416555	400887	8187	4357	3830	43123	22797	20326
揭阳市	**5577814**	**2852630**	**2725184**	**83687**	**44546**	**39141**	**381578**	**201118**	**180460**
榕城区	931868	474294	457574	11070	5878	5192	57540	30285	27255
揭东区	931719	482585	449134	13955	7427	6528	55571	29430	26141
揭西县	674829	346159	328670	11890	6336	5554	40546	21564	18982
惠来县	1040779	526003	514776	16417	8820	7597	81611	42790	38821
普宁市	1998619	1023589	975030	30355	16085	14270	146310	77049	69261
云浮市	**2383350**	**1232840**	**1150510**	**28846**	**15845**	**13001**	**149528**	**80306**	**69222**
云城区	408537	213580	194957	4724	2627	2097	26667	14637	12030
云安区	235390	124074	111316	3029	1638	1391	15180	8131	7049
新兴县	430831	220518	210313	5143	2822	2321	24137	12983	11154
郁南县	371661	191880	179781	4325	2364	1961	22674	12014	10660
罗定市	936931	482788	454143	11625	6394	5231	60870	32541	28329

1-5 续表 3

单位：人

地区	5-9岁			10-14岁			15-19岁		
	小计	男	女	小计	男	女	小计	男	女
广 东	**8562360**	**4597464**	**3964896**	**7194927**	**3884271**	**3310656**	**6335235**	**3556607**	**2778628**
广州市	**896850**	**486117**	**410733**	**674516**	**367286**	**307230**	**982836**	**544642**	**438194**
荔湾区	56937	30445	26492	47741	25674	22067	50014	27565	22449
越秀区	50084	26841	23243	43886	23410	20476	38348	20363	17985
海珠区	71150	38098	33052	59142	31924	27218	72527	38771	33756
天河区	89488	48134	41354	71865	38632	33233	149283	79083	70200
白云区	149949	82109	67840	112533	62352	50181	231539	132815	98724
黄埔区	66860	36318	30542	42823	23615	19208	49751	28482	21269
番禺区	121945	65366	56579	89645	48488	41157	133396	71053	62343
花都区	97530	53788	43742	71730	39591	32139	87495	49447	38048
南沙区	43251	23264	19987	30077	16101	13976	29574	17888	11686
从化区	52429	28581	23848	36350	19692	16658	61653	35139	26514
增城区	97227	53173	44054	68724	37807	30917	79256	44036	35220
韶关市	**225347**	**121137**	**104210**	**194817**	**104542**	**90275**	**140021**	**75175**	**64846**
武江区	26295	14057	12238	22993	12219	10774	21095	10877	10218
浈江区	21515	11489	10026	19223	10252	8971	27567	14972	12595
曲江区	20379	10842	9537	19684	10444	9240	14316	7813	6503
始兴县	16337	8988	7349	13461	7210	6251	7845	4100	3745
仁化县	15548	8295	7253	13509	7240	6269	7002	3795	3207
翁源县	29835	16105	13730	22662	12161	10501	13167	7062	6105
乳源瑶族自治县	16538	8836	7702	13433	7045	6388	8151	4294	3857
新丰县	16763	8911	7852	14428	7787	6641	7957	4305	3652
乐昌市	34715	18645	16070	30209	16374	13835	16875	9377	7498
南雄市	27422	14969	12453	25215	13810	11405	16046	8580	7466
深圳市	**954240**	**517563**	**436677**	**695760**	**383582**	**312178**	**646793**	**382938**	**263855**
罗湖区	70876	38299	32577	58844	31957	26887	43296	24324	18972
福田区	90597	48528	42069	71267	38002	33265	58480	34498	23982
南山区	96477	51590	44887	74162	40042	34120	77200	42985	34215
宝安区	220575	120616	99959	160069	89295	70774	159080	96531	62549
龙岗区	247982	134528	113454	177361	98044	79317	145443	85552	59891
盐田区	12502	6756	5746	10493	5888	4605	11519	6314	5205
龙华区	130478	70723	59755	83571	46392	37179	82498	50004	32494
坪山区	32967	18050	14917	23737	13376	10361	25346	16051	9295
光明区	51786	28473	23313	36256	20586	15670	43931	26679	17252
珠海市	**134764**	**72073**	**62691**	**110480**	**59713**	**50767**	**125894**	**69011**	**56883**
香洲区	74270	39568	34702	63341	34061	29280	71420	38744	32676
斗门区	37108	19853	17255	29463	15991	13472	21507	12710	8797
金湾区	23386	12652	10734	17676	9661	8015	32967	17557	15410
汕头市	**446151**	**231882**	**214269**	**398795**	**207298**	**191497**	**320153**	**167763**	**152390**
龙湖区	41997	21816	20181	37929	20151	17778	31071	15705	15366
金平区	44382	23049	21333	42915	22517	20398	34410	17755	16655
濠江区	21523	11040	10483	19147	9828	9319	23326	13581	9745
潮阳区	156663	81411	75252	133708	69158	64550	110152	57420	52732
潮南区	122803	63909	58894	108215	56186	52029	80911	41726	39185
澄海区	54870	28660	26210	53871	27975	25896	38751	20776	17975
南澳县	3913	1997	1916	3010	1483	1527	1532	800	732
佛山市	**502872**	**274604**	**228268**	**392811**	**215489**	**177322**	**417400**	**244972**	**172428**
禅城区	64467	34996	29471	48290	26536	21754	49285	28100	21185
南海区	197621	107908	89713	147527	80438	67089	158718	93695	65023
顺德区	171016	92714	78302	139352	76837	62515	146813	87637	59176
三水区	42625	23685	18940	34557	18853	15704	42419	24060	18359
高明区	27143	15301	11842	23085	12825	10260	20165	11480	8685

1-5 续表 4

单位：人

地 区	5-9岁			10-14岁			15-19岁		
	小计	男	女	小计	男	女	小计	男	女
江门市	**268034**	**142486**	**125548**	**239185**	**127708**	**111477**	**217226**	**119488**	**97738**
蓬江区	47170	25103	22067	40776	21949	18827	47203	26748	20455
江海区	20799	11092	9707	17122	9152	7970	22673	11217	11456
新会区	51252	27028	24224	44841	23777	21064	38354	21234	17120
台山市	45039	23781	21258	42945	22587	20358	35861	19525	16336
开平市	43361	22930	20431	39629	20890	18739	33726	18251	15475
鹤山市	32317	17585	14732	28635	15653	12982	21711	12347	9364
恩平市	28096	14967	13129	25237	13700	11537	17698	10166	7532
湛江市	**675026**	**361721**	**313305**	**544770**	**297163**	**247607**	**360503**	**204051**	**156452**
赤坎区	32757	17692	15065	25431	14126	11305	26057	12599	13458
霞山区	53355	29300	24055	43381	24336	19045	36236	20720	15516
坡头区	34081	18007	16074	21734	11893	9841	10717	6196	4521
麻章区	46075	24407	21668	34968	18927	16041	49792	26701	23091
遂溪县	78219	41385	36834	62704	33799	28905	35675	20014	15661
徐闻县	63839	34073	29766	51903	28237	23666	23630	13690	9940
廉江市	142896	76849	66047	118042	64768	53274	65589	38209	27380
雷州市	134487	72296	62191	115247	62036	53211	67686	39190	28496
吴川市	89317	47712	41605	71360	39041	32319	45121	26732	18389
茂名市	**617388**	**332979**	**284409**	**543334**	**296573**	**246761**	**403077**	**231844**	**171233**
茂南区	88144	47902	40242	76616	42107	34509	70078	40408	29670
电白区	150987	81381	69606	126032	68100	57932	87094	49554	37540
高州市	128405	68999	59406	113108	61927	51181	95160	55266	39894
化州市	142167	76500	65667	130305	70859	59446	83498	48326	35172
信宜市	107685	58197	49488	97273	53580	43693	67247	38290	28957
肇庆市	**329559**	**180949**	**148610**	**303971**	**166833**	**137138**	**252430**	**140600**	**111830**
端州区	40356	22284	18072	32679	17957	14722	61297	34723	26574
鼎湖区	14807	8363	6444	11375	6199	5176	15490	8021	7469
高要区	55615	31015	24600	50833	28675	22158	35646	21064	14582
广宁县	33681	18281	15400	35469	19123	16346	17549	9803	7746
怀集县	81356	44773	36583	74001	40947	33054	52549	27690	24859
封开县	32319	17015	15304	31055	16446	14609	21895	11538	10357
德庆县	28057	14912	13145	29175	15352	13823	16835	8938	7897
四会市	43368	24306	19062	39384	22134	17250	31169	18823	12346
惠州市	**459044**	**245473**	**213571**	**400724**	**215910**	**184814**	**336626**	**193560**	**143066**
惠城区	155081	83019	72062	131339	70937	60402	141138	81485	59653
惠阳区	90817	48600	42217	73983	39945	34038	67167	39555	27612
博罗县	91666	49528	42138	87424	47618	39806	67745	39336	28409
惠东县	94217	50045	44172	82785	44217	38568	47731	26546	21185
龙门县	27263	14281	12982	25193	13193	12000	12845	6638	6207
梅州市	**326444**	**170926**	**155518**	**307684**	**161611**	**146073**	**199949**	**105856**	**94093**
梅江区	27200	14272	12928	24904	12973	11931	33444	17007	16437
梅县区	41986	21726	20260	35638	18809	16829	21209	10740	10469
大埔县	26516	13823	12693	27602	14394	13208	15686	8252	7434
丰顺县	41385	21403	19982	40943	21166	19777	23565	12390	11175
五华县	96793	51029	45764	91774	48139	43635	58596	32006	26590
平远县	13575	7023	6552	12790	6724	6066	6762	3600	3162
蕉岭县	12934	6722	6212	11318	5726	5592	5875	3033	2842
兴宁市	66055	34928	31127	62715	33680	29035	34812	18828	15984

1-5 续表 5

单位：人

地区	5-9岁			10-14岁			15-19岁		
	小计	男	女	小计	男	女	小计	男	女
汕尾市	**260904**	**136888**	**124016**	**231026**	**121704**	**109322**	**158043**	**84595**	**73448**
城　区	35118	18445	16673	29930	15712	14218	27802	14644	13158
海丰县	73692	39080	34612	63396	33883	29513	37691	20754	16937
陆河县	24069	12506	11563	22423	11838	10585	14956	8023	6933
陆丰市	128025	66857	61168	115277	60271	55006	77594	41174	36420
河源市	**252998**	**133844**	**119154**	**266872**	**140070**	**126802**	**162739**	**85171**	**77568**
源城区	59553	32168	27385	55820	30096	25724	41187	21551	19636
紫金县	53963	28384	25579	57108	29825	27283	30794	16574	14220
龙川县	53374	27893	25481	61369	31792	29577	34480	18240	16240
连平县	25283	13419	11864	25897	13455	12442	12284	6445	5839
和平县	33201	17441	15760	36880	19218	17662	17452	9158	8294
东源县	27624	14539	13085	29798	15684	14114	26542	13203	13339
阳江市	**213343**	**115288**	**98055**	**196680**	**106711**	**89969**	**112387**	**63113**	**49274**
江城区	59055	32087	26968	52157	28410	23747	36929	19953	16976
阳东区	37627	20483	17144	34758	19015	15743	19613	11336	8277
阳西县	36005	19425	16580	32454	17944	14510	17138	10027	7111
阳春市	80656	43293	37363	77311	41342	35969	38707	21797	16910
清远市	**345797**	**188765**	**157032**	**281045**	**151842**	**129203**	**195277**	**106958**	**88319**
清城区	88250	48893	39357	68620	37734	30886	74468	41814	32654
清新区	51694	28745	22949	46960	25496	21464	30431	17337	13094
佛冈县	27416	14932	12484	25777	13645	12132	13262	7085	6177
阳山县	34346	18669	15677	25775	13806	11969	12852	6723	6129
连山壮族瑶族自治县	8779	4734	4045	6969	3659	3310	3467	1760	1707
连南瑶族自治县	13541	7573	5968	11308	6315	4993	6429	3439	2990
英德市	88912	47943	40969	68343	36995	31348	38614	21079	17535
连州市	32859	17276	15583	27293	14192	13101	15754	7721	8033
东莞市	**508673**	**279822**	**228851**	**401243**	**225067**	**176176**	**510253**	**308134**	**202119**
市辖区	508673	279822	228851	401243	225067	176176	510253	308134	202119
中山市	**245207**	**132753**	**112454**	**194742**	**107091**	**87651**	**195703**	**113712**	**81991**
市辖区	245207	132753	112454	194742	107091	87651	195703	113712	81991
潮州市	**173545**	**90638**	**82907**	**163327**	**85314**	**78013**	**119970**	**61956**	**58014**
湘桥区	33206	17304	15902	31318	16209	15109	31307	14759	16548
潮安区	81330	42869	38461	72169	38199	33970	49249	26619	22630
饶平县	59009	30465	28544	59840	30906	28934	39414	20578	18836
揭阳市	**505132**	**263340**	**241792**	**453749**	**236279**	**217470**	**352283**	**183937**	**168346**
榕城区	68467	36061	32406	59396	31302	28094	46051	24465	21586
揭东区	72791	38099	34692	65363	34309	31054	50499	27184	23315
揭西县	56002	29255	26747	54364	28375	25989	39880	20861	19019
惠来县	117861	60498	57363	108636	55685	52951	74833	37704	37129
普宁市	190011	99427	90584	165990	86608	79382	141020	73723	67297
云浮市	**221042**	**118216**	**102826**	**199396**	**106485**	**92911**	**125672**	**69131**	**56541**
云城区	37164	20105	17059	28573	15547	13026	18767	10733	8034
云安区	22771	12110	10661	17795	9520	8275	12599	7229	5370
新兴县	32531	17447	15084	30474	16365	14109	21733	11062	10671
郁南县	34891	18519	16372	31394	16679	14715	15683	8541	7142
罗定市	93685	50035	43650	91160	48374	42786	56890	31566	25324

1–5 续表 6

单位：人

地 区	20–24岁			25–29岁			30–34岁		
	小计	男	女	小计	男	女	小计	男	女
广 东	**9399562**	**5260488**	**4139074**	**11901905**	**6549206**	**5352699**	**13183618**	**7173902**	**6009716**
广州市	**1914992**	**1018596**	**896396**	**2053059**	**1110255**	**942804**	**2184286**	**1188099**	**996187**
荔湾区	81684	43850	37834	112416	58661	53755	120783	63096	57687
越秀区	66375	34044	32331	79579	39685	39894	84975	41641	43334
海珠区	142020	70971	71049	171988	89283	82705	203509	105293	98216
天河区	362032	189043	172989	329513	178263	151250	250804	138051	112753
白云区	460210	237377	222833	470389	253992	216397	471391	264904	206487
黄埔区	120376	69673	50703	158717	89794	68923	185071	104985	80086
番禺区	301165	158489	142676	309534	168532	141002	341458	185861	155597
花都区	130185	71857	58328	154261	85501	68760	207109	112487	94622
南沙区	58141	36506	21635	87077	51345	35732	109252	62193	47059
从化区	79296	44594	34702	50790	26801	23989	55332	28505	26827
增城区	113508	62192	51316	128795	68398	60397	154602	81083	73519
韶关市	**119568**	**64623**	**54945**	**153890**	**80671**	**73219**	**191755**	**96545**	**95210**
武江区	16384	8484	7900	23415	11870	11545	30202	14815	15387
浈江区	26503	13575	12928	21316	11846	9470	26258	14169	12089
曲江区	13734	8044	5690	15273	8092	7181	19419	9893	9526
始兴县	6343	3377	2966	9327	4753	4574	11907	5737	6170
仁化县	5305	2889	2416	8693	4482	4211	12416	6189	6227
翁源县	10744	5841	4903	19774	10125	9649	21105	10499	10606
乳源瑶族自治县	6884	3713	3171	10555	5396	5159	12622	6375	6247
新丰县	8103	4614	3489	10719	5765	4954	13468	6712	6756
乐昌市	12458	7048	5410	17901	9398	8503	23340	11710	11630
南雄市	13110	7038	6072	16917	8944	7973	21018	10446	10572
深圳市	**1694893**	**950940**	**743953**	**2471256**	**1378550**	**1092706**	**2657062**	**1504510**	**1152552**
罗湖区	93047	46816	46231	130806	64552	66254	132665	66211	66454
福田区	139305	75986	63319	202227	105264	96963	184709	95968	88741
南山区	181189	100407	80782	242494	132000	110494	223215	120898	102317
宝安区	461278	263488	197790	687343	394204	293139	760785	441812	318973
龙岗区	374901	204259	170642	542598	295932	246666	602758	332885	269873
盐田区	15256	8895	6361	20951	11637	9314	23640	12795	10845
龙华区	282804	161846	120958	423556	243318	180238	451006	268458	182548
坪山区	44277	27592	16685	67839	40381	27458	85541	49605	35936
光明区	102836	61651	41185	153442	91262	62180	192743	115878	76865
珠海市	**221438**	**121226**	**100212**	**234532**	**130505**	**104027**	**277423**	**152206**	**125217**
香洲区	130783	71020	59763	136371	74221	62150	153420	82484	70936
斗门区	35382	20996	14386	58433	32830	25603	72395	39951	32444
金湾区	55273	29210	26063	39728	23454	16274	51608	29771	21837
汕头市	**377930**	**198484**	**179446**	**468034**	**241064**	**226970**	**449896**	**231041**	**218855**
龙湖区	35856	19000	16856	53800	27112	26688	56719	28685	28034
金平区	42305	21986	20319	58280	28925	29355	60972	30462	30510
濠江区	19331	10668	8663	21950	11184	10766	20938	10392	10546
潮阳区	133432	69002	64430	149295	77268	72027	127930	65461	62469
潮南区	98064	50956	47108	111560	58179	53381	95027	49537	45490
澄海区	46982	25898	21084	68346	35887	32459	83111	43779	39332
南澳县	1960	974	986	4803	2509	2294	5199	2725	2474
佛山市	**687282**	**406382**	**280900**	**909129**	**516056**	**393073**	**1122275**	**620735**	**501540**
禅城区	98281	54311	43970	135792	73484	62308	158114	84784	73330
南海区	273170	162997	110173	362823	205144	157679	452244	249426	202818
顺德区	231012	138713	92299	307916	178198	129718	383035	215123	167912
三水区	58903	34855	24048	66994	39126	27868	83404	46706	36698
高明区	25916	15506	10410	35604	20104	15500	45478	24696	20782

1-5 续表 7 单位：人

地　区	20-24岁			25-29岁			30-34岁		
	小计	男	女	小计	男	女	小计	男	女
江门市	**253308**	**144397**	**108911**	**346349**	**187791**	**158558**	**437333**	**230806**	**206527**
蓬江区	63619	36251	27368	61705	33119	28586	80030	41527	38503
江海区	24204	14214	9990	31303	17614	13689	39867	21656	18211
新会区	42591	24306	18285	64875	35165	29710	80943	43193	37750
台山市	37586	20851	16735	60483	32874	27609	74521	39022	35499
开平市	35403	19530	15873	51465	27034	24431	66596	34224	32372
鹤山市	25279	14938	10341	38542	21210	17332	51613	27690	23923
恩平市	24626	14307	10319	37976	20775	17201	43763	23494	20269
湛江市	**426904**	**239508**	**187396**	**509216**	**274689**	**234527**	**542618**	**280052**	**262566**
赤坎区	32632	14187	18445	28743	14416	14327	36996	17740	19256
霞山区	35141	19405	15736	46577	23037	23540	58024	27792	30232
坡头区	16941	10116	6825	27888	15357	12531	33891	17935	15956
麻章区	57004	30056	26948	40144	22560	17584	41376	22179	19197
遂溪县	45919	25894	20025	59710	32480	27230	60051	31856	28195
徐闻县	28477	16504	11973	42235	22668	19567	47127	24569	22558
廉江市	76819	44691	32128	92441	51080	41361	98700	51708	46992
雷州市	80245	45849	34396	97401	52696	44705	92203	48113	44090
吴川市	53726	32806	20920	74077	40395	33682	74250	38160	36090
茂名市	**333595**	**194494**	**139101**	**432576**	**233455**	**199121**	**438488**	**224591**	**213897**
茂南区	70046	38821	31225	79814	41915	37899	84729	43088	41641
电白区	83906	50267	33639	112968	61548	51420	115734	59864	55870
高州市	62499	36869	25630	87574	47548	40026	84757	43382	41375
化州市	67501	40126	27375	87911	48369	39542	89386	46444	42942
信宜市	49643	28411	21232	64309	34075	30234	63882	31813	32069
肇庆市	**237293**	**133304**	**103989**	**274441**	**147533**	**126908**	**307051**	**160022**	**147029**
端州区	39245	20081	19164	36188	17933	18255	48343	22953	25390
鼎湖区	14365	7977	6388	16194	8667	7527	19109	10150	8959
高要区	46433	27638	18795	54352	29618	24734	58308	30845	27463
广宁县	15732	9266	6466	20825	11304	9521	25827	12893	12934
怀集县	51234	27458	23776	55696	29194	26502	51025	26462	24563
封开县	20235	11130	9105	22533	12370	10163	21512	11535	9977
德庆县	15484	8494	6990	19163	10111	9052	20386	10442	9944
四会市	34565	21260	13305	49490	28336	21154	62541	34742	27799
惠州市	**407949**	**238782**	**169167**	**548509**	**305419**	**243090**	**620631**	**335807**	**284824**
惠城区	157536	90032	67504	193093	106230	86863	220027	116689	103338
惠阳区	109006	68126	40880	155519	91495	64024	178662	101809	76853
博罗县	70789	41338	29451	91334	50278	41056	105844	56157	49687
惠东县	57148	31834	25314	88601	46993	41608	90828	48119	42709
龙门县	13470	7452	6018	19962	10423	9539	25270	13033	12237
梅州市	**168188**	**90068**	**78120**	**227960**	**117425**	**110535**	**254548**	**127205**	**127343**
梅江区	28064	13738	14326	27347	13955	13392	34330	17304	17026
梅县区	21918	11145	10773	34750	17789	16961	45088	22573	22515
大埔县	11111	6108	5003	15699	8271	7428	19332	9893	9439
丰顺县	22817	12427	10390	28776	15257	13519	29909	15375	14534
五华县	46762	25579	21183	60030	30521	29509	55898	27887	28011
平远县	5622	3082	2540	9949	5172	4777	10168	4999	5169
蕉岭县	5444	2819	2625	9271	4654	4617	11844	5829	6015
兴宁市	26450	15170	11280	42138	21806	20332	47979	23345	24634

1-5 续表 8

单位：人

地区	20-24岁			25-29岁			30-34岁		
	小计	男	女	小计	男	女	小计	男	女
汕尾市	**185534**	**101943**	**83591**	**229370**	**123488**	**105882**	**204995**	**107777**	**97218**
城　区	31994	17111	14883	39408	21221	18187	36909	19854	17055
海丰县	44842	25388	19454	68997	36785	32212	69986	36714	33272
陆河县	15848	8850	6998	18578	9597	8981	16479	8226	8253
陆丰市	92850	50594	42256	102387	55885	46502	81621	42983	38638
河源市	**124001**	**67392**	**56609**	**169782**	**88545**	**81237**	**190067**	**94321**	**95746**
源城区	40579	21959	18620	55243	28589	26654	64817	32268	32549
紫金县	23494	12874	10620	29938	15708	14230	31345	15512	15833
龙川县	22541	12279	10262	30679	16055	14624	34497	16793	17704
连平县	10156	5453	4703	14248	7164	7084	17307	8396	8911
和平县	10619	5784	4835	17531	8912	8619	19899	9755	10144
东源县	16612	9043	7569	22143	12117	10026	22202	11597	10605
阳江市	**114693**	**66149**	**48544**	**181788**	**98879**	**82909**	**196601**	**101090**	**95511**
江城区	42024	23470	18554	62679	33492	29187	69011	35244	33767
阳东区	21230	12605	8625	36542	20542	16000	40315	21447	18868
阳西县	20953	12543	8410	33888	18833	15055	32145	16853	15292
阳春市	30486	17531	12955	48679	26012	22667	55130	27546	27584
清远市	**185853**	**103967**	**81886**	**262872**	**138846**	**124026**	**313818**	**159548**	**154270**
清城区	66133	37675	28458	83420	44136	39284	104391	52582	51809
清新区	29178	16537	12641	44400	23325	21075	50087	25323	24764
佛冈县	13550	7634	5916	22075	11874	10201	25597	13129	12468
阳山县	15853	8548	7305	22353	11745	10608	25395	12993	12402
连山壮族瑶族自治县	3754	2016	1738	5654	2895	2759	6558	3249	3309
连南瑶族自治县	5567	2971	2596	7066	3586	3480	8414	4099	4315
英德市	40375	22417	17958	60492	32191	28301	68285	35343	32942
连州市	11443	6169	5274	17412	9094	8318	25091	12830	12261
东莞市	**946691**	**569886**	**376805**	**1159759**	**689787**	**469972**	**1488320**	**860139**	**628181**
市辖区	946691	569886	376805	1159759	689787	469972	1488320	860139	628181
中山市	**318600**	**185830**	**132770**	**411908**	**233174**	**178734**	**548624**	**302270**	**246354**
市辖区	318600	185830	132770	411908	233174	178734	548624	302270	246354
潮州市	**142833**	**75306**	**67527**	**189406**	**99860**	**89546**	**192600**	**100512**	**92088**
湘桥区	33525	16123	17402	40241	20478	19763	43743	22033	21710
潮安区	68914	37191	31723	97609	51601	46008	97652	51628	46024
饶平县	40394	21992	18402	51556	27781	23775	51205	26851	24354
揭阳市	**424686**	**224500**	**200186**	**505156**	**265678**	**239478**	**393853**	**207478**	**186375**
榕城区	63878	34400	29478	92865	48189	44676	73852	38922	34930
揭东区	63595	34879	28716	83984	44909	39075	71124	38399	32725
揭西县	45140	24382	20758	50408	26827	23581	40285	21084	19201
惠来县	79991	41247	38744	81709	42722	38987	62684	32166	30518
普宁市	172082	89592	82490	196190	103031	93159	145908	76907	69001
云浮市	**113331**	**64711**	**48620**	**162913**	**87536**	**75377**	**171374**	**89148**	**82226**
云城区	17910	10251	7659	32035	16745	15290	36261	18731	17530
云安区	13074	7493	5581	17790	9610	8180	16266	8792	7474
新兴县	21635	11915	9720	30897	16334	14563	31168	16054	15114
郁南县	14276	7996	6280	22628	12162	10466	24624	12977	11647
罗定市	46436	27056	19380	59563	32685	26878	63055	32594	30461

1-5 续表 9

单位：人

地区	35-39岁			40-44岁			45-49岁		
	小计	男	女	小计	男	女	小计	男	女
广 东	**11079219**	**5950175**	**5129044**	**9023058**	**4785408**	**4237650**	**9820206**	**5096764**	**4723442**
广州市	**1755495**	**941267**	**814228**	**1371966**	**728273**	**643693**	**1469228**	**773438**	**695790**
荔湾区	102272	52396	49876	84717	42913	41804	94935	47688	47247
越秀区	84504	39110	45394	77520	36347	41173	83045	40111	42934
海珠区	167665	84994	82671	140196	70131	70065	151046	75888	75158
天河区	178632	93678	84954	145034	74599	70435	150030	78127	71903
白云区	357498	200026	157472	277475	151416	126059	300146	159976	140170
黄埔区	132064	75170	56894	90740	51386	39354	93084	52441	40643
番禺区	273981	147774	126207	208118	111907	96211	219942	117144	102798
花都区	179769	97924	81845	131986	72396	59590	134581	72475	62106
南沙区	84361	47943	36418	64668	37079	27589	77938	43520	34418
从化区	53966	27474	26492	45945	23452	22493	50955	25991	24964
增城区	140783	74778	66005	105567	56647	48920	113526	60077	53449
韶关市	**188534**	**94314**	**94220**	**187920**	**93888**	**94032**	**236969**	**118433**	**118536**
武江区	29564	14236	15328	28613	13961	14652	33239	16218	17021
浈江区	24712	12984	11728	24365	12854	11511	28865	14680	14185
曲江区	19446	9775	9671	20647	10426	10221	26038	13527	12511
始兴县	12776	6299	6477	11724	5651	6073	17163	8099	9064
仁化县	11741	5872	5869	12076	6104	5972	16229	8342	7887
翁源县	19054	9447	9607	17614	8515	9099	25399	12291	13108
乳源瑶族自治县	13964	7008	6956	14187	7417	6770	14884	7875	7009
新丰县	14308	7260	7048	11808	5913	5895	14124	6958	7166
乐昌市	22807	11382	11425	24590	12245	12345	30684	15560	15124
南雄市	20162	10051	10111	22296	10802	11494	30344	14883	15461
深圳市	**1989484**	**1113921**	**875563**	**1415732**	**788881**	**626851**	**1324952**	**724232**	**600720**
罗湖区	118354	58408	59946	97118	49747	47371	95735	49621	46114
福田区	154378	77032	77346	124817	63423	61394	124935	63714	61221
南山区	184182	96561	87621	147115	77795	69320	145448	78272	67176
宝安区	539941	312589	227352	367397	209622	157775	325953	180541	145412
龙岗区	475400	264157	211243	340036	189767	150269	327361	178420	148941
盐田区	22460	12037	10423	19070	10276	8794	20611	11165	9446
龙华区	292375	172116	120259	178959	104523	74436	151724	85284	66440
坪山区	66470	38648	27822	46929	27558	19371	45310	26298	19012
光明区	135924	82373	53551	94291	56170	38121	87875	50917	36958
珠海市	**232554**	**124992**	**107562**	**188477**	**99859**	**88618**	**209397**	**110852**	**98545**
香洲区	129561	67375	62186	111305	56958	54347	125656	65528	60128
斗门区	60303	33033	27270	45289	24549	20740	49068	25740	23328
金湾区	42690	24584	18106	31883	18352	13531	34673	19584	15089
汕头市	**391797**	**196676**	**195121**	**325908**	**160649**	**165259**	**385000**	**186986**	**198014**
龙湖区	51893	25821	26072	46543	22818	23725	55482	27423	28059
金平区	55170	26698	28472	50451	23826	26625	63300	30166	33134
濠江区	18482	9053	9429	15325	7487	7838	17690	8412	9278
潮阳区	106294	52927	53367	85958	41570	44388	103692	48714	54978
潮南区	82002	41873	40129	61443	30676	30767	71572	35115	36457
澄海区	73502	37950	35552	62442	32408	30034	68335	34701	33634
南澳县	4454	2354	2100	3746	1864	1882	4929	2455	2474
佛山市	**979629**	**537057**	**442572**	**818238**	**445961**	**372277**	**896569**	**484538**	**412031**
禅城区	131706	70747	60959	106530	56253	50277	120957	63351	57606
南海区	389812	214597	175215	313738	172499	141239	343762	186728	157034
顺德区	337778	185922	151856	289289	157424	131865	309913	167216	142697
三水区	74140	41256	32884	67295	37557	29738	77934	43356	34578
高明区	46193	24535	21658	41386	22228	19158	44003	23887	20116

1-5 续表 10

单位：人

地　区	35-39岁			40-44岁			45-49岁		
	小计	男	女	小计	男	女	小计	男	女
江门市	**387746**	**203292**	**184454**	**355263**	**184196**	**171067**	**418663**	**211026**	**207637**
蓬江区	74112	37984	36128	69774	35915	33859	77257	39767	37490
江海区	34470	18734	15736	29133	15601	13532	32908	16927	15981
新会区	73705	39060	34645	65365	34285	31080	82796	42410	40386
台山市	63070	32593	30477	61668	31352	30316	76437	36639	39798
开平市	58350	29665	28685	50848	25743	25105	62282	30782	31500
鹤山市	49998	26760	23238	45852	24483	21369	48780	25429	23351
恩平市	34041	18496	15545	32623	16817	15806	38203	19072	19131
湛江市	**452807**	**233778**	**219029**	**394534**	**200357**	**194177**	**430982**	**213176**	**217806**
赤坎区	32494	15603	16891	29409	14135	15274	31059	15315	15744
霞山区	51964	24996	26968	49660	23856	25804	52811	25908	26903
坡头区	24917	13515	11402	18479	9852	8627	18264	8910	9354
麻章区	34368	18563	15805	27462	14642	12820	26855	13721	13134
遂溪县	49519	26030	23489	44576	22801	21775	50849	25490	25359
徐闻县	41510	21190	20320	36565	18803	17762	43600	22096	21504
廉江市	81126	43205	37921	69512	36221	33291	73696	36129	37567
雷州市	80877	41891	38986	71309	35848	35461	81220	40515	40705
吴川市	56032	28785	27247	47562	24199	23363	52628	25092	27536
茂名市	**360861**	**184343**	**176518**	**320074**	**160698**	**159376**	**373170**	**177305**	**195865**
茂南区	69604	35111	34493	62735	31177	31558	73393	35606	37787
电白区	98628	52251	46377	84061	43685	40376	87639	42541	45098
高州市	66709	33545	33164	58427	28415	30012	79464	36382	43082
化州市	73450	37934	35516	63718	32878	30840	72656	34930	37726
信宜市	52470	25502	26968	51133	24543	26590	60018	27846	32172
肇庆市	**289186**	**151044**	**138142**	**247181**	**126533**	**120648**	**313142**	**159259**	**153883**
端州区	46046	21861	24185	42272	20183	22089	51257	25150	26107
鼎湖区	15877	8698	7179	12142	6650	5492	15564	8426	7138
高要区	52580	28211	24369	42609	22309	20300	58067	30088	27979
广宁县	28939	14946	13993	23640	11884	11756	29536	14427	15109
怀集县	47749	24839	22910	41081	20843	20238	52365	25710	26655
封开县	19412	10057	9355	18816	9449	9367	26410	13471	12939
德庆县	20420	10376	10044	18446	9018	9428	24458	12168	12290
四会市	58163	32056	26107	48175	26197	21978	55485	29819	25666
惠州市	**561464**	**300425**	**261039**	**457291**	**245874**	**211417**	**488982**	**258860**	**230122**
惠城区	196182	102432	93750	156418	82453	73965	163659	85417	78242
惠阳区	145335	81513	63822	113973	63858	50115	118244	64703	53541
博罗县	108233	57084	51149	99642	53217	46425	104518	54861	49657
惠东县	85751	45788	39963	66660	35722	30938	78768	41211	37557
龙门县	25963	13608	12355	20598	10624	9974	23793	12668	11125
梅州市	**244803**	**118969**	**125834**	**211793**	**100268**	**111525**	**285987**	**135672**	**150315**
梅江区	32344	15799	16545	28006	13585	14421	35972	17533	18439
梅县区	38904	19342	19562	30995	14544	16451	41890	19418	22472
大埔县	18344	8992	9352	19407	9359	10048	22954	11064	11890
丰顺县	33167	16815	16352	26053	12780	13273	33078	16426	16652
五华县	50596	24292	26304	41936	19994	21942	56404	26542	29862
平远县	10542	4835	5707	11319	5216	6103	17836	8529	9307
蕉岭县	11579	5513	6066	11712	5347	6365	16293	7483	8810
兴宁市	49327	23381	25946	42365	19443	22922	61560	28677	32883

1-5 续表 11 单位：人

地区	35-39岁			40-44岁			45-49岁		
	小计	男	女	小计	男	女	小计	男	女
汕尾市	**188591**	**97367**	**91224**	**141722**	**71337**	**70385**	**180197**	**87041**	**93156**
城　区	35652	18856	16796	25168	13128	12040	33746	16729	17017
海丰县	66740	35023	31717	46254	23974	22280	58069	28929	29140
陆河县	15161	7252	7909	12427	5713	6714	16663	7374	9289
陆丰市	71038	36236	34802	57873	28522	29351	71719	34009	37710
河源市	**207209**	**101996**	**105213**	**181940**	**90239**	**91701**	**208616**	**103736**	**104880**
源城区	65411	32579	32832	53624	26928	26696	56102	28243	27859
紫金县	34738	17107	17631	30829	15152	15677	37932	18608	19324
龙川县	40983	19790	21193	35948	17398	18550	40155	19151	21004
连平县	19767	9657	10110	17870	8715	9155	21613	10683	10930
和平县	22786	10858	11928	21706	10719	10987	25211	12988	12223
东源县	23524	12005	11519	21963	11327	10636	27603	14063	13540
阳江市	**182644**	**94650**	**87994**	**181128**	**92782**	**88346**	**206680**	**102743**	**103937**
江城区	60554	31271	29283	59627	30212	29415	68054	33721	34333
阳东区	37295	20123	17172	37594	20084	17510	39308	19965	19343
阳西县	30369	16102	14267	28548	14649	13899	32918	15891	17027
阳春市	54426	27154	27272	55359	27837	27522	66400	33166	33234
清远市	**296237**	**152460**	**143777**	**253733**	**130645**	**123088**	**288653**	**148388**	**140265**
清城区	93665	48100	45565	78386	41141	37245	83053	43472	39581
清新区	47096	23826	23270	41825	21244	20581	44991	22450	22541
佛冈县	24397	12510	11887	18708	9514	9194	22465	11349	11116
阳山县	24655	12821	11834	18758	9495	9263	23622	11754	11868
连山壮族瑶族自治县	6621	3423	3198	5439	2744	2695	6994	3721	3273
连南瑶族自治县	8996	4461	4535	9601	4817	4784	9964	5160	4804
英德市	65693	34485	31208	58003	30015	27988	71254	36947	34307
连州市	25114	12834	12280	23013	11675	11338	26310	13535	12775
东莞市	**1248822**	**710233**	**538589**	**1011608**	**568028**	**443580**	**996588**	**545128**	**451460**
市辖区	1248822	710233	538589	1011608	568028	443580	996588	545128	451460
中山市	**473265**	**258191**	**215074**	**399062**	**215091**	**183971**	**424209**	**223425**	**200784**
市辖区	473265	258191	215074	399062	215091	183971	424209	223425	200784
潮州市	**174819**	**89530**	**85289**	**162286**	**81372**	**80914**	**200723**	**100988**	**99735**
湘桥区	41492	20654	20838	39321	19353	19968	46763	23525	23238
潮安区	82047	43029	39018	75141	38153	36988	91822	45889	45933
饶平县	51280	25847	25433	47824	23866	23958	62138	31574	30564
揭阳市	**322814**	**167497**	**155317**	**261254**	**130645**	**130609**	**325751**	**154849**	**170902**
榕城区	54030	28195	25835	47905	24117	23788	63292	30133	33159
揭东区	54668	29308	25360	46705	24006	22699	56964	27284	29680
揭西县	38556	19900	18656	31318	15386	15932	40714	18781	21933
惠来县	59989	30438	29551	46683	22783	23900	53202	25364	27838
普宁市	115571	59656	55915	88643	44353	44290	111579	53287	58292
云浮市	**150458**	**78173**	**72285**	**135948**	**69832**	**66116**	**155748**	**76689**	**79059**
云城区	31602	16381	15221	28430	14981	13449	30764	15904	14860
云安区	13514	7372	6142	11714	6349	5365	14513	7269	7244
新兴县	29934	15167	14767	27174	13798	13376	31863	15699	16164
郁南县	21617	11530	10087	19636	10052	9584	22075	10834	11241
罗定市	53791	27723	26068	48994	24652	24342	56533	26983	29550

1-5 续表 12　　单位：人

地　区	50-54岁			55-59岁			60-64岁		
	小计	男	女	小计	男	女	小计	男	女
广　东	**8966587**	**4653924**	**4312663**	**6988172**	**3605405**	**3382767**	**4752066**	**2393321**	**2358745**
广州市	**1245704**	**652005**	**593699**	**978252**	**506867**	**471385**	**670265**	**330993**	**339272**
荔湾区	90743	45431	45312	89811	45946	43865	76139	38505	37634
越秀区	75840	36754	39086	75668	38191	37477	66097	31579	34518
海珠区	133817	67052	66765	120184	60809	59375	96505	47313	49192
天河区	127509	66193	61316	96861	50829	46032	60668	29533	31135
白云区	247196	131567	115629	172796	92749	80047	104480	54062	50418
黄埔区	76160	42566	33594	56885	29711	27174	36068	17618	18450
番禺区	170382	89837	80545	118943	60180	58763	73729	34917	38812
花都区	109526	58556	50970	78281	40731	37550	47535	23237	24298
南沙区	66218	36556	29662	47897	25247	22650	29104	14474	14630
从化区	48122	24917	23205	40279	20770	19509	25988	12944	13044
增城区	100191	52576	47615	80647	41704	38943	53952	26811	27141
韶关市	**263907**	**133859**	**130048**	**231238**	**119318**	**111920**	**150223**	**76412**	**73811**
武江区	31752	16133	15619	27062	13897	13165	17972	8912	9060
浈江区	30387	15403	14984	27627	14341	13286	18608	9378	9230
曲江区	27600	14535	13065	23016	12110	10906	14378	7336	7042
始兴县	20765	10168	10597	18623	9300	9323	9218	4687	4531
仁化县	19227	10042	9185	16644	8837	7807	9190	4613	4577
翁源县	31012	15418	15594	26213	13681	12532	17932	9880	8052
乳源瑶族自治县	15362	8191	7171	13621	7101	6520	9848	4907	4941
新丰县	17504	8931	8573	15527	8095	7432	11738	6007	5731
乐昌市	34051	17122	16929	31595	16211	15384	22803	11336	11467
南雄市	36247	17916	18331	31310	15745	15565	18536	9356	9180
深圳市	**1043107**	**567030**	**476077**	**681180**	**352784**	**328396**	**372864**	**178559**	**194305**
罗湖区	81430	42117	39313	59400	30355	29045	35466	17163	18303
福田区	107667	54708	52959	78202	39618	38584	45994	22076	23918
南山区	120360	64734	55626	79544	41100	38444	46283	21407	24876
宝安区	242231	133564	108667	146830	76530	70300	73720	35548	38172
龙岗区	254433	139460	114973	164835	85337	79498	91786	43698	48088
盐田区	17580	9881	7699	11920	6695	5225	6278	3099	3179
龙华区	119146	63877	55269	81447	40071	41376	46139	21715	24424
坪山区	34773	20519	14254	21244	11916	9328	10719	5392	5327
光明区	65487	38170	27317	37758	21162	16596	16479	8461	8018
珠海市	**181987**	**97698**	**84289**	**136401**	**72109**	**64292**	**82125**	**41682**	**40443**
香洲区	106242	56982	49260	77390	41420	35970	43584	21814	21770
斗门区	45620	23493	22127	36922	18799	18123	24226	12499	11727
金湾区	30125	17223	12902	22089	11890	10199	14315	7369	6946
汕头市	**375739**	**185636**	**190103**	**327910**	**165071**	**162839**	**266583**	**134381**	**132202**
龙湖区	50103	25292	24811	41037	21309	19728	30260	15351	14909
金平区	62523	29946	32577	62932	30857	32075	52212	25758	26454
濠江区	17060	8563	8497	14420	7381	7039	13460	6815	6645
潮阳区	103259	49802	53457	82413	40574	41839	69079	35356	33723
潮南区	71549	35860	35689	58541	29646	28895	49080	25105	23975
澄海区	65676	33346	32330	62386	32115	30271	47665	23631	24034
南澳县	5569	2827	2742	6181	3189	2992	4827	2365	2462
佛山市	**734965**	**402722**	**332243**	**499036**	**267465**	**231571**	**301231**	**148195**	**153036**
禅城区	101984	54210	47774	74695	38770	35925	48641	23751	24890
南海区	276981	153689	123292	181884	98847	83037	107555	53410	54145
顺德区	253080	137532	115548	165831	88588	77243	97751	47490	50261
三水区	65590	36804	28786	46920	25322	21598	28236	14046	14190
高明区	37330	20487	16843	29706	15938	13768	19048	9498	9550

1-5　续表 13　　单位：人

地　区	50-54岁			55-59岁			60-64岁		
	小计	男	女	小计	男	女	小计	男	女
江门市	**394751**	**196028**	**198723**	**342644**	**172425**	**170219**	**252102**	**128658**	**123444**
蓬江区	64647	33071	31576	52847	27179	25668	36544	17972	18572
江海区	27499	14145	13354	20320	10497	9823	13163	6638	6525
新会区	76958	38986	37972	66846	34257	32589	48016	24620	23396
台山市	81711	38370	43341	75405	37245	38160	59836	31429	28407
开平市	61065	29562	31503	55220	26656	28564	43239	21324	21915
鹤山市	41671	21866	19805	33922	18140	15782	23574	12179	11395
恩平市	41200	20028	21172	38084	18451	19633	27730	14496	13234
湛江市	**458432**	**224497**	**233935**	**412645**	**205637**	**207008**	**339220**	**171218**	**168002**
赤坎区	27307	13484	13823	24025	12037	11988	18662	9239	9423
霞山区	46096	22982	23114	38782	19531	19251	29520	14775	14745
坡头区	20584	9641	10943	19671	9344	10327	17355	8505	8850
麻章区	28079	14388	13691	25260	13119	12141	21436	10692	10744
遂溪县	57759	28341	29418	51405	26246	25159	42852	22260	20592
徐闻县	47689	24199	23490	41837	21583	20254	33392	17330	16062
廉江市	87934	42496	45438	83462	40576	42886	70191	35015	35176
雷州市	86945	43185	43760	75898	39281	36617	63260	32950	30310
吴川市	56039	25781	30258	52305	23920	28385	42552	20452	22100
茂名市	**424855**	**200334**	**224521**	**378967**	**186269**	**192698**	**291030**	**150106**	**140924**
茂南区	72758	35285	37473	58796	29166	29630	42263	20958	21305
电白区	96344	46142	50202	86885	42724	44161	69019	35647	33372
高州市	102806	47156	55650	94694	46356	48338	69012	36436	32576
化州市	78532	37172	41360	72940	35339	37601	60177	30218	29959
信宜市	74415	34579	39836	65652	32684	32968	50559	26847	23712
肇庆市	**329282**	**169345**	**159937**	**277186**	**143088**	**134098**	**189205**	**94367**	**94838**
端州区	44810	22131	22679	36356	17906	18450	24554	11911	12643
鼎湖区	16162	8597	7565	13168	6896	6272	8890	4341	4549
高要区	60903	31620	29283	50218	25881	24337	32776	16209	16567
广宁县	33516	16875	16641	31378	15928	15450	24980	12527	12453
怀集县	59122	29048	30074	49208	24789	24419	33773	16386	17387
封开县	32288	16956	15332	29925	15845	14080	20147	10494	9653
德庆县	29341	15522	13819	26198	14238	11960	18110	9440	8670
四会市	53140	28596	24544	40735	21605	19130	25975	13059	12916
惠州市	**437131**	**233274**	**203857**	**322471**	**171699**	**150772**	**194787**	**100079**	**94708**
惠城区	141885	74445	67440	102484	52819	49665	62847	31587	31260
惠阳区	99244	54851	44393	66285	36221	30064	35091	18340	16751
博罗县	93119	49756	43363	70297	38168	32129	45191	23049	22142
惠东县	76413	39982	36431	58950	31467	27483	36005	18907	17098
龙门县	26470	14240	12230	24455	13024	11431	15653	8196	7457
梅州市	**306700**	**151461**	**155239**	**287056**	**145360**	**141696**	**218101**	**113568**	**104533**
梅江区	32035	16323	15712	30297	15158	15139	22382	11180	11202
梅县区	45534	22281	23253	46868	23609	23259	34002	18083	15919
大埔县	27262	13632	13630	27231	14098	13133	22538	11925	10613
丰顺县	33900	18063	15837	32307	17362	14945	29398	15280	14118
五华县	64272	30899	33373	56266	27429	28837	41912	21510	20402
平远县	20724	10415	10309	17901	9388	8513	10557	5493	5064
蕉岭县	17288	8649	8639	16589	8708	7881	11931	6371	5560
兴宁市	65685	31199	34486	59597	29608	29989	45381	23726	21655

1-5 续表 14

单位：人

地区	50-54岁			55-59岁			60-64岁		
	小计	男	女	小计	男	女	小计	男	女
汕尾市	**187332**	**92711**	**94621**	**147963**	**74571**	**73392**	**118075**	**59984**	**58091**
城区	34141	17275	16866	26142	13225	12917	19696	9826	9870
海丰县	58264	28792	29472	44525	22307	22218	31753	16043	15710
陆河县	17313	8329	8984	14095	7173	6922	11941	6257	5684
陆丰市	77614	38315	39299	63201	31866	31335	54685	27858	26827
河源市	**220239**	**113838**	**106401**	**188330**	**99670**	**88660**	**134024**	**69909**	**64115**
源城区	50051	25645	24406	37859	18961	18898	25389	12726	12663
紫金县	41281	21090	20191	39400	20910	18490	27042	14056	12986
龙川县	46157	23127	23030	40981	21427	19554	30750	16138	14612
连平县	24783	12684	12099	21893	11796	10097	16541	8735	7806
和平县	29480	15828	13652	24888	13257	11631	18555	9619	8936
东源县	28487	15464	13023	23309	13319	9990	15747	8635	7112
阳江市	**216576**	**109264**	**107312**	**182945**	**94744**	**88201**	**117504**	**61350**	**56154**
江城区	67184	33146	34038	55961	27656	28305	35297	17613	17684
阳东区	38156	19463	18693	29880	15766	14114	19684	10404	9280
阳西县	35147	17391	17756	29575	15478	14097	20343	10882	9461
阳春市	76089	39264	36825	67529	35844	31685	42180	22451	19729
清远市	**317748**	**164165**	**153583**	**280860**	**144291**	**136569**	**187089**	**95003**	**92086**
清城区	81749	42319	39430	68840	34281	34559	43323	20936	22387
清新区	48094	24157	23937	41121	20743	20378	26874	13377	13497
佛冈县	26463	13592	12871	22641	11420	11221	14999	7573	7426
阳山县	30218	15535	14683	29114	14958	14156	20287	10335	9952
连山壮族瑶族自治县	8081	4253	3828	7688	3967	3721	4990	2553	2437
连南瑶族自治县	10795	5534	5261	9765	4913	4852	6517	3185	3332
英德市	79231	41348	37883	70525	37571	32954	47598	25332	22266
连州市	33117	17427	15690	31166	16438	14728	22501	11712	10789
东莞市	**736497**	**409588**	**326909**	**422587**	**231696**	**190891**	**202605**	**102456**	**100149**
市辖区	736497	409588	326909	422587	231696	190891	202605	102456	100149
中山市	**342273**	**180790**	**161483**	**219527**	**114739**	**104788**	**127620**	**63146**	**64474**
市辖区	342273	180790	161483	219527	114739	104788	127620	63146	64474
潮州市	**207929**	**106196**	**101733**	**189695**	**97520**	**92175**	**151518**	**76469**	**75049**
湘桥区	44526	22521	22005	43032	21703	21329	34965	17249	17716
潮安区	94275	47798	46477	82850	42631	40219	64663	32864	31799
饶平县	69128	35877	33251	63813	33186	30627	51890	26356	25534
揭阳市	**357796**	**174067**	**183729**	**311444**	**156160**	**155284**	**268077**	**137601**	**130476**
榕城区	71613	33876	37737	61543	29954	31589	50721	25765	24956
揭东区	65318	32386	32932	58280	29690	28590	52264	26944	25320
揭西县	45647	22255	23392	42457	21588	20869	39291	19974	19317
惠来县	57968	28906	29062	48278	25047	23231	43735	22522	21213
普宁市	117250	56644	60606	100886	49881	51005	82066	42396	39670
云浮市	**183637**	**89416**	**94221**	**169835**	**83922**	**85913**	**117818**	**59185**	**58633**
云城区	31835	16051	15784	26428	13285	13143	16646	8075	8571
云安区	18251	9002	9249	17291	8810	8481	11959	6233	5726
新兴县	34699	17350	17349	30536	15577	14959	19774	10156	9618
郁南县	31048	15274	15774	30831	15331	15500	21946	11033	10913
罗定市	67804	31739	36065	64749	30919	33830	47493	23688	23805

1-5 续表 15

单位：人

地 区	65-69岁			70-74岁			75-79岁		
	小计	男	女	小计	男	女	小计	男	女
广 东	**4144845**	**2028352**	**2116493**	**2653440**	**1313194**	**1340246**	**1688428**	**803478**	**884950**
广州市	**575892**	**274257**	**301635**	**359016**	**170902**	**188114**	**215262**	**98858**	**116404**
荔湾区	62260	30991	31269	39269	19792	19477	23570	11635	11935
越秀区	58375	27340	31035	36808	17430	19378	23821	10460	13361
海珠区	81162	38615	42547	52075	24902	27173	30497	14061	16436
天河区	51539	24237	27302	31901	15111	16790	20299	9125	11174
白云区	85732	41607	44125	53280	25113	28167	30054	13548	16506
黄埔区	28668	13641	15027	17751	8210	9541	10602	4821	5781
番禺区	64281	29739	34542	39312	18071	21241	23112	10316	12796
花都区	46008	21233	24775	29013	13512	15501	16239	7646	8593
南沙区	26685	12916	13769	15641	7125	8516	9854	4398	5456
从化区	25134	11725	13409	15820	7631	8189	9980	4676	5304
增城区	46048	22213	23835	28146	14005	14141	17234	8172	9062
韶关市	**136580**	**66703**	**69877**	**89899**	**42777**	**47122**	**63558**	**28250**	**35308**
武江区	15771	7523	8248	10255	4937	5318	6569	2903	3666
浈江区	16509	7982	8527	11724	5434	6290	8289	3671	4618
曲江区	13150	6187	6963	9705	4674	5031	6569	2902	3667
始兴县	10307	4856	5451	6511	3100	3411	4193	1854	2339
仁化县	9465	4542	4923	6138	2894	3244	4267	1925	2342
翁源县	14655	7984	6671	9073	4399	4674	7569	3325	4244
乳源瑶族自治县	8094	3794	4300	5317	2512	2805	3873	1642	2231
新丰县	8774	4666	4108	5536	2688	2848	4781	2191	2590
乐昌市	20752	9852	10900	13232	6329	6903	9202	4248	4954
南雄市	19103	9317	9786	12408	5810	6598	8246	3589	4657
深圳市	**277841**	**129820**	**148021**	**133648**	**64517**	**69131**	**68961**	**31004**	**37957**
罗湖区	28389	13107	15282	15379	7399	7980	8375	3746	4629
福田区	37981	17424	20557	20462	9734	10728	12446	5490	6956
南山区	38390	17144	21246	20951	9827	11124	11636	5154	6482
宝安区	51451	24258	27193	23007	11074	11933	10831	4867	5964
龙岗区	66667	31476	35191	30467	15016	15451	14598	6768	7830
盐田区	4519	2135	2384	2380	1118	1262	1408	601	807
龙华区	32347	15352	16995	13041	6458	6583	5766	2619	3147
坪山区	7069	3477	3592	3171	1545	1626	1473	672	801
光明区	11028	5447	5581	4790	2346	2444	2428	1087	1341
珠海市	**68490**	**33454**	**35036**	**40396**	**19468**	**20928**	**23310**	**10827**	**12483**
香洲区	35181	16570	18611	21617	10054	11563	13236	5895	7341
斗门区	21831	11054	10777	13091	6627	6464	6913	3383	3530
金湾区	11478	5830	5648	5688	2787	2901	3161	1549	1612
汕头市	**236819**	**114099**	**122720**	**146598**	**69200**	**77398**	**82208**	**37972**	**44236**
龙湖区	25112	12195	12917	15243	7308	7935	8798	4170	4628
金平区	42993	20938	22055	27063	12959	14104	14798	6933	7865
濠江区	12009	5876	6133	7481	3482	3999	3593	1527	2066
潮阳区	64017	30880	33137	40900	19768	21132	22017	10822	11195
潮南区	46119	22129	23990	28747	13059	15688	16501	7451	9050
澄海区	42041	19922	22119	24683	11428	13255	15040	6432	8608
南澳县	4528	2159	2369	2481	1196	1285	1461	637	824
佛山市	**277430**	**128284**	**149146**	**189555**	**86301**	**103254**	**107149**	**47685**	**59464**
禅城区	42963	20306	22657	30972	14373	16599	18902	8462	10440
南海区	100638	46614	54024	68826	31748	37078	38947	17950	20997
顺德区	92096	41553	50543	60927	26402	34525	30857	12854	18003
三水区	25500	11951	13549	17649	8407	9242	10849	4913	5936
高明区	16233	7860	8373	11181	5371	5810	7594	3506	4088

1-5 续表 16

单位：人

地区	65-69岁			70-74岁			75-79岁		
	小计	男	女	小计	男	女	小计	男	女
江门市	**244592**	**123217**	**121375**	**171265**	**85015**	**86250**	**89023**	**42611**	**46412**
蓬江区	34195	16230	17965	24775	11502	13273	12634	5623	7011
江海区	12665	5940	6725	8190	3826	4364	4248	1870	2378
新会区	48481	24087	24394	33773	16033	17740	16922	7692	9230
台山市	58877	31069	27808	41231	21576	19655	19745	9912	9833
开平市	42542	21432	21110	29892	14683	15209	15332	7495	7837
鹤山市	22227	10972	11255	15870	7847	8023	9649	4529	5120
恩平市	25605	13487	12118	17534	9548	7986	10493	5490	5003
湛江市	**272256**	**137962**	**134294**	**194806**	**103440**	**91366**	**145980**	**73031**	**72949**
赤坎区	14269	6993	7276	9700	5064	4636	6494	3261	3233
霞山区	22689	10734	11955	15781	8062	7719	11377	5431	5946
坡头区	14632	7429	7203	9377	5405	3972	7253	3806	3447
麻章区	17623	8599	9024	11837	6408	5429	9234	4473	4761
遂溪县	34765	18127	16638	25323	13393	11930	19739	9628	10111
徐闻县	25174	12736	12438	17583	8666	8917	13307	6060	7247
廉江市	58389	30416	27973	42267	23957	18310	32452	17297	15155
雷州市	46499	24023	22476	34934	17532	17402	26418	12635	13783
吴川市	38216	18905	19311	28004	14953	13051	19706	10440	9266
茂名市	**248329**	**129288**	**119041**	**178309**	**95654**	**82655**	**135345**	**68941**	**66404**
茂南区	36684	17658	19026	27921	14349	13572	18902	9405	9497
电白区	58016	29760	28256	41411	22170	19241	30276	15380	14896
高州市	60464	33314	27150	42792	23160	19632	34550	17689	16861
化州市	51071	25992	25079	37581	20390	17191	27984	14854	13130
信宜市	42094	22564	19530	28604	15585	13019	23633	11613	12020
肇庆市	**177783**	**85006**	**92777**	**120659**	**56593**	**64066**	**83328**	**37304**	**46024**
端州区	21254	9729	11525	15815	7620	8195	10584	5128	5456
鼎湖区	8206	3794	4412	5476	2445	3031	3641	1643	1998
高要区	35863	16816	19047	25319	11354	13965	16482	7305	9177
广宁县	23683	11640	12043	14931	7228	7703	9690	4311	5379
怀集县	31486	14811	16675	21002	9555	11447	15319	6454	8865
封开县	17696	8671	9025	12134	5723	6411	10116	4454	5662
德庆县	15979	8142	7837	10001	5039	4962	7556	3397	4159
四会市	23616	11403	12213	15981	7629	8352	9940	4612	5328
惠州市	**155476**	**76714**	**78762**	**98021**	**49072**	**48949**	**62727**	**29582**	**33145**
惠城区	50216	24442	25774	30759	15160	15599	18950	8858	10092
惠阳区	26570	13469	13101	16186	8346	7840	8873	4260	4613
博罗县	37133	17913	19220	23898	11729	12169	15951	7448	8503
惠东县	28097	14063	14034	18887	9695	9192	12883	6124	6759
龙门县	13460	6827	6633	8291	4142	4149	6070	2892	3178
梅州市	**202541**	**102702**	**99839**	**130918**	**67278**	**63640**	**88961**	**44318**	**44643**
梅江区	20021	9648	10373	13124	6499	6625	8211	4232	3979
梅县区	30156	15796	14360	18536	9723	8813	12021	6136	5885
大埔县	20981	10932	10049	13179	6658	6521	7621	3815	3806
丰顺县	25684	12828	12856	15578	8130	7448	10849	5429	5420
五华县	39063	19909	19154	26079	13266	12813	19526	9315	10211
平远县	10942	5405	5537	7072	3590	3482	5109	2446	2663
蕉岭县	11027	5519	5508	7146	3683	3463	4869	2587	2282
兴宁市	44667	22665	22002	30204	15729	14475	20755	10358	10397

1–5 续表 17

单位：人

地 区	65–69岁			70–74岁			75–79岁		
	小计	男	女	小计	男	女	小计	男	女
汕尾市	**105571**	**52209**	**53362**	**71631**	**40050**	**31581**	**44248**	**24535**	**19713**
城 区	17316	8458	8858	11472	6363	5109	6311	3457	2854
海丰县	28839	14224	14615	19149	11266	7883	11745	6827	4918
陆河县	9706	5133	4573	6401	3840	2561	4718	2768	1950
陆丰市	49710	24394	25316	34609	18581	16028	21474	11483	9991
河源市	**110887**	**56341**	**54546**	**74788**	**36975**	**37813**	**62641**	**28802**	**33839**
源城区	19055	9396	9659	11676	5739	5937	8467	3909	4558
紫金县	22347	11239	11108	15384	7512	7872	13370	6250	7120
龙川县	26638	13804	12834	18432	9238	9194	15893	7372	8521
连平县	12634	6516	6118	8604	4211	4393	7237	3224	4013
和平县	17087	8523	8564	11458	5619	5839	9543	4340	5203
东源县	13126	6863	6263	9234	4656	4578	8131	3707	4424
阳江市	**112024**	**57439**	**54585**	**77353**	**41644**	**35709**	**56160**	**28732**	**27428**
江城区	33060	16634	16426	22667	12066	10601	15423	7581	7842
阳东区	20104	10424	9680	13652	7659	5993	8896	4870	4026
阳西县	18347	9789	8558	12827	7374	5453	9521	5063	4458
阳春市	40513	20592	19921	28207	14545	13662	22320	11218	11102
清远市	**170048**	**85530**	**84518**	**108792**	**53934**	**54858**	**79474**	**36464**	**43010**
清城区	41562	19945	21617	26962	12780	14182	16522	7754	8768
清新区	26834	13667	13167	17479	8848	8631	11978	5848	6130
佛冈县	13355	7078	6277	8114	4321	3793	6177	2959	3218
阳山县	17388	9064	8324	10707	5384	5323	9808	4304	5504
连山壮族瑶族自治县	4601	2277	2324	2866	1508	1358	2230	1048	1182
连南瑶族自治县	5968	2709	3259	3823	1664	2159	2814	1127	1687
英德市	38097	19773	18324	24226	12213	12013	19187	8530	10657
连州市	22243	11017	11226	14615	7216	7399	10758	4894	5864
东莞市	**163526**	**78536**	**84990**	**93621**	**43408**	**50213**	**51010**	**22545**	**28465**
市辖区	163526	78536	84990	93621	43408	50213	51010	22545	28465
中山市	**113448**	**53710**	**59738**	**70376**	**32218**	**38158**	**35762**	**15644**	**20118**
市辖区	113448	53710	59738	70376	32218	38158	35762	15644	20118
潮州市	**139871**	**67003**	**72868**	**85328**	**41036**	**44292**	**47514**	**22473**	**25041**
湘桥区	33452	15881	17571	20914	10187	10727	10677	5089	5588
潮安区	60565	28857	31708	35712	17134	18578	18849	8908	9941
饶平县	45854	22265	23589	28702	13715	14987	17988	8476	9512
揭阳市	**247029**	**120932**	**126097**	**149659**	**77704**	**71955**	**92466**	**47570**	**44896**
榕城区	46362	22175	24187	26907	13816	13091	15926	8203	7723
揭东区	49089	23878	25211	28021	14680	13341	17679	9271	8408
揭西县	36512	17964	18548	22581	12835	9746	14682	8228	6454
惠来县	39781	19605	20176	26414	12657	13757	15786	7314	8472
普宁市	75285	37310	37975	45736	23716	22020	28393	14554	13839
云浮市	**108412**	**55146**	**53266**	**68802**	**36008**	**32794**	**53341**	**26330**	**27011**
云城区	15181	7467	7714	9938	5181	4757	6714	3295	3419
云安区	10293	5472	4821	6381	3484	2897	5093	2533	2560
新兴县	20123	10272	9851	14415	7260	7155	11138	5246	5892
郁南县	19403	10025	9378	12194	6446	5748	9836	4947	4889
罗定市	43412	21910	21502	25874	13637	12237	20560	10309	10251

1-5 续表 18

单位：人

地 区	80-84岁			85-89岁			90岁及以上		
	小计	男	女	小计	男	女	小计	男	女
广 东	**1238268**	**550340**	**687928**	**735563**	**285721**	**449842**	**352456**	**118745**	**233711**
广州市	**165269**	**73162**	**92107**	**99873**	**40098**	**59775**	**45021**	**16760**	**28261**
荔湾区	21192	9072	12120	15142	6092	9050	7751	3123	4628
越秀区	23216	9830	13386	15807	6524	9283	6957	2863	4094
海珠区	26774	11584	15190	16447	6580	9867	6778	2640	4138
天河区	16919	8213	8706	8278	3993	4285	3071	1397	1674
白云区	20476	9113	11363	12519	4859	7660	5815	1954	3861
黄埔区	7548	3462	4086	3948	1643	2305	1741	672	1069
番禺区	15366	6828	8538	7562	3003	4559	3691	1225	2466
花都区	9731	4548	5183	5634	2061	3573	2672	832	1840
南沙区	5996	2431	3565	3402	1139	2263	1533	410	1123
从化区	6653	2898	3755	4363	1567	2796	1899	601	1298
增城区	11398	5183	6215	6771	2637	4134	3113	1043	2070
韶关市	**47391**	**19432**	**27959**	**26205**	**9249**	**16956**	**10856**	**3227**	**7629**
武江区	5194	2260	2934	2609	1038	1571	1169	421	748
浈江区	6617	3057	3560	3311	1337	1974	1136	453	683
曲江区	4763	1900	2863	2744	991	1753	1226	330	896
始兴县	3621	1333	2288	2191	637	1554	801	194	607
仁化县	3161	1253	1908	1847	643	1204	797	234	563
翁源县	5186	1960	3226	2930	897	2033	1316	284	1032
乳源瑶族自治县	2958	1197	1761	1692	609	1083	736	213	523
新丰县	3315	1367	1948	2036	741	1295	928	285	643
乐昌市	6299	2674	3625	3258	1255	2003	1389	462	927
南雄市	6277	2431	3846	3587	1101	2486	1358	351	1007
深圳市	**46252**	**20522**	**25730**	**22938**	**9815**	**13123**	**9323**	**3385**	**5938**
罗湖区	6222	2829	3393	3062	1386	1676	1100	430	670
福田区	9042	4317	4725	3776	1896	1880	1260	543	717
南山区	7834	3571	4263	3477	1640	1837	1209	509	700
宝安区	7080	2941	4139	3835	1433	2402	1705	592	1113
龙岗区	8951	3863	5088	4974	1955	3019	2268	720	1548
盐田区	1004	444	560	475	186	289	204	76	128
龙华区	3562	1513	2049	1780	729	1051	779	255	524
坪山区	1014	421	593	672	239	433	351	102	249
光明区	1543	623	920	887	351	536	447	158	289
珠海市	**16900**	**7785**	**9115**	**8977**	**3902**	**5075**	**3815**	**1484**	**2331**
香洲区	9961	4524	5437	4638	2149	2489	1675	734	941
斗门区	4742	2256	2486	2915	1172	1743	1496	491	1005
金湾区	2197	1005	1192	1424	581	843	644	259	385
汕头市	**63515**	**27398**	**36117**	**38323**	**14508**	**23815**	**19589**	**6086**	**13503**
龙湖区	6163	2787	3376	3327	1431	1896	1405	485	920
金平区	12099	5082	7017	7174	2647	4527	3251	1067	2184
濠江区	2845	1128	1717	1878	610	1268	1053	267	786
潮阳区	16872	7627	9245	10290	4096	6194	5235	1733	3502
潮南区	13870	6198	7672	8679	3362	5317	5269	1613	3656
澄海区	10679	4179	6500	6422	2213	4209	3112	853	2259
南澳县	987	397	590	553	149	404	264	68	196
佛山市	**70507**	**30451**	**40056**	**35815**	**13047**	**22768**	**17953**	**5392**	**12561**
禅城区	13468	5854	7614	6911	2669	4242	3102	1070	2032
南海区	23102	10559	12543	11297	4280	7017	6285	2001	4284
顺德区	22023	8862	13161	10943	3723	7220	5024	1398	3626
三水区	7068	3122	3946	3899	1380	2519	2211	574	1637
高明区	4846	2054	2792	2765	995	1770	1331	349	982

1-5 续表 19

单位：人

地 区	80-84岁			85-89岁			90岁及以上		
	小计	男	女	小计	男	女	小计	男	女
江门市	**62607**	**28972**	**33635**	**37509**	**14279**	**23230**	**19209**	**5952**	**13257**
蓬江区	9326	4039	5287	4996	1985	3011	2030	710	1320
江海区	2877	1211	1666	1618	554	1064	783	220	563
新会区	12063	5588	6475	7367	2778	4589	3811	1158	2653
台山市	14943	7068	7875	9484	3559	5925	5321	1568	3753
开平市	10066	4671	5395	6161	2178	3983	3407	978	2429
鹤山市	6191	2786	3405	3618	1420	2198	1885	586	1299
恩平市	7141	3609	3532	4265	1805	2460	1972	732	1240
湛江市	**112127**	**52573**	**59554**	**69778**	**30107**	**39671**	**37806**	**14809**	**22997**
赤坎区	4927	2247	2680	3023	1322	1701	1500	673	827
霞山区	8293	3844	4449	4593	2088	2505	2021	905	1116
坡头区	5408	2742	2666	3223	1512	1711	1762	717	1045
麻章区	6522	2944	3578	4416	1801	2615	2803	968	1835
遂溪县	16234	7716	8518	10768	4796	5972	6221	2431	3790
徐闻县	10731	4404	6327	7011	2720	4291	3782	1333	2449
廉江市	24239	11977	12262	15147	6802	8345	8073	3366	4707
雷州市	21406	9343	12063	13467	5392	8075	7562	2736	4826
吴川市	14367	7356	7011	8130	3674	4456	4082	1680	2402
茂名市	**97019**	**47572**	**49447**	**58541**	**26066**	**32475**	**28711**	**11627**	**17084**
茂南区	14071	7320	6751	7713	3521	4192	3777	1558	2219
电白区	23039	11277	11762	14607	6635	7972	7454	3213	4241
高州市	23075	11210	11865	14380	6123	8257	6640	2516	4124
化州市	20958	10365	10593	12431	5757	6674	6497	2693	3804
信宜市	15876	7400	8476	9410	4030	5380	4343	1647	2696
肇庆市	**57356**	**23222**	**34134**	**32470**	**11030**	**21440**	**14168**	**3941**	**10227**
端州区	7405	3455	3950	3703	1644	2059	1351	535	816
鼎湖区	2260	870	1390	1219	392	827	631	158	473
高要区	9927	4012	5915	5850	1877	3973	2868	770	2098
广宁县	7031	2822	4209	4368	1437	2931	1761	509	1252
怀集县	11283	4258	7025	6093	1941	4152	2744	720	2024
封开县	7045	2710	4335	3892	1291	2601	1449	348	1101
德庆县	5730	2311	3419	3121	1104	2017	1356	389	967
四会市	6675	2784	3891	4224	1344	2880	2008	512	1496
惠州市	**49939**	**21841**	**28098**	**31333**	**11638**	**19695**	**15109**	**4601**	**10508**
惠城区	14507	6422	8085	8626	3293	5333	4104	1337	2767
惠阳区	7130	3120	4010	4931	1903	3028	2741	870	1871
博罗县	11977	5242	6735	7501	2700	4801	3494	1064	2430
惠东县	11649	5006	6643	7601	2726	4875	3640	985	2655
龙门县	4676	2051	2625	2674	1016	1658	1130	345	785
梅州市	**69216**	**30731**	**38485**	**45015**	**16230**	**28785**	**21524**	**6461**	**15063**
梅江区	6358	3025	3333	3973	1665	2308	1782	585	1197
梅县区	9544	4298	5246	7125	2459	4666	3284	1007	2277
大埔县	6882	2971	3911	5101	1817	3284	2664	747	1917
丰顺县	9107	4106	5001	5979	2427	3552	2971	1119	1852
五华县	15148	6737	8411	9024	3189	5835	4219	1214	3005
平远县	4286	1800	2486	2429	795	1634	1088	291	797
蕉岭县	4066	1809	2257	2477	865	1612	1114	326	788
兴宁市	13825	5985	7840	8907	3013	5894	4402	1172	3230

1-5 续表 20

单位：人

地区	80-84岁			85-89岁			90岁及以上		
	小计	男	女	小计	男	女	小计	男	女
汕尾市	**34979**	**16718**	**18261**	**22249**	**9144**	**13105**	**10921**	**4098**	**6823**
城　区	4957	2309	2648	3438	1274	2164	1594	568	1026
海丰县	10152	4928	5224	6121	2569	3552	2813	1086	1727
陆河县	4115	2058	2057	2437	1144	1293	1110	474	636
陆丰市	15755	7423	8332	10253	4157	6096	5404	1970	3434
河源市	**46323**	**19342**	**26981**	**26997**	**9471**	**17526**	**11582**	**3303**	**8279**
源城区	5936	2610	3326	3340	1279	2061	1298	408	890
紫金县	10787	4615	6172	6140	2162	3978	2982	842	2140
龙川县	11652	4778	6874	7098	2418	4680	3255	890	2365
连平县	5147	2005	3142	2855	945	1910	1187	309	878
和平县	6600	2688	3912	3771	1290	2481	1341	402	939
东源县	6201	2646	3555	3793	1377	2416	1519	452	1067
阳江市	**40179**	**18603**	**21576**	**25912**	**10501**	**15411**	**13144**	**4704**	**8440**
江城区	11734	5371	6363	7638	3129	4509	4021	1495	2526
阳东区	6388	3073	3315	4483	1815	2668	2546	884	1662
阳西县	6656	3198	3458	4710	1981	2729	2281	863	1418
阳春市	15401	6961	8440	9081	3576	5505	4296	1462	2834
清远市	**55022**	**22861**	**32161**	**32764**	**11532**	**21232**	**15090**	**4569**	**10521**
清城区	11118	4926	6192	6810	2537	4273	3137	1072	2065
清新区	7782	3339	4443	5115	1750	3365	2395	734	1661
佛冈县	4178	1861	2317	2597	922	1675	1242	376	866
阳山县	6798	2671	4127	3596	1228	2368	1606	400	1206
连山壮族瑶族自治县	1598	673	925	838	322	516	347	114	233
连南瑶族自治县	1966	730	1236	1042	333	709	416	113	303
英德市	14602	5888	8714	8888	3119	5769	4287	1284	3003
连州市	6980	2773	4207	3878	1321	2557	1660	476	1184
东莞市	**32588**	**13943**	**18645**	**19793**	**7333**	**12460**	**9482**	**2878**	**6604**
市辖区	32588	13943	18645	19793	7333	12460	9482	2878	6604
中山市	**24914**	**10375**	**14539**	**13417**	**4891**	**8526**	**6243**	**1914**	**4329**
市辖区	24914	10375	14539	13417	4891	8526	6243	1914	4329
潮州市	**36007**	**14955**	**21052**	**21898**	**7909**	**13989**	**10175**	**2917**	**7258**
湘桥区	7828	3137	4691	4889	1882	3007	2198	711	1487
潮安区	14579	6115	8464	8706	3189	5517	3783	1081	2702
饶平县	13600	5703	7897	8303	2838	5465	4194	1125	3069
揭阳市	**73035**	**33441**	**39594**	**44995**	**17466**	**27529**	**23370**	**7822**	**15548**
榕城区	11313	5079	6234	6334	2546	3788	2803	933	1870
揭东区	13527	6231	7296	8190	3020	5170	4132	1251	2881
揭西县	12116	5685	6431	8003	3235	4768	4437	1644	2793
惠来县	12352	5415	6937	8172	2909	5263	4677	1411	3266
普宁市	23727	11031	12696	14296	5756	8540	7321	2583	4738
云浮市	**37123**	**16441**	**20682**	**20761**	**7505**	**13256**	**9365**	**2815**	**6550**
云城区	4940	2215	2725	2714	977	1737	1244	392	852
云安区	4186	1766	2420	2535	907	1628	1156	354	802
新兴县	7480	3197	4283	4212	1396	2816	1765	418	1347
郁南县	6997	3079	3918	3929	1528	2401	1654	549	1105
罗定市	13520	6184	7336	7371	2697	4674	3546	1102	2444

1-5a　各地区分年龄、性别的人口(城市)

单位：人

地　　区	合　　计			0岁			1-4岁		
	合计	男	女	小计	男	女	小计	男	女
广　东	**76387659**	**40817255**	**35570404**	**677736**	**362401**	**315335**	**3687916**	**1971550**	**1716366**
广州市	**14878353**	**7808741**	**7069612**	**122054**	**65385**	**56669**	**652206**	**348167**	**304039**
荔湾区	1238305	635252	603053	8475	4502	3973	52454	27875	24579
越秀区	1038643	507768	530875	7618	4040	3578	40120	21205	18915
海珠区	1819037	919076	899961	12076	6420	5656	63479	33747	29732
天河区	2241826	1178753	1063073	15557	8325	7232	82543	44187	38356
白云区	2781103	1492578	1288525	22533	12141	10392	106746	56907	49839
黄埔区	1126425	625352	501073	11715	6248	5467	60830	32294	28536
番禺区	2315247	1213770	1101477	19706	10595	9111	106038	56501	49537
花都区	1042688	555893	486795	9158	4929	4229	56566	30754	25812
南沙区	462387	261011	201376	5580	3036	2544	27368	14491	12877
从化区	228603	115428	113175	2321	1216	1105	14584	7812	6772
增城区	584089	303860	280229	7315	3933	3382	41478	22394	19084
韶关市	**952247**	**474058**	**478189**	**8288**	**4418**	**3870**	**48552**	**25773**	**22779**
武江区	313011	155113	157898	2872	1515	1357	16327	8678	7649
浈江区	278074	141116	136958	2151	1177	974	12322	6556	5766
曲江区	147569	73295	74274	1316	741	575	7920	4208	3712
始兴县									
仁化县									
翁源县									
乳源瑶族自治县									
新丰县									
乐昌市	102619	50094	52525	1017	524	493	5788	3055	2733
南雄市	110974	54440	56534	932	461	471	6195	3276	2919
深圳市	**17438289**	**9594171**	**7844118**	**164741**	**87478**	**77263**	**820960**	**437818**	**383142**
罗湖区	1143801	582817	560984	10291	5452	4839	53946	28898	25048
福田区	1553225	803830	749395	14195	7583	6612	71485	38026	33459
南山区	1791801	952409	839392	15872	8513	7359	78785	41761	37024
宝安区	4476554	2524557	1951997	40646	21672	18974	192797	103380	89417
龙岗区	4085484	2221119	1864365	41901	22073	19828	218387	116408	101979
盐田区	214225	116326	97899	1887	974	913	10068	5354	4714
龙华区	2528872	1433793	1095079	24875	13171	11704	123019	65369	57650
坪山区	549038	318042	230996	5305	2845	2460	26884	14333	12551
光明区	1095289	641278	454011	9769	5195	4574	45589	24289	21300
珠海市	**1898013**	**995246**	**902767**	**16833**	**8959**	**7874**	**91933**	**48863**	**43070**
香洲区	1331277	692629	638648	11252	5915	5337	61950	32984	28966
斗门区	245780	130459	115321	2693	1498	1195	14481	7562	6919
金湾区	320956	172158	148798	2888	1546	1342	15502	8317	7185
汕头市	**2530788**	**1266228**	**1264560**	**24150**	**12655**	**11495**	**129805**	**67975**	**61830**
龙湖区	530241	268190	262051	4545	2359	2186	27147	14254	12893
金平区	761608	374499	387109	6520	3363	3157	32191	16697	15494
濠江区	190147	94862	95285	2104	1085	1019	10721	5509	5212
潮阳区	358885	177147	181738	3828	2010	1818	19757	10401	9356
潮南区	422737	215089	207648	5384	2898	2486	28827	15351	13476
澄海区	267170	136441	130729	1769	940	829	11162	5763	5399
南澳县									
佛山市	**8538876**	**4619700**	**3919176**	**73791**	**39396**	**34395**	**412418**	**220818**	**191600**
禅城区	1115246	583161	532085	10235	5443	4792	50701	27172	23529
南海区	3470385	1894728	1575657	30110	16063	14047	170905	91657	79248
顺德区	3184098	1735048	1449050	25715	13712	12003	146521	77890	68631
三水区	377355	196314	181041	3971	2121	1850	22142	11865	10277
高明区	391792	210449	181343	3760	2057	1703	22149	12234	9915

1-5a 续表 1

单位：人

地区	合计			0岁			1-4岁		
	合计	男	女	小计	男	女	小计	男	女
江门市	**2821211**	**1447618**	**1373593**	**24715**	**12927**	**11788**	**141993**	**74391**	**67602**
蓬江区	826984	429013	397971	7093	3672	3421	40645	21273	19372
江海区	364694	191995	172699	3215	1689	1526	17637	9198	8439
新会区	481500	244699	236801	4232	2190	2042	24444	12805	11639
台山市	357132	181261	175871	3177	1658	1519	17583	9310	8273
开平市	337647	167661	169986	2741	1447	1294	17625	9166	8459
鹤山市	257132	132096	125036	2341	1228	1113	13815	7333	6482
恩平市	196122	100893	95229	1916	1043	873	10244	5306	4938
湛江市	**1988010**	**1015876**	**972134**	**22554**	**12236**	**10318**	**127966**	**69405**	**58561**
赤坎区	406012	201334	204678	4000	2101	1899	24258	13085	11173
霞山区	617141	314437	302704	6447	3524	2923	36989	20091	16898
坡头区	69248	35509	33739	1020	577	443	5358	2897	2461
麻章区	118440	63580	54860	1358	717	641	7587	4057	3530
遂溪县	20740	10916	9824	229	128	101	1235	662	573
徐闻县									
廉江市	253790	130059	123731	3132	1753	1379	17831	9795	8036
雷州市	247281	129052	118229	3026	1636	1390	18135	9901	8234
吴川市	255358	130989	124369	3342	1800	1542	16573	8917	7656
茂名市	**1820721**	**938299**	**882422**	**20880**	**11451**	**9429**	**113238**	**61790**	**51448**
茂南区	656192	338605	317587	6903	3802	3101	39808	21647	18161
电白区	241593	124649	116944	2796	1533	1263	15273	8261	7012
高州市	318402	163387	155015	2756	1530	1226	16869	9282	7587
化州市	285182	148442	136740	4638	2503	2135	19008	10375	8633
信宜市	319352	163216	156136	3787	2083	1704	22280	12225	10055
肇庆市	**1254121**	**655497**	**598624**	**11949**	**6518**	**5431**	**66790**	**36665**	**30125**
端州区	602402	304417	297985	6421	3482	2939	32466	17751	14715
鼎湖区	118036	62037	55999	1199	644	555	6938	3862	3076
高要区	116457	60904	55553	890	493	397	6693	3711	2982
广宁县									
怀集县									
封开县									
德庆县									
四会市	417226	228139	189087	3439	1899	1540	20693	11341	9352
惠州市	**2668887**	**1442450**	**1226437**	**27557**	**14851**	**12706**	**146207**	**78081**	**68126**
惠城区	1622750	856528	766222	17490	9443	8047	93875	50102	43773
惠阳区	1023888	573489	450399	9903	5316	4587	51392	27470	23922
博罗县	22249	12433	9816	164	92	72	940	509	431
惠东县									
龙门县									
梅州市	**952698**	**471401**	**481297**	**8679**	**4619**	**4060**	**54214**	**28678**	**25536**
梅江区	392785	196341	196444	3320	1744	1576	19928	10482	9446
梅县区	251207	123292	127915	2549	1340	1209	16636	8748	7888
大埔县									
丰顺县									
五华县	14388	7167	7221	218	112	106	1073	555	518
平远县									
蕉岭县									
兴宁市	294318	144601	149717	2592	1423	1169	16577	8893	7684

1-5a 续表 2

单位：人

地区	合计			0岁			1-4岁		
	合计	男	女	小计	男	女	小计	男	女
汕尾市	**527989**	**273663**	**254326**	**4806**	**2595**	**2211**	**30222**	**16152**	**14070**
城　区	303634	156501	147133	2826	1523	1303	16568	8766	7802
海丰县									
陆河县									
陆丰市	224355	117162	107193	1980	1072	908	13654	7386	6268
河源市	**631400**	**322204**	**309196**	**6717**	**3598**	**3119**	**37934**	**20499**	**17435**
源城区	631400	322204	309196	6717	3598	3119	37934	20499	17435
紫金县									
龙川县									
连平县									
和平县									
东源县									
阳江市	**1005216**	**514605**	**490611**	**9590**	**5247**	**4343**	**59331**	**32017**	**27314**
江城区	559976	285612	274364	5108	2755	2353	32079	17184	14895
阳东区	183508	96109	87399	1812	1026	786	11255	6130	5125
阳西县									
阳春市	261732	132884	128848	2670	1466	1204	15997	8703	7294
清远市	**1238100**	**624209**	**613891**	**14381**	**7857**	**6524**	**80827**	**44159**	**36668**
清城区	654214	331897	322317	7832	4304	3528	42863	23551	19312
清新区	236594	118825	117769	3045	1655	1390	16144	8920	7224
佛冈县									
阳山县									
连山壮族瑶族自治县									
连南瑶族自治县									
英德市	205285	105150	100135	2255	1242	1013	13066	7029	6037
连州市	142007	68337	73670	1249	656	593	8754	4659	4095
东莞市	**9557552**	**5385311**	**4172241**	**58868**	**31439**	**27429**	**364923**	**196123**	**168800**
市辖区	9557552	5385311	4172241	58868	31439	27429	364923	196123	168800
中山市	**2742775**	**1469866**	**1272909**	**24416**	**13023**	**11393**	**132271**	**70304**	**61967**
市辖区	2742775	1469866	1272909	24416	13023	11393	132271	70304	61967
潮州市	**933560**	**472555**	**461005**	**8482**	**4536**	**3946**	**47952**	**25288**	**22664**
湘桥区	426902	212244	214658	3536	1871	1665	20941	10990	9951
潮安区	506658	260311	246347	4946	2665	2281	27011	14298	12713
饶平县									
揭阳市	**1435906**	**731802**	**704104**	**17943**	**9612**	**8331**	**91452**	**48417**	**43035**
榕城区	645532	327512	318020	7378	3891	3487	39972	21077	18895
揭东区	301771	155411	146360	4164	2230	1934	19018	10091	8927
揭西县									
惠来县									
普宁市	488603	248879	239724	6401	3491	2910	32462	17249	15213
云浮市	**572947**	**293755**	**279192**	**6342**	**3601**	**2741**	**36722**	**20167**	**16555**
云城区	312362	162442	149920	3686	2070	1616	21321	11789	9532
云安区	20083	10483	9600	235	113	122	1171	617	554
新兴县									
郁南县									
罗定市	240502	120830	119672	2421	1418	1003	14230	7761	6469

1-5a 续表 3

单位：人

地 区	5-9岁			10-14岁			15-19岁		
	小计	男	女	小计	男	女	小计	男	女
广 东	**4424057**	**2394380**	**2029677**	**3535009**	**1930558**	**1604451**	**3944352**	**2224885**	**1719467**
广州市	**682304**	**368834**	**313470**	**517451**	**281449**	**236002**	**764747**	**419262**	**345485**
荔湾区	56937	30445	26492	47741	25674	22067	50014	27565	22449
越秀区	50084	26841	23243	43886	23410	20476	38348	20363	17985
海珠区	71150	38098	33052	59142	31924	27218	72527	38771	33756
天河区	89488	48134	41354	71865	38632	33233	149283	79083	70200
白云区	107942	59214	48728	80566	44738	35828	142506	81779	60727
黄埔区	56111	30445	25666	36373	20028	16345	47190	26925	20265
番禺区	108545	58134	50411	78851	42646	36205	119202	63213	55989
花都区	62537	34250	28287	45808	25303	20505	54239	30856	23383
南沙区	25215	13642	11573	15680	8472	7208	16364	9826	6538
从化区	15135	8250	6885	11095	6058	5037	25107	13571	11536
增城区	39160	21381	17779	26444	14564	11880	49967	27310	22657
韶关市	**63320**	**33990**	**29330**	**57981**	**31036**	**26945**	**66285**	**34135**	**32150**
武江区	21043	11276	9767	18185	9727	8458	19479	9926	9553
浈江区	15550	8293	7257	14389	7680	6709	21856	11272	10584
曲江区	10224	5455	4769	10483	5555	4928	8697	4431	4266
始兴县									
仁化县									
翁源县									
乳源瑶族自治县									
新丰县									
乐昌市	8636	4651	3985	7588	4089	3499	8052	4310	3742
南雄市	7867	4315	3552	7336	3985	3351	8201	4196	4005
深圳市	**952265**	**516439**	**435826**	**694095**	**382699**	**311396**	**643533**	**381150**	**262383**
罗湖区	70876	38299	32577	58844	31957	26887	43296	24324	18972
福田区	90597	48528	42069	71267	38002	33265	58480	34498	23982
南山区	96474	51589	44885	74159	40041	34118	77147	42935	34212
宝安区	220575	120616	99959	160069	89295	70774	159080	96531	62549
龙岗区	246200	133501	112699	175815	97223	78592	142271	83833	58438
盐田区	12502	6756	5746	10493	5888	4605	11519	6314	5205
龙华区	130478	70723	59755	83571	46392	37179	82498	50004	32494
坪山区	32777	17954	14823	23621	13315	10306	25311	16032	9279
光明区	51786	28473	23313	36256	20586	15670	43931	26679	17252
珠海市	**105173**	**56299**	**48874**	**87211**	**47069**	**40142**	**107281**	**57824**	**49457**
香洲区	72907	38843	34064	62412	33540	28872	70169	37892	32277
斗门区	15189	8239	6950	11949	6502	5447	7043	4201	2842
金湾区	17077	9217	7860	12850	7027	5823	30069	15731	14338
汕头市	**178970**	**93103**	**85867**	**164215**	**86228**	**77987**	**150775**	**77722**	**73053**
龙湖区	35029	18271	16758	31556	16910	14646	27567	13779	13788
金平区	43293	22464	20829	42070	22064	20006	33037	17064	15973
濠江区	15547	7989	7558	13969	7173	6796	14674	7776	6898
潮阳区	28749	15033	13716	26201	13716	12485	31889	16408	15481
潮南区	40575	21161	19414	34415	17940	16475	26269	13727	12542
澄海区	15777	8185	7592	16004	8425	7579	17339	8968	8371
南澳县									
佛山市	**457535**	**249391**	**208144**	**357023**	**195691**	**161332**	**380489**	**221764**	**158725**
禅城区	52738	28520	24218	40452	22150	18302	42346	23977	18369
南海区	188930	103063	85867	141230	76960	64270	151077	88365	62712
顺德区	169157	91693	77464	137859	76030	61829	145641	86865	58776
三水区	23407	12954	10453	17906	9636	8270	22547	11812	10735
高明区	23303	13161	10142	19576	10915	8661	18878	10745	8133

1−5a 续表 4

单位：人

地 区	5−9岁			10−14岁			15−19岁		
	小计	男	女	小计	男	女	小计	男	女
江门市	**163329**	**87026**	**76303**	**141601**	**75576**	**66025**	**164069**	**89060**	**75009**
蓬江区	45726	24329	21397	39455	21220	18235	46573	26403	20170
江海区	20799	11092	9707	17122	9152	7970	22673	11217	11456
新会区	27570	14695	12875	24485	12920	11565	27193	14922	12271
台山市	20033	10562	9471	17655	9240	8415	23007	12277	10730
开平市	20546	10805	9741	17987	9370	8617	19972	10465	9507
鹤山市	17239	9429	7810	14833	8218	6615	13832	7599	6233
恩平市	11416	6114	5302	10064	5456	4608	10819	6177	4642
湛江市	**176474**	**96430**	**80044**	**142756**	**79710**	**63046**	**141773**	**77826**	**63947**
赤坎区	31849	17229	14620	24846	13798	11048	25787	12434	13353
霞山区	49675	27303	22372	40815	22912	17903	35387	20221	15166
坡头区	6549	3518	3031	3969	2140	1829	3176	1691	1485
麻章区	10552	5599	4953	7796	4229	3567	16314	9819	6495
遂溪县	1655	897	758	1407	774	633	667	385	282
徐闻县									
廉江市	26563	14791	11772	21832	12472	9360	22948	12484	10464
雷州市	25203	13881	11322	21645	12015	9630	20224	11223	9001
吴川市	24428	13212	11216	20446	11370	9076	17270	9569	7701
茂名市	**160461**	**88071**	**72390**	**143742**	**80292**	**63450**	**187963**	**107081**	**80882**
茂南区	53999	29581	24418	49511	27545	21966	47894	28992	18902
电白区	20902	11237	9665	17550	9470	8080	21947	11728	10219
高州市	25011	13793	11218	23690	13350	10340	49315	27498	21817
化州市	28220	15476	12744	24451	13588	10863	31448	18014	13434
信宜市	32329	17984	14345	28540	16339	12201	37359	20849	16510
肇庆市	**88989**	**49441**	**39548**	**74798**	**41505**	**33293**	**113637**	**64460**	**49177**
端州区	40356	22284	18072	32679	17957	14722	61297	34723	26574
鼎湖区	8720	4842	3878	6521	3520	3001	13378	6752	6626
高要区	10468	5894	4574	9628	5582	4046	13765	7776	5989
广宁县									
怀集县									
封开县									
德庆县									
四会市	29445	16421	13024	25970	14446	11524	25197	15209	9988
惠州市	**188493**	**100976**	**87517**	**157019**	**84706**	**72313**	**158002**	**91416**	**66586**
惠城区	121229	64983	56246	103389	55850	47539	102256	59141	43115
惠阳区	65729	35154	30575	52242	28090	24152	53865	31232	22633
博罗县	1535	839	696	1388	766	622	1881	1043	838
惠东县									
龙门县									
梅州市	**74535**	**39369**	**35166**	**67513**	**35895**	**31618**	**62997**	**32170**	**30827**
梅江区	24479	12901	11578	22404	11716	10688	32361	16433	15928
梅县区	22385	11627	10758	17864	9367	8497	12291	6173	6118
大埔县									
丰顺县									
五华县	1451	774	677	1288	708	580	625	348	277
平远县									
蕉岭县									
兴宁市	26220	14067	12153	25957	14104	11853	17720	9216	8504

1-5a 续表 5

单位：人

地区	5-9岁			10-14岁			15-19岁		
	小计	男	女	小计	男	女	小计	男	女
汕尾市	**43716**	**23136**	**20580**	**38368**	**20472**	**17896**	**32308**	**16970**	**15338**
城区	23688	12433	11255	20733	10951	9782	20326	10388	9938
海丰县									
陆河县									
陆丰市	20028	10703	9325	17635	9521	8114	11982	6582	5400
河源市	**54541**	**29524**	**25017**	**50766**	**27398**	**23368**	**37799**	**19520**	**18279**
源城区	54541	29524	25017	50766	27398	23368	37799	19520	18279
紫金县									
龙川县									
连平县									
和平县									
东源县									
阳江市	**78666**	**42792**	**35874**	**71323**	**38642**	**32681**	**59085**	**31543**	**27542**
江城区	40785	22139	18646	36129	19621	16508	28450	14758	13692
阳东区	15609	8474	7135	14552	7944	6608	12253	6997	5256
阳西县									
阳春市	22272	12179	10093	20642	11077	9565	18382	9788	8594
清远市	**108158**	**59418**	**48740**	**84563**	**45764**	**38799**	**77613**	**40911**	**36702**
清城区	54288	29958	24330	40494	22185	18309	39007	21459	17548
清新区	23148	12945	10203	19988	10805	9183	15035	8121	6914
佛冈县									
阳山县									
连山壮族瑶族自治县									
连南瑶族自治县									
英德市	18331	10015	8316	13460	7308	6152	14615	7405	7210
连州市	12391	6500	5891	10621	5466	5155	8956	3926	5030
东莞市	**470004**	**258317**	**211687**	**371033**	**207904**	**163129**	**477800**	**287823**	**189977**
市辖区	470004	258317	211687	371033	207904	163129	477800	287823	189977
中山市	**155121**	**83876**	**71245**	**122389**	**67016**	**55373**	**131851**	**75938**	**55913**
市辖区	155121	83876	71245	122389	67016	55373	131851	75938	55913
潮州市	**58968**	**31233**	**27735**	**53225**	**28025**	**25200**	**42216**	**21719**	**20497**
湘桥区	24333	12810	11523	23011	11936	11075	21483	10531	10952
潮安区	34635	18423	16212	30214	16089	14125	20733	11188	9545
饶平县									
揭阳市	**110971**	**58574**	**52397**	**94876**	**50092**	**44784**	**97183**	**51043**	**46140**
榕城区	46262	24344	21918	40158	21122	19036	33742	17687	16055
揭东区	23880	12556	11324	19427	10324	9103	18595	9867	8728
揭西县									
惠来县									
普宁市	40829	21674	19155	35291	18646	16645	44846	23489	21357
云浮市	**52064**	**28141**	**23923**	**43061**	**23389**	**19672**	**46946**	**25548**	**21398**
云城区	28786	15600	13186	21543	11794	9749	16083	9136	6947
云安区	1795	954	841	1262	673	589	2458	1144	1314
新兴县									
郁南县									
罗定市	21483	11587	9896	20256	10922	9334	28405	15268	13137

1-5a 续表 6

单位：人

地区	20-24岁			25-29岁			30-34岁		
	小计	男	女	小计	男	女	小计	男	女
广 东	**6419491**	**3575182**	**2844309**	**8141872**	**4485031**	**3656841**	**9269864**	**5071621**	**4198243**
广州市	**1568079**	**824272**	**743807**	**1703581**	**913857**	**789724**	**1774362**	**961061**	**813301**
荔湾区	81684	43850	37834	112416	58661	53755	120783	63096	57687
越秀区	66375	34044	32331	79579	39685	39894	84975	41641	43334
海珠区	142020	70971	71049	171988	89283	82705	203509	105293	98216
天河区	362032	189043	172989	329513	178263	151250	250804	138051	112753
白云区	336906	171642	165264	374640	200222	174418	367703	206533	161170
黄埔区	112409	65003	47406	145912	82948	62964	167427	95668	71759
番禺区	268603	139137	129466	270590	145233	125357	297299	159917	137382
花都区	79314	43224	36090	101047	54831	46216	139475	74864	64611
南沙区	35029	22507	12522	53629	31955	21674	68219	39131	29088
从化区	28093	15417	12676	15142	7489	7653	16673	7856	8817
增城区	55614	29434	26180	49125	25287	23838	57495	29011	28484
韶关市	**48966**	**24815**	**24151**	**52826**	**26804**	**26022**	**70317**	**34305**	**36012**
武江区	14076	7134	6942	19724	9825	9899	25744	12404	13340
浈江区	23066	11440	11626	15899	8600	7299	20074	10539	9535
曲江区	4784	2589	2195	7068	3570	3498	10342	4933	5409
始兴县									
仁化县									
翁源县									
乳源瑶族自治县									
新丰县									
乐昌市	3158	1657	1501	4552	2127	2425	6597	2883	3714
南雄市	3882	1995	1887	5583	2682	2901	7560	3546	4014
深圳市	**1690541**	**947953**	**742588**	**2465187**	**1374513**	**1090674**	**2650162**	**1499980**	**1150182**
罗湖区	93047	46816	46231	130806	64552	66254	132665	66211	66454
福田区	139305	75986	63319	202227	105264	96963	184709	95968	88741
南山区	180869	100118	80751	242123	131669	110454	222603	120353	102250
宝安区	461278	263488	197790	687343	394204	293139	760785	441812	318973
龙岗区	370949	201603	169346	537021	292276	244745	596706	329006	267700
盐田区	15256	8895	6361	20951	11637	9314	23640	12795	10845
龙华区	282804	161846	120958	423556	243318	180238	451006	268458	182548
坪山区	44197	27550	16647	67718	40331	27387	85305	49499	35806
光明区	102836	61651	41185	153442	91262	62180	192743	115878	76865
珠海市	**186439**	**99194**	**87245**	**179834**	**97476**	**82358**	**211887**	**113028**	**98859**
香洲区	124733	66903	57830	128945	68930	60015	146134	77103	69031
斗门区	15241	8865	6376	24139	13322	10817	30076	16226	13850
金湾区	46465	23426	23039	26750	15224	11526	35677	19699	15978
汕头市	**155688**	**81649**	**74039**	**206546**	**104626**	**101920**	**212756**	**107250**	**105506**
龙湖区	29530	15603	13927	44198	22322	21876	48508	24456	24052
金平区	41283	21434	19849	56907	28254	28653	59710	29818	29892
濠江区	11584	6157	5427	15468	7806	7662	15178	7478	7700
潮阳区	22684	11798	10886	27950	13934	14016	27101	13062	14039
潮南区	34578	17837	16741	40510	21089	19421	35283	18366	16917
澄海区	16029	8820	7209	21513	11221	10292	26976	14070	12906
南澳县									
佛山市	**616970**	**363199**	**253771**	**819150**	**462126**	**357024**	**1012555**	**556979**	**455576**
禅城区	83995	45819	38176	112096	59846	52250	129798	69057	60741
南海区	260788	155122	105666	343596	193823	149773	428002	235362	192640
顺德区	227739	136625	91114	303171	175315	127856	377017	211453	165564
三水区	22279	12466	9813	29903	16114	13789	38135	19817	18318
高明区	22169	13167	9002	30384	17028	13356	39603	21290	18313

1-5a 续表 7 单位：人

地 区	20-24岁			25-29岁			30-34岁		
	小计	男	女	小计	男	女	小计	男	女
江门市	**162948**	**91893**	**71055**	**203500**	**107212**	**96288**	**267894**	**137160**	**130734**
蓬江区	62411	35567	26844	59839	32083	27756	77707	40254	37453
江海区	24204	14214	9990	31303	17614	13689	39867	21656	18211
新会区	23085	12919	10166	33234	17022	16212	44028	22588	21440
台山市	15041	8180	6861	24049	12259	11790	32907	16357	16550
开平市	15908	8526	7382	22451	11311	11140	30359	14694	15665
鹤山市	11743	6499	5244	17851	9115	8736	25692	12730	12962
恩平市	10556	5988	4568	14773	7808	6965	17334	8881	8453
湛江市	**119712**	**63351**	**56361**	**140919**	**71273**	**69646**	**171430**	**82390**	**89040**
赤坎区	32157	13921	18236	28035	14038	13997	36140	17292	18848
霞山区	33665	18583	15082	43558	21494	22064	54150	25795	28355
坡头区	2753	1609	1144	5055	2626	2429	7419	3552	3867
麻章区	9428	5896	3532	8795	4621	4174	10081	4965	5116
遂溪县	917	531	386	1270	719	551	1318	720	598
徐闻县									
廉江市	13757	7154	6603	16599	8344	8255	20651	9663	10988
雷州市	13583	7828	5755	18053	9429	8624	19615	9733	9882
吴川市	13452	7829	5623	19554	10002	9552	22056	10670	11386
茂名市	**95989**	**54325**	**41664**	**123086**	**62762**	**60324**	**143186**	**68819**	**74367**
茂南区	41606	23544	18062	46588	23527	23061	53704	25900	27804
电白区	11321	6650	4671	17294	9085	8209	20329	10171	10158
高州市	16453	8758	7695	20071	10363	9708	23759	11366	12393
化州市	13070	7655	5415	19953	10319	9634	22815	11118	11697
信宜市	13539	7718	5821	19180	9468	9712	22579	10264	12315
肇庆市	**84797**	**46755**	**38042**	**86207**	**45858**	**40349**	**113215**	**57701**	**55514**
端州区	39245	20081	19164	36188	17933	18255	48343	22953	25390
鼎湖区	10075	5380	4695	8733	4672	4061	10952	5713	5239
高要区	10856	6054	4802	6992	3595	3397	9280	4314	4966
广宁县									
怀集县									
封开县									
德庆县									
四会市	24621	15240	9381	34294	19658	14636	44640	24721	19919
惠州市	**206593**	**122027**	**84566**	**273815**	**154140**	**119675**	**316696**	**172172**	**144524**
惠城区	119534	67430	52104	151555	82064	69491	176248	92245	84003
惠阳区	85768	53818	31950	120325	70987	49338	138106	78626	59480
博罗县	1291	779	512	1935	1089	846	2342	1301	1041
惠东县									
龙门县									
梅州市	**47693**	**23758**	**23935**	**59046**	**29340**	**29706**	**74870**	**35886**	**38984**
梅江区	26549	12922	13627	24749	12598	12151	31116	15647	15469
梅县区	11026	5213	5813	18277	8978	9299	23829	11297	12532
大埔县									
丰顺县									
五华县	753	411	342	1102	578	524	965	469	496
平远县									
蕉岭县									
兴宁市	9365	5212	4153	14918	7186	7732	18960	8473	10487

1-5a 续表 8

单位：人

地 区	20-24岁			25-29岁			30-34岁		
	小计	男	女	小计	男	女	小计	男	女
汕尾市	**39517**	**20813**	**18704**	**46952**	**25061**	**21891**	**43267**	**22803**	**20464**
城 区	22965	11924	11041	26192	14024	12168	24829	13159	11670
海丰县									
陆河县									
陆丰市	16552	8889	7663	20760	11037	9723	18438	9644	8794
河源市	**35829**	**19067**	**16762**	**48358**	**24539**	**23819**	**56852**	**27844**	**29008**
源城区	35829	19067	16762	48358	24539	23819	56852	27844	29008
紫金县									
龙川县									
连平县									
和平县									
东源县									
阳江市	**46059**	**25191**	**20868**	**69926**	**36366**	**33560**	**85263**	**42239**	**43024**
江城区	29440	15802	13638	41788	21898	19890	49089	24524	24565
阳东区	7890	4564	3326	13107	6874	6233	16388	8134	8254
阳西县									
阳春市	8729	4825	3904	15031	7594	7437	19786	9581	10205
清远市	**58873**	**31351**	**27522**	**88436**	**44247**	**44189**	**114094**	**54850**	**59244**
清城区	36133	19000	17133	49850	25086	24764	64497	31141	33356
清新区	9772	5418	4354	17369	8448	8921	21422	9934	11488
佛冈县									
阳山县									
连山壮族瑶族自治县									
连南瑶族自治县									
英德市	8962	4825	4137	15090	7804	7286	18125	9246	8879
连州市	4006	2108	1898	6127	2909	3218	10050	4529	5521
东莞市	**876563**	**524946**	**351617**	**1065441**	**631497**	**433944**	**1366329**	**786138**	**580191**
市辖区	876563	524946	351617	1065441	631497	433944	1366329	786138	580191
中山市	**197438**	**113598**	**83840**	**247721**	**138610**	**109111**	**340170**	**185474**	**154696**
市辖区	197438	113598	83840	247721	138610	109111	340170	185474	154696
潮州市	**46531**	**24704**	**21827**	**72827**	**37403**	**35424**	**79291**	**40574**	**38717**
湘桥区	18871	9663	9208	30114	15245	14869	33503	16618	16885
潮安区	27660	15041	12619	42713	22158	20555	45788	23956	21832
饶平县									
揭阳市	**108736**	**57657**	**51079**	**147393**	**76102**	**71291**	**116658**	**60771**	**55887**
榕城区	46245	24626	21619	65715	34011	31704	51581	26970	24611
揭东区	20495	11135	9360	30423	15660	14763	26277	13841	12436
揭西县									
惠来县									
普宁市	41996	21896	20100	51255	26431	24824	38800	19960	18840
云浮市	**25530**	**14664**	**10866**	**41121**	**21219**	**19902**	**48610**	**24197**	**24413**
云城区	13244	7551	5693	25245	12901	12344	29844	15197	14647
云安区	752	455	297	1531	829	702	1488	838	650
新兴县									
郁南县									
罗定市	11534	6658	4876	14345	7489	6856	17278	8162	9116

1-5a 续表 9

单位：人

地区	35-39岁			40-44岁			45-49岁		
	小计	男	女	小计	男	女	小计	男	女
广 东	**7614793**	**4106133**	**3508660**	**6086271**	**3250003**	**2836268**	**6295412**	**3314638**	**2980774**
广州市	**1404670**	**747284**	**657386**	**1102736**	**579449**	**523287**	**1161713**	**607153**	**554560**
荔湾区	102272	52396	49876	84717	42913	41804	94935	47688	47247
越秀区	84504	39110	45394	77520	36347	41173	83045	40111	42934
海珠区	167665	84994	82671	140196	70131	70065	151046	75888	75158
天河区	178632	93678	84954	145034	74599	70435	150030	78127	71903
白云区	272096	152309	119787	210631	114851	95780	226337	120125	106212
黄埔区	117809	67452	50357	80855	45910	34945	82837	46760	36077
番禺区	241368	128821	112547	182926	97518	85408	188271	99683	88588
花都区	118463	63366	55097	89390	48017	41373	88816	47184	41632
南沙区	49991	28768	21223	35050	20463	14587	37565	21458	16107
从化区	17024	7877	9147	15991	7475	8516	17687	8631	9056
增城区	54846	28513	26333	40426	21225	19201	41144	21498	19646
韶关市	**68784**	**32701**	**36083**	**71256**	**34261**	**36995**	**84516**	**41227**	**43289**
武江区	25537	12048	13489	24547	11736	12811	28508	13625	14883
浈江区	18790	9470	9320	19222	9775	9447	22792	11300	11492
曲江区	10675	4990	5685	12004	5661	6343	14546	7273	7273
始兴县									
仁化县									
翁源县									
乳源瑶族自治县									
新丰县									
乐昌市	6531	2826	3705	7172	3236	3936	9089	4362	4727
南雄市	7251	3367	3884	8311	3853	4458	9581	4667	4914
深圳市	**1983735**	**1110191**	**873544**	**1410465**	**785595**	**624870**	**1318399**	**720237**	**598162**
罗湖区	118354	58408	59946	97118	49747	47371	95735	49621	46114
福田区	154378	77032	77346	124817	63423	61394	124935	63714	61221
南山区	183661	96099	87562	146543	77325	69218	144643	77603	67040
宝安区	539941	312589	227352	367397	209622	157775	325953	180541	145412
龙岗区	470429	261003	209426	335560	187057	148503	321845	175196	146649
盐田区	22460	12037	10423	19070	10276	8794	20611	11165	9446
龙华区	292375	172116	120259	178959	104523	74436	151724	85284	66440
坪山区	66213	38534	27679	46710	27452	19258	45078	26196	18882
光明区	135924	82373	53551	94291	56170	38121	87875	50917	36958
珠海市	**180175**	**93995**	**86180**	**147850**	**76004**	**71846**	**163290**	**84620**	**78670**
香洲区	124172	63445	60727	106771	53674	53097	119600	61263	58337
斗门区	25830	13767	12063	19433	10256	9177	20565	10668	9897
金湾区	30173	16783	13390	21646	12074	9572	23125	12689	10436
汕头市	**190873**	**93929**	**96944**	**166074**	**80734**	**85340**	**195512**	**95203**	**100309**
龙湖区	44498	21974	22524	40508	19777	20731	47840	23874	23966
金平区	54271	26256	28015	49740	23479	26261	62237	29670	32567
濠江区	13453	6550	6903	11195	5501	5694	12771	6160	6611
潮阳区	25377	11986	13391	21794	9953	11841	24747	11437	13310
潮南区	28925	14792	14133	21718	11006	10712	25952	12770	13182
澄海区	24349	12371	11978	21119	11018	10101	21965	11292	10673
南澳县									
佛山市	**884304**	**481460**	**402844**	**739285**	**400119**	**339166**	**805342**	**432502**	**372840**
禅城区	108650	57644	51006	89775	46708	43067	101986	52608	49378
南海区	369363	202603	166760	297941	163269	134672	324918	176225	148693
顺德区	333046	183071	149975	285509	155182	130327	305522	164665	140857
三水区	33745	17376	16369	30859	16202	14657	35571	18829	16742
高明区	39500	20766	18734	35201	18758	16443	37345	20175	17170

1-5a　续表 10　　单位：人

地　区	35-39岁			40-44岁			45-49岁		
	小计	男	女	小计	男	女	小计	男	女
江门市	**246506**	**126047**	**120459**	**225619**	**115372**	**110247**	**256854**	**129806**	**127048**
蓬江区	72277	37045	35232	68040	34979	33061	75346	38794	36552
江海区	34470	18734	15736	29133	15601	13532	32908	16927	15981
新会区	41495	20937	20558	38090	19452	18638	45188	22566	22622
台山市	29544	14862	14682	28198	14337	13861	32317	16106	16211
开平市	28848	14095	14753	24607	12075	12532	29400	14568	14832
鹤山市	25617	12991	12626	23585	11969	11616	25588	13062	12526
恩平市	14255	7383	6872	13966	6959	7007	16107	7783	8324
湛江市	**152288**	**74247**	**78041**	**137085**	**66786**	**70299**	**143601**	**70741**	**72860**
赤坎区	31899	15300	16599	28920	13873	15047	30590	15081	15509
霞山区	48950	23393	25557	47576	22723	24853	50702	24803	25899
坡头区	6311	3284	3027	4612	2370	2242	4170	2131	2039
麻章区	8803	4576	4227	6740	3506	3234	6335	3194	3141
遂溪县	1117	589	528	1090	554	536	1374	716	658
徐闻县									
廉江市	18394	9007	9387	16591	8108	8483	16259	7907	8352
雷州市	18790	9342	9448	15109	7493	7616	16516	8280	8236
吴川市	18024	8756	9268	16447	8159	8288	17655	8629	9026
茂名市	**126036**	**60665**	**65371**	**120334**	**58423**	**61911**	**130261**	**62849**	**67412**
茂南区	47364	22688	24676	46393	22428	23965	53719	26075	27644
电白区	18107	9180	8927	16317	8288	8029	16383	8183	8200
高州市	20859	10066	10793	19500	9316	10184	21924	10288	11636
化州市	19040	9274	9766	17783	8918	8865	17793	8697	9096
信宜市	20666	9457	11209	20341	9473	10868	20442	9606	10836
肇庆市	**106114**	**54279**	**51835**	**89605**	**45545**	**44060**	**102538**	**52429**	**50109**
端州区	46046	21861	24185	42272	20183	22089	51257	25150	26107
鼎湖区	9187	4989	4198	6788	3700	3088	7836	4272	3564
高要区	9600	4730	4870	7277	3620	3657	7732	3905	3827
广宁县									
怀集县									
封开县									
德庆县									
四会市	41281	22699	18582	33268	18042	15226	35713	19102	16611
惠州市	**268188**	**142618**	**125570**	**210143**	**112308**	**97835**	**213357**	**113288**	**100069**
惠城区	158559	81622	76937	125890	65404	60486	129600	67339	62261
惠阳区	107325	59706	47619	82196	45745	36451	81399	44677	36722
博罗县	2304	1290	1014	2057	1159	898	2358	1272	1086
惠东县									
龙门县									
梅州市	**73639**	**34626**	**39013**	**63244**	**29813**	**33431**	**78688**	**37413**	**41275**
梅江区	29365	14315	15050	25368	12301	13067	32580	15906	16674
梅县区	21402	10256	11146	17264	8236	9028	19542	9205	10337
大埔县									
丰顺县									
五华县	802	381	421	689	332	357	917	390	527
平远县									
蕉岭县									
兴宁市	22070	9674	12396	19923	8944	10979	25649	11912	13737

1-5a 续表 11

单位：人

地区	35-39岁			40-44岁			45-49岁		
	小计	男	女	小计	男	女	小计	男	女
汕尾市	**39938**	**20626**	**19312**	**29777**	**15265**	**14512**	**38848**	**19451**	**19397**
城区	24609	12797	11812	17552	9043	8509	23256	11596	11660
海丰县									
陆河县									
陆丰市	15329	7829	7500	12225	6222	6003	15592	7855	7737
河源市	**57547**	**28436**	**29111**	**47075**	**23622**	**23453**	**49119**	**24820**	**24299**
源城区	57547	28436	29111	47075	23622	23453	49119	24820	24299
紫金县									
龙川县									
连平县									
和平县									
东源县									
阳江市	**78865**	**39609**	**39256**	**79862**	**40019**	**39843**	**84647**	**41807**	**42840**
江城区	43411	22098	21313	43527	21716	21811	47398	23440	23958
阳东区	16108	8294	7814	16240	8563	7677	14935	7411	7524
阳西县									
阳春市	19346	9217	10129	20095	9740	10355	22314	10956	11358
清远市	**107610**	**52819**	**54791**	**89312**	**44662**	**44650**	**90774**	**45670**	**45104**
清城区	57656	28535	29121	45883	23252	22631	46806	23588	23218
清新区	21783	10396	11387	17562	8559	9003	17051	8315	8736
佛冈县									
阳山县									
连山壮族瑶族自治县									
连南瑶族自治县									
英德市	17537	8982	8555	15458	7877	7581	15773	8288	7485
连州市	10634	4906	5728	10409	4974	5435	11144	5479	5665
东莞市	**1143814**	**647447**	**496367**	**922585**	**515624**	**406961**	**901727**	**490909**	**410818**
市辖区	1143814	647447	496367	922585	515624	406961	901727	490909	410818
中山市	**298903**	**161344**	**137559**	**252943**	**134890**	**118053**	**264547**	**139357**	**125190**
市辖区	298903	161344	137559	252943	134890	118053	264547	139357	125190
潮州市	**71966**	**36551**	**35415**	**66681**	**33505**	**33176**	**78739**	**40044**	**38695**
湘桥区	32558	16004	16554	31441	15514	15927	36413	18297	18116
潮安区	39408	20547	18861	35240	17991	17249	42326	21747	20579
饶平县									
揭阳市	**87305**	**45294**	**42011**	**74695**	**37921**	**36774**	**92285**	**44838**	**47447**
榕城区	37501	19360	18141	34297	17257	17040	44663	21643	23020
揭东区	19126	10251	8875	15353	8103	7250	18120	8897	9223
揭西县									
惠来县									
普宁市	30678	15683	14995	25045	12561	12484	29502	14298	15204
云浮市	**43533**	**21965**	**21568**	**39645**	**20086**	**19559**	**40655**	**20274**	**20381**
云城区	26223	13444	12779	23264	12165	11099	23977	12385	11592
云安区	1318	727	591	1104	639	465	1217	651	566
新兴县									
郁南县									
罗定市	15992	7794	8198	15277	7282	7995	15461	7238	8223

1-5a 续表 12

单位：人

地 区	50-54岁			55-59岁			60-64岁		
	小计	男	女	小计	男	女	小计	男	女
广 东	**5209093**	**2740843**	**2468250**	**3775337**	**1938767**	**1836570**	**2399126**	**1176107**	**1223019**
广州市	**972013**	**503484**	**468529**	**772573**	**396055**	**376518**	**539753**	**264724**	**275029**
荔湾区	90743	45431	45312	89811	45946	43865	76139	38505	37634
越秀区	75840	36754	39086	75668	38191	37477	66097	31579	34518
海珠区	133817	67052	66765	120184	60809	59375	96505	47313	49192
天河区	127509	66193	61316	96861	50829	46032	60668	29533	31135
白云区	185047	97368	87679	130188	69004	61184	78327	40422	37905
黄埔区	66976	37305	29671	49664	25852	23812	31152	15118	16034
番禺区	143435	75191	68244	100437	50141	50296	62860	29393	33467
花都区	68343	35835	32508	46751	23688	23063	27318	13289	14029
南沙区	30590	17105	13485	22319	11457	10862	13849	6725	7124
从化区	14527	7142	7385	11478	5614	5864	7274	3512	3762
增城区	35186	18108	17078	29212	14524	14688	19564	9335	10229
韶关市	**82794**	**41295**	**41499**	**70690**	**35410**	**35280**	**45705**	**22638**	**23067**
武江区	26276	13105	13171	22355	11295	11060	14755	7268	7487
浈江区	23051	11463	11588	20814	10648	10166	13944	7067	6877
曲江区	14095	7205	6890	10852	5422	5430	6488	3198	3290
始兴县									
仁化县									
翁源县									
乳源瑶族自治县									
新丰县									
乐昌市	8979	4420	4559	7882	3801	4081	5287	2573	2714
南雄市	10393	5102	5291	8787	4244	4543	5231	2532	2699
深圳市	**1037608**	**563459**	**474149**	**677914**	**350665**	**327249**	**371662**	**177830**	**193832**
罗湖区	81430	42117	39313	59400	30355	29045	35466	17163	18303
福田区	107667	54708	52959	78202	39618	38584	45994	22076	23918
南山区	119808	64233	55575	79380	40950	38430	46262	21390	24872
宝安区	242231	133564	108667	146830	76530	70300	73720	35548	38172
龙岗区	249691	136504	113187	161887	83444	78443	90685	43019	47666
盐田区	17580	9881	7699	11920	6695	5225	6278	3099	3179
龙华区	119146	63877	55269	81447	40071	41376	46139	21715	24424
坪山区	34568	20405	14163	21090	11840	9250	10639	5359	5280
光明区	65487	38170	27317	37758	21162	16596	16479	8461	8018
珠海市	**137384**	**72554**	**64830**	**102422**	**53411**	**49011**	**60767**	**30056**	**30711**
香洲区	100616	52862	47754	74011	38916	35095	42462	21045	21417
斗门区	17610	9091	8519	14153	7043	7110	9025	4435	4590
金湾区	19158	10601	8557	14258	7452	6806	9280	4576	4704
汕头市	**183226**	**90366**	**92860**	**163464**	**81350**	**82114**	**132120**	**65516**	**66604**
龙湖区	41975	21420	20555	33996	17561	16435	24812	12516	12296
金平区	61378	29419	31959	61929	30326	31603	51405	25334	26071
濠江区	12244	6121	6123	10504	5245	5259	9821	4886	4935
潮阳区	23096	10894	12202	19911	9538	10373	17607	8742	8865
潮南区	25740	12999	12741	20072	10026	10046	16166	8097	8069
澄海区	18793	9513	9280	17052	8654	8398	12309	5941	6368
南澳县									
佛山市	**656025**	**357195**	**298830**	**443497**	**235974**	**207523**	**267247**	**130677**	**136570**
禅城区	85743	45074	40669	63453	32603	30850	42070	20418	21652
南海区	261015	144609	116406	170706	92540	78166	100523	49942	50581
顺德区	249414	135411	114003	163311	87183	76128	96186	46676	49510
三水区	29304	15411	13893	22430	11233	11197	13789	6544	7245
高明区	30549	16690	13859	23597	12415	11182	14679	7097	7582

1-5a 续表 13

单位：人

地　区	50-54岁			55-59岁			60-64岁		
	小计	男	女	小计	男	女	小计	男	女
江门市	**219118**	**110544**	**108574**	**180854**	**90039**	**90815**	**125893**	**61930**	**63963**
蓬江区	62518	32003	30515	50844	26096	24748	34922	17169	17753
江海区	27499	14145	13354	20320	10497	9823	13163	6638	6525
新会区	39122	19913	19209	31920	15791	16129	22204	10871	11333
台山市	28923	14257	14666	24284	11927	12357	18446	9102	9344
开平市	25686	12368	13318	23368	10975	12393	17654	8388	9266
鹤山市	19058	9939	9119	14982	7603	7379	9332	4620	4712
恩平市	16312	7919	8393	15136	7150	7986	10172	5142	5030
湛江市	**128365**	**63507**	**64858**	**110236**	**54478**	**55758**	**86412**	**42833**	**43579**
赤坎区	26776	13224	13552	23494	11769	11725	18288	9063	9225
霞山区	43892	21871	22021	36919	18565	18354	27812	13964	13848
坡头区	3838	1846	1992	3659	1767	1892	3153	1378	1775
麻章区	5992	3051	2941	5089	2592	2497	4237	2115	2122
遂溪县	1620	811	809	1708	889	819	1364	724	640
徐闻县									
廉江市	14879	7297	7582	12888	6023	6865	10543	5040	5503
雷州市	15459	7582	7877	12500	6153	6347	10479	5341	5138
吴川市	15909	7825	8084	13979	6720	7259	10536	5208	5328
茂名市	**122861**	**58973**	**63888**	**95970**	**46951**	**49019**	**69293**	**33817**	**35476**
茂南区	48016	23674	24342	34505	17360	17145	23561	11343	12218
电白区	15423	7565	7858	13026	6320	6706	10484	5173	5311
高州市	21405	10006	11399	16857	8043	8814	11951	5871	6080
化州市	16234	7700	8534	14636	7113	7523	10946	5326	5620
信宜市	21783	10028	11755	16946	8115	8831	12351	6104	6247
肇庆市	**91402**	**46642**	**44760**	**71616**	**35938**	**35678**	**46805**	**22854**	**23951**
端州区	44810	22131	22679	36356	17906	18450	24554	11911	12643
鼎湖区	8082	4299	3783	6306	3257	3049	4173	2054	2119
高要区	6698	3332	3366	5439	2673	2766	3389	1621	1768
广宁县									
怀集县									
封开县									
德庆县									
四会市	31812	16880	14932	23515	12102	11413	14689	7268	7421
惠州市	**175498**	**93948**	**81550**	**121002**	**62439**	**58563**	**72179**	**36084**	**36095**
惠城区	108504	56731	51773	75813	38155	37658	47884	23593	24291
惠阳区	65222	36197	29025	44083	23624	20459	23834	12217	11617
博罗县	1772	1020	752	1106	660	446	461	274	187
惠东县									
龙门县									
梅州市	**68857**	**33645**	**35212**	**63032**	**30501**	**32531**	**47132**	**23358**	**23774**
梅江区	28506	14522	13984	26363	13111	13252	19485	9644	9841
梅县区	17183	8306	8877	16612	7880	8732	11666	5731	5935
大埔县									
丰顺县									
五华县	1076	510	566	903	431	472	643	323	320
平远县									
蕉岭县									
兴宁市	22092	10307	11785	19154	9079	10075	15338	7660	7678

1–5a 续表 14

单位：人

地　区	50–54岁			55–59岁			60–64岁		
	小计	男	女	小计	男	女	小计	男	女
汕尾市	**38757**	**19573**	**19184**	**30099**	**15201**	**14898**	**22430**	**11154**	**11276**
城　区	22812	11582	11230	17350	8744	8606	12516	6152	6364
海丰县									
陆河县									
陆丰市	15945	7991	7954	12749	6457	6292	9914	5002	4912
河源市	**44756**	**22882**	**21874**	**34729**	**17221**	**17508**	**23390**	**11683**	**11707**
源城区	44756	22882	21874	34729	17221	17508	23390	11683	11707
紫金县									
龙川县									
连平县									
和平县									
东源县									
阳江市	**81933**	**40557**	**41376**	**66216**	**32877**	**33339**	**40055**	**19933**	**20122**
江城区	45630	22488	23142	37359	18294	19065	23240	11378	11862
阳东区	13765	6768	6997	10252	5168	5084	6185	3134	3051
阳西县									
阳春市	22538	11301	11237	18605	9415	9190	10630	5421	5209
清远市	**87970**	**43433**	**44537**	**76829**	**36309**	**40520**	**50713**	**23968**	**26745**
清城区	45497	22491	23006	40264	18894	21370	26402	12446	13956
清新区	15663	7512	8151	12769	5869	6900	9108	4206	4902
佛冈县									
阳山县									
连山壮族瑶族自治县									
连南瑶族自治县									
英德市	14623	7385	7238	13290	6465	6825	8245	3999	4246
连州市	12187	6045	6142	10506	5081	5425	6958	3317	3641
东莞市	**659427**	**364694**	**294733**	**376607**	**205068**	**171539**	**180339**	**90725**	**89614**
市辖区	659427	364694	294733	376607	205068	171539	180339	90725	89614
中山市	**207123**	**109280**	**97843**	**131401**	**67949**	**63452**	**76575**	**37474**	**39101**
市辖区	207123	109280	97843	131401	67949	63452	76575	37474	39101
潮州市	**74547**	**37668**	**36879**	**67267**	**33750**	**33517**	**51544**	**25218**	**26326**
湘桥区	34000	16952	17048	32617	16190	16427	25727	12516	13211
潮安区	40547	20716	19831	34650	17560	17090	25817	12702	13115
饶平县									
揭阳市	**98844**	**47275**	**51569**	**83965**	**40505**	**43460**	**66653**	**33299**	**33354**
榕城区	48795	23152	25643	41817	20119	21698	33709	16878	16831
揭东区	21490	10448	11042	18305	9092	9213	14977	7569	7408
揭西县									
惠来县									
普宁市	28559	13675	14884	23843	11294	12549	17967	8852	9115
云浮市	**40585**	**19869**	**20716**	**34954**	**16676**	**18278**	**22459**	**10336**	**12123**
云城区	23517	11901	11616	18642	9144	9498	11422	5340	6082
云安区	1551	781	770	1422	693	729	867	422	445
新兴县									
郁南县									
罗定市	15517	7187	8330	14890	6839	8051	10170	4574	5596

1-5a 续表 15

单位：人

地 区	65-69岁			70-74岁			75-79岁		
	小计	男	女	小计	男	女	小计	男	女
广 东	**2012454**	**952748**	**1059706**	**1243897**	**596099**	**647798**	**713048**	**331010**	**382038**
广州市	**448986**	**214012**	**234974**	**276251**	**132101**	**144150**	**164604**	**75457**	**89147**
荔湾区	62260	30991	31269	39269	19792	19477	23570	11635	11935
越秀区	58375	27340	31035	36808	17430	19378	23821	10460	13361
海珠区	81162	38615	42547	52075	24902	27173	30497	14061	16436
天河区	51539	24237	27302	31901	15111	16790	20299	9125	11174
白云区	58576	28890	29686	34136	16535	17601	19306	8702	10604
黄埔区	24527	11682	12845	15074	6964	8110	8878	4007	4871
番禺区	54023	24847	29176	32699	15169	17530	18713	8412	10301
花都区	24349	11305	13044	14755	6770	7985	7999	3702	4297
南沙区	11439	5526	5913	6154	2934	3220	3660	1698	1962
从化区	6620	2982	3638	4272	2041	2231	2526	1147	1379
增城区	16116	7597	8519	9108	4453	4655	5335	2508	2827
韶关市	**40425**	**18945**	**21480**	**28525**	**13429**	**15096**	**18858**	**8574**	**10284**
武江区	12874	6086	6788	8380	4064	4316	5320	2344	2976
浈江区	11756	5650	6106	8646	4034	4612	5873	2701	3172
曲江区	5987	2622	3365	4966	2321	2645	3363	1543	1820
始兴县									
仁化县									
翁源县									
乳源瑶族自治县									
新丰县									
乐昌市	4702	2166	2536	3127	1456	1671	2075	980	1095
南雄市	5106	2421	2685	3406	1554	1852	2227	1006	1221
深圳市	**277078**	**129406**	**147672**	**133227**	**64306**	**68921**	**68702**	**30901**	**37801**
罗湖区	28389	13107	15282	15379	7399	7980	8375	3746	4629
福田区	37981	17424	20557	20462	9734	10728	12446	5490	6956
南山区	38380	17137	21243	20948	9826	11122	11631	5151	6480
宝安区	51451	24258	27193	23007	11074	11933	10831	4867	5964
龙岗区	65962	31095	34867	30078	14813	15265	14367	6679	7688
盐田区	4519	2135	2384	2380	1118	1262	1408	601	807
龙华区	32347	15352	16995	13041	6458	6583	5766	2619	3147
坪山区	7021	3451	3570	3142	1538	1604	1450	661	789
光明区	11028	5447	5581	4790	2346	2444	2428	1087	1341
珠海市	**50225**	**23798**	**26427**	**30173**	**14223**	**15950**	**17715**	**8072**	**9643**
香洲区	34630	16235	18395	21362	9921	11441	13091	5826	7265
斗门区	7938	3762	4176	5030	2454	2576	2572	1251	1321
金湾区	7657	3801	3856	3781	1848	1933	2052	995	1057
汕头市	**112187**	**54196**	**57991**	**70800**	**33549**	**37251**	**37886**	**17592**	**20294**
龙湖区	20266	9865	10401	12499	5994	6505	7123	3438	3685
金平区	42240	20567	21673	26637	12763	13874	14553	6841	7712
濠江区	8758	4309	4449	5522	2544	2978	2585	1128	1457
潮阳区	15473	7631	7842	10258	5057	5201	4818	2382	2436
潮南区	14759	6872	7887	9479	4148	5331	5449	2372	3077
澄海区	10691	4952	5739	6405	3043	3362	3358	1431	1927
南澳县									
佛山市	**245769**	**112904**	**132865**	**167366**	**75712**	**91654**	**93106**	**41286**	**51820**
禅城区	37191	17606	19585	26833	12501	14332	16547	7475	9072
南海区	93871	43368	50503	64078	29584	34494	35997	16626	19371
顺德区	90555	40835	49720	59937	25976	33961	30406	12669	17737
三水区	12092	5443	6649	8433	3912	4521	5050	2216	2834
高明区	12060	5652	6408	8085	3739	4346	5106	2300	2806

1-5a　续表 16　　　　单位：人

地　区	65-69岁			70-74岁			75-79岁		
	小计	男	女	小计	男	女	小计	男	女
江门市	**118934**	**56895**	**62039**	**84240**	**40109**	**44131**	**41784**	**19663**	**22121**
蓬江区	32530	15384	17146	23571	10978	12593	11999	5382	6617
江海区	12665	5940	6725	8190	3826	4364	4248	1870	2378
新会区	21721	10238	11483	15560	7132	8428	7725	3485	4240
台山市	17519	8783	8736	12292	6181	6111	5254	2630	2624
开平市	17177	8234	8943	12028	5750	6278	5504	2803	2701
鹤山市	8011	3626	4385	6102	2792	3310	3584	1645	1939
恩平市	9311	4690	4621	6497	3450	3047	3470	1848	1622
湛江市	**66113**	**31888**	**34225**	**46036**	**23666**	**22370**	**31359**	**15596**	**15763**
赤坎区	13928	6828	7100	9520	4968	4552	6316	3191	3125
霞山区	21111	10080	11031	14818	7510	7308	10690	5125	5565
坡头区	2997	1411	1586	2021	1060	961	1432	719	713
麻章区	3342	1659	1683	2168	1193	975	1515	776	739
遂溪县	1068	503	565	982	506	476	699	352	347
徐闻县									
廉江市	7736	3682	4054	5297	2754	2543	3542	1822	1720
雷州市	6932	3455	3477	4711	2410	2301	2929	1482	1447
吴川市	8999	4270	4729	6519	3265	3254	4236	2129	2107
茂名市	**57407**	**27414**	**29993**	**42687**	**21884**	**20803**	**28922**	**14449**	**14473**
茂南区	20502	9345	11157	16889	8395	8494	11111	5514	5597
电白区	8328	4061	4267	5891	2995	2896	3928	1921	2007
高州市	9940	4947	4993	7073	3688	3385	4791	2435	2356
化州市	8595	4145	4450	6208	3284	2924	4356	2212	2144
信宜市	10042	4916	5126	6626	3522	3104	4736	2367	2369
肇庆市	**40261**	**18607**	**21654**	**27744**	**13247**	**14497**	**17505**	**8390**	**9115**
端州区	21254	9729	11525	15815	7620	8195	10584	5128	5456
鼎湖区	3789	1739	2050	2380	1075	1305	1502	706	796
高要区	3283	1545	1738	2037	974	1063	1193	552	641
广宁县									
怀集县									
封开县									
德庆县									
四会市	11935	5594	6341	7512	3578	3934	4226	2004	2222
惠州市	**55983**	**27188**	**28795**	**33265**	**16527**	**16738**	**19300**	**9062**	**10238**
惠城区	37676	18023	19653	22384	10942	11442	13549	6217	7332
惠阳区	17995	9001	8994	10725	5509	5216	5652	2795	2857
博罗县	312	164	148	156	76	80	99	50	49
惠东县									
龙门县									
梅州市	**42246**	**20163**	**22083**	**27462**	**13838**	**13624**	**17013**	**8896**	**8117**
梅江区	17277	8223	9054	11489	5621	5868	7197	3713	3484
梅县区	9757	4688	5069	5694	2884	2810	3279	1750	1529
大埔县									
丰顺县									
五华县	629	321	308	461	224	237	319	139	180
平远县									
蕉岭县									
兴宁市	14583	6931	7652	9818	5109	4709	6218	3294	2924

1-5a 续表 17

单位：人

地 区	65-69岁			70-74岁			75-79岁		
	小计	男	女	小计	男	女	小计	男	女
汕尾市	**18669**	**9035**	**9634**	**12270**	**6787**	**5483**	**7021**	**3764**	**3257**
城 区	10837	5189	5648	7160	3880	3280	3802	2027	1775
海丰县									
陆河县									
陆丰市	7832	3846	3986	5110	2907	2203	3219	1737	1482
河源市	**17719**	**8707**	**9012**	**10825**	**5336**	**5489**	**7827**	**3593**	**4234**
源城区	17719	8707	9012	10825	5336	5489	7827	3593	4234
紫金县									
龙川县									
连平县									
和平县									
东源县									
阳江市	**36086**	**17601**	**18485**	**23292**	**12118**	**11174**	**15006**	**7406**	**7600**
江城区	21063	10413	10650	13945	7295	6650	8844	4291	4553
阳东区	5660	2811	2849	3259	1799	1460	1906	999	907
阳西县									
阳春市	9363	4377	4986	6088	3024	3064	4256	2116	2140
清远市	**43839**	**20425**	**23414**	**27458**	**13004**	**14454**	**16899**	**7633**	**9266**
清城区	23199	10947	12252	14575	6902	7673	8506	3878	4628
清新区	7565	3560	4005	4200	2032	2168	2543	1203	1340
佛冈县									
阳山县									
连山壮族瑶族自治县									
连南瑶族自治县									
英德市	6454	2978	3476	3961	1897	2064	2675	1155	1520
连州市	6621	2940	3681	4722	2173	2549	3175	1397	1778
东莞市	**143709**	**68837**	**74872**	**81450**	**37781**	**43669**	**43804**	**19280**	**24524**
市辖区	143709	68837	74872	81450	37781	43669	43804	19280	24524
中山市	**67540**	**31577**	**35963**	**43215**	**19717**	**23498**	**21498**	**9487**	**12011**
市辖区	67540	31577	35963	43215	19717	23498	21498	9487	12011
潮州市	**48694**	**23189**	**25505**	**29636**	**14382**	**15254**	**14535**	**6895**	**7640**
湘桥区	24575	11640	12935	15563	7647	7916	7484	3641	3843
潮安区	24119	11549	12570	14073	6735	7338	7051	3254	3797
饶平县									
揭阳市	**60216**	**28666**	**31550**	**35566**	**18116**	**17450**	**21456**	**10991**	**10465**
榕城区	30711	14638	16073	18280	9323	8957	10805	5592	5213
揭东区	13441	6470	6971	7549	3897	3652	4717	2366	2351
揭西县									
惠来县									
普宁市	16064	7558	8506	9737	4896	4841	5934	3033	2901
云浮市	**20368**	**9295**	**11073**	**12409**	**6267**	**6142**	**8248**	**4023**	**4225**
云城区	10136	4756	5380	6427	3225	3202	4078	2003	2075
云安区	706	361	345	439	262	177	314	167	147
新兴县									
郁南县									
罗定市	9526	4178	5348	5543	2780	2763	3856	1853	2003

1-5a 续表 18

单位：人

地　　区	80-84岁			85-89岁			90岁及以上		
	小计	男	女	小计	男	女	小计	男	女
广　东	**518729**	**231106**	**287623**	**289754**	**117406**	**172348**	**129448**	**46787**	**82661**
广州市	**134211**	**59424**	**74787**	**80559**	**33346**	**47213**	**35500**	**13965**	**21535**
荔湾区	21192	9072	12120	15142	6092	9050	7751	3123	4628
越秀区	23216	9830	13386	15807	6524	9283	6957	2863	4094
海珠区	26774	11584	15190	16447	6580	9867	6778	2640	4138
天河区	16919	8213	8706	8278	3993	4285	3071	1397	1674
白云区	14468	6309	8159	8629	3463	5166	3820	1424	2396
黄埔区	6299	2928	3371	3096	1307	1789	1291	508	783
番禺区	12640	5669	6971	6103	2549	3554	2938	1001	1937
花都区	4832	2338	2494	2513	1020	1493	1015	368	647
南沙区	2576	1087	1489	1459	551	908	651	179	472
从化区	1722	772	950	974	421	553	358	145	213
增城区	3573	1622	1951	2111	846	1265	870	317	553
韶关市	**14348**	**6390**	**7958**	**7093**	**2879**	**4214**	**2718**	**1033**	**1685**
武江区	4195	1881	2314	1989	844	1145	825	332	493
浈江区	4743	2197	2546	2349	938	1411	787	316	471
曲江区	2272	1001	1271	1082	461	621	405	116	289
始兴县									
仁化县									
翁源县									
乳源瑶族自治县									
新丰县									
乐昌市	1421	593	828	668	267	401	298	118	180
南雄市	1717	718	999	1005	369	636	403	151	252
深圳市	**46037**	**20449**	**25588**	**22760**	**9750**	**13010**	**9218**	**3352**	**5866**
罗湖区	6222	2829	3393	3062	1386	1676	1100	430	670
福田区	9042	4317	4725	3776	1896	1880	1260	543	717
南山区	7831	3569	4262	3475	1639	1836	1207	508	699
宝安区	7080	2941	4139	3835	1433	2402	1705	592	1113
龙岗区	8756	3801	4955	4807	1895	2912	2167	690	1477
盐田区	1004	444	560	475	186	289	204	76	128
龙华区	3562	1513	2049	1780	729	1051	779	255	524
坪山区	997	412	585	663	235	428	349	100	249
光明区	1543	623	920	887	351	536	447	158	289
珠海市	**12908**	**5949**	**6959**	**6188**	**2839**	**3349**	**2325**	**1013**	**1312**
香洲区	9853	4487	5366	4571	2119	2452	1636	726	910
斗门区	1663	815	848	812	365	447	338	137	201
金湾区	1392	647	745	805	355	450	351	150	201
汕头市	**29707**	**12966**	**16741**	**17629**	**6857**	**10772**	**8405**	**2762**	**5643**
龙湖区	4949	2263	2686	2609	1176	1433	1086	378	708
金平区	11920	5010	6910	7084	2617	4467	3203	1059	2144
濠江区	2019	823	1196	1287	423	864	743	199	544
潮阳区	3968	1757	2211	2466	1001	1465	1211	407	804
潮南区	4426	2065	2361	2677	1073	1604	1533	500	1033
澄海区	2425	1048	1377	1506	567	939	629	219	410
南澳县									
佛山市	**61551**	**26637**	**34914**	**30639**	**11312**	**19327**	**14814**	**4558**	**10256**
禅城区	11925	5236	6689	6092	2386	3706	2620	918	1702
南海区	21306	9757	11549	10342	3964	6378	5687	1826	3861
顺德区	21707	8757	12950	10770	3667	7103	4915	1373	3542
三水区	3373	1502	1871	1662	647	1015	757	214	543
高明区	3240	1385	1855	1773	648	1125	835	227	608

1-5a 续表 19 单位：人

地区	80-84岁			85-89岁			90岁及以上		
	小计	男	女	小计	男	女	小计	男	女
江门市	**29019**	**13432**	**15587**	**15501**	**6234**	**9267**	**6840**	**2302**	**4538**
蓬江区	8846	3835	5011	4744	1887	2857	1898	660	1238
江海区	2877	1211	1666	1618	554	1064	783	220	563
新会区	5699	2588	3111	3109	1217	1892	1396	448	948
台山市	3867	2017	1850	2006	876	1130	1030	340	690
开平市	3242	1630	1612	1725	710	1015	819	281	538
鹤山市	2342	1058	1284	1117	470	647	468	170	298
恩平市	2146	1093	1053	1182	520	662	446	183	263
湛江市	**23256**	**10744**	**12512**	**13371**	**6022**	**7349**	**6304**	**2747**	**3557**
赤坎区	4807	2202	2605	2947	1287	1660	1455	650	805
霞山区	7854	3648	4206	4314	1987	2327	1817	845	972
坡头区	1088	598	490	468	250	218	200	85	115
麻章区	1109	516	593	737	341	396	462	158	304
遂溪县	506	216	290	353	164	189	161	76	85
徐闻县									
廉江市	2367	1064	1303	1330	589	741	651	310	341
雷州市	2243	987	1256	1435	608	827	694	273	421
吴川市	3282	1513	1769	1787	796	991	864	350	514
茂名市	**21176**	**10447**	**10729**	**11741**	**5480**	**6261**	**5488**	**2356**	**3132**
茂南区	8321	4465	3856	4062	2017	2045	1736	763	973
电白区	3277	1484	1793	1997	889	1108	1020	455	565
高州市	3200	1491	1709	2010	900	1110	968	396	572
化州市	3169	1510	1659	1833	811	1022	986	404	582
信宜市	3209	1497	1712	1839	863	976	778	338	440
肇庆市	**11692**	**5314**	**6378**	**6021**	**2454**	**3567**	**2436**	**895**	**1541**
端州区	7405	3455	3950	3703	1644	2059	1351	535	816
鼎湖区	844	339	505	417	147	270	216	75	141
高要区	721	341	380	342	122	220	174	70	104
广宁县									
怀集县									
封开县									
德庆县									
四会市	2722	1179	1543	1559	541	1018	695	215	480
惠州市	**14134**	**6294**	**7840**	**7927**	**3113**	**4814**	**3529**	**1212**	**2317**
惠城区	9866	4425	5441	5292	2065	3227	2157	754	1403
惠阳区	4186	1840	2346	2593	1032	1561	1348	453	895
博罗县	82	29	53	42	16	26	24	5	19
惠东县									
龙门县									
梅州市	**11617**	**5578**	**6039**	**7063**	**2849**	**4214**	**3158**	**1006**	**2152**
梅江区	5532	2647	2885	3321	1424	1897	1396	471	925
梅县区	2050	982	1068	1337	475	862	564	156	408
大埔县									
丰顺县									
五华县	250	95	155	154	47	107	70	19	51
平远县									
蕉岭县									
兴宁市	3785	1854	1931	2251	903	1348	1128	360	768

1-5a 续表 20

单位：人

地 区	80-84岁			85-89岁			90岁及以上		
	小计	男	女	小计	男	女	小计	男	女
汕尾市	**5600**	**2611**	**2989**	**3591**	**1464**	**2127**	**1833**	**730**	**1103**
城 区	2895	1333	1562	1850	678	1172	868	312	556
海丰县									
陆河县									
陆丰市	2705	1278	1427	1741	786	955	965	418	547
河源市	**5444**	**2389**	**3055**	**3027**	**1162**	**1865**	**1146**	**364**	**782**
源城区	5444	2389	3055	3027	1162	1865	1146	364	782
紫金县									
龙川县									
连平县									
和平县									
东源县									
阳江市	**10693**	**4842**	**5851**	**6342**	**2616**	**3726**	**2976**	**1183**	**1793**
江城区	6615	3012	3603	4118	1706	2412	1958	800	1158
阳东区	1191	571	620	753	309	444	388	139	249
阳西县									
阳春市	2887	1259	1628	1471	601	870	630	244	386
清远市	**11106**	**4634**	**6472**	**6078**	**2243**	**3835**	**2567**	**852**	**1715**
清城区	5795	2559	3236	3276	1250	2026	1391	471	920
清新区	1395	587	808	749	252	497	283	88	195
佛冈县									
阳山县									
连山壮族瑶族自治县									
连南瑶族自治县									
英德市	1955	734	1221	973	376	597	437	140	297
连州市	1961	754	1207	1080	365	715	456	153	303
东莞市	**28085**	**12000**	**16085**	**17023**	**6314**	**10709**	**8021**	**2445**	**5576**
市辖区	28085	12000	16085	17023	6314	10709	8021	2445	5576
中山市	**15548**	**6593**	**8955**	**8299**	**3156**	**5143**	**3806**	**1203**	**2603**
市辖区	15548	6593	8955	8299	3156	5143	3806	1203	2603
潮州市	**10925**	**4433**	**6492**	**6701**	**2512**	**4189**	**2833**	**926**	**1907**
湘桥区	5702	2269	3433	3554	1379	2175	1476	531	945
潮安区	5223	2164	3059	3147	1133	2014	1357	395	962
饶平县									
揭阳市	**16108**	**7446**	**8662**	**9281**	**3709**	**5572**	**4320**	**1474**	**2846**
榕城区	7681	3458	4223	4271	1721	2550	1949	643	1306
揭东区	3484	1621	1863	2003	728	1275	927	265	662
揭西县									
惠来县									
普宁市	4943	2367	2576	3007	1260	1747	1444	566	878
云浮市	**5564**	**2534**	**3030**	**2920**	**1095**	**1825**	**1211**	**409**	**802**
云城区	2845	1277	1568	1489	565	924	590	199	391
云安区	237	96	141	147	49	98	69	12	57
新兴县									
郁南县									
罗定市	2482	1161	1321	1284	481	803	552	198	354

1-5b 各地区分年龄、性别的人口(镇)

单位：人

地区	合计			0岁			1-4岁		
	合计	男	女	小计	男	女	小计	男	女
广东	**17048413**	**8892530**	**8155883**	**188472**	**101459**	**87013**	**1013216**	**541424**	**471792**
广州市	**1218371**	**657327**	**561044**	**11781**	**6339**	**5442**	**64648**	**34365**	**30283**
荔湾区									
越秀区									
海珠区									
天河区									
白云区	264504	143638	120866	1751	924	827	9058	4821	4237
黄埔区	39683	19976	19707	868	452	416	4359	2345	2014
番禺区	66073	36871	29202	553	296	257	2528	1348	1180
花都区	101246	53724	47522	901	466	435	5669	3035	2634
南沙区	158019	86612	71407	1476	794	682	7415	3869	3546
从化区	100105	57583	42522	760	430	330	4211	2180	2031
增城区	488741	258923	229818	5472	2977	2495	31408	16767	14641
韶关市	**684648**	**340192**	**344456**	**7402**	**3839**	**3563**	**42682**	**22767**	**19915**
武江区	2827	1433	1394	40	22	18	172	94	78
浈江区	33602	19469	14133	213	105	108	1131	600	531
曲江区	28292	14833	13459	257	132	125	1502	810	692
始兴县	81780	38993	42787	902	476	426	5278	2795	2483
仁化县	76629	37638	38991	770	400	370	4587	2353	2234
翁源县	114951	55475	59476	1415	728	687	8218	4351	3867
乳源瑶族自治县	86827	43062	43765	1009	516	493	5829	3113	2716
新丰县	102680	51183	51497	1043	547	496	6332	3477	2855
乐昌市	96819	48071	48748	1051	540	511	5842	3126	2716
南雄市	60241	30035	30206	702	373	329	3791	2048	1743
深圳市	**6320**	**4600**	**1720**	**50**	**23**	**27**	**195**	**98**	**97**
罗湖区									
福田区									
南山区	4025	3503	522				3	2	1
宝安区									
龙岗区									
盐田区									
龙华区									
坪山区	2295	1097	1198	50	23	27	192	96	96
光明区									
珠海市	**309077**	**183153**	**125924**	**2758**	**1436**	**1322**	**14598**	**7741**	**6857**
香洲区	51981	36371	15610	261	137	124	1201	655	546
斗门区	149473	82129	67344	1602	848	754	8523	4453	4070
金湾区	107623	64653	42970	895	451	444	4874	2633	2241
汕头市	**1359381**	**692222**	**667159**	**16489**	**8775**	**7714**	**82399**	**43203**	**39196**
龙湖区									
金平区									
濠江区	5458	2759	2699	71	32	39	289	152	137
潮阳区	621039	317945	303094	8396	4503	3893	41222	21723	19499
潮南区	311173	157894	153279	4377	2370	2007	20537	10787	9750
澄海区	370442	188042	182400	3143	1601	1542	17736	9235	8501
南澳县	51269	25582	25687	502	269	233	2615	1306	1309
佛山市	**503633**	**286909**	**216724**	**4683**	**2538**	**2145**	**24353**	**13004**	**11349**
禅城区	215016	119098	95918	2364	1286	1078	11902	6331	5571
南海区	52028	29591	22437	350	180	170	2183	1095	1088
顺德区									
三水区	210331	123035	87296	1791	976	815	9128	4927	4201
高明区	26258	15185	11073	178	96	82	1140	651	489

1-5b 续表 1

单位：人

地区	合计			0岁			1-4岁		
	合计	男	女	小计	男	女	小计	男	女
江门市	**423723**	**227268**	**196455**	**3209**	**1684**	**1525**	**18756**	**9971**	**8785**
蓬江区									
江海区									
新会区	122281	64733	57548	1015	525	490	5482	2957	2525
台山市	76134	39361	36773	491	248	243	2770	1413	1357
开平市	92388	48986	43402	658	349	309	4468	2393	2075
鹤山市	77300	44539	32761	475	260	215	3081	1646	1435
恩平市	55620	29649	25971	570	302	268	2955	1562	1393
湛江市	**1185454**	**613165**	**572289**	**15868**	**8673**	**7195**	**84578**	**45411**	**39167**
赤坎区									
霞山区	4351	2264	2087	76	39	37	338	197	141
坡头区	77379	39751	37628	1217	626	591	6374	3418	2956
麻章区	108138	55298	52840	750	413	337	4310	2328	1982
遂溪县	268796	138059	130737	3910	2142	1768	19574	10449	9125
徐闻县	238402	122959	115443	3027	1647	1380	17670	9465	8205
廉江市	190022	99881	90141	2557	1435	1122	13031	7049	5982
雷州市	165010	86608	78402	2292	1266	1026	12991	7007	5984
吴川市	133356	68345	65011	2039	1105	934	10290	5498	4792
茂名市	**868859**	**453927**	**414932**	**11882**	**6523**	**5359**	**60636**	**32994**	**27642**
茂南区	43810	23079	20731	548	294	254	3057	1624	1433
电白区	366207	191215	174992	5122	2788	2334	26141	14215	11926
高州市	171899	90397	81502	2263	1259	1004	10496	5702	4794
化州市	187564	98519	89045	2463	1338	1125	13177	7236	5941
信宜市	99379	50717	48662	1486	844	642	7765	4217	3548
肇庆市	**844493**	**441658**	**402835**	**8231**	**4535**	**3696**	**47025**	**25769**	**21256**
端州区									
鼎湖区	36277	20275	16002	371	216	155	1766	977	789
高要区	162638	88576	74062	1372	735	637	7637	4149	3488
广宁县	164249	82125	82124	1595	894	701	9336	5096	4240
怀集县	221882	115517	106365	2569	1421	1148	14182	7844	6338
封开县	124170	63928	60242	1146	624	522	7161	3865	3296
德庆县	99967	51163	48804	894	484	410	5340	2930	2410
四会市	35310	20074	15236	284	161	123	1603	908	695
惠州市	**1730389**	**915308**	**815081**	**16862**	**9131**	**7731**	**95779**	**51485**	**44294**
惠城区	132379	72014	60365	1392	728	664	7269	3900	3369
惠阳区	121096	66850	54246	1158	610	548	6007	3140	2867
博罗县	690344	367614	322730	6193	3374	2819	36641	19756	16885
惠东县	640377	335527	304850	6603	3617	2986	37143	20060	17083
龙门县	146193	73303	72890	1516	802	714	8719	4629	4090
梅州市	**1045097**	**524592**	**520505**	**11417**	**6242**	**5175**	**64977**	**34810**	**30167**
梅江区	6393	3256	3137	72	43	29	314	166	148
梅县区	44110	22932	21178	381	199	182	2333	1231	1102
大埔县	154719	75994	78725	1500	801	699	9358	4992	4366
丰顺县	254264	130261	124003	2769	1539	1230	14788	7861	6927
五华县	317195	159788	157407	4097	2269	1828	22750	12431	10319
平远县	95296	46691	48605	901	497	404	5317	2771	2546
蕉岭县	101777	49532	52245	954	494	460	5981	3202	2779
兴宁市	71343	36138	35205	743	400	343	4136	2156	1980

1-5b 续表 2　　　　　　　　　　　　　　　　　单位：人

地　区	合　计			0岁			1-4岁		
	合计	男	女	小计	男	女	小计	男	女
汕尾市	**1033314**	**532944**	**500370**	**11598**	**6304**	**5294**	**65715**	**35101**	**30614**
城　区	41739	21953	19786	520	271	249	2667	1451	1216
海丰县	537278	279165	258113	5594	3020	2574	33681	18080	15601
陆河县	133178	67632	65546	1784	973	811	8645	4589	4056
陆丰市	321119	164194	156925	3700	2040	1660	20722	10981	9741
河源市	**744768**	**369516**	**375252**	**7514**	**4027**	**3487**	**45861**	**24620**	**21241**
源城区	31550	16894	14656	146	66	80	974	539	435
紫金县	207394	103735	103659	2395	1313	1082	13441	7248	6193
龙川县	197714	95529	102185	1933	1091	842	12469	6681	5788
连平县	105906	52525	53381	1084	539	545	6548	3512	3036
和平县	115301	56201	59100	1211	613	598	7621	4059	3562
东源县	86903	44632	42271	745	405	340	4808	2581	2227
阳江市	**404604**	**212074**	**192530**	**3977**	**2156**	**1821**	**24607**	**13092**	**11515**
江城区	53343	27783	25560	427	243	184	2581	1370	1211
阳东区	62768	35250	27518	497	259	238	3028	1595	1433
阳西县	189866	98250	91616	1903	1001	902	12206	6514	5692
阳春市	98627	50791	47836	1150	653	497	6792	3613	3179
清远市	**925109**	**474940**	**450169**	**11133**	**5986**	**5147**	**61843**	**33342**	**28501**
清城区	266427	143267	123160	3002	1599	1403	14860	8098	6762
清新区	40346	21184	19162	412	237	175	2395	1298	1097
佛冈县	136789	69001	67788	1603	885	718	9110	5019	4091
阳山县	154401	76232	78169	2013	1104	909	12805	6941	5864
连山壮族瑶族自治县	38758	19294	19464	492	258	234	2625	1417	1208
连南瑶族自治县	61042	30232	30810	682	346	336	3898	2056	1842
英德市	192781	98225	94556	2524	1359	1165	13974	7375	6599
连州市	34565	17505	17060	405	198	207	2176	1138	1038
东莞市	**87319**	**49443**	**37876**	**350**	**204**	**146**	**2437**	**1349**	**1088**
市辖区	87319	49443	37876	350	204	146	2437	1349	1088
中山市	**1099098**	**601373**	**497725**	**10129**	**5318**	**4811**	**52833**	**28028**	**24805**
市辖区	1099098	601373	497725	10129	5318	4811	52833	28028	24805
潮州市	**715083**	**361981**	**353102**	**6947**	**3692**	**3255**	**36035**	**19030**	**17005**
湘桥区	78845	38286	40559	699	372	327	3444	1767	1677
潮安区	241602	123982	117620	2747	1427	1320	13220	7030	6190
饶平县	394636	199713	194923	3501	1893	1608	19371	10233	9138
揭阳市	**1389331**	**712132**	**677199**	**20652**	**10981**	**9671**	**93162**	**49003**	**44159**
榕城区	89992	46186	43806	1149	599	550	5323	2745	2578
揭东区	205611	107930	97681	3074	1649	1425	11728	6194	5534
揭西县	209233	107166	102067	3170	1702	1468	11824	6342	5482
惠来县	437430	222177	215253	6578	3514	3064	31567	16578	14989
普宁市	447065	228673	218392	6681	3517	3164	32720	17144	15576
云浮市	**470342**	**237806**	**232536**	**5540**	**3053**	**2487**	**30097**	**16241**	**13856**
云城区									
云安区	47599	25018	22581	595	324	271	3130	1709	1421
新兴县	185930	93120	92810	2096	1171	925	11364	6200	5164
郁南县	160255	80747	79508	1840	1005	835	10069	5350	4719
罗定市	76558	38921	37637	1009	553	456	5534	2982	2552

1-5b 续表 3

单位：人

地 区	5-9岁			10-14岁			15-19岁		
	小计	男	女	小计	男	女	小计	男	女
广 东	**1406547**	**752599**	**653948**	**1230117**	**658504**	**571613**	**960089**	**524051**	**436038**
广州市	**65945**	**35816**	**30129**	**46035**	**24988**	**21047**	**101417**	**57919**	**43498**
荔湾区									
越秀区									
海珠区									
天河区									
白云区	9194	5035	4159	7381	4053	3328	45254	25970	19284
黄埔区	3886	2122	1764	1843	1015	828	487	276	211
番禺区	2233	1181	1052	1826	993	833	3487	1801	1686
花都区	6385	3509	2876	4291	2319	1972	8439	4243	4196
南沙区	7021	3775	3246	5643	2998	2645	5126	2952	2174
从化区	4996	2698	2298	3334	1817	1517	19650	12508	7142
增城区	32230	17496	14734	21717	11793	9924	18974	10169	8805
韶关市	**61473**	**33214**	**28259**	**53363**	**28424**	**24939**	**37741**	**20496**	**17245**
武江区	273	127	146	256	144	112	63	38	25
浈江区	1528	815	713	1314	684	630	4466	2981	1485
曲江区	2101	1108	993	2029	1065	964	523	299	224
始兴县	7201	4007	3194	6101	3216	2885	5362	2763	2599
仁化县	6516	3453	3063	5572	2973	2599	4555	2382	2173
翁源县	11510	6320	5190	9405	4994	4411	5840	3096	2744
乳源瑶族自治县	7534	4047	3487	6239	3255	2984	5151	2597	2554
新丰县	9267	4901	4366	8141	4416	3725	5807	3043	2764
乐昌市	9823	5345	4478	9165	4891	4274	3996	2230	1766
南雄市	5720	3091	2629	5141	2786	2355	1978	1067	911
深圳市	**193**	**97**	**96**	**119**	**62**	**57**	**88**	**69**	**19**
罗湖区									
福田区									
南山区	3	1	2	3	1	2	53	50	3
宝安区									
龙岗区									
盐田区									
龙华区									
坪山区	190	96	94	116	61	55	35	19	16
光明区									
珠海市	**16169**	**8752**	**7417**	**12672**	**6981**	**5691**	**11387**	**7123**	**4264**
香洲区	1363	725	638	928	520	408	1232	838	394
斗门区	9443	5107	4336	7690	4236	3454	7583	4648	2935
金湾区	5363	2920	2443	4054	2225	1829	2572	1637	935
汕头市	**117518**	**61424**	**56094**	**103300**	**53561**	**49739**	**73989**	**38876**	**35113**
龙湖区									
金平区									
濠江区	342	180	162	312	154	158	194	102	92
潮阳区	59711	31175	28536	50481	26195	24286	38256	20153	18103
潮南区	30094	15696	14398	27387	14241	13146	20947	10716	10231
澄海区	24300	12802	11498	22769	11803	10966	13382	7270	6112
南澳县	3071	1571	1500	2351	1168	1183	1210	635	575
佛山市	**25739**	**14240**	**11499**	**19780**	**10959**	**8821**	**18917**	**11653**	**7264**
禅城区	11729	6476	5253	7838	4386	3452	6939	4123	2816
南海区	1980	1073	907	1551	853	698	1362	834	528
顺德区									
三水区	10613	5922	4691	9118	5037	4081	10127	6398	3729
高明区	1417	769	648	1273	683	590	489	298	191

1-5b 续表 4 单位：人

地 区	5-9岁			10-14岁			15-19岁		
	小计	男	女	小计	男	女	小计	男	女
江门市	**25998**	**13744**	**12254**	**23312**	**12606**	**10706**	**14110**	**8453**	**5657**
蓬江区									
江海区									
新会区	7287	3744	3543	6419	3426	2993	3715	2061	1654
台山市	3611	1897	1714	3534	1895	1639	1610	900	710
开平市	7059	3750	3309	6359	3490	2869	3766	2347	1419
鹤山市	4338	2371	1967	3858	2088	1770	3832	2441	1391
恩平市	3703	1982	1721	3142	1707	1435	1187	704	483
湛江市	**115840**	**62215**	**53625**	**91984**	**50399**	**41585**	**67298**	**36892**	**30406**
赤坎区									
霞山区	433	251	182	335	177	158	109	70	39
坡头区	9331	4890	4441	5914	3267	2647	2668	1551	1117
麻章区	5899	3134	2765	4612	2483	2129	17660	8403	9257
遂溪县	25717	13778	11939	20971	11408	9563	15926	8215	7711
徐闻县	23685	12791	10894	18988	10559	8429	9955	5656	4299
廉江市	18956	10279	8677	15557	8487	7070	8321	5373	2948
雷州市	16988	9193	7795	14089	7770	6319	6300	3799	2501
吴川市	14831	7899	6932	11518	6248	5270	6359	3825	2534
茂名市	**91729**	**49562**	**42167**	**78105**	**42298**	**35807**	**52610**	**29862**	**22748**
茂南区	4210	2282	1928	3228	1727	1501	2333	1229	1104
电白区	36704	19851	16853	29750	15982	13768	20735	11677	9058
高州市	16360	8857	7503	14648	8049	6599	11595	6789	4806
化州市	22810	12399	10411	20346	11012	9334	13400	7574	5826
信宜市	11645	6173	5472	10133	5528	4605	4547	2593	1954
肇庆市	**67385**	**37598**	**29787**	**63370**	**35134**	**28236**	**47133**	**25173**	**21960**
端州区									
鼎湖区	2416	1395	1021	2020	1111	909	859	519	340
高要区	10928	6236	4692	9906	5591	4315	7040	4188	2852
广宁县	14689	7994	6695	14632	7876	6756	9317	5052	4265
怀集县	19715	11304	8411	17811	10417	7394	16908	8458	8450
封开县	9902	5368	4534	9269	4983	4286	7196	3852	3344
德庆县	7577	4103	3474	7856	4096	3760	5023	2623	2400
四会市	2158	1198	960	1876	1060	816	790	481	309
惠州市	**144606**	**77573**	**67033**	**130445**	**70326**	**60119**	**99497**	**55747**	**43750**
惠城区	9580	5112	4468	7962	4296	3666	12902	7425	5477
惠阳区	8229	4433	3796	7446	4050	3396	3958	2438	1520
博罗县	51477	28020	23457	47514	25946	21568	39703	22912	16791
惠东县	62177	33117	29060	55045	29502	25543	34669	18897	15772
龙门县	13143	6891	6252	12478	6532	5946	8265	4075	4190
梅州市	**95448**	**50365**	**45083**	**89896**	**47353**	**42543**	**66989**	**35110**	**31879**
梅江区	398	188	210	386	181	205	143	74	69
梅县区	3463	1806	1657	3012	1579	1433	1129	572	557
大埔县	14527	7572	6955	14614	7621	6993	10376	5229	5147
丰顺县	22469	11723	10746	21144	11108	10036	13156	6870	6286
五华县	32288	17393	14895	30000	16067	13933	30365	16192	14173
平远县	7504	3896	3608	7101	3743	3358	4990	2586	2404
蕉岭县	8290	4395	3895	7410	3704	3706	3935	1971	1964
兴宁市	6509	3392	3117	6229	3350	2879	2895	1616	1279

1-5b 续表 5

单位：人

地 区	5-9岁			10-14岁			15-19岁		
	小计	男	女	小计	男	女	小计	男	女
汕尾市	**99581**	**52526**	**47055**	**87293**	**46112**	**41181**	**59603**	**31887**	**27716**
城 区	3253	1707	1546	2468	1221	1247	1546	863	683
海丰县	50695	26957	23738	43244	23177	20067	25583	13995	11588
陆河县	12827	6733	6094	12274	6500	5774	10588	5470	5118
陆丰市	32806	17129	15677	29307	15214	14093	21886	11559	10327
河源市	**74569**	**39673**	**34896**	**78186**	**40863**	**37323**	**50165**	**25744**	**24421**
源城区	1542	820	722	1422	783	639	2180	1311	869
紫金县	20902	11218	9684	21358	11264	10094	16002	8100	7902
龙川县	22116	11709	10407	24589	12711	11878	12891	6616	6275
连平县	10072	5360	4712	9936	5141	4795	4607	2448	2159
和平县	11967	6327	5640	12765	6673	6092	9161	4481	4680
东源县	7970	4239	3731	8116	4291	3825	5324	2788	2536
阳江市	**34920**	**18836**	**16084**	**31766**	**17197**	**14569**	**16198**	**9369**	**6829**
江城区	3729	1972	1757	3179	1708	1471	1114	647	467
阳东区	4486	2458	2028	4250	2318	1932	2168	1318	850
阳西县	16449	8838	7611	15086	8294	6792	10825	6185	4640
阳春市	10256	5568	4688	9251	4877	4374	2091	1219	872
清远市	**88596**	**48708**	**39888**	**70975**	**38426**	**32549**	**40101**	**21542**	**18559**
清城区	22612	12589	10023	18078	10075	8003	8534	4988	3546
清新区	3607	2055	1552	3546	1929	1617	1451	857	594
佛冈县	12626	7009	5617	11562	6194	5368	7120	3787	3333
阳山县	15636	8629	7007	11773	6279	5494	7838	3918	3920
连山壮族瑶族自治县	3530	1927	1603	2797	1483	1314	2139	1057	1082
连南瑶族自治县	5885	3271	2614	4762	2678	2084	3621	1861	1760
英德市	21145	11381	9764	15752	8392	7360	8387	4538	3849
连州市	3555	1847	1708	2705	1396	1309	1011	536	475
东莞市	**3484**	**1987**	**1497**	**2847**	**1655**	**1192**	**3382**	**2101**	**1281**
市辖区	3484	1987	1497	2847	1655	1192	3382	2101	1281
中山市	**60267**	**32787**	**27480**	**48022**	**26714**	**21308**	**44737**	**26636**	**18101**
市辖区	60267	32787	27480	48022	26714	21308	44737	26636	18101
潮州市	**47682**	**24633**	**23049**	**46467**	**24181**	**22286**	**38158**	**19223**	**18935**
湘桥区	4522	2322	2200	4115	2080	2035	6760	2781	3979
潮安区	16441	8545	7896	14858	7884	6974	10376	5657	4719
饶平县	26719	13766	12953	27494	14217	13277	21022	10785	10237
揭阳市	**125878**	**65573**	**60305**	**114754**	**60185**	**54569**	**86891**	**45165**	**41726**
榕城区	6633	3525	3108	5994	3180	2814	3827	2140	1687
揭东区	15209	7886	7323	14385	7624	6761	10963	5985	4978
揭西县	15706	8281	7425	15099	8018	7081	10933	5807	5126
惠来县	46032	23780	22252	42432	22033	20399	30205	15473	14732
普宁市	42298	22101	20197	36844	19330	17514	30963	15760	15203
云浮市	**43527**	**23276**	**20251**	**37426**	**20080**	**17346**	**29678**	**15011**	**14667**
云城区									
云安区	4682	2504	2178	3556	1927	1629	2669	1520	1149
新兴县	14945	8067	6878	12430	6745	5685	14758	6948	7810
郁南县	15293	8157	7136	13519	7188	6331	9327	4888	4439
罗定市	8607	4548	4059	7921	4220	3701	2924	1655	1269

1-5b 续表 6

单位：人

地 区	20-24岁			25-29岁			30-34岁		
	小计	男	女	小计	男	女	小计	男	女
广 东	**1020023**	**569221**	**450802**	**1293038**	**693632**	**599406**	**1460918**	**761631**	**699287**
广州市	**137711**	**77200**	**60511**	**107199**	**58811**	**48388**	**136342**	**73655**	**62687**
荔湾区									
越秀区									
海珠区									
天河区									
白云区	52160	27422	24738	23293	12914	10379	23853	13515	10338
黄埔区	1352	743	609	2913	1320	1593	6372	2987	3385
番禺区	7591	4391	3200	8325	4989	3336	8571	5135	3436
花都区	13336	7604	5732	7840	4362	3478	11716	6078	5638
南沙区	9345	5629	3716	13851	8096	5755	17107	9640	7467
从化区	20053	12706	7347	5632	3078	2554	7383	3896	3487
增城区	33874	18705	15169	45345	24052	21293	61340	32404	28936
韶关市	**21849**	**11859**	**9990**	**33619**	**16535**	**17084**	**44480**	**20593**	**23887**
武江区	69	42	27	130	66	64	187	92	95
浈江区	1418	948	470	1790	1252	538	2145	1466	679
曲江区	879	531	348	1411	774	637	1821	961	860
始兴县	2376	1196	1180	3536	1601	1935	5258	2275	2983
仁化县	2087	1090	997	3803	1850	1953	5403	2445	2958
翁源县	3393	1747	1646	6525	2985	3540	7283	3126	4157
乳源瑶族自治县	3087	1639	1448	4663	2211	2452	6185	2852	3333
新丰县	4085	2267	1818	5413	2727	2686	7546	3515	4031
乐昌市	2553	1398	1155	3889	1846	2043	5273	2316	2957
南雄市	1902	1001	901	2459	1223	1236	3379	1545	1834
深圳市	**400**	**331**	**69**	**492**	**381**	**111**	**848**	**651**	**197**
罗湖区									
福田区									
南山区	320	289	31	371	331	40	612	545	67
宝安区									
龙岗区									
盐田区									
龙华区									
坪山区	80	42	38	121	50	71	236	106	130
光明区									
珠海市	**22697**	**14767**	**7930**	**33211**	**20850**	**12361**	**40432**	**24765**	**15667**
香洲区	5945	4046	1899	7312	5200	2112	7176	5292	1884
斗门区	8807	5479	3328	14340	8275	6065	19078	10461	8617
金湾区	7945	5242	2703	11559	7375	4184	14178	9012	5166
汕头市	**95483**	**50063**	**45420**	**120185**	**62726**	**57459**	**114391**	**60037**	**54354**
龙湖区									
金平区									
濠江区	337	171	166	484	256	228	465	264	201
潮阳区	51731	26907	24824	60190	31661	28529	51632	27236	24396
潮南区	24215	12542	11673	27712	14291	13421	23506	12227	11279
澄海区	17652	9665	7987	28072	14571	13501	34683	18166	16517
南澳县	1548	778	770	3727	1947	1780	4105	2144	1961
佛山市	**35687**	**22166**	**13521**	**51055**	**30457**	**20598**	**63295**	**36584**	**26711**
禅城区	14286	8492	5794	23696	13638	10058	28316	15727	12589
南海区	3677	2243	1434	5526	3235	2291	7563	4461	3102
顺德区									
三水区	16308	10516	5792	19883	12392	7491	24858	14852	10006
高明区	1416	915	501	1950	1192	758	2558	1544	1014

1-5b　续表 7　　　　单位：人

地　区	20-24岁			25-29岁			30-34岁		
	小计	男	女	小计	男	女	小计	男	女
江门市	**20156**	**12008**	**8148**	**31412**	**17572**	**13840**	**40448**	**22136**	**18312**
蓬江区									
江海区									
新会区	5525	3191	2334	8971	4993	3978	11157	6052	5105
台山市	3030	1664	1366	4870	2690	2180	5899	3161	2738
开平市	4133	2406	1727	6587	3439	3148	9074	4731	4343
鹤山市	4964	3269	1695	7094	4366	2728	9185	5456	3729
恩平市	2504	1478	1026	3890	2084	1806	5133	2736	2397
湛江市	**82203**	**43668**	**38535**	**78571**	**41772**	**36799**	**88895**	**44203**	**44692**
赤坎区									
霞山区	172	95	77	381	200	181	447	215	232
坡头区	3216	1812	1404	5719	2871	2848	7840	3758	4082
麻章区	29276	13519	15757	6822	4205	2617	5992	3433	2559
遂溪县	13969	7453	6516	17487	9107	8380	20335	10196	10139
徐闻县	10076	5820	4256	15947	8206	7741	19125	9483	9642
廉江市	10654	6344	4310	11042	6006	5036	12872	6361	6511
雷州市	8045	4532	3513	11235	5908	5327	11482	5635	5847
吴川市	6795	4093	2702	9938	5269	4669	10802	5122	5680
茂名市	**39372**	**23087**	**16285**	**58491**	**30979**	**27512**	**62992**	**31360**	**31632**
茂南区	2228	1323	905	3941	2131	1810	4004	2153	1851
电白区	17805	10467	7338	26691	14282	12409	29031	14623	14408
高州市	7025	4203	2822	10714	5608	5106	10761	5272	5489
化州市	8006	4767	3239	11289	6107	5182	12928	6398	6530
信宜市	4308	2327	1981	5856	2851	3005	6268	2914	3354
肇庆市	**39614**	**22621**	**16993**	**54473**	**28750**	**25723**	**63852**	**32354**	**31498**
端州区									
鼎湖区	1771	1153	618	2911	1696	1215	3566	2016	1550
高要区	9159	5537	3622	12774	7103	5671	14162	7685	6477
广宁县	5774	3331	2443	8466	4349	4117	11394	5211	6183
怀集县	11733	6354	5379	15163	7638	7525	16378	8073	8305
封开县	5417	3024	2393	7010	3681	3329	7881	4006	3875
德庆县	4106	2232	1874	5520	2754	2766	7092	3443	3649
四会市	1654	990	664	2629	1529	1100	3379	1920	1459
惠州市	**98457**	**56348**	**42109**	**139870**	**74998**	**64872**	**165275**	**86192**	**79083**
惠城区	10891	6228	4663	10822	6160	4662	12885	6934	5951
惠阳区	7204	4353	2851	10949	6344	4605	12661	7090	5571
博罗县	40599	23881	16718	54812	29819	24993	66620	34751	31869
惠东县	33833	18775	15058	54002	28118	25884	61018	31683	29335
龙门县	5930	3111	2819	9285	4557	4728	12091	5734	6357
梅州市	**39041**	**20897**	**18144**	**59044**	**29282**	**29762**	**69518**	**33275**	**36243**
梅江区	245	149	96	400	220	180	444	238	206
梅县区	1354	716	638	2315	1183	1132	3270	1620	1650
大埔县	4109	2130	1979	7099	3415	3684	9553	4443	5110
丰顺县	11347	6127	5220	15360	8009	7351	17300	8741	8559
五华县	14315	7747	6568	20389	9906	10483	21942	10306	11636
平远县	2664	1424	1240	4830	2345	2485	5819	2715	3104
蕉岭县	3001	1466	1535	5261	2488	2773	6985	3227	3758
兴宁市	2006	1138	868	3390	1716	1674	4205	1985	2220

1-5b 续表 8

单位：人

地 区	20-24岁			25-29岁			30-34岁		
	小计	男	女	小计	男	女	小计	男	女
汕尾市	**60207**	**33258**	**26949**	**82242**	**43269**	**38973**	**82699**	**42604**	**40095**
城 区	2546	1397	1149	4039	2153	1886	3799	2043	1756
海丰县	29135	16369	12766	45320	23738	21582	48701	25131	23570
陆河县	7519	4144	3375	9333	4635	4698	9208	4457	4751
陆丰市	21007	11348	9659	23550	12743	10807	20991	10973	10018
河源市	**25830**	**13720**	**12110**	**40046**	**19682**	**20364**	**50432**	**22842**	**27590**
源城区	2573	1629	944	3448	2081	1367	4152	2298	1854
紫金县	7719	4119	3600	11017	5439	5578	12959	5934	7025
龙川县	5735	2914	2821	9348	4369	4979	12328	5123	7205
连平县	3381	1748	1633	4967	2345	2622	6848	3082	3766
和平县	2839	1426	1413	5317	2389	2928	7169	2998	4171
东源县	3583	1884	1699	5949	3059	2890	6976	3407	3569
阳江市	**15920**	**9364**	**6556**	**27730**	**15221**	**12509**	**29542**	**15206**	**14336**
江城区	2255	1334	921	4326	2395	1931	4170	2241	1929
阳东区	2761	1759	1002	4978	3083	1895	5239	3187	2052
阳西县	8329	4764	3565	13794	7375	6419	14415	7078	7337
阳春市	2575	1507	1068	4632	2368	2264	5718	2700	3018
清远市	**35911**	**19997**	**15914**	**58342**	**30042**	**28300**	**74223**	**36336**	**37887**
清城区	12537	7508	5029	20132	11151	8981	25368	13339	12029
清新区	1607	871	736	2512	1279	1233	3035	1549	1486
佛冈县	5655	3140	2515	9380	4714	4666	11630	5403	6227
阳山县	5401	2792	2609	8489	4096	4393	11057	4995	6062
连山壮族瑶族自治县	1406	708	698	2242	1070	1172	2757	1270	1487
连南瑶族自治县	2171	1113	1058	3118	1478	1640	4150	1881	2269
英德市	6217	3348	2869	10832	5400	5432	13880	6682	7198
连州市	917	517	400	1637	854	783	2346	1217	1129
东莞市	**6611**	**4122**	**2489**	**8618**	**5263**	**3355**	**11974**	**6878**	**5096**
市辖区	6611	4122	2489	8618	5263	3355	11974	6878	5096
中山市	**80123**	**48124**	**31999**	**110517**	**63467**	**47050**	**142690**	**79459**	**63231**
市辖区	80123	48124	31999	110517	63467	47050	142690	79459	63231
潮州市	**42964**	**22154**	**20810**	**49809**	**26485**	**23324**	**48818**	**25437**	**23381**
湘桥区	9444	4013	5431	5349	2754	2595	5341	2778	2563
潮安区	14895	8075	6820	19998	10698	9300	18536	9800	8736
饶平县	18625	10066	8559	24462	13033	11429	24941	12859	12082
揭阳市	**99017**	**52266**	**46751**	**117629**	**61681**	**55948**	**95372**	**50267**	**45105**
榕城区	5392	2920	2472	8474	4370	4104	7032	3778	3254
揭东区	13630	7510	6120	17895	9801	8094	15222	8475	6747
揭西县	12583	6746	5837	15485	8052	7433	13625	7170	6455
惠来县	31617	16531	15086	34052	17843	16209	27126	13939	13187
普宁市	35795	18559	17236	41723	21615	20108	32367	16905	15462
云浮市	**20770**	**11201**	**9569**	**30483**	**15409**	**15074**	**34400**	**16797**	**17603**
云城区									
云安区	3593	1964	1629	3493	1821	1672	3363	1702	1661
新兴县	8560	4521	4039	13367	6689	6678	14928	7202	7726
郁南县	5520	3041	2479	9031	4584	4447	10910	5376	5534
罗定市	3097	1675	1422	4592	2315	2277	5199	2517	2682

1-5b 续表 9

单位：人

地区	35-39岁			40-44岁			45-49岁		
	小计	男	女	小计	男	女	小计	男	女
广 东	**1347938**	**698376**	**649562**	**1143091**	**591569**	**551522**	**1299379**	**662825**	**636554**
广州市	**115835**	**62716**	**53119**	**87831**	**48121**	**39710**	**95375**	**51487**	**43888**
荔湾区									
越秀区									
海珠区									
天河区									
白云区	18814	10403	8411	14735	7928	6807	17076	8988	8088
黄埔区	4926	2560	2366	2746	1480	1266	2132	1126	1006
番禺区	6160	3582	2578	4766	2765	2001	5528	3058	2470
花都区	10943	5787	5156	7155	3935	3220	6541	3498	3043
南沙区	14823	8233	6590	13345	7554	5791	17383	9630	7753
从化区	6989	3678	3311	5667	2977	2690	6109	3316	2793
增城区	53180	28473	24707	39417	21482	17935	40606	21871	18735
韶关市	**47183**	**22062**	**25121**	**47041**	**22420**	**24621**	**56997**	**27701**	**29296**
武江区	182	81	101	221	118	103	221	113	108
浈江区	2225	1505	720	1950	1271	679	2218	1333	885
曲江区	1911	1000	911	2132	1170	962	2782	1486	1296
始兴县	5916	2532	3384	5735	2502	3233	7208	3216	3992
仁化县	5090	2266	2824	5338	2454	2884	7010	3470	3540
翁源县	7547	3275	4272	7272	3168	4104	9522	4354	5168
乳源瑶族自治县	6921	3199	3722	7113	3525	3588	7193	3668	3525
新丰县	8400	4030	4370	7101	3408	3693	7759	3700	4059
乐昌市	5688	2579	3109	6383	3000	3383	7952	3880	4072
南雄市	3303	1595	1708	3796	1804	1992	5132	2481	2651
深圳市	**778**	**576**	**202**	**791**	**576**	**215**	**1037**	**771**	**266**
罗湖区									
福田区									
南山区	521	462	59	572	470	102	805	669	136
宝安区									
龙岗区									
盐田区									
龙华区									
坪山区	257	114	143	219	106	113	232	102	130
光明区									
珠海市	**32198**	**19566**	**12632**	**25140**	**15199**	**9941**	**28139**	**16787**	**11352**
香洲区	5282	3844	1438	4439	3210	1229	5900	4150	1750
斗门区	15786	8754	7032	11680	6422	5258	12363	6699	5664
金湾区	11130	6968	4162	9021	5567	3454	9876	5938	3938
汕头市	**98347**	**50975**	**47372**	**77659**	**39504**	**38155**	**89063**	**43887**	**45176**
龙湖区									
金平区									
濠江区	356	185	171	306	151	155	391	170	221
潮阳区	42917	22180	20737	33989	17377	16612	38812	18760	20052
潮南区	20967	10761	10206	15182	7459	7723	17818	8730	9088
澄海区	30557	15956	14601	25134	13012	12122	27948	14177	13771
南澳县	3550	1893	1657	3048	1505	1543	4094	2050	2044
佛山市	**53544**	**30983**	**22561**	**43156**	**25038**	**18118**	**49288**	**28338**	**20950**
禅城区	23056	13103	9953	16755	9545	7210	18971	10743	8228
南海区	6371	3742	2629	4819	2861	1958	5395	3007	2388
顺德区									
三水区	21403	12565	8838	19094	11188	7906	22053	12903	9150
高明区	2714	1573	1141	2488	1444	1044	2869	1685	1184

1-5b 续表 10 单位：人

地区	35-39岁			40-44岁			45-49岁		
	小计	男	女	小计	男	女	小计	男	女
江门市	**36380**	**19947**	**16433**	**32274**	**17394**	**14880**	**37493**	**19633**	**17860**
蓬江区									
江海区									
新会区	9775	5390	4385	8483	4565	3918	11151	5845	5306
台山市	5002	2655	2347	5054	2594	2460	6524	3242	3282
开平市	8688	4560	4128	7313	3945	3368	7946	4132	3814
鹤山市	8619	4986	3633	7492	4273	3219	7402	4105	3297
恩平市	4296	2356	1940	3932	2017	1915	4470	2309	2161
湛江市	**77169**	**38529**	**38640**	**69428**	**35060**	**34368**	**76742**	**38556**	**38186**
赤坎区									
霞山区	352	192	160	274	137	137	295	155	140
坡头区	6222	3180	3042	4616	2394	2222	4242	2107	2135
麻章区	4846	2673	2173	4037	2232	1805	4331	2378	1953
遂溪县	17665	8777	8888	16700	8308	8392	18817	9419	9398
徐闻县	17702	8550	9152	16079	8030	8049	17917	9011	8906
廉江市	11065	5563	5502	10593	5373	5220	11720	5951	5769
雷州市	10703	5352	5351	10019	5061	4958	11977	6020	5957
吴川市	8614	4242	4372	7110	3525	3585	7443	3515	3928
茂名市	**54223**	**27231**	**26992**	**46972**	**23905**	**23067**	**51226**	**25138**	**26088**
茂南区	2847	1558	1289	1934	1034	900	2090	1045	1045
电白区	25029	12971	12058	21707	11158	10549	22872	11333	11539
高州市	9228	4481	4747	8374	4223	4151	10485	4989	5496
化州市	11798	5798	6000	9906	5055	4851	10157	5111	5046
信宜市	5321	2423	2898	5051	2435	2616	5622	2660	2962
肇庆市	**63330**	**32368**	**30962**	**57240**	**29435**	**27805**	**70439**	**36167**	**34272**
端州区									
鼎湖区	3270	1858	1412	2913	1693	1220	3698	2068	1630
高要区	13049	7270	5779	11464	6165	5299	15323	8197	7126
广宁县	12953	6191	6762	10688	5138	5550	12535	5953	6582
怀集县	15942	7926	8016	13954	7158	6796	16488	8405	8083
封开县	7540	3733	3807	7634	3821	3813	9852	5015	4837
德庆县	7198	3468	3730	7322	3598	3724	8527	4270	4257
四会市	3378	1922	1456	3265	1862	1403	4016	2259	1757
惠州市	**163078**	**85285**	**77793**	**136593**	**72610**	**63983**	**145580**	**76302**	**69278**
惠城区	11637	6242	5395	9745	5368	4377	10507	5648	4859
惠阳区	12568	6861	5707	11014	6151	4863	12803	6845	5958
博罗县	68267	35592	32675	61937	32869	29068	61634	32281	29353
惠东县	57593	30237	27356	43697	23188	20509	49472	25744	23728
龙门县	13013	6353	6660	10200	5034	5166	11164	5784	5380
梅州市	**71504**	**33587**	**37917**	**63096**	**29566**	**33530**	**78935**	**37804**	**41131**
梅江区	420	193	227	369	180	189	506	261	245
梅县区	2940	1498	1442	2337	1112	1225	3499	1632	1867
大埔县	9706	4356	5350	10211	4648	5563	10795	5092	5703
丰顺县	19524	9762	9762	14902	7301	7601	18037	8937	9100
五华县	20824	9676	11148	17140	8194	8946	21348	10230	11118
平远县	6145	2641	3504	6525	2873	3652	9588	4571	5017
蕉岭县	7522	3398	4124	7728	3446	4282	9455	4459	4996
兴宁市	4423	2063	2360	3884	1812	2072	5707	2622	3085

1-5b　续表 11　　　　单位：人

地　区	35-39岁			40-44岁			45-49岁		
	小计	男	女	小计	男	女	小计	男	女
汕尾市	**78664**	**40291**	**38373**	**57794**	**29054**	**28740**	**71633**	**34833**	**36800**
城　区	3495	1894	1601	2428	1284	1144	3240	1629	1611
海丰县	47357	24494	22863	32250	16591	15659	39430	19553	19877
陆河县	8702	4109	4593	7133	3345	3788	9204	4237	4967
陆丰市	19110	9794	9316	15983	7834	8149	19759	9414	10345
河源市	**60290**	**27189**	**33101**	**54233**	**25584**	**28649**	**56732**	**27308**	**29424**
源城区	4044	2074	1970	3391	1616	1775	3486	1518	1968
紫金县	15043	6973	8070	13475	6543	6932	14821	7205	7616
龙川县	16045	6736	9309	14507	6453	8054	14298	6647	7651
连平县	8257	3816	4441	7375	3512	3863	8330	4076	4254
和平县	8712	3594	5118	8713	3948	4765	8854	4345	4509
东源县	8189	3996	4193	6772	3512	3260	6943	3517	3426
阳江市	**28720**	**14706**	**14014**	**28943**	**14783**	**14160**	**33719**	**16656**	**17063**
江城区	3565	1899	1666	3482	1820	1662	4800	2361	2439
阳东区	4514	2680	1834	4676	2680	1996	5708	3056	2652
阳西县	14690	7336	7354	14349	7115	7234	15599	7456	8143
阳春市	5951	2791	3160	6436	3168	3268	7612	3783	3829
清远市	**74163**	**37073**	**37090**	**63919**	**32564**	**31355**	**70429**	**36256**	**34173**
清城区	23612	12635	10977	20743	11295	9448	22590	12375	10215
清新区	2984	1521	1463	2764	1422	1342	3096	1536	1560
佛冈县	12370	5936	6434	9618	4740	4878	10063	4987	5076
阳山县	12016	5616	6400	9671	4678	4993	10421	5086	5335
连山壮族瑶族自治县	2914	1395	1519	2463	1134	1329	3026	1580	1446
连南瑶族自治县	4408	2066	2342	4527	2173	2354	4697	2382	2315
英德市	13615	6765	6850	12305	6218	6087	14336	7200	7136
连州市	2244	1139	1105	1828	904	924	2200	1110	1090
东莞市	**10839**	**6069**	**4770**	**9687**	**5307**	**4380**	**10270**	**5548**	**4722**
市辖区	10839	6069	4770	9687	5307	4380	10270	5548	4722
中山市	**120061**	**66397**	**53664**	**100278**	**54782**	**45496**	**107305**	**56772**	**50533**
市辖区	120061	66397	53664	100278	54782	45496	107305	56772	50533
潮州市	**45874**	**23414**	**22460**	**43522**	**21800**	**21722**	**55334**	**27688**	**27646**
湘桥区	4708	2435	2273	4040	1992	2048	5318	2671	2647
潮安区	15728	8296	7432	14754	7520	7234	18253	8948	9305
饶平县	25438	12683	12755	24728	12288	12440	31763	16069	15694
揭阳市	**83304**	**43403**	**39901**	**67680**	**34020**	**33660**	**82406**	**39718**	**42688**
榕城区	5583	2915	2668	4644	2334	2310	6026	2880	3146
揭东区	12185	6587	5598	11032	5743	5289	13150	6500	6650
揭西县	12832	6663	6169	10823	5374	5449	14026	6694	7332
惠来县	26148	13399	12749	21042	10423	10619	24533	11744	12789
普宁市	26556	13839	12717	20139	10146	9993	24671	11900	12771
云浮市	**32454**	**16009**	**16445**	**29814**	**14847**	**14967**	**31237**	**15475**	**15762**
云城区									
云安区	3043	1637	1406	2492	1345	1147	2799	1465	1334
新兴县	14792	7149	7643	13534	6652	6882	13962	6902	7060
郁南县	10199	5053	5146	9563	4739	4824	9801	4826	4975
罗定市	4420	2170	2250	4225	2111	2114	4675	2282	2393

1-5b 续表 12

单位：人

地 区	50-54岁			55-59岁			60-64岁		
	小计	男	女	小计	男	女	小计	男	女
广 东	**1262669**	**646711**	**615958**	**1031744**	**528256**	**503488**	**722885**	**364557**	**358328**
广州市	**79760**	**42992**	**36768**	**58302**	**30451**	**27851**	**35665**	**17836**	**17829**
荔湾区									
越秀区									
海珠区									
天河区									
白云区	14358	7752	6606	9846	5347	4499	5560	2934	2626
黄埔区	1797	892	905	1848	769	1079	1485	661	824
番禺区	4700	2570	2130	3221	1739	1482	1951	972	979
花都区	5586	2961	2625	4207	2090	2117	2743	1296	1447
南沙区	14929	8391	6538	10370	5639	4731	6027	3077	2950
从化区	5128	2923	2205	3739	2068	1671	2201	1163	1038
增城区	33262	17503	15759	25071	12799	12272	15698	7733	7965
韶关市	**61085**	**29992**	**31093**	**52113**	**25998**	**26115**	**33645**	**16284**	**17361**
武江区	269	136	133	230	121	109	129	64	65
浈江区	2699	1447	1252	2317	1275	1042	1745	816	929
曲江区	2926	1538	1388	2396	1305	1091	1480	753	727
始兴县	7408	3452	3956	6370	3053	3317	3293	1571	1722
仁化县	7467	3736	3731	6126	3116	3010	3329	1620	1709
翁源县	10671	4955	5716	8485	4072	4413	5661	2824	2837
乳源瑶族自治县	6782	3573	3209	6047	3017	3030	4083	1947	2136
新丰县	8327	4052	4275	7160	3466	3694	5572	2622	2950
乐昌市	8548	4157	4391	7602	3853	3749	5333	2559	2774
南雄市	5988	2946	3042	5380	2720	2660	3020	1508	1512
深圳市	**757**	**615**	**142**	**318**	**226**	**92**	**101**	**50**	**51**
罗湖区									
福田区									
南山区	552	501	51	164	150	14	21	17	4
宝安区									
龙岗区									
盐田区									
龙华区									
坪山区	205	114	91	154	76	78	80	33	47
光明区									
珠海市	**25499**	**15359**	**10140**	**17507**	**10141**	**7366**	**9896**	**5412**	**4484**
香洲区	5476	4009	1467	3253	2413	840	1096	750	346
斗门区	10822	5750	5072	7839	4061	3778	4835	2454	2381
金湾区	9201	5600	3601	6415	3667	2748	3965	2208	1757
汕头市	**88950**	**44173**	**44777**	**77598**	**39089**	**38509**	**61573**	**30871**	**30702**
龙湖区									
金平区									
濠江区	438	218	220	358	214	144	337	180	157
潮阳区	37496	18403	19093	29107	14462	14645	23234	11832	11402
潮南区	18432	9104	9328	15401	7695	7706	12694	6505	6189
澄海区	28083	14157	13926	27798	14179	13619	21526	10537	10989
南澳县	4501	2291	2210	4934	2539	2395	3782	1817	1965
佛山市	**40504**	**23740**	**16764**	**25996**	**14851**	**11145**	**14491**	**7458**	**7033**
禅城区	16241	9136	7105	11242	6167	5075	6571	3333	3238
南海区	4057	2349	1708	2484	1452	1032	1378	679	699
顺德区									
三水区	17835	10824	7011	10546	6172	4374	5539	2887	2652
高明区	2371	1431	940	1724	1060	664	1003	559	444

1-5b　续表 13　　　　　　　　　　　　　　　　　　　单位：人

地　区	50-54岁			55-59岁			60-64岁		
	小计	男	女	小计	男	女	小计	男	女
江门市	**35350**	**18346**	**17004**	**30387**	**15748**	**14639**	**21854**	**11497**	**10357**
蓬江区									
江海区									
新会区	10627	5444	5183	9427	4937	4490	6590	3483	3107
台山市	7269	3524	3745	6967	3458	3509	5525	2936	2589
开平市	7058	3727	3331	5891	2988	2903	4231	2132	2099
鹤山市	5719	3312	2407	3694	2176	1518	2256	1189	1067
恩平市	4677	2339	2338	4408	2189	2219	3252	1757	1495
湛江市	**79790**	**39367**	**40423**	**70976**	**35534**	**35442**	**57044**	**29021**	**28023**
赤坎区									
霞山区	316	154	162	231	129	102	173	84	89
坡头区	4422	2152	2270	4121	1914	2207	3528	1711	1817
麻章区	4640	2549	2091	4155	2219	1936	3292	1703	1589
遂溪县	18694	9132	9562	16695	8459	8236	12979	6699	6280
徐闻县	18137	9078	9059	14747	7442	7305	11739	5988	5751
廉江市	13205	6427	6778	12847	6410	6437	10679	5401	5278
雷州市	12462	6230	6232	10803	5587	5216	8576	4625	3951
吴川市	7914	3645	4269	7377	3374	4003	6078	2810	3268
茂名市	**58217**	**28033**	**30184**	**54864**	**26861**	**28003**	**41233**	**21209**	**20024**
茂南区	2798	1292	1506	2827	1345	1482	2269	1153	1116
电白区	24429	11773	12656	22193	10860	11333	16665	8490	8175
高州市	13249	6484	6765	12487	6218	6269	8904	4733	4171
化州市	10818	5204	5614	10691	5206	5485	8311	4159	4152
信宜市	6923	3280	3643	6666	3232	3434	5084	2674	2410
肇庆市	**70529**	**36693**	**33836**	**58687**	**30673**	**28014**	**38538**	**19299**	**19239**
端州区									
鼎湖区	3425	1952	1473	2507	1398	1109	1510	738	772
高要区	14497	7972	6525	10691	5858	4833	6196	3229	2967
广宁县	12743	6102	6641	11597	5669	5928	8783	4237	4546
怀集县	16276	8241	8035	13509	6959	6550	9129	4498	4631
封开县	11071	5764	5307	10100	5225	4875	6571	3306	3265
德庆县	8787	4486	4301	7899	4126	3773	5087	2607	2480
四会市	3730	2176	1554	2384	1438	946	1262	684	578
惠州市	**128654**	**67905**	**60749**	**94770**	**49893**	**44877**	**56103**	**28371**	**27732**
惠城区	9332	5067	4265	6653	3612	3041	3620	1862	1758
惠阳区	11053	6136	4917	6684	3790	2894	3144	1713	1431
博罗县	50986	27078	23908	36506	19338	17168	22176	11042	11134
惠东县	46367	24040	22327	35162	18251	16911	20891	10662	10229
龙门县	10916	5584	5332	9765	4902	4863	6272	3092	3180
梅州市	**79119**	**39463**	**39656**	**70480**	**35553**	**34927**	**53661**	**27177**	**26484**
梅江区	572	297	275	616	314	302	425	233	192
梅县区	3902	1969	1933	3937	2096	1841	2953	1629	1324
大埔县	11614	5621	5993	11146	5425	5721	8770	4399	4371
丰顺县	17533	9188	8345	16424	8622	7802	14759	7455	7304
五华县	20757	10120	10637	16817	8063	8754	12555	6102	6453
平远县	9544	4767	4777	7908	4044	3864	4532	2324	2208
蕉岭县	8718	4298	4420	7832	3962	3870	5603	2791	2812
兴宁市	6479	3203	3276	5800	3027	2773	4064	2244	1820

1-5b 续表 14 单位：人

地区	50-54岁			55-59岁			60-64岁		
	小计	男	女	小计	男	女	小计	男	女
汕尾市	**73394**	**36145**	**37249**	**57969**	**28774**	**29195**	**44135**	**22235**	**21900**
城　区	3411	1791	1620	2527	1293	1234	1841	949	892
海丰县	39157	19242	19915	30161	14943	15218	20721	10373	10348
陆河县	9019	4342	4677	7262	3658	3604	6065	3118	2947
陆丰市	21807	10770	11037	18019	8880	9139	15508	7795	7713
河源市	**55668**	**27726**	**27942**	**45426**	**23110**	**22316**	**30834**	**15351**	**15483**
源城区	2276	1114	1162	929	555	374	537	276	261
紫金县	14701	7323	7378	13702	7002	6700	8768	4457	4311
龙川县	14114	6691	7423	11223	5446	5777	7907	3802	4105
连平县	8864	4496	4368	7526	3858	3668	5799	2965	2834
和平县	9145	4652	4493	6910	3553	3357	4560	2234	2326
东源县	6568	3450	3118	5136	2696	2440	3263	1617	1646
阳江市	**34606**	**17414**	**17192**	**29818**	**15443**	**14375**	**18740**	**9825**	**8915**
江城区	4955	2489	2466	4373	2215	2158	2886	1473	1413
阳东区	5654	3052	2602	4719	2596	2123	2880	1588	1292
阳西县	15201	7465	7736	12212	6210	6002	7793	4003	3790
阳春市	8796	4408	4388	8514	4422	4092	5181	2761	2420
清远市	**73265**	**37622**	**35643**	**63582**	**32090**	**31492**	**41018**	**20087**	**20931**
清城区	21515	11797	9718	16583	8800	7783	9956	4931	5025
清新区	3485	1777	1708	2992	1524	1468	1825	914	911
佛冈县	10154	4926	5228	8558	4036	4522	5510	2548	2962
阳山县	11645	5701	5944	10837	5228	5609	7307	3376	3931
连山壮族瑶族自治县	3150	1590	1560	3030	1512	1518	1830	899	931
连南瑶族自治县	4901	2478	2423	4390	2205	2185	2754	1322	1432
英德市	15455	7834	7621	14142	7246	6896	9727	5016	4711
连州市	2960	1519	1441	3050	1539	1511	2109	1081	1028
东莞市	**7648**	**4228**	**3420**	**4007**	**2275**	**1732**	**1858**	**988**	**870**
市辖区	7648	4228	3420	4007	2275	1732	1858	988	870
中山市	**85244**	**45592**	**39652**	**52835**	**28054**	**24781**	**28999**	**14446**	**14553**
市辖区	85244	45592	39652	52835	28054	24781	28999	14446	14553
潮州市	**58662**	**29907**	**28755**	**53153**	**27268**	**25885**	**42561**	**21323**	**21238**
湘桥区	5170	2705	2465	4943	2571	2372	4436	2221	2215
潮安区	19408	9743	9665	17374	8879	8495	13557	6850	6707
饶平县	34084	17459	16625	30836	15818	15018	24568	12252	12316
揭阳市	**90328**	**44119**	**46209**	**79439**	**39848**	**39591**	**68417**	**34859**	**33558**
榕城区	7088	3398	3690	6110	3007	3103	5345	2742	2603
揭东区	14422	7203	7219	12824	6601	6223	11806	6096	5710
揭西县	14941	7110	7831	14390	7045	7345	12554	6132	6422
惠来县	27326	13532	13794	22676	11632	11044	19430	10018	9412
普宁市	26551	12876	13675	23439	11563	11876	19282	9871	9411
云浮市	**35640**	**17280**	**18360**	**33517**	**16376**	**17141**	**22519**	**10958**	**11561**
云城区									
云安区	3398	1690	1708	3287	1662	1625	2191	1103	1088
新兴县	13626	6746	6880	11854	5929	5925	7163	3465	3698
郁南县	13022	6237	6785	12931	6193	6738	9118	4375	4743
罗定市	5594	2607	2987	5445	2592	2853	4047	2015	2032

1—5b 续表 15

单位：人

地 区	65—69岁			70—74岁			75—79岁		
	小计	男	女	小计	男	女	小计	男	女
广 东	**632342**	**310127**	**322215**	**407803**	**205690**	**202113**	**264633**	**128993**	**135640**
广州市	**30439**	**14563**	**15876**	**19151**	**9204**	**9947**	**11281**	**5184**	**6097**
荔湾区									
越秀区									
海珠区									
天河区									
白云区	4661	2282	2379	3223	1500	1723	1954	885	1069
黄埔区	1098	514	584	579	270	309	347	162	185
番禺区	1770	824	946	1157	531	626	738	313	425
花都区	2358	1101	1257	1369	683	686	778	349	429
南沙区	5629	2693	2936	3812	1712	2100	2245	1032	1213
从化区	1794	887	907	1001	530	471	686	353	333
增城区	13129	6262	6867	8010	3978	4032	4533	2090	2443
韶关市	**31056**	**14813**	**16243**	**20219**	**9556**	**10663**	**14632**	**6397**	**8235**
武江区	134	64	70	93	47	46	75	41	34
浈江区	2013	1010	1003	1469	623	846	1347	496	851
曲江区	1381	664	717	1082	583	499	696	283	413
始兴县	3831	1733	2098	2353	1128	1225	1447	651	796
仁化县	3240	1511	1729	2273	1064	1209	1577	688	889
翁源县	4505	2255	2250	2831	1298	1533	2305	977	1328
乳源瑶族自治县	3265	1467	1798	2114	964	1150	1551	644	907
新丰县	3926	1970	1956	2366	1114	1252	2001	921	1080
乐昌市	5460	2515	2945	3541	1733	1808	2285	1085	1200
南雄市	3301	1624	1677	2097	1002	1095	1348	611	737
深圳市	**58**	**33**	**25**	**32**	**8**	**24**	**28**	**14**	**14**
罗湖区									
福田区									
南山区	10	7	3	3	1	2	5	3	2
宝安区									
龙岗区									
盐田区									
龙华区									
坪山区	48	26	22	29	7	22	23	11	12
光明区									
珠海市	**7530**	**3920**	**3610**	**3966**	**1977**	**1989**	**2173**	**1095**	**1078**
香洲区	533	321	212	243	125	118	137	67	70
斗门区	4079	2070	2009	2199	1112	1087	1177	584	593
金湾区	2918	1529	1389	1524	740	784	859	444	415
汕头市	**57162**	**27350**	**29812**	**35252**	**16698**	**18554**	**20233**	**9445**	**10788**
龙湖区									
金平区									
濠江区	301	141	160	195	95	100	106	41	65
潮阳区	21338	10302	11036	13717	6610	7107	7593	3712	3881
潮南区	12381	6034	6347	7699	3647	4052	4200	2021	2179
澄海区	19523	9154	10369	11596	5349	6247	7184	3183	4001
南澳县	3619	1719	1900	2045	997	1048	1150	488	662
佛山市	**12704**	**6005**	**6699**	**8803**	**4134**	**4669**	**5261**	**2306**	**2955**
禅城区	5772	2700	3072	4139	1872	2267	2355	987	1368
南海区	1311	612	699	951	455	496	510	231	279
顺德区									
三水区	4693	2224	2469	3061	1468	1593	1868	834	1034
高明区	928	469	459	652	339	313	528	254	274

1–5b 续表 16

单位：人

地区	65–69岁			70–74岁			75–79岁		
	小计	男	女	小计	男	女	小计	男	女
江门市	**20783**	**10844**	**9939**	**14375**	**7381**	**6994**	**7598**	**3813**	**3785**
蓬江区									
江海区									
新会区	6475	3342	3133	4663	2282	2381	2322	1062	1260
台山市	5270	2749	2521	3860	1965	1895	2000	1070	930
开平市	3785	1955	1830	2544	1316	1228	1293	668	625
鹤山市	2141	1077	1064	1330	681	649	851	410	441
恩平市	3112	1721	1391	1978	1137	841	1132	603	529
湛江市	**43682**	**22048**	**21634**	**30801**	**16225**	**14576**	**21983**	**10915**	**11068**
赤坎区									
霞山区	157	63	94	98	52	46	68	24	44
坡头区	2774	1374	1400	1818	1058	760	1378	718	660
麻章区	2458	1219	1239	1698	920	778	1326	618	708
遂溪县	9843	4990	4853	6861	3632	3229	4954	2407	2547
徐闻县	8374	4235	4139	5579	2804	2775	3813	1805	2008
廉江市	8546	4266	4280	6540	3442	3098	4828	2464	2364
雷州市	6009	3208	2801	4125	2155	1970	2707	1319	1388
吴川市	5521	2693	2828	4082	2162	1920	2909	1560	1349
茂名市	**35171**	**18142**	**17029**	**25580**	**13818**	**11762**	**19023**	**10063**	**8960**
茂南区	1876	973	903	1267	713	554	895	471	424
电白区	13980	7073	6907	9880	5207	4673	7157	3652	3505
高州市	8122	4379	3743	6290	3496	2794	4721	2562	2159
化州市	6996	3510	3486	5164	2749	2415	3822	2106	1716
信宜市	4197	2207	1990	2979	1653	1326	2428	1272	1156
肇庆市	**34871**	**17176**	**17695**	**23785**	**11870**	**11915**	**16122**	**7798**	**8324**
端州区									
鼎湖区	1239	619	620	801	366	435	564	265	299
高要区	6604	3289	3315	5064	2411	2653	3148	1506	1642
广宁县	7958	3730	4228	5097	2460	2637	2995	1401	1594
怀集县	7906	3974	3932	5252	2677	2575	3863	1923	1940
封开县	5659	2756	2903	3910	1929	1981	3112	1476	1636
德庆县	4341	2187	2154	2967	1649	1318	1979	1002	977
四会市	1164	621	543	694	378	316	461	225	236
惠州市	**43779**	**21209**	**22570**	**27464**	**13519**	**13945**	**17696**	**8216**	**9480**
惠城区	2660	1335	1325	1759	880	879	1097	548	549
惠阳区	2276	1131	1145	1524	770	754	840	375	465
博罗县	17664	8432	9232	11154	5377	5777	7033	3279	3754
惠东县	15796	7726	8070	9851	4926	4925	6595	3030	3565
龙门县	5383	2585	2798	3176	1566	1610	2131	984	1147
梅州市	**49561**	**24401**	**25160**	**31037**	**15939**	**15098**	**20263**	**10338**	**9925**
梅江区	410	214	196	240	119	121	174	83	91
梅县区	2552	1443	1109	1583	897	686	1063	640	423
大埔县	8519	4200	4319	5188	2624	2564	2842	1462	1380
丰顺县	12977	6260	6717	7814	4028	3786	5241	2712	2529
五华县	11657	5743	5914	7640	3889	3751	5214	2562	2652
平远县	4513	2129	2384	2738	1414	1324	1871	893	978
蕉岭县	4958	2294	2664	3193	1597	1596	2001	1057	944
兴宁市	3975	2118	1857	2641	1371	1270	1857	929	928

1-5b　续表 17　　　　　　　　　　　　　　　　　　　　单位：人

地　区	65-69岁			70-74岁			75-79岁		
	小计	男	女	小计	男	女	小计	男	女
汕尾市	**38295**	**18843**	**19452**	**25370**	**14056**	**11314**	**15349**	**8341**	**7008**
城　区	1627	826	801	928	519	409	586	339	247
海丰县	18148	8787	9361	11599	6662	4937	6633	3756	2877
陆河县	4765	2478	2287	3059	1822	1237	2310	1330	980
陆丰市	13755	6752	7003	9784	5053	4731	5820	2916	2904
河源市	**24941**	**12140**	**12801**	**15910**	**7834**	**8076**	**12490**	**5761**	**6729**
源城区	249	127	122	108	50	58	56	21	35
紫金县	7128	3452	3676	4701	2224	2477	3918	1810	2108
龙川县	6697	3234	3463	4269	2114	2155	3251	1497	1754
连平县	4409	2191	2218	2930	1437	1493	2253	1022	1231
和平县	3963	1872	2091	2406	1213	1193	1881	884	997
东源县	2495	1264	1231	1496	796	700	1131	527	604
阳江市	**16542**	**8404**	**8138**	**11218**	**6120**	**5098**	**7992**	**4164**	**3828**
江城区	2625	1343	1282	1946	1007	939	1239	601	638
阳东区	2598	1357	1241	1827	946	881	1245	637	608
阳西县	6482	3303	3179	4201	2399	1802	2834	1431	1403
阳春市	4837	2401	2436	3244	1768	1476	2674	1495	1179
清远市	**37025**	**17840**	**19185**	**23465**	**11409**	**12056**	**16693**	**7553**	**9140**
清城区	10278	4935	5343	6663	3107	3556	4152	1918	2234
清新区	1712	947	765	1113	596	517	779	409	370
佛冈县	4748	2283	2465	2868	1444	1424	1939	933	1006
阳山县	6490	3028	3462	4143	2005	2138	3284	1421	1863
连山壮族瑶族自治县	1726	803	923	994	504	490	743	330	413
连南瑶族自治县	2604	1135	1469	1804	774	1030	1256	495	761
英德市	7457	3726	3731	4583	2339	2244	3560	1572	1988
连州市	2010	983	1027	1297	640	657	980	475	505
东莞市	**1497**	**736**	**761**	**876**	**394**	**482**	**414**	**158**	**256**
市辖区	1497	736	761	876	394	482	414	158	256
中山市	**24634**	**11769**	**12865**	**14350**	**6607**	**7743**	**7364**	**3228**	**4136**
市辖区	24634	11769	12865	14350	6607	7743	7364	3228	4136
潮州市	**39461**	**18856**	**20605**	**24538**	**11786**	**12752**	**14294**	**6845**	**7449**
湘桥区	4443	2096	2347	2611	1272	1339	1475	661	814
潮安区	13030	6151	6879	7838	3752	4086	4399	2168	2231
饶平县	21988	10609	11379	14089	6762	7327	8420	4016	4404
揭阳市	**63183**	**31112**	**32071**	**38866**	**20507**	**18359**	**24278**	**12705**	**11573**
榕城区	4899	2394	2505	2774	1467	1307	1662	885	777
揭东区	11314	5602	5712	6630	3582	3048	4152	2317	1835
揭西县	11824	5630	6194	7250	4073	3177	4632	2653	1979
惠来县	17183	8523	8660	11325	5543	5782	7040	3289	3751
普宁市	17963	8963	9000	10887	5842	5045	6792	3561	3231
云浮市	**19968**	**9923**	**10045**	**12745**	**6648**	**6097**	**9466**	**4654**	**4812**
云城区									
云安区	1900	985	915	1201	673	528	893	464	429
新兴县	6740	3282	3458	4763	2367	2396	3326	1592	1734
郁南县	7845	3853	3992	4669	2455	2214	3528	1746	1782
罗定市	3483	1803	1680	2112	1153	959	1719	852	867

1-5b 续表 18

单位：人

地　区	80-84岁			85-89岁			90岁及以上		
	小计	男	女	小计	男	女	小计	男	女
广　东	**192639**	**87209**	**105430**	**114245**	**45358**	**68887**	**56625**	**20338**	**36287**
广州市	**7499**	**3425**	**4074**	**4140**	**1578**	**2562**	**2015**	**677**	**1338**
荔湾区									
越秀区									
海珠区									
天河区									
白云区	1274	609	665	704	263	441	355	93	262
黄埔区	323	143	180	204	94	110	118	45	73
番禺区	522	224	298	292	104	188	154	55	99
花都区	555	261	294	273	106	167	161	41	120
南沙区	1348	554	794	766	243	523	358	101	257
从化区	413	223	190	239	94	145	120	58	62
增城区	3064	1411	1653	1662	674	988	749	284	465
韶关市	**10384**	**4422**	**5962**	**5477**	**2095**	**3382**	**2207**	**725**	**1482**
武江区	39	11	28	27	8	19	17	4	13
浈江区	1057	539	518	420	229	191	137	74	63
曲江区	513	206	307	304	121	183	166	44	122
始兴县	1190	474	716	745	270	475	270	82	188
仁化县	1100	460	640	562	236	326	224	71	153
翁源县	1470	599	871	787	258	529	306	93	213
乳源瑶族自治县	1234	510	724	613	244	369	214	74	140
新丰县	1361	583	778	742	295	447	331	129	202
乐昌市	1425	661	764	693	257	436	317	100	217
南雄市	995	379	616	584	177	407	225	54	171
深圳市	**20**	**11**	**9**	**11**	**5**	**6**	**4**	**3**	**1**
罗湖区									
福田区									
南山区	3	2	1	2	1	1	2	1	1
宝安区									
龙岗区									
盐田区									
龙华区									
坪山区	17	9	8	9	4	5	2	2	
光明区									
珠海市	**1555**	**710**	**845**	**1030**	**406**	**624**	**520**	**166**	**354**
香洲区	103	34	69	65	29	36	36	6	30
斗门区	860	414	446	501	219	282	266	83	183
金湾区	592	262	330	464	158	306	218	77	141
汕头市	**15139**	**6517**	**8622**	**9458**	**3473**	**5985**	**5193**	**1575**	**3618**
龙湖区									
金平区									
濠江区	70	27	43	66	18	48	40	8	32
潮阳区	5737	2679	3058	3588	1433	2155	1892	642	1250
潮南区	3651	1648	2003	2413	918	1495	1560	502	1058
澄海区	4901	1854	3047	2957	993	1964	1498	378	1120
南澳县	780	309	471	434	111	323	203	45	158
佛山市	**3410**	**1444**	**1966**	**1898**	**697**	**1201**	**1069**	**314**	**755**
禅城区	1543	618	925	819	283	536	482	152	330
南海区	326	147	179	148	59	89	86	23	63
顺德区									
三水区	1244	549	695	728	273	455	441	128	313
高明区	297	130	167	203	82	121	60	11	49

1-5b　续表 19　　　　单位：人

地　区	80-84岁			85-89岁			90岁及以上		
	小计	男	女	小计	男	女	小计	男	女
江门市	**5153**	**2604**	**2549**	**3067**	**1290**	**1777**	**1608**	**597**	**1011**
蓬江区									
江海区									
新会区	1613	801	812	1001	406	595	583	227	356
台山市	1514	755	759	891	382	509	443	163	280
开平市	839	403	436	465	176	289	231	79	152
鹤山市	492	253	239	305	126	179	172	54	118
恩平市	695	392	303	405	200	205	179	74	105
湛江市	**16733**	**7817**	**8916**	**10271**	**4448**	**5823**	**5598**	**2412**	**3186**
赤坎区									
霞山区	42	19	23	27	5	22	27	6	21
坡头区	1006	515	491	633	304	329	340	131	209
麻章区	914	390	524	688	283	405	432	196	236
遂溪县	3984	1856	2128	2390	1074	1316	1325	558	767
徐闻县	3009	1280	1729	1873	730	1143	960	379	581
廉江市	3617	1734	1883	2195	960	1235	1197	556	641
雷州市	2124	991	1133	1322	591	731	761	359	402
吴川市	2037	1032	1005	1143	501	642	556	227	329
茂名市	**13615**	**6741**	**6874**	**8418**	**3978**	**4440**	**4500**	**2143**	**2357**
茂南区	743	380	363	438	210	228	277	142	135
电白区	5243	2478	2765	3304	1534	1770	1769	801	968
高州市	3196	1669	1527	1995	951	1044	986	473	513
化州市	2838	1418	1420	1687	859	828	957	513	444
信宜市	1595	796	799	994	424	570	511	214	297
肇庆市	**11070**	**4917**	**6153**	**6120**	**2359**	**3761**	**2679**	**969**	**1710**
端州区									
鼎湖区	376	152	224	205	64	141	89	19	70
高要区	1916	840	1076	1169	433	736	539	182	357
广宁县	2036	868	1168	1174	417	757	487	156	331
怀集县	2922	1341	1581	1484	609	875	698	297	401
封开县	2118	909	1209	1187	453	734	434	138	296
德庆县	1407	657	750	730	311	419	315	137	178
四会市	295	150	145	171	72	99	117	40	77
惠州市	**13817**	**6008**	**7809**	**8294**	**3057**	**5237**	**3770**	**1133**	**2637**
惠城区	851	381	470	536	198	338	279	90	189
惠阳区	766	331	435	519	203	316	293	86	207
博罗县	5123	2305	2818	2989	1129	1860	1316	433	883
惠东县	5539	2338	3201	3375	1201	2174	1549	415	1134
龙门县	1538	653	885	875	326	549	333	109	224
梅州市	**15908**	**7483**	**8425**	**10052**	**4016**	**6036**	**5151**	**1931**	**3220**
梅江区	116	51	65	87	35	52	56	17	39
梅县区	924	496	428	709	334	375	454	280	174
大埔县	2323	1069	1254	1622	637	985	847	258	589
丰顺县	4367	2107	2260	2823	1247	1576	1530	664	866
五华县	3761	1738	2023	2232	801	1431	1104	359	745
平远县	1558	662	896	865	293	572	383	103	280
蕉岭县	1618	755	863	935	390	545	397	138	259
兴宁市	1241	605	636	779	279	500	380	112	268

1－5b 续表 20　　　　单位：人

地　区	80－84岁			85－89岁			90岁及以上		
	小计	男	女	小计	男	女	小计	男	女
汕尾市	**11466**	**5279**	**6187**	**6942**	**2792**	**4150**	**3365**	**1240**	**2125**
城　区	380	190	190	287	95	192	151	38	113
海丰县	5363	2492	2871	3112	1256	1856	1394	549	845
陆河县	1871	927	944	1080	520	560	530	245	285
陆丰市	3852	1670	2182	2463	921	1542	1290	408	882
河源市	**8723**	**3774**	**4949**	**4912**	**1889**	**3023**	**2006**	**679**	**1327**
源城区	24	11	13	9	4	5	4	1	3
紫金县	2953	1275	1678	1649	589	1060	742	247	495
龙川县	2216	980	1236	1254	520	734	524	195	329
连平县	1535	602	933	868	295	573	317	80	237
和平县	1212	546	666	661	292	369	234	102	132
东源县	783	360	423	471	189	282	185	54	131
阳江市	**5187**	**2312**	**2875**	**3029**	**1236**	**1793**	**1430**	**570**	**860**
江城区	898	355	543	541	217	324	252	93	159
阳东区	807	366	441	484	202	282	249	113	136
阳西县	1834	835	999	1137	442	695	527	206	321
阳春市	1648	756	892	867	375	492	402	158	244
清远市	**11214**	**4796**	**6418**	**6335**	**2326**	**4009**	**2877**	**945**	**1932**
清城区	2691	1195	1496	1702	653	1049	819	279	540
清新区	558	260	298	309	118	191	164	85	79
佛冈县	1259	613	646	694	274	420	322	130	192
阳山县	2081	826	1255	1052	380	672	442	133	309
连山壮族瑶族自治县	552	225	327	243	107	136	99	25	74
连南瑶族自治县	829	332	497	430	143	287	155	43	112
英德市	2618	1092	1526	1549	532	1017	723	210	513
连州市	626	253	373	356	119	237	153	40	113
东莞市	**231**	**100**	**131**	**177**	**56**	**121**	**112**	**25**	**87**
市辖区	231	100	131	177	56	121	112	25	87
中山市	**4938**	**1933**	**3005**	**2581**	**909**	**1672**	**1191**	**351**	**840**
市辖区	4938	1933	3005	2581	909	1672	1191	351	840
潮州市	**10972**	**4808**	**6164**	**6537**	**2461**	**4076**	**3295**	**990**	**2305**
湘桥区	1025	438	587	636	260	376	366	97	269
潮安区	3442	1546	1896	1908	757	1151	840	256	584
饶平县	6505	2824	3681	3993	1444	2549	2089	637	1452
揭阳市	**19280**	**9238**	**10042**	**12167**	**5031**	**7136**	**6628**	**2451**	**4177**
榕城区	1118	540	578	643	263	380	276	104	172
揭东区	3101	1496	1605	1909	743	1166	980	336	644
揭西县	3799	1910	1889	2374	1137	1237	1363	627	736
惠来县	5416	2395	3021	3651	1352	2299	2051	636	1415
普宁市	5846	2897	2949	3590	1536	2054	1958	748	1210
云浮市	**6325**	**2870**	**3455**	**3329**	**1256**	**2073**	**1407**	**442**	**965**
云城区									
云安区	701	309	392	423	152	271	190	62	128
新兴县	2219	1003	1216	1091	393	698	412	97	315
郁南县	2295	1008	1287	1264	497	767	511	176	335
罗定市	1110	550	560	551	214	337	294	107	187

1−5c 各地区分年龄、性别的人口(乡村)

单位：人

地 区	合 计			0岁			1−4岁		
	合计	男	女	小计	男	女	小计	男	女
广 东	**32576438**	**17163861**	**15412577**	**424540**	**227878**	**196662**	**2000715**	**1062169**	**938546**
广州市	**2579881**	**1399937**	**1179944**	**27799**	**14857**	**12942**	**140335**	**75017**	**65318**
荔湾区									
越秀区									
海珠区									
天河区									
白云区	697384	379333	318051	6471	3449	3022	32954	17768	15186
黄埔区	98339	54378	43961	1386	726	660	6432	3433	2999
番禺区	277077	154238	122839	2341	1230	1111	11669	6179	5490
花都区	498426	273839	224587	4812	2525	2287	25969	13925	12044
南沙区	226178	122505	103673	2379	1284	1095	11697	6119	5578
从化区	388976	202910	186066	5184	2770	2414	25670	13555	12115
增城区	393501	212734	180767	5226	2873	2353	25944	14038	11906
韶关市	**1218236**	**638291**	**579945**	**15900**	**8295**	**7605**	**73629**	**38894**	**34735**
武江区	57848	30684	27164	736	378	358	3386	1782	1604
浈江区	52643	27774	24869	627	309	318	3343	1735	1608
曲江区	114594	61438	53156	1284	687	597	6089	3167	2922
始兴县	116280	59288	56992	1569	828	741	7198	3839	3359
仁化县	109380	57155	52225	1259	628	631	6138	3221	2917
翁源县	207531	108804	98727	3090	1604	1486	14519	7722	6797
乳源瑶族自治县	100449	52709	47740	1413	754	659	6306	3263	3043
新丰县	92750	49383	43367	1164	607	557	5074	2739	2335
乐昌市	184060	97491	86569	2378	1254	1124	11262	5929	5333
南雄市	182701	93565	89136	2380	1246	1134	10314	5497	4817
深圳市	**49789**	**30340**	**19449**	**336**	**178**	**158**	**1830**	**963**	**867**
罗湖区									
福田区									
南山区									
宝安区									
龙岗区	49789	30340	19449	336	178	158	1830	963	867
盐田区									
龙华区									
坪山区									
光明区									
珠海市	**232495**	**125797**	**106698**	**2776**	**1437**	**1339**	**13327**	**6914**	**6413**
香洲区	1059	794	265				2	2	
斗门区	213646	114914	98732	2574	1327	1247	12322	6387	5935
金湾区	17790	10089	7701	202	110	92	1003	525	478
汕头市	**1611862**	**817755**	**794107**	**22515**	**11975**	**10540**	**105725**	**55428**	**50297**
龙湖区	100508	50587	49921	1031	550	481	5288	2755	2533
金平区	15416	7670	7746	198	100	98	885	438	447
濠江区	73866	38980	34886	885	460	425	3890	2069	1821
潮阳区	674352	338630	335722	11006	5954	5052	48861	25542	23319
潮南区	497728	253557	244171	7163	3774	3389	35398	18780	16618
澄海区	236832	121704	115128	2040	1044	996	10680	5451	5229
南澳县	13160	6627	6533	192	93	99	723	393	330
佛山市	**456354**	**257240**	**199114**	**3994**	**2144**	**1850**	**19778**	**10613**	**9165**
禅城区									
南海区	144834	81860	62974	1419	757	662	7350	3897	3453
顺德区	44992	25903	19089	353	190	163	1845	973	872
三水区	215540	121873	93667	1724	927	797	8277	4433	3844
高明区	50988	27604	23384	498	270	228	2306	1310	996

1-5c 续表 1

单位：人

地 区	合 计			0岁			1-4岁		
	合计	男	女	小计	男	女	小计	男	女
江门市	**1553156**	**810579**	**742577**	**11825**	**6139**	**5686**	**60783**	**32006**	**28777**
蓬江区	26023	13473	12550	256	127	129	1373	740	633
江海区									
新会区	305496	162745	142751	2291	1213	1078	12854	6830	6024
台山市	474478	243370	231108	3180	1710	1470	16380	8633	7747
开平市	318742	162361	156381	2468	1260	1208	12233	6365	5868
鹤山市	196252	105323	90929	1527	763	764	8111	4308	3803
恩平市	232165	123307	108858	2103	1066	1037	9832	5130	4702
湛江市	**3807772**	**2011124**	**1796648**	**61702**	**33384**	**28318**	**288158**	**153287**	**134871**
赤坎区	8527	4407	4120	125	74	51	671	348	323
霞山区	31911	16579	15332	587	303	284	2665	1424	1241
坡头区	191096	102560	88536	3070	1675	1395	14507	7745	6762
麻章区	299212	158140	141072	4461	2453	2008	22070	11902	10168
遂溪县	535072	281986	253086	8829	4650	4179	38543	20243	18300
徐闻县	394856	206647	188209	5734	3110	2624	27435	14523	12912
廉江市	919658	490825	428833	15309	8299	7010	70635	37672	32963
雷州市	908800	476414	432386	14879	8150	6729	72704	38603	34101
吴川市	518640	273566	245074	8708	4670	4038	38928	20827	18101
茂名市	**3484470**	**1836587**	**1647883**	**54586**	**29745**	**24841**	**249159**	**134171**	**114988**
茂南区	335409	175570	159839	4540	2488	2052	22511	12044	10467
电白区	895937	476771	419166	14140	7780	6360	66165	35919	30246
高州市	838356	439215	399141	13372	7350	6022	58385	31583	26802
化州市	818922	433151	385771	13662	7356	6306	59957	32158	27799
信宜市	595846	311880	283966	8872	4771	4101	42141	22467	19674
肇庆市	**2014980**	**1044140**	**970840**	**26044**	**14152**	**11892**	**117864**	**63683**	**54181**
端州区									
鼎湖区	54803	28083	26720	801	444	357	3465	1965	1500
高要区	462496	241387	221109	5204	2810	2394	25146	13662	11484
广宁县	243863	126950	116913	2486	1358	1128	12159	6523	5636
怀集县	583295	297627	285668	9505	5202	4303	41835	22799	19036
封开县	250678	129300	121378	2896	1509	1387	14766	7727	7039
德庆县	231471	119879	111592	3349	1842	1507	12039	6393	5646
四会市	188374	100914	87460	1803	987	816	8454	4614	3840
惠州市	**1643576**	**891671**	**751905**	**18664**	**9967**	**8697**	**89569**	**47304**	**42265**
惠城区	335449	184209	151240	3771	1984	1787	17930	9537	8393
惠阳区	259153	145559	113594	2781	1486	1295	13139	6892	6247
博罗县	498285	266705	231580	5280	2827	2453	25904	13708	12196
惠东县	377699	202241	175458	4812	2585	2227	22904	12076	10828
龙门县	172990	92957	80033	2020	1085	935	9692	5091	4601
梅州市	**1875444**	**956496**	**918948**	**24121**	**12989**	**11132**	**112443**	**59042**	**53401**
梅江区	36438	18398	18040	368	186	182	1820	893	927
梅县区	261418	132913	128505	2681	1491	1190	12707	6650	6057
大埔县	176229	91706	84523	1683	875	808	8297	4281	4016
丰顺县	224467	116169	108298	2880	1555	1325	12828	6692	6136
五华县	585378	296888	288490	9502	5182	4320	45023	23837	21186
平远县	95186	48313	46873	1069	577	492	4524	2356	2168
蕉岭县	82578	42221	40357	849	443	406	3794	1971	1823
兴宁市	413750	209888	203862	5089	2680	2409	23450	12362	11088

1-5c　续表 2　　　　单位：人

地　区	合　计			0岁			1-4岁		
	合计	男	女	小计	男	女	小计	男	女
汕尾市	**1177179**	**614099**	**563080**	**18326**	**10010**	**8316**	**84464**	**44384**	**40080**
城　区	105586	56001	49585	1541	843	698	6043	3146	2897
海丰县	265176	141311	123865	3669	1994	1675	16482	8810	7672
陆河县	116064	59978	56086	1887	1028	859	8486	4465	4021
陆丰市	690353	356809	333544	11229	6145	5084	53453	27963	25490
河源市	**1461518**	**756768**	**704750**	**17076**	**9175**	**7901**	**82549**	**43604**	**38945**
源城区	40657	21976	18681	388	222	166	2041	1096	945
紫金县	343701	177213	166488	4509	2386	2123	21876	11581	10295
龙川县	397757	204678	193079	4652	2501	2151	21535	11351	10184
连平县	179318	91809	87509	2039	1122	917	10247	5349	4898
和平县	238602	123882	114720	2941	1558	1383	14122	7454	6668
东源县	261483	137210	124273	2547	1386	1161	12728	6773	5955
阳江市	**1193139**	**635458**	**557681**	**12828**	**6842**	**5986**	**64885**	**34397**	**30488**
江城区	201369	106862	94507	1934	1037	897	9484	5117	4367
阳东区	232023	124892	107131	2291	1188	1103	11345	6095	5250
阳西县	244210	132093	112117	2643	1406	1237	13499	7136	6363
阳春市	515537	271611	243926	5960	3211	2749	30557	16049	14508
清远市	**1806264**	**961949**	**844315**	**22990**	**12406**	**10584**	**108127**	**57580**	**50547**
清城区	199260	110369	88891	1886	1022	864	9049	4862	4187
清新区	341583	180807	160776	3814	2087	1727	18379	9873	8506
佛冈县	178713	94982	83731	2077	1163	914	9699	5142	4557
阳山县	212774	112498	100276	3408	1832	1576	15818	8420	7398
连山壮族瑶族自治县	56378	29619	26759	834	437	397	3711	1885	1826
连南瑶族自治县	73649	38174	35475	1091	588	503	5028	2687	2341
英德市	543259	289028	254231	7579	4078	3501	35315	18847	16468
连州市	200648	106472	94176	2301	1199	1102	11128	5864	5264
东莞市	**821754**	**482325**	**339429**	**5472**	**2901**	**2571**	**30909**	**16456**	**14453**
市辖区	821754	482325	339429	5472	2901	2571	30909	16456	14453
中山市	**576187**	**311936**	**264251**	**5431**	**2826**	**2605**	**28080**	**14712**	**13368**
市辖区	576187	311936	264251	5431	2826	2605	28080	14712	13368
潮州市	**919744**	**471394**	**448350**	**10099**	**5312**	**4787**	**49428**	**26118**	**23310**
湘桥区	70048	35261	34787	667	319	348	3111	1674	1437
潮安区	426890	219291	207599	4746	2529	2217	22565	11880	10685
饶平县	422806	216842	205964	4686	2464	2222	23752	12564	11188
揭阳市	**2752577**	**1408696**	**1343881**	**45092**	**23953**	**21139**	**196964**	**103698**	**93266**
榕城区	196344	100596	95748	2543	1388	1155	12245	6463	5782
揭东区	424337	219244	205093	6717	3548	3169	24825	13145	11680
揭西县	465596	238993	226603	8720	4634	4086	28722	15222	13500
惠来县	603349	303826	299523	9839	5306	4533	50044	26212	23832
普宁市	1062951	546037	516914	17273	9077	8196	81128	42656	38472
云浮市	**1340061**	**701279**	**638782**	**16964**	**9191**	**7773**	**82709**	**43898**	**38811**
云城区	96175	51138	45037	1038	557	481	5346	2848	2498
云安区	167708	88573	79135	2199	1201	998	10879	5805	5074
新兴县	244901	127398	117503	3047	1651	1396	12773	6783	5990
郁南县	211406	111133	100273	2485	1359	1126	12605	6664	5941
罗定市	619871	323037	296834	8195	4423	3772	41106	21798	19308

1-5c 续表 3

单位：人

地　　区	5-9岁			10-14岁			15-19岁		
	小计	男	女	小计	男	女	小计	男	女
广　东	**2731756**	**1450485**	**1281271**	**2429801**	**1295209**	**1134592**	**1430794**	**807671**	**623123**
广州市	**148601**	**81467**	**67134**	**111030**	**60849**	**50181**	**116672**	**67461**	**49211**
荔湾区									
越秀区									
海珠区									
天河区									
白云区	32813	17860	14953	24586	13561	11025	43779	25066	18713
黄埔区	6863	3751	3112	4607	2572	2035	2074	1281	793
番禺区	11167	6051	5116	8968	4849	4119	10707	6039	4668
花都区	28608	16029	12579	21631	11969	9662	24817	14348	10469
南沙区	11015	5847	5168	8754	4631	4123	8084	5110	2974
从化区	32298	17633	14665	21921	11817	10104	16896	9060	7836
增城区	25837	14296	11541	20563	11450	9113	10315	6557	3758
韶关市	**100554**	**53933**	**46621**	**83473**	**45082**	**38391**	**35995**	**20544**	**15451**
武江区	4979	2654	2325	4552	2348	2204	1553	913	640
浈江区	4437	2381	2056	3520	1888	1632	1245	719	526
曲江区	8054	4279	3775	7172	3824	3348	5096	3083	2013
始兴县	9136	4981	4155	7360	3994	3366	2483	1337	1146
仁化县	9032	4842	4190	7937	4267	3670	2447	1413	1034
翁源县	18325	9785	8540	13257	7167	6090	7327	3966	3361
乳源瑶族自治县	9004	4789	4215	7194	3790	3404	3000	1697	1303
新丰县	7496	4010	3486	6287	3371	2916	2150	1262	888
乐昌市	16256	8649	7607	13456	7394	6062	4827	2837	1990
南雄市	13835	7563	6272	12738	7039	5699	5867	3317	2550
深圳市	**1782**	**1027**	**755**	**1546**	**821**	**725**	**3172**	**1719**	**1453**
罗湖区									
福田区									
南山区									
宝安区									
龙岗区	1782	1027	755	1546	821	725	3172	1719	1453
盐田区									
龙华区									
坪山区									
光明区									
珠海市	**13422**	**7022**	**6400**	**10597**	**5663**	**4934**	**7226**	**4064**	**3162**
香洲区				1	1		19	14	5
斗门区	12476	6507	5969	9824	5253	4571	6881	3861	3020
金湾区	946	515	431	772	409	363	326	189	137
汕头市	**149663**	**77355**	**72308**	**131280**	**67509**	**63771**	**95389**	**51165**	**44224**
龙湖区	6968	3545	3423	6373	3241	3132	3504	1926	1578
金平区	1089	585	504	845	453	392	1373	691	682
濠江区	5634	2871	2763	4866	2501	2365	8458	5703	2755
潮阳区	68203	35203	33000	57026	29247	27779	40007	20859	19148
潮南区	52134	27052	25082	46413	24005	22408	33695	17283	16412
澄海区	14793	7673	7120	15098	7747	7351	8030	4538	3492
南澳县	842	426	416	659	315	344	322	165	157
佛山市	**19598**	**10973**	**8625**	**16008**	**8839**	**7169**	**17994**	**11555**	**6439**
禅城区									
南海区	6711	3772	2939	4746	2625	2121	6279	4496	1783
顺德区	1859	1021	838	1493	807	686	1172	772	400
三水区	8605	4809	3796	7533	4180	3353	9745	5850	3895
高明区	2423	1371	1052	2236	1227	1009	798	437	361

1－5c　续表 4　　　　单位：人

地　区	5－9岁			10－14岁			15－19岁		
	小计	男	女	小计	男	女	小计	男	女
江门市	**78707**	**41716**	**36991**	**74272**	**39526**	**34746**	**39047**	**21975**	**17072**
蓬江区	1444	774	670	1321	729	592	630	345	285
江海区									
新会区	16395	8589	7806	13937	7431	6506	7446	4251	3195
台山市	21395	11322	10073	21756	11452	10304	11244	6348	4896
开平市	15756	8375	7381	15283	8030	7253	9988	5439	4549
鹤山市	10740	5785	4955	9944	5347	4597	4047	2307	1740
恩平市	12977	6871	6106	12031	6537	5494	5692	3285	2407
湛江市	**382712**	**203076**	**179636**	**310030**	**167054**	**142976**	**151432**	**89333**	**62099**
赤坎区	908	463	445	585	328	257	270	165	105
霞山区	3247	1746	1501	2231	1247	984	740	429	311
坡头区	18201	9599	8602	11851	6486	5365	4873	2954	1919
麻章区	29624	15674	13950	22560	12215	10345	15818	8479	7339
遂溪县	50847	26710	24137	40326	21617	18709	19082	11414	7668
徐闻县	40154	21282	18872	32915	17678	15237	13675	8034	5641
廉江市	97377	51779	45598	80653	43809	36844	34320	20352	13968
雷州市	92296	49222	43074	79513	42251	37262	41162	24168	16994
吴川市	50058	26601	23457	39396	21423	17973	21492	13338	8154
茂名市	**365198**	**195346**	**169852**	**321487**	**173983**	**147504**	**162504**	**94901**	**67603**
茂南区	29935	16039	13896	23877	12835	11042	19851	10187	9664
电白区	93381	50293	43088	78732	42648	36084	44412	26149	18263
高州市	87034	46349	40685	74770	40528	34242	34250	20979	13271
化州市	91137	48625	42512	85508	46259	39249	38650	22738	15912
信宜市	63711	34040	29671	58600	31713	26887	25341	14848	10493
肇庆市	**173185**	**93910**	**79275**	**165803**	**90194**	**75609**	**91660**	**50967**	**40693**
端州区									
鼎湖区	3671	2126	1545	2834	1568	1266	1253	750	503
高要区	34219	18885	15334	31299	17502	13797	14841	9100	5741
广宁县	18992	10287	8705	20837	11247	9590	8232	4751	3481
怀集县	61641	33469	28172	56190	30530	25660	35641	19232	16409
封开县	22417	11647	10770	21786	11463	10323	14699	7686	7013
德庆县	20480	10809	9671	21319	11256	10063	11812	6315	5497
四会市	11765	6687	5078	11538	6628	4910	5182	3133	2049
惠州市	**125945**	**66924**	**59021**	**113260**	**60878**	**52382**	**79127**	**46397**	**32730**
惠城区	24272	12924	11348	19988	10791	9197	25980	14919	11061
惠阳区	16859	9013	7846	14295	7805	6490	9344	5885	3459
博罗县	38654	20669	17985	38522	20906	17616	26161	15381	10780
惠东县	32040	16928	15112	27740	14715	13025	13062	7649	5413
龙门县	14120	7390	6730	12715	6661	6054	4580	2563	2017
梅州市	**156461**	**81192**	**75269**	**150275**	**78363**	**71912**	**69963**	**38576**	**31387**
梅江区	2323	1183	1140	2114	1076	1038	940	500	440
梅县区	16138	8293	7845	14762	7863	6899	7789	3995	3794
大埔县	11989	6251	5738	12988	6773	6215	5310	3023	2287
丰顺县	18916	9680	9236	19799	10058	9741	10409	5520	4889
五华县	63054	32862	30192	60486	31364	29122	27606	15466	12140
平远县	6071	3127	2944	5689	2981	2708	1772	1014	758
蕉岭县	4644	2327	2317	3908	2022	1886	1940	1062	878
兴宁市	33326	17469	15857	30529	16226	14303	14197	7996	6201

1-5c 续表 5 单位：人

地区	5-9岁			10-14岁			15-19岁		
	小计	男	女	小计	男	女	小计	男	女
汕尾市	**117607**	**61226**	**56381**	**105365**	**55120**	**50245**	**66132**	**35738**	**30394**
城　区	8177	4305	3872	6729	3540	3189	5930	3393	2537
海丰县	22997	12123	10874	20152	10706	9446	12108	6759	5349
陆河县	11242	5773	5469	10149	5338	4811	4368	2553	1815
陆丰市	75191	39025	36166	68335	35536	32799	43726	23033	20693
河源市	**123888**	**64647**	**59241**	**137920**	**71809**	**66111**	**74775**	**39907**	**34868**
源城区	3470	1824	1646	3632	1915	1717	1208	720	488
紫金县	33061	17166	15895	35750	18561	17189	14792	8474	6318
龙川县	31258	16184	15074	36780	19081	17699	21589	11624	9965
连平县	15211	8059	7152	15961	8314	7647	7677	3997	3680
和平县	21234	11114	10120	24115	12545	11570	8291	4677	3614
东源县	19654	10300	9354	21682	11393	10289	21218	10415	10803
阳江市	**99757**	**53660**	**46097**	**93591**	**50872**	**42719**	**37104**	**22201**	**14903**
江城区	14541	7976	6565	12849	7081	5768	7365	4548	2817
阳东区	17532	9551	7981	15956	8753	7203	5192	3021	2171
阳西县	19556	10587	8969	17368	9650	7718	6313	3842	2471
阳春市	48128	25546	22582	47418	25388	22030	18234	10790	7444
清远市	**149043**	**80639**	**68404**	**125507**	**67652**	**57855**	**77563**	**44505**	**33058**
清城区	11350	6346	5004	10048	5474	4574	26927	15367	11560
清新区	24939	13745	11194	23426	12762	10664	13945	8359	5586
佛冈县	14790	7923	6867	14215	7451	6764	6142	3298	2844
阳山县	18710	10040	8670	14002	7527	6475	5014	2805	2209
连山壮族瑶族自治县	5249	2807	2442	4172	2176	1996	1328	703	625
连南瑶族自治县	7656	4302	3354	6546	3637	2909	2808	1578	1230
英德市	49436	26547	22889	39131	21295	17836	15612	9136	6476
连州市	16913	8929	7984	13967	7330	6637	5787	3259	2528
东莞市	**35185**	**19518**	**15667**	**27363**	**15508**	**11855**	**29071**	**18210**	**10861**
市辖区	35185	19518	15667	27363	15508	11855	29071	18210	10861
中山市	**29819**	**16090**	**13729**	**24331**	**13361**	**10970**	**19115**	**11138**	**7977**
市辖区	29819	16090	13729	24331	13361	10970	19115	11138	7977
潮州市	**66895**	**34772**	**32123**	**63635**	**33108**	**30527**	**39596**	**21014**	**18582**
湘桥区	4351	2172	2179	4192	2193	1999	3064	1447	1617
潮安区	30254	15901	14353	27097	14226	12871	18140	9774	8366
饶平县	32290	16699	15591	32346	16689	15657	18392	9793	8599
揭阳市	**268283**	**139193**	**129090**	**244119**	**126002**	**118117**	**168209**	**87729**	**80480**
榕城区	15572	8192	7380	13244	7000	6244	8482	4638	3844
揭东区	33702	17657	16045	31551	16361	15190	20941	11332	9609
揭西县	40296	20974	19322	39265	20357	18908	28947	15054	13893
惠来县	71829	36718	35111	66204	33652	32552	44628	22231	22397
普宁市	106884	55652	51232	93855	48632	45223	65211	34474	30737
云浮市	**125451**	**66799**	**58652**	**118909**	**63016**	**55893**	**49048**	**28572**	**20476**
云城区	8378	4505	3873	7030	3753	3277	2684	1597	1087
云安区	16294	8652	7642	12977	6920	6057	7472	4565	2907
新兴县	17586	9380	8206	18044	9620	8424	6975	4114	2861
郁南县	19598	10362	9236	17875	9491	8384	6356	3653	2703
罗定市	63595	33900	29695	62983	33232	29751	25561	14643	10918

1-5c　续表 6　　单位：人

地　区	20-24岁			25-29岁			30-34岁		
	小计	男	女	小计	男	女	小计	男	女
广　东	**1960048**	**1116085**	**843963**	**2466995**	**1370543**	**1096452**	**2452836**	**1340650**	**1112186**
广州市	**209202**	**117124**	**92078**	**242279**	**137587**	**104692**	**273582**	**153383**	**120199**
荔湾区									
越秀区									
海珠区									
天河区									
白云区	71144	38313	32831	72456	40856	31600	79835	44856	34979
黄埔区	6615	3927	2688	9892	5526	4366	11272	6330	4942
番禺区	24971	14961	10010	30619	18310	12309	35588	20809	14779
花都区	37535	21029	16506	45374	26308	19066	55918	31545	24373
南沙区	13767	8370	5397	19597	11294	8303	23926	13422	10504
从化区	31150	16471	14679	30016	16234	13782	31276	16753	14523
增城区	24020	14053	9967	34325	19059	15266	35767	19668	16099
韶关市	**48753**	**27949**	**20804**	**67445**	**37332**	**30113**	**76958**	**41647**	**35311**
武江区	2239	1308	931	3561	1979	1582	4271	2319	1952
浈江区	2019	1187	832	3627	1994	1633	4039	2164	1875
曲江区	8071	4924	3147	6794	3748	3046	7256	3999	3257
始兴县	3967	2181	1786	5791	3152	2639	6649	3462	3187
仁化县	3218	1799	1419	4890	2632	2258	7013	3744	3269
翁源县	7351	4094	3257	13249	7140	6109	13822	7373	6449
乳源瑶族自治县	3797	2074	1723	5892	3185	2707	6437	3523	2914
新丰县	4018	2347	1671	5306	3038	2268	5922	3197	2725
乐昌市	6747	3993	2754	9460	5425	4035	11470	6511	4959
南雄市	7326	4042	3284	8875	5039	3836	10079	5355	4724
深圳市	**3952**	**2656**	**1296**	**5577**	**3656**	**1921**	**6052**	**3879**	**2173**
罗湖区									
福田区									
南山区									
宝安区									
龙岗区	3952	2656	1296	5577	3656	1921	6052	3879	2173
盐田区									
龙华区									
坪山区									
光明区									
珠海市	**12302**	**7265**	**5037**	**21487**	**12179**	**9308**	**25104**	**14413**	**10691**
香洲区	105	71	34	114	91	23	110	89	21
斗门区	11334	6652	4682	19954	11233	8721	23241	13264	9977
金湾区	863	542	321	1419	855	564	1753	1060	693
汕头市	**126759**	**66772**	**59987**	**141303**	**73712**	**67591**	**122749**	**63754**	**58995**
龙湖区	6326	3397	2929	9602	4790	4812	8211	4229	3982
金平区	1022	552	470	1373	671	702	1262	644	618
濠江区	7410	4340	3070	5998	3122	2876	5295	2650	2645
潮阳区	59017	30297	28720	61155	31673	29482	49197	25163	24034
潮南区	39271	20577	18694	43338	22799	20539	36238	18944	17294
澄海区	13301	7413	5888	18761	10095	8666	21452	11543	9909
南澳县	412	196	216	1076	562	514	1094	581	513
佛山市	**34625**	**21017**	**13608**	**38924**	**23473**	**15451**	**46425**	**27172**	**19253**
禅城区									
南海区	8705	5632	3073	13701	8086	5615	16679	9603	7076
顺德区	3273	2088	1185	4745	2883	1862	6018	3670	2348
三水区	20316	11873	8443	17208	10620	6588	20411	12037	8374
高明区	2331	1424	907	3270	1884	1386	3317	1862	1455

1-5c 续表 7

单位：人

地　区	20-24岁			25-29岁			30-34岁		
	小计	男	女	小计	男	女	小计	男	女
江门市	**70204**	**40496**	**29708**	**111437**	**63007**	**48430**	**128991**	**71510**	**57481**
蓬江区	1208	684	524	1866	1036	830	2323	1273	1050
江海区									
新会区	13981	8196	5785	22670	13150	9520	25758	14553	11205
台山市	19515	11007	8508	31564	17925	13639	35715	19504	16211
开平市	15362	8598	6764	22427	12284	10143	27163	14799	12364
鹤山市	8572	5170	3402	13597	7729	5868	16736	9504	7232
恩平市	11566	6841	4725	19313	10883	8430	21296	11877	9419
湛江市	**224989**	**132489**	**92500**	**289726**	**161644**	**128082**	**282293**	**153459**	**128834**
赤坎区	475	266	209	708	378	330	856	448	408
霞山区	1304	727	577	2638	1343	1295	3427	1782	1645
坡头区	10972	6695	4277	17114	9860	7254	18632	10625	8007
麻章区	18300	10641	7659	24527	13734	10793	25303	13781	11522
遂溪县	31033	17910	13123	40953	22654	18299	38398	20940	17458
徐闻县	18401	10684	7717	26288	14462	11826	28002	15086	12916
廉江市	52408	31193	21215	64800	36730	28070	65177	35684	29493
雷州市	58617	33489	25128	68113	37359	30754	61106	32745	28361
吴川市	33479	20884	12595	44585	25124	19461	41392	22368	19024
茂名市	**198234**	**117082**	**81152**	**250999**	**139714**	**111285**	**232310**	**124412**	**107898**
茂南区	26212	13954	12258	29285	16257	13028	27021	15035	11986
电白区	54780	33150	21630	68983	38181	30802	66374	35070	31304
高州市	39021	23908	15113	56789	31577	25212	50237	26744	23493
化州市	46425	27704	18721	56669	31943	24726	53643	28928	24715
信宜市	31796	18366	13430	39273	21756	17517	35035	18635	16400
肇庆市	**112882**	**63928**	**48954**	**133761**	**72925**	**60836**	**129984**	**69967**	**60017**
端州区									
鼎湖区	2519	1444	1075	4550	2299	2251	4591	2421	2170
高要区	26418	16047	10371	34586	18920	15666	34866	18846	16020
广宁县	9958	5935	4023	12359	6955	5404	14433	7682	6751
怀集县	39501	21104	18397	40533	21556	18977	34647	18389	16258
封开县	14818	8106	6712	15523	8689	6834	13631	7529	6102
德庆县	11378	6262	5116	13643	7357	6286	13294	6999	6295
四会市	8290	5030	3260	12567	7149	5418	14522	8101	6421
惠州市	**102899**	**60407**	**42492**	**134824**	**76281**	**58543**	**138660**	**77443**	**61217**
惠城区	27111	16374	10737	30716	18006	12710	30894	17510	13384
惠阳区	16034	9955	6079	24245	14164	10081	27895	16093	11802
博罗县	28899	16678	12221	34587	19370	15217	36882	20105	16777
惠东县	23315	13059	10256	34599	18875	15724	29810	16436	13374
龙门县	7540	4341	3199	10677	5866	4811	13179	7299	5880
梅州市	**81454**	**45413**	**36041**	**109870**	**58803**	**51067**	**110160**	**58044**	**52116**
梅江区	1270	667	603	2198	1137	1061	2770	1419	1351
梅县区	9538	5216	4322	14158	7628	6530	17989	9656	8333
大埔县	7002	3978	3024	8600	4856	3744	9779	5450	4329
丰顺县	11470	6300	5170	13416	7248	6168	12609	6634	5975
五华县	31694	17421	14273	38539	20037	18502	32991	17112	15879
平远县	2958	1658	1300	5119	2827	2292	4349	2284	2065
蕉岭县	2443	1353	1090	4010	2166	1844	4859	2602	2257
兴宁市	15079	8820	6259	23830	12904	10926	24814	12887	11927

1-5c　续表 8　　单位：人

地　区	20-24岁			25-29岁			30-34岁		
	小计	男	女	小计	男	女	小计	男	女
汕尾市	**85810**	**47872**	**37938**	**100176**	**55158**	**45018**	**79029**	**42370**	**36659**
城　区	6483	3790	2693	9177	5044	4133	8281	4652	3629
海丰县	15707	9019	6688	23677	13047	10630	21285	11583	9702
陆河县	8329	4706	3623	9245	4962	4283	7271	3769	3502
陆丰市	55291	30357	24934	58077	32105	25972	42192	22366	19826
河源市	**62342**	**34605**	**27737**	**81378**	**44324**	**37054**	**82783**	**43635**	**39148**
源城区	2177	1263	914	3437	1969	1468	3813	2126	1687
紫金县	15775	8755	7020	18921	10269	8652	18386	9578	8808
龙川县	16806	9365	7441	21331	11686	9645	22169	11670	10499
连平县	6775	3705	3070	9281	4819	4462	10459	5314	5145
和平县	7780	4358	3422	12214	6523	5691	12730	6757	5973
东源县	13029	7159	5870	16194	9058	7136	15226	8190	7036
阳江市	**52714**	**31594**	**21120**	**84132**	**47292**	**36840**	**81796**	**43645**	**38151**
江城区	10329	6334	3995	16565	9199	7366	15752	8479	7273
阳东区	10579	6282	4297	18457	10585	7872	18688	10126	8562
阳西县	12624	7779	4845	20094	11458	8636	17730	9775	7955
阳春市	19182	11199	7983	29016	16050	12966	29626	15265	14361
清远市	**91069**	**52619**	**38450**	**116094**	**64557**	**51537**	**125501**	**68362**	**57139**
清城区	17463	11167	6296	13438	7899	5539	14526	8102	6424
清新区	17799	10248	7551	24519	13598	10921	25630	13840	11790
佛冈县	7895	4494	3401	12695	7160	5535	13967	7726	6241
阳山县	10452	5756	4696	13864	7649	6215	14338	7998	6340
连山壮族瑶族自治县	2348	1308	1040	3412	1825	1587	3801	1979	1822
连南瑶族自治县	3396	1858	1538	3948	2108	1840	4264	2218	2046
英德市	25196	14244	10952	34570	18987	15583	36280	19415	16865
连州市	6520	3544	2976	9648	5331	4317	12695	7084	5611
东莞市	**63517**	**40818**	**22699**	**85700**	**53027**	**32673**	**110017**	**67123**	**42894**
市辖区	63517	40818	22699	85700	53027	32673	110017	67123	42894
中山市	**41039**	**24108**	**16931**	**53670**	**31097**	**22573**	**65764**	**37337**	**28427**
市辖区	41039	24108	16931	53670	31097	22573	65764	37337	28427
潮州市	**53338**	**28448**	**24890**	**66770**	**35972**	**30798**	**64491**	**34501**	**29990**
湘桥区	5210	2447	2763	4778	2479	2299	4899	2637	2262
潮安区	26359	14075	12284	34898	18745	16153	33328	17872	15456
饶平县	21769	11926	9843	27094	14748	12346	26264	13992	12272
揭阳市	**216933**	**114577**	**102356**	**240134**	**127895**	**112239**	**181823**	**96440**	**85383**
榕城区	12241	6854	5387	18676	9808	8868	15239	8174	7065
揭东区	29470	16234	13236	35666	19448	16218	29625	16083	13542
揭西县	32557	17636	14921	34923	18775	16148	26660	13914	12746
惠来县	48374	24716	23658	47657	24879	22778	35558	18227	17331
普宁市	94291	49137	45154	103212	54985	48227	74741	40042	34699
云浮市	**67031**	**38846**	**28185**	**91309**	**50908**	**40401**	**88364**	**48154**	**40210**
云城区	4666	2700	1966	6790	3844	2946	6417	3534	2883
云安区	8729	5074	3655	12766	6960	5806	11415	6252	5163
新兴县	13075	7394	5681	17530	9645	7885	16240	8852	7388
郁南县	8756	4955	3801	13597	7578	6019	13714	7601	6113
罗定市	31805	18723	13082	40626	22881	17745	40578	21915	18663

1-5c 续表 9

单位：人

地区	35-39岁			40-44岁			45-49岁		
	小计	男	女	小计	男	女	小计	男	女
广 东	**2116488**	**1145666**	**970822**	**1793696**	**943836**	**849860**	**2225415**	**1119301**	**1106114**
广州市	**234990**	**131267**	**103723**	**181399**	**100703**	**80696**	**212140**	**114798**	**97342**
荔湾区									
越秀区									
海珠区									
天河区									
白云区	66588	37314	29274	52109	28637	23472	56733	30863	25870
黄埔区	9329	5158	4171	7139	3996	3143	8115	4555	3560
番禺区	26453	15371	11082	20426	11624	8802	26143	14403	11740
花都区	50363	28771	21592	35441	20444	14997	39224	21793	17431
南沙区	19547	10942	8605	16273	9062	7211	22990	12432	10558
从化区	29953	15919	14034	24287	13000	11287	27159	14044	13115
增城区	32757	17792	14965	25724	13940	11784	31776	16708	15068
韶关市	**72567**	**39551**	**33016**	**69623**	**37207**	**32416**	**95456**	**49505**	**45951**
武江区	3845	2107	1738	3845	2107	1738	4510	2480	2030
浈江区	3697	2009	1688	3193	1808	1385	3855	2047	1808
曲江区	6860	3785	3075	6511	3595	2916	8710	4768	3942
始兴县	6860	3767	3093	5989	3149	2840	9955	4883	5072
仁化县	6651	3606	3045	6738	3650	3088	9219	4872	4347
翁源县	11507	6172	5335	10342	5347	4995	15877	7937	7940
乳源瑶族自治县	7043	3809	3234	7074	3892	3182	7691	4207	3484
新丰县	5908	3230	2678	4707	2505	2202	6365	3258	3107
乐昌市	10588	5977	4611	11035	6009	5026	13643	7318	6325
南雄市	9608	5089	4519	10189	5145	5044	15631	7735	7896
深圳市	**4971**	**3154**	**1817**	**4476**	**2710**	**1766**	**5516**	**3224**	**2292**
罗湖区									
福田区									
南山区									
宝安区									
龙岗区	4971	3154	1817	4476	2710	1766	5516	3224	2292
盐田区									
龙华区									
坪山区									
光明区									
珠海市	**20181**	**11431**	**8750**	**15487**	**8656**	**6831**	**17968**	**9445**	**8523**
香洲区	107	86	21	95	74	21	156	115	41
斗门区	18687	10512	8175	14176	7871	6305	16140	8373	7767
金湾区	1387	833	554	1216	711	505	1672	957	715
汕头市	**102577**	**51772**	**50805**	**82175**	**40411**	**41764**	**100425**	**47896**	**52529**
龙湖区	7395	3847	3548	6035	3041	2994	7642	3549	4093
金平区	899	442	457	711	347	364	1063	496	567
濠江区	4673	2318	2355	3824	1835	1989	4528	2082	2446
潮阳区	38000	18761	19239	30175	14240	15935	40133	18517	21616
潮南区	32110	16320	15790	24543	12211	12332	27802	13615	14187
澄海区	18596	9623	8973	16189	8378	7811	18422	9232	9190
南澳县	904	461	443	698	359	339	835	405	430
佛山市	**41781**	**24614**	**17167**	**35797**	**20804**	**14993**	**41939**	**23698**	**18241**
禅城区									
南海区	14078	8252	5826	10978	6369	4609	13449	7496	5953
顺德区	4732	2851	1881	3780	2242	1538	4391	2551	1840
三水区	18992	11315	7677	17342	10167	7175	20310	11624	8686
高明区	3979	2196	1783	3697	2026	1671	3789	2027	1762

1-5c 续表 10

单位：人

地 区	35-39岁			40-44岁			45-49岁		
	小计	男	女	小计	男	女	小计	男	女
江门市	**104860**	**57298**	**47562**	**97370**	**51430**	**45940**	**124316**	**61587**	**62729**
蓬江区	1835	939	896	1734	936	798	1911	973	938
江海区									
新会区	22435	12733	9702	18792	10268	8524	26457	13999	12458
台山市	28524	15076	13448	28416	14421	13995	37596	17291	20305
开平市	20814	11010	9804	18928	9723	9205	24936	12082	12854
鹤山市	15762	8783	6979	14775	8241	6534	15790	8262	7528
恩平市	15490	8757	6733	14725	7841	6884	17626	8980	8646
湛江市	**223350**	**121002**	**102348**	**188021**	**98511**	**89510**	**210639**	**103879**	**106760**
赤坎区	595	303	292	489	262	227	469	234	235
霞山区	2662	1411	1251	1810	996	814	1814	950	864
坡头区	12384	7051	5333	9251	5088	4163	9852	4672	5180
麻章区	20719	11314	9405	16685	8904	7781	16189	8149	8040
遂溪县	30737	16664	14073	26786	13939	12847	30658	15355	15303
徐闻县	23808	12640	11168	20486	10773	9713	25683	13085	12598
廉江市	51667	28635	23032	42328	22740	19588	45717	22271	23446
雷州市	51384	27197	24187	46181	23294	22887	52727	26215	26512
吴川市	29394	15787	13607	24005	12515	11490	27530	12948	14582
茂名市	**180602**	**96447**	**84155**	**152768**	**78370**	**74398**	**191683**	**89318**	**102365**
茂南区	19393	10865	8528	14408	7715	6693	17584	8486	9098
电白区	55492	30100	25392	46037	24239	21798	48384	23025	25359
高州市	36622	18998	17624	30553	14876	15677	47055	21105	25950
化州市	42612	22862	19750	36029	18905	17124	44706	21122	23584
信宜市	26483	13622	12861	25741	12635	13106	33954	15580	18374
肇庆市	**119742**	**64397**	**55345**	**100336**	**51553**	**48783**	**140165**	**70663**	**69502**
端州区									
鼎湖区	3420	1851	1569	2441	1257	1184	4030	2086	1944
高要区	29931	16211	13720	23868	12524	11344	35012	17986	17026
广宁县	15986	8755	7231	12952	6746	6206	17001	8474	8527
怀集县	31807	16913	14894	27127	13685	13442	35877	17305	18572
封开县	11872	6324	5548	11182	5628	5554	16558	8456	8102
德庆县	13222	6908	6314	11124	5420	5704	15931	7898	8033
四会市	13504	7435	6069	11642	6293	5349	15756	8458	7298
惠州市	**130198**	**72522**	**57676**	**110555**	**60956**	**49599**	**130045**	**69270**	**60775**
惠城区	25986	14568	11418	20783	11681	9102	23552	12430	11122
惠阳区	25442	14946	10496	20763	11962	8801	24042	13181	10861
博罗县	37662	20202	17460	35648	19189	16459	40526	21308	19218
惠东县	28158	15551	12607	22963	12534	10429	29296	15467	13829
龙门县	12950	7255	5695	10398	5590	4808	12629	6884	5745
梅州市	**99660**	**50756**	**48904**	**85453**	**40889**	**44564**	**128364**	**60455**	**67909**
梅江区	2559	1291	1268	2269	1104	1165	2886	1366	1520
梅县区	14562	7588	6974	11394	5196	6198	18849	8581	10268
大埔县	8638	4636	4002	9196	4711	4485	12159	5972	6187
丰顺县	13643	7053	6590	11151	5479	5672	15041	7489	7552
五华县	28970	14235	14735	24107	11468	12639	34139	15922	18217
平远县	4397	2194	2203	4794	2343	2451	8248	3958	4290
蕉岭县	4057	2115	1942	3984	1901	2083	6838	3024	3814
兴宁市	22834	11644	11190	18558	8687	9871	30204	14143	16061

1-5c 续表 11

单位：人

地区	35-39岁			40-44岁			45-49岁		
	小计	男	女	小计	男	女	小计	男	女
汕尾市	**69989**	**36450**	**33539**	**54151**	**27018**	**27133**	**69716**	**32757**	**36959**
城　区	7548	4165	3383	5188	2801	2387	7250	3504	3746
海丰县	19383	10529	8854	14004	7383	6621	18639	9376	9263
陆河县	6459	3143	3316	5294	2368	2926	7459	3137	4322
陆丰市	36599	18613	17986	29665	14466	15199	36368	16740	19628
河源市	**89372**	**46371**	**43001**	**80632**	**41033**	**39599**	**102765**	**51608**	**51157**
源城区	3820	2069	1751	3158	1690	1468	3497	1905	1592
紫金县	19695	10134	9561	17354	8609	8745	23111	11403	11708
龙川县	24938	13054	11884	21441	10945	10496	25857	12504	13353
连平县	11510	5841	5669	10495	5203	5292	13283	6607	6676
和平县	14074	7264	6810	12993	6771	6222	16357	8643	7714
东源县	15335	8009	7326	15191	7815	7376	20660	10546	10114
阳江市	**75059**	**40335**	**34724**	**72323**	**37980**	**34343**	**88314**	**44280**	**44034**
江城区	13578	7274	6304	12618	6676	5942	15856	7920	7936
阳东区	16673	9149	7524	16678	8841	7837	18665	9498	9167
阳西县	15679	8766	6913	14199	7534	6665	17319	8435	8884
阳春市	29129	15146	13983	28828	14929	13899	36474	18427	18047
清远市	**114464**	**62568**	**51896**	**100502**	**53419**	**47083**	**127450**	**66462**	**60988**
清城区	12397	6930	5467	11760	6594	5166	13657	7509	6148
清新区	22329	11909	10420	21499	11263	10236	24844	12599	12245
佛冈县	12027	6574	5453	9090	4774	4316	12402	6362	6040
阳山县	12639	7205	5434	9087	4817	4270	13201	6668	6533
连山壮族瑶族自治县	3707	2028	1679	2976	1610	1366	3968	2141	1827
连南瑶族自治县	4588	2395	2193	5074	2644	2430	5267	2778	2489
英德市	34541	18738	15803	30240	15920	14320	41145	21459	19686
连州市	12236	6789	5447	10776	5797	4979	12966	6946	6020
东莞市	**94169**	**56717**	**37452**	**79336**	**47097**	**32239**	**84591**	**48671**	**35920**
市辖区	94169	56717	37452	79336	47097	32239	84591	48671	35920
中山市	**54301**	**30450**	**23851**	**45841**	**25419**	**20422**	**52357**	**27296**	**25061**
市辖区	54301	30450	23851	45841	25419	20422	52357	27296	25061
潮州市	**56979**	**29565**	**27414**	**52083**	**26067**	**26016**	**66650**	**33256**	**33394**
湘桥区	4226	2215	2011	3840	1847	1993	5032	2557	2475
潮安区	26911	14186	12725	25147	12642	12505	31243	15194	16049
饶平县	25842	13164	12678	23096	11578	11518	30375	15505	14870
揭阳市	**152205**	**78800**	**73405**	**118879**	**58704**	**60175**	**151060**	**70293**	**80767**
榕城区	10946	5920	5026	8964	4526	4438	12603	5610	6993
揭东区	23357	12470	10887	20320	10160	10160	25694	11887	13807
揭西县	25724	13237	12487	20495	10012	10483	26688	12087	14601
惠来县	33841	17039	16802	25641	12360	13281	28669	13620	15049
普宁市	58337	30134	28203	43459	21646	21813	57406	27089	30317
云浮市	**74471**	**40199**	**34272**	**66489**	**34899**	**31590**	**83856**	**40940**	**42916**
云城区	5379	2937	2442	5166	2816	2350	6787	3519	3268
云安区	9153	5008	4145	8118	4365	3753	10497	5153	5344
新兴县	15142	8018	7124	13640	7146	6494	17901	8797	9104
郁南县	11418	6477	4941	10073	5313	4760	12274	6008	6266
罗定市	33379	17759	15620	29492	15259	14233	36397	17463	18934

1-5c　续表 12　　　　单位：人

地　区	50-54岁			55-59岁			60-64岁		
	小计	男	女	小计	男	女	小计	男	女
广　东	**2494825**	**1266370**	**1228455**	**2181091**	**1138382**	**1042709**	**1630055**	**852657**	**777398**
广州市	**193931**	**105529**	**88402**	**147377**	**80361**	**67016**	**94847**	**48433**	**46414**
荔湾区									
越秀区									
海珠区									
天河区									
白云区	47791	26447	21344	32762	18398	14364	20593	10706	9887
黄埔区	7387	4369	3018	5373	3090	2283	3431	1839	1592
番禺区	22247	12076	10171	15285	8300	6985	8918	4552	4366
花都区	35597	19760	15837	27323	14953	12370	17474	8652	8822
南沙区	20699	11060	9639	15208	8151	7057	9228	4672	4556
从化区	28467	14852	13615	25062	13088	11974	16513	8269	8244
增城区	31743	16965	14778	26364	14381	11983	18690	9743	8947
韶关市	**120028**	**62572**	**57456**	**108435**	**57910**	**50525**	**70873**	**37490**	**33383**
武江区	5207	2892	2315	4477	2481	1996	3088	1580	1508
浈江区	4637	2493	2144	4496	2418	2078	2919	1495	1424
曲江区	10579	5792	4787	9768	5383	4385	6410	3385	3025
始兴县	13357	6716	6641	12253	6247	6006	5925	3116	2809
仁化县	11760	6306	5454	10518	5721	4797	5861	2993	2868
翁源县	20341	10463	9878	17728	9609	8119	12271	7056	5215
乳源瑶族自治县	8580	4618	3962	7574	4084	3490	5765	2960	2805
新丰县	9177	4879	4298	8367	4629	3738	6166	3385	2781
乐昌市	16524	8545	7979	16111	8557	7554	12183	6204	5979
南雄市	19866	9868	9998	17143	8781	8362	10285	5316	4969
深圳市	**4742**	**2956**	**1786**	**2948**	**1893**	**1055**	**1101**	**679**	**422**
罗湖区									
福田区									
南山区									
宝安区									
龙岗区	4742	2956	1786	2948	1893	1055	1101	679	422
盐田区									
龙华区									
坪山区									
光明区									
珠海市	**19104**	**9785**	**9319**	**16472**	**8557**	**7915**	**11462**	**6214**	**5248**
香洲区	150	111	39	126	91	35	26	19	7
斗门区	17188	8652	8536	14930	7695	7235	10366	5610	4756
金湾区	1766	1022	744	1416	771	645	1070	585	485
汕头市	**103563**	**51097**	**52466**	**86848**	**44632**	**42216**	**72890**	**37994**	**34896**
龙湖区	8128	3872	4256	7041	3748	3293	5448	2835	2613
金平区	1145	527	618	1003	531	472	807	424	383
濠江区	4378	2224	2154	3558	1922	1636	3302	1749	1553
潮阳区	42667	20505	22162	33395	16574	16821	28238	14782	13456
潮南区	27377	13757	13620	23068	11925	11143	20220	10503	9717
澄海区	18800	9676	9124	17536	9282	8254	13830	7153	6677
南澳县	1068	536	532	1247	650	597	1045	548	497
佛山市	**38436**	**21787**	**16649**	**29543**	**16640**	**12903**	**19493**	**10060**	**9433**
禅城区									
南海区	11909	6731	5178	8694	4855	3839	5654	2789	2865
顺德区	3666	2121	1545	2520	1405	1115	1565	814	751
三水区	18451	10569	7882	13944	7917	6027	8908	4615	4293
高明区	4410	2366	2044	4385	2463	1922	3366	1842	1524

1－5c 续表 13

单位：人

地　区	50－54岁			55－59岁			60－64岁		
	小计	男	女	小计	男	女	小计	男	女
江门市	**140283**	**67138**	**73145**	**131403**	**66638**	**64765**	**104355**	**55231**	**49124**
蓬江区	2129	1068	1061	2003	1083	920	1622	803	819
江海区									
新会区	27209	13629	13580	25499	13529	11970	19222	10266	8956
台山市	45519	20589	24930	44154	21860	22294	35865	19391	16474
开平市	28321	13467	14854	25961	12693	13268	21354	10804	10550
鹤山市	16894	8615	8279	15246	8361	6885	11986	6370	5616
恩平市	20211	9770	10441	18540	9112	9428	14306	7597	6709
湛江市	**250277**	**121623**	**128654**	**231433**	**115625**	**115808**	**195764**	**99364**	**96400**
赤坎区	531	260	271	531	268	263	374	176	198
霞山区	1888	957	931	1632	837	795	1535	727	808
坡头区	12324	5643	6681	11891	5663	6228	10674	5416	5258
麻章区	17447	8788	8659	16016	8308	7708	13907	6874	7033
遂溪县	37445	18398	19047	33002	16898	16104	28509	14837	13672
徐闻县	29552	15121	14431	27090	14141	12949	21653	11342	10311
廉江市	59850	28772	31078	57727	28143	29584	48969	24574	24395
雷州市	59024	29373	29651	52595	27541	25054	44205	22984	21221
吴川市	32216	14311	17905	30949	13826	17123	25938	12434	13504
茂名市	**243777**	**113328**	**130449**	**228133**	**112457**	**115676**	**180504**	**95080**	**85424**
茂南区	21944	10319	11625	21464	10461	11003	16433	8462	7971
电白区	56492	26804	29688	51666	25544	26122	41870	21984	19886
高州市	68152	30666	37486	65350	32095	33255	48157	25832	22325
化州市	51480	24268	27212	47613	23020	24593	40920	20733	20187
信宜市	45709	21271	24438	42040	21337	20703	33124	18069	15055
肇庆市	**167351**	**86010**	**81341**	**146883**	**76477**	**70406**	**103862**	**52214**	**51648**
端州区									
鼎湖区	4655	2346	2309	4355	2241	2114	3207	1549	1658
高要区	39708	20316	19392	34088	17350	16738	23191	11359	11832
广宁县	20773	10773	10000	19781	10259	9522	16197	8290	7907
怀集县	42846	20807	22039	35699	17830	17869	24644	11888	12756
封开县	21217	11192	10025	19825	10620	9205	13576	7188	6388
德庆县	20554	11036	9518	18299	10112	8187	13023	6833	6190
四会市	17598	9540	8058	14836	8065	6771	10024	5107	4917
惠州市	**132979**	**71421**	**61558**	**106699**	**59367**	**47332**	**66505**	**35624**	**30881**
惠城区	24049	12647	11402	20018	11052	8966	11343	6132	5211
惠阳区	22969	12518	10451	15518	8807	6711	8113	4410	3703
博罗县	40361	21658	18703	32685	18170	14515	22554	11733	10821
惠东县	30046	15942	14104	23788	13216	10572	15114	8245	6869
龙门县	15554	8656	6898	14690	8122	6568	9381	5104	4277
梅州市	**158724**	**78353**	**80371**	**153544**	**79306**	**74238**	**117308**	**63033**	**54275**
梅江区	2957	1504	1453	3318	1733	1585	2472	1303	1169
梅县区	24449	12006	12443	26319	13633	12686	19383	10723	8660
大埔县	15648	8011	7637	16085	8673	7412	13768	7526	6242
丰顺县	16367	8875	7492	15883	8740	7143	14639	7825	6814
五华县	42439	20269	22170	38546	18935	19611	28714	15085	13629
平远县	11180	5648	5532	9993	5344	4649	6025	3169	2856
蕉岭县	8570	4351	4219	8757	4746	4011	6328	3580	2748
兴宁市	37114	17689	19425	34643	17502	17141	25979	13822	12157

1-5c 续表 14

单位：人

地 区	50-54岁			55-59岁			60-64岁		
	小计	男	女	小计	男	女	小计	男	女
汕尾市	**75181**	**36993**	**38188**	**59895**	**30596**	**29299**	**51510**	**26595**	**24915**
城 区	7918	3902	4016	6265	3188	3077	5339	2725	2614
海丰县	19107	9550	9557	14364	7364	7000	11032	5670	5362
陆河县	8294	3987	4307	6833	3515	3318	5876	3139	2737
陆丰市	39862	19554	20308	32433	16529	15904	29263	15061	14202
河源市	**119815**	**63230**	**56585**	**108175**	**59339**	**48836**	**79800**	**42875**	**36925**
源城区	3019	1649	1370	2201	1185	1016	1462	767	695
紫金县	26580	13767	12813	25698	13908	11790	18274	9599	8675
龙川县	32043	16436	15607	29758	15981	13777	22843	12336	10507
连平县	15919	8188	7731	14367	7938	6429	10742	5770	4972
和平县	20335	11176	9159	17978	9704	8274	13995	7385	6610
东源县	21919	12014	9905	18173	10623	7550	12484	7018	5466
阳江市	**100037**	**51293**	**48744**	**86911**	**46424**	**40487**	**58709**	**31592**	**27117**
江城区	16599	8169	8430	14229	7147	7082	9171	4762	4409
阳东区	18737	9643	9094	14909	8002	6907	10619	5682	4937
阳西县	19946	9926	10020	17363	9268	8095	12550	6879	5671
阳春市	44755	23555	21200	40410	22007	18403	26369	14269	12100
清远市	**156513**	**83110**	**73403**	**140449**	**75892**	**64557**	**95358**	**50948**	**44410**
清城区	14737	8031	6706	11993	6587	5406	6965	3559	3406
清新区	28946	14868	14078	25360	13350	12010	15941	8257	7684
佛冈县	16309	8666	7643	14083	7384	6699	9489	5025	4464
阳山县	18573	9834	8739	18277	9730	8547	12980	6959	6021
连山壮族瑶族自治县	4931	2663	2268	4658	2455	2203	3160	1654	1506
连南瑶族自治县	5894	3056	2838	5375	2708	2667	3763	1863	1900
英德市	49153	26129	23024	43093	23860	19233	29626	16317	13309
连州市	17970	9863	8107	17610	9818	7792	13434	7314	6120
东莞市	**69422**	**40666**	**28756**	**41973**	**24353**	**17620**	**20408**	**10743**	**9665**
市辖区	69422	40666	28756	41973	24353	17620	20408	10743	9665
中山市	**49906**	**25918**	**23988**	**35291**	**18736**	**16555**	**22046**	**11226**	**10820**
市辖区	49906	25918	23988	35291	18736	16555	22046	11226	10820
潮州市	**74720**	**38621**	**36099**	**69275**	**36502**	**32773**	**57413**	**29928**	**27485**
湘桥区	5356	2864	2492	5472	2942	2530	4802	2512	2290
潮安区	34320	17339	16981	30826	16192	14634	25289	13312	11977
饶平县	35044	18418	16626	32977	17368	15609	27322	14104	13218
揭阳市	**168624**	**82673**	**85951**	**148040**	**75807**	**72233**	**133007**	**69443**	**63564**
榕城区	15730	7326	8404	13616	6828	6788	11667	6145	5522
揭东区	29406	14735	14671	27151	13997	13154	25481	13279	12202
揭西县	30706	15145	15561	28067	14543	13524	26737	13842	12895
惠来县	30642	15374	15268	25602	13415	12187	24305	12504	11801
普宁市	62140	30093	32047	53604	27024	26580	44817	23673	21144
云浮市	**107412**	**52267**	**55145**	**101364**	**50870**	**50494**	**72840**	**37891**	**34949**
云城区	8318	4150	4168	7786	4141	3645	5224	2735	2489
云安区	13302	6531	6771	12582	6455	6127	8901	4708	4193
新兴县	21073	10604	10469	18682	9648	9034	12611	6691	5920
郁南县	18026	9037	8989	17900	9138	8762	12828	6658	6170
罗定市	46693	21945	24748	44414	21488	22926	33276	17099	16177

1-5c 续表 15

单位：人

地　区	65-69岁			70-74岁			75-79岁		
	小计	男	女	小计	男	女	小计	男	女
广　东	**1500049**	**765477**	**734572**	**1001740**	**511405**	**490335**	**710747**	**343475**	**367272**
广州市	**96467**	**45682**	**50785**	**63614**	**29597**	**34017**	**39377**	**18217**	**21160**
荔湾区									
越秀区									
海珠区									
天河区									
白云区	22495	10435	12060	15921	7078	8843	8794	3961	4833
黄埔区	3043	1445	1598	2098	976	1122	1377	652	725
番禺区	8488	4068	4420	5456	2371	3085	3661	1591	2070
花都区	19301	8827	10474	12889	6059	6830	7462	3595	3867
南沙区	9617	4697	4920	5675	2479	3196	3949	1668	2281
从化区	16720	7856	8864	10547	5060	5487	6768	3176	3592
增城区	16803	8354	8449	11028	5574	5454	7366	3574	3792
韶关市	**65099**	**32945**	**32154**	**41155**	**19792**	**21363**	**30068**	**13279**	**16789**
武江区	2763	1373	1390	1782	826	956	1174	518	656
浈江区	2740	1322	1418	1609	777	832	1069	474	595
曲江区	5782	2901	2881	3657	1770	1887	2510	1076	1434
始兴县	6476	3123	3353	4158	1972	2186	2746	1203	1543
仁化县	6225	3031	3194	3865	1830	2035	2690	1237	1453
翁源县	10150	5729	4421	6242	3101	3141	5264	2348	2916
乳源瑶族自治县	4829	2327	2502	3203	1548	1655	2322	998	1324
新丰县	4848	2696	2152	3170	1574	1596	2780	1270	1510
乐昌市	10590	5171	5419	6564	3140	3424	4842	2183	2659
南雄市	10696	5272	5424	6905	3254	3651	4671	1972	2699
深圳市	**705**	**381**	**324**	**389**	**203**	**186**	**231**	**89**	**142**
罗湖区									
福田区									
南山区									
宝安区									
龙岗区	705	381	324	389	203	186	231	89	142
盐田区									
龙华区									
坪山区									
光明区									
珠海市	**10735**	**5736**	**4999**	**6257**	**3268**	**2989**	**3422**	**1660**	**1762**
香洲区	18	14	4	12	8	4	8	2	6
斗门区	9814	5222	4592	5862	3061	2801	3164	1548	1616
金湾区	903	500	403	383	199	184	250	110	140
汕头市	**67470**	**32553**	**34917**	**40546**	**18953**	**21593**	**24089**	**10935**	**13154**
龙湖区	4846	2330	2516	2744	1314	1430	1675	732	943
金平区	753	371	382	426	196	230	245	92	153
濠江区	2950	1426	1524	1764	843	921	902	358	544
潮阳区	27206	12947	14259	16925	8101	8824	9606	4728	4878
潮南区	18979	9223	9756	11569	5264	6305	6852	3058	3794
澄海区	11827	5816	6011	6682	3036	3646	4498	1818	2680
南澳县	909	440	469	436	199	237	311	149	162
佛山市	**18957**	**9375**	**9582**	**13386**	**6455**	**6931**	**8782**	**4093**	**4689**
禅城区									
南海区	5456	2634	2822	3797	1709	2088	2440	1093	1347
顺德区	1541	718	823	990	426	564	451	185	266
三水区	8715	4284	4431	6155	3027	3128	3931	1863	2068
高明区	3245	1739	1506	2444	1293	1151	1960	952	1008

1-5c　续表 16　　　　单位：人

地　区	65-69岁			70-74岁			75-79岁		
	小计	男	女	小计	男	女	小计	男	女
江门市	**104875**	**55478**	**49397**	**72650**	**37525**	**35125**	**39641**	**19135**	**20506**
蓬江区	1665	846	819	1204	524	680	635	241	394
江海区									
新会区	20285	10507	9778	13550	6619	6931	6875	3145	3730
台山市	36088	19537	16551	25079	13430	11649	12491	6212	6279
开平市	21580	11243	10337	15320	7617	7703	8535	4024	4511
鹤山市	12075	6269	5806	8438	4374	4064	5214	2474	2740
恩平市	13182	7076	6106	9059	4961	4098	5891	3039	2852
湛江市	**162461**	**84026**	**78435**	**117969**	**63549**	**54420**	**92638**	**46520**	**46118**
赤坎区	341	165	176	180	96	84	178	70	108
霞山区	1421	591	830	865	500	365	619	282	337
坡头区	8861	4644	4217	5538	3287	2251	4443	2369	2074
麻章区	11823	5721	6102	7971	4295	3676	6393	3079	3314
遂溪县	23854	12634	11220	17480	9255	8225	14086	6869	7217
徐闻县	16800	8501	8299	12004	5862	6142	9494	4255	5239
廉江市	42107	22468	19639	30430	17761	12669	24082	13011	11071
雷州市	33558	17360	16198	26098	12967	13131	20782	9834	10948
吴川市	23696	11942	11754	17403	9526	7877	12561	6751	5810
茂名市	**155751**	**83732**	**72019**	**110042**	**59952**	**50090**	**87400**	**44429**	**42971**
茂南区	14306	7340	6966	9765	5241	4524	6896	3420	3476
电白区	35708	18626	17082	25640	13968	11672	19191	9807	9384
高州市	42402	23988	18414	29429	15976	13453	25038	12692	12346
化州市	35480	18337	17143	26209	14357	11852	19806	10536	9270
信宜市	27855	15441	12414	18999	10410	8589	16469	7974	8495
肇庆市	**102651**	**49223**	**53428**	**69130**	**31476**	**37654**	**49701**	**21116**	**28585**
端州区									
鼎湖区	3178	1436	1742	2295	1004	1291	1575	672	903
高要区	25976	11982	13994	18218	7969	10249	12141	5247	6894
广宁县	15725	7910	7815	9834	4768	5066	6695	2910	3785
怀集县	23580	10837	12743	15750	6878	8872	11456	4531	6925
封开县	12037	5915	6122	8224	3794	4430	7004	2978	4026
德庆县	11638	5955	5683	7034	3390	3644	5577	2395	3182
四会市	10517	5188	5329	7775	3673	4102	5253	2383	2870
惠州市	**55714**	**28317**	**27397**	**37292**	**19026**	**18266**	**25731**	**12304**	**13427**
惠城区	9880	5084	4796	6616	3338	3278	4304	2093	2211
惠阳区	6299	3337	2962	3937	2067	1870	2381	1090	1291
博罗县	19157	9317	9840	12588	6276	6312	8819	4119	4700
惠东县	12301	6337	5964	9036	4769	4267	6288	3094	3194
龙门县	8077	4242	3835	5115	2576	2539	3939	1908	2031
梅州市	**110734**	**58138**	**52596**	**72419**	**37501**	**34918**	**51685**	**25084**	**26601**
梅江区	2334	1211	1123	1395	759	636	840	436	404
梅县区	17847	9665	8182	11259	5942	5317	7679	3746	3933
大埔县	12462	6732	5730	7991	4034	3957	4779	2353	2426
丰顺县	12707	6568	6139	7764	4102	3662	5608	2717	2891
五华县	26777	13845	12932	17978	9153	8825	13993	6614	7379
平远县	6429	3276	3153	4334	2176	2158	3238	1553	1685
蕉岭县	6069	3225	2844	3953	2086	1867	2868	1530	1338
兴宁市	26109	13616	12493	17745	9249	8496	12680	6135	6545

1-5c 续表 17

单位：人

地区	65-69岁			70-74岁			75-79岁		
	小计	男	女	小计	男	女	小计	男	女
汕尾市	**48607**	**24331**	**24276**	**33991**	**19207**	**14784**	**21878**	**12430**	**9448**
城　区	4852	2443	2409	3384	1964	1420	1923	1091	832
海丰县	10691	5437	5254	7550	4604	2946	5112	3071	2041
陆河县	4941	2655	2286	3342	2018	1324	2408	1438	970
陆丰市	28123	13796	14327	19715	10621	9094	12435	6830	5605
河源市	**68227**	**35494**	**32733**	**48053**	**23805**	**24248**	**42324**	**19448**	**22876**
源城区	1087	562	525	743	353	390	584	295	289
紫金县	15219	7787	7432	10683	5288	5395	9452	4440	5012
龙川县	19941	10570	9371	14163	7124	7039	12642	5875	6767
连平县	8225	4325	3900	5674	2774	2900	4984	2202	2782
和平县	13124	6651	6473	9052	4406	4646	7662	3456	4206
东源县	10631	5599	5032	7738	3860	3878	7000	3180	3820
阳江市	**59396**	**31434**	**27962**	**42843**	**23406**	**19437**	**33162**	**17162**	**16000**
江城区	9372	4878	4494	6776	3764	3012	5340	2689	2651
阳东区	11846	6256	5590	8566	4914	3652	5745	3234	2511
阳西县	11865	6486	5379	8626	4975	3651	6687	3632	3055
阳春市	26313	13814	12499	18875	9753	9122	15390	7607	7783
清远市	**89184**	**47265**	**41919**	**57869**	**29521**	**28348**	**45882**	**21278**	**24604**
清城区	8085	4063	4022	5724	2771	2953	3864	1958	1906
清新区	17557	9160	8397	12166	6220	5946	8656	4236	4420
佛冈县	8607	4795	3812	5246	2877	2369	4238	2026	2212
阳山县	10898	6036	4862	6564	3379	3185	6524	2883	3641
连山壮族瑶族自治县	2875	1474	1401	1872	1004	868	1487	718	769
连南瑶族自治县	3364	1574	1790	2019	890	1129	1558	632	926
英德市	24186	13069	11117	15682	7977	7705	12952	5803	7149
连州市	13612	7094	6518	8596	4403	4193	6603	3022	3581
东莞市	**18320**	**8963**	**9357**	**11295**	**5233**	**6062**	**6792**	**3107**	**3685**
市辖区	18320	8963	9357	11295	5233	6062	6792	3107	3685
中山市	**21274**	**10364**	**10910**	**12811**	**5894**	**6917**	**6900**	**2929**	**3971**
市辖区	21274	10364	10910	12811	5894	6917	6900	2929	3971
潮州市	**51716**	**24958**	**26758**	**31154**	**14868**	**16286**	**18685**	**8733**	**9952**
湘桥区	4434	2145	2289	2740	1268	1472	1718	787	931
潮安区	23416	11157	12259	13801	6647	7154	7399	3486	3913
饶平县	23866	11656	12210	14613	6953	7660	9568	4460	5108
揭阳市	**123630**	**61154**	**62476**	**75227**	**39081**	**36146**	**46732**	**23874**	**22858**
榕城区	10752	5143	5609	5853	3026	2827	3459	1726	1733
揭东区	24334	11806	12528	13842	7201	6641	8810	4588	4222
揭西县	24688	12334	12354	15331	8762	6569	10050	5575	4475
惠来县	22598	11082	11516	15089	7114	7975	8746	4025	4721
普宁市	41258	20789	20469	25112	12978	12134	15667	7960	7707
云浮市	**68076**	**35928**	**32148**	**43648**	**23093**	**20555**	**35627**	**17653**	**17974**
云城区	5045	2711	2334	3511	1956	1555	2636	1292	1344
云安区	7687	4126	3561	4741	2549	2192	3886	1902	1984
新兴县	13383	6990	6393	9652	4893	4759	7812	3654	4158
郁南县	11558	6172	5386	7525	3991	3534	6308	3201	3107
罗定市	30403	15929	14474	18219	9704	8515	14985	7604	7381

1-5c 续表 18

单位：人

地区	80-84岁			85-89岁			90岁及以上		
	小计	男	女	小计	男	女	小计	男	女
广东	**526900**	**232025**	**294875**	**331564**	**122957**	**208607**	**166383**	**51620**	**114763**
广州市	**23559**	**10313**	**13246**	**15174**	**5174**	**10000**	**7506**	**2118**	**5388**
荔湾区									
越秀区									
海珠区									
天河区									
白云区	4734	2195	2539	3186	1133	2053	1640	437	1203
黄埔区	926	391	535	648	242	406	332	119	213
番禺区	2204	935	1269	1167	350	817	599	169	430
花都区	4344	1949	2395	2848	935	1913	1496	423	1073
南沙区	2072	790	1282	1177	345	832	524	130	394
从化区	4518	1903	2615	3150	1052	2098	1421	398	1023
增城区	4761	2150	2611	2998	1117	1881	1494	442	1052
韶关市	**22659**	**8620**	**14039**	**13635**	**4275**	**9360**	**5931**	**1469**	**4462**
武江区	960	368	592	593	186	407	327	85	242
浈江区	817	321	496	542	170	372	212	63	149
曲江区	1978	693	1285	1358	409	949	655	170	485
始兴县	2431	859	1572	1446	367	1079	531	112	419
仁化县	2061	793	1268	1285	407	878	573	163	410
翁源县	3716	1361	2355	2143	639	1504	1010	191	819
乳源瑶族自治县	1724	687	1037	1079	365	714	522	139	383
新丰县	1954	784	1170	1294	446	848	597	156	441
乐昌市	3453	1420	2033	1897	731	1166	774	244	530
南雄市	3565	1334	2231	1998	555	1443	730	146	584
深圳市	**195**	**62**	**133**	**167**	**60**	**107**	**101**	**30**	**71**
罗湖区									
福田区									
南山区									
宝安区									
龙岗区	195	62	133	167	60	107	101	30	71
盐田区									
龙华区									
坪山区									
光明区									
珠海市	**2437**	**1126**	**1311**	**1759**	**657**	**1102**	**970**	**305**	**665**
香洲区	5	3	2	2	1	1	3	2	1
斗门区	2219	1027	1192	1602	588	1014	892	271	621
金湾区	213	96	117	155	68	87	75	32	43
汕头市	**18669**	**7915**	**10754**	**11236**	**4178**	**7058**	**5991**	**1749**	**4242**
龙湖区	1214	524	690	718	255	463	319	107	212
金平区	179	72	107	90	30	60	48	8	40
濠江区	756	278	478	525	169	356	270	60	210
潮阳区	7167	3191	3976	4236	1662	2574	2132	684	1448
潮南区	5793	2485	3308	3589	1371	2218	2176	611	1565
澄海区	3353	1277	2076	1959	653	1306	985	256	729
南澳县	207	88	119	119	38	81	61	23	38
佛山市	**5546**	**2370**	**3176**	**3278**	**1038**	**2240**	**2070**	**520**	**1550**
禅城区									
南海区	1470	655	815	807	257	550	512	152	360
顺德区	316	105	211	173	56	117	109	25	84
三水区	2451	1071	1380	1509	460	1049	1013	232	781
高明区	1309	539	770	789	265	524	436	111	325

1-5c 续表 19 单位：人

地区	80-84岁			85-89岁			90岁及以上		
	小计	男	女	小计	男	女	小计	男	女
江门市	**28435**	**12936**	**15499**	**18941**	**6755**	**12186**	**10761**	**3053**	**7708**
蓬江区	480	204	276	252	98	154	132	50	82
江海区									
新会区	4751	2199	2552	3257	1155	2102	1832	483	1349
台山市	9562	4296	5266	6587	2301	4286	3848	1065	2783
开平市	5985	2638	3347	3971	1292	2679	2357	618	1739
鹤山市	3357	1475	1882	2196	824	1372	1245	362	883
恩平市	4300	2124	2176	2678	1085	1593	1347	475	872
湛江市	**72138**	**34012**	**38126**	**46136**	**19637**	**26499**	**25904**	**9650**	**16254**
赤坎区	120	45	75	76	35	41	45	23	22
霞山区	397	177	220	252	96	156	177	54	123
坡头区	3314	1629	1685	2122	958	1164	1222	501	721
麻章区	4499	2038	2461	2991	1177	1814	1909	614	1295
遂溪县	11744	5644	6100	8025	3558	4467	4735	1797	2938
徐闻县	7722	3124	4598	5138	1990	3148	2822	954	1868
廉江市	18255	9179	9076	11622	5253	6369	6225	2500	3725
雷州市	17039	7365	9674	10710	4193	6517	6107	2104	4003
吴川市	9048	4811	4237	5200	2377	2823	2662	1103	1559
茂名市	**62228**	**30384**	**31844**	**38382**	**16608**	**21774**	**18723**	**7128**	**11595**
茂南区	5007	2475	2532	3213	1294	1919	1764	653	1111
电白区	14519	7315	7204	9306	4212	5094	4665	1957	2708
高州市	16679	8050	8629	10375	4272	6103	4686	1647	3039
化州市	14951	7437	7514	8911	4087	4824	4554	1776	2778
信宜市	11072	5107	5965	6577	2743	3834	3054	1095	1959
肇庆市	**34594**	**12991**	**21603**	**20329**	**6217**	**14112**	**9053**	**2077**	**6976**
端州区									
鼎湖区	1040	379	661	597	181	416	326	64	262
高要区	7290	2831	4459	4339	1322	3017	2155	518	1637
广宁县	4995	1954	3041	3194	1020	2174	1274	353	921
怀集县	8361	2917	5444	4609	1332	3277	2046	423	1623
封开县	4927	1801	3126	2705	838	1867	1015	210	805
德庆县	4323	1654	2669	2391	793	1598	1041	252	789
四会市	3658	1455	2203	2494	731	1763	1196	257	939
惠州市	**21988**	**9539**	**12449**	**15112**	**5468**	**9644**	**7810**	**2256**	**5554**
惠城区	3790	1616	2174	2798	1030	1768	1668	493	1175
惠阳区	2178	949	1229	1819	668	1151	1100	331	769
博罗县	6772	2908	3864	4470	1555	2915	2154	626	1528
惠东县	6110	2668	3442	4226	1525	2701	2091	570	1521
龙门县	3138	1398	1740	1799	690	1109	797	236	561
梅州市	**41691**	**17670**	**24021**	**27900**	**9365**	**18535**	**13215**	**3524**	**9691**
梅江区	710	327	383	565	206	359	330	97	233
梅县区	6570	2820	3750	5079	1650	3429	2266	571	1695
大埔县	4559	1902	2657	3479	1180	2299	1817	489	1328
丰顺县	4740	1999	2741	3156	1180	1976	1441	455	986
五华县	11137	4904	6233	6638	2341	4297	3045	836	2209
平远县	2728	1138	1590	1564	502	1062	705	188	517
蕉岭县	2448	1054	1394	1542	475	1067	717	188	529
兴宁市	8799	3526	5273	5877	1831	4046	2894	700	2194

1-5c　续表 20　　　　单位：人

地　区	80-84岁			85-89岁			90岁及以上		
	小计	男	女	小计	男	女	小计	男	女
汕尾市	**17913**	**8828**	**9085**	**11716**	**4888**	**6828**	**5723**	**2128**	**3595**
城　区	1682	786	896	1301	501	800	575	218	357
海丰县	4789	2436	2353	3009	1313	1696	1419	537	882
陆河县	2244	1131	1113	1357	624	733	580	229	351
陆丰市	9198	4475	4723	6049	2450	3599	3149	1144	2005
河源市	**32156**	**13179**	**18977**	**19058**	**6420**	**12638**	**8430**	**2260**	**6170**
源城区	468	210	258	304	113	191	148	43	105
紫金县	7834	3340	4494	4491	1573	2918	2240	595	1645
龙川县	9436	3798	5638	5844	1898	3946	2731	695	2036
连平县	3612	1403	2209	1987	650	1337	870	229	641
和平县	5388	2142	3246	3110	998	2112	1107	300	807
东源县	5418	2286	3132	3322	1188	2134	1334	398	936
阳江市	**24299**	**11449**	**12850**	**16541**	**6649**	**9892**	**8738**	**2951**	**5787**
江城区	4221	2004	2217	2979	1206	1773	1811	602	1209
阳东区	4390	2136	2254	3246	1304	1942	1909	632	1277
阳西县	4822	2363	2459	3573	1539	2034	1754	657	1097
阳春市	10866	4946	5920	6743	2600	4143	3264	1060	2204
清远市	**32702**	**13431**	**19271**	**20351**	**6963**	**13388**	**9646**	**2772**	**6874**
清城区	2632	1172	1460	1832	634	1198	927	322	605
清新区	5829	2492	3337	4057	1380	2677	1948	561	1387
佛冈县	2919	1248	1671	1903	648	1255	920	246	674
阳山县	4717	1845	2872	2544	848	1696	1164	267	897
连山壮族瑶族自治县	1046	448	598	595	215	380	248	89	159
连南瑶族自治县	1137	398	739	612	190	422	261	70	191
英德市	10029	4062	5967	6366	2211	4155	3127	934	2193
连州市	4393	1766	2627	2442	837	1605	1051	283	768
东莞市	**4272**	**1843**	**2429**	**2593**	**963**	**1630**	**1349**	**408**	**941**
市辖区	4272	1843	2429	2593	963	1630	1349	408	941
中山市	**4428**	**1849**	**2579**	**2537**	**826**	**1711**	**1246**	**360**	**886**
市辖区	4428	1849	2579	2537	826	1711	1246	360	886
潮州市	**14110**	**5714**	**8396**	**8660**	**2936**	**5724**	**4047**	**1001**	**3046**
湘桥区	1101	430	671	699	243	456	356	83	273
潮安区	5914	2405	3509	3651	1299	2352	1586	430	1156
饶平县	7095	2879	4216	4310	1394	2916	2105	488	1617
揭阳市	**37647**	**16757**	**20890**	**23547**	**8726**	**14821**	**12422**	**3897**	**8525**
榕城区	2514	1081	1433	1420	562	858	578	186	392
揭东区	6942	3114	3828	4278	1549	2729	2225	650	1575
揭西县	8317	3775	4542	5629	2098	3531	3074	1017	2057
惠来县	6936	3020	3916	4521	1557	2964	2626	775	1851
普宁市	12938	5767	7171	7699	2960	4739	3919	1269	2650
云浮市	**25234**	**11037**	**14197**	**14512**	**5154**	**9358**	**6747**	**1964**	**4783**
云城区	2095	938	1157	1225	412	813	654	193	461
云安区	3248	1361	1887	1965	706	1259	897	280	617
新兴县	5261	2194	3067	3121	1003	2118	1353	321	1032
郁南县	4702	2071	2631	2665	1031	1634	1143	373	770
罗定市	9928	4473	5455	5536	2002	3534	2700	797	1903

1-6 各地区分性别、受教育程度的3岁及以上人口

单位：人

地　区	3岁及以上人口			未上过学		
	合计	男	女	小计	男	女
广　东	**121623816**	**64529347**	**57094469**	**2904977**	**968789**	**1936188**
广州市	**18116477**	**9566885**	**8549592**	**209589**	**77726**	**131863**
荔湾区	1205334	617750	587584	14430	5467	8963
越秀区	1013477	494412	519065	9421	3604	5817
海珠区	1778124	897182	880942	13754	4957	8797
天河区	2188668	1150219	1038449	16810	7026	9784
白云区	3642317	1961820	1680497	35250	12903	22347
黄埔区	1216474	674194	542280	14574	5330	9244
番禺区	2579905	1363125	1216780	32024	11693	20331
花都区	1586947	853669	733278	21618	8700	12918
南沙区	814645	453160	361485	16898	4556	12342
从化区	688697	360549	328148	11599	4005	7594
增城区	1401889	740805	661084	23211	9485	13726
韶关市	**2747833**	**1395818**	**1352015**	**107098**	**23082**	**84016**
武江区	360967	180512	180455	8297	2185	6112
浈江区	353613	182659	170954	7874	2174	5700
曲江区	280471	144214	136257	9409	2176	7233
始兴县	189807	93895	95912	8103	1474	6629
仁化县	179136	91227	87909	9257	1728	7529
翁源县	307555	156419	151136	11105	2772	8333
乳源瑶族自治县	179161	91549	87612	8238	1928	6310
新丰县	188031	96596	91435	4915	1357	3558
乐昌市	368561	187777	180784	22845	4736	18109
南雄市	340531	170970	169561	17055	2552	14503
深圳市	**16948438**	**9338737**	**7609701**	**164456**	**56265**	**108191**
罗湖区	1109268	564401	544867	10951	3576	7375
福田区	1507187	779369	727818	12857	4238	8619
南山区	1745027	928815	816212	13857	4732	9125
宝安区	4345275	2454349	1890926	39883	13903	25980
龙岗区	3990680	2174811	1815869	44723	15417	29306
盐田区	207719	112907	94812	2011	671	1340
龙华区	2445966	1389829	1056137	21528	7462	14066
坪山区	533650	309699	223951	6686	2355	4331
光明区	1063666	624557	439109	11960	3911	8049
珠海市	**2361509**	**1262832**	**1098677**	**40006**	**13208**	**26798**
香洲区	1343882	708211	635671	18101	6307	11794
斗门区	585219	315146	270073	14686	4344	10342
金湾区	432408	239475	192933	7219	2557	4662
汕头市	**5293074**	**2666167**	**2626907**	**254839**	**85415**	**169424**
龙湖区	610462	308248	302214	19753	6413	13340
金平区	755281	370969	384312	18100	5297	12803
濠江区	259556	131465	128091	21638	4626	17012
潮阳区	1580784	794838	785946	86370	31235	55135
潮南区	1175551	596480	579071	78679	29613	49066
澄海区	849317	433164	416153	24545	6876	17669
南澳县	62123	31003	31120	5754	1355	4399
佛山市	**9207132**	**5007864**	**4199268**	**133720**	**46428**	**87292**
禅城区	1288877	680094	608783	15647	5543	10104
南海区	3553818	1945631	1608187	48068	17717	30351
顺德区	3134997	1710926	1424071	49164	16468	32696
三水区	776945	427066	349879	14193	4313	9880
高明区	452495	244147	208348	6648	2387	4261

1-6 续表 1

单位：人

地 区	3岁及以上人口			未上过学		
	合计	男	女	小计	男	女
江门市	**4655412**	**2410619**	**2244793**	**74079**	**24592**	**49487**
蓬江区	826486	428699	397787	10090	3447	6643
江海区	353293	185987	167306	6146	1670	4476
新会区	881867	457720	424147	16187	4869	11318
台山市	883384	451144	432240	14142	4821	9321
开平市	727142	367791	359351	11996	3933	8063
鹤山市	514964	273590	241374	5409	1902	3507
恩平市	468276	245688	222588	10109	3950	6159
湛江市	**6646387**	**3460241**	**3186146**	**274922**	**92089**	**182833**
赤坎区	399151	197457	201694	6410	2533	3877
霞山区	628161	319533	308628	10588	4025	6563
坡头区	319994	168321	151673	14175	4676	9499
麻章区	503134	264800	238334	20615	7635	12980
遂溪县	783243	409064	374179	34362	11899	22463
徐闻县	603329	313595	289734	26651	8341	18310
廉江市	1295612	684079	611533	52704	18602	34102
雷州市	1251450	654627	596823	77541	24336	53205
吴川市	862313	448765	413548	31876	10042	21834
茂名市	**5895209**	**3077549**	**2817660**	**196989**	**66699**	**130290**
茂南区	993378	514516	478862	17213	6124	11089
电白区	1432114	753583	678531	78686	24913	53773
高州市	1272302	662084	610218	48647	16636	32011
化州市	1228986	646370	582616	26499	10608	15891
信宜市	968429	500996	467433	25944	8418	17526
肇庆市	**3959211**	**2057323**	**1901888**	**114743**	**35393**	**79350**
端州区	581139	292784	288355	7222	2371	4851
鼎湖区	200876	105836	95040	5244	1347	3897
高要区	715382	376643	338739	19708	5723	13985
广宁县	394210	201613	192597	10479	3343	7136
怀集县	766683	392123	374560	34016	10713	23303
封开县	360660	185703	174957	15461	4454	11007
德庆县	319293	164466	154827	9946	3295	6651
四会市	620968	338155	282813	12667	4147	8520
惠州市	**5826007**	**3133335**	**2692672**	**126189**	**47650**	**78539**
惠城区	2012828	1071114	941714	35535	13799	21736
惠阳区	1356967	760805	596162	21709	8833	12876
博罗县	1169952	624778	545174	24608	9165	15443
惠东县	979102	516789	462313	36541	13343	23198
龙门县	307158	159849	147309	7796	2510	5286
梅州市	**3722583**	**1872200**	**1850383**	**110523**	**37900**	**72623**
梅江区	421995	210837	211158	6278	2741	3537
梅县区	536500	268448	268052	12697	4600	8097
大埔县	319725	161797	157928	9078	2577	6501
丰顺县	460096	236500	223596	14359	5100	9259
五华县	871336	439193	432143	33211	12309	20902
平远县	183847	91508	92339	8051	1587	6464
蕉岭县	178154	88464	89690	4107	1005	3102
兴宁市	750930	375453	375477	22742	7981	14761

1-6 续表 2

单位：人

地 区	3岁及以上人口			未上过学		
	合计	男	女	小计	男	女
汕尾市	**2619055**	**1356965**	**1262090**	**187908**	**60382**	**127526**
城 区	434278	225574	208704	25497	8446	17051
海丰县	769976	403094	366882	33905	11806	22099
陆河县	237229	121264	115965	11104	4248	6856
陆丰市	1177572	607033	570539	117402	35882	81520
河源市	**2730733**	**1391241**	**1339492**	**84573**	**27233**	**57340**
源城区	677701	347119	330582	11436	4379	7057
紫金县	527889	268546	259343	21972	6984	14988
龙川县	573541	288468	285073	16656	5528	11128
连平县	274575	138663	135912	11631	2967	8664
和平县	340036	172747	167289	12762	4031	8731
东源县	336991	175698	161293	10116	3344	6772
阳江市	**2509003**	**1311617**	**1197386**	**87894**	**27805**	**60089**
江城区	787068	405350	381718	21878	7719	14159
阳东区	462083	247482	214601	12296	4085	8211
阳西县	417722	221637	196085	21422	6532	14890
阳春市	842130	437148	404982	32298	9469	22829
清远市	**3805023**	**1972302**	**1832721**	**141644**	**39078**	**102566**
清城区	1075742	561387	514355	21552	6651	14901
清新区	593934	307329	286605	22236	5884	16352
佛冈县	303171	157265	145906	7231	2441	4790
阳山县	348575	178764	169811	23264	6317	16947
连山壮族瑶族自治县	90939	46752	44187	2625	846	1779
连南瑶族自治县	128850	65342	63508	6413	2148	4265
英德市	900411	470457	429954	43462	10385	33077
连州市	363401	185006	178395	14861	4406	10455
东莞市	**10220947**	**5785654**	**4435293**	**114821**	**44271**	**70550**
市辖区	10220947	5785654	4435293	114821	44271	70550
中山市	**4278975**	**2309354**	**1969621**	**62459**	**21506**	**40953**
市辖区	4278975	2309354	1969621	62459	21506	40953
潮州市	**2481536**	**1259991**	**1221545**	**107766**	**28080**	**79686**
湘桥区	558541	276771	281770	12250	3538	8712
潮安区	1133773	581615	552158	41666	12462	29204
饶平县	789222	401605	387617	53850	12080	41770
揭阳市	**5313376**	**2712663**	**2600713**	**243303**	**91383**	**151920**
榕城区	893570	454074	439496	28805	11715	17090
揭东区	891308	461106	430202	28929	12335	16594
揭西县	643531	329504	314027	23041	9237	13804
惠来县	986744	497326	489418	82369	23148	59221
普宁市	1898223	970653	927570	80159	34948	45211
云浮市	**2285896**	**1179990**	**1105906**	**67456**	**22604**	**44852**
云城区	391705	204255	187450	8019	2623	5396
云安区	225328	118641	106687	10661	3022	7639
新兴县	414380	211597	202783	8257	2633	5624
郁南县	356962	184098	172864	12656	3979	8677
罗定市	897521	461399	436122	27863	10347	17516

1-6 续表 3

单位：人

地 区	学前教育			小 学		
	小计	男	女	小计	男	女
广 东	**5202168**	**2758368**	**2443800**	**26054418**	**12294766**	**13759652**
广州市	**623672**	**332563**	**291109**	**2573108**	**1213466**	**1359642**
荔湾区	39153	20614	18539	182231	84828	97403
越秀区	31941	16826	15115	118070	52345	65725
海珠区	48092	25323	22769	212616	96169	116447
天河区	61371	32643	28728	197088	94667	102421
白云区	108383	58312	50071	478829	226907	251922
黄埔区	50351	26791	23560	162721	77951	84770
番禺区	86947	46192	40755	361484	172428	189056
花都区	64193	34795	29398	264110	127841	136269
南沙区	32623	17161	15462	161544	74298	87246
从化区	33187	17677	15510	129626	60620	69006
增城区	67431	36229	31202	304789	145412	159377
韶关市	**130126**	**68528**	**61598**	**744191**	**328793**	**415398**
武江区	15480	8181	7299	69984	32089	37895
浈江区	13225	6892	6333	68852	32276	36576
曲江区	12190	6327	5863	67625	30113	37512
始兴县	10044	5281	4763	55984	23187	32797
仁化县	8960	4636	4324	54764	24277	30487
翁源县	17733	9456	8277	86395	38247	48148
乳源瑶族自治县	8836	4691	4145	61333	27914	33419
新丰县	9053	4915	4138	48174	21140	27034
乐昌市	18131	9491	8640	117216	54281	62935
南雄市	16474	8658	7816	113864	45269	68595
深圳市	**636897**	**341508**	**295389**	**2000783**	**964223**	**1036560**
罗湖区	42938	23115	19823	141269	66923	74346
福田区	57437	30770	26667	168752	81170	87582
南山区	63850	33881	29969	177587	86428	91159
宝安区	148293	79887	68406	482003	231236	250767
龙岗区	168280	90298	77982	533294	257113	276181
盐田区	7824	4206	3618	25429	12281	13148
龙华区	93660	49916	43744	251338	119622	131716
坪山区	20476	10935	9541	82480	41559	40921
光明区	34139	18500	15639	138631	67891	70740
珠海市	**87268**	**46157**	**41111**	**374611**	**181440**	**193171**
香洲区	47524	25098	22426	180831	87886	92945
斗门区	24743	13027	11716	124876	59090	65786
金湾区	15001	8032	6969	68904	34464	34440
汕头市	**240496**	**123745**	**116751**	**1562056**	**720861**	**841195**
龙湖区	26044	13501	12543	143313	67021	76292
金平区	27905	14291	13614	174404	76250	98154
濠江区	13464	6666	6798	79668	38746	40922
潮阳区	80354	41622	38732	475551	220211	255340
潮南区	57200	29518	27682	401591	189559	212032
澄海区	33042	16910	16132	268120	119888	148232
南澳县	2487	1237	1250	19409	9186	10223
佛山市	**363014**	**194414**	**168600**	**1774661**	**865313**	**909348**
禅城区	48080	25635	22445	196057	93499	102558
南海区	145040	77816	67224	705214	349635	355579
顺德区	121592	64693	56899	624432	302621	321811
三水区	29519	15893	13626	157886	75638	82248
高明区	18783	10377	8406	91072	43920	47152

1-6 续表 4

单位：人

地 区	学前教育			小 学		
	小计	男	女	小计	男	女
江门市	**172765**	**90516**	**82249**	**1095715**	**500241**	**595474**
蓬江区	32946	17164	15782	155368	71050	84318
江海区	14270	7365	6905	75946	34665	41281
新会区	35456	18522	16934	237282	107821	129461
台山市	27719	14514	13205	230753	104534	126219
开平市	26746	14038	12708	181947	81688	100259
鹤山市	20867	11117	9750	115132	54650	60482
恩平市	14761	7796	6965	99287	45833	53454
湛江市	**396267**	**210053**	**186214**	**1807882**	**864797**	**943085**
赤坎区	19214	10335	8879	64212	31593	32619
霞山区	31532	17157	14375	115003	55828	59175
坡头区	21211	11172	10039	92707	44429	48278
麻章区	27174	14433	12741	128382	62775	65607
遂溪县	48262	25155	23107	215070	104124	110946
徐闻县	35471	18613	16858	193835	90925	102910
廉江市	81884	43765	38119	373421	181120	192301
雷州市	78628	41451	37177	384734	181475	203259
吴川市	52891	27972	24919	240518	112528	127990
茂名市	**352317**	**188942**	**163375**	**1679093**	**806805**	**872288**
茂南区	55094	29932	25162	224629	108254	116375
电白区	87014	46248	40766	462093	228778	233315
高州市	74564	39460	35104	382498	178935	203563
化州市	75114	40687	34427	315849	152974	162875
信宜市	60531	32615	27916	294024	137864	156160
肇庆市	**192153**	**103001**	**89152**	**1038270**	**471272**	**566998**
端州区	27340	14843	12497	93944	44547	49397
鼎湖区	9456	5227	4229	49969	23544	26425
高要区	35548	19084	16464	211759	98150	113609
广宁县	19823	10734	9089	115899	50838	65061
怀集县	41935	22370	19565	238341	104829	133512
封开县	18042	9306	8736	108866	47140	61726
德庆县	15220	7957	7263	81627	36434	45193
四会市	24789	13480	11309	137865	65790	72075
惠州市	**245274**	**129831**	**115443**	**1300285**	**633426**	**666859**
惠城区	89455	47337	42118	370043	179620	190423
惠阳区	52173	27521	24652	260377	131100	129277
博罗县	47123	25206	21917	284580	136096	148484
惠东县	42294	22294	20000	300206	146651	153555
龙门县	14229	7473	6756	85079	39959	45120
梅州市	**174823**	**91008**	**83815**	**915266**	**402903**	**512363**
梅江区	16064	8416	7648	62444	29084	33360
梅县区	22509	11554	10955	106682	46093	60589
大埔县	14065	7225	6840	89052	37895	51157
丰顺县	19662	10083	9579	145658	66688	78970
五华县	52006	27284	24722	259999	115249	144750
平远县	7814	3991	3823	47856	18987	28869
蕉岭县	7728	4096	3632	37258	15610	21648
兴宁市	34975	18359	16616	166317	73297	93020

1-6 续表 5

单位：人

地 区	学前教育			小 学		
	小计	男	女	小计	男	女
汕尾市	**131984**	**69217**	**62767**	**912310**	**435755**	**476555**
城 区	19027	9997	9030	130164	62689	67475
海丰县	40644	21517	19127	260198	123105	137093
陆河县	10949	5686	5263	77084	36332	40752
陆丰市	61364	32017	29347	444864	213629	231235
河源市	**132470**	**69792**	**62678**	**721007**	**329083**	**391924**
源城区	35636	19239	16397	129000	61284	67716
紫金县	25578	13494	12084	149716	67512	82204
龙川县	26903	13939	12964	163622	72753	90869
连平县	13476	6991	6485	82917	37111	45806
和平县	17001	8852	8149	107586	49142	58444
东源县	13876	7277	6599	88166	41281	46885
阳江市	**122483**	**64659**	**57824**	**744093**	**355884**	**388209**
江城区	35679	18883	16796	196027	94367	101660
阳东区	21573	11525	10048	135384	66720	68664
阳西县	20405	10704	9701	138255	68305	69950
阳春市	44826	23547	21279	274427	126492	147935
清远市	**194815**	**104856**	**89959**	**1160561**	**552211**	**608350**
清城区	54844	29954	24890	265988	124295	141693
清新区	30620	16689	13931	188993	88341	100652
佛冈县	14207	7672	6535	85923	40774	45149
阳山县	19604	10559	9045	118274	56888	61386
连山壮族瑶族自治县	4768	2487	2281	26955	12554	14401
连南瑶族自治县	6492	3545	2947	45435	21905	23530
英德市	47799	25336	22463	303227	146354	156873
连州市	16481	8614	7867	125766	61100	64666
东莞市	**324835**	**175075**	**149760**	**1644668**	**815822**	**828846**
市辖区	324835	175075	149760	1644668	815822	828846
中山市	**171987**	**90989**	**80998**	**884521**	**423414**	**461107**
市辖区	171987	90989	80998	884521	423414	461107
潮州市	**111546**	**56948**	**54598**	**786563**	**348825**	**437738**
湘桥区	22456	11709	10747	136690	57913	78777
潮安区	55193	28481	26712	387331	174349	212982
饶平县	33897	16758	17139	262542	116563	145979
揭阳市	**273849**	**141054**	**132795**	**1700844**	**790126**	**910718**
榕城区	46425	24027	22398	264837	121289	143548
揭东区	41940	21843	20097	279581	131870	147711
揭西县	28118	14593	13525	197519	92890	104629
惠来县	59408	29970	29438	372045	168195	203850
普宁市	97958	50621	47337	586862	275882	310980
云浮市	**123127**	**65512**	**57615**	**633930**	**290106**	**343824**
云城区	21988	11943	10045	98718	45905	52813
云安区	11816	6220	5596	70933	32699	38234
新兴县	19443	10363	9080	108114	48627	59487
郁南县	19282	10228	9054	100663	46200	54463
罗定市	50598	26758	23840	255502	116675	138827

1-6 续表 6

单位：人

地区	初中			高中			大学专科		
	小计	男	女	小计	男	女	小计	男	女
广东	**44714248**	**24895602**	**19818646**	**22965096**	**13224360**	**9740736**	**10824882**	**5690177**	**5134705**
广州市	**5505891**	**3061743**	**2444148**	**4109750**	**2296698**	**1813052**	**2527076**	**1292574**	**1234502**
荔湾区	340739	183757	156982	320687	168576	152111	159645	81105	78540
越秀区	208641	105988	102653	258478	129299	129179	147614	70943	76671
海珠区	552582	295534	257048	422793	219219	203574	227797	110482	117315
天河区	387523	210721	176802	563478	312925	250553	458211	234648	223563
白云区	1274864	726354	548510	862091	492642	369449	516247	264833	251414
黄埔区	330845	190689	140156	280369	170062	110307	174673	94650	80023
番禺区	763280	425342	337938	594582	333195	261387	346048	170918	175130
花都区	660461	371139	289322	274183	156874	117309	156048	82562	73486
南沙区	278378	165176	113202	173715	108575	65140	87716	48409	39307
从化区	240088	128094	111994	118424	67230	51194	91599	50694	40905
增城区	468490	258949	209541	240950	138101	102849	161478	83330	78148
韶关市	**978465**	**540957**	**437508**	**456394**	**257084**	**199310**	**197866**	**107389**	**90477**
武江区	116159	60307	55852	78550	40196	38354	39046	20139	18907
浈江区	110536	60232	50304	80780	43594	37186	36693	19462	17231
曲江区	102933	55865	47068	51305	28773	22532	26692	15391	11301
始兴县	70806	38349	32457	28104	16527	11577	10702	5840	4862
仁化县	64075	36763	27312	24393	14262	10131	10581	5744	4837
翁源县	131940	71541	60399	38698	22802	15896	13385	7378	6007
乳源瑶族自治县	59476	34295	25181	24092	13639	10453	10763	5658	5105
新丰县	79735	43002	36733	30291	17571	12720	10789	5889	4900
乐昌市	130830	73874	56956	50036	29268	20768	18813	10451	8362
南雄市	111975	66729	45246	50145	30452	19693	20402	11437	8965
深圳市	**5457546**	**3146965**	**2310581**	**3627943**	**2145882**	**1482061**	**2479443**	**1289515**	**1189928**
罗湖区	279691	150556	129135	266655	140922	125733	185309	87385	97924
福田区	326265	181083	145182	312715	171955	140760	246166	116086	130080
南山区	326610	185764	140846	333905	185296	148609	286883	141109	145774
宝安区	1698373	978813	719560	893274	547535	345739	581074	317796	263278
龙岗区	1322007	756121	565886	862363	500799	361564	577480	295134	282346
盐田区	56063	32785	23278	52992	30733	22259	30870	15508	15362
龙华区	777145	461268	315877	559308	347229	212079	408263	221021	187242
坪山区	204430	121687	82743	111167	70598	40569	56365	32010	24355
光明区	466962	278888	188074	235564	150815	84749	107033	63466	43567
珠海市	**705039**	**399299**	**305740**	**526337**	**298946**	**227391**	**295023**	**152467**	**142556**
香洲区	347707	193214	154493	313718	172597	141121	185559	94205	91354
斗门区	210558	119914	90644	127922	75095	52827	50262	26428	23834
金湾区	146774	86171	60603	84697	51254	33443	59202	31834	27368
汕头市	**1839136**	**969862**	**869274**	**942371**	**526618**	**415753**	**299988**	**159173**	**140815**
龙湖区	179322	95981	83341	132500	69526	62974	67644	34055	33589
金平区	217272	110058	107214	180767	94659	86108	85010	43411	41599
濠江区	76343	41902	34441	45230	25999	19231	18841	11120	7721
潮阳区	588953	300614	288339	265492	153610	111882	61726	35251	26475
潮南区	445396	237478	207918	163041	94097	68944	19724	10817	8907
澄海区	314197	174125	140072	145525	83048	62477	41675	21521	20154
南澳县	17653	9704	7949	9816	5679	4137	5368	2998	2370
佛山市	**3449786**	**1991203**	**1458583**	**1952546**	**1112008**	**840538**	**925014**	**481873**	**443141**
禅城区	449509	247429	202080	293877	160725	133152	158640	81266	77374
南海区	1353864	788053	565811	722514	411259	311255	357748	187327	170421
顺德区	1160021	675146	484875	693282	398876	294406	298992	154219	144773
三水区	314198	184304	129894	147794	86721	61073	62190	33847	28343
高明区	172194	96271	75923	95079	54427	40652	47444	25214	22230

1-6 续表 7

单位：人

地区	初中			高中			大学专科		
	小计	男	女	小计	男	女	小计	男	女
江门市	**1753867**	**938516**	**815351**	**990927**	**558961**	**431966**	**348091**	**181968**	**166123**
蓬江区	254513	136860	117653	187119	103381	83738	103788	52754	51034
江海区	128317	70636	57681	75020	43521	31499	36728	19308	17420
新会区	283601	154996	128605	197464	112560	84904	68918	36814	32104
台山市	355460	185989	169471	194008	108222	85786	41393	22127	19266
开平市	288312	150538	137774	156731	86249	70482	40782	20839	19943
鹤山市	216316	118743	97573	97543	56441	41102	33518	17287	16231
恩平市	227348	120754	106594	83042	48587	34455	22964	12839	10125
湛江市	**2575367**	**1396236**	**1179131**	**976398**	**565738**	**410660**	**357430**	**196967**	**160463**
赤坎区	107449	52847	54602	98222	50271	47951	50448	26002	24446
霞山区	184946	91086	93860	155533	81668	73865	71903	38018	33885
坡头区	123474	67724	55750	42168	25476	16692	15416	8753	6663
麻章区	178792	97270	81522	80839	48962	31877	22761	11317	11444
遂溪县	334313	181168	153145	106072	62386	43686	31554	16955	14599
徐闻县	229187	126100	103087	73919	44024	29895	30949	18051	12898
廉江市	566742	313028	253714	148656	87423	61233	48271	27230	21041
雷州市	487753	270891	216862	156597	96927	59670	46916	28361	18555
吴川市	362711	196122	166589	114392	68601	45791	39212	22280	16932
茂名市	**2235589**	**1197571**	**1038018**	**932734**	**545707**	**387027**	**317198**	**173079**	**144119**
茂南区	334429	173388	161041	202290	112869	89421	94026	48265	45761
电白区	510108	284052	226056	195053	114469	80584	70300	39797	30503
高州市	470724	254268	216456	206298	123047	83251	57216	31201	26015
化州市	553801	291129	262672	176258	105605	70653	50740	28819	21921
信宜市	366527	194734	171793	152835	89717	63118	44916	24997	19919
肇庆市	**1641230**	**902815**	**738415**	**611405**	**350329**	**261076**	**216941**	**119603**	**97338**
端州区	152807	75004	77803	158303	83711	74592	74804	39487	35317
鼎湖区	74399	41987	32412	34580	19680	14900	16181	8716	7465
高要区	318232	177346	140886	86525	51459	35066	25340	14923	10417
广宁县	185384	100662	84722	44018	25972	18046	12524	6782	5742
怀集县	341479	190607	150872	76931	44808	32123	22770	12696	10074
封开县	150915	84857	66058	47205	28358	18847	13766	7946	5820
德庆县	146578	78499	68079	46147	27523	18624	13268	7255	6013
四会市	271436	153853	117583	117696	68818	48878	38288	21798	16490
惠州市	**2429466**	**1363900**	**1065566**	**980174**	**560882**	**419292**	**445331**	**235633**	**209698**
惠城区	724169	400630	323539	401672	223939	177733	223091	114765	108326
惠阳区	622517	363076	259441	241339	142515	98824	99068	54303	44765
博罗县	534798	297287	237511	176169	102274	73895	65681	35065	30616
惠东县	421184	233565	187619	115079	65907	49172	39914	22138	17776
龙门县	126798	69342	57456	45915	26247	19668	17577	9362	8215
梅州市	**1570647**	**809751**	**760896**	**631153**	**361513**	**269640**	**185823**	**99237**	**86586**
梅江区	137616	67889	69727	110851	58231	52620	38889	19967	18922
梅县区	238214	120259	117955	107875	61118	46757	31628	15999	15629
大埔县	138819	74278	64541	48259	28757	19502	12835	6995	5840
丰顺县	186919	101908	85011	64729	37475	27254	18405	9974	8431
五华县	376311	197012	179299	107033	63665	43368	27171	15042	12129
平远县	73996	39431	34565	28680	17753	10927	10969	6155	4814
蕉岭县	71147	35695	35452	39164	22207	16957	11351	6000	5351
兴宁市	347625	173279	174346	124562	72307	52255	34575	19105	15470

1–6 续表 8

单位：人

地区	初中			高中			大学专科		
	小计	男	女	小计	男	女	小计	男	女
汕尾市	**946231**	**530603**	**415628**	**296547**	**177657**	**118890**	**97261**	**56126**	**41135**
城　区	141907	77076	64831	70252	40904	29348	31712	17245	14467
海丰县	298792	164868	133924	95723	57586	38137	27041	16181	10860
陆河县	94356	50907	43449	28193	15696	12497	10837	5928	4909
陆丰市	411176	237752	173424	102379	63471	38908	27671	16772	10899
河源市	**1134591**	**603496**	**531095**	**417454**	**234753**	**182701**	**157878**	**83502**	**74376**
源城区	256713	131167	125546	137971	75201	62770	66983	34696	32287
紫金县	234066	126062	108004	65341	37501	27840	21414	11677	9737
龙川县	241356	125655	115701	84078	47952	36126	27562	15487	12075
连平县	110543	60356	50187	36525	20970	15555	13738	7312	6426
和平县	138998	75763	63235	42797	24197	18600	14607	7594	7013
东源县	152915	84493	68422	50742	28932	21810	13574	6736	6838
阳江市	**916847**	**500354**	**416493**	**400947**	**232111**	**168836**	**165160**	**91091**	**74069**
江城区	265084	138547	126537	158494	87185	71309	76534	40656	35878
阳东区	177815	97615	80200	75492	44762	30730	28072	16017	12055
阳西县	152369	85797	66572	55697	33288	22409	20680	11911	8769
阳春市	321579	178395	143184	111264	66876	44388	39874	22507	17367
清远市	**1457082**	**809717**	**647365**	**483555**	**275114**	**208441**	**239733**	**125182**	**114551**
清城区	398711	220164	178547	155569	87491	68078	118841	61453	57388
清新区	244099	135783	108316	72637	42206	30431	22593	11827	10766
佛冈县	126749	67963	58786	43848	25169	18679	16972	9019	7953
阳山县	130933	74160	56773	35626	19861	15765	14625	7628	6997
连山壮族瑶族自治县	35980	19451	16529	12295	7099	5196	5019	2649	2370
连南瑶族自治县	47117	25391	21726	13470	7342	6128	6273	3208	3065
英德市	333029	190581	142448	106434	62541	43893	40861	21997	18864
连州市	140464	76224	64240	43676	23405	20271	14549	7401	7148
东莞市	**4418896**	**2593541**	**1825355**	**2331842**	**1400298**	**931544**	**811555**	**443214**	**368341**
市辖区	4418896	2593541	1825355	2331842	1400298	931544	811555	443214	368341
中山市	**1703938**	**974180**	**729758**	**865995**	**495033**	**370962**	**346750**	**179428**	**167322**
市辖区	1703938	974180	729758	865995	495033	370962	346750	179428	167322
潮州市	**901652**	**505302**	**396350**	**377048**	**219310**	**157738**	**123370**	**65607**	**57763**
湘桥区	189969	100126	89843	112138	61371	50767	46187	23870	22317
潮安区	426140	240018	186122	154746	91206	63540	45575	23633	21942
饶平县	285543	165158	120385	110164	66733	43431	31608	18104	13504
揭阳市	**2093566**	**1120288**	**973278**	**755368**	**435716**	**319652**	**180832**	**98289**	**82543**
榕城区	301154	156825	144329	173104	98591	74513	57059	29683	27376
揭东区	337064	179925	157139	161154	92048	69106	32766	17792	14974
揭西县	288777	153999	134778	80724	45667	35057	19024	9956	9068
惠来县	355175	200722	154453	87264	56392	30872	21927	13693	8234
普宁市	811396	428817	382579	253122	143018	110104	50056	27165	22891
云浮市	**999416**	**539303**	**460113**	**298208**	**174002**	**124206**	**107119**	**58260**	**48859**
云城区	152076	82224	69852	62404	35569	26835	29406	15721	13685
云安区	97748	56231	41517	21867	13706	8161	7345	4193	3152
新兴县	181607	97021	84586	63139	35446	27693	21887	11388	10499
郁南县	159675	85947	73728	45535	27190	18345	13519	7465	6054
罗定市	408310	217880	190430	105263	62091	43172	34962	19493	15469

1-6 续表 9

单位：人

地　区	大学本科			硕士研究生			博士研究生		
	小计	男	女	小计	男	女	小计	男	女
广　东	**8075009**	**4213472**	**3861537**	**789146**	**423599**	**365547**	**93872**	**60214**	**33658**
广州市	**2251031**	**1125747**	**1125284**	**272418**	**139467**	**132951**	**43942**	**26901**	**17041**
荔湾区	135693	66747	68946	11491	5906	5585	1265	750	515
越秀区	199867	95186	104681	34178	17060	17118	5267	3161	2106
海珠区	257135	123076	134059	35664	17656	18008	7691	4766	2925
天河区	418221	212412	205809	71919	36450	35469	14047	8727	5320
白云区	332421	162618	169803	28899	14251	14648	5333	3000	2333
黄埔区	177937	95005	82932	22706	12200	10506	2298	1516	782
番禺区	343463	175231	168232	45765	24289	21476	6312	3837	2475
花都区	137897	67107	70790	7915	4310	3605	522	341	181
南沙区	58843	32203	26640	4503	2501	2002	425	281	144
从化区	61831	31101	30730	2168	1005	1163	175	123	52
增城区	127723	65061	62662	7210	3839	3371	607	399	208
韶关市	**127843**	**66677**	**61166**	**5284**	**2937**	**2347**	**566**	**371**	**195**
武江区	31028	16041	14987	2259	1261	998	164	113	51
浈江区	34068	17138	16930	1356	737	619	229	154	75
曲江区	9934	5335	4599	340	205	135	43	29	14
始兴县	5907	3156	2751	144	72	72	13	9	4
仁化县	6947	3716	3231	147	92	55	12	9	3
翁源县	8104	4118	3986	174	94	80	21	11	10
乳源瑶族自治县	6188	3276	2912	222	141	81	13	7	6
新丰县	4937	2652	2285	122	60	62	15	10	5
乐昌市	10394	5517	4877	268	146	122	28	13	15
南雄市	10336	5728	4608	252	129	123	28	16	12
深圳市	**2223921**	**1194344**	**1029577**	**328895**	**180483**	**148412**	**28554**	**19552**	**9002**
罗湖区	159202	79660	79542	21523	11140	10383	1730	1124	606
福田区	305546	152902	152644	71905	37386	34519	5544	3779	1765
南山区	429827	227546	202281	101140	56407	44733	11368	7652	3716
宝安区	454037	257202	196835	45547	25987	19560	2791	1990	801
龙岗区	434844	232342	202502	44273	25166	19107	3416	2421	995
盐田区	27929	14339	13590	4138	2090	2048	463	294	169
龙华区	303038	165571	137467	29585	16286	13299	2101	1454	647
坪山区	46233	27208	19025	5330	2989	2341	483	358	125
光明区	63265	37574	25691	5454	3032	2422	658	480	178
珠海市	**299856**	**153899**	**145957**	**29507**	**15106**	**14401**	**3862**	**2310**	**1552**
香洲区	222139	114160	107979	24989	12770	12219	3314	1974	1340
斗门区	30072	16142	13930	1924	1000	924	176	106	70
金湾区	47645	23597	24048	2594	1336	1258	372	230	142
汕头市	**147215**	**76637**	**70578**	**6114**	**3330**	**2784**	**859**	**526**	**333**
龙湖区	39883	20630	19253	1807	1012	795	196	109	87
金平区	48272	25037	23235	3050	1648	1402	501	318	183
濠江区	4227	2327	1900	128	70	58	17	9	8
潮阳区	21980	12090	9890	317	186	131	41	19	22
潮南区	9719	5296	4423	185	91	94	16	11	5
澄海区	21531	10434	11097	600	307	293	82	55	27
南澳县	1603	823	780	27	16	11	6	5	1
佛山市	**571714**	**296256**	**275458**	**33725**	**18466**	**15259**	**2952**	**1903**	**1049**
禅城区	117714	60930	56784	8593	4571	4022	760	496	264
南海区	209632	107484	102148	10758	5756	5002	980	584	396
顺德区	174819	91537	83282	11694	6681	5013	1001	685	316
三水区	49065	25224	23841	1946	1026	920	154	100	54
高明区	20484	11081	9403	734	432	302	57	38	19

1-6 续表 10 单位：人

地 区	大学本科			硕士研究生			博士研究生		
	小计	男	女	小计	男	女	小计	男	女
江门市	**210509**	**110541**	**99968**	**8564**	**4673**	**3891**	**895**	**611**	**284**
蓬江区	77705	41249	36456	4421	2409	2012	536	385	151
江海区	16040	8360	7680	754	414	340	72	48	24
新会区	41325	21246	20079	1515	820	695	119	72	47
台山市	19338	10611	8727	543	309	234	28	17	11
开平市	20122	10231	9891	449	239	210	57	36	21
鹤山市	25510	13082	12428	616	335	281	53	33	20
恩平市	10469	5762	4707	266	147	119	30	20	10
湛江市	**247126**	**128262**	**118864**	**9493**	**5117**	**4376**	**1502**	**982**	**520**
赤坎区	50571	22386	28185	2194	1195	999	431	295	136
霞山区	54341	29413	24928	3694	1948	1746	621	390	231
坡头区	10200	5707	4493	611	364	247	32	20	12
麻章区	43467	21827	21640	975	496	479	129	85	44
遂溪县	13188	7159	6029	376	193	183	46	25	21
徐闻县	13029	7367	5662	239	144	95	49	30	19
廉江市	23327	12572	10755	538	286	252	69	53	16
雷州市	18766	10899	7867	446	238	208	69	49	20
吴川市	20237	10932	9305	420	253	167	56	35	21
茂名市	**175948**	**95696**	**80252**	**4684**	**2604**	**2080**	**657**	**446**	**211**
茂南区	62812	34043	28769	2505	1375	1130	380	266	114
电白区	28065	14891	13174	704	380	324	91	55	36
高州市	31724	18139	13585	561	355	206	70	43	27
化州市	30108	16200	13908	546	296	250	71	52	19
信宜市	23239	12423	10816	368	198	170	45	30	15
肇庆市	**140406**	**72660**	**67746**	**3737**	**2035**	**1702**	**326**	**215**	**111**
端州区	64527	31600	32927	2018	1104	914	174	117	57
鼎湖区	10793	5202	5591	234	119	115	20	14	6
高要区	18073	9838	8235	173	104	69	24	16	8
广宁县	5926	3196	2730	139	78	61	18	8	10
怀集县	10981	5971	5010	208	114	94	22	15	7
封开县	6267	3567	2700	128	67	61	10	8	2
德庆县	6345	3418	2927	153	81	72	9	4	5
四会市	17494	9868	7626	684	368	316	49	33	16
惠州市	**282649**	**152470**	**130179**	**15167**	**8610**	**6557**	**1472**	**933**	**539**
惠城区	157827	84591	73236	10030	5790	4240	1006	643	363
惠阳区	56590	31664	24926	2901	1608	1293	293	185	108
博罗县	35695	18952	16743	1184	664	520	114	69	45
惠东县	23024	12431	10593	815	434	381	45	26	19
龙门县	9513	4832	4681	237	114	123	14	10	4
梅州市	**130053**	**67392**	**62661**	**3817**	**2182**	**1635**	**478**	**314**	**164**
梅江区	47674	23202	24472	1939	1138	801	240	169	71
梅县区	16366	8532	7834	472	256	216	57	37	20
大埔县	7436	3968	3468	157	89	68	24	13	11
丰顺县	10151	5159	4992	187	100	87	26	13	13
五华县	15264	8441	6823	306	170	136	35	21	14
平远县	6371	3530	2841	103	67	36	7	7	
蕉岭县	7199	3734	3465	186	106	80	14	11	3
兴宁市	19592	10826	8766	467	256	211	75	43	32

1-6　续表 11　　　　单位：人

地　区	大学本科			硕士研究生			博士研究生		
	小计	男	女	小计	男	女	小计	男	女
汕尾市	**45018**	**26155**	**18863**	**1626**	**949**	**677**	**170**	**121**	**49**
城　区	14967	8741	6226	688	429	259	64	47	17
海丰县	13076	7698	5378	543	296	247	54	37	17
陆河县	4629	2426	2203	72	38	34	5	3	2
陆丰市	12346	7290	5056	323	186	137	47	34	13
河源市	**79740**	**41682**	**38058**	**2790**	**1555**	**1235**	**230**	**145**	**85**
源城区	37963	19980	17983	1880	1094	786	119	79	40
紫金县	9584	5198	4386	191	102	89	27	16	11
龙川县	13071	6999	6072	270	137	133	23	18	5
连平县	5604	2879	2725	118	66	52	23	11	12
和平县	6162	3115	3047	109	47	62	14	6	8
东源县	7356	3511	3845	222	109	113	24	15	9
阳江市	**69131**	**38331**	**30800**	**2226**	**1259**	**967**	**222**	**123**	**99**
江城区	31968	17226	14742	1273	698	575	131	69	62
阳东区	11098	6546	4552	314	194	120	39	18	21
阳西县	8678	4972	3706	195	111	84	21	17	4
阳春市	17387	9587	7800	444	256	188	31	19	12
清远市	**122255**	**63057**	**59198**	**4898**	**2780**	**2118**	**480**	**307**	**173**
清城区	56647	29269	27378	3308	1921	1387	282	189	93
清新区	12341	6371	5970	363	195	168	52	33	19
佛冈县	8021	4107	3914	198	108	90	22	12	10
阳山县	6101	3262	2839	125	78	47	23	11	12
连山壮族瑶族自治县	3243	1642	1601	48	22	26	6	2	4
连南瑶族自治县	3573	1769	1804	75	33	42	2	1	1
英德市	24908	12884	12024	617	330	287	74	49	25
连州市	7421	3753	3668	164	93	71	19	10	9
东莞市	**531745**	**288077**	**243668**	**37512**	**21973**	**15539**	**5073**	**3383**	**1690**
市辖区	531745	288077	243668	37512	21973	15539	5073	3383	1690
中山市	**228722**	**116977**	**111745**	**13651**	**7206**	**6445**	**952**	**621**	**331**
市辖区	228722	116977	111745	13651	7206	6445	952	621	331
潮州市	**71177**	**34573**	**36604**	**2057**	**1105**	**952**	**357**	**241**	**116**
湘桥区	37433	17454	19979	1186	634	552	232	156	76
潮安区	22392	11060	11332	648	350	298	82	56	26
饶平县	11352	6059	5293	223	121	102	43	29	14
揭阳市	**64248**	**34969**	**29279**	**1201**	**733**	**468**	**165**	**105**	**60**
榕城区	21879	11739	10140	274	178	96	33	27	6
揭东区	9654	5163	4491	197	111	86	23	19	4
揭西县	6137	3052	3085	169	96	73	22	14	8
惠来县	8319	5062	3257	209	129	80	28	15	13
普宁市	18259	9953	8306	352	219	133	59	30	29
云浮市	**54702**	**29070**	**25632**	**1780**	**1029**	**751**	**158**	**104**	**54**
云城区	18304	9790	8514	744	450	294	46	30	16
云安区	4832	2505	2327	109	53	56	17	12	5
新兴县	11429	5829	5600	459	258	201	45	32	13
郁南县	5501	3016	2485	119	69	50	12	4	8
罗定市	14636	7930	6706	349	199	150	38	26	12

1-6a 各地区分性别、受教育程度的3岁及以上人口(城市)

单位：人

地　　区	3岁及以上人口			未上过学		
	合计	男	女	小计	男	女
广　东	**74018406**	**39551247**	**34467159**	**1025723**	**370982**	**654741**
广州市	**14455242**	**7582766**	**6872476**	**146486**	**55920**	**90566**
荔湾区	1205334	617750	587584	14430	5467	8963
越秀区	1013477	494412	519065	9421	3604	5817
海珠区	1778124	897182	880942	13754	4957	8797
天河区	2188668	1150219	1038449	16810	7026	9784
白云区	2708530	1453879	1254651	25330	9534	15796
黄埔区	1085960	603859	482101	12392	4524	7868
番禺区	2246590	1177248	1069342	25520	9849	15671
花都区	1007770	536985	470785	11092	4692	6400
南沙区	443737	251068	192669	7663	2286	5377
从化区	219660	110640	109020	2299	912	1387
增城区	557392	289524	267868	7775	3069	4706
韶关市	**922155**	**458104**	**464051**	**19511**	**4900**	**14611**
武江区	302803	149712	153091	5236	1535	3701
浈江区	270322	136954	133368	4696	1401	3295
曲江区	142735	70689	72046	3016	712	2304
始兴县						
仁化县						
翁源县						
乳源瑶族自治县						
新丰县						
乐昌市	98999	48217	50782	3029	737	2292
南雄市	107296	52532	54764	3534	515	3019
深圳市	**16893758**	**9304547**	**7589211**	**163638**	**56048**	**107590**
罗湖区	1109268	564401	544867	10951	3576	7375
福田区	1507187	779369	727818	12857	4238	8619
南山区	1741004	925314	815690	13813	4717	9096
宝安区	4345275	2454349	1890926	39883	13903	25980
龙岗区	3942169	2145147	1797022	43968	15219	28749
盐田区	207719	112907	94812	2011	671	1340
龙华区	2445966	1389829	1056137	21528	7462	14066
坪山区	531504	308674	222830	6667	2351	4316
光明区	1063666	624557	439109	11960	3911	8049
珠海市	**1838855**	**963722**	**875133**	**25510**	**8878**	**16632**
香洲区	1291632	671485	620147	17143	5851	11292
斗门区	236331	125443	110888	4052	1428	2624
金湾区	310892	166794	144098	4315	1599	2716
汕头市	**2447692**	**1222838**	**1224854**	**91895**	**29841**	**62054**
龙湖区	513483	259502	253981	12597	4319	8278
金平区	740469	363596	376873	17150	4972	12178
濠江区	183139	91259	91880	14603	3082	11521
潮阳区	346341	170619	175722	16821	5289	11532
潮南区	403822	204935	198887	24968	10408	14560
澄海区	260438	132927	127511	5756	1771	3985
南澳县						
佛山市	**8276784**	**4479616**	**3797168**	**115149**	**40744**	**74405**
禅城区	1081750	565203	516547	11834	4299	7535
南海区	3363211	1837469	1525742	44814	16753	28061
顺德区	3091211	1685642	1405569	48351	16231	32120
三水区	363081	188674	174407	5596	1715	3881
高明区	377531	202628	174903	4554	1746	2808

1-6a　续表 1

单位：人

地　区	3岁及以上人口			未上过学		
	合计	男	女	小计	男	女
江门市	**2730773**	**1400275**	**1330498**	**31796**	**11289**	**20507**
蓬江区	801356	415700	385656	9493	3266	6227
江海区	353293	185987	167306	6146	1670	4476
新会区	465954	236600	229354	5339	1769	3570
台山市	345514	175130	170384	2872	1239	1633
开平市	326761	162002	164759	3423	1367	2056
鹤山市	248616	127535	121081	1912	774	1138
恩平市	189279	97321	91958	2611	1204	1407
湛江市	**1907474**	**972080**	**935394**	**38123**	**14431**	**23692**
赤坎区	391061	193284	197777	6232	2477	3755
霞山区	594022	301830	292192	9622	3707	5915
坡头区	65692	33569	32123	1506	479	1027
麻章区	113605	60977	52628	2699	1038	1661
遂溪县	19930	10484	9446	743	271	472
徐闻县						
廉江市	242768	123952	118816	4343	1804	2539
雷州市	236031	122919	113112	7099	2667	4432
吴川市	244365	125065	119300	5879	1988	3891
茂名市	**1749456**	**899442**	**850014**	**30523**	**11394**	**19129**
茂南区	631203	324983	306220	8669	3332	5337
电白区	231791	119309	112482	9517	3071	6446
高州市	308391	157859	150532	5018	2064	2954
化州市	272092	141354	130738	3588	1478	2110
信宜市	305979	155937	150042	3731	1449	2282
肇庆市	**1211428**	**632049**	**579379**	**16369**	**5710**	**10659**
端州区	581139	292784	288355	7222	2371	4851
鼎湖区	113577	59574	54003	2079	604	1475
高要区	112517	58735	53782	1303	430	873
广宁县						
怀集县						
封开县						
德庆县						
四会市	404195	220956	183239	5765	2305	3460
惠州市	**2573779**	**1391442**	**1182337**	**40429**	**15965**	**24464**
惠城区	1562286	824092	738194	25709	9877	15832
惠阳区	989854	555271	434583	14485	6002	8483
博罗县	21639	12079	9560	235	86	149
惠东县						
龙门县						
梅州市	**920100**	**454143**	**465957**	**15275**	**6737**	**8538**
梅江区	380567	189900	190667	5446	2390	3056
梅县区	241356	118098	123258	4028	1790	2238
大埔县						
丰顺县						
五华县	13632	6777	6855	445	166	279
平远县						
蕉岭县						
兴宁市	284545	139368	145177	5356	2391	2965

1-6a 续表 2

单位：人

地区	3岁及以上人口			未上过学		
	合计	男	女	小计	男	女
汕尾市	**509212**	**263564**	**245648**	**27127**	**9683**	**17444**
城　区	293211	150912	142299	14149	4917	9232
海丰县						
陆河县						
陆丰市	216001	112652	103349	12978	4766	8212
河源市	**607391**	**309261**	**298130**	**10203**	**3947**	**6256**
源城区	607391	309261	298130	10203	3947	6256
紫金县						
龙川县						
连平县						
和平县						
东源县						
阳江市	**968749**	**494797**	**473952**	**17941**	**6794**	**11147**
江城区	540232	274982	265250	10590	4339	6251
阳东区	176638	92309	84329	2186	845	1341
阳西县						
阳春市	251879	127506	124373	5165	1610	3555
清远市	**1186393**	**595841**	**590552**	**24268**	**7268**	**17000**
清城区	626134	316479	309655	10986	3507	7479
清新区	226181	113059	113122	5862	1573	4289
佛冈县						
阳山县						
连山壮族瑶族自治县						
连南瑶族自治县						
英德市	197157	100721	96436	3959	1125	2834
连州市	136921	65582	71339	3461	1063	2398
东莞市	**9333447**	**5265458**	**4067989**	**102601**	**40022**	**62579**
市辖区	9333447	5265458	4067989	102601	40022	62579
中山市	**2657640**	**1424570**	**1233070**	**35165**	**12961**	**22204**
市辖区	2657640	1424570	1233070	35165	12961	22204
潮州市	**903596**	**456695**	**446901**	**24135**	**7291**	**16844**
湘桥区	414120	205551	208569	8253	2377	5876
潮安区	489476	251144	238332	15882	4914	10968
饶平县						
揭阳市	**1374578**	**699134**	**675444**	**40560**	**17589**	**22971**
榕城区	619312	313627	305685	18941	7748	11193
揭东区	288569	148397	140172	6686	2821	3865
揭西县						
惠来县						
普宁市	466697	237110	229587	14933	7020	7913
云浮市	**549904**	**280903**	**269001**	**9019**	**3570**	**5449**
云城区	299007	155012	143995	4732	1742	2990
云安区	19310	10064	9246	381	129	252
新兴县						
郁南县						
罗定市	231587	115827	115760	3906	1699	2207

1－6a　续表 3　　单位：人

地　　区	学前教育			小　　学		
	小计	男	女	小计	男	女
广　东	**2900892**	**1549720**	**1351172**	**12064444**	**5770132**	**6294312**
广州市	**479507**	**255691**	**223816**	**1826109**	**861076**	**965033**
荔湾区	39153	20614	18539	182231	84828	97403
越秀区	31941	16826	15115	118070	52345	65725
海珠区	48092	25323	22769	212616	96169	116447
天河区	61371	32643	28728	197088	94667	102421
白云区	77902	41926	35976	332706	159610	173096
黄埔区	42806	22731	20075	134371	64295	70076
番禺区	77121	41068	36053	296571	141105	155466
花都区	42068	22790	19278	149668	72549	77119
南沙区	19209	10234	8975	71504	33619	37885
从化区	10796	5832	4964	30714	14224	16490
增城区	29048	15704	13344	100570	47665	52905
韶关市	**38524**	**20358**	**18166**	**173809**	**77247**	**96562**
武江区	12807	6785	6022	51267	23311	27956
浈江区	9656	5061	4595	45304	21181	24123
曲江区	6576	3447	3129	27663	12087	15576
始兴县						
仁化县						
翁源县						
乳源瑶族自治县						
新丰县						
乐昌市	4416	2334	2082	23549	10418	13131
南雄市	5069	2731	2338	26026	10250	15776
深圳市	**635570**	**340794**	**294776**	**1992810**	**960077**	**1032733**
罗湖区	42938	23115	19823	141269	66923	74346
福田区	57437	30770	26667	168752	81170	87582
南山区	63848	33880	29968	177195	86175	91020
宝安区	148293	79887	68406	482003	231236	250767
龙岗区	167086	89650	77436	526043	253367	272676
盐田区	7824	4206	3618	25429	12281	13148
龙华区	93660	49916	43744	251338	119622	131716
坪山区	20345	10870	9475	82150	41412	40738
光明区	34139	18500	15639	138631	67891	70740
珠海市	**67967**	**35935**	**32032**	**259238**	**124216**	**135022**
香洲区	46488	24518	21970	172298	82308	89990
斗门区	10500	5531	4969	42215	19593	22622
金湾区	10979	5886	5093	44725	22315	22410
汕头市	**106588**	**54914**	**51674**	**630678**	**289719**	**340959**
龙湖区	21887	11361	10526	111485	52288	59197
金平区	27156	13912	13244	169661	74013	95648
濠江区	9559	4732	4827	57716	27751	29965
潮阳区	17975	9368	8607	94679	44140	50539
潮南区	20784	10854	9930	127604	59851	67753
澄海区	9227	4687	4540	69533	31676	37857
南澳县						
佛山市	**330076**	**176836**	**153240**	**1566612**	**762217**	**804395**
禅城区	38541	20565	17976	155353	72988	82365
南海区	137873	74026	63847	660209	327135	333074
顺德区	120119	63889	56230	614304	297525	316779
三水区	17299	9363	7936	67460	31229	36231
高明区	16244	8993	7251	69286	33340	35946

1-6a 续表 4

单位：人

地 区	学前教育			小 学		
	小计	男	女	小计	男	女
江门市	**109612**	**57458**	**52154**	**528347**	**240185**	**288162**
蓬江区	31707	16511	15196	148347	67791	80556
江海区	14270	7365	6905	75946	34665	41281
新会区	20115	10572	9543	102241	45169	57072
台山市	12084	6386	5698	60150	27528	32622
开平市	13045	6853	6192	65993	29707	36286
鹤山市	11709	6235	5474	45070	21273	23797
恩平市	6682	3536	3146	30600	14052	16548
湛江市	**104812**	**56906**	**47906**	**379575**	**185051**	**194524**
赤坎区	18669	10047	8622	62035	30517	31518
霞山区	29167	15891	13276	105791	51340	54451
坡头区	4117	2198	1919	14428	6815	7613
麻章区	6452	3458	2994	25027	12288	12739
遂溪县	910	490	420	5852	2754	3098
徐闻县						
廉江市	15536	8666	6870	49597	24531	25066
雷州市	15360	8371	6989	58743	28789	29954
吴川市	14601	7785	6816	58102	28017	30085
茂名市	**94467**	**51675**	**42792**	**361403**	**176608**	**184795**
茂南区	32733	17901	14832	119178	58232	60946
电白区	12000	6388	5612	59483	29419	30064
高州市	13805	7547	6258	61322	29397	31925
化州市	16929	9338	7591	54300	26980	27320
信宜市	19000	10501	8499	67120	32580	34540
肇庆市	**56443**	**30812**	**25631**	**223201**	**108078**	**115123**
端州区	27340	14843	12497	93944	44547	49397
鼎湖区	5637	3114	2523	24775	12104	12671
高要区	6221	3458	2763	25926	12947	12979
广宁县						
怀集县						
封开县						
德庆县						
四会市	17245	9397	7848	78556	38480	40076
惠州市	**111574**	**59060**	**52514**	**445866**	**220260**	**225606**
惠城区	71846	38077	33769	268931	130607	138324
惠阳区	38979	20595	18384	172430	87378	85052
博罗县	749	388	361	4505	2275	2230
惠东县						
龙门县						
梅州市	**41105**	**21602**	**19503**	**155672**	**72796**	**82876**
梅江区	14465	7618	6847	54472	25671	28801
梅县区	12174	6275	5899	44005	20163	23842
大埔县						
丰顺县						
五华县	811	410	401	3767	1661	2106
平远县						
蕉岭县						
兴宁市	13655	7299	6356	53428	25301	28127

1-6a 续表 5

单位：人

地区	学前教育			小学		
	小计	男	女	小计	男	女
汕尾市	**24578**	**12947**	**11631**	**156443**	**74585**	**81858**
城区	12583	6578	6005	85836	41133	44703
海丰县						
陆河县						
陆丰市	11995	6369	5626	70607	33452	37155
河源市	**32717**	**17666**	**15051**	**115394**	**54928**	**60466**
源城区	32717	17666	15051	115394	54928	60466
紫金县						
龙川县						
连平县						
和平县						
东源县						
阳江市	**48695**	**26027**	**22668**	**223832**	**105724**	**118108**
江城区	25814	13671	12143	120360	57716	62644
阳东区	9528	5128	4400	43588	20798	22790
阳西县						
阳春市	13353	7228	6125	59884	27210	32674
清远市	**66613**	**36274**	**30339**	**287537**	**132549**	**154988**
清城区	35123	19218	15905	139781	64632	75149
清新区	14638	8098	6540	66102	30150	35952
佛冈县						
阳山县						
连山壮族瑶族自治县						
连南瑶族自治县						
英德市	10404	5596	4808	45603	21438	24165
连州市	6448	3362	3086	36051	16329	19722
东莞市	**299410**	**161470**	**137940**	**1468147**	**727587**	**740560**
市辖区	299410	161470	137940	1468147	727587	740560
中山市	**106841**	**56560**	**50281**	**526907**	**254014**	**272893**
市辖区	106841	56560	50281	526907	254014	272893
潮州市	**42240**	**21978**	**20262**	**255354**	**115309**	**140045**
湘桥区	17064	8926	8138	93754	40302	53452
潮安区	25176	13052	12124	161600	75007	86593
饶平县						
揭阳市	**71558**	**37448**	**34110**	**365925**	**171356**	**194569**
榕城区	33563	17412	16151	171512	79631	91881
揭东区	14837	7852	6985	80474	37902	42572
揭西县						
惠来县						
普宁市	23158	12184	10974	113939	53823	60116
云浮市	**31995**	**17309**	**14686**	**121585**	**56550**	**65035**
云城区	17566	9601	7965	66955	31184	35771
云安区	921	493	428	4543	2060	2483
新兴县						
郁南县						
罗定市	13508	7215	6293	50087	23306	26781

1-6a 续表 6

单位：人

地 区	初 中			高 中			大学专科		
	小计	男	女	小计	男	女	小计	男	女
广 东	**24947323**	**13879919**	**11067404**	**16555876**	**9362363**	**7193513**	**8692979**	**4513163**	**4179816**
广州市	**4077754**	**2246841**	**1830913**	**3448782**	**1899807**	**1548975**	**2167332**	**1099051**	**1068281**
荔湾区	340739	183757	156982	320687	168576	152111	159645	81105	78540
越秀区	208641	105988	102653	258478	129299	129179	147614	70943	76671
海珠区	552582	295534	257048	422793	219219	203574	227797	110482	117315
天河区	387523	210721	176802	563478	312925	250553	458211	234648	223563
白云区	933111	530849	402262	665131	374420	290711	394177	198547	195630
黄埔区	289488	166981	122507	257357	156396	100961	160889	87629	73260
番禺区	640780	353196	287584	516811	285067	231744	315495	153880	161615
花都区	391047	215800	175247	185510	103365	82145	121487	64200	57287
南沙区	134003	79580	54423	104466	65719	38747	57339	32191	25148
从化区	50272	24532	25740	48815	25778	23037	47383	25272	22111
增城区	149568	79903	69665	105256	59043	46213	77295	40154	37141
韶关市	**275979**	**138548**	**137431**	**219967**	**115235**	**104732**	**105261**	**55650**	**49611**
武江区	91242	45462	45780	72360	36439	35921	37209	19187	18022
浈江区	76974	40204	36770	67720	35533	32187	31650	16294	15356
曲江区	46524	22499	24025	34824	18647	16177	15711	8775	6936
始兴县									
仁化县									
翁源县									
乳源瑶族自治县									
新丰县									
乐昌市	31912	15456	16456	21451	11462	9989	8761	4737	4024
南雄市	29327	14927	14400	23612	13154	10458	11930	6657	5273
深圳市	**5434121**	**3131753**	**2302368**	**3615718**	**2137710**	**1478008**	**2474534**	**1286338**	**1188196**
罗湖区	279691	150556	129135	266655	140922	125733	185309	87385	97924
福田区	326265	181083	145182	312715	171955	140760	246166	116086	130080
南山区	324375	183784	140591	332965	184411	148554	286571	140824	145747
宝安区	1698373	978813	719560	893274	547535	345739	581074	317796	263278
龙岗区	1301093	743034	558059	851390	493653	357737	573298	292421	280877
盐田区	56063	32785	23278	52992	30733	22259	30870	15508	15362
龙华区	777145	461268	315877	559308	347229	212079	408263	221021	187242
坪山区	204154	121542	82612	110855	70457	40398	55950	31831	24119
光明区	466962	278888	188074	235564	150815	84749	107033	63466	43567
珠海市	**498835**	**274437**	**224398**	**418554**	**231073**	**187481**	**257176**	**130514**	**126662**
香洲区	327459	177849	149610	303441	165014	138427	179715	90342	89373
斗门区	76350	42379	33971	55026	31271	23755	28106	14649	13457
金湾区	95026	54209	40817	60087	34788	25299	49355	25523	23832
汕头市	**742943**	**386322**	**356621**	**543278**	**289395**	**253883**	**211575**	**109868**	**101707**
龙湖区	148015	78787	69228	117663	60842	56821	61511	30928	30583
金平区	213586	108077	105509	178043	93157	84886	84081	42953	41128
濠江区	52419	27857	24562	34224	19490	14734	11199	6489	4710
潮阳区	89200	43630	45570	85505	45213	40292	30084	16609	13475
潮南区	145617	76564	69053	73120	41110	32010	7808	4107	3701
澄海区	94106	51407	42699	54723	29583	25140	16892	8782	8110
南澳县									
佛山市	**3043639**	**1744477**	**1299162**	**1792128**	**1012859**	**779269**	**858145**	**444970**	**413175**
禅城区	367284	198884	168400	255301	138233	117068	136989	69887	67102
南海区	1272775	738548	534227	686616	389265	297351	344481	180367	164114
顺德区	1141362	663382	477980	683563	393122	290441	296883	153061	143822
三水区	122354	66861	55493	82607	44355	38252	36183	18609	17574
高明区	139864	76802	63062	84041	47884	36157	43609	23046	20563

1-6a 续表 7

单位：人

地区	初中			高中			大学专科		
	小计	男	女	小计	男	女	小计	男	女
江门市	**904290**	**469759**	**434531**	**684788**	**374656**	**310132**	**281387**	**146718**	**134669**
蓬江区	245006	131735	113271	182411	100642	81769	102201	51939	50262
江海区	128317	70636	57681	75020	43521	31499	36728	19308	17420
新会区	134060	69538	64522	116805	63750	53055	50499	26937	23562
台山市	117015	58450	58565	112959	59815	53144	27056	14445	12611
开平市	111561	54241	57320	90541	47911	42630	27567	14388	13179
鹤山市	91952	47596	44356	56683	30753	25930	21818	10965	10853
恩平市	76379	37563	38816	50369	28264	22105	15518	8736	6782
湛江市	**590463**	**293765**	**296698**	**448945**	**239699**	**209246**	**190505**	**102022**	**88483**
赤坎区	104202	51160	53042	96770	49453	47317	50087	25818	24269
霞山区	170402	83462	86940	150141	78525	71616	70737	37399	33338
坡头区	18178	9057	9121	12215	6450	5765	7716	4292	3424
麻章区	36278	18825	17453	30244	17705	12539	6599	3487	3112
遂溪县	8726	4692	4034	2513	1594	919	905	533	372
徐闻县									
廉江市	85193	41734	43459	55801	29793	26008	20239	10968	9271
雷州市	80813	40945	39868	52066	29251	22815	15610	9229	6381
吴川市	86671	43890	42781	49195	26928	22267	18612	10296	8316
茂名市	**542447**	**269637**	**272810**	**444642**	**241423**	**203219**	**165042**	**87764**	**77278**
茂南区	181588	89579	92009	158526	85179	73347	74455	39804	34651
电白区	69459	36509	32950	53723	28874	24849	17986	9892	8094
高州市	97160	48455	48705	86725	47653	39072	27194	13082	14112
化州市	92773	45805	46968	67728	37485	30243	22434	12517	9917
信宜市	101467	49289	52178	77940	42232	35708	22973	12469	10504
肇庆市	**384434**	**201924**	**182510**	**296526**	**161937**	**134589**	**130420**	**71212**	**59208**
端州区	152807	75004	77803	158303	83711	74592	74804	39487	35317
鼎湖区	35477	19625	15852	22611	12371	10240	12901	6936	5965
高要区	33871	17185	16686	22703	12254	10449	10742	6459	4283
广宁县									
怀集县									
封开县									
德庆县									
四会市	162279	90110	72169	92909	53601	39308	31973	18330	13643
惠州市	**966344**	**543390**	**422954**	**533657**	**299426**	**234231**	**266735**	**139628**	**127107**
惠城区	526485	287271	239214	332575	181755	150820	181101	92913	88188
惠阳区	428912	249815	179097	197357	115465	81892	84541	46089	38452
博罗县	10947	6304	4643	3725	2206	1519	1093	626	467
惠东县									
龙门县									
梅州市	**327641**	**156457**	**171184**	**222855**	**116246**	**106609**	**80755**	**41357**	**39398**
梅江区	117356	57545	59811	102772	53590	49182	37088	19031	18057
梅县区	90288	43442	46846	56247	29124	27123	21779	10626	11153
大埔县									
丰顺县									
五华县	6778	3455	3323	1342	817	525	343	195	148
平远县									
蕉岭县									
兴宁市	113219	52015	61204	62494	32715	29779	21545	11505	10040

1-6a 续表 8 单位：人

地区	初中			高中			大学专科		
	小计	男	女	小计	男	女	小计	男	女
汕尾市	**169225**	**90238**	**78987**	**80760**	**47335**	**33425**	**35205**	**19348**	**15857**
城区	94292	49763	44529	49821	28517	21304	25499	13535	11964
海丰县									
陆河县									
陆丰市	74933	40475	34458	30939	18818	12121	9706	5813	3893
河源市	**220299**	**111566**	**108733**	**126723**	**68171**	**58552**	**63313**	**32507**	**30806**
源城区	220299	111566	108733	126723	68171	58552	63313	32507	30806
紫金县									
龙川县									
连平县									
和平县									
东源县									
阳江市	**315199**	**160592**	**154607**	**212465**	**115573**	**96892**	**101313**	**53647**	**47666**
江城区	169420	86019	83401	120497	64224	56273	63808	33104	30704
阳东区	66146	34516	31630	35218	20185	15033	13083	7129	5954
阳西县									
阳春市	79633	40057	39576	56750	31164	25586	24422	13414	11008
清远市	**404156**	**209668**	**194488**	**208254**	**111397**	**96857**	**116495**	**58111**	**58384**
清城区	207915	108210	99705	106414	58020	48394	74943	36470	38473
清新区	84508	44186	40322	34787	18862	15925	12397	6245	6152
佛冈县									
阳山县									
连山壮族瑶族自治县									
连南瑶族自治县									
英德市	63309	33615	29694	40424	21439	18985	19068	10249	8819
连州市	48424	23657	24767	26629	13076	13553	10087	5147	4940
东莞市	**4013749**	**2344793**	**1668956**	**2153458**	**1285746**	**867712**	**749763**	**407789**	**341974**
市辖区	4013749	2344793	1668956	2153458	1285746	867712	749763	407789	341974
中山市	**1033216**	**584457**	**448759**	**543133**	**305769**	**237364**	**236339**	**121026**	**115313**
市辖区	1033216	584457	448759	543133	305769	237364	236339	121026	115313
潮州市	**306504**	**164760**	**141744**	**165994**	**91476**	**74518**	**67415**	**34659**	**32756**
湘桥区	134641	69213	65428	92198	49480	42718	41373	21458	19915
潮安区	171863	95547	76316	73796	41996	31800	26042	13201	12841
饶平县									
揭阳市	**488717**	**251629**	**237088**	**287434**	**158006**	**129428**	**88295**	**45955**	**42340**
榕城区	203033	104660	98373	127130	70470	56660	45997	23470	22527
揭东区	98717	51494	47223	67852	37775	30077	15503	8226	7277
揭西县									
惠来县									
普宁市	186967	95475	91492	92452	49761	42691	26795	14259	12536
云浮市	**207368**	**104906**	**102462**	**107815**	**59424**	**48391**	**45974**	**25029**	**20945**
云城区	110688	57927	52761	53971	30344	23627	27025	14485	12540
云安区	8023	4381	3642	4540	2509	2031	643	351	292
新兴县									
郁南县									
罗定市	88657	42598	46059	49304	26571	22733	18306	10193	8113

1-6a　续表 9　　　　单位：人

地　区	大学本科			硕士研究生			博士研究生		
	小计	男	女	小计	男	女	小计	男	女
广　东	**6987644**	**3642775**	**3344869**	**753799**	**404689**	**349110**	**89726**	**57504**	**32222**
广州市	**2004475**	**1003899**	**1000576**	**262013**	**134338**	**127675**	**42784**	**26143**	**16641**
荔湾区	135693	66747	68946	11491	5906	5585	1265	750	515
越秀区	199867	95186	104681	34178	17060	17118	5267	3161	2106
海珠区	257135	123076	134059	35664	17656	18008	7691	4766	2925
天河区	418221	212412	205809	71919	36450	35469	14047	8727	5320
白云区	247958	122747	125211	27104	13408	13696	5111	2838	2273
黄埔区	164981	88333	76648	21501	11534	9967	2175	1436	739
番禺区	324822	166135	158687	43442	23280	20162	6028	3668	2360
花都区	99672	49525	50147	6808	3784	3024	418	280	138
南沙区	45034	24888	20146	4132	2299	1833	387	252	135
从化区	28100	13464	14636	1200	566	634	81	60	21
增城区	82992	41386	41606	4574	2395	2179	314	205	109
韶关市	**84536**	**43584**	**40952**	**4123**	**2282**	**1841**	**445**	**300**	**145**
武江区	30285	15630	14655	2238	1250	988	159	113	46
浈江区	32789	16420	16369	1310	710	600	223	150	73
曲江区	8128	4347	3781	257	151	106	36	24	12
始兴县									
仁化县									
翁源县									
乳源瑶族自治县									
新丰县									
乐昌市	5720	2986	2734	151	84	67	10	3	7
南雄市	7614	4201	3413	167	87	80	17	10	7
深圳市	**2220401**	**1192112**	**1028289**	**328485**	**180218**	**148267**	**28481**	**19497**	**8984**
罗湖区	159202	79660	79542	21523	11140	10383	1730	1124	606
福田区	305546	152902	152644	71905	37386	34519	5544	3779	1765
南山区	429734	227468	202266	101135	56403	44732	11368	7652	3716
宝安区	454037	257202	196835	45547	25987	19560	2791	1990	801
龙岗区	431978	230475	201503	43957	24954	19003	3356	2374	982
盐田区	27929	14339	13590	4138	2090	2048	463	294	169
龙华区	303038	165571	137467	29585	16286	13299	2101	1454	647
坪山区	45672	26921	18751	5241	2940	2301	470	350	120
光明区	63265	37574	25691	5454	3032	2422	658	480	178
珠海市	**279648**	**142076**	**137572**	**28221**	**14394**	**13827**	**3706**	**2199**	**1507**
香洲区	217317	111152	106165	24539	12534	12005	3232	1917	1315
斗门区	18678	9861	8817	1281	660	621	123	71	52
金湾区	43653	21063	22590	2401	1200	1201	351	211	140
汕头市	**114613**	**59389**	**55224**	**5366**	**2928**	**2438**	**756**	**462**	**294**
龙湖区	38366	19878	18488	1767	991	776	192	108	84
金平区	47251	24554	22697	3041	1641	1400	500	317	183
濠江区	3318	1801	1517	91	52	39	10	5	5
潮阳区	11925	6285	5640	133	78	55	19	7	12
潮南区	3855	2004	1851	60	32	28	6	5	1
澄海区	9898	4867	5031	274	134	140	29	20	9
南澳县									
佛山市	**535551**	**277756**	**257795**	**32611**	**17911**	**14700**	**2873**	**1846**	**1027**
禅城区	107492	55490	52002	8217	4376	3841	739	481	258
南海区	204877	105113	99764	10599	5685	4914	967	577	390
顺德区	173960	91082	82878	11669	6665	5004	1000	685	315
三水区	30041	15702	14339	1425	771	654	116	69	47
高明区	19181	10369	8812	701	414	287	51	34	17

1-6a 续表 10

单位：人

地区	大学本科			硕士研究生			博士研究生		
	小计	男	女	小计	男	女	小计	男	女
江门市	**181957**	**95450**	**86507**	**7808**	**4215**	**3593**	**788**	**545**	**243**
蓬江区	77247	41029	36218	4410	2403	2007	534	384	150
江海区	16040	8360	7680	754	414	340	72	48	24
新会区	35471	18107	17364	1331	702	629	93	56	37
台山市	13005	7081	5924	360	179	181	13	7	6
开平市	14274	7338	6936	326	178	148	31	19	12
鹤山市	18952	9654	9298	488	264	224	32	21	11
恩平市	6968	3881	3087	139	75	64	13	10	3
湛江市	**146855**	**75620**	**71235**	**7056**	**3844**	**3212**	**1140**	**742**	**398**
赤坎区	50447	22325	28122	2189	1193	996	430	294	136
霞山区	53866	29180	24686	3677	1938	1739	619	388	231
坡头区	6999	3958	3041	516	310	206	17	10	7
麻章区	6090	4059	2031	197	104	93	19	13	6
遂溪县	275	148	127	6	2	4			
徐闻县									
廉江市	11861	6336	5525	180	104	76	18	16	2
雷州市	6230	3598	2632	96	59	37	14	10	4
吴川市	11087	6016	5071	195	134	61	23	11	12
茂名市	**107446**	**58925**	**48521**	**3069**	**1732**	**1337**	**417**	**284**	**133**
茂南区	53479	29488	23991	2249	1245	1004	326	223	103
电白区	9406	5027	4379	194	115	79	23	14	9
高州市	16868	9472	7396	271	169	102	28	20	8
化州市	14117	7621	6496	200	114	86	23	16	7
信宜市	13576	7317	6259	155	89	66	17	11	6
肇庆市	**100958**	**50668**	**50290**	**2848**	**1552**	**1296**	**229**	**156**	**73**
端州区	64527	31600	32927	2018	1104	914	174	117	57
鼎湖区	9904	4721	5183	179	89	90	14	10	4
高要区	11691	5966	5725	56	32	24	4	4	
广宁县									
怀集县									
封开县									
德庆县									
四会市	14836	8381	6455	595	327	268	37	25	12
惠州市	**195809**	**105969**	**89840**	**12159**	**6976**	**5183**	**1206**	**768**	**438**
惠城区	145279	77541	67738	9430	5456	3974	930	595	335
惠阳区	50151	28240	21911	2724	1515	1209	275	172	103
博罗县	379	188	191	5	5		1	1	
惠东县									
龙门县									
梅州市	**73877**	**37238**	**36639**	**2607**	**1497**	**1110**	**313**	**213**	**100**
梅江区	46819	22767	24052	1912	1121	791	237	167	70
梅县区	12427	6450	5977	384	210	174	24	18	6
大埔县									
丰顺县									
五华县	141	71	70	5	2	3			
平远县									
蕉岭县									
兴宁市	14490	7950	6540	306	164	142	52	28	24

1-6a 续表 11

单位：人

地区	大学本科			硕士研究生			博士研究生		
	小计	男	女	小计	男	女	小计	男	女
汕尾市	**15293**	**9063**	**6230**	**531**	**329**	**202**	**50**	**36**	**14**
城 区	10530	6160	4370	459	279	180	42	30	12
海丰县									
陆河县									
陆丰市	4763	2903	1860	72	50	22	8	6	2
河源市	**36794**	**19336**	**17458**	**1837**	**1068**	**769**	**111**	**72**	**39**
源城区	36794	19336	17458	1837	1068	769	111	72	39
紫金县									
龙川县									
连平县									
和平县									
东源县									
阳江市	**47546**	**25475**	**22071**	**1602**	**882**	**720**	**156**	**83**	**73**
江城区	28494	15226	13268	1133	623	510	116	60	56
阳东区	6692	3599	3093	171	95	76	26	14	12
阳西县									
阳春市	12360	6650	5710	298	164	134	14	9	5
清远市	**75402**	**38453**	**36949**	**3388**	**1939**	**1449**	**280**	**182**	**98**
清城区	47994	24674	23320	2753	1598	1155	225	150	75
清新区	7686	3838	3848	186	98	88	15	9	6
佛冈县									
阳山县									
连山壮族瑶族自治县									
连南瑶族自治县									
英德市	14021	7059	6962	341	183	158	28	17	11
连州市	5701	2882	2819	108	60	48	12	6	6
东莞市	**505101**	**273547**	**231554**	**36312**	**21227**	**15085**	**4906**	**3277**	**1629**
市辖区	505101	273547	231554	36312	21227	15085	4906	3277	1629
中山市	**164272**	**83520**	**80752**	**11006**	**5776**	**5230**	**761**	**487**	**274**
市辖区	164272	83520	80752	11006	5776	5230	761	487	274
潮州市	**40308**	**20303**	**20005**	**1436**	**779**	**657**	**210**	**140**	**70**
湘桥区	25633	13126	12507	1045	564	481	159	105	54
潮安区	14675	7177	7498	391	215	176	51	35	16
饶平县									
揭阳市	**31601**	**16843**	**14758**	**424**	**266**	**158**	**64**	**42**	**22**
榕城区	18906	10084	8822	202	129	73	28	23	5
揭东区	4411	2270	2141	78	49	29	11	8	3
揭西县									
惠来县									
普宁市	8284	4489	3795	144	88	56	25	11	14
云浮市	**25201**	**13549**	**11652**	**897**	**536**	**361**	**50**	**30**	**20**
云城区	17315	9272	8043	716	434	282	39	23	16
云安区	253	140	113	6	1	5			
新兴县									
郁南县									
罗定市	7633	4137	3496	175	101	74	11	7	4

1-6b 各地区分性别、受教育程度的3岁及以上人口(镇)

单位：人

地　区	3岁及以上人口			未上过学		
	合计	男	女	小计	男	女
广　东	**16396458**	**8543077**	**7853381**	**495972**	**169993**	**325979**
广州市	**1176057**	**634734**	**541323**	**15702**	**5648**	**10054**
荔湾区						
越秀区						
海珠区						
天河区						
白云区	258538	140497	118041	1978	697	1281
黄埔区	36694	18379	18315	545	197	348
番禺区	64287	35903	28384	1047	351	696
花都区	97706	51828	45878	1438	569	869
南沙区	152915	83902	69013	3453	872	2581
从化区	97420	56148	41272	741	292	449
增城区	468497	248077	220420	6500	2670	3830
韶关市	**658106**	**326158**	**331948**	**21617**	**4648**	**16969**
武江区	2704	1366	1338	123	24	99
浈江区	32849	19074	13775	817	247	570
曲江区	27341	14317	13024	1174	269	905
始兴县	78511	37270	41241	2102	367	1735
仁化县	73830	36213	37617	2369	526	1843
翁源县	109872	52795	57077	2738	687	2051
乳源瑶族自治县	83092	41104	41988	2592	566	2026
新丰县	98847	49108	49739	1488	429	1059
乐昌市	93218	46146	47072	5288	1054	4234
南雄市	57842	28765	29077	2926	479	2447
深圳市	**6169**	**4526**	**1643**	**63**	**19**	**44**
罗湖区						
福田区						
南山区	4023	3501	522	44	15	29
宝安区						
龙岗区						
盐田区						
龙华区						
坪山区	2146	1025	1121	19	4	15
光明区						
珠海市	**299376**	**178064**	**121312**	**5938**	**2202**	**3736**
香洲区	51192	35933	15259	929	445	484
斗门区	143753	79163	64590	2795	999	1796
金湾区	104431	62968	41463	2214	758	1456
汕头市	**1304952**	**663365**	**641587**	**62613**	**21928**	**40685**
龙湖区						
金平区						
濠江区	5257	2665	2592	554	145	409
潮阳区	593705	303360	290345	27802	10709	17093
潮南区	297355	150492	146863	18853	7084	11769
澄海区	359132	182186	176946	11409	3077	8332
南澳县	49503	24662	24841	3995	913	3082
佛山市	**487524**	**278252**	**209272**	**8776**	**2942**	**5834**
禅城区	207127	114891	92236	3813	1244	2569
南海区	50662	28886	21776	718	213	505
顺德区						
三水区	204166	119686	84480	3762	1292	2470
高明区	25569	14789	10780	483	193	290

1-6b 续表 1

单位：人

地 区	3岁及以上人口			未上过学		
	合计	男	女	小计	男	女
江门市	**412011**	**221031**	**190980**	**7329**	**2492**	**4837**
蓬江区						
江海区						
新会区	118709	62827	55882	2203	616	1587
台山市	74350	38433	35917	1756	598	1158
开平市	89885	47649	42236	1462	504	958
鹤山市	75467	43557	31910	771	309	462
恩平市	53600	28565	25035	1137	465	672
湛江市	**1130297**	**583368**	**546929**	**36061**	**13096**	**22965**
赤坎区						
霞山区	4093	2122	1971	92	20	72
坡头区	73215	37520	35695	2994	1094	1900
麻章区	105374	53806	51568	2855	1181	1674
遂溪县	255662	130973	124689	7414	2791	4623
徐闻县	227225	116974	110251	6006	2088	3918
廉江市	181537	95205	86332	5758	2089	3669
雷州市	156610	82086	74524	6458	2440	4018
吴川市	126581	64682	61899	4484	1393	3091
茂名市	**829988**	**432712**	**397276**	**28555**	**9846**	**18709**
茂南区	41839	22027	19812	832	305	527
电白区	349174	181920	167254	16616	5214	11402
高州市	165076	86640	78436	5317	1943	3374
化州市	179420	94093	85327	3487	1554	1933
信宜市	94479	48032	46447	2303	830	1473
肇庆市	**814759**	**425394**	**389365**	**19030**	**6596**	**12434**
端州区						
鼎湖区	35104	19632	15472	697	213	484
高要区	157655	85877	71778	3978	1367	2611
广宁县	158543	79014	79529	3162	1230	1932
怀集县	212770	110547	102223	5384	1914	3470
封开县	119763	61496	58267	3404	997	2407
德庆县	96658	49349	47309	1850	659	1191
四会市	34266	19479	14787	555	216	339
惠州市	**1670158**	**882813**	**787345**	**35292**	**13808**	**21484**
惠城区	127620	69468	58152	2316	955	1361
惠阳区	117119	64785	52334	1858	788	1070
博罗县	667438	355225	312213	10954	4333	6621
惠东县	617236	322935	294301	17706	6893	10813
龙门县	140745	70400	70345	2458	839	1619
梅州市	**1004677**	**502779**	**501898**	**23890**	**8917**	**14973**
梅江区	6175	3131	3044	170	72	98
梅县区	42655	22173	20482	968	417	551
大埔县	149229	73071	76158	2953	962	1991
丰顺县	244654	125105	119549	5945	2462	3483
五华县	302951	151951	151000	7741	3283	4458
平远县	92018	44938	47080	2773	619	2154
蕉岭县	98275	47666	50609	1429	416	1013
兴宁市	68720	34744	33976	1911	686	1225

1-6b 续表 2

单位：人

地　区	3岁及以上人口			未上过学		
	合计	男	女	小计	男	女
汕尾市	**991622**	**510637**	**480985**	**49392**	**16714**	**32678**
城　区	39952	21015	18937	1662	493	1169
海丰县	516328	267965	248363	16960	6422	10538
陆河县	127275	64491	62784	4168	1686	2482
陆丰市	308067	157166	150901	26602	8113	18489
河源市	**717316**	**354740**	**362576**	**15658**	**5769**	**9889**
源城区	30948	16584	14364	314	128	186
紫金县	198973	99141	99832	5396	1996	3400
龙川县	190491	91587	98904	3244	1301	1943
连平县	101935	50452	51483	3270	956	2314
和平县	110921	53890	57031	1952	798	1154
东源县	84048	43086	40962	1482	590	892
阳江市	**389416**	**203917**	**185499**	**12579**	**4213**	**8366**
江城区	51692	26865	24827	2440	807	1633
阳东区	60897	34257	26640	2013	721	1292
阳西县	182316	94237	88079	5446	1780	3666
阳春市	94511	48558	45953	2680	905	1775
清远市	**886171**	**453947**	**432224**	**27983**	**8427**	**19556**
清城区	256601	137926	118675	5688	1797	3891
清新区	38831	20329	18502	1584	486	1098
佛冈县	131051	65825	65226	1826	714	1112
阳山县	146657	72011	74646	6441	1981	4460
连山壮族瑶族自治县	37107	18423	18684	709	236	473
连南瑶族自治县	58588	28972	29616	1757	582	1175
英德市	184105	93628	90477	8594	2249	6345
连州市	33231	16833	16398	1384	382	1002
东莞市	**85837**	**48607**	**37230**	**792**	**293**	**499**
市辖区	85837	48607	37230	792	293	499
中山市	**1064227**	**582871**	**481356**	**15871**	**5469**	**10402**
市辖区	1064227	582871	481356	15871	5469	10402
潮州市	**691584**	**349554**	**342030**	**33454**	**9052**	**24402**
湘桥区	76507	37071	39436	1806	570	1236
潮安区	232741	119313	113428	8997	2761	6236
饶平县	382336	193170	189166	22651	5721	16930
揭阳市	**1324924**	**678088**	**646836**	**65442**	**24377**	**41065**
榕城区	86357	44341	42016	3307	1400	1907
揭东区	196931	103276	93655	8228	3542	4686
揭西县	200455	102460	97995	5584	2412	3172
惠来县	416390	211016	205374	31660	9824	21836
普宁市	424791	216995	207796	16663	7199	9464
云浮市	**451287**	**227520**	**223767**	**9935**	**3537**	**6398**
云城区						
云安区	45605	23934	21671	2019	566	1453
新兴县	178728	89199	89529	2401	946	1455
郁南县	153887	77381	76506	3580	1228	2352
罗定市	73067	37006	36061	1935	797	1138

1-6b　续表 3　　　　单位：人

地　区	学前教育			小　学		
	小计	男	女	小计	男	女
广　东	**795552**	**421810**	**373742**	**4273056**	**2000052**	**2273004**
广州市	**46172**	**24458**	**21714**	**199831**	**95328**	**104503**
荔湾区						
越秀区						
海珠区						
天河区						
白云区	6765	3641	3124	29153	13686	15467
黄埔区	3050	1657	1393	6667	3046	3621
番禺区	1774	897	877	10975	5422	5553
花都区	3973	2111	1862	14387	6796	7591
南沙区	5268	2727	2541	33696	15862	17834
从化区	3208	1638	1570	11248	5577	5671
增城区	22134	11787	10347	93705	44939	48766
韶关市	**34215**	**18328**	**15887**	**175735**	**75896**	**99839**
武江区	127	60	67	764	336	428
浈江区	870	458	412	8039	3959	4080
曲江区	1129	599	530	7312	3227	4085
始兴县	4387	2351	2036	18844	7485	11359
仁化县	3682	1923	1759	17514	7599	9915
翁源县	6610	3533	3077	26739	11447	15292
乳源瑶族自治县	4330	2355	1975	22534	9815	12719
新丰县	5136	2793	2343	21955	9655	12300
乐昌市	4797	2563	2234	30226	13757	16469
南雄市	3147	1693	1454	21808	8616	13192
深圳市	**133**	**66**	**67**	**722**	**400**	**322**
罗湖区						
福田区						
南山区	2	1	1	392	253	139
宝安区						
龙岗区						
盐田区						
龙华区						
坪山区	131	65	66	330	147	183
光明区						
珠海市	**10425**	**5611**	**4814**	**55733**	**28817**	**26916**
香洲区	1035	579	456	8331	5442	2889
斗门区	5959	3187	2772	27560	13383	14177
金湾区	3431	1845	1586	19842	9992	9850
汕头市	**61430**	**31843**	**29587**	**404278**	**188629**	**215649**
龙湖区						
金平区						
濠江区	263	136	127	1712	850	862
潮阳区	30699	15970	14729	165340	78015	87325
潮南区	13504	6980	6524	104592	49587	55005
澄海区	14995	7792	7203	117067	52835	64232
南澳县	1969	965	1004	15567	7342	8225
佛山市	**18623**	**9921**	**8702**	**97836**	**49169**	**48667**
禅城区	9539	5070	4469	40704	20511	20193
南海区	1701	864	837	10104	5175	4929
顺德区						
三水区	6532	3523	3009	40664	20340	20324
高明区	851	464	387	6364	3143	3221

1—6b 续表 4

单位：人

地 区	学前教育			小 学		
	小计	男	女	小计	男	女
江门市	**15566**	**8193**	**7373**	**107048**	**50723**	**56325**
蓬江区						
江海区						
新会区	4638	2413	2225	35013	16298	18715
台山市	2318	1184	1134	21154	9856	11298
开平市	4084	2178	1906	24173	11378	12795
鹤山市	2666	1434	1232	15013	7689	7324
恩平市	1860	984	876	11695	5502	6193
湛江市	**68037**	**36350**	**31687**	**280281**	**132923**	**147358**
赤坎区						
霞山区	281	166	115	966	463	503
坡头区	5829	3090	2739	20805	9939	10866
麻章区	3196	1673	1523	16991	8160	8831
遂溪县	15494	8290	7204	57945	28188	29757
徐闻县	13832	7441	6391	60084	28166	31918
廉江市	10574	5661	4913	44642	21086	23556
雷州市	10106	5408	4698	44518	20893	23625
吴川市	8725	4621	4104	34330	16028	18302
茂名市	**52219**	**28104**	**24115**	**241816**	**117284**	**124532**
茂南区	2523	1351	1172	12350	5915	6435
电白区	22192	11840	10352	104573	51451	53122
高州市	9520	5121	4399	47478	22562	24916
化州市	11259	6220	5039	47591	23694	23897
信宜市	6725	3572	3153	29824	13662	16162
肇庆市	**40783**	**22276**	**18507**	**199000**	**91629**	**107371**
端州区						
鼎湖区	1316	767	549	9039	4295	4744
高要区	6711	3611	3100	41882	19905	21977
广宁县	8853	4807	4046	40125	17826	22299
怀集县	12123	6811	5312	51415	24057	27358
封开县	5920	3127	2793	29959	13180	16779
德庆县	4582	2441	2141	19970	9176	10794
四会市	1278	712	566	6610	3190	3420
惠州市	**72151**	**38484**	**33667**	**403969**	**195412**	**208557**
惠城区	5030	2656	2374	25080	12342	12738
惠阳区	4443	2328	2115	25025	12283	12742
博罗县	27652	14931	12721	143305	69114	74191
惠东县	28064	14910	13154	177889	86609	91280
龙门县	6962	3659	3303	32670	15064	17606
梅州市	**50759**	**26814**	**23945**	**242246**	**108110**	**134136**
梅江区	224	101	123	1360	578	782
梅县区	1527	791	736	8463	3830	4633
大埔县	7882	4100	3782	37810	16335	21475
丰顺县	10557	5489	5068	67821	31553	36268
五华县	18070	9731	8339	71871	32472	39399
平远县	4423	2264	2159	20075	7982	12093
蕉岭县	4788	2614	2174	18570	7995	10575
兴宁市	3288	1724	1564	16276	7365	8911

1-6b　续表 5

单位：人

地　区	学前教育			小　学		
	小计	男	女	小计	男	女
汕尾市	**50643**	**26726**	**23917**	**339906**	**158932**	**180974**
城　区	1971	1061	910	12024	5788	6236
海丰县	28362	15045	13317	167495	77876	89619
陆河县	5722	3002	2720	37984	17767	20217
陆丰市	14588	7618	6970	122403	57501	64902
河源市	**36364**	**19429**	**16935**	**172425**	**77908**	**94517**
源城区	790	430	360	4368	1952	2416
紫金县	10246	5534	4712	46759	21447	25312
龙川县	10325	5498	4827	47845	21449	26396
连平县	5261	2773	2488	27474	12135	15339
和平县	5977	3209	2768	26790	11999	14791
东源县	3765	1985	1780	19189	8926	10263
阳江市	**20221**	**10719**	**9502**	**115896**	**54866**	**61030**
江城区	1923	1011	912	14391	6918	7473
阳东区	2603	1376	1227	19358	10092	9266
阳西县	9460	5014	4446	51467	24283	27184
阳春市	6235	3318	2917	30680	13573	17107
清远市	**48900**	**26538**	**22362**	**262436**	**122991**	**139445**
清城区	12808	7034	5774	74676	35744	38932
清新区	1764	968	796	13555	6566	6989
佛冈县	7032	3883	3149	30458	14277	16181
阳山县	9424	5101	4323	41695	19314	22381
连山壮族瑶族自治县	2043	1095	948	8748	3875	4873
连南瑶族自治县	3103	1681	1422	17081	7984	9097
英德市	10880	5789	5091	64381	29651	34730
连州市	1846	987	859	11842	5580	6262
东莞市	**1947**	**1063**	**884**	**13867**	**6820**	**7047**
市辖区	1947	1063	884	13867	6820	7047
中山市	**43221**	**22997**	**20224**	**215936**	**103550**	**112386**
市辖区	43221	22997	20224	215936	103550	112386
潮州市	**29988**	**15042**	**14946**	**217728**	**95824**	**121904**
湘桥区	2854	1465	1389	19737	7975	11762
潮安区	10989	5630	5359	80421	35509	44912
饶平县	16145	7947	8198	117570	52340	65230
揭阳市	**68080**	**35091**	**32989**	**413842**	**193446**	**220396**
榕城区	3745	1959	1786	29016	13098	15918
揭东区	9155	4688	4467	61953	29910	32043
揭西县	8471	4471	4000	50905	24402	26503
惠来县	24494	12492	12002	141013	64441	76572
普宁市	22215	11481	10734	130955	61595	69360
云浮市	**25675**	**13757**	**11918**	**112525**	**51395**	**61130**
云城区						
云安区	2713	1446	1267	13365	6201	7164
新兴县	9280	5025	4255	38040	17385	20655
郁南县	8923	4766	4157	39674	18132	21542
罗定市	4759	2520	2239	21446	9677	11769

1-6b 续表 6

单位：人

地区	初中			高中			大学专科		
	小计	男	女	小计	男	女	小计	男	女
广 东	**6379030**	**3435115**	**2943915**	**2763036**	**1599125**	**1163911**	**1046919**	**576116**	**470803**
广州市	**379215**	**213523**	**165692**	**216298**	**125790**	**90508**	**178490**	**96360**	**82130**
荔湾区									
越秀区									
海珠区									
天河区									
白云区	73198	41383	31815	51695	30590	21105	53609	29826	23783
黄埔区	6400	3369	3031	4628	2358	2270	5196	2381	2815
番禺区	21034	12170	8864	16637	10387	6250	6194	3467	2727
花都区	33782	18914	14868	16974	9478	7496	8956	4524	4432
南沙区	61843	36190	25653	28494	17440	11054	13363	7168	6195
从化区	24138	13400	10738	13690	8336	5354	27450	16730	10720
增城区	158820	88097	70723	84180	47201	36979	63722	32264	31458
韶关市	**223402**	**114521**	**108881**	**120481**	**67575**	**52906**	**51736**	**28748**	**22988**
武江区	1110	599	511	337	201	136	157	88	69
浈江区	11235	6923	4312	7610	4697	2913	3584	2375	1209
曲江区	11473	6440	5033	3970	2409	1561	1505	914	591
始兴县	25206	11831	13375	16170	8853	7317	7048	3830	3218
仁化县	22513	11221	11292	14859	8001	6858	7333	3979	3354
翁源县	39681	18629	21052	19844	10927	8917	8330	4616	3714
乳源瑶族自治县	22861	11813	11048	16693	9081	7612	8465	4469	3996
新丰县	36582	18022	18560	21331	11590	9741	8182	4415	3767
乐昌市	33082	17347	15735	12750	7427	5323	4678	2693	1985
南雄市	19659	11696	7963	6917	4389	2528	2454	1369	1085
深圳市	**2511**	**2125**	**386**	**1252**	**1026**	**226**	**727**	**464**	**263**
罗湖区									
福田区									
南山区	2235	1980	255	940	885	55	312	285	27
宝安区									
龙岗区									
盐田区									
龙华区									
坪山区	276	145	131	312	141	171	415	179	236
光明区									
珠海市	**116630**	**72161**	**44469**	**65358**	**42221**	**23137**	**27524**	**16429**	**11095**
香洲区	19839	15036	4803	10040	7393	2647	5723	3776	1947
斗门区	52409	29600	22809	33637	20261	13376	12807	6849	5958
金湾区	44382	27525	16857	21681	14567	7114	8994	5804	3190
汕头市	**504018**	**264394**	**239624**	**207689**	**121456**	**86233**	**45476**	**24964**	**20512**
龙湖区									
金平区									
濠江区	1287	753	534	923	497	426	422	235	187
潮阳区	244158	124581	119577	100890	59794	41096	18187	10496	7691
潮南区	115463	60660	54803	37721	22165	15556	4839	2728	2111
澄海区	129565	71031	58534	59995	34375	25620	17267	8834	8433
南澳县	13545	7369	6176	8160	4625	3535	4761	2671	2090
佛山市	**216038**	**130420**	**85618**	**86089**	**52875**	**33214**	**41939**	**23090**	**18849**
禅城区	82225	48545	33680	38576	22492	16084	21651	11379	10272
南海区	25057	15270	9787	8453	5008	3445	3209	1673	1536
顺德区									
三水区	96712	59203	37509	35098	22921	12177	15795	9254	6541
高明区	12044	7402	4642	3962	2454	1508	1284	784	500

1-6b　续表 7　　　　单位：人

地　区	初中			高中			大学专科		
	小计	男	女	小计	男	女	小计	男	女
江门市	**173787**	**95654**	**78133**	**78846**	**47847**	**30999**	**19511**	**10645**	**8866**
蓬江区									
江海区									
新会区	41715	23056	18659	26361	15702	10659	6313	3409	2904
台山市	30522	15956	14566	14137	8395	5742	2942	1589	1353
开平市	39573	21676	17897	15213	9117	6096	3468	1775	1693
鹤山市	35513	20944	14569	14831	9391	5440	4209	2392	1817
恩平市	26464	14022	12442	8304	5242	3062	2579	1480	1099
湛江市	**429744**	**223101**	**206643**	**182766**	**107125**	**75641**	**70374**	**38614**	**31760**
赤坎区									
霞山区	1697	843	854	860	524	336	142	79	63
坡头区	28999	14922	14077	10209	6078	4131	3003	1640	1363
麻章区	24302	13705	10597	14601	9011	5590	8294	3546	4748
遂溪县	96736	49205	47531	52295	29085	23210	18088	9237	8851
徐闻县	80620	41442	39178	38916	21858	17058	19043	10981	8062
廉江市	78691	41158	37533	28151	17082	11069	9751	5939	3812
雷州市	63495	33404	30091	21471	13536	7935	6961	4260	2701
吴川市	55204	28422	26782	16263	9951	6312	5092	2932	2160
茂名市	**310297**	**163317**	**146980**	**131581**	**77393**	**54188**	**41893**	**24195**	**17698**
茂南区	18165	9728	8437	6036	3693	2343	1365	740	625
电白区	122104	65802	56302	53633	30968	22665	19744	11212	8532
高州市	60125	31647	28478	28924	17231	11693	8491	5150	3341
化州市	73418	37368	36050	31070	18252	12818	7740	4482	3258
信宜市	36485	18772	17713	11918	7249	4669	4553	2611	1942
肇庆市	**337310**	**181066**	**156244**	**144219**	**82394**	**61825**	**48173**	**27153**	**21020**
端州区									
鼎湖区	17373	10192	7181	4958	3173	1785	1332	764	568
高要区	74534	42632	31902	23476	14251	9225	5077	2952	2125
广宁县	67234	33675	33559	26015	14397	11618	8470	4592	3878
怀集县	83435	44399	39036	39134	21551	17583	13197	7491	5706
封开县	43665	23036	20629	22923	13144	9779	9082	5312	3770
德庆县	33827	16755	17072	22173	12535	9638	9127	5029	4098
四会市	17242	10377	6865	5540	3343	2197	1888	1013	875
惠州市	**715213**	**388791**	**326422**	**270782**	**153608**	**117174**	**108464**	**58675**	**49789**
惠城区	49939	28053	21886	23973	14186	9787	15195	8044	7151
惠阳区	63270	36133	27137	14940	9064	5876	5254	2945	2309
博罗县	292315	159318	132997	117809	67067	50742	45838	24676	21162
惠东县	258648	139594	119054	85971	48288	37683	30150	16648	13502
龙门县	51041	25693	25348	28089	15003	13086	12027	6362	5665
梅州市	**406404**	**203220**	**203184**	**188242**	**105310**	**82932**	**56407**	**30731**	**25676**
梅江区	2943	1532	1411	1111	650	461	254	132	122
梅县区	21295	10971	10324	7817	4724	3093	1739	992	747
大埔县	58056	28461	29595	28711	15798	12913	8436	4544	3892
丰顺县	99730	52383	47347	40130	22463	17667	12624	6763	5861
五华县	122475	60589	61886	57266	31819	25447	14946	8223	6723
平远县	33863	16591	17272	18241	10412	7829	7708	4325	3383
蕉岭县	34429	16039	18390	24479	12997	11482	8441	4410	4031
兴宁市	33613	16654	16959	10487	6447	4040	2259	1342	917

1-6b 续表 8 单位：人

地区	初中			高中			大学专科		
	小计	男	女	小计	男	女	小计	男	女
汕尾市	**361798**	**197344**	**164454**	**129612**	**75922**	**53690**	**39242**	**23020**	**16222**
城　区	12165	6766	5399	5797	3322	2475	3073	1712	1361
海丰县	198182	106389	91793	72535	42906	29629	21684	12842	8842
陆河县	48608	25450	23158	20072	10736	9336	7303	4051	3252
陆丰市	102843	58739	44104	31208	18958	12250	7182	4415	2767
河源市	**287354**	**140645**	**146709**	**132612**	**71834**	**60778**	**48620**	**26371**	**22249**
源城区	16461	8436	8025	6279	3915	2364	2050	1293	757
紫金县	81016	40295	40721	36816	19655	17161	12401	6772	5629
龙川县	71381	32612	38769	35910	18908	17002	13889	7693	6196
连平县	39186	19882	19304	16600	9344	7256	7299	3903	3396
和平县	40182	19088	21094	23053	12107	10946	8726	4531	4195
东源县	39128	20332	18796	13954	7905	6049	4255	2179	2076
阳江市	**141129**	**75631**	**65498**	**64819**	**38408**	**26411**	**24622**	**14294**	**10328**
江城区	18325	9738	8587	9966	5760	4206	3657	2077	1580
阳东区	22728	13252	9476	9900	6096	3804	3113	1960	1153
阳西县	62634	32939	29695	33304	19063	14241	13431	7534	5897
阳春市	37442	19702	17740	11649	7489	4160	4421	2723	1698
清远市	**344561**	**185534**	**159027**	**121211**	**68065**	**53146**	**51452**	**27000**	**24452**
清城区	113860	65518	48342	30939	18242	12697	12151	6231	5920
清新区	15747	8726	7021	3662	2205	1457	1334	706	628
佛冈县	49281	24211	25070	24433	13329	11104	11467	6096	5371
阳山县	50457	25471	24986	23047	11977	11070	10709	5574	5135
连山壮族瑶族自治县	12320	6153	6167	6961	3757	3204	3628	1948	1680
连南瑶族自治县	20110	10185	9925	8907	4635	4272	4567	2374	2193
英德市	68879	37741	31138	20241	12196	8045	6803	3683	3120
连州市	13907	7529	6378	3021	1724	1297	793	388	405
东莞市	**43913**	**25381**	**18532**	**17895**	**10818**	**7077**	**5112**	**2953**	**2159**
市辖区	43913	25381	18532	17895	10818	7077	5112	2953	2159
中山市	**446752**	**258368**	**188384**	**215444**	**125144**	**90300**	**79498**	**41992**	**37506**
市辖区	446752	258368	188384	215444	125144	90300	79498	41992	37506
潮州市	**243596**	**134599**	**108997**	**113134**	**66879**	**46255**	**32675**	**18477**	**14198**
湘桥区	27450	14805	12645	12694	7377	5317	2874	1451	1423
潮安区	88313	49519	38794	31871	19386	12485	8617	4686	3931
饶平县	127833	70275	57558	68569	40116	28453	21184	12340	8844
揭阳市	**515716**	**273262**	**242454**	**198452**	**115629**	**82823**	**46497**	**26732**	**19765**
榕城区	28900	15257	13643	16177	9721	6456	4266	2370	1896
揭东区	73987	40002	33985	34072	19724	14348	7184	4069	3115
揭西县	87102	44729	42373	34503	19059	15444	10561	5639	4922
惠来县	147146	79567	67579	51232	31841	19391	15132	9402	5730
普宁市	178581	93707	84874	62468	35284	27184	9354	5252	4102
云浮市	**179642**	**92058**	**87584**	**76254**	**41806**	**34448**	**28487**	**15209**	**13278**
云城区									
云安区	17909	10099	7810	4441	2855	1586	1706	991	715
新兴县	67312	33820	33492	37381	19484	17897	14794	7696	7098
郁南县	61025	30884	30141	27610	15252	12358	9050	4920	4130
罗定市	33396	17255	16141	6822	4215	2607	2937	1602	1335

1-6b 续表 9

单位：人

地 区	大学本科			硕士研究生			博士研究生		
	小计	男	女	小计	男	女	小计	男	女
广 东	**621441**	**329064**	**292377**	**19438**	**10472**	**8966**	**2014**	**1330**	**684**
广州市	**133333**	**69964**	**63369**	**6370**	**3238**	**3132**	**646**	**425**	**221**
荔湾区									
越秀区									
海珠区									
天河区									
白云区	41258	20271	20987	815	351	464	67	52	15
黄埔区	9030	4714	4316	1072	591	481	106	66	40
番禺区	5753	2818	2935	762	328	434	111	63	48
花都区	17544	9124	8420	606	284	322	46	28	18
南沙区	6585	3519	3066	191	107	84	22	17	5
从化区	16367	9878	6489	536	265	271	42	32	10
增城区	36796	19640	17156	2388	1312	1076	252	167	85
韶关市	**30170**	**16035**	**14135**	**688**	**366**	**322**	**62**	**41**	**21**
武江区	83	57	26	3	1	2			
浈江区	666	399	267	24	13	11	4	3	1
曲江区	746	440	306	31	18	13	1	1	
始兴县	4639	2502	2137	104	44	60	11	7	4
仁化县	5438	2885	2553	114	73	41	8	6	2
翁源县	5827	2908	2919	94	43	51	9	5	4
乳源瑶族自治县	5440	2898	2542	166	101	65	11	6	5
新丰县	4079	2159	1920	85	39	46	9	6	3
乐昌市	2340	1277	1063	49	22	27	8	6	2
南雄市	912	510	402	18	12	6	1	1	
深圳市	**654**	**365**	**289**	**94**	**53**	**41**	**13**	**8**	**5**
罗湖区									
福田区									
南山区	93	78	15	5	4	1			
宝安区									
龙岗区									
盐田区									
龙华区									
坪山区	561	287	274	89	49	40	13	8	5
光明区									
珠海市	**16507**	**9890**	**6617**	**1121**	**633**	**488**	**140**	**100**	**40**
香洲区	4766	2972	1794	447	233	214	82	57	25
斗门区	8059	4589	3470	489	270	219	38	25	13
金湾区	3682	2329	1353	185	130	55	20	18	2
汕头市	**19004**	**9907**	**9097**	**396**	**212**	**184**	**48**	**32**	**16**
龙湖区									
金平区									
濠江区	92	47	45	4	2	2			
潮阳区	6526	3732	2794	94	58	36	9	5	4
潮南区	2328	1262	1066	52	24	28	3	2	1
澄海区	8575	4104	4471	227	116	111	32	22	10
南澳县	1483	762	721	19	12	7	4	3	1
佛山市	**17482**	**9429**	**8053**	**690**	**368**	**322**	**51**	**38**	**13**
禅城区	10222	5440	4782	376	195	181	21	15	6
南海区	1340	648	692	77	34	43	3	1	2
顺德区									
三水区	5353	3000	2353	225	132	93	25	21	4
高明区	567	341	226	12	7	5	2	1	1

1-6b 续表 10

单位：人

地区	大学本科			硕士研究生			博士研究生		
	小计	男	女	小计	男	女	小计	男	女
江门市	**9699**	**5334**	**4365**	**200**	**127**	**73**	**25**	**16**	**9**
蓬江区									
江海区									
新会区	2409	1296	1113	53	35	18	4	2	2
台山市	1494	839	655	25	15	10	2	1	1
开平市	1880	1003	877	27	14	13	5	4	1
鹤山市	2415	1365	1050	41	28	13	8	5	3
恩平市	1501	831	670	54	35	19	6	4	2
湛江市	**61772**	**31469**	**30303**	**1128**	**600**	**528**	**134**	**90**	**44**
赤坎区									
霞山区	54	26	28	1	1				
坡头区	1343	736	607	30	19	11	3	2	1
麻章区	34403	16143	18260	651	332	319	81	55	26
遂溪县	7512	4085	3427	167	87	80	11	5	6
徐闻县	8582	4908	3674	116	73	43	26	17	9
廉江市	3881	2140	1741	86	48	38	3	2	1
雷州市	3558	2122	1436	39	20	19	4	3	1
吴川市	2439	1309	1130	38	20	18	6	6	
茂名市	**23182**	**12306**	**10876**	**398**	**232**	**166**	**47**	**35**	**12**
茂南区	551	287	264	15	6	9	2	2	
电白区	10041	5275	4766	250	143	107	21	15	6
高州市	5158	2940	2218	49	37	12	14	9	5
化州市	4785	2482	2303	61	33	28	9	8	1
信宜市	2647	1322	1325	23	13	10	1	1	
肇庆市	**25693**	**13981**	**11712**	**497**	**270**	**227**	**54**	**29**	**25**
端州区									
鼎湖区	377	219	158	7	6	1	5	3	2
高要区	1954	1133	821	36	21	15	7	5	2
广宁县	4578	2430	2148	93	53	40	13	4	9
怀集县	7947	4246	3701	124	71	53	11	7	4
封开县	4715	2653	2062	89	42	47	6	5	1
德庆县	5016	2693	2323	107	59	48	6	2	4
四会市	1106	607	499	41	18	23	6	3	3
惠州市	**62013**	**32796**	**29217**	**2110**	**1142**	**968**	**164**	**97**	**67**
惠城区	5738	3041	2697	306	164	142	43	27	16
惠阳区	2266	1214	1052	58	28	30	5	2	3
博罗县	28567	15216	13351	917	524	393	81	46	35
惠东县	18126	9631	8495	656	345	311	26	17	9
龙门县	7316	3694	3622	173	81	92	9	5	4
梅州市	**36109**	**19311**	**16798**	**566**	**332**	**234**	**54**	**34**	**20**
梅江区	109	64	45	4	2	2			
梅县区	838	443	395	4	2	2	4	3	1
大埔县	5305	2832	2473	69	36	33	7	3	4
丰顺县	7714	3914	3800	118	69	49	15	9	6
五华县	10434	5749	4685	136	79	57	12	6	6
平远县	4864	2695	2169	68	47	21	3	3	
蕉岭县	5978	3099	2879	150	88	62	11	8	3
兴宁市	867	515	352	17	9	8	2	2	

1-6b　续表 11

单位：人

地　区	大学本科			硕士研究生			博士研究生		
	小计	男	女	小计	男	女	小计	男	女
汕尾市	**20284**	**11549**	**8735**	**685**	**386**	**299**	**60**	**44**	**16**
城　区	3103	1770	1333	147	95	52	10	8	2
海丰县	10621	6213	4408	449	242	207	40	30	10
陆河县	3378	1777	1601	39	22	17	1		1
陆丰市	3182	1789	1393	50	27	23	9	6	3
河源市	**23856**	**12537**	**11319**	**386**	**221**	**165**	**41**	**26**	**15**
源城区	657	409	248	25	18	7	4	3	1
紫金县	6242	3385	2857	85	49	36	12	8	4
龙川县	7765	4056	3709	128	66	62	4	4	
连平县	2785	1428	1357	49	25	24	11	6	5
和平县	4194	2131	2063	43	26	17	4	1	3
东源县	2213	1128	1085	56	37	19	6	4	2
阳江市	**9946**	**5666**	**4280**	**185**	**107**	**78**	**19**	**13**	**6**
江城区	963	540	423	23	12	11	4	2	2
阳东区	1155	743	412	26	17	9	1		1
阳西县	6460	3561	2899	104	55	49	10	8	2
阳春市	1368	822	546	32	23	9	4	3	1
清远市	**28812**	**14938**	**13874**	**723**	**399**	**324**	**93**	**55**	**38**
清城区	6128	3152	2976	311	180	131	40	28	12
清新区	1148	650	498	34	21	13	3	1	2
佛冈县	6396	3229	3167	140	76	64	18	10	8
阳山县	4799	2543	2256	70	44	26	15	6	9
连山壮族瑶族自治县	2664	1343	1321	33	16	17	1		1
连南瑶族自治县	3009	1505	1504	53	25	28	1	1	
英德市	4236	2278	1958	77	33	44	14	8	6
连州市	432	238	194	5	4	1	1	1	
东莞市	**2149**	**1180**	**969**	**139**	**85**	**54**	**23**	**14**	**9**
市辖区	2149	1180	969	139	85	54	23	14	9
中山市	**45448**	**24199**	**21249**	**1922**	**1057**	**865**	**135**	**95**	**40**
市辖区	45448	24199	21249	1922	1057	865	135	95	40
潮州市	**20521**	**9406**	**11115**	**376**	**198**	**178**	**112**	**77**	**35**
湘桥区	8905	3323	5582	117	55	62	70	50	20
潮安区	3381	1735	1646	137	76	61	15	11	4
饶平县	8235	4348	3887	122	67	55	27	16	11
揭阳市	**16564**	**9347**	**7217**	**296**	**184**	**112**	**35**	**20**	**15**
榕城区	922	516	406	23	19	4	1	1	
揭东区	2306	1318	988	44	21	23	2	2	
揭西县	3258	1705	1553	61	36	25	10	7	3
惠来县	5606	3388	2218	97	57	40	10	4	6
普宁市	4472	2420	2052	71	51	20	12	6	6
云浮市	**18243**	**9455**	**8788**	**468**	**262**	**206**	**58**	**41**	**17**
云城区									
云安区	3402	1748	1654	37	19	18	13	9	4
新兴县	9115	4606	4509	369	210	159	36	27	9
郁南县	3973	2174	1799	47	23	24	5	2	3
罗定市	1753	927	826	15	10	5	4	3	1

1—6c 各地区分性别、受教育程度的3岁及以上人口(乡村)

单位：人

地区	3岁及以上人口			未上过学		
	合计	男	女	小计	男	女
广东	**31208952**	**16435023**	**14773929**	**1383282**	**427814**	**955468**
广州市	**2485178**	**1349385**	**1135793**	**47401**	**16158**	**31243**
荔湾区						
越秀区						
海珠区						
天河区						
白云区	675249	367444	307805	7942	2672	5270
黄埔区	93820	51956	41864	1637	609	1028
番禺区	269028	149974	119054	5457	1493	3964
花都区	481471	264856	216615	9088	3439	5649
南沙区	217993	118190	99803	5782	1398	4384
从化区	371617	193761	177856	8559	2801	5758
增城区	376000	203204	172796	8936	3746	5190
韶关市	**1167572**	**611556**	**556016**	**65970**	**13534**	**52436**
武江区	55460	29434	26026	2938	626	2312
浈江区	50442	26631	23811	2361	526	1835
曲江区	110395	59208	51187	5219	1195	4024
始兴县	111296	56625	54671	6001	1107	4894
仁化县	105306	55014	50292	6888	1202	5686
翁源县	197683	103624	94059	8367	2085	6282
乳源瑶族自治县	96069	50445	45624	5646	1362	4284
新丰县	89184	47488	41696	3427	928	2499
乐昌市	176344	93414	82930	14528	2945	11583
南雄市	175393	89673	85720	10595	1558	9037
深圳市	**48511**	**29664**	**18847**	**755**	**198**	**557**
罗湖区						
福田区						
南山区						
宝安区						
龙岗区	48511	29664	18847	755	198	557
盐田区						
龙华区						
坪山区						
光明区						
珠海市	**223278**	**121046**	**102232**	**8558**	**2128**	**6430**
香洲区	1058	793	265	29	11	18
斗门区	205135	110540	94595	7839	1917	5922
金湾区	17085	9713	7372	690	200	490
汕头市	**1540430**	**779964**	**760466**	**100331**	**33646**	**66685**
龙湖区	96979	48746	48233	7156	2094	5062
金平区	14812	7373	7439	950	325	625
濠江区	71160	37541	33619	6481	1399	5082
潮阳区	640738	320859	319879	41747	15237	26510
潮南区	474374	241053	233321	34858	12121	22737
澄海区	229747	118051	111696	7380	2028	5352
南澳县	12620	6341	6279	1759	442	1317
佛山市	**442824**	**249996**	**192828**	**9795**	**2742**	**7053**
禅城区						
南海区	139945	79276	60669	2536	751	1785
顺德区	43786	25284	18502	813	237	576
三水区	209698	118706	90992	4835	1306	3529
高明区	49395	26730	22665	1611	448	1163

1－6c　续表 1　　　　单位：人

地　区	3岁及以上人口			未上过学		
	合计	男	女	小计	男	女
江门市	**1512628**	**789313**	**723315**	**34954**	**10811**	**24143**
蓬江区	25130	12999	12131	597	181	416
江海区						
新会区	297204	158293	138911	8645	2484	6161
台山市	463520	237581	225939	9514	2984	6530
开平市	310496	158140	152356	7111	2062	5049
鹤山市	190881	102498	88383	2726	819	1907
恩平市	225397	119802	105595	6361	2281	4080
湛江市	**3608616**	**1904793**	**1703823**	**200738**	**64562**	**136176**
赤坎区	8090	4173	3917	178	56	122
霞山区	30046	15581	14465	874	298	576
坡头区	181087	97232	83855	9675	3103	6572
麻章区	284155	150017	134138	15061	5416	9645
遂溪县	507651	267607	240044	26205	8837	17368
徐闻县	376104	196621	179483	20645	6253	14392
廉江市	871307	464922	406385	42603	14709	27894
雷州市	858809	449622	409187	63984	19229	44755
吴川市	491367	259018	232349	21513	6661	14852
茂名市	**3315765**	**1745395**	**1570370**	**137911**	**45459**	**92452**
茂南区	320336	167506	152830	7712	2487	5225
电白区	851149	452354	398795	52553	16628	35925
高州市	798835	417585	381250	38312	12629	25683
化州市	777474	410923	366551	19424	7576	11848
信宜市	567971	297027	270944	19910	6139	13771
肇庆市	**1933024**	**999880**	**933144**	**79344**	**23087**	**56257**
端州区						
鼎湖区	52195	26630	25565	2468	530	1938
高要区	445210	232031	213179	14427	3926	10501
广宁县	235667	122599	113068	7317	2113	5204
怀集县	553913	281576	272337	28632	8799	19833
封开县	240897	124207	116690	12057	3457	8600
德庆县	222635	115117	107518	8096	2636	5460
四会市	182507	97720	84787	6347	1626	4721
惠州市	**1582070**	**859080**	**722990**	**50468**	**17877**	**32591**
惠城区	322922	177554	145368	7510	2967	4543
惠阳区	249994	140749	109245	5366	2043	3323
博罗县	480875	257474	223401	13419	4746	8673
惠东县	361866	193854	168012	18835	6450	12385
龙门县	166413	89449	76964	5338	1671	3667
梅州市	**1797806**	**915278**	**882528**	**71358**	**22246**	**49112**
梅江区	35253	17806	17447	662	279	383
梅县区	252489	128177	124312	7701	2393	5308
大埔县	170496	88726	81770	6125	1615	4510
丰顺县	215442	111395	104047	8414	2638	5776
五华县	554753	280465	274288	25025	8860	16165
平远县	91829	46570	45259	5278	968	4310
蕉岭县	79879	40798	39081	2678	589	2089
兴宁市	397665	201341	196324	15475	4904	10571

1-6c 续表 2

单位：人

地 区	3岁及以上人口			未上过学		
	合计	男	女	小计	男	女
汕尾市	**1118221**	**582764**	**535457**	**111389**	**33985**	**77404**
城 区	101115	53647	47468	9686	3036	6650
海丰县	253648	135129	118519	16945	5384	11561
陆河县	109954	56773	53181	6936	2562	4374
陆丰市	653504	337215	316289	77822	23003	54819
河源市	**1406026**	**727240**	**678786**	**58712**	**17517**	**41195**
源城区	39362	21274	18088	919	304	615
紫金县	328916	169405	159511	16576	4988	11588
龙川县	383050	196881	186169	13412	4227	9185
连平县	172640	88211	84429	8361	2011	6350
和平县	229115	118857	110258	10810	3233	7577
东源县	252943	132612	120331	8634	2754	5880
阳江市	**1150838**	**612903**	**537935**	**57374**	**16798**	**40576**
江城区	195144	103503	91641	8848	2573	6275
阳东区	224548	120916	103632	8097	2519	5578
阳西县	235406	127400	108006	15976	4752	11224
阳春市	495740	261084	234656	24453	6954	17499
清远市	**1732459**	**922514**	**809945**	**89393**	**23383**	**66010**
清城区	193007	106982	86025	4878	1347	3531
清新区	328922	173941	154981	14790	3825	10965
佛冈县	172120	91440	80680	5405	1727	3678
阳山县	201918	106753	95165	16823	4336	12487
连山壮族瑶族自治县	53832	28329	25503	1916	610	1306
连南瑶族自治县	70262	36370	33892	4656	1566	3090
英德市	519149	276108	243041	30909	7011	23898
连州市	193249	102591	90658	10016	2961	7055
东莞市	**801663**	**471589**	**330074**	**11428**	**3956**	**7472**
市辖区	801663	471589	330074	11428	3956	7472
中山市	**557108**	**301913**	**255195**	**11423**	**3076**	**8347**
市辖区	557108	301913	255195	11423	3076	8347
潮州市	**886356**	**453742**	**432614**	**50177**	**11737**	**38440**
湘桥区	67914	34149	33765	2191	591	1600
潮安区	411556	211158	200398	16787	4787	12000
饶平县	406886	208435	198451	31199	6359	24840
揭阳市	**2613874**	**1335441**	**1278433**	**137301**	**49417**	**87884**
榕城区	187901	96106	91795	6557	2567	3990
揭东区	405808	209433	196375	14015	5972	8043
揭西县	443076	227044	216032	17457	6825	10632
惠来县	570354	286310	284044	50709	13324	37385
普宁市	1006735	516548	490187	48563	20729	27834
云浮市	**1284705**	**671567**	**613138**	**48502**	**15497**	**33005**
云城区	92698	49243	43455	3287	881	2406
云安区	160413	84643	75770	8261	2327	5934
新兴县	235652	122398	113254	5856	1687	4169
郁南县	203075	106717	96358	9076	2751	6325
罗定市	592867	308566	284301	22022	7851	14171

1-6c 续表 3

单位：人

地区	学前教育			小学		
	小计	男	女	小计	男	女
广 东	**1505724**	**786838**	**718886**	**9716918**	**4524582**	**5192336**
广州市	**97993**	**52414**	**45579**	**547168**	**257062**	**290106**
荔湾区						
越秀区						
海珠区						
天河区						
白云区	23716	12745	10971	116970	53611	63359
黄埔区	4495	2403	2092	21683	10610	11073
番禺区	8052	4227	3825	53938	25901	28037
花都区	18152	9894	8258	100055	48496	51559
南沙区	8146	4200	3946	56344	24817	31527
从化区	19183	10207	8976	87664	40819	46845
增城区	16249	8738	7511	110514	52808	57706
韶关市	**57387**	**29842**	**27545**	**394647**	**175650**	**218997**
武江区	2546	1336	1210	17953	8442	9511
浈江区	2699	1373	1326	15509	7136	8373
曲江区	4485	2281	2204	32650	14799	17851
始兴县	5657	2930	2727	37140	15702	21438
仁化县	5278	2713	2565	37250	16678	20572
翁源县	11123	5923	5200	59656	26800	32856
乳源瑶族自治县	4506	2336	2170	38799	18099	20700
新丰县	3917	2122	1795	26219	11485	14734
乐昌市	8918	4594	4324	63441	30106	33335
南雄市	8258	4234	4024	66030	26403	39627
深圳市	**1194**	**648**	**546**	**7251**	**3746**	**3505**
罗湖区						
福田区						
南山区						
宝安区						
龙岗区	1194	648	546	7251	3746	3505
盐田区						
龙华区						
坪山区						
光明区						
珠海市	**8876**	**4611**	**4265**	**59640**	**28407**	**31233**
香洲区	1	1		202	136	66
斗门区	8284	4309	3975	55101	26114	28987
金湾区	591	301	290	4337	2157	2180
汕头市	**72478**	**36988**	**35490**	**527100**	**242513**	**284587**
龙湖区	4157	2140	2017	31828	14733	17095
金平区	749	379	370	4743	2237	2506
濠江区	3642	1798	1844	20240	10145	10095
潮阳区	31680	16284	15396	215532	98056	117476
潮南区	22912	11684	11228	169395	80121	89274
澄海区	8820	4431	4389	81520	35377	46143
南澳县	518	272	246	3842	1844	1998
佛山市	**14315**	**7657**	**6658**	**110213**	**53927**	**56286**
禅城区						
南海区	5466	2926	2540	34901	17325	17576
顺德区	1473	804	669	10128	5096	5032
三水区	5688	3007	2681	49762	24069	25693
高明区	1688	920	768	15422	7437	7985

1-6c 续表 4

单位：人

地区	学前教育			小学		
	小计	男	女	小计	男	女
江门市	**47587**	**24865**	**22722**	**460320**	**209333**	**250987**
蓬江区	1239	653	586	7021	3259	3762
江海区						
新会区	10703	5537	5166	100028	46354	53674
台山市	13317	6944	6373	149449	67150	82299
开平市	9617	5007	4610	91781	40603	51178
鹤山市	6492	3448	3044	55049	25688	29361
恩平市	6219	3276	2943	56992	26279	30713
湛江市	**223418**	**116797**	**106621**	**1148026**	**546823**	**601203**
赤坎区	545	288	257	2177	1076	1101
霞山区	2084	1100	984	8246	4025	4221
坡头区	11265	5884	5381	57474	27675	29799
麻章区	17526	9302	8224	86364	42327	44037
遂溪县	31858	16375	15483	151273	73182	78091
徐闻县	21639	11172	10467	133751	62759	70992
廉江市	55774	29438	26336	279182	135503	143679
雷州市	53162	27672	25490	281473	131793	149680
吴川市	29565	15566	13999	148086	68483	79603
茂名市	**205631**	**109163**	**96468**	**1075874**	**512913**	**562961**
茂南区	19838	10680	9158	93101	44107	48994
电白区	52822	28020	24802	298037	147908	150129
高州市	51239	26792	24447	273698	126976	146722
化州市	46926	25129	21797	213958	102300	111658
信宜市	34806	18542	16264	197080	91622	105458
肇庆市	**94927**	**49913**	**45014**	**616069**	**271565**	**344504**
端州区						
鼎湖区	2503	1346	1157	16155	7145	9010
高要区	22616	12015	10601	143951	65298	78653
广宁县	10970	5927	5043	75774	33012	42762
怀集县	29812	15559	14253	186926	80772	106154
封开县	12122	6179	5943	78907	33960	44947
德庆县	10638	5516	5122	61657	27258	34399
四会市	6266	3371	2895	52699	24120	28579
惠州市	**61549**	**32287**	**29262**	**450450**	**217754**	**232696**
惠城区	12579	6604	5975	76032	36671	39361
惠阳区	8751	4598	4153	62922	31439	31483
博罗县	18722	9887	8835	136770	64707	72063
惠东县	14230	7384	6846	122317	60042	62275
龙门县	7267	3814	3453	52409	24895	27514
梅州市	**82959**	**42592**	**40367**	**517348**	**221997**	**295351**
梅江区	1375	697	678	6612	2835	3777
梅县区	8808	4488	4320	54214	22100	32114
大埔县	6183	3125	3058	51242	21560	29682
丰顺县	9105	4594	4511	77837	35135	42702
五华县	33125	17143	15982	184361	81116	103245
平远县	3391	1727	1664	27781	11005	16776
蕉岭县	2940	1482	1458	18688	7615	11073
兴宁市	18032	9336	8696	96613	40631	55982

1-6c 续表 5

单位：人

地 区	学前教育			小 学		
	小计	男	女	小计	男	女
汕尾市	**56763**	**29544**	**27219**	**415961**	**202238**	**213723**
城 区	4473	2358	2115	32304	15768	16536
海丰县	12282	6472	5810	92703	45229	47474
陆河县	5227	2684	2543	39100	18565	20535
陆丰市	34781	18030	16751	251854	122676	129178
河源市	**63389**	**32697**	**30692**	**433188**	**196247**	**236941**
源城区	2129	1143	986	9238	4404	4834
紫金县	15332	7960	7372	102957	46065	56892
龙川县	16578	8441	8137	115777	51304	64473
连平县	8215	4218	3997	55443	24976	30467
和平县	11024	5643	5381	80796	37143	43653
东源县	10111	5292	4819	68977	32355	36622
阳江市	**53567**	**27913**	**25654**	**404365**	**195294**	**209071**
江城区	7942	4201	3741	61276	29733	31543
阳东区	9442	5021	4421	72438	35830	36608
阳西县	10945	5690	5255	86788	44022	42766
阳春市	25238	13001	12237	183863	85709	98154
清远市	**79302**	**42044**	**37258**	**610588**	**296671**	**313917**
清城区	6913	3702	3211	51531	23919	27612
清新区	14218	7623	6595	109336	51625	57711
佛冈县	7175	3789	3386	55465	26497	28968
阳山县	10180	5458	4722	76579	37574	39005
连山壮族瑶族自治县	2725	1392	1333	18207	8679	9528
连南瑶族自治县	3389	1864	1525	28354	13921	14433
英德市	26515	13951	12564	193243	95265	97978
连州市	8187	4265	3922	77873	39191	38682
东莞市	**23478**	**12542**	**10936**	**162654**	**81415**	**81239**
市辖区	23478	12542	10936	162654	81415	81239
中山市	**21925**	**11432**	**10493**	**141678**	**65850**	**75828**
市辖区	21925	11432	10493	141678	65850	75828
潮州市	**39318**	**19928**	**19390**	**313481**	**137692**	**175789**
湘桥区	2538	1318	1220	23199	9636	13563
潮安区	19028	9799	9229	145310	63833	81477
饶平县	17752	8811	8941	144972	64223	80749
揭阳市	**134211**	**68515**	**65696**	**921077**	**425324**	**495753**
榕城区	9117	4656	4461	64309	28560	35749
揭东区	17948	9303	8645	137154	64058	73096
揭西县	19647	10122	9525	146614	68488	78126
惠来县	34914	17478	17436	231032	103754	127278
普宁市	52585	26956	25629	341968	160464	181504
云浮市	**65457**	**34446**	**31011**	**399820**	**182161**	**217659**
云城区	4422	2342	2080	31763	14721	17042
云安区	8182	4281	3901	53025	24438	28587
新兴县	10163	5338	4825	70074	31242	38832
郁南县	10359	5462	4897	60989	28068	32921
罗定市	32331	17023	15308	183969	83692	100277

1-6c 续表 6

单位：人

地区	初中			高中			大学专科		
	小计	男	女	小计	男	女	小计	男	女
广东	**13387895**	**7580568**	**5807327**	**3646184**	**2262872**	**1383312**	**1084984**	**600898**	**484086**
广州市	**1048922**	**601379**	**447543**	**444670**	**271101**	**173569**	**181254**	**97163**	**84091**
荔湾区									
越秀区									
海珠区									
天河区									
白云区	268555	154122	114433	145265	87632	57633	68461	36460	32001
黄埔区	34957	20339	14618	18384	11308	7076	8588	4640	3948
番禺区	101466	59976	41490	61134	37741	23393	24359	13571	10788
花都区	235632	136425	99207	71699	44031	27668	25605	13838	11767
南沙区	82532	49406	33126	40755	25416	15339	17014	9050	7964
从化区	165678	90162	75516	55919	33116	22803	16766	8692	8074
增城区	160102	90949	69153	51514	31857	19657	20461	10912	9549
韶关市	**479084**	**287888**	**191196**	**115946**	**74274**	**41672**	**40869**	**22991**	**17878**
武江区	23807	14246	9561	5853	3556	2297	1680	864	816
浈江区	22327	13105	9222	5450	3364	2086	1459	793	666
曲江区	44936	26926	18010	12511	7717	4794	9476	5702	3774
始兴县	45600	26518	19082	11934	7674	4260	3654	2010	1644
仁化县	41562	25542	16020	9534	6261	3273	3248	1765	1483
翁源县	92259	52912	39347	18854	11875	6979	5055	2762	2293
乳源瑶族自治县	36615	22482	14133	7399	4558	2841	2298	1189	1109
新丰县	43153	24980	18173	8960	5981	2979	2607	1474	1133
乐昌市	65836	41071	24765	15835	10379	5456	5374	3021	2353
南雄市	62989	40106	22883	19616	12909	6707	6018	3411	2607
深圳市	**20914**	**13087**	**7827**	**10973**	**7146**	**3827**	**4182**	**2713**	**1469**
罗湖区									
福田区									
南山区									
宝安区									
龙岗区	20914	13087	7827	10973	7146	3827	4182	2713	1469
盐田区									
龙华区									
坪山区									
光明区									
珠海市	**89574**	**52701**	**36873**	**42425**	**25652**	**16773**	**10323**	**5524**	**4799**
香洲区	409	329	80	237	190	47	121	87	34
斗门区	81799	47935	33864	39259	23563	15696	9349	4930	4419
金湾区	7366	4437	2929	2929	1899	1030	853	507	346
汕头市	**592175**	**319146**	**273029**	**191404**	**115767**	**75637**	**42937**	**24341**	**18596**
龙湖区	31307	17194	14113	14837	8684	6153	6133	3127	3006
金平区	3686	1981	1705	2724	1502	1222	929	458	471
濠江区	22637	13292	9345	10083	6012	4071	7220	4396	2824
潮阳区	255595	132403	123192	79097	48603	30494	13455	8146	5309
潮南区	184316	100254	84062	52200	30822	21378	7077	3982	3095
澄海区	90526	51687	38839	30807	19090	11717	7516	3905	3611
南澳县	4108	2335	1773	1656	1054	602	607	327	280
佛山市	**190109**	**116306**	**73803**	**74329**	**46274**	**28055**	**24930**	**13813**	**11117**
禅城区									
南海区	56032	34235	21797	27445	16986	10459	10058	5287	4771
顺德区	18659	11764	6895	9719	5754	3965	2109	1158	951
三水区	95132	58240	36892	30089	19445	10644	10212	5984	4228
高明区	20286	12067	8219	7076	4089	2987	2551	1384	1167

1-6c 续表 7

单位：人

地 区	初 中			高 中			大学专科		
	小计	男	女	小计	男	女	小计	男	女
江门市	**675790**	**373103**	**302687**	**227293**	**136458**	**90835**	**47193**	**24605**	**22588**
蓬江区	9507	5125	4382	4708	2739	1969	1587	815	772
江海区									
新会区	107826	62402	45424	54298	33108	21190	12106	6468	5638
台山市	207923	111583	96340	66912	40012	26900	11395	6093	5302
开平市	137178	74621	62557	50977	29221	21756	9747	4676	5071
鹤山市	88851	50203	38648	26029	16297	9732	7491	3930	3561
恩平市	124505	69169	55336	24369	15081	9288	4867	2623	2244
湛江市	**1555160**	**879370**	**675790**	**344687**	**218914**	**125773**	**96551**	**56331**	**40220**
赤坎区	3247	1687	1560	1452	818	634	361	184	177
霞山区	12847	6781	6066	4532	2619	1913	1024	540	484
坡头区	76297	43745	32552	19744	12948	6796	4697	2821	1876
麻章区	118212	64740	53472	35994	22246	13748	7868	4284	3584
遂溪县	228851	127271	101580	51264	31707	19557	12561	7185	5376
徐闻县	148567	84658	63909	35003	22166	12837	11906	7070	4836
廉江市	402858	230136	172722	64704	40548	24156	18281	10323	7958
雷州市	343445	196542	146903	83060	54140	28920	24345	14872	9473
吴川市	220836	123810	97026	48934	31722	17212	15508	9052	6456
茂名市	**1382845**	**764617**	**618228**	**356511**	**226891**	**129620**	**110263**	**61120**	**49143**
茂南区	134676	74081	60595	37728	23997	13731	18206	7721	10485
电白区	318545	181741	136804	87697	54627	33070	32570	18693	13877
高州市	313439	174166	139273	90649	58163	32486	21531	12969	8562
化州市	387610	207956	179654	77460	49868	27592	20566	11820	8746
信宜市	228575	126673	101902	62977	40236	22741	17390	9917	7473
肇庆市	**919486**	**519825**	**399661**	**170660**	**105998**	**64662**	**38348**	**21238**	**17110**
端州区									
鼎湖区	21549	12170	9379	7011	4136	2875	1948	1016	932
高要区	209827	117529	92298	40346	24954	15392	9521	5512	4009
广宁县	118150	66987	51163	18003	11575	6428	4054	2190	1864
怀集县	258044	146208	111836	37797	23257	14540	9573	5205	4368
封开县	107250	61821	45429	24282	15214	9068	4684	2634	2050
德庆县	112751	61744	51007	23974	14988	8986	4141	2226	1915
四会市	91915	53366	38549	19247	11874	7373	4427	2455	1972
惠州市	**747909**	**431719**	**316190**	**175735**	**107848**	**67887**	**70132**	**37330**	**32802**
惠城区	147745	85306	62439	45124	27998	17126	26795	13808	12987
惠阳区	130335	77128	53207	29042	17986	11056	9273	5269	4004
博罗县	231536	131665	99871	54635	33001	21634	18750	9763	8987
惠东县	162536	93971	68565	29108	17619	11489	9764	5490	4274
龙门县	75757	43649	32108	17826	11244	6582	5550	3000	2550
梅州市	**836602**	**450074**	**386528**	**220056**	**139957**	**80099**	**48661**	**27149**	**21512**
梅江区	17317	8812	8505	6968	3991	2977	1547	804	743
梅县区	126631	65846	60785	43811	27270	16541	8110	4381	3729
大埔县	80763	45817	34946	19548	12959	6589	4399	2451	1948
丰顺县	87189	49525	37664	24599	15012	9587	5781	3211	2570
五华县	247058	132968	114090	48425	31029	17396	11882	6624	5258
平远县	40133	22840	17293	10439	7341	3098	3261	1830	1431
蕉岭县	36718	19656	17062	14685	9210	5475	2910	1590	1320
兴宁市	200793	104610	96183	51581	33145	18436	10771	6258	4513

1-6c 续表 8

单位：人

地区	初中			高中			大学专科		
	小计	男	女	小计	男	女	小计	男	女
汕尾市	**415208**	**243021**	**172187**	**86175**	**54400**	**31775**	**22814**	**13758**	**9056**
城　区	35450	20547	14903	14634	9065	5569	3140	1998	1142
海丰县	100610	58479	42131	23188	14680	8508	5357	3339	2018
陆河县	45748	25457	20291	8121	4960	3161	3534	1877	1657
陆丰市	233400	138538	94862	40232	25695	14537	10783	6544	4239
河源市	**626938**	**351285**	**275653**	**158119**	**94748**	**63371**	**45945**	**24624**	**21321**
源城区	19953	11165	8788	4969	3115	1854	1620	896	724
紫金县	153050	85767	67283	28525	17846	10679	9013	4905	4108
龙川县	169975	93043	76932	48168	29044	19124	13673	7794	5879
连平县	71357	40474	30883	19925	11626	8299	6439	3409	3030
和平县	98816	56675	42141	19744	12090	7654	5881	3063	2818
东源县	113787	64161	49626	36788	21027	15761	9319	4557	4762
阳江市	**460519**	**264131**	**196388**	**123663**	**78130**	**45533**	**39225**	**23150**	**16075**
江城区	77339	42790	34549	28031	17201	10830	9069	5475	3594
阳东区	88941	49847	39094	30374	18481	11893	11876	6928	4948
阳西县	89735	52858	36877	22393	14225	8168	7249	4377	2872
阳春市	204504	118636	85868	42865	28223	14642	11031	6370	4661
清远市	**708365**	**414515**	**293850**	**154090**	**95652**	**58438**	**71786**	**40071**	**31715**
清城区	76936	46436	30500	18216	11229	6987	31747	18752	12995
清新区	143844	82871	60973	34188	21139	13049	8862	4876	3986
佛冈县	77468	43752	33716	19415	11840	7575	5505	2923	2582
阳山县	80476	48689	31787	12579	7884	4695	3916	2054	1862
连山壮族瑶族自治县	23660	13298	10362	5334	3342	1992	1391	701	690
连南瑶族自治县	27007	15206	11801	4563	2707	1856	1706	834	872
英德市	200841	119225	81616	45769	28906	16863	14990	8065	6925
连州市	78133	45038	33095	14026	8605	5421	3669	1866	1803
东莞市	**361234**	**223367**	**137867**	**160489**	**103734**	**56755**	**56680**	**32472**	**24208**
市辖区	361234	223367	137867	160489	103734	56755	56680	32472	24208
中山市	**223970**	**131355**	**92615**	**107418**	**64120**	**43298**	**30913**	**16410**	**14503**
市辖区	223970	131355	92615	107418	64120	43298	30913	16410	14503
潮州市	**351552**	**205943**	**145609**	**97920**	**60955**	**36965**	**23280**	**12471**	**10809**
湘桥区	27878	16108	11770	7246	4514	2732	1940	961	979
潮安区	165964	94952	71012	49079	29824	19255	10916	5746	5170
饶平县	157710	94883	62827	41595	26617	14978	10424	5764	4660
揭阳市	**1089133**	**595397**	**493736**	**269482**	**162081**	**107401**	**46040**	**25602**	**20438**
榕城区	69221	36908	32313	29797	18400	11397	6796	3843	2953
揭东区	164360	88429	75931	59230	34549	24681	10079	5497	4582
揭西县	201675	109270	92405	46221	26608	19613	8463	4317	4146
惠来县	208029	121155	86874	36032	24551	11481	6795	4291	2504
普宁市	445848	239635	206213	98202	57973	40229	13907	7654	6253
云浮市	**612406**	**342339**	**270067**	**114139**	**72772**	**41367**	**32658**	**18022**	**14636**
云城区	41388	24297	17091	8433	5225	3208	2381	1236	1145
云安区	71816	41751	30065	12886	8342	4544	4996	2851	2145
新兴县	114295	63201	51094	25758	15962	9796	7093	3692	3401
郁南县	98650	55063	43587	17925	11938	5987	4469	2545	1924
罗定市	286257	158027	128230	49137	31305	17832	13719	7698	6021

1-6c　续表 9　　　　单位：人

地　　区	大学本科			硕士研究生			博士研究生		
	小计	男	女	小计	男	女	小计	男	女
广　东	**465924**	**241633**	**224291**	**15909**	**8438**	**7471**	**2132**	**1380**	**752**
广州市	**113223**	**51884**	**61339**	**4035**	**1891**	**2144**	**512**	**333**	**179**
荔湾区									
越秀区									
海珠区									
天河区									
白云区	43205	19600	23605	980	492	488	155	110	45
黄埔区	3926	1958	1968	133	75	58	17	14	3
番禺区	12888	6278	6610	1561	681	880	173	106	67
花都区	20681	8458	12223	501	242	259	58	33	25
南沙区	7224	3796	3428	180	95	85	16	12	4
从化区	17364	7759	9605	432	174	258	52	31	21
增城区	7935	4035	3900	248	132	116	41	27	14
韶关市	**13137**	**7058**	**6079**	**473**	**289**	**184**	**59**	**30**	**29**
武江区	660	354	306	18	10	8	5		5
浈江区	613	319	294	22	14	8	2	1	1
曲江区	1060	548	512	52	36	16	6	4	2
始兴县	1268	654	614	40	28	12	2	2	
仁化县	1509	831	678	33	19	14	4	3	1
翁源县	2277	1210	1067	80	51	29	12	6	6
乳源瑶族自治县	748	378	370	56	40	16	2	1	1
新丰县	858	493	365	37	21	16	6	4	2
乐昌市	2334	1254	1080	68	40	28	10	4	6
南雄市	1810	1017	793	67	30	37	10	5	5
深圳市	**2866**	**1867**	**999**	**316**	**212**	**104**	**60**	**47**	**13**
罗湖区									
福田区									
南山区									
宝安区									
龙岗区	2866	1867	999	316	212	104	60	47	13
盐田区									
龙华区									
坪山区									
光明区									
珠海市	**3701**	**1933**	**1768**	**165**	**79**	**86**	**16**	**11**	**5**
香洲区	56	36	20	3	3				
斗门区	3335	1692	1643	154	70	84	15	10	5
金湾区	310	205	105	8	6	2	1	1	
汕头市	**13598**	**7341**	**6257**	**352**	**190**	**162**	**55**	**32**	**23**
龙湖区	1517	752	765	40	21	19	4	1	3
金平区	1021	483	538	9	7	2	1	1	
濠江区	817	479	338	33	16	17	7	4	3
潮阳区	3529	2073	1456	90	50	40	13	7	6
潮南区	3536	2030	1506	73	35	38	7	4	3
澄海区	3058	1463	1595	99	57	42	21	13	8
南澳县	120	61	59	8	4	4	2	2	
佛山市	**18681**	**9071**	**9610**	**424**	**187**	**237**	**28**	**19**	**9**
禅城区									
南海区	3415	1723	1692	82	37	45	10	6	4
顺德区	859	455	404	25	16	9	1		1
三水区	13671	6522	7149	296	123	173	13	10	3
高明区	736	371	365	21	11	10	4	3	1

1-6c 续表 10 单位：人

地 区	大学本科			硕士研究生			博士研究生		
	小计	男	女	小计	男	女	小计	男	女
江门市	**18853**	**9757**	**9096**	**556**	**331**	**225**	**82**	**50**	**32**
蓬江区	458	220	238	11	6	5	2	1	1
江海区									
新会区	3445	1843	1602	131	83	48	22	14	8
台山市	4839	2691	2148	158	115	43	13	9	4
开平市	3968	1890	2078	96	47	49	21	13	8
鹤山市	4143	2063	2080	87	43	44	13	7	6
恩平市	2000	1050	950	73	37	36	11	6	5
湛江市	**38499**	**21173**	**17326**	**1309**	**673**	**636**	**228**	**150**	**78**
赤坎区	124	61	63	5	2	3	1	1	
霞山区	421	207	214	16	9	7	2	2	
坡头区	1858	1013	845	65	35	30	12	8	4
麻章区	2974	1625	1349	127	60	67	29	17	12
遂溪县	5401	2926	2475	203	104	99	35	20	15
徐闻县	4447	2459	1988	123	71	52	23	13	10
廉江市	7585	4096	3489	272	134	138	48	35	13
雷州市	8978	5179	3799	311	159	152	51	36	15
吴川市	6711	3607	3104	187	99	88	27	18	9
茂名市	**45320**	**24465**	**20855**	**1217**	**640**	**577**	**193**	**127**	**66**
茂南区	8782	4268	4514	241	124	117	52	41	11
电白区	8618	4589	4029	260	122	138	47	26	21
高州市	9698	5727	3971	241	149	92	28	14	14
化州市	11206	6097	5109	285	149	136	39	28	11
信宜市	7016	3784	3232	190	96	94	27	18	9
肇庆市	**13755**	**8011**	**5744**	**392**	**213**	**179**	**43**	**30**	**13**
端州区									
鼎湖区	512	262	250	48	24	24	1	1	
高要区	4428	2739	1689	81	51	30	13	7	6
广宁县	1348	766	582	46	25	21	5	4	1
怀集县	3034	1725	1309	84	43	41	11	8	3
封开县	1552	914	638	39	25	14	4	3	1
德庆县	1329	725	604	46	22	24	3	2	1
四会市	1552	880	672	48	23	25	6	5	1
惠州市	**24827**	**13705**	**11122**	**898**	**492**	**406**	**102**	**68**	**34**
惠城区	6810	4009	2801	294	170	124	33	21	12
惠阳区	4173	2210	1963	119	65	54	13	11	2
博罗县	6749	3548	3201	262	135	127	32	22	10
惠东县	4898	2800	2098	159	89	70	19	9	10
龙门县	2197	1138	1059	64	33	31	5	5	
梅州市	**20067**	**10843**	**9224**	**644**	**353**	**291**	**111**	**67**	**44**
梅江区	746	371	375	23	15	8	3	2	1
梅县区	3101	1639	1462	84	44	40	29	16	13
大埔县	2131	1136	995	88	53	35	17	10	7
丰顺县	2437	1245	1192	69	31	38	11	4	7
五华县	4689	2621	2068	165	89	76	23	15	8
平远县	1507	835	672	35	20	15	4	4	
蕉岭县	1221	635	586	36	18	18	3	3	
兴宁市	4235	2361	1874	144	83	61	21	13	8

1—6c　续表 11　　　　单位：人

地　区	大学本科			硕士研究生			博士研究生		
	小计	男	女	小计	男	女	小计	男	女
汕尾市	**9441**	**5543**	**3898**	**410**	**234**	**176**	**60**	**41**	**19**
城　区	1334	811	523	82	55	27	12	9	3
海丰县	2455	1485	970	94	54	40	14	7	7
陆河县	1251	649	602	33	16	17	4	3	1
陆丰市	4401	2598	1803	201	109	92	30	22	8
河源市	**19090**	**9809**	**9281**	**567**	**266**	**301**	**78**	**47**	**31**
源城区	512	235	277	18	8	10	4	4	
紫金县	3342	1813	1529	106	53	53	15	8	7
龙川县	5306	2943	2363	142	71	71	19	14	5
连平县	2819	1451	1368	69	41	28	12	5	7
和平县	1968	984	984	66	21	45	10	5	5
东源县	5143	2383	2760	166	72	94	18	11	7
阳江市	**11639**	**7190**	**4449**	**439**	**270**	**169**	**47**	**27**	**20**
江城区	2511	1460	1051	117	63	54	11	7	4
阳东区	3251	2204	1047	117	82	35	12	4	8
阳西县	2218	1411	807	91	56	35	11	9	2
阳春市	3659	2115	1544	114	69	45	13	7	6
清远市	**18041**	**9666**	**8375**	**787**	**442**	**345**	**107**	**70**	**37**
清城区	2525	1443	1082	244	143	101	17	11	6
清新区	3507	1883	1624	143	76	67	34	23	11
佛冈县	1625	878	747	58	32	26	4	2	2
阳山县	1302	719	583	55	34	21	8	5	3
连山壮族瑶族自治县	579	299	280	15	6	9	5	2	3
连南瑶族自治县	564	264	300	22	8	14	1		1
英德市	6651	3547	3104	199	114	85	32	24	8
连州市	1288	633	655	51	29	22	6	3	3
东莞市	**24495**	**13350**	**11145**	**1061**	**661**	**400**	**144**	**92**	**52**
市辖区	24495	13350	11145	1061	661	400	144	92	52
中山市	**19002**	**9258**	**9744**	**723**	**373**	**350**	**56**	**39**	**17**
市辖区	19002	9258	9744	723	373	350	56	39	17
潮州市	**10348**	**4864**	**5484**	**245**	**128**	**117**	**35**	**24**	**11**
湘桥区	2895	1005	1890	24	15	9	3	1	2
潮安区	4336	2148	2188	120	59	61	16	10	6
饶平县	3117	1711	1406	101	54	47	16	13	3
揭阳市	**16083**	**8779**	**7304**	**481**	**283**	**198**	**66**	**43**	**23**
榕城区	2051	1139	912	49	30	19	4	3	1
揭东区	2937	1575	1362	75	41	34	10	9	1
揭西县	2879	1347	1532	108	60	48	12	7	5
惠来县	2713	1674	1039	112	72	40	18	11	7
普宁市	5503	3044	2459	137	80	57	22	13	9
云浮市	**11258**	**6066**	**5192**	**415**	**231**	**184**	**50**	**33**	**17**
云城区	989	518	471	28	16	12	7	7	
云安区	1177	617	560	66	33	33	4	3	1
新兴县	2314	1223	1091	90	48	42	9	5	4
郁南县	1528	842	686	72	46	26	7	2	5
罗定市	5250	2866	2384	159	88	71	23	16	7

1-7　各地区分性别的15岁及以上文盲人口

单位：人、%

地　区	15岁及以上人口			文盲人口			文盲人口占15岁及以上人口比重		
	合计	男	女	合计	男	女	合计	男	女
广　东	**102262628**	**54125030**	**48137598**	**1825257**	**393622**	**1431635**	**1.78**	**0.73**	**2.97**
广州市	**16086416**	**8468472**	**7617944**	**107528**	**22261**	**85267**	**0.67**	**0.26**	**1.12**
荔湾区	1072698	546756	525942	8089	2136	5953	0.75	0.39	1.13
越秀区	896935	432272	464663	3723	688	3035	0.42	0.16	0.65
海珠区	1613190	808887	804303	6644	1113	5531	0.41	0.14	0.69
天河区	1982373	1039475	942898	7033	1509	5524	0.35	0.15	0.59
白云区	3300996	1775078	1525918	21693	4886	16807	0.66	0.28	1.10
黄埔区	1069174	594275	474899	8613	1779	6834	0.81	0.30	1.44
番禺区	2303972	1214876	1089096	13638	2574	11064	0.59	0.21	1.02
花都区	1370025	734443	635582	9260	1939	7321	0.68	0.26	1.15
南沙区	717341	401170	316171	13238	2278	10960	1.85	0.57	3.47
从化区	576175	299685	276490	6185	1212	4973	1.07	0.40	1.80
增城区	1183537	621555	561982	9412	2147	7265	0.80	0.35	1.29
韶关市	**2238514**	**1122876**	**1115638**	**83400**	**11502**	**71898**	**3.73**	**1.02**	**6.44**
武江区	300865	148485	152380	5398	779	4619	1.79	0.52	3.03
浈江区	303794	156136	147658	5494	1006	4488	1.81	0.64	3.04
曲江区	232024	118535	113489	7288	1065	6223	3.14	0.90	5.48
始兴县	153315	74145	79170	6847	787	6060	4.47	1.06	7.65
仁化县	144198	72656	71542	7680	942	6738	5.33	1.30	9.42
翁源县	242743	121608	121135	8502	1260	7242	3.50	1.04	5.98
乳源瑶族自治县	142748	72244	70504	6358	1027	5331	4.45	1.42	7.56
新丰县	150626	76498	74128	3070	480	2590	2.04	0.63	3.49
乐昌市	291236	146209	145027	18876	2778	16098	6.48	1.90	11.10
南雄市	276965	136360	140605	13887	1378	12509	5.01	1.01	8.90
深圳市	**14856286**	**8201408**	**6654878**	**100189**	**17977**	**82212**	**0.67**	**0.22**	**1.24**
罗湖区	949844	478211	471633	7015	1226	5789	0.74	0.26	1.23
福田区	1305681	671691	633990	7635	1129	6506	0.58	0.17	1.03
南山区	1530527	814004	716523	6990	1439	5551	0.46	0.18	0.77
宝安区	3862467	2189594	1672873	24500	4338	20162	0.63	0.20	1.21
龙岗区	3447476	1879265	1568211	26875	4773	22102	0.78	0.25	1.41
盐田区	179275	97354	81921	1245	203	1042	0.69	0.21	1.27
龙华区	2166929	1238138	928791	12722	2056	10666	0.59	0.17	1.15
坪山区	462198	270416	191782	4444	939	3505	0.96	0.35	1.83
光明区	951889	562735	389154	8763	1874	6889	0.92	0.33	1.77
珠海市	**2052116**	**1097060**	**955056**	**25136**	**5331**	**19805**	**1.22**	**0.49**	**2.07**
香洲区	1172040	616472	555568	10185	2186	7999	0.87	0.35	1.44
斗门区	500133	269583	230550	10830	2187	8643	2.17	0.81	3.75
金湾区	379943	211005	168938	4121	958	3163	1.08	0.45	1.87
汕头市	**4276002**	**2137014**	**2138988**	**173186**	**44355**	**128831**	**4.05**	**2.08**	**6.02**
龙湖区	512812	256892	255920	14292	3685	10607	2.79	1.43	4.14
金平区	649933	316005	333928	13027	2889	10138	2.00	0.91	3.04
濠江区	210841	106426	104415	19025	3406	15619	9.02	3.20	14.96
潮阳区	1230835	613020	617815	52674	13858	38816	4.28	2.26	6.28
潮南区	898934	452485	446449	52090	16009	36081	5.79	3.54	8.08
澄海区	719173	365518	353655	16982	3464	13518	2.36	0.95	3.82
南澳县	53474	26668	26806	5096	1044	4052	9.53	3.91	15.12
佛山市	**8064163**	**4385243**	**3678920**	**77884**	**17206**	**60678**	**0.97**	**0.39**	**1.65**
禅城区	1142303	600495	541808	7716	1528	6188	0.68	0.25	1.14
南海区	3109782	1704184	1405598	24523	5504	19019	0.79	0.32	1.35
顺德区	2744288	1498635	1245653	32840	7765	25075	1.20	0.52	2.01
三水区	679011	373435	305576	8857	1532	7325	1.30	0.41	2.40
高明区	388779	208494	180285	3948	877	3071	1.02	0.42	1.70

1-7　续表 1

单位：人、%

地　区	15岁及以上人口			文盲人口			文盲人口占15岁及以上人口比重		
	合计	男	女	合计	男	女	合计	男	女
江门市	**4029590**	**2078153**	**1951437**	**46056**	**10243**	**35813**	**1.14**	**0.49**	**1.84**
蓬江区	715694	369622	346072	5194	1081	4113	0.73	0.29	1.19
江海区	305921	160864	145057	4431	766	3665	1.45	0.48	2.53
新会区	762866	394852	368014	11696	2632	9064	1.53	0.67	2.46
台山市	776179	394652	381527	8978	2150	6828	1.16	0.54	1.79
开平市	625594	314208	311386	7358	1617	5741	1.18	0.51	1.84
鹤山市	440382	233182	207200	3519	841	2678	0.80	0.36	1.29
恩平市	402954	210773	192181	4880	1156	3724	1.21	0.55	1.94
湛江市	**5160614**	**2658885**	**2501729**	**195516**	**48168**	**147348**	**3.79**	**1.81**	**5.89**
赤坎区	327297	158315	168982	2856	727	2129	0.87	0.46	1.26
霞山区	509565	254066	255499	5181	1224	3957	1.02	0.48	1.55
坡头区	250362	130982	119380	9264	2264	7000	3.70	1.73	5.86
麻章区	404211	211814	192397	15519	4698	10821	3.84	2.22	5.62
遂溪县	611365	317503	293862	24784	6447	18337	4.05	2.03	6.24
徐闻县	463650	238551	225099	23239	5522	17717	5.01	2.31	7.87
廉江市	980037	513145	466892	34737	8991	25746	3.54	1.75	5.51
雷州市	947330	491179	456151	58068	13637	44431	6.13	2.78	9.74
吴川市	666797	343330	323467	21868	4658	17210	3.28	1.36	5.32
茂名市	**4502947**	**2322587**	**2180360**	**124720**	**28756**	**95964**	**2.77**	**1.24**	**4.40**
茂南区	793284	405346	387938	10669	2372	8297	1.34	0.59	2.14
电白区	1097081	572658	524423	56479	13864	42615	5.15	2.42	8.13
高州市	983003	505367	477636	28402	5995	22407	2.89	1.19	4.69
化州市	906291	471787	434504	12953	3269	9684	1.43	0.69	2.23
信宜市	723288	367429	355859	16217	3256	12961	2.24	0.89	3.64
肇庆市	**3202161**	**1642191**	**1559970**	**66870**	**10634**	**56236**	**2.09**	**0.65**	**3.60**
端州区	490480	242943	247537	4667	925	3742	0.95	0.38	1.51
鼎湖区	168394	87725	80669	3743	580	3163	2.22	0.66	3.92
高要区	588201	305617	282584	12136	2164	9972	2.06	0.71	3.53
广宁县	313386	157800	155586	6351	1075	5276	2.03	0.68	3.39
怀集县	581729	290158	291571	17969	2288	15681	3.09	0.79	5.38
封开县	285505	146042	139463	9960	1559	8401	3.49	1.07	6.02
德庆县	252584	129129	123455	5275	878	4397	2.09	0.68	3.56
四会市	521882	282777	239105	6769	1165	5604	1.30	0.41	2.34
惠州市	**4788446**	**2577227**	**2211219**	**62996**	**14140**	**48856**	**1.32**	**0.55**	**2.21**
惠城区	1662431	883101	779330	13712	2824	10888	0.82	0.32	1.40
惠阳区	1154957	652439	502518	9949	2436	7513	0.86	0.37	1.50
博罗县	956666	509340	447326	14211	3395	10816	1.49	0.67	2.42
惠东县	769612	405168	364444	19557	4243	15314	2.54	1.05	4.20
龙门县	244780	127179	117601	5567	1242	4325	2.27	0.98	3.68
梅州市	**2963260**	**1473572**	**1489688**	**59137**	**11026**	**48111**	**2.00**	**0.75**	**3.23**
梅江区	357690	177236	180454	2149	625	1524	0.60	0.35	0.84
梅县区	441824	218943	222881	5979	1092	4887	1.35	0.50	2.19
大埔县	255992	128534	127458	5872	918	4954	2.29	0.71	3.89
丰顺县	363138	186214	176924	7450	1566	5884	2.05	0.84	3.33
五华县	645731	320289	325442	16261	3393	12868	2.52	1.06	3.95
平远县	152306	75056	77250	6500	727	5773	4.27	0.97	7.47
蕉岭县	148525	73195	75330	3335	572	2763	2.25	0.78	3.67
兴宁市	598054	294105	303949	11591	2133	9458	1.94	0.73	3.11

1-7 续表 2

单位：人、%

地　　区	15岁及以上人口			文盲人口			文盲人口占15岁及以上人口比重		
	合计	男	女	合计	男	女	合计	男	女
汕尾市	**2031421**	**1047568**	**983853**	**141136**	**34288**	**106848**	**6.95**	**3.27**	**10.86**
城　区	355746	184298	171448	18997	5085	13912	5.34	2.76	8.11
海丰县	605940	315609	290331	22688	5465	17223	3.74	1.73	5.93
陆河县	181948	92211	89737	6196	1540	4656	3.41	1.67	5.19
陆丰市	887787	455450	432337	93255	22198	71057	10.50	4.87	16.44
河源市	**2120165**	**1069051**	**1051114**	**53216**	**10242**	**42974**	**2.51**	**0.96**	**4.09**
源城区	540034	272790	267244	5850	1201	4649	1.08	0.44	1.74
紫金县	397803	200211	197592	13114	2399	10715	3.30	1.20	5.42
龙川县	440139	218898	221241	10454	1983	8471	2.38	0.91	3.83
连平县	214126	106938	107188	8362	1379	6983	3.91	1.29	6.51
和平县	257927	129740	128187	8594	1662	6932	3.33	1.28	5.41
东源县	270136	140474	129662	6842	1618	5224	2.53	1.15	4.03
阳江市	**2017718**	**1046387**	**971331**	**58392**	**13217**	**45175**	**2.89**	**1.26**	**4.65**
江城区	651863	332054	319809	12430	3186	9244	1.91	0.96	2.89
阳东区	375686	200460	175226	8304	2080	6224	2.21	1.04	3.55
阳西县	335366	176917	158449	15001	3542	11459	4.47	2.00	7.23
阳春市	654803	336956	317847	22657	4409	18248	3.46	1.31	5.74
清远市	**3043330**	**1559161**	**1484169**	**98403**	**17268**	**81135**	**3.23**	**1.11**	**5.47**
清城区	883539	455470	428069	13416	2379	11037	1.52	0.52	2.58
清新区	475680	242505	233175	15093	2552	12541	3.17	1.05	5.38
佛冈县	239820	123197	116623	4487	906	3581	1.87	0.74	3.07
阳山县	273010	137958	135052	15933	2646	13287	5.84	1.92	9.84
连山壮族瑶族自治县	71726	36523	35203	1817	385	1432	2.53	1.05	4.07
连南瑶族自治县	99143	48841	50302	5248	1367	3881	5.29	2.80	7.72
英德市	709357	367535	341822	32117	4853	27264	4.53	1.32	7.98
连州市	291055	147132	143923	10292	2180	8112	3.54	1.48	5.64
东莞市	**9093750**	**5163718**	**3930032**	**60062**	**13981**	**46081**	**0.66**	**0.27**	**1.17**
市辖区	9093750	5163718	3930032	60062	13981	46081	0.66	0.27	1.17
中山市	**3724951**	**2009120**	**1715831**	**40156**	**8831**	**31325**	**1.08**	**0.44**	**1.83**
市辖区	3724951	2009120	1715831	40156	8831	31325	1.08	0.44	1.83
潮州市	**2072572**	**1046002**	**1026570**	**85719**	**16262**	**69457**	**4.14**	**1.55**	**6.77**
湘桥区	478873	235285	243588	8228	1606	6622	1.72	0.68	2.72
潮安区	946416	482687	463729	32756	7415	25341	3.46	1.54	5.46
饶平县	647283	328030	319253	44735	7241	37494	6.91	2.21	11.74
揭阳市	**4153668**	**2107347**	**2046321**	**127599**	**30712**	**96887**	**3.07**	**1.46**	**4.73**
榕城区	735395	370768	364627	15099	4527	10572	2.05	1.22	2.90
揭东区	724039	373320	350719	12791	3964	8827	1.77	1.06	2.52
揭西县	512027	260629	251398	10897	2806	8091	2.13	1.08	3.22
惠来县	716254	358210	358044	56234	10454	45780	7.85	2.92	12.79
普宁市	1465953	744420	721533	32578	8961	23617	2.22	1.20	3.27
云浮市	**1784538**	**911988**	**872550**	**37956**	**7222**	**30734**	**2.13**	**0.79**	**3.52**
云城区	311409	160664	150745	4546	828	3718	1.46	0.52	2.47
云安区	176615	92675	83940	7504	1291	6213	4.25	1.39	7.40
新兴县	338546	170901	167645	4873	875	3998	1.44	0.51	2.38
郁南县	278377	142304	136073	8092	1677	6415	2.91	1.18	4.71
罗定市	679591	345444	334147	12941	2551	10390	1.90	0.74	3.11

1-7a 各地区分性别的15岁及以上文盲人口(城市)

单位：人、%

地 区	15岁及以上人口			文盲人口			文盲人口占15岁及以上人口比重		
	合计	男	女	合计	男	女	合计	男	女
广 东	**64062941**	**34158366**	**29904575**	**573435**	**127171**	**446264**	**0.90**	**0.37**	**1.49**
广州市	**12904338**	**6744906**	**6159432**	**71257**	**15023**	**56234**	**0.55**	**0.22**	**0.91**
荔湾区	1072698	546756	525942	8089	2136	5953	0.75	0.39	1.13
越秀区	896935	432272	464663	3723	688	3035	0.42	0.16	0.65
海珠区	1613190	808887	804303	6644	1113	5531	0.41	0.14	0.69
天河区	1982373	1039475	942898	7033	1509	5524	0.35	0.15	0.59
白云区	2463316	1319578	1143738	14995	3479	11516	0.61	0.26	1.01
黄埔区	961396	536337	425059	7344	1508	5836	0.76	0.28	1.37
番禺区	2002107	1045894	956213	9823	1927	7896	0.49	0.18	0.83
花都区	868619	460657	407962	4100	829	3271	0.47	0.18	0.80
南沙区	388544	221370	167174	5583	1017	4566	1.44	0.46	2.73
从化区	185468	92092	93376	700	133	567	0.38	0.14	0.61
增城区	469692	241588	228104	3223	684	2539	0.69	0.28	1.11
韶关市	**774106**	**378841**	**395265**	**12733**	**1754**	**10979**	**1.64**	**0.46**	**2.78**
武江区	254584	123917	130667	2848	380	2468	1.12	0.31	1.89
浈江区	233662	117410	116252	2864	553	2311	1.23	0.47	1.99
曲江区	117626	57336	60290	2041	242	1799	1.74	0.42	2.98
始兴县									
仁化县									
翁源县									
乳源瑶族自治县									
新丰县									
乐昌市	79590	37775	41815	2153	312	1841	2.71	0.83	4.40
南雄市	88644	42403	46241	2827	267	2560	3.19	0.63	5.54
深圳市	**14806228**	**8169737**	**6636491**	**99493**	**17816**	**81677**	**0.67**	**0.22**	**1.23**
罗湖区	949844	478211	471633	7015	1226	5789	0.74	0.26	1.23
福田区	1305681	671691	633990	7635	1129	6506	0.58	0.17	1.03
南山区	1526511	810505	716006	6947	1425	5522	0.46	0.18	0.77
宝安区	3862467	2189594	1672873	24500	4338	20162	0.63	0.20	1.21
龙岗区	3403181	1851914	1551267	26232	4629	21603	0.77	0.25	1.39
盐田区	179275	97354	81921	1245	203	1042	0.69	0.21	1.27
龙华区	2166929	1238138	928791	12722	2056	10666	0.59	0.17	1.15
坪山区	460451	269595	190856	4434	936	3498	0.96	0.35	1.83
光明区	951889	562735	389154	8763	1874	6889	0.92	0.33	1.77
珠海市	**1596863**	**834056**	**762807**	**14023**	**2875**	**11148**	**0.88**	**0.34**	**1.46**
香洲区	1122756	581347	541409	9409	1838	7571	0.84	0.32	1.40
斗门区	201468	106658	94810	2373	495	1878	1.18	0.46	1.98
金湾区	272639	146051	126588	2241	542	1699	0.82	0.37	1.34
汕头市	**2033648**	**1006267**	**1027381**	**71658**	**19536**	**52122**	**3.52**	**1.94**	**5.07**
龙湖区	431964	216396	215568	8670	2223	6447	2.01	1.03	2.99
金平区	637534	309911	327623	12025	2587	9438	1.89	0.83	2.88
濠江区	147806	73106	74700	12604	2141	10463	8.53	2.93	14.01
潮阳区	280350	135987	144363	13168	3206	9962	4.70	2.36	6.90
潮南区	313536	157739	155797	21874	8685	13189	6.98	5.51	8.47
澄海区	222458	113128	109330	3317	694	2623	1.49	0.61	2.40
南澳县									
佛山市	**7238109**	**3914404**	**3323705**	**65247**	**14644**	**50603**	**0.90**	**0.37**	**1.52**
禅城区	961120	499876	461244	5697	1149	4548	0.59	0.23	0.99
南海区	2939210	1606985	1332225	22270	5017	17253	0.76	0.31	1.30
顺德区	2704846	1475723	1229123	31836	7496	24340	1.18	0.51	1.98
三水区	309929	159738	150191	3115	455	2660	1.01	0.28	1.77
高明区	323004	172082	150922	2329	527	1802	0.72	0.31	1.19

1-7a 续表 1

单位：人、%

地 区	15岁及以上人口			文盲人口			文盲人口占15岁及以上人口比重		
	合计	男	女	合计	男	女	合计	男	女
江门市	**2349573**	**1197698**	**1151875**	**15976**	**3284**	**12692**	**0.68**	**0.27**	**1.10**
蓬江区	694065	358519	335546	4936	1050	3886	0.71	0.29	1.16
江海区	305921	160864	145057	4431	766	3665	1.45	0.48	2.53
新会区	400769	202089	198680	2980	589	2391	0.74	0.29	1.20
台山市	298684	150491	148193	867	197	670	0.29	0.13	0.45
开平市	278748	136873	141875	1354	363	991	0.49	0.27	0.70
鹤山市	208904	105888	103016	804	182	622	0.38	0.17	0.60
恩平市	162482	82974	79508	604	137	467	0.37	0.17	0.59
湛江市	**1518260**	**758095**	**760165**	**19793**	**4895**	**14898**	**1.30**	**0.65**	**1.96**
赤坎区	321059	155121	165938	2748	706	2042	0.86	0.46	1.23
霞山区	483215	240607	242608	4585	1091	3494	0.95	0.45	1.44
坡头区	52352	26377	25975	889	200	689	1.70	0.76	2.65
麻章区	91147	48978	42169	1696	488	1208	1.86	1.00	2.86
遂溪县	16214	8455	7759	467	117	350	2.88	1.38	4.51
徐闻县									
廉江市	184432	91248	93184	1586	335	1251	0.86	0.37	1.34
雷州市	179272	91619	87653	4221	1196	3025	2.35	1.31	3.45
吴川市	190569	95690	94879	3601	762	2839	1.89	0.80	2.99
茂名市	**1382400**	**696695**	**685705**	**16537**	**3801**	**12736**	**1.20**	**0.55**	**1.86**
茂南区	505971	256030	249941	4289	873	3416	0.85	0.34	1.37
电白区	185072	94148	90924	6674	1652	5022	3.61	1.75	5.52
高州市	250076	125432	124644	1883	401	1482	0.75	0.32	1.19
化州市	208865	106500	102365	1764	455	1309	0.84	0.43	1.28
信宜市	232416	114585	117831	1927	420	1507	0.83	0.37	1.28
肇庆市	**1011595**	**521368**	**490227**	**9132**	**1896**	**7236**	**0.90**	**0.36**	**1.48**
端州区	490480	242943	247537	4667	925	3742	0.95	0.38	1.51
鼎湖区	94658	49169	45489	1477	270	1207	1.56	0.55	2.65
高要区	88778	45224	43554	689	164	525	0.78	0.36	1.21
广宁县									
怀集县									
封开县									
德庆县									
四会市	337679	184032	153647	2299	537	1762	0.68	0.29	1.15
惠州市	**2149611**	**1163836**	**985775**	**15832**	**3368**	**12464**	**0.74**	**0.29**	**1.26**
惠城区	1286767	676150	610617	9407	1807	7600	0.73	0.27	1.24
惠阳区	844622	477459	367163	6296	1530	4766	0.75	0.32	1.30
博罗县	18222	10227	7995	129	31	98	0.71	0.30	1.23
惠东县									
龙门县									
梅州市	**747757**	**362840**	**384917**	**4287**	**1024**	**3263**	**0.57**	**0.28**	**0.85**
梅江区	322654	159498	163156	1800	514	1286	0.56	0.32	0.79
梅县区	191773	92210	99563	718	113	605	0.37	0.12	0.61
大埔县									
丰顺县									
五华县	10358	5018	5340	233	53	180	2.25	1.06	3.37
平远县									
蕉岭县									
兴宁市	222972	106114	116858	1536	344	1192	0.69	0.32	1.02

1-7a　续表 2　　　　单位：人、%

地　　区	15岁及以上人口			文盲人口			文盲人口占15岁及以上人口比重		
	合计	男	女	合计	男	女	合计	男	女
汕尾市	**410877**	**211308**	**199569**	**19160**	**5302**	**13858**	**4.66**	**2.51**	**6.94**
城　区	239819	122828	116991	9649	2648	7001	4.02	2.16	5.98
海丰县									
陆河县									
陆丰市	171058	88480	82578	9511	2654	6857	5.56	3.00	8.30
河源市	**481442**	**241185**	**240257**	**5050**	**1021**	**4029**	**1.05**	**0.42**	**1.68**
源城区	481442	241185	240257	5050	1021	4029	1.05	0.42	1.68
紫金县									
龙川县									
连平县									
和平县									
东源县									
阳江市	**786306**	**395907**	**390399**	**8749**	**2138**	**6611**	**1.11**	**0.54**	**1.69**
江城区	445875	223913	221962	4588	1357	3231	1.03	0.61	1.46
阳东区	140280	72535	67745	1135	260	875	0.81	0.36	1.29
阳西县									
阳春市	200151	99459	100692	3026	521	2505	1.51	0.52	2.49
清远市	**950171**	**467011**	**483160**	**14196**	**2155**	**12041**	**1.49**	**0.46**	**2.49**
清城区	508737	251899	256838	6316	1075	5241	1.24	0.43	2.04
清新区	174269	84500	89769	3633	434	3199	2.08	0.51	3.56
佛冈县									
阳山县									
连山壮族瑶族自治县									
连南瑶族自治县									
英德市	158173	79556	78617	2430	340	2090	1.54	0.43	2.66
连州市	108992	51056	57936	1817	306	1511	1.67	0.60	2.61
东莞市	**8292724**	**4691528**	**3601196**	**52354**	**12130**	**40224**	**0.63**	**0.26**	**1.12**
市辖区	8292724	4691528	3601196	52354	12130	40224	0.63	0.26	1.12
中山市	**2308578**	**1235647**	**1072931**	**20074**	**4676**	**15398**	**0.87**	**0.38**	**1.44**
市辖区	2308578	1235647	1072931	20074	4676	15398	0.87	0.38	1.44
潮州市	**764933**	**383473**	**381460**	**16766**	**3632**	**13134**	**2.19**	**0.95**	**3.44**
湘桥区	355081	174637	180444	5039	894	4145	1.42	0.51	2.30
潮安区	409852	208836	201016	11727	2738	8989	2.86	1.31	4.47
饶平县									
揭阳市	**1120664**	**565107**	**555557**	**17350**	**5396**	**11954**	**1.55**	**0.95**	**2.15**
榕城区	511762	257078	254684	9974	3111	6863	1.95	1.21	2.69
揭东区	235282	120210	115072	2456	700	1756	1.04	0.58	1.53
揭西县									
惠来县									
普宁市	373620	187819	185801	4920	1585	3335	1.32	0.84	1.79
云浮市	**434758**	**218457**	**216301**	**3768**	**805**	**2963**	**0.87**	**0.37**	**1.37**
云城区	237026	121189	115837	2320	449	1871	0.98	0.37	1.62
云安区	15620	8126	7494	194	37	157	1.24	0.46	2.10
新兴县									
郁南县									
罗定市	182112	89142	92970	1254	319	935	0.69	0.36	1.01

1-7b 各地区分性别的15岁及以上文盲人口(镇)

单位：人、%

地区	15岁及以上人口			文盲人口			文盲人口占15岁及以上人口比重		
	合计	男	女	合计	男	女	合计	男	女
广东	**13210061**	**6838544**	**6371517**	**299165**	**66215**	**232950**	**2.26**	**0.97**	**3.66**
广州市	**1029962**	**555819**	**474143**	**8159**	**1641**	**6518**	**0.79**	**0.30**	**1.37**
荔湾区									
越秀区									
海珠区									
天河区									
白云区	237120	128805	108315	1306	280	1026	0.55	0.22	0.95
黄埔区	28727	14042	14685	319	53	266	1.11	0.38	1.81
番禺区	58933	33053	25880	516	116	400	0.88	0.35	1.55
花都区	84000	44395	39605	549	92	457	0.65	0.21	1.15
南沙区	136464	75176	61288	2793	526	2267	2.05	0.70	3.70
从化区	86804	50458	36346	277	52	225	0.32	0.10	0.62
增城区	397914	209890	188024	2399	522	1877	0.60	0.25	1.00
韶关市	**519728**	**251948**	**267780**	**16278**	**2077**	**14201**	**3.13**	**0.82**	**5.30**
武江区	2086	1046	1040	84	8	76	4.03	0.76	7.31
浈江区	29416	17265	12151	710	189	521	2.41	1.09	4.29
曲江区	22403	11718	10685	964	152	812	4.30	1.30	7.60
始兴县	62298	28499	33799	1803	154	1649	2.89	0.54	4.88
仁化县	59184	28459	30725	1788	220	1568	3.02	0.77	5.10
翁源县	84403	39082	45321	1904	219	1685	2.26	0.56	3.72
乳源瑶族自治县	66216	32131	34085	2063	314	1749	3.12	0.98	5.13
新丰县	77897	37842	40055	774	91	683	0.99	0.24	1.71
乐昌市	70938	34169	36769	4008	512	3496	5.65	1.50	9.51
南雄市	44887	21737	23150	2180	218	1962	4.86	1.00	8.48
深圳市	**5763**	**4320**	**1443**	**53**	**17**	**36**	**0.92**	**0.39**	**2.49**
罗湖区									
福田区									
南山区	4016	3499	517	43	14	29	1.07	0.40	5.61
宝安区									
龙岗区									
盐田区									
龙华区									
坪山区	1747	821	926	10	3	7	0.57	0.37	0.76
光明区									
珠海市	**262880**	**158243**	**104637**	**3760**	**1021**	**2739**	**1.43**	**0.65**	**2.62**
香洲区	48228	34334	13894	747	338	409	1.55	0.98	2.94
斗门区	122215	67485	54730	1754	406	1348	1.44	0.60	2.46
金湾区	92437	56424	36013	1259	277	982	1.36	0.49	2.73
汕头市	**1039675**	**525259**	**514416**	**37132**	**9263**	**27869**	**3.57**	**1.76**	**5.42**
龙湖区									
金平区									
濠江区	4444	2241	2203	649	157	492	14.60	7.01	22.33
潮阳区	461229	234349	226880	15286	4258	11028	3.31	1.82	4.86
潮南区	228778	114800	113978	9610	2537	7073	4.20	2.21	6.21
澄海区	302494	152601	149893	8110	1640	6470	2.68	1.07	4.32
南澳县	42730	21268	21462	3477	671	2806	8.14	3.15	13.07
佛山市	**429078**	**246168**	**182910**	**4878**	**970**	**3908**	**1.14**	**0.39**	**2.14**
禅城区	181183	100619	80564	2019	379	1640	1.11	0.38	2.04
南海区	45964	26390	19574	361	58	303	0.79	0.22	1.55
顺德区									
三水区	179681	106173	73508	2153	427	1726	1.20	0.40	2.35
高明区	22250	12986	9264	345	106	239	1.55	0.82	2.58

1-7b 续表 1

单位：人、%

地 区	15岁及以上人口			文盲人口			文盲人口占15岁及以上人口比重		
	合计	男	女	合计	男	女	合计	男	女
江门市	**352448**	**189263**	**163185**	**4659**	**1118**	**3541**	**1.32**	**0.59**	**2.17**
蓬江区									
江海区									
新会区	102078	54081	47997	1680	374	1306	1.65	0.69	2.72
台山市	65728	33908	31820	1148	310	838	1.75	0.91	2.63
开平市	73844	39004	34840	785	157	628	1.06	0.40	1.80
鹤山市	65548	38174	27374	535	160	375	0.82	0.42	1.37
恩平市	45250	24096	21154	511	117	394	1.13	0.49	1.86
湛江市	**877184**	**446467**	**430717**	**23337**	**5919**	**17418**	**2.66**	**1.33**	**4.04**
赤坎区									
霞山区	3169	1600	1569	88	20	68	2.78	1.25	4.33
坡头区	54543	27550	26993	1481	366	1115	2.72	1.33	4.13
麻章区	92567	46940	45627	1806	594	1212	1.95	1.27	2.66
遂溪县	198624	100282	98342	4856	1318	3538	2.44	1.31	3.60
徐闻县	175032	88497	86535	4316	1004	3312	2.47	1.13	3.83
廉江市	139921	72631	67290	3499	852	2647	2.50	1.17	3.93
雷州市	118650	61372	57278	4295	1176	3119	3.62	1.92	5.45
吴川市	94678	47595	47083	2996	589	2407	3.16	1.24	5.11
茂名市	**626507**	**322550**	**303957**	**17881**	**4304**	**13577**	**2.85**	**1.33**	**4.47**
茂南区	32767	17152	15615	534	141	393	1.63	0.82	2.52
电白区	268490	138379	130111	11549	2725	8824	4.30	1.97	6.78
高州市	128132	66530	61602	2836	665	2171	2.21	1.00	3.52
化州市	128768	66534	62234	1528	474	1054	1.19	0.71	1.69
信宜市	68350	33955	34395	1434	299	1135	2.10	0.88	3.30
肇庆市	**658482**	**338622**	**319860**	**9856**	**1750**	**8106**	**1.50**	**0.52**	**2.53**
端州区									
鼎湖区	29704	16576	13128	355	62	293	1.20	0.37	2.23
高要区	132795	71865	60930	2064	431	1633	1.55	0.60	2.68
广宁县	123997	60265	63732	1358	234	1124	1.10	0.39	1.76
怀集县	167605	84531	83074	2705	453	2252	1.61	0.54	2.71
封开县	96692	49088	47604	2135	336	1799	2.21	0.68	3.78
德庆县	78300	39550	38750	944	167	777	1.21	0.42	2.01
四会市	29389	16747	12642	295	67	228	1.00	0.40	1.80
惠州市	**1342697**	**706793**	**635904**	**16407**	**3549**	**12858**	**1.22**	**0.50**	**2.02**
惠城区	106176	57978	48198	957	212	745	0.90	0.37	1.55
惠阳区	98256	54617	43639	830	213	617	0.84	0.39	1.41
博罗县	548519	290518	258001	5383	1274	4109	0.98	0.44	1.59
惠东县	479409	249231	230178	7767	1551	6216	1.62	0.62	2.70
龙门县	110337	54449	55888	1470	299	1171	1.33	0.55	2.10
梅州市	**783359**	**385822**	**397537**	**10891**	**2057**	**8834**	**1.39**	**0.53**	**2.22**
梅江区	5223	2678	2545	80	21	59	1.53	0.78	2.32
梅县区	34921	18117	16804	352	62	290	1.01	0.34	1.73
大埔县	114720	55008	59712	1505	213	1292	1.31	0.39	2.16
丰顺县	193094	98030	95064	2481	622	1859	1.28	0.63	1.96
五华县	228060	111628	116432	2576	552	2024	1.13	0.49	1.74
平远县	74473	35784	38689	2069	220	1849	2.78	0.61	4.78
蕉岭县	79142	37737	41405	996	197	799	1.26	0.52	1.93
兴宁市	53726	26840	26886	832	170	662	1.55	0.63	2.46

1-7b 续表 2 单位：人、%

地　区	15岁及以上人口			文盲人口			文盲人口占15岁及以上人口比重		
	合计	男	女	合计	男	女	合计	男	女
汕尾市	**769127**	**392901**	**376226**	**32896**	**7503**	**25393**	**4.28**	**1.91**	**6.75**
城　区	32831	17303	15528	1087	203	884	3.31	1.17	5.69
海丰县	404064	207931	196133	9714	2287	7427	2.40	1.10	3.79
陆河县	97648	48837	48811	2037	495	1542	2.09	1.01	3.16
陆丰市	234584	118830	115754	20058	4518	15540	8.55	3.80	13.43
河源市	**538638**	**260333**	**278305**	**7585**	**1497**	**6088**	**1.41**	**0.58**	**2.19**
源城区	27466	14686	12780	198	46	152	0.72	0.31	1.19
紫金县	149298	72692	76606	2636	599	2037	1.77	0.82	2.66
龙川县	136607	63337	73270	1179	181	998	0.86	0.29	1.36
连平县	78266	37973	40293	2094	364	1730	2.68	0.96	4.29
和平县	81737	38529	43208	760	136	624	0.93	0.35	1.44
东源县	65264	33116	32148	718	171	547	1.10	0.52	1.70
阳江市	**309334**	**160793**	**148541**	**7987**	**1937**	**6050**	**2.58**	**1.20**	**4.07**
江城区	43427	22490	20937	1696	466	1230	3.91	2.07	5.87
阳东区	50507	28620	21887	1548	480	1068	3.06	1.68	4.88
阳西县	144222	73603	70619	3156	668	2488	2.19	0.91	3.52
阳春市	71178	36080	35098	1587	323	1264	2.23	0.90	3.60
清远市	**692562**	**348478**	**344084**	**17823**	**3139**	**14684**	**2.57**	**0.90**	**4.27**
清城区	207875	110906	96969	3577	658	2919	1.72	0.59	3.01
清新区	30386	15665	14721	994	216	778	3.27	1.38	5.28
佛冈县	101888	49894	51994	731	112	619	0.72	0.22	1.19
阳山县	112174	53279	58895	3795	650	3145	3.38	1.22	5.34
连山壮族瑶族自治县	29314	14209	15105	424	71	353	1.45	0.50	2.34
连南瑶族自治县	45815	21881	23934	1424	319	1105	3.11	1.46	4.62
英德市	139386	69718	69668	5834	907	4927	4.19	1.30	7.07
连州市	25724	12926	12798	1044	206	838	4.06	1.59	6.55
东莞市	**78201**	**44248**	**33953**	**468**	**99**	**369**	**0.60**	**0.22**	**1.09**
市辖区	78201	44248	33953	468	99	369	0.60	0.22	1.09
中山市	**927847**	**508526**	**419321**	**9939**	**2126**	**7813**	**1.07**	**0.42**	**1.86**
市辖区	927847	508526	419321	9939	2126	7813	1.07	0.42	1.86
潮州市	**577952**	**290445**	**287507**	**26479**	**5457**	**21022**	**4.58**	**1.88**	**7.31**
湘桥区	66065	31745	34320	1239	346	893	1.88	1.09	2.60
潮安区	194336	99096	95240	7037	1659	5378	3.62	1.67	5.65
饶平县	317551	159604	157947	18203	3452	14751	5.73	2.16	9.34
揭阳市	**1034885**	**526390**	**508495**	**37307**	**9662**	**27645**	**3.60**	**1.84**	**5.44**
榕城区	70893	36137	34756	1575	457	1118	2.22	1.26	3.22
揭东区	161215	84577	76638	4228	1450	2778	2.62	1.71	3.62
揭西县	163434	82823	80611	1917	486	1431	1.17	0.59	1.78
惠来县	310821	156272	154549	22645	5406	17239	7.29	3.46	11.15
普宁市	328522	166581	161941	6942	1863	5079	2.11	1.12	3.14
云浮市	**353752**	**175156**	**178596**	**5390**	**1109**	**4281**	**1.52**	**0.63**	**2.40**
云城区									
云安区	35636	18554	17082	1566	290	1276	4.39	1.56	7.47
新兴县	145095	70937	74158	1100	205	895	0.76	0.29	1.21
郁南县	119534	59047	60487	2021	470	1551	1.69	0.80	2.56
罗定市	53487	26618	26869	703	144	559	1.31	0.54	2.08

1-7c　各地区分性别的15岁及以上文盲人口(乡村)

单位：人、%

地　　区	15岁及以上人口			文盲人口			文盲人口占15岁及以上人口比重		
	合计	男	女	合计	男	女	合计	男	女
广　东	**24989626**	**13128120**	**11861506**	**952657**	**200236**	**752421**	**3.81**	**1.53**	**6.34**
广州市	**2152116**	**1167747**	**984369**	**28112**	**5597**	**22515**	**1.31**	**0.48**	**2.29**
荔湾区									
越秀区									
海珠区									
天河区									
白云区	600560	326695	273865	5392	1127	4265	0.90	0.34	1.56
黄埔区	79051	43896	35155	950	218	732	1.20	0.50	2.08
番禺区	242932	135929	107003	3299	531	2768	1.36	0.39	2.59
花都区	417406	229391	188015	4611	1018	3593	1.10	0.44	1.91
南沙区	192333	104624	87709	4862	735	4127	2.53	0.70	4.71
从化区	303903	157135	146768	5208	1027	4181	1.71	0.65	2.85
增城区	315931	170077	145854	3790	941	2849	1.20	0.55	1.95
韶关市	**944680**	**492087**	**452593**	**54389**	**7671**	**46718**	**5.76**	**1.56**	**10.32**
武江区	44195	23522	20673	2466	391	2075	5.58	1.66	10.04
浈江区	40716	21461	19255	1920	264	1656	4.72	1.23	8.60
曲江区	91995	49481	42514	4283	671	3612	4.66	1.36	8.50
始兴县	91017	45646	45371	5044	633	4411	5.54	1.39	9.72
仁化县	85014	44197	40817	5892	722	5170	6.93	1.63	12.67
翁源县	158340	82526	75814	6598	1041	5557	4.17	1.26	7.33
乳源瑶族自治县	76532	40113	36419	4295	713	3582	5.61	1.78	9.84
新丰县	72729	38656	34073	2296	389	1907	3.16	1.01	5.60
乐昌市	140708	74265	66443	12715	1954	10761	9.04	2.63	16.20
南雄市	143434	72220	71214	8880	893	7987	6.19	1.24	11.22
深圳市	**44295**	**27351**	**16944**	**643**	**144**	**499**	**1.45**	**0.53**	**2.94**
罗湖区									
福田区									
南山区									
宝安区									
龙岗区	44295	27351	16944	643	144	499	1.45	0.53	2.94
盐田区									
龙华区									
坪山区									
光明区									
珠海市	**192373**	**104761**	**87612**	**7353**	**1435**	**5918**	**3.82**	**1.37**	**6.75**
香洲区	1056	791	265	29	10	19	2.75	1.26	7.17
斗门区	176450	95440	81010	6703	1286	5417	3.80	1.35	6.69
金湾区	14867	8530	6337	621	139	482	4.18	1.63	7.61
汕头市	**1202679**	**605488**	**597191**	**64396**	**15556**	**48840**	**5.35**	**2.57**	**8.18**
龙湖区	80848	40496	40352	5622	1462	4160	6.95	3.61	10.31
金平区	12399	6094	6305	1002	302	700	8.08	4.96	11.10
濠江区	58591	31079	27512	5772	1108	4664	9.85	3.57	16.95
潮阳区	489256	242684	246572	24220	6394	17826	4.95	2.63	7.23
潮南区	356620	179946	176674	20606	4787	15819	5.78	2.66	8.95
澄海区	194221	99789	94432	5555	1130	4425	2.86	1.13	4.69
南澳县	10744	5400	5344	1619	373	1246	15.07	6.91	23.32
佛山市	**396976**	**224671**	**172305**	**7759**	**1592**	**6167**	**1.95**	**0.71**	**3.58**
禅城区									
南海区	124608	70809	53799	1892	429	1463	1.52	0.61	2.72
顺德区	39442	22912	16530	1004	269	735	2.55	1.17	4.45
三水区	189401	107524	81877	3589	650	2939	1.89	0.60	3.59
高明区	43525	23426	20099	1274	244	1030	2.93	1.04	5.12

1-7c 续表 1

单位：人、%

地　区	15岁及以上人口			文盲人口			文盲人口占15岁及以上人口比重		
	合计	男	女	合计	男	女	合计	男	女
江门市	**1327569**	**691192**	**636377**	**25421**	**5841**	**19580**	**1.91**	**0.85**	**3.08**
蓬江区	21629	11103	10526	258	31	227	1.19	0.28	2.16
江海区									
新会区	260019	138682	121337	7036	1669	5367	2.71	1.20	4.42
台山市	411767	210253	201514	6963	1643	5320	1.69	0.78	2.64
开平市	273002	138331	134671	5219	1097	4122	1.91	0.79	3.06
鹤山市	165930	89120	76810	2180	499	1681	1.31	0.56	2.19
恩平市	195222	103703	91519	3765	902	2863	1.93	0.87	3.13
湛江市	**2765170**	**1454323**	**1310847**	**152386**	**37354**	**115032**	**5.51**	**2.57**	**8.78**
赤坎区	6238	3194	3044	108	21	87	1.73	0.66	2.86
霞山区	23181	11859	11322	508	113	395	2.19	0.95	3.49
坡头区	143467	77055	66412	6894	1698	5196	4.81	2.20	7.82
麻章区	220497	115896	104601	12017	3616	8401	5.45	3.12	8.03
遂溪县	396527	208766	187761	19461	5012	14449	4.91	2.40	7.70
徐闻县	288618	150054	138564	18923	4518	14405	6.56	3.01	10.40
廉江市	655684	349266	306418	29652	7804	21848	4.52	2.23	7.13
雷州市	649408	338188	311220	49552	11265	38287	7.63	3.33	12.30
吴川市	381550	200045	181505	15271	3307	11964	4.00	1.65	6.59
茂名市	**2494040**	**1303342**	**1190698**	**90302**	**20651**	**69651**	**3.62**	**1.58**	**5.85**
茂南区	254546	132164	122382	5846	1358	4488	2.30	1.03	3.67
电白区	643519	340131	303388	38256	9487	28769	5.94	2.79	9.48
高州市	604795	313405	291390	23683	4929	18754	3.92	1.57	6.44
化州市	568658	298753	269905	9661	2340	7321	1.70	0.78	2.71
信宜市	422522	218889	203633	12856	2537	10319	3.04	1.16	5.07
肇庆市	**1532084**	**782201**	**749883**	**47882**	**6988**	**40894**	**3.13**	**0.89**	**5.45**
端州区									
鼎湖区	44032	21980	22052	1911	248	1663	4.34	1.13	7.54
高要区	366628	188528	178100	9383	1569	7814	2.56	0.83	4.39
广宁县	189389	97535	91854	4993	841	4152	2.64	0.86	4.52
怀集县	414124	205627	208497	15264	1835	13429	3.69	0.89	6.44
封开县	188813	96954	91859	7825	1223	6602	4.14	1.26	7.19
德庆县	174284	89579	84705	4331	711	3620	2.49	0.79	4.27
四会市	154814	81998	72816	4175	561	3614	2.70	0.68	4.96
惠州市	**1296138**	**706598**	**589540**	**30757**	**7223**	**23534**	**2.37**	**1.02**	**3.99**
惠城区	269488	148973	120515	3348	805	2543	1.24	0.54	2.11
惠阳区	212079	120363	91716	2823	693	2130	1.33	0.58	2.32
博罗县	389925	208595	181330	8699	2090	6609	2.23	1.00	3.64
惠东县	290203	155937	134266	11790	2692	9098	4.06	1.73	6.78
龙门县	134443	72730	61713	4097	943	3154	3.05	1.30	5.11
梅州市	**1432144**	**724910**	**707234**	**43959**	**7945**	**36014**	**3.07**	**1.10**	**5.09**
梅江区	29813	15060	14753	269	90	179	0.90	0.60	1.21
梅县区	215130	108616	106514	4909	917	3992	2.28	0.84	3.75
大埔县	141272	73526	67746	4367	705	3662	3.09	0.96	5.41
丰顺县	170044	88184	81860	4969	944	4025	2.92	1.07	4.92
五华县	407313	203643	203670	13452	2788	10664	3.30	1.37	5.24
平远县	77833	39272	38561	4431	507	3924	5.69	1.29	10.18
蕉岭县	69383	35458	33925	2339	375	1964	3.37	1.06	5.79
兴宁市	321356	161151	160205	9223	1619	7604	2.87	1.00	4.75

1-7c　续表 2

单位：人、%

地　区	15岁及以上人口			文盲人口			文盲人口占15岁及以上人口比重		
	合计	男	女	合计	男	女	合计	男	女
汕尾市	**851417**	**443359**	**408058**	**89080**	**21483**	**67597**	**10.46**	**4.85**	**16.57**
城　区	83096	44167	38929	8261	2234	6027	9.94	5.06	15.48
海丰县	201876	107678	94198	12974	3178	9796	6.43	2.95	10.40
陆河县	84300	43374	40926	4159	1045	3114	4.93	2.41	7.61
陆丰市	482145	248140	234005	63686	15026	48660	13.21	6.06	20.79
河源市	**1100085**	**567533**	**532552**	**40581**	**7724**	**32857**	**3.69**	**1.36**	**6.17**
源城区	31126	16919	14207	602	134	468	1.93	0.79	3.29
紫金县	248505	127519	120986	10478	1800	8678	4.22	1.41	7.17
龙川县	303532	155561	147971	9275	1802	7473	3.06	1.16	5.05
连平县	135860	68965	66895	6268	1015	5253	4.61	1.47	7.85
和平县	176190	91211	84979	7834	1526	6308	4.45	1.67	7.42
东源县	204872	107358	97514	6124	1447	4677	2.99	1.35	4.80
阳江市	**922078**	**489687**	**432391**	**41656**	**9142**	**32514**	**4.52**	**1.87**	**7.52**
江城区	162561	85651	76910	6146	1363	4783	3.78	1.59	6.22
阳东区	184899	99305	85594	5621	1340	4281	3.04	1.35	5.00
阳西县	191144	103314	87830	11845	2874	8971	6.20	2.78	10.21
阳春市	383474	201417	182057	18044	3565	14479	4.71	1.77	7.95
清远市	**1400597**	**743672**	**656925**	**66384**	**11974**	**54410**	**4.74**	**1.61**	**8.28**
清城区	166927	92665	74262	3523	646	2877	2.11	0.70	3.87
清新区	271025	142340	128685	10466	1902	8564	3.86	1.34	6.66
佛冈县	137932	73303	64629	3756	794	2962	2.72	1.08	4.58
阳山县	160836	84679	76157	12138	1996	10142	7.55	2.36	13.32
连山壮族瑶族自治县	42412	22314	20098	1393	314	1079	3.28	1.41	5.37
连南瑶族自治县	53328	26960	26368	3824	1048	2776	7.17	3.89	10.53
英德市	411798	218261	193537	23853	3606	20247	5.79	1.65	10.46
连州市	156339	83150	73189	7431	1668	5763	4.75	2.01	7.87
东莞市	**722825**	**427942**	**294883**	**7240**	**1752**	**5488**	**1.00**	**0.41**	**1.86**
市辖区	722825	427942	294883	7240	1752	5488	1.00	0.41	1.86
中山市	**488526**	**264947**	**223579**	**10143**	**2029**	**8114**	**2.08**	**0.77**	**3.63**
市辖区	488526	264947	223579	10143	2029	8114	2.08	0.77	3.63
潮州市	**729687**	**372084**	**357603**	**42474**	**7173**	**35301**	**5.82**	**1.93**	**9.87**
湘桥区	57727	28903	28824	1950	366	1584	3.38	1.27	5.50
潮安区	342228	174755	167473	13992	3018	10974	4.09	1.73	6.55
饶平县	329732	168426	161306	26532	3789	22743	8.05	2.25	14.10
揭阳市	**1998119**	**1015850**	**982269**	**72942**	**15654**	**57288**	**3.65**	**1.54**	**5.83**
榕城区	152740	77553	75187	3550	959	2591	2.32	1.24	3.45
揭东区	327542	168533	159009	6107	1814	4293	1.86	1.08	2.70
揭西县	348593	177806	170787	8980	2320	6660	2.58	1.30	3.90
惠来县	405433	201938	203495	33589	5048	28541	8.28	2.50	14.03
普宁市	763811	390020	373791	20716	5513	15203	2.71	1.41	4.07
云浮市	**996028**	**518375**	**477653**	**28798**	**5308**	**23490**	**2.89**	**1.02**	**4.92**
云城区	74383	39475	34908	2226	379	1847	2.99	0.96	5.29
云安区	125359	65995	59364	5744	964	4780	4.58	1.46	8.05
新兴县	193451	99964	93487	3773	670	3103	1.95	0.67	3.32
郁南县	158843	83257	75586	6071	1207	4864	3.82	1.45	6.44
罗定市	443992	229684	214308	10984	2088	8896	2.47	0.91	4.15

1-8 各地区家庭户规模

单位：户、%

地　区	家庭户户　数	一人户		二人户		三人户	
		户数	比重	户数	比重	户数	比重
广　东	**42469178**	**14109849**	**33.22**	**10298011**	**24.25**	**6999483**	**16.48**
广州市	**7185023**	**2932399**	**40.81**	**1863461**	**25.94**	**1159761**	**16.14**
荔湾区	421995	149056	35.32	121363	28.76	86133	20.41
越秀区	384946	110446	28.69	108807	28.27	92614	24.06
海珠区	757207	290092	38.31	215264	28.43	143044	18.89
天河区	884692	417312	47.17	219638	24.83	132187	14.94
白云区	1564667	731026	46.72	414888	26.52	204398	13.06
黄埔区	478199	199609	41.74	117865	24.65	72393	15.14
番禺区	1103060	491902	44.59	291308	26.41	158819	14.40
花都区	597951	235834	39.44	139902	23.40	90730	15.17
南沙区	315840	116486	36.88	83482	26.43	50529	16.00
从化区	191468	42272	22.08	38453	20.08	39112	20.43
增城区	484998	148364	30.59	112491	23.19	89802	18.52
韶关市	**969413**	**242263**	**24.99**	**258355**	**26.65**	**197835**	**20.41**
武江区	127818	32743	25.62	34705	27.15	27162	21.25
浈江区	118029	30697	26.01	33842	28.67	24709	20.93
曲江区	98093	23761	24.22	25658	26.16	20454	20.85
始兴县	71066	18697	26.31	19128	26.92	14339	20.18
仁化县	64685	14694	22.72	17835	27.57	14053	21.73
翁源县	103874	23906	23.01	25458	24.51	20314	19.56
乳源瑶族自治县	59796	12594	21.06	14151	23.67	12632	21.13
新丰县	65819	18746	28.48	15679	23.82	11705	17.78
乐昌市	135949	34964	25.72	38243	28.13	26795	19.71
南雄市	124284	31461	25.31	33656	27.08	25672	20.66
深圳市	**6406899**	**2573200**	**40.16**	**1703659**	**26.59**	**939186**	**14.66**
罗湖区	372258	113324	30.44	90687	24.36	72631	19.51
福田区	510115	165042	32.35	123259	24.16	100346	19.67
南山区	547661	175426	32.03	134493	24.56	111805	20.42
宝安区	1747974	761115	43.54	505138	28.90	218430	12.50
龙岗区	1523036	602215	39.54	386789	25.40	223467	14.67
盐田区	60694	15418	25.40	14638	24.12	12816	21.12
龙华区	986744	439534	44.54	261543	26.51	124218	12.59
坪山区	209256	93799	44.82	53645	25.64	26210	12.53
光明区	449161	207327	46.16	133467	29.71	49263	10.97
珠海市	**836663**	**294354**	**35.18**	**206905**	**24.73**	**149124**	**17.82**
香洲区	487991	175074	35.88	121986	25.00	90265	18.50
斗门区	213094	71664	33.63	50279	23.59	35972	16.88
金湾区	135578	47616	35.12	34640	25.55	22887	16.88
汕头市	**1364282**	**217652**	**15.95**	**247432**	**18.14**	**243732**	**17.87**
龙湖区	182409	35958	19.71	39206	21.49	37056	20.31
金平区	248402	47691	19.20	60246	24.25	57780	23.26
濠江区	62280	9679	15.54	9895	15.89	10009	16.07
潮阳区	365102	50227	13.76	55912	15.31	58534	16.03
潮南区	266269	33890	12.73	34409	12.92	38188	14.34
澄海区	217608	35026	16.10	41606	19.12	38006	17.47
南澳县	22212	5181	23.33	6158	27.72	4159	18.72
佛山市	**3326970**	**1192097**	**35.83**	**876553**	**26.35**	**546021**	**16.41**
禅城区	497073	180765	36.37	133587	26.87	89452	18.00
南海区	1241779	469625	37.82	315837	25.43	191066	15.39
顺德区	1154560	406372	35.20	309596	26.82	184475	15.98
三水区	265814	81297	30.58	74810	28.14	49005	18.44
高明区	167744	54038	32.21	42723	25.47	32023	19.09

1-8　续表 1

单位：户、%

地　区	家庭户户　数	一人户		二人户		三人户	
		户数	比重	户数	比重	户数	比重
江门市	**1606832**	**408482**	**25.42**	**388817**	**24.20**	**354019**	**22.03**
蓬江区	284897	78595	27.59	70515	24.75	62191	21.83
江海区	115821	31223	26.96	27730	23.94	23716	20.48
新会区	308732	73667	23.86	80058	25.93	70217	22.74
台山市	309882	75838	24.47	75502	24.36	72007	23.24
开平市	247434	56236	22.73	57476	23.23	55327	22.36
鹤山市	188267	57936	30.77	45718	24.28	38268	20.33
恩平市	151799	34987	23.05	31818	20.96	32293	21.27
湛江市	**2004387**	**417058**	**20.81**	**417224**	**20.82**	**380306**	**18.97**
赤坎区	129682	33596	25.91	30329	23.39	26842	20.70
霞山区	211968	52464	24.75	49205	23.21	44208	20.86
坡头区	99778	20105	20.15	20345	20.39	19403	19.45
麻章区	127309	26143	20.54	23419	18.40	23154	18.19
遂溪县	242600	49792	20.52	50221	20.70	45680	18.83
徐闻县	176811	31542	17.84	37413	21.16	34432	19.47
廉江市	385245	76455	19.85	78569	20.39	72086	18.71
雷州市	376259	81154	21.57	76149	20.24	65111	17.30
吴川市	254735	45807	17.98	51574	20.25	49390	19.39
茂名市	**1763265**	**371227**	**21.05**	**375220**	**21.28**	**330974**	**18.77**
茂南区	305435	69072	22.61	63443	20.77	59936	19.62
电白区	406453	71344	17.55	78183	19.24	77857	19.16
高州市	395481	92741	23.45	93224	23.57	72405	18.31
化州市	360306	73489	20.40	71429	19.82	67243	18.66
信宜市	295590	64581	21.85	68941	23.32	53533	18.11
肇庆市	**1319834**	**351486**	**26.63**	**294467**	**22.31**	**256073**	**19.40**
端州区	200438	57470	28.67	50663	25.28	43294	21.60
鼎湖区	53193	11315	21.27	11952	22.47	10149	19.08
高要区	236780	66400	28.04	48289	20.39	42518	17.96
广宁县	141084	38928	27.59	33826	23.98	27917	19.79
怀集县	246522	52479	21.29	51323	20.82	50850	20.63
封开县	123193	30603	24.84	27726	22.51	23630	19.18
德庆县	109189	28839	26.41	22727	20.81	20550	18.82
四会市	209435	65452	31.25	47961	22.90	37165	17.75
惠州市	**1896645**	**610645**	**32.20**	**416533**	**21.96**	**311342**	**16.42**
惠城区	664590	207662	31.25	149081	22.43	116866	17.58
惠阳区	491101	210326	42.83	112380	22.88	64419	13.12
博罗县	357473	98935	27.68	79817	22.33	64563	18.06
惠东县	283228	67751	23.92	53421	18.86	47125	16.64
龙门县	100253	25971	25.91	21834	21.78	18369	18.32
梅州市	**1198758**	**280531**	**23.40**	**281495**	**23.48**	**221326**	**18.46**
梅江区	120948	24295	20.09	28594	23.64	24647	20.38
梅县区	178185	41538	23.31	40660	22.82	34207	19.20
大埔县	117187	33596	28.67	30284	25.84	21545	18.39
丰顺县	146969	35326	24.04	32171	21.89	26386	17.95
五华县	247078	49592	20.07	49862	20.18	41878	16.95
平远县	63047	12985	20.60	17646	27.99	12971	20.57
蕉岭县	61520	13452	21.87	17340	28.19	12238	19.89
兴宁市	263824	69747	26.44	64938	24.61	47454	17.99

1-8 续表 2

单位：户、%

地区	家庭户	一人户		二人户		三人户	
	户数	户数	比重	户数	比重	户数	比重
汕尾市	**764298**	**176269**	**23.06**	**144792**	**18.94**	**123848**	**16.20**
城区	128206	33394	26.05	24083	18.78	21259	16.58
海丰县	230977	54278	23.50	43449	18.81	39546	17.12
陆河县	67445	15938	23.63	12270	18.19	10352	15.35
陆丰市	337670	72659	21.52	64990	19.25	52691	15.60
河源市	**874581**	**216888**	**24.80**	**192368**	**22.00**	**162376**	**18.57**
源城区	195238	46033	23.58	35983	18.43	33598	17.21
紫金县	160907	35773	22.23	33284	20.69	29271	18.19
龙川县	200967	54281	27.01	49288	24.53	37737	18.78
连平县	89732	19699	21.95	21033	23.44	18568	20.69
和平县	119884	30221	25.21	29396	24.52	24231	20.21
东源县	107853	30881	28.63	23384	21.68	18971	17.59
阳江市	**804747**	**188356**	**23.41**	**179056**	**22.25**	**157767**	**19.60**
江城区	246508	55890	22.67	51578	20.92	51107	20.73
阳东区	147536	37074	25.13	30506	20.68	28263	19.16
阳西县	134179	31906	23.78	29856	22.25	25685	19.14
阳春市	276524	63486	22.96	67116	24.27	52712	19.06
清远市	**1208065**	**278805**	**23.08**	**264844**	**21.92**	**236857**	**19.61**
清城区	309826	64876	20.94	65881	21.26	62226	20.08
清新区	194335	47385	24.38	40149	20.66	36717	18.89
佛冈县	100058	25251	25.24	21274	21.26	18419	18.41
阳山县	119208	30310	25.43	26368	22.12	22848	19.17
连山壮族瑶族自治县	29938	6187	20.67	7039	23.51	6098	20.37
连南瑶族自治县	44423	9641	21.70	10624	23.92	9402	21.16
英德市	282943	63669	22.50	62964	22.25	54885	19.40
连州市	127334	31486	24.73	30545	23.99	26262	20.62
东莞市	**4388293**	**2131239**	**48.57**	**1226915**	**27.96**	**493141**	**11.24**
市辖区	4388293	2131239	48.57	1226915	27.96	493141	11.24
中山市	**1697001**	**677845**	**39.94**	**432370**	**25.48**	**244547**	**14.41**
市辖区	1697001	677845	39.94	432370	25.48	244547	14.41
潮州市	**717700**	**123004**	**17.14**	**150240**	**20.93**	**131718**	**18.35**
湘桥区	172716	32292	18.70	42547	24.63	36060	20.88
潮安区	309024	47672	15.43	55184	17.86	52383	16.95
饶平县	235960	43040	18.24	52509	22.25	43275	18.34
揭阳市	**1418586**	**261459**	**18.43**	**225331**	**15.88**	**222514**	**15.69**
榕城区	231347	35720	15.44	33209	14.35	38114	16.47
揭东区	241430	41452	17.17	38034	15.75	38482	15.94
揭西县	190026	40007	21.05	35314	18.58	32909	17.32
惠来县	245240	40886	16.67	39879	16.26	37567	15.32
普宁市	510543	103394	20.25	78895	15.45	75442	14.78
云浮市	**716936**	**164590**	**22.96**	**151974**	**21.20**	**137016**	**19.11**
云城区	114466	22573	19.72	22535	19.69	22352	19.53
云安区	67936	15303	22.53	13352	19.65	12439	18.31
新兴县	132774	30837	23.23	28623	21.56	26318	19.82
郁南县	117132	29045	24.80	26168	22.34	21633	18.47
罗定市	284628	66832	23.48	61296	21.54	54274	19.07

1-8 续表 3

单位：户、%

地　区	四人户		五人户		六人户	
	户数	比重	户数	比重	户数	比重
广　东	**5189548**	**12.22**	**2872342**	**6.76**	**1632082**	**3.84**
广州市	**698575**	**9.72**	**302216**	**4.21**	**146641**	**2.04**
荔湾区	40192	9.52	16726	3.96	6265	1.48
越秀区	43687	11.35	19285	5.01	7250	1.88
海珠区	66231	8.75	27921	3.69	10628	1.40
天河区	70723	7.99	28234	3.19	11774	1.33
白云区	119358	7.63	52764	3.37	25722	1.64
黄埔区	49845	10.42	21840	4.57	10454	2.19
番禺区	96372	8.74	38226	3.47	18189	1.65
花都区	69708	11.66	31786	5.32	18019	3.01
南沙区	35162	11.13	16436	5.20	9020	2.86
从化区	33290	17.39	17909	9.35	11603	6.06
增城区	74007	15.26	31089	6.41	17717	3.65
韶关市	**136284**	**14.06**	**72340**	**7.46**	**38662**	**3.99**
武江区	18124	14.18	8746	6.84	4296	3.36
浈江区	15713	13.31	7343	6.22	3757	3.18
曲江区	14374	14.65	7692	7.84	4138	4.22
始兴县	9548	13.44	5410	7.61	2631	3.70
仁化县	9344	14.45	4861	7.51	2506	3.87
翁源县	15415	14.84	9031	8.69	5458	5.25
乳源瑶族自治县	9716	16.25	5471	9.15	3129	5.23
新丰县	8603	13.07	5223	7.94	2881	4.38
乐昌市	18046	13.27	9561	7.03	5073	3.73
南雄市	17401	14.00	9002	7.24	4793	3.86
深圳市	**661928**	**10.33**	**316389**	**4.94**	**144497**	**2.26**
罗湖区	50515	13.57	25790	6.93	12423	3.34
福田区	64499	12.64	33165	6.50	15919	3.12
南山区	70689	12.91	34560	6.31	14829	2.71
宝安区	152433	8.72	67662	3.87	29813	1.71
龙岗区	168923	11.09	83502	5.48	39280	2.58
盐田区	9237	15.22	4697	7.74	2486	4.10
龙华区	90823	9.20	42857	4.34	19107	1.94
坪山区	20123	9.62	9015	4.31	4251	2.03
光明区	34686	7.72	15141	3.37	6389	1.42
珠海市	**98730**	**11.80**	**47966**	**5.73**	**24430**	**2.92**
香洲区	56619	11.60	26081	5.34	12154	2.49
斗门区	25787	12.10	14049	6.59	8290	3.89
金湾区	16324	12.04	7836	5.78	3986	2.94
汕头市	**232432**	**17.04**	**177285**	**12.99**	**120843**	**8.86**
龙湖区	31163	17.08	18578	10.18	11806	6.47
金平区	42238	17.00	20893	8.41	11926	4.80
濠江区	10350	16.62	8027	12.89	5869	9.42
潮阳区	61773	16.92	55436	15.18	38270	10.48
潮南区	44379	16.67	43365	16.29	31312	11.76
澄海区	39376	18.09	29292	13.46	20490	9.42
南澳县	3153	14.20	1694	7.63	1170	5.27
佛山市	**378414**	**11.37**	**181395**	**5.45**	**96815**	**2.91**
禅城区	53512	10.77	23564	4.74	10992	2.21
南海区	138177	11.13	66926	5.39	35927	2.89
顺德区	131854	11.42	64897	5.62	36372	3.15
三水区	32926	12.39	15827	5.95	8342	3.14
高明区	21945	13.08	10181	6.07	5182	3.09

1-8 续表 4

单位：户、%

地 区	四人户		五人户		六人户	
	户数	比重	户数	比重	户数	比重
江门市	**239500**	**14.91**	**118193**	**7.36**	**66126**	**4.12**
蓬江区	40344	14.16	19256	6.76	10099	3.54
江海区	17000	14.68	8817	7.61	4837	4.18
新会区	45603	14.77	21642	7.01	12368	4.01
台山市	45825	14.79	22090	7.13	11941	3.85
开平市	40473	16.36	20809	8.41	11826	4.78
鹤山市	25126	13.35	12094	6.42	6565	3.49
恩平市	25129	16.55	13485	8.88	8490	5.59
湛江市	**319922**	**15.96**	**208096**	**10.38**	**116864**	**5.83**
赤坎区	20824	16.06	10086	7.78	4421	3.41
霞山区	35094	16.56	17885	8.44	7560	3.57
坡头区	17745	17.78	10123	10.15	5135	5.15
麻章区	21786	17.11	14545	11.42	7784	6.11
遂溪县	39192	16.15	25964	10.70	14708	6.06
徐闻县	28671	16.22	18707	10.58	11916	6.74
廉江市	58880	15.28	40846	10.60	24599	6.39
雷州市	54501	14.48	40762	10.83	24787	6.59
吴川市	43229	16.97	29178	11.45	15954	6.26
茂名市	**274214**	**15.55**	**181796**	**10.31**	**106005**	**6.01**
茂南区	50646	16.58	29760	9.74	16232	5.31
电白区	69146	17.01	47168	11.60	27212	6.69
高州市	55376	14.00	36669	9.27	22562	5.70
化州市	56640	15.72	39639	11.00	23319	6.47
信宜市	42406	14.35	28560	9.66	16680	5.64
肇庆市	**197997**	**15.00**	**112738**	**8.54**	**63349**	**4.80**
端州区	27864	13.90	11825	5.90	5731	2.86
鼎湖区	9436	17.74	4963	9.33	3196	6.01
高要区	35496	14.99	20536	8.67	13898	5.87
广宁县	19306	13.68	11519	8.16	5885	4.17
怀集县	42285	17.15	25938	10.52	13469	5.46
封开县	18173	14.75	11665	9.47	6358	5.16
德庆县	16486	15.10	10192	9.33	5602	5.13
四会市	28951	13.82	16100	7.69	9210	4.40
惠州市	**267088**	**14.08**	**143350**	**7.56**	**80675**	**4.25**
惠城区	98842	14.87	49633	7.47	26123	3.93
惠阳区	53715	10.94	26207	5.34	14061	2.86
博罗县	55364	15.49	28866	8.08	17295	4.84
惠东县	43936	15.51	29483	10.41	17720	6.26
龙门县	15231	15.19	9161	9.14	5476	5.46
梅州市	**175008**	**14.60**	**109071**	**9.10**	**69044**	**5.76**
梅江区	20261	16.75	12119	10.02	7421	6.14
梅县区	27425	15.39	17028	9.56	10858	6.09
大埔县	15385	13.13	8285	7.07	4710	4.02
丰顺县	21243	14.45	13754	9.36	8677	5.90
五华县	36496	14.77	25939	10.50	17619	7.13
平远县	9023	14.31	5385	8.54	3288	5.22
蕉岭县	8845	14.38	5114	8.31	3192	5.19
兴宁市	36330	13.77	21447	8.13	13279	5.03

1-8 续表 5

单位：户、%

地区	四人户		五人户		六人户	
	户数	比重	户数	比重	户数	比重
汕尾市	**114548**	**14.99**	**83068**	**10.87**	**53323**	**6.98**
城　区	19527	15.23	12835	10.01	7941	6.19
海丰县	38625	16.72	24881	10.77	14406	6.24
陆河县	9211	13.66	7113	10.55	5133	7.61
陆丰市	47185	13.97	38239	11.32	25843	7.65
河源市	**131796**	**15.07**	**82992**	**9.49**	**48444**	**5.54**
源城区	34138	17.49	22001	11.27	13735	7.04
紫金县	23876	14.84	16533	10.27	10542	6.55
龙川县	27532	13.70	16582	8.25	8710	4.33
连平县	13669	15.23	8575	9.56	4731	5.27
和平县	17567	14.65	9944	8.29	5088	4.24
东源县	15014	13.92	9357	8.68	5638	5.23
阳江市	**127449**	**15.84**	**70283**	**8.73**	**42207**	**5.24**
江城区	42443	17.22	22144	8.98	12541	5.09
阳东区	24102	16.34	12335	8.36	8034	5.45
阳西县	20885	15.57	11474	8.55	6687	4.98
阳春市	40019	14.47	24330	8.80	14945	5.40
清远市	**189545**	**15.69**	**114603**	**9.49**	**69722**	**5.77**
清城区	53000	17.11	31268	10.09	19862	6.41
清新区	31333	16.12	18932	9.74	11660	6.00
佛冈县	15852	15.84	9365	9.36	5634	5.63
阳山县	16793	14.09	10433	8.75	6230	5.23
连山壮族瑶族自治县	4802	16.04	2827	9.44	1590	5.31
连南瑶族自治县	7116	16.02	4072	9.17	2141	4.82
英德市	42345	14.97	26981	9.54	16644	5.88
连州市	18304	14.37	10725	8.42	5961	4.68
东莞市	**320473**	**7.30**	**127030**	**2.89**	**60292**	**1.37**
市辖区	320473	7.30	127030	2.89	60292	1.37
中山市	**173574**	**10.23**	**85730**	**5.05**	**49168**	**2.90**
市辖区	173574	10.23	85730	5.05	49168	2.90
潮州市	**120114**	**16.74**	**84329**	**11.75**	**61328**	**8.55**
湘桥区	28192	16.32	16553	9.58	11085	6.42
潮安区	54435	17.62	42301	13.69	32318	10.46
饶平县	37487	15.89	25475	10.80	17925	7.60
揭阳市	**221110**	**15.59**	**184069**	**12.98**	**131759**	**9.29**
榕城区	40920	17.69	32340	13.98	24797	10.72
揭东区	41122	17.03	33284	13.79	24602	10.19
揭西县	27919	14.69	21457	11.29	14667	7.72
惠来县	33338	13.59	29305	11.95	21761	8.87
普宁市	77811	15.24	67683	13.26	45932	9.00
云浮市	**110847**	**15.46**	**69403**	**9.68**	**41888**	**5.84**
云城区	20336	17.77	12447	10.87	7828	6.84
云安区	10440	15.37	6922	10.19	4572	6.73
新兴县	21995	16.57	12765	9.61	7095	5.34
郁南县	16296	13.91	10274	8.77	6434	5.49
罗定市	41780	14.68	26995	9.48	15959	5.61

1-8 续表 6

单位：户、%

地区	七人户		八人户		九人户		十人及以上户	
	户数	比重	户数	比重	户数	比重	户数	比重
广东	**699877**	**1.65**	**313946**	**0.74**	**158737**	**0.37**	**195303**	**0.46**
广州市	**44433**	**0.62**	**17991**	**0.25**	**9419**	**0.13**	**10127**	**0.14**
荔湾区	1403	0.33	506	0.12	174	0.04	177	0.04
越秀区	1752	0.46	644	0.17	218	0.06	243	0.06
海珠区	2492	0.33	893	0.12	340	0.04	302	0.04
天河区	2884	0.33	1119	0.13	416	0.05	405	0.05
白云区	8511	0.54	3596	0.23	2150	0.14	2254	0.14
黄埔区	2975	0.62	1332	0.28	764	0.16	1122	0.23
番禺区	4799	0.44	1822	0.17	872	0.08	751	0.07
花都区	5879	0.98	2511	0.42	1523	0.25	2059	0.34
南沙区	2676	0.85	1059	0.34	554	0.18	436	0.14
从化区	4995	2.61	1934	1.01	1027	0.54	873	0.46
增城区	6067	1.25	2575	0.53	1381	0.28	1505	0.31
韶关市	**13908**	**1.43**	**5138**	**0.53**	**2240**	**0.23**	**2388**	**0.25**
武江区	1241	0.97	418	0.33	182	0.14	201	0.16
浈江区	1116	0.95	439	0.37	208	0.18	205	0.17
曲江区	1327	1.35	425	0.43	151	0.15	113	0.12
始兴县	850	1.20	272	0.38	109	0.15	82	0.12
仁化县	880	1.36	296	0.46	124	0.19	92	0.14
翁源县	2400	2.31	971	0.93	418	0.40	503	0.48
乳源瑶族自治县	1249	2.09	467	0.78	215	0.36	172	0.29
新丰县	1383	2.10	624	0.95	356	0.54	619	0.94
乐昌市	1958	1.44	748	0.55	308	0.23	253	0.19
南雄市	1504	1.21	478	0.38	169	0.14	148	0.12
深圳市	**40658**	**0.63**	**14966**	**0.23**	**6534**	**0.10**	**5882**	**0.09**
罗湖区	4086	1.10	1564	0.42	660	0.18	578	0.16
福田区	4613	0.90	1785	0.35	746	0.15	741	0.15
南山区	3476	0.63	1296	0.24	563	0.10	524	0.10
宝安区	8206	0.47	2853	0.16	1245	0.07	1079	0.06
龙岗区	11227	0.74	4181	0.27	1876	0.12	1576	0.10
盐田区	785	1.29	326	0.54	150	0.25	141	0.23
龙华区	5206	0.53	1895	0.19	807	0.08	754	0.08
坪山区	1234	0.59	458	0.22	232	0.11	289	0.14
光明区	1825	0.41	608	0.14	255	0.06	200	0.04
珠海市	**7838**	**0.94**	**3397**	**0.41**	**1908**	**0.23**	**2011**	**0.24**
香洲区	3315	0.68	1276	0.26	607	0.12	614	0.13
斗门区	3256	1.53	1627	0.76	1035	0.49	1135	0.53
金湾区	1267	0.93	494	0.36	266	0.20	262	0.19
汕头市	**63892**	**4.68**	**30311**	**2.22**	**14305**	**1.05**	**16398**	**1.20**
龙湖区	4752	2.61	1925	1.06	948	0.52	1017	0.56
金平区	4385	1.77	1721	0.69	821	0.33	701	0.28
濠江区	3543	5.69	1969	3.16	1065	1.71	1874	3.01
潮阳区	22986	6.30	11286	3.09	5131	1.41	5547	1.52
潮南区	19556	7.34	10367	3.89	4990	1.87	5813	2.18
澄海区	8258	3.79	2885	1.33	1272	0.58	1397	0.64
南澳县	412	1.85	158	0.71	78	0.35	49	0.22
佛山市	**31530**	**0.95**	**12367**	**0.37**	**6409**	**0.19**	**5369**	**0.16**
禅城区	3010	0.61	1160	0.23	512	0.10	519	0.10
南海区	12799	1.03	5679	0.46	3084	0.25	2659	0.21
顺德区	12505	1.08	4416	0.38	2274	0.20	1799	0.16
三水区	2146	0.81	784	0.29	390	0.15	287	0.11
高明区	1070	0.64	328	0.20	149	0.09	105	0.06

1-8　续表 7　　　　单位：户、%

地　区	七人户		八人户		九人户		十人及以上户	
	户数	比重	户数	比重	户数	比重	户数	比重
江门市	**19289**	**1.20**	**6634**	**0.41**	**3182**	**0.20**	**2590**	**0.16**
蓬江区	2449	0.86	789	0.28	357	0.13	302	0.11
江海区	1388	1.20	564	0.49	317	0.27	229	0.20
新会区	3199	1.04	970	0.31	550	0.18	458	0.15
台山市	4120	1.33	1510	0.49	617	0.20	432	0.14
开平市	3348	1.35	1134	0.46	453	0.18	352	0.14
鹤山市	1636	0.87	495	0.26	224	0.12	205	0.11
恩平市	3149	2.07	1172	0.77	664	0.44	612	0.40
湛江市	**64276**	**3.21**	**34233**	**1.71**	**18547**	**0.93**	**27861**	**1.39**
赤坎区	1695	1.31	855	0.66	430	0.33	604	0.47
霞山区	2905	1.37	1284	0.61	579	0.27	784	0.37
坡头区	2921	2.93	1591	1.59	923	0.93	1487	1.49
麻章区	4322	3.39	2403	1.89	1374	1.08	2379	1.87
遂溪县	8161	3.36	4094	1.69	2094	0.86	2694	1.11
徐闻县	6824	3.86	3406	1.93	1709	0.97	2191	1.24
廉江市	14649	3.80	8096	2.10	4427	1.15	6638	1.72
雷州市	14210	3.78	7906	2.10	4509	1.20	7170	1.91
吴川市	8589	3.37	4598	1.81	2502	0.98	3914	1.54
茂名市	**57952**	**3.29**	**29229**	**1.66**	**15375**	**0.87**	**21273**	**1.21**
茂南区	8125	2.66	3840	1.26	1850	0.61	2531	0.83
电白区	15619	3.84	8347	2.05	4655	1.15	6922	1.70
高州市	11918	3.01	5320	1.35	2586	0.65	2680	0.68
化州市	12834	3.56	6776	1.88	3628	1.01	5309	1.47
信宜市	9456	3.20	4946	1.67	2656	0.90	3831	1.30
肇庆市	**26257**	**1.99**	**9707**	**0.74**	**4172**	**0.32**	**3588**	**0.27**
端州区	1936	0.97	793	0.40	396	0.20	466	0.23
鼎湖区	1242	2.33	435	0.82	249	0.47	256	0.48
高要区	6098	2.58	2023	0.85	784	0.33	738	0.31
广宁县	2305	1.63	813	0.58	328	0.23	257	0.18
怀集县	5908	2.40	2391	0.97	1067	0.43	812	0.33
封开县	3080	2.50	1147	0.93	457	0.37	354	0.29
德庆县	2753	2.52	1137	1.04	478	0.44	425	0.39
四会市	2935	1.40	968	0.46	413	0.20	280	0.13
惠州市	**34258**	**1.81**	**14758**	**0.78**	**7457**	**0.39**	**10539**	**0.56**
惠城区	9311	1.40	3440	0.52	1607	0.24	2025	0.30
惠阳区	5033	1.02	2115	0.43	1154	0.23	1691	0.34
博罗县	7220	2.02	2679	0.75	1246	0.35	1488	0.42
惠东县	10181	3.59	5620	1.98	3087	1.09	4904	1.73
龙门县	2513	2.51	904	0.90	363	0.36	431	0.43
梅州市	**31113**	**2.60**	**14660**	**1.22**	**7516**	**0.63**	**8994**	**0.75**
梅江区	2061	1.70	829	0.69	397	0.33	324	0.27
梅县区	3805	2.14	1408	0.79	666	0.37	590	0.33
大埔县	2034	1.74	774	0.66	319	0.27	255	0.22
丰顺县	4644	3.16	2312	1.57	1112	0.76	1344	0.91
五华县	10901	4.41	6274	2.54	3495	1.41	5022	2.03
平远县	1118	1.77	362	0.57	157	0.25	112	0.18
蕉岭县	890	1.45	241	0.39	125	0.20	83	0.13
兴宁市	5660	2.15	2460	0.93	1245	0.47	1264	0.48

1-8 续表 8

单位：户、%

地　　区	七人户		八人户		九人户		十人及以上户	
	户数	比重	户数	比重	户数	比重	户数	比重
汕尾市	**30489**	**3.99**	**16390**	**2.14**	**8549**	**1.12**	**13022**	**1.70**
城　区	4287	3.34	2218	1.73	1138	0.89	1524	1.19
海丰县	7660	3.32	3762	1.63	1894	0.82	2476	1.07
陆河县	3221	4.78	1705	2.53	1003	1.49	1499	2.22
陆丰市	15321	4.54	8705	2.58	4514	1.34	7523	2.23
河源市	**21924**	**2.51**	**9073**	**1.04**	**4255**	**0.49**	**4465**	**0.51**
源城区	5467	2.80	2103	1.08	1042	0.53	1138	0.58
紫金县	5792	3.60	2834	1.76	1443	0.90	1559	0.97
龙川县	3958	1.97	1524	0.76	702	0.35	653	0.32
连平县	2061	2.30	796	0.89	303	0.34	297	0.33
和平县	2073	1.73	771	0.64	295	0.25	298	0.25
东源县	2573	2.39	1045	0.97	470	0.44	520	0.48
阳江市	**19962**	**2.48**	**8981**	**1.12**	**4864**	**0.60**	**5822**	**0.72**
江城区	5519	2.24	2600	1.05	1306	0.53	1380	0.56
阳东区	3748	2.54	1555	1.05	903	0.61	1016	0.69
阳西县	3520	2.62	1715	1.28	1047	0.78	1404	1.05
阳春市	7175	2.59	3111	1.13	1608	0.58	2022	0.73
清远市	**29210**	**2.42**	**12086**	**1.00**	**6062**	**0.50**	**6331**	**0.52**
清城区	7076	2.28	2712	0.88	1361	0.44	1564	0.50
清新区	4551	2.34	1779	0.92	925	0.48	904	0.47
佛冈县	2480	2.48	936	0.94	428	0.43	419	0.42
阳山县	3035	2.55	1489	1.25	792	0.66	910	0.76
连山壮族瑶族自治县	764	2.55	323	1.08	159	0.53	149	0.50
连南瑶族自治县	808	1.82	333	0.75	158	0.36	128	0.29
英德市	8154	2.88	3583	1.27	1806	0.64	1912	0.68
连州市	2342	1.84	931	0.73	433	0.34	345	0.27
东莞市	**17488**	**0.40**	**5987**	**0.14**	**2937**	**0.07**	**2791**	**0.06**
市辖区	17488	0.40	5987	0.14	2937	0.07	2791	0.06
中山市	**18251**	**1.08**	**7583**	**0.45**	**4126**	**0.24**	**3807**	**0.22**
市辖区	18251	1.08	7583	0.45	4126	0.24	3807	0.22
潮州市	**27010**	**3.76**	**10134**	**1.41**	**4864**	**0.68**	**4959**	**0.69**
湘桥区	3531	2.04	1224	0.71	649	0.38	583	0.34
潮安区	14434	4.67	5270	1.71	2478	0.80	2549	0.82
饶平县	9045	3.83	3640	1.54	1737	0.74	1827	0.77
揭阳市	**78937**	**5.56**	**40756**	**2.87**	**21234**	**1.50**	**31417**	**2.21**
榕城区	13862	5.99	6127	2.65	2810	1.21	3448	1.49
揭东区	13478	5.58	5642	2.34	2451	1.02	2883	1.19
揭西县	8625	4.54	4370	2.30	2187	1.15	2571	1.35
惠来县	14535	5.93	9479	3.87	6098	2.49	12392	5.05
普宁市	28437	5.57	15138	2.97	7688	1.51	10123	1.98
云浮市	**21202**	**2.96**	**9565**	**1.33**	**4782**	**0.67**	**5669**	**0.79**
云城区	3601	3.15	1371	1.20	670	0.59	753	0.66
云安区	2649	3.90	1169	1.72	538	0.79	552	0.81
新兴县	2866	2.16	1176	0.89	541	0.41	558	0.42
郁南县	3452	2.95	1804	1.54	947	0.81	1079	0.92
罗定市	8634	3.03	4045	1.42	2086	0.73	2727	0.96

1−8a 各地区家庭户规模(城市)

单位：户、%

地 区	家庭户户数	一人户		二人户		三人户	
		户数	比重	户数	比重	户数	比重
广 东	**27382359**	**10256757**	**37.46**	**7006726**	**25.59**	**4356361**	**15.91**
广州市	**5901655**	**2469149**	**41.84**	**1562476**	**26.48**	**957709**	**16.23**
荔湾区	421995	149056	35.32	121363	28.76	86133	20.41
越秀区	384946	110446	28.69	108807	28.27	92614	24.06
海珠区	757207	290092	38.31	215264	28.43	143044	18.89
天河区	884692	417312	47.17	219638	24.83	132187	14.94
白云区	1235744	583094	47.19	340532	27.56	163385	13.22
黄埔区	435005	186340	42.84	109478	25.17	64994	14.94
番禺区	959759	429370	44.74	252377	26.30	138891	14.47
花都区	411561	171941	41.78	97430	23.67	61888	15.04
南沙区	175993	70181	39.88	45418	25.81	26595	15.11
从化区	64674	16764	25.92	14651	22.65	13539	20.93
增城区	170079	44553	26.20	37518	22.06	34439	20.25
韶关市	**320509**	**79765**	**24.89**	**89897**	**28.05**	**68783**	**21.46**
武江区	108335	28403	26.22	30226	27.90	23181	21.40
浈江区	91237	24012	26.32	26689	29.25	19625	21.51
曲江区	50635	11044	21.81	14148	27.94	11273	22.26
始兴县							
仁化县							
翁源县							
乳源瑶族自治县							
新丰县							
乐昌市	36025	9133	25.35	10292	28.57	7458	20.70
南雄市	34277	7173	20.93	8542	24.92	7246	21.14
深圳市	**6387556**	**2564359**	**40.15**	**1698230**	**26.59**	**936766**	**14.67**
罗湖区	372258	113324	30.44	90687	24.36	72631	19.51
福田区	510115	165042	32.35	123259	24.16	100346	19.67
南山区	547387	175278	32.02	134375	24.55	111800	20.42
宝安区	1747974	761115	43.54	505138	28.90	218430	12.50
龙岗区	1504724	593656	39.45	381693	25.37	221227	14.70
盐田区	60694	15418	25.40	14638	24.12	12816	21.12
龙华区	986744	439534	44.54	261543	26.51	124218	12.59
坪山区	208499	93665	44.92	53430	25.63	26035	12.49
光明区	449161	207327	46.16	133467	29.71	49263	10.97
珠海市	**658765**	**229754**	**34.88**	**164582**	**24.98**	**122312**	**18.57**
香洲区	474669	167522	35.29	119028	25.08	88904	18.73
斗门区	91963	32184	35.00	22046	23.97	16380	17.81
金湾区	92133	30048	32.61	23508	25.52	17028	18.48
汕头市	**693471**	**130237**	**18.78**	**146694**	**21.15**	**137713**	**19.86**
龙湖区	160361	34111	21.27	36825	22.96	33598	20.95
金平区	244881	47241	19.29	59807	24.42	57198	23.36
濠江区	45732	7160	15.66	7539	16.49	7489	16.38
潮阳区	87247	17156	19.66	17933	20.55	15887	18.21
潮南区	87717	10687	12.18	9693	11.05	11533	13.15
澄海区	67533	13882	20.56	14897	22.06	12008	17.78
南澳县							
佛山市	**2993935**	**1068891**	**35.70**	**786279**	**26.26**	**497037**	**16.60**
禅城区	425117	155968	36.69	115061	27.07	78277	18.41
南海区	1172868	441886	37.68	298468	25.45	182084	15.52
顺德区	1137810	399888	35.15	305223	26.83	182209	16.01
三水区	120266	27461	22.83	33139	27.55	27545	22.90
高明区	137874	43688	31.69	34388	24.94	26922	19.53

1–8a 续表 1

单位：户、%

地　　区	家庭户	一人户		二人户		三人户	
	户　数	户数	比重	户数	比重	户数	比重
江门市	**921283**	**221763**	**24.07**	**221712**	**24.07**	**214523**	**23.29**
蓬江区	277161	77274	27.88	69017	24.90	60422	21.80
江海区	115821	31223	26.96	27730	23.94	23716	20.48
新会区	157951	31349	19.85	40403	25.58	40790	25.82
台山市	117966	27519	23.33	27982	23.72	30321	25.70
开平市	105242	19857	18.87	22794	21.66	25641	24.36
鹤山市	90505	23601	26.08	23221	25.66	21050	23.26
恩平市	56637	10940	19.32	10565	18.65	12583	22.22
湛江市	**587413**	**137334**	**23.38**	**128123**	**21.81**	**114360**	**19.47**
赤坎区	127364	33324	26.16	29954	23.52	26347	20.69
霞山区	202337	50907	25.16	47648	23.55	42416	20.96
坡头区	21524	4459	20.72	5139	23.88	4417	20.52
麻章区	28170	6769	24.03	5002	17.76	4631	16.44
遂溪县	6534	1606	24.58	1720	26.32	1059	16.21
徐闻县							
廉江市	68532	13658	19.93	13076	19.08	12728	18.57
雷州市	67912	15500	22.82	13558	19.96	10980	16.17
吴川市	65040	11111	17.08	12026	18.49	11782	18.12
茂名市	**496327**	**109915**	**22.15**	**104066**	**20.97**	**95643**	**19.27**
茂南区	201251	48210	23.96	44201	21.96	40463	20.11
电白区	65475	13868	21.18	13122	20.04	12234	18.68
高州市	79449	19946	25.11	17566	22.11	14993	18.87
化州市	72369	14007	19.35	13531	18.70	13122	18.13
信宜市	77783	13884	17.85	15646	20.11	14831	19.07
肇庆市	**394005**	**113916**	**28.91**	**92924**	**23.58**	**78414**	**19.90**
端州区	200438	57470	28.67	50663	25.28	43294	21.60
鼎湖区	26585	5128	19.29	5308	19.97	5081	19.11
高要区	35995	11516	31.99	8005	22.24	6378	17.72
广宁县							
怀集县							
封开县							
德庆县							
四会市	130987	39802	30.39	28948	22.10	23661	18.06
惠州市	**896200**	**328232**	**36.62**	**204015**	**22.76**	**141599**	**15.80**
惠城区	524559	163208	31.11	119150	22.71	93920	17.90
惠阳区	362835	160822	44.32	82960	22.86	46632	12.85
博罗县	8806	4202	47.72	1905	21.63	1047	11.89
惠东县							
龙门县							
梅州市	**278519**	**57561**	**20.67**	**62486**	**22.44**	**54565**	**19.59**
梅江区	107138	21283	19.87	25392	23.70	22045	20.58
梅县区	71483	11641	16.28	13767	19.26	14599	20.42
大埔县							
丰顺县							
五华县	4187	936	22.35	887	21.18	686	16.38
平远县							
蕉岭县							
兴宁市	95711	23701	24.76	22440	23.45	17235	18.01

1-8a　续表 2　　　　单位：户、%

地　　区	家庭户	一人户		二人户		三人户	
	户　数	户数	比重	户数	比重	户数	比重
汕尾市	**143885**	**35069**	**24.37**	**26059**	**18.11**	**23203**	**16.13**
城　区	84427	20702	24.52	15758	18.66	14024	16.61
海丰县							
陆河县							
陆丰市	59458	14367	24.16	10301	17.32	9179	15.44
河源市	**172352**	**36928**	**21.43**	**31021**	**18.00**	**30672**	**17.80**
源城区	172352	36928	21.43	31021	18.00	30672	17.80
紫金县							
龙川县							
连平县							
和平县							
东源县							
阳江市	**297164**	**63220**	**21.27**	**61522**	**20.70**	**62473**	**21.02**
江城区	167768	36542	21.78	34654	20.66	35739	21.30
阳东区	54501	12275	22.52	10064	18.47	10753	19.73
阳西县							
阳春市	74895	14403	19.23	16804	22.44	15981	21.34
清远市	**354621**	**68465**	**19.31**	**73209**	**20.64**	**73480**	**20.72**
清城区	186241	35839	19.24	38728	20.79	39233	21.07
清新区	67054	11926	17.79	12206	18.20	13281	19.81
佛冈县							
阳山县							
连山壮族瑶族自治县							
连南瑶族自治县							
英德市	57656	11856	20.56	12351	21.42	11662	20.23
连州市	43670	8844	20.25	9924	22.72	9304	21.31
东莞市	**4021954**	**1958648**	**48.70**	**1124951**	**27.97**	**450826**	**11.21**
市辖区	4021954	1958648	48.70	1124951	27.97	450826	11.21
中山市	**1068268**	**424301**	**39.72**	**279353**	**26.15**	**159069**	**14.89**
市辖区	1068268	424301	39.72	279353	26.15	159069	14.89
潮州市	**277089**	**52179**	**18.83**	**64240**	**23.18**	**53258**	**19.22**
湘桥区	136071	26558	19.52	35974	26.44	29736	21.85
潮安区	141018	25621	18.17	28266	20.04	23522	16.68
饶平县							
揭阳市	**365890**	**77113**	**21.08**	**55654**	**15.21**	**55167**	**15.08**
榕城区	158904	24284	15.28	22806	14.35	26496	16.67
揭东区	73100	12540	17.15	9945	13.60	10355	14.17
揭西县							
惠来县							
普宁市	133886	40289	30.09	22903	17.11	18316	13.68
云浮市	**151498**	**29958**	**19.77**	**29233**	**19.30**	**28789**	**19.00**
云城区	84222	15853	18.82	15963	18.95	16283	19.33
云安区	5316	1288	24.23	946	17.80	960	18.06
新兴县							
郁南县							
罗定市	61960	12817	20.69	12324	19.89	11546	18.63

1-8a 续表 3 单位：户、%

地区	四人户		五人户		六人户	
	户数	比重	户数	比重	户数	比重
广东	**3036779**	**11.09**	**1487143**	**5.43**	**764465**	**2.79**
广州市	**541125**	**9.17**	**226870**	**3.84**	**100319**	**1.70**
荔湾区	40192	9.52	16726	3.96	6265	1.48
越秀区	43687	11.35	19285	5.01	7250	1.88
海珠区	66231	8.75	27921	3.69	10628	1.40
天河区	70723	7.99	28234	3.19	11774	1.33
白云区	88679	7.18	36737	2.97	15914	1.29
黄埔区	43488	10.00	18629	4.28	8491	1.95
番禺区	83590	8.71	33497	3.49	15464	1.61
花都区	45876	11.15	19450	4.73	10202	2.48
南沙区	18734	10.64	8554	4.86	4385	2.49
从化区	10570	16.34	4953	7.66	2623	4.06
增城区	29355	17.26	12884	7.58	7323	4.31
韶关市	**45323**	**14.14**	**21802**	**6.80**	**10656**	**3.32**
武江区	14976	13.82	6958	6.42	3272	3.02
浈江区	11874	13.01	5367	5.88	2513	2.75
曲江区	7684	15.18	3928	7.76	1907	3.77
始兴县						
仁化县						
翁源县						
乳源瑶族自治县						
新丰县						
乐昌市	5018	13.93	2471	6.86	1171	3.25
南雄市	5771	16.84	3078	8.98	1793	5.23
深圳市	**660433**	**10.34**	**315804**	**4.94**	**144153**	**2.26**
罗湖区	50515	13.57	25790	6.93	12423	3.34
福田区	64499	12.64	33165	6.50	15919	3.12
南山区	70686	12.91	34560	6.31	14829	2.71
宝安区	152433	8.72	67662	3.87	29813	1.71
龙岗区	167576	11.14	82970	5.51	38962	2.59
盐田区	9237	15.22	4697	7.74	2486	4.10
龙华区	90823	9.20	42857	4.34	19107	1.94
坪山区	19978	9.58	8962	4.30	4225	2.03
光明区	34686	7.72	15141	3.37	6389	1.42
珠海市	**79300**	**12.04**	**36882**	**5.60**	**17464**	**2.65**
香洲区	55790	11.75	25740	5.42	12003	2.53
斗门区	11384	12.38	5502	5.98	2841	3.09
金湾区	12126	13.16	5640	6.12	2620	2.84
汕头市	**116222**	**16.76**	**73782**	**10.64**	**46475**	**6.70**
龙湖区	26665	16.63	14588	9.10	8598	5.36
金平区	41566	16.97	20404	8.33	11479	4.69
濠江区	7634	16.69	5914	12.93	4240	9.27
潮阳区	13855	15.88	9993	11.45	6186	7.09
潮南区	14986	17.08	15538	17.71	11277	12.86
澄海区	11516	17.05	7345	10.88	4695	6.95
南澳县						
佛山市	**342971**	**11.46**	**163859**	**5.47**	**86136**	**2.88**
禅城区	44573	10.48	19321	4.54	8405	1.98
南海区	131303	11.20	63307	5.40	33567	2.86
顺德区	130250	11.45	63976	5.62	35762	3.14
三水区	18261	15.18	8528	7.09	4028	3.35
高明区	18584	13.48	8727	6.33	4374	3.17

1-8a　续表 4　　　　　　　　　　　　　　　　　　　　单位：户、%

地　区	四人户		五人户		六人户	
	户数	比重	户数	比重	户数	比重
江门市	**142786**	**15.50**	**68459**	**7.43**	**36984**	**4.01**
蓬江区	38968	14.06	18448	6.66	9482	3.42
江海区	17000	14.68	8817	7.61	4837	4.18
新会区	25676	16.26	11873	7.52	6097	3.86
台山市	18525	15.70	7886	6.68	4016	3.40
开平市	19050	18.10	9988	9.49	5827	5.54
鹤山市	13318	14.72	5740	6.34	2799	3.09
恩平市	10249	18.10	5707	10.08	3926	6.93
湛江市	**96878**	**16.49**	**56071**	**9.55**	**26949**	**4.59**
赤坎区	20269	15.91	9764	7.67	4292	3.37
霞山区	33175	16.40	16719	8.26	6930	3.42
坡头区	3958	18.39	1845	8.57	840	3.90
麻章区	4812	17.08	3196	11.35	1581	5.61
遂溪县	838	12.83	581	8.89	326	4.99
徐闻县						
廉江市	12180	17.77	8202	11.97	4155	6.06
雷州市	10071	14.83	7828	11.53	4419	6.51
吴川市	11575	17.80	7936	12.20	4406	6.77
茂名市	**84093**	**16.94**	**49118**	**9.90**	**26424**	**5.32**
茂南区	33764	16.78	17900	8.89	8935	4.44
电白区	11421	17.44	6620	10.11	3604	5.50
高州市	12188	15.34	7193	9.05	4172	5.25
化州市	12867	17.78	8674	11.99	4802	6.64
信宜市	13853	17.81	8731	11.22	4911	6.31
肇庆市	**57262**	**14.53**	**27891**	**7.08**	**14920**	**3.79**
端州区	27864	13.90	11825	5.90	5731	2.86
鼎湖区	5116	19.24	2926	11.01	1852	6.97
高要区	4890	13.59	2646	7.35	1426	3.96
广宁县						
怀集县						
封开县						
德庆县						
四会市	19392	14.80	10494	8.01	5911	4.51
惠州市	**118386**	**13.21**	**57586**	**6.43**	**29608**	**3.30**
惠城区	79233	15.10	38727	7.38	19883	3.79
惠阳区	38246	10.54	18443	5.08	9506	2.62
博罗县	907	10.30	416	4.72	219	2.49
惠东县						
龙门县						
梅州市	**47398**	**17.02**	**28869**	**10.37**	**17887**	**6.42**
梅江区	17824	16.64	10896	10.17	6572	6.13
梅县区	14185	19.84	8915	12.47	5643	7.89
大埔县						
丰顺县						
五华县	587	14.02	449	10.72	268	6.40
平远县						
蕉岭县						
兴宁市	14802	15.47	8609	8.99	5404	5.65

1-8a 续表 5

单位：户、%

地 区	四人户		五人户		六人户	
	户数	比重	户数	比重	户数	比重
汕尾市	**22688**	**15.77**	**15661**	**10.88**	**9382**	**6.52**
城 区	13878	16.44	8996	10.66	5356	6.34
海丰县						
陆河县						
陆丰市	8810	14.82	6665	11.21	4026	6.77
河源市	**31438**	**18.24**	**20417**	**11.85**	**12864**	**7.46**
源城区	31438	18.24	20417	11.85	12864	7.46
紫金县						
龙川县						
连平县						
和平县						
东源县						
阳江市	**54071**	**18.20**	**27507**	**9.26**	**15779**	**5.31**
江城区	30406	18.12	15252	9.09	8341	4.97
阳东区	10482	19.23	5108	9.37	3270	6.00
阳西县						
阳春市	13183	17.60	7147	9.54	4168	5.57
清远市	**65043**	**18.34**	**38887**	**10.97**	**22950**	**6.47**
清城区	34096	18.31	20004	10.74	12065	6.48
清新区	13410	20.00	8472	12.63	5016	7.48
佛冈县						
阳山县						
连山壮族瑶族自治县						
连南瑶族自治县						
英德市	10252	17.78	6136	10.64	3370	5.85
连州市	7285	16.68	4275	9.79	2499	5.72
东莞市	**291913**	**7.26**	**115833**	**2.88**	**53981**	**1.34**
市辖区	291913	7.26	115833	2.88	53981	1.34
中山市	**109331**	**10.23**	**50356**	**4.71**	**27634**	**2.59**
市辖区	109331	10.23	50356	4.71	27634	2.59
潮州市	**45853**	**16.55**	**28811**	**10.40**	**20082**	**7.25**
湘桥区	21808	16.03	11410	8.39	7132	5.24
潮安区	24045	17.05	17401	12.34	12950	9.18
饶平县						
揭阳市	**57665**	**15.76**	**46004**	**12.57**	**33582**	**9.18**
榕城区	28115	17.69	21939	13.81	16407	10.33
揭东区	12649	17.30	10623	14.53	8142	11.14
揭西县						
惠来县						
普宁市	16901	12.62	13442	10.04	9033	6.75
云浮市	**26600**	**17.56**	**16674**	**11.01**	**10236**	**6.76**
云城区	15658	18.59	9541	11.33	5979	7.10
云安区	862	16.22	536	10.08	375	7.05
新兴县						
郁南县						
罗定市	10080	16.27	6597	10.65	3882	6.27

1-8a　续表 6　　　　单位：户、%

地　区	七人户		八人户		九人户		十人及以上户	
	户数	比重	户数	比重	户数	比重	户数	比重
广　东	**258886**	**0.95**	**104580**	**0.38**	**51433**	**0.19**	**59229**	**0.22**
广州市	**25736**	**0.44**	**9511**	**0.16**	**4342**	**0.07**	**4418**	**0.07**
荔湾区	1403	0.33	506	0.12	174	0.04	177	0.04
越秀区	1752	0.46	644	0.17	218	0.06	243	0.06
海珠区	2492	0.33	893	0.12	340	0.04	302	0.04
天河区	2884	0.33	1119	0.13	416	0.05	405	0.05
白云区	4387	0.36	1564	0.13	777	0.06	675	0.05
黄埔区	2002	0.46	765	0.18	389	0.09	429	0.10
番禺区	3873	0.40	1428	0.15	670	0.07	599	0.06
花都区	2648	0.64	933	0.23	482	0.12	711	0.17
南沙区	1160	0.66	480	0.27	251	0.14	235	0.13
从化区	888	1.37	322	0.50	188	0.29	176	0.27
增城区	2247	1.32	857	0.50	437	0.26	466	0.27
韶关市	**2721**	**0.85**	**884**	**0.28**	**343**	**0.11**	**335**	**0.10**
武江区	817	0.75	271	0.25	108	0.10	123	0.11
浈江区	662	0.73	237	0.26	118	0.13	140	0.15
曲江区	453	0.89	138	0.27	41	0.08	19	0.04
始兴县								
仁化县								
翁源县								
乳源瑶族自治县								
新丰县								
乐昌市	326	0.90	106	0.29	29	0.08	21	0.06
南雄市	463	1.35	132	0.39	47	0.14	32	0.09
深圳市	**40553**	**0.63**	**14909**	**0.23**	**6498**	**0.10**	**5851**	**0.09**
罗湖区	4086	1.10	1564	0.42	660	0.18	578	0.16
福田区	4613	0.90	1785	0.35	746	0.15	741	0.15
南山区	3476	0.64	1296	0.24	563	0.10	524	0.10
宝安区	8206	0.47	2853	0.16	1245	0.07	1079	0.06
龙岗区	11125	0.74	4128	0.27	1841	0.12	1546	0.10
盐田区	785	1.29	326	0.54	150	0.25	141	0.23
龙华区	5206	0.53	1895	0.19	807	0.08	754	0.08
坪山区	1231	0.59	454	0.22	231	0.11	288	0.14
光明区	1825	0.41	608	0.14	255	0.06	200	0.04
珠海市	**4788**	**0.73**	**1864**	**0.28**	**916**	**0.14**	**903**	**0.14**
香洲区	3252	0.69	1248	0.26	584	0.12	598	0.13
斗门区	830	0.90	378	0.41	223	0.24	195	0.21
金湾区	706	0.77	238	0.26	109	0.12	110	0.12
汕头市	**21776**	**3.14**	**9930**	**1.43**	**4848**	**0.70**	**5794**	**0.84**
龙湖区	3249	2.03	1359	0.85	658	0.41	710	0.44
金平区	4167	1.70	1595	0.65	776	0.32	648	0.26
濠江区	2460	5.38	1369	2.99	737	1.61	1190	2.60
潮阳区	3185	3.65	1434	1.64	699	0.80	919	1.05
潮南区	6894	7.86	3470	3.96	1691	1.93	1948	2.22
澄海区	1821	2.70	703	1.04	287	0.42	379	0.56
南澳县								
佛山市	**27788**	**0.93**	**10750**	**0.36**	**5531**	**0.18**	**4693**	**0.16**
禅城区	2092	0.49	768	0.18	304	0.07	348	0.08
南海区	11795	1.01	5216	0.44	2801	0.24	2441	0.21
顺德区	12261	1.08	4278	0.38	2209	0.19	1754	0.15
三水区	853	0.71	249	0.21	116	0.10	86	0.07
高明区	787	0.57	239	0.17	101	0.07	64	0.05

1-8a 续表 7

单位：户、%

地　区	七人户		八人户		九人户		十人及以上户	
	户数	比重	户数	比重	户数	比重	户数	比重
江门市	**9227**	**1.00**	**3117**	**0.34**	**1504**	**0.16**	**1208**	**0.13**
蓬江区	2241	0.81	716	0.26	316	0.11	277	0.10
江海区	1388	1.20	564	0.49	317	0.27	229	0.20
新会区	1205	0.76	311	0.20	140	0.09	107	0.07
台山市	1043	0.88	376	0.32	176	0.15	122	0.10
开平市	1404	1.33	432	0.41	154	0.15	95	0.09
鹤山市	552	0.61	128	0.14	56	0.06	40	0.04
恩平市	1394	2.46	590	1.04	345	0.61	338	0.60
湛江市	**12315**	**2.10**	**6303**	**1.07**	**3391**	**0.58**	**5689**	**0.97**
赤坎区	1612	1.27	818	0.64	415	0.33	569	0.45
霞山区	2498	1.23	1064	0.53	435	0.21	545	0.27
坡头区	333	1.55	216	1.00	107	0.50	210	0.98
麻章区	867	3.08	491	1.74	316	1.12	505	1.79
遂溪县	174	2.66	98	1.50	55	0.84	77	1.18
徐闻县								
廉江市	2102	3.07	956	1.39	546	0.80	929	1.36
雷州市	2272	3.35	1239	1.82	696	1.02	1349	1.99
吴川市	2457	3.78	1421	2.18	821	1.26	1505	2.31
茂名市	**12620**	**2.54**	**6087**	**1.23**	**3353**	**0.68**	**5008**	**1.01**
茂南区	3824	1.90	1724	0.86	890	0.44	1340	0.67
电白区	1960	2.99	1084	1.66	618	0.94	944	1.44
高州市	1809	2.28	750	0.94	392	0.49	440	0.55
化州市	2421	3.35	1154	1.59	692	0.96	1099	1.52
信宜市	2606	3.35	1375	1.77	761	0.98	1185	1.52
肇庆市	**5006**	**1.27**	**1874**	**0.48**	**913**	**0.23**	**885**	**0.22**
端州区	1936	0.97	793	0.40	396	0.20	466	0.23
鼎湖区	685	2.58	240	0.90	127	0.48	122	0.46
高要区	634	1.76	256	0.71	119	0.33	125	0.35
广宁县								
怀集县								
封开县								
德庆县								
四会市	1751	1.34	585	0.45	271	0.21	172	0.13
惠州市	**9421**	**1.05**	**3469**	**0.39**	**1660**	**0.19**	**2224**	**0.25**
惠城区	6230	1.19	2145	0.41	912	0.17	1151	0.22
惠阳区	3118	0.86	1300	0.36	742	0.20	1066	0.29
博罗县	73	0.83	24	0.27	6	0.07	7	0.08
惠东县								
龙门县								
梅州市	**5523**	**1.98**	**2184**	**0.78**	**1067**	**0.38**	**979**	**0.35**
梅江区	1782	1.66	714	0.67	340	0.32	290	0.27
梅县区	1642	2.30	574	0.80	290	0.41	227	0.32
大埔县								
丰顺县								
五华县	177	4.23	88	2.10	50	1.19	59	1.41
平远县								
蕉岭县								
兴宁市	1922	2.01	808	0.84	387	0.40	403	0.42

1-8a 续表 8　　　　单位：户、%

地区	七人户		八人户		九人户		十人及以上户	
	户数	比重	户数	比重	户数	比重	户数	比重
汕尾市	**4981**	**3.46**	**2683**	**1.86**	**1426**	**0.99**	**2733**	**1.90**
城　区	2771	3.28	1352	1.60	682	0.81	908	1.08
海丰县								
陆河县								
陆丰市	2210	3.72	1331	2.24	744	1.25	1825	3.07
河源市	**5069**	**2.94**	**1933**	**1.12**	**965**	**0.56**	**1045**	**0.61**
源城区	5069	2.94	1933	1.12	965	0.56	1045	0.61
紫金县								
龙川县								
连平县								
和平县								
东源县								
阳江市	**6380**	**2.15**	**2798**	**0.94**	**1544**	**0.52**	**1870**	**0.63**
江城区	3507	2.09	1636	0.98	821	0.49	870	0.52
阳东区	1334	2.45	530	0.97	314	0.58	371	0.68
阳西县								
阳春市	1539	2.05	632	0.84	409	0.55	629	0.84
清远市	**7500**	**2.11**	**2649**	**0.75**	**1211**	**0.34**	**1227**	**0.35**
清城区	3742	2.01	1294	0.69	581	0.31	659	0.35
清新区	1661	2.48	584	0.87	270	0.40	228	0.34
佛冈县								
阳山县								
连山壮族瑶族自治县								
连南瑶族自治县								
英德市	1243	2.16	431	0.75	187	0.32	168	0.29
连州市	854	1.96	340	0.78	173	0.40	172	0.39
东莞市	**15482**	**0.38**	**5270**	**0.13**	**2572**	**0.06**	**2478**	**0.06**
市辖区	15482	0.38	5270	0.13	2572	0.06	2478	0.06
中山市	**9841**	**0.92**	**4132**	**0.39**	**2166**	**0.20**	**2085**	**0.20**
市辖区	9841	0.92	4132	0.39	2166	0.20	2085	0.20
潮州市	**7399**	**2.67**	**2662**	**0.96**	**1327**	**0.48**	**1278**	**0.46**
湘桥区	2050	1.51	717	0.53	380	0.28	306	0.22
潮安区	5349	3.79	1945	1.38	947	0.67	972	0.69
饶平县								
揭阳市	**19722**	**5.39**	**9503**	**2.60**	**4691**	**1.28**	**6789**	**1.86**
榕城区	9448	5.95	4510	2.84	2131	1.34	2768	1.74
揭东区	4614	6.31	2016	2.76	933	1.28	1283	1.76
揭西县								
惠来县								
普宁市	5660	4.23	2977	2.22	1627	1.22	2738	2.05
云浮市	**5038**	**3.33**	**2068**	**1.37**	**1165**	**0.77**	**1737**	**1.15**
云城区	2688	3.19	1043	1.24	546	0.65	668	0.79
云安区	221	4.16	62	1.17	32	0.60	34	0.64
新兴县								
郁南县								
罗定市	2129	3.44	963	1.55	587	0.95	1035	1.67

1-8b 各地区家庭户规模(镇)

单位：户、%

地区	家庭户户数	一人户 户数	一人户 比重	二人户 户数	二人户 比重	三人户 户数	三人户 比重
广东	**5096023**	**1399247**	**27.46**	**1118250**	**21.94**	**849346**	**16.67**
广州市	**411505**	**159718**	**38.81**	**102713**	**24.96**	**64515**	**15.68**
荔湾区							
越秀区							
海珠区							
天河区							
白云区	79896	38596	48.31	18591	23.27	9589	12.00
黄埔区	12569	2626	20.89	2556	20.34	3026	24.08
番禺区	27235	12348	45.34	7769	28.53	3657	13.43
花都区	27858	9280	33.31	6342	22.77	5087	18.26
南沙区	58308	20562	35.26	16390	28.11	9444	16.20
从化区	23036	8751	37.99	5730	24.87	3625	15.74
增城区	182603	67555	37.00	45335	24.83	30087	16.48
韶关市	**228426**	**55874**	**24.46**	**60330**	**26.41**	**45545**	**19.94**
武江区	1030	302	29.32	288	27.96	184	17.86
浈江区	10542	3451	32.74	3500	33.20	1708	16.20
曲江区	10439	3150	30.18	2899	27.77	1831	17.54
始兴县	28199	7169	25.42	7400	26.24	5735	20.34
仁化县	26802	6315	23.56	7707	28.76	5763	21.50
翁源县	36157	7177	19.85	9145	25.29	7393	20.45
乳源瑶族自治县	26959	5232	19.41	6571	24.37	5833	21.64
新丰县	32633	8690	26.63	7307	22.39	6014	18.43
乐昌市	35327	9526	26.97	10047	28.44	6805	19.26
南雄市	20338	4862	23.91	5466	26.88	4279	21.04
深圳市	**1031**	**282**	**27.35**	**333**	**32.30**	**180**	**17.46**
罗湖区							
福田区							
南山区	274	148	54.01	118	43.07	5	1.82
宝安区							
龙岗区							
盐田区							
龙华区							
坪山区	757	134	17.70	215	28.40	175	23.12
光明区							
珠海市	**101490**	**41215**	**40.61**	**25098**	**24.73**	**14742**	**14.53**
香洲区	13079	7416	56.70	2893	22.12	1332	10.18
斗门区	50737	17921	35.32	12496	24.63	8554	16.86
金湾区	37674	15878	42.15	9709	25.77	4856	12.89
汕头市	**306293**	**43968**	**14.35**	**50054**	**16.34**	**47559**	**15.53**
龙湖区							
金平区							
濠江区	1582	335	21.18	329	20.80	254	16.06
潮阳区	123496	15136	12.26	16180	13.10	17248	13.97
潮南区	68799	9702	14.10	9835	14.30	10352	15.05
澄海区	94234	14392	15.27	18441	19.57	16309	17.31
南澳县	18182	4403	24.22	5269	28.98	3396	18.68
佛山市	**176762**	**68508**	**38.76**	**47611**	**26.94**	**24725**	**13.99**
禅城区	71956	24797	34.46	18526	25.75	11175	15.53
南海区	20351	10256	50.40	5095	25.04	1796	8.83
顺德区							
三水区	74604	29438	39.46	21358	28.63	10316	13.83
高明区	9851	4017	40.78	2632	26.72	1438	14.60

1-8b 续表 1

单位：户、%

地区	家庭户户数	一人户		二人户		三人户	
		户数	比重	户数	比重	户数	比重
江门市	**148811**	**48965**	**32.90**	**34597**	**23.25**	**26960**	**18.12**
蓬江区							
江海区							
新会区	42131	11854	28.14	10790	25.61	8296	19.69
台山市	26608	7658	28.78	6507	24.46	5338	20.06
开平市	30891	8304	26.88	7127	23.07	6126	19.83
鹤山市	31749	16296	51.33	6383	20.10	4001	12.60
恩平市	17432	4853	27.84	3790	21.74	3199	18.35
湛江市	**324765**	**73837**	**22.74**	**68572**	**21.11**	**56741**	**17.47**
赤坎区							
霞山区	1164	216	18.56	205	17.61	182	15.64
坡头区	21751	4703	21.62	3898	17.92	3787	17.41
麻章区	18258	4772	26.14	3787	20.74	3005	16.46
遂溪县	78596	18375	23.38	16667	21.21	14175	18.04
徐闻县	64296	13040	20.28	13621	21.18	11783	18.33
廉江市	54757	13361	24.40	12312	22.48	9277	16.94
雷州市	49313	13064	26.49	10587	21.47	7534	15.28
吴川市	36630	6306	17.22	7495	20.46	6998	19.10
茂名市	**244611**	**56575**	**23.13**	**50777**	**20.76**	**42133**	**17.22**
茂南区	12573	3331	26.49	2066	16.43	1909	15.18
电白区	100032	19156	19.15	20390	20.38	18364	18.36
高州市	52344	15376	29.37	11906	22.75	8367	15.98
化州市	51355	12011	23.39	10220	19.90	8668	16.88
信宜市	28307	6701	23.67	6195	21.89	4825	17.05
肇庆市	**271221**	**82490**	**30.41**	**58667**	**21.63**	**48231**	**17.78**
端州区							
鼎湖区	8148	1890	23.20	1909	23.43	1459	17.91
高要区	54147	20996	38.78	10486	19.37	7701	14.22
广宁县	53590	14197	26.49	12552	23.42	10510	19.61
怀集县	66462	18147	27.30	13512	20.33	12404	18.66
封开县	41582	11374	27.35	9596	23.08	7867	18.92
德庆县	36677	12092	32.97	7955	21.69	6572	17.92
四会市	10615	3794	35.74	2657	25.03	1718	16.18
惠州市	**511544**	**149627**	**29.25**	**108546**	**21.22**	**84672**	**16.55**
惠城区	40150	13558	33.77	9559	23.81	6611	16.47
惠阳区	39538	15280	38.65	9098	23.01	5599	14.16
博罗县	206099	64108	31.11	45902	22.27	35405	17.18
惠东县	177631	42319	23.82	33901	19.09	28778	16.20
龙门县	48126	14362	29.84	10086	20.96	8279	17.20
梅州市	**299267**	**63174**	**21.11**	**68071**	**22.75**	**54203**	**18.11**
梅江区	2032	485	23.87	480	23.62	395	19.44
梅县区	15529	5714	36.80	3333	21.46	2193	14.12
大埔县	48550	10775	22.19	12023	24.76	9411	19.38
丰顺县	73537	16293	22.16	15605	21.22	12633	17.18
五华县	77155	13985	18.13	15232	19.74	13040	16.90
平远县	29314	5312	18.12	7778	26.53	6041	20.61
蕉岭县	30596	4989	16.31	7934	25.93	6557	21.43
兴宁市	22554	5621	24.92	5686	25.21	3933	17.44

1－8b 续表 2

单位：户、%

地区	家庭户	一人户		二人户		三人户	
	户数	户数	比重	户数	比重	户数	比重
汕尾市	**293514**	**66909**	**22.80**	**56508**	**19.25**	**48816**	**16.63**
城　区	12058	3522	29.21	1993	16.53	1991	16.51
海丰县	151950	32282	21.25	28051	18.46	26678	17.56
陆河县	35197	8846	25.13	6238	17.72	5299	15.06
陆丰市	94309	22259	23.60	20226	21.45	14848	15.74
河源市	**214818**	**47650**	**22.18**	**46799**	**21.79**	**39145**	**18.22**
源城区	9287	4671	50.30	2341	25.21	960	10.34
紫金县	54599	10238	18.75	11159	20.44	9330	17.09
龙川县	60091	13063	21.74	13367	22.24	11490	19.12
连平县	31346	6158	19.65	7301	23.29	6164	19.66
和平县	33324	6216	18.65	7290	21.88	7195	21.59
东源县	26171	7304	27.91	5341	20.41	4006	15.31
阳江市	**120542**	**27408**	**22.74**	**26726**	**22.17**	**23236**	**19.28**
江城区	16303	3954	24.25	3668	22.50	3090	18.95
阳东区	18108	4312	23.81	3938	21.75	3421	18.89
阳西县	53764	10594	19.70	11383	21.17	11089	20.63
阳春市	32367	8548	26.41	7737	23.90	5636	17.41
清远市	**277709**	**63951**	**23.03**	**61430**	**22.12**	**52203**	**18.80**
清城区	76073	18845	24.77	16957	22.29	13387	17.60
清新区	13357	3995	29.91	2859	21.40	2305	17.26
佛冈县	43126	10359	24.02	8837	20.49	7911	18.34
阳山县	47561	10482	22.04	10433	21.94	9397	19.76
连山壮族瑶族自治县	12221	2538	20.77	2977	24.36	2543	20.81
连南瑶族自治县	19967	4366	21.87	4645	23.26	4381	21.94
英德市	54425	10800	19.84	12136	22.30	10086	18.53
连州市	10979	2566	23.37	2586	23.55	2193	19.97
东莞市	**36686**	**19028**	**51.87**	**10369**	**28.26**	**3568**	**9.73**
市辖区	36686	19028	51.87	10369	28.26	3568	9.73
中山市	**434609**	**185107**	**42.59**	**111132**	**25.57**	**57490**	**13.23**
市辖区	434609	185107	42.59	111132	25.57	57490	13.23
潮州市	**188852**	**31258**	**16.55**	**38087**	**20.17**	**33393**	**17.68**
湘桥区	17314	2462	14.22	2781	16.06	2894	16.71
潮安区	58534	7768	13.27	9227	15.76	9571	16.35
饶平县	113004	21028	18.61	26079	23.08	20928	18.52
揭阳市	**363716**	**80808**	**22.22**	**61089**	**16.80**	**54676**	**15.03**
榕城区	23763	5858	24.65	3369	14.18	3356	14.12
揭东区	53189	10431	19.61	8464	15.91	8158	15.34
揭西县	60458	15465	25.58	12362	20.45	9723	16.08
惠来县	109565	22874	20.88	19638	17.92	16663	15.21
普宁市	116741	26180	22.43	17256	14.78	16776	14.37
云浮市	**139851**	**32895**	**23.52**	**30741**	**21.98**	**26613**	**19.03**
云城区							
云安区	12822	3108	24.24	2371	18.49	2133	16.64
新兴县	55535	12569	22.63	12343	22.23	11382	20.50
郁南县	49295	11788	23.91	11363	23.05	9289	18.84
罗定市	22199	5430	24.46	4664	21.01	3809	17.16

1-8b　续表 3　　　　　　　　　　　　　　　　　　　　　　　　单位：户、%

地　区	四人户		五人户		六人户	
	户数	比重	户数	比重	户数	比重
广　东	**724233**	**14.21**	**455857**	**8.95**	**277887**	**5.45**
广州市	**47256**	**11.48**	**20141**	**4.89**	**10611**	**2.58**
荔湾区						
越秀区						
海珠区						
天河区						
白云区	6553	8.20	3206	4.01	1817	2.27
黄埔区	2429	19.33	1045	8.31	539	4.29
番禺区	2160	7.93	749	2.75	366	1.34
花都区	3913	14.05	1730	6.21	964	3.46
南沙区	6316	10.83	3029	5.19	1697	2.91
从化区	2592	11.25	1184	5.14	650	2.82
增城区	23293	12.76	9198	5.04	4578	2.51
韶关市	**33424**	**14.63**	**18124**	**7.93**	**9347**	**4.09**
武江区	129	12.52	68	6.60	32	3.11
浈江区	1045	9.91	488	4.63	239	2.27
曲江区	1243	11.91	738	7.07	383	3.67
始兴县	4154	14.73	2304	8.17	1026	3.64
仁化县	3807	14.20	1880	7.01	925	3.45
翁源县	5974	16.52	3391	9.38	1939	5.36
乳源瑶族自治县	4685	17.38	2501	9.28	1412	5.24
新丰县	4753	14.57	2856	8.75	1475	4.52
乐昌市	4648	13.16	2350	6.65	1160	3.28
南雄市	2986	14.68	1548	7.61	756	3.72
深圳市	**148**	**14.35**	**53**	**5.14**	**26**	**2.52**
罗湖区						
福田区						
南山区	3	1.09				
宝安区						
龙岗区						
盐田区						
龙华区						
坪山区	145	19.15	53	7.00	26	3.43
光明区						
珠海市	**10323**	**10.17**	**5130**	**5.05**	**2811**	**2.77**
香洲区	818	6.25	340	2.60	150	1.15
斗门区	6039	11.90	2962	5.84	1566	3.09
金湾区	3466	9.20	1828	4.85	1095	2.91
汕头市	**52129**	**17.02**	**44989**	**14.69**	**32112**	**10.48**
龙湖区						
金平区						
濠江区	279	17.64	152	9.61	121	7.65
潮阳区	21149	17.13	20450	16.56	14417	11.67
潮南区	11355	16.50	10316	14.99	7555	10.98
澄海区	16873	17.91	12795	13.58	9137	9.70
南澳县	2473	13.60	1276	7.02	882	4.85
佛山市	**18482**	**10.46**	**8975**	**5.08**	**5226**	**2.96**
禅城区	8939	12.42	4243	5.90	2587	3.60
南海区	1329	6.53	816	4.01	557	2.74
顺德区						
三水区	7269	9.74	3487	4.67	1838	2.46
高明区	945	9.59	429	4.35	244	2.48

1-8b 续表 4

单位：户、%

地　区	四人户		五人户		六人户	
	户数	比重	户数	比重	户数	比重
江门市	**19841**	**13.33**	**9748**	**6.55**	**5627**	**3.78**
蓬江区						
江海区						
新会区	5908	14.02	2791	6.62	1696	4.03
台山市	3536	13.29	1860	6.99	1030	3.87
开平市	5140	16.64	2390	7.74	1235	4.00
鹤山市	2708	8.53	1273	4.01	745	2.35
恩平市	2549	14.62	1434	8.23	921	5.28
湛江市	**49460**	**15.23**	**33191**	**10.22**	**19040**	**5.86**
赤坎区						
霞山区	242	20.79	130	11.17	69	5.93
坡头区	4043	18.59	2407	11.07	1195	5.49
麻章区	2689	14.73	1835	10.05	952	5.21
遂溪县	11999	15.27	8002	10.18	4478	5.70
徐闻县	10497	16.33	6524	10.15	3980	6.19
廉江市	7216	13.18	5000	9.13	3212	5.87
雷州市	6492	13.16	4962	10.06	2832	5.74
吴川市	6282	17.15	4331	11.82	2322	6.34
茂名市	**36880**	**15.08**	**25401**	**10.38**	**14748**	**6.03**
茂南区	1907	15.17	1444	11.48	844	6.71
电白区	16723	16.72	11154	11.15	6243	6.24
高州市	6538	12.49	4478	8.55	2760	5.27
化州市	7868	15.32	5606	10.92	3213	6.26
信宜市	3844	13.58	2719	9.61	1688	5.96
肇庆市	**38196**	**14.08**	**22457**	**8.28**	**12203**	**4.50**
端州区						
鼎湖区	1220	14.97	691	8.48	483	5.93
高要区	6540	12.08	3813	7.04	2635	4.87
广宁县	7824	14.60	4734	8.83	2347	4.38
怀集县	10521	15.83	5965	8.98	3199	4.81
封开县	5816	13.99	3744	9.00	1876	4.51
德庆县	5040	13.74	2860	7.80	1295	3.53
四会市	1235	11.63	650	6.12	368	3.47
惠州市	**75752**	**14.81**	**43907**	**8.58**	**25198**	**4.93**
惠城区	5329	13.27	2590	6.45	1424	3.55
惠阳区	4501	11.38	2471	6.25	1426	3.61
博罗县	30598	14.85	15409	7.48	8772	4.26
惠东县	28169	15.86	19234	10.83	11217	6.31
龙门县	7155	14.87	4203	8.73	2359	4.90
梅州市	**46625**	**15.58**	**29912**	**10.00**	**19219**	**6.42**
梅江区	323	15.90	167	8.22	118	5.81
梅县区	1735	11.17	1184	7.62	759	4.89
大埔县	7817	16.10	4452	9.17	2544	5.24
丰顺县	11388	15.49	7376	10.03	4993	6.79
五华县	12080	15.66	8851	11.47	5933	7.69
平远县	4828	16.47	2775	9.47	1744	5.95
蕉岭县	5322	17.39	3138	10.26	1914	6.26
兴宁市	3132	13.89	1969	8.73	1214	5.38

1-8b　续表 5　　　　单位：户、%

地　　区	四人户		五人户		六人户	
	户数	比重	户数	比重	户数	比重
汕尾市	**46960**	**16.00**	**32409**	**11.04**	**19632**	**6.69**
城　区	1646	13.65	1154	9.57	765	6.34
海丰县	27842	18.32	17443	11.48	9778	6.44
陆河县	4763	13.53	3741	10.63	2638	7.49
陆丰市	12709	13.48	10071	10.68	6451	6.84
河源市	**35970**	**16.74**	**22795**	**10.61**	**12670**	**5.90**
源城区	780	8.40	334	3.60	137	1.48
紫金县	8958	16.41	6366	11.66	4188	7.67
龙川县	10627	17.68	6369	10.60	3165	5.27
连平县	5230	16.68	3359	10.72	1803	5.75
和平县	6305	18.92	3613	10.84	1763	5.29
东源县	4070	15.55	2754	10.52	1614	6.17
阳江市	**19404**	**16.10**	**10852**	**9.00**	**6574**	**5.45**
江城区	2373	14.56	1433	8.79	936	5.74
阳东区	2812	15.53	1537	8.49	1114	6.15
阳西县	9959	18.52	5119	9.52	2798	5.20
阳春市	4260	13.16	2763	8.54	1726	5.33
清远市	**44081**	**15.87**	**26724**	**9.62**	**16084**	**5.79**
清城区	11380	14.96	6883	9.05	4655	6.12
清新区	1879	14.07	1139	8.53	632	4.73
佛冈县	7689	17.83	4426	10.26	2454	5.69
阳山县	7609	16.00	4661	9.80	2682	5.64
连山壮族瑶族自治县	2079	17.01	1113	9.11	550	4.50
连南瑶族自治县	3366	16.86	1830	9.17	888	4.45
英德市	8481	15.58	5677	10.43	3650	6.71
连州市	1598	14.56	995	9.06	573	5.22
东莞市	**2148**	**5.86**	**865**	**2.36**	**464**	**1.26**
市辖区	2148	5.86	865	2.36	464	1.26
中山市	**41294**	**9.50**	**20676**	**4.76**	**11464**	**2.64**
市辖区	41294	9.50	20676	4.76	11464	2.64
潮州市	**31524**	**16.69**	**23104**	**12.23**	**16986**	**8.99**
湘桥区	3091	17.85	2630	15.19	2073	11.97
潮安区	10407	17.78	8780	15.00	6857	11.71
饶平县	18026	15.95	11694	10.35	8056	7.13
揭阳市	**52523**	**14.44**	**43074**	**11.84**	**30149**	**8.29**
榕城区	3620	15.23	2922	12.30	2411	10.15
揭东区	8568	16.11	7030	13.22	5269	9.91
揭西县	8029	13.28	5806	9.60	3958	6.55
惠来县	14255	13.01	11612	10.60	8267	7.55
普宁市	18051	15.46	15704	13.45	10244	8.77
云浮市	**21813**	**15.60**	**13330**	**9.53**	**7696**	**5.50**
云城区						
云安区	1930	15.05	1432	11.17	887	6.92
新兴县	9697	17.46	5282	9.51	2741	4.94
郁南县	7126	14.46	4391	8.91	2693	5.46
罗定市	3060	13.78	2225	10.02	1375	6.19

1-8b 续表 6

单位：户、%

地 区	七人户		八人户		九人户		十人及以上户	
	户数	比重	户数	比重	户数	比重	户数	比重
广 东	**133708**	**2.62**	**62171**	**1.22**	**32260**	**0.63**	**43064**	**0.85**
广州市	**3376**	**0.82**	**1347**	**0.33**	**829**	**0.20**	**999**	**0.24**
荔湾区								
越秀区								
海珠区								
天河区								
白云区	685	0.86	306	0.38	243	0.30	310	0.39
黄埔区	144	1.15	66	0.53	45	0.36	93	0.74
番禺区	119	0.44	33	0.12	22	0.08	12	0.04
花都区	232	0.83	97	0.35	69	0.25	144	0.52
南沙区	501	0.86	198	0.34	97	0.17	74	0.13
从化区	289	1.25	103	0.45	61	0.26	51	0.22
增城区	1406	0.77	544	0.30	292	0.16	315	0.17
韶关市	**3258**	**1.43**	**1181**	**0.52**	**556**	**0.24**	**787**	**0.34**
武江区	18	1.75	5	0.49	3	0.29	1	0.10
浈江区	79	0.75	21	0.20	8	0.08	3	0.03
曲江区	116	1.11	50	0.48	14	0.13	15	0.14
始兴县	279	0.99	74	0.26	34	0.12	24	0.09
仁化县	251	0.94	81	0.30	34	0.13	39	0.15
翁源县	683	1.89	234	0.65	108	0.30	113	0.31
乳源瑶族自治县	466	1.73	142	0.53	63	0.23	54	0.20
新丰县	628	1.92	298	0.91	179	0.55	433	1.33
乐昌市	459	1.30	180	0.51	78	0.22	74	0.21
南雄市	279	1.37	96	0.47	35	0.17	31	0.15
深圳市	**3**	**0.29**	**4**	**0.39**	**1**	**0.10**	**1**	**0.10**
罗湖区								
福田区								
南山区								
宝安区								
龙岗区								
盐田区								
龙华区								
坪山区	3	0.40	4	0.53	1	0.13	1	0.13
光明区								
珠海市	**1026**	**1.01**	**504**	**0.50**	**314**	**0.31**	**327**	**0.32**
香洲区	63	0.48	28	0.21	23	0.18	16	0.12
斗门区	548	1.08	288	0.57	164	0.32	199	0.39
金湾区	415	1.10	188	0.50	127	0.34	112	0.30
汕头市	**17854**	**5.83**	**8763**	**2.86**	**4153**	**1.36**	**4712**	**1.54**
龙湖区								
金平区								
濠江区	63	3.98	20	1.26	12	0.76	17	1.07
潮阳区	9087	7.36	4793	3.88	2315	1.87	2721	2.20
潮南区	4716	6.85	2542	3.69	1140	1.66	1286	1.87
澄海区	3698	3.92	1306	1.39	624	0.66	659	0.70
南澳县	290	1.59	102	0.56	62	0.34	29	0.16
佛山市	**1771**	**1.00**	**744**	**0.42**	**405**	**0.23**	**315**	**0.18**
禅城区	918	1.28	392	0.54	208	0.29	171	0.24
南海区	252	1.24	122	0.60	74	0.36	54	0.27
顺德区								
三水区	523	0.70	194	0.26	109	0.15	72	0.10
高明区	78	0.79	36	0.37	14	0.14	18	0.18

1-8b　续表 7　　　　单位：户、%

地　　区	七人户		八人户		九人户		十人及以上户	
	户数	比重	户数	比重	户数	比重	户数	比重
江门市	**1865**	**1.25**	**587**	**0.39**	**340**	**0.23**	**281**	**0.19**
蓬江区								
江海区								
新会区	487	1.16	140	0.33	94	0.22	75	0.18
台山市	426	1.60	142	0.53	67	0.25	44	0.17
开平市	345	1.12	123	0.40	60	0.19	41	0.13
鹤山市	220	0.69	59	0.19	30	0.09	34	0.11
恩平市	387	2.22	123	0.71	89	0.51	87	0.50
湛江市	**10750**	**3.31**	**5570**	**1.72**	**3104**	**0.96**	**4500**	**1.39**
赤坎区								
霞山区	62	5.33	22	1.89	18	1.55	18	1.55
坡头区	692	3.18	395	1.82	236	1.09	395	1.82
麻章区	515	2.82	276	1.51	154	0.84	273	1.50
遂溪县	2323	2.96	1188	1.51	608	0.77	781	0.99
徐闻县	2279	3.54	1122	1.75	601	0.93	849	1.32
廉江市	1911	3.49	1045	1.91	551	1.01	872	1.59
雷州市	1677	3.40	860	1.74	546	1.11	759	1.54
吴川市	1291	3.52	662	1.81	390	1.06	553	1.51
茂名市	**8275**	**3.38**	**4187**	**1.71**	**2291**	**0.94**	**3344**	**1.37**
茂南区	516	4.10	274	2.18	122	0.97	160	1.27
电白区	3536	3.53	1801	1.80	1077	1.08	1588	1.59
高州市	1463	2.79	698	1.33	363	0.69	395	0.75
化州市	1728	3.36	896	1.74	457	0.89	688	1.34
信宜市	1032	3.65	518	1.83	272	0.96	513	1.81
肇庆市	**5211**	**1.92**	**1974**	**0.73**	**942**	**0.35**	**850**	**0.31**
端州区								
鼎湖区	230	2.82	103	1.26	71	0.87	92	1.13
高要区	1224	2.26	395	0.73	148	0.27	209	0.39
广宁县	861	1.61	318	0.59	129	0.24	118	0.22
怀集县	1448	2.18	646	0.97	389	0.59	231	0.35
封开县	793	1.91	294	0.71	104	0.25	118	0.28
德庆县	523	1.43	192	0.52	83	0.23	65	0.18
四会市	132	1.24	26	0.24	18	0.17	17	0.16
惠州市	**11650**	**2.28**	**5227**	**1.02**	**2683**	**0.52**	**4282**	**0.84**
惠城区	589	1.47	216	0.54	121	0.30	153	0.38
惠阳区	575	1.45	259	0.66	121	0.31	208	0.53
博罗县	3381	1.64	1227	0.60	570	0.28	727	0.35
惠东县	6120	3.45	3195	1.80	1708	0.96	2990	1.68
龙门县	985	2.05	330	0.69	163	0.34	204	0.42
梅州市	**8866**	**2.96**	**4156**	**1.39**	**2170**	**0.73**	**2871**	**0.96**
梅江区	37	1.82	14	0.69	12	0.59	1	0.05
梅县区	317	2.04	141	0.91	66	0.43	87	0.56
大埔县	982	2.02	315	0.65	121	0.25	110	0.23
丰顺县	2551	3.47	1244	1.69	635	0.86	819	1.11
五华县	3421	4.43	1919	2.49	1065	1.38	1629	2.11
平远县	524	1.79	183	0.62	76	0.26	53	0.18
蕉岭县	492	1.61	127	0.42	69	0.23	54	0.18
兴宁市	542	2.40	213	0.94	126	0.56	118	0.52

1-8b 续表 8

单位：户、%

地　区	七人户		八人户		九人户		十人及以上户	
	户数	比重	户数	比重	户数	比重	户数	比重
汕尾市	**10542**	**3.59**	**5364**	**1.83**	**2610**	**0.89**	**3764**	**1.28**
城　区	419	3.47	244	2.02	134	1.11	190	1.58
海丰县	4939	3.25	2360	1.55	1108	0.73	1469	0.97
陆河县	1573	4.47	856	2.43	481	1.37	762	2.16
陆丰市	3611	3.83	1904	2.02	887	0.94	1343	1.42
河源市	**5483**	**2.55**	**2253**	**1.05**	**1000**	**0.47**	**1053**	**0.49**
源城区	48	0.52	10	0.11	4	0.04	2	0.02
紫金县	2194	4.02	1033	1.89	525	0.96	608	1.11
龙川县	1237	2.06	453	0.75	183	0.30	137	0.23
连平县	750	2.39	313	1.00	125	0.40	143	0.46
和平县	616	1.85	194	0.58	66	0.20	66	0.20
东源县	638	2.44	250	0.96	97	0.37	97	0.37
阳江市	**3070**	**2.55**	**1374**	**1.14**	**791**	**0.66**	**1107**	**0.92**
江城区	407	2.50	208	1.28	112	0.69	122	0.75
阳东区	511	2.82	205	1.13	114	0.63	144	0.80
阳西县	1256	2.34	598	1.11	372	0.69	596	1.11
阳春市	896	2.77	363	1.12	193	0.60	245	0.76
清远市	**6933**	**2.50**	**2948**	**1.06**	**1547**	**0.56**	**1808**	**0.65**
清城区	2017	2.65	863	1.13	491	0.65	595	0.78
清新区	291	2.18	124	0.93	57	0.43	76	0.57
佛冈县	908	2.11	295	0.68	127	0.29	120	0.28
阳山县	1106	2.33	538	1.13	292	0.61	361	0.76
连山壮族瑶族自治县	243	1.99	87	0.71	51	0.42	40	0.33
连南瑶族自治县	297	1.49	122	0.61	45	0.23	27	0.14
英德市	1815	3.33	792	1.46	438	0.80	550	1.01
连州市	256	2.33	127	1.16	46	0.42	39	0.36
东莞市	**136**	**0.37**	**60**	**0.16**	**24**	**0.07**	**24**	**0.07**
市辖区	136	0.37	60	0.16	24	0.07	24	0.07
中山市	**4106**	**0.94**	**1587**	**0.37**	**882**	**0.20**	**871**	**0.20**
市辖区	4106	0.94	1587	0.37	882	0.20	871	0.20
潮州市	**7997**	**4.23**	**3124**	**1.65**	**1610**	**0.85**	**1769**	**0.94**
湘桥区	821	4.74	262	1.51	151	0.87	149	0.86
潮安区	3312	5.66	1273	2.17	625	1.07	714	1.22
饶平县	3864	3.42	1589	1.41	834	0.74	906	0.80
揭阳市	**18144**	**4.99**	**9664**	**2.66**	**5193**	**1.43**	**8396**	**2.31**
榕城区	1304	5.49	465	1.96	207	0.87	251	1.06
揭东区	2897	5.45	1230	2.31	532	1.00	610	1.15
揭西县	2330	3.85	1232	2.04	655	1.08	898	1.49
惠来县	5374	4.90	3565	3.25	2277	2.08	5040	4.60
普宁市	6239	5.34	3172	2.72	1522	1.30	1597	1.37
云浮市	**3392**	**2.43**	**1553**	**1.11**	**815**	**0.58**	**1003**	**0.72**
云城区								
云安区	521	4.06	226	1.76	98	0.76	116	0.90
新兴县	892	1.61	321	0.58	147	0.26	161	0.29
郁南县	1257	2.55	636	1.29	353	0.72	399	0.81
罗定市	722	3.25	370	1.67	217	0.98	327	1.47

1-8c　各地区家庭户规模(乡村)

单位：户、%

地　　区	家庭户户　数	一人户		二人户		三人户	
		户数	比重	户数	比重	户数	比重
广　东	**9990796**	**2453845**	**24.56**	**2173035**	**21.75**	**1793776**	**17.95**
广州市	**871863**	**303532**	**34.81**	**198272**	**22.74**	**137537**	**15.78**
荔湾区							
越秀区							
海珠区							
天河区							
白云区	249027	109336	43.91	55765	22.39	31424	12.62
黄埔区	30625	10643	34.75	5831	19.04	4373	14.28
番禺区	116066	50184	43.24	31162	26.85	16271	14.02
花都区	158532	54613	34.45	36130	22.79	23755	14.98
南沙区	81539	25743	31.57	21674	26.58	14490	17.77
从化区	103758	16757	16.15	18072	17.42	21948	21.15
增城区	132316	36256	27.40	29638	22.40	25276	19.10
韶关市	**420478**	**106624**	**25.36**	**108128**	**25.72**	**83507**	**19.86**
武江区	18453	4038	21.88	4191	22.71	3797	20.58
浈江区	16250	3234	19.90	3653	22.48	3376	20.78
曲江区	37019	9567	25.84	8611	23.26	7350	19.85
始兴县	42867	11528	26.89	11728	27.36	8604	20.07
仁化县	37883	8379	22.12	10128	26.73	8290	21.88
翁源县	67717	16729	24.70	16313	24.09	12921	19.08
乳源瑶族自治县	32837	7362	22.42	7580	23.08	6799	20.71
新丰县	33186	10056	30.30	8372	25.23	5691	17.15
乐昌市	64597	16305	25.24	17904	27.72	12532	19.40
南雄市	69669	19426	27.88	19648	28.20	14147	20.31
深圳市	**18312**	**8559**	**46.74**	**5096**	**27.83**	**2240**	**12.23**
罗湖区							
福田区							
南山区							
宝安区							
龙岗区	18312	8559	46.74	5096	27.83	2240	12.23
盐田区							
龙华区							
坪山区							
光明区							
珠海市	**76408**	**23385**	**30.61**	**17225**	**22.54**	**12070**	**15.80**
香洲区	243	136	55.97	65	26.75	29	11.93
斗门区	70394	21559	30.63	15737	22.36	11038	15.68
金湾区	5771	1690	29.28	1423	24.66	1003	17.38
汕头市	**364518**	**43447**	**11.92**	**50684**	**13.90**	**58460**	**16.04**
龙湖区	22048	1847	8.38	2381	10.80	3458	15.68
金平区	3521	450	12.78	439	12.47	582	16.53
濠江区	14966	2184	14.59	2027	13.54	2266	15.14
潮阳区	154359	17935	11.62	21799	14.12	25399	16.45
潮南区	109753	13501	12.30	14881	13.56	16303	14.85
澄海区	55841	6752	12.09	8268	14.81	9689	17.35
南澳县	4030	778	19.31	889	22.06	763	18.93
佛山市	**156273**	**54698**	**35.00**	**42663**	**27.30**	**24259**	**15.52**
禅城区							
南海区	48560	17483	36.00	12274	25.28	7186	14.80
顺德区	16750	6484	38.71	4373	26.11	2266	13.53
三水区	70944	24398	34.39	20313	28.63	11144	15.71
高明区	20019	6333	31.63	5703	28.49	3663	18.30

1－8c 续表 1

单位：户、%

地　区	家庭户	一人户		二人户		三人户	
	户　数	户数	比重	户数	比重	户数	比重
江门市	**536738**	**137754**	**25.67**	**132508**	**24.69**	**112536**	**20.97**
蓬江区	7736	1321	17.08	1498	19.36	1769	22.87
江海区							
新会区	108650	30464	28.04	28865	26.57	21131	19.45
台山市	165308	40661	24.60	41013	24.81	36348	21.99
开平市	111301	28075	25.22	27555	24.76	23560	21.17
鹤山市	66013	18039	27.33	16114	24.41	13217	20.02
恩平市	77730	19194	24.69	17463	22.47	16511	21.24
湛江市	**1092209**	**205887**	**18.85**	**220529**	**20.19**	**209205**	**19.15**
赤坎区	2318	272	11.73	375	16.18	495	21.35
霞山区	8467	1341	15.84	1352	15.97	1610	19.01
坡头区	56503	10943	19.37	11308	20.01	11199	19.82
麻章区	80881	14602	18.05	14630	18.09	15518	19.19
遂溪县	157470	29811	18.93	31834	20.22	30446	19.33
徐闻县	112515	18502	16.44	23792	21.15	22649	20.13
廉江市	261956	49436	18.87	53181	20.30	50081	19.12
雷州市	259034	52590	20.30	52004	20.08	46597	17.99
吴川市	153065	28390	18.55	32053	20.94	30610	20.00
茂名市	**1022327**	**204737**	**20.03**	**220377**	**21.56**	**193198**	**18.90**
茂南区	91611	17531	19.14	17176	18.75	17564	19.17
电白区	240946	38320	15.90	44671	18.54	47259	19.61
高州市	263688	57419	21.78	63752	24.18	49045	18.60
化州市	236582	47471	20.07	47678	20.15	45453	19.21
信宜市	189500	43996	23.22	47100	24.85	33877	17.88
肇庆市	**654608**	**155080**	**23.69**	**142876**	**21.83**	**129428**	**19.77**
端州区							
鼎湖区	18460	4297	23.28	4735	25.65	3609	19.55
高要区	146638	33888	23.11	29798	20.32	28439	19.39
广宁县	87494	24731	28.27	21274	24.31	17407	19.90
怀集县	180060	34332	19.07	37811	21.00	38446	21.35
封开县	81611	19229	23.56	18130	22.22	15763	19.31
德庆县	72512	16747	23.10	14772	20.37	13978	19.28
四会市	67833	21856	32.22	16356	24.11	11786	17.38
惠州市	**488901**	**132786**	**27.16**	**103972**	**21.27**	**85071**	**17.40**
惠城区	99881	30896	30.93	20372	20.40	16335	16.35
惠阳区	88728	34224	38.57	20322	22.90	12188	13.74
博罗县	142568	30625	21.48	32010	22.45	28111	19.72
惠东县	105597	25432	24.08	19520	18.49	18347	17.37
龙门县	52127	11609	22.27	11748	22.54	10090	19.36
梅州市	**620972**	**159796**	**25.73**	**150938**	**24.31**	**112558**	**18.13**
梅江区	11778	2527	21.46	2722	23.11	2207	18.74
梅县区	91173	24183	26.52	23560	25.84	17415	19.10
大埔县	68637	22821	33.25	18261	26.61	12134	17.68
丰顺县	73432	19033	25.92	16566	22.56	13753	18.73
五华县	165736	34671	20.92	33743	20.36	28152	16.99
平远县	33733	7673	22.75	9868	29.25	6930	20.54
蕉岭县	30924	8463	27.37	9406	30.42	5681	18.37
兴宁市	145559	40425	27.77	36812	25.29	26286	18.06

1-8c 续表 2

单位：户、%

地 区	家庭户户数	一人户户数	一人户比重	二人户户数	二人户比重	三人户户数	三人户比重
汕尾市	**326899**	**74291**	**22.73**	**62225**	**19.03**	**51829**	**15.85**
城 区	31721	9170	28.91	6332	19.96	5244	16.53
海丰县	79027	21996	27.83	15398	19.48	12868	16.28
陆河县	32248	7092	21.99	6032	18.71	5053	15.67
陆丰市	183903	36033	19.59	34463	18.74	28664	15.59
河源市	**487411**	**132310**	**27.15**	**114548**	**23.50**	**92559**	**18.99**
源城区	13599	4434	32.61	2621	19.27	1966	14.46
紫金县	106308	25535	24.02	22125	20.81	19941	18.76
龙川县	140876	41218	29.26	35921	25.50	26247	18.63
连平县	58386	13541	23.19	13732	23.52	12404	21.24
和平县	86560	24005	27.73	22106	25.54	17036	19.68
东源县	81682	23577	28.86	18043	22.09	14965	18.32
阳江市	**387041**	**97728**	**25.25**	**90808**	**23.46**	**72058**	**18.62**
江城区	62437	15394	24.66	13256	21.23	12278	19.66
阳东区	74927	20487	27.34	16504	22.03	14089	18.80
阳西县	80415	21312	26.50	18473	22.97	14596	18.15
阳春市	169262	40535	23.95	42575	25.15	31095	18.37
清远市	**575735**	**146389**	**25.43**	**130205**	**22.62**	**111174**	**19.31**
清城区	47512	10192	21.45	10196	21.46	9606	20.22
清新区	113924	31464	27.62	25084	22.02	21131	18.55
佛冈县	56932	14892	26.16	12437	21.85	10508	18.46
阳山县	71647	19828	27.67	15935	22.24	13451	18.77
连山壮族瑶族自治县	17717	3649	20.60	4062	22.93	3555	20.07
连南瑶族自治县	24456	5275	21.57	5979	24.45	5021	20.53
英德市	170862	41013	24.00	38477	22.52	33137	19.39
连州市	72685	20076	27.62	18035	24.81	14765	20.31
东莞市	**329653**	**153563**	**46.58**	**91595**	**27.79**	**38747**	**11.75**
市辖区	329653	153563	46.58	91595	27.79	38747	11.75
中山市	**194124**	**68437**	**35.25**	**41885**	**21.58**	**27988**	**14.42**
市辖区	194124	68437	35.25	41885	21.58	27988	14.42
潮州市	**251759**	**39567**	**15.72**	**47913**	**19.03**	**45067**	**17.90**
湘桥区	19331	3272	16.93	3792	19.62	3430	17.74
潮安区	109472	14283	13.05	17691	16.16	19290	17.62
饶平县	122956	22012	17.90	26430	21.50	22347	18.17
揭阳市	**688980**	**103538**	**15.03**	**108588**	**15.76**	**112671**	**16.35**
榕城区	48680	5578	11.46	7034	14.45	8262	16.97
揭东区	115141	18481	16.05	19625	17.04	19969	17.34
揭西县	129568	24542	18.94	22952	17.71	23186	17.89
惠来县	135675	18012	13.28	20241	14.92	20904	15.41
普宁市	259916	36925	14.21	38736	14.90	40350	15.52
云浮市	**425587**	**101737**	**23.91**	**92000**	**21.62**	**81614**	**19.18**
云城区	30244	6720	22.22	6572	21.73	6069	20.07
云安区	49798	10907	21.90	10035	20.15	9346	18.77
新兴县	77239	18268	23.65	16280	21.08	14936	19.34
郁南县	67837	17257	25.44	14805	21.82	12344	18.20
罗定市	200469	48585	24.24	44308	22.10	38919	19.41

1-8c 续表 3

单位：户、%

地　区	四人户		五人户		六人户	
	户数	比重	户数	比重	户数	比重
广　东	**1428536**	**14.30**	**929342**	**9.30**	**589730**	**5.90**
广州市	**110194**	**12.64**	**55205**	**6.33**	**35711**	**4.10**
荔湾区						
越秀区						
海珠区						
天河区						
白云区	24126	9.69	12821	5.15	7991	3.21
黄埔区	3928	12.83	2166	7.07	1424	4.65
番禺区	10622	9.15	3980	3.43	2359	2.03
花都区	19919	12.56	10606	6.69	6853	4.32
南沙区	10112	12.40	4853	5.95	2938	3.60
从化区	20128	19.40	11772	11.35	8330	8.03
增城区	21359	16.14	9007	6.81	5816	4.40
韶关市	**57537**	**13.68**	**32414**	**7.71**	**18659**	**4.44**
武江区	3019	16.36	1720	9.32	992	5.38
浈江区	2794	17.19	1488	9.16	1005	6.18
曲江区	5447	14.71	3026	8.17	1848	4.99
始兴县	5394	12.58	3106	7.25	1605	3.74
仁化县	5537	14.62	2981	7.87	1581	4.17
翁源县	9441	13.94	5640	8.33	3519	5.20
乳源瑶族自治县	5031	15.32	2970	9.04	1717	5.23
新丰县	3850	11.60	2367	7.13	1406	4.24
乐昌市	8380	12.97	4740	7.34	2742	4.24
南雄市	8644	12.41	4376	6.28	2244	3.22
深圳市	**1347**	**7.36**	**532**	**2.91**	**318**	**1.74**
罗湖区						
福田区						
南山区						
宝安区						
龙岗区	1347	7.36	532	2.91	318	1.74
盐田区						
龙华区						
坪山区						
光明区						
珠海市	**9107**	**11.92**	**5954**	**7.79**	**4155**	**5.44**
香洲区	11	4.53	1	0.41	1	0.41
斗门区	8364	11.88	5585	7.93	3883	5.52
金湾区	732	12.68	368	6.38	271	4.70
汕头市	**64081**	**17.58**	**58514**	**16.05**	**42256**	**11.59**
龙湖区	4498	20.40	3990	18.10	3208	14.55
金平区	672	19.09	489	13.89	447	12.70
濠江区	2437	16.28	1961	13.10	1508	10.08
潮阳区	26769	17.34	24993	16.19	17667	11.45
潮南区	18038	16.44	17511	15.95	12480	11.37
澄海区	10987	19.68	9152	16.39	6658	11.92
南澳县	680	16.87	418	10.37	288	7.15
佛山市	**16961**	**10.85**	**8561**	**5.48**	**5453**	**3.49**
禅城区						
南海区	5545	11.42	2803	5.77	1803	3.71
顺德区	1604	9.58	921	5.50	610	3.64
三水区	7396	10.43	3812	5.37	2476	3.49
高明区	2416	12.07	1025	5.12	564	2.82

1-8c 续表 4

单位：户、%

地区	四人户		五人户		六人户	
	户数	比重	户数	比重	户数	比重
江门市	**76873**	**14.32**	**39986**	**7.45**	**23515**	**4.38**
蓬江区	1376	17.79	808	10.44	617	7.98
江海区						
新会区	14019	12.90	6978	6.42	4575	4.21
台山市	23764	14.38	12344	7.47	6895	4.17
开平市	16283	14.63	8431	7.57	4764	4.28
鹤山市	9100	13.79	5081	7.70	3021	4.58
恩平市	12331	15.86	6344	8.16	3643	4.69
湛江市	**173584**	**15.89**	**118834**	**10.88**	**70875**	**6.49**
赤坎区	555	23.94	322	13.89	129	5.57
霞山区	1677	19.81	1036	12.24	561	6.63
坡头区	9744	17.25	5871	10.39	3100	5.49
麻章区	14285	17.66	9514	11.76	5251	6.49
遂溪县	26355	16.74	17381	11.04	9904	6.29
徐闻县	18174	16.15	12183	10.83	7936	7.05
廉江市	39484	15.07	27644	10.55	17232	6.58
雷州市	37938	14.65	27972	10.80	17536	6.77
吴川市	25372	16.58	16911	11.05	9226	6.03
茂名市	**153241**	**14.99**	**107277**	**10.49**	**64833**	**6.34**
茂南区	14975	16.35	10416	11.37	6453	7.04
电白区	41002	17.02	29394	12.20	17365	7.21
高州市	36650	13.90	24998	9.48	15630	5.93
化州市	35905	15.18	25359	10.72	15304	6.47
信宜市	24709	13.04	17110	9.03	10081	5.32
肇庆市	**102539**	**15.66**	**62390**	**9.53**	**36226**	**5.53**
端州区						
鼎湖区	3100	16.79	1346	7.29	861	4.66
高要区	24066	16.41	14077	9.60	9837	6.71
广宁县	11482	13.12	6785	7.75	3538	4.04
怀集县	31764	17.64	19973	11.09	10270	5.70
封开县	12357	15.14	7921	9.71	4482	5.49
德庆县	11446	15.78	7332	10.11	4307	5.94
四会市	8324	12.27	4956	7.31	2931	4.32
惠州市	**72950**	**14.92**	**41857**	**8.56**	**25869**	**5.29**
惠城区	14280	14.30	8316	8.33	4816	4.82
惠阳区	10968	12.36	5293	5.97	3129	3.53
博罗县	23859	16.74	13041	9.15	8304	5.82
惠东县	15767	14.93	10249	9.71	6503	6.16
龙门县	8076	15.49	4958	9.51	3117	5.98
梅州市	**80985**	**13.04**	**50290**	**8.10**	**31938**	**5.14**
梅江区	2114	17.95	1056	8.97	731	6.21
梅县区	11505	12.62	6929	7.60	4456	4.89
大埔县	7568	11.03	3833	5.58	2166	3.16
丰顺县	9855	13.42	6378	8.69	3684	5.02
五华县	23829	14.38	16639	10.04	11418	6.89
平远县	4195	12.44	2610	7.74	1544	4.58
蕉岭县	3523	11.39	1976	6.39	1278	4.13
兴宁市	18396	12.64	10869	7.47	6661	4.58

1-8c 续表 5

单位：户、%

地区	四人户		五人户		六人户	
	户数	比重	户数	比重	户数	比重
汕尾市	**44900**	**13.74**	**34998**	**10.71**	**24309**	**7.44**
城　区	4003	12.62	2685	8.46	1820	5.74
海丰县	10783	13.64	7438	9.41	4628	5.86
陆河县	4448	13.79	3372	10.46	2495	7.74
陆丰市	25666	13.96	21503	11.69	15366	8.36
河源市	**64388**	**13.21**	**39780**	**8.16**	**22910**	**4.70**
源城区	1920	14.12	1250	9.19	734	5.40
紫金县	14918	14.03	10167	9.56	6354	5.98
龙川县	16905	12.00	10213	7.25	5545	3.94
连平县	8439	14.45	5216	8.93	2928	5.01
和平县	11262	13.01	6331	7.31	3325	3.84
东源县	10944	13.40	6603	8.08	4024	4.93
阳江市	**53974**	**13.95**	**31924**	**8.25**	**19854**	**5.13**
江城区	9664	15.48	5459	8.74	3264	5.23
阳东区	10808	14.42	5690	7.59	3650	4.87
阳西县	10926	13.59	6355	7.90	3889	4.84
阳春市	22576	13.34	14420	8.52	9051	5.35
清远市	**80421**	**13.97**	**48992**	**8.51**	**30688**	**5.33**
清城区	7524	15.84	4381	9.22	3142	6.61
清新区	16044	14.08	9321	8.18	6012	5.28
佛冈县	8163	14.34	4939	8.68	3180	5.59
阳山县	9184	12.82	5772	8.06	3548	4.95
连山壮族瑶族自治县	2723	15.37	1714	9.67	1040	5.87
连南瑶族自治县	3750	15.33	2242	9.17	1253	5.12
英德市	23612	13.82	15168	8.88	9624	5.63
连州市	9421	12.96	5455	7.50	2889	3.97
东莞市	**26412**	**8.01**	**10332**	**3.13**	**5847**	**1.77**
市辖区	26412	8.01	10332	3.13	5847	1.77
中山市	**22949**	**11.82**	**14698**	**7.57**	**10070**	**5.19**
市辖区	22949	11.82	14698	7.57	10070	5.19
潮州市	**42737**	**16.98**	**32414**	**12.88**	**24260**	**9.64**
湘桥区	3293	17.03	2513	13.00	1880	9.73
潮安区	19983	18.25	16120	14.73	12511	11.43
饶平县	19461	15.83	13781	11.21	9869	8.03
揭阳市	**110922**	**16.10**	**94991**	**13.79**	**68028**	**9.87**
榕城区	9185	18.87	7479	15.36	5979	12.28
揭东区	19905	17.29	15631	13.58	11191	9.72
揭西县	19890	15.35	15651	12.08	10709	8.27
惠来县	19083	14.07	17693	13.04	13494	9.95
普宁市	42859	16.49	38537	14.83	26655	10.26
云浮市	**62434**	**14.67**	**39399**	**9.26**	**23956**	**5.63**
云城区	4678	15.47	2906	9.61	1849	6.11
云安区	7648	15.36	4954	9.95	3310	6.65
新兴县	12298	15.92	7483	9.69	4354	5.64
郁南县	9170	13.52	5883	8.67	3741	5.51
罗定市	28640	14.29	18173	9.07	10702	5.34

1-8c　续表 6

单位：户、%

地　区	七人户		八人户		九人户		十人及以上户	
	户数	比重	户数	比重	户数	比重	户数	比重
广　东	**307283**	**3.08**	**147195**	**1.47**	**75044**	**0.75**	**93010**	**0.93**
广州市	**15321**	**1.76**	**7133**	**0.82**	**4248**	**0.49**	**4710**	**0.54**
荔湾区								
越秀区								
海珠区								
天河区								
白云区	3439	1.38	1726	0.69	1130	0.45	1269	0.51
黄埔区	829	2.71	501	1.64	330	1.08	600	1.96
番禺区	807	0.70	361	0.31	180	0.16	140	0.12
花都区	2999	1.89	1481	0.93	972	0.61	1204	0.76
南沙区	1015	1.24	381	0.47	206	0.25	127	0.16
从化区	3818	3.68	1509	1.45	778	0.75	646	0.62
增城区	2414	1.82	1174	0.89	652	0.49	724	0.55
韶关市	**7929**	**1.89**	**3073**	**0.73**	**1341**	**0.32**	**1266**	**0.30**
武江区	406	2.20	142	0.77	71	0.38	77	0.42
浈江区	375	2.31	181	1.11	82	0.50	62	0.38
曲江区	758	2.05	237	0.64	96	0.26	79	0.21
始兴县	571	1.33	198	0.46	75	0.17	58	0.14
仁化县	629	1.66	215	0.57	90	0.24	53	0.14
翁源县	1717	2.54	737	1.09	310	0.46	390	0.58
乳源瑶族自治县	783	2.38	325	0.99	152	0.46	118	0.36
新丰县	755	2.28	326	0.98	177	0.53	186	0.56
乐昌市	1173	1.82	462	0.72	201	0.31	158	0.24
南雄市	762	1.09	250	0.36	87	0.12	85	0.12
深圳市	**102**	**0.56**	**53**	**0.29**	**35**	**0.19**	**30**	**0.16**
罗湖区								
福田区								
南山区								
宝安区								
龙岗区	102	0.56	53	0.29	35	0.19	30	0.16
盐田区								
龙华区								
坪山区								
光明区								
珠海市	**2024**	**2.65**	**1029**	**1.35**	**678**	**0.89**	**781**	**1.02**
香洲区								
斗门区	1878	2.67	961	1.37	648	0.92	741	1.05
金湾区	146	2.53	68	1.18	30	0.52	40	0.69
汕头市	**24262**	**6.66**	**11618**	**3.19**	**5304**	**1.46**	**5892**	**1.62**
龙湖区	1503	6.82	566	2.57	290	1.32	307	1.39
金平区	218	6.19	126	3.58	45	1.28	53	1.51
濠江区	1020	6.82	580	3.88	316	2.11	667	4.46
潮阳区	10714	6.94	5059	3.28	2117	1.37	1907	1.24
潮南区	7946	7.24	4355	3.97	2159	1.97	2579	2.35
澄海区	2739	4.90	876	1.57	361	0.65	359	0.64
南澳县	122	3.03	56	1.39	16	0.40	20	0.50
佛山市	**1971**	**1.26**	**873**	**0.56**	**473**	**0.30**	**361**	**0.23**
禅城区								
南海区	752	1.55	341	0.70	209	0.43	164	0.34
顺德区	244	1.46	138	0.82	65	0.39	45	0.27
三水区	770	1.09	341	0.48	165	0.23	129	0.18
高明区	205	1.02	53	0.26	34	0.17	23	0.11

1-8c 续表 7

单位：户、%

地　　区	七人户		八人户		九人户		十人及以上户	
	户数	比重	户数	比重	户数	比重	户数	比重
江门市	**8197**	**1.53**	**2930**	**0.55**	**1338**	**0.25**	**1101**	**0.21**
蓬江区	208	2.69	73	0.94	41	0.53	25	0.32
江海区								
新会区	1507	1.39	519	0.48	316	0.29	276	0.25
台山市	2651	1.60	992	0.60	374	0.23	266	0.16
开平市	1599	1.44	579	0.52	239	0.21	216	0.19
鹤山市	864	1.31	308	0.47	138	0.21	131	0.20
恩平市	1368	1.76	459	0.59	230	0.30	187	0.24
湛江市	**41211**	**3.77**	**22360**	**2.05**	**12052**	**1.10**	**17672**	**1.62**
赤坎区	83	3.58	37	1.60	15	0.65	35	1.51
霞山区	345	4.07	198	2.34	126	1.49	221	2.61
坡头区	1896	3.36	980	1.73	580	1.03	882	1.56
麻章区	2940	3.63	1636	2.02	904	1.12	1601	1.98
遂溪县	5664	3.60	2808	1.78	1431	0.91	1836	1.17
徐闻县	4545	4.04	2284	2.03	1108	0.98	1342	1.19
廉江市	10636	4.06	6095	2.33	3330	1.27	4837	1.85
雷州市	10261	3.96	5807	2.24	3267	1.26	5062	1.95
吴川市	4841	3.16	2515	1.64	1291	0.84	1856	1.21
茂名市	**37057**	**3.62**	**18955**	**1.85**	**9731**	**0.95**	**12921**	**1.26**
茂南区	3785	4.13	1842	2.01	838	0.91	1031	1.13
电白区	10123	4.20	5462	2.27	2960	1.23	4390	1.82
高州市	8646	3.28	3872	1.47	1831	0.69	1845	0.70
化州市	8685	3.67	4726	2.00	2479	1.05	3522	1.49
信宜市	5818	3.07	3053	1.61	1623	0.86	2133	1.13
肇庆市	**16040**	**2.45**	**5859**	**0.90**	**2317**	**0.35**	**1853**	**0.28**
端州区								
鼎湖区	327	1.77	92	0.50	51	0.28	42	0.23
高要区	4240	2.89	1372	0.94	517	0.35	404	0.28
广宁县	1444	1.65	495	0.57	199	0.23	139	0.16
怀集县	4460	2.48	1745	0.97	678	0.38	581	0.32
封开县	2287	2.80	853	1.05	353	0.43	236	0.29
德庆县	2230	3.08	945	1.30	395	0.54	360	0.50
四会市	1052	1.55	357	0.53	124	0.18	91	0.13
惠州市	**13187**	**2.70**	**6062**	**1.24**	**3114**	**0.64**	**4033**	**0.82**
惠城区	2492	2.49	1079	1.08	574	0.57	721	0.72
惠阳区	1340	1.51	556	0.63	291	0.33	417	0.47
博罗县	3766	2.64	1428	1.00	670	0.47	754	0.53
惠东县	4061	3.85	2425	2.30	1379	1.31	1914	1.81
龙门县	1528	2.93	574	1.10	200	0.38	227	0.44
梅州市	**16724**	**2.69**	**8320**	**1.34**	**4279**	**0.69**	**5144**	**0.83**
梅江区	242	2.05	101	0.86	45	0.38	33	0.28
梅县区	1846	2.02	693	0.76	310	0.34	276	0.30
大埔县	1052	1.53	459	0.67	198	0.29	145	0.21
丰顺县	2093	2.85	1068	1.45	477	0.65	525	0.71
五华县	7303	4.41	4267	2.57	2380	1.44	3334	2.01
平远县	594	1.76	179	0.53	81	0.24	59	0.17
蕉岭县	398	1.29	114	0.37	56	0.18	29	0.09
兴宁市	3196	2.20	1439	0.99	732	0.50	743	0.51

1-8c　续表 8　　　　单位：户、%

地　区	七人户		八人户		九人户		十人及以上户	
	户数	比重	户数	比重	户数	比重	户数	比重
汕尾市	**14966**	**4.58**	**8343**	**2.55**	**4513**	**1.38**	**6525**	**2.00**
城　区	1097	3.46	622	1.96	322	1.02	426	1.34
海丰县	2721	3.44	1402	1.77	786	0.99	1007	1.27
陆河县	1648	5.11	849	2.63	522	1.62	737	2.29
陆丰市	9500	5.17	5470	2.97	2883	1.57	4355	2.37
河源市	**11372**	**2.33**	**4887**	**1.00**	**2290**	**0.47**	**2367**	**0.49**
源城区	350	2.57	160	1.18	73	0.54	91	0.67
紫金县	3598	3.38	1801	1.69	918	0.86	951	0.89
龙川县	2721	1.93	1071	0.76	519	0.37	516	0.37
连平县	1311	2.25	483	0.83	178	0.30	154	0.26
和平县	1457	1.68	577	0.67	229	0.26	232	0.27
东源县	1935	2.37	795	0.97	373	0.46	423	0.52
阳江市	**10512**	**2.72**	**4809**	**1.24**	**2529**	**0.65**	**2845**	**0.74**
江城区	1605	2.57	756	1.21	373	0.60	388	0.62
阳东区	1903	2.54	820	1.09	475	0.63	501	0.67
阳西县	2264	2.82	1117	1.39	675	0.84	808	1.00
阳春市	4740	2.80	2116	1.25	1006	0.59	1148	0.68
清远市	**14777**	**2.57**	**6489**	**1.13**	**3304**	**0.57**	**3296**	**0.57**
清城区	1317	2.77	555	1.17	289	0.61	310	0.65
清新区	2599	2.28	1071	0.94	598	0.52	600	0.53
佛冈县	1572	2.76	641	1.13	301	0.53	299	0.53
阳山县	1929	2.69	951	1.33	500	0.70	549	0.77
连山壮族瑶族自治县	521	2.94	236	1.33	108	0.61	109	0.62
连南瑶族自治县	511	2.09	211	0.86	113	0.46	101	0.41
英德市	5096	2.98	2360	1.38	1181	0.69	1194	0.70
连州市	1232	1.69	464	0.64	214	0.29	134	0.18
东莞市	**1870**	**0.57**	**657**	**0.20**	**341**	**0.10**	**289**	**0.09**
市辖区	1870	0.57	657	0.20	341	0.10	289	0.09
中山市	**4304**	**2.22**	**1864**	**0.96**	**1078**	**0.56**	**851**	**0.44**
市辖区	4304	2.22	1864	0.96	1078	0.56	851	0.44
潮州市	**11614**	**4.61**	**4348**	**1.73**	**1927**	**0.77**	**1912**	**0.76**
湘桥区	660	3.41	245	1.27	118	0.61	128	0.66
潮安区	5773	5.27	2052	1.87	906	0.83	863	0.79
饶平县	5181	4.21	2051	1.67	903	0.73	921	0.75
揭阳市	**41071**	**5.96**	**21589**	**3.13**	**11350**	**1.65**	**16232**	**2.36**
榕城区	3110	6.39	1152	2.37	472	0.97	429	0.88
揭东区	5967	5.18	2396	2.08	986	0.86	990	0.86
揭西县	6295	4.86	3138	2.42	1532	1.18	1673	1.29
惠来县	9161	6.75	5914	4.36	3821	2.82	7352	5.42
普宁市	16538	6.36	8989	3.46	4539	1.75	5788	2.23
云浮市	**12772**	**3.00**	**5944**	**1.40**	**2802**	**0.66**	**2929**	**0.69**
云城区	913	3.02	328	1.08	124	0.41	85	0.28
云安区	1907	3.83	881	1.77	408	0.82	402	0.81
新兴县	1974	2.56	855	1.11	394	0.51	397	0.51
郁南县	2195	3.24	1168	1.72	594	0.88	680	1.00
罗定市	5783	2.88	2712	1.35	1282	0.64	1365	0.68

1–9　各地区家庭户类别

单位：户、%

地　　区	家庭户户　数	一代户		二代户	
		户数	比重	户数	比重
广　东	**42469178**	**22913634**	**53.95**	**13585529**	**31.99**
广州市	**7185023**	**4598334**	**64.00**	**1957049**	**27.24**
荔湾区	421995	243899	57.80	140343	33.26
越秀区	384946	196179	50.96	145463	37.79
海珠区	757207	479543	63.33	217926	28.78
天河区	884692	620563	70.14	212341	24.00
白云区	1564667	1122644	71.75	340118	21.74
黄埔区	478199	305109	63.80	126087	26.37
番禺区	1103060	763111	69.18	263976	23.93
花都区	597951	364249	60.92	167135	27.95
南沙区	315840	190131	60.20	88158	27.91
从化区	191468	69518	36.31	79201	41.37
增城区	484998	243388	50.18	176301	36.35
韶关市	**969413**	**430031**	**44.36**	**365897**	**37.74**
武江区	127818	58695	45.92	49790	38.95
浈江区	118029	56244	47.65	44601	37.79
曲江区	98093	42704	43.53	37263	37.99
始兴县	71066	31803	44.75	25798	36.30
仁化县	64685	28051	43.37	24976	38.61
翁源县	103874	42361	40.78	38833	37.38
乳源瑶族自治县	59796	22589	37.78	23825	39.84
新丰县	65819	30450	46.26	22327	33.92
乐昌市	135949	62971	46.32	51263	37.71
南雄市	124284	54163	43.58	47221	37.99
深圳市	**6406899**	**4174406**	**65.15**	**1682664**	**26.26**
罗湖区	372258	194273	52.19	137178	36.85
福田区	510115	279903	54.87	176571	34.61
南山区	547661	299374	54.66	184950	33.77
宝安区	1747974	1244589	71.20	385586	22.06
龙岗区	1523036	961105	63.10	415332	27.27
盐田区	60694	28590	47.11	23683	39.02
龙华区	986744	691413	70.07	219057	22.20
坪山区	209256	142075	67.90	50170	23.98
光明区	449161	333084	74.16	90137	20.07
珠海市	**836663**	**472890**	**56.52**	**264043**	**31.56**
香洲区	487991	280065	57.39	158310	32.44
斗门区	213094	115116	54.02	64408	30.23
金湾区	135578	77709	57.32	41325	30.48
汕头市	**1364282**	**400639**	**29.37**	**592842**	**43.45**
龙湖区	182409	66761	36.60	75582	41.44
金平区	248402	92258	37.14	111926	45.06
濠江区	62280	16691	26.80	25475	40.90
潮阳区	365102	89280	24.45	170061	46.58
潮南区	266269	58416	21.94	124800	46.87
澄海区	217608	67034	30.80	77344	35.54
南澳县	22212	10199	45.92	7654	34.46
佛山市	**3326970**	**1971487**	**59.26**	**980339**	**29.47**
禅城区	497073	302637	60.88	149073	29.99
南海区	1241779	751140	60.49	355669	28.64
顺德区	1154560	682635	59.13	331965	28.75
三水区	265814	146224	55.01	86267	32.45
高明区	167744	88851	52.97	57365	34.20

1-9　续表 1　　　　单位：户、%

地　区	家庭户	一代户		二代户	
	户　数	户数	比重	户数	比重
江门市	**1606832**	**709751**	**44.17**	**627492**	**39.05**
蓬江区	284897	135292	47.49	108390	38.05
江海区	115821	53762	46.42	42822	36.97
新会区	308732	137546	44.55	122306	39.62
台山市	309882	130117	41.99	125059	40.36
开平市	247434	99544	40.23	101167	40.89
鹤山市	188267	94840	50.38	66066	35.09
恩平市	151799	58650	38.64	61682	40.63
湛江市	**2004387**	**757998**	**37.82**	**867341**	**43.27**
赤坎区	129682	56366	43.46	57727	44.51
霞山区	211968	89179	42.07	95976	45.28
坡头区	99778	35999	36.08	45624	45.73
麻章区	127309	46058	36.18	57688	45.31
遂溪县	242600	90923	37.48	104847	43.22
徐闻县	176811	63488	35.91	70293	39.76
廉江市	385245	141985	36.86	159041	41.28
雷州市	376259	147250	39.14	157277	41.80
吴川市	254735	86750	34.05	118868	46.66
茂名市	**1763265**	**662327**	**37.56**	**744260**	**42.21**
茂南区	305435	119300	39.06	133577	43.73
电白区	406453	132057	32.49	182933	45.01
高州市	395481	162966	41.21	150229	37.99
化州市	360306	130871	36.32	157613	43.74
信宜市	295590	117133	39.63	119908	40.57
肇庆市	**1319834**	**554694**	**42.03**	**520856**	**39.46**
端州区	200438	93874	46.83	82097	40.96
鼎湖区	53193	20829	39.16	21274	39.99
高要区	236780	99683	42.10	88231	37.26
广宁县	141084	59167	41.94	53051	37.60
怀集县	246522	86395	35.05	111445	45.21
封开县	123193	49865	40.48	48891	39.69
德庆县	109189	42828	39.22	43763	40.08
四会市	209435	102053	48.73	72104	34.43
惠州市	**1896645**	**965045**	**50.88**	**647433**	**34.14**
惠城区	664590	332719	50.06	239166	35.99
惠阳区	491101	309074	62.93	132992	27.08
博罗县	357473	166591	46.60	130564	36.52
惠东县	283228	112691	39.79	108803	38.42
龙门县	100253	43970	43.86	35908	35.82
梅州市	**1198758**	**494226**	**41.23**	**431622**	**36.01**
梅江区	120948	46139	38.15	45480	37.60
梅县区	178185	71364	40.05	63213	35.48
大埔县	117187	56575	48.28	40342	34.43
丰顺县	146969	59256	40.32	54562	37.12
五华县	247078	90267	36.53	91638	37.09
平远县	63047	27250	43.22	21680	34.39
蕉岭县	61520	26685	43.38	21593	35.10
兴宁市	263824	116690	44.23	93114	35.29

1-9 续表 2

单位：户、%

地　区	家庭户户数	一代户户数	一代户比重	二代户户数	二代户比重
汕尾市	**764298**	**300671**	**39.34**	**314254**	**41.12**
城　区	128206	54663	42.64	49365	38.50
海丰县	230977	90934	39.37	94358	40.85
陆河县	67445	25507	37.82	23405	34.70
陆丰市	337670	129567	38.37	147126	43.57
河源市	**874581**	**361005**	**41.28**	**325493**	**37.22**
源城区	195238	73670	37.73	73562	37.68
紫金县	160907	62067	38.57	59257	36.83
龙川县	200967	91117	45.34	75228	37.43
连平县	89732	35032	39.04	33870	37.75
和平县	119884	50534	42.15	47053	39.25
东源县	107853	48585	45.05	36523	33.86
阳江市	**804747**	**320951**	**39.88**	**319701**	**39.73**
江城区	246508	94030	38.14	102901	41.74
阳东区	147536	59673	40.45	57619	39.05
阳西县	134179	53396	39.79	53619	39.96
阳春市	276524	113852	41.17	105562	38.17
清远市	**1208065**	**470672**	**38.96**	**457880**	**37.90**
清城区	309826	115167	37.17	120948	39.04
清新区	194335	76551	39.39	72058	37.08
佛冈县	100058	40017	39.99	38350	38.33
阳山县	119208	48106	40.35	43488	36.48
连山壮族瑶族自治县	29938	11111	37.11	11741	39.22
连南瑶族自治县	44423	16373	36.86	18409	41.44
英德市	282943	111670	39.47	104986	37.10
连州市	127334	51677	40.58	47900	37.62
东莞市	**4388293**	**3277886**	**74.70**	**887503**	**20.22**
市辖区	4388293	3277886	74.70	887503	20.22
中山市	**1697001**	**1051558**	**61.97**	**450302**	**26.54**
市辖区	1697001	1051558	61.97	450302	26.54
潮州市	**717700**	**241835**	**33.70**	**263178**	**36.67**
湘桥区	172716	66185	38.32	66528	38.52
潮安区	309024	91695	29.67	109609	35.47
饶平县	235960	83955	35.58	87041	36.89
揭阳市	**1418586**	**423238**	**29.84**	**600596**	**42.34**
榕城区	231347	56829	24.56	92796	40.11
揭东区	241430	67007	27.75	93903	38.89
揭西县	190026	64400	33.89	73281	38.56
惠来县	245240	74334	30.31	111775	45.58
普宁市	510543	160668	31.47	228841	44.82
云浮市	**716936**	**273990**	**38.22**	**284784**	**39.72**
云城区	114466	39399	34.42	47630	41.61
云安区	67936	24674	36.32	26338	38.77
新兴县	132774	51550	38.83	51102	38.49
郁南县	117132	47230	40.32	42796	36.54
罗定市	284628	111137	39.05	116918	41.08

1-9　续表 3　　　　单位：户、%

地　区	三代户		四代户		五代及以上户	
	户数	比重	户数	比重	户数	比重
广　东	**5786238**	**13.62**	**183612**	**0.43**	**165**	
广州市	**614840**	**8.56**	**14781**	**0.21**	**19**	
荔湾区	37179	8.81	573	0.14	1	
越秀区	42775	11.11	528	0.14	1	
海珠区	58537	7.73	1199	0.16	2	
天河区	51009	5.77	779	0.09		
白云区	98054	6.27	3847	0.25	4	
黄埔区	45987	9.62	1014	0.21	2	
番禺区	74718	6.77	1251	0.11	4	
花都区	64646	10.81	1919	0.32	2	
南沙区	36447	11.54	1104	0.35		
从化区	41823	21.84	926	0.48		
增城区	63665	13.13	1641	0.34	3	
韶关市	**167008**	**17.23**	**6473**	**0.67**	**4**	
武江区	18816	14.72	516	0.40	1	
浈江区	16722	14.17	462	0.39		
曲江区	17507	17.85	618	0.63	1	
始兴县	12942	18.21	523	0.74		
仁化县	11243	17.38	415	0.64		
翁源县	21481	20.68	1199	1.15		
乳源瑶族自治县	12826	21.45	556	0.93		
新丰县	12401	18.84	640	0.97	1	
乐昌市	21039	15.48	676	0.50		
南雄市	22031	17.73	868	0.70	1	
深圳市	**541891**	**8.46**	**7926**	**0.12**	**12**	
罗湖区	40096	10.77	707	0.19	4	
福田区	52781	10.35	859	0.17	1	
南山区	62796	11.47	541	0.10		
宝安区	116144	6.64	1654	0.09	1	
龙岗区	144307	9.47	2289	0.15	3	
盐田区	8267	13.62	154	0.25		
龙华区	75324	7.63	950	0.10		
坪山区	16609	7.94	401	0.19	1	
光明区	25567	5.69	371	0.08	2	
珠海市	**97975**	**11.71**	**1752**	**0.21**	**3**	
香洲区	48902	10.02	714	0.15		
斗门区	32739	15.36	828	0.39	3	
金湾区	16334	12.05	210	0.15		
汕头市	**354659**	**26.00**	**16113**	**1.18**	**29**	
龙湖区	38052	20.86	2010	1.10	4	
金平区	43149	17.37	1069	0.43		
濠江区	19460	31.25	653	1.05	1	
潮阳区	101702	27.86	4054	1.11	5	
潮南区	79374	29.81	3667	1.38	12	
澄海区	68733	31.59	4490	2.06	7	
南澳县	4189	18.86	170	0.77		
佛山市	**368726**	**11.08**	**6416**	**0.19**	**2**	
禅城区	44700	8.99	662	0.13	1	
南海区	132946	10.71	2023	0.16	1	
顺德区	136983	11.86	2977	0.26		
三水区	32834	12.35	489	0.18		
高明区	21263	12.68	265	0.16		

1-9 续表 4

单位：户、%

地 区	三代户		四代户		五代及以上户	
	户数	比重	户数	比重	户数	比重
江门市	**263403**	**16.39**	**6184**	**0.38**	**2**	
蓬江区	40349	14.16	866	0.30		
江海区	18751	16.19	486	0.42		
新会区	47914	15.52	966	0.31		
台山市	53397	17.23	1308	0.42	1	
开平市	45660	18.45	1062	0.43	1	
鹤山市	26631	14.15	730	0.39		
恩平市	30701	20.22	766	0.50		
湛江市	**368608**	**18.39**	**10429**	**0.52**	**11**	
赤坎区	15399	11.87	190	0.15		
霞山区	26531	12.52	282	0.13		
坡头区	17806	17.85	349	0.35		
麻章区	23055	18.11	507	0.40	1	
遂溪县	45732	18.85	1096	0.45	2	
徐闻县	41220	23.31	1807	1.02	3	
廉江市	81333	21.11	2884	0.75	2	
雷州市	69672	18.52	2057	0.55	3	
吴川市	47860	18.79	1257	0.49		
茂名市	**343778**	**19.50**	**12892**	**0.73**	**8**	
茂南区	50928	16.67	1628	0.53	2	
电白区	88821	21.85	2641	0.65	1	
高州市	78478	19.84	3805	0.96	3	
化州市	69302	19.23	2519	0.70	1	
信宜市	56249	19.03	2299	0.78	1	
肇庆市	**237043**	**17.96**	**7239**	**0.55**	**2**	
端州区	23975	11.96	490	0.24	2	
鼎湖区	10768	20.24	322	0.61		
高要区	47873	20.22	993	0.42		
广宁县	28027	19.87	839	0.59		
怀集县	46625	18.91	2057	0.83		
封开县	23526	19.10	911	0.74		
德庆县	22006	20.15	592	0.54		
四会市	34243	16.35	1035	0.49		
惠州市	**273491**	**14.42**	**10668**	**0.56**	**8**	
惠城区	89959	13.54	2744	0.41	2	
惠阳区	47410	9.65	1625	0.33		
博罗县	57689	16.14	2625	0.73	4	
惠东县	58926	20.81	2807	0.99	1	
龙门县	19507	19.46	867	0.86	1	
梅州市	**261805**	**21.84**	**11095**	**0.93**	**10**	
梅江区	28357	23.45	972	0.80		
梅县区	41804	23.46	1801	1.01	3	
大埔县	19483	16.63	786	0.67	1	
丰顺县	31942	21.73	1208	0.82	1	
五华县	61666	24.96	3505	1.42	2	
平远县	13321	21.13	795	1.26	1	
蕉岭县	12696	20.64	546	0.89		
兴宁市	52536	19.91	1482	0.56	2	

1-9　续表 5

单位：户、%

地　区	三代户		四代户		五代及以上户	
	户数	比重	户数	比重	户数	比重
汕尾市	**143652**	**18.80**	**5717**	**0.75**	**4**	
城　区	23541	18.36	637	0.50		
海丰县	44305	19.18	1379	0.60	1	
陆河县	17337	25.71	1196	1.77		
陆丰市	58469	17.32	2505	0.74	3	
河源市	**178731**	**20.44**	**9345**	**1.07**	**7**	
源城区	45749	23.43	2254	1.15	3	
紫金县	37131	23.08	2450	1.52	2	
龙川县	33131	16.49	1490	0.74	1	
连平县	19808	22.07	1021	1.14	1	
和平县	21389	17.84	908	0.76		
东源县	21523	19.96	1222	1.13		
阳江市	**159522**	**19.82**	**4570**	**0.57**	**3**	
江城区	48294	19.59	1280	0.52	3	
阳东区	29448	19.96	796	0.54		
阳西县	26546	19.78	618	0.46		
阳春市	55234	19.97	1876	0.68		
清远市	**267907**	**22.18**	**11601**	**0.96**	**5**	
清城区	71537	23.09	2172	0.70	2	
清新区	44002	22.64	1724	0.89		
佛冈县	20971	20.96	720	0.72		
阳山县	25880	21.71	1733	1.45	1	
连山壮族瑶族自治县	6821	22.78	265	0.89		
连南瑶族自治县	9268	20.86	373	0.84		
英德市	63026	22.28	3260	1.15	1	
连州市	26402	20.73	1354	1.06	1	
东莞市	**218539**	**4.98**	**4363**	**0.10**	**2**	
市辖区	218539	4.98	4363	0.10	2	
中山市	**188709**	**11.12**	**6428**	**0.38**	**4**	
市辖区	188709	11.12	6428	0.38	4	
潮州市	**202587**	**28.23**	**10091**	**1.41**	**9**	
湘桥区	38788	22.46	1215	0.70		
潮安区	102065	33.03	5651	1.83	4	
饶平县	61734	26.16	3225	1.37	5	
揭阳市	**379692**	**26.77**	**15039**	**1.06**	**21**	
榕城区	78545	33.95	3171	1.37	6	
揭东区	76782	31.80	3731	1.55	7	
揭西县	50381	26.51	1962	1.03	2	
惠来县	57438	23.42	1690	0.69	3	
普宁市	116546	22.83	4485	0.88	3	
云浮市	**153672**	**21.43**	**4490**	**0.63**		
云城区	26764	23.38	673	0.59		
云安区	16268	23.95	656	0.97		
新兴县	29155	21.96	967	0.73		
郁南县	26127	22.31	979	0.84		
罗定市	55358	19.45	1215	0.43		

1-9a 各地区家庭户类别(城市)

单位：户、%

地区	家庭户户数	一代户		二代户	
		户数	比重	户数	比重
广东	**27382359**	**16424203**	**59.98**	**8057561**	**29.43**
广州市	**5901655**	**3861190**	**65.43**	**1583826**	**26.84**
荔湾区	421995	243899	57.80	140343	33.26
越秀区	384946	196179	50.96	145463	37.79
海珠区	757207	479543	63.33	217926	28.78
天河区	884692	620563	70.14	212341	24.00
白云区	1235744	903589	73.12	266813	21.59
黄埔区	435005	284416	65.38	111576	25.65
番禺区	959759	663433	69.12	230689	24.04
花都区	411561	259044	62.94	113994	27.70
南沙区	175993	110580	62.83	46900	26.65
从化区	64674	26111	40.37	27909	43.15
增城区	170079	73833	43.41	69872	41.08
韶关市	**320509**	**146527**	**45.72**	**125450**	**39.14**
武江区	108335	50967	47.05	42082	38.84
浈江区	91237	44093	48.33	34996	38.36
曲江区	50635	21570	42.60	20495	40.48
始兴县					
仁化县					
翁源县					
乳源瑶族自治县					
新丰县					
乐昌市	36025	16605	46.09	14297	39.69
南雄市	34277	13292	38.78	13580	39.62
深圳市	**6387556**	**4160202**	**65.13**	**1678717**	**26.28**
罗湖区	372258	194273	52.19	137178	36.85
福田区	510115	279903	54.87	176571	34.61
南山区	547387	299113	54.64	184937	33.79
宝安区	1747974	1244589	71.20	385586	22.06
龙岗区	1504724	947462	62.97	411735	27.36
盐田区	60694	28590	47.11	23683	39.02
龙华区	986744	691413	70.07	219057	22.20
坪山区	208499	141775	68.00	49833	23.90
光明区	449161	333084	74.16	90137	20.07
珠海市	**658765**	**370216**	**56.20**	**216199**	**32.82**
香洲区	474669	269720	56.82	155929	32.85
斗门区	91963	50472	54.88	29473	32.05
金湾区	92133	50024	54.30	30797	33.43
汕头市	**693471**	**238591**	**34.41**	**302141**	**43.57**
龙湖区	160361	63304	39.48	67876	42.33
金平区	244881	91458	37.35	110607	45.17
濠江区	45732	12307	26.91	19159	41.89
潮阳区	87247	29265	33.54	39043	44.75
潮南区	87717	16780	19.13	40137	45.76
澄海区	67533	25477	37.73	25319	37.49
南澳县					
佛山市	**2993935**	**1761978**	**58.85**	**895799**	**29.92**
禅城区	425117	259238	60.98	128705	30.28
南海区	1172868	706502	60.24	340305	29.01
顺德区	1137810	671466	59.01	328688	28.89
三水区	120266	53430	44.43	49457	41.12
高明区	137874	71342	51.74	48644	35.28

1–9a　续表 1　　　　单位：户、%

地　区	家庭户	一代户		二代户	
	户　数	户数	比重	户数	比重
江门市	**921283**	**392622**	**42.62**	**381607**	**41.42**
蓬江区	277161	132566	47.83	105618	38.11
江海区	115821	53762	46.42	42822	36.97
新会区	157951	62051	39.28	70822	44.84
台山市	117966	48203	40.86	52844	44.80
开平市	105242	35853	34.07	47914	45.53
鹤山市	90505	41847	46.24	36846	40.71
恩平市	56637	18340	32.38	24741	43.68
湛江市	**587413**	**235062**	**40.02**	**266143**	**45.31**
赤坎区	127364	55710	43.74	56468	44.34
霞山区	202337	86076	42.54	91672	45.31
坡头区	21524	8373	38.90	9932	46.14
麻章区	28170	10709	38.02	12763	45.31
遂溪县	6534	2936	44.93	2357	36.07
徐闻县					
廉江市	68532	23035	33.61	31803	46.41
雷州市	67912	27441	40.41	30709	45.22
吴川市	65040	20782	31.95	30439	46.80
茂名市	**496327**	**189418**	**38.16**	**220602**	**44.45**
茂南区	201251	82757	41.12	88983	44.21
电白区	65475	23754	36.28	29178	44.56
高州市	79449	33760	42.49	32057	40.35
化州市	72369	23745	32.81	34602	47.81
信宜市	77783	25402	32.66	35782	46.00
肇庆市	**394005**	**179957**	**45.67**	**156940**	**39.83**
端州区	200438	93874	46.83	82097	40.96
鼎湖区	26585	8978	33.77	11414	42.93
高要区	35995	15594	43.32	15239	42.34
广宁县					
怀集县					
封开县					
德庆县					
四会市	130987	61511	46.96	48190	36.79
惠州市	**896200**	**497871**	**55.55**	**292859**	**32.68**
惠城区	524559	260193	49.60	193533	36.89
惠阳区	362835	231944	63.93	96922	26.71
博罗县	8806	5734	65.11	2404	27.30
惠东县					
龙门县					
梅州市	**278519**	**103574**	**37.19**	**107936**	**38.75**
梅江区	107138	40415	37.72	40847	38.13
梅县区	71483	21610	30.23	29617	41.43
大埔县					
丰顺县					
五华县	4187	1533	36.61	1570	37.50
平远县					
蕉岭县					
兴宁市	95711	40016	41.81	35902	37.51

1-9a 续表 2

单位：户、%

地区	家庭户户数	一代户		二代户	
		户数	比重	户数	比重
汕尾市	**143885**	**60601**	**42.12**	**59510**	**41.36**
城　区	84427	35024	41.48	34350	40.69
海丰县					
陆河县					
陆丰市	59458	25577	43.02	25160	42.32
河源市	**172352**	**60053**	**34.84**	**67609**	**39.23**
源城区	172352	60053	34.84	67609	39.23
紫金县					
龙川县					
连平县					
和平县					
东源县					
阳江市	**297164**	**107512**	**36.18**	**129843**	**43.69**
江城区	167768	60907	36.30	73936	44.07
阳东区	54501	19242	35.31	23971	43.98
阳西县					
阳春市	74895	27363	36.54	31936	42.64
清远市	**354621**	**119787**	**33.78**	**148112**	**41.77**
清城区	186241	63144	33.90	78311	42.05
清新区	67054	19572	29.19	28541	42.56
佛冈县					
阳山县					
连山壮族瑶族自治县					
连南瑶族自治县					
英德市	57656	21582	37.43	23587	40.91
连州市	43670	15489	35.47	17673	40.47
东莞市	**4021954**	**3008395**	**74.80**	**812317**	**20.20**
市辖区	4021954	3008395	74.80	812317	20.20
中山市	**1068268**	**662159**	**61.98**	**295593**	**27.67**
市辖区	1068268	662159	61.98	295593	27.67
潮州市	**277089**	**104119**	**37.58**	**103945**	**37.51**
湘桥区	136071	55474	40.77	54123	39.78
潮安区	141018	48645	34.50	49822	35.33
饶平县					
揭阳市	**365890**	**113185**	**30.93**	**148232**	**40.51**
榕城区	158904	38102	23.98	66358	41.76
揭东区	73100	19192	26.25	28275	38.68
揭西县					
惠来县					
普宁市	133886	55891	41.75	53599	40.03
云浮市	**151498**	**51184**	**33.79**	**64181**	**42.36**
云城区	84222	27792	33.00	35899	42.62
云安区	5316	1926	36.23	2142	40.29
新兴县					
郁南县					
罗定市	61960	21466	34.64	26140	42.19

1-9a　续表 3　　　　单位：户、%

地　区	三代户		四代户		五代及以上户	
	户数	比重	户数	比重	户数	比重
广　东	**2836970**	**10.36**	**63562**	**0.23**	**63**	
广州市	**447820**	**7.59**	**8807**	**0.15**	**12**	
荔湾区	37179	8.81	573	0.14	1	
越秀区	42775	11.11	528	0.14	1	
海珠区	58537	7.73	1199	0.16	2	
天河区	51009	5.77	779	0.09		
白云区	63622	5.15	1720	0.14		
黄埔区	38246	8.79	765	0.18	2	
番禺区	64614	6.73	1019	0.11	4	
花都区	37605	9.14	917	0.22	1	
南沙区	18077	10.27	436	0.25		
从化区	10486	16.21	168	0.26		
增城区	25670	15.09	703	0.41	1	
韶关市	**47438**	**14.80**	**1093**	**0.34**	**1**	
武江区	14945	13.80	340	0.31	1	
浈江区	11900	13.04	248	0.27		
曲江区	8401	16.59	169	0.33		
始兴县						
仁化县						
翁源县						
乳源瑶族自治县						
新丰县						
乐昌市	5004	13.89	119	0.33		
南雄市	7188	20.97	217	0.63		
深圳市	**540740**	**8.47**	**7885**	**0.12**	**12**	
罗湖区	40096	10.77	707	0.19	4	
福田区	52781	10.35	859	0.17	1	
南山区	62796	11.47	541	0.10		
宝安区	116144	6.64	1654	0.09	1	
龙岗区	143274	9.52	2250	0.15	3	
盐田区	8267	13.62	154	0.25		
龙华区	75324	7.63	950	0.10		
坪山区	16491	7.91	399	0.19	1	
光明区	25567	5.69	371	0.08	2	
珠海市	**71350**	**10.83**	**998**	**0.15**	**2**	
香洲区	48315	10.18	705	0.15		
斗门区	11838	12.87	178	0.19	2	
金湾区	11197	12.15	115	0.12		
汕头市	**147330**	**21.25**	**5399**	**0.78**	**10**	
龙湖区	27915	17.41	1262	0.79	4	
金平区	41815	17.08	1001	0.41		
濠江区	13870	30.33	396	0.87		
潮阳区	18417	21.11	521	0.60	1	
潮南区	29411	33.53	1385	1.58	4	
澄海区	15902	23.55	834	1.23	1	
南澳县						
佛山市	**330364**	**11.03**	**5792**	**0.19**	**2**	
禅城区	36619	8.61	554	0.13	1	
南海区	124189	10.59	1871	0.16	1	
顺德区	134716	11.84	2940	0.26		
三水区	17153	14.26	226	0.19		
高明区	17687	12.83	201	0.15		

1-9a 续表 4

单位：户、%

地 区	三代户		四代户		五代及以上户	
	户数	比重	户数	比重	户数	比重
江门市	**144287**	**15.66**	**2767**	**0.30**		
蓬江区	38184	13.78	793	0.29		
江海区	18751	16.19	486	0.42		
新会区	24661	15.61	417	0.26		
台山市	16673	14.13	246	0.21		
开平市	21174	20.12	301	0.29		
鹤山市	11588	12.80	224	0.25		
恩平市	13256	23.41	300	0.53		
湛江市	**84714**	**14.42**	**1493**	**0.25**	**1**	
赤坎区	15004	11.78	182	0.14		
霞山区	24335	12.03	254	0.13		
坡头区	3155	14.66	64	0.30		
麻章区	4612	16.37	86	0.31		
遂溪县	1211	18.53	30	0.46		
徐闻县						
廉江市	13374	19.51	319	0.47	1	
雷州市	9582	14.11	180	0.27		
吴川市	13441	20.67	378	0.58		
茂名市	**83884**	**16.90**	**2422**	**0.49**	**1**	
茂南区	28742	14.28	769	0.38		
电白区	12240	18.69	303	0.46		
高州市	13192	16.60	439	0.55	1	
化州市	13640	18.85	382	0.53		
信宜市	16070	20.66	529	0.68		
肇庆市	**55891**	**14.19**	**1215**	**0.31**	**2**	
端州区	23975	11.96	490	0.24	2	
鼎湖区	5989	22.53	204	0.77		
高要区	5093	14.15	69	0.19		
广宁县						
怀集县						
封开县						
德庆县						
四会市	20834	15.91	452	0.35		
惠州市	**102759**	**11.47**	**2711**	**0.30**		
惠城区	69138	13.18	1695	0.32		
惠阳区	32987	9.09	982	0.27		
博罗县	634	7.20	34	0.39		
惠东县						
龙门县						
梅州市	**65088**	**23.37**	**1920**	**0.69**	**1**	
梅江区	25078	23.41	798	0.74		
梅县区	19645	27.48	610	0.85	1	
大埔县						
丰顺县						
五华县	1025	24.48	59	1.41		
平远县						
蕉岭县						
兴宁市	19340	20.21	453	0.47		

1-9a　续表 5　　　　　　　　　　　　　　　　　　　　　　　　单位：户、%

地　区	三代户		四代户		五代及以上户	
	户数	比重	户数	比重	户数	比重
汕尾市	**23138**	**16.08**	**635**	**0.44**	**1**	
城　区	14705	17.42	348	0.41		
海丰县						
陆河县						
陆丰市	8433	14.18	287	0.48	1	
河源市	**42623**	**24.73**	**2064**	**1.20**	**3**	
源城区	42623	24.73	2064	1.20	3	
紫金县						
龙川县						
连平县						
和平县						
东源县						
阳江市	**58382**	**19.65**	**1425**	**0.48**	**2**	
江城区	32180	19.18	743	0.44	2	
阳东区	10998	20.18	290	0.53		
阳西县						
阳春市	15204	20.30	392	0.52		
清远市	**84316**	**23.78**	**2405**	**0.68**	**1**	
清城区	43678	23.45	1107	0.59	1	
清新区	18389	27.42	552	0.82		
佛冈县						
阳山县						
连山壮族瑶族自治县						
连南瑶族自治县						
英德市	12130	21.04	357	0.62		
连州市	10119	23.17	389	0.89		
东莞市	**197341**	**4.91**	**3899**	**0.10**	**2**	
市辖区	197341	4.91	3899	0.10	2	
中山市	**107355**	**10.05**	**3158**	**0.30**	**3**	
市辖区	107355	10.05	3158	0.30	3	
潮州市	**66284**	**23.92**	**2739**	**0.99**	**2**	
湘桥区	25857	19.00	617	0.45		
潮安区	40427	28.67	2122	1.50	2	
饶平县						
揭阳市	**100483**	**27.46**	**3985**	**1.09**	**5**	
榕城区	52596	33.10	1847	1.16	1	
揭东区	24255	33.18	1374	1.88	4	0.01
揭西县						
惠来县						
普宁市	23632	17.65	764	0.57		
云浮市	**35383**	**23.36**	**750**	**0.50**		
云城区	20073	23.83	458	0.54		
云安区	1215	22.86	33	0.62		
新兴县						
郁南县						
罗定市	14095	22.75	259	0.42		

1-9b 各地区家庭户类别(镇)

单位：户、%

地　区	家庭户户　数	一代户		二代户	
		户数	比重	户数	比重
广　东	**5096023**	**2276509**	**44.67**	**1853822**	**36.38**
广州市	**411505**	**247726**	**60.20**	**121841**	**29.61**
荔湾区					
越秀区					
海珠区					
天河区					
白云区	79896	55612	69.61	17400	21.78
黄埔区	12569	4386	34.90	5787	46.04
番禺区	27235	19328	70.97	6434	23.62
花都区	27858	14833	53.25	9413	33.79
南沙区	58308	34536	59.23	16663	28.58
从化区	23036	12931	56.13	7533	32.70
增城区	182603	106100	58.10	58611	32.10
韶关市	**228426**	**99552**	**43.58**	**87450**	**38.28**
武江区	1030	479	46.50	413	40.10
浈江区	10542	6078	57.66	3200	30.35
曲江区	10439	5363	51.37	3384	32.42
始兴县	28199	12269	43.51	10713	37.99
仁化县	26802	12035	44.90	10581	39.48
翁源县	36157	13633	37.71	14656	40.53
乳源瑶族自治县	26959	10054	37.29	11129	41.28
新丰县	32633	14518	44.49	11564	35.44
乐昌市	35327	16720	47.33	13618	38.55
南雄市	20338	8403	41.32	8192	40.28
深圳市	**1031**	**561**	**54.41**	**350**	**33.95**
罗湖区					
福田区					
南山区	274	261	95.26	13	4.74
宝安区					
龙岗区					
盐田区					
龙华区					
坪山区	757	300	39.63	337	44.52
光明区					
珠海市	**101490**	**62721**	**61.80**	**27289**	**26.89**
香洲区	13079	10125	77.41	2359	18.04
斗门区	50737	27892	54.97	16159	31.85
金湾区	37674	24704	65.57	8771	23.28
汕头市	**306293**	**79848**	**26.07**	**131065**	**42.79**
龙湖区					
金平区					
濠江区	1582	568	35.90	643	40.64
潮阳区	123496	26144	21.17	58444	47.32
潮南区	68799	16373	23.80	32641	47.44
澄海区	94234	28064	29.78	33118	35.14
南澳县	18182	8699	47.84	6219	34.20
佛山市	**176762**	**113369**	**64.14**	**45008**	**25.46**
禅城区	71956	43399	60.31	20368	28.31
南海区	20351	15017	73.79	3236	15.90
顺德区					
三水区	74604	48682	65.25	18822	25.23
高明区	9851	6271	63.66	2582	26.21

1−9b　续表 1　　　　单位：户、%

地　区	家庭户户　数	一代户户数	一代户比重	二代户户数	二代户比重
江门市	**148811**	**75086**	**50.46**	**51432**	**34.56**
蓬江区					
江海区					
新会区	42131	20084	47.67	15582	36.98
台山市	26608	11810	44.39	9748	36.64
开平市	30891	13793	44.65	12467	40.36
鹤山市	31749	21693	68.33	7369	23.21
恩平市	17432	7706	44.21	6266	35.95
湛江市	**324765**	**126063**	**38.82**	**135487**	**41.72**
赤坎区					
霞山区	1164	366	31.44	530	45.53
坡头区	21751	7512	34.54	10126	46.55
麻章区	18258	7912	43.33	7361	40.32
遂溪县	78596	30237	38.47	34406	43.78
徐闻县	64296	23787	37.00	26139	40.65
廉江市	54757	22843	41.72	20446	37.34
雷州市	49313	21597	43.80	19035	38.60
吴川市	36630	11809	32.24	17444	47.62
茂名市	**244611**	**94122**	**38.48**	**101221**	**41.38**
茂南区	12573	4912	39.07	5028	39.99
电白区	100032	33931	33.92	44618	44.60
高州市	52344	24330	46.48	18169	34.71
化州市	51355	19622	38.21	22380	43.58
信宜市	28307	11327	40.01	11026	38.95
肇庆市	**271221**	**122348**	**45.11**	**101343**	**37.37**
端州区					
鼎湖区	8148	3406	41.80	3027	37.15
高要区	54147	28322	52.31	16813	31.05
广宁县	53590	21199	39.56	21283	39.71
怀集县	66462	27291	41.06	27853	41.91
封开县	41582	18988	45.66	15373	36.97
德庆县	36677	17287	47.13	13637	37.18
四会市	10615	5855	55.16	3357	31.63
惠州市	**511544**	**238834**	**46.69**	**186820**	**36.52**
惠城区	40150	21394	53.29	13809	34.39
惠阳区	39538	23141	58.53	11795	29.83
博罗县	206099	102042	49.51	74061	35.93
惠东县	177631	69643	39.21	70264	39.56
龙门县	48126	22614	46.99	16891	35.10
梅州市	**299267**	**115513**	**38.60**	**113583**	**37.95**
梅江区	2032	823	40.50	736	36.22
梅县区	15529	8351	53.78	4241	27.31
大埔县	48550	19486	40.14	19316	39.79
丰顺县	73537	27969	38.03	28045	38.14
五华县	77155	26470	34.31	30252	39.21
平远县	29314	11595	39.55	10860	37.05
蕉岭县	30596	11048	36.11	12028	39.31
兴宁市	22554	9771	43.32	8105	35.94

1－9b 续表 2

单位：户、%

地区	家庭户户数	一代户户数	一代户比重	二代户户数	二代户比重
汕尾市	**293514**	**114113**	**38.88**	**121869**	**41.52**
城　区	12058	5117	42.44	4339	35.98
海丰县	151950	55979	36.84	65948	43.40
陆河县	35197	13961	39.67	11977	34.03
陆丰市	94309	39056	41.41	39605	41.99
河源市	**214818**	**82707**	**38.50**	**85595**	**39.85**
源城区	9287	6741	72.59	1945	20.94
紫金县	54599	18955	34.72	21331	39.07
龙川县	60091	22962	38.21	25867	43.05
连平县	31346	11259	35.92	12499	39.87
和平县	33324	11345	34.04	14904	44.72
东源县	26171	11445	43.73	9049	34.58
阳江市	**120542**	**47196**	**39.15**	**48624**	**40.34**
江城区	16303	6764	41.49	5947	36.48
阳东区	18108	7090	39.15	7069	39.04
阳西县	53764	18908	35.17	24133	44.89
阳春市	32367	14434	44.59	11475	35.45
清远市	**277709**	**107410**	**38.68**	**106671**	**38.41**
清城区	76073	31949	42.00	26891	35.35
清新区	13357	5977	44.75	4759	35.63
佛冈县	43126	16370	37.96	17717	41.08
阳山县	47561	17507	36.81	18974	39.89
连山壮族瑶族自治县	12221	4652	38.07	4968	40.65
连南瑶族自治县	19967	7149	35.80	8452	42.33
英德市	54425	19610	36.03	20714	38.06
连州市	10979	4196	38.22	4196	38.22
东莞市	**36686**	**28760**	**78.40**	**6288**	**17.14**
市辖区	36686	28760	78.40	6288	17.14
中山市	**434609**	**282265**	**64.95**	**106444**	**24.49**
市辖区	434609	282265	64.95	106444	24.49
潮州市	**188852**	**61218**	**32.42**	**69079**	**36.58**
湘桥区	17314	4423	25.55	5954	34.39
潮安区	58534	14546	24.85	21084	36.02
饶平县	113004	42249	37.39	42041	37.20
揭阳市	**363716**	**122499**	**33.68**	**151251**	**41.58**
榕城区	23763	7843	33.01	8078	33.99
揭东区	53189	15544	29.22	20310	38.18
揭西县	60458	23265	38.48	22477	37.18
惠来县	109565	37922	34.61	48104	43.90
普宁市	116741	37925	32.49	52282	44.78
云浮市	**139851**	**54598**	**39.04**	**55112**	**39.41**
云城区					
云安区	12822	4774	37.23	4758	37.11
新兴县	55535	21605	38.90	22672	40.82
郁南县	49295	19463	39.48	18909	38.36
罗定市	22199	8756	39.44	8773	39.52

1-9b　续表 3

单位：户、%

地　区	三代户		四代户		五代及以上户	
	户数	比重	户数	比重	户数	比重
广　东	**930879**	**18.27**	**34787**	**0.68**	**26**	
广州市	**40878**	**9.93**	**1058**	**0.26**	**2**	
荔湾区						
越秀区						
海珠区						
天河区						
白云区	6514	8.15	369	0.46	1	
黄埔区	2363	18.80	33	0.26		
番禺区	1459	5.36	14	0.05		
花都区	3543	12.72	69	0.25		
南沙区	6908	11.85	201	0.34		
从化区	2520	10.94	52	0.23		
增城区	17571	9.62	320	0.18	1	
韶关市	**40073**	**17.54**	**1350**	**0.59**	**1**	
武江区	130	12.62	8	0.78		
浈江区	1250	11.86	14	0.13		
曲江区	1622	15.54	69	0.66	1	0.01
始兴县	5082	18.02	135	0.48		
仁化县	4087	15.25	99	0.37		
翁源县	7604	21.03	264	0.73		
乳源瑶族自治县	5579	20.69	197	0.73		
新丰县	6285	19.26	266	0.82		
乐昌市	4845	13.71	144	0.41		
南雄市	3589	17.65	154	0.76		
深圳市	**118**	**11.45**	**2**	**0.19**		
罗湖区						
福田区						
南山区						
宝安区						
龙岗区						
盐田区						
龙华区						
坪山区	118	15.59	2	0.26		
光明区						
珠海市	**11242**	**11.08**	**238**	**0.23**		
香洲区	586	4.48	9	0.07		
斗门区	6530	12.87	156	0.31		
金湾区	4126	10.95	73	0.19		
汕头市	**90593**	**29.58**	**4780**	**1.56**	**7**	
龙湖区						
金平区						
濠江区	360	22.76	11	0.70		
潮阳区	37172	30.10	1734	1.40	2	
潮南区	18900	27.47	881	1.28	4	0.01
澄海区	31020	32.92	2031	2.16	1	
南澳县	3141	17.28	123	0.68		
佛山市	**18104**	**10.24**	**281**	**0.16**		
禅城区	8081	11.23	108	0.15		
南海区	2054	10.09	44	0.22		
顺德区						
三水区	6986	9.36	114	0.15		
高明区	983	9.98	15	0.15		

1-9b 续表 4

单位：户、%

地　区	三代户		四代户		五代及以上户	
	户数	比重	户数	比重	户数	比重
江门市	**21733**	**14.60**	**560**	**0.38**		
蓬江区						
江海区						
新会区	6324	15.01	141	0.33		
台山市	4931	18.53	119	0.45		
开平市	4520	14.63	111	0.36		
鹤山市	2611	8.22	76	0.24		
恩平市	3347	19.20	113	0.65		
湛江市	**61364**	**18.89**	**1850**	**0.57**	**1**	
赤坎区						
霞山区	267	22.94	1	0.09		
坡头区	4021	18.49	92	0.42		
麻章区	2914	15.96	71	0.39		
遂溪县	13676	17.40	277	0.35		
徐闻县	13805	21.47	565	0.88		
廉江市	11041	20.16	426	0.78	1	
雷州市	8454	17.14	227	0.46		
吴川市	7186	19.62	191	0.52		
茂名市	**47496**	**19.42**	**1772**	**0.72**		
茂南区	2542	20.22	91	0.72		
电白区	20823	20.82	660	0.66		
高州市	9441	18.04	404	0.77		
化州市	9017	17.56	336	0.65		
信宜市	5673	20.04	281	0.99		
肇庆市	**46357**	**17.09**	**1173**	**0.43**		
端州区						
鼎湖区	1684	20.67	31	0.38		
高要区	8848	16.34	164	0.30		
广宁县	10851	20.25	257	0.48		
怀集县	10937	16.46	381	0.57		
封开县	7017	16.88	204	0.49		
德庆县	5656	15.42	97	0.26		
四会市	1364	12.85	39	0.37		
惠州市	**82521**	**16.13**	**3367**	**0.66**	**2**	
惠城区	4789	11.93	158	0.39		
惠阳区	4415	11.17	187	0.47		
博罗县	28853	14.00	1141	0.55	2	
惠东县	36202	20.38	1522	0.86		
龙门县	8262	17.17	359	0.75		
梅州市	**67400**	**22.52**	**2769**	**0.93**	**2**	
梅江区	461	22.69	12	0.59		
梅县区	2808	18.08	129	0.83		
大埔县	9386	19.33	361	0.74	1	
丰顺县	16989	23.10	534	0.73		
五华县	19448	25.21	984	1.28	1	
平远县	6511	22.21	348	1.19		
蕉岭县	7269	23.76	251	0.82		
兴宁市	4528	20.08	150	0.67		

1-9b　续表 5

单位：户、%

地　　区	三代户		四代户		五代及以上户	
	户数	比重	户数	比重	户数	比重
汕尾市	**55501**	**18.91**	**2029**	**0.69**	**2**	
城　区	2496	20.70	106	0.88		
海丰县	29253	19.25	769	0.51	1	
陆河县	8638	24.54	621	1.76		
陆丰市	15114	16.03	533	0.57	1	
河源市	**44523**	**20.73**	**1993**	**0.93**		
源城区	586	6.31	15	0.16		
紫金县	13468	24.67	845	1.55		
龙川县	10935	18.20	327	0.54		
连平县	7235	23.08	353	1.13		
和平县	6852	20.56	223	0.67		
东源县	5447	20.81	230	0.88		
阳江市	**24124**	**20.01**	**598**	**0.50**		
江城区	3503	21.49	89	0.55		
阳东区	3830	21.15	119	0.66		
阳西县	10528	19.58	195	0.36		
阳春市	6263	19.35	195	0.60		
清远市	**61144**	**22.02**	**2482**	**0.89**	**2**	
清城区	16652	21.89	580	0.76	1	
清新区	2526	18.91	95	0.71		
佛冈县	8850	20.52	189	0.44		
阳山县	10551	22.18	528	1.11	1	
连山壮族瑶族自治县	2526	20.67	75	0.61		
连南瑶族自治县	4218	21.12	148	0.74		
英德市	13391	24.60	710	1.30		
连州市	2430	22.13	157	1.43		
东莞市	**1602**	**4.37**	**36**	**0.10**		
市辖区	1602	4.37	36	0.10		
中山市	**44117**	**10.15**	**1782**	**0.41**	**1**	
市辖区	44117	10.15	1782	0.41	1	
潮州市	**55781**	**29.54**	**2772**	**1.47**	**2**	
湘桥区	6635	38.32	302	1.74		
潮安区	21659	37.00	1244	2.13	1	
饶平县	27487	24.32	1226	1.08	1	
揭阳市	**86883**	**23.89**	**3079**	**0.85**	**4**	
榕城区	7454	31.37	387	1.63	1	
揭东区	16518	31.06	816	1.53	1	
揭西县	14386	23.80	330	0.55		
惠来县	22959	20.95	578	0.53	2	
普宁市	25566	21.90	968	0.83		
云浮市	**29325**	**20.97**	**816**	**0.58**		
云城区						
云安区	3140	24.49	150	1.17		
新兴县	11038	19.88	220	0.40		
郁南县	10614	21.53	309	0.63		
罗定市	4533	20.42	137	0.62		

1-9c 各地区家庭户类别(乡村)

单位：户、%

地区	家庭户户数	一代户		二代户	
		户数	比重	户数	比重
广东	**9990796**	**4212922**	**42.17**	**3674146**	**36.78**
广州市	**871863**	**489418**	**56.13**	**251382**	**28.83**
荔湾区					
越秀区					
海珠区					
天河区					
白云区	249027	163443	65.63	55905	22.45
黄埔区	30625	16307	53.25	8724	28.49
番禺区	116066	80350	69.23	26853	23.14
花都区	158532	90372	57.01	43728	27.58
南沙区	81539	45015	55.21	24595	30.16
从化区	103758	30476	29.37	43759	42.17
增城区	132316	63455	47.96	47818	36.14
韶关市	**420478**	**183952**	**43.75**	**152997**	**36.39**
武江区	18453	7249	39.28	7295	39.53
浈江区	16250	6073	37.37	6405	39.42
曲江区	37019	15771	42.60	13384	36.15
始兴县	42867	19534	45.57	15085	35.19
仁化县	37883	16016	42.28	14395	38.00
翁源县	67717	28728	42.42	24177	35.70
乳源瑶族自治县	32837	12535	38.17	12696	38.66
新丰县	33186	15932	48.01	10763	32.43
乐昌市	64597	29646	45.89	23348	36.14
南雄市	69669	32468	46.60	25449	36.53
深圳市	**18312**	**13643**	**74.50**	**3597**	**19.64**
罗湖区					
福田区					
南山区					
宝安区					
龙岗区	18312	13643	74.50	3597	19.64
盐田区					
龙华区					
坪山区					
光明区					
珠海市	**76408**	**39953**	**52.29**	**20555**	**26.90**
香洲区	243	220	90.53	22	9.05
斗门区	70394	36752	52.21	18776	26.67
金湾区	5771	2981	51.65	1757	30.45
汕头市	**364518**	**82200**	**22.55**	**159636**	**43.79**
龙湖区	22048	3457	15.68	7706	34.95
金平区	3521	800	22.72	1319	37.46
濠江区	14966	3816	25.50	5673	37.91
潮阳区	154359	33871	21.94	72574	47.02
潮南区	109753	25263	23.02	52022	47.40
澄海区	55841	13493	24.16	18907	33.86
南澳县	4030	1500	37.22	1435	35.61
佛山市	**156273**	**96140**	**61.52**	**39532**	**25.30**
禅城区					
南海区	48560	29621	61.00	12128	24.98
顺德区	16750	11169	66.68	3277	19.56
三水区	70944	44112	62.18	17988	25.36
高明区	20019	11238	56.14	6139	30.67

1−9c　续表 1　　　　单位：户、%

地　　区	家庭户	一代户		二代户	
	户　数	户数	比重	户数	比重
江门市	**536738**	**242043**	**45.10**	**194453**	**36.23**
蓬江区	7736	2726	35.24	2772	35.83
江海区					
新会区	108650	55411	51.00	35902	33.04
台山市	165308	70104	42.41	62467	37.79
开平市	111301	49898	44.83	40786	36.64
鹤山市	66013	31300	47.41	21851	33.10
恩平市	77730	32604	41.95	30675	39.46
湛江市	**1092209**	**396873**	**36.34**	**465711**	**42.64**
赤坎区	2318	656	28.30	1259	54.31
霞山区	8467	2737	32.33	3774	44.57
坡头区	56503	20114	35.60	25566	45.25
麻章区	80881	27437	33.92	37564	46.44
遂溪县	157470	57750	36.67	68084	43.24
徐闻县	112515	39701	35.29	44154	39.24
廉江市	261956	96107	36.69	106792	40.77
雷州市	259034	98212	37.91	107533	41.51
吴川市	153065	54159	35.38	70985	46.38
茂名市	**1022327**	**378787**	**37.05**	**422437**	**41.32**
茂南区	91611	31631	34.53	39566	43.19
电白区	240946	74372	30.87	109137	45.30
高州市	263688	104876	39.77	100003	37.92
化州市	236582	87504	36.99	100631	42.54
信宜市	189500	80404	42.43	73100	38.58
肇庆市	**654608**	**252389**	**38.56**	**262573**	**40.11**
端州区					
鼎湖区	18460	8445	45.75	6833	37.02
高要区	146638	55767	38.03	56179	38.31
广宁县	87494	37968	43.39	31768	36.31
怀集县	180060	59104	32.82	83592	46.42
封开县	81611	30877	37.83	33518	41.07
德庆县	72512	25541	35.22	30126	41.55
四会市	67833	34687	51.14	20557	30.31
惠州市	**488901**	**228340**	**46.70**	**167754**	**34.31**
惠城区	99881	51132	51.19	31824	31.86
惠阳区	88728	53989	60.85	24275	27.36
博罗县	142568	58815	41.25	54099	37.95
惠东县	105597	43048	40.77	38539	36.50
龙门县	52127	21356	40.97	19017	36.48
梅州市	**620972**	**275139**	**44.31**	**210103**	**33.83**
梅江区	11778	4901	41.61	3897	33.09
梅县区	91173	41403	45.41	29355	32.20
大埔县	68637	37089	54.04	21026	30.63
丰顺县	73432	31287	42.61	26517	36.11
五华县	165736	62264	37.57	59816	36.09
平远县	33733	15655	46.41	10820	32.08
蕉岭县	30924	15637	50.57	9565	30.93
兴宁市	145559	66903	45.96	49107	33.74

1-9c 续表 2

单位：户、%

地区	家庭户	一代户		二代户	
	户数	户数	比重	户数	比重
汕尾市	**326899**	**125957**	**38.53**	**132875**	**40.65**
城区	31721	14522	45.78	10676	33.66
海丰县	79027	34955	44.23	28410	35.95
陆河县	32248	11546	35.80	11428	35.44
陆丰市	183903	64934	35.31	82361	44.79
河源市	**487411**	**218245**	**44.78**	**172289**	**35.35**
源城区	13599	6876	50.56	4008	29.47
紫金县	106308	43112	40.55	37926	35.68
龙川县	140876	68155	48.38	49361	35.04
连平县	58386	23773	40.72	21371	36.60
和平县	86560	39189	45.27	32149	37.14
东源县	81682	37140	45.47	27474	33.64
阳江市	**387041**	**166243**	**42.95**	**141234**	**36.49**
江城区	62437	26359	42.22	23018	36.87
阳东区	74927	33341	44.50	26579	35.47
阳西县	80415	34488	42.89	29486	36.67
阳春市	169262	72055	42.57	62151	36.72
清远市	**575735**	**243475**	**42.29**	**203097**	**35.28**
清城区	47512	20074	42.25	15746	33.14
清新区	113924	51002	44.77	38758	34.02
佛冈县	56932	23647	41.54	20633	36.24
阳山县	71647	30599	42.71	24514	34.21
连山壮族瑶族自治县	17717	6459	36.46	6773	38.23
连南瑶族自治县	24456	9224	37.72	9957	40.71
英德市	170862	70478	41.25	60685	35.52
连州市	72685	31992	44.01	26031	35.81
东莞市	**329653**	**240731**	**73.03**	**68898**	**20.90**
市辖区	329653	240731	73.03	68898	20.90
中山市	**194124**	**107134**	**55.19**	**48265**	**24.86**
市辖区	194124	107134	55.19	48265	24.86
潮州市	**251759**	**76498**	**30.39**	**90154**	**35.81**
湘桥区	19331	6288	32.53	6451	33.37
潮安区	109472	28504	26.04	38703	35.35
饶平县	122956	41706	33.92	45000	36.60
揭阳市	**688980**	**187554**	**27.22**	**301113**	**43.70**
榕城区	48680	10884	22.36	18360	37.72
揭东区	115141	32271	28.03	45318	39.36
揭西县	129568	41135	31.75	50804	39.21
惠来县	135675	36412	26.84	63671	46.93
普宁市	259916	66852	25.72	122960	47.31
云浮市	**425587**	**168208**	**39.52**	**165491**	**38.89**
云城区	30244	11607	38.38	11731	38.79
云安区	49798	17974	36.09	19438	39.03
新兴县	77239	29945	38.77	28430	36.81
郁南县	67837	27767	40.93	23887	35.21
罗定市	200469	80915	40.36	82005	40.91

1-9c　续表 3　　　　单位：户、%

地　区	三代户		四代户		五代及以上户	
	户数	比重	户数	比重	户数	比重
广　东	**2018389**	**20.20**	**85263**	**0.85**	**76**	
广州市	**126142**	**14.47**	**4916**	**0.56**	**5**	
荔湾区						
越秀区						
海珠区						
天河区						
白云区	27918	11.21	1758	0.71	3	
黄埔区	5378	17.56	216	0.71		
番禺区	8645	7.45	218	0.19		
花都区	23498	14.82	933	0.59	1	
南沙区	11462	14.06	467	0.57		
从化区	28817	27.77	706	0.68		
增城区	20424	15.44	618	0.47	1	
韶关市	**79497**	**18.91**	**4030**	**0.96**	**2**	
武江区	3741	20.27	168	0.91		
浈江区	3572	21.98	200	1.23		
曲江区	7484	20.22	380	1.03		
始兴县	7860	18.34	388	0.91		
仁化县	7156	18.89	316	0.83		
翁源县	13877	20.49	935	1.38		
乳源瑶族自治县	7247	22.07	359	1.09		
新丰县	6116	18.43	374	1.13	1	
乐昌市	11190	17.32	413	0.64		
南雄市	11254	16.15	497	0.71	1	
深圳市	**1033**	**5.64**	**39**	**0.21**		
罗湖区						
福田区						
南山区						
宝安区						
龙岗区	1033	5.64	39	0.21		
盐田区						
龙华区						
坪山区						
光明区						
珠海市	**15383**	**20.13**	**516**	**0.68**	**1**	
香洲区	1	0.41				
斗门区	14371	20.42	494	0.70	1	
金湾区	1011	17.52	22	0.38		
汕头市	**116736**	**32.02**	**5934**	**1.63**	**12**	
龙湖区	10137	45.98	748	3.39		
金平区	1334	37.89	68	1.93		
濠江区	5230	34.95	246	1.64	1	0.01
潮阳区	46113	29.87	1799	1.17	2	
潮南区	31063	28.30	1401	1.28	4	
澄海区	21811	39.06	1625	2.91	5	0.01
南澳县	1048	26.00	47	1.17		
佛山市	**20258**	**12.96**	**343**	**0.22**		
禅城区						
南海区	6703	13.80	108	0.22		
顺德区	2267	13.53	37	0.22		
三水区	8695	12.26	149	0.21		
高明区	2593	12.95	49	0.24		

1-9c 续表 4

单位：户、%

地　区	三代户		四代户		五代及以上户	
	户数	比重	户数	比重	户数	比重
江门市	**97383**	**18.14**	**2857**	**0.53**	**2**	
蓬江区	2165	27.99	73	0.94		
江海区						
新会区	16929	15.58	408	0.38		
台山市	31793	19.23	943	0.57	1	
开平市	19966	17.94	650	0.58	1	
鹤山市	12432	18.83	430	0.65		
恩平市	14098	18.14	353	0.45		
湛江市	**222530**	**20.37**	**7086**	**0.65**	**9**	
赤坎区	395	17.04	8	0.35		
霞山区	1929	22.78	27	0.32		
坡头区	10630	18.81	193	0.34		
麻章区	15529	19.20	350	0.43	1	
遂溪县	30845	19.59	789	0.50	2	
徐闻县	27415	24.37	1242	1.10	3	
廉江市	56918	21.73	2139	0.82		
雷州市	51636	19.93	1650	0.64	3	
吴川市	27233	17.79	688	0.45		
茂名市	**212398**	**20.78**	**8698**	**0.85**	**7**	
茂南区	19644	21.44	768	0.84	2	
电白区	55758	23.14	1678	0.70	1	
高州市	55845	21.18	2962	1.12	2	
化州市	46645	19.72	1801	0.76	1	
信宜市	34506	18.21	1489	0.79	1	
肇庆市	**134795**	**20.59**	**4851**	**0.74**		
端州区						
鼎湖区	3095	16.77	87	0.47		
高要区	33932	23.14	760	0.52		
广宁县	17176	19.63	582	0.67		
怀集县	35688	19.82	1676	0.93		
封开县	16509	20.23	707	0.87		
德庆县	16350	22.55	495	0.68		
四会市	12045	17.76	544	0.80		
惠州市	**88211**	**18.04**	**4590**	**0.94**	**6**	
惠城区	16032	16.05	891	0.89	2	
惠阳区	10008	11.28	456	0.51		
博罗县	28202	19.78	1450	1.02	2	
惠东县	22724	21.52	1285	1.22	1	
龙门县	11245	21.57	508	0.97	1	
梅州市	**129317**	**20.82**	**6406**	**1.03**	**7**	
梅江区	2818	23.93	162	1.38		
梅县区	19351	21.22	1062	1.16	2	
大埔县	10097	14.71	425	0.62		
丰顺县	14953	20.36	674	0.92	1	
五华县	41193	24.85	2462	1.49	1	
平远县	6810	20.19	447	1.33	1	
蕉岭县	5427	17.55	295	0.95		
兴宁市	28668	19.70	879	0.60	2	

1—9c　续表 5　　单位：户、%

地　区	三代户		四代户		五代及以上户	
	户数	比重	户数	比重	户数	比重
汕尾市	**65013**	**19.89**	**3053**	**0.93**	**1**	
城　区	6340	19.99	183	0.58		
海丰县	15052	19.05	610	0.77		
陆河县	8699	26.98	575	1.78		
陆丰市	34922	18.99	1685	0.92	1	
河源市	**91585**	**18.79**	**5288**	**1.08**	**4**	
源城区	2540	18.68	175	1.29		
紫金县	23663	22.26	1605	1.51	2	
龙川县	22196	15.76	1163	0.83	1	
连平县	12573	21.53	668	1.14	1	
和平县	14537	16.79	685	0.79		
东源县	16076	19.68	992	1.21		
阳江市	**77016**	**19.90**	**2547**	**0.66**	**1**	
江城区	12611	20.20	448	0.72	1	
阳东区	14620	19.51	387	0.52		
阳西县	16018	19.92	423	0.53		
阳春市	33767	19.95	1289	0.76		
清远市	**122447**	**21.27**	**6714**	**1.17**	**2**	
清城区	11207	23.59	485	1.02		
清新区	23087	20.27	1077	0.95		
佛冈县	12121	21.29	531	0.93		
阳山县	15329	21.40	1205	1.68		
连山壮族瑶族自治县	4295	24.24	190	1.07		
连南瑶族自治县	5050	20.65	225	0.92		
英德市	37505	21.95	2193	1.28	1	
连州市	13853	19.06	808	1.11	1	
东莞市	**19596**	**5.94**	**428**	**0.13**		
市辖区	19596	5.94	428	0.13		
中山市	**37237**	**19.18**	**1488**	**0.77**		
市辖区	37237	19.18	1488	0.77		
潮州市	**80522**	**31.98**	**4580**	**1.82**	**5**	
湘桥区	6296	32.57	296	1.53		
潮安区	39979	36.52	2285	2.09	1	
饶平县	34247	27.85	1999	1.63	4	
揭阳市	**192326**	**27.91**	**7975**	**1.16**	**12**	
榕城区	18495	37.99	937	1.92	4	0.01
揭东区	36009	31.27	1541	1.34	2	
揭西县	35995	27.78	1632	1.26	2	
惠来县	34479	25.41	1112	0.82	1	
普宁市	67348	25.91	2753	1.06	3	
云浮市	**88964**	**20.90**	**2924**	**0.69**		
云城区	6691	22.12	215	0.71		
云安区	11913	23.92	473	0.95		
新兴县	18117	23.46	747	0.97		
郁南县	15513	22.87	670	0.99		
罗定市	36730	18.32	819	0.41		

1－10 各地区分性别、月份的出生人口 (2019.11.1－2020.10.31)

单位：人

地 区	出生人口			2019年11月		
	合计	男	女	小计	男	女
广 东	**1292000**	**692476**	**599524**	**144603**	**76793**	**67810**
广州市	**161764**	**86650**	**75114**	**17685**	**9474**	**8211**
荔湾区	8484	4508	3976	1073	556	517
越秀区	7630	4047	3583	804	431	373
海珠区	12082	6422	5660	1383	715	668
天河区	15566	8330	7236	1687	893	794
白云区	30787	16530	14257	3328	1818	1510
黄埔区	13973	7429	6544	1509	773	736
番禺区	22609	12125	10484	2500	1358	1142
花都区	14882	7926	6956	1667	895	772
南沙区	9447	5121	4326	957	511	446
从化区	8278	4425	3853	852	459	393
增城区	18026	9787	8239	1925	1065	860
韶关市	**31654**	**16584**	**15070**	**3273**	**1658**	**1615**
武江区	3654	1917	1737	404	197	207
浈江区	2997	1595	1402	340	176	164
曲江区	2864	1564	1300	309	168	141
始兴县	2482	1312	1170	238	120	118
仁化县	2036	1030	1006	190	113	77
翁源县	4511	2335	2176	480	229	251
乳源瑶族自治县	2423	1270	1153	248	113	135
新丰县	2209	1154	1055	205	98	107
乐昌市	4454	2323	2131	448	224	224
南雄市	4024	2084	1940	411	220	191
深圳市	**165343**	**87792**	**77551**	**18286**	**9687**	**8599**
罗湖区	10302	5458	4844	1105	579	526
福田区	14201	7585	6616	1586	826	760
南山区	15898	8527	7371	1709	898	811
宝安区	40742	21717	19025	4496	2392	2104
龙岗区	42278	22276	20002	4805	2559	2246
盐田区	1889	974	915	208	96	112
龙华区	24898	13187	11711	2743	1459	1284
坪山区	5355	2868	2487	592	326	266
光明区	9780	5200	4580	1042	552	490
珠海市	**22395**	**11849**	**10546**	**2468**	**1278**	**1190**
香洲区	11527	6062	5465	1269	640	629
斗门区	6881	3679	3202	729	374	355
金湾区	3987	2108	1879	470	264	206
汕头市	**63175**	**33417**	**29758**	**7424**	**3800**	**3624**
龙湖区	5576	2909	2667	657	331	326
金平区	6723	3467	3256	764	388	376
濠江区	3064	1578	1486	362	187	175
潮阳区	23236	12470	10766	2700	1400	1300
潮南区	16929	9046	7883	2063	1056	1007
澄海区	6953	3585	3368	813	403	410
南澳县	694	362	332	65	35	30
佛山市	**82543**	**44117**	**38426**	**9321**	**5015**	**4306**
禅城区	12615	6737	5878	1454	807	647
南海区	31906	17008	14898	3625	1928	1697
顺德区	26084	13912	12172	2927	1551	1376
三水区	7496	4032	3464	779	415	364
高明区	4442	2428	2014	536	314	222

1-10　续表 1　　　　单位：人

地　区	出生人口			2019年11月		
	合计	男	女	小计	男	女
江门市	**39801**	**20782**	**19019**	**4335**	**2266**	**2069**
蓬江区	7357	3805	3552	794	426	368
江海区	3216	1690	1526	355	203	152
新会区	7544	3931	3613	812	409	403
台山市	6857	3622	3235	729	376	353
开平市	5874	3060	2814	660	342	318
鹤山市	4356	2258	2098	514	271	243
恩平市	4597	2416	2181	471	239	232
湛江市	**100223**	**54349**	**45874**	**11385**	**6048**	**5337**
赤坎区	4127	2177	1950	485	242	243
霞山区	7119	3868	3251	771	448	323
坡头区	5309	2879	2430	591	351	240
麻章区	6579	3591	2988	748	399	349
遂溪县	12974	6922	6052	1418	754	664
徐闻县	8771	4762	4009	959	515	444
廉江市	21032	11507	9525	2354	1211	1143
雷州市	20209	11059	9150	2396	1265	1131
吴川市	14103	7584	6519	1663	863	800
茂名市	**87413**	**47755**	**39658**	**9955**	**5426**	**4529**
茂南区	11998	6587	5411	1407	795	612
电白区	22070	12108	9962	2564	1426	1138
高州市	18411	10152	8259	2035	1116	919
化州市	20774	11203	9571	2396	1275	1121
信宜市	14160	7705	6455	1553	814	739
肇庆市	**46279**	**25236**	**21043**	**5065**	**2715**	**2350**
端州区	6422	3482	2940	705	393	312
鼎湖区	2375	1307	1068	262	149	113
高要区	7470	4040	3430	840	437	403
广宁县	4088	2257	1831	456	253	203
怀集县	12094	6634	5460	1304	678	626
封开县	4044	2134	1910	456	220	236
德庆县	4251	2333	1918	456	259	197
四会市	5535	3049	2486	586	326	260
惠州市	**63123**	**33975**	**29148**	**7072**	**3834**	**3238**
惠城区	22662	12160	10502	2488	1325	1163
惠阳区	13854	7422	6432	1605	879	726
博罗县	11642	6295	5347	1305	704	601
惠东县	11417	6202	5215	1286	729	557
龙门县	3548	1896	1652	388	197	191
梅州市	**44276**	**23891**	**20385**	**4654**	**2473**	**2181**
梅江区	3768	1980	1788	406	207	199
梅县区	5614	3033	2581	569	308	261
大埔县	3188	1680	1508	358	202	156
丰顺县	5661	3099	2562	605	337	268
五华县	13837	7580	6257	1499	796	703
平远县	1973	1077	896	176	86	90
蕉岭县	1805	937	868	166	88	78
兴宁市	8430	4505	3925	875	449	426

1-10 续表 2

单位：人

地　区	出生人口			2019年11月		
	合计	男	女	小计	男	女
汕尾市	**34741**	**18912**	**15829**	**4144**	**2178**	**1966**
城　区	4888	2637	2251	587	305	282
海丰县	9268	5017	4251	1112	573	539
陆河县	3673	2001	1672	408	209	199
陆丰市	16912	9257	7655	2037	1091	946
河源市	**31332**	**16812**	**14520**	**3270**	**1714**	**1556**
源城区	7255	3886	3369	805	423	382
紫金县	6909	3704	3205	697	363	334
龙川县	6591	3593	2998	684	379	305
连平县	3127	1662	1465	318	174	144
和平县	4155	2174	1981	426	206	220
东源县	3295	1793	1502	340	169	171
阳江市	**26415**	**14256**	**12159**	**2978**	**1528**	**1450**
江城区	7474	4039	3435	887	445	442
阳东区	4604	2475	2129	507	260	247
阳西县	4550	2409	2141	502	265	237
阳春市	9787	5333	4454	1082	558	524
清远市	**48550**	**26274**	**22276**	**5078**	**2674**	**2404**
清城区	12734	6931	5803	1244	641	603
清新区	7274	3981	3293	772	425	347
佛冈县	3684	2049	1635	410	215	195
阳山县	5427	2939	2488	586	318	268
连山壮族瑶族自治县	1328	696	632	152	78	74
连南瑶族自治县	1775	936	839	188	95	93
英德市	12371	6688	5683	1305	685	620
连州市	3957	2054	1903	421	217	204
东莞市	**64713**	**34560**	**30153**	**7670**	**4094**	**3576**
市辖区	64713	34560	30153	7670	4094	3576
中山市	**40019**	**21197**	**18822**	**4513**	**2419**	**2094**
市辖区	40019	21197	18822	4513	2419	2094
潮州市	**25550**	**13552**	**11998**	**2986**	**1602**	**1384**
湘桥区	4908	2565	2343	592	301	291
潮安区	12446	6625	5821	1421	765	656
饶平县	8196	4362	3834	973	536	437
揭阳市	**83812**	**44654**	**39158**	**9786**	**5162**	**4624**
榕城区	11074	5881	5193	1484	793	691
揭东区	13965	7434	6531	1590	817	773
揭西县	11974	6419	5555	1264	670	594
惠来县	16421	8821	7600	1932	1048	884
普宁市	30378	16099	14279	3516	1834	1682
云浮市	**28879**	**15862**	**13017**	**3255**	**1748**	**1507**
云城区	4727	2629	2098	530	280	250
云安区	3038	1642	1396	345	178	167
新兴县	5147	2826	2321	521	287	234
郁南县	4332	2366	1966	471	254	217
罗定市	11635	6399	5236	1388	749	639

1–10　续表 3　　　　单位：人

地　区	2019年12月			2020年1月		
	小计	男	女	小计	男	女
广　东	**130675**	**69633**	**61042**	**117334**	**62489**	**54845**
广州市	**16555**	**8835**	**7720**	**14636**	**7804**	**6832**
荔湾区	944	507	437	786	403	383
越秀区	718	393	325	693	378	315
海珠区	1232	646	586	1025	560	465
天河区	1611	854	757	1442	790	652
白云区	3177	1725	1452	2779	1470	1309
黄埔区	1418	752	666	1249	656	593
番禺区	2226	1171	1055	1994	1051	943
花都区	1573	838	735	1409	730	679
南沙区	940	498	442	895	502	393
从化区	872	454	418	732	397	335
增城区	1844	997	847	1632	867	765
韶关市	**2866**	**1488**	**1378**	**2822**	**1460**	**1362**
武江区	339	182	157	321	167	154
浈江区	318	158	160	304	160	144
曲江区	239	129	110	258	145	113
始兴县	227	111	116	204	103	101
仁化县	172	95	77	181	88	93
翁源县	373	204	169	397	208	189
乳源瑶族自治县	207	109	98	218	110	108
新丰县	212	119	93	185	92	93
乐昌市	418	214	204	397	197	200
南雄市	361	167	194	357	190	167
深圳市	**16410**	**8752**	**7658**	**14860**	**7913**	**6947**
罗湖区	1086	562	524	931	490	441
福田区	1342	707	635	1321	711	610
南山区	1543	844	699	1373	728	645
宝安区	3987	2106	1881	3658	2004	1654
龙岗区	4266	2294	1972	3814	2023	1791
盐田区	196	112	84	194	96	98
龙华区	2558	1344	1214	2197	1160	1037
坪山区	506	283	223	494	249	245
光明区	926	500	426	878	452	426
珠海市	**2301**	**1197**	**1104**	**2027**	**1039**	**988**
香洲区	1184	604	580	1099	574	525
斗门区	694	374	320	590	299	291
金湾区	423	219	204	338	166	172
汕头市	**6461**	**3402**	**3059**	**5780**	**3058**	**2722**
龙湖区	614	330	284	562	286	276
金平区	640	334	306	612	299	313
濠江区	294	152	142	284	148	136
潮阳区	2203	1146	1057	1977	1024	953
潮南区	1826	1007	819	1571	863	708
澄海区	806	386	420	724	412	312
南澳县	78	47	31	50	26	24
佛山市	**8469**	**4482**	**3987**	**7514**	**3969**	**3545**
禅城区	1279	689	590	1136	598	538
南海区	3353	1752	1601	2903	1499	1404
顺德区	2684	1414	1270	2378	1270	1108
三水区	720	376	344	682	367	315
高明区	433	251	182	415	235	180

1-10 续表 4

单位：人

地　　区	2019年12月			2020年1月		
	小计	男	女	小计	男	女
江门市	**3927**	**2060**	**1867**	**3646**	**1920**	**1726**
蓬江区	710	346	364	656	347	309
江海区	320	166	154	293	158	135
新会区	747	409	338	665	344	321
台山市	646	339	307	579	313	266
开平市	573	315	258	557	291	266
鹤山市	475	252	223	445	229	216
恩平市	456	233	223	451	238	213
湛江市	**10011**	**5300**	**4711**	**9075**	**4909**	**4166**
赤坎区	459	239	220	375	198	177
霞山区	719	388	331	657	330	327
坡头区	541	286	255	484	247	237
麻章区	664	350	314	637	343	294
遂溪县	1221	608	613	1180	631	549
徐闻县	832	476	356	796	431	365
廉江市	2095	1097	998	1849	1026	823
雷州市	2174	1145	1029	1901	1055	846
吴川市	1306	711	595	1196	648	548
茂名市	**8609**	**4730**	**3879**	**7635**	**4122**	**3513**
茂南区	1296	707	589	1101	583	518
电白区	2129	1155	974	1919	1078	841
高州市	1805	988	817	1600	855	745
化州市	2060	1159	901	1853	968	885
信宜市	1319	721	598	1162	638	524
肇庆市	**4537**	**2445**	**2092**	**4130**	**2196**	**1934**
端州区	644	351	293	551	296	255
鼎湖区	241	134	107	209	100	109
高要区	773	404	369	665	346	319
广宁县	372	207	165	367	200	167
怀集县	1142	619	523	1042	548	494
封开县	429	221	208	380	209	171
德庆县	379	207	172	387	214	173
四会市	557	302	255	529	283	246
惠州市	**6406**	**3420**	**2986**	**5710**	**3060**	**2650**
惠城区	2378	1264	1114	2067	1111	956
惠阳区	1401	748	653	1167	632	535
博罗县	1179	644	535	1104	582	522
惠东县	1165	621	544	1056	554	502
龙门县	283	143	140	316	181	135
梅州市	**4433**	**2343**	**2090**	**3950**	**2046**	**1904**
梅江区	408	199	209	333	174	159
梅县区	605	332	273	502	251	251
大埔县	323	168	155	271	131	140
丰顺县	531	272	259	498	252	246
五华县	1360	743	617	1281	675	606
平远县	170	90	80	147	74	73
蕉岭县	183	90	93	161	74	87
兴宁市	853	449	404	757	415	342

1-10 续表 5

单位：人

地区	2019年12月			2020年1月		
	小计	男	女	小计	男	女
汕尾市	**3602**	**1920**	**1682**	**3240**	**1726**	**1514**
城　区	512	268	244	462	238	224
海丰县	961	510	451	872	457	415
陆河县	366	185	181	307	160	147
陆丰市	1763	957	806	1599	871	728
河源市	**3062**	**1677**	**1385**	**2845**	**1533**	**1312**
源城区	739	408	331	670	360	310
紫金县	663	376	287	642	331	311
龙川县	673	369	304	610	329	281
连平县	292	145	147	257	145	112
和平县	376	201	175	353	190	163
东源县	319	178	141	313	178	135
阳江市	**2701**	**1467**	**1234**	**2444**	**1332**	**1112**
江城区	829	442	387	732	422	310
阳东区	486	272	214	403	219	184
阳西县	466	249	217	429	212	217
阳春市	920	504	416	880	479	401
清远市	**4689**	**2490**	**2199**	**4215**	**2278**	**1937**
清城区	1348	716	632	1073	587	486
清新区	702	363	339	661	345	316
佛冈县	358	209	149	341	174	167
阳山县	503	264	239	453	236	217
连山壮族瑶族自治县	115	55	60	119	58	61
连南瑶族自治县	153	81	72	151	83	68
英德市	1141	608	533	1094	617	477
连州市	369	194	175	323	178	145
东莞市	**7023**	**3726**	**3297**	**6297**	**3360**	**2937**
市辖区	7023	3726	3297	6297	3360	2937
中山市	**4228**	**2192**	**2036**	**3740**	**1970**	**1770**
市辖区	4228	2192	2036	3740	1970	1770
潮州市	**2741**	**1469**	**1272**	**2435**	**1231**	**1204**
湘桥区	571	288	283	473	220	253
潮安区	1282	708	574	1154	593	561
饶平县	888	473	415	808	418	390
揭阳市	**8837**	**4697**	**4140**	**7823**	**4193**	**3630**
榕城区	1304	656	648	1132	599	533
揭东区	1417	767	650	1237	646	591
揭西县	1181	603	578	977	547	430
惠来县	1695	917	778	1557	834	723
普宁市	3240	1754	1486	2920	1567	1353
云浮市	**2807**	**1541**	**1266**	**2510**	**1370**	**1140**
云城区	440	253	187	427	247	180
云安区	277	140	137	249	128	121
新兴县	446	238	208	438	249	189
郁南县	452	253	199	384	203	181
罗定市	1192	657	535	1012	543	469

1-10 续表 6

单位：人

地区	2020年2月			2020年3月			2020年4月		
	小计	男	女	小计	男	女	小计	男	女
广　东	**103970**	**55672**	**48298**	**105905**	**56781**	**49124**	**99669**	**53151**	**46518**
广州市	**13030**	**7029**	**6001**	**13136**	**7027**	**6109**	**12647**	**6747**	**5900**
荔湾区	750	408	342	703	350	353	767	407	360
越秀区	608	304	304	593	308	285	581	310	271
海珠区	945	466	479	986	539	447	934	490	444
天河区	1262	715	547	1243	669	574	1292	682	610
白云区	2486	1379	1107	2505	1318	1187	2315	1218	1097
黄埔区	1115	603	512	1163	628	535	1057	565	492
番禺区	1808	985	823	1797	989	808	1790	965	825
花都区	1199	636	563	1232	659	573	1145	613	532
南沙区	722	398	324	771	419	352	718	395	323
从化区	697	358	339	672	353	319	668	358	310
增城区	1438	777	661	1471	795	676	1380	744	636
韶关市	**2397**	**1258**	**1139**	**2508**	**1340**	**1168**	**2433**	**1238**	**1195**
武江区	256	124	132	310	169	141	271	151	120
浈江区	231	119	112	264	152	112	207	121	86
曲江区	230	128	102	215	112	103	232	122	110
始兴县	177	94	83	191	102	89	190	95	95
仁化县	161	67	94	155	74	81	145	68	77
翁源县	351	194	157	363	186	177	365	172	193
乳源瑶族自治县	177	90	87	213	113	100	209	106	103
新丰县	165	92	73	183	96	87	171	89	82
乐昌市	342	187	155	316	174	142	341	173	168
南雄市	307	163	144	298	162	136	302	141	161
深圳市	**12712**	**6650**	**6062**	**13123**	**6967**	**6156**	**12087**	**6414**	**5673**
罗湖区	835	439	396	835	439	396	794	437	357
福田区	1168	622	546	1169	624	545	1142	630	512
南山区	1195	643	552	1238	684	554	1267	685	582
宝安区	3020	1586	1434	3186	1690	1496	2915	1561	1354
龙岗区	3231	1670	1561	3368	1761	1607	2962	1553	1409
盐田区	119	65	54	158	84	74	127	61	66
龙华区	2001	1041	960	1968	1017	951	1858	938	920
坪山区	436	226	210	447	247	200	354	187	167
光明区	707	358	349	754	421	333	668	362	306
珠海市	**1815**	**957**	**858**	**1824**	**1011**	**813**	**1679**	**883**	**796**
香洲区	924	477	447	958	540	418	874	474	400
斗门区	564	310	254	568	318	250	513	254	259
金湾区	327	170	157	298	153	145	292	155	137
汕头市	**5176**	**2742**	**2434**	**5286**	**2753**	**2533**	**5090**	**2712**	**2378**
龙湖区	434	216	218	435	251	184	470	264	206
金平区	532	270	262	494	249	245	533	264	269
濠江区	236	122	114	243	127	116	245	123	122
潮阳区	1900	1030	870	1997	1032	965	1813	983	830
潮南区	1457	798	659	1500	763	737	1384	742	642
澄海区	575	284	291	563	302	261	594	313	281
南澳县	42	22	20	54	29	25	51	23	28
佛山市	**6522**	**3501**	**3021**	**6701**	**3653**	**3048**	**6249**	**3296**	**2953**
禅城区	1044	566	478	1010	560	450	1002	493	509
南海区	2472	1341	1131	2571	1387	1184	2371	1270	1101
顺德区	2078	1093	985	2168	1186	982	2000	1081	919
三水区	569	310	259	601	322	279	557	291	266
高明区	359	191	168	351	198	153	319	161	158

1-10　续表 7　　　　单位：人

地　区	2020年2月			2020年3月			2020年4月		
	小计	男	女	小计	男	女	小计	男	女
江门市	**3228**	**1717**	**1511**	**3118**	**1632**	**1486**	**3074**	**1599**	**1475**
蓬江区	594	321	273	579	288	291	604	316	288
江海区	246	125	121	249	125	124	220	123	97
新会区	594	312	282	585	290	295	546	271	275
台山市	569	304	265	520	279	241	560	296	264
开平市	517	279	238	468	252	216	454	249	205
鹤山市	338	171	167	340	180	160	336	174	162
恩平市	370	205	165	377	218	159	354	170	184
湛江市	**8302**	**4501**	**3801**	**8514**	**4555**	**3959**	**7811**	**4194**	**3617**
赤坎区	325	172	153	392	196	196	301	169	132
霞山区	631	330	301	583	310	273	516	284	232
坡头区	445	243	202	394	213	181	396	223	173
麻章区	530	300	230	593	311	282	531	301	230
遂溪县	1032	555	477	1125	590	535	1000	520	480
徐闻县	685	378	307	731	374	357	703	382	321
廉江市	1798	981	817	1760	968	792	1584	843	741
雷州市	1757	957	800	1840	1010	830	1684	879	805
吴川市	1099	585	514	1096	583	513	1096	593	503
茂名市	**7042**	**3823**	**3219**	**7204**	**3938**	**3266**	**7084**	**3876**	**3208**
茂南区	1040	565	475	961	526	435	925	494	431
电白区	1798	980	818	1829	986	843	1860	1051	809
高州市	1446	821	625	1544	852	692	1500	836	664
化州市	1659	866	793	1762	979	783	1677	879	798
信宜市	1099	591	508	1108	595	513	1122	616	506
肇庆市	**3638**	**2007**	**1631**	**3795**	**2096**	**1699**	**3447**	**1877**	**1570**
端州区	491	259	232	569	297	272	496	271	225
鼎湖区	196	107	89	169	111	58	166	86	80
高要区	619	333	286	661	373	288	610	325	285
广宁县	317	182	135	362	201	161	315	177	138
怀集县	962	554	408	942	525	417	840	448	392
封开县	330	179	151	336	173	163	301	164	137
德庆县	295	156	139	299	172	127	314	196	118
四会市	428	237	191	457	244	213	405	210	195
惠州市	**5137**	**2753**	**2384**	**5263**	**2846**	**2417**	**4746**	**2548**	**2198**
惠城区	1835	986	849	1874	1013	861	1683	902	781
惠阳区	1130	626	504	1171	645	526	1040	550	490
博罗县	948	492	456	962	509	453	910	501	409
惠东县	949	506	443	963	516	447	862	473	389
龙门县	275	143	132	293	163	130	251	122	129
梅州市	**3626**	**1983**	**1643**	**3704**	**1984**	**1720**	**3536**	**1889**	**1647**
梅江区	296	162	134	305	171	134	307	166	141
梅县区	509	263	246	488	264	224	455	228	227
大埔县	269	150	119	287	136	151	262	138	124
丰顺县	463	258	205	476	260	216	438	231	207
五华县	1092	605	487	1121	608	513	1097	603	494
平远县	155	92	63	166	90	76	168	95	73
蕉岭县	152	82	70	152	71	81	140	77	63
兴宁市	690	371	319	709	384	325	669	351	318

1－10 续表 8

单位：人

地 区	2020年2月			2020年3月			2020年4月		
	小计	男	女	小计	男	女	小计	男	女
汕尾市	**2977**	**1595**	**1382**	**2996**	**1622**	**1374**	**2816**	**1547**	**1269**
城 区	417	225	192	407	206	201	376	186	190
海丰县	772	402	370	837	453	384	715	386	329
陆河县	297	162	135	287	167	120	284	168	116
陆丰市	1491	806	685	1465	796	669	1441	807	634
河源市	**2588**	**1406**	**1182**	**2633**	**1397**	**1236**	**2426**	**1271**	**1155**
源城区	576	312	264	612	339	273	520	261	259
紫金县	613	334	279	566	301	265	553	307	246
龙川县	526	292	234	563	296	267	511	279	232
连平县	273	148	125	253	130	123	229	118	111
和平县	328	175	153	338	167	171	352	177	175
东源县	272	145	127	301	164	137	261	129	132
阳江市	**2159**	**1204**	**955**	**2209**	**1199**	**1010**	**2023**	**1093**	**930**
江城区	628	348	280	618	330	288	603	324	279
阳东区	374	217	157	377	204	173	338	176	162
阳西县	397	219	178	382	212	170	361	205	156
阳春市	760	420	340	832	453	379	721	388	333
清远市	**3802**	**2026**	**1776**	**3931**	**2101**	**1830**	**3733**	**2037**	**1696**
清城区	1027	562	465	1068	603	465	1004	565	439
清新区	581	321	260	605	324	281	580	325	255
佛冈县	259	148	111	307	166	141	294	175	119
阳山县	440	223	217	426	236	190	430	236	194
连山壮族瑶族自治县	93	42	51	98	62	36	100	50	50
连南瑶族自治县	158	80	78	122	52	70	122	71	51
英德市	926	486	440	961	500	461	901	467	434
连州市	318	164	154	344	158	186	302	148	154
东莞市	**5280**	**2783**	**2497**	**5430**	**2901**	**2529**	**4955**	**2606**	**2349**
市辖区	5280	2783	2497	5430	2901	2529	4955	2606	2349
中山市	**3211**	**1696**	**1515**	**3366**	**1768**	**1598**	**2970**	**1548**	**1422**
市辖区	3211	1696	1515	3366	1768	1598	2970	1548	1422
潮州市	**2034**	**1071**	**963**	**2021**	**1078**	**943**	**1991**	**1036**	**955**
湘桥区	384	199	185	390	214	176	374	191	183
潮安区	948	491	457	933	502	431	957	485	472
饶平县	702	381	321	698	362	336	660	360	300
揭阳市	**6962**	**3690**	**3272**	**6846**	**3666**	**3180**	**6659**	**3510**	**3149**
榕城区	933	503	430	892	442	450	901	493	408
揭东区	1167	605	562	1051	561	490	1087	579	508
揭西县	914	493	421	915	499	416	910	499	411
惠来县	1417	763	654	1398	768	630	1318	667	651
普宁市	2531	1326	1205	2590	1396	1194	2443	1272	1171
云浮市	**2332**	**1280**	**1052**	**2297**	**1247**	**1050**	**2213**	**1230**	**983**
云城区	406	223	183	375	208	167	361	199	162
云安区	261	144	117	258	136	122	233	135	98
新兴县	410	225	185	388	225	163	396	220	176
郁南县	354	206	148	328	177	151	313	167	146
罗定市	901	482	419	948	501	447	910	509	401

1-10 续表 9

单位：人

地 区	2020年5月			2020年6月			2020年7月		
	小计	男	女	小计	男	女	小计	男	女
广 东	**103646**	**55933**	**47713**	**104506**	**56003**	**48503**	**103325**	**55507**	**47818**
广州市	**12939**	**7026**	**5913**	**13005**	**6963**	**6042**	**13269**	**7053**	**6216**
荔湾区	605	324	281	633	341	292	615	339	276
越秀区	592	324	268	581	310	271	611	316	295
海珠区	941	511	430	1004	556	448	984	508	476
天河区	1298	732	566	1265	680	585	1222	606	616
白云区	2387	1313	1074	2509	1313	1196	2576	1374	1202
黄埔区	1150	628	522	1089	580	509	1167	607	560
番禺区	1806	961	845	1844	996	848	1921	1013	908
花都区	1198	625	573	1212	646	566	1276	697	579
南沙区	824	445	379	734	403	331	785	430	355
从化区	698	401	297	655	344	311	692	368	324
增城区	1440	762	678	1479	794	685	1420	795	625
韶关市	**2466**	**1333**	**1133**	**2585**	**1363**	**1222**	**2514**	**1318**	**1196**
武江区	291	164	127	303	154	149	303	162	141
浈江区	226	125	101	220	127	93	229	112	117
曲江区	218	113	105	273	145	128	227	140	87
始兴县	201	101	100	221	120	101	171	97	74
仁化县	152	73	79	147	75	72	163	88	75
翁源县	361	200	161	370	193	177	349	167	182
乳源瑶族自治县	168	85	83	176	102	74	172	92	80
新丰县	178	107	71	172	100	72	183	86	97
乐昌市	334	190	144	362	177	185	335	155	180
南雄市	337	175	162	341	170	171	382	219	163
深圳市	**13414**	**7153**	**6261**	**13562**	**7142**	**6420**	**13687**	**7262**	**6425**
罗湖区	793	426	367	836	440	396	855	456	399
福田区	1096	601	495	1171	607	564	1170	643	527
南山区	1344	716	628	1303	700	603	1390	726	664
宝安区	3331	1759	1572	3297	1740	1557	3277	1712	1565
龙岗区	3382	1803	1579	3453	1806	1647	3524	1845	1679
盐田区	149	79	70	150	74	76	138	79	59
龙华区	2043	1076	967	2085	1095	990	2072	1137	935
坪山区	400	216	184	432	224	208	445	229	216
光明区	876	477	399	835	456	379	816	435	381
珠海市	**1828**	**989**	**839**	**1757**	**935**	**822**	**1799**	**974**	**825**
香洲区	956	517	439	889	472	417	931	481	450
斗门区	543	299	244	544	291	253	559	311	248
金湾区	329	173	156	324	172	152	309	182	127
汕头市	**5139**	**2754**	**2385**	**5203**	**2708**	**2495**	**4950**	**2652**	**2298**
龙湖区	429	202	227	437	218	219	408	208	200
金平区	502	280	222	536	269	267	520	285	235
濠江区	219	120	99	225	112	113	251	123	128
潮阳区	1921	1067	854	1930	1025	905	1793	999	794
潮南区	1416	738	678	1417	743	674	1387	745	642
澄海区	594	316	278	602	313	289	530	259	271
南澳县	58	31	27	56	28	28	61	33	28
佛山市	**6140**	**3202**	**2938**	**6605**	**3484**	**3121**	**6726**	**3634**	**3092**
禅城区	920	491	429	955	513	442	1009	505	504
南海区	2328	1220	1108	2532	1352	1180	2602	1438	1164
顺德区	1964	1019	945	2132	1094	1038	2149	1173	976
三水区	588	300	288	595	320	275	634	340	294
高明区	340	172	168	391	205	186	332	178	154

1-10 续表 10

单位：人

地区	2020年5月			2020年6月			2020年7月		
	小计	男	女	小计	男	女	小计	男	女
江门市	**3126**	**1649**	**1477**	**3230**	**1683**	**1547**	**3342**	**1720**	**1622**
蓬江区	545	294	251	615	319	296	599	287	312
江海区	259	126	133	254	144	110	288	150	138
新会区	617	320	297	623	344	279	648	335	313
台山市	550	297	253	551	286	265	575	299	276
开平市	447	232	215	482	232	250	520	269	251
鹤山市	341	174	167	346	180	166	320	164	156
恩平市	367	206	161	359	178	181	392	216	176
湛江市	**8251**	**4540**	**3711**	**8110**	**4436**	**3674**	**7536**	**4141**	**3395**
赤坎区	336	169	167	356	187	169	303	174	129
霞山区	569	301	268	575	321	254	535	293	242
坡头区	432	240	192	409	205	204	390	200	190
麻章区	568	319	249	506	271	235	526	295	231
遂溪县	1114	592	522	1096	603	493	1025	561	464
徐闻县	733	385	348	708	394	314	692	371	321
廉江市	1707	949	758	1744	970	774	1590	879	711
雷州市	1711	980	731	1576	864	712	1444	800	644
吴川市	1081	605	476	1140	621	519	1031	568	463
茂名市	**7311**	**3958**	**3353**	**7115**	**3918**	**3197**	**6498**	**3495**	**3003**
茂南区	970	530	440	957	549	408	913	489	424
电白区	1935	993	942	1801	989	812	1662	849	813
高州市	1570	883	687	1515	809	706	1357	776	581
化州市	1741	955	786	1692	936	756	1555	838	717
信宜市	1095	597	498	1150	635	515	1011	543	468
肇庆市	**3646**	**1984**	**1662**	**3699**	**2041**	**1658**	**3759**	**2065**	**1694**
端州区	456	257	199	490	273	217	505	273	232
鼎湖区	198	103	95	199	116	83	198	104	94
高要区	596	308	288	592	329	263	571	321	250
广宁县	310	166	144	325	175	150	313	159	154
怀集县	954	523	431	1012	581	431	1008	572	436
封开县	313	167	146	312	153	159	347	195	152
德庆县	379	204	175	329	174	155	389	210	179
四会市	440	256	184	440	240	200	428	231	197
惠州市	**5120**	**2795**	**2325**	**4880**	**2666**	**2214**	**5006**	**2672**	**2334**
惠城区	1773	964	809	1727	941	786	1735	915	820
惠阳区	1151	627	524	1055	575	480	1077	562	515
博罗县	919	515	404	896	500	396	994	538	456
惠东县	975	515	460	947	498	449	910	513	397
龙门县	302	174	128	255	152	103	290	144	146
梅州市	**3463**	**1856**	**1607**	**3639**	**1971**	**1668**	**3523**	**1960**	**1563**
梅江区	268	126	142	329	162	167	308	169	139
梅县区	446	244	202	440	241	199	463	259	204
大埔县	221	104	117	291	159	132	241	136	105
丰顺县	471	273	198	446	241	205	493	292	201
五华县	1117	634	483	1140	630	510	1051	563	488
平远县	168	88	80	154	84	70	173	90	83
蕉岭县	153	83	70	123	81	42	111	58	53
兴宁市	619	304	315	716	373	343	683	393	290

1-10　续表 11　　　　单位：人

地　区	2020年5月			2020年6月			2020年7月		
	小计	男	女	小计	男	女	小计	男	女
汕尾市	**2906**	**1635**	**1271**	**2763**	**1545**	**1218**	**2648**	**1441**	**1207**
城　区	404	233	171	365	213	152	366	200	166
海丰县	784	455	329	766	433	333	754	408	346
陆河县	316	176	140	296	148	148	281	154	127
陆丰市	1402	771	631	1336	751	585	1247	679	568
河源市	**2471**	**1315**	**1156**	**2660**	**1404**	**1256**	**2587**	**1357**	**1230**
源城区	537	285	252	586	315	271	620	308	312
紫金县	553	287	266	601	309	292	542	287	255
龙川县	546	283	263	551	290	261	539	287	252
连平县	258	137	121	279	135	144	250	141	109
和平县	296	165	131	371	207	164	373	189	184
东源县	281	158	123	272	148	124	263	145	118
阳江市	**2089**	**1152**	**937**	**2166**	**1141**	**1025**	**2076**	**1108**	**968**
江城区	561	322	239	621	329	292	563	302	261
阳东区	362	192	170	390	200	190	399	206	193
阳西县	376	202	174	394	204	190	354	181	173
阳春市	790	436	354	761	408	353	760	419	341
清远市	**3861**	**2081**	**1780**	**4089**	**2244**	**1845**	**4007**	**2167**	**1840**
清城区	1014	528	486	1069	604	465	1013	545	468
清新区	571	314	257	607	339	268	584	332	252
佛冈县	313	175	138	308	176	132	263	137	126
阳山县	452	254	198	461	242	219	485	254	231
连山壮族瑶族自治县	98	47	51	119	65	54	118	60	58
连南瑶族自治县	149	76	73	169	93	76	142	82	60
英德市	965	524	441	1042	568	474	1044	575	469
连州市	299	163	136	314	157	157	358	182	176
东莞市	**5301**	**2855**	**2446**	**5217**	**2793**	**2424**	**5091**	**2758**	**2333**
市辖区	5301	2855	2446	5217	2793	2424	5091	2758	2333
中山市	**3152**	**1696**	**1456**	**3222**	**1702**	**1520**	**3155**	**1697**	**1458**
市辖区	3152	1696	1456	3222	1702	1520	3155	1697	1458
潮州市	**1990**	**1037**	**953**	**2068**	**1103**	**965**	**2038**	**1125**	**913**
湘桥区	391	213	178	377	192	185	372	201	171
潮安区	955	501	454	1014	546	468	996	555	441
饶平县	644	323	321	677	365	312	670	369	301
揭阳市	**6714**	**3613**	**3101**	**6678**	**3535**	**3143**	**6789**	**3600**	**3189**
榕城区	886	477	409	882	472	410	890	477	413
揭东区	1108	595	513	1129	604	525	1133	614	519
揭西县	913	491	422	990	506	484	1028	533	495
惠来县	1367	721	646	1284	712	572	1282	691	591
普宁市	2440	1329	1111	2393	1241	1152	2456	1285	1171
云浮市	**2319**	**1310**	**1009**	**2253**	**1226**	**1027**	**2325**	**1308**	**1017**
云城区	395	222	173	338	181	157	382	219	163
云安区	232	134	98	231	137	94	239	134	105
新兴县	390	208	182	429	229	200	431	242	189
郁南县	347	183	164	352	194	158	336	193	143
罗定市	955	563	392	903	485	418	937	520	417

1-10 续表 12

单位：人

地区	2020年8月			2020年9月			2020年10月		
	小计	男	女	小计	男	女	小计	男	女
广 东	**103946**	**56089**	**47857**	**90626**	**48866**	**41760**	**83795**	**45559**	**38236**
广州市	**13591**	**7338**	**6253**	**12112**	**6478**	**5634**	**9159**	**4876**	**4283**
荔湾区	640	354	286	528	286	242	440	233	207
越秀区	676	343	333	658	360	298	515	270	245
海珠区	990	537	453	947	520	427	711	374	337
天河区	1300	683	617	1120	589	531	824	437	387
白云区	2665	1472	1193	2383	1266	1117	1677	864	813
黄埔区	1166	627	539	1113	600	513	777	410	367
番禺区	1865	1019	846	1718	899	819	1340	718	622
花都区	1175	615	560	1039	557	482	757	415	342
南沙区	841	454	387	682	372	310	578	294	284
从化区	737	408	329	577	300	277	426	225	201
增城区	1536	826	710	1347	729	618	1114	636	478
韶关市	**2686**	**1422**	**1264**	**2523**	**1317**	**1206**	**2581**	**1389**	**1192**
武江区	306	167	139	295	145	150	255	135	120
浈江区	237	121	116	233	114	119	188	110	78
曲江区	229	125	104	207	113	94	227	124	103
始兴县	215	120	95	185	115	70	262	134	128
仁化县	193	97	96	175	82	93	202	110	92
翁源县	350	186	164	385	194	191	367	202	165
乳源瑶族自治县	211	115	96	211	121	90	213	114	99
新丰县	208	107	101	196	90	106	151	78	73
乐昌市	401	221	180	373	198	175	387	213	174
南雄市	336	163	173	263	145	118	329	169	160
深圳市	**14142**	**7597**	**6545**	**13033**	**6921**	**6112**	**10027**	**5334**	**4693**
罗湖区	837	437	400	801	437	364	594	316	278
福田区	1300	686	614	1042	574	468	694	354	340
南山区	1354	759	595	1213	625	588	969	519	450
宝安区	3552	1907	1645	3274	1755	1519	2749	1505	1244
龙岗区	3581	1911	1670	3346	1717	1629	2546	1334	1212
盐田区	156	84	72	154	84	70	140	60	80
龙华区	2117	1161	956	1934	1046	888	1322	713	609
坪山区	450	245	205	450	234	216	349	202	147
光明区	795	407	388	819	449	370	664	331	333
珠海市	**1832**	**976**	**856**	**1622**	**860**	**762**	**1443**	**750**	**693**
香洲区	919	498	421	820	415	405	704	370	334
斗门区	583	301	282	496	282	214	498	266	232
金湾区	330	177	153	306	163	143	241	114	127
汕头市	**4759**	**2545**	**2214**	**4013**	**2205**	**1808**	**3894**	**2086**	**1808**
龙湖区	428	222	206	408	227	181	294	154	140
金平区	571	286	285	475	255	220	544	288	256
濠江区	267	144	123	191	90	101	247	130	117
潮阳区	1697	917	780	1555	896	659	1750	951	799
潮南区	1252	693	559	920	510	410	736	388	348
澄海区	487	263	224	399	193	206	266	141	125
南澳县	57	20	37	65	34	31	57	34	23
佛山市	**6880**	**3701**	**3179**	**5958**	**3229**	**2729**	**5458**	**2951**	**2507**
禅城区	994	544	450	954	519	435	858	452	406
南海区	2707	1434	1273	2244	1199	1045	2198	1188	1010
顺德区	2162	1161	1001	1863	1010	853	1579	860	719
三水区	652	377	275	577	323	254	542	291	251
高明区	365	185	180	320	178	142	281	160	121

1—10 续表 13 单位：人

地 区	2020年8月			2020年9月			2020年10月		
	小计	男	女	小计	男	女	小计	男	女
江门市	**3377**	**1741**	**1636**	**2908**	**1479**	**1429**	**2490**	**1316**	**1174**
蓬江区	645	339	306	533	269	264	483	253	230
江海区	256	122	134	249	122	127	227	126	101
新会区	642	348	294	560	279	281	505	270	235
台山市	611	316	295	524	284	240	443	233	210
开平市	510	249	261	399	209	190	287	141	146
鹤山市	364	186	178	304	155	149	233	122	111
恩平市	349	181	168	339	161	178	312	171	141
湛江市	**7323**	**4009**	**3314**	**6387**	**3562**	**2825**	**7518**	**4154**	**3364**
赤坎区	307	178	129	278	141	137	210	112	98
霞山区	531	283	248	503	298	205	529	282	247
坡头区	462	262	200	343	194	149	422	215	207
麻章区	501	257	244	380	211	169	395	234	161
遂溪县	981	525	456	891	495	396	891	488	403
徐闻县	664	367	297	563	298	265	705	391	314
廉江市	1469	801	668	1339	778	561	1743	1004	739
雷州市	1319	758	561	1141	632	509	1266	714	552
吴川市	1089	578	511	949	515	434	1357	714	643
茂名市	**6417**	**3505**	**2912**	**5631**	**3102**	**2529**	**6912**	**3862**	**3050**
茂南区	912	500	412	806	430	376	710	419	291
电白区	1637	917	720	1311	745	566	1625	939	686
高州市	1315	715	600	1144	610	534	1580	891	689
化州市	1447	786	661	1343	739	604	1589	823	766
信宜市	1106	587	519	1027	578	449	1408	790	618
肇庆市	**3750**	**2081**	**1669**	**3497**	**1913**	**1584**	**3316**	**1816**	**1500**
端州区	522	294	228	527	273	254	466	245	221
鼎湖区	195	107	88	190	103	87	152	87	65
高要区	599	347	252	529	299	230	415	218	197
广宁县	338	184	154	331	193	138	282	160	122
怀集县	997	548	449	929	512	417	962	526	436
封开县	322	175	147	279	157	122	239	121	118
德庆县	346	177	169	327	165	162	351	199	152
四会市	431	249	182	385	211	174	449	260	189
惠州市	**5320**	**2854**	**2466**	**4332**	**2258**	**2074**	**4131**	**2269**	**1862**
惠城区	1861	1016	845	1602	837	765	1639	886	753
惠阳区	1249	646	603	945	473	472	863	459	404
博罗县	989	515	474	739	403	336	697	392	305
惠东县	888	508	380	766	388	378	650	381	269
龙门县	333	169	164	280	157	123	282	151	131
梅州市	**3567**	**1958**	**1609**	**3127**	**1730**	**1397**	**3054**	**1698**	**1356**
梅江区	303	156	147	285	160	125	220	128	92
梅县区	473	252	221	367	227	140	297	164	133
大埔县	240	136	104	215	104	111	210	116	94
丰顺县	474	266	208	446	239	207	320	178	142
五华县	1087	615	472	931	521	410	1061	587	474
平远县	174	91	83	156	90	66	166	107	59
蕉岭县	160	87	73	133	56	77	171	90	81
兴宁市	656	355	301	594	333	261	609	328	281

1-10 续表 14

单位：人

地区	2020年8月			2020年9月			2020年10月		
	小计	男	女	小计	男	女	小计	男	女
汕尾市	**2511**	**1401**	**1110**	**1997**	**1086**	**911**	**2141**	**1216**	**925**
城　区	361	202	159	287	152	135	344	209	135
海丰县	676	379	297	529	293	236	490	268	222
陆河县	291	167	124	265	151	114	275	154	121
陆丰市	1183	653	530	916	490	426	1032	585	447
河源市	**2425**	**1333**	**1092**	**2195**	**1214**	**981**	**2170**	**1191**	**979**
源城区	565	313	252	566	299	267	459	263	196
紫金县	578	309	269	440	244	196	461	256	205
龙川县	494	286	208	425	244	181	469	259	210
连平县	258	140	118	228	124	104	232	125	107
和平县	288	151	137	317	173	144	337	173	164
东源县	242	134	108	219	130	89	212	115	97
阳江市	**2143**	**1135**	**1008**	**1763**	**978**	**785**	**1664**	**919**	**745**
江城区	613	310	303	444	254	190	375	211	164
阳东区	377	203	174	318	175	143	273	151	122
阳西县	348	179	169	296	146	150	245	135	110
阳春市	805	443	362	705	403	302	771	422	349
清远市	**4100**	**2228**	**1872**	**3643**	**2065**	**1578**	**3402**	**1883**	**1519**
清城区	1091	593	498	962	548	414	821	439	382
清新区	555	300	255	549	290	259	507	303	204
佛冈县	344	198	146	251	146	105	236	130	106
阳山县	456	262	194	363	208	155	372	206	166
连山壮族瑶族自治县	96	48	48	103	62	41	117	69	48
连南瑶族自治县	152	70	82	144	82	62	125	71	54
英德市	1071	585	486	997	576	421	924	497	427
连州市	335	172	163	274	153	121	300	168	132
东莞市	**5163**	**2765**	**2398**	**4133**	**2211**	**1922**	**3153**	**1708**	**1445**
市辖区	5163	2765	2398	4133	2211	1922	3153	1708	1445
中山市	**3374**	**1765**	**1609**	**2868**	**1534**	**1334**	**2220**	**1210**	**1010**
市辖区	3374	1765	1609	2868	1534	1334	2220	1210	1010
潮州市	**1996**	**1059**	**937**	**1717**	**898**	**819**	**1533**	**843**	**690**
湘桥区	387	206	181	312	176	136	285	164	121
潮安区	1042	566	476	913	480	433	831	433	398
饶平县	567	287	280	492	242	250	417	246	171
揭阳市	**6232**	**3373**	**2859**	**5109**	**2690**	**2419**	**5377**	**2925**	**2452**
榕城区	753	412	341	581	307	274	436	250	186
揭东区	1131	607	524	987	520	467	928	519	409
揭西县	1010	570	440	917	489	428	955	519	436
惠来县	1174	626	548	887	474	413	1110	600	510
普宁市	2164	1158	1006	1737	900	837	1948	1037	911
云浮市	**2358**	**1303**	**1055**	**2058**	**1136**	**922**	**2152**	**1163**	**989**
云城区	421	229	192	337	192	145	315	176	139
云安区	249	129	120	239	129	110	225	118	107
新兴县	493	270	223	418	226	192	387	207	180
郁南县	321	182	139	319	171	148	355	183	172
罗定市	874	493	381	745	418	327	870	479	391

1-10a　各地区分性别、月份的出生人口(2019.11.1-2020.10.31)(城市)

单位：人

地　区	出生人口			2019年11月		
	合计	男	女	小计	男	女
广　东	**678312**	**362718**	**315594**	**76689**	**40928**	**35761**
广州市	**122144**	**65432**	**56712**	**13572**	**7261**	**6311**
荔湾区	8484	4508	3976	1073	556	517
越秀区	7630	4047	3583	804	431	373
海珠区	12082	6422	5660	1383	715	668
天河区	15566	8330	7236	1687	893	794
白云区	22551	12149	10402	2478	1356	1122
黄埔区	11718	6250	5468	1274	671	603
番禺区	19715	10599	9116	2213	1204	1009
花都区	9166	4934	4232	1064	572	492
南沙区	5585	3039	2546	572	309	263
从化区	2326	1219	1107	255	137	118
增城区	7321	3935	3386	769	417	352
韶关市	**8297**	**4424**	**3873**	**916**	**471**	**445**
武江区	2877	1517	1360	318	152	166
浈江区	2153	1179	974	239	127	112
曲江区	1317	742	575	157	89	68
始兴县						
仁化县						
翁源县						
乳源瑶族自治县						
新丰县						
乐昌市	1018	525	493	98	51	47
南雄市	932	461	471	104	52	52
深圳市	**164956**	**87590**	**77366**	**18246**	**9665**	**8581**
罗湖区	10302	5458	4844	1105	579	526
福田区	14201	7585	6616	1586	826	760
南山区	15898	8527	7371	1709	898	811
宝安区	40742	21717	19025	4496	2392	2104
龙岗区	41941	22097	19844	4771	2540	2231
盐田区	1889	974	915	208	96	112
龙华区	24898	13187	11711	2743	1459	1284
坪山区	5305	2845	2460	586	323	263
光明区	9780	5200	4580	1042	552	490
珠海市	**16854**	**8972**	**7882**	**1862**	**967**	**895**
香洲区	11265	5924	5341	1242	627	615
斗门区	2699	1501	1198	285	156	129
金湾区	2890	1547	1343	335	184	151
汕头市	**24163**	**12662**	**11501**	**2844**	**1450**	**1394**
龙湖区	4545	2359	2186	538	267	271
金平区	6525	3367	3158	746	375	371
濠江区	2108	1086	1022	248	126	122
潮阳区	3830	2011	1819	468	243	225
潮南区	5386	2899	2487	640	337	303
澄海区	1769	940	829	204	102	102
南澳县						
佛山市	**73851**	**39425**	**34426**	**8388**	**4490**	**3898**
禅城区	10250	5451	4799	1183	641	542
南海区	30134	16070	14064	3433	1833	1600
顺德区	25731	13722	12009	2890	1531	1359
三水区	3973	2122	1851	417	213	204
高明区	3763	2060	1703	465	272	193

1-10a 续表 1

单位：人

地区	出生人口			2019年11月		
	合计	男	女	小计	男	女
江门市	**24741**	**12943**	**11798**	**2751**	**1469**	**1282**
蓬江区	7100	3677	3423	766	415	351
江海区	3216	1690	1526	355	203	152
新会区	4233	2190	2043	463	230	233
台山市	3180	1660	1520	351	173	178
开平市	2744	1449	1295	348	194	154
鹤山市	2348	1232	1116	270	149	121
恩平市	1920	1045	875	198	105	93
湛江市	**22576**	**12252**	**10324**	**2522**	**1387**	**1135**
赤坎区	4002	2103	1899	473	239	234
霞山区	6453	3526	2927	705	414	291
坡头区	1020	577	443	102	62	40
麻章区	1361	720	641	162	88	74
遂溪县	229	128	101	24	14	10
徐闻县						
廉江市	3133	1754	1379	331	180	151
雷州市	3029	1638	1391	353	185	168
吴川市	3349	1806	1543	372	205	167
茂名市	**20891**	**11458**	**9433**	**2316**	**1279**	**1037**
茂南区	6906	3804	3102	780	451	329
电白区	2797	1533	1264	304	166	138
高州市	2760	1533	1227	306	176	130
化州市	4640	2505	2135	499	263	236
信宜市	3788	2083	1705	427	223	204
肇庆市	**11956**	**6520**	**5436**	**1359**	**770**	**589**
端州区	6422	3482	2940	705	393	312
鼎湖区	1201	645	556	142	87	55
高要区	891	494	397	117	67	50
广宁县						
怀集县						
封开县						
德庆县						
四会市	3442	1899	1543	395	223	172
惠州市	**27569**	**14858**	**12711**	**3103**	**1706**	**1397**
惠城区	17494	9444	8050	1956	1061	895
惠阳区	9911	5322	4589	1133	634	499
博罗县	164	92	72	14	11	3
惠东县						
龙门县						
梅州市	**8689**	**4628**	**4061**	**926**	**489**	**437**
梅江区	3327	1750	1577	362	184	178
梅县区	2551	1342	1209	263	146	117
大埔县						
丰顺县						
五华县	218	112	106	29	14	15
平远县						
蕉岭县						
兴宁市	2593	1424	1169	272	145	127

1-10a　续表 2　　　　单位：人

地　　区	出生人口			2019年11月		
	合计	男	女	小计	男	女
汕尾市	**4807**	**2595**	**2212**	**642**	**336**	**306**
城　区	2827	1523	1304	362	186	176
海丰县						
陆河县						
陆丰市	1980	1072	908	280	150	130
河源市	**6721**	**3598**	**3123**	**745**	**394**	**351**
源城区	6721	3598	3123	745	394	351
紫金县						
龙川县						
连平县						
和平县						
东源县						
阳江市	**9592**	**5248**	**4344**	**1154**	**591**	**563**
江城区	5109	2756	2353	619	302	317
阳东区	1812	1026	786	214	118	96
阳西县						
阳春市	2671	1466	1205	321	171	150
清远市	**14389**	**7860**	**6529**	**1499**	**796**	**703**
清城区	7839	4306	3533	778	408	370
清新区	3046	1656	1390	320	177	143
佛冈县						
阳山县						
连山壮族瑶族自治县						
连南瑶族自治县						
英德市	2255	1242	1013	257	133	124
连州市	1249	656	593	144	78	66
东莞市	**58891**	**31455**	**27436**	**6978**	**3740**	**3238**
市辖区	58891	31455	27436	6978	3740	3238
中山市	**24441**	**13038**	**11403**	**2777**	**1499**	**1278**
市辖区	24441	13038	11403	2777	1499	1278
潮州市	**8487**	**4538**	**3949**	**1030**	**545**	**485**
湘桥区	3538	1872	1666	452	232	220
潮安区	4949	2666	2283	578	313	265
饶平县						
揭阳市	**17950**	**9618**	**8332**	**2319**	**1219**	**1100**
榕城区	7381	3894	3487	1017	552	465
揭东区	4166	2231	1935	490	260	230
揭西县						
惠来县						
普宁市	6403	3493	2910	812	407	405
云浮市	**6347**	**3604**	**2743**	**740**	**404**	**336**
云城区	3689	2072	1617	415	223	192
云安区	235	113	122	22	7	15
新兴县						
郁南县						
罗定市	2423	1419	1004	303	174	129

1–10a 续表 3

单位：人

地区	2019年12月			2020年1月		
	小计	男	女	小计	男	女
广 东	**70267**	**37409**	**32858**	**62453**	**33326**	**29127**
广州市	**12608**	**6743**	**5865**	**11148**	**5967**	**5181**
荔湾区	944	507	437	786	403	383
越秀区	718	393	325	693	378	315
海珠区	1232	646	586	1025	560	465
天河区	1611	854	757	1442	790	652
白云区	2357	1291	1066	2057	1102	955
黄埔区	1207	637	570	1059	550	509
番禺区	1970	1039	931	1729	918	811
花都区	983	524	459	907	477	430
南沙区	574	304	270	528	292	236
从化区	263	142	121	229	129	100
增城区	749	406	343	693	368	325
韶关市	**829**	**425**	**404**	**813**	**439**	**374**
武江区	281	156	125	265	143	122
浈江区	240	123	117	226	122	104
曲江区	124	63	61	126	69	57
始兴县						
仁化县						
翁源县						
乳源瑶族自治县						
新丰县						
乐昌市	95	49	46	104	54	50
南雄市	89	34	55	92	51	41
深圳市	**16367**	**8731**	**7636**	**14820**	**7891**	**6929**
罗湖区	1086	562	524	931	490	441
福田区	1342	707	635	1321	711	610
南山区	1543	844	699	1373	728	645
宝安区	3987	2106	1881	3658	2004	1654
龙岗区	4229	2275	1954	3781	2004	1777
盐田区	196	112	84	194	96	98
龙华区	2558	1344	1214	2197	1160	1037
坪山区	500	281	219	487	246	241
光明区	926	500	426	878	452	426
珠海市	**1755**	**904**	**851**	**1543**	**804**	**739**
香洲区	1153	585	568	1083	566	517
斗门区	291	155	136	229	122	107
金湾区	311	164	147	231	116	115
汕头市	**2514**	**1334**	**1180**	**2287**	**1203**	**1084**
龙湖区	510	276	234	449	233	216
金平区	619	321	298	598	294	304
濠江区	209	113	96	192	107	85
潮阳区	360	179	181	329	166	163
潮南区	598	335	263	509	277	232
澄海区	218	110	108	210	126	84
南澳县						
佛山市	**7602**	**4016**	**3586**	**6757**	**3560**	**3197**
禅城区	1049	566	483	928	484	444
南海区	3152	1643	1509	2751	1421	1330
顺德区	2650	1395	1255	2348	1257	1091
三水区	388	199	189	378	199	179
高明区	363	213	150	352	199	153

1-10a　续表 4　　　　单位：人

地　区	2019年12月			2020年1月		
	小计	男	女	小计	男	女
江门市	**2507**	**1309**	**1198**	**2275**	**1183**	**1092**
蓬江区	679	329	350	630	331	299
江海区	320	166	154	293	158	135
新会区	410	227	183	376	180	196
台山市	331	179	152	275	147	128
开平市	286	156	130	267	140	127
鹤山市	274	142	132	246	121	125
恩平市	207	110	97	188	106	82
湛江市	**2382**	**1302**	**1080**	**2116**	**1134**	**982**
赤坎区	444	228	216	363	188	175
霞山区	652	363	289	604	309	295
坡头区	116	63	53	77	45	32
麻章区	168	86	82	142	74	68
遂溪县	21	10	11	26	15	11
徐闻县						
廉江市	316	184	132	301	167	134
雷州市	344	176	168	308	171	137
吴川市	321	192	129	295	165	130
茂名市	**2108**	**1151**	**957**	**1908**	**1042**	**866**
茂南区	753	414	339	673	351	322
电白区	263	142	121	246	157	89
高州市	291	151	140	256	137	119
化州市	445	237	208	413	221	192
信宜市	356	207	149	320	176	144
肇庆市	**1230**	**677**	**553**	**1096**	**579**	**517**
端州区	644	351	293	551	296	255
鼎湖区	132	71	61	110	48	62
高要区	103	59	44	91	50	41
广宁县						
怀集县						
封开县						
德庆县						
四会市	351	196	155	344	185	159
惠州市	**2916**	**1552**	**1364**	**2491**	**1342**	**1149**
惠城区	1886	1009	877	1612	869	743
惠阳区	1016	538	478	861	464	397
博罗县	14	5	9	18	9	9
惠东县						
龙门县						
梅州市	**982**	**510**	**472**	**810**	**423**	**387**
梅江区	364	177	187	308	158	150
梅县区	285	146	139	248	121	127
大埔县						
丰顺县						
五华县	25	13	12	18	8	10
平远县						
蕉岭县						
兴宁市	308	174	134	236	136	100

1-10a 续表 5 单位：人

地区	2019年12月			2020年1月		
	小计	男	女	小计	男	女
汕尾市	**568**	**293**	**275**	**460**	**237**	**223**
城　区	325	167	158	274	144	130
海丰县						
陆河县						
陆丰市	243	126	117	186	93	93
河源市	**678**	**374**	**304**	**618**	**333**	**285**
源城区	678	374	304	618	333	285
紫金县						
龙川县						
连平县						
和平县						
东源县						
阳江市	**1021**	**546**	**475**	**905**	**518**	**387**
江城区	567	291	276	521	310	211
阳东区	191	112	79	155	89	66
阳西县						
阳春市	263	143	120	229	119	110
清远市	**1519**	**813**	**706**	**1244**	**693**	**551**
清城区	839	443	396	648	362	286
清新区	319	167	152	289	148	141
佛冈县						
阳山县						
连山壮族瑶族自治县						
连南瑶族自治县						
英德市	232	131	101	209	126	83
连州市	129	72	57	98	57	41
东莞市	**6405**	**3361**	**3044**	**5737**	**3065**	**2672**
市辖区	6405	3361	3044	5737	3065	2672
中山市	**2585**	**1359**	**1226**	**2247**	**1199**	**1048**
市辖区	2585	1359	1226	2247	1199	1048
潮州市	**955**	**528**	**427**	**820**	**391**	**429**
湘桥区	421	212	209	348	158	190
潮安区	534	316	218	472	233	239
饶平县						
揭阳市	**2080**	**1094**	**986**	**1800**	**992**	**808**
榕城区	903	441	462	781	414	367
揭东区	453	242	211	371	206	165
揭西县						
惠来县						
普宁市	724	411	313	648	372	276
云浮市	**656**	**387**	**269**	**558**	**331**	**227**
云城区	355	209	146	337	201	136
云安区	29	15	14	16	5	11
新兴县						
郁南县						
罗定市	272	163	109	205	125	80

1-10a 续表 6

单位：人

地区	2020年2月			2020年3月			2020年4月		
	小计	男	女	小计	男	女	小计	男	女
广 东	**54549**	**29086**	**25463**	**55228**	**29687**	**25541**	**51602**	**27396**	**24206**
广州市	**9933**	**5341**	**4592**	**9889**	**5313**	**4576**	**9611**	**5142**	**4469**
荔湾区	750	408	342	703	350	353	767	407	360
越秀区	608	304	304	593	308	285	581	310	271
海珠区	945	466	479	986	539	447	934	490	444
天河区	1262	715	547	1243	669	574	1292	682	610
白云区	1835	1014	821	1834	970	864	1694	902	792
黄埔区	930	493	437	992	540	452	895	476	419
番禺区	1581	864	717	1566	871	695	1574	860	714
花都区	768	413	355	775	425	350	705	389	316
南沙区	428	241	187	443	248	195	425	230	195
从化区	215	108	107	184	87	97	182	93	89
增城区	611	315	296	570	306	264	562	303	259
韶关市	**599**	**309**	**290**	**676**	**383**	**293**	**609**	**326**	**283**
武江区	189	91	98	237	132	105	207	108	99
浈江区	156	81	75	184	113	71	153	89	64
曲江区	101	60	41	104	59	45	100	60	40
始兴县									
仁化县									
翁源县									
乳源瑶族自治县									
新丰县									
乐昌市	79	38	41	78	45	33	89	44	45
南雄市	74	39	35	73	34	39	60	25	35
深圳市	**12680**	**6637**	**6043**	**13102**	**6956**	**6146**	**12058**	**6400**	**5658**
罗湖区	835	439	396	835	439	396	794	437	357
福田区	1168	622	546	1169	624	545	1142	630	512
南山区	1195	643	552	1238	684	554	1267	685	582
宝安区	3020	1586	1434	3186	1690	1496	2915	1561	1354
龙岗区	3201	1658	1543	3351	1752	1599	2937	1540	1397
盐田区	119	65	54	158	84	74	127	61	66
龙华区	2001	1041	960	1968	1017	951	1858	938	920
坪山区	434	225	209	443	245	198	350	186	164
光明区	707	358	349	754	421	333	668	362	306
珠海市	**1371**	**728**	**643**	**1399**	**793**	**606**	**1273**	**674**	**599**
香洲区	906	469	437	941	533	408	850	458	392
斗门区	235	134	101	233	144	89	214	106	108
金湾区	230	125	105	225	116	109	209	110	99
汕头市	**2031**	**1053**	**978**	**1921**	**1010**	**911**	**1950**	**1017**	**933**
龙湖区	347	174	173	349	201	148	378	215	163
金平区	513	263	250	485	244	241	520	261	259
濠江区	179	89	90	156	89	67	178	89	89
潮阳区	347	177	170	293	147	146	310	159	151
潮南区	486	271	215	495	259	236	426	219	207
澄海区	159	79	80	143	70	73	138	74	64
南澳县									
佛山市	**5860**	**3159**	**2701**	**6021**	**3293**	**2728**	**5605**	**2967**	**2638**
禅城区	844	463	381	825	458	367	825	401	424
南海区	2337	1280	1057	2441	1324	1117	2248	1202	1046
顺德区	2052	1079	973	2142	1170	972	1971	1070	901
三水区	316	177	139	311	170	141	295	157	138
高明区	311	160	151	302	171	131	266	137	129

1-10a 续表 7　　　　单位：人

地　区	2020年2月			2020年3月			2020年4月		
	小计	男	女	小计	男	女	小计	男	女
江门市	**2024**	**1068**	**956**	**1941**	**1016**	**925**	**1876**	**975**	**901**
蓬江区	569	305	264	565	283	282	579	302	277
江海区	246	125	121	249	125	124	220	123	97
新会区	336	175	161	316	154	162	298	143	155
台山市	283	151	132	236	129	107	241	122	119
开平市	260	137	123	216	118	98	222	124	98
鹤山市	182	96	86	192	105	87	162	84	78
恩平市	148	79	69	167	102	65	154	77	77
湛江市	**1943**	**1019**	**924**	**1889**	**1027**	**862**	**1744**	**944**	**800**
赤坎区	316	167	149	375	185	190	293	165	128
霞山区	582	305	277	529	285	244	468	259	209
坡头区	80	48	32	77	49	28	76	40	36
麻章区	102	49	53	109	60	49	103	58	45
遂溪县	23	16	7	14	9	5	25	12	13
徐闻县									
廉江市	286	154	132	267	167	100	256	133	123
雷州市	280	148	132	257	134	123	259	129	130
吴川市	274	132	142	261	138	123	264	148	116
茂名市	**1757**	**974**	**783**	**1796**	**984**	**812**	**1663**	**883**	**780**
茂南区	599	328	271	568	309	259	535	285	250
电白区	239	140	99	260	135	125	253	131	122
高州市	237	137	100	235	128	107	218	119	99
化州市	362	192	170	406	232	174	369	197	172
信宜市	320	177	143	327	180	147	288	151	137
肇庆市	**938**	**498**	**440**	**1002**	**536**	**466**	**886**	**474**	**412**
端州区	491	259	232	569	297	272	496	271	225
鼎湖区	98	47	51	80	51	29	78	34	44
高要区	73	44	29	82	45	37	71	39	32
广宁县									
怀集县									
封开县									
德庆县									
四会市	276	148	128	271	143	128	241	130	111
惠州市	**2245**	**1234**	**1011**	**2303**	**1241**	**1062**	**2005**	**1073**	**932**
惠城区	1428	782	646	1434	773	661	1252	680	572
惠阳区	806	446	360	852	463	389	741	388	353
博罗县	11	6	5	17	5	12	12	5	7
惠东县									
龙门县									
梅州市	**736**	**401**	**335**	**715**	**385**	**330**	**686**	**360**	**326**
梅江区	258	145	113	272	151	121	264	144	120
梅县区	242	122	120	225	113	112	198	97	101
大埔县									
丰顺县									
五华县	14	10	4	19	12	7	19	11	8
平远县									
蕉岭县									
兴宁市	222	124	98	199	109	90	205	108	97

1-10a　续表 8　　　　单位：人

地　区	2020年2月			2020年3月			2020年4月		
	小计	男	女	小计	男	女	小计	男	女
汕尾市	**427**	**237**	**190**	**424**	**222**	**202**	**377**	**188**	**189**
城　区	240	131	109	234	117	117	226	112	114
海丰县									
陆河县									
陆丰市	187	106	81	190	105	85	151	76	75
河源市	**532**	**282**	**250**	**565**	**310**	**255**	**481**	**244**	**237**
源城区	532	282	250	565	310	255	481	244	237
紫金县									
龙川县									
连平县									
和平县									
东源县									
阳江市	**825**	**473**	**352**	**806**	**441**	**365**	**733**	**390**	**343**
江城区	458	253	205	441	238	203	422	224	198
阳东区	156	95	61	149	78	71	116	63	53
阳西县									
阳春市	211	125	86	216	125	91	195	103	92
清远市	**1148**	**628**	**520**	**1206**	**649**	**557**	**1103**	**611**	**492**
清城区	638	361	277	659	377	282	626	356	270
清新区	222	113	109	232	114	118	220	121	99
佛冈县									
阳山县									
连山壮族瑶族自治县									
连南瑶族自治县									
英德市	178	99	79	209	112	97	161	82	79
连州市	110	55	55	106	46	60	96	52	44
东莞市	**4780**	**2523**	**2257**	**4975**	**2661**	**2314**	**4503**	**2359**	**2144**
市辖区	4780	2523	2257	4975	2661	2314	4503	2359	2144
中山市	**1989**	**1058**	**931**	**2017**	**1073**	**944**	**1837**	**956**	**881**
市辖区	1989	1058	931	2017	1073	944	1837	956	881
潮州市	**657**	**340**	**317**	**681**	**377**	**304**	**627**	**324**	**303**
湘桥区	264	136	128	274	155	119	250	123	127
潮安区	393	204	189	407	222	185	377	201	176
饶平县									
揭阳市	**1547**	**831**	**716**	**1384**	**725**	**659**	**1472**	**793**	**679**
榕城区	628	332	296	580	293	287	607	334	273
揭东区	366	182	184	308	155	153	347	191	156
揭西县									
惠来县									
普宁市	553	317	236	496	277	219	518	268	250
云浮市	**527**	**293**	**234**	**516**	**292**	**224**	**503**	**296**	**207**
云城区	314	173	141	298	166	132	280	161	119
云安区	20	6	14	24	12	12	19	11	8
新兴县									
郁南县									
罗定市	193	114	79	194	114	80	204	124	80

1–10a 续表 9

单位：人

地区	2020年5月			2020年6月			2020年7月		
	小计	男	女	小计	男	女	小计	男	女
广东	**53822**	**28922**	**24900**	**54619**	**29214**	**25405**	**54507**	**29138**	**25369**
广州市	**9685**	**5255**	**4430**	**9796**	**5304**	**4492**	**9932**	**5220**	**4712**
荔湾区	605	324	281	633	341	292	615	339	276
越秀区	592	324	268	581	310	271	611	316	295
海珠区	941	511	430	1004	556	448	984	508	476
天河区	1298	732	566	1265	680	585	1222	606	616
白云区	1720	943	777	1849	966	883	1845	982	863
黄埔区	954	519	435	905	493	412	961	499	462
番禺区	1595	853	742	1590	867	723	1677	871	806
花都区	715	379	336	747	405	342	767	430	337
南沙区	488	261	227	441	253	188	475	259	216
从化区	199	106	93	180	101	79	182	91	91
增城区	578	303	275	601	332	269	593	319	274
韶关市	**620**	**344**	**276**	**704**	**375**	**329**	**665**	**356**	**309**
武江区	227	129	98	245	127	118	244	134	110
浈江区	152	84	68	166	95	71	157	81	76
曲江区	92	47	45	128	70	58	90	58	32
始兴县									
仁化县									
翁源县									
乳源瑶族自治县									
新丰县									
乐昌市	71	41	30	74	37	37	87	36	51
南雄市	78	43	35	91	46	45	87	47	40
深圳市	**13390**	**7139**	**6251**	**13529**	**7120**	**6409**	**13644**	**7242**	**6402**
罗湖区	793	426	367	836	440	396	855	456	399
福田区	1096	601	495	1171	607	564	1170	643	527
南山区	1344	716	628	1303	700	603	1390	726	664
宝安区	3331	1759	1572	3297	1740	1557	3277	1712	1565
龙岗区	3360	1790	1570	3422	1786	1636	3486	1828	1658
盐田区	149	79	70	150	74	76	138	79	59
龙华区	2043	1076	967	2085	1095	990	2072	1137	935
坪山区	398	215	183	430	222	208	440	226	214
光明区	876	477	399	835	456	379	816	435	381
珠海市	**1389**	**754**	**635**	**1324**	**714**	**610**	**1342**	**728**	**614**
香洲区	935	507	428	869	462	407	908	470	438
斗门区	206	107	99	224	132	92	206	121	85
金湾区	248	140	108	231	120	111	228	137	91
汕头市	**1924**	**1016**	**908**	**1933**	**979**	**954**	**1901**	**1005**	**896**
龙湖区	352	153	199	350	176	174	336	168	168
金平区	486	272	214	513	258	255	504	276	228
濠江区	156	86	70	157	75	82	172	80	92
潮阳区	324	186	138	309	156	153	279	151	128
潮南区	469	240	229	476	245	231	468	263	205
澄海区	137	79	58	128	69	59	142	67	75
南澳县									
佛山市	**5479**	**2849**	**2630**	**5896**	**3107**	**2789**	**5971**	**3230**	**2741**
禅城区	735	384	351	751	406	345	807	403	404
南海区	2214	1164	1050	2390	1280	1110	2439	1347	1092
顺德区	1930	1000	930	2103	1079	1024	2113	1151	962
三水区	313	161	152	321	169	152	328	177	151
高明区	287	140	147	331	173	158	284	152	132

1-10a　续表 10　　　　单位：人

地　区	2020年5月			2020年6月			2020年7月		
	小计	男	女	小计	男	女	小计	男	女
江门市	**1874**	**1003**	**871**	**1931**	**1031**	**900**	**2077**	**1060**	**1017**
蓬江区	535	286	249	589	308	281	578	280	298
江海区	259	126	133	254	144	110	288	150	138
新会区	335	182	153	333	189	144	379	199	180
台山市	233	126	107	238	125	113	264	125	139
开平市	195	98	97	195	94	101	233	128	105
鹤山市	172	101	71	177	100	77	168	87	81
恩平市	145	84	61	145	71	74	167	91	76
湛江市	**1838**	**1004**	**834**	**1870**	**1006**	**864**	**1703**	**956**	**747**
赤坎区	325	165	160	344	180	164	294	169	125
霞山区	501	258	243	515	290	225	488	271	217
坡头区	74	49	25	86	47	39	83	44	39
麻章区	124	66	58	108	52	56	110	65	45
遂溪县	18	7	11	14	8	6	17	9	8
徐闻县									
廉江市	258	150	108	275	147	128	219	127	92
雷州市	270	155	115	239	138	101	241	131	110
吴川市	268	154	114	289	144	145	251	140	111
茂名市	**1736**	**963**	**773**	**1732**	**959**	**773**	**1609**	**832**	**777**
茂南区	568	316	252	566	328	238	505	256	249
电白区	261	142	119	225	121	104	238	119	119
高州市	215	124	91	233	125	108	193	102	91
化州市	403	213	190	368	207	161	401	217	184
信宜市	289	168	121	340	178	162	272	138	134
肇庆市	**899**	**511**	**388**	**936**	**521**	**415**	**938**	**511**	**427**
端州区	456	257	199	490	273	217	505	273	232
鼎湖区	104	55	49	106	59	47	97	55	42
高要区	72	37	35	68	39	29	49	26	23
广宁县									
怀集县									
封开县									
德庆县									
四会市	267	162	105	272	150	122	287	157	130
惠州市	**2173**	**1181**	**992**	**2116**	**1169**	**947**	**2147**	**1138**	**1009**
惠城区	1360	743	617	1336	728	608	1355	724	631
惠阳区	801	428	373	761	428	333	780	405	375
博罗县	12	10	2	19	13	6	12	9	3
惠东县									
龙门县									
梅州市	**659**	**332**	**327**	**747**	**378**	**369**	**716**	**403**	**313**
梅江区	243	110	133	293	138	155	273	155	118
梅县区	204	116	88	202	108	94	215	115	100
大埔县									
丰顺县									
五华县	18	9	9	14	6	8	16	5	11
平远县									
蕉岭县									
兴宁市	194	97	97	238	126	112	212	128	84

1-10a 续表 11

单位：人

地　区	2020年5月			2020年6月			2020年7月		
	小计	男	女	小计	男	女	小计	男	女
汕尾市	**415**	**234**	**181**	**348**	**212**	**136**	**332**	**182**	**150**
城　区	247	144	103	189	116	73	206	116	90
海丰县									
陆河县									
陆丰市	168	90	78	159	96	63	126	66	60
河源市	**482**	**259**	**223**	**548**	**300**	**248**	**580**	**290**	**290**
源城区	482	259	223	548	300	248	580	290	290
紫金县									
龙川县									
连平县									
和平县									
东源县									
阳江市	**736**	**426**	**310**	**750**	**404**	**346**	**751**	**417**	**334**
江城区	359	213	146	409	217	192	398	220	178
阳东区	146	84	62	148	87	61	142	80	62
阳西县									
阳春市	231	129	102	193	100	93	211	117	94
清远市	**1124**	**598**	**526**	**1167**	**672**	**495**	**1166**	**635**	**531**
清城区	608	318	290	656	386	270	612	321	291
清新区	233	124	109	250	141	109	242	147	95
佛冈县									
阳山县									
连山壮族瑶族自治县									
连南瑶族自治县									
英德市	186	104	82	169	102	67	191	105	86
连州市	97	52	45	92	43	49	121	62	59
东莞市	**4819**	**2596**	**2223**	**4781**	**2560**	**2221**	**4616**	**2509**	**2107**
市辖区	4819	2596	2223	4781	2560	2221	4616	2509	2107
中山市	**1975**	**1040**	**935**	**1944**	**1038**	**906**	**1930**	**1045**	**885**
市辖区	1975	1040	935	1944	1038	906	1930	1045	885
潮州市	**629**	**334**	**295**	**661**	**358**	**303**	**613**	**350**	**263**
湘桥区	275	147	128	280	150	130	255	149	106
潮安区	354	187	167	381	208	173	358	201	157
饶平县									
揭阳市	**1443**	**771**	**672**	**1423**	**737**	**686**	**1366**	**747**	**619**
榕城区	611	321	290	588	315	273	569	303	266
揭东区	297	158	139	350	175	175	326	184	142
揭西县									
惠来县									
普宁市	535	292	243	485	247	238	471	260	211
云浮市	**533**	**313**	**220**	**483**	**270**	**213**	**508**	**282**	**226**
云城区	322	183	139	263	142	121	300	161	139
云安区	16	10	6	19	12	7	18	10	8
新兴县									
郁南县									
罗定市	195	120	75	201	116	85	190	111	79

1-10a　续表 12　　　　单位：人

地　区	2020年8月			2020年9月			2020年10月		
	小计	男	女	小计	男	女	小计	男	女
广　东	**55478**	**29832**	**25646**	**48730**	**26038**	**22692**	**40368**	**21742**	**18626**
广州市	**10128**	**5458**	**4670**	**9103**	**4888**	**4215**	**6739**	**3540**	**3199**
荔湾区	640	354	286	528	286	242	440	233	207
越秀区	676	343	333	658	360	298	515	270	245
海珠区	990	537	453	947	520	427	711	374	337
天河区	1300	683	617	1120	589	531	824	437	387
白云区	1919	1060	859	1754	941	813	1209	622	587
黄埔区	961	528	433	936	504	432	644	340	304
番禺区	1616	887	729	1461	762	699	1143	603	540
花都区	715	367	348	593	320	273	427	233	194
南沙区	499	265	234	399	222	177	313	155	158
从化区	180	90	90	155	83	72	102	52	50
增城区	632	344	288	552	301	251	411	221	190
韶关市	**699**	**365**	**334**	**618**	**329**	**289**	**549**	**302**	**247**
武江区	240	128	112	229	114	115	195	103	92
浈江区	180	88	92	166	90	76	134	86	48
曲江区	108	61	47	92	51	41	95	55	40
始兴县									
仁化县									
翁源县									
乳源瑶族自治县									
新丰县									
乐昌市	99	50	49	73	45	28	71	35	36
南雄市	72	38	34	58	29	29	54	23	31
深圳市	**14109**	**7578**	**6531**	**13007**	**6906**	**6101**	**10004**	**5325**	**4679**
罗湖区	837	437	400	801	437	364	594	316	278
福田区	1300	686	614	1042	574	468	694	354	340
南山区	1354	759	595	1213	625	588	969	519	450
宝安区	3552	1907	1645	3274	1755	1519	2749	1505	1244
龙岗区	3551	1893	1658	3325	1705	1620	2527	1326	1201
盐田区	156	84	72	154	84	70	140	60	80
龙华区	2117	1161	956	1934	1046	888	1322	713	609
坪山区	447	244	203	445	231	214	345	201	144
光明区	795	407	388	819	449	370	664	331	333
珠海市	**1335**	**722**	**613**	**1202**	**627**	**575**	**1059**	**557**	**502**
香洲区	891	482	409	806	408	398	681	357	324
斗门区	200	110	90	178	106	72	198	108	90
金湾区	244	130	114	218	113	105	180	92	88
汕头市	**1879**	**985**	**894**	**1549**	**843**	**706**	**1430**	**767**	**663**
龙湖区	354	180	174	333	186	147	249	130	119
金平区	552	277	275	463	249	214	526	277	249
濠江区	186	98	88	127	60	67	148	74	74
潮阳区	293	154	139	266	145	121	252	148	104
潮南区	374	206	168	257	147	110	188	100	88
澄海区	120	70	50	103	56	47	67	38	29
南澳县									
佛山市	**6108**	**3277**	**2831**	**5284**	**2838**	**2446**	**4880**	**2639**	**2241**
禅城区	779	429	350	788	425	363	736	391	345
南海区	2544	1346	1198	2106	1113	993	2079	1117	962
顺德区	2134	1149	985	1839	994	845	1559	847	712
三水区	349	197	152	286	161	125	271	142	129
高明区	302	156	146	265	145	120	235	142	93

1-10a 续表 13 单位：人

地 区	2020年8月			2020年9月			2020年10月		
	小计	男	女	小计	男	女	小计	男	女
江门市	**2094**	**1078**	**1016**	**1838**	**930**	**908**	**1553**	**821**	**732**
蓬江区	625	326	299	513	262	251	472	250	222
江海区	256	122	134	249	122	127	227	126	101
新会区	370	196	174	328	166	162	289	149	140
台山市	272	137	135	251	139	112	205	107	98
开平市	215	107	108	179	93	86	128	60	68
鹤山市	206	100	106	177	82	95	122	65	57
恩平市	150	90	60	141	66	75	110	64	46
湛江市	**1664**	**904**	**760**	**1464**	**803**	**661**	**1441**	**766**	**675**
赤坎区	299	171	128	269	136	133	207	110	97
霞山区	484	254	230	452	265	187	473	253	220
坡头区	88	51	37	85	43	42	76	36	40
麻章区	92	39	53	69	44	25	72	39	33
遂溪县	13	4	9	15	10	5	19	14	5
徐闻县									
廉江市	236	139	97	194	94	100	194	112	82
雷州市	187	106	81	163	96	67	128	69	59
吴川市	265	140	125	217	115	102	272	133	139
茂名市	**1585**	**887**	**698**	**1331**	**714**	**617**	**1350**	**790**	**560**
茂南区	525	296	229	461	247	214	373	223	150
电白区	210	111	99	131	66	65	167	103	64
高州市	208	117	91	164	92	72	204	125	79
化州市	349	200	149	307	163	144	318	163	155
信宜市	293	163	130	268	146	122	288	176	112
肇庆市	**935**	**529**	**406**	**902**	**477**	**425**	**835**	**437**	**398**
端州区	522	294	228	527	273	254	466	245	221
鼎湖区	104	57	47	82	47	35	68	34	34
高要区	58	31	27	52	32	20	55	25	30
广宁县									
怀集县									
封开县									
德庆县									
四会市	251	147	104	241	125	116	246	133	113
惠州市	**2314**	**1237**	**1077**	**1874**	**967**	**907**	**1882**	**1018**	**864**
惠城区	1430	788	642	1204	623	581	1241	664	577
惠阳区	871	440	431	660	340	320	629	348	281
博罗县	13	9	4	10	4	6	12	6	6
惠东县									
龙门县									
梅州市	**693**	**363**	**330**	**570**	**334**	**236**	**449**	**250**	**199**
梅江区	269	143	126	242	139	103	179	106	73
梅县区	222	116	106	146	86	60	101	56	45
大埔县									
丰顺县									
五华县	15	6	9	16	9	7	15	9	6
平远县									
蕉岭县									
兴宁市	187	98	89	166	100	66	154	79	75

1-10a　续表 14　　　　单位：人

地　区	2020年8月			2020年9月			2020年10月		
	小计	男	女	小计	男	女	小计	男	女
汕尾市	**309**	**174**	**135**	**287**	**149**	**138**	**218**	**131**	**87**
城　区	203	114	89	179	93	86	142	83	59
海丰县									
陆河县									
陆丰市	106	60	46	108	56	52	76	48	28
河源市	**531**	**289**	**242**	**529**	**275**	**254**	**432**	**248**	**184**
源城区	531	289	242	529	275	254	432	248	184
紫金县									
龙川县									
连平县									
和平县									
东源县									
阳江市	**774**	**397**	**377**	**591**	**335**	**256**	**546**	**310**	**236**
江城区	408	200	208	285	160	125	222	128	94
阳东区	124	69	55	140	82	58	131	69	62
阳西县									
阳春市	242	128	114	166	93	73	193	113	80
清远市	**1219**	**652**	**567**	**1071**	**594**	**477**	**923**	**519**	**404**
清城区	659	350	309	595	336	259	521	288	233
清新区	250	142	108	245	130	115	224	132	92
佛冈县									
阳山县									
连山壮族瑶族自治县									
连南瑶族自治县									
英德市	195	107	88	160	87	73	108	54	54
连州市	115	53	62	71	41	30	70	45	25
东莞市	**4673**	**2523**	**2150**	**3787**	**2038**	**1749**	**2837**	**1520**	**1317**
市辖区	4673	2523	2150	3787	2038	1749	2837	1520	1317
中山市	**2064**	**1095**	**969**	**1766**	**958**	**808**	**1310**	**718**	**592**
市辖区	2064	1095	969	1766	958	808	1310	718	592
潮州市	**673**	**371**	**302**	**594**	**325**	**269**	**547**	**295**	**252**
湘桥区	275	154	121	228	130	98	216	126	90
潮安区	398	217	181	366	195	171	331	169	162
饶平县									
揭阳市	**1184**	**659**	**525**	**930**	**482**	**448**	**1002**	**568**	**434**
榕城区	475	256	219	360	185	175	262	148	114
揭东区	308	172	136	266	141	125	284	165	119
揭西县									
惠来县									
普宁市	401	231	170	304	156	148	456	255	201
云浮市	**508**	**289**	**219**	**433**	**226**	**207**	**382**	**221**	**161**
云城区	313	177	136	259	141	118	233	135	98
云安区	25	13	12	18	7	11	9	5	4
新兴县									
郁南县									
罗定市	170	99	71	156	78	78	140	81	59

1-10b 各地区分性别、月份的出生人口 (2019.11.1-2020.10.31)(镇)

单位：人

地　区	出生人口			2019年11月		
	合计	男	女	小计	男	女
广　东	**188660**	**101582**	**87078**	**21611**	**11585**	**10026**
广州市	**11791**	**6343**	**5448**	**1254**	**691**	**563**
荔湾区						
越秀区						
海珠区						
天河区						
白云区	1755	925	830	177	98	79
黄埔区	868	452	416	95	41	54
番禺区	553	296	257	53	31	22
花都区	901	466	435	117	58	59
南沙区	1480	797	683	138	80	58
从化区	760	430	330	86	50	36
增城区	5474	2977	2497	588	333	255
韶关市	**7418**	**3848**	**3570**	**801**	**402**	**399**
武江区	40	22	18	3		3
浈江区	215	107	108	35	19	16
曲江区	258	132	126	31	15	16
始兴县	905	479	426	97	44	53
仁化县	772	400	372	76	52	24
翁源县	1417	729	688	145	73	72
乳源瑶族自治县	1009	516	493	119	53	66
新丰县	1045	547	498	107	47	60
乐昌市	1055	543	512	107	57	50
南雄市	702	373	329	81	42	39
深圳市	**50**	**23**	**27**	**6**	**3**	**3**
罗湖区						
福田区						
南山区						
宝安区						
龙岗区						
盐田区						
龙华区						
坪山区	50	23	27	6	3	3
光明区						
珠海市	**2760**	**1437**	**1323**	**311**	**157**	**154**
香洲区	262	138	124	27	13	14
斗门区	1603	848	755	179	81	98
金湾区	895	451	444	105	63	42
汕头市	**16495**	**8778**	**7717**	**1892**	**943**	**949**
龙湖区						
金平区						
濠江区	71	32	39	6	2	4
潮阳区	8398	4503	3895	947	471	476
潮南区	4380	2373	2007	522	263	259
澄海区	3144	1601	1543	368	181	187
南澳县	502	269	233	49	26	23
佛山市	**4693**	**2546**	**2147**	**510**	**301**	**209**
禅城区	2365	1286	1079	271	166	105
南海区	351	181	170	35	16	19
顺德区						
三水区	1798	982	816	183	107	76
高明区	179	97	82	21	12	9

1-10b　续表 1

单位：人

地　区	出生人口			2019年11月		
	合计	男	女	小计	男	女
江门市	**3214**	**1688**	**1526**	**359**	**182**	**177**
蓬江区						
江海区						
新会区	1016	526	490	114	61	53
台山市	494	250	244	57	27	30
开平市	659	350	309	63	31	32
鹤山市	475	260	215	66	31	35
恩平市	570	302	268	59	32	27
湛江市	**15880**	**8682**	**7198**	**1855**	**1011**	**844**
赤坎区						
霞山区	76	39	37	9	5	4
坡头区	1217	626	591	154	90	64
麻章区	751	414	337	78	45	33
遂溪县	3912	2144	1768	476	277	199
徐闻县	3028	1648	1380	356	195	161
廉江市	2563	1438	1125	275	155	120
雷州市	2292	1266	1026	263	124	139
吴川市	2041	1107	934	244	120	124
茂名市	**11898**	**6532**	**5366**	**1428**	**789**	**639**
茂南区	549	295	254	72	37	35
电白区	5126	2790	2336	592	314	278
高州市	2269	1261	1008	266	160	106
化州市	2465	1340	1125	332	184	148
信宜市	1489	846	643	166	94	72
肇庆市	**8240**	**4540**	**3700**	**961**	**510**	**451**
端州区						
鼎湖区	372	217	155	40	20	20
高要区	1372	735	637	161	78	83
广宁县	1596	894	702	177	101	76
怀集县	2573	1424	1149	304	158	146
封开县	1146	624	522	130	70	60
德庆县	895	485	410	111	60	51
四会市	286	161	125	38	23	15
惠州市	**16871**	**9137**	**7734**	**1940**	**1061**	**879**
惠城区	1392	728	664	161	77	84
惠阳区	1160	612	548	148	81	67
博罗县	6196	3375	2821	711	381	330
惠东县	6603	3617	2986	752	435	317
龙门县	1520	805	715	168	87	81
梅州市	**11434**	**6257**	**5177**	**1272**	**701**	**571**
梅江区	72	43	29	10	5	5
梅县区	381	199	182	42	23	19
大埔县	1500	801	699	174	96	78
丰顺县	2775	1543	1232	333	185	148
五华县	4108	2280	1828	448	249	199
平远县	901	497	404	86	45	41
蕉岭县	954	494	460	101	54	47
兴宁市	743	400	343	78	44	34

1-10b 续表 2

单位：人

地区	出生人口			2019年11月		
	合计	男	女	小计	男	女
汕尾市	**11601**	**6305**	**5296**	**1479**	**782**	**697**
城　区	520	271	249	53	30	23
海丰县	5595	3021	2574	743	381	362
陆河县	1784	973	811	205	110	95
陆丰市	3702	2040	1662	478	261	217
河源市	**7523**	**4032**	**3491**	**831**	**444**	**387**
源城区	146	66	80	18	6	12
紫金县	2399	1317	1082	251	134	117
龙川县	1935	1091	844	220	130	90
连平县	1087	540	547	132	71	61
和平县	1211	613	598	127	63	64
东源县	745	405	340	83	40	43
阳江市	**3980**	**2159**	**1821**	**452**	**248**	**204**
江城区	428	244	184	53	29	24
阳东区	499	261	238	53	29	24
阳西县	1903	1001	902	217	118	99
阳春市	1150	653	497	129	72	57
清远市	**11144**	**5992**	**5152**	**1202**	**639**	**563**
清城区	3005	1600	1405	280	137	143
清新区	413	238	175	44	27	17
佛冈县	1604	885	719	203	103	100
阳山县	2016	1105	911	232	133	99
连山壮族瑶族自治县	493	259	234	58	31	27
连南瑶族自治县	683	347	336	69	37	32
英德市	2525	1360	1165	270	151	119
连州市	405	198	207	46	20	26
东莞市	**350**	**204**	**146**	**44**	**25**	**19**
市辖区	350	204	146	44	25	19
中山市	**10142**	**5329**	**4813**	**1159**	**641**	**518**
市辖区	10142	5329	4813	1159	641	518
潮州市	**6955**	**3696**	**3259**	**818**	**435**	**383**
湘桥区	700	372	328	74	37	37
潮安区	2751	1430	1321	314	167	147
饶平县	3504	1894	1610	430	231	199
揭阳市	**20673**	**10997**	**9676**	**2371**	**1258**	**1113**
榕城区	1150	599	551	131	62	69
揭东区	3075	1650	1425	336	162	174
揭西县	3182	1714	1468	363	204	159
惠来县	6579	3515	3064	789	435	354
普宁市	6687	3519	3168	752	395	357
云浮市	**5548**	**3057**	**2491**	**666**	**362**	**304**
云城区						
云安区	596	324	272	76	40	36
新兴县	2097	1172	925	225	127	98
郁南县	1843	1007	836	227	114	113
罗定市	1012	554	458	138	81	57

1−10b　续表 3

单位：人

地　区	2019年12月			2020年1月		
	小计	男	女	小计	男	女
广　东	**19416**	**10367**	**9049**	**17542**	**9331**	**8211**
广州市	**1207**	**629**	**578**	**1139**	**603**	**536**
荔湾区						
越秀区						
海珠区						
天河区						
白云区	184	91	93	160	86	74
黄埔区	83	44	39	89	46	43
番禺区	55	25	30	59	25	34
花都区	81	36	45	88	42	46
南沙区	138	75	63	147	85	62
从化区	84	48	36	61	31	30
增城区	582	310	272	535	288	247
韶关市	**730**	**390**	**340**	**729**	**358**	**371**
武江区	2		2	3	2	1
浈江区	18	8	10	21	6	15
曲江区	27	17	10	24	13	11
始兴县	91	49	42	67	33	34
仁化县	83	46	37	75	39	36
翁源县	126	72	54	173	86	87
乳源瑶族自治县	99	49	50	95	45	50
新丰县	111	62	49	109	58	51
乐昌市	113	56	57	96	37	59
南雄市	60	31	29	66	39	27
深圳市	**6**	**2**	**4**	**7**	**3**	**4**
罗湖区						
福田区						
南山区						
宝安区						
龙岗区						
盐田区						
龙华区						
坪山区	6	2	4	7	3	4
光明区						
珠海市	**295**	**156**	**139**	**248**	**128**	**120**
香洲区	31	19	12	16	8	8
斗门区	164	88	76	149	80	69
金湾区	100	49	51	83	40	43
汕头市	**1771**	**948**	**823**	**1513**	**835**	**678**
龙湖区						
金平区						
濠江区	7	4	3	10	4	6
潮阳区	837	441	396	731	389	342
潮南区	483	277	206	414	246	168
澄海区	381	188	193	320	174	146
南澳县	63	38	25	38	22	16
佛山市	**445**	**234**	**211**	**424**	**229**	**195**
禅城区	230	123	107	208	114	94
南海区	45	24	21	35	14	21
顺德区						
三水区	159	82	77	165	91	74
高明区	11	5	6	16	10	6

1-10b 续表 4

单位：人

地 区	2019年12月			2020年1月		
	小计	男	女	小计	男	女
江门市	**332**	**178**	**154**	**288**	**153**	**135**
蓬江区						
江海区						
新会区	99	49	50	78	44	34
台山市	52	26	26	52	22	30
开平市	68	39	29	62	36	26
鹤山市	59	35	24	43	25	18
恩平市	54	29	25	53	26	27
湛江市	**1616**	**842**	**774**	**1479**	**802**	**677**
赤坎区						
霞山区	10	4	6	6	4	2
坡头区	131	64	67	106	42	64
麻章区	93	50	43	80	36	44
遂溪县	389	195	194	405	224	181
徐闻县	296	172	124	276	142	134
廉江市	264	138	126	210	121	89
雷州市	252	120	132	207	120	87
吴川市	181	99	82	189	113	76
茂名市	**1176**	**664**	**512**	**1092**	**588**	**504**
茂南区	59	33	26	64	33	31
电白区	520	305	215	480	249	231
高州市	216	106	110	212	122	90
化州市	241	140	101	239	128	111
信宜市	140	80	60	97	56	41
肇庆市	**855**	**448**	**407**	**764**	**415**	**349**
端州区						
鼎湖区	38	25	13	27	16	11
高要区	153	75	78	139	72	67
广宁县	147	79	68	140	78	62
怀集县	263	131	132	227	123	104
封开县	144	79	65	108	56	52
德庆县	75	39	36	103	61	42
四会市	35	20	15	20	9	11
惠州市	**1744**	**939**	**805**	**1567**	**842**	**725**
惠城区	144	81	63	115	54	61
惠阳区	105	50	55	82	47	35
博罗县	678	361	317	587	314	273
惠东县	694	389	305	627	334	293
龙门县	123	58	65	156	93	63
梅州市	**1144**	**605**	**539**	**1003**	**529**	**474**
梅江区	7	4	3	3	3	
梅县区	41	21	20	36	21	15
大埔县	160	80	80	121	61	60
丰顺县	267	146	121	258	136	122
五华县	408	216	192	364	196	168
平远县	78	43	35	72	32	40
蕉岭县	101	51	50	85	39	46
兴宁市	82	44	38	64	41	23

1-10b 续表 5

单位：人

地区	2019年12月			2020年1月		
	小计	男	女	小计	男	女
汕尾市	**1201**	**651**	**550**	**1111**	**580**	**531**
城　区	47	23	24	48	19	29
海丰县	612	333	279	534	286	248
陆河县	171	85	86	146	73	73
陆丰市	371	210	161	383	202	181
河源市	**831**	**466**	**365**	**677**	**351**	**326**
源城区	24	12	12	16	8	8
紫金县	256	152	104	219	114	105
龙川县	211	132	79	183	106	77
连平县	124	59	65	74	34	40
和平县	135	67	68	111	50	61
东源县	81	44	37	74	39	35
阳江市	**433**	**243**	**190**	**405**	**218**	**187**
江城区	51	33	18	46	21	25
阳东区	59	35	24	45	23	22
阳西县	220	116	104	194	103	91
阳春市	103	59	44	120	71	49
清远市	**1083**	**575**	**508**	**1007**	**525**	**482**
清城区	323	165	158	266	140	126
清新区	51	28	23	34	19	15
佛冈县	166	101	65	160	77	83
阳山县	189	97	92	189	103	86
连山壮族瑶族自治县	34	17	17	39	21	18
连南瑶族自治县	62	30	32	64	29	35
英德市	228	121	107	221	118	103
连州市	30	16	14	34	18	16
东莞市	**37**	**23**	**14**	**31**	**17**	**14**
市辖区	37	23	14	31	17	14
中山市	**1097**	**549**	**548**	**957**	**509**	**448**
市辖区	1097	549	548	957	509	448
潮州市	**713**	**371**	**342**	**658**	**350**	**308**
湘桥区	84	47	37	54	31	23
潮安区	256	128	128	260	136	124
饶平县	373	196	177	344	183	161
揭阳市	**2146**	**1149**	**997**	**1965**	**1027**	**938**
榕城区	114	65	49	119	63	56
揭东区	335	179	156	290	147	143
揭西县	367	201	166	278	147	131
惠来县	644	341	303	641	340	301
普宁市	686	363	323	637	330	307
云浮市	**554**	**305**	**249**	**478**	**269**	**209**
云城区						
云安区	44	30	14	56	33	23
新兴县	193	97	96	164	104	60
郁南县	205	115	90	165	94	71
罗定市	112	63	49	93	38	55

1-10b 续表 6

单位：人

地区	2020年2月			2020年3月			2020年4月		
	小计	男	女	小计	男	女	小计	男	女
广 东	**15338**	**8298**	**7040**	**15695**	**8443**	**7252**	**14705**	**7877**	**6828**
广州市	**910**	**481**	**429**	**951**	**518**	**433**	**913**	**484**	**429**
荔湾区									
越秀区									
海珠区									
天河区									
白云区	139	75	64	142	75	67	138	72	66
黄埔区	77	46	31	59	31	28	63	28	35
番禺区	31	15	16	48	27	21	38	21	17
花都区	77	41	36	70	37	33	78	45	33
南沙区	113	58	55	139	66	73	105	56	49
从化区	67	37	30	50	30	20	58	34	24
增城区	406	209	197	443	252	191	433	228	205
韶关市	**571**	**299**	**272**	**608**	**337**	**271**	**559**	**275**	**284**
武江区	4	2	2	2	2		5	3	2
浈江区	15	10	5	24	10	14	9	5	4
曲江区	20	10	10	26	15	11	29	15	14
始兴县	72	39	33	75	41	34	62	30	32
仁化县	72	28	44	64	37	27	55	23	32
翁源县	89	45	44	126	73	53	106	43	63
乳源瑶族自治县	72	39	33	78	38	40	88	46	42
新丰县	71	39	32	92	49	43	79	44	35
乐昌市	99	56	43	74	43	31	72	41	31
南雄市	57	31	26	47	29	18	54	25	29
深圳市	**2**	**1**	**1**	**4**	**2**	**2**	**4**	**1**	**3**
罗湖区									
福田区									
南山区									
宝安区									
龙岗区									
盐田区									
龙华区									
坪山区	2	1	1	4	2	2	4	1	3
光明区									
珠海市	**224**	**117**	**107**	**202**	**99**	**103**	**198**	**108**	**90**
香洲区	18	8	10	17	7	10	24	16	8
斗门区	124	73	51	124	58	66	109	58	51
金湾区	82	36	46	61	34	27	65	34	31
汕头市	**1358**	**751**	**607**	**1425**	**728**	**697**	**1347**	**725**	**622**
龙湖区									
金平区									
濠江区	8	5	3	4		4	3	2	1
潮阳区	674	386	288	762	382	380	681	375	306
潮南区	395	227	168	367	186	181	365	188	177
澄海区	251	113	138	249	136	113	259	145	114
南澳县	30	20	10	43	24	19	39	15	24
佛山市	**382**	**200**	**182**	**363**	**188**	**175**	**351**	**183**	**168**
禅城区	200	103	97	185	102	83	177	92	85
南海区	27	11	16	19	8	11	22	12	10
顺德区									
三水区	142	77	65	139	67	72	137	72	65
高明区	13	9	4	20	11	9	15	7	8

1-10b 续表 7

单位：人

地区	2020年2月			2020年3月			2020年4月		
	小计	男	女	小计	男	女	小计	男	女
江门市	**246**	**136**	**110**	**267**	**133**	**134**	**277**	**142**	**135**
蓬江区									
江海区									
新会区	85	49	36	89	42	47	74	39	35
台山市	37	20	17	41	18	23	50	25	25
开平市	55	30	25	58	33	25	49	28	21
鹤山市	32	20	12	35	19	16	48	24	24
恩平市	37	17	20	44	21	23	56	26	30
湛江市	**1240**	**668**	**572**	**1432**	**753**	**679**	**1257**	**709**	**548**
赤坎区									
霞山区	4	3	1	4	1	3	4	1	3
坡头区	98	53	45	88	45	43	84	44	40
麻章区	62	36	26	78	44	34	53	32	21
遂溪县	282	154	128	366	173	193	314	180	134
徐闻县	228	117	111	275	150	125	250	142	108
廉江市	208	112	96	226	129	97	195	107	88
雷州市	204	107	97	223	120	103	191	111	80
吴川市	154	86	68	172	91	81	166	92	74
茂名市	**978**	**525**	**453**	**1031**	**560**	**471**	**944**	**534**	**410**
茂南区	60	30	30	45	25	20	34	18	16
电白区	401	214	187	447	238	209	419	236	183
高州市	166	97	69	213	106	107	159	96	63
化州市	227	114	113	213	123	90	203	104	99
信宜市	124	70	54	113	68	45	129	80	49
肇庆市	**659**	**368**	**291**	**640**	**364**	**276**	**656**	**360**	**296**
端州区									
鼎湖区	30	19	11	28	20	8	29	16	13
高要区	115	63	52	108	60	48	115	65	50
广宁县	137	81	56	134	72	62	128	72	56
怀集县	221	125	96	200	122	78	191	95	96
封开县	80	45	35	75	42	33	100	56	44
德庆县	55	22	33	65	32	33	69	43	26
四会市	21	13	8	30	16	14	24	13	11
惠州市	**1366**	**735**	**631**	**1392**	**764**	**628**	**1272**	**668**	**604**
惠城区	92	48	44	119	71	48	124	65	59
惠阳区	85	45	40	103	57	46	95	50	45
博罗县	522	278	244	511	274	237	460	251	209
惠东县	555	294	261	528	297	231	480	244	236
龙门县	112	70	42	131	65	66	113	58	55
梅州市	**934**	**509**	**425**	**921**	**500**	**421**	**889**	**482**	**407**
梅江区	5	1	4	3		3	7	5	2
梅县区	42	18	24	21	14	7	29	12	17
大埔县	123	74	49	133	64	69	111	56	55
丰顺县	230	125	105	244	141	103	209	111	98
五华县	332	181	151	309	174	135	323	179	144
平远县	59	31	28	75	41	34	70	43	27
蕉岭县	81	42	39	86	37	49	75	43	32
兴宁市	62	37	25	50	29	21	65	33	32

1-10b 续表 8

单位：人

地区	2020年2月			2020年3月			2020年4月		
	小计	男	女	小计	男	女	小计	男	女
汕尾市	**1008**	**543**	**465**	**1024**	**565**	**459**	**938**	**512**	**426**
城　区	47	25	22	46	22	24	36	16	20
海丰县	449	229	220	493	269	224	451	234	217
陆河县	157	99	58	152	88	64	129	73	56
陆丰市	355	190	165	333	186	147	322	189	133
河源市	**672**	**368**	**304**	**603**	**313**	**290**	**526**	**277**	**249**
源城区	10	5	5	9	4	5	9	1	8
紫金县	226	126	100	195	109	86	175	106	69
龙川县	150	87	63	152	78	74	132	74	58
连平县	113	57	56	95	44	51	73	35	38
和平县	105	56	49	83	43	40	83	36	47
东源县	68	37	31	69	35	34	54	25	29
阳江市	**350**	**197**	**153**	**334**	**199**	**135**	**293**	**175**	**118**
江城区	34	20	14	37	24	13	27	20	7
阳东区	32	20	12	38	22	16	40	17	23
阳西县	184	101	83	163	96	67	141	88	53
阳春市	100	56	44	96	57	39	85	50	35
清远市	**905**	**477**	**428**	**886**	**480**	**406**	**876**	**468**	**408**
清城区	268	131	137	241	135	106	235	126	109
清新区	39	25	14	42	28	14	34	24	10
佛冈县	116	64	52	130	68	62	120	66	54
阳山县	167	85	82	139	79	60	166	86	80
连山壮族瑶族自治县	37	23	14	37	25	12	37	19	18
连南瑶族自治县	71	37	34	49	17	32	41	20	21
英德市	184	100	84	217	111	106	207	113	94
连州市	23	12	11	31	17	14	36	14	22
东莞市	**35**	**20**	**15**	**34**	**17**	**17**	**26**	**13**	**13**
市辖区	35	20	15	34	17	17	26	13	13
中山市	**798**	**430**	**368**	**840**	**422**	**418**	**742**	**381**	**361**
市辖区	798	430	368	840	422	418	742	381	361
潮州市	**543**	**278**	**265**	**552**	**299**	**253**	**584**	**303**	**281**
湘桥区	59	28	31	63	35	28	69	40	29
潮安区	196	91	105	196	112	84	219	111	108
饶平县	288	159	129	293	152	141	296	152	144
揭阳市	**1715**	**942**	**773**	**1784**	**984**	**800**	**1623**	**839**	**784**
榕城区	85	45	40	103	50	53	99	53	46
揭东区	246	145	101	237	130	107	230	117	113
揭西县	254	132	122	258	136	122	247	137	110
惠来县	554	315	239	577	343	234	518	255	263
普宁市	576	305	271	609	325	284	529	277	252
云浮市	**442**	**253**	**189**	**402**	**218**	**184**	**430**	**238**	**192**
云城区									
云安区	51	35	16	47	25	22	41	20	21
新兴县	173	96	77	146	89	57	182	100	82
郁南县	153	89	64	142	74	68	128	70	58
罗定市	65	33	32	67	30	37	79	48	31

1-10b　续表 9　　　　单位：人

地　区	2020年5月			2020年6月			2020年7月		
	小计	男	女	小计	男	女	小计	男	女
广　东	**15290**	**8307**	**6983**	**15238**	**8137**	**7101**	**14867**	**8104**	**6763**
广州市	**1011**	**563**	**448**	**932**	**497**	**435**	**914**	**514**	**400**
荔湾区									
越秀区									
海珠区									
天河区									
白云区	149	81	68	139	76	63	143	78	65
黄埔区	76	48	28	59	31	28	81	43	38
番禺区	44	23	21	53	35	18	45	22	23
花都区	85	50	35	65	29	36	66	38	28
南沙区	127	78	49	113	56	57	128	67	61
从化区	71	38	33	56	26	30	66	41	25
增城区	459	245	214	447	244	203	385	225	160
韶关市	**599**	**328**	**271**	**545**	**278**	**267**	**570**	**288**	**282**
武江区	4	2	2	3	2	1	2	1	1
浈江区	23	13	10	14	11	3	18	8	10
曲江区	21	9	12	16	8	8	16	10	6
始兴县	83	41	42	66	30	36	66	40	26
仁化县	59	30	29	51	25	26	60	29	31
翁源县	106	65	41	116	55	61	112	54	58
乳源瑶族自治县	68	32	36	65	39	26	67	33	34
新丰县	94	57	37	71	40	31	79	33	46
乐昌市	83	49	34	81	37	44	80	41	39
南雄市	58	30	28	62	31	31	70	39	31
深圳市	**2**	**1**	**1**	**2**	**2**		**5**	**3**	**2**
罗湖区									
福田区									
南山区									
宝安区									
龙岗区									
盐田区									
龙华区									
坪山区	2	1	1	2	2		5	3	2
光明区									
珠海市	**211**	**103**	**108**	**223**	**116**	**107**	**218**	**127**	**91**
香洲区	21	10	11	20	10	10	23	11	12
斗门区	126	70	56	125	62	63	134	83	51
金湾区	64	23	41	78	44	34	61	33	28
汕头市	**1364**	**718**	**646**	**1353**	**713**	**640**	**1281**	**664**	**617**
龙湖区									
金平区									
濠江区	4	2	2	4	2	2	7	3	4
潮阳区	656	361	295	669	353	316	673	358	315
潮南区	383	192	191	345	186	159	335	172	163
澄海区	276	140	136	295	153	142	226	108	118
南澳县	45	23	22	40	19	21	40	23	17
佛山市	**358**	**190**	**168**	**388**	**198**	**190**	**399**	**208**	**191**
禅城区	185	107	78	204	107	97	202	102	100
南海区	20	10	10	26	8	18	32	19	13
顺德区									
三水区	142	66	76	137	71	66	153	82	71
高明区	11	7	4	21	12	9	12	5	7

1－10b　续表 10　　　　单位：人

地　区	2020年5月			2020年6月			2020年7月		
	小计	男	女	小计	男	女	小计	男	女
江门市	**255**	**129**	**126**	**264**	**138**	**126**	**255**	**142**	**113**
蓬江区									
江海区									
新会区	83	34	49	80	43	37	75	41	34
台山市	44	25	19	40	18	22	36	22	14
开平市	43	21	22	58	28	30	63	32	31
鹤山市	39	20	19	44	24	20	29	15	14
恩平市	46	29	17	42	25	17	52	32	20
湛江市	**1272**	**697**	**575**	**1285**	**695**	**590**	**1212**	**692**	**520**
赤坎区									
霞山区	9	7	2	8	3	5	2		2
坡头区	99	55	44	100	45	55	82	39	43
麻章区	68	40	28	55	26	29	52	33	19
遂溪县	313	162	151	315	177	138	310	182	128
徐闻县	253	137	116	239	121	118	221	114	107
廉江市	200	110	90	222	129	93	218	126	92
雷州市	184	112	72	174	101	73	187	112	75
吴川市	146	74	72	172	93	79	140	86	54
茂名市	**978**	**529**	**449**	**950**	**523**	**427**	**848**	**463**	**385**
茂南区	28	18	10	44	23	21	39	26	13
电白区	433	219	214	410	223	187	366	192	174
高州市	198	111	87	191	105	86	175	98	77
化州市	193	112	81	179	100	79	166	92	74
信宜市	126	69	57	126	72	54	102	55	47
肇庆市	**677**	**365**	**312**	**679**	**387**	**292**	**646**	**368**	**278**
端州区									
鼎湖区	32	18	14	35	23	12	27	13	14
高要区	104	55	49	116	59	57	96	54	42
广宁县	133	75	58	130	68	62	105	57	48
怀集县	208	114	94	204	129	75	217	133	84
封开县	100	54	46	92	49	43	95	52	43
德庆县	82	40	42	80	46	34	89	49	40
四会市	18	9	9	22	13	9	17	10	7
惠州市	**1379**	**754**	**625**	**1323**	**697**	**626**	**1326**	**736**	**590**
惠城区	95	52	43	112	56	56	104	53	51
惠阳区	105	62	43	86	41	45	77	39	38
博罗县	488	268	220	473	256	217	527	301	226
惠东县	562	301	261	541	286	255	500	285	215
龙门县	129	71	58	111	58	53	118	58	60
梅州市	**894**	**509**	**385**	**984**	**534**	**450**	**901**	**504**	**397**
梅江区	5	5		8	6	2	4	3	1
梅县区	30	11	19	31	21	10	31	14	17
大埔县	105	53	52	156	88	68	110	64	46
丰顺县	209	116	93	234	127	107	234	149	85
五华县	337	211	126	359	187	172	328	173	155
平远县	76	45	31	69	36	33	84	42	42
蕉岭县	74	39	35	58	42	16	55	29	26
兴宁市	58	29	29	69	27	42	55	30	25

1–10b　续表 11

单位：人

地　区	2020年5月			2020年6月			2020年7月		
	小计	男	女	小计	男	女	小计	男	女
汕尾市	**951**	**524**	**427**	**921**	**501**	**420**	**905**	**496**	**409**
城　区	39	23	16	40	25	15	44	25	19
海丰县	442	248	194	442	246	196	457	252	205
陆河县	158	87	71	146	62	84	133	70	63
陆丰市	312	166	146	293	168	125	271	149	122
河源市	**590**	**318**	**272**	**611**	**320**	**291**	**614**	**337**	**277**
源城区	13	7	6	9	1	8	13	7	6
紫金县	209	112	97	212	116	96	181	100	81
龙川县	143	77	66	159	76	83	163	91	72
连平县	93	49	44	76	35	41	81	39	42
和平县	62	34	28	106	64	42	118	63	55
东源县	70	39	31	49	28	21	58	37	21
阳江市	**319**	**165**	**154**	**332**	**165**	**167**	**316**	**163**	**153**
江城区	47	27	20	41	22	19	29	17	12
阳东区	39	17	22	45	16	29	45	24	21
阳西县	152	76	76	173	91	82	146	67	79
阳春市	81	45	36	73	36	37	96	55	41
清远市	**936**	**512**	**424**	**907**	**491**	**416**	**905**	**492**	**413**
清城区	255	140	115	253	133	120	254	142	112
清新区	26	11	15	35	18	17	27	14	13
佛冈县	141	86	55	118	67	51	112	64	48
阳山县	172	103	69	167	92	75	166	90	76
连山壮族瑶族自治县	32	12	20	55	27	28	38	19	19
连南瑶族自治县	61	30	31	65	35	30	62	34	28
英德市	213	113	100	185	104	81	209	115	94
连州市	36	17	19	29	15	14	37	14	23
东莞市	**33**	**23**	**10**	**31**	**16**	**15**	**25**	**19**	**6**
市辖区	33	23	10	31	16	15	25	19	6
中山市	**762**	**423**	**339**	**812**	**422**	**390**	**790**	**425**	**365**
市辖区	762	423	339	812	422	390	790	425	365
潮州市	**582**	**309**	**273**	**583**	**301**	**282**	**590**	**331**	**259**
湘桥区	67	42	25	55	23	32	46	21	25
潮安区	207	105	102	219	109	110	251	134	117
饶平县	308	162	146	309	169	140	293	176	117
揭阳市	**1698**	**921**	**777**	**1655**	**892**	**763**	**1697**	**883**	**814**
榕城区	80	50	30	104	50	54	93	47	46
揭东区	279	150	129	240	144	96	272	150	122
揭西县	231	125	106	263	138	125	265	137	128
惠来县	560	296	264	498	273	225	495	256	239
普宁市	548	300	248	550	287	263	572	293	279
云浮市	**419**	**226**	**193**	**458**	**251**	**207**	**450**	**249**	**201**
云城区									
云安区	37	19	18	50	29	21	55	29	26
新兴县	157	83	74	185	98	87	172	97	75
郁南县	146	79	67	145	80	65	135	74	61
罗定市	79	45	34	78	44	34	88	49	39

1-10b 续表 12

单位：人

地区	2020年8月			2020年9月			2020年10月		
	小计	男	女	小计	男	女	小计	男	女
广　东	**14690**	**7975**	**6715**	**12336**	**6692**	**5644**	**11932**	**6466**	**5466**
广州市	**996**	**530**	**466**	**838**	**427**	**411**	**726**	**406**	**320**
荔湾区									
越秀区									
海珠区									
天河区									
白云区	147	73	74	136	72	64	101	48	53
黄埔区	74	37	37	68	33	35	44	24	20
番禺区	48	25	23	45	24	21	34	23	11
花都区	58	32	26	54	26	28	62	32	30
南沙区	125	70	55	109	55	54	98	51	47
从化区	81	52	29	36	19	17	44	24	20
增城区	463	241	222	390	198	192	343	204	139
韶关市	**613**	**329**	**284**	**572**	**294**	**278**	**521**	**270**	**251**
武江区	6	6		3	1	2	3	1	2
浈江区	17	10	7	11	3	8	10	4	6
曲江区	15	9	6	21	9	12	12	2	10
始兴县	73	43	30	71	45	26	82	44	38
仁化县	64	33	31	56	28	28	57	30	27
翁源县	110	60	50	109	49	60	99	54	45
乳源瑶族自治县	93	48	45	90	56	34	75	38	37
新丰县	88	42	46	85	44	41	59	32	27
乐昌市	88	50	38	87	40	47	75	36	39
南雄市	59	28	31	39	19	20	49	29	20
深圳市	**3**	**1**	**2**	**5**	**3**	**2**	**4**	**1**	**3**
罗湖区									
福田区									
南山区									
宝安区									
龙岗区									
盐田区									
龙华区									
坪山区	3	1	2	5	3	2	4	1	3
光明区									
珠海市	**240**	**129**	**111**	**200**	**104**	**96**	**190**	**93**	**97**
香洲区	28	16	12	14	7	7	23	13	10
斗门区	143	76	67	112	59	53	114	60	54
金湾区	69	37	32	74	38	36	53	20	33
汕头市	**1179**	**640**	**539**	**1048**	**601**	**447**	**964**	**512**	**452**
龙湖区									
金平区									
濠江区	4	2	2	5	2	3	9	4	5
潮阳区	563	310	253	556	337	219	649	340	309
潮南区	347	200	147	262	146	116	162	90	72
澄海区	229	116	113	183	94	89	107	53	54
南澳县	36	12	24	42	22	20	37	25	12
佛山市	**424**	**242**	**182**	**351**	**212**	**139**	**298**	**161**	**137**
禅城区	215	115	100	166	94	72	122	61	61
南海区	39	23	16	24	18	6	27	18	9
顺德区									
三水区	159	102	57	146	89	57	136	76	60
高明区	11	2	9	15	11	4	13	6	7

1-10b 续表 13 单位：人

地 区	2020年8月			2020年9月			2020年10月		
	小计	男	女	小计	男	女	小计	男	女
江门市	**262**	**146**	**116**	**224**	**109**	**115**	**185**	**100**	**85**
蓬江区									
江海区									
新会区	93	51	42	84	37	47	62	36	26
台山市	31	18	13	30	17	13	24	12	12
开平市	68	38	30	38	20	18	34	14	20
鹤山市	25	19	6	31	16	15	24	12	12
恩平市	45	20	25	41	19	22	41	26	15
湛江市	**1184**	**653**	**531**	**960**	**539**	**421**	**1088**	**621**	**467**
赤坎区									
霞山区	3	1	2	7	5	2	10	5	5
坡头区	99	49	50	86	53	33	90	47	43
麻章区	68	37	31	31	15	16	33	20	13
遂溪县	279	152	127	242	136	106	221	132	89
徐闻县	248	144	104	164	85	79	222	129	93
廉江市	192	105	87	159	96	63	194	110	84
雷州市	147	87	60	130	69	61	130	83	47
吴川市	148	78	70	141	80	61	188	95	93
茂名市	**835**	**462**	**373**	**762**	**422**	**340**	**876**	**473**	**403**
茂南区	41	21	20	38	22	16	25	9	16
电白区	366	208	158	321	181	140	371	211	160
高州市	161	89	72	148	84	64	164	87	77
化州市	155	81	74	154	79	75	163	83	80
信宜市	112	63	49	101	56	45	153	83	70
肇庆市	**644**	**367**	**277**	**583**	**313**	**270**	**476**	**275**	**201**
端州区									
鼎湖区	33	15	18	29	15	14	24	17	7
高要区	90	58	32	105	60	45	70	36	34
广宁县	142	84	58	121	65	56	102	62	40
怀集县	201	119	82	180	89	91	157	86	71
封开县	96	47	49	72	47	25	54	27	27
德庆县	66	35	31	50	22	28	50	36	14
四会市	16	9	7	26	15	11	19	11	8
惠州市	**1448**	**770**	**678**	**1150**	**615**	**535**	**964**	**556**	**408**
惠城区	117	51	66	106	56	50	103	64	39
惠阳区	119	65	54	85	36	49	70	39	31
博罗县	533	287	246	369	210	159	337	194	143
惠东县	525	292	233	480	247	233	359	213	146
龙门县	154	75	79	110	66	44	95	46	49
梅州市	**924**	**540**	**384**	**809**	**435**	**374**	**759**	**409**	**350**
梅江区	3	1	2	5	3	2	12	7	5
梅县区	31	18	13	23	15	8	24	11	13
大埔县	115	68	47	92	43	49	100	54	46
丰顺县	228	135	93	196	105	91	133	67	66
五华县	329	193	136	283	160	123	288	161	127
平远县	76	42	34	85	52	33	71	45	26
蕉岭县	83	49	34	72	32	40	83	37	46
兴宁市	59	34	25	53	25	28	48	27	21

1-10b 续表 14 单位：人

地区	2020年8月			2020年9月			2020年10月		
	小计	男	女	小计	男	女	小计	男	女
汕尾市	**778**	**435**	**343**	**600**	**332**	**268**	**685**	**384**	**301**
城　区	48	26	22	16	7	9	56	30	26
海丰县	382	214	168	288	164	124	302	165	137
陆河县	131	77	54	131	79	52	125	70	55
陆丰市	217	118	99	165	82	83	202	119	83
河源市	**577**	**303**	**274**	**485**	**267**	**218**	**506**	**268**	**238**
源城区	8	6	2	7	5	2	10	4	6
紫金县	200	98	102	134	73	61	141	77	64
龙川县	152	88	64	131	74	57	139	78	61
连平县	89	50	39	75	37	38	62	30	32
和平县	79	33	46	92	51	41	110	53	57
东源县	49	28	21	46	27	19	44	26	18
阳江市	**284**	**140**	**144**	**230**	**120**	**110**	**232**	**126**	**106**
江城区	29	14	15	16	9	7	18	8	10
阳东区	41	20	21	30	17	13	32	21	11
阳西县	129	58	71	102	46	56	82	41	41
阳春市	85	48	37	82	48	34	100	56	44
清远市	**921**	**516**	**405**	**771**	**424**	**347**	**745**	**393**	**352**
清城区	262	145	117	199	118	81	169	88	81
清新区	26	14	12	27	15	12	28	15	13
佛冈县	149	87	62	97	53	44	92	49	43
阳山县	152	92	60	140	71	69	137	74	63
连山壮族瑶族自治县	44	21	23	36	17	19	46	27	19
连南瑶族自治县	41	22	19	56	32	24	42	24	18
英德市	217	120	97	184	98	86	190	96	94
连州市	30	15	15	32	20	12	41	20	21
东莞市	**23**	**11**	**12**	**16**	**10**	**6**	**15**	**10**	**5**
市辖区	23	11	12	16	10	6	15	10	5
中山市	**867**	**436**	**431**	**735**	**384**	**351**	**583**	**307**	**276**
市辖区	867	436	431	735	384	351	583	307	276
潮州市	**508**	**271**	**237**	**419**	**222**	**197**	**405**	**226**	**179**
湘桥区	45	19	26	45	28	17	39	21	18
潮安区	236	129	107	199	108	91	198	100	98
饶平县	227	123	104	175	86	89	168	105	63
揭阳市	**1525**	**792**	**733**	**1176**	**635**	**541**	**1318**	**675**	**643**
榕城区	99	48	51	78	41	37	45	25	20
揭东区	244	129	115	185	101	84	181	96	85
揭西县	254	141	113	203	113	90	199	103	96
惠来县	452	225	227	345	181	164	506	255	251
普宁市	476	249	227	365	199	166	387	196	191
云浮市	**455**	**262**	**193**	**402**	**224**	**178**	**392**	**200**	**192**
云城区									
云安区	43	22	21	52	20	32	44	22	22
新兴县	205	123	82	162	96	66	133	62	71
郁南县	131	75	56	129	70	59	137	73	64
罗定市	76	42	34	59	38	21	78	43	35

1-10c　各地区分性别、月份的出生人口
(2019.11.1-2020.10.31)(乡村)

单位：人

地　区	出生人口			2019年11月		
	合计	男	女	小计	男	女
广　东	**425028**	**228176**	**196852**	**46303**	**24280**	**22023**
广州市	**27829**	**14875**	**12954**	**2859**	**1522**	**1337**
荔湾区						
越秀区						
海珠区						
天河区						
白云区	6481	3456	3025	673	364	309
黄埔区	1387	727	660	140	61	79
番禺区	2341	1230	1111	234	123	111
花都区	4815	2526	2289	486	265	221
南沙区	2382	1285	1097	247	122	125
从化区	5192	2776	2416	511	272	239
增城区	5231	2875	2356	568	315	253
韶关市	**15939**	**8312**	**7627**	**1556**	**785**	**771**
武江区	737	378	359	83	45	38
浈江区	629	309	320	66	30	36
曲江区	1289	690	599	121	64	57
始兴县	1577	833	744	141	76	65
仁化县	1264	630	634	114	61	53
翁源县	3094	1606	1488	335	156	179
乳源瑶族自治县	1414	754	660	129	60	69
新丰县	1164	607	557	98	51	47
乐昌市	2381	1255	1126	243	116	127
南雄市	2390	1250	1140	226	126	100
深圳市	**337**	**179**	**158**	**34**	**19**	**15**
罗湖区						
福田区						
南山区						
宝安区						
龙岗区	337	179	158	34	19	15
盐田区						
龙华区						
坪山区						
光明区						
珠海市	**2781**	**1440**	**1341**	**295**	**154**	**141**
香洲区						
斗门区	2579	1330	1249	265	137	128
金湾区	202	110	92	30	17	13
汕头市	**22517**	**11977**	**10540**	**2688**	**1407**	**1281**
龙湖区	1031	550	481	119	64	55
金平区	198	100	98	18	13	5
濠江区	885	460	425	108	59	49
潮阳区	11008	5956	5052	1285	686	599
潮南区	7163	3774	3389	901	456	445
澄海区	2040	1044	996	241	120	121
南澳县	192	93	99	16	9	7
佛山市	**3999**	**2146**	**1853**	**423**	**224**	**199**
禅城区						
南海区	1421	757	664	157	79	78
顺德区	353	190	163	37	20	17
三水区	1725	928	797	179	95	84
高明区	500	271	229	50	30	20

1-10c 续表 1

单位：人

地　区	出生人口			2019年11月		
	合计	男	女	小计	男	女
江门市	**11846**	**6151**	**5695**	**1225**	**615**	**610**
蓬江区	257	128	129	28	11	17
江海区						
新会区	2295	1215	1080	235	118	117
台山市	3183	1712	1471	321	176	145
开平市	2471	1261	1210	249	117	132
鹤山市	1533	766	767	178	91	87
恩平市	2107	1069	1038	214	102	112
湛江市	**61767**	**33415**	**28352**	**7008**	**3650**	**3358**
赤坎区	125	74	51	12	3	9
霞山区	590	303	287	57	29	28
坡头区	3072	1676	1396	335	199	136
麻章区	4467	2457	2010	508	266	242
遂溪县	8833	4650	4183	918	463	455
徐闻县	5743	3114	2629	603	320	283
廉江市	15336	8315	7021	1748	876	872
雷州市	14888	8155	6733	1780	956	824
吴川市	8713	4671	4042	1047	538	509
茂名市	**54624**	**29765**	**24859**	**6211**	**3358**	**2853**
茂南区	4543	2488	2055	555	307	248
电白区	14147	7785	6362	1668	946	722
高州市	13382	7358	6024	1463	780	683
化州市	13669	7358	6311	1565	828	737
信宜市	8883	4776	4107	960	497	463
肇庆市	**26083**	**14176**	**11907**	**2745**	**1435**	**1310**
端州区						
鼎湖区	802	445	357	80	42	38
高要区	5207	2811	2396	562	292	270
广宁县	2492	1363	1129	279	152	127
怀集县	9521	5210	4311	1000	520	480
封开县	2898	1510	1388	326	150	176
德庆县	3356	1848	1508	345	199	146
四会市	1807	989	818	153	80	73
惠州市	**18683**	**9980**	**8703**	**2029**	**1067**	**962**
惠城区	3776	1988	1788	371	187	184
惠阳区	2783	1488	1295	324	164	160
博罗县	5282	2828	2454	580	312	268
惠东县	4814	2585	2229	534	294	240
龙门县	2028	1091	937	220	110	110
梅州市	**24153**	**13006**	**11147**	**2456**	**1283**	**1173**
梅江区	369	187	182	34	18	16
梅县区	2682	1492	1190	264	139	125
大埔县	1688	879	809	184	106	78
丰顺县	2886	1556	1330	272	152	120
五华县	9511	5188	4323	1022	533	489
平远县	1072	580	492	90	41	49
蕉岭县	851	443	408	65	34	31
兴宁市	5094	2681	2413	525	260	265

1-10c　续表 2　　　　单位：人

地　　区	出生人口			2019年11月		
	合计	男	女	小计	男	女
汕尾市	**18333**	**10012**	**8321**	**2023**	**1060**	**963**
城　区	1541	843	698	172	89	83
海丰县	3673	1996	1677	369	192	177
陆河县	1889	1028	861	203	99	104
陆丰市	11230	6145	5085	1279	680	599
河源市	**17088**	**9182**	**7906**	**1694**	**876**	**818**
源城区	388	222	166	42	23	19
紫金县	4510	2387	2123	446	229	217
龙川县	4656	2502	2154	464	249	215
连平县	2040	1122	918	186	103	83
和平县	2944	1561	1383	299	143	156
东源县	2550	1388	1162	257	129	128
阳江市	**12843**	**6849**	**5994**	**1372**	**689**	**683**
江城区	1937	1039	898	215	114	101
阳东区	2293	1188	1105	240	113	127
阳西县	2647	1408	1239	285	147	138
阳春市	5966	3214	2752	632	315	317
清远市	**23017**	**12422**	**10595**	**2377**	**1239**	**1138**
清城区	1890	1025	865	186	96	90
清新区	3815	2087	1728	408	221	187
佛冈县	2080	1164	916	207	112	95
阳山县	3411	1834	1577	354	185	169
连山壮族瑶族自治县	835	437	398	94	47	47
连南瑶族自治县	1092	589	503	119	58	61
英德市	7591	4086	3505	778	401	377
连州市	2303	1200	1103	231	119	112
东莞市	**5472**	**2901**	**2571**	**648**	**329**	**319**
市辖区	5472	2901	2571	648	329	319
中山市	**5436**	**2830**	**2606**	**577**	**279**	**298**
市辖区	5436	2830	2606	577	279	298
潮州市	**10108**	**5318**	**4790**	**1138**	**622**	**516**
湘桥区	670	321	349	66	32	34
潮安区	4746	2529	2217	529	285	244
饶平县	4692	2468	2224	543	305	238
揭阳市	**45189**	**24039**	**21150**	**5096**	**2685**	**2411**
榕城区	2543	1388	1155	336	179	157
揭东区	6724	3553	3171	764	395	369
揭西县	8792	4705	4087	901	466	435
惠来县	9842	5306	4536	1143	613	530
普宁市	17288	9087	8201	1952	1032	920
云浮市	**16984**	**9201**	**7783**	**1849**	**982**	**867**
云城区	1038	557	481	115	57	58
云安区	2207	1205	1002	247	131	116
新兴县	3050	1654	1396	296	160	136
郁南县	2489	1359	1130	244	140	104
罗定市	8200	4426	3774	947	494	453

1-10c 续表 3

单位：人

地　区	2019年12月			2020年1月		
	小计	男	女	小计	男	女
广　东	**40992**	**21857**	**19135**	**37339**	**19832**	**17507**
广州市	**2740**	**1463**	**1277**	**2349**	**1234**	**1115**
荔湾区						
越秀区						
海珠区						
天河区						
白云区	636	343	293	562	282	280
黄埔区	128	71	57	101	60	41
番禺区	201	107	94	206	108	98
花都区	509	278	231	414	211	203
南沙区	228	119	109	220	125	95
从化区	525	264	261	442	237	205
增城区	513	281	232	404	211	193
韶关市	**1307**	**673**	**634**	**1280**	**663**	**617**
武江区	56	26	30	53	22	31
浈江区	60	27	33	57	32	25
曲江区	88	49	39	108	63	45
始兴县	136	62	74	137	70	67
仁化县	89	49	40	106	49	57
翁源县	247	132	115	224	122	102
乳源瑶族自治县	108	60	48	123	65	58
新丰县	101	57	44	76	34	42
乐昌市	210	109	101	197	106	91
南雄市	212	102	110	199	100	99
深圳市	**37**	**19**	**18**	**33**	**19**	**14**
罗湖区						
福田区						
南山区						
宝安区						
龙岗区	37	19	18	33	19	14
盐田区						
龙华区						
坪山区						
光明区						
珠海市	**251**	**137**	**114**	**236**	**107**	**129**
香洲区						
斗门区	239	131	108	212	97	115
金湾区	12	6	6	24	10	14
汕头市	**2176**	**1120**	**1056**	**1980**	**1020**	**960**
龙湖区	104	54	50	113	53	60
金平区	21	13	8	14	5	9
濠江区	78	35	43	82	37	45
潮阳区	1006	526	480	917	469	448
潮南区	745	395	350	648	340	308
澄海区	207	88	119	194	112	82
南澳县	15	9	6	12	4	8
佛山市	**422**	**232**	**190**	**333**	**180**	**153**
禅城区						
南海区	156	85	71	117	64	53
顺德区	34	19	15	30	13	17
三水区	173	95	78	139	77	62
高明区	59	33	26	47	26	21

1-10c 续表 4 单位：人

地 区	2019年12月			2020年1月		
	小计	男	女	小计	男	女
江门市	**1088**	**573**	**515**	**1083**	**584**	**499**
蓬江区	31	17	14	26	16	10
江海区						
新会区	238	133	105	211	120	91
台山市	263	134	129	252	144	108
开平市	219	120	99	228	115	113
鹤山市	142	75	67	156	83	73
恩平市	195	94	101	210	106	104
湛江市	**6013**	**3156**	**2857**	**5480**	**2973**	**2507**
赤坎区	15	11	4	12	10	2
霞山区	57	21	36	47	17	30
坡头区	294	159	135	301	160	141
麻章区	403	214	189	415	233	182
遂溪县	811	403	408	749	392	357
徐闻县	536	304	232	520	289	231
廉江市	1515	775	740	1338	738	600
雷州市	1578	849	729	1386	764	622
吴川市	804	420	384	712	370	342
茂名市	**5325**	**2915**	**2410**	**4635**	**2492**	**2143**
茂南区	484	260	224	364	199	165
电白区	1346	708	638	1193	672	521
高州市	1298	731	567	1132	596	536
化州市	1374	782	592	1201	619	582
信宜市	823	434	389	745	406	339
肇庆市	**2452**	**1320**	**1132**	**2270**	**1202**	**1068**
端州区						
鼎湖区	71	38	33	72	36	36
高要区	517	270	247	435	224	211
广宁县	225	128	97	227	122	105
怀集县	879	488	391	815	425	390
封开县	285	142	143	272	153	119
德庆县	304	168	136	284	153	131
四会市	171	86	85	165	89	76
惠州市	**1746**	**929**	**817**	**1652**	**876**	**776**
惠城区	348	174	174	340	188	152
惠阳区	280	160	120	224	121	103
博罗县	487	278	209	499	259	240
惠东县	471	232	239	429	220	209
龙门县	160	85	75	160	88	72
梅州市	**2307**	**1228**	**1079**	**2137**	**1094**	**1043**
梅江区	37	18	19	22	13	9
梅县区	279	165	114	218	109	109
大埔县	163	88	75	150	70	80
丰顺县	264	126	138	240	116	124
五华县	927	514	413	899	471	428
平远县	92	47	45	75	42	33
蕉岭县	82	39	43	76	35	41
兴宁市	463	231	232	457	238	219

1-10c 续表 5

单位：人

地　区	2019年12月			2020年1月		
	小计	男	女	小计	男	女
汕尾市	**1833**	**976**	**857**	**1669**	**909**	**760**
城　区	140	78	62	140	75	65
海丰县	349	177	172	338	171	167
陆河县	195	100	95	161	87	74
陆丰市	1149	621	528	1030	576	454
河源市	**1553**	**837**	**716**	**1550**	**849**	**701**
源城区	37	22	15	36	19	17
紫金县	407	224	183	423	217	206
龙川县	462	237	225	427	223	204
连平县	168	86	82	183	111	72
和平县	241	134	107	242	140	102
东源县	238	134	104	239	139	100
阳江市	**1247**	**678**	**569**	**1134**	**596**	**538**
江城区	211	118	93	165	91	74
阳东区	236	125	111	203	107	96
阳西县	246	133	113	235	109	126
阳春市	554	302	252	531	289	242
清远市	**2087**	**1102**	**985**	**1964**	**1060**	**904**
清城区	186	108	78	159	85	74
清新区	332	168	164	338	178	160
佛冈县	192	108	84	181	97	84
阳山县	314	167	147	264	133	131
连山壮族瑶族自治县	81	38	43	80	37	43
连南瑶族自治县	91	51	40	87	54	33
英德市	681	356	325	664	373	291
连州市	210	106	104	191	103	88
东莞市	**581**	**342**	**239**	**529**	**278**	**251**
市辖区	581	342	239	529	278	251
中山市	**546**	**284**	**262**	**536**	**262**	**274**
市辖区	546	284	262	536	262	274
潮州市	**1073**	**570**	**503**	**957**	**490**	**467**
湘桥区	66	29	37	71	31	40
潮安区	492	264	228	422	224	198
饶平县	515	277	238	464	235	229
揭阳市	**4611**	**2454**	**2157**	**4058**	**2174**	**1884**
榕城区	287	150	137	232	122	110
揭东区	629	346	283	576	293	283
揭西县	814	402	412	699	400	299
惠来县	1051	576	475	916	494	422
普宁市	1830	980	850	1635	865	770
云浮市	**1597**	**849**	**748**	**1474**	**770**	**704**
云城区	85	44	41	90	46	44
云安区	204	95	109	177	90	87
新兴县	253	141	112	274	145	129
郁南县	247	138	109	219	109	110
罗定市	808	431	377	714	380	334

1-10c　续表 6　　　　单位：人

地　区	2020年2月			2020年3月			2020年4月		
	小计	男	女	小计	男	女	小计	男	女
广　东	**34083**	**18288**	**15795**	**34982**	**18651**	**16331**	**33362**	**17878**	**15484**
广州市	**2187**	**1207**	**980**	**2296**	**1196**	**1100**	**2123**	**1121**	**1002**
荔湾区									
越秀区									
海珠区									
天河区									
白云区	512	290	222	529	273	256	483	244	239
黄埔区	108	64	44	112	57	55	99	61	38
番禺区	196	106	90	183	91	92	178	84	94
花都区	354	182	172	387	197	190	362	179	183
南沙区	181	99	82	189	105	84	188	109	79
从化区	415	213	202	438	236	202	428	231	197
增城区	421	253	168	458	237	221	385	213	172
韶关市	**1227**	**650**	**577**	**1224**	**620**	**604**	**1265**	**637**	**628**
武江区	63	31	32	71	35	36	59	40	19
浈江区	60	28	32	56	29	27	45	27	18
曲江区	109	58	51	85	38	47	103	47	56
始兴县	105	55	50	116	61	55	128	65	63
仁化县	89	39	50	91	37	54	90	45	45
翁源县	262	149	113	237	113	124	259	129	130
乳源瑶族自治县	105	51	54	135	75	60	121	60	61
新丰县	94	53	41	91	47	44	92	45	47
乐昌市	164	93	71	164	86	78	180	88	92
南雄市	176	93	83	178	99	79	188	91	97
深圳市	**30**	**12**	**18**	**17**	**9**	**8**	**25**	**13**	**12**
罗湖区									
福田区									
南山区									
宝安区									
龙岗区	30	12	18	17	9	8	25	13	12
盐田区									
龙华区									
坪山区									
光明区									
珠海市	**220**	**112**	**108**	**223**	**119**	**104**	**208**	**101**	**107**
香洲区									
斗门区	205	103	102	211	116	95	190	90	100
金湾区	15	9	6	12	3	9	18	11	7
汕头市	**1787**	**938**	**849**	**1940**	**1015**	**925**	**1793**	**970**	**823**
龙湖区	87	42	45	86	50	36	92	49	43
金平区	19	7	12	9	5	4	13	3	10
濠江区	49	28	21	83	38	45	64	32	32
潮阳区	879	467	412	942	503	439	822	449	373
潮南区	576	300	276	638	318	320	593	335	258
澄海区	165	92	73	171	96	75	197	94	103
南澳县	12	2	10	11	5	6	12	8	4
佛山市	**280**	**142**	**138**	**317**	**172**	**145**	**293**	**146**	**147**
禅城区									
南海区	108	50	58	111	55	56	101	56	45
顺德区	26	14	12	26	16	10	29	11	18
三水区	111	56	55	151	85	66	125	62	63
高明区	35	22	13	29	16	13	38	17	21

1-10c 续表 7

单位：人

地　区	2020年2月			2020年3月			2020年4月		
	小计	男	女	小计	男	女	小计	男	女
江门市	**958**	**513**	**445**	**910**	**483**	**427**	**921**	**482**	**439**
蓬江区	25	16	9	14	5	9	25	14	11
江海区									
新会区	173	88	85	180	94	86	174	89	85
台山市	249	133	116	243	132	111	269	149	120
开平市	202	112	90	194	101	93	183	97	86
鹤山市	124	55	69	113	56	57	126	66	60
恩平市	185	109	76	166	95	71	144	67	77
湛江市	**5119**	**2814**	**2305**	**5193**	**2775**	**2418**	**4810**	**2541**	**2269**
赤坎区	9	5	4	17	11	6	8	4	4
霞山区	45	22	23	50	24	26	44	24	20
坡头区	267	142	125	229	119	110	236	139	97
麻章区	366	215	151	406	207	199	375	211	164
遂溪县	727	385	342	745	408	337	661	328	333
徐闻县	457	261	196	456	224	232	453	240	213
廉江市	1304	715	589	1267	672	595	1133	603	530
雷州市	1273	702	571	1360	756	604	1234	639	595
吴川市	671	367	304	663	354	309	666	353	313
茂名市	**4307**	**2324**	**1983**	**4377**	**2394**	**1983**	**4477**	**2459**	**2018**
茂南区	381	207	174	348	192	156	356	191	165
电白区	1158	626	532	1122	613	509	1188	684	504
高州市	1043	587	456	1096	618	478	1123	621	502
化州市	1070	560	510	1143	624	519	1105	578	527
信宜市	655	344	311	668	347	321	705	385	320
肇庆市	**2041**	**1141**	**900**	**2153**	**1196**	**957**	**1905**	**1043**	**862**
端州区									
鼎湖区	68	41	27	61	40	21	59	36	23
高要区	431	226	205	471	268	203	424	221	203
广宁县	180	101	79	228	129	99	187	105	82
怀集县	741	429	312	742	403	339	649	353	296
封开县	250	134	116	261	131	130	201	108	93
德庆县	240	134	106	234	140	94	245	153	92
四会市	131	76	55	156	85	71	140	67	73
惠州市	**1526**	**784**	**742**	**1568**	**841**	**727**	**1469**	**807**	**662**
惠城区	315	156	159	321	169	152	307	157	150
惠阳区	239	135	104	216	125	91	204	112	92
博罗县	415	208	207	434	230	204	438	245	193
惠东县	394	212	182	435	219	216	382	229	153
龙门县	163	73	90	162	98	64	138	64	74
梅州市	**1956**	**1073**	**883**	**2068**	**1099**	**969**	**1961**	**1047**	**914**
梅江区	33	16	17	30	20	10	36	17	19
梅县区	225	123	102	242	137	105	228	119	109
大埔县	146	76	70	154	72	82	151	82	69
丰顺县	233	133	100	232	119	113	229	120	109
五华县	746	414	332	793	422	371	755	413	342
平远县	96	61	35	91	49	42	98	52	46
蕉岭县	71	40	31	66	34	32	65	34	31
兴宁市	406	210	196	460	246	214	399	210	189

1—10c　续表 8　　　　单位：人

地　　区	2020年2月			2020年3月			2020年4月		
	小计	男	女	小计	男	女	小计	男	女
汕尾市	**1542**	**815**	**727**	**1548**	**835**	**713**	**1501**	**847**	**654**
城　区	130	69	61	127	67	60	114	58	56
海丰县	323	173	150	344	184	160	264	152	112
陆河县	140	63	77	135	79	56	155	95	60
陆丰市	949	510	439	942	505	437	968	542	426
河源市	**1384**	**756**	**628**	**1465**	**774**	**691**	**1419**	**750**	**669**
源城区	34	25	9	38	25	13	30	16	14
紫金县	387	208	179	371	192	179	378	201	177
龙川县	376	205	171	411	218	193	379	205	174
连平县	160	91	69	158	86	72	156	83	73
和平县	223	119	104	255	124	131	269	141	128
东源县	204	108	96	232	129	103	207	104	103
阳江市	**984**	**534**	**450**	**1069**	**559**	**510**	**997**	**528**	**469**
江城区	136	75	61	140	68	72	154	80	74
阳东区	186	102	84	190	104	86	182	96	86
阳西县	213	118	95	219	116	103	220	117	103
阳春市	449	239	210	520	271	249	441	235	206
清远市	**1749**	**921**	**828**	**1839**	**972**	**867**	**1754**	**958**	**796**
清城区	121	70	51	168	91	77	143	83	60
清新区	320	183	137	331	182	149	326	180	146
佛冈县	143	84	59	177	98	79	174	109	65
阳山县	273	138	135	287	157	130	264	150	114
连山壮族瑶族自治县	56	19	37	61	37	24	63	31	32
连南瑶族自治县	87	43	44	73	35	38	81	51	30
英德市	564	287	277	535	277	258	533	272	261
连州市	185	97	88	207	95	112	170	82	88
东莞市	**465**	**240**	**225**	**421**	**223**	**198**	**426**	**234**	**192**
市辖区	465	240	225	421	223	198	426	234	192
中山市	**424**	**208**	**216**	**509**	**273**	**236**	**391**	**211**	**180**
市辖区	424	208	216	509	273	236	391	211	180
潮州市	**834**	**453**	**381**	**788**	**402**	**386**	**780**	**409**	**371**
湘桥区	61	35	26	53	24	29	55	28	27
潮安区	359	196	163	330	168	162	361	173	188
饶平县	414	222	192	405	210	195	364	208	156
揭阳市	**3700**	**1917**	**1783**	**3678**	**1957**	**1721**	**3564**	**1878**	**1686**
榕城区	220	126	94	209	99	110	195	106	89
揭东区	555	278	277	506	276	230	510	271	239
揭西县	660	361	299	657	363	294	663	362	301
惠来县	863	448	415	821	425	396	800	412	388
普宁市	1402	704	698	1485	794	691	1396	727	669
云浮市	**1363**	**734**	**629**	**1379**	**737**	**642**	**1280**	**696**	**584**
云城区	92	50	42	77	42	35	81	38	43
云安区	190	103	87	187	99	88	173	104	69
新兴县	237	129	108	242	136	106	214	120	94
郁南县	201	117	84	186	103	83	185	97	88
罗定市	643	335	308	687	357	330	627	337	290

1-10c 续表 9 单位：人

地区	2020年5月			2020年6月			2020年7月		
	小计	男	女	小计	男	女	小计	男	女
广 东	**34534**	**18704**	**15830**	**34649**	**18652**	**15997**	**33951**	**18265**	**15686**
广州市	**2243**	**1208**	**1035**	**2277**	**1162**	**1115**	**2423**	**1319**	**1104**
荔湾区									
越秀区									
海珠区									
天河区									
白云区	518	289	229	521	271	250	588	314	274
黄埔区	120	61	59	125	56	69	125	65	60
番禺区	167	85	82	201	94	107	199	120	79
花都区	398	196	202	400	212	188	443	229	214
南沙区	209	106	103	180	94	86	182	104	78
从化区	428	257	171	419	217	202	444	236	208
增城区	403	214	189	431	218	213	442	251	191
韶关市	**1247**	**661**	**586**	**1336**	**710**	**626**	**1279**	**674**	**605**
武江区	60	33	27	55	25	30	57	27	30
浈江区	51	28	23	40	21	19	54	23	31
曲江区	105	57	48	129	67	62	121	72	49
始兴县	118	60	58	155	90	65	105	57	48
仁化县	93	43	50	96	50	46	103	59	44
翁源县	255	135	120	254	138	116	237	113	124
乳源瑶族自治县	100	53	47	111	63	48	105	59	46
新丰县	84	50	34	101	60	41	104	53	51
乐昌市	180	100	80	207	103	104	168	78	90
南雄市	201	102	99	188	93	95	225	133	92
深圳市	**22**	**13**	**9**	**31**	**20**	**11**	**38**	**17**	**21**
罗湖区									
福田区									
南山区									
宝安区									
龙岗区	22	13	9	31	20	11	38	17	21
盐田区									
龙华区									
坪山区									
光明区									
珠海市	**228**	**132**	**96**	**210**	**105**	**105**	**239**	**119**	**120**
香洲区									
斗门区	211	122	89	195	97	98	219	107	112
金湾区	17	10	7	15	8	7	20	12	8
汕头市	**1851**	**1020**	**831**	**1917**	**1016**	**901**	**1768**	**983**	**785**
龙湖区	77	49	28	87	42	45	72	40	32
金平区	16	8	8	23	11	12	16	9	7
濠江区	59	32	27	64	35	29	72	40	32
潮阳区	941	520	421	952	516	436	841	490	351
潮南区	564	306	258	596	312	284	584	310	274
澄海区	181	97	84	179	91	88	162	84	78
南澳县	13	8	5	16	9	7	21	10	11
佛山市	**303**	**163**	**140**	**321**	**179**	**142**	**356**	**196**	**160**
禅城区									
南海区	94	46	48	116	64	52	131	72	59
顺德区	34	19	15	29	15	14	36	22	14
三水区	133	73	60	137	80	57	153	81	72
高明区	42	25	17	39	20	19	36	21	15

1-10c　续表 10　　　　单位：人

地　区	2020年5月			2020年6月			2020年7月		
	小计	男	女	小计	男	女	小计	男	女
江门市	**997**	**517**	**480**	**1035**	**514**	**521**	**1010**	**518**	**492**
蓬江区	10	8	2	26	11	15	21	7	14
江海区									
新会区	199	104	95	210	112	98	194	95	99
台山市	273	146	127	273	143	130	275	152	123
开平市	209	113	96	229	110	119	224	109	115
鹤山市	130	53	77	125	56	69	123	62	61
恩平市	176	93	83	172	82	90	173	93	80
湛江市	**5141**	**2839**	**2302**	**4955**	**2735**	**2220**	**4621**	**2493**	**2128**
赤坎区	11	4	7	12	7	5	9	5	4
霞山区	59	36	23	52	28	24	45	22	23
坡头区	259	136	123	223	113	110	225	117	108
麻章区	376	213	163	343	193	150	364	197	167
遂溪县	783	423	360	767	418	349	698	370	328
徐闻县	480	248	232	469	273	196	471	257	214
廉江市	1249	689	560	1247	694	553	1153	626	527
雷州市	1257	713	544	1163	625	538	1016	557	459
吴川市	667	377	290	679	384	295	640	342	298
茂名市	**4597**	**2466**	**2131**	**4433**	**2436**	**1997**	**4041**	**2200**	**1841**
茂南区	374	196	178	347	198	149	369	207	162
电白区	1241	632	609	1166	645	521	1058	538	520
高州市	1157	648	509	1091	579	512	989	576	413
化州市	1145	630	515	1145	629	516	988	529	459
信宜市	680	360	320	684	385	299	637	350	287
肇庆市	**2070**	**1108**	**962**	**2084**	**1133**	**951**	**2175**	**1186**	**989**
端州区									
鼎湖区	62	30	32	58	34	24	74	36	38
高要区	420	216	204	408	231	177	426	241	185
广宁县	177	91	86	195	107	88	208	102	106
怀集县	746	409	337	808	452	356	791	439	352
封开县	213	113	100	220	104	116	252	143	109
德庆县	297	164	133	249	128	121	300	161	139
四会市	155	85	70	146	77	69	124	64	60
惠州市	**1568**	**860**	**708**	**1441**	**800**	**641**	**1533**	**798**	**735**
惠城区	318	169	149	279	157	122	276	138	138
惠阳区	245	137	108	208	106	102	220	118	102
博罗县	419	237	182	404	231	173	455	228	227
惠东县	413	214	199	406	212	194	410	228	182
龙门县	173	103	70	144	94	50	172	86	86
梅州市	**1910**	**1015**	**895**	**1908**	**1059**	**849**	**1906**	**1053**	**853**
梅江区	20	11	9	28	18	10	31	11	20
梅县区	212	117	95	207	112	95	217	130	87
大埔县	116	51	65	135	71	64	131	72	59
丰顺县	262	157	105	212	114	98	259	143	116
五华县	762	414	348	767	437	330	707	385	322
平远县	92	43	49	85	48	37	89	48	41
蕉岭县	79	44	35	65	39	26	56	29	27
兴宁市	367	178	189	409	220	189	416	235	181

1-10c 续表 11 单位：人

地区	2020年5月			2020年6月			2020年7月		
	小计	男	女	小计	男	女	小计	男	女
汕尾市	**1540**	**877**	**663**	**1494**	**832**	**662**	**1411**	**763**	**648**
城区	118	66	52	136	72	64	116	59	57
海丰县	342	207	135	324	187	137	297	156	141
陆河县	158	89	69	150	86	64	148	84	64
陆丰市	922	515	407	884	487	397	850	464	386
河源市	**1399**	**738**	**661**	**1501**	**784**	**717**	**1393**	**730**	**663**
源城区	42	19	23	29	14	15	27	11	16
紫金县	344	175	169	389	193	196	361	187	174
龙川县	403	206	197	392	214	178	376	196	180
连平县	165	88	77	203	100	103	169	102	67
和平县	234	131	103	265	143	122	255	126	129
东源县	211	119	92	223	120	103	205	108	97
阳江市	**1034**	**561**	**473**	**1084**	**572**	**512**	**1009**	**528**	**481**
江城区	155	82	73	171	90	81	136	65	71
阳东区	177	91	86	197	97	100	212	102	110
阳西县	224	126	98	221	113	108	208	114	94
阳春市	478	262	216	495	272	223	453	247	206
清远市	**1801**	**971**	**830**	**2015**	**1081**	**934**	**1936**	**1040**	**896**
清城区	151	70	81	160	85	75	147	82	65
清新区	312	179	133	322	180	142	315	171	144
佛冈县	172	89	83	190	109	81	151	73	78
阳山县	280	151	129	294	150	144	319	164	155
连山壮族瑶族自治县	66	35	31	64	38	26	80	41	39
连南瑶族自治县	88	46	42	104	58	46	80	48	32
英德市	566	307	259	688	362	326	644	355	289
连州市	166	94	72	193	99	94	200	106	94
东莞市	**449**	**236**	**213**	**405**	**217**	**188**	**450**	**230**	**220**
市辖区	449	236	213	405	217	188	450	230	220
中山市	**415**	**233**	**182**	**466**	**242**	**224**	**435**	**227**	**208**
市辖区	415	233	182	466	242	224	435	227	208
潮州市	**779**	**394**	**385**	**824**	**444**	**380**	**835**	**444**	**391**
湘桥区	49	24	25	42	19	23	71	31	40
潮安区	394	209	185	414	229	185	387	220	167
饶平县	336	161	175	368	196	172	377	193	184
揭阳市	**3573**	**1921**	**1652**	**3600**	**1906**	**1694**	**3726**	**1970**	**1756**
榕城区	195	106	89	190	107	83	228	127	101
揭东区	532	287	245	539	285	254	535	280	255
揭西县	682	366	316	727	368	359	763	396	367
惠来县	807	425	382	786	439	347	787	435	352
普宁市	1357	737	620	1358	707	651	1413	732	681
云浮市	**1367**	**771**	**596**	**1312**	**705**	**607**	**1367**	**777**	**590**
云城区	73	39	34	75	39	36	82	58	24
云安区	179	105	74	162	96	66	166	95	71
新兴县	233	125	108	244	131	113	259	145	114
郁南县	201	104	97	207	114	93	201	119	82
罗定市	681	398	283	624	325	299	659	360	299

1-10c　续表 12　　　　单位：人

地　区	2020年8月			2020年9月			2020年10月		
	小计	男	女	小计	男	女	小计	男	女
广　东	**33778**	**18282**	**15496**	**29560**	**16136**	**13424**	**31495**	**17351**	**14144**
广州市	**2467**	**1350**	**1117**	**2171**	**1163**	**1008**	**1694**	**930**	**764**
荔湾区									
越秀区									
海珠区									
天河区									
白云区	599	339	260	493	253	240	367	194	173
黄埔区	131	62	69	109	63	46	89	46	43
番禺区	201	107	94	212	113	99	163	92	71
花都区	402	216	186	392	211	181	268	150	118
南沙区	217	119	98	174	95	79	167	88	79
从化区	476	266	210	386	198	188	280	149	131
增城区	441	241	200	405	230	175	360	211	149
韶关市	**1374**	**728**	**646**	**1333**	**694**	**639**	**1511**	**817**	**694**
武江区	60	33	27	63	30	33	57	31	26
浈江区	40	23	17	56	21	35	44	20	24
曲江区	106	55	51	94	53	41	120	67	53
始兴县	142	77	65	114	70	44	180	90	90
仁化县	129	64	65	119	54	65	145	80	65
翁源县	240	126	114	276	145	131	268	148	120
乳源瑶族自治县	118	67	51	121	65	56	138	76	62
新丰县	120	65	55	111	46	65	92	46	46
乐昌市	214	121	93	213	113	100	241	142	99
南雄市	205	97	108	166	97	69	226	117	109
深圳市	**30**	**18**	**12**	**21**	**12**	**9**	**19**	**8**	**11**
罗湖区									
福田区									
南山区									
宝安区									
龙岗区	30	18	12	21	12	9	19	8	11
盐田区									
龙华区									
坪山区									
光明区									
珠海市	**257**	**125**	**132**	**220**	**129**	**91**	**194**	**100**	**94**
香洲区									
斗门区	240	115	125	206	117	89	186	98	88
金湾区	17	10	7	14	12	2	8	2	6
汕头市	**1701**	**920**	**781**	**1416**	**761**	**655**	**1500**	**807**	**693**
龙湖区	74	42	32	75	41	34	45	24	21
金平区	19	9	10	12	6	6	18	11	7
濠江区	77	44	33	59	28	31	90	52	38
潮阳区	841	453	388	733	414	319	849	463	386
潮南区	531	287	244	401	217	184	386	198	188
澄海区	138	77	61	113	43	70	92	50	42
南澳县	21	8	13	23	12	11	20	9	11
佛山市	**348**	**182**	**166**	**323**	**179**	**144**	**280**	**151**	**129**
禅城区									
南海区	124	65	59	114	68	46	92	53	39
顺德区	28	12	16	24	16	8	20	13	7
三水区	144	78	66	145	73	72	135	73	62
高明区	52	27	25	40	22	18	33	12	21

1-10c 续表 13

单位：人

地区	2020年8月			2020年9月			2020年10月		
	小计	男	女	小计	男	女	小计	男	女
江门市	**1021**	**517**	**504**	**846**	**440**	**406**	**752**	**395**	**357**
蓬江区	20	13	7	20	7	13	11	3	8
江海区									
新会区	179	101	78	148	76	72	154	85	69
台山市	308	161	147	243	128	115	214	114	100
开平市	227	104	123	182	96	86	125	67	58
鹤山市	133	67	66	96	57	39	87	45	42
恩平市	154	71	83	157	76	81	161	81	80
湛江市	**4475**	**2452**	**2023**	**3963**	**2220**	**1743**	**4989**	**2767**	**2222**
赤坎区	8	7	1	9	5	4	3	2	1
霞山区	44	28	16	44	28	16	46	24	22
坡头区	275	162	113	172	98	74	256	132	124
麻章区	341	181	160	280	152	128	290	175	115
遂溪县	689	369	320	634	349	285	651	342	309
徐闻县	416	223	193	399	213	186	483	262	221
廉江市	1041	557	484	986	588	398	1355	782	573
雷州市	985	565	420	848	467	381	1008	562	446
吴川市	676	360	316	591	320	271	897	486	411
茂名市	**3997**	**2156**	**1841**	**3538**	**1966**	**1572**	**4686**	**2599**	**2087**
茂南区	346	183	163	307	161	146	312	187	125
电白区	1061	598	463	859	498	361	1087	625	462
高州市	946	509	437	832	434	398	1212	679	533
化州市	943	505	438	882	497	385	1108	577	531
信宜市	701	361	340	658	376	282	967	531	436
肇庆市	**2171**	**1185**	**986**	**2012**	**1123**	**889**	**2005**	**1104**	**901**
端州区									
鼎湖区	58	35	23	79	41	38	60	36	24
高要区	451	258	193	372	207	165	290	157	133
广宁县	196	100	96	210	128	82	180	98	82
怀集县	796	429	367	749	423	326	805	440	365
封开县	226	128	98	207	110	97	185	94	91
德庆县	280	142	138	277	143	134	301	163	138
四会市	164	93	71	118	71	47	184	116	68
惠州市	**1558**	**847**	**711**	**1308**	**676**	**632**	**1285**	**695**	**590**
惠城区	314	177	137	292	158	134	295	158	137
惠阳区	259	141	118	200	97	103	164	72	92
博罗县	443	219	224	360	189	171	348	192	156
惠东县	363	216	147	286	141	145	291	168	123
龙门县	179	94	85	170	91	79	187	105	82
梅州市	**1950**	**1055**	**895**	**1748**	**961**	**787**	**1846**	**1039**	**807**
梅江区	31	12	19	38	18	20	29	15	14
梅县区	220	118	102	198	126	72	172	97	75
大埔县	125	68	57	123	61	62	110	62	48
丰顺县	246	131	115	250	134	116	187	111	76
五华县	743	416	327	632	352	280	758	417	341
平远县	98	49	49	71	38	33	95	62	33
蕉岭县	77	38	39	61	24	37	88	53	35
兴宁市	410	223	187	375	208	167	407	222	185

1−10c　续表 14　　　　单位：人

地　区	2020年8月			2020年9月			2020年10月		
	小计	男	女	小计	男	女	小计	男	女
汕尾市	**1424**	**792**	**632**	**1110**	**605**	**505**	**1238**	**701**	**537**
城　区	110	62	48	92	52	40	146	96	50
海丰县	294	165	129	241	129	112	188	103	85
陆河县	160	90	70	134	72	62	150	84	66
陆丰市	860	475	385	643	352	291	754	418	336
河源市	**1317**	**741**	**576**	**1181**	**672**	**509**	**1232**	**675**	**557**
源城区	26	18	8	30	19	11	17	11	6
紫金县	378	211	167	306	171	135	320	179	141
龙川县	342	198	144	294	170	124	330	181	149
连平县	169	90	79	153	87	66	170	95	75
和平县	209	118	91	225	122	103	227	120	107
东源县	193	106	87	173	103	70	168	89	79
阳江市	**1085**	**598**	**487**	**942**	**523**	**419**	**886**	**483**	**403**
江城区	176	96	80	143	85	58	135	75	60
阳东区	212	114	98	148	76	72	110	61	49
阳西县	219	121	98	194	100	94	163	94	69
阳春市	478	267	211	457	262	195	478	253	225
清远市	**1960**	**1060**	**900**	**1801**	**1047**	**754**	**1734**	**971**	**763**
清城区	170	98	72	168	94	74	131	63	68
清新区	279	144	135	277	145	132	255	156	99
佛冈县	195	111	84	154	93	61	144	81	63
阳山县	304	170	134	223	137	86	235	132	103
连山壮族瑶族自治县	52	27	25	67	45	22	71	42	29
连南瑶族自治县	111	48	63	88	50	38	83	47	36
英德市	659	358	301	653	391	262	626	347	279
连州市	190	104	86	171	92	79	189	103	86
东莞市	**467**	**231**	**236**	**330**	**163**	**167**	**301**	**178**	**123**
市辖区	467	231	236	330	163	167	301	178	123
中山市	**443**	**234**	**209**	**367**	**192**	**175**	**327**	**185**	**142**
市辖区	443	234	209	367	192	175	327	185	142
潮州市	**815**	**417**	**398**	**704**	**351**	**353**	**581**	**322**	**259**
湘桥区	67	33	34	39	18	21	30	17	13
潮安区	408	220	188	348	177	171	302	164	138
饶平县	340	164	176	317	156	161	249	141	108
揭阳市	**3523**	**1922**	**1601**	**3003**	**1573**	**1430**	**3057**	**1682**	**1375**
榕城区	179	108	71	143	81	62	129	77	52
揭东区	579	306	273	536	278	258	463	258	205
揭西县	756	429	327	714	376	338	756	416	340
惠来县	722	401	321	542	293	249	604	345	259
普宁市	1287	678	609	1068	545	523	1105	586	519
云浮市	**1395**	**752**	**643**	**1223**	**686**	**537**	**1378**	**742**	**636**
云城区	108	52	56	78	51	27	82	41	41
云安区	181	94	87	169	102	67	172	91	81
新兴县	288	147	141	256	130	126	254	145	109
郁南县	190	107	83	190	101	89	218	110	108
罗定市	628	352	276	530	302	228	652	355	297

1-11 各地区分性别、月份的死亡人口
(2019.11.1-2020.10.31)

单位：人

地　区	死亡人口			2019年11月		
	合计	男	女	小计	男	女
广　东	**457665**	**264692**	**192973**	**36104**	**20943**	**15161**
广州市	**59536**	**33862**	**25674**	**4749**	**2687**	**2062**
荔湾区	6733	3669	3064	549	292	257
越秀区	8937	5018	3919	742	417	325
海珠区	8207	4663	3544	627	349	278
天河区	3482	2074	1408	263	149	114
白云区	9816	5606	4210	774	440	334
黄埔区	2217	1333	884	157	94	63
番禺区	4502	2584	1918	355	206	149
花都区	4334	2415	1919	348	201	147
南沙区	2907	1719	1188	245	145	100
从化区	3602	2107	1495	301	181	120
增城区	4799	2674	2125	388	213	175
韶关市	**20789**	**11983**	**8806**	**1595**	**909**	**686**
武江区	1907	1119	788	147	85	62
浈江区	2605	1543	1062	238	138	100
曲江区	2190	1303	887	159	95	64
始兴县	1626	896	730	135	70	65
仁化县	1371	757	614	79	41	38
翁源县	2644	1511	1133	228	136	92
乳源瑶族自治县	1244	765	479	93	61	32
新丰县	1346	765	581	101	58	43
乐昌市	3055	1852	1203	213	128	85
南雄市	2801	1472	1329	202	97	105
深圳市	**15172**	**9306**	**5866**	**992**	**598**	**394**
罗湖区	1547	947	600	75	41	34
福田区	2126	1296	830	110	63	47
南山区	2317	1398	919	161	100	61
宝安区	2589	1582	1007	181	109	72
龙岗区	3679	2259	1420	259	160	99
盐田区	303	154	149	24	12	12
龙华区	1380	894	486	110	69	41
坪山区	395	237	158	23	14	9
光明区	836	539	297	49	30	19
珠海市	**7245**	**4534**	**2711**	**551**	**349**	**202**
香洲区	3765	2343	1422	286	180	106
斗门区	2935	1857	1078	231	152	79
金湾区	545	334	211	34	17	17
汕头市	**27096**	**15108**	**11988**	**2277**	**1270**	**1007**
龙湖区	2153	1236	917	154	88	66
金平区	5495	3056	2439	471	255	216
濠江区	1290	705	585	110	62	48
潮阳区	7487	4212	3275	610	362	248
潮南区	5332	2971	2361	535	279	256
澄海区	4773	2615	2158	351	198	153
南澳县	566	313	253	46	26	20
佛山市	**22897**	**12895**	**10002**	**1665**	**962**	**703**
禅城区	4205	2339	1866	294	165	129
南海区	6881	3879	3002	504	288	216
顺德区	6636	3678	2958	467	263	204
三水区	3346	1908	1438	272	161	111
高明区	1829	1091	738	128	85	43

1-11　续表 1　　　　单位：人

地　区	死亡人口			2019年11月		
	合计	男	女	小计	男	女
江门市	**28492**	**16328**	**12164**	**2338**	**1395**	**943**
蓬江区	3164	1783	1381	251	148	103
江海区	868	472	396	67	34	33
新会区	5300	2959	2341	379	231	148
台山市	7237	4237	3000	657	402	255
开平市	5480	3082	2398	452	263	189
鹤山市	2896	1723	1173	248	157	91
恩平市	3547	2072	1475	284	160	124
湛江市	**29066**	**17430**	**11636**	**2216**	**1336**	**880**
赤坎区	1082	626	456	103	53	50
霞山区	2059	1260	799	151	94	57
坡头区	1383	820	563	95	55	40
麻章区	1696	1017	679	132	90	42
遂溪县	4367	2556	1811	362	216	146
徐闻县	2313	1470	843	112	59	53
廉江市	8652	5153	3499	769	474	295
雷州市	3662	2252	1410	211	132	79
吴川市	3852	2276	1576	281	163	118
茂名市	**25092**	**14989**	**10103**	**2033**	**1204**	**829**
茂南区	2871	1661	1210	219	123	96
电白区	5181	3065	2116	400	252	148
高州市	8331	4930	3401	737	414	323
化州市	4886	2950	1936	404	246	158
信宜市	3823	2383	1440	273	169	104
肇庆市	**25516**	**14720**	**10796**	**2029**	**1188**	**841**
端州区	2333	1385	948	216	118	98
鼎湖区	1072	599	473	99	58	41
高要区	5133	2741	2392	407	220	187
广宁县	4295	2550	1745	343	208	135
怀集县	4523	2757	1766	352	225	127
封开县	2292	1333	959	146	84	62
德庆县	2469	1437	1032	197	121	76
四会市	3399	1918	1481	269	154	115
惠州市	**16437**	**9292**	**7145**	**1386**	**804**	**582**
惠城区	3822	2219	1603	328	203	125
惠阳区	2488	1388	1100	214	122	92
博罗县	5071	2808	2263	451	253	198
惠东县	3046	1717	1329	221	126	95
龙门县	2010	1160	850	172	100	72
梅州市	**27869**	**15900**	**11969**	**2187**	**1234**	**953**
梅江区	2117	1204	913	177	93	84
梅县区	3318	1805	1513	272	157	115
大埔县	3574	2059	1515	283	161	122
丰顺县	3503	2103	1400	270	164	106
五华县	6245	3639	2606	494	272	222
平远县	1846	1066	780	146	90	56
蕉岭县	1795	1012	783	116	68	48
兴宁市	5471	3012	2459	429	229	200

1-11 续表 2

单位：人

地区	死亡人口			2019年11月		
	合计	男	女	小计	男	女
汕尾市	**12370**	**7533**	**4837**	**1044**	**615**	**429**
城 区	2242	1408	834	216	134	82
海丰县	3885	2309	1576	329	194	135
陆河县	1668	1008	660	146	82	64
陆丰市	4575	2808	1767	353	205	148
河源市	**17116**	**9758**	**7358**	**1260**	**740**	**520**
源城区	2270	1353	917	180	106	74
紫金县	3074	1778	1296	212	126	86
龙川县	3941	2268	1673	274	152	122
连平县	2483	1366	1117	200	122	78
和平县	3017	1740	1277	240	148	92
东源县	2331	1253	1078	154	86	68
阳江市	**14464**	**8387**	**6077**	**1103**	**632**	**471**
江城区	3316	1849	1467	234	126	108
阳东区	2673	1556	1117	187	110	77
阳西县	2453	1509	944	202	118	84
阳春市	6022	3473	2549	480	278	202
清远市	**26384**	**15575**	**10809**	**2048**	**1216**	**832**
清城区	4689	2695	1994	383	221	162
清新区	4284	2482	1802	349	212	137
佛冈县	2299	1371	928	194	102	92
阳山县	3494	2093	1401	258	163	95
连山壮族瑶族自治县	756	469	287	52	28	24
连南瑶族自治县	919	576	343	60	38	22
英德市	6635	3891	2744	505	309	196
连州市	3308	1998	1310	247	143	104
东莞市	**10020**	**5570**	**4450**	**763**	**434**	**329**
市辖区	10020	5570	4450	763	434	329
中山市	**11709**	**6848**	**4861**	**947**	**556**	**391**
市辖区	11709	6848	4861	947	556	391
潮州市	**16596**	**9262**	**7334**	**1318**	**727**	**591**
湘桥区	3558	1958	1600	302	169	133
潮安区	7131	3976	3155	539	308	231
饶平县	5907	3328	2579	477	250	227
揭阳市	**29090**	**16852**	**12238**	**2498**	**1440**	**1058**
榕城区	4020	2233	1787	283	162	121
揭东区	6419	3604	2815	547	308	239
揭西县	5634	3291	2343	478	267	211
惠来县	3958	2350	1608	468	289	179
普宁市	9059	5374	3685	722	414	308
云浮市	**14709**	**8560**	**6149**	**1105**	**647**	**458**
云城区	1725	996	729	125	64	61
云安区	1685	940	745	113	67	46
新兴县	3010	1674	1336	245	147	98
郁南县	3400	2015	1385	282	157	125
罗定市	4889	2935	1954	340	212	128

1-11　续表 3　　　　单位：人

地　区	2019年12月			2020年1月		
	小计	男	女	小计	男	女
广　东	**39749**	**22919**	**16830**	**38092**	**21957**	**16135**
广州市	**5374**	**3124**	**2250**	**5297**	**3035**	**2262**
荔湾区	647	356	291	643	353	290
越秀区	815	461	354	810	443	367
海珠区	727	440	287	752	417	335
天河区	301	181	120	304	201	103
白云区	855	497	358	842	492	350
黄埔区	175	102	73	208	125	83
番禺区	373	217	156	397	226	171
花都区	396	221	175	371	202	169
南沙区	295	174	121	245	151	94
从化区	374	229	145	318	195	123
增城区	416	246	170	407	230	177
韶关市	**1825**	**1084**	**741**	**1776**	**1048**	**728**
武江区	170	98	72	187	111	76
浈江区	236	154	82	224	136	88
曲江区	226	148	78	192	118	74
始兴县	163	101	62	135	68	67
仁化县	130	70	60	117	69	48
翁源县	223	124	99	230	134	96
乳源瑶族自治县	119	73	46	99	60	39
新丰县	116	65	51	89	51	38
乐昌市	234	150	84	251	155	96
南雄市	208	101	107	252	146	106
深圳市	**1173**	**750**	**423**	**1149**	**699**	**450**
罗湖区	114	77	37	120	68	52
福田区	160	102	58	149	100	49
南山区	180	107	73	185	115	70
宝安区	204	134	70	152	77	75
龙岗区	307	194	113	292	184	108
盐田区	16	8	8	36	18	18
龙华区	106	66	40	116	76	40
坪山区	30	22	8	36	21	15
光明区	56	40	16	63	40	23
珠海市	**666**	**409**	**257**	**704**	**451**	**253**
香洲区	347	212	135	408	279	129
斗门区	275	173	102	255	148	107
金湾区	44	24	20	41	24	17
汕头市	**2401**	**1265**	**1136**	**2426**	**1347**	**1079**
龙湖区	189	112	77	211	126	85
金平区	499	249	250	491	278	213
濠江区	100	54	46	125	71	54
潮阳区	676	367	309	644	343	301
潮南区	479	237	242	428	242	186
澄海区	412	223	189	485	264	221
南澳县	46	23	23	42	23	19
佛山市	**2011**	**1098**	**913**	**1917**	**1059**	**858**
禅城区	372	199	173	344	175	169
南海区	616	342	274	584	323	261
顺德区	582	305	277	541	318	223
三水区	281	153	128	258	153	105
高明区	160	99	61	190	90	100

1-11 续表 4

单位：人

地 区	2019年12月			2020年1月		
	小计	男	女	小计	男	女
江门市	**2541**	**1434**	**1107**	**2389**	**1364**	**1025**
蓬江区	272	159	113	267	153	114
江海区	69	35	34	66	34	32
新会区	441	233	208	435	239	196
台山市	649	378	271	582	334	248
开平市	522	292	230	492	277	215
鹤山市	275	162	113	248	150	98
恩平市	313	175	138	299	177	122
湛江市	**2388**	**1437**	**951**	**2157**	**1294**	**863**
赤坎区	90	61	29	97	59	38
霞山区	179	113	66	181	122	59
坡头区	117	61	56	86	51	35
麻章区	147	88	59	130	90	40
遂溪县	373	219	154	330	194	136
徐闻县	124	71	53	126	78	48
廉江市	803	488	315	708	418	290
雷州市	224	141	83	225	136	89
吴川市	331	195	136	274	146	128
茂名市	**2064**	**1228**	**836**	**1908**	**1141**	**767**
茂南区	186	120	66	233	134	99
电白区	437	241	196	369	222	147
高州市	717	424	293	655	406	249
化州市	434	275	159	381	209	172
信宜市	290	168	122	270	170	100
肇庆市	**2319**	**1314**	**1005**	**2220**	**1257**	**963**
端州区	235	139	96	216	133	83
鼎湖区	105	52	53	90	50	40
高要区	441	241	200	434	240	194
广宁县	444	249	195	373	198	175
怀集县	402	234	168	448	271	177
封开县	177	109	68	176	97	79
德庆县	232	128	104	212	113	99
四会市	283	162	121	271	155	116
惠州市	**1504**	**848**	**656**	**1316**	**756**	**560**
惠城区	350	199	151	298	186	112
惠阳区	210	115	95	208	125	83
博罗县	505	288	217	431	237	194
惠东县	227	122	105	208	114	94
龙门县	212	124	88	171	94	77
梅州市	**2232**	**1297**	**935**	**2249**	**1297**	**952**
梅江区	187	112	75	167	104	63
梅县区	259	140	119	257	144	113
大埔县	335	198	137	288	179	109
丰顺县	277	169	108	315	184	131
五华县	468	287	181	488	266	222
平远县	156	88	68	146	85	61
蕉岭县	145	80	65	136	82	54
兴宁市	405	223	182	452	253	199

1-11　续表 5

单位：人

地　区	2019年12月			2020年1月		
	小计	男	女	小计	男	女
汕尾市	**935**	**558**	**377**	**1009**	**626**	**383**
城　区	170	100	70	176	110	66
海丰县	315	178	137	315	188	127
陆河县	145	89	56	154	106	48
陆丰市	305	191	114	364	222	142
河源市	**1386**	**779**	**607**	**1386**	**787**	**599**
源城区	210	135	75	208	125	83
紫金县	229	129	100	235	126	109
龙川县	269	160	109	311	184	127
连平县	241	121	120	216	113	103
和平县	274	150	124	265	155	110
东源县	163	84	79	151	84	67
阳江市	**1224**	**737**	**487**	**1099**	**646**	**453**
江城区	309	184	125	266	148	118
阳东区	200	128	72	180	116	64
阳西县	209	137	72	179	104	75
阳春市	506	288	218	474	278	196
清远市	**2376**	**1419**	**957**	**2238**	**1296**	**942**
清城区	448	257	191	435	237	198
清新区	400	238	162	368	209	159
佛冈县	214	146	68	207	118	89
阳山县	299	170	129	279	173	106
连山壮族瑶族自治县	66	47	19	63	33	30
连南瑶族自治县	61	42	19	80	51	29
英德市	604	351	253	547	311	236
连州市	284	168	116	259	164	95
东莞市	**953**	**534**	**419**	**878**	**471**	**407**
市辖区	953	534	419	878	471	407
中山市	**1084**	**616**	**468**	**884**	**509**	**375**
市辖区	1084	616	468	884	509	375
潮州市	**1443**	**793**	**650**	**1407**	**756**	**651**
湘桥区	335	178	157	294	147	147
潮安区	613	320	293	580	308	272
饶平县	495	295	200	533	301	232
揭阳市	**2544**	**1437**	**1107**	**2529**	**1471**	**1058**
榕城区	301	159	142	344	183	161
揭东区	583	332	251	571	321	250
揭西县	533	305	228	522	314	208
惠来县	428	243	185	312	178	134
普宁市	699	398	301	780	475	305
云浮市	**1306**	**758**	**548**	**1154**	**647**	**507**
云城区	171	97	74	129	62	67
云安区	138	77	61	134	66	68
新兴县	285	143	142	255	134	121
郁南县	319	193	126	275	169	106
罗定市	393	248	145	361	216	145

1-11 续表 6

单位：人

地 区	2020年2月			2020年3月			2020年4月		
	小计	男	女	小计	男	女	小计	男	女
广 东	**40732**	**23024**	**17708**	**38970**	**22312**	**16658**	**38281**	**21988**	**16293**
广州市	**5471**	**3014**	**2457**	**5017**	**2856**	**2161**	**5005**	**2880**	**2125**
荔湾区	626	319	307	589	324	265	595	339	256
越秀区	753	413	340	728	397	331	740	420	320
海珠区	788	420	368	709	426	283	699	404	295
天河区	317	195	122	274	170	104	314	182	132
白云区	916	504	412	816	460	356	824	491	333
黄埔区	220	139	81	181	109	72	180	115	65
番禺区	427	249	178	425	228	197	345	190	155
花都区	411	238	173	331	189	142	348	193	155
南沙区	263	149	114	256	152	104	225	133	92
从化区	310	161	149	305	175	130	291	160	131
增城区	440	227	213	403	226	177	444	253	191
韶关市	**1725**	**948**	**777**	**1782**	**1021**	**761**	**1754**	**960**	**794**
武江区	169	88	81	165	105	60	134	77	57
浈江区	214	107	107	231	150	81	210	120	90
曲江区	177	99	78	181	115	66	177	103	74
始兴县	121	68	53	135	63	72	145	73	72
仁化县	121	58	63	116	63	53	121	60	61
翁源县	224	122	102	233	132	101	256	135	121
乳源瑶族自治县	100	62	38	93	53	40	96	53	43
新丰县	110	74	36	100	45	55	109	59	50
乐昌市	244	139	105	284	178	106	245	132	113
南雄市	245	131	114	244	117	127	261	148	113
深圳市	**1323**	**807**	**516**	**1309**	**809**	**500**	**1254**	**776**	**478**
罗湖区	130	82	48	139	93	46	128	77	51
福田区	187	110	77	171	105	66	169	107	62
南山区	214	138	76	208	127	81	170	108	62
宝安区	202	122	80	190	111	79	218	132	86
龙岗区	349	210	139	321	193	128	322	199	123
盐田区	27	11	16	31	16	15	32	18	14
龙华区	115	77	38	129	92	37	134	87	47
坪山区	28	17	11	37	17	20	31	19	12
光明区	71	40	31	83	55	28	50	29	21
珠海市	**620**	**335**	**285**	**630**	**422**	**208**	**581**	**362**	**219**
香洲区	299	150	149	316	212	104	314	198	116
斗门区	280	163	117	272	179	93	225	141	84
金湾区	41	22	19	42	31	11	42	23	19
汕头市	**2447**	**1379**	**1068**	**2296**	**1283**	**1013**	**2194**	**1196**	**998**
龙湖区	183	112	71	193	107	86	184	96	88
金平区	450	258	192	455	245	210	429	247	182
濠江区	118	63	55	114	70	44	97	43	54
潮阳区	705	415	290	631	348	283	625	354	271
潮南区	502	265	237	438	263	175	418	223	195
澄海区	440	239	201	428	229	199	387	203	184
南澳县	49	27	22	37	21	16	54	30	24
佛山市	**2058**	**1140**	**918**	**1939**	**1108**	**831**	**1950**	**1115**	**835**
禅城区	379	213	166	360	224	136	345	193	152
南海区	636	356	280	583	334	249	565	328	237
顺德区	558	298	260	543	302	241	604	337	267
三水区	334	188	146	303	168	135	276	163	113
高明区	151	85	66	150	80	70	160	94	66

1-11 续表 7

单位：人

地 区	2020年2月			2020年3月			2020年4月		
	小计	男	女	小计	男	女	小计	男	女
江门市	**2767**	**1556**	**1211**	**2385**	**1284**	**1101**	**2381**	**1317**	**1064**
蓬江区	290	161	129	259	135	124	274	148	126
江海区	69	42	27	84	37	47	73	45	28
新会区	547	313	234	447	215	232	449	244	205
台山市	730	421	309	588	338	250	575	310	265
开平市	531	278	253	452	246	206	481	258	223
鹤山市	268	146	122	256	148	108	240	150	90
恩平市	332	195	137	299	165	134	289	162	127
湛江市	**2445**	**1417**	**1028**	**2574**	**1562**	**1012**	**2497**	**1440**	**1057**
赤坎区	97	52	45	114	62	52	81	44	37
霞山区	162	101	61	183	111	72	179	102	77
坡头区	96	47	49	106	65	41	127	78	49
麻章区	168	102	66	165	106	59	132	72	60
遂溪县	368	199	169	365	216	149	357	199	158
徐闻县	148	95	53	203	126	77	175	104	71
廉江市	727	415	312	771	468	303	772	458	314
雷州市	323	201	122	348	206	142	316	188	128
吴川市	356	205	151	319	202	117	358	195	163
茂名市	**2229**	**1338**	**891**	**2109**	**1218**	**891**	**1993**	**1208**	**785**
茂南区	247	142	105	236	123	113	243	146	97
电白区	437	247	190	444	255	189	410	231	179
高州市	746	453	293	709	415	294	630	387	243
化州市	470	295	175	425	249	176	377	231	146
信宜市	329	201	128	295	176	119	333	213	120
肇庆市	**2263**	**1263**	**1000**	**2124**	**1196**	**928**	**2180**	**1261**	**919**
端州区	191	114	77	175	118	57	174	102	72
鼎湖区	103	61	42	92	48	44	111	54	57
高要区	460	220	240	435	229	206	460	262	198
广宁县	365	213	152	365	212	153	361	225	136
怀集县	404	248	156	353	196	157	381	222	159
封开县	181	106	75	202	116	86	178	102	76
德庆县	219	123	96	219	128	91	207	125	82
四会市	340	178	162	283	149	134	308	169	139
惠州市	**1447**	**810**	**637**	**1441**	**772**	**669**	**1308**	**716**	**592**
惠城区	353	201	152	352	194	158	294	174	120
惠阳区	247	139	108	234	127	107	219	117	102
博罗县	453	243	210	387	211	176	416	218	198
惠东县	244	142	102	306	161	145	237	125	112
龙门县	150	85	65	162	79	83	142	82	60
梅州市	**2526**	**1417**	**1109**	**2373**	**1297**	**1076**	**2375**	**1386**	**989**
梅江区	187	101	86	181	88	93	166	109	57
梅县区	266	149	117	304	152	152	306	176	130
大埔县	348	209	139	299	164	135	283	162	121
丰顺县	326	190	136	311	180	131	308	201	107
五华县	585	324	261	533	305	228	519	304	215
平远县	175	100	75	133	67	66	174	95	79
蕉岭县	166	94	72	149	88	61	146	84	62
兴宁市	473	250	223	463	253	210	473	255	218

1-11 续表 8

单位：人

地　区	2020年2月			2020年3月			2020年4月		
	小计	男	女	小计	男	女	小计	男	女
汕尾市	**1050**	**642**	**408**	**1053**	**610**	**443**	**1056**	**652**	**404**
城　区	174	112	62	211	124	87	178	113	65
海丰县	334	193	141	317	202	115	337	195	142
陆河县	138	87	51	145	81	64	149	83	66
陆丰市	404	250	154	380	203	177	392	261	131
河源市	**1371**	**740**	**631**	**1453**	**815**	**638**	**1520**	**879**	**641**
源城区	171	91	80	180	104	76	208	132	76
紫金县	243	150	93	271	143	128	280	161	119
龙川县	323	159	164	332	180	152	352	209	143
连平县	193	105	88	229	134	95	197	113	84
和平县	256	136	120	249	150	99	277	146	131
东源县	185	99	86	192	104	88	206	118	88
阳江市	**1210**	**696**	**514**	**1246**	**736**	**510**	**1241**	**712**	**529**
江城区	294	186	108	268	152	116	299	162	137
阳东区	211	123	88	229	129	100	206	119	87
阳西县	202	122	80	215	122	93	219	135	84
阳春市	503	265	238	534	333	201	517	296	221
清远市	**2263**	**1327**	**936**	**2219**	**1275**	**944**	**2196**	**1316**	**880**
清城区	411	225	186	409	226	183	390	229	161
清新区	388	210	178	363	201	162	343	214	129
佛冈县	182	114	68	188	105	83	191	108	83
阳山县	282	174	108	278	160	118	286	174	112
连山壮族瑶族自治县	49	32	17	76	52	24	73	46	27
连南瑶族自治县	69	45	24	70	46	24	75	50	25
英德市	617	361	256	554	323	231	537	304	233
连州市	265	166	99	281	162	119	301	191	110
东莞市	**927**	**486**	**441**	**868**	**461**	**407**	**873**	**476**	**397**
市辖区	927	486	441	868	461	407	873	476	397
中山市	**1062**	**616**	**446**	**998**	**587**	**411**	**987**	**576**	**411**
市辖区	1062	616	446	998	587	411	987	576	411
潮州市	**1532**	**826**	**706**	**1419**	**797**	**622**	**1337**	**708**	**629**
湘桥区	332	186	146	295	161	134	278	142	136
潮安区	628	345	283	626	355	271	614	321	293
饶平县	572	295	277	498	281	217	445	245	200
揭阳市	**2673**	**1509**	**1164**	**2518**	**1487**	**1031**	**2328**	**1323**	**1005**
榕城区	389	207	182	334	194	140	329	184	145
揭东区	579	318	261	561	304	257	528	293	235
揭西县	521	298	223	470	287	183	472	277	195
惠来县	290	176	114	348	211	137	267	148	119
普宁市	894	510	384	805	491	314	732	421	311
云浮市	**1323**	**758**	**565**	**1217**	**716**	**501**	**1271**	**729**	**542**
云城区	179	113	66	162	98	64	156	83	73
云安区	161	88	73	143	80	63	141	70	71
新兴县	289	159	130	261	141	120	262	156	106
郁南县	314	179	135	253	162	91	306	182	124
罗定市	380	219	161	398	235	163	406	238	168

1-11　续表 9

单位：人

地　区	2020年5月			2020年6月			2020年7月		
	小计	男	女	小计	男	女	小计	男	女
广　东	**38602**	**22391**	**16211**	**36685**	**21243**	**15442**	**37115**	**21357**	**15758**
广州市	**4805**	**2754**	**2051**	**4605**	**2667**	**1938**	**4859**	**2704**	**2155**
荔湾区	512	290	222	493	274	219	559	298	261
越秀区	718	393	325	682	386	296	730	400	330
海珠区	679	394	285	660	386	274	679	366	313
天河区	268	157	111	242	138	104	276	161	115
白云区	757	438	319	772	451	321	773	422	351
黄埔区	204	124	80	162	97	65	186	112	74
番禺区	361	209	152	323	183	140	389	231	158
花都区	378	210	168	342	189	153	358	191	167
南沙区	256	163	93	248	150	98	228	124	104
从化区	281	159	122	300	184	116	280	163	117
增城区	391	217	174	381	229	152	401	236	165
韶关市	**1768**	**999**	**769**	**1562**	**903**	**659**	**1803**	**1026**	**777**
武江区	155	83	72	154	90	64	160	101	59
浈江区	212	115	97	196	116	80	240	134	106
曲江区	210	113	97	156	94	62	203	105	98
始兴县	126	71	55	107	65	42	130	77	53
仁化县	111	64	47	95	53	42	117	59	58
翁源县	206	115	91	209	128	81	239	128	111
乳源瑶族自治县	130	83	47	85	50	35	97	64	33
新丰县	128	79	49	103	52	51	113	62	51
乐昌市	275	165	110	230	133	97	246	160	86
南雄市	215	111	104	227	122	105	258	136	122
深圳市	**1454**	**885**	**569**	**1320**	**809**	**511**	**1378**	**861**	**517**
罗湖区	148	86	62	147	89	58	140	88	52
福田区	242	147	95	220	129	91	190	109	81
南山区	173	97	76	192	123	69	244	134	110
宝安区	261	166	95	223	139	84	249	160	89
龙岗区	352	216	136	288	176	112	289	186	103
盐田区	33	13	20	16	12	4	31	19	12
龙华区	136	88	48	121	71	50	115	79	36
坪山区	36	21	15	31	20	11	31	21	10
光明区	73	51	22	82	50	32	89	65	24
珠海市	**575**	**388**	**187**	**559**	**344**	**215**	**545**	**330**	**215**
香洲区	291	182	109	285	168	117	277	162	115
斗门区	232	168	64	224	146	78	219	135	84
金湾区	52	38	14	50	30	20	49	33	16
汕头市	**2150**	**1206**	**944**	**2143**	**1235**	**908**	**2158**	**1193**	**965**
龙湖区	160	86	74	176	109	67	166	87	79
金平区	388	219	169	431	255	176	477	267	210
濠江区	105	54	51	91	50	41	102	58	44
潮阳区	632	364	268	581	324	257	578	319	259
潮南区	451	258	193	429	244	185	400	229	171
澄海区	371	200	171	394	227	167	381	208	173
南澳县	43	25	18	41	26	15	54	25	29
佛山市	**1853**	**1057**	**796**	**1803**	**983**	**820**	**1990**	**1131**	**859**
禅城区	357	199	158	368	192	176	352	199	153
南海区	562	318	244	507	283	224	615	348	267
顺德区	508	286	222	547	294	253	576	318	258
三水区	273	165	108	241	126	115	299	166	133
高明区	153	89	64	140	88	52	148	100	48

1-11 续表 10

单位：人

地 区	2020年5月			2020年6月			2020年7月		
	小计	男	女	小计	男	女	小计	男	女
江门市	**2221**	**1299**	**922**	**2201**	**1260**	**941**	**2396**	**1400**	**996**
蓬江区	249	144	105	235	131	104	310	181	129
江海区	67	36	31	64	39	25	72	36	36
新会区	423	256	167	428	236	192	452	262	190
台山市	606	343	263	570	338	232	593	360	233
开平市	413	246	167	406	224	182	428	247	181
鹤山市	190	113	77	232	135	97	267	158	109
恩平市	273	161	112	266	157	109	274	156	118
湛江市	**2656**	**1559**	**1097**	**2307**	**1413**	**894**	**2161**	**1300**	**861**
赤坎区	84	55	29	85	52	33	81	50	31
霞山区	187	121	66	160	100	60	155	102	53
坡头区	154	92	62	85	57	28	112	66	46
麻章区	151	78	73	148	100	48	124	76	48
遂溪县	393	221	172	340	211	129	348	195	153
徐闻县	242	146	96	200	117	83	148	83	65
廉江市	694	404	290	676	397	279	621	359	262
雷州市	413	253	160	326	194	132	282	182	100
吴川市	338	189	149	287	185	102	290	187	103
茂名市	**2316**	**1345**	**971**	**2145**	**1299**	**846**	**1963**	**1192**	**771**
茂南区	264	154	110	233	134	99	241	136	105
电白区	475	273	202	443	264	179	401	245	156
高州市	687	377	310	774	468	306	695	416	279
化州市	482	291	191	383	227	156	326	202	124
信宜市	408	250	158	312	206	106	300	193	107
肇庆市	**2176**	**1269**	**907**	**2002**	**1156**	**846**	**2079**	**1184**	**895**
端州区	206	113	93	168	94	74	185	116	69
鼎湖区	81	48	33	86	51	35	101	50	51
高要区	457	241	216	426	239	187	424	214	210
广宁县	334	202	132	322	191	131	330	207	123
怀集县	397	238	159	365	213	152	350	221	129
封开县	201	127	74	193	113	80	190	104	86
德庆县	215	124	91	202	125	77	208	113	95
四会市	285	176	109	240	130	110	291	159	132
惠州市	**1321**	**725**	**596**	**1324**	**751**	**573**	**1328**	**765**	**563**
惠城区	277	147	130	279	159	120	292	166	126
惠阳区	193	100	93	203	115	88	200	117	83
博罗县	418	233	185	395	221	174	406	218	188
惠东县	281	155	126	274	153	121	253	159	94
龙门县	152	90	62	173	103	70	177	105	72
梅州市	**2371**	**1408**	**963**	**2361**	**1326**	**1035**	**2306**	**1271**	**1035**
梅江区	167	93	74	166	102	64	181	104	77
梅县区	274	138	136	269	144	125	265	147	118
大埔县	291	167	124	299	166	133	325	170	155
丰顺县	314	186	128	304	184	120	246	145	101
五华县	603	370	233	520	303	217	497	288	209
平远县	134	93	41	186	111	75	147	81	66
蕉岭县	139	81	58	153	77	76	173	82	91
兴宁市	449	280	169	464	239	225	472	254	218

1－11　续表 11　　　　　　　　　　　　　　　　单位：人

地　区	2020年5月			2020年6月			2020年7月		
	小计	男	女	小计	男	女	小计	男	女
汕尾市	**1051**	**642**	**409**	**984**	**593**	**391**	**900**	**555**	**345**
城　区	189	116	73	195	129	66	177	110	67
海丰县	309	188	121	320	186	134	297	169	128
陆河县	156	85	71	118	64	54	96	60	36
陆丰市	397	253	144	351	214	137	330	216	114
河源市	**1501**	**887**	**614**	**1388**	**767**	**621**	**1374**	**752**	**622**
源城区	186	111	75	181	107	74	201	112	89
紫金县	293	175	118	261	145	116	229	137	92
龙川县	359	221	138	307	180	127	315	175	140
连平县	192	119	73	191	84	107	207	103	104
和平县	264	153	111	244	137	107	231	127	104
东源县	207	108	99	204	114	90	191	98	93
阳江市	**1276**	**722**	**554**	**1185**	**670**	**515**	**1128**	**642**	**486**
江城区	308	164	144	248	128	120	260	138	122
阳东区	231	129	102	242	130	112	222	126	96
阳西县	208	128	80	190	120	70	203	132	71
阳春市	529	301	228	505	292	213	443	246	197
清远市	**2143**	**1258**	**885**	**2150**	**1289**	**861**	**2169**	**1258**	**911**
清城区	381	225	156	348	210	138	391	218	173
清新区	317	188	129	336	202	134	336	202	134
佛冈县	175	94	81	213	139	74	177	100	77
阳山县	306	174	132	306	173	133	285	178	107
连山壮族瑶族自治县	59	30	29	65	42	23	61	35	26
连南瑶族自治县	92	53	39	83	58	25	72	47	25
英德市	545	332	213	513	293	220	570	324	246
连州市	268	162	106	286	172	114	277	154	123
东莞市	**801**	**434**	**367**	**754**	**434**	**320**	**756**	**422**	**334**
市辖区	801	434	367	754	434	320	756	422	334
中山市	**985**	**583**	**402**	**978**	**557**	**421**	**932**	**539**	**393**
市辖区	985	583	402	978	557	421	932	539	393
潮州市	**1366**	**788**	**578**	**1301**	**711**	**590**	**1358**	**763**	**595**
湘桥区	291	158	133	270	153	117	300	174	126
潮安区	554	330	224	598	313	285	585	319	266
饶平县	521	300	221	433	245	188	473	270	203
揭阳市	**2590**	**1485**	**1105**	**2378**	**1374**	**1004**	**2274**	**1332**	**942**
榕城区	313	162	151	340	193	147	393	231	162
揭东区	547	300	247	494	278	216	531	302	229
揭西县	491	287	204	443	260	183	405	228	177
惠来县	368	220	148	347	200	147	275	171	104
普宁市	871	516	355	754	443	311	670	400	270
云浮市	**1223**	**698**	**525**	**1235**	**702**	**533**	**1258**	**737**	**521**
云城区	134	71	63	126	75	51	174	100	74
云安区	132	71	61	139	82	57	144	88	56
新兴县	230	119	111	235	129	106	258	152	106
郁南县	274	171	103	288	158	130	276	155	121
罗定市	453	266	187	447	258	189	406	242	164

1-11 续表 12

单位：人

地　　区	2020年8月			2020年9月			2020年10月		
	小计	男	女	小计	男	女	小计	男	女
广　东	**37488**	**22071**	**15417**	**36083**	**21273**	**14810**	**39764**	**23214**	**16550**
广州市	**4732**	**2666**	**2066**	**4567**	**2587**	**1980**	**5055**	**2888**	**2167**
荔湾区	476	261	215	466	238	228	578	325	253
越秀区	775	454	321	683	383	300	761	451	310
海珠区	633	345	288	623	357	266	631	359	272
天河区	292	174	118	286	162	124	345	204	141
白云区	780	449	331	780	441	339	927	521	406
黄埔区	195	118	77	192	115	77	157	83	74
番禺区	387	215	172	352	205	147	368	225	143
花都区	346	180	166	348	208	140	357	193	164
南沙区	205	121	84	207	119	88	234	138	96
从化区	262	150	112	284	173	111	296	177	119
增城区	381	199	182	346	186	160	401	212	189
韶关市	**1722**	**1006**	**716**	**1649**	**968**	**681**	**1828**	**1111**	**717**
武江区	147	87	60	163	97	66	156	97	59
浈江区	232	144	88	174	100	74	198	129	69
曲江区	192	120	72	141	94	47	176	99	77
始兴县	127	65	62	144	77	67	158	98	60
仁化县	125	71	54	116	71	45	123	78	45
翁源县	187	113	74	188	109	79	221	135	86
乳源瑶族自治县	105	61	44	113	75	38	114	70	44
新丰县	102	66	36	116	65	51	159	89	70
乐昌市	274	163	111	262	158	104	297	191	106
南雄市	231	116	115	232	122	110	226	125	101
深圳市	**1340**	**791**	**549**	**1211**	**751**	**460**	**1269**	**770**	**499**
罗湖区	135	75	60	145	90	55	126	81	45
福田区	194	114	80	171	106	65	163	104	59
南山区	220	135	85	127	82	45	243	132	111
宝安区	251	150	101	243	151	92	215	131	84
龙岗区	306	180	126	299	179	120	295	182	113
盐田区	19	9	10	19	11	8	19	7	12
龙华区	95	53	42	101	67	34	102	69	33
坪山区	42	27	15	39	22	17	31	16	15
光明区	78	48	30	67	43	24	75	48	27
珠海市	**627**	**394**	**233**	**583**	**387**	**196**	**604**	**363**	**241**
香洲区	347	215	132	295	201	94	300	184	116
斗门区	226	150	76	247	156	91	249	146	103
金湾区	54	29	25	41	30	11	55	33	22
汕头市	**2199**	**1241**	**958**	**2151**	**1236**	**915**	**2254**	**1257**	**997**
龙湖区	182	95	87	164	97	67	191	121	70
金平区	462	264	198	476	260	216	466	259	207
濠江区	123	68	55	102	60	42	103	52	51
潮阳区	630	360	270	577	332	245	598	324	274
潮南区	411	237	174	409	243	166	432	251	181
澄海区	353	193	160	371	216	155	400	215	185
南澳县	38	24	14	52	28	24	64	35	29
佛山市	**1918**	**1114**	**804**	**1795**	**1011**	**784**	**1998**	**1117**	**881**
禅城区	360	203	157	325	182	143	349	195	154
南海区	573	332	241	509	280	229	627	347	280
顺德区	543	302	241	557	306	251	610	349	261
三水区	287	182	105	255	144	111	267	139	128
高明区	155	95	60	149	99	50	145	87	58

1-11　续表 13　　　　单位：人

地　　区	2020年8月			2020年9月			2020年10月		
	小计	男	女	小计	男	女	小计	男	女
江门市	**2199**	**1246**	**953**	**2179**	**1283**	**896**	**2495**	**1490**	**1005**
蓬江区	247	140	107	262	148	114	248	135	113
江海区	68	43	25	77	43	34	92	48	44
新会区	457	235	222	389	220	169	453	275	178
台山市	537	300	237	542	335	207	608	378	230
开平市	404	226	178	439	261	178	460	264	196
鹤山市	213	121	92	204	124	80	255	159	96
恩平市	273	181	92	266	152	114	379	231	148
湛江市	**2525**	**1595**	**930**	**2409**	**1469**	**940**	**2731**	**1608**	**1123**
赤坎区	84	45	39	81	44	37	85	49	36
霞山区	171	96	75	194	117	77	157	81	76
坡头区	139	90	49	112	63	49	154	95	59
麻章区	129	69	60	131	70	61	139	76	63
遂溪县	354	222	132	359	214	145	418	250	168
徐闻县	288	219	69	291	222	69	256	150	106
廉江市	710	446	264	613	365	248	788	461	327
雷州市	315	195	120	317	203	114	362	221	141
吴川市	335	213	122	311	171	140	372	225	147
茂名市	**2147**	**1294**	**853**	**2024**	**1229**	**795**	**2161**	**1293**	**868**
茂南区	234	137	97	266	157	109	269	155	114
电白区	448	280	168	421	260	161	496	295	201
高州市	725	425	300	623	373	250	633	372	261
化州市	373	235	138	394	232	162	437	258	179
信宜市	367	217	150	320	207	113	326	213	113
肇庆市	**2056**	**1228**	**828**	**1903**	**1123**	**780**	**2165**	**1281**	**884**
端州区	215	124	91	181	113	68	171	101	70
鼎湖区	61	40	21	69	45	24	74	42	32
高要区	430	236	194	352	173	179	407	226	181
广宁县	334	210	124	362	216	146	362	219	143
怀集县	372	227	145	342	230	112	357	232	125
封开县	202	126	76	186	108	78	260	141	119
德庆县	173	96	77	156	91	65	229	150	79
四会市	269	169	100	255	147	108	305	170	135
惠州市	**1462**	**866**	**596**	**1275**	**722**	**553**	**1325**	**757**	**568**
惠城区	386	239	147	306	163	143	307	188	119
惠阳区	225	133	92	169	94	75	166	84	82
博罗县	416	237	179	370	211	159	423	238	185
惠东县	282	154	128	248	151	97	265	155	110
龙门县	153	103	50	182	103	79	164	92	72
梅州市	**2277**	**1332**	**945**	**2093**	**1188**	**905**	**2519**	**1447**	**1072**
梅江区	219	127	92	135	76	59	184	95	89
梅县区	255	142	113	271	144	127	320	172	148
大埔县	264	143	121	283	174	109	276	166	110
丰顺县	289	174	115	247	159	88	296	167	129
五华县	465	295	170	445	245	200	628	380	248
平远县	151	93	58	136	72	64	162	91	71
蕉岭县	136	76	60	161	99	62	175	101	74
兴宁市	498	282	216	415	219	196	478	275	203

1-11 续表 14

单位：人

地区	2020年8月			2020年9月			2020年10月		
	小计	男	女	小计	男	女	小计	男	女
汕尾市	**1027**	**626**	**401**	**1065**	**655**	**410**	**1196**	**759**	**437**
城　区	198	123	75	187	127	60	171	110	61
海丰县	270	163	107	349	202	147	393	251	142
陆河县	140	89	51	112	75	37	169	107	62
陆丰市	419	251	168	417	251	166	463	291	172
河源市	**1375**	**829**	**546**	**1422**	**855**	**567**	**1680**	**928**	**752**
源城区	185	121	64	185	115	70	175	94	81
紫金县	248	147	101	256	153	103	317	186	131
龙川县	324	192	132	354	226	128	421	230	191
连平县	215	124	91	187	115	72	215	113	102
和平县	206	136	70	230	139	91	281	163	118
东源县	197	109	88	210	107	103	271	142	129
阳江市	**1213**	**714**	**499**	**1195**	**700**	**495**	**1344**	**780**	**564**
江城区	308	173	135	251	127	124	271	161	110
阳东区	232	131	101	257	153	104	276	162	114
阳西县	181	117	64	199	130	69	246	144	102
阳春市	492	293	199	488	290	198	551	313	238
清远市	**2086**	**1250**	**836**	**2183**	**1298**	**885**	**2313**	**1373**	**940**
清城区	353	211	142	358	204	154	382	232	150
清新区	351	194	157	335	189	146	398	223	175
佛冈县	160	94	66	188	119	69	210	132	78
阳山县	285	169	116	329	198	131	301	187	114
连山壮族瑶族自治县	62	45	17	63	38	25	67	41	26
连南瑶族自治县	81	49	32	89	52	37	87	45	42
英德市	523	329	194	531	309	222	589	345	244
连州市	271	159	112	290	189	101	279	168	111
东莞市	**838**	**481**	**357**	**797**	**479**	**318**	**812**	**458**	**354**
市辖区	838	481	357	797	479	318	812	458	354
中山市	**991**	**580**	**411**	**897**	**545**	**352**	**964**	**584**	**380**
市辖区	991	580	411	897	545	352	964	584	380
潮州市	**1302**	**771**	**531**	**1351**	**781**	**570**	**1462**	**841**	**621**
湘桥区	276	171	105	297	165	132	288	154	134
潮安区	560	324	236	570	341	229	664	392	272
饶平县	466	276	190	484	275	209	510	295	215
揭阳市	**2281**	**1334**	**947**	**2231**	**1346**	**885**	**2246**	**1314**	**932**
榕城区	298	156	142	340	197	143	356	205	151
揭东区	499	290	209	492	287	205	487	271	216
揭西县	435	255	180	441	266	175	423	247	176
惠来县	331	190	141	239	146	93	285	178	107
普宁市	718	443	275	719	450	269	695	413	282
云浮市	**1171**	**713**	**458**	**1103**	**660**	**443**	**1343**	**795**	**548**
云城区	132	88	44	110	65	45	127	80	47
云安区	125	75	50	151	74	77	164	102	62
新兴县	215	115	100	205	130	75	270	149	121
郁南县	266	166	100	244	153	91	303	170	133
罗定市	433	269	164	393	238	155	479	294	185

1-11a 各地区分性别、月份的死亡人口
(2019.11.1-2020.10.31)(城市)

单位：人

地 区	死亡人口			2019年11月		
	合计	男	女	小计	男	女
广 东	**175310**	**101621**	**73689**	**13594**	**7883**	**5711**
广州市	**45572**	**25968**	**19604**	**3566**	**2025**	**1541**
荔湾区	6733	3669	3064	549	292	257
越秀区	8937	5018	3919	742	417	325
海珠区	8207	4663	3544	627	349	278
天河区	3482	2074	1408	263	149	114
白云区	7073	4049	3024	544	316	228
黄埔区	1907	1156	751	138	83	55
番禺区	3713	2141	1572	289	174	115
花都区	2290	1297	993	173	101	72
南沙区	1139	682	457	100	60	40
从化区	735	437	298	56	34	22
增城区	1356	782	574	85	50	35
韶关市	**4837**	**2908**	**1929**	**416**	**247**	**169**
武江区	1384	817	567	113	63	50
浈江区	1744	1035	709	174	107	67
曲江区	805	513	292	54	37	17
始兴县						
仁化县						
翁源县						
乳源瑶族自治县						
新丰县						
乐昌市	545	346	199	43	27	16
南雄市	359	197	162	32	13	19
深圳市	**15112**	**9281**	**5831**	**990**	**598**	**392**
罗湖区	1547	947	600	75	41	34
福田区	2126	1296	830	110	63	47
南山区	2317	1398	919	161	100	61
宝安区	2589	1582	1007	181	109	72
龙岗区	3619	2234	1385	257	160	97
盐田区	303	154	149	24	12	12
龙华区	1380	894	486	110	69	41
坪山区	395	237	158	23	14	9
光明区	836	539	297	49	30	19
珠海市	**5544**	**3482**	**2062**	**435**	**286**	**149**
香洲区	3714	2313	1401	284	178	106
斗门区	1599	1026	573	138	98	40
金湾区	231	143	88	13	10	3
汕头市	**12855**	**7177**	**5678**	**1074**	**603**	**471**
龙湖区	2131	1226	905	151	88	63
金平区	5391	2996	2395	464	251	213
濠江区	900	486	414	81	46	35
潮阳区	1598	888	710	133	85	48
潮南区	1669	918	751	174	91	83
澄海区	1166	663	503	71	42	29
南澳县						
佛山市	**19162**	**10825**	**8337**	**1391**	**798**	**593**
禅城区	3657	2028	1629	245	138	107
南海区	6325	3608	2717	465	266	199
顺德区	6551	3627	2924	462	259	203
三水区	1446	844	602	128	74	54
高明区	1183	718	465	91	61	30

1-11a 续表 1

单位：人

地 区	死亡人口			2019年11月		
	合计	男	女	小计	男	女
江门市	**10738**	**6182**	**4556**	**850**	**497**	**353**
蓬江区	2982	1676	1306	241	139	102
江海区	868	472	396	67	34	33
新会区	1906	1047	859	137	82	55
台山市	1866	1122	744	180	104	76
开平市	1310	751	559	84	53	31
鹤山市	888	563	325	77	46	31
恩平市	918	551	367	64	39	25
湛江市	**5673**	**3469**	**2204**	**439**	**264**	**175**
赤坎区	1058	609	449	102	52	50
霞山区	1924	1189	735	138	87	51
坡头区	143	90	53	9	5	4
麻章区	378	236	142	28	19	9
遂溪县	138	77	61	14	8	6
徐闻县						
廉江市	744	497	247	68	48	20
雷州市	310	201	109	22	14	8
吴川市	978	570	408	58	31	27
茂名市	**5409**	**3271**	**2138**	**450**	**260**	**190**
茂南区	1509	911	598	114	62	52
电白区	615	363	252	52	30	22
高州市	1618	975	643	137	75	62
化州市	985	594	391	105	68	37
信宜市	682	428	254	42	25	17
肇庆市	**4129**	**2483**	**1646**	**359**	**204**	**155**
端州区	2333	1385	948	216	118	98
鼎湖区	324	200	124	20	14	6
高要区	229	140	89	17	9	8
广宁县						
怀集县						
封开县						
德庆县						
四会市	1243	758	485	106	63	43
惠州市	**3463**	**2045**	**1418**	**290**	**186**	**104**
惠城区	2228	1342	886	193	131	62
惠阳区	1190	675	515	93	52	41
博罗县	15	12	3			
惠东县	30	16	14	4	3	1
龙门县						
梅州市	**3090**	**1738**	**1352**	**249**	**143**	**106**
梅江区	1692	974	718	144	78	66
梅县区	426	256	170	40	29	11
大埔县						
丰顺县						
五华县	111	61	50	9	3	6
平远县						
蕉岭县						
兴宁市	861	447	414	56	33	23

1-11a 续表 2

单位：人

地 区	死亡人口			2019年11月		
	合计	男	女	小计	男	女
汕尾市	**1859**	**1157**	**702**	**175**	**103**	**72**
城 区	1122	704	418	112	65	47
海丰县						
陆河县						
陆丰市	737	453	284	63	38	25
河源市	**2053**	**1223**	**830**	**161**	**95**	**66**
源城区	2053	1223	830	161	95	66
紫金县						
龙川县						
连平县						
和平县						
东源县						
阳江市	**3033**	**1734**	**1299**	**233**	**133**	**100**
江城区	1484	833	651	109	59	50
阳东区	472	265	207	37	20	17
阳西县						
阳春市	1077	636	441	87	54	33
清远市	**3300**	**1988**	**1312**	**233**	**151**	**82**
清城区	1839	1079	760	152	95	57
清新区	405	240	165	21	14	7
佛冈县						
阳山县						
连山壮族瑶族自治县						
连南瑶族自治县						
英德市	326	201	125	13	11	2
连州市	730	468	262	47	31	16
东莞市	**9317**	**5178**	**4139**	**712**	**404**	**308**
市辖区	9317	5178	4139	712	404	308
中山市	**7203**	**4194**	**3009**	**593**	**343**	**250**
市辖区	7203	4194	3009	593	343	250
潮州市	**4868**	**2683**	**2185**	**375**	**207**	**168**
湘桥区	2415	1323	1092	208	116	92
潮安区	2453	1360	1093	167	91	76
饶平县						
揭阳市	**5713**	**3278**	**2435**	**420**	**231**	**189**
榕城区	2281	1282	999	142	82	60
揭东区	1653	941	712	158	83	75
揭西县						
惠来县						
普宁市	1779	1055	724	120	66	54
云浮市	**2380**	**1357**	**1023**	**183**	**105**	**78**
云城区	1117	644	473	84	49	35
云安区	230	130	100	14	7	7
新兴县						
郁南县						
罗定市	1033	583	450	85	49	36

1-11a 续表 3

单位：人

地区	2019年12月			2020年1月		
	小计	男	女	小计	男	女
广 东	**15385**	**8863**	**6522**	**15122**	**8732**	**6390**
广州市	**4081**	**2352**	**1729**	**4144**	**2378**	**1766**
荔湾区	647	356	291	643	353	290
越秀区	815	461	354	810	443	367
海珠区	727	440	287	752	417	335
天河区	301	181	120	304	201	103
白云区	616	353	263	629	372	257
黄埔区	161	91	70	174	106	68
番禺区	319	188	131	332	192	140
花都区	195	107	88	196	116	80
南沙区	115	63	52	98	59	39
从化区	77	49	28	62	40	22
增城区	108	63	45	144	79	65
韶关市	**427**	**268**	**159**	**416**	**257**	**159**
武江区	125	72	53	141	85	56
浈江区	170	112	58	143	84	59
曲江区	69	48	21	55	36	19
始兴县						
仁化县						
翁源县						
乳源瑶族自治县						
新丰县						
乐昌市	42	26	16	44	28	16
南雄市	21	10	11	33	24	9
深圳市	**1171**	**748**	**423**	**1143**	**697**	**446**
罗湖区	114	77	37	120	68	52
福田区	160	102	58	149	100	49
南山区	180	107	73	185	115	70
宝安区	204	134	70	152	77	75
龙岗区	305	192	113	286	182	104
盐田区	16	8	8	36	18	18
龙华区	106	66	40	116	76	40
坪山区	30	22	8	36	21	15
光明区	56	40	16	63	40	23
珠海市	**527**	**323**	**204**	**555**	**360**	**195**
香洲区	346	212	134	404	276	128
斗门区	167	103	64	140	78	62
金湾区	14	8	6	11	6	5
汕头市	**1165**	**607**	**558**	**1194**	**648**	**546**
龙湖区	187	111	76	208	123	85
金平区	489	243	246	484	275	209
濠江区	72	35	37	88	44	44
潮阳区	171	85	86	144	66	78
潮南区	141	73	68	163	81	82
澄海区	105	60	45	107	59	48
南澳县						
佛山市	**1714**	**940**	**774**	**1586**	**875**	**711**
禅城区	321	172	149	299	153	146
南海区	558	312	246	519	283	236
顺德区	575	301	274	533	312	221
三水区	152	90	62	110	64	46
高明区	108	65	43	125	63	62

1-11a　续表 4　　　　单位：人

地　区	2019年12月			2020年1月		
	小计	男	女	小计	男	女
江门市	**959**	**544**	**415**	**854**	**483**	**371**
蓬江区	258	149	109	251	146	105
江海区	69	35	34	66	34	32
新会区	179	93	86	153	79	74
台山市	165	95	70	146	77	69
开平市	116	64	52	111	65	46
鹤山市	88	58	30	73	50	23
恩平市	84	50	34	54	32	22
湛江市	**490**	**307**	**183**	**497**	**305**	**192**
赤坎区	89	61	28	96	58	38
霞山区	163	104	59	174	116	58
坡头区	11	4	7	13	7	6
麻章区	40	28	12	35	25	10
遂溪县	8	2	6	14	11	3
徐闻县						
廉江市	67	43	24	66	37	29
雷州市	24	15	9	18	10	8
吴川市	88	50	38	81	41	40
茂名市	**412**	**252**	**160**	**483**	**278**	**205**
茂南区	94	62	32	142	82	60
电白区	44	27	17	30	18	12
高州市	149	90	59	150	92	58
化州市	75	49	26	110	57	53
信宜市	50	24	26	51	29	22
肇庆市	**381**	**226**	**155**	**354**	**220**	**134**
端州区	235	139	96	216	133	83
鼎湖区	36	21	15	28	18	10
高要区	19	13	6	17	9	8
广宁县						
怀集县						
封开县						
德庆县						
四会市	91	53	38	93	60	33
惠州市	**303**	**176**	**127**	**281**	**188**	**93**
惠城区	205	122	83	183	122	61
惠阳区	96	54	42	94	62	32
博罗县				2	2	
惠东县	2		2	2	2	
龙门县						
梅州市	**263**	**147**	**116**	**248**	**140**	**108**
梅江区	160	97	63	137	80	57
梅县区	36	16	20	34	20	14
大埔县						
丰顺县						
五华县	12	5	7	10	7	3
平远县						
蕉岭县						
兴宁市	55	29	26	67	33	34

1-11a 续表 5

单位：人

地 区	2019年12月			2020年1月		
	小计	男	女	小计	男	女
汕尾市	**134**	**83**	**51**	**173**	**111**	**62**
城 区	84	49	35	106	73	33
海丰县						
陆河县						
陆丰市	50	34	16	67	38	29
河源市	**190**	**126**	**64**	**184**	**110**	**74**
源城区	190	126	64	184	110	74
紫金县						
龙川县						
连平县						
和平县						
东源县						
阳江市	**256**	**145**	**111**	**259**	**154**	**105**
江城区	131	74	57	139	79	60
阳东区	31	17	14	36	26	10
阳西县						
阳春市	94	54	40	84	49	35
清远市	**299**	**179**	**120**	**282**	**176**	**106**
清城区	179	105	74	156	93	63
清新区	36	19	17	41	21	20
佛冈县						
阳山县						
连山壮族瑶族自治县						
连南瑶族自治县						
英德市	29	17	12	29	21	8
连州市	55	38	17	56	41	15
东莞市	**879**	**492**	**387**	**817**	**446**	**371**
市辖区	879	492	387	817	446	371
中山市	**646**	**347**	**299**	**564**	**325**	**239**
市辖区	646	347	299	564	325	239
潮州市	**429**	**229**	**200**	**387**	**196**	**191**
湘桥区	231	125	106	193	94	99
潮安区	198	104	94	194	102	92
饶平县						
揭阳市	**457**	**255**	**202**	**529**	**301**	**228**
榕城区	164	91	73	216	114	102
揭东区	173	93	80	159	93	66
揭西县						
惠来县						
普宁市	120	71	49	154	94	60
云浮市	**202**	**117**	**85**	**172**	**84**	**88**
云城区	109	65	44	73	32	41
云安区	23	12	11	22	8	14
新兴县						
郁南县						
罗定市	70	40	30	77	44	33

1-11a　续表 6　　　　单位：人

地　区	2020年2月			2020年3月			2020年4月		
	小计	男	女	小计	男	女	小计	男	女
广　东	**15724**	**8893**	**6831**	**14950**	**8713**	**6237**	**14577**	**8463**	**6114**
广州市	**4137**	**2299**	**1838**	**3868**	**2230**	**1638**	**3803**	**2214**	**1589**
荔湾区	626	319	307	589	324	265	595	339	256
越秀区	753	413	340	728	397	331	740	420	320
海珠区	788	420	368	709	426	283	699	404	295
天河区	317	195	122	274	170	104	314	182	132
白云区	629	330	299	585	342	243	580	361	219
黄埔区	191	125	66	157	90	67	138	94	44
番禺区	337	201	136	359	192	167	279	151	128
花都区	211	128	83	179	111	68	175	99	76
南沙区	87	58	29	118	75	43	85	54	31
从化区	64	31	33	63	36	27	70	36	34
增城区	134	79	55	107	67	40	128	74	54
韶关市	**395**	**218**	**177**	**427**	**276**	**151**	**376**	**212**	**164**
武江区	125	68	57	120	78	42	87	49	38
浈江区	142	78	64	149	96	53	141	79	62
曲江区	66	35	31	67	46	21	68	43	25
始兴县									
仁化县									
翁源县									
乳源瑶族自治县									
新丰县									
乐昌市	37	21	16	55	42	13	41	20	21
南雄市	25	16	9	36	14	22	39	21	18
深圳市	**1322**	**807**	**515**	**1302**	**806**	**496**	**1249**	**773**	**476**
罗湖区	130	82	48	139	93	46	128	77	51
福田区	187	110	77	171	105	66	169	107	62
南山区	214	138	76	208	127	81	170	108	62
宝安区	202	122	80	190	111	79	218	132	86
龙岗区	348	210	138	314	190	124	317	196	121
盐田区	27	11	16	31	16	15	32	18	14
龙华区	115	77	38	129	92	37	134	87	47
坪山区	28	17	11	37	17	20	31	19	12
光明区	71	40	31	83	55	28	50	29	21
珠海市	**471**	**246**	**225**	**461**	**309**	**152**	**464**	**294**	**170**
香洲区	294	147	147	313	210	103	308	193	115
斗门区	159	86	73	134	87	47	140	95	45
金湾区	18	13	5	14	12	2	16	6	10
汕头市	**1124**	**637**	**487**	**1076**	**608**	**468**	**1033**	**567**	**466**
龙湖区	181	111	70	191	106	85	183	96	87
金平区	442	252	190	447	241	206	419	240	179
濠江区	81	46	35	84	54	30	69	25	44
潮阳区	140	78	62	134	76	58	134	83	51
潮南区	155	80	75	110	67	43	133	73	60
澄海区	125	70	55	110	64	46	95	50	45
南澳县									
佛山市	**1736**	**963**	**773**	**1603**	**930**	**673**	**1625**	**936**	**689**
禅城区	336	186	150	314	194	120	300	167	133
南海区	591	332	259	531	313	218	503	300	203
顺德区	553	296	257	534	296	238	595	330	265
三水区	155	89	66	141	85	56	118	75	43
高明区	101	60	41	83	42	41	109	64	45

1－11a 续表 7 单位：人

地　区	2020年2月			2020年3月			2020年4月		
	小计	男	女	小计	男	女	小计	男	女
江门市	**1000**	**570**	**430**	**920**	**485**	**435**	**907**	**513**	**394**
蓬江区	275	154	121	244	125	119	249	137	112
江海区	69	42	27	84	37	47	73	45	28
新会区	179	106	73	179	82	97	158	87	71
台山市	178	103	75	149	94	55	160	96	64
开平市	138	73	65	107	57	50	120	67	53
鹤山市	87	54	33	84	49	35	70	42	28
恩平市	74	38	36	73	41	32	77	39	38
湛江市	**494**	**305**	**189**	**509**	**317**	**192**	**464**	**265**	**199**
赤坎区	97	52	45	109	59	50	80	43	37
霞山区	156	99	57	171	105	66	161	93	68
坡头区	10	7	3	11	8	3	11	7	4
麻章区	41	31	10	32	21	11	22	9	13
遂溪县	12	6	6	12	7	5	7	3	4
徐闻县									
廉江市	53	38	15	74	53	21	63	41	22
雷州市	26	13	13	24	14	10	21	15	6
吴川市	99	59	40	76	50	26	99	54	45
茂名市	**502**	**311**	**191**	**455**	**260**	**195**	**408**	**259**	**149**
茂南区	130	75	55	122	62	60	118	77	41
电白区	47	34	13	51	26	25	40	17	23
高州市	176	112	64	141	82	59	115	77	38
化州市	81	49	32	81	53	28	79	47	32
信宜市	68	41	27	60	37	23	56	41	15
肇庆市	**357**	**220**	**137**	**318**	**195**	**123**	**335**	**201**	**134**
端州区	191	114	77	175	118	57	174	102	72
鼎湖区	29	20	9	25	15	10	23	12	11
高要区	24	14	10	22	13	9	21	15	6
广宁县									
怀集县									
封开县									
德庆县									
四会市	113	72	41	96	49	47	117	72	45
惠州市	**343**	**200**	**143**	**328**	**178**	**150**	**297**	**174**	**123**
惠城区	221	126	95	211	117	94	170	106	64
惠阳区	116	70	46	114	59	55	122	64	58
博罗县	2	2		1	1		2	2	
惠东县	4	2	2	2	1	1	3	2	1
龙门县									
梅州市	**257**	**134**	**123**	**266**	**137**	**129**	**255**	**155**	**100**
梅江区	147	83	64	143	69	74	135	89	46
梅县区	26	16	10	37	19	18	36	23	13
大埔县									
丰顺县									
五华县	8	1	7	9	9		8	4	4
平远县									
蕉岭县									
兴宁市	76	34	42	77	40	37	76	39	37

1-11a 续表 8

单位：人

地区	2020年2月			2020年3月			2020年4月		
	小计	男	女	小计	男	女	小计	男	女
汕尾市	**160**	**97**	**63**	**183**	**104**	**79**	**135**	**85**	**50**
城　区	86	49	37	116	71	45	79	49	30
海丰县									
陆河县									
陆丰市	74	48	26	67	33	34	56	36	20
河源市	**162**	**86**	**76**	**167**	**97**	**70**	**189**	**119**	**70**
源城区	162	86	76	167	97	70	189	119	70
紫金县									
龙川县									
连平县									
和平县									
东源县									
阳江市	**258**	**138**	**120**	**245**	**153**	**92**	**258**	**147**	**111**
江城区	132	77	55	120	69	51	138	80	58
阳东区	26	12	14	39	25	14	29	16	13
阳西县									
阳春市	100	49	51	86	59	27	91	51	40
清远市	**304**	**167**	**137**	**296**	**173**	**123**	**271**	**155**	**116**
清城区	163	86	77	154	87	67	141	77	64
清新区	33	18	15	44	23	21	42	25	17
佛冈县									
阳山县									
连山壮族瑶族自治县									
连南瑶族自治县									
英德市	40	21	19	30	18	12	27	12	15
连州市	68	42	26	68	45	23	61	41	20
东莞市	**854**	**451**	**403**	**796**	**424**	**372**	**817**	**442**	**375**
市辖区	854	451	403	796	424	372	817	442	375
中山市	**650**	**376**	**274**	**615**	**360**	**255**	**602**	**355**	**247**
市辖区	650	376	274	615	360	255	602	355	247
潮州市	**416**	**227**	**189**	**428**	**248**	**180**	**410**	**211**	**199**
湘桥区	217	117	100	206	113	93	188	98	90
潮安区	199	110	89	222	135	87	222	113	109
饶平县									
揭阳市	**549**	**304**	**245**	**496**	**315**	**181**	**475**	**272**	**203**
榕城区	212	121	91	173	100	73	192	110	82
揭东区	140	82	58	137	90	47	137	80	57
揭西县									
惠来县									
普宁市	197	101	96	186	125	61	146	82	64
云浮市	**233**	**137**	**96**	**191**	**108**	**83**	**204**	**114**	**90**
云城区	121	74	47	96	54	42	100	51	49
云安区	25	16	9	16	10	6	29	19	10
新兴县									
郁南县									
罗定市	87	47	40	79	44	35	75	44	31

1-11a 续表 9

单位：人

地区	2020年5月			2020年6月			2020年7月		
	小计	男	女	小计	男	女	小计	男	女
广东	**14466**	**8424**	**6042**	**13729**	**8014**	**5715**	**14601**	**8436**	**6165**
广州市	**3675**	**2120**	**1555**	**3493**	**1995**	**1498**	**3693**	**2051**	**1642**
荔湾区	512	290	222	493	274	219	559	298	261
越秀区	718	393	325	682	386	296	730	400	330
海珠区	679	394	285	660	386	274	679	366	313
天河区	268	157	111	242	138	104	276	161	115
白云区	559	335	224	548	312	236	555	305	250
黄埔区	175	109	66	138	86	52	164	96	68
番禺区	290	168	122	268	148	120	303	178	125
花都区	209	117	92	185	103	82	186	98	88
南沙区	101	59	42	101	56	45	82	50	32
从化区	55	36	19	65	40	25	49	32	17
增城区	109	62	47	111	66	45	110	67	43
韶关市	**397**	**224**	**173**	**377**	**229**	**148**	**449**	**267**	**182**
武江区	109	57	52	109	66	43	121	78	43
浈江区	125	72	53	130	70	60	164	92	72
曲江区	93	50	43	65	44	21	80	50	30
始兴县									
仁化县									
翁源县									
乳源瑶族自治县									
新丰县									
乐昌市	42	30	12	43	29	14	44	24	20
南雄市	28	15	13	30	20	10	40	23	17
深圳市	**1447**	**883**	**564**	**1317**	**806**	**511**	**1369**	**857**	**512**
罗湖区	148	86	62	147	89	58	140	88	52
福田区	242	147	95	220	129	91	190	109	81
南山区	173	97	76	192	123	69	244	134	110
宝安区	261	166	95	223	139	84	249	160	89
龙岗区	345	214	131	285	173	112	280	182	98
盐田区	33	13	20	16	12	4	31	19	12
龙华区	136	88	48	121	71	50	115	79	36
坪山区	36	21	15	31	20	11	31	21	10
光明区	73	51	22	82	50	32	89	65	24
珠海市	**445**	**298**	**147**	**413**	**247**	**166**	**419**	**253**	**166**
香洲区	290	182	108	279	166	113	272	158	114
斗门区	132	101	31	113	71	42	126	81	45
金湾区	23	15	8	21	10	11	21	14	7
汕头市	**959**	**531**	**428**	**984**	**577**	**407**	**1049**	**591**	**458**
龙湖区	158	86	72	176	109	67	166	87	79
金平区	377	212	165	423	251	172	466	257	209
濠江区	74	40	34	58	29	29	62	35	27
潮阳区	139	80	59	102	67	35	120	69	51
潮南区	121	68	53	134	69	65	118	68	50
澄海区	90	45	45	91	52	39	117	75	42
南澳县									
佛山市	**1537**	**874**	**663**	**1509**	**837**	**672**	**1685**	**954**	**731**
禅城区	313	175	138	327	178	149	313	175	138
南海区	526	302	224	470	266	204	579	328	251
顺德区	506	285	221	532	286	246	570	315	255
三水区	98	56	42	98	56	42	125	69	56
高明区	94	56	38	82	51	31	98	67	31

1-11a　续表 10　　　　单位：人

地　区	2020年5月			2020年6月			2020年7月		
	小计	男	女	小计	男	女	小计	男	女
江门市	**847**	**506**	**341**	**824**	**497**	**327**	**967**	**573**	**394**
蓬江区	240	143	97	222	122	100	295	170	125
江海区	67	36	31	64	39	25	72	36	36
新会区	166	99	67	148	87	61	140	82	58
台山市	164	102	62	152	95	57	177	116	61
开平市	95	56	39	95	58	37	122	74	48
鹤山市	64	42	22	65	44	21	83	50	33
恩平市	51	28	23	78	52	26	78	45	33
湛江市	**504**	**310**	**194**	**437**	**286**	**151**	**437**	**287**	**150**
赤坎区	81	52	29	85	52	33	77	47	30
霞山区	180	117	63	152	98	54	147	96	51
坡头区	15	10	5	13	9	4	11	9	2
麻章区	35	21	14	33	23	10	29	14	15
遂溪县	9	5	4	9	3	6	14	8	6
徐闻县									
廉江市	60	39	21	55	36	19	49	34	15
雷州市	44	27	17	20	14	6	31	27	4
吴川市	80	39	41	70	51	19	79	52	27
茂名市	**474**	**280**	**194**	**435**	**281**	**154**	**452**	**267**	**185**
茂南区	135	81	54	116	78	38	133	77	56
电白区	62	37	25	48	30	18	57	31	26
高州市	118	64	54	149	95	54	140	86	54
化州市	85	48	37	70	45	25	71	42	29
信宜市	74	50	24	52	33	19	51	31	20
肇庆市	**353**	**216**	**137**	**313**	**178**	**135**	**342**	**206**	**136**
端州区	206	113	93	168	94	74	185	116	69
鼎湖区	25	20	5	33	20	13	30	16	14
高要区	17	9	8	18	10	8	22	15	7
广宁县									
怀集县									
封开县									
德庆县									
四会市	105	74	31	94	54	40	105	59	46
惠州市	**252**	**142**	**110**	**252**	**144**	**108**	**262**	**147**	**115**
惠城区	149	86	63	154	87	67	158	91	67
惠阳区	97	52	45	95	55	40	100	53	47
博罗县	3	2	1				2	1	1
惠东县	3	2	1	3	2	1	2	2	
龙门县									
梅州市	**263**	**156**	**107**	**237**	**135**	**102**	**271**	**147**	**124**
梅江区	137	77	60	123	78	45	146	85	61
梅县区	44	30	14	30	13	17	35	21	14
大埔县									
丰顺县									
五华县	6	3	3	8	6	2	11	7	4
平远县									
蕉岭县									
兴宁市	76	46	30	76	38	38	79	34	45

1-11a 续表 11 单位：人

地区	2020年5月			2020年6月			2020年7月		
	小计	男	女	小计	男	女	小计	男	女
汕尾市	**156**	**99**	**57**	**147**	**97**	**50**	**126**	**87**	**39**
城　区	102	70	32	86	60	26	75	50	25
海丰县									
陆河县									
陆丰市	54	29	25	61	37	24	51	37	14
河源市	**165**	**96**	**69**	**166**	**100**	**66**	**183**	**104**	**79**
源城区	165	96	69	166	100	66	183	104	79
紫金县									
龙川县									
连平县									
和平县									
东源县									
阳江市	**274**	**156**	**118**	**241**	**137**	**104**	**227**	**131**	**96**
江城区	131	69	62	112	60	52	114	64	50
阳东区	45	26	19	40	20	20	42	22	20
阳西县									
阳春市	98	61	37	89	57	32	71	45	26
清远市	**268**	**167**	**101**	**238**	**149**	**89**	**292**	**173**	**119**
清城区	149	94	55	131	79	52	162	93	69
清新区	26	18	8	25	16	9	39	26	13
佛冈县									
阳山县									
连山壮族瑶族自治县									
连南瑶族自治县									
英德市	29	20	9	29	16	13	33	19	14
连州市	64	35	29	53	38	15	58	35	23
东莞市	**749**	**405**	**344**	**704**	**397**	**307**	**703**	**388**	**315**
市辖区	749	405	344	704	397	307	703	388	315
中山市	**620**	**367**	**253**	**610**	**360**	**250**	**559**	**331**	**228**
市辖区	620	367	253	610	360	250	559	331	228
潮州市	**374**	**207**	**167**	**386**	**199**	**187**	**418**	**228**	**190**
湘桥区	201	111	90	177	92	85	206	120	86
潮安区	173	96	77	209	107	102	212	108	104
饶平县									
揭阳市	**509**	**277**	**232**	**454**	**257**	**197**	**476**	**269**	**207**
榕城区	185	94	91	190	104	86	225	132	93
揭东区	131	72	59	112	65	47	144	79	65
揭西县									
惠来县									
普宁市	193	111	82	152	88	64	107	58	49
云浮市	**198**	**110**	**88**	**192**	**106**	**86**	**222**	**125**	**97**
云城区	81	45	36	85	49	36	121	67	54
云安区	19	10	9	15	10	5	13	6	7
新兴县									
郁南县									
罗定市	98	55	43	92	47	45	88	52	36

1–11a　续表 12　　　　单位：人

地　区	2020年8月			2020年9月			2020年10月		
	小计	男	女	小计	男	女	小计	男	女
广　东	**14664**	**8574**	**6090**	**13851**	**8074**	**5777**	**14647**	**8552**	**6095**
广州市	**3665**	**2072**	**1593**	**3515**	**1970**	**1545**	**3932**	**2262**	**1670**
荔湾区	476	261	215	466	238	228	578	325	253
越秀区	775	454	321	683	383	300	761	451	310
海珠区	633	345	288	623	357	266	631	359	272
天河区	292	174	118	286	162	124	345	204	141
白云区	550	316	234	567	306	261	711	401	310
黄埔区	167	99	68	167	101	66	137	76	61
番禺区	339	187	152	290	171	119	308	191	117
花都区	195	100	95	188	108	80	198	109	89
南沙区	80	45	35	84	52	32	88	51	37
从化区	50	28	22	65	41	24	59	34	25
增城区	108	63	45	96	51	45	116	61	55
韶关市	**409**	**244**	**165**	**389**	**239**	**150**	**359**	**227**	**132**
武江区	102	60	42	122	70	52	110	71	39
浈江区	155	94	61	129	73	56	122	78	44
曲江区	67	43	24	66	49	17	55	32	23
始兴县									
仁化县									
翁源县									
乳源瑶族自治县									
新丰县									
乐昌市	54	32	22	49	33	16	51	34	17
南雄市	31	15	16	23	14	9	21	12	9
深圳市	**1329**	**787**	**542**	**1208**	**749**	**459**	**1265**	**770**	**495**
罗湖区	135	75	60	145	90	55	126	81	45
福田区	194	114	80	171	106	65	163	104	59
南山区	220	135	85	127	82	45	243	132	111
宝安区	251	150	101	243	151	92	215	131	84
龙岗区	295	176	119	296	177	119	291	182	109
盐田区	19	9	10	19	11	8	19	7	12
龙华区	95	53	42	101	67	34	102	69	33
坪山区	42	27	15	39	22	17	31	16	15
光明区	78	48	30	67	43	24	75	48	27
珠海市	**474**	**298**	**176**	**441**	**296**	**145**	**439**	**272**	**167**
香洲区	344	214	130	292	199	93	288	178	110
斗门区	106	72	34	127	80	47	117	74	43
金湾区	24	12	12	22	17	5	34	20	14
汕头市	**1068**	**600**	**468**	**1040**	**597**	**443**	**1089**	**611**	**478**
龙湖区	180	94	86	164	97	67	186	118	68
金平区	457	264	193	468	256	212	455	254	201
濠江区	83	49	34	67	41	26	81	42	39
潮阳区	134	76	58	115	65	50	132	58	74
潮南区	139	75	64	128	81	47	153	92	61
澄海区	75	42	33	98	57	41	82	47	35
南澳县									
佛山市	**1620**	**940**	**680**	**1493**	**834**	**659**	**1663**	**944**	**719**
禅城区	316	174	142	286	159	127	287	157	130
南海区	537	318	219	463	257	206	583	331	252
顺德区	539	299	240	553	303	250	599	345	254
三水区	126	80	46	91	52	39	104	54	50
高明区	102	69	33	100	63	37	90	57	33

1－11a　续表 13

单位：人

地　　区	2020年8月			2020年9月			2020年10月		
	小计	男	女	小计	男	女	小计	男	女
江门市	**829**	**467**	**362**	**866**	**499**	**367**	**915**	**548**	**367**
蓬江区	233	130	103	243	139	104	231	122	109
江海区	68	43	25	77	43	34	92	48	44
新会区	167	82	85	143	72	71	157	96	61
台山市	126	74	52	149	85	64	120	81	39
开平市	94	48	46	118	72	46	110	64	46
鹤山市	66	39	27	63	39	24	68	50	18
恩平市	75	51	24	73	49	24	137	87	50
湛江市	**478**	**285**	**193**	**454**	**262**	**192**	**470**	**276**	**194**
赤坎区	81	43	38	80	43	37	81	47	34
霞山区	159	90	69	183	110	73	140	74	66
坡头区	8	6	2	8	3	5	23	15	8
麻章区	29	15	14	29	17	12	25	13	12
遂溪县	12	7	5	18	11	7	9	6	3
徐闻县									
廉江市	72	52	20	53	32	21	64	44	20
雷州市	30	18	12	20	14	6	30	20	10
吴川市	87	54	33	63	32	31	98	57	41
茂名市	**466**	**292**	**174**	**438**	**263**	**175**	**434**	**268**	**166**
茂南区	128	80	48	149	92	57	128	83	45
电白区	58	37	21	46	27	19	80	49	31
高州市	133	81	52	110	62	48	100	59	41
化州市	83	53	30	80	46	34	65	37	28
信宜市	64	41	23	53	36	17	61	40	21
肇庆市	**367**	**226**	**141**	**315**	**193**	**122**	**335**	**198**	**137**
端州区	215	124	91	181	113	68	171	101	70
鼎湖区	24	15	9	22	14	8	29	15	14
高要区	18	11	7	15	8	7	19	14	5
广宁县									
怀集县									
封开县									
德庆县									
四会市	110	76	34	97	58	39	116	68	48
惠州市	**367**	**231**	**136**	**245**	**138**	**107**	**243**	**141**	**102**
惠城区	242	152	90	177	99	78	165	103	62
惠阳区	123	79	44	66	39	27	74	36	38
博罗县							3	2	1
惠东县	2		2	2		2	1		1
龙门县									
梅州市	**315**	**180**	**135**	**209**	**118**	**91**	**257**	**146**	**111**
梅江区	189	109	80	100	62	38	131	67	64
梅县区	35	25	10	30	18	12	43	26	17
大埔县									
丰顺县									
五华县	9	4	5	12	7	5	9	5	4
平远县									
蕉岭县									
兴宁市	82	42	40	67	31	36	74	48	26

1-11a　续表 14　　单位：人

地　区	2020年8月			2020年9月			2020年10月		
	小计	男	女	小计	男	女	小计	男	女
汕尾市	**162**	**102**	**60**	**161**	**100**	**61**	**147**	**89**	**58**
城　区	106	67	39	86	54	32	84	47	37
海丰县									
陆河县									
陆丰市	56	35	21	75	46	29	63	42	21
河源市	**166**	**108**	**58**	**164**	**101**	**63**	**156**	**81**	**75**
源城区	166	108	58	164	101	63	156	81	75
紫金县									
龙川县									
连平县									
和平县									
东源县									
阳江市	**267**	**159**	**108**	**259**	**140**	**119**	**256**	**141**	**115**
江城区	132	83	49	115	57	58	111	62	49
阳东区	48	24	24	46	29	17	53	28	25
阳西县									
阳春市	87	52	35	98	54	44	92	51	41
清远市	**271**	**165**	**106**	**277**	**165**	**112**	**269**	**168**	**101**
清城区	148	94	54	147	81	66	157	95	62
清新区	34	18	16	30	20	10	34	22	12
佛冈县									
阳山县									
连山壮族瑶族自治县									
连南瑶族自治县									
英德市	22	17	5	28	18	10	17	11	6
连州市	67	36	31	72	46	26	61	40	21
东莞市	**779**	**447**	**332**	**755**	**458**	**297**	**752**	**424**	**328**
市辖区	779	447	332	755	458	297	752	424	328
中山市	**616**	**366**	**250**	**535**	**308**	**227**	**593**	**356**	**237**
市辖区	616	366	250	535	308	227	593	356	237
潮州市	**395**	**250**	**145**	**430**	**243**	**187**	**420**	**238**	**182**
湘桥区	189	119	70	223	124	99	176	94	82
潮安区	206	131	75	207	119	88	244	144	100
饶平县									
揭阳市	**420**	**234**	**186**	**477**	**292**	**185**	**451**	**271**	**180**
榕城区	172	90	82	207	126	81	203	118	85
揭东区	121	63	58	116	68	48	125	73	52
揭西县									
惠来县									
普宁市	127	81	46	154	98	56	123	80	43
云浮市	**201**	**121**	**80**	**180**	**109**	**71**	**202**	**121**	**81**
云城区	91	63	28	81	50	31	75	45	30
云安区	13	7	6	15	5	10	26	20	6
新兴县									
郁南县									
罗定市	97	51	46	84	54	30	101	56	45

1-11b 各地区分性别、月份的死亡人口
(2019.11.1-2020.10.31)(镇)

单位：人

地　　区	死亡人口			2019年11月		
	合计	男	女	小计	男	女
广　东	**86505**	**51681**	**34824**	**6802**	**4057**	**2745**
广州市	**3680**	**2172**	**1508**	**310**	**185**	**125**
荔湾区						
越秀区						
海珠区						
天河区						
白云区	754	450	304	59	36	23
黄埔区	35	23	12	2	1	1
番禺区	196	104	92	22	10	12
花都区	328	200	128	28	20	8
南沙区	727	429	298	57	36	21
从化区	279	198	81	21	13	8
增城区	1361	768	593	121	69	52
韶关市	**4979**	**2987**	**1992**	**333**	**202**	**131**
武江区	100	38	62	7	3	4
浈江区	492	296	196	39	20	19
曲江区	394	236	158	28	17	11
始兴县	459	284	175	32	16	16
仁化县	493	279	214	24	17	7
翁源县	782	461	321	64	41	23
乳源瑶族自治县	401	247	154	27	19	8
新丰县	346	207	139	14	6	8
乐昌市	1047	662	385	68	41	27
南雄市	465	277	188	30	22	8
深圳市						
罗湖区						
福田区						
南山区						
宝安区						
龙岗区						
盐田区						
龙华区						
坪山区						
光明区						
珠海市	**644**	**401**	**243**	**43**	**20**	**23**
香洲区	46	27	19	1	1	
斗门区	301	193	108	22	12	10
金湾区	297	181	116	20	7	13
汕头市	**6719**	**3786**	**2933**	**602**	**342**	**260**
龙湖区						
金平区						
濠江区	32	13	19	3	1	2
潮阳区	2457	1424	1033	188	110	78
潮南区	1527	847	680	189	99	90
澄海区	2229	1236	993	181	107	74
南澳县	474	266	208	41	25	16
佛山市	**1770**	**999**	**771**	**124**	**76**	**48**
禅城区	548	311	237	49	27	22
南海区	105	54	51	8	4	4
顺德区						
三水区	929	529	400	63	43	20
高明区	188	105	83	4	2	2

1-11b　续表 1　　　　单位：人

地　区	死亡人口			2019年11月		
	合计	男	女	小计	男	女
江门市	**3317**	**2029**	**1288**	**259**	**172**	**87**
蓬江区						
江海区						
新会区	850	530	320	62	50	12
台山市	1046	617	429	81	53	28
开平市	606	381	225	50	29	21
鹤山市	483	281	202	42	23	19
恩平市	332	220	112	24	17	7
湛江市	**5338**	**3302**	**2036**	**405**	**249**	**156**
赤坎区						
霞山区	10	5	5			
坡头区	258	156	102	16	7	9
麻章区	279	163	116	21	14	7
遂溪县	1031	631	400	89	57	32
徐闻县	657	479	178	29	15	14
廉江市	1797	1061	736	148	86	62
雷州市	453	290	163	30	21	9
吴川市	853	517	336	72	49	23
茂名市	**6176**	**3763**	**2413**	**492**	**285**	**207**
茂南区	158	85	73	9	4	5
电白区	1481	899	582	101	60	41
高州市	2309	1390	919	215	119	96
化州市	1223	748	475	94	58	36
信宜市	1005	641	364	73	44	29
肇庆市	**5728**	**3505**	**2223**	**430**	**261**	**169**
端州区						
鼎湖区	186	110	76	20	13	7
高要区	1261	724	537	90	51	39
广宁县	1326	836	490	104	61	43
怀集县	1287	806	481	79	53	26
封开县	559	341	218	42	23	19
德庆县	656	419	237	65	45	20
四会市	453	269	184	30	15	15
惠州市	**4008**	**2255**	**1753**	**355**	**207**	**148**
惠城区	224	134	90	22	15	7
惠阳区	292	180	112	35	21	14
博罗县	2119	1146	973	179	97	82
惠东县	779	437	342	68	43	25
龙门县	594	358	236	51	31	20
梅州市	**8698**	**5295**	**3403**	**657**	**391**	**266**
梅江区	58	36	22	2		2
梅县区	970	573	397	79	43	36
大埔县	1179	717	462	92	55	37
丰顺县	1539	937	602	113	68	45
五华县	2301	1409	892	177	110	67
平远县	748	474	274	59	41	18
蕉岭县	778	464	314	46	29	17
兴宁市	1125	685	440	89	45	44

1－11b 续表 2 单位：人

地区	死亡人口			2019年11月		
	合计	男	女	小计	男	女
汕尾市	**4477**	**2692**	**1785**	**368**	**217**	**151**
城　区	330	212	118	33	23	10
海丰县	1637	955	682	130	70	60
陆河县	672	419	253	58	38	20
陆丰市	1838	1106	732	147	86	61
河源市	**3648**	**2221**	**1427**	**284**	**196**	**88**
源城区	13	6	7	1	1	
紫金县	590	363	227	52	33	19
龙川县	760	488	272	51	33	18
连平县	956	551	405	77	54	23
和平县	832	530	302	71	57	14
东源县	497	283	214	32	18	14
阳江市	**2763**	**1710**	**1053**	**205**	**128**	**77**
江城区	428	250	178	21	10	11
阳东区	541	320	221	35	25	10
阳西县	775	515	260	59	40	19
阳春市	1019	625	394	90	53	37
清远市	**6258**	**3770**	**2488**	**487**	**281**	**206**
清城区	1335	757	578	112	55	57
清新区	623	392	231	49	33	16
佛冈县	883	552	331	73	36	37
阳山县	1015	638	377	86	59	27
连山壮族瑶族自治县	328	203	125	19	11	8
连南瑶族自治县	287	183	104	17	13	4
英德市	1446	863	583	105	63	42
连州市	341	182	159	26	11	15
东莞市	**141**	**67**	**74**	**15**	**7**	**8**
市辖区	141	67	74	15	7	8
中山市	**2875**	**1728**	**1147**	**219**	**139**	**80**
市辖区	2875	1728	1147	219	139	80
潮州市	**4672**	**2637**	**2035**	**364**	**189**	**175**
湘桥区	522	276	246	43	26	17
潮安区	1723	976	747	118	64	54
饶平县	2427	1385	1042	203	99	104
揭阳市	**7162**	**4288**	**2874**	**616**	**369**	**247**
榕城区	542	315	227	46	28	18
揭东区	1547	891	656	133	79	54
揭西县	1709	1041	668	148	90	58
惠来县	1360	812	548	122	73	49
普宁市	2004	1229	775	167	99	68
云浮市	**3452**	**2074**	**1378**	**234**	**141**	**93**
云城区	72	48	24	5	2	3
云安区	337	176	161	20	13	7
新兴县	974	569	405	64	35	29
郁南县	1202	730	472	91	54	37
罗定市	867	551	316	54	37	17

1-11b　续表 3　　　　单位：人

地　区	2019年12月			2020年1月		
	小计	男	女	小计	男	女
广　东	**7484**	**4454**	**3030**	**7100**	**4294**	**2806**
广州市	**338**	**231**	**107**	**290**	**168**	**122**
荔湾区						
越秀区						
海珠区						
天河区						
白云区	61	48	13	62	37	25
黄埔区	1	1		4	3	1
番禺区	9	5	4	13	7	6
花都区	29	16	13	27	15	12
南沙区	76	54	22	59	34	25
从化区	38	30	8	23	16	7
增城区	124	77	47	102	56	46
韶关市	**434**	**270**	**164**	**445**	**272**	**173**
武江区	8	4	4	6	2	4
浈江区	36	27	9	44	28	16
曲江区	41	24	17	37	24	13
始兴县	43	24	19	40	28	12
仁化县	51	26	25	54	33	21
翁源县	73	43	30	69	41	28
乳源瑶族自治县	37	22	15	40	26	14
新丰县	40	26	14	22	10	12
乐昌市	79	56	23	94	55	39
南雄市	26	18	8	39	25	14
深圳市						
罗湖区						
福田区						
南山区						
宝安区						
龙岗区						
盐田区						
龙华区						
坪山区						
光明区						
珠海市	**51**	**28**	**23**	**60**	**37**	**23**
香洲区	1		1	4	3	1
斗门区	22	12	10	28	18	10
金湾区	28	16	12	28	16	12
汕头市	**588**	**303**	**285**	**583**	**337**	**246**
龙湖区						
金平区						
濠江区	2	1	1	1	1	
潮阳区	206	112	94	202	109	93
潮南区	153	75	78	104	66	38
澄海区	188	95	93	240	140	100
南澳县	39	20	19	36	21	15
佛山市	**137**	**69**	**68**	**150**	**86**	**64**
禅城区	51	27	24	45	22	23
南海区	10	4	6	16	8	8
顺德区						
三水区	62	30	32	64	44	20
高明区	14	8	6	25	12	13

1-11b 续表 4 单位：人

地　区	2019年12月			2020年1月		
	小计	男	女	小计	男	女
江门市	**301**	**170**	**131**	**308**	**185**	**123**
蓬江区						
江海区						
新会区	77	43	34	82	43	39
台山市	109	64	45	97	58	39
开平市	45	25	20	52	36	16
鹤山市	47	24	23	45	22	23
恩平市	23	14	9	32	26	6
湛江市	**423**	**251**	**172**	**362**	**217**	**145**
赤坎区						
霞山区	1	1		1	1	
坡头区	21	14	7	17	9	8
麻章区	33	15	18	24	17	7
遂溪县	82	50	32	74	40	34
徐闻县	37	25	12	15	13	2
廉江市	149	92	57	150	85	65
雷州市	30	16	14	27	19	8
吴川市	70	38	32	54	33	21
茂名市	**505**	**308**	**197**	**504**	**330**	**174**
茂南区	14	8	6	14	10	4
电白区	115	66	49	115	72	43
高州市	186	111	75	179	121	58
化州市	105	69	36	111	72	39
信宜市	85	54	31	85	55	30
肇庆市	**498**	**290**	**208**	**517**	**319**	**198**
端州区						
鼎湖区	15	7	8	15	8	7
高要区	110	58	52	112	74	38
广宁县	147	87	60	120	71	49
怀集县	100	62	38	143	89	54
封开县	38	24	14	45	30	15
德庆县	53	32	21	45	26	19
四会市	35	20	15	37	21	16
惠州市	**395**	**236**	**159**	**292**	**162**	**130**
惠城区	15	6	9	15	8	7
惠阳区	28	17	11	20	12	8
博罗县	237	145	92	159	88	71
惠东县	54	27	27	38	24	14
龙门县	61	41	20	60	30	30
梅州市	**683**	**429**	**254**	**721**	**447**	**274**
梅江区	7	6	1	3	3	
梅县区	70	41	29	64	44	20
大埔县	111	71	40	92	60	32
丰顺县	126	84	42	145	80	65
五华县	165	97	68	197	124	73
平远县	62	42	20	58	40	18
蕉岭县	57	36	21	67	42	25
兴宁市	85	52	33	95	54	41

1-11b　续表 5　　　　单位：人

地　区	2019年12月			2020年1月		
	小计	男	女	小计	男	女
汕尾市	**361**	**201**	**160**	**348**	**210**	**138**
城　区	29	18	11	20	13	7
海丰县	133	70	63	125	73	52
陆河县	59	33	26	53	38	15
陆丰市	140	80	60	150	86	64
河源市	**339**	**194**	**145**	**298**	**188**	**110**
源城区	4	1	3	1		1
紫金县	37	24	13	42	30	12
龙川县	59	40	19	64	44	20
连平县	102	51	51	74	43	31
和平县	94	51	43	83	52	31
东源县	43	27	16	34	19	15
阳江市	**254**	**163**	**91**	**206**	**126**	**80**
江城区	66	45	21	37	19	18
阳东区	46	34	12	37	24	13
阳西县	65	44	21	63	40	23
阳春市	77	40	37	69	43	26
清远市	**539**	**340**	**199**	**517**	**309**	**208**
清城区	118	69	49	119	57	62
清新区	61	43	18	56	40	16
佛冈县	80	57	23	78	53	25
阳山县	79	43	36	75	46	29
连山壮族瑶族自治县	22	15	7	24	12	12
连南瑶族自治县	14	9	5	33	22	11
英德市	135	85	50	112	71	41
连州市	30	19	11	20	8	12
东莞市	**10**	**5**	**5**	**16**	**6**	**10**
市辖区	10	5	5	16	6	10
中山市	**300**	**183**	**117**	**200**	**113**	**87**
市辖区	300	183	117	200	113	87
潮州市	**418**	**231**	**187**	**417**	**244**	**173**
湘桥区	50	23	27	41	22	19
潮安区	163	83	80	146	83	63
饶平县	205	125	80	230	139	91
揭阳市	**620**	**382**	**238**	**589**	**369**	**220**
榕城区	39	23	16	42	28	14
揭东区	130	81	49	130	80	50
揭西县	161	99	62	158	107	51
惠来县	114	69	45	92	48	44
普宁市	176	110	66	167	106	61
云浮市	**290**	**170**	**120**	**277**	**169**	**108**
云城区	7	4	3	5	3	2
云安区	21	13	8	26	13	13
新兴县	92	49	43	73	42	31
郁南县	106	63	43	99	64	35
罗定市	64	41	23	74	47	27

1-11b 续表 6　　　　单位：人

地　　区	2020年2月			2020年3月			2020年4月		
	小计	男	女	小计	男	女	小计	男	女
广　东	**7758**	**4517**	**3241**	**7459**	**4354**	**3105**	**7211**	**4293**	**2918**
广州市	**364**	**200**	**164**	**283**	**168**	**115**	**350**	**207**	**143**
荔湾区									
越秀区									
海珠区									
天河区									
白云区	88	52	36	50	31	19	63	27	36
黄埔区	2	2					7	5	2
番禺区	22	7	15	18	14	4	16	10	6
花都区	37	27	10	27	15	12	28	21	7
南沙区	72	39	33	61	35	26	65	40	25
从化区	19	10	9	17	14	3	32	22	10
增城区	124	63	61	110	59	51	139	82	57
韶关市	**412**	**226**	**186**	**422**	**244**	**178**	**422**	**241**	**181**
武江区	10	4	6	13	4	9	9	3	6
浈江区	43	14	29	44	31	13	38	24	14
曲江区	36	23	13	26	18	8	29	15	14
始兴县	35	18	17	40	23	17	40	24	16
仁化县	41	16	25	38	17	21	40	20	20
翁源县	69	38	31	64	35	29	89	46	43
乳源瑶族自治县	37	22	15	29	16	13	28	16	12
新丰县	19	14	5	24	12	12	27	14	13
乐昌市	82	51	31	104	65	39	78	51	27
南雄市	40	26	14	40	23	17	44	28	16
深圳市									
罗湖区									
福田区									
南山区									
宝安区									
龙岗区									
盐田区									
龙华区									
坪山区									
光明区									
珠海市	**54**	**29**	**25**	**61**	**41**	**20**	**42**	**27**	**15**
香洲区	4	3	1	3	2	1	6	5	1
斗门区	28	17	11	33	23	10	13	7	6
金湾区	22	9	13	25	16	9	23	15	8
汕头市	**612**	**352**	**260**	**579**	**320**	**259**	**560**	**307**	**253**
龙湖区									
金平区									
濠江区	3		3	2	1	1	1		1
潮阳区	249	147	102	214	131	83	211	121	90
潮南区	135	81	54	137	75	62	121	66	55
澄海区	186	102	84	196	95	101	183	95	88
南澳县	39	22	17	30	18	12	44	25	19
佛山市	**151**	**82**	**69**	**151**	**77**	**74**	**139**	**77**	**62**
禅城区	43	27	16	46	30	16	45	26	19
南海区	11	4	7	7	4	3	9	3	6
顺德区									
三水区	80	43	37	78	35	43	74	41	33
高明区	17	8	9	20	8	12	11	7	4

1-11b　续表 7　　　　单位：人

地　区	2020年2月			2020年3月			2020年4月		
	小计	男	女	小计	男	女	小计	男	女
江门市	**367**	**208**	**159**	**250**	**150**	**100**	**269**	**166**	**103**
蓬江区									
江海区									
新会区	99	53	46	54	33	21	72	49	23
台山市	130	84	46	77	40	37	75	38	37
开平市	56	29	27	61	36	25	53	33	20
鹤山市	41	18	23	36	24	12	43	29	14
恩平市	41	24	17	22	17	5	26	17	9
湛江市	**408**	**245**	**163**	**451**	**272**	**179**	**430**	**246**	**184**
赤坎区									
霞山区				2	1	1			
坡头区	16	9	7	22	15	7	25	13	12
麻章区	29	16	13	27	19	8	25	9	16
遂溪县	72	41	31	81	47	34	66	38	28
徐闻县	32	24	8	54	31	23	33	24	9
廉江市	158	92	66	145	79	66	162	93	69
雷州市	36	25	11	45	28	17	47	28	19
吴川市	65	38	27	75	52	23	72	41	31
茂名市	**580**	**354**	**226**	**533**	**316**	**217**	**507**	**309**	**198**
茂南区	8	5	3	16	9	7	15	8	7
电白区	129	73	56	120	69	51	126	80	46
高州市	208	131	77	197	114	83	192	114	78
化州市	149	88	61	124	73	51	93	53	40
信宜市	86	57	29	76	51	25	81	54	27
肇庆市	**497**	**268**	**229**	**467**	**275**	**192**	**486**	**288**	**198**
端州区									
鼎湖区	18	13	5	12	7	5	23	8	15
高要区	96	41	55	106	65	41	121	66	55
广宁县	100	55	45	109	62	47	103	71	32
怀集县	131	80	51	101	63	38	106	63	43
封开县	41	19	22	40	20	20	40	27	13
德庆县	57	37	20	61	31	30	58	34	24
四会市	54	23	31	38	27	11	35	19	16
惠州市	**312**	**171**	**141**	**332**	**185**	**147**	**321**	**176**	**145**
惠城区	11	10	1	16	11	5	17	9	8
惠阳区	27	15	12	31	21	10	18	14	4
博罗县	179	90	89	164	90	74	180	94	86
惠东县	53	32	21	73	34	39	70	37	33
龙门县	42	24	18	48	29	19	36	22	14
梅州市	**829**	**492**	**337**	**742**	**430**	**312**	**732**	**441**	**291**
梅江区	7	4	3	6	4	2	5	3	2
梅县区	79	48	31	92	52	40	100	60	40
大埔县	123	70	53	109	62	47	87	56	31
丰顺县	157	95	62	134	76	58	126	81	45
五华县	236	138	98	188	104	84	175	104	71
平远县	65	41	24	48	30	18	80	47	33
蕉岭县	76	44	32	63	39	24	69	41	28
兴宁市	86	52	34	102	63	39	90	49	41

1-11b 续表 8

单位：人

地 区	2020年2月			2020年3月			2020年4月		
	小计	男	女	小计	男	女	小计	男	女
汕尾市	**408**	**240**	**168**	**375**	**209**	**166**	**354**	**233**	**121**
城 区	31	22	9	35	18	17	28	18	10
海丰县	151	81	70	144	91	53	125	74	51
陆河县	63	41	22	58	30	28	59	42	17
陆丰市	163	96	67	138	70	68	142	99	43
河源市	**281**	**176**	**105**	**309**	**186**	**123**	**292**	**176**	**116**
源城区									
紫金县	46	32	14	54	31	23	54	28	26
龙川县	48	33	15	72	46	26	63	39	24
连平县	68	36	32	82	49	33	71	43	28
和平县	62	40	22	69	45	24	60	33	27
东源县	57	35	22	32	15	17	44	33	11
阳江市	**242**	**148**	**94**	**267**	**165**	**102**	**230**	**146**	**84**
江城区	38	25	13	33	18	15	31	18	13
阳东区	45	23	22	55	32	23	41	24	17
阳西县	78	52	26	76	45	31	72	51	21
阳春市	81	48	33	103	70	33	86	53	33
清远市	**552**	**349**	**203**	**563**	**333**	**230**	**528**	**336**	**192**
清城区	126	71	55	130	78	52	127	78	49
清新区	60	40	20	52	26	26	48	34	14
佛冈县	64	43	21	70	38	32	75	47	28
阳山县	87	61	26	92	54	38	74	52	22
连山壮族瑶族自治县	20	13	7	41	31	10	34	23	11
连南瑶族自治县	23	17	6	23	19	4	22	15	7
英德市	141	86	55	122	69	53	120	69	51
连州市	31	18	13	33	18	15	28	18	10
东莞市	**11**	**4**	**7**	**15**	**7**	**8**	**10**	**8**	**2**
市辖区	11	4	7	15	7	8	10	8	2
中山市	**262**	**162**	**100**	**248**	**152**	**96**	**258**	**157**	**101**
市辖区	262	162	100	248	152	96	258	157	101
潮州市	**449**	**247**	**202**	**417**	**237**	**180**	**373**	**209**	**164**
湘桥区	52	30	22	34	21	13	45	22	23
潮安区	161	86	75	159	89	70	151	83	68
饶平县	236	131	105	224	127	97	177	104	73
揭阳市	**659**	**377**	**282**	**686**	**398**	**288**	**611**	**372**	**239**
榕城区	52	23	29	52	30	22	38	20	18
揭东区	150	80	70	130	68	62	124	76	48
揭西县	153	88	65	157	96	61	159	104	55
惠来县	102	60	42	141	84	57	103	66	37
普宁市	202	126	76	206	120	86	187	106	81
云浮市	**308**	**187**	**121**	**308**	**189**	**119**	**297**	**171**	**126**
云城区	6	6		4	2	2	5	3	2
云安区	35	17	18	32	19	13	25	10	15
新兴县	101	65	36	94	61	33	85	45	40
郁南县	102	59	43	101	61	40	113	68	45
罗定市	64	40	24	77	46	31	69	45	24

1-11b　续表 9　　　　单位：人

地　　区	2020年5月			2020年6月			2020年7月		
	小计	男	女	小计	男	女	小计	男	女
广　东	**7420**	**4396**	**3024**	**6970**	**4185**	**2785**	**6895**	**4064**	**2831**
广州市	**297**	**169**	**128**	**312**	**196**	**116**	**307**	**179**	**128**
荔湾区									
越秀区									
海珠区									
天河区									
白云区	60	32	28	67	48	19	65	35	30
黄埔区	9	4	5	3	2	1	1	1	
番禺区	22	13	9	16	9	7	17	10	7
花都区	30	14	16	29	16	13	22	16	6
南沙区	59	40	19	60	35	25	62	28	34
从化区	21	13	8	26	21	5	19	15	4
增城区	96	53	43	111	65	46	121	74	47
韶关市	**444**	**245**	**199**	**347**	**209**	**138**	**431**	**252**	**179**
武江区	5	2	3	7	1	6	9	3	6
浈江区	52	20	32	38	27	11	44	25	19
曲江区	35	19	16	31	21	10	38	17	21
始兴县	34	20	14	33	20	13	30	21	9
仁化县	48	26	22	27	16	11	43	23	20
翁源县	64	32	32	51	38	13	70	36	34
乳源瑶族自治县	35	22	13	28	18	10	38	23	15
新丰县	34	22	12	26	15	11	27	18	9
乐昌市	101	61	40	65	34	31	87	62	25
南雄市	36	21	15	41	19	22	45	24	21
深圳市									
罗湖区									
福田区									
南山区									
宝安区									
龙岗区									
盐田区									
龙华区									
坪山区									
光明区									
珠海市	**51**	**41**	**10**	**53**	**37**	**16**	**55**	**35**	**20**
香洲区	1		1	4	1	3	5	4	1
斗门区	21	18	3	21	16	5	25	14	11
金湾区	29	23	6	28	20	8	25	17	8
汕头市	**562**	**335**	**227**	**539**	**319**	**220**	**519**	**276**	**243**
龙湖区									
金平区									
濠江区	2	2		3	2	1	6	2	4
潮阳区	197	122	75	196	114	82	208	115	93
潮南区	139	82	57	122	74	48	101	59	42
澄海区	186	106	80	185	109	76	156	79	77
南澳县	38	23	15	33	20	13	48	21	27
佛山市	**156**	**91**	**65**	**143**	**72**	**71**	**149**	**97**	**52**
禅城区	44	24	20	41	14	27	39	24	15
南海区	6	3	3	6	3	3	9	7	2
顺德区									
三水区	92	57	35	79	42	37	90	59	31
高明区	14	7	7	17	13	4	11	7	4

1-11b 续表 10　　单位：人

地区	2020年5月			2020年6月			2020年7月		
	小计	男	女	小计	男	女	小计	男	女
江门市	**269**	**164**	**105**	**246**	**156**	**90**	**253**	**160**	**93**
蓬江区									
江海区									
新会区	65	47	18	72	48	24	69	44	25
台山市	101	52	49	68	47	21	73	39	34
开平市	45	30	15	45	28	17	38	28	10
鹤山市	28	16	12	38	19	19	44	31	13
恩平市	30	19	11	23	14	9	29	18	11
湛江市	**484**	**303**	**181**	**438**	**281**	**157**	**411**	**246**	**165**
赤坎区									
霞山区				1		1			
坡头区	26	18	8	16	10	6	19	9	10
麻章区	25	15	10	22	16	6	19	15	4
遂溪县	102	68	34	91	66	25	86	49	37
徐闻县	65	40	25	44	27	17	37	23	14
廉江市	138	82	56	158	103	55	135	80	55
雷州市	48	31	17	46	28	18	40	25	15
吴川市	80	49	31	60	31	29	75	45	30
茂名市	**554**	**333**	**221**	**549**	**336**	**213**	**467**	**279**	**188**
茂南区	16	7	9	16	10	6	10	4	6
电白区	139	81	58	133	85	48	115	70	45
高州市	187	113	74	220	133	87	177	101	76
化州市	123	77	46	95	55	40	76	49	27
信宜市	89	55	34	85	53	32	89	55	34
肇庆市	**484**	**302**	**182**	**452**	**284**	**168**	**481**	**292**	**189**
端州区									
鼎湖区	14	9	5	17	11	6	17	10	7
高要区	105	57	48	100	63	37	101	50	51
广宁县	110	75	35	100	63	37	106	70	36
怀集县	97	53	44	91	54	37	118	68	50
封开县	58	43	15	57	34	23	46	28	18
德庆县	59	38	21	58	42	16	54	37	17
四会市	41	27	14	29	17	12	39	29	10
惠州市	**320**	**167**	**153**	**317**	**185**	**132**	**319**	**186**	**133**
惠城区	14	7	7	12	8	4	22	14	8
惠阳区	20	11	9	28	21	7	18	14	4
博罗县	173	93	80	160	89	71	166	87	79
惠东县	73	31	42	69	40	29	57	38	19
龙门县	40	25	15	48	27	21	56	33	23
梅州市	**743**	**463**	**280**	**785**	**479**	**306**	**724**	**426**	**298**
梅江区	6	4	2	3	1	2	2	2	
梅县区	85	45	40	93	62	31	72	43	29
大埔县	101	63	38	102	56	46	109	62	47
丰顺县	130	81	49	136	88	48	112	66	46
五华县	231	142	89	189	123	66	202	124	78
平远县	47	35	12	87	53	34	57	34	23
蕉岭县	62	36	26	65	32	33	82	41	41
兴宁市	81	57	24	110	64	46	88	54	34

1–11b 续表 11

单位：人

地区	2020年5月			2020年6月			2020年7月		
	小计	男	女	小计	男	女	小计	男	女
汕尾市	**376**	**231**	**145**	**333**	**190**	**143**	**327**	**204**	**123**
城 区	20	13	7	29	19	10	30	20	10
海丰县	127	82	45	139	80	59	123	71	52
陆河县	71	34	37	37	16	21	30	21	9
陆丰市	158	102	56	128	75	53	144	92	52
河源市	**341**	**210**	**131**	**303**	**168**	**135**	**289**	**176**	**113**
源城区				2	1	1	2	1	1
紫金县	63	37	26	56	35	21	48	31	17
龙川县	68	45	23	60	37	23	63	39	24
连平县	83	50	33	85	40	45	72	43	29
和平县	89	55	34	58	34	24	72	44	28
东源县	38	23	15	42	21	21	32	18	14
阳江市	**248**	**157**	**91**	**209**	**124**	**85**	**211**	**127**	**84**
江城区	32	22	10	31	16	15	33	18	15
阳东区	51	27	24	44	25	19	44	22	22
阳西县	68	50	18	54	37	17	58	38	20
阳春市	97	58	39	80	46	34	76	49	27
清远市	**527**	**295**	**232**	**495**	**298**	**197**	**509**	**296**	**213**
清城区	111	62	49	101	61	40	105	53	52
清新区	42	17	25	45	28	17	44	31	13
佛冈县	84	44	40	82	58	24	60	29	31
阳山县	97	62	35	85	52	33	94	60	34
连山壮族瑶族自治县	25	16	9	30	16	14	28	14	14
连南瑶族自治县	36	18	18	21	16	5	28	20	8
英德市	109	66	43	100	54	46	116	71	45
连州市	23	10	13	31	13	18	34	18	16
东莞市	**11**	**6**	**5**	**7**	**5**	**2**	**12**	**5**	**7**
市辖区	11	6	5	7	5	2	12	5	7
中山市	**236**	**139**	**97**	**231**	**124**	**107**	**245**	**138**	**107**
市辖区	236	139	97	231	124	107	245	138	107
潮州市	**369**	**200**	**169**	**357**	**199**	**158**	**366**	**206**	**160**
湘桥区	37	16	21	44	26	18	45	23	22
潮安区	139	87	52	144	72	72	128	74	54
饶平县	193	97	96	169	101	68	193	109	84
揭阳市	**642**	**372**	**270**	**551**	**342**	**209**	**529**	**309**	**220**
榕城区	43	26	17	43	28	15	48	27	21
揭东区	143	78	65	117	73	44	124	71	53
揭西县	141	78	63	136	85	51	119	63	56
惠来县	149	85	64	110	70	40	81	46	35
普宁市	166	105	61	145	86	59	157	102	55
云浮市	**306**	**173**	**133**	**303**	**181**	**122**	**291**	**175**	**116**
云城区	7	3	4	1	1		9	7	2
云安区	29	15	14	41	23	18	28	17	11
新兴县	75	34	41	79	41	38	82	53	29
郁南县	108	71	37	102	61	41	104	62	42
罗定市	87	50	37	80	55	25	68	36	32

1-11b 续表 12

单位：人

地 区	2020年8月			2020年9月			2020年10月		
	小计	男	女	小计	男	女	小计	男	女
广 东	**7234**	**4427**	**2807**	**6833**	**4233**	**2600**	**7339**	**4407**	**2932**
广州市	**289**	**163**	**126**	**249**	**143**	**106**	**291**	**163**	**128**
荔湾区									
越秀区									
海珠区									
天河区									
白云区	64	35	29	57	35	22	58	34	24
黄埔区	3	2	1	2	2		1		1
番禺区	11	4	7	10	4	6	20	11	9
花都区	20	10	10	25	15	10	26	15	11
南沙区	52	35	17	46	22	24	58	31	27
从化区	29	21	8	17	12	5	17	11	6
增城区	110	56	54	92	53	39	111	61	50
韶关市	**446**	**287**	**159**	**393**	**240**	**153**	**450**	**299**	**151**
武江区	12	3	9	5	4	1	9	5	4
浈江区	43	31	12	24	14	10	47	35	12
曲江区	46	29	17	19	13	6	28	16	12
始兴县	36	25	11	51	28	23	45	37	8
仁化县	46	32	14	37	22	15	44	31	13
翁源县	52	33	19	52	34	18	65	44	21
乳源瑶族自治县	39	24	15	32	20	12	31	19	12
新丰县	26	16	10	35	21	14	52	33	19
乐昌市	96	65	31	88	53	35	105	68	37
南雄市	50	29	21	50	31	19	24	11	13
深圳市									
罗湖区									
福田区									
南山区									
宝安区									
龙岗区									
盐田区									
龙华区									
坪山区									
光明区									
珠海市	**60**	**37**	**23**	**50**	**31**	**19**	**64**	**38**	**26**
香洲区	3	1	2	3	2	1	11	5	6
斗门区	28	20	8	28	16	12	32	20	12
金湾区	29	16	13	19	13	6	21	13	8
汕头市	**534**	**308**	**226**	**517**	**310**	**207**	**524**	**277**	**247**
龙湖区									
金平区									
濠江区	4	3	1	4		4	1		1
潮阳区	211	121	90	187	112	75	188	110	78
潮南区	107	60	47	112	60	52	107	50	57
澄海区	179	105	74	174	113	61	175	90	85
南澳县	33	19	14	40	25	15	53	27	26
佛山市	**163**	**96**	**67**	**142**	**83**	**59**	**165**	**93**	**72**
禅城区	44	29	15	39	23	16	62	38	24
南海区	9	5	4	7	4	3	7	5	2
顺德区									
三水区	89	53	36	84	48	36	74	34	40
高明区	21	9	12	12	8	4	22	16	6

1-11b　续表 13　　　　单位：人

地　区	2020年8月			2020年9月			2020年10月		
	小计	男	女	小计	男	女	小计	男	女
江门市	**265**	**158**	**107**	**235**	**157**	**78**	**295**	**183**	**112**
蓬江区									
江海区									
新会区	79	40	39	59	38	21	60	42	18
台山市	78	45	33	65	45	20	92	52	40
开平市	50	33	17	54	37	17	57	37	20
鹤山市	33	21	12	32	21	11	54	33	21
恩平市	25	19	6	25	16	9	32	19	13
湛江市	**533**	**367**	**166**	**514**	**336**	**178**	**479**	**289**	**190**
赤坎区									
霞山区	2	1	1	1	1		2		2
坡头区	32	20	12	23	12	11	25	20	5
麻章区	20	10	10	16	7	9	18	10	8
遂溪县	73	48	25	96	56	40	119	71	48
徐闻县	138	116	22	137	122	15	36	19	17
廉江市	161	101	60	135	76	59	158	92	66
雷州市	37	24	13	25	18	7	42	27	15
吴川市	70	47	23	81	44	37	79	50	29
茂名市	**539**	**337**	**202**	**462**	**287**	**175**	**484**	**289**	**195**
茂南区	13	8	5	8	4	4	19	8	11
电白区	137	88	49	117	73	44	134	82	52
高州市	199	127	72	171	106	65	178	100	78
化州市	85	51	34	89	53	36	79	50	29
信宜市	105	63	42	77	51	26	74	49	25
肇庆市	**471**	**309**	**162**	**432**	**285**	**147**	**513**	**332**	**181**
端州区									
鼎湖区	12	8	4	9	7	2	14	9	5
高要区	123	75	48	88	54	34	109	70	39
广宁县	102	72	30	113	77	36	112	72	40
怀集县	104	70	34	113	77	36	104	74	30
封开县	50	32	18	39	24	15	63	37	26
德庆县	38	23	15	38	25	13	70	49	21
四会市	42	29	13	32	21	11	41	21	20
惠州市	**382**	**212**	**170**	**341**	**197**	**144**	**322**	**171**	**151**
惠城区	25	18	7	24	8	16	31	20	11
惠阳区	29	16	13	23	14	9	15	4	11
博罗县	191	105	86	159	82	77	172	86	86
惠东县	87	41	46	76	51	25	61	39	22
龙门县	50	32	18	59	42	17	43	22	21
梅州市	**665**	**419**	**246**	**678**	**429**	**249**	**739**	**449**	**290**
梅江区	5	4	1	2	1	1	10	4	6
梅县区	66	42	24	76	44	32	94	49	45
大埔县	81	46	35	87	60	27	85	56	29
丰顺县	136	76	60	101	69	32	123	73	50
五华县	162	112	50	178	101	77	201	130	71
平远县	63	43	20	61	32	29	61	36	25
蕉岭县	51	31	20	76	54	22	64	39	25
兴宁市	101	65	36	97	68	29	101	62	39

1-11b 续表 14　　　　单位：人

地区	2020年8月			2020年9月			2020年10月		
	小计	男	女	小计	男	女	小计	男	女
汕尾市	**377**	**226**	**151**	**405**	**241**	**164**	**445**	**290**	**155**
城　区	23	12	11	29	20	9	23	16	7
海丰县	108	62	46	154	87	67	178	114	64
陆河县	63	45	18	49	33	16	72	48	24
陆丰市	183	107	76	173	101	72	172	112	60
河源市	**297**	**182**	**115**	**298**	**188**	**110**	**317**	**181**	**136**
源城区				1		1	2	2	
紫金县	37	21	16	56	34	22	45	27	18
龙川县	78	53	25	61	39	22	73	40	33
连平县	83	48	35	80	53	27	79	41	38
和平县	53	33	20	57	40	17	64	46	18
东源县	46	27	19	43	22	21	54	25	29
阳江市	**221**	**139**	**82**	**213**	**129**	**84**	**257**	**158**	**99**
江城区	47	24	23	33	15	18	26	20	6
阳东区	39	26	13	44	23	21	60	35	25
阳西县	46	33	13	63	42	21	73	43	30
阳春市	89	56	33	73	49	24	98	60	38
清远市	**512**	**307**	**205**	**522**	**313**	**209**	**507**	**313**	**194**
清城区	93	57	36	84	51	33	109	65	44
清新区	52	29	23	57	32	25	57	39	18
佛冈县	70	45	25	80	56	24	67	46	21
阳山县	73	44	29	96	55	41	77	50	27
连山壮族瑶族自治县	32	23	9	33	20	13	20	9	11
连南瑶族自治县	20	9	11	21	10	11	29	15	14
英德市	142	85	57	122	70	52	122	74	48
连州市	30	15	15	29	19	10	26	15	11
东莞市	**13**	**4**	**9**	**10**	**5**	**5**	**11**	**5**	**6**
市辖区	13	4	9	10	5	5	11	5	6
中山市	**237**	**138**	**99**	**212**	**140**	**72**	**227**	**143**	**84**
市辖区	237	138	99	212	140	72	227	143	84
潮州市	**368**	**211**	**157**	**371**	**220**	**151**	**403**	**244**	**159**
湘桥区	39	23	16	37	15	22	55	29	26
潮安区	134	74	60	147	95	52	133	86	47
饶平县	195	114	81	187	110	77	215	129	86
揭阳市	**595**	**355**	**240**	**541**	**339**	**202**	**523**	**304**	**219**
榕城区	49	24	25	39	27	12	51	31	20
揭东区	126	75	51	124	75	49	116	55	61
揭西县	122	74	48	129	83	46	126	74	52
惠来县	150	94	56	94	53	41	102	64	38
普宁市	148	88	60	155	101	54	128	80	48
云浮市	**267**	**172**	**95**	**248**	**160**	**88**	**323**	**186**	**137**
云城区	10	9	1	7	5	2	6	3	3
云安区	27	16	11	26	9	17	27	11	16
新兴县	66	37	29	62	46	16	101	61	40
郁南县	92	60	32	83	54	29	101	53	48
罗定市	72	50	22	70	46	24	88	58	30

1–11c　各地区分性别、月份的死亡人口
(2019.11.1–2020.10.31)(乡村)

单位：人

地　　区	死亡人口			2019年11月		
	合计	男	女	小计	男	女
广　东	**195850**	**111390**	**84460**	**15708**	**9003**	**6705**
广州市	**10284**	**5722**	**4562**	**873**	**477**	**396**
荔湾区						
越秀区						
海珠区						
天河区						
白云区	1989	1107	882	171	88	83
黄埔区	275	154	121	17	10	7
番禺区	593	339	254	44	22	22
花都区	1716	918	798	147	80	67
南沙区	1041	608	433	88	49	39
从化区	2588	1472	1116	224	134	90
增城区	2082	1124	958	182	94	88
韶关市	**10973**	**6088**	**4885**	**846**	**460**	**386**
武江区	423	264	159	27	19	8
浈江区	369	212	157	25	11	14
曲江区	991	554	437	77	41	36
始兴县	1167	612	555	103	54	49
仁化县	878	478	400	55	24	31
翁源县	1862	1050	812	164	95	69
乳源瑶族自治县	843	518	325	66	42	24
新丰县	1000	558	442	87	52	35
乐昌市	1463	844	619	102	60	42
南雄市	1977	998	979	140	62	78
深圳市	**60**	**25**	**35**	**2**		**2**
罗湖区						
福田区						
南山区						
宝安区						
龙岗区	60	25	35	2		2
盐田区						
龙华区						
坪山区						
光明区						
珠海市	**1057**	**651**	**406**	**73**	**43**	**30**
香洲区	5	3	2	1	1	
斗门区	1035	638	397	71	42	29
金湾区	17	10	7	1		1
汕头市	**7522**	**4145**	**3377**	**601**	**325**	**276**
龙湖区	22	10	12	3		3
金平区	104	60	44	7	4	3
濠江区	358	206	152	26	15	11
潮阳区	3432	1900	1532	289	167	122
潮南区	2136	1206	930	172	89	83
澄海区	1378	716	662	99	49	50
南澳县	92	47	45	5	1	4
佛山市	**1965**	**1071**	**894**	**150**	**88**	**62**
禅城区						
南海区	451	217	234	31	18	13
顺德区	85	51	34	5	4	1
三水区	971	535	436	81	44	37
高明区	458	268	190	33	22	11

1-11c 续表 1

单位：人

地 区	死亡人口			2019年11月		
	合计	男	女	小计	男	女
江门市	**14437**	**8117**	**6320**	**1229**	**726**	**503**
蓬江区	182	107	75	10	9	1
江海区						
新会区	2544	1382	1162	180	99	81
台山市	4325	2498	1827	396	245	151
开平市	3564	1950	1614	318	181	137
鹤山市	1525	879	646	129	88	41
恩平市	2297	1301	996	196	104	92
湛江市	**18055**	**10659**	**7396**	**1372**	**823**	**549**
赤坎区	24	17	7	1	1	
霞山区	125	66	59	13	7	6
坡头区	982	574	408	70	43	27
麻章区	1039	618	421	83	57	26
遂溪县	3198	1848	1350	259	151	108
徐闻县	1656	991	665	83	44	39
廉江市	6111	3595	2516	553	340	213
雷州市	2899	1761	1138	159	97	62
吴川市	2021	1189	832	151	83	68
茂名市	**13507**	**7955**	**5552**	**1091**	**659**	**432**
茂南区	1204	665	539	96	57	39
电白区	3085	1803	1282	247	162	85
高州市	4404	2565	1839	385	220	165
化州市	2678	1608	1070	205	120	85
信宜市	2136	1314	822	158	100	58
肇庆市	**15659**	**8732**	**6927**	**1240**	**723**	**517**
端州区						
鼎湖区	562	289	273	59	31	28
高要区	3643	1877	1766	300	160	140
广宁县	2969	1714	1255	239	147	92
怀集县	3236	1951	1285	273	172	101
封开县	1733	992	741	104	61	43
德庆县	1813	1018	795	132	76	56
四会市	1703	891	812	133	76	57
惠州市	**8966**	**4992**	**3974**	**741**	**411**	**330**
惠城区	1370	743	627	113	57	56
惠阳区	1006	533	473	86	49	37
博罗县	2937	1650	1287	272	156	116
惠东县	2237	1264	973	149	80	69
龙门县	1416	802	614	121	69	52
梅州市	**16081**	**8867**	**7214**	**1281**	**700**	**581**
梅江区	367	194	173	31	15	16
梅县区	1922	976	946	153	85	68
大埔县	2395	1342	1053	191	106	85
丰顺县	1964	1166	798	157	96	61
五华县	3833	2169	1664	308	159	149
平远县	1098	592	506	87	49	38
蕉岭县	1017	548	469	70	39	31
兴宁市	3485	1880	1605	284	151	133

1—11c 续表 2

单位：人

地　　区	死亡人口			2019年11月		
	合计	男	女	小计	男	女
汕尾市	**6034**	**3684**	**2350**	**501**	**295**	**206**
城　区	790	492	298	71	46	25
海丰县	2248	1354	894	199	124	75
陆河县	996	589	407	88	44	44
陆丰市	2000	1249	751	143	81	62
河源市	**11415**	**6314**	**5101**	**815**	**449**	**366**
源城区	204	124	80	18	10	8
紫金县	2484	1415	1069	160	93	67
龙川县	3181	1780	1401	223	119	104
连平县	1527	815	712	123	68	55
和平县	2185	1210	975	169	91	78
东源县	1834	970	864	122	68	54
阳江市	**8668**	**4943**	**3725**	**665**	**371**	**294**
江城区	1404	766	638	104	57	47
阳东区	1660	971	689	115	65	50
阳西县	1678	994	684	143	78	65
阳春市	3926	2212	1714	303	171	132
清远市	**16826**	**9817**	**7009**	**1328**	**784**	**544**
清城区	1515	859	656	119	71	48
清新区	3256	1850	1406	279	165	114
佛冈县	1416	819	597	121	66	55
阳山县	2479	1455	1024	172	104	68
连山壮族瑶族自治县	428	266	162	33	17	16
连南瑶族自治县	632	393	239	43	25	18
英德市	4863	2827	2036	387	235	152
连州市	2237	1348	889	174	101	73
东莞市	**562**	**325**	**237**	**36**	**23**	**13**
市辖区	562	325	237	36	23	13
中山市	**1631**	**926**	**705**	**135**	**74**	**61**
市辖区	1631	926	705	135	74	61
潮州市	**7056**	**3942**	**3114**	**579**	**331**	**248**
湘桥区	621	359	262	51	27	24
潮安区	2955	1640	1315	254	153	101
饶平县	3480	1943	1537	274	151	123
揭阳市	**16215**	**9286**	**6929**	**1462**	**840**	**622**
榕城区	1197	636	561	95	52	43
揭东区	3219	1772	1447	256	146	110
揭西县	3925	2250	1675	330	177	153
惠来县	2598	1538	1060	346	216	130
普宁市	5276	3090	2186	435	249	186
云浮市	**8877**	**5129**	**3748**	**688**	**401**	**287**
云城区	536	304	232	36	13	23
云安区	1118	634	484	79	47	32
新兴县	2036	1105	931	181	112	69
郁南县	2198	1285	913	191	103	88
罗定市	2989	1801	1188	201	126	75

1-11c 续表 3

单位：人

地区	2019年12月			2020年1月		
	小计	男	女	小计	男	女
广东	**16880**	**9602**	**7278**	**15870**	**8931**	**6939**
广州市	**955**	**541**	**414**	**863**	**489**	**374**
荔湾区						
越秀区						
海珠区						
天河区						
白云区	178	96	82	151	83	68
黄埔区	13	10	3	30	16	14
番禺区	45	24	21	52	27	25
花都区	172	98	74	148	71	77
南沙区	104	57	47	88	58	30
从化区	259	150	109	233	139	94
增城区	184	106	78	161	95	66
韶关市	**964**	**546**	**418**	**915**	**519**	**396**
武江区	37	22	15	40	24	16
浈江区	30	15	15	37	24	13
曲江区	116	76	40	100	58	42
始兴县	120	77	43	95	40	55
仁化县	79	44	35	63	36	27
翁源县	150	81	69	161	93	68
乳源瑶族自治县	82	51	31	59	34	25
新丰县	76	39	37	67	41	26
乐昌市	113	68	45	113	72	41
南雄市	161	73	88	180	97	83
深圳市	**2**	**2**		**6**	**2**	**4**
罗湖区						
福田区						
南山区						
宝安区						
龙岗区	2	2		6	2	4
盐田区						
龙华区						
坪山区						
光明区						
珠海市	**88**	**58**	**30**	**89**	**54**	**35**
香洲区						
斗门区	86	58	28	87	52	35
金湾区	2		2	2	2	
汕头市	**648**	**355**	**293**	**649**	**362**	**287**
龙湖区	2	1	1	3	3	
金平区	10	6	4	7	3	4
濠江区	26	18	8	36	26	10
潮阳区	299	170	129	298	168	130
潮南区	185	89	96	161	95	66
澄海区	119	68	51	138	65	73
南澳县	7	3	4	6	2	4
佛山市	**160**	**89**	**71**	**181**	**98**	**83**
禅城区						
南海区	48	26	22	49	32	17
顺德区	7	4	3	8	6	2
三水区	67	33	34	84	45	39
高明区	38	26	12	40	15	25

1-11c　续表 4　　单位：人

地　区	2019年12月			2020年1月		
	小计	男	女	小计	男	女
江门市	**1281**	**720**	**561**	**1227**	**696**	**531**
蓬江区	14	10	4	16	7	9
江海区						
新会区	185	97	88	200	117	83
台山市	375	219	156	339	199	140
开平市	361	203	158	329	176	153
鹤山市	140	80	60	130	78	52
恩平市	206	111	95	213	119	94
湛江市	**1475**	**879**	**596**	**1298**	**772**	**526**
赤坎区	1		1	1	1	
霞山区	15	8	7	6	5	1
坡头区	85	43	42	56	35	21
麻章区	74	45	29	71	48	23
遂溪县	283	167	116	242	143	99
徐闻县	87	46	41	111	65	46
廉江市	587	353	234	492	296	196
雷州市	170	110	60	180	107	73
吴川市	173	107	66	139	72	67
茂名市	**1147**	**668**	**479**	**921**	**533**	**388**
茂南区	78	50	28	77	42	35
电白区	278	148	130	224	132	92
高州市	382	223	159	326	193	133
化州市	254	157	97	160	80	80
信宜市	155	90	65	134	86	48
肇庆市	**1440**	**798**	**642**	**1349**	**718**	**631**
端州区						
鼎湖区	54	24	30	47	24	23
高要区	312	170	142	305	157	148
广宁县	297	162	135	253	127	126
怀集县	302	172	130	305	182	123
封开县	139	85	54	131	67	64
德庆县	179	96	83	167	87	80
四会市	157	89	68	141	74	67
惠州市	**806**	**436**	**370**	**743**	**406**	**337**
惠城区	130	71	59	100	56	44
惠阳区	86	44	42	94	51	43
博罗县	268	143	125	270	147	123
惠东县	171	95	76	168	88	80
龙门县	151	83	68	111	64	47
梅州市	**1286**	**721**	**565**	**1280**	**710**	**570**
梅江区	20	9	11	27	21	6
梅县区	153	83	70	159	80	79
大埔县	224	127	97	196	119	77
丰顺县	151	85	66	170	104	66
五华县	291	185	106	281	135	146
平远县	94	46	48	88	45	43
蕉岭县	88	44	44	69	40	29
兴宁市	265	142	123	290	166	124

1-11c 续表 5 单位：人

地区	2019年12月			2020年1月		
	小计	男	女	小计	男	女
汕尾市	**440**	**274**	**166**	**488**	**305**	**183**
城　区	57	33	24	50	24	26
海丰县	182	108	74	190	115	75
陆河县	86	56	30	101	68	33
陆丰市	115	77	38	147	98	49
河源市	**857**	**459**	**398**	**904**	**489**	**415**
源城区	16	8	8	23	15	8
紫金县	192	105	87	193	96	97
龙川县	210	120	90	247	140	107
连平县	139	70	69	142	70	72
和平县	180	99	81	182	103	79
东源县	120	57	63	117	65	52
阳江市	**714**	**429**	**285**	**634**	**366**	**268**
江城区	112	65	47	90	50	40
阳东区	123	77	46	107	66	41
阳西县	144	93	51	116	64	52
阳春市	335	194	141	321	186	135
清远市	**1538**	**900**	**638**	**1439**	**811**	**628**
清城区	151	83	68	160	87	73
清新区	303	176	127	271	148	123
佛冈县	134	89	45	129	65	64
阳山县	220	127	93	204	127	77
连山壮族瑶族自治县	44	32	12	39	21	18
连南瑶族自治县	47	33	14	47	29	18
英德市	440	249	191	406	219	187
连州市	199	111	88	183	115	68
东莞市	**64**	**37**	**27**	**45**	**19**	**26**
市辖区	64	37	27	45	19	26
中山市	**138**	**86**	**52**	**120**	**71**	**49**
市辖区	138	86	52	120	71	49
潮州市	**596**	**333**	**263**	**603**	**316**	**287**
湘桥区	54	30	24	60	31	29
潮安区	252	133	119	240	123	117
饶平县	290	170	120	303	162	141
揭阳市	**1467**	**800**	**667**	**1411**	**801**	**610**
榕城区	98	45	53	86	41	45
揭东区	280	158	122	282	148	134
揭西县	372	206	166	364	207	157
惠来县	314	174	140	220	130	90
普宁市	403	217	186	459	275	184
云浮市	**814**	**471**	**343**	**705**	**394**	**311**
云城区	55	28	27	51	27	24
云安区	94	52	42	86	45	41
新兴县	193	94	99	182	92	90
郁南县	213	130	83	176	105	71
罗定市	259	167	92	210	125	85

1-11c　续表 6

单位：人

地　区	2020年2月			2020年3月			2020年4月		
	小计	男	女	小计	男	女	小计	男	女
广　东	**17250**	**9614**	**7636**	**16561**	**9245**	**7316**	**16493**	**9232**	**7261**
广州市	**970**	**515**	**455**	**866**	**458**	**408**	**852**	**459**	**393**
荔湾区									
越秀区									
海珠区									
天河区									
白云区	199	122	77	181	87	94	181	103	78
黄埔区	27	12	15	24	19	5	35	16	19
番禺区	68	41	27	48	22	26	50	29	21
花都区	163	83	80	125	63	62	145	73	72
南沙区	104	52	52	77	42	35	75	39	36
从化区	227	120	107	225	125	100	189	102	87
增城区	182	85	97	186	100	86	177	97	80
韶关市	**918**	**504**	**414**	**933**	**501**	**432**	**956**	**507**	**449**
武江区	34	16	18	32	23	9	38	25	13
浈江区	29	15	14	38	23	15	31	17	14
曲江区	75	41	34	88	51	37	80	45	35
始兴县	86	50	36	95	40	55	105	49	56
仁化县	80	42	38	78	46	32	81	40	41
翁源县	155	84	71	169	97	72	167	89	78
乳源瑶族自治县	63	40	23	64	37	27	68	37	31
新丰县	91	60	31	76	33	43	82	45	37
乐昌市	125	67	58	125	71	54	126	61	65
南雄市	180	89	91	168	80	88	178	99	79
深圳市	**1**		**1**	**7**	**3**	**4**	**5**	**3**	**2**
罗湖区									
福田区									
南山区									
宝安区									
龙岗区	1		1	7	3	4	5	3	2
盐田区									
龙华区									
坪山区									
光明区									
珠海市	**95**	**60**	**35**	**108**	**72**	**36**	**75**	**41**	**34**
香洲区	1		1						
斗门区	93	60	33	105	69	36	72	39	33
金湾区	1		1	3	3		3	2	1
汕头市	**711**	**390**	**321**	**641**	**355**	**286**	**601**	**322**	**279**
龙湖区	2	1	1	2	1	1	1		1
金平区	8	6	2	8	4	4	10	7	3
濠江区	34	17	17	28	15	13	27	18	9
潮阳区	316	190	126	283	141	142	280	150	130
潮南区	212	104	108	191	121	70	164	84	80
澄海区	129	67	62	122	70	52	109	58	51
南澳县	10	5	5	7	3	4	10	5	5
佛山市	**171**	**95**	**76**	**185**	**101**	**84**	**186**	**102**	**84**
禅城区									
南海区	34	20	14	45	17	28	53	25	28
顺德区	5	2	3	9	6	3	9	7	2
三水区	99	56	43	84	48	36	84	47	37
高明区	33	17	16	47	30	17	40	23	17

1-11c 续表 7

单位：人

地　区	2020年2月			2020年3月			2020年4月		
	小计	男	女	小计	男	女	小计	男	女
江门市	**1400**	**778**	**622**	**1215**	**649**	**566**	**1205**	**638**	**567**
蓬江区	15	7	8	15	10	5	25	11	14
江海区									
新会区	269	154	115	214	100	114	219	108	111
台山市	422	234	188	362	204	158	340	176	164
开平市	337	176	161	284	153	131	308	158	150
鹤山市	140	74	66	136	75	61	127	79	48
恩平市	217	133	84	204	107	97	186	106	80
湛江市	**1543**	**867**	**676**	**1614**	**973**	**641**	**1603**	**929**	**674**
赤坎区				5	3	2	1	1	
霞山区	6	2	4	10	5	5	18	9	9
坡头区	70	31	39	73	42	31	91	58	33
麻章区	98	55	43	106	66	40	85	54	31
遂溪县	284	152	132	272	162	110	284	158	126
徐闻县	116	71	45	149	95	54	142	80	62
廉江市	516	285	231	552	336	216	547	324	223
雷州市	261	163	98	279	164	115	248	145	103
吴川市	192	108	84	168	100	68	187	100	87
茂名市	**1147**	**673**	**474**	**1121**	**642**	**479**	**1078**	**640**	**438**
茂南区	109	62	47	98	52	46	110	61	49
电白区	261	140	121	273	160	113	244	134	110
高州市	362	210	152	371	219	152	323	196	127
化州市	240	158	82	220	123	97	205	131	74
信宜市	175	103	72	159	88	71	196	118	78
肇庆市	**1409**	**775**	**634**	**1339**	**726**	**613**	**1359**	**772**	**587**
端州区									
鼎湖区	56	28	28	55	26	29	65	34	31
高要区	340	165	175	307	151	156	318	181	137
广宁县	265	158	107	256	150	106	258	154	104
怀集县	273	168	105	252	133	119	275	159	116
封开县	140	87	53	162	96	66	138	75	63
德庆县	162	86	76	158	97	61	149	91	58
四会市	173	83	90	149	73	76	156	78	78
惠州市	**792**	**439**	**353**	**781**	**409**	**372**	**690**	**366**	**324**
惠城区	121	65	56	125	66	59	107	59	48
惠阳区	104	54	50	89	47	42	79	39	40
博罗县	272	151	121	222	120	102	234	122	112
惠东县	187	108	79	231	126	105	164	86	78
龙门县	108	61	47	114	50	64	106	60	46
梅州市	**1440**	**791**	**649**	**1365**	**730**	**635**	**1388**	**790**	**598**
梅江区	33	14	19	32	15	17	26	17	9
梅县区	161	85	76	175	81	94	170	93	77
大埔县	225	139	86	190	102	88	196	106	90
丰顺县	169	95	74	177	104	73	182	120	62
五华县	341	185	156	336	192	144	336	196	140
平远县	110	59	51	85	37	48	94	48	46
蕉岭县	90	50	40	86	49	37	77	43	34
兴宁市	311	164	147	284	150	134	307	167	140

1-11c 续表 8

单位：人

地区	2020年2月			2020年3月			2020年4月		
	小计	男	女	小计	男	女	小计	男	女
汕尾市	**482**	**305**	**177**	**495**	**297**	**198**	**567**	**334**	**233**
城　区	57	41	16	60	35	25	71	46	25
海丰县	183	112	71	173	111	62	212	121	91
陆河县	75	46	29	87	51	36	90	41	49
陆丰市	167	106	61	175	100	75	194	126	68
河源市	**928**	**478**	**450**	**977**	**532**	**445**	**1039**	**584**	**455**
源城区	9	5	4	13	7	6	19	13	6
紫金县	197	118	79	217	112	105	226	133	93
龙川县	275	126	149	260	134	126	289	170	119
连平县	125	69	56	147	85	62	126	70	56
和平县	194	96	98	180	105	75	217	113	104
东源县	128	64	64	160	89	71	162	85	77
阳江市	**710**	**410**	**300**	**734**	**418**	**316**	**753**	**419**	**334**
江城区	124	84	40	115	65	50	130	64	66
阳东区	140	88	52	135	72	63	136	79	57
阳西县	124	70	54	139	77	62	147	84	63
阳春市	322	168	154	345	204	141	340	192	148
清远市	**1407**	**811**	**596**	**1360**	**769**	**591**	**1397**	**825**	**572**
清城区	122	68	54	125	61	64	122	74	48
清新区	295	152	143	267	152	115	253	155	98
佛冈县	118	71	47	118	67	51	116	61	55
阳山县	195	113	82	186	106	80	212	122	90
连山壮族瑶族自治县	29	19	10	35	21	14	39	23	16
连南瑶族自治县	46	28	18	47	27	20	53	35	18
英德市	436	254	182	402	236	166	390	223	167
连州市	166	106	60	180	99	81	212	132	80
东莞市	**62**	**31**	**31**	**57**	**30**	**27**	**46**	**26**	**20**
市辖区	62	31	31	57	30	27	46	26	20
中山市	**150**	**78**	**72**	**135**	**75**	**60**	**127**	**64**	**63**
市辖区	150	78	72	135	75	60	127	64	63
潮州市	**667**	**352**	**315**	**574**	**312**	**262**	**554**	**288**	**266**
湘桥区	63	39	24	55	27	28	45	22	23
潮安区	268	149	119	245	131	114	241	125	116
饶平县	336	164	172	274	154	120	268	141	127
揭阳市	**1465**	**828**	**637**	**1336**	**774**	**562**	**1242**	**679**	**563**
榕城区	125	63	62	109	64	45	99	54	45
揭东区	289	156	133	294	146	148	267	137	130
揭西县	368	210	158	313	191	122	313	173	140
惠来县	188	116	72	207	127	80	164	82	82
普宁市	495	283	212	413	246	167	399	233	166
云浮市	**782**	**434**	**348**	**718**	**419**	**299**	**770**	**444**	**326**
云城区	52	33	19	62	42	20	51	29	22
云安区	101	55	46	95	51	44	87	41	46
新兴县	188	94	94	167	80	87	177	111	66
郁南县	212	120	92	152	101	51	193	114	79
罗定市	229	132	97	242	145	97	262	149	113

1－11c 续表 9

单位：人

地　区	2020年5月			2020年6月			2020年7月		
	小计	男	女	小计	男	女	小计	男	女
广　东	**16716**	**9571**	**7145**	**15986**	**9044**	**6942**	**15619**	**8857**	**6762**
广州市	**833**	**465**	**368**	**800**	**476**	**324**	**859**	**474**	**385**
荔湾区									
越秀区									
海珠区									
天河区									
白云区	138	71	67	157	91	66	153	82	71
黄埔区	20	11	9	21	9	12	21	15	6
番禺区	49	28	21	39	26	13	69	43	26
花都区	139	79	60	128	70	58	150	77	73
南沙区	96	64	32	87	59	28	84	46	38
从化区	205	110	95	209	123	86	212	116	96
增城区	186	102	84	159	98	61	170	95	75
韶关市	**927**	**530**	**397**	**838**	**465**	**373**	**923**	**507**	**416**
武江区	41	24	17	38	23	15	30	20	10
浈江区	35	23	12	28	19	9	32	17	15
曲江区	82	44	38	60	29	31	85	38	47
始兴县	92	51	41	74	45	29	100	56	44
仁化县	63	38	25	68	37	31	74	36	38
翁源县	142	83	59	158	90	68	169	92	77
乳源瑶族自治县	95	61	34	57	32	25	59	41	18
新丰县	94	57	37	77	37	40	86	44	42
乐昌市	132	74	58	122	70	52	115	74	41
南雄市	151	75	76	156	83	73	173	89	84
深圳市	**7**	**2**	**5**	**3**	**3**		**9**	**4**	**5**
罗湖区									
福田区									
南山区									
宝安区									
龙岗区	7	2	5	3	3		9	4	5
盐田区									
龙华区									
坪山区									
光明区									
珠海市	**79**	**49**	**30**	**93**	**60**	**33**	**71**	**42**	**29**
香洲区				2	1	1			
斗门区	79	49	30	90	59	31	68	40	28
金湾区				1		1	3	2	1
汕头市	**629**	**340**	**289**	**620**	**339**	**281**	**590**	**326**	**264**
龙湖区	2		2						
金平区	11	7	4	8	4	4	11	10	1
濠江区	29	12	17	30	19	11	34	21	13
潮阳区	296	162	134	283	143	140	250	135	115
潮南区	191	108	83	173	101	72	181	102	79
澄海区	95	49	46	118	66	52	108	54	54
南澳县	5	2	3	8	6	2	6	4	2
佛山市	**160**	**92**	**68**	**151**	**74**	**77**	**156**	**80**	**76**
禅城区									
南海区	30	13	17	31	14	17	27	13	14
顺德区	2	1	1	15	8	7	6	3	3
三水区	83	52	31	64	28	36	84	38	46
高明区	45	26	19	41	24	17	39	26	13

1-11c 续表 10

单位：人

地区	2020年5月			2020年6月			2020年7月		
	小计	男	女	小计	男	女	小计	男	女
江门市	**1105**	**629**	**476**	**1131**	**607**	**524**	**1176**	**667**	**509**
蓬江区	9	1	8	13	9	4	15	11	4
江海区									
新会区	192	110	82	208	101	107	243	136	107
台山市	341	189	152	350	196	154	343	205	138
开平市	273	160	113	266	138	128	268	145	123
鹤山市	98	55	43	129	72	57	140	77	63
恩平市	192	114	78	165	91	74	167	93	74
湛江市	**1668**	**946**	**722**	**1432**	**846**	**586**	**1313**	**767**	**546**
赤坎区	3	3					4	3	1
霞山区	7	4	3	7	2	5	8	6	2
坡头区	113	64	49	56	38	18	82	48	34
麻章区	91	42	49	93	61	32	76	47	29
遂溪县	282	148	134	240	142	98	248	138	110
徐闻县	177	106	71	156	90	66	111	60	51
廉江市	496	283	213	463	258	205	437	245	192
雷州市	321	195	126	260	152	108	211	130	81
吴川市	178	101	77	157	103	54	136	90	46
茂名市	**1288**	**732**	**556**	**1161**	**682**	**479**	**1044**	**646**	**398**
茂南区	113	66	47	101	46	55	98	55	43
电白区	274	155	119	262	149	113	229	144	85
高州市	382	200	182	405	240	165	378	229	149
化州市	274	166	108	218	127	91	179	111	68
信宜市	245	145	100	175	120	55	160	107	53
肇庆市	**1339**	**751**	**588**	**1237**	**694**	**543**	**1256**	**686**	**570**
端州区									
鼎湖区	42	19	23	36	20	16	54	24	30
高要区	335	175	160	308	166	142	301	149	152
广宁县	224	127	97	222	128	94	224	137	87
怀集县	300	185	115	274	159	115	232	153	79
封开县	143	84	59	136	79	57	144	76	68
德庆县	156	86	70	144	83	61	154	76	78
四会市	139	75	64	117	59	58	147	71	76
惠州市	**749**	**416**	**333**	**755**	**422**	**333**	**747**	**432**	**315**
惠城区	114	54	60	113	64	49	112	61	51
惠阳区	76	37	39	80	39	41	82	50	32
博罗县	242	138	104	235	132	103	238	130	108
惠东县	205	122	83	202	111	91	194	119	75
龙门县	112	65	47	125	76	49	121	72	49
梅州市	**1365**	**789**	**576**	**1339**	**712**	**627**	**1311**	**698**	**613**
梅江区	24	12	12	40	23	17	33	17	16
梅县区	145	63	82	146	69	77	158	83	75
大埔县	190	104	86	197	110	87	216	108	108
丰顺县	184	105	79	168	96	72	134	79	55
五华县	366	225	141	323	174	149	284	157	127
平远县	87	58	29	99	58	41	90	47	43
蕉岭县	77	45	32	88	45	43	91	41	50
兴宁市	292	177	115	278	137	141	305	166	139

1－11c 续表 11

单位：人

地　区	2020年5月			2020年6月			2020年7月		
	小计	男	女	小计	男	女	小计	男	女
汕尾市	**519**	**312**	**207**	**504**	**306**	**198**	**447**	**264**	**183**
城　区	67	33	34	80	50	30	72	40	32
海丰县	182	106	76	181	106	75	174	98	76
陆河县	85	51	34	81	48	33	66	39	27
陆丰市	185	122	63	162	102	60	135	87	48
河源市	**995**	**581**	**414**	**919**	**499**	**420**	**902**	**472**	**430**
源城区	21	15	6	13	6	7	16	7	9
紫金县	230	138	92	205	110	95	181	106	75
龙川县	291	176	115	247	143	104	252	136	116
连平县	109	69	40	106	44	62	135	60	75
和平县	175	98	77	186	103	83	159	83	76
东源县	169	85	84	162	93	69	159	80	79
阳江市	**754**	**409**	**345**	**735**	**409**	**326**	**690**	**384**	**306**
江城区	145	73	72	105	52	53	113	56	57
阳东区	135	76	59	158	85	73	136	82	54
阳西县	140	78	62	136	83	53	145	94	51
阳春市	334	182	152	336	189	147	296	152	144
清远市	**1348**	**796**	**552**	**1417**	**842**	**575**	**1368**	**789**	**579**
清城区	121	69	52	116	70	46	124	72	52
清新区	249	153	96	266	158	108	253	145	108
佛冈县	91	50	41	131	81	50	117	71	46
阳山县	209	112	97	221	121	100	191	118	73
连山壮族瑶族自治县	34	14	20	35	26	9	33	21	12
连南瑶族自治县	56	35	21	62	42	20	44	27	17
英德市	407	246	161	384	223	161	421	234	187
连州市	181	117	64	202	121	81	185	101	84
东莞市	**41**	**23**	**18**	**43**	**32**	**11**	**41**	**29**	**12**
市辖区	41	23	18	43	32	11	41	29	12
中山市	**129**	**77**	**52**	**137**	**73**	**64**	**128**	**70**	**58**
市辖区	129	77	52	137	73	64	128	70	58
潮州市	**623**	**381**	**242**	**558**	**313**	**245**	**574**	**329**	**245**
湘桥区	53	31	22	49	35	14	49	31	18
潮安区	242	147	95	245	134	111	245	137	108
饶平县	328	203	125	264	144	120	280	161	119
揭阳市	**1439**	**836**	**603**	**1373**	**775**	**598**	**1269**	**754**	**515**
榕城区	85	42	43	107	61	46	120	72	48
揭东区	273	150	123	265	140	125	263	152	111
揭西县	350	209	141	307	175	132	286	165	121
惠来县	219	135	84	237	130	107	194	125	69
普宁市	512	300	212	457	269	188	406	240	166
云浮市	**719**	**415**	**304**	**740**	**415**	**325**	**745**	**437**	**308**
云城区	46	23	23	40	25	15	44	26	18
云安区	84	46	38	83	49	34	103	65	38
新兴县	155	85	70	156	88	68	176	99	77
郁南县	166	100	66	186	97	89	172	93	79
罗定市	268	161	107	275	156	119	250	154	96

1-11c　续表 12　　　　　　　　　　　　　　　　　　　　　　　　　　　　单位：人

地　区	2020年8月			2020年9月			2020年10月		
	小计	男	女	小计	男	女	小计	男	女
广　东	**15590**	**9070**	**6520**	**15399**	**8966**	**6433**	**17778**	**10255**	**7523**
广州市	**778**	**431**	**347**	**803**	**474**	**329**	**832**	**463**	**369**
荔湾区									
越秀区									
海珠区									
天河区									
白云区	166	98	68	156	100	56	158	86	72
黄埔区	25	17	8	23	12	11	19	7	12
番禺区	37	24	13	52	30	22	40	23	17
花都区	131	70	61	135	85	50	133	69	64
南沙区	73	41	32	77	45	32	88	56	32
从化区	183	101	82	202	120	82	220	132	88
增城区	163	80	83	158	82	76	174	90	84
韶关市	**867**	**475**	**392**	**867**	**489**	**378**	**1019**	**585**	**434**
武江区	33	24	9	36	23	13	37	21	16
浈江区	34	19	15	21	13	8	29	16	13
曲江区	79	48	31	56	32	24	93	51	42
始兴县	91	40	51	93	49	44	113	61	52
仁化县	79	39	40	79	49	30	79	47	32
翁源县	135	80	55	136	75	61	156	91	65
乳源瑶族自治县	66	37	29	81	55	26	83	51	32
新丰县	76	50	26	81	44	37	107	56	51
乐昌市	124	66	58	125	72	53	141	89	52
南雄市	150	72	78	159	77	82	181	102	79
深圳市	**11**	**4**	**7**	**3**	**2**	**1**	**4**		**4**
罗湖区									
福田区									
南山区									
宝安区									
龙岗区	11	4	7	3	2	1	4		4
盐田区									
龙华区									
坪山区									
光明区									
珠海市	**93**	**59**	**34**	**92**	**60**	**32**	**101**	**53**	**48**
香洲区							1	1	
斗门区	92	58	34	92	60	32	100	52	48
金湾区	1	1							
汕头市	**597**	**333**	**264**	**594**	**329**	**265**	**641**	**369**	**272**
龙湖区	2	1	1				5	3	2
金平区	5		5	8	4	4	11	5	6
濠江区	36	16	20	31	19	12	21	10	11
潮阳区	285	163	122	275	155	120	278	156	122
潮南区	165	102	63	169	102	67	172	109	63
澄海区	99	46	53	99	46	53	143	78	65
南澳县	5	5		12	3	9	11	8	3
佛山市	**135**	**78**	**57**	**160**	**94**	**66**	**170**	**80**	**90**
禅城区									
南海区	27	9	18	39	19	20	37	11	26
顺德区	4	3	1	4	3	1	11	4	7
三水区	72	49	23	80	44	36	89	51	38
高明区	32	17	15	37	28	9	33	14	19

1–11c 续表 13 单位：人

地区	2020年8月			2020年9月			2020年10月		
	小计	男	女	小计	男	女	小计	男	女
江门市	**1105**	**621**	**484**	**1078**	**627**	**451**	**1285**	**759**	**526**
蓬江区	14	10	4	19	9	10	17	13	4
江海区									
新会区	211	113	98	187	110	77	236	137	99
台山市	333	181	152	328	205	123	396	245	151
开平市	260	145	115	267	152	115	293	163	130
鹤山市	114	61	53	109	64	45	133	76	57
恩平市	173	111	62	168	87	81	210	125	85
湛江市	**1514**	**943**	**571**	**1441**	**871**	**570**	**1782**	**1043**	**739**
赤坎区	3	2	1	1	1		4	2	2
霞山区	10	5	5	10	6	4	15	7	8
坡头区	99	64	35	81	48	33	106	60	46
麻章区	80	44	36	86	46	40	96	53	43
遂溪县	269	167	102	245	147	98	290	173	117
徐闻县	150	103	47	154	100	54	220	131	89
廉江市	477	293	184	425	257	168	566	325	241
雷州市	248	153	95	272	171	101	290	174	116
吴川市	178	112	66	167	95	72	195	118	77
茂名市	**1142**	**665**	**477**	**1124**	**679**	**445**	**1243**	**736**	**507**
茂南区	93	49	44	109	61	48	122	64	58
电白区	253	155	98	258	160	98	282	164	118
高州市	393	217	176	342	205	137	355	213	142
化州市	205	131	74	225	133	92	293	171	122
信宜市	198	113	85	190	120	70	191	124	67
肇庆市	**1218**	**693**	**525**	**1156**	**645**	**511**	**1317**	**751**	**566**
端州区									
鼎湖区	25	17	8	38	24	14	31	18	13
高要区	289	150	139	249	111	138	279	142	137
广宁县	232	138	94	249	139	110	250	147	103
怀集县	268	157	111	229	153	76	253	158	95
封开县	152	94	58	147	84	63	197	104	93
德庆县	135	73	62	118	66	52	159	101	58
四会市	117	64	53	126	68	58	148	81	67
惠州市	**713**	**423**	**290**	**689**	**387**	**302**	**760**	**445**	**315**
惠城区	119	69	50	105	56	49	111	65	46
惠阳区	73	38	35	80	41	39	77	44	33
博罗县	225	132	93	211	129	82	248	150	98
惠东县	193	113	80	170	100	70	203	116	87
龙门县	103	71	32	123	61	62	121	70	51
梅州市	**1297**	**733**	**564**	**1206**	**641**	**565**	**1523**	**852**	**671**
梅江区	25	14	11	33	13	20	43	24	19
梅县区	154	75	79	165	82	83	183	97	86
大埔县	183	97	86	196	114	82	191	110	81
丰顺县	153	98	55	146	90	56	173	94	79
五华县	294	179	115	255	137	118	418	245	173
平远县	88	50	38	75	40	35	101	55	46
蕉岭县	85	45	40	85	45	40	111	62	49
兴宁市	315	175	140	251	120	131	303	165	138

1—11c　续表 14　　　　单位：人

地　　区	2020年8月			2020年9月			2020年10月		
	小计	男	女	小计	男	女	小计	男	女
汕尾市	**488**	**298**	**190**	**499**	**314**	**185**	**604**	**380**	**224**
城　区	69	44	25	72	53	19	64	47	17
海丰县	162	101	61	195	115	80	215	137	78
陆河县	77	44	33	63	42	21	97	59	38
陆丰市	180	109	71	169	104	65	228	137	91
河源市	**912**	**539**	**373**	**960**	**566**	**394**	**1207**	**666**	**541**
源城区	19	13	6	20	14	6	17	11	6
紫金县	211	126	85	200	119	81	272	159	113
龙川县	246	139	107	293	187	106	348	190	158
连平县	132	76	56	107	62	45	136	72	64
和平县	153	103	50	173	99	74	217	117	100
东源县	151	82	69	167	85	82	217	117	100
阳江市	**725**	**416**	**309**	**723**	**431**	**292**	**831**	**481**	**350**
江城区	129	66	63	103	55	48	134	79	55
阳东区	145	81	64	167	101	66	163	99	64
阳西县	135	84	51	136	88	48	173	101	72
阳春市	316	185	131	317	187	130	361	202	159
清远市	**1303**	**778**	**525**	**1384**	**820**	**564**	**1537**	**892**	**645**
清城区	112	60	52	127	72	55	116	72	44
清新区	265	147	118	248	137	111	307	162	145
佛冈县	90	49	41	108	63	45	143	86	57
阳山县	212	125	87	233	143	90	224	137	87
连山壮族瑶族自治县	30	22	8	30	18	12	47	32	15
连南瑶族自治县	61	40	21	68	42	26	58	30	28
英德市	359	227	132	381	221	160	450	260	190
连州市	174	108	66	189	124	65	192	113	79
东莞市	**46**	**30**	**16**	**32**	**16**	**16**	**49**	**29**	**20**
市辖区	46	30	16	32	16	16	49	29	20
中山市	**138**	**76**	**62**	**150**	**97**	**53**	**144**	**85**	**59**
市辖区	138	76	62	150	97	53	144	85	59
潮州市	**539**	**310**	**229**	**550**	**318**	**232**	**639**	**359**	**280**
湘桥区	48	29	19	37	26	11	57	31	26
潮安区	220	119	101	216	127	89	287	162	125
饶平县	271	162	109	297	165	132	295	166	129
揭阳市	**1266**	**745**	**521**	**1213**	**715**	**498**	**1272**	**739**	**533**
榕城区	77	42	35	94	44	50	102	56	46
揭东区	252	152	100	252	144	108	246	143	103
揭西县	313	181	132	312	183	129	297	173	124
惠来县	181	96	85	145	93	52	183	114	69
普宁市	443	274	169	410	251	159	444	253	191
云浮市	**703**	**420**	**283**	**675**	**391**	**284**	**818**	**488**	**330**
云城区	31	16	15	22	10	12	46	32	14
云安区	85	52	33	110	60	50	111	71	40
新兴县	149	78	71	143	84	59	169	88	81
郁南县	174	106	68	161	99	62	202	117	85
罗定市	264	168	96	239	138	101	290	180	110

1-12 各地区家庭户的住房间数和面积

地区	家庭户户数(户)	家庭户人数(人)	平均每户住房建筑面积(平方米/户)	平均每户住房间数(间/户)	人均住房建筑面积(平方米/人)	人均住房间数(间/人)
广东	**38953156**	**104999009**	**91.21**	**2.81**	**33.84**	**1.04**
广州市	**6803376**	**15244959**	**67.55**	**2.13**	**30.15**	**0.95**
荔湾区	392097	884567	60.17	1.94	26.67	0.86
越秀区	369923	912399	65.24	2.10	26.45	0.85
海珠区	730490	1598227	57.70	1.87	26.37	0.86
天河区	844860	1708253	53.98	1.82	26.70	0.90
白云区	1475291	3037148	59.42	1.97	28.86	0.96
黄埔区	449090	1024160	62.89	2.06	27.58	0.90
番禺区	1061490	2225604	63.34	2.00	30.21	0.95
花都区	551977	1340755	79.30	2.44	32.65	1.00
南沙区	292401	708538	93.07	2.51	38.41	1.04
从化区	179852	572383	117.84	3.67	37.03	1.15
增城区	455905	1232925	107.01	2.93	39.57	1.09
韶关市	**906571**	**2565599**	**119.27**	**3.58**	**42.14**	**1.27**
武江区	122543	331499	104.00	2.85	38.44	1.05
浈江区	112862	301185	108.58	3.03	40.69	1.14
曲江区	91235	261158	112.77	3.29	39.40	1.15
始兴县	67115	184343	126.17	3.86	45.93	1.40
仁化县	60155	171621	142.12	4.17	49.82	1.46
翁源县	95213	292769	128.19	4.30	41.69	1.40
乳源瑶族自治县	56534	173668	121.41	3.66	39.52	1.19
新丰县	56913	172698	124.27	4.07	40.95	1.34
乐昌市	127560	353713	123.99	3.71	44.71	1.34
南雄市	116441	322945	119.06	3.64	42.93	1.31
深圳市	**5973267**	**13691567**	**49.27**	**1.78**	**21.50**	**0.78**
罗湖区	349468	927572	63.06	2.03	23.76	0.77
福田区	479626	1239989	68.12	2.14	26.35	0.83
南山区	524139	1325654	68.35	2.08	27.02	0.82
宝安区	1631815	3459002	41.13	1.60	19.40	0.76
龙岗区	1390618	3308262	50.87	1.86	21.38	0.78
盐田区	56602	162322	69.02	2.27	24.07	0.79
龙华区	942728	2018235	41.22	1.64	19.25	0.77
坪山区	183451	410562	44.90	1.77	20.06	0.79
光明区	414820	839969	35.93	1.49	17.75	0.74
珠海市	**781411**	**1955004**	**76.99**	**2.39**	**30.77**	**0.96**
香洲区	461310	1117332	72.54	2.25	29.95	0.93
斗门区	197850	528683	88.23	2.71	33.02	1.02
金湾区	122251	308989	75.60	2.43	29.91	0.96
汕头市	**1279908**	**4785360**	**107.56**	**3.16**	**28.77**	**0.84**
龙湖区	175681	564975	113.87	3.15	35.41	0.98
金平区	242570	731444	86.82	2.55	28.79	0.85
濠江区	59195	240905	134.03	3.97	32.93	0.98
潮阳区	335917	1378822	105.73	3.11	25.76	0.76
潮南区	253864	1100287	118.10	3.63	27.25	0.84
澄海区	194862	713679	108.40	3.13	29.60	0.85
南澳县	17819	55248	114.96	3.12	37.08	1.01
佛山市	**2962794**	**7372417**	**90.26**	**2.50**	**36.27**	**1.01**
禅城区	470011	1102785	78.17	2.25	33.32	0.96
南海区	1065015	2661292	92.55	2.59	37.04	1.04
顺德区	1056260	2637756	94.49	2.48	37.84	0.99
三水区	221270	583760	93.61	2.73	35.48	1.04
高明区	150238	386824	77.20	2.47	29.98	0.96

注：本表数据为居住在普通住宅的家庭户。

1-12 续表 1

地　区	家庭户户数(户)	家庭户人数(人)	平均每户住房建筑面积(平方米/户)	平均每户住房间数(间/户)	人均住房建筑面积(平方米/人)	人均住房间数(间/人)
江门市	**1478619**	**4181619**	**101.09**	**2.94**	**35.75**	**1.04**
蓬江区	261741	714407	98.88	2.75	36.23	1.01
江海区	106491	301907	91.38	2.56	32.23	0.90
新会区	279738	787673	91.87	2.78	32.63	0.99
台山市	295055	826762	98.62	2.91	35.20	1.04
开平市	230187	673415	95.27	2.99	32.57	1.02
鹤山市	165558	444226	98.55	2.97	36.73	1.11
恩平市	139849	433229	148.85	3.83	48.05	1.24
湛江市	**1880857**	**6334884**	**142.71**	**4.34**	**42.37**	**1.29**
赤坎区	126847	358100	94.48	2.80	33.47	0.99
霞山区	206205	591240	85.93	2.60	29.97	0.91
坡头区	94053	318121	164.23	4.57	48.55	1.35
麻章区	116242	410846	141.61	4.66	40.07	1.32
遂溪县	223914	757137	144.81	4.51	42.83	1.33
徐闻县	164149	571510	123.84	4.11	35.57	1.18
廉江市	359367	1258735	169.39	5.11	48.36	1.46
雷州市	347459	1222086	123.07	4.27	34.99	1.21
吴川市	242621	847109	207.79	5.33	59.51	1.53
茂名市	**1670757**	**5581415**	**180.48**	**5.38**	**54.02**	**1.61**
茂南区	293038	931178	121.29	3.87	38.17	1.22
电白区	378160	1371192	209.32	5.54	57.73	1.53
高州市	372809	1174341	189.21	5.51	60.07	1.75
化州市	342601	1180198	198.13	6.22	57.52	1.80
信宜市	284149	924506	170.40	5.56	52.37	1.71
肇庆市	**1234450**	**3611502**	**109.04**	**3.66**	**37.27**	**1.25**
端州区	193535	507820	92.40	2.81	35.21	1.07
鼎湖区	50725	158359	117.46	3.32	37.63	1.06
高要区	213288	646699	76.71	2.69	25.30	0.89
广宁县	136620	378954	125.29	3.90	45.17	1.41
怀集县	233225	737575	144.93	5.07	45.83	1.60
封开县	116650	351138	124.44	4.92	41.34	1.63
德庆县	104707	316167	108.28	3.82	35.86	1.27
四会市	185700	514790	94.95	2.90	34.25	1.05
惠州市	**1667933**	**4734825**	**97.20**	**2.94**	**34.24**	**1.04**
惠城区	596675	1650424	89.98	2.72	32.53	0.98
惠阳区	427825	1026943	77.70	2.47	32.37	1.03
博罗县	296513	896556	117.87	3.45	38.98	1.14
惠东县	255478	881988	113.52	3.37	32.88	0.98
龙门县	91442	278914	122.95	3.73	40.31	1.22
梅州市	**1114654**	**3494918**	**136.20**	**4.69**	**43.44**	**1.49**
梅江区	110963	349939	128.14	3.80	40.63	1.20
梅县区	167409	515717	123.02	4.54	39.93	1.47
大埔县	111027	301464	111.14	4.04	40.93	1.49
丰顺县	134311	436433	107.09	3.62	32.96	1.11
五华县	232645	832652	183.22	6.17	51.19	1.72
平远县	60516	178005	157.01	5.27	53.38	1.79
蕉岭县	59813	171975	133.02	4.27	46.26	1.49
兴宁市	237970	708733	126.89	4.61	42.61	1.55

1−12　续表 2

地　　区	家庭户户　数(户)	家庭户人　数(人)	平均每户住房建筑面积(平方米/户)	平均每户住房间数(间/户)	人均住房建筑面积(平方米/人)	人　　均住房间数(间/人)
汕尾市	**673055**	**2395114**	**116.17**	**3.28**	**32.64**	**0.92**
城　区	113223	380286	94.82	2.74	28.23	0.82
海丰县	207755	708668	102.61	3.09	30.08	0.91
陆河县	53503	210496	175.46	5.10	44.60	1.30
陆丰市	298574	1095664	123.07	3.28	33.54	0.89
河源市	**809480**	**2501803**	**140.98**	**4.38**	**45.62**	**1.42**
源城区	177748	591791	124.17	3.45	37.30	1.03
紫金县	144896	490640	184.64	5.18	54.53	1.53
龙川县	189092	541714	134.69	4.52	47.01	1.58
连平县	85820	260387	151.88	4.77	50.06	1.57
和平县	115528	329099	120.20	4.25	42.19	1.49
东源县	96396	288172	133.90	4.40	44.79	1.47
阳江市	**751107**	**2337220**	**147.41**	**3.90**	**47.37**	**1.25**
江城区	230849	719075	136.44	3.52	43.80	1.13
阳东区	137043	422775	128.64	3.34	41.70	1.08
阳西县	123601	389949	152.76	4.15	48.42	1.32
阳春市	259614	805421	164.51	4.42	53.03	1.42
清远市	**1132699**	**3538351**	**123.51**	**3.79**	**39.54**	**1.21**
清城区	290095	931267	120.31	3.47	37.48	1.08
清新区	181748	563085	113.96	3.53	36.78	1.14
佛冈县	94511	289870	101.27	3.33	33.02	1.09
阳山县	111780	344383	137.32	4.26	44.57	1.38
连山壮族瑶族自治县	27753	88250	144.34	4.51	45.39	1.42
连南瑶族自治县	40462	125188	139.19	4.17	44.99	1.35
英德市	264885	842452	123.42	3.96	38.81	1.25
连州市	121465	353856	140.20	4.23	48.13	1.45
东莞市	**3743775**	**7497880**	**55.68**	**1.78**	**27.80**	**0.89**
市辖区	3743775	7497880	55.68	1.78	27.80	0.89
中山市	**1412906**	**3467844**	**81.66**	**2.30**	**33.27**	**0.94**
市辖区	1412906	3467844	81.66	2.30	33.27	0.94
潮州市	**671741**	**2350244**	**108.64**	**2.89**	**31.05**	**0.83**
湘桥区	166104	518110	104.05	2.71	33.36	0.87
潮安区	276956	1056292	114.08	3.15	29.91	0.83
饶平县	228681	775842	105.40	2.71	31.07	0.80
揭阳市	**1323122**	**5184879**	**93.12**	**2.73**	**23.76**	**0.70**
榕城区	215870	865857	82.43	2.23	20.55	0.56
揭东区	227814	876119	81.22	2.18	21.12	0.57
揭西县	175597	627448	99.61	3.14	27.88	0.88
惠来县	228173	973225	109.04	3.48	25.56	0.82
普宁市	475668	1842230	93.63	2.70	24.17	0.70
云浮市	**680674**	**2171605**	**139.19**	**4.55**	**43.63**	**1.43**
云城区	108422	362216	114.44	3.51	34.26	1.05
云安区	63042	211794	159.48	4.90	47.47	1.46
新兴县	126173	387266	112.98	3.56	36.81	1.16
郁南县	111125	346931	158.97	5.06	50.92	1.62
罗定市	271912	863398	148.44	5.14	46.75	1.62

1–12a　各地区家庭户的住房间数和面积(城市)

地　　区	家庭户 户　数 (户)	家庭户 人　数 (人)	平均每户住 房建筑面积 (平方米/户)	平均每户 住房间数 (间/户)	人均住房 建筑面积 (平方米/人)	人　　均 住房间数 (间/人)
广　东	**25244435**	**61465970**	**72.06**	**2.22**	**29.59**	**0.91**
广州市	**5630762**	**12204476**	**59.52**	**1.95**	**27.46**	**0.90**
荔湾区	392097	884567	60.17	1.94	26.67	0.86
越秀区	369923	912399	65.24	2.10	26.45	0.85
海珠区	730490	1598227	57.70	1.87	26.37	0.86
天河区	844860	1708253	53.98	1.82	26.70	0.90
白云区	1181911	2346625	47.27	1.75	23.81	0.88
黄埔区	410251	905163	56.08	1.93	25.42	0.87
番禺区	926714	1938058	61.63	1.97	29.47	0.94
花都区	384378	882694	68.20	2.14	29.70	0.93
南沙区	165886	385761	78.82	2.28	33.89	0.98
从化区	62276	177644	101.67	2.96	35.64	1.04
增城区	161976	465085	111.54	3.04	38.85	1.06
韶关市	**307027**	**831851**	**101.60**	**2.79**	**37.50**	**1.03**
武江区	104655	276670	97.43	2.66	36.85	1.01
浈江区	88218	230226	99.61	2.75	38.17	1.05
曲江区	48360	136445	101.69	2.83	36.04	1.00
始兴县						
仁化县						
翁源县						
乳源瑶族自治县						
新丰县						
乐昌市	33309	91173	112.97	2.99	41.27	1.09
南雄市	32485	97337	108.59	3.06	36.24	1.02
深圳市	**5958895**	**13659967**	**49.23**	**1.78**	**21.47**	**0.78**
罗湖区	349468	927572	63.06	2.03	23.76	0.77
福田区	479626	1239989	68.12	2.14	26.35	0.83
南山区	524064	1325562	68.36	2.08	27.03	0.82
宝安区	1631815	3459002	41.13	1.60	19.40	0.76
龙岗区	1377068	3278889	50.73	1.86	21.31	0.78
盐田区	56602	162322	69.02	2.27	24.07	0.79
龙华区	942728	2018235	41.22	1.64	19.25	0.77
坪山区	182704	408427	44.59	1.76	19.95	0.79
光明区	414820	839969	35.93	1.49	17.75	0.74
珠海市	**626201**	**1538727**	**73.94**	**2.30**	**30.09**	**0.94**
香洲区	452511	1099332	72.73	2.25	29.94	0.93
斗门区	89611	223853	77.70	2.44	31.10	0.98
金湾区	84079	215542	76.47	2.44	29.83	0.95
汕头市	**650657**	**2191448**	**104.28**	**3.02**	**30.96**	**0.90**
龙湖区	154447	471957	108.72	2.92	35.58	0.95
金平区	239238	717497	86.28	2.54	28.77	0.85
濠江区	43850	174172	127.26	3.81	32.04	0.96
潮阳区	71502	258172	124.79	3.66	34.56	1.01
潮南区	83929	374561	117.56	3.65	26.34	0.82
澄海区	57691	195089	104.90	3.03	31.02	0.90
南澳县						
佛山市	**2704968**	**6709978**	**89.35**	**2.47**	**36.02**	**1.00**
禅城区	410239	942261	71.50	2.13	31.13	0.93
南海区	1014791	2529515	91.60	2.58	36.75	1.03
顺德区	1042473	2602839	94.50	2.48	37.85	0.99
三水区	112566	310568	97.16	2.77	35.22	1.00
高明区	124899	324795	79.61	2.49	30.61	0.96

注：本表数据为居住在普通住宅的家庭户。

1-12a 续表 1

地　　区	家庭户户　数(户)	家庭户人　数(人)	平均每户住房建筑面积(平方米/户)	平均每户住房间数(间/户)	人均住房建筑面积(平方米/人)	人　　均住房间数(间/人)
江门市	**868544**	**2461323**	**100.02**	**2.81**	**35.29**	**0.99**
蓬江区	254977	691029	96.98	2.71	35.79	1.00
江海区	106491	301907	91.38	2.56	32.23	0.90
新会区	149185	428131	93.54	2.68	32.60	0.93
台山市	114228	317274	100.47	2.87	36.17	1.03
开平市	103062	313684	96.04	2.93	31.55	0.96
鹤山市	86771	230364	92.07	2.64	34.68	1.00
恩平市	53830	178934	168.86	4.06	50.80	1.22
湛江市	**565348**	**1751280**	**114.03**	**3.26**	**36.81**	**1.05**
赤坎区	124688	350063	93.08	2.76	33.15	0.98
霞山区	197152	557120	84.03	2.52	29.74	0.89
坡头区	20928	64336	121.48	3.68	39.52	1.20
麻章区	24452	85017	135.56	4.19	38.99	1.21
遂溪县	6158	19131	139.04	3.93	44.75	1.26
徐闻县						
廉江市	64799	222257	151.77	4.05	44.25	1.18
雷州市	65479	224923	119.53	3.83	34.80	1.11
吴川市	61692	228433	193.18	4.60	52.17	1.24
茂名市	**471069**	**1521098**	**143.77**	**4.04**	**44.52**	**1.25**
茂南区	195021	588289	112.70	3.24	37.36	1.07
电白区	58725	203585	188.55	4.71	54.39	1.36
高州市	71965	223053	137.58	3.90	44.39	1.26
化州市	69738	243274	187.54	5.24	53.76	1.50
信宜市	75620	262897	154.63	4.63	44.48	1.33
肇庆市	**370013**	**1016347**	**95.06**	**2.90**	**34.61**	**1.05**
端州区	193535	507820	92.40	2.81	35.21	1.07
鼎湖区	25411	83516	123.75	3.44	37.65	1.05
高要区	35098	95125	96.63	3.05	35.65	1.12
广宁县						
怀集县						
封开县						
德庆县						
四会市	115969	329886	92.75	2.87	32.60	1.01
惠州市	**809090**	**2075236**	**79.94**	**2.46**	**31.17**	**0.96**
惠城区	477738	1304194	84.94	2.56	31.11	0.94
惠阳区	325604	756821	72.04	2.32	30.99	1.00
博罗县	5748	14221	111.47	2.53	45.05	1.02
惠东县						
龙门县						
梅州市	**248704**	**811289**	**124.01**	**3.68**	**38.02**	**1.13**
梅江区	98512	311785	127.55	3.67	40.30	1.16
梅县区	68396	232999	123.34	3.53	36.21	1.04
大埔县						
丰顺县						
五华县	4153	13917	202.11	6.81	60.31	2.03
平远县						
蕉岭县						
兴宁市	77643	252588	115.94	3.67	35.64	1.13

1-12a　续表 2

地　　区	家庭户户　数（户）	家庭户人　数（人）	平均每户住房建筑面积（平方米/户）	平均每户住房间数（间/户）	人均住房建筑面积（平方米/人）	人　　均住房间数（间/人）
汕尾市	**122293**	**418242**	**108.25**	**2.95**	**31.65**	**0.86**
城　区	75001	252818	97.71	2.74	28.99	0.81
海丰县						
陆河县						
陆丰市	47292	165424	124.97	3.28	35.73	0.94
河源市	**160898**	**544673**	**126.24**	**3.48**	**37.29**	**1.03**
源城区	160898	544673	126.24	3.48	37.29	1.03
紫金县						
龙川县						
连平县						
和平县						
东源县						
阳江市	**284210**	**895821**	**143.56**	**3.45**	**45.55**	**1.10**
江城区	160898	500343	139.44	3.41	44.84	1.10
阳东区	51795	166846	139.46	3.28	43.29	1.02
阳西县						
阳春市	71517	228632	155.81	3.67	48.74	1.15
清远市	**344102**	**1105063**	**112.82**	**3.17**	**35.13**	**0.99**
清城区	180400	576858	110.99	3.11	34.71	0.97
清新区	65995	221360	99.85	2.98	29.77	0.89
佛冈县						
阳山县						
连山壮族瑶族自治县						
连南瑶族自治县						
英德市	56713	177207	109.81	3.08	35.14	0.99
连州市	40994	129638	145.94	3.83	46.15	1.21
东莞市	**3480691**	**6930460**	**54.56**	**1.76**	**27.40**	**0.88**
市辖区	3480691	6930460	54.56	1.76	27.40	0.88
中山市	**901455**	**2175586**	**80.04**	**2.26**	**33.16**	**0.94**
市辖区	901455	2175586	80.04	2.26	33.16	0.94
潮州市	**252837**	**832266**	**109.64**	**2.85**	**33.31**	**0.87**
湘桥区	131365	390132	105.39	2.73	35.49	0.92
潮安区	121472	442134	114.23	2.98	31.38	0.82
饶平县						
揭阳市	**342198**	**1297625**	**92.91**	**2.51**	**24.50**	**0.66**
榕城区	149357	599381	84.47	2.31	21.05	0.58
揭东区	69719	280506	86.14	2.05	21.41	0.51
揭西县						
惠来县						
普宁市	123122	417738	106.99	3.00	31.53	0.88
云浮市	**144473**	**493214**	**131.61**	**3.96**	**38.55**	**1.16**
云城区	80204	273776	111.71	3.34	32.73	0.98
云安区	4692	15984	158.03	4.62	46.39	1.36
新兴县						
郁南县						
罗定市	59577	203454	156.32	4.75	45.78	1.39

1－12b 各地区家庭户的住房间数和面积(镇)

地　区	家庭户户数(户)	家庭户人数(人)	平均每户住房建筑面积(平方米/户)	平均每户住房间数(间/户)	人均住房建筑面积(平方米/人)	人均住房间数(间/人)
广　东	**4521015**	**14141180**	**114.81**	**3.35**	**36.71**	**1.07**
广州市	**378710**	**908318**	**87.53**	**2.50**	**36.50**	**1.04**
荔湾区						
越秀区						
海珠区						
天河区						
白云区	73266	159338	69.54	2.24	31.98	1.03
黄埔区	11995	36845	105.55	3.18	34.36	1.04
番禺区	26564	53536	63.34	2.05	31.43	1.02
花都区	25439	68127	91.13	2.73	34.03	1.02
南沙区	51905	128193	95.57	2.53	38.70	1.03
从化区	19235	48773	95.64	2.94	37.72	1.16
增城区	170306	413506	93.88	2.54	38.66	1.05
韶关市	**208725**	**607314**	**112.95**	**3.29**	**38.82**	**1.13**
武江区	889	2458	104.20	3.38	37.69	1.22
浈江区	9673	23149	88.60	2.94	37.02	1.23
曲江区	9189	25118	97.82	3.05	35.78	1.12
始兴县	26431	73894	109.71	3.09	39.24	1.10
仁化县	24717	68979	117.00	3.31	41.92	1.19
翁源县	34402	106002	112.49	3.31	36.51	1.07
乳源瑶族自治县	25428	78309	114.17	3.07	37.07	1.00
新丰县	26975	86973	112.70	3.41	34.95	1.06
乐昌市	32697	89511	111.27	3.31	40.65	1.21
南雄市	18324	52921	135.60	3.87	46.95	1.34
深圳市	**822**	**2227**	**113.18**	**3.56**	**41.77**	**1.31**
罗湖区						
福田区						
南山区	75	92	20.05	1.04	16.35	0.85
宝安区						
龙岗区						
盐田区						
龙华区						
坪山区	747	2135	122.53	3.81	42.87	1.33
光明区						
珠海市	**86564**	**212623**	**76.19**	**2.47**	**31.02**	**1.01**
香洲区	8773	17955	62.85	2.04	30.71	1.00
斗门区	44616	115610	84.43	2.68	32.58	1.04
金湾区	33175	79058	68.64	2.31	28.80	0.97
汕头市	**281983**	**1139057**	**111.38**	**3.36**	**27.57**	**0.83**
龙湖区						
金平区						
濠江区	1524	5137	140.86	4.20	41.79	1.25
潮阳区	115675	503992	108.68	3.37	24.94	0.77
潮南区	64920	272141	124.97	3.86	29.81	0.92
澄海区	85746	314829	104.06	3.01	28.34	0.82
南澳县	14118	42958	112.40	2.97	36.94	0.98
佛山市	**142952**	**356738**	**93.09**	**2.60**	**37.30**	**1.04**
禅城区	59772	160524	123.95	3.07	46.15	1.14
南海区	17337	37812	75.59	2.18	34.66	1.00
顺德区						
三水区	57923	139368	70.64	2.29	29.36	0.95
高明区	7920	19034	62.73	2.21	26.10	0.92

注：本表数据为居住在普通住宅的家庭户。

1-12b　续表 1

地　　区	家庭户户　数(户)	家庭户人　数(人)	平均每户住房建筑面积(平方米/户)	平均每户住房间数(间/户)	人均住房建筑面积(平方米/人)	人　均住房间数(间/人)
江门市	**125380**	**345681**	**95.90**	**2.97**	**34.78**	**1.08**
蓬江区						
江海区						
新会区	36673	101783	89.89	2.87	32.39	1.03
台山市	24527	68072	98.61	3.06	35.53	1.10
开平市	27135	77673	81.23	2.67	28.38	0.93
鹤山市	22396	52260	76.49	2.59	32.78	1.11
恩平市	14649	45893	163.20	4.18	52.09	1.33
湛江市	**286955**	**981239**	**153.11**	**4.39**	**44.78**	**1.28**
赤坎区						
霞山区	1141	4122	134.75	4.20	37.30	1.16
坡头区	19285	69657	150.00	4.31	41.53	1.19
麻章区	15969	52509	126.73	4.01	38.54	1.22
遂溪县	70741	233424	138.45	3.98	41.96	1.21
徐闻县	58221	199066	128.27	3.90	37.52	1.14
廉江市	47195	161325	184.98	5.06	54.11	1.48
雷州市	39315	137683	141.70	4.38	40.46	1.25
吴川市	35088	123453	208.11	5.32	59.15	1.51
茂名市	**217397**	**742992**	**192.75**	**5.50**	**56.40**	**1.61**
茂南区	11143	38870	137.82	4.98	39.51	1.43
电白区	89722	319328	208.80	5.35	58.67	1.50
高州市	44334	139175	192.53	5.55	61.33	1.77
化州市	47184	159729	183.72	5.77	54.27	1.71
信宜市	25014	85890	177.09	5.62	51.57	1.64
肇庆市	**240177**	**692823**	**110.64**	**3.49**	**38.36**	**1.21**
端州区						
鼎湖区	7875	24866	109.32	3.62	34.62	1.15
高要区	40997	118363	73.15	2.52	25.34	0.87
广宁县	52306	148150	118.31	3.55	41.77	1.25
怀集县	59443	179936	129.24	3.99	42.70	1.32
封开县	37575	108088	118.35	3.94	41.14	1.37
德庆县	33791	91641	105.86	3.29	39.03	1.21
四会市	8190	21779	99.92	3.01	37.58	1.13
惠州市	**444004**	**1358992**	**105.25**	**3.07**	**34.39**	**1.00**
惠城区	35259	94711	85.63	2.66	31.88	0.99
惠阳区	30828	84025	91.73	2.78	33.65	1.02
博罗县	171446	494065	106.73	3.05	37.04	1.06
惠东县	162660	557869	109.66	3.21	31.97	0.94
龙门县	43811	128322	108.44	3.15	37.02	1.08
梅州市	**274678**	**909397**	**136.39**	**4.28**	**41.20**	**1.29**
梅江区	1942	5767	163.58	4.86	55.08	1.64
梅县区	12137	36731	120.47	4.64	39.81	1.53
大埔县	46044	138757	112.17	3.57	37.22	1.19
丰顺县	65543	226254	115.72	3.42	33.52	0.99
五华县	70972	262024	173.30	5.46	46.94	1.48
平远县	28110	86763	142.95	4.45	46.31	1.44
蕉岭县	29956	93432	125.72	3.73	40.31	1.20
兴宁市	19974	59669	142.76	4.82	47.79	1.61

1-12b 续表 2

地　区	家庭户户数（户）	家庭户人数（人）	平均每户住房建筑面积（平方米/户）	平均每户住房间数（间/户）	人均住房建筑面积（平方米/人）	人均住房间数（间/人）
汕尾市	**256014**	**904335**	**113.27**	**3.22**	**32.07**	**0.91**
城　区	10100	36306	105.74	3.14	29.42	0.87
海丰县	138857	481875	104.73	3.10	30.18	0.89
陆河县	26424	105672	181.06	4.98	45.28	1.25
陆丰市	80633	280482	106.70	2.86	30.67	0.82
河源市	**195921**	**635202**	**135.48**	**3.86**	**41.79**	**1.19**
源城区	4948	11757	65.74	1.93	27.67	0.81
紫金县	49168	176544	179.00	4.71	49.85	1.31
龙川县	55474	175660	113.19	3.50	35.75	1.11
连平县	30399	96265	150.07	4.28	47.39	1.35
和平县	31930	100783	117.53	3.43	37.24	1.09
东源县	24002	74193	117.59	3.40	38.04	1.10
阳江市	**107439**	**347586**	**167.72**	**3.97**	**51.84**	**1.23**
江城区	14655	46779	147.10	3.59	46.08	1.12
阳东区	16761	53156	142.75	3.43	45.01	1.08
阳西县	48829	161067	174.06	4.03	52.77	1.22
阳春市	27194	86584	182.84	4.40	57.43	1.38
清远市	**255459**	**816977**	**123.99**	**3.70**	**38.77**	**1.16**
清城区	67538	218010	125.82	3.78	38.98	1.17
清新区	12014	36045	100.03	3.27	33.34	1.09
佛冈县	40710	126367	101.35	3.06	32.65	0.98
阳山县	44099	142263	122.25	3.57	37.89	1.11
连山壮族瑶族自治县	11306	34958	127.34	3.75	41.18	1.21
连南瑶族自治县	17930	55080	138.75	3.96	45.17	1.29
英德市	51241	172103	133.90	4.08	39.87	1.21
连州市	10621	32151	157.06	4.47	51.88	1.48
东莞市	**24707**	**49700**	**51.43**	**1.70**	**25.57**	**0.84**
市辖区	24707	49700	51.43	1.70	25.57	0.84
中山市	**361536**	**847278**	**73.96**	**2.17**	**31.56**	**0.92**
市辖区	361536	847278	73.96	2.17	31.56	0.92
潮州市	**179701**	**645524**	**107.16**	**2.85**	**29.83**	**0.79**
湘桥区	16569	63838	110.43	2.86	28.66	0.74
潮安区	54400	218463	112.27	3.12	27.96	0.78
饶平县	108732	363223	104.11	2.71	31.16	0.81
揭阳市	**320351**	**1225376**	**96.84**	**2.89**	**25.32**	**0.76**
榕城区	20102	78215	82.67	1.92	21.25	0.49
揭东区	47492	183685	87.78	2.49	22.70	0.64
揭西县	52381	179877	104.61	3.31	30.46	0.97
惠来县	96880	385015	102.13	3.36	25.70	0.85
普宁市	103496	398584	94.86	2.60	24.63	0.68
云浮市	**131540**	**411801**	**142.74**	**4.16**	**45.59**	**1.33**
云城区						
云安区	11215	39106	173.44	4.74	49.74	1.36
新兴县	53122	160281	108.49	3.28	35.96	1.09
郁南县	46337	143642	162.49	4.54	52.42	1.47
罗定市	20866	68772	169.59	5.23	51.45	1.59

1−12c 各地区家庭户的住房间数和面积(乡村)

地　区	家庭户 户　数 (户)	家庭户 人　数 (人)	平均每户住 房建筑面积 (平方米/户)	平均每户 住房间数 (间/户)	人均住房 建筑面积 (平方米/人)	人　均 住房间数 (间/人)
广　东	**9187706**	**29391859**	**132.23**	**4.16**	**41.33**	**1.30**
广州市	**793904**	**2132165**	**114.96**	**3.18**	**42.81**	**1.18**
荔湾区						
越秀区						
海珠区						
天河区						
白云区	220114	531185	121.29	3.07	50.26	1.27
黄埔区	26844	82152	147.82	3.53	48.30	1.15
番禺区	108212	234010	77.94	2.29	36.04	1.06
花都区	142160	389934	107.19	3.18	39.08	1.16
南沙区	74610	194584	123.03	3.01	47.17	1.15
从化区	98341	345966	132.42	4.26	37.64	1.21
增城区	123623	354334	119.15	3.33	41.57	1.16
韶关市	**390819**	**1126434**	**136.52**	**4.36**	**47.37**	**1.51**
武江区	16999	52371	144.42	3.98	46.88	1.29
浈江区	14971	47810	174.33	4.78	54.59	1.50
曲江区	33686	99595	132.75	4.01	44.90	1.36
始兴县	40684	110449	136.86	4.35	50.41	1.60
仁化县	35438	102642	159.64	4.77	55.12	1.65
翁源县	60811	186767	137.08	4.87	44.63	1.58
乳源瑶族自治县	31106	95359	127.33	4.15	41.53	1.35
新丰县	29938	85725	134.69	4.66	47.04	1.63
乐昌市	61554	173029	136.70	4.32	48.63	1.54
南雄市	65632	172687	119.62	3.86	45.46	1.47
深圳市	**13550**	**29373**	**65.15**	**2.09**	**30.06**	**0.96**
罗湖区						
福田区						
南山区						
宝安区						
龙岗区	13550	29373	65.15	2.09	30.06	0.96
盐田区						
龙华区						
坪山区						
光明区						
珠海市	**68646**	**203654**	**105.81**	**3.11**	**35.67**	**1.05**
香洲区	26	45	80.23	3.77	46.36	2.18
斗门区	63623	189220	105.72	3.12	35.55	1.05
金湾区	4997	14389	107.12	3.02	37.20	1.05
汕头市	**347268**	**1454855**	**110.60**	**3.24**	**26.40**	**0.77**
龙湖区	21234	93018	151.32	4.85	34.54	1.11
金平区	3332	13947	126.13	3.44	30.13	0.82
濠江区	13821	61596	154.77	4.48	34.73	1.00
潮阳区	148740	616658	94.27	2.65	22.74	0.64
潮南区	105015	453585	114.30	3.47	26.46	0.80
澄海区	51425	203761	119.58	3.45	30.18	0.87
南澳县	3701	12290	124.72	3.70	37.56	1.12
佛山市	**114874**	**305701**	**108.31**	**3.03**	**40.70**	**1.14**
禅城区						
南海区	32887	93965	131.03	3.35	45.86	1.17
顺德区	13787	34917	93.65	2.53	36.98	1.00
三水区	50781	133824	111.93	3.17	42.47	1.20
高明区	17419	42995	66.47	2.40	26.93	0.97

注：本表数据为居住在普通住宅的家庭户。

1-12c 续表 1

地　　区	家庭户户　数（户）	家庭户人　数（人）	平均每户住房建筑面积（平方米/户）	平均每户住房间数（间/户）	人均住房建筑面积（平方米/人）	人　均住房间数（间/人）
江门市	**484695**	**1374615**	**104.36**	**3.16**	**36.80**	**1.11**
蓬江区	6764	23378	170.43	4.32	49.31	1.25
江海区						
新会区	93880	257759	89.98	2.91	32.77	1.06
台山市	156300	441416	97.27	2.92	34.44	1.03
开平市	99990	282058	98.29	3.13	34.85	1.11
鹤山市	56391	161602	117.28	3.63	40.92	1.27
恩平市	71370	208402	130.81	3.58	44.80	1.22
湛江市	**1028554**	**3602365**	**155.57**	**4.92**	**44.42**	**1.40**
赤坎区	2159	8037	175.32	5.13	47.10	1.38
霞山区	7912	29998	126.18	4.39	33.28	1.16
坡头区	53840	184128	185.94	5.01	54.37	1.46
麻章区	75821	273320	146.69	4.94	40.69	1.37
遂溪县	147015	504582	148.11	4.79	43.15	1.40
徐闻县	105928	372444	121.40	4.22	34.53	1.20
廉江市	247373	875153	171.03	5.40	48.34	1.53
雷州市	242665	859480	121.01	4.37	34.17	1.23
吴川市	145841	495223	213.89	5.63	62.99	1.66
茂名市	**982291**	**3317325**	**195.37**	**6.00**	**57.85**	**1.78**
茂南区	86874	304019	138.46	5.13	39.57	1.47
电白区	229713	848279	214.82	5.83	58.17	1.58
高州市	256510	812113	203.12	5.95	64.16	1.88
化州市	225679	777195	204.42	6.61	59.36	1.92
信宜市	183515	575719	175.99	5.93	56.10	1.89
肇庆市	**624260**	**1902332**	**116.71**	**4.17**	**38.30**	**1.37**
端州区						
鼎湖区	17439	49977	111.99	3.00	39.08	1.05
高要区	137193	433211	72.68	2.65	23.02	0.84
广宁县	84314	230804	129.62	4.12	47.35	1.51
怀集县	173782	557639	150.29	5.44	46.84	1.69
封开县	79075	243050	127.34	5.38	41.43	1.75
德庆县	70916	224526	109.43	4.07	34.56	1.29
四会市	61541	163125	98.44	2.95	37.14	1.11
惠州市	**414839**	**1300597**	**122.24**	**3.74**	**38.99**	**1.19**
惠城区	83678	251519	120.55	3.66	40.11	1.22
惠阳区	71393	186097	97.43	3.03	37.38	1.16
博罗县	119319	388270	134.18	4.08	41.23	1.25
惠东县	92818	324119	120.30	3.65	34.45	1.04
龙门县	47631	150592	136.30	4.26	43.11	1.35
梅州市	**591272**	**1774232**	**141.24**	**5.30**	**47.07**	**1.76**
梅江区	10509	32387	127.13	4.83	41.25	1.57
梅县区	86876	245987	123.12	5.32	43.48	1.88
大埔县	64983	162707	110.40	4.36	44.09	1.74
丰顺县	68768	210179	98.87	3.81	32.35	1.25
五华县	157520	556711	187.19	6.47	52.97	1.83
平远县	32406	91242	169.21	5.99	60.10	2.13
蕉岭县	29857	78543	140.35	4.81	53.35	1.83
兴宁市	140353	396476	130.69	5.10	46.26	1.81

1-12c　续表 2

地　　区	家庭户户　数(户)	家庭户人　数(人)	平均每户住房建筑面积(平方米/户)	平均每户住房间数(间/户)	人均住房建筑面积(平方米/人)	人　　均住房间数(间/人)
汕尾市	**294748**	**1072537**	**121.96**	**3.46**	**33.52**	**0.95**
城　区	28122	91162	83.18	2.59	25.66	0.80
海丰县	68898	226793	98.32	3.07	29.87	0.93
陆河县	27079	104824	169.99	5.21	43.91	1.35
陆丰市	170649	649758	130.28	3.48	34.22	0.91
河源市	**452661**	**1321928**	**148.60**	**4.92**	**50.89**	**1.68**
源城区	11902	35361	120.53	3.65	40.57	1.23
紫金县	95728	314096	187.54	5.42	57.16	1.65
龙川县	133618	366054	143.61	4.95	52.42	1.81
连平县	55421	164122	152.87	5.03	51.62	1.70
和平县	83598	228316	121.21	4.57	44.38	1.67
东源县	72394	213979	139.30	4.73	47.13	1.60
阳江市	**359458**	**1093813**	**144.37**	**4.23**	**47.45**	**1.39**
江城区	55296	171953	124.89	3.83	40.16	1.23
阳东区	68487	202773	117.00	3.35	39.52	1.13
阳西县	74772	228882	138.86	4.23	45.36	1.38
阳春市	160903	490205	165.28	4.75	54.25	1.56
清远市	**533138**	**1616311**	**130.17**	**4.24**	**42.94**	**1.40**
清城区	42157	136399	151.39	4.54	46.79	1.40
清新区	103739	305680	124.55	3.91	42.27	1.33
佛冈县	53801	163503	101.21	3.54	33.30	1.16
阳山县	67681	202120	147.14	4.71	49.27	1.58
连山壮族瑶族自治县	16447	53292	156.02	5.03	48.15	1.55
连南瑶族自治县	22532	70108	139.54	4.34	44.85	1.40
英德市	156931	493142	124.92	4.24	39.75	1.35
连州市	69850	192067	134.27	4.43	48.83	1.61
东莞市	**238377**	**517720**	**72.55**	**2.06**	**33.40**	**0.95**
市辖区	238377	517720	72.55	2.06	33.40	0.95
中山市	**149915**	**444980**	**110.04**	**2.83**	**37.07**	**0.95**
市辖区	149915	444980	110.04	2.83	37.07	0.95
潮州市	**239203**	**872454**	**108.70**	**2.97**	**29.80**	**0.81**
湘桥区	18170	64140	88.53	2.39	25.08	0.68
潮安区	101084	395695	114.87	3.37	29.35	0.86
饶平县	119949	412619	106.56	2.72	30.98	0.79
揭阳市	**660573**	**2661878**	**91.42**	**2.77**	**22.69**	**0.69**
榕城区	46411	188261	75.79	2.11	18.68	0.52
揭东区	110603	411928	75.31	2.13	20.22	0.57
揭西县	123216	447571	97.48	3.06	26.84	0.84
惠来县	131293	588210	114.13	3.57	25.48	0.80
普宁市	249050	1025908	86.51	2.60	21.00	0.63
云浮市	**404661**	**1266590**	**140.75**	**4.89**	**44.97**	**1.56**
云城区	28218	88440	122.22	4.00	39.00	1.28
云安区	47135	156704	156.31	4.96	47.02	1.49
新兴县	73051	226985	116.24	3.76	37.41	1.21
郁南县	64788	203289	156.46	5.44	49.86	1.73
罗定市	191469	591172	143.68	5.25	46.54	1.70

第一部分　全部数据资料

第二卷　民族

2-1　全省各民族人口及比重

单位：人、%

民　族	人口数	男	女	各民族人口占总人口的比重
总　计	**126012510**	**66873646**	**59138864**	**100.00**
汉　族	121260372	64136835	57123537	96.23
蒙古族	34319	18578	15741	0.03
回　族	88346	48853	39493	0.07
藏　族	11347	5489	5858	0.01
维吾尔族	9905	5042	4863	0.01
苗　族	612699	357156	255543	0.49
彝　族	141942	80728	61214	0.11
壮　族	2017275	1167749	849526	1.60
布依族	229366	133778	95588	0.18
朝鲜族	30666	15766	14900	0.02
满　族	66722	34624	32098	0.05
侗　族	241790	146855	94935	0.19
瑶　族	514447	289453	224994	0.41
白　族	36675	21131	15544	0.03
土家族	430936	249122	181814	0.34
哈尼族	34250	20533	13717	0.03
哈萨克族	1022	466	556	
傣　族	16329	8881	7448	0.01
黎　族	32382	16798	15584	0.03
傈僳族	7199	3981	3218	0.01
佤　族	11743	6183	5560	0.01
畲　族	42080	24055	18025	0.03
高山族	188	93	95	
拉祜族	5710	3057	2653	
水　族	23025	13848	9177	0.02
东乡族	4638	2994	1644	
纳西族	942	482	460	
景颇族	2862	1460	1402	
柯尔克孜族	495	256	239	
土　族	5768	3286	2482	
达斡尔族	1038	492	546	
仫佬族	29190	16740	12450	0.02
羌　族	1599	857	742	
布朗族	1767	938	829	
撒拉族	2312	1310	1002	
毛南族	13150	7934	5216	0.01
仡佬族	28142	17222	10920	0.02
锡伯族	1607	812	795	
阿昌族	1106	589	517	
普米族	434	278	156	
塔吉克族	100	64	36	
怒　族	411	237	174	
乌孜别克族	39	21	18	
俄罗斯族	277	116	161	
鄂温克族	215	104	111	
德昂族	455	223	232	
保安族	192	113	79	
裕固族	70	37	33	
京　族	545	235	310	
塔塔尔族	13	9	4	
独龙族	73	38	35	
鄂伦春族	59	32	27	
赫哲族	119	51	68	
门巴族	23	12	11	
珞巴族	12	6	6	
基诺族	95	39	56	
未定族称人口	13002	7289	5713	0.01
入　籍	1025	316	709	

2-1a 全省各民族人口及比重(城市)

单位：人、%

民 族	人口数	男	女	各民族人口占总人口的比重
总 计	**76387659**	**40817255**	**35570404**	**100.00**
汉 族	72818684	38751391	34067293	95.33
蒙古族	30660	16450	14210	0.04
回 族	78771	43249	35522	0.10
藏 族	8479	4291	4188	0.01
维吾尔族	8759	4415	4344	0.01
苗 族	448256	260762	187494	0.59
彝 族	111355	63100	48255	0.15
壮 族	1541338	902660	638678	2.02
布依族	182383	106580	75803	0.24
朝鲜族	28817	14776	14041	0.04
满 族	61893	31807	30086	0.08
侗 族	189892	115056	74836	0.25
瑶 族	295455	170298	125157	0.39
白 族	30510	17513	12997	0.04
土家族	335802	191233	144569	0.44
哈尼族	27018	16305	10713	0.04
哈萨克族	936	411	525	
傣 族	12921	7096	5825	0.02
黎 族	26440	14001	12439	0.03
傈僳族	5940	3271	2669	0.01
佤 族	9486	4982	4504	0.01
畲 族	23199	13012	10187	0.03
高山族	144	74	70	
拉祜族	4473	2494	1979	0.01
水 族	18412	11112	7300	0.02
东乡族	4013	2580	1433	0.01
纳西族	836	418	418	
景颇族	2199	1104	1095	
柯尔克孜族	211	87	124	
土 族	4444	2520	1924	0.01
达斡尔族	961	455	506	
仫佬族	22815	13080	9735	0.03
羌 族	1384	725	659	
布朗族	1380	737	643	
撒拉族	2179	1226	953	
毛南族	10545	6351	4194	0.01
仡佬族	21272	12976	8296	0.03
锡伯族	1516	755	761	
阿昌族	899	475	424	
普米族	372	236	136	
塔吉克族	24	11	13	
怒 族	349	198	151	
乌孜别克族	34	18	16	
俄罗斯族	259	109	150	
鄂温克族	200	97	103	
德昂族	355	173	182	
保安族	158	96	62	
裕固族	68	36	32	
京 族	378	187	191	
塔塔尔族	13	9	4	
独龙族	65	33	32	
鄂伦春族	53	28	25	
赫哲族	102	41	61	
门巴族	17	8	9	
珞巴族	10	5	5	
基诺族	81	36	45	
未定族称人口	9928	5842	4086	0.01
入 籍	516	264	252	

2-1b　全省各民族人口及比重(镇)

单位：人、%

民　族	人口数	男	女	各民族人口占总人口的比重
总　计	**17048413**	**8892530**	**8155883**	**100.00**
汉　族	16586885	8629402	7957483	97.29
蒙古族	1890	1050	840	0.01
回　族	4729	2786	1943	0.03
藏　族	885	442	443	0.01
维吾尔族	755	408	347	
苗　族	61194	35962	25232	0.36
彝　族	11551	6660	4891	0.07
壮　族	186772	106449	80323	1.10
布依族	18662	10780	7882	0.11
朝鲜族	1374	728	646	0.01
满　族	2869	1595	1274	0.02
侗　族	19586	11889	7697	0.11
瑶　族	79568	42568	37000	0.47
白　族	2628	1560	1068	0.02
土家族	43617	25970	17647	0.26
哈尼族	3608	2131	1477	0.02
哈萨克族	50	36	14	
傣　族	1193	655	538	0.01
黎　族	2541	1225	1316	0.01
傈僳族	569	342	227	
佤　族	931	509	422	0.01
畲　族	5151	2765	2386	0.03
高山族	27	14	13	
拉祜族	349	163	186	
水　族	1730	1018	712	0.01
东乡族	276	195	81	
纳西族	51	30	21	
景颇族	288	165	123	
柯尔克孜族	217	124	93	
土　族	612	335	277	
达斡尔族	55	24	31	
仫佬族	2324	1344	980	0.01
羌　族	126	77	49	
布朗族	144	78	66	
撒拉族	76	49	27	
毛南族	1012	633	379	0.01
仡佬族	2743	1658	1085	0.02
锡伯族	62	38	24	
阿昌族	51	29	22	
普米族	24	16	8	
塔吉克族	76	53	23	
怒　族	34	23	11	
乌孜别克族	5	3	2	
俄罗斯族	11	5	6	
鄂温克族	9	5	4	
德昂族	28	14	14	
保安族	12	6	6	
裕固族	2	1	1	
京　族	40	12	28	
塔塔尔族				
独龙族	2	2		
鄂伦春族	3	2	1	
赫哲族	9	5	4	
门巴族	2	1	1	
珞巴族	1	1		
基诺族	8	2	6	
未定族称人口	908	473	435	0.01
入　籍	88	20	68	

2-1c 全省各民族人口及比重(乡村)

单位：人、%

民族	人口数	男	女	各民族人口占总人口的比重
总计	**32576438**	**17163861**	**15412577**	**100.00**
汉族	31854803	16756042	15098761	97.78
蒙古族	1769	1078	691	0.01
回族	4846	2818	2028	0.01
藏族	1983	756	1227	0.01
维吾尔族	391	219	172	
苗族	103249	60432	42817	0.32
彝族	19036	10968	8068	0.06
壮族	289165	158640	130525	0.89
布依族	28321	16418	11903	0.09
朝鲜族	475	262	213	
满族	1960	1222	738	0.01
侗族	32312	19910	12402	0.10
瑶族	139424	76587	62837	0.43
白族	3537	2058	1479	0.01
土家族	51517	31919	19598	0.16
哈尼族	3624	2097	1527	0.01
哈萨克族	36	19	17	
傣族	2215	1130	1085	0.01
黎族	3401	1572	1829	0.01
傈僳族	690	368	322	
佤族	1326	692	634	
畲族	13730	8278	5452	0.04
高山族	17	5	12	
拉祜族	888	400	488	
水族	2883	1718	1165	0.01
东乡族	349	219	130	
纳西族	55	34	21	
景颇族	375	191	184	
柯尔克孜族	67	45	22	
土族	712	431	281	
达斡尔族	22	13	9	
仫佬族	4051	2316	1735	0.01
羌族	89	55	34	
布朗族	243	123	120	
撒拉族	57	35	22	
毛南族	1593	950	643	
仡佬族	4127	2588	1539	0.01
锡伯族	29	19	10	
阿昌族	156	85	71	
普米族	38	26	12	
塔吉克族				
怒族	28	16	12	
乌孜别克族				
俄罗斯族	7	2	5	
鄂温克族	6	2	4	
德昂族	72	36	36	
保安族	22	11	11	
裕固族				
京族	127	36	91	
塔塔尔族				
独龙族	6	3	3	
鄂伦春族	3	2	1	
赫哲族	8	5	3	
门巴族	4	3	1	
珞巴族	1		1	
基诺族	6	1	5	
未定族称人口	2166	974	1192	0.01
入籍	421	32	389	

2–2　全省各民族分年龄、性别的人口

单位：人

年龄组	合　计			汉　族		
	合计	男	女	小计	男	女
总　计	**126012510**	**66873646**	**59138864**	**121260372**	**64136835**	**57123537**
0–4岁	7992595	4266881	3725714	7798571	4164583	3633988
5–9岁	8562360	4597464	3964896	8356858	4484924	3871934
10–14岁	7194927	3884271	3310656	7047258	3801330	3245928
15–19岁	6335235	3556607	2778628	6089687	3404526	2685161
20–24岁	9399562	5260488	4139074	8892915	4951709	3941206
25–29岁	11901905	6549206	5352699	11311721	6192867	5118854
30–34岁	13183618	7173902	6009716	12461293	6741456	5719837
35–39岁	11079219	5950175	5129044	10446817	5579456	4867361
40–44岁	9023058	4785408	4237650	8518940	4501825	4017115
45–49岁	9820206	5096764	4723442	9375029	4856135	4518894
50–54岁	8966587	4653924	4312663	8670679	4493508	4177171
55–59岁	6988172	3605405	3382767	6841623	3525844	3315779
60–64岁	4752066	2393321	2358745	4699522	2366888	2332634
65–69岁	4144845	2028352	2116493	4112428	2013355	2099073
70–74岁	2653440	1313194	1340246	2638383	1306615	1331768
75–79岁	1688428	803478	884950	1680447	800222	880225
80–84岁	1238268	550340	687928	1233394	548357	685037
85–89岁	735563	285721	449842	733241	284802	448439
90岁及以上	352456	118745	233711	351566	118433	233133

2–2　续表 1　　单位：人

年龄组	蒙古族			回　族			藏　族		
	小计	男	女	小计	男	女	小计	男	女
总　计	**34319**	**18578**	**15741**	**88346**	**48853**	**39493**	**11347**	**5489**	**5858**
0–4岁	2816	1459	1357	5194	2694	2500	303	168	135
5–9岁	2610	1323	1287	5367	2851	2516	370	197	173
10–14岁	1546	791	755	3658	1911	1747	442	248	194
15–19岁	1419	757	662	5091	3120	1971	1257	595	662
20–24岁	3206	1702	1504	9617	5751	3866	1534	812	722
25–29岁	3838	2222	1616	11494	6537	4957	1233	655	578
30–34岁	5036	2806	2230	13080	7355	5725	1394	706	688
35–39岁	4711	2565	2146	9532	5231	4301	1253	617	636
40–44岁	2743	1553	1190	7341	4045	3296	1137	503	634
45–49岁	2206	1284	922	6210	3416	2794	1034	462	572
50–54岁	1463	832	631	4459	2481	1978	715	274	441
55–59岁	1054	520	534	2702	1384	1318	367	137	230
60–64岁	808	378	430	1596	758	838	143	57	86
65–69岁	520	238	282	1377	645	732	83	24	59
70–74岁	168	79	89	735	308	427	37	17	20
75–79岁	88	37	51	460	176	284	21	8	13
80–84岁	65	21	44	273	126	147	10	3	7
85–89岁	19	10	9	124	49	75	12	6	6
90岁及以上	3	1	2	36	15	21	2		2

2-2　续表 2　　单位：人

年龄组	维吾尔族			苗　族			彝　族		
	小计	男	女	小计	男	女	小计	男	女
总　计	**9905**	**5042**	**4863**	**612699**	**357156**	**255543**	**141942**	**80728**	**61214**
0-4岁	310	156	154	25061	13196	11865	3228	1680	1548
5-9岁	418	218	200	23656	13156	10500	2628	1459	1169
10-14岁	225	117	108	15289	8493	6796	1792	989	803
15-19岁	2320	983	1337	38526	23550	14976	14702	8700	6002
20-24岁	2346	1129	1217	79002	48125	30877	29618	17389	12229
25-29岁	1146	638	508	81685	49450	32235	23825	14091	9734
30-34岁	970	566	404	93475	55928	37547	21423	12519	8904
35-39岁	695	408	287	74322	43683	30639	14740	8245	6495
40-44岁	451	280	171	62093	34862	27231	12317	6282	6035
45-49岁	363	216	147	58252	32424	25828	9885	5122	4763
50-54岁	248	121	127	37525	20769	16756	5028	2824	2204
55-59岁	165	88	77	15912	9360	6552	1916	1051	865
60-64岁	70	44	26	4094	2273	1821	482	244	238
65-69岁	79	37	42	2260	1178	1082	212	75	137
70-74岁	45	18	27	877	414	463	78	34	44
75-79岁	27	11	16	366	161	205	41	11	30
80-84岁	12	8	4	208	91	117	15	7	8
85-89岁	11	3	8	64	29	35	7	2	5
90岁及以上	4	1	3	32	14	18	5	4	1

2-2　续表 3　　单位：人

年龄组	壮　族			布依族			朝鲜族		
	小计	男	女	小计	男	女	小计	男	女
总　计	**2017275**	**1167749**	**849526**	**229366**	**133778**	**95588**	**30666**	**15766**	**14900**
0-4岁	67648	35964	31684	6711	3623	3088	2371	1207	1164
5-9岁	81593	45377	36216	6009	3350	2659	2768	1427	1341
10-14岁	63675	36940	26735	3755	2200	1555	1942	970	972
15-19岁	85979	55555	30424	14564	9270	5294	1033	527	506
20-24岁	179733	112344	67389	35773	21959	13814	1023	479	544
25-29岁	232167	142399	89768	36033	22000	14033	2008	981	1027
30-34岁	314108	190244	123864	34292	21053	13239	4334	2232	2102
35-39岁	304393	180167	124226	26869	15922	10947	4468	2297	2171
40-44岁	241905	136792	105113	24112	13119	10993	3441	1910	1531
45-49岁	201300	106582	94718	21156	10840	10316	2448	1479	969
50-54岁	133482	70644	62838	13023	6700	6323	1295	774	521
55-59岁	65915	34676	31239	5053	2808	2245	972	460	512
60-64岁	22229	10682	11547	1151	564	587	877	352	525
65-69岁	12242	5191	7051	519	228	291	834	334	500
70-74岁	5575	2177	3398	211	87	124	468	184	284
75-79岁	2759	1048	1711	78	28	50	210	91	119
80-84岁	1581	601	980	41	18	23	117	42	75
85-89岁	710	270	440	12	5	7	50	19	31
90岁及以上	281	96	185	4	4		7	1	6

2-2 续表 4

单位：人

年龄组	满族			侗族			瑶族		
	小计	男	女	小计	男	女	小计	男	女
总 计	**66722**	**34624**	**32098**	**241790**	**146855**	**94935**	**514447**	**289453**	**224994**
0–4岁	6424	3262	3162	9231	4872	4359	28935	15303	13632
5–9岁	5746	2919	2827	9585	5341	4244	31945	17430	14515
10–14岁	3229	1613	1616	6169	3500	2669	23554	13043	10511
15–19岁	2189	1162	1027	10544	6960	3584	28855	16829	12026
20–24岁	4352	2300	2052	25782	16920	8862	46879	27137	19742
25–29岁	6885	3743	3142	31978	20594	11384	58607	34489	24118
30–34岁	9184	4857	4327	40807	25641	15166	72652	42999	29653
35–39岁	8168	4232	3936	32682	20042	12640	62215	36115	26100
40–44岁	5542	2959	2583	24784	14699	10085	46588	26301	20287
45–49岁	3870	2138	1732	24664	13929	10735	39709	21733	17976
50–54岁	2921	1576	1345	15405	8751	6654	30253	16349	13904
55–59岁	2661	1224	1437	6809	3906	2903	18848	9883	8965
60–64岁	2438	1159	1279	1751	950	801	9260	4690	4570
65–69岁	1709	808	901	935	451	484	6911	3307	3604
70–74岁	640	329	311	380	171	209	3876	1790	2086
75–79岁	339	145	194	157	66	91	2442	995	1447
80–84岁	229	93	136	83	44	39	1692	652	1040
85–89岁	134	66	68	36	14	22	874	318	556
90岁及以上	62	39	23	8	4	4	352	90	262

2-2 续表 5

单位：人

年龄组	白族			土家族			哈尼族		
	小计	男	女	小计	男	女	小计	男	女
总 计	**36675**	**21131**	**15544**	**430936**	**249122**	**181814**	**34250**	**20533**	**13717**
0–4岁	1258	646	612	22439	11766	10673	605	297	308
5–9岁	1090	564	526	20514	10948	9566	427	228	199
10–14岁	775	408	367	13916	7501	6415	250	147	103
15–19岁	2108	1371	737	18393	11135	7258	3133	2058	1075
20–24岁	5084	3072	2012	41643	25122	16521	6834	4449	2385
25–29岁	5150	2995	2155	50535	29864	20671	6162	3897	2265
30–34岁	6517	3866	2651	60813	35892	24921	5965	3593	2372
35–39岁	4233	2451	1782	50781	29857	20924	4064	2321	1743
40–44岁	3749	2055	1694	42549	24340	18209	3147	1669	1478
45–49岁	3337	1833	1504	49303	27788	21515	2239	1152	1087
50–54岁	1979	1115	864	34730	20177	14553	932	468	464
55–59岁	796	440	356	16456	9922	6534	312	149	163
60–64岁	265	156	109	4409	2583	1826	131	82	49
65–69岁	172	81	91	2783	1454	1329	22	12	10
70–74岁	81	39	42	972	468	504	13	6	7
75–79岁	36	16	20	412	175	237	8	2	6
80–84岁	29	13	16	182	84	98	3	2	1
85–89岁	13	8	5	82	36	46	2		2
90岁及以上	3	2	1	24	10	14	1	1	

2-2 续表 6 单位：人

年龄组	哈萨克族			傣族			黎族		
	小计	男	女	小计	男	女	小计	男	女
总 计	**1022**	**466**	**556**	**16329**	**8881**	**7448**	**32382**	**16798**	**15584**
0-4岁	11	5	6	215	110	105	1238	649	589
5-9岁	15	8	7	189	100	89	1344	712	632
10-14岁	6	3	3	120	58	62	910	477	433
15-19岁	336	149	187	1051	716	335	1752	1136	616
20-24岁	296	122	174	2766	1656	1110	4651	2798	1853
25-29岁	147	73	74	3023	1676	1347	6426	3487	2939
30-34岁	79	37	42	3235	1814	1421	5271	2705	2566
35-39岁	58	29	29	2138	1124	1014	3955	1890	2065
40-44岁	35	21	14	1547	774	773	2599	1262	1337
45-49岁	17	3	14	1145	524	621	1905	787	1118
50-54岁	11	9	2	545	230	315	1115	412	703
55-59岁	6	5	1	216	62	154	605	240	365
60-64岁	3	1	2	84	27	57	266	105	161
65-69岁	1	1		28	5	23	173	69	104
70-74岁	1		1	21	5	16	91	33	58
75-79岁				3		3	41	18	23
80-84岁				1		1	29	13	16
85-89岁							6	3	3
90岁及以上				2		2	5	2	3

2-2 续表 7 单位：人

年龄组	傈僳族			佤族			畲族		
	小计	男	女	小计	男	女	小计	男	女
总 计	**7199**	**3981**	**3218**	**11743**	**6183**	**5560**	**42080**	**24055**	**18025**
0-4岁	103	47	56	94	50	44	3607	1888	1719
5-9岁	85	45	40	71	32	39	3931	2081	1850
10-14岁	41	18	23	44	27	17	3032	1604	1428
15-19岁	836	510	326	899	490	409	2213	1214	999
20-24岁	1788	1036	752	2438	1220	1218	2866	1540	1326
25-29岁	1502	863	639	2522	1334	1188	3921	2282	1639
30-34岁	1214	702	512	2450	1329	1121	4704	2656	2048
35-39岁	704	355	349	1476	828	648	3867	2199	1668
40-44岁	456	186	270	879	454	425	2990	1803	1187
45-49岁	288	128	160	548	272	276	2956	1863	1093
50-54岁	114	60	54	216	104	112	2499	1527	972
55-59岁	42	20	22	65	28	37	1962	1226	736
60-64岁	13	6	7	30	11	19	1278	784	494
65-69岁	6	1	5	6	4	2	912	590	322
70-74岁	2	1	1	4		4	511	324	187
75-79岁	2		2	1		1	391	235	156
80-84岁	3	3					250	146	104
85-89岁							139	69	70
90岁及以上							51	24	27

2-2　续表 8　　　　单位：人

年龄组	高山族			拉祜族			水　族		
	小计	男	女	小计	男	女	小计	男	女
总　计	**188**	**93**	**95**	**5710**	**3057**	**2653**	**23025**	**13848**	**9177**
0–4岁	16	10	6	55	33	22	794	415	379
5–9岁	10	5	5	31	13	18	666	371	295
10–14岁	9	5	4	22	9	13	388	218	170
15–19岁	9	3	6	537	361	176	1650	1016	634
20–24岁	21	12	9	1183	712	471	3906	2364	1542
25–29岁	17	7	10	1080	614	466	3846	2418	1428
30–34岁	19	10	9	1018	587	431	3657	2367	1290
35–39岁	19	10	9	682	347	335	2697	1680	1017
40–44岁	17	8	9	475	205	270	2114	1226	888
45–49岁	16	8	8	299	107	192	1662	879	783
50–54岁	12	5	7	188	50	138	1071	581	490
55–59岁	10	3	7	73	10	63	408	226	182
60–64岁	5	2	3	48	7	41	85	52	33
65–69岁	5	4	1	10		10	59	26	33
70–74岁	1	1		8	2	6	13	5	8
75–79岁				1		1	5	3	2
80–84岁	1		1				2	1	1
85–89岁							1		1
90岁及以上	1		1				1		1

2-2　续表 9　　　　单位：人

年龄组	东乡族			纳西族			景颇族		
	小计	男	女	小计	男	女	小计	男	女
总　计	**4638**	**2994**	**1644**	**942**	**482**	**460**	**2862**	**1460**	**1402**
0–4岁	113	63	50	63	34	29	28	18	10
5–9岁	124	71	53	40	19	21	27	12	15
10–14岁	60	31	29	29	15	14	19	13	6
15–19岁	558	405	153	57	30	27	222	140	82
20–24岁	1003	670	333	177	103	74	517	317	200
25–29岁	967	613	354	150	84	66	492	270	222
30–34岁	708	441	267	145	71	74	548	265	283
35–39岁	386	251	135	79	34	45	419	210	209
40–44岁	293	164	129	78	34	44	312	125	187
45–49岁	270	170	100	59	31	28	185	69	116
50–54岁	110	81	29	30	11	19	67	19	48
55–59岁	24	20	4	21	11	10	14	2	12
60–64岁	13	10	3	3	1	2	8		8
65–69岁	5	1	4	7	2	5	1		1
70–74岁	2	2		1	1		1		1
75–79岁	1	1		1		1	2		2
80–84岁	1		1	2	1	1			
85–89岁									
90岁及以上									

2-2 续表 10 单位：人

年龄组	柯尔克孜族			土 族			达斡尔族		
	小计	男	女	小计	男	女	小计	男	女
总 计	**495**	**256**	**239**	**5768**	**3286**	**2482**	**1038**	**492**	**546**
0-4岁	2		2	214	118	96	107	57	50
5-9岁	7	3	4	253	133	120	98	46	52
10-14岁	1	1		147	82	65	49	22	27
15-19岁	76	26	50	266	165	101	29	12	17
20-24岁	98	48	50	624	358	266	101	49	52
25-29岁	74	43	31	664	390	274	109	55	54
30-34岁	83	44	39	805	483	322	170	78	92
35-39岁	65	39	26	671	390	281	139	64	75
40-44岁	39	22	17	592	319	273	60	35	25
45-49岁	31	21	10	669	365	304	50	25	25
50-54岁	15	7	8	486	278	208	39	14	25
55-59岁	1	1		237	135	102	32	11	21
60-64岁	2	1	1	71	40	31	25	12	13
65-69岁				30	15	15	15	6	9
70-74岁				21	8	13	5	1	4
75-79岁				11	5	6	5	2	3
80-84岁	1		1	7	2	5	3	1	2
85-89岁							2	2	
90岁及以上									

2-2 续表 11 单位：人

年龄组	仫 佬 族			羌 族			布 朗 族		
	小计	男	女	小计	男	女	小计	男	女
总 计	**29190**	**16740**	**12450**	**1599**	**857**	**742**	**1767**	**938**	**829**
0-4岁	1221	650	571	113	51	62	28	20	8
5-9岁	1333	720	613	112	53	59	20	8	12
10-14岁	886	528	358	59	32	27	14	6	8
15-19岁	1092	738	354	54	20	34	160	98	62
20-24岁	2594	1611	983	148	82	66	382	204	178
25-29岁	3504	2066	1438	229	126	103	358	197	161
30-34岁	4919	2912	2007	268	149	119	320	170	150
35-39岁	4451	2542	1909	175	93	82	178	89	89
40-44岁	3038	1732	1306	174	104	70	131	63	68
45-49岁	2751	1485	1266	132	78	54	95	47	48
50-54岁	1982	1061	921	65	36	29	51	21	30
55-59岁	950	497	453	27	13	14	19	11	8
60-64岁	267	131	136	17	7	10	5	2	3
65-69岁	122	44	78	19	11	8	3	1	2
70-74岁	42	13	29	4	1	3	1		1
75-79岁	21	4	17	2	1	1	1		1
80-84岁	8	2	6	1		1			
85-89岁	8	3	5				1	1	
90岁及以上	1	1							

2-2　续表 12　　单位：人

年龄组	撒拉族			毛南族			仡佬族		
	小计	男	女	小计	男	女	小计	男	女
总　计	**2312**	**1310**	**1002**	**13150**	**7934**	**5216**	**28142**	**17222**	**10920**
0–4岁	167	81	86	474	262	212	1193	608	585
5–9岁	181	105	76	432	250	182	1078	582	496
10–14岁	148	86	62	272	176	96	749	421	328
15–19岁	180	108	72	451	322	129	1452	911	541
20–24岁	238	116	122	1262	792	470	3699	2305	1394
25–29岁	376	213	163	1633	1019	614	3638	2315	1323
30–34岁	406	223	183	2032	1303	729	3638	2303	1335
35–39岁	266	166	100	2029	1288	741	2962	1882	1080
40–44岁	149	94	55	1619	940	679	3105	1886	1219
45–49岁	96	53	43	1377	747	630	3314	1983	1331
50–54岁	62	39	23	935	516	419	2001	1180	821
55–59岁	34	22	12	439	229	210	913	604	309
60–64岁	2	1	1	115	56	59	171	117	54
65–69岁	1		1	47	22	25	140	84	56
70–74岁	2	1	1	25	8	17	57	28	29
75–79岁	3	2	1	5	2	3	19	6	13
80–84岁				3	2	1	7	5	2
85–89岁	1		1				3		3
90岁及以上							3	2	1

2-2　续表 13　　单位：人

年龄组	锡伯族			阿昌族			普米族		
	小计	男	女	小计	男	女	小计	男	女
总　计	**1607**	**812**	**795**	**1106**	**589**	**517**	**434**	**278**	**156**
0–4岁	130	71	59	10	4	6	6	4	2
5–9岁	147	70	77	3	2	1	6	1	5
10–14岁	102	60	42	6	4	2	5	3	2
15–19岁	69	34	35	90	54	36	49	33	16
20–24岁	111	54	57	197	108	89	86	61	25
25–29岁	158	78	80	200	105	95	82	58	24
30–34岁	215	108	107	213	119	94	82	53	29
35–39岁	173	79	94	142	76	66	53	31	22
40–44岁	143	73	70	106	52	54	25	10	15
45–49岁	99	57	42	83	38	45	28	17	11
50–54岁	72	35	37	43	20	23	5	3	2
55–59岁	67	34	33	7	4	3	6	4	2
60–64岁	48	24	24	3	1	2			
65–69岁	43	21	22	1	1				
70–74岁	14	8	6	1		1	1		1
75–79岁	4	3	1	1	1				
80–84岁	7		7						
85–89岁	4	2	2						
90岁及以上	1	1							

2-2 续表 14

单位：人

年龄组	塔吉克族			怒族			乌孜别克族		
	小计	男	女	小计	男	女	小计	男	女
总计	**100**	**64**	**36**	**411**	**237**	**174**	**39**	**21**	**18**
0-4岁				5	4	1	2	1	1
5-9岁	2		2	4	2	2	2	1	1
10-14岁				3		3	3	2	1
15-19岁	7	4	3	64	36	28	2	1	1
20-24岁	27	21	6	113	76	37	8	5	3
25-29岁	14	11	3	74	43	31	6	3	3
30-34岁	12	10	2	66	40	26	4	3	1
35-39岁	14	7	7	36	20	16	1	1	
40-44岁	12	4	8	25	8	17	5	2	3
45-49岁	6	4	2	14	6	8	4	1	3
50-54岁	3	2	1	6	1	5			
55-59岁	3	1	2				1	1	
60-64岁				1	1				
65-69岁									
70-74岁							1		1
75-79岁									
80-84岁									
85-89岁									
90岁及以上									

2-2 续表 15

单位：人

年龄组	俄罗斯族			鄂温克族			德昂族		
	小计	男	女	小计	男	女	小计	男	女
总计	**277**	**116**	**161**	**215**	**104**	**111**	**455**	**223**	**232**
0-4岁	22	14	8	19	10	9	6	1	5
5-9岁	21	9	12	13	8	5	8	7	1
10-14岁	18	8	10	8	2	6	2	1	1
15-19岁	14	2	12	7	5	2	40	19	21
20-24岁	37	14	23	21	8	13	100	52	48
25-29岁	33	14	19	37	26	11	75	37	38
30-34岁	22	14	8	39	17	22	87	46	41
35-39岁	26	11	15	29	15	14	66	31	35
40-44岁	28	10	18	10	3	7	35	16	19
45-49岁	16	5	11	15	3	12	20	7	13
50-54岁	11	4	7	9	6	3	11	4	7
55-59岁	6	2	4	4		4	3	1	2
60-64岁	7	3	4	2		2	2	1	1
65-69岁	7	3	4	2	1	1			
70-74岁	3	1	2						
75-79岁	4		4						
80-84岁	1	1							
85-89岁	1	1							
90岁及以上									

2-2　续表 16

单位：人

年龄组	保安族			裕固族			京　族		
	小计	男	女	小计	男	女	小计	男	女
总　计	**192**	**113**	**79**	**70**	**37**	**33**	**545**	**235**	**310**
0–4岁	3	1	2	5	5		40	21	19
5–9岁	8	2	6	3	2	1	44	25	19
10–14岁	2	1	1	5	3	2	23	13	10
15–19岁	13	10	3	2	1	1	40	26	14
20–24岁	40	23	17	7	2	5	38	21	17
25–29岁	41	30	11	17	9	8	66	36	30
30–34岁	30	15	15	9	4	5	52	28	24
35–39岁	20	13	7	10	7	3	62	33	29
40–44岁	14	8	6	1	1		41	13	28
45–49岁	10	4	6	5	1	4	42	6	36
50–54岁	6	2	4	3		3	26	3	23
55–59岁	1		1	2	1	1	21	4	17
60–64岁	3	3					15	2	13
65–69岁	1	1					15		15
70–74岁				1	1		17	3	14
75–79岁							2	1	1
80–84岁									
85–89岁									
90岁及以上							1		1

2-2　续表 17

单位：人

年龄组	塔塔尔族			独龙族			鄂伦春族		
	小计	男	女	小计	男	女	小计	男	女
总　计	**13**	**9**	**4**	**73**	**38**	**35**	**59**	**32**	**27**
0–4岁	1	1		1	1		7	1	6
5–9岁	1	1					6	1	5
10–14岁				1		1	2	2	
15–19岁				10	4	6			
20–24岁	1	1		14	5	9	7	5	2
25–29岁	2	1	1	13	8	5	6	3	3
30–34岁	3	1	2	10	8	2	9	5	4
35–39岁				9	5	4	8	7	1
40–44岁	2	2		4	2	2	5	4	1
45–49岁				4	2	2	2		2
50–54岁	1	1		2	2		1	1	
55–59岁	1	1		2		2	3	1	2
60–64岁	1		1				1	1	
65–69岁							1		1
70–74岁				1		1	1	1	
75–79岁									
80–84岁				1		1			
85–89岁				1	1				
90岁及以上									

2−2 续表 18　　　　单位：人

年龄组	赫哲族			门巴族			珞巴族		
	小计	男	女	小计	男	女	小计	男	女
总　计	**119**	**51**	**68**	**23**	**12**	**11**	**12**	**6**	**6**
0−4岁	6	2	4	1	1				
5−9岁	15	8	7						
10−14岁	4	1	3	2		2			
15−19岁				4	4		4	2	2
20−24岁	10	8	2	6	3	3	1		1
25−29岁	19	8	11	4	1	3			
30−34岁	21	6	15	2	2		1	1	
35−39岁	18	10	8	1	1				
40−44岁	9	2	7				2		2
45−49岁	4	1	3				2	2	
50−54岁	8	2	6	1		1	1		1
55−59岁	1	1		1		1			
60−64岁	2	1	1						
65−69岁	2	1	1	1		1	1	1	
70−74岁									
75−79岁									
80−84岁									
85−89岁									
90岁及以上									

2−2 续表 19　　　　单位：人

年龄组	基诺族			未定族称人口			入籍		
	小计	男	女	小计	男	女	小计	男	女
总　计	**95**	**39**	**56**	**13002**	**7289**	**5713**	**1025**	**316**	**709**
0−4岁	3	2	1	1304	661	643	63	31	32
5−9岁	2	1	1	400	227	173	44	16	28
10−14岁	1		1	235	125	110	25	13	12
15−19岁	10	4	6	1076	668	408	54	32	22
20−24岁	14	4	10	2521	1448	1073	104	55	49
25−29岁	17	12	5	1812	1113	699	84	43	41
30−34岁	14	8	6	1612	1008	604	83	44	39
35−39岁	10	2	8	1115	679	436	67	28	39
40−44岁	3		3	969	529	440	78	18	60
45−49岁	11	2	9	858	422	436	113	8	105
50−54岁	5		5	507	220	287	115	14	101
55−59岁	3	3		295	119	176	86		86
60−64岁	1	1		176	42	134	67	8	59
65−69岁	1		1	69	15	54	25	4	21
70−74岁				37	10	27	11		11
75−79岁				9	1	8	2	1	1
80−84岁				3	1	2	3		3
85−89岁				4	1	3	1	1	
90岁及以上									

2-2a　全省各民族分年龄、性别的人口(城市)

单位：人

年龄组	合　计			汉　族		
	合计	男	女	小计	男	女
总　计	**76387659**	**40817255**	**35570404**	**72818684**	**38751391**	**34067293**
0-4岁	4365652	2333951	2031701	4227860	2261676	1966184
5-9岁	4424057	2394380	2029677	4285959	2319015	1966944
10-14岁	3535009	1930558	1604451	3439531	1876771	1562760
15-19岁	3944352	2224885	1719467	3754427	2107198	1647229
20-24岁	6419491	3575182	2844309	6005655	3324520	2681135
25-29岁	8141872	4485031	3656841	7660406	4195622	3464784
30-34岁	9269864	5071621	4198243	8685469	4721330	3964139
35-39岁	7614793	4106133	3508660	7121328	3815962	3305366
40-44岁	6086271	3250003	2836268	5712415	3038675	2673740
45-49岁	6295412	3314638	2980774	5984034	3145010	2839024
50-54岁	5209093	2740843	2468250	5015379	2634762	2380617
55-59岁	3775337	1938767	1836570	3683942	1889559	1794383
60-64岁	2399126	1176107	1223019	2367696	1160530	1207166
65-69岁	2012454	952748	1059706	1993961	944303	1049658
70-74岁	1243897	596099	647798	1236102	592816	643286
75-79岁	713048	331010	382038	709585	329643	379942
80-84岁	518729	231106	287623	516854	230304	286550
85-89岁	289754	117406	172348	288914	117041	171873
90岁及以上	129448	46787	82661	129167	46654	82513

2-2a　续表 1

单位：人

年龄组	蒙古族			回　族			藏　族		
	小计	男	女	小计	男	女	小计	男	女
总　计	**30660**	**16450**	**14210**	**78771**	**43249**	**35522**	**8479**	**4291**	**4188**
0-4岁	2606	1347	1259	4760	2463	2297	224	126	98
5-9岁	2389	1214	1175	4946	2607	2339	281	141	140
10-14岁	1412	728	684	3328	1737	1591	356	205	151
15-19岁	1238	643	595	4445	2696	1749	1047	462	585
20-24岁	2796	1469	1327	8537	5080	3457	1301	678	623
25-29岁	3489	2011	1478	10301	5840	4461	1014	539	475
30-34岁	4509	2503	2006	11724	6528	5196	1063	553	510
35-39岁	4230	2278	1952	8576	4677	3899	924	479	445
40-44岁	2415	1342	1073	6463	3534	2929	799	384	415
45-49岁	1881	1080	801	5318	2922	2396	659	350	309
50-54岁	1253	698	555	3798	2093	1705	424	187	237
55-59岁	923	445	478	2380	1202	1178	219	105	114
60-64岁	725	340	385	1460	679	781	78	41	37
65-69岁	477	216	261	1254	584	670	43	17	26
70-74岁	155	72	83	681	280	401	19	12	7
75-79岁	82	34	48	411	155	256	11	5	6
80-84岁	60	20	40	249	115	134	6	2	4
85-89岁	17	9	8	109	44	65	10	5	5
90岁及以上	3	1	2	31	13	18	1		1

2-2a 续表 2　　单位：人

年龄组	维吾尔族			苗族			彝族		
	小计	男	女	小计	男	女	小计	男	女
总　计	**8759**	**4415**	**4344**	**448256**	**260762**	**187494**	**111355**	**63100**	**48255**
0-4岁	261	133	128	17664	9221	8443	2443	1286	1157
5-9岁	357	188	169	16025	8938	7087	1863	1045	818
10-14岁	189	94	95	10175	5664	4511	1214	645	569
15-19岁	2241	934	1307	29253	17791	11462	11998	7068	4930
20-24岁	2062	1002	1060	61800	37272	24528	24423	14166	10257
25-29岁	997	547	450	63513	38222	25291	19363	11328	8035
30-34岁	829	482	347	72168	42993	29175	17108	9932	7176
35-39岁	596	347	249	55244	32452	22792	11388	6358	5030
40-44岁	374	229	145	43348	24354	18994	9097	4617	4480
45-49岁	305	187	118	39123	21782	17341	7042	3666	3376
50-54岁	197	94	103	24089	13258	10831	3507	1982	1525
55-59岁	140	75	65	10348	5963	4385	1305	726	579
60-64岁	60	36	24	2813	1519	1294	354	182	172
65-69岁	68	31	37	1626	843	783	150	55	95
70-74岁	39	18	21	612	288	324	53	26	27
75-79岁	23	9	14	244	110	134	30	8	22
80-84岁	10	7	3	147	61	86	8	5	3
85-89岁	9	2	7	40	19	21	5	2	3
90岁及以上	2		2	24	12	12	4	3	1

2-2a 续表 3　　单位：人

年龄组	壮族			布依族			朝鲜族		
	小计	男	女	小计	男	女	小计	男	女
总　计	**1541338**	**902660**	**638678**	**182383**	**106580**	**75803**	**28817**	**14776**	**14041**
0-4岁	48466	25699	22767	5066	2721	2345	2209	1110	1099
5-9岁	55728	31038	24690	4201	2339	1862	2604	1347	1257
10-14岁	42627	25006	17621	2612	1519	1093	1852	924	928
15-19岁	67555	43832	23723	12192	7739	4453	955	484	471
20-24岁	149528	93090	56438	30630	18671	11959	954	442	512
25-29岁	193218	118373	74845	30496	18548	11948	1911	921	990
30-34岁	257984	157101	100883	28557	17547	11010	4089	2113	1976
35-39岁	241603	144244	97359	21311	12590	8721	4162	2144	2018
40-44岁	184312	105309	79003	18362	9977	8385	3267	1795	1472
45-49岁	144016	77561	66455	15483	7921	7562	2328	1409	919
50-54岁	89059	48181	40878	8779	4569	4210	1223	731	492
55-59岁	41892	22065	19827	3284	1807	1477	900	418	482
60-64岁	13301	6335	6966	791	375	416	784	315	469
65-69岁	6916	2937	3979	358	152	206	775	307	468
70-74岁	3000	1088	1912	158	64	94	443	172	271
75-79岁	1204	421	783	56	20	36	195	85	110
80-84岁	595	245	350	32	13	19	110	39	71
85-89岁	249	101	148	12	5	7	50	19	31
90岁及以上	85	34	51	3	3		6	1	5

2–2a 续表 4

单位：人

年龄组	满族			侗族			瑶族		
	小计	男	女	小计	男	女	小计	男	女
总 计	**61893**	**31807**	**30086**	**189892**	**115056**	**74836**	**295455**	**170298**	**125157**
0–4岁	6046	3071	2975	7330	3841	3489	12792	6769	6023
5–9岁	5460	2771	2689	7253	4002	3251	12160	6534	5626
10–14岁	3086	1539	1547	4607	2618	1989	7822	4393	3429
15–19岁	1984	1045	939	8598	5665	2933	17472	10440	7032
20–24岁	3970	2079	1891	21619	14087	7532	33921	19704	14217
25–29岁	6348	3399	2949	26445	16906	9539	42235	25036	17199
30–34岁	8470	4435	4035	33918	21267	12651	52395	31518	20877
35–39岁	7632	3915	3717	26070	15948	10122	42010	24773	17237
40–44岁	5139	2721	2418	18645	11036	7609	27616	15837	11779
45–49岁	3504	1927	1577	17680	9936	7744	21313	11687	9626
50–54岁	2602	1373	1229	10540	5927	4613	14084	7649	6435
55–59岁	2425	1077	1348	4685	2591	2094	6911	3644	3267
60–64岁	2279	1067	1212	1278	653	625	2430	1238	1192
65–69岁	1632	770	862	716	341	375	1292	618	674
70–74岁	598	305	293	302	140	162	540	262	278
75–79岁	321	135	186	115	50	65	249	103	146
80–84岁	215	83	132	62	35	27	135	61	74
85–89岁	125	60	65	26	11	15	57	26	31
90岁及以上	57	35	22	3	2	1	21	6	15

2–2a 续表 5

单位：人

年龄组	白族			土家族			哈尼族		
	小计	男	女	小计	男	女	小计	男	女
总 计	**30510**	**17513**	**12997**	**335802**	**191233**	**144569**	**27018**	**16305**	**10713**
0–4岁	1075	549	526	18231	9432	8799	469	229	240
5–9岁	889	477	412	16308	8679	7629	307	163	144
10–14岁	609	321	288	10733	5708	5025	160	93	67
15–19岁	1771	1150	621	14436	8571	5865	2542	1647	895
20–24岁	4383	2603	1780	33665	19948	13717	5734	3720	2014
25–29岁	4475	2579	1896	41491	24050	17441	5118	3213	1905
30–34岁	5626	3324	2302	50025	29102	20923	4860	2918	1942
35–39岁	3498	2024	1474	40246	23323	16923	3183	1833	1350
40–44岁	3025	1654	1371	32222	18242	13980	2292	1225	1067
45–49岁	2598	1407	1191	35579	19901	15678	1478	791	687
50–54岁	1501	864	637	24429	14022	10407	558	297	261
55–59岁	606	324	282	11568	6699	4869	178	83	95
60–64岁	205	123	82	3371	1864	1507	101	73	28
65–69岁	131	58	73	2214	1097	1117	18	11	7
70–74岁	59	26	33	760	365	395	7	4	3
75–79岁	23	11	12	313	130	183	7	2	5
80–84岁	23	11	12	126	58	68	3	2	1
85–89岁	11	7	4	69	33	36	2		2
90岁及以上	2	1	1	16	9	7	1	1	

2–2a 续表 6 单位：人

年龄组	哈萨克族			傣族			黎族		
	小计	男	女	小计	男	女	小计	男	女
总 计	**936**	**411**	**525**	**12921**	**7096**	**5825**	**26440**	**14001**	**12439**
0–4岁	11	5	6	180	94	86	1020	526	494
5–9岁	14	7	7	156	83	73	1061	558	503
10–14岁	4	2	2	88	41	47	741	393	348
15–19岁	332	147	185	883	602	281	1401	911	490
20–24岁	271	109	162	2307	1348	959	4026	2399	1627
25–29岁	137	66	71	2509	1373	1136	5638	3036	2602
30–34岁	66	27	39	2585	1445	1140	4448	2312	2136
35–39岁	51	23	28	1690	882	808	3230	1570	1660
40–44岁	22	14	8	1191	599	592	2004	1005	999
45–49岁	13	2	11	830	400	430	1339	620	719
50–54岁	8	6	2	326	167	159	721	308	413
55–59岁	3	2	1	105	34	71	379	178	201
60–64岁	3	1	2	42	22	20	190	86	104
65–69岁				15	4	11	134	55	79
70–74岁	1		1	10	2	8	63	24	39
75–79岁				2		2	25	11	14
80–84岁							16	8	8
85–89岁							2	1	1
90岁及以上				2		2	2		2

2–2a 续表 7 单位：人

年龄组	傈僳族			佤族			畲族		
	小计	男	女	小计	男	女	小计	男	女
总 计	**5940**	**3271**	**2669**	**9486**	**4982**	**4504**	**23199**	**13012**	**10187**
0–4岁	81	36	45	71	39	32	1991	1056	935
5–9岁	73	36	37	56	27	29	2015	1064	951
10–14岁	32	13	19	39	22	17	1346	731	615
15–19岁	703	427	276	733	399	334	1217	673	544
20–24岁	1516	865	651	2028	1014	1014	1841	977	864
25–29岁	1276	732	544	2079	1088	991	2698	1547	1151
30–34岁	1021	581	440	2008	1084	924	3259	1809	1450
35–39岁	558	274	284	1168	654	514	2615	1420	1195
40–44岁	338	144	194	684	348	336	1906	1143	763
45–49岁	217	99	118	404	201	203	1613	1029	584
50–54岁	85	43	42	148	74	74	1061	629	432
55–59岁	22	12	10	43	20	23	663	391	272
60–64岁	12	6	6	15	9	6	425	234	191
65–69岁	2		2	5	3	2	248	150	98
70–74岁	2	1	1	4		4	127	65	62
75–79岁				1		1	95	53	42
80–84岁	2	2					40	23	17
85–89岁							25	10	15
90岁及以上							14	8	6

2-2a　续表 8

单位：人

年龄组	高山族			拉祜族			水族		
	小计	男	女	小计	男	女	小计	男	女
总　计	**144**	**74**	**70**	**4473**	**2494**	**1979**	**18412**	**11112**	**7300**
0–4岁	12	8	4	48	28	20	596	315	281
5–9岁	8	3	5	26	11	15	465	259	206
10–14岁	8	4	4	19	8	11	242	135	107
15–19岁	7	3	4	430	289	141	1443	888	555
20–24岁	16	10	6	1002	614	388	3422	2067	1355
25–29岁	11	5	6	910	519	391	3306	2068	1238
30–34岁	16	7	9	847	482	365	3092	2000	1092
35–39岁	17	9	8	533	267	266	2069	1290	779
40–44岁	10	6	4	347	155	192	1522	878	644
45–49岁	13	7	6	181	75	106	1153	600	553
50–54岁	10	5	5	83	30	53	718	396	322
55–59岁	7	2	5	27	7	20	273	155	118
60–64岁	3	1	2	16	7	9	58	37	21
65–69岁	4	3	1	2		2	41	19	22
70–74岁	1	1		2	2		7	3	4
75–79岁							2	1	1
80–84岁	1		1				2	1	1
85–89岁							1		1
90岁及以上									

2-2a　续表 9

单位：人

年龄组	东乡族			纳西族			景颇族		
	小计	男	女	小计	男	女	小计	男	女
总　计	**4013**	**2580**	**1433**	**836**	**418**	**418**	**2199**	**1104**	**1095**
0–4岁	101	55	46	60	33	27	17	10	7
5–9岁	106	62	44	38	19	19	20	9	11
10–14岁	50	25	25	26	12	14	12	8	4
15–19岁	461	330	131	52	27	25	172	108	64
20–24岁	897	592	305	149	83	66	411	252	159
25–29岁	851	537	314	136	74	62	380	196	184
30–34岁	621	393	228	125	61	64	438	204	234
35–39岁	336	219	117	72	29	43	323	161	162
40–44岁	240	130	110	64	27	37	229	89	140
45–49岁	221	141	80	54	29	25	134	52	82
50–54岁	90	68	22	25	8	17	49	14	35
55–59岁	19	16	3	21	11	10	7	1	6
60–64岁	11	8	3	3	1	2	5		5
65–69岁	5	1	4	7	2	5			
70–74岁	2	2		1	1		1		1
75–79岁	1	1		1		1	1		1
80–84岁	1		1	2	1	1			
85–89岁									
90岁及以上									

2-2a 续表 10

单位：人

年龄组	柯尔克孜族			土族			达斡尔族		
	小计	男	女	小计	男	女	小计	男	女
总计	**211**	**87**	**124**	**4444**	**2520**	**1924**	**961**	**455**	**506**
0-4岁	1		1	168	95	73	100	54	46
5-9岁	5	1	4	190	97	93	88	42	46
10-14岁	1	1		110	63	47	45	20	25
15-19岁	66	19	47	221	137	84	28	12	16
20-24岁	43	15	28	525	299	226	95	46	49
25-29岁	29	16	13	548	318	230	101	49	52
30-34岁	20	8	12	620	371	249	157	71	86
35-39岁	20	11	9	524	299	225	122	57	65
40-44岁	7	4	3	452	241	211	58	33	25
45-49岁	12	9	3	475	261	214	49	24	25
50-54岁	4	2	2	345	197	148	39	14	25
55-59岁				173	98	75	29	11	18
60-64岁	2	1	1	47	26	21	23	11	12
65-69岁				22	10	12	14	6	8
70-74岁				14	4	10	5	1	4
75-79岁				5	3	2	3	1	2
80-84岁	1		1	5	1	4	3	1	2
85-89岁							2	2	
90岁及以上									

2-2a 续表 11

单位：人

年龄组	仫佬族			羌族			布朗族		
	小计	男	女	小计	男	女	小计	男	女
总计	**22815**	**13080**	**9735**	**1384**	**725**	**659**	**1380**	**737**	**643**
0-4岁	965	511	454	107	47	60	22	15	7
5-9岁	973	516	457	100	45	55	17	6	11
10-14岁	651	383	268	51	27	24	10	5	5
15-19岁	887	595	292	49	18	31	130	82	48
20-24岁	2208	1357	851	132	72	60	306	164	142
25-29岁	2946	1725	1221	197	104	93	292	164	128
30-34岁	4086	2416	1670	233	132	101	261	147	114
35-39岁	3594	2033	1561	149	82	67	141	61	80
40-44岁	2321	1318	1003	146	82	64	96	44	52
45-49岁	1921	1052	869	111	64	47	62	29	33
50-54岁	1331	720	611	48	25	23	28	11	17
55-59岁	614	314	300	21	9	12	10	7	3
60-64岁	183	87	96	16	6	10	3	1	2
65-69岁	83	33	50	18	10	8	1	1	
70-74岁	30	10	20	3	1	2			
75-79岁	8	4	4	2	1	1	1		1
80-84岁	7	2	5	1		1			
85-89岁	6	3	3						
90岁及以上	1	1							

2-2a　续表 12　　　　单位：人

年龄组	撒拉族			毛南族			仡佬族		
	小计	男	女	小计	男	女	小计	男	女
总　计	**2179**	**1226**	**953**	**10545**	**6351**	**4194**	**21272**	**12976**	**8296**
0–4岁	162	76	86	389	213	176	894	456	438
5–9岁	173	101	72	346	201	145	814	439	375
10–14岁	141	82	59	213	142	71	512	291	221
15–19岁	163	96	67	389	273	116	1160	714	446
20–24岁	222	107	115	1094	693	401	3053	1900	1153
25–29岁	354	201	153	1377	840	537	2932	1848	1084
30–34岁	386	212	174	1690	1081	609	2920	1835	1085
35–39岁	248	152	96	1606	1008	598	2238	1415	823
40–44岁	141	87	54	1299	751	548	2248	1375	873
45–49岁	86	49	37	1020	556	464	2276	1354	922
50–54岁	61	38	23	683	373	310	1334	789	545
55–59岁	33	21	12	305	160	145	606	392	214
60–64岁	2	1	1	78	37	41	127	84	43
65–69岁	1		1	34	16	18	99	56	43
70–74岁	2	1	1	18	6	12	38	18	20
75–79岁	3	2	1	2		2	13	5	8
80–84岁				2	1	1	3	3	
85–89岁	1		1				3		3
90岁及以上							2	2	

2-2a　续表 13　　　　单位：人

年龄组	锡伯族			阿昌族			普米族		
	小计	男	女	小计	男	女	小计	男	女
总　计	**1516**	**755**	**761**	**899**	**475**	**424**	**372**	**236**	**136**
0–4岁	125	67	58	8	3	5	6	4	2
5–9岁	140	67	73	3	2	1	6	1	5
10–14岁	100	59	41	5	3	2	5	3	2
15–19岁	63	28	35	66	41	25	44	29	15
20–24岁	105	49	56	173	93	80	64	44	20
25–29岁	148	71	77	164	88	76	71	50	21
30–34岁	200	101	99	172	93	79	71	47	24
35–39岁	163	75	88	117	64	53	50	30	20
40–44岁	134	64	70	90	42	48	21	8	13
45–49岁	93	55	38	65	27	38	24	14	10
50–54岁	67	32	35	28	13	15	3	2	1
55–59岁	65	33	32	5	3	2	6	4	2
60–64岁	47	23	24	1	1				
65–69岁	39	18	21	1	1				
70–74岁	13	7	6				1		1
75–79岁	4	3	1	1	1				
80–84岁	5		5						
85–89岁	4	2	2						
90岁及以上	1	1							

2-2a 续表 14 单位：人

年龄组	塔吉克族			怒 族			乌孜别克族		
	小计	男	女	小计	男	女	小计	男	女
总 计	**24**	**11**	**13**	**349**	**198**	**151**	**34**	**18**	**16**
0-4岁				5	4	1	2	1	1
5-9岁	2		2	4	2	2	2	1	1
10-14岁				3		3	3	2	1
15-19岁	5	2	3	55	32	23	2	1	1
20-24岁	9	8	1	89	57	32	5	4	1
25-29岁	1		1	66	39	27	5	2	3
30-34岁				59	36	23	4	3	1
35-39岁	3	1	2	26	13	13	1	1	
40-44岁	1		1	23	8	15	5	2	3
45-49岁	1		1	13	5	8	3		3
50-54岁				5	1	4			
55-59岁	2		2				1	1	
60-64岁				1	1				
65-69岁									
70-74岁							1		1
75-79岁									
80-84岁									
85-89岁									
90岁及以上									

2-2a 续表 15 单位：人

年龄组	俄罗斯族			鄂温克族			德 昂 族		
	小计	男	女	小计	男	女	小计	男	女
总 计	**259**	**109**	**150**	**200**	**97**	**103**	**355**	**173**	**182**
0-4岁	21	14	7	19	10	9	5	1	4
5-9岁	20	8	12	13	8	5	7	6	1
10-14岁	16	7	9	8	2	6	1		1
15-19岁	13	2	11	7	5	2	31	14	17
20-24岁	35	14	21	17	5	12	82	40	42
25-29岁	33	14	19	34	24	10	63	31	32
30-34岁	20	12	8	37	16	21	70	36	34
35-39岁	23	9	14	28	15	13	49	26	23
40-44岁	26	10	16	8	3	5	23	11	12
45-49岁	14	5	9	13	2	11	12	4	8
50-54岁	11	4	7	9	6	3	9	3	6
55-59岁	6	2	4	4		4	1		1
60-64岁	7	3	4	2		2	2	1	1
65-69岁	6	3	3	1	1				
70-74岁	2		2						
75-79岁	4		4						
80-84岁	1	1							
85-89岁	1	1							
90岁及以上									

2-2a　续表 16　　　　单位：人

年龄组	保安族			裕固族			京　族		
	小计	男	女	小计	男	女	小计	男	女
总　计	**158**	**96**	**62**	**68**	**36**	**32**	**378**	**187**	**191**
0–4岁	3	1	2	5	5		32	17	15
5–9岁	8	2	6	3	2	1	37	22	15
10–14岁	2	1	1	5	3	2	20	10	10
15–19岁	10	7	3	2	1	1	22	12	10
20–24岁	35	21	14	7	2	5	31	17	14
25–29岁	36	25	11	17	9	8	54	30	24
30–34岁	22	13	9	8	4	4	43	21	22
35–39岁	14	11	3	9	6	3	52	29	23
40–44岁	12	7	5	1	1		24	11	13
45–49岁	6	2	4	5	1	4	23	6	17
50–54岁	5	2	3	3		3	10	3	7
55–59岁	1		1	2	1	1	7	3	4
60–64岁	3	3					6	2	4
65–69岁	1	1					8		8
70–74岁				1	1		7	3	4
75–79岁							2	1	1
80–84岁									
85–89岁									
90岁及以上									

2-2a　续表 17　　　　单位：人

年龄组	塔塔尔族			独龙族			鄂伦春族		
	小计	男	女	小计	男	女	小计	男	女
总　计	**13**	**9**	**4**	**65**	**33**	**32**	**53**	**28**	**25**
0–4岁	1	1		1	1		7	1	6
5–9岁	1	1					5	1	4
10–14岁				1		1	2	2	
15–19岁				9	4	5			
20–24岁	1	1		12	3	9	7	5	2
25–29岁	2	1	1	12	7	5	4	2	2
30–34岁	3	1	2	9	7	2	8	4	4
35–39岁				9	5	4	7	6	1
40–44岁	2	2		2	1	1	5	4	1
45–49岁				4	2	2	2		2
50–54岁	1	1		2	2				
55–59岁	1	1		1		1	3	1	2
60–64岁	1		1				1	1	
65–69岁							1		1
70–74岁				1		1	1	1	
75–79岁									
80–84岁				1		1			
85–89岁				1	1				
90岁及以上									

2–2a　续表 18　　单位：人

年龄组	赫哲族			门巴族			珞巴族		
	小计	男	女	小计	男	女	小计	男	女
总　计	**102**	**41**	**61**	**17**	**8**	**9**	**10**	**5**	**5**
0–4岁	6	2	4	1	1				
5–9岁	14	7	7						
10–14岁	4	1	3	2		2			
15–19岁				3	3		3	1	2
20–24岁	9	7	2	3		3	1		1
25–29岁	17	6	11	3	1	2			
30–34岁	18	5	13	2	2		1	1	
35–39岁	12	7	5	1	1				
40–44岁	8	1	7				2		2
45–49岁	4	1	3				2	2	
50–54岁	5	1	4						
55–59岁	1	1		1		1			
60–64岁	2	1	1						
65–69岁	2	1	1	1		1	1	1	
70–74岁									
75–79岁									
80–84岁									
85–89岁									
90岁及以上									

2–2a　续表 19　　单位：人

年龄组	基诺族			未定族称人口			入　籍		
	小计	男	女	小计	男	女	小计	男	女
总　计	**81**	**36**	**45**	**9928**	**5842**	**4086**	**516**	**264**	**252**
0–4岁	1	1		861	448	413	45	24	21
5–9岁	2	1	1	285	157	128	31	8	23
10–14岁	1		1	157	82	75	20	10	10
15–19岁	9	3	6	886	558	328	41	27	14
20–24岁	10	3	7	2176	1247	929	78	48	30
25–29岁	16	12	4	1529	940	589	70	39	31
30–34岁	13	8	5	1349	850	499	62	37	25
35–39岁	10	2	8	872	545	327	42	24	18
40–44岁	3		3	723	407	316	42	17	25
45–49岁	8	2	6	562	312	250	33	8	25
50–54岁	4		4	289	157	132	23	12	11
55–59岁	3	3		153	90	63	8		8
60–64岁	1	1		50	29	21	12	5	7
65–69岁				20	10	10	7	3	4
70–74岁				11	7	4			
75–79岁				2	1	1	1	1	
80–84岁				1	1				
85–89岁				2	1	1	1	1	
90岁及以上									

2-2b 全省各民族分年龄、性别的人口(镇)

单位：人

年龄组	合计			汉族		
	合计	男	女	小计	男	女
总　计	**17048413**	**8892530**	**8155883**	**16586885**	**8629402**	**7957483**
0-4岁	1201688	642883	558805	1178515	630562	547953
5-9岁	1406547	752599	653948	1379274	737640	641634
10-14岁	1230117	658504	571613	1209378	646912	562466
15-19岁	960089	524051	436038	935951	509521	426430
20-24岁	1020023	569221	450802	981976	545637	436339
25-29岁	1293038	693632	599406	1249014	666862	582152
30-34岁	1460918	761631	699287	1403527	727970	675557
35-39岁	1347938	698376	649562	1289311	664662	624649
40-44岁	1143091	591569	551522	1090925	562463	528462
45-49岁	1299379	662825	636554	1249972	635711	614261
50-54岁	1262669	646711	615958	1228341	627723	600618
55-59岁	1031744	528256	503488	1014478	518564	495914
60-64岁	722885	364557	358328	716638	361354	355284
65-69岁	632342	310127	322215	628126	308152	319974
70-74岁	407803	205690	202113	405694	204699	200995
75-79岁	264633	128993	135640	263501	128549	134952
80-84岁	192639	87209	105430	191878	86902	104976
85-89岁	114245	45358	68887	113918	45226	68692
90岁及以上	56625	20338	36287	56468	20293	36175

2-2b 续表 1

单位：人

年龄组	蒙古族			回族			藏族		
	小计	男	女	小计	男	女	小计	男	女
总　计	**1890**	**1050**	**840**	**4729**	**2786**	**1943**	**885**	**442**	**443**
0-4岁	124	67	57	269	153	116	42	22	20
5-9岁	144	69	75	256	146	110	36	23	13
10-14岁	70	40	30	216	112	104	27	13	14
15-19岁	81	48	33	316	215	101	110	65	45
20-24岁	225	110	115	470	280	190	89	58	31
25-29岁	156	96	60	569	331	238	80	42	38
30-34岁	260	147	113	661	408	253	102	54	48
35-39岁	262	152	110	509	300	209	114	54	60
40-44岁	154	86	68	428	257	171	86	36	50
45-49岁	161	105	56	412	234	178	94	35	59
50-54岁	83	51	32	298	178	120	49	22	27
55-59岁	70	33	37	136	75	61	25	7	18
60-64岁	57	28	29	65	39	26	11	3	8
65-69岁	27	11	16	64	31	33	11	5	6
70-74岁	7	3	4	27	13	14	3	2	1
75-79岁	3	2	1	20	8	12	3		3
80-84岁	4	1	3	4	1	3			
85-89岁	2	1	1	7	3	4	2	1	1
90岁及以上				2	2		1		1

2-2b 续表 2

单位：人

年龄组	维吾尔族			苗 族			彝 族		
	小计	男	女	小计	男	女	小计	男	女
总 计	**755**	**408**	**347**	**61194**	**35962**	**25232**	**11551**	**6660**	**4891**
0-4岁	30	14	16	2956	1562	1394	294	143	151
5-9岁	45	23	22	2792	1516	1276	292	157	135
10-14岁	19	11	8	1969	1056	913	226	135	91
15-19岁	60	36	24	3569	2208	1361	1024	607	417
20-24岁	208	82	126	6599	4206	2393	2062	1249	813
25-29岁	98	61	37	6958	4266	2692	1752	1091	661
30-34岁	89	54	35	8144	4918	3226	1642	951	691
35-39岁	66	46	20	7586	4414	3172	1294	735	559
40-44岁	48	36	12	7021	3961	3060	1182	614	568
45-49岁	29	16	13	6711	3835	2876	1034	562	472
50-54岁	25	12	13	4400	2511	1889	501	284	217
55-59岁	16	7	9	1743	1113	630	179	105	74
60-64岁	6	5	1	381	224	157	30	16	14
65-69岁	6	2	4	195	87	108	21	6	15
70-74岁	5		5	98	50	48	10	3	7
75-79岁	3	2	1	33	16	17	4	1	3
80-84岁	1	1		27	14	13	2		2
85-89岁				7	3	4	1		1
90岁及以上	1		1	5	2	3	1	1	

2-2b 续表 3

单位：人

年龄组	壮 族			布 依 族			朝 鲜 族		
	小计	男	女	小计	男	女	小计	男	女
总 计	**186772**	**106449**	**80323**	**18662**	**10780**	**7882**	**1374**	**728**	**646**
0-4岁	7985	4270	3715	688	359	329	139	84	55
5-9岁	10531	5793	4738	688	374	314	139	65	74
10-14岁	8279	4710	3569	447	272	175	77	39	38
15-19岁	8150	5072	3078	1003	645	358	32	19	13
20-24岁	13017	8273	4744	2107	1326	781	30	18	12
25-29岁	16188	9971	6217	2292	1426	866	59	39	20
30-34岁	23956	14152	9804	2384	1450	934	180	83	97
35-39岁	26674	15327	11347	2362	1400	962	255	132	123
40-44岁	23304	12939	10365	2286	1258	1028	127	85	42
45-49岁	20834	11205	9629	2215	1126	1089	81	47	34
50-54岁	14596	7994	6602	1452	726	726	45	24	21
55-59岁	7338	3985	3353	547	316	231	46	25	21
60-64岁	2630	1317	1313	108	55	53	76	28	48
65-69岁	1615	724	891	44	27	17	45	20	25
70-74岁	762	356	406	20	10	10	23	11	12
75-79岁	454	184	270	13	6	7	13	6	7
80-84岁	284	110	174	5	3	2	6	3	3
85-89岁	117	50	67						
90岁及以上	58	17	41	1	1		1		1

2-2b 续表 4

单位：人

年龄组	满族			侗族			瑶族		
	小计	男	女	小计	男	女	小计	男	女
总 计	**2869**	**1595**	**1274**	**19586**	**11889**	**7697**	**79568**	**42568**	**37000**
0–4岁	280	141	139	795	420	375	5949	3130	2819
5–9岁	218	107	111	986	549	437	7508	4175	3333
10–14岁	98	51	47	666	371	295	5901	3286	2615
15–19岁	99	65	34	761	490	271	5341	2851	2490
20–24岁	185	98	87	1620	1067	553	4863	2745	2118
25–29岁	278	167	111	2122	1379	743	6165	3378	2787
30–34岁	428	234	194	2692	1685	1007	7953	4249	3704
35–39岁	330	185	145	2552	1549	1003	8099	4357	3742
40–44岁	220	127	93	2312	1393	919	7331	3934	3397
45–49岁	196	105	91	2540	1479	1061	6436	3524	2912
50–54岁	159	101	58	1584	942	642	5070	2699	2371
55–59岁	149	87	62	658	405	253	3593	1845	1748
60–64岁	108	59	49	159	98	61	1897	901	996
65–69岁	57	28	29	83	38	45	1571	735	836
70–74岁	36	23	13	29	13	16	862	387	475
75–79岁	12	6	6	11	4	7	470	172	298
80–84岁	8	5	3	9	4	5	338	130	208
85–89岁	5	4	1	3	1	2	157	56	101
90岁及以上	3	2	1	4	2	2	64	14	50

2-2b 续表 5

单位：人

年龄组	白族			土家族			哈尼族		
	小计	男	女	小计	男	女	小计	男	女
总 计	**2628**	**1560**	**1068**	**43617**	**25970**	**17647**	**3608**	**2131**	**1477**
0–4岁	97	52	45	2214	1245	969	77	33	44
5–9岁	110	46	64	2249	1218	1031	77	45	32
10–14岁	88	44	44	1695	944	751	46	29	17
15–19岁	145	89	56	1827	1128	699	282	201	81
20–24岁	285	207	78	3578	2255	1323	530	336	194
25–29岁	286	176	110	4113	2567	1546	482	323	159
30–34岁	360	211	149	5180	3134	2046	501	319	182
35–39岁	346	205	141	5138	3141	1997	424	233	191
40–44岁	287	169	118	4717	2768	1949	469	245	224
45–49岁	311	182	129	5925	3372	2553	428	208	220
50–54岁	181	96	85	4296	2520	1776	208	105	103
55–59岁	76	49	27	1873	1202	671	65	46	19
60–64岁	25	14	11	395	272	123	15	6	9
65–69岁	14	8	6	244	129	115	1	1	
70–74岁	11	9	2	107	48	59	3	1	2
75–79岁	4	1	3	32	14	18			
80–84岁				26	12	14			
85–89岁	1	1		4	1	3			
90岁及以上	1	1		4		4			

2-2b 续表 6 单位：人

年龄组	哈萨克族			傣族			黎族		
	小计	男	女	小计	男	女	小计	男	女
总 计	**50**	**36**	**14**	**1193**	**655**	**538**	**2541**	**1225**	**1316**
0-4岁				18	9	9	119	65	54
5-9岁				19	10	9	152	76	76
10-14岁				13	6	7	98	47	51
15-19岁	2	1	1	54	35	19	197	118	79
20-24岁	15	9	6	162	100	62	274	161	113
25-29岁	8	6	2	184	102	82	305	161	144
30-34岁	8	6	2	237	137	100	368	171	197
35-39岁	5	5		177	101	76	324	147	177
40-44岁	7	5	2	117	51	66	244	116	128
45-49岁	2	1	1	123	62	61	194	77	117
50-54岁	2	2		64	30	34	120	41	79
55-59岁	1	1		17	9	8	79	21	58
60-64岁				5	2	3	24	6	18
65-69岁				1	1		14	4	10
70-74岁				1		1	13	6	7
75-79岁							5		5
80-84岁				1		1	7	5	2
85-89岁							3	2	1
90岁及以上							1	1	

2-2b 续表 7 单位：人

年龄组	傈僳族			佤族			畲族		
	小计	男	女	小计	男	女	小计	男	女
总 计	**569**	**342**	**227**	**931**	**509**	**422**	**5151**	**2765**	**2386**
0-4岁	9	6	3	9	4	5	498	248	250
5-9岁	8	6	2	6	2	4	541	301	240
10-14岁	2	1	1	3	3		442	227	215
15-19岁	60	42	18	77	32	45	372	194	178
20-24岁	134	83	51	165	80	85	304	169	135
25-29岁	108	64	44	175	103	72	354	198	156
30-34岁	83	49	34	184	99	85	449	239	210
35-39岁	62	41	21	139	84	55	408	210	198
40-44岁	50	21	29	86	52	34	343	176	167
45-49岁	27	13	14	55	30	25	394	222	172
50-54岁	15	11	4	25	16	9	347	187	160
55-59岁	7	4	3	6	3	3	269	144	125
60-64岁				1	1		142	76	66
65-69岁	2		2				135	89	46
70-74岁							64	43	21
75-79岁	1		1				37	18	19
80-84岁	1	1					31	14	17
85-89岁							14	8	6
90岁及以上							7	2	5

2-2b 续表 8

单位：人

年龄组	高山族			拉祜族			水族		
	小计	男	女	小计	男	女	小计	男	女
总 计	**27**	**14**	**13**	**349**	**163**	**186**	**1730**	**1018**	**712**
0–4岁	4	2	2	1	1		76	37	39
5–9岁	2	2		4	2	2	80	41	39
10–14岁	1	1					64	33	31
15–19岁	1		1	39	27	12	85	49	36
20–24岁	2	1	1	49	25	24	202	112	90
25–29岁	4	2	2	57	28	29	213	141	72
30–34岁	2	2		48	25	23	231	143	88
35–39岁	1	1		54	23	31	251	151	100
40–44岁	4		4	40	17	23	216	134	82
45–49岁				28	9	19	163	94	69
50–54岁	1		1	18	6	12	97	53	44
55–59岁	2	1	1	6		6	36	22	14
60–64岁	2	1	1	3		3	10	6	4
65–69岁	1	1		1		1	4	1	3
70–74岁				1		1	1	1	
75–79岁									
80–84岁									
85–89岁									
90岁及以上							1		1

2-2b 续表 9

单位：人

年龄组	东乡族			纳西族			景颇族		
	小计	男	女	小计	男	女	小计	男	女
总 计	**276**	**195**	**81**	**51**	**30**	**21**	**288**	**165**	**123**
0–4岁	6	5	1	3	1	2	8	6	2
5–9岁	9	5	4	1		1	5	2	3
10–14岁	5	3	2	3	3		4	3	1
15–19岁	42	36	6	2	1	1	30	17	13
20–24岁	37	26	11	11	7	4	37	23	14
25–29岁	48	33	15	7	5	2	49	32	17
30–34岁	34	19	15	8	4	4	56	31	25
35–39岁	28	22	6	3	2	1	36	22	14
40–44岁	26	19	7	7	3	4	37	18	19
45–49岁	27	16	11	4	2	2	15	7	8
50–54岁	9	7	2	2	2		7	3	4
55–59岁	3	2	1				2	1	1
60–64岁	2	2					2		2
65–69岁									
70–74岁									
75–79岁									
80–84岁									
85–89岁									
90岁及以上									

2－2b　续表 10

单位：人

年龄组	柯尔克孜族			土　　族			达斡尔族		
	小计	男	女	小计	男	女	小计	男	女
总　计	**217**	**124**	**93**	**612**	**335**	**277**	**55**	**24**	**31**
0－4岁	1		1	26	11	15	6	2	4
5－9岁	2	2		26	15	11	10	4	6
10－14岁				22	11	11	2	1	1
15－19岁	9	7	2	22	11	11	1		1
20－24岁	40	23	17	38	23	15	2	1	1
25－29岁	35	20	15	52	34	18	4	4	
30－34岁	53	29	24	80	47	33	7	4	3
35－39岁	34	20	14	66	35	31	15	6	9
40－44岁	26	14	12	68	34	34			
45－49岁	10	6	4	89	50	39			
50－54岁	7	3	4	71	38	33			
55－59岁				26	13	13	3		3
60－64岁				11	6	5	2	1	1
65－69岁				7	4	3	1		1
70－74岁				3	1	2			
75－79岁				4	2	2	2	1	1
80－84岁				1		1			
85－89岁									
90岁及以上									

2－2b　续表 11

单位：人

年龄组	仫 佬 族			羌　　族			布 朗 族		
	小计	男	女	小计	男	女	小计	男	女
总　计	**2324**	**1344**	**980**	**126**	**77**	**49**	**144**	**78**	**66**
0－4岁	106	59	47	5	4	1	2	2	
5－9岁	138	74	64	9	7	2	3	2	1
10－14岁	85	54	31	5	2	3	2	1	1
15－19岁	86	57	29	4	1	3	11	5	6
20－24岁	140	93	47	7	2	5	31	16	15
25－29岁	207	121	86	20	14	6	26	13	13
30－34岁	339	196	143	20	12	8	15	8	7
35－39岁	367	217	150	18	8	10	12	8	4
40－44岁	269	158	111	16	13	3	16	8	8
45－49岁	249	137	112	9	4	5	13	8	5
50－54岁	205	112	93	7	5	2	7	3	4
55－59岁	88	48	40	3	3		3	2	1
60－64岁	24	13	11	1	1		1	1	
65－69岁	14	3	11	1	1		1		1
70－74岁	2	2		1		1			
75－79岁	3		3						
80－84岁									
85－89岁	2		2				1	1	
90岁及以上									

2-2b　续表 12　　单位：人

年龄组	撒拉族			毛南族			仡佬族		
	小计	男	女	小计	男	女	小计	男	女
总　计	**76**	**49**	**27**	**1012**	**633**	**379**	**2743**	**1658**	**1085**
0-4岁	4	4		28	15	13	132	65	67
5-9岁	6	4	2	38	27	11	100	47	53
10-14岁	6	3	3	20	9	11	111	59	52
15-19岁	8	7	1	28	21	7	123	77	46
20-24岁	10	4	6	68	42	26	256	162	94
25-29岁	12	7	5	101	75	26	299	192	107
30-34岁	13	7	6	141	91	50	321	201	120
35-39岁	7	6	1	178	114	64	288	187	101
40-44岁	7	6	1	138	86	52	366	211	155
45-49岁	3	1	2	125	65	60	364	227	137
50-54岁				76	49	27	233	127	106
55-59岁				53	28	25	105	75	30
60-64岁				12	7	5	13	9	4
65-69岁				5	3	2	15	10	5
70-74岁							9	6	3
75-79岁							4	1	3
80-84岁				1	1		3	2	1
85-89岁									
90岁及以上							1		1

2-2b　续表 13　　单位：人

年龄组	锡伯族			阿昌族			普米族		
	小计	男	女	小计	男	女	小计	男	女
总　计	**62**	**38**	**24**	**51**	**29**	**22**	**24**	**16**	**8**
0-4岁	4	4							
5-9岁	6	2	4						
10-14岁	1	1							
15-19岁	2	2		6	4	2	3	2	1
20-24岁	5	4	1	2	2		10	7	3
25-29岁	8	5	3	10	2	8	5	4	1
30-34岁	11	4	7	11	7	4	2	1	1
35-39岁	6	2	4	7	4	3	1		1
40-44岁	5	5		5	4	1	2	1	1
45-49岁	4	2	2	5	4	1			
50-54岁	4	3	1	3	2	1	1	1	
55-59岁	1		1						
60-64岁	1	1		1		1			
65-69岁	2	2							
70-74岁	1	1		1		1			
75-79岁									
80-84岁	1		1						
85-89岁									
90岁及以上									

2-2b 续表 14 单位：人

年龄组	塔吉克族			怒族			乌孜别克族		
	小计	男	女	小计	男	女	小计	男	女
总计	**76**	**53**	**23**	**34**	**23**	**11**	**5**	**3**	**2**
0-4岁									
5-9岁									
10-14岁									
15-19岁	2	2		4	2	2			
20-24岁	18	13	5	14	11	3	3	1	2
25-29岁	13	11	2	4	3	1	1	1	
30-34岁	12	10	2	4	2	2			
35-39岁	11	6	5	8	5	3			
40-44岁	11	4	7						
45-49岁	5	4	1				1	1	
50-54岁	3	2	1						
55-59岁	1	1							
60-64岁									
65-69岁									
70-74岁									
75-79岁									
80-84岁									
85-89岁									
90岁及以上									

2-2b 续表 15 单位：人

年龄组	俄罗斯族			鄂温克族			德昂族		
	小计	男	女	小计	男	女	小计	男	女
总计	**11**	**5**	**6**	**9**	**5**	**4**	**28**	**14**	**14**
0-4岁	1		1				1		1
5-9岁	1	1							
10-14岁									
15-19岁							4	3	1
20-24岁	1		1	4	3	1	4	3	1
25-29岁				1	1		5	2	3
30-34岁	1	1					2	1	1
35-39岁	3	2	1	1		1	4	1	3
40-44岁	1		1				2	1	1
45-49岁	1		1	2	1	1	3	1	2
50-54岁							1	1	
55-59岁							2	1	1
60-64岁									
65-69岁	1		1	1		1			
70-74岁	1	1							
75-79岁									
80-84岁									
85-89岁									
90岁及以上									

2-2b　续表 16　　　　单位：人

年龄组	保安族			裕固族			京族		
	小计	男	女	小计	男	女	小计	男	女
总　计	**12**	**6**	**6**	**2**	**1**	**1**	**40**	**12**	**28**
0−4岁							3	1	2
5−9岁							3	1	2
10−14岁							1	1	
15−19岁							1		1
20−24岁	1		1				2	2	
25−29岁	3	3					5	3	2
30−34岁				1		1	4	3	1
35−39岁	4	1	3	1	1		2		2
40−44岁	1		1				2		2
45−49岁	2	2					3		3
50−54岁	1		1				1		1
55−59岁							3	1	2
60−64岁							1		1
65−69岁							2		2
70−74岁							6		6
75−79岁									
80−84岁									
85−89岁									
90岁及以上							1		1

2-2b　续表 17　　　　单位：人

年龄组	塔塔尔族			独龙族			鄂伦春族		
	小计	男	女	小计	男	女	小计	男	女
总　计				**2**	**2**		**3**	**2**	**1**
0−4岁									
5−9岁							1		1
10−14岁									
15−19岁									
20−24岁									
25−29岁				1	1				
30−34岁							1	1	
35−39岁									
40−44岁				1	1				
45−49岁									
50−54岁							1	1	
55−59岁									
60−64岁									
65−69岁									
70−74岁									
75−79岁									
80−84岁									
85−89岁									
90岁及以上									

2-2b 续表 18 单位：人

年龄组	赫哲族			门巴族			珞巴族		
	小计	男	女	小计	男	女	小计	男	女
总　计	**9**	**5**	**4**	**2**	**1**	**1**	**1**	**1**	
0-4岁									
5-9岁	1	1							
10-14岁									
15-19岁				1	1		1	1	
20-24岁	1	1							
25-29岁	1	1							
30-34岁	1		1						
35-39岁	4	2	2						
40-44岁									
45-49岁									
50-54岁	1		1	1		1			
55-59岁									
60-64岁									
65-69岁									
70-74岁									
75-79岁									
80-84岁									
85-89岁									
90岁及以上									

2-2b 续表 19 单位：人

年龄组	基诺族			未定族称人口			入　籍		
	小计	男	女	小计	男	女	小计	男	女
总　计	**8**	**2**	**6**	**908**	**473**	**435**	**88**	**20**	**68**
0-4岁	2	1	1	158	73	85	4	1	3
5-9岁				30	19	11	1		1
10-14岁				23	8	15	2	2	
15-19岁	1	1		55	32	23	5	3	2
20-24岁	1		1	122	64	58	7	1	6
25-29岁				97	63	34	4	2	2
30-34岁	1		1	104	58	46	7	4	3
35-39岁				83	47	36	8	3	5
40-44岁				75	40	35	6		6
45-49岁	2		2	65	33	32	13		13
50-54岁	1		1	35	17	18	15	1	14
55-59岁				30	12	18	6		6
60-64岁				21	3	18	5	2	3
65-69岁				6	3	3	4	1	3
70-74岁				2	1	1			
75-79岁				1		1			
80-84岁							1		1
85-89岁				1		1			
90岁及以上									

2-2c　全省各民族分年龄、性别的人口(乡村)

单位：人

年龄组	合　计			汉　族		
	合计	男	女	小计	男	女
总　计	**32576438**	**17163861**	**15412577**	**31854803**	**16756042**	**15098761**
0-4岁	2425255	1290047	1135208	2392196	1272345	1119851
5-9岁	2731756	1450485	1281271	2691625	1428269	1263356
10-14岁	2429801	1295209	1134592	2398349	1277647	1120702
15-19岁	1430794	807671	623123	1399309	787807	611502
20-24岁	1960048	1116085	843963	1905284	1081552	823732
25-29岁	2466995	1370543	1096452	2402301	1330383	1071918
30-34岁	2452836	1340650	1112186	2372297	1292156	1080141
35-39岁	2116488	1145666	970822	2036178	1098832	937346
40-44岁	1793696	943836	849860	1715600	900687	814913
45-49岁	2225415	1119301	1106114	2141023	1075414	1065609
50-54岁	2494825	1266370	1228455	2426959	1231023	1195936
55-59岁	2181091	1138382	1042709	2143203	1117721	1025482
60-64岁	1630055	852657	777398	1615188	845004	770184
65-69岁	1500049	765477	734572	1490341	760900	729441
70-74岁	1001740	511405	490335	996587	509100	487487
75-79岁	710747	343475	367272	707361	342030	365331
80-84岁	526900	232025	294875	524662	231151	293511
85-89岁	331564	122957	208607	330409	122535	207874
90岁及以上	166383	51620	114763	165931	51486	114445

2-2c　续表 1

单位：人

年龄组	蒙古族			回　族			藏　族		
	小计	男	女	小计	男	女	小计	男	女
总　计	**1769**	**1078**	**691**	**4846**	**2818**	**2028**	**1983**	**756**	**1227**
0-4岁	86	45	41	165	78	87	37	20	17
5-9岁	77	40	37	165	98	67	53	33	20
10-14岁	64	23	41	114	62	52	59	30	29
15-19岁	100	66	34	330	209	121	100	68	32
20-24岁	185	123	62	610	391	219	144	76	68
25-29岁	193	115	78	624	366	258	139	74	65
30-34岁	267	156	111	695	419	276	229	99	130
35-39岁	219	135	84	447	254	193	215	84	131
40-44岁	174	125	49	450	254	196	252	83	169
45-49岁	164	99	65	480	260	220	281	77	204
50-54岁	127	83	44	363	210	153	242	65	177
55-59岁	61	42	19	186	107	79	123	25	98
60-64岁	26	10	16	71	40	31	54	13	41
65-69岁	16	11	5	59	30	29	29	2	27
70-74岁	6	4	2	27	15	12	15	3	12
75-79岁	3	1	2	29	13	16	7	3	4
80-84岁	1		1	20	10	10	4	1	3
85-89岁				8	2	6			
90岁及以上				3		3			

2-2c 续表 2　　单位：人

年龄组	维吾尔族			苗族			彝族		
	小计	男	女	小计	男	女	小计	男	女
总　计	**391**	**219**	**172**	**103249**	**60432**	**42817**	**19036**	**10968**	**8068**
0-4岁	19	9	10	4441	2413	2028	491	251	240
5-9岁	16	7	9	4839	2702	2137	473	257	216
10-14岁	17	12	5	3145	1773	1372	352	209	143
15-19岁	19	13	6	5704	3551	2153	1680	1025	655
20-24岁	76	45	31	10603	6647	3956	3133	1974	1159
25-29岁	51	30	21	11214	6962	4252	2710	1672	1038
30-34岁	52	30	22	13163	8017	5146	2673	1636	1037
35-39岁	33	15	18	11492	6817	4675	2058	1152	906
40-44岁	29	15	14	11724	6547	5177	2038	1051	987
45-49岁	29	13	16	12418	6807	5611	1809	894	915
50-54岁	26	15	11	9036	5000	4036	1020	558	462
55-59岁	9	6	3	3821	2284	1537	432	220	212
60-64岁	4	3	1	900	530	370	98	46	52
65-69岁	5	4	1	439	248	191	41	14	27
70-74岁	1		1	167	76	91	15	5	10
75-79岁	1		1	89	35	54	7	2	5
80-84岁	1		1	34	16	18	5	2	3
85-89岁	2	1	1	17	7	10	1		1
90岁及以上	1	1		3		3			

2-2c 续表 3　　单位：人

年龄组	壮族			布依族			朝鲜族		
	小计	男	女	小计	男	女	小计	男	女
总　计	**289165**	**158640**	**130525**	**28321**	**16418**	**11903**	**475**	**262**	**213**
0-4岁	11197	5995	5202	957	543	414	23	13	10
5-9岁	15334	8546	6788	1120	637	483	25	15	10
10-14岁	12769	7224	5545	696	409	287	13	7	6
15-19岁	10274	6651	3623	1369	886	483	46	24	22
20-24岁	17188	10981	6207	3036	1962	1074	39	19	20
25-29岁	22761	14055	8706	3245	2026	1219	38	21	17
30-34岁	32168	18991	13177	3351	2056	1295	65	36	29
35-39岁	36116	20596	15520	3196	1932	1264	51	21	30
40-44岁	34289	18544	15745	3464	1884	1580	47	30	17
45-49岁	36450	17816	18634	3458	1793	1665	39	23	16
50-54岁	29827	14469	15358	2792	1405	1387	27	19	8
55-59岁	16685	8626	8059	1222	685	537	26	17	9
60-64岁	6298	3030	3268	252	134	118	17	9	8
65-69岁	3711	1530	2181	117	49	68	14	7	7
70-74岁	1813	733	1080	33	13	20	2	1	1
75-79岁	1101	443	658	9	2	7	2		2
80-84岁	702	246	456	4	2	2	1		1
85-89岁	344	119	225						
90岁及以上	138	45	93						

2-2c　续表 4　　单位：人

年龄组	满族			侗族			瑶族		
	小计	男	女	小计	男	女	小计	男	女
总　计	**1960**	**1222**	**738**	**32312**	**19910**	**12402**	**139424**	**76587**	**62837**
0–4岁	98	50	48	1106	611	495	10194	5404	4790
5–9岁	68	41	27	1346	790	556	12277	6721	5556
10–14岁	45	23	22	896	511	385	9831	5364	4467
15–19岁	106	52	54	1185	805	380	6042	3538	2504
20–24岁	197	123	74	2543	1766	777	8095	4688	3407
25–29岁	259	177	82	3411	2309	1102	10207	6075	4132
30–34岁	286	188	98	4197	2689	1508	12304	7232	5072
35–39岁	206	132	74	4060	2545	1515	12106	6985	5121
40–44岁	183	111	72	3827	2270	1557	11641	6530	5111
45–49岁	170	106	64	4444	2514	1930	11960	6522	5438
50–54岁	160	102	58	3281	1882	1399	11099	6001	5098
55–59岁	87	60	27	1466	910	556	8344	4394	3950
60–64岁	51	33	18	314	199	115	4933	2551	2382
65–69岁	20	10	10	136	72	64	4048	1954	2094
70–74岁	6	1	5	49	18	31	2474	1141	1333
75–79岁	6	4	2	31	12	19	1723	720	1003
80–84岁	6	5	1	12	5	7	1219	461	758
85–89岁	4	2	2	7	2	5	660	236	424
90岁及以上	2	2		1		1	267	70	197

2-2c　续表 5　　单位：人

年龄组	白族			土家族			哈尼族		
	小计	男	女	小计	男	女	小计	男	女
总　计	**3537**	**2058**	**1479**	**51517**	**31919**	**19598**	**3624**	**2097**	**1527**
0–4岁	86	45	41	1994	1089	905	59	35	24
5–9岁	91	41	50	1957	1051	906	43	20	23
10–14岁	78	43	35	1488	849	639	44	25	19
15–19岁	192	132	60	2130	1436	694	309	210	99
20–24岁	416	262	154	4400	2919	1481	570	393	177
25–29岁	389	240	149	4931	3247	1684	562	361	201
30–34岁	531	331	200	5608	3656	1952	604	356	248
35–39岁	389	222	167	5397	3393	2004	457	255	202
40–44岁	437	232	205	5610	3330	2280	386	199	187
45–49岁	428	244	184	7799	4515	3284	333	153	180
50–54岁	297	155	142	6005	3635	2370	166	66	100
55–59岁	114	67	47	3015	2021	994	69	20	49
60–64岁	35	19	16	643	447	196	15	3	12
65–69岁	27	15	12	325	228	97	3		3
70–74岁	11	4	7	105	55	50	3	1	2
75–79岁	9	4	5	67	31	36	1		1
80–84岁	6	2	4	30	14	16			
85–89岁	1		1	9	2	7			
90岁及以上				4	1	3			

2–2c 续表 6

单位：人

年龄组	哈萨克族			傣族			黎族		
	小计	男	女	小计	男	女	小计	男	女
总 计	**36**	**19**	**17**	**2215**	**1130**	**1085**	**3401**	**1572**	**1829**
0–4岁				17	7	10	99	58	41
5–9岁	1	1		14	7	7	131	78	53
10–14岁	2	1	1	19	11	8	71	37	34
15–19岁	2	1	1	114	79	35	154	107	47
20–24岁	10	4	6	297	208	89	351	238	113
25–29岁	2	1	1	330	201	129	483	290	193
30–34岁	5	4	1	413	232	181	455	222	233
35–39岁	2	1	1	271	141	130	401	173	228
40–44岁	6	2	4	239	124	115	351	141	210
45–49岁	2		2	192	62	130	372	90	282
50–54岁	1	1		155	33	122	274	63	211
55–59岁	2	2		94	19	75	147	41	106
60–64岁				37	3	34	52	13	39
65–69岁	1	1		12		12	25	10	15
70–74岁				10	3	7	15	3	12
75–79岁				1		1	11	7	4
80–84岁							6		6
85–89岁							1		1
90岁及以上							2	1	1

2–2c 续表 7

单位：人

年龄组	傈僳族			佤族			畲族		
	小计	男	女	小计	男	女	小计	男	女
总 计	**690**	**368**	**322**	**1326**	**692**	**634**	**13730**	**8278**	**5452**
0–4岁	13	5	8	14	7	7	1118	584	534
5–9岁	4	3	1	9	3	6	1375	716	659
10–14岁	7	4	3	2	2		1244	646	598
15–19岁	73	41	32	89	59	30	624	347	277
20–24岁	138	88	50	245	126	119	721	394	327
25–29岁	118	67	51	268	143	125	869	537	332
30–34岁	110	72	38	258	146	112	996	608	388
35–39岁	84	40	44	169	90	79	844	569	275
40–44岁	68	21	47	109	54	55	741	484	257
45–49岁	44	16	28	89	41	48	949	612	337
50–54岁	14	6	8	43	14	29	1091	711	380
55–59岁	13	4	9	16	5	11	1030	691	339
60–64岁	1		1	14	1	13	711	474	237
65–69岁	2	1	1	1	1		529	351	178
70–74岁							320	216	104
75–79岁	1		1				259	164	95
80–84岁							179	109	70
85–89岁							100	51	49
90岁及以上							30	14	16

2–2c　续表 8　　单位：人

年龄组	高山族			拉祜族			水　族		
	小计	男	女	小计	男	女	小计	男	女
总　计	**17**	**5**	**12**	**888**	**400**	**488**	**2883**	**1718**	**1165**
0–4岁				6	4	2	122	63	59
5–9岁				1		1	121	71	50
10–14岁				3	1	2	82	50	32
15–19岁	1		1	68	45	23	122	79	43
20–24岁	3	1	2	132	73	59	282	185	97
25–29岁	2		2	113	67	46	327	209	118
30–34岁	1	1		123	80	43	334	224	110
35–39岁	1		1	95	57	38	377	239	138
40–44岁	3	2	1	88	33	55	376	214	162
45–49岁	3	1	2	90	23	67	346	185	161
50–54岁	1		1	87	14	73	256	132	124
55–59岁	1		1	40	3	37	99	49	50
60–64岁				29		29	17	9	8
65–69岁				7		7	14	6	8
70–74岁				5		5	5	1	4
75–79岁				1		1	3	2	1
80–84岁									
85–89岁									
90岁及以上	1		1						

2–2c　续表 9　　单位：人

年龄组	东乡族			纳西族			景颇族		
	小计	男	女	小计	男	女	小计	男	女
总　计	**349**	**219**	**130**	**55**	**34**	**21**	**375**	**191**	**184**
0–4岁	6	3	3				3	2	1
5–9岁	9	4	5	1		1	2	1	1
10–14岁	5	3	2				3	2	1
15–19岁	55	39	16	3	2	1	20	15	5
20–24岁	69	52	17	17	13	4	69	42	27
25–29岁	68	43	25	7	5	2	63	42	21
30–34岁	53	29	24	12	6	6	54	30	24
35–39岁	22	10	12	4	3	1	60	27	33
40–44岁	27	15	12	7	4	3	46	18	28
45–49岁	22	13	9	1		1	36	10	26
50–54岁	11	6	5	3	1	2	11	2	9
55–59岁	2	2					5		5
60–64岁							1		1
65–69岁							1		1
70–74岁									
75–79岁							1		1
80–84岁									
85–89岁									
90岁及以上									

2—2c 续表 10 单位：人

年龄组	柯尔克孜族			土族			达斡尔族		
	小计	男	女	小计	男	女	小计	男	女
总　计	**67**	**45**	**22**	**712**	**431**	**281**	**22**	**13**	**9**
0—4岁				20	12	8	1	1	
5—9岁				37	21	16			
10—14岁				15	8	7	2	1	1
15—19岁	1		1	23	17	6			
20—24岁	15	10	5	61	36	25	4	2	2
25—29岁	10	7	3	64	38	26	4	2	2
30—34岁	10	7	3	105	65	40	6	3	3
35—39岁	11	8	3	81	56	25	2	1	1
40—44岁	6	4	2	72	44	28	2	2	
45—49岁	9	6	3	105	54	51	1	1	
50—54岁	4	2	2	70	43	27			
55—59岁	1	1		38	24	14			
60—64岁				13	8	5			
65—69岁				1	1				
70—74岁				4	3	1			
75—79岁				2		2			
80—84岁				1	1				
85—89岁									
90岁及以上									

2—2c 续表 11 单位：人

年龄组	仫佬族			羌族			布朗族		
	小计	男	女	小计	男	女	小计	男	女
总　计	**4051**	**2316**	**1735**	**89**	**55**	**34**	**243**	**123**	**120**
0—4岁	150	80	70	1		1	4	3	1
5—9岁	222	130	92	3	1	2			
10—14岁	150	91	59	3	3		2		2
15—19岁	119	86	33	1	1		19	11	8
20—24岁	246	161	85	9	8	1	45	24	21
25—29岁	351	220	131	12	8	4	40	20	20
30—34岁	494	300	194	15	5	10	44	15	29
35—39岁	490	292	198	8	3	5	25	20	5
40—44岁	448	256	192	12	9	3	19	11	8
45—49岁	581	296	285	12	10	2	20	10	10
50—54岁	446	229	217	10	6	4	16	7	9
55—59岁	248	135	113	3	1	2	6	2	4
60—64岁	60	31	29				1		1
65—69岁	25	8	17				1		1
70—74岁	10	1	9				1		1
75—79岁	10		10						
80—84岁	1		1						
85—89岁									
90岁及以上									

2–2c　续表 12　　单位：人

年龄组	撒拉族			毛南族			仡佬族		
	小计	男	女	小计	男	女	小计	男	女
总　计	**57**	**35**	**22**	**1593**	**950**	**643**	**4127**	**2588**	**1539**
0–4岁	1	1		57	34	23	167	87	80
5–9岁	2		2	48	22	26	164	96	68
10–14岁	1	1		39	25	14	126	71	55
15–19岁	9	5	4	34	28	6	169	120	49
20–24岁	6	5	1	100	57	43	390	243	147
25–29岁	10	5	5	155	104	51	407	275	132
30–34岁	7	4	3	201	131	70	397	267	130
35–39岁	11	8	3	245	166	79	436	280	156
40–44岁	1	1		182	103	79	491	300	191
45–49岁	7	3	4	232	126	106	674	402	272
50–54岁	1	1		176	94	82	434	264	170
55–59岁	1	1		81	41	40	202	137	65
60–64岁				25	12	13	31	24	7
65–69岁				8	3	5	26	18	8
70–74岁				7	2	5	10	4	6
75–79岁				3	2	1	2		2
80–84岁							1		1
85–89岁									
90岁及以上									

2–2c　续表 13　　单位：人

年龄组	锡伯族			阿昌族			普米族		
	小计	男	女	小计	男	女	小计	男	女
总　计	**29**	**19**	**10**	**156**	**85**	**71**	**38**	**26**	**12**
0–4岁	1		1	2	1	1			
5–9岁	1	1							
10–14岁	1		1	1	1				
15–19岁	4	4		18	9	9	2	2	
20–24岁	1	1		22	13	9	12	10	2
25–29岁	2	2		26	15	11	6	4	2
30–34岁	4	3	1	30	19	11	9	5	4
35–39岁	4	2	2	18	8	10	2	1	1
40–44岁	4	4		11	6	5	2	1	1
45–49岁	2		2	13	7	6	4	3	1
50–54岁	1		1	12	5	7	1		1
55–59岁	1	1		2	1	1			
60–64岁				1		1			
65–69岁	2	1	1						
70–74岁									
75–79岁									
80–84岁	1		1						
85–89岁									
90岁及以上									

2-2c 续表 14 单位：人

年龄组	塔吉克族			怒 族			乌孜别克族		
	小计	男	女	小计	男	女	小计	男	女
总 计				**28**	**16**	**12**			
0-4岁									
5-9岁									
10-14岁									
15-19岁				5	2	3			
20-24岁				10	8	2			
25-29岁				4	1	3			
30-34岁				3	2	1			
35-39岁				2	2				
40-44岁				2		2			
45-49岁				1	1				
50-54岁				1		1			
55-59岁									
60-64岁									
65-69岁									
70-74岁									
75-79岁									
80-84岁									
85-89岁									
90岁及以上									

2-2c 续表 15 单位：人

年龄组	俄罗斯族			鄂温克族			德 昂 族		
	小计	男	女	小计	男	女	小计	男	女
总 计	**7**	**2**	**5**	**6**	**2**	**4**	**72**	**36**	**36**
0-4岁									
5-9岁							1	1	
10-14岁	2	1	1				1	1	
15-19岁	1		1				5	2	3
20-24岁	1		1				14	9	5
25-29岁				2	1	1	7	4	3
30-34岁	1	1		2	1	1	15	9	6
35-39岁							13	4	9
40-44岁	1		1	2		2	10	4	6
45-49岁	1		1				5	2	3
50-54岁							1		1
55-59岁									
60-64岁									
65-69岁									
70-74岁									
75-79岁									
80-84岁									
85-89岁									
90岁及以上									

2-2c 续表 16

单位：人

年龄组	保安族			裕固族			京族		
	小计	男	女	小计	男	女	小计	男	女
总计	**22**	**11**	**11**				**127**	**36**	**91**
0-4岁							5	3	2
5-9岁							4	2	2
10-14岁							2	2	
15-19岁	3	3					17	14	3
20-24岁	4	2	2				5	2	3
25-29岁	2	2					7	3	4
30-34岁	8	2	6				5	4	1
35-39岁	2	1	1				8	4	4
40-44岁	1	1					15	2	13
45-49岁	2		2				16		16
50-54岁							15		15
55-59岁							11		11
60-64岁							8		8
65-69岁							5		5
70-74岁							4		4
75-79岁									
80-84岁									
85-89岁									
90岁及以上									

2-2c 续表 17

单位：人

年龄组	塔塔尔族			独龙族			鄂伦春族		
	小计	男	女	小计	男	女	小计	男	女
总计				**6**	**3**	**3**	**3**	**2**	**1**
0-4岁									
5-9岁									
10-14岁									
15-19岁				1		1			
20-24岁				2	2				
25-29岁							2	1	1
30-34岁				1	1				
35-39岁							1	1	
40-44岁				1		1			
45-49岁									
50-54岁									
55-59岁				1		1			
60-64岁									
65-69岁									
70-74岁									
75-79岁									
80-84岁									
85-89岁									
90岁及以上									

2-2c 续表 18 单位：人

年龄组	赫哲族			门巴族			珞巴族		
	小计	男	女	小计	男	女	小计	男	女
总 计	**8**	**5**	**3**	**4**	**3**	**1**	**1**		**1**
0-4岁									
5-9岁									
10-14岁									
15-19岁									
20-24岁				3	3				
25-29岁	1	1		1		1			
30-34岁	2	1	1						
35-39岁	2	1	1						
40-44岁	1	1							
45-49岁									
50-54岁	2	1	1				1		1
55-59岁									
60-64岁									
65-69岁									
70-74岁									
75-79岁									
80-84岁									
85-89岁									
90岁及以上									

2-2c 续表 19 单位：人

年龄组	基诺族			未定族称人口			入 籍		
	小计	男	女	小计	男	女	小计	男	女
总 计	**6**	**1**	**5**	**2166**	**974**	**1192**	**421**	**32**	**389**
0-4岁				285	140	145	14	6	8
5-9岁				85	51	34	12	8	4
10-14岁				55	35	20	3	1	2
15-19岁				135	78	57	8	2	6
20-24岁	3	1	2	223	137	86	19	6	13
25-29岁	1		1	186	110	76	10	2	8
30-34岁				159	100	59	14	3	11
35-39岁				160	87	73	17	1	16
40-44岁				171	82	89	30	1	29
45-49岁	1		1	231	77	154	67		67
50-54岁				183	46	137	77	1	76
55-59岁				112	17	95	72		72
60-64岁				105	10	95	50	1	49
65-69岁	1		1	43	2	41	14		14
70-74岁				24	2	22	11		11
75-79岁				6		6	1		1
80-84岁				2		2	2		2
85-89岁				1		1			
90岁及以上									

2-3　全省各民族分性别、受教育程度的3岁及以上人口

单位：人

民　族	3岁及以上人口			未上过学		
	合计	男	女	小计	男	女
总　计	**121623816**	**64529347**	**57094469**	**2904977**	**968789**	**1936188**
汉　族	116978412	61848612	55129800	2835961	945923	1890038
蒙古族	32829	17804	15025	316	141	175
回　族	85597	47436	38161	1350	538	812
藏　族	11168	5394	5774	148	47	101
维吾尔族	9784	4986	4798	116	65	51
苗　族	598426	349665	248761	15335	4329	11006
彝　族	140006	79748	60258	2119	761	1358
壮　族	1981341	1148718	832623	18623	6936	11687
布依族	225464	131702	93762	4372	1056	3316
朝鲜族	29423	15150	14273	241	120	121
满　族	63257	32890	30367	554	257	297
侗　族	236701	144199	92502	3148	1044	2104
瑶　族	498489	281005	217484	11802	4054	7748
白　族	35948	20766	15182	313	111	202
土家族	418446	242547	175899	5724	1975	3749
哈尼族	33856	20331	13525	682	208	474
哈萨克族	1014	462	552	3		3
傣　族	16196	8813	7383	174	43	131
黎　族	31706	16436	15270	381	114	267
傈僳族	7141	3955	3186	104	37	67
佤　族	11676	6148	5528	115	48	67
畲　族	40075	23003	17072	818	292	526
高山族	179	87	92	1		1
拉祜族	5676	3036	2640	163	39	124
水　族	22547	13602	8945	343	90	253
东乡族	4580	2959	1621	131	54	77
纳西族	904	463	441	8	4	4
景颇族	2851	1452	1399	28	7	21
柯尔克孜族	495	256	239			
土　族	5647	3219	2428	66	27	39
达斡尔族	980	462	518	6	2	4
仫佬族	28533	16383	12150	305	99	206
羌　族	1545	830	715	20	9	11
布朗族	1751	926	825	31	8	23
撒拉族	2217	1260	957	102	30	72
毛南族	12877	7783	5094	88	39	49
仡佬族	27425	16857	10568	353	118	235
锡伯族	1542	778	764	17	7	10
阿昌族	1101	586	515	9	2	7
普米族	431	276	155	4	3	1
塔吉克族	100	64	36	2	1	1
怒　族	407	233	174	8	5	3
乌孜别克族	37	20	17			
俄罗斯族	265	109	156	1		1
鄂温克族	205	99	106	1		1
德昂族	451	223	228	12	8	4
保安族	191	112	79	7	2	5
裕固族	66	33	33			
京　族	528	229	299	30		30
塔塔尔族	12	8	4			
独龙族	72	37	35	3		3
鄂伦春族	54	31	23	1	1	
赫哲族	117	50	67			
门巴族	22	11	11	1		1
珞巴族	12	6	6	1		1
基诺族	93	38	55			
未定族称人口	11959	6760	5199	625	128	497
入　籍	989	299	690	211	7	204

2-3 续表 1

单位：人

民族	学前教育			小学		
	小计	男	女	小计	男	女
总计	**5202168**	**2758368**	**2443800**	**26054418**	**12294766**	**13759652**
汉族	5075452	2690912	2384540	25143688	11834769	13308919
蒙古族	1851	955	896	4133	2132	2001
回族	3539	1835	1704	13312	7103	6209
藏族	197	114	83	1922	781	1141
维吾尔族	265	134	131	882	512	370
苗族	15114	8096	7018	138631	72217	66414
彝族	1860	990	870	25629	13025	12604
壮族	48002	25827	22175	364543	181037	183506
布依族	4121	2241	1880	48346	23895	24451
朝鲜族	1670	880	790	3667	1782	1885
满族	4125	2131	1994	7962	3949	4013
侗族	6003	3224	2779	45038	23610	21428
瑶族	17858	9438	8420	120577	60415	60162
白族	744	391	353	4884	2435	2449
土家族	14216	7439	6777	79283	40792	38491
哈尼族	307	149	158	7037	3711	3326
哈萨克族	6	4	2	42	24	18
傣族	143	77	66	2340	1098	1242
黎族	825	419	406	3885	1833	2052
傈僳族	63	25	38	1055	496	559
佤族	56	31	25	2028	1036	992
畲族	2348	1263	1085	8836	4521	4315
高山族	12	7	5	15	6	9
拉祜族	26	14	12	1181	531	650
水族	438	210	228	4318	2222	2096
东乡族	91	51	40	1087	674	413
纳西族	29	16	13	97	40	57
景颇族	24	10	14	461	208	253
柯尔克孜族	4	2	2	70	44	26
土族	148	83	65	1060	559	501
达斡尔族	66	33	33	131	65	66
仫佬族	842	446	396	6064	3162	2902
羌族	83	38	45	219	100	119
布朗族	18	12	6	261	140	121
撒拉族	93	53	40	790	409	381
毛南族	288	165	123	2348	1218	1130
仡佬族	713	366	347	5439	2812	2627
锡伯族	94	50	44	192	99	93
阿昌族	6	2	4	127	50	77
普米族	6	2	4	56	27	29
塔吉克族	2		2	12	8	4
怒族	4	2	2	49	27	22
乌孜别克族	1		1	7	2	5
俄罗斯族	13	10	3	29	13	16
鄂温克族	9	5	4	25	11	14
德昂族	4	1	3	86	40	46
保安族	4	1	3	40	20	20
裕固族	3	2	1	3	1	2
京族	31	20	11	109	37	72
塔塔尔族				2	2	
独龙族	1	1		10	4	6
鄂伦春族	5	1	4	7	2	5
赫哲族	8	3	5	17	9	8
门巴族	2	2		3		3
珞巴族				2	1	1
基诺族	1	1		7	2	5
未定族称人口	299	168	131	2120	1013	1107
入籍	35	16	19	254	35	219

2–3　续表 2　　　　单位：人

民　族	初　中			高　中			大学专科		
	小计	男	女	小计	男	女	小计	男	女
总　计	**44714248**	**24895602**	**19818646**	**22965096**	**13224360**	**9740736**	**10824882**	**5690177**	**5134705**
汉　族	42295058	23414371	18880687	22281033	12801158	9479875	10599100	5569422	5029678
蒙古族	7325	4555	2770	5025	2923	2102	4207	2246	1961
回　族	27805	16931	10874	15312	8923	6389	8383	4312	4071
藏　族	4434	2177	2257	2325	1265	1060	875	452	423
维吾尔族	2174	1373	801	3087	1420	1667	998	515	483
苗　族	306381	191308	115073	81241	51123	30118	24052	13279	10773
彝　族	81413	48187	33226	21145	12716	8429	4511	2445	2066
壮　族	1132444	686928	445516	284322	178043	106279	80187	43339	36848
布依族	130412	81521	48891	27706	17409	10297	5822	3197	2625
朝鲜族	3913	2129	1784	6141	3305	2836	5432	2835	2597
满　族	10165	5928	4237	9302	5136	4166	9486	4848	4638
侗　族	125751	81448	44303	36669	23846	12823	11344	6447	4897
瑶　族	233265	141150	92115	71734	43949	27785	25396	13085	12311
白　族	18506	11161	7345	6901	4228	2673	2100	1161	939
土家族	192880	119937	72943	69895	43124	26771	28606	15034	13572
哈尼族	20357	12960	7397	4383	2752	1631	713	381	332
哈萨克族	121	70	51	388	182	206	72	39	33
傣　族	10107	5709	4398	2529	1462	1067	497	255	242
黎　族	15094	8377	6717	6263	3275	2988	2660	1201	1459
傈僳族	4210	2394	1816	1373	834	539	205	113	92
佤　族	7583	4046	3537	1629	864	765	194	94	100
畲　族	13484	8379	5105	6974	4298	2676	3807	2118	1689
高山族	55	29	26	42	18	24	21	9	12
拉祜族	3379	1923	1456	720	422	298	118	63	55
水　族	12578	8019	4559	3476	2233	1243	835	491	344
东乡族	2438	1646	792	689	443	246	73	51	22
纳西族	294	169	125	158	79	79	105	52	53
景颇族	1804	930	874	440	263	177	64	26	38
柯尔克孜族	286	165	121	76	24	52	7	2	5
土　族	2640	1567	1073	1017	600	417	329	191	138
达斡尔族	123	66	57	168	87	81	127	58	69
仫佬族	14882	9137	5745	3825	2288	1537	1412	672	740
羌　族	453	286	167	292	182	110	204	94	110
布朗族	1096	582	514	250	138	112	58	30	28
撒拉族	908	567	341	240	154	86	43	26	17
毛南族	7620	4875	2745	1682	1056	626	469	252	217
仡佬族	14433	9529	4904	3952	2541	1411	1249	759	490
锡伯族	172	109	63	198	101	97	223	117	106
阿昌族	739	404	335	181	104	77	25	15	10
普米族	241	159	82	93	67	26	21	13	8
塔吉克族	60	40	20	8	5	3	9	6	3
怒　族	237	136	101	85	50	35	19	11	8
乌孜别克族	4	3	1	4	2	2	4	3	1
俄罗斯族	27	9	18	28	8	20	27	11	16
鄂温克族	31	15	16	23	14	9	36	18	18
德昂族	270	131	139	61	34	27	13	7	6
保安族	101	63	38	28	21	7	3	1	2
裕固族	14	8	6	8	3	5	5	3	2
京　族	144	76	68	78	41	37	51	22	29
塔塔尔族	2	2		3	2	1			
独龙族	30	20	10	18	6	12	5	2	3
鄂伦春族	8	6	2	9	5	4	7	6	1
赫哲族	26	11	15	14	6	8	10	6	4
门巴族	8	5	3	2	2				
珞巴族	2	1	1	5	2	3			
基诺族	52	22	30	15	7	8	7	3	4
未定族称人口	5934	3732	2202	1711	1052	659	614	315	299
入　籍	275	121	154	120	65	55	42	24	18

2-3 续表 3

单位：人

民 族	大学本科			硕士研究生			博士研究生		
	小计	男	女	小计	男	女	小计	男	女
总 计	**8075009**	**4213472**	**3861537**	**789146**	**423599**	**365547**	**93872**	**60214**	**33658**
汉 族	7891328	4120578	3770750	765936	413045	352891	90856	58434	32422
蒙古族	7963	3965	3998	1784	773	1011	225	114	111
回 族	12598	6206	6392	2909	1358	1551	389	230	159
藏 族	1139	507	632	110	42	68	18	9	9
维吾尔族	2125	912	1213	119	43	76	18	12	6
苗 族	15672	8331	7341	1768	841	927	232	141	91
彝 族	2942	1465	1477	334	129	205	53	30	23
壮 族	49344	24724	24620	3397	1586	1811	479	298	181
布依族	4210	2182	2028	419	168	251	56	33	23
朝鲜族	7272	3599	3673	924	404	520	163	96	67
满 族	17303	8630	8673	3888	1740	2148	472	271	201
侗 族	7847	4151	3696	815	371	444	86	58	28
瑶 族	16447	8252	8195	1262	572	690	148	90	58
白 族	2091	1097	994	362	156	206	47	26	21
土家族	23703	12240	11463	3708	1738	1970	431	268	163
哈尼族	321	143	178	45	20	25	11	7	4
哈萨克族	354	134	220	25	8	17	3	1	2
傣 族	360	147	213	37	16	21	9	6	3
黎 族	2422	1131	1291	154	75	79	22	11	11
傈僳族	117	54	63	14	2	12			
佤 族	62	25	37	8	4	4	1		1
畲 族	3413	1923	1490	366	193	173	29	16	13
高山族	25	13	12	8	5	3			
拉祜族	75	38	37	13	6	7	1		1
水 族	507	310	197	48	25	23	4	2	2
东乡族	62	36	26	9	4	5			
纳西族	151	79	72	49	17	32	13	7	6
景颇族	27	8	19	3		3			
柯尔克孜族	49	19	30	3		3			
土 族	340	172	168	38	15	23	9	5	4
达斡尔族	280	125	155	69	22	47	10	4	6
仫佬族	1060	518	542	127	54	73	16	7	9
羌 族	220	101	119	43	15	28	11	5	6
布朗族	33	15	18	4	1	3			
撒拉族	34	19	15	5		5	2	2	
毛南族	355	164	191	22	12	10	5	2	3
仡佬族	1182	682	500	90	41	49	14	9	5
锡伯族	522	243	279	103	44	59	21	8	13
阿昌族	13	9	4	1		1			
普米族	7	4	3	3	1	2			
塔吉克族	7	4	3						
怒 族	5	2	3						
乌孜别克族	14	8	6	3	2	1			
俄罗斯族	112	46	66	23	10	13	5	2	3
鄂温克族	70	32	38	8	3	5	2	1	1
德昂族	5	2	3						
保安族	7	3	4	1	1				
裕固族	27	16	11	5		5	1		1
京 族	71	26	45	14	7	7			
塔塔尔族	5	2	3						
独龙族	4	3	1				1	1	
鄂伦春族	13	8	5	4	2	2			
赫哲族	32	13	19	10	2	8			
门巴族	5	1	4	1	1				
珞巴族	2	2							
基诺族	10	3	7	1		1			
未定族称人口	605	329	276	48	20	28	3	3	
入 籍	40	21	19	6	5	1	6	5	1

2–3a　全省各民族分性别、受教育程度的3岁及以上人口(城市)

单位：人

民　族	3岁及以上人口			未上过学		
	合计	男	女	小计	男	女
总　计	**74018406**	**39551247**	**34467159**	**1025723**	**370982**	**654741**
汉　族	70525600	37525186	33000414	985971	357252	628719
蒙古族	29290	15740	13550	269	118	151
回　族	76262	41964	34298	1150	470	680
藏　族	8344	4219	4125	90	32	58
维吾尔族	8659	4368	4291	97	59	38
苗　族	438177	255521	182656	9000	2540	6460
彝　族	109864	62338	47526	1492	550	942
壮　族	1515302	888872	626430	11682	4566	7116
布依族	179407	105012	74395	3064	753	2311
朝鲜族	27658	14209	13449	223	110	113
满　族	58618	30165	28453	498	233	265
侗　族	185828	112950	72878	2158	720	1438
瑶　族	288364	166549	121815	3089	1160	1929
白　族	29887	17202	12685	234	86	148
土家族	325684	185982	139702	4029	1403	2626
哈尼族	26708	16146	10562	481	154	327
哈萨克族	928	407	521	3		3
傣　族	12810	7040	5770	92	37	55
黎　族	25877	13703	12174	239	81	158
傈僳族	5890	3249	2641	73	27	46
佤　族	9433	4953	4480	76	35	41
畲　族	22088	12428	9660	279	97	182
高山族	139	70	69	1		1
拉祜族	4442	2475	1967	74	24	50
水　族	18038	10913	7125	217	58	159
东乡族	3962	2550	1412	122	50	72
纳西族	801	400	401	7	4	3
景颇族	2194	1100	1094	16	3	13
柯尔克孜族	211	87	124			
土　族	4345	2464	1881	46	20	26
达斡尔族	906	425	481	6	2	4
仫佬族	22280	12793	9487	204	72	132
羌　族	1335	701	634	20	9	11
布朗族	1367	727	640	22	7	15
撒拉族	2087	1179	908	97	26	71
毛南族	10315	6226	4089	62	26	36
仡佬族	20740	12711	8029	231	78	153
锡伯族	1455	724	731	14	6	8
阿昌族	895	473	422	6	1	5
普米族	369	234	135	2	2	
塔吉克族	24	11	13			
怒　族	345	194	151	6	4	2
乌孜别克族	32	17	15			
俄罗斯族	247	102	145	1		1
鄂温克族	190	92	98	1		1
德昂族	352	173	179	12	8	4
保安族	157	95	62	7	2	5
裕固族	64	32	32			
京　族	366	183	183	6		6
塔塔尔族	12	8	4			
独龙族	64	32	32	2		2
鄂伦春族	48	27	21	1	1	
赫哲族	100	40	60			
门巴族	16	7	9			
珞巴族	10	5	5			
基诺族	81	36	45			
未定族称人口	9248	5488	3760	232	93	139
入　籍	491	250	241	19	3	16

2−3a 续表 1

单位：人

民族	学前教育			小学		
	小计	男	女	小计	男	女
总计	**2900892**	**1549720**	**1351172**	**12064444**	**5770132**	**6294312**
汉族	2810686	1501861	1308825	11478433	5471614	6006819
蒙古族	1719	885	834	3569	1829	1740
回族	3259	1691	1568	11416	6091	5325
藏族	146	84	62	1188	552	636
维吾尔族	228	116	112	738	429	309
苗族	10766	5739	5027	87913	45394	42519
彝族	1396	761	635	18205	9247	8958
壮族	34082	18335	15747	244173	123840	120333
布依族	3000	1640	1360	34418	16929	17489
朝鲜族	1562	823	739	3419	1659	1760
满族	3887	2011	1876	7356	3630	3726
侗族	4663	2496	2167	31284	16299	14985
瑶族	8169	4272	3897	48574	24738	23836
白族	633	335	298	3722	1861	1861
土家族	11605	6006	5599	56094	28535	27559
哈尼族	238	114	124	4766	2514	2252
哈萨克族	6	4	2	29	16	13
傣族	113	63	50	1647	827	820
黎族	674	339	335	2719	1375	1344
傈僳族	52	21	31	819	384	435
佤族	44	22	22	1574	804	770
畲族	1311	714	597	3509	1721	1788
高山族	10	5	5	13	5	8
拉祜族	23	13	10	794	388	406
水族	316	153	163	2996	1540	1456
东乡族	77	42	35	888	545	343
纳西族	28	16	12	83	32	51
景颇族	22	8	14	326	156	170
柯尔克孜族	2	1	1	9	4	5
土族	105	58	47	714	369	345
达斡尔族	61	30	31	117	58	59
仫佬族	631	334	297	4230	2223	2007
羌族	78	34	44	185	80	105
布朗族	14	8	6	179	96	83
撒拉族	90	50	40	755	392	363
毛南族	232	131	101	1744	916	828
仡佬族	551	280	271	3736	1977	1759
锡伯族	93	49	44	185	96	89
阿昌族	5	2	3	93	36	57
普米族	6	2	4	50	26	24
塔吉克族	2		2			
怒族	4	2	2	40	22	18
乌孜别克族	1		1	7	2	5
俄罗斯族	12	10	2	28	12	16
鄂温克族	9	5	4	23	11	12
德昂族	4	1	3	61	29	32
保安族	3		3	31	16	15
裕固族	3	2	1	3	1	2
京族	26	17	9	58	31	27
塔塔尔族				2	2	
独龙族	1	1		9	3	6
鄂伦春族	5	1	4	6	2	4
赫哲族	7	2	5	16	8	8
门巴族	1	1		3		3
珞巴族				2	1	1
基诺族	1	1		6	2	4
未定族称人口	207	118	89	1408	739	669
入籍	23	11	12	79	24	55

2–3a　续表 2

单位：人

民族	初中			高中			大学专科		
	小计	男	女	小计	男	女	小计	男	女
总　计	**24947323**	**13879919**	**11067404**	**16555876**	**9362363**	**7193513**	**8692979**	**4513163**	**4179816**
汉　族	23123088	12761204	10361884	15989436	9013787	6975649	8497832	4409788	4088044
蒙古族	6008	3699	2309	4509	2607	1902	3862	2046	1816
回　族	23529	14272	9257	13958	8074	5884	7781	3960	3821
藏　族	3020	1616	1404	1956	1036	920	755	387	368
维吾尔族	1745	1109	636	2924	1321	1603	909	462	447
苗　族	224859	139361	85498	67820	42298	25522	21453	11637	9816
彝　族	64021	37590	26431	17753	10594	7159	3970	2124	1846
壮　族	872873	533982	338891	236297	147696	88601	68822	36904	31918
布依族	105260	65557	39703	24115	15133	8982	5236	2837	2399
朝鲜族	3596	1943	1653	5753	3092	2661	5117	2667	2450
满　族	8857	5099	3758	8488	4621	3867	8863	4494	4369
侗　族	97935	63182	34753	31329	20229	11100	10294	5785	4509
瑶　族	145967	88952	57015	50942	31311	19631	17959	9232	8727
白　族	15071	9046	6025	5995	3658	2337	1886	1028	858
土家族	142973	87503	55470	58857	35791	23066	25940	13452	12488
哈尼族	16453	10516	5937	3784	2363	1421	635	328	307
哈萨克族	85	46	39	376	171	205	68	35	33
傣　族	8012	4500	3512	2125	1231	894	440	221	219
黎　族	12043	6890	5153	5400	2833	2567	2419	1080	1339
傈僳族	3465	1966	1499	1188	705	483	171	96	75
佤　族	6109	3240	2869	1393	744	649	173	84	89
畲　族	6482	3825	2657	4501	2715	1786	2844	1566	1278
高山族	34	19	15	34	16	18	18	7	11
拉祜族	2741	1594	1147	624	359	265	101	56	45
水　族	10208	6471	3737	3028	1940	1088	761	444	317
东乡族	2102	1417	685	634	408	226	70	49	21
纳西族	241	136	105	141	68	73	99	48	51
景颇族	1392	691	701	349	210	139	61	25	36
柯尔克孜族	73	42	31	70	20	50	7	2	5
土　族	1975	1175	800	862	499	363	290	169	121
达斡尔族	111	59	52	150	79	71	118	53	65
仫佬族	11542	7101	4441	3289	1936	1353	1262	587	675
羌　族	354	225	129	258	162	96	180	81	99
布朗族	851	457	394	213	117	96	52	27	25
撒拉族	847	527	320	224	142	82	36	22	14
毛南族	6071	3881	2190	1429	882	547	418	222	196
仡佬族	10666	6954	3712	3314	2116	1198	1078	643	435
锡伯族	149	92	57	187	96	91	207	104	103
阿昌族	609	331	278	146	82	64	22	12	10
普米族	205	129	76	85	62	23	11	8	3
塔吉克族	3		3	4	1	3	9	6	3
怒　族	199	109	90	75	46	29	17	10	7
乌孜别克族	3	2	1	3	1	2	4	3	1
俄罗斯族	23	8	15	23	6	17	27	11	16
鄂温克族	27	14	13	22	13	9	34	16	18
德昂族	209	102	107	49	24	25	13	7	6
保安族	84	54	30	23	18	5	3	1	2
裕固族	14	8	6	8	3	5	4	2	2
京　族	91	55	36	60	29	31	43	20	23
塔塔尔族	2	2		3	2	1			
独龙族	25	17	8	17	5	12	5	2	3
鄂伦春族	4	3	1	8	4	4	7	6	1
赫哲族	18	6	12	11	4	7	9	6	3
门巴族	5	2	3	2	2				
珞巴族	2	1	1	4	1	3			
基诺族	46	22	24	14	7	7	5	2	3
未定族称人口	4760	3014	1746	1514	933	581	543	277	266
入　籍	186	101	85	100	60	40	36	22	14

2-3a 续表 3

单位：人

民族	大学本科			硕士研究生			博士研究生		
	小计	男	女	小计	男	女	小计	男	女
总 计	**6987644**	**3642775**	**3344869**	**753799**	**404689**	**349110**	**89726**	**57504**	**32222**
汉 族	6821892	3559348	3262544	731433	394526	336907	86829	55806	31023
蒙古族	7402	3692	3710	1734	753	981	218	111	107
回 族	11962	5869	6093	2830	1313	1517	377	224	153
藏 族	1066	465	601	106	39	67	17	8	9
维吾尔族	1895	822	1073	106	39	67	17	11	6
苗 族	14449	7619	6830	1696	801	895	221	132	89
彝 族	2649	1317	1332	329	128	201	49	27	22
壮 族	43716	21772	21944	3209	1499	1710	448	278	170
布依族	3865	1972	1893	399	163	236	50	28	22
朝鲜族	6942	3434	3508	891	390	501	155	91	64
满 族	16409	8109	8300	3797	1703	2094	463	265	198
侗 族	7293	3826	3467	794	361	433	78	52	26
瑶 族	12346	6264	6082	1175	534	641	143	86	57
白 族	1953	1014	939	349	151	198	44	23	21
土家族	22180	11353	10827	3585	1678	1907	421	261	160
哈尼族	296	131	165	45	20	25	10	6	4
哈萨克族	333	126	207	25	8	17	3	1	2
傣 族	337	139	198	35	16	19	9	6	3
黎 族	2211	1022	1189	150	72	78	22	11	11
傈僳族	108	48	60	14	2	12			
佤 族	55	20	35	8	4	4	1		1
畲 族	2790	1593	1197	345	183	162	27	14	13
高山族	22	13	9	7	5	2			
拉祜族	72	36	36	12	5	7	1		1
水 族	463	283	180	45	22	23	4	2	2
东乡族	60	35	25	9	4	5			
纳西族	140	72	68	49	17	32	13	7	6
景颇族	25	7	18	3		3			
柯尔克孜族	47	18	29	3		3			
土 族	308	154	154	36	15	21	9	5	4
达斡尔族	265	118	147	68	22	46	10	4	6
仫佬族	980	479	501	126	54	72	16	7	9
羌 族	208	91	117	41	14	27	11	5	6
布朗族	32	14	18	4	1	3			
撒拉族	31	18	13	5		5	2	2	
毛南族	332	154	178	22	12	10	5	2	3
仡佬族	1062	614	448	88	40	48	14	9	5
锡伯族	497	229	268	102	44	58	21	8	13
阿昌族	13	9	4	1		1			
普米族	7	4	3	3	1	2			
塔吉克族	6	4	2						
怒 族	4	1	3						
乌孜别克族	11	7	4	3	2	1			
俄罗斯族	105	43	62	23	10	13	5	2	3
鄂温克族	64	29	35	8	3	5	2	1	1
德昂族	4	2	2						
保安族	5	3	2	1	1				
裕固族	26	16	10	5		5	1		1
京 族	68	24	44	14	7	7			
塔塔尔族	5	2	3						
独龙族	4	3	1				1	1	
鄂伦春族	13	8	5	4	2	2			
赫哲族	30	12	18	9	2	7			
门巴族	4	1	3	1	1				
珞巴族	2	2							
基诺族	8	2	6	1		1			
未定族称人口	536	294	242	45	17	28	3	3	
入 籍	36	19	17	6	5	1	6	5	1

2-3b　全省各民族分性别、受教育程度的3岁及以上人口(镇)

单位：人

民　族	3岁及以上人口			未上过学		
	合计	男	女	小计	男	女
总　计	**16396458**	**8543077**	**7853381**	**495972**	**169993**	**325979**
汉　族	15947375	8286551	7660824	487308	166947	320361
蒙古族	1819	1011	808	19	10	9
回　族	4587	2698	1889	104	46	58
藏　族	863	431	432	17	6	11
维吾尔族	742	402	340	10	2	8
苗　族	59513	35074	24439	1957	605	1352
彝　族	11382	6574	4808	213	67	146
壮　族	182663	104289	78374	2341	933	1408
布依族	18288	10597	7691	421	101	320
朝鲜族	1303	688	615	11	8	3
满　族	2728	1527	1201	33	15	18
侗　族	19162	11668	7494	333	128	205
瑶　族	76387	40898	35489	1867	676	1191
白　族	2572	1531	1041	32	13	19
土家族	42380	25258	17122	756	278	478
哈尼族	3559	2110	1449	93	29	64
哈萨克族	50	36	14			
傣　族	1183	649	534	10	1	9
黎　族	2484	1190	1294	56	16	40
傈僳族	567	340	227	9	3	6
佤　族	926	508	418	17	9	8
畲　族	4882	2624	2258	112	32	80
高山族	23	12	11			
拉祜族	349	163	186	17	5	12
水　族	1694	999	695	41	12	29
东乡族	272	191	81	4	1	3
纳西族	48	29	19			
景颇族	285	163	122	6	3	3
柯尔克孜族	217	124	93			
土　族	600	329	271	10	2	8
达斡尔族	52	24	28			
仫佬族	2274	1312	962	38	12	26
羌　族	122	74	48			
布朗族	143	77	66	1	1	
撒拉族	74	47	27	5	4	1
毛南族	998	627	371	12	6	6
仡佬族	2659	1610	1049	39	9	30
锡伯族	59	35	24	3	1	2
阿昌族	51	29	22	1	1	
普米族	24	16	8	1	1	
塔吉克族	76	53	23	2	1	1
怒　族	34	23	11	1		1
乌孜别克族	5	3	2			
俄罗斯族	11	5	6			
鄂温克族	9	5	4			
德昂族	27	14	13			
保安族	12	6	6			
裕固族	2	1	1			
京　族	38	11	27	5		5
塔塔尔族						
独龙族	2	2				
鄂伦春族	3	2	1			
赫哲族	9	5	4			
门巴族	2	1	1	1		1
珞巴族	1	1				
基诺族	6	1	5			
未定族称人口	777	410	367	47	9	38
入　籍	85	19	66	19		19

2-3b 续表 1

单位：人

民族	学前教育			小学		
	小计	男	女	小计	男	女
总 计	**795552**	**421810**	**373742**	**4273056**	**2000052**	**2273004**
汉 族	779998	413497	366501	4159577	1942548	2217029
蒙古族	86	45	41	278	154	124
回 族	173	85	88	947	523	424
藏 族	25	16	9	168	70	98
维吾尔族	26	14	12	83	53	30
苗 族	1666	880	786	17248	9087	8161
彝 族	181	86	95	2683	1437	1246
壮 族	5850	3160	2690	42866	21436	21430
布依族	462	261	201	5094	2510	2584
朝鲜族	93	50	43	192	94	98
满 族	183	91	92	366	180	186
侗 族	571	286	285	4746	2590	2156
瑶 族	4010	2141	1869	21985	10674	11311
白 族	51	25	26	457	242	215
土家族	1401	768	633	10181	5300	4881
哈尼族	33	20	13	1397	772	625
哈萨克族				4	3	1
傣 族	15	8	7	217	100	117
黎 族	77	36	41	459	208	251
傈僳族	5	3	2	95	52	43
佤 族	5	5		191	108	83
畲 族	326	167	159	1155	546	609
高山族	2	2		1	1	
拉祜族	2	1	1	98	44	54
水 族	51	21	30	443	234	209
东乡族	6	5	1	83	63	20
纳西族				7	3	4
景颇族	2	2		52	24	28
柯尔克孜族	2	1	1	59	39	20
土 族	20	11	9	163	82	81
达斡尔族	4	2	2	12	6	6
仫佬族	84	42	42	577	303	274
羌 族	4	3	1	17	11	6
布朗族	2	2		30	16	14
撒拉族	3	3		21	10	11
毛南族	26	20	6	216	117	99
仡佬族	69	33	36	638	306	332
锡伯族				5	3	2
阿昌族				8	5	3
普米族				3		3
塔吉克族				12	8	4
怒 族				4	3	1
乌孜别克族						
俄罗斯族	1		1	1	1	
鄂温克族				1		1
德昂族				5	1	4
保安族				3		3
裕固族						
京 族	2	1	1	12	1	11
塔塔尔族						
独龙族				1	1	
鄂伦春族				1		1
赫哲族	1	1		1	1	
门巴族	1	1				
珞巴族						
基诺族				1		1
未定族称人口	31	15	16	170	79	91
入 籍	2		2	22	3	19

2-3b 续表 2

单位：人

民族	初中			高中			大学专科		
	小计	男	女	小计	男	女	小计	男	女
总 计	**6379030**	**3435115**	**2943915**	**2763036**	**1599125**	**1163911**	**1046919**	**576116**	**470803**
汉 族	6149876	3295631	2854245	2709603	1566381	1143222	1030347	566909	463438
蒙古族	583	372	211	268	149	119	180	98	82
回 族	1786	1124	662	750	454	296	389	229	160
藏 族	414	184	230	148	97	51	53	34	19
维吾尔族	280	176	104	105	60	45	57	35	22
苗 族	31111	19722	11389	5630	3677	1953	1171	689	482
彝 族	6513	3907	2606	1410	892	518	217	107	110
壮 族	100162	60101	40061	21500	13264	8236	6161	3459	2702
布依族	10266	6455	3811	1573	992	581	283	168	115
朝鲜族	237	134	103	293	156	137	229	121	108
满 族	698	424	274	463	287	176	395	213	182
侗 族	10390	6687	3703	2272	1481	791	502	300	202
瑶 族	30706	17775	12931	10314	5862	4452	4312	2250	2062
白 族	1425	890	535	382	230	152	125	73	52
土家族	22352	14215	8137	5241	3316	1925	1476	835	641
哈尼族	1743	1105	638	230	143	87	47	32	15
哈萨克族	22	15	7	8	8		4	4	
傣 族	721	427	294	183	96	87	25	14	11
黎 族	1177	576	601	447	220	227	135	63	72
傈僳族	329	196	133	97	70	27	26	12	14
佤 族	613	338	275	90	45	45	7	2	5
畲 族	1608	908	700	866	517	349	428	258	170
高山族	12	8	4	4		4	2	1	1
拉祜族	202	93	109	25	18	7	4	2	2
水 族	911	578	333	184	118	66	40	25	15
东乡族	139	99	40	36	21	15	3	2	1
纳西族	24	15	9	8	6	2	5	3	2
景颇族	171	102	69	52	31	21			
柯尔克孜族	149	80	69	5	3	2			
土 族	299	173	126	71	43	28	17	8	9
达斡尔族	5	2	3	14	4	10	6	5	1
仫佬族	1247	754	493	228	151	77	64	35	29
羌 族	59	35	24	19	10	9	16	9	7
布朗族	87	44	43	19	11	8	3	2	1
撒拉族	31	20	11	7	7		5	2	3
毛南族	615	401	214	90	64	26	24	13	11
仡佬族	1500	1008	492	263	159	104	82	58	24
锡伯族	9	5	4	9	4	5	14	11	3
阿昌族	35	19	16	7	4	3			
普米族	10	8	2	3	2	1	7	5	2
塔吉克族	57	40	17	4	4				
怒 族	22	16	6	4	2	2	2	1	1
乌孜别克族	1	1		1	1				
俄罗斯族	1		1	3	2	1			
鄂温克族	2	1	1				2	2	
德昂族	17	10	7	4	3	1			
保安族	5	3	2	4	3	1			
裕固族							1	1	
京 族	8	4	4	3	2	1	5	1	4
塔塔尔族									
独龙族	1	1							
鄂伦春族	1	1		1	1				
赫哲族	3	2	1	1		1			
门巴族									
珞巴族				1	1				
基诺族	4		4				1	1	
未定族称人口	366	219	147	82	50	32	45	24	21
入 籍	25	11	14	11	3	8	2		2

2-3b 续表 3 单位：人

民族	大学本科			硕士研究生			博士研究生		
	小计	男	女	小计	男	女	小计	男	女
总　计	**621441**	**329064**	**292377**	**19438**	**10472**	**8966**	**2014**	**1330**	**684**
汉　族	609784	323113	286671	18926	10236	8690	1956	1289	667
蒙古族	373	171	202	30	11	19	2	1	1
回　族	383	210	173	47	23	24	8	4	4
藏　族	36	22	14	2	2				
维吾尔族	171	59	112	9	2	7	1	1	
苗　族	681	383	298	43	26	17	6	5	1
彝　族	161	76	85	1		1	3	2	1
壮　族	3672	1880	1792	100	48	52	11	8	3
布依族	179	105	74	8	3	5	2	2	
朝鲜族	221	114	107	22	8	14	5	3	2
满　族	522	291	231	64	24	40	4	2	2
侗　族	329	184	145	15	8	7	4	4	
瑶　族	3128	1489	1639	60	27	33	5	4	1
白　族	92	53	39	8	5	3			
土家族	889	505	384	77	36	41	7	5	2
哈尼族	16	9	7						
哈萨克族	12	6	6						
傣　族	11	3	8	1		1			
黎　族	129	68	61	4	3	1			
傈僳族	6	4	2						
佤　族	3	1	2						
畲　族	375	189	186	12	7	5			
高山族	1		1	1		1			
拉祜族	1		1						
水　族	23	10	13	1	1				
东乡族	1		1						
纳西族	4	2	2						
景颇族	2	1	1						
柯尔克孜族	2	1	1						
土　族	19	10	9	1		1			
达斡尔族	10	5	5	1		1			
仫佬族	35	15	20	1		1			
羌　族	6	5	1	1	1				
布朗族	1	1							
撒拉族	2	1	1						
毛南族	15	6	9						
仡佬族	68	37	31						
锡伯族	18	11	7	1		1			
阿昌族									
普米族									
塔吉克族	1		1						
怒　族	1	1							
乌孜别克族	3	1	2						
俄罗斯族	5	2	3						
鄂温克族	4	2	2						
德昂族	1		1						
保安族									
裕固族	1		1						
京　族	3	2	1						
塔塔尔族									
独龙族									
鄂伦春族									
赫哲族	2	1	1	1		1			
门巴族									
珞巴族									
基诺族									
未定族称人口	35	13	22	1	1				
入　籍	4	2	2						

2–3c　全省各民族分性别、受教育程度的3岁及以上人口(乡村)

单位：人

民　族	3岁及以上人口			未上过学		
	合计	男	女	小计	男	女
总　计	**31208952**	**16435023**	**14773929**	**1383282**	**427814**	**955468**
汉　族	30505437	16036875	14468562	1362682	421724	940958
蒙古族	1720	1053	667	28	13	15
回　族	4748	2774	1974	96	22	74
藏　族	1961	744	1217	41	9	32
维吾尔族	383	216	167	9	4	5
苗　族	100736	59070	41666	4378	1184	3194
彝　族	18760	10836	7924	414	144	270
壮　族	283376	155557	127819	4600	1437	3163
布依族	27769	16093	11676	887	202	685
朝鲜族	462	253	209	7	2	5
满　族	1911	1198	713	23	9	14
侗　族	31711	19581	12130	657	196	461
瑶　族	133738	73558	60180	6846	2218	4628
白　族	3489	2033	1456	47	12	35
土家族	50382	31307	19075	939	294	645
哈尼族	3589	2075	1514	108	25	83
哈萨克族	36	19	17			
傣　族	2203	1124	1079	72	5	67
黎　族	3345	1543	1802	86	17	69
傈僳族	684	366	318	22	7	15
佤　族	1317	687	630	22	4	18
畲　族	13105	7951	5154	427	163	264
高山族	17	5	12			
拉祜族	885	398	487	72	10	62
水　族	2815	1690	1125	85	20	65
东乡族	346	218	128	5	3	2
纳西族	55	34	21	1		1
景颇族	372	189	183	6	1	5
柯尔克孜族	67	45	22			
土　族	702	426	276	10	5	5
达斡尔族	22	13	9			
仫佬族	3979	2278	1701	63	15	48
羌　族	88	55	33			
布朗族	241	122	119	8		8
撒拉族	56	34	22			
毛南族	1564	930	634	14	7	7
仡佬族	4026	2536	1490	83	31	52
锡伯族	28	19	9			
阿昌族	155	84	71	2		2
普米族	38	26	12	1		1
塔吉克族						
怒　族	28	16	12	1	1	
乌孜别克族						
俄罗斯族	7	2	5			
鄂温克族	6	2	4			
德昂族	72	36	36			
保安族	22	11	11			
裕固族						
京　族	124	35	89	19		19
塔塔尔族						
独龙族	6	3	3	1		1
鄂伦春族	3	2	1			
赫哲族	8	5	3			
门巴族	4	3	1			
珞巴族	1		1	1		1
基诺族	6	1	5			
未定族称人口	1934	862	1072	346	26	320
入　籍	413	30	383	173	4	169

2-3c 续表 1

单位：人

民 族	学前教育			小 学		
	小计	男	女	小计	男	女
总 计	**1505724**	**786838**	**718886**	**9716918**	**4524582**	**5192336**
汉 族	1484768	775554	709214	9505678	4420607	5085071
蒙古族	46	25	21	286	149	137
回 族	107	59	48	949	489	460
藏 族	26	14	12	566	159	407
维吾尔族	11	4	7	61	30	31
苗 族	2682	1477	1205	33470	17736	15734
彝 族	283	143	140	4741	2341	2400
壮 族	8070	4332	3738	77504	35761	41743
布依族	659	340	319	8834	4456	4378
朝鲜族	15	7	8	56	29	27
满 族	55	29	26	240	139	101
侗 族	769	442	327	9008	4721	4287
瑶 族	5679	3025	2654	50018	25003	25015
白 族	60	31	29	705	332	373
土家族	1210	665	545	13008	6957	6051
哈尼族	36	15	21	874	425	449
哈萨克族				9	5	4
傣 族	15	6	9	476	171	305
黎 族	74	44	30	707	250	457
傈僳族	6	1	5	141	60	81
佤 族	7	4	3	263	124	139
畲 族	711	382	329	4172	2254	1918
高山族				1		1
拉祜族	1		1	289	99	190
水 族	71	36	35	879	448	431
东乡族	8	4	4	116	66	50
纳西族	1		1	7	5	2
景颇族				83	28	55
柯尔克孜族				2	1	1
土 族	23	14	9	183	108	75
达斡尔族	1	1		2	1	1
仫佬族	127	70	57	1257	636	621
羌 族	1	1		17	9	8
布朗族	2	2		52	28	24
撒拉族				14	7	7
毛南族	30	14	16	388	185	203
仡佬族	93	53	40	1065	529	536
锡伯族	1	1		2		2
阿昌族	1		1	26	9	17
普米族				3	1	2
塔吉克族						
怒 族				5	2	3
乌孜别克族						
俄罗斯族						
鄂温克族				1		1
德昂族				20	10	10
保安族	1	1		6	4	2
裕固族						
京 族	3	2	1	39	5	34
塔塔尔族						
独龙族						
鄂伦春族						
赫哲族						
门巴族						
珞巴族						
基诺族						
未定族称人口	61	35	26	542	195	347
入 籍	10	5	5	153	8	145

2-3c　续表 2

单位：人

民　族	初　中			高　中			大学专科		
	小计	男	女	小计	男	女	小计	男	女
总　计	**13387895**	**7580568**	**5807327**	**3646184**	**2262872**	**1383312**	**1084984**	**600898**	**484086**
汉　族	13022094	7357536	5664558	3581994	2220990	1361004	1070921	592725	478196
蒙古族	734	484	250	248	167	81	165	102	63
回　族	2490	1535	955	604	395	209	213	123	90
藏　族	1000	377	623	221	132	89	67	31	36
维吾尔族	149	88	61	58	39	19	32	18	14
苗　族	50411	32225	18186	7791	5148	2643	1428	953	475
彝　族	10879	6690	4189	1982	1230	752	324	214	110
壮　族	159409	92845	66564	26525	17083	9442	5204	2976	2228
布依族	14886	9509	5377	2018	1284	734	303	192	111
朝鲜族	80	52	28	95	57	38	86	47	39
满　族	610	405	205	351	228	123	228	141	87
侗　族	17426	11579	5847	3068	2136	932	548	362	186
瑶　族	56592	34423	22169	10478	6776	3702	3125	1603	1522
白　族	2010	1225	785	524	340	184	89	60	29
土家族	27555	18219	9336	5797	4017	1780	1190	747	443
哈尼族	2161	1339	822	369	246	123	31	21	10
哈萨克族	14	9	5	4	3	1			
傣　族	1374	782	592	221	135	86	32	20	12
黎　族	1874	911	963	416	222	194	106	58	48
傈僳族	416	232	184	88	59	29	8	5	3
佤　族	861	468	393	146	75	71	14	8	6
畲　族	5394	3646	1748	1607	1066	541	535	294	241
高山族	9	2	7	4	2	2	1	1	
拉祜族	436	236	200	71	45	26	13	5	8
水　族	1459	970	489	264	175	89	34	22	12
东乡族	197	130	67	19	14	5			
纳西族	29	18	11	9	5	4	1	1	
景颇族	241	137	104	39	22	17	3	1	2
柯尔克孜族	64	43	21	1	1				
土　族	366	219	147	84	58	26	22	14	8
达斡尔族	7	5	2	4	4		3		3
仫佬族	2093	1282	811	308	201	107	86	50	36
羌　族	40	26	14	15	10	5	8	4	4
布朗族	158	81	77	18	10	8	3	1	2
撒拉族	30	20	10	9	5	4	2	2	
毛南族	934	593	341	163	110	53	27	17	10
仡佬族	2267	1567	700	375	266	109	89	58	31
锡伯族	14	12	2	2	1	1	2	2	
阿昌族	95	54	41	28	18	10	3	3	
普米族	26	22	4	5	3	2	3		3
塔吉克族									
怒　族	16	11	5	6	2	4			
乌孜别克族									
俄罗斯族	3	1	2	2		2			
鄂温克族	2		2	1	1				
德昂族	44	19	25	8	7	1			
保安族	12	6	6	1		1			
裕固族									
京　族	45	17	28	15	10	5	3	1	2
塔塔尔族									
独龙族	4	2	2	1	1				
鄂伦春族	3	2	1						
赫哲族	5	3	2	2	2		1		1
门巴族	3	3							
珞巴族									
基诺族	2		2	1		1	1		1
未定族称人口	808	499	309	115	69	46	26	14	12
入　籍	64	9	55	9	2	7	4	2	2

2-3c 续表 3

单位：人

民族	大学本科			硕士研究生			博士研究生		
	小计	男	女	小计	男	女	小计	男	女
总 计	**465924**	**241633**	**224291**	**15909**	**8438**	**7471**	**2132**	**1380**	**752**
汉 族	459652	238117	221535	15577	8283	7294	2071	1339	732
蒙古族	188	102	86	20	9	11	5	2	3
回 族	253	127	126	32	22	10	4	2	2
藏 族	37	20	17	2	1	1	1	1	
维吾尔族	59	31	28	4	2	2			
苗 族	542	329	213	29	14	15	5	4	1
彝 族	132	72	60	4	1	3	1	1	
壮 族	1956	1072	884	88	39	49	20	12	8
布依族	166	105	61	12	2	10	4	3	1
朝鲜族	109	51	58	11	6	5	3	2	1
满 族	372	230	142	27	13	14	5	4	1
侗 族	225	141	84	6	2	4	4	2	2
瑶 族	973	499	474	27	11	16			
白 族	46	30	16	5		5	3	3	
土家族	634	382	252	46	24	22	3	2	1
哈尼族	9	3	6				1	1	
哈萨克族	9	2	7						
傣 族	12	5	7	1		1			
黎 族	82	41	41						
傈僳族	3	2	1						
佤 族	4	4							
畲 族	248	141	107	9	3	6	2	2	
高山族	2		2						
拉祜族	2	2		1	1				
水 族	21	17	4	2	2				
东乡族	1	1							
纳西族	7	5	2						
景颇族									
柯尔克孜族									
土 族	13	8	5	1		1			
达斡尔族	5	2	3						
仫佬族	45	24	21						
羌 族	6	5	1	1		1			
布朗族									
撒拉族	1		1						
毛南族	8	4	4						
仡佬族	52	31	21	2	1	1			
锡伯族	7	3	4						
阿昌族									
普米族									
塔吉克族									
怒 族									
乌孜别克族									
俄罗斯族	2	1	1						
鄂温克族	2	1	1						
德昂族									
保安族	2		2						
裕固族									
京 族									
塔塔尔族									
独龙族									
鄂伦春族									
赫哲族									
门巴族	1		1						
珞巴族									
基诺族	2	1	1						
未定族称人口	34	22	12	2	2				
入 籍									

2–4　全省各民族按户口登记地、性别分的户口登记地在外乡镇街道的人口

单位：人

民　族	户口登记地					
	合　计			省　内		
	合计	男	女	小计	男	女
总　计	**60635086**	**33711847**	**26923239**	**31012976**	**16200166**	**14812810**
汉　族	56356979	31200128	25156851	30792593	16098971	14693622
蒙古族	24086	13645	10441	5011	2421	2590
回　族	68302	39419	28883	10008	4803	5205
藏　族	9165	4839	4326	788	288	500
维吾尔族	8427	4358	4069	666	332	334
苗　族	585588	344509	241079	10792	4576	6216
彝　族	136875	78226	58649	1677	737	940
壮　族	1877226	1106722	770504	59900	23139	36761
布依族	222853	130723	92130	2425	912	1513
朝鲜族	19827	10558	9269	5104	2464	2640
满　族	41111	22388	18723	12761	6155	6606
侗　族	229422	141225	88197	5352	2130	3222
瑶　族	378095	218997	159098	70490	36496	33994
白　族	33438	19572	13866	1452	683	769
土家族	394272	231884	162388	15662	7039	8623
哈尼族	33038	19981	13057	295	139	156
哈萨克族	861	402	459	101	41	60
傣　族	15395	8580	6815	233	75	158
黎　族	28700	15421	13279	1692	613	1079
傈僳族	6933	3845	3088	85	29	56
佤　族	11427	6069	5358	55	20	35
畲　族	22785	13001	9784	12333	6682	5651
高山族	123	63	60	46	23	23
拉祜族	5346	2964	2382	92	28	64
水　族	22392	13544	8848	269	101	168
东乡族	4549	2945	1604	24	10	14
纳西族	739	382	357	97	44	53
景颇族	2761	1436	1325	28	10	18
柯尔克孜族	467	246	221	15	8	7
土　族	5292	3067	2225	217	84	133
达斡尔族	618	313	305	179	73	106
仫佬族	27571	16048	11523	758	281	477
羌　族	1295	729	566	129	50	79
布朗族	1696	905	791	12	3	9
撒拉族	2221	1261	960	11	6	5
毛南族	12598	7669	4929	240	77	163
仡佬族	26887	16635	10252	511	220	291
锡伯族	929	490	439	339	167	172
阿昌族	1081	578	503	9	2	7
普米族	420	271	149	12	5	7
塔吉克族	95	63	32			
怒　族	395	225	170	5	1	4
乌孜别克族	28	15	13	11	7	4
俄罗斯族	154	69	85	75	31	44
鄂温克族	156	82	74	41	20	21
德昂族	439	216	223	2	1	1
保安族	185	111	74	6	3	3
裕固族	46	23	23	15	8	7
京　族	322	174	148	65	30	35
塔塔尔族	6	5	1	2	2	
独龙族	68	35	33	5	2	3
鄂伦春族	40	24	16	12	5	7
赫哲族	80	36	44	20	4	16
门巴族	17	9	8	3	1	2
珞巴族	10	5	5	2	1	1
基诺族	82	33	49	6	2	4
未定族称人口	10814	6484	4330	212	99	113
入　籍	359	200	159	31	12	19

2－4 续表

单位：人

民 族	户口登记地					
	省 内			省 外		
	其中市辖区内人户分离					
	小计	男	女	小计	男	女
总 计	**8568936**	**4203808**	**4365128**	**29622110**	**17511681**	**12110429**
汉 族	8489462	4167068	4322394	25564386	15101157	10463229
蒙古族	3720	1794	1926	19075	11224	7851
回 族	7425	3497	3928	58294	34616	23678
藏 族	371	137	234	8377	4551	3826
维吾尔族	348	172	176	7761	4026	3735
苗 族	6715	3094	3621	574796	339933	234863
彝 族	994	472	522	135198	77489	57709
壮 族	18362	8188	10174	1817326	1083583	733743
布依族	1291	599	692	220428	129811	90617
朝鲜族	3464	1615	1849	14723	8094	6629
满 族	9945	4718	5227	28350	16233	12117
侗 族	3330	1482	1848	224070	139095	84975
瑶 族	6470	3041	3429	307605	182501	125104
白 族	872	403	469	31986	18889	13097
土家族	10778	4968	5810	378610	224845	153765
哈尼族	183	103	80	32743	19842	12901
哈萨克族	70	27	43	760	361	399
傣 族	105	38	67	15162	8505	6657
黎 族	824	354	470	27008	14808	12200
傈僳族	44	17	27	6848	3816	3032
佤 族	19	9	10	11372	6049	5323
畲 族	2017	1049	968	10452	6319	4133
高山族	21	11	10	77	40	37
拉祜族	41	18	23	5254	2936	2318
水 族	159	75	84	22123	13443	8680
东乡族	20	8	12	4525	2935	1590
纳西族	71	31	40	642	338	304
景颇族	17	6	11	2733	1426	1307
柯尔克孜族	15	8	7	452	238	214
土 族	118	52	66	5075	2983	2092
达斡尔族	125	50	75	439	240	199
仫佬族	440	197	243	26813	15767	11046
羌 族	95	35	60	1166	679	487
布朗族	5	1	4	1684	902	782
撒拉族	5	2	3	2210	1255	955
毛南族	116	53	63	12358	7592	4766
仡佬族	307	144	163	26376	16415	9961
锡伯族	269	128	141	590	323	267
阿昌族	5	1	4	1072	576	496
普米族	7	3	4	408	266	142
塔吉克族				95	63	32
怒 族	3	1	2	390	224	166
乌孜别克族	6	4	2	17	8	9
俄罗斯族	58	26	32	79	38	41
鄂温克族	30	16	14	115	62	53
德昂族				437	215	222
保安族	2		2	179	108	71
裕固族	13	6	7	31	15	16
京 族	43	24	19	257	144	113
塔塔尔族	2	2		4	3	1
独龙族	1		1	63	33	30
鄂伦春族	10	4	6	28	19	9
赫哲族	14	3	11	60	32	28
门巴族	2	1	1	14	8	6
珞巴族	2	1	1	8	4	4
基诺族	1	1		76	31	45
未定族称人口	92	47	45	10602	6385	4217
入 籍	12	4	8	328	188	140

2-4a　全省各民族按户口登记地、性别分的户口登记地在外乡镇街道的人口(城市)

单位：人

民　族	户口登记地					
	合　计			省　内		
	合计	男	女	小计	男	女
总　计	**49618272**	**27539974**	**22078298**	**24758290**	**12934364**	**11823926**
汉　族	46289870	25589358	20700512	24600492	12863591	11736901
蒙古族	20975	11757	9218	4599	2214	2385
回　族	60239	34487	25752	9272	4427	4845
藏　族	7219	3772	3447	649	229	420
维吾尔族	7464	3808	3656	558	264	294
苗　族	426396	250056	176340	9158	3843	5315
彝　族	107664	61106	46558	1433	622	811
壮　族	1480034	873823	606211	44704	16591	28113
布依族	177464	104029	73435	2110	806	1304
朝鲜族	18447	9791	8656	4721	2277	2444
满　族	37217	20044	17173	11876	5691	6185
侗　族	179487	110130	69357	4712	1876	2836
瑶　族	275630	160710	114920	34659	18200	16459
白　族	27885	16212	11673	1279	600	679
土家族	303057	175732	127325	13997	6224	7773
哈尼族	26225	15857	10368	257	123	134
哈萨克族	781	349	432	95	36	59
傣　族	12394	6854	5540	195	61	134
黎　族	23770	12832	10938	1465	544	921
傈僳族	5748	3156	2592	72	24	48
佤　族	9279	4897	4382	48	15	33
畲　族	17700	10174	7526	8832	4822	4010
高山族	97	51	46	37	19	18
拉祜族	4332	2419	1913	80	22	58
水　族	17966	10868	7098	239	93	146
东乡族	3939	2538	1401	23	10	13
纳西族	642	320	322	85	37	48
景颇族	2139	1085	1054	24	9	15
柯尔克孜族	185	78	107	15	8	7
土　族	4039	2320	1719	178	75	103
达斡尔族	561	282	279	160	66	94
仫佬族	21561	12491	9070	677	259	418
羌　族	1099	606	493	115	42	73
布朗族	1335	711	624	9	2	7
撒拉族	2094	1180	914	10	6	4
毛南族	10127	6127	4000	211	69	142
仡佬族	20270	12485	7785	442	192	250
锡伯族	865	448	417	322	158	164
阿昌族	883	467	416	7	2	5
普米族	360	230	130	11	5	6
塔吉克族	19	10	9			
怒　族	336	188	148	5	1	4
乌孜别克族	23	12	11	11	7	4
俄罗斯族	140	63	77	71	29	42
鄂温克族	143	75	68	37	19	18
德昂族	343	168	175	2	1	1
保安族	151	94	57	6	3	3
裕固族	44	22	22	14	7	7
京　族	249	134	115	62	30	32
塔塔尔族	6	5	1	2	2	
独龙族	61	30	31	5	2	3
鄂伦春族	34	20	14	12	5	7
赫哲族	64	26	38	17	3	14
门巴族	14	6	8	3	1	2
珞巴族	9	4	5	2	1	1
基诺族	71	31	40	4	1	3
未定族称人口	8820	5271	3549	182	87	95
入　籍	306	175	131	27	11	16

2-4a 续表

单位：人

民族	户口登记地					
	省内			省外		
	其中市辖区内人户分离					
	小计	男	女	小计	男	女
总计	**7919832**	**3879445**	**4040387**	**24859982**	**14605610**	**10254372**
汉族	7845428	3845394	4000034	21689378	12725767	8963611
蒙古族	3601	1727	1874	16376	9543	6833
回族	7244	3403	3841	50967	30060	20907
藏族	352	128	224	6570	3543	3027
维吾尔族	336	162	174	6906	3544	3362
苗族	6152	2793	3359	417238	246213	171025
彝族	938	441	497	106231	60484	45747
壮族	16241	7050	9191	1435330	857232	578098
布依族	1236	574	662	175354	103223	72131
朝鲜族	3377	1575	1802	13726	7514	6212
满族	9695	4588	5107	25341	14353	10988
侗族	3153	1391	1762	174775	108254	66521
瑶族	5764	2640	3124	240971	142510	98461
白族	845	392	453	26606	15612	10994
土家族	10311	4730	5581	289060	169508	119552
哈尼族	170	93	77	25968	15734	10234
哈萨克族	70	27	43	686	313	373
傣族	94	33	61	12199	6793	5406
黎族	771	333	438	22305	12288	10017
傈僳族	43	16	27	5676	3132	2544
佤族	18	8	10	9231	4882	4349
畲族	1951	1014	937	8868	5352	3516
高山族	21	11	10	60	32	28
拉祜族	39	16	23	4252	2397	1855
水族	149	72	77	17727	10775	6952
东乡族	20	8	12	3916	2528	1388
纳西族	69	30	39	557	283	274
景颇族	16	6	10	2115	1076	1039
柯尔克孜族	15	8	7	170	70	100
土族	111	51	60	3861	2245	1616
达斡尔族	120	50	70	401	216	185
仫佬族	429	191	238	20884	12232	8652
羌族	92	33	59	984	564	420
布朗族	4	1	3	1326	709	617
撒拉族	5	2	3	2084	1174	910
毛南族	110	51	59	9916	6058	3858
仡佬族	288	136	152	19828	12293	7535
锡伯族	264	126	138	543	290	253
阿昌族	4	1	3	876	465	411
普米族	6	3	3	349	225	124
塔吉克族				19	10	9
怒族	3	1	2	331	187	144
乌孜别克族	6	4	2	12	5	7
俄罗斯族	55	25	30	69	34	35
鄂温克族	29	16	13	106	56	50
德昂族				341	167	174
保安族	2		2	145	91	54
裕固族	13	6	7	30	15	15
京族	43	24	19	187	104	83
塔塔尔族	2	2		4	3	1
独龙族	1		1	56	28	28
鄂伦春族	10	4	6	22	15	7
赫哲族	14	3	11	47	23	24
门巴族	2	1	1	11	5	6
珞巴族	2	1	1	7	3	4
基诺族	1	1		67	30	37
未定族称人口	87	45	42	8638	5184	3454
入籍	10	4	6	279	164	115

2-4b　全省各民族按户口登记地、性别分的户口登记地在外乡镇街道的人口(镇)

单位：人

民　族	户口登记地					
	合　计			省　内		
	合计	男	女	小计	男	女
总　计	**6173567**	**3352112**	**2821455**	**3902060**	**1999145**	**1902915**
汉　族	5773849	3119682	2654167	3860536	1979319	1881217
蒙古族	1539	883	656	220	103	117
回　族	4012	2428	1584	416	218	198
藏　族	750	395	355	73	32	41
维吾尔族	669	367	302	39	22	17
苗　族	59214	34999	24215	1070	492	578
彝　族	11098	6416	4682	135	60	75
壮　族	165021	95958	69063	10716	4726	5990
布依族	18146	10521	7625	193	63	130
朝鲜族	981	538	443	215	106	109
满　族	2181	1231	950	521	254	267
侗　族	18778	11511	7267	403	170	233
瑶　族	51416	28132	23284	23613	11624	11989
白　族	2383	1447	936	113	50	63
土家族	41460	24919	16541	1052	519	533
哈尼族	3515	2095	1420	20	10	10
哈萨克族	48	34	14	4	4	
傣　族	1123	630	493	21	8	13
黎　族	2244	1118	1126	137	40	97
傈僳族	542	332	210	7	2	5
佤　族	907	497	410	2	1	1
畲　族	3107	1688	1419	2326	1240	1086
高山族	14	7	7	3	2	1
拉祜族	325	156	169	2		2
水　族	1675	990	685	16	6	10
东乡族	269	190	79			
纳西族	47	28	19	7	4	3
景颇族	276	161	115	1		1
柯尔克孜族	216	123	93			
土　族	581	328	253	25	5	20
达斡尔族	36	18	18	12	5	7
仫佬族	2208	1296	912	48	10	38
羌　族	115	69	46	9	5	4
布朗族	138	75	63	1		1
撒拉族	71	47	24			
毛南族	975	610	365	13	5	8
仡佬族	2636	1602	1034	52	23	29
锡伯族	39	24	15	11	6	5
阿昌族	50	29	21			
普米族	23	15	8	1		1
塔吉克族	76	53	23			
怒　族	33	22	11			
乌孜别克族	5	3	2			
俄罗斯族	9	4	5			
鄂温克族	8	5	3	1		1
德昂族	26	12	14			
保安族	12	6	6			
裕固族	2	1	1	1	1	
京　族	20	11	9	3		3
塔塔尔族						
独龙族	2	2				
鄂伦春族	3	2	1			
赫哲族	8	5	3	1	1	
门巴族						
珞巴族	1	1				
基诺族	7	1	6	2	1	1
未定族称人口	657	385	272	17	7	10
入　籍	21	10	11	2	1	1

2-4b 续表

单位：人

民族	户口登记地					
	省内			省外		
	其中市辖区内人户分离					
	小计	男	女	小计	男	女
总　计	**360999**	**181742**	**179257**	**2271507**	**1352967**	**918540**
汉　族	357382	179761	177621	1913313	1140363	772950
蒙古族	62	33	29	1319	780	539
回　族	110	57	53	3596	2210	1386
藏　族	8	5	3	677	363	314
维吾尔族	7	6	1	630	345	285
苗　族	425	231	194	58144	34507	23637
彝　族	31	17	14	10963	6356	4607
壮　族	1666	935	731	154305	91232	63073
布依族	29	12	17	17953	10458	7495
朝鲜族	57	24	33	766	432	334
满　族	153	74	79	1660	977	683
侗　族	131	72	59	18375	11341	7034
瑶　族	473	286	187	27803	16508	11295
白　族	19	5	14	2270	1397	873
土家族	304	154	150	40408	24400	16008
哈尼族	10	7	3	3495	2085	1410
哈萨克族				44	30	14
傣　族	4	3	1	1102	622	480
黎　族	31	16	15	2107	1078	1029
傈僳族	1	1		535	330	205
佤　族				905	496	409
畲　族	42	26	16	781	448	333
高山族				11	5	6
拉祜族				323	156	167
水　族	6	2	4	1659	984	675
东乡族				269	190	79
纳西族	1	1		40	24	16
景颇族				275	161	114
柯尔克孜族				216	123	93
土　族	6	1	5	556	323	233
达斡尔族	5		5	24	13	11
仫佬族	6	2	4	2160	1286	874
羌　族	2	1	1	106	64	42
布朗族	1		1	137	75	62
撒拉族				71	47	24
毛南族	4	1	3	962	605	357
仡佬族	17	7	10	2584	1579	1005
锡伯族	2	1	1	28	18	10
阿昌族				50	29	21
普米族	1		1	22	15	7
塔吉克族				76	53	23
怒　族				33	22	11
乌孜别克族				5	3	2
俄罗斯族				9	4	5
鄂温克族	1		1	7	5	2
德昂族				26	12	14
保安族				12	6	6
裕固族				1		1
京　族				17	11	6
塔塔尔族						
独龙族				2	2	
鄂伦春族				3	2	1
赫哲族				7	4	3
门巴族						
珞巴族				1	1	
基诺族				5		5
未定族称人口	2	1	1	640	378	262
入　籍				19	9	10

2-4c 全省各民族按户口登记地、性别分的户口登记地在外乡镇街道的人口(乡村)

单位：人

民 族	户口登记地					
	合 计			省 内		
	合计	男	女	小计	男	女
总 计	**4843247**	**2819761**	**2023486**	**2352626**	**1266657**	**1085969**
汉 族	4293260	2491088	1802172	2331565	1256061	1075504
蒙古族	1572	1005	567	192	104	88
回 族	4051	2504	1547	320	158	162
藏 族	1196	672	524	66	27	39
维吾尔族	294	183	111	69	46	23
苗 族	99978	59454	40524	564	241	323
彝 族	18113	10704	7409	109	55	54
壮 族	232171	136941	95230	4480	1822	2658
布依族	27243	16173	11070	122	43	79
朝鲜族	399	229	170	168	81	87
满 族	1713	1113	600	364	210	154
侗 族	31157	19584	11573	237	84	153
瑶 族	51049	30155	20894	12218	6672	5546
白 族	3170	1913	1257	60	33	27
土家族	49755	31233	18522	613	296	317
哈尼族	3298	2029	1269	18	6	12
哈萨克族	32	19	13	2	1	1
傣 族	1878	1096	782	17	6	11
黎 族	2686	1471	1215	90	29	61
傈僳族	643	357	286	6	3	3
佤 族	1241	675	566	5	4	1
畲 族	1978	1139	839	1175	620	555
高山族	12	5	7	6	2	4
拉祜族	689	389	300	10	6	4
水 族	2751	1686	1065	14	2	12
东乡族	341	217	124	1		1
纳西族	50	34	16	5	3	2
景颇族	346	190	156	3	1	2
柯尔克孜族	66	45	21			
土 族	672	419	253	14	4	10
达斡尔族	21	13	8	7	2	5
仫佬族	3802	2261	1541	33	12	21
羌 族	81	54	27	5	3	2
布朗族	223	119	104	2	1	1
撒拉族	56	34	22	1		1
毛南族	1496	932	564	16	3	13
仡佬族	3981	2548	1433	17	5	12
锡伯族	25	18	7	6	3	3
阿昌族	148	82	66	2		2
普米族	37	26	11			
塔吉克族						
怒 族	26	15	11			
乌孜别克族						
俄罗斯族	5	2	3	4	2	2
鄂温克族	5	2	3	3	1	2
德昂族	70	36	34			
保安族	22	11	11			
裕固族						
京 族	53	29	24			
塔塔尔族						
独龙族	5	3	2			
鄂伦春族	3	2	1			
赫哲族	8	5	3	2		2
门巴族	3	3				
珞巴族						
基诺族	4	1	3			
未定族称人口	1337	828	509	13	5	8
入 籍	32	15	17	2		2

2-4c 续表

单位：人

民族	户口登记地					
	省内			省外		
	其中市辖区内人户分离					
	小计	男	女	小计	男	女
总 计	**288105**	**142621**	**145484**	**2490621**	**1553104**	**937517**
汉 族	286652	141913	144739	1961695	1235027	726668
蒙古族	57	34	23	1380	901	479
回 族	71	37	34	3731	2346	1385
藏 族	11	4	7	1130	645	485
维吾尔族	5	4	1	225	137	88
苗 族	138	70	68	99414	59213	40201
彝 族	25	14	11	18004	10649	7355
壮 族	455	203	252	227691	135119	92572
布依族	26	13	13	27121	16130	10991
朝鲜族	30	16	14	231	148	83
满 族	97	56	41	1349	903	446
侗 族	46	19	27	30920	19500	11420
瑶 族	233	115	118	38831	23483	15348
白 族	8	6	2	3110	1880	1230
土家族	163	84	79	49142	30937	18205
哈尼族	3	3		3280	2023	1257
哈萨克族				30	18	12
傣 族	7	2	5	1861	1090	771
黎 族	22	5	17	2596	1442	1154
傈僳族				637	354	283
佤 族	1	1		1236	671	565
畲 族	24	9	15	803	519	284
高山族				6	3	3
拉祜族	2	2		679	383	296
水 族	4	1	3	2737	1684	1053
东乡族				340	217	123
纳西族	1		1	45	31	14
景颇族	1		1	343	189	154
柯尔克孜族				66	45	21
土 族	1		1	658	415	243
达斡尔族				14	11	3
仫佬族	5	4	1	3769	2249	1520
羌 族	1	1		76	51	25
布朗族				221	118	103
撒拉族				55	34	21
毛南族	2	1	1	1480	929	551
仡佬族	2	1	1	3964	2543	1421
锡伯族	3	1	2	19	15	4
阿昌族	1		1	146	82	64
普米族				37	26	11
塔吉克族						
怒 族				26	15	11
乌孜别克族						
俄罗斯族	3	1	2	1		1
鄂温克族				2	1	1
德昂族				70	36	34
保安族				22	11	11
裕固族						
京 族				53	29	24
塔塔尔族						
独龙族				5	3	2
鄂伦春族				3	2	1
赫哲族				6	5	1
门巴族				3	3	
珞巴族						
基诺族				4	1	3
未定族称人口	3	1	2	1324	823	501
入 籍	2		2	30	15	15

第一部分　全部数据资料

第三卷　年龄

3-1　全省分年龄、性别的人口

单位：人、%

年　龄	人口数			占总人口比重			性别比
	合计	男	女	合计	男	女	(女=100)
总　计	**126012510**	**66873646**	**59138864**	**100**	**53.07**	**46.93**	**113.08**
0—4岁	**7992595**	**4266881**	**3725714**	**6.34**	**3.39**	**2.96**	**114.53**
0	1290748	691738	599010	1.02	0.55	0.48	115.48
1	1502189	802362	699827	1.19	0.64	0.56	114.65
2	1595757	850199	745558	1.27	0.67	0.59	114.04
3	1881713	1001835	879878	1.49	0.80	0.70	113.86
4	1722188	920747	801441	1.37	0.73	0.64	114.89
5—9岁	**8562360**	**4597464**	**3964896**	**6.79**	**3.65**	**3.15**	**115.95**
5	1640368	879344	761024	1.30	0.70	0.60	115.55
6	1704891	916223	788668	1.35	0.73	0.63	116.17
7	1713992	919239	794753	1.36	0.73	0.63	115.66
8	1858151	997516	860635	1.47	0.79	0.68	115.90
9	1644958	885142	759816	1.31	0.70	0.60	116.49
10—14岁	**7194927**	**3884271**	**3310656**	**5.71**	**3.08**	**2.63**	**117.33**
10	1550049	838651	711398	1.23	0.67	0.56	117.89
11	1545939	833619	712320	1.23	0.66	0.57	117.03
12	1492496	804102	688394	1.18	0.64	0.55	116.81
13	1347825	727239	620586	1.07	0.58	0.49	117.19
14	1258618	680660	577958	1.00	0.54	0.46	117.77
15—19岁	**6335235**	**3556607**	**2778628**	**5.03**	**2.82**	**2.21**	**128.00**
15	1187362	648420	538942	0.94	0.51	0.43	120.31
16	1255507	696989	558518	1.00	0.55	0.44	124.79
17	1226088	691944	534144	0.97	0.55	0.42	129.54
18	1266982	723245	543737	1.01	0.57	0.43	133.01
19	1399296	796009	603287	1.11	0.63	0.48	131.95
20—24岁	**9399562**	**5260488**	**4139074**	**7.46**	**4.17**	**3.28**	**127.09**
20	1523315	866469	656846	1.21	0.69	0.52	131.91
21	1645504	928081	717423	1.31	0.74	0.57	129.36
22	1939866	1092134	847732	1.54	0.87	0.67	128.83
23	2067806	1150223	917583	1.64	0.91	0.73	125.35
24	2223071	1223581	999490	1.76	0.97	0.79	122.42
25—29岁	**11901905**	**6549206**	**5352699**	**9.45**	**5.20**	**4.25**	**122.35**
25	2345827	1290622	1055205	1.86	1.02	0.84	122.31
26	2268422	1244950	1023472	1.80	0.99	0.81	121.64
27	2401959	1319212	1082747	1.91	1.05	0.86	121.84
28	2428549	1340695	1087854	1.93	1.06	0.86	123.24
29	2457148	1353727	1103421	1.95	1.07	0.88	122.68
30—34岁	**13183618**	**7173902**	**6009716**	**10.46**	**5.69**	**4.77**	**119.37**
30	2827235	1551394	1275841	2.24	1.23	1.01	121.60
31	2693251	1470989	1222262	2.14	1.17	0.97	120.35
32	2508167	1363953	1144214	1.99	1.08	0.91	119.20
33	2691253	1459971	1231282	2.14	1.16	0.98	118.57
34	2463712	1327595	1136117	1.96	1.05	0.90	116.85
35—39岁	**11079219**	**5950175**	**5129044**	**8.79**	**4.72**	**4.07**	**116.01**
35	2247395	1209158	1038237	1.78	0.96	0.82	116.46
36	2279256	1224382	1054874	1.81	0.97	0.84	116.07
37	2152573	1158484	994089	1.71	0.92	0.79	116.54
38	2286974	1229744	1057230	1.81	0.98	0.84	116.32
39	2113021	1128407	984614	1.68	0.90	0.78	114.60
40—44岁	**9023058**	**4785408**	**4237650**	**7.16**	**3.80**	**3.36**	**112.93**
40	1888522	1007001	881521	1.50	0.80	0.70	114.23
41	2007610	1069880	937730	1.59	0.85	0.74	114.09
42	1770595	939638	830957	1.41	0.75	0.66	113.08
43	1599341	845519	753822	1.27	0.67	0.60	112.16
44	1756990	923370	833620	1.39	0.73	0.66	110.77

3-1 续表

单位：人、%

年 龄	人 口 数			占总人口比重			性别比
	合计	男	女	合计	男	女	(女=100)
45-49岁	**9820206**	**5096764**	**4723442**	**7.79**	**4.04**	**3.75**	**107.90**
45	1809144	944434	864710	1.44	0.75	0.69	109.22
46	2027292	1051162	976130	1.61	0.83	0.77	107.69
47	2036634	1055517	981117	1.62	0.84	0.78	107.58
48	1969512	1021433	948079	1.56	0.81	0.75	107.74
49	1977624	1024218	953406	1.57	0.81	0.76	107.43
50-54岁	**8966587**	**4653924**	**4312663**	**7.12**	**3.69**	**3.42**	**107.91**
50	2003186	1033423	969763	1.59	0.82	0.77	106.56
51	1840536	955329	885207	1.46	0.76	0.70	107.92
52	1933035	1003094	929941	1.53	0.80	0.74	107.87
53	1547730	803799	743931	1.23	0.64	0.59	108.05
54	1642100	858279	783821	1.30	0.68	0.62	109.50
55-59岁	**6988172**	**3605405**	**3382767**	**5.55**	**2.86**	**2.68**	**106.58**
55	1634284	851887	782397	1.30	0.68	0.62	108.88
56	1514762	782099	732663	1.20	0.62	0.58	106.75
57	1653043	859004	794039	1.31	0.68	0.63	108.18
58	1409359	724062	685297	1.12	0.57	0.54	105.66
59	776724	388353	388371	0.62	0.31	0.31	100.00
60-64岁	**4752066**	**2393321**	**2358745**	**3.77**	**1.90**	**1.87**	**101.47**
60	786599	393237	393362	0.62	0.31	0.31	99.97
61	878774	448217	430557	0.70	0.36	0.34	104.10
62	1041697	526392	515305	0.83	0.42	0.41	102.15
63	1100879	557998	542881	0.87	0.44	0.43	102.78
64	944117	467477	476640	0.75	0.37	0.38	98.08
65-69岁	**4144845**	**2028352**	**2116493**	**3.29**	**1.61**	**1.68**	**95.84**
65	956714	474527	482187	0.76	0.38	0.38	98.41
66	926940	453234	473706	0.74	0.36	0.38	95.68
67	823046	400169	422877	0.65	0.32	0.34	94.63
68	771150	374704	396446	0.61	0.30	0.31	94.52
69	666995	325718	341277	0.53	0.26	0.27	95.44
70-74岁	**2653440**	**1313194**	**1340246**	**2.11**	**1.04**	**1.06**	**97.98**
70	650866	322254	328612	0.52	0.26	0.26	98.07
71	615586	308891	306695	0.49	0.25	0.24	100.72
72	512119	251791	260328	0.41	0.20	0.21	96.72
73	460045	226550	233495	0.37	0.18	0.19	97.03
74	414824	203708	211116	0.33	0.16	0.17	96.49
75-79岁	**1688428**	**803478**	**884950**	**1.34**	**0.64**	**0.70**	**90.79**
75	396656	193348	203308	0.31	0.15	0.16	95.10
76	359402	173234	186168	0.29	0.14	0.15	93.05
77	322325	153454	168871	0.26	0.12	0.13	90.87
78	310610	145593	165017	0.25	0.12	0.13	88.23
79	299435	137849	161586	0.24	0.11	0.13	85.31
80-84岁	**1238268**	**550340**	**687928**	**0.98**	**0.44**	**0.55**	**80.00**
80	281763	129622	152141	0.22	0.10	0.12	85.20
81	251856	114058	137798	0.20	0.09	0.11	82.77
82	255512	114658	140854	0.20	0.09	0.11	81.40
83	232596	101249	131347	0.18	0.08	0.10	77.09
84	216541	90753	125788	0.17	0.07	0.10	72.15
85-89岁	**735563**	**285721**	**449842**	**0.58**	**0.23**	**0.36**	**63.52**
85	189963	76181	113782	0.15	0.06	0.09	66.95
86	167459	66027	101432	0.13	0.05	0.08	65.09
87	155070	60112	94958	0.12	0.05	0.08	63.30
88	121075	45501	75574	0.10	0.04	0.06	60.21
89	101996	37900	64096	0.08	0.03	0.05	59.13
90岁及以上	**352456**	**118745**	**233711**	**0.28**	**0.09**	**0.19**	**50.81**

3-1a　全省分年龄、性别的人口(城市)

单位：人、%

年　龄	人口数			占总人口比重			性别比
	合计	男	女	合计	男	女	(女=100)
总　计	**76387659**	**40817255**	**35570404**	**100.00**	**53.43**	**46.57**	**114.75**
0-4岁	**4365652**	**2333951**	**2031701**	**5.72**	**3.06**	**2.66**	**114.88**
0	677736	362401	315335	0.89	0.47	0.41	114.93
1	815048	435542	379506	1.07	0.57	0.50	114.77
2	876469	468065	408404	1.15	0.61	0.53	114.61
3	1058942	564438	494504	1.39	0.74	0.65	114.14
4	937457	503505	433952	1.23	0.66	0.57	116.03
5-9岁	**4424057**	**2394380**	**2029677**	**5.79**	**3.13**	**2.66**	**117.97**
5	871045	469591	401454	1.14	0.61	0.53	116.97
6	888975	480695	408280	1.16	0.63	0.53	117.74
7	883772	478429	405343	1.16	0.63	0.53	118.03
8	957158	518700	438458	1.25	0.68	0.57	118.30
9	823107	446965	376142	1.08	0.59	0.49	118.83
10-14岁	**3535009**	**1930558**	**1604451**	**4.63**	**2.53**	**2.10**	**120.33**
10	771738	422371	349367	1.01	0.55	0.46	120.90
11	759790	414831	344959	0.99	0.54	0.45	120.26
12	731452	398174	333278	0.96	0.52	0.44	119.47
13	664435	362481	301954	0.87	0.47	0.40	120.05
14	607594	332701	274893	0.80	0.44	0.36	121.03
15-19岁	**3944352**	**2224885**	**1719467**	**5.16**	**2.91**	**2.25**	**129.39**
15	649949	356262	293687	0.85	0.47	0.38	121.31
16	775324	433073	342251	1.01	0.57	0.45	126.54
17	790030	449234	340796	1.03	0.59	0.45	131.82
18	808856	464358	344498	1.06	0.61	0.45	134.79
19	920193	521958	398235	1.20	0.68	0.52	131.07
20-24岁	**6419491**	**3575182**	**2844309**	**8.40**	**4.68**	**3.72**	**125.70**
20	1038533	586186	452347	1.36	0.77	0.59	129.59
21	1123311	629844	493467	1.47	0.82	0.65	127.64
22	1324288	742287	582001	1.73	0.97	0.76	127.54
23	1415080	784153	630927	1.85	1.03	0.83	124.29
24	1518279	832712	685567	1.99	1.09	0.90	121.46
25-29岁	**8141872**	**4485031**	**3656841**	**10.66**	**5.87**	**4.79**	**122.65**
25	1601774	879498	722276	2.10	1.15	0.95	121.77
26	1548310	848835	699475	2.03	1.11	0.92	121.35
27	1638797	901192	737605	2.15	1.18	0.97	122.18
28	1659257	918098	741159	2.17	1.20	0.97	123.87
29	1693734	937408	756326	2.22	1.23	0.99	123.94
30-34岁	**9269864**	**5071621**	**4198243**	**12.14**	**6.64**	**5.50**	**120.80**
30	1976163	1090032	886131	2.59	1.43	1.16	123.01
31	1896613	1041666	854947	2.48	1.36	1.12	121.84
32	1771931	968625	803306	2.32	1.27	1.05	120.58
33	1897935	1036140	861795	2.48	1.36	1.13	120.23
34	1727222	935158	792064	2.26	1.22	1.04	118.07
35-39岁	**7614793**	**4106133**	**3508660**	**9.97**	**5.38**	**4.59**	**117.03**
35	1564652	845799	718853	2.05	1.11	0.94	117.66
36	1569300	846476	722824	2.05	1.11	0.95	117.11
37	1478382	798125	680257	1.94	1.04	0.89	117.33
38	1575596	850340	725256	2.06	1.11	0.95	117.25
39	1426863	765393	661470	1.87	1.00	0.87	115.71
40-44岁	**6086271**	**3250003**	**2836268**	**7.97**	**4.25**	**3.71**	**114.59**
40	1279442	686599	592843	1.67	0.90	0.78	115.81
41	1358972	728060	630912	1.78	0.95	0.83	115.40
42	1194846	638198	556648	1.56	0.84	0.73	114.65
43	1079826	574784	505042	1.41	0.75	0.66	113.81
44	1173185	622362	550823	1.54	0.81	0.72	112.99

3-1a 续表

单位：人、%

年 龄	人口数			占总人口比重			性别比
	合计	男	女	合计	男	女	(女=100)
45-49岁	**6295412**	**3314638**	**2980774**	**8.24**	**4.34**	**3.90**	**111.20**
45	1198629	632559	566070	1.57	0.83	0.74	111.75
46	1320815	694311	626504	1.73	0.91	0.82	110.82
47	1308130	687910	620220	1.71	0.90	0.81	110.91
48	1248565	657623	590942	1.63	0.86	0.77	111.28
49	1219273	642235	577038	1.60	0.84	0.76	111.30
50-54岁	**5209093**	**2740843**	**2468250**	**6.82**	**3.59**	**3.23**	**111.04**
50	1216505	638939	577566	1.59	0.84	0.76	110.63
51	1095912	576945	518967	1.43	0.76	0.68	111.17
52	1129517	594552	534965	1.48	0.78	0.70	111.14
53	862557	453426	409131	1.13	0.59	0.54	110.83
54	904602	476981	427621	1.18	0.62	0.56	111.54
55-59岁	**3775337**	**1938767**	**1836570**	**4.94**	**2.54**	**2.40**	**105.56**
55	890529	465951	424578	1.17	0.61	0.56	109.74
56	831392	429759	401633	1.09	0.56	0.53	107.00
57	908457	468030	440427	1.19	0.61	0.58	106.27
58	742889	376969	365920	0.97	0.49	0.48	103.02
59	402070	198058	204012	0.53	0.26	0.27	97.08
60-64岁	**2399126**	**1176107**	**1223019**	**3.14**	**1.54**	**1.60**	**96.16**
60	423229	208263	214966	0.55	0.27	0.28	96.88
61	441002	218578	222424	0.58	0.29	0.29	98.27
62	519878	255924	263954	0.68	0.34	0.35	96.96
63	546165	267644	278521	0.71	0.35	0.36	96.09
64	468852	225698	243154	0.61	0.30	0.32	92.82
65-69岁	**2012454**	**952748**	**1059706**	**2.63**	**1.25**	**1.39**	**89.91**
65	470629	225723	244906	0.62	0.30	0.32	92.17
66	457468	216591	240877	0.60	0.28	0.32	89.92
67	396705	186508	210197	0.52	0.24	0.28	88.73
68	370783	174204	196579	0.49	0.23	0.26	88.62
69	316869	149722	167147	0.41	0.20	0.22	89.58
70-74岁	**1243897**	**596099**	**647798**	**1.63**	**0.78**	**0.85**	**92.02**
70	307142	147824	159318	0.40	0.19	0.21	92.79
71	292633	141270	151363	0.38	0.18	0.20	93.33
72	240153	113852	126301	0.31	0.15	0.17	90.14
73	215723	102655	113068	0.28	0.13	0.15	90.79
74	188246	90498	97748	0.25	0.12	0.13	92.58
75-79岁	**713048**	**331010**	**382038**	**0.93**	**0.43**	**0.50**	**86.64**
75	170503	81139	89364	0.22	0.11	0.12	90.80
76	155180	73020	82160	0.20	0.10	0.11	88.88
77	134672	62250	72422	0.18	0.08	0.09	85.95
78	129699	59171	70528	0.17	0.08	0.09	83.90
79	122994	55430	67564	0.16	0.07	0.09	82.04
80-84岁	**518729**	**231106**	**287623**	**0.68**	**0.30**	**0.38**	**80.35**
80	118507	54139	64368	0.16	0.07	0.08	84.11
81	106324	47800	58524	0.14	0.06	0.08	81.68
82	107448	48003	59445	0.14	0.06	0.08	80.75
83	96918	42933	53985	0.13	0.06	0.07	79.53
84	89532	38231	51301	0.12	0.05	0.07	74.52
85-89岁	**289754**	**117406**	**172348**	**0.38**	**0.15**	**0.23**	**68.12**
85	75745	30922	44823	0.10	0.04	0.06	68.99
86	67216	27326	39890	0.09	0.04	0.05	68.50
87	61862	25223	36639	0.08	0.03	0.05	68.84
88	46282	18515	27767	0.06	0.02	0.04	66.68
89	38649	15420	23229	0.05	0.02	0.03	66.38
90岁及以上	**129448**	**46787**	**82661**	**0.17**	**0.06**	**0.11**	**56.60**

3-1b　全省分年龄、性别的人口(镇)

单位：人、%

年　龄	人　口　数			占总人口比重			性别比
	合计	男	女	合计	男	女	(女=100)
总　计	**17048413**	**8892530**	**8155883**	**100.00**	**52.16**	**47.84**	**109.03**
0-4岁	**1201688**	**642883**	**558805**	**7.05**	**3.77**	**3.28**	**115.05**
0	188472	101459	87013	1.11	0.60	0.51	116.60
1	223445	119858	103587	1.31	0.70	0.61	115.71
2	240038	128136	111902	1.41	0.75	0.66	114.51
3	283647	151413	132234	1.66	0.89	0.78	114.50
4	266086	142017	124069	1.56	0.83	0.73	114.47
5-9岁	**1406547**	**752599**	**653948**	**8.25**	**4.41**	**3.84**	**115.09**
5	258473	138280	120193	1.52	0.81	0.71	115.05
6	276946	148527	128419	1.62	0.87	0.75	115.66
7	283036	151189	131847	1.66	0.89	0.77	114.67
8	309292	165160	144132	1.81	0.97	0.85	114.59
9	278800	149443	129357	1.64	0.88	0.76	115.53
10-14岁	**1230117**	**658504**	**571613**	**7.22**	**3.86**	**3.35**	**115.20**
10	263405	141521	121884	1.55	0.83	0.71	116.11
11	266415	142668	123747	1.56	0.84	0.73	115.29
12	255974	137100	118874	1.50	0.80	0.70	115.33
13	228860	122403	106457	1.34	0.72	0.62	114.98
14	215463	114812	100651	1.26	0.67	0.59	114.07
15-19岁	**960089**	**524051**	**436038**	**5.63**	**3.07**	**2.56**	**120.18**
15	201882	108089	93793	1.18	0.63	0.55	115.24
16	207955	111267	96688	1.22	0.65	0.57	115.08
17	192093	103602	88491	1.13	0.61	0.52	117.08
18	181047	100777	80270	1.06	0.59	0.47	125.55
19	177112	100316	76796	1.04	0.59	0.45	130.63
20-24岁	**1020023**	**569221**	**450802**	**5.98**	**3.34**	**2.64**	**126.27**
20	177521	101020	76501	1.04	0.59	0.45	132.05
21	182590	102939	79651	1.07	0.60	0.47	129.24
22	208155	116937	91218	1.22	0.69	0.54	128.20
23	217686	120447	97239	1.28	0.71	0.57	123.87
24	234071	127878	106193	1.37	0.75	0.62	120.42
25-29岁	**1293038**	**693632**	**599406**	**7.58**	**4.07**	**3.52**	**115.72**
25	248742	135263	113479	1.46	0.79	0.67	119.20
26	245299	131982	113317	1.44	0.77	0.66	116.47
27	261474	139783	121691	1.53	0.82	0.71	114.87
28	266334	142763	123571	1.56	0.84	0.72	115.53
29	271189	143841	127348	1.59	0.84	0.75	112.95
30-34岁	**1460918**	**761631**	**699287**	**8.57**	**4.47**	**4.10**	**108.92**
30	307311	161402	145909	1.80	0.95	0.86	110.62
31	294828	154119	140709	1.73	0.90	0.83	109.53
32	276932	144374	132558	1.62	0.85	0.78	108.91
33	300302	155735	144567	1.76	0.91	0.85	107.73
34	281545	146001	135544	1.65	0.86	0.80	107.71
35-39岁	**1347938**	**698376**	**649562**	**7.91**	**4.10**	**3.81**	**107.51**
35	262279	135822	126457	1.54	0.80	0.74	107.41
36	273955	141767	132188	1.61	0.83	0.78	107.25
37	262419	135907	126512	1.54	0.80	0.74	107.43
38	282274	146921	135353	1.66	0.86	0.79	108.55
39	267011	137959	129052	1.57	0.81	0.76	106.90
40-44岁	**1143091**	**591569**	**551522**	**6.70**	**3.47**	**3.24**	**107.26**
40	237527	122099	115428	1.39	0.72	0.68	105.78
41	255380	132584	122796	1.50	0.78	0.72	107.97
42	224750	116521	108229	1.32	0.68	0.63	107.66
43	201433	104434	96999	1.18	0.61	0.57	107.67
44	224001	115931	108070	1.31	0.68	0.63	107.27

3-1b 续表

单位：人、%

年龄	人口数			占总人口比重			性别比
	合计	男	女	合计	男	女	(女=100)
45-49岁	**1299379**	**662825**	**636554**	**7.62**	**3.89**	**3.73**	**104.13**
45	231927	119162	112765	1.36	0.70	0.66	105.67
46	264697	135001	129696	1.55	0.79	0.76	104.09
47	270210	137373	132837	1.58	0.81	0.78	103.41
48	263942	134389	129553	1.55	0.79	0.76	103.73
49	268603	136900	131703	1.58	0.80	0.77	103.95
50-54岁	**1262669**	**646711**	**615958**	**7.41**	**3.79**	**3.61**	**104.99**
50	273568	138866	134702	1.60	0.81	0.79	103.09
51	254607	130579	124028	1.49	0.77	0.73	105.28
52	270836	138677	132159	1.59	0.81	0.78	104.93
53	224566	115075	109491	1.32	0.67	0.64	105.10
54	239092	123514	115578	1.40	0.72	0.68	106.87
55-59岁	**1031744**	**528256**	**503488**	**6.05**	**3.10**	**2.95**	**104.92**
55	240912	124195	116717	1.41	0.73	0.68	106.41
56	222158	113596	108562	1.30	0.67	0.64	104.64
57	239732	123742	115990	1.41	0.73	0.68	106.68
58	212006	108328	103678	1.24	0.64	0.61	104.49
59	116936	58395	58541	0.69	0.34	0.34	99.75
60-64岁	**722885**	**364557**	**358328**	**4.24**	**2.14**	**2.10**	**101.74**
60	113961	56867	57094	0.67	0.33	0.33	99.60
61	136222	69564	66658	0.80	0.41	0.39	104.36
62	160317	81088	79229	0.94	0.48	0.46	102.35
63	168537	85587	82950	0.99	0.50	0.49	103.18
64	143848	71451	72397	0.84	0.42	0.42	98.69
65-69岁	**632342**	**310127**	**322215**	**3.71**	**1.82**	**1.89**	**96.25**
65	145976	72345	73631	0.86	0.42	0.43	98.25
66	140255	68972	71283	0.82	0.40	0.42	96.76
67	125478	61125	64353	0.74	0.36	0.38	94.98
68	118044	57350	60694	0.69	0.34	0.36	94.49
69	102589	50335	52254	0.60	0.30	0.31	96.33
70-74岁	**407803**	**205690**	**202113**	**2.39**	**1.21**	**1.19**	**101.77**
70	100294	50050	50244	0.59	0.29	0.29	99.61
71	93688	47916	45772	0.55	0.28	0.27	104.68
72	78952	39782	39170	0.46	0.23	0.23	101.56
73	70181	35334	34847	0.41	0.21	0.20	101.40
74	64688	32608	32080	0.38	0.19	0.19	101.65
75-79岁	**264633**	**128993**	**135640**	**1.55**	**0.76**	**0.80**	**95.10**
75	62921	31181	31740	0.37	0.18	0.19	98.24
76	55866	27659	28207	0.33	0.16	0.17	98.06
77	50709	24880	25829	0.30	0.15	0.15	96.33
78	48584	23370	25214	0.28	0.14	0.15	92.69
79	46553	21903	24650	0.27	0.13	0.14	88.86
80-84岁	**192639**	**87209**	**105430**	**1.13**	**0.51**	**0.62**	**82.72**
80	43651	20524	23127	0.26	0.12	0.14	88.74
81	39161	18208	20953	0.23	0.11	0.12	86.90
82	39840	18138	21702	0.23	0.11	0.13	83.58
83	36306	16070	20236	0.21	0.09	0.12	79.41
84	33681	14269	19412	0.20	0.08	0.11	73.51
85-89岁	**114245**	**45358**	**68887**	**0.67**	**0.27**	**0.40**	**65.84**
85	29523	12078	17445	0.17	0.07	0.10	69.23
86	25582	10286	15296	0.15	0.06	0.09	67.25
87	23963	9494	14469	0.14	0.06	0.08	65.62
88	19021	7290	11731	0.11	0.04	0.07	62.14
89	16156	6210	9946	0.09	0.04	0.06	62.44
90岁及以上	**56625**	**20338**	**36287**	**0.33**	**0.12**	**0.21**	**56.05**

3-1c　全省分年龄、性别的人口(乡村)

单位：人、%

年　龄	人　口　数			占总人口比重			性别比
	合计	男	女	合计	男	女	(女=100)
总　计	**32576438**	**17163861**	**15412577**	**100.00**	**52.69**	**47.31**	**111.36**
0-4岁	**2425255**	**1290047**	**1135208**	**7.44**	**3.96**	**3.48**	**113.64**
0	424540	227878	196662	1.30	0.70	0.60	115.87
1	463696	246962	216734	1.42	0.76	0.67	113.95
2	479250	253998	225252	1.47	0.78	0.69	112.76
3	539124	285984	253140	1.65	0.88	0.78	112.97
4	518645	275225	243420	1.59	0.84	0.75	113.07
5-9岁	**2731756**	**1450485**	**1281271**	**8.39**	**4.45**	**3.93**	**113.21**
5	510850	271473	239377	1.57	0.83	0.73	113.41
6	538970	287001	251969	1.65	0.88	0.77	113.90
7	547184	289621	257563	1.68	0.89	0.79	112.45
8	591701	313656	278045	1.82	0.96	0.85	112.81
9	543051	288734	254317	1.67	0.89	0.78	113.53
10-14岁	**2429801**	**1295209**	**1134592**	**7.46**	**3.98**	**3.48**	**114.16**
10	514906	274759	240147	1.58	0.84	0.74	114.41
11	519734	276120	243614	1.60	0.85	0.75	113.34
12	505070	268828	236242	1.55	0.83	0.73	113.79
13	454530	242355	212175	1.40	0.74	0.65	114.22
14	435561	233147	202414	1.34	0.72	0.62	115.18
15-19岁	**1430794**	**807671**	**623123**	**4.39**	**2.48**	**1.91**	**129.62**
15	335531	184069	151462	1.03	0.57	0.46	121.53
16	272228	152649	119579	0.84	0.47	0.37	127.66
17	243965	139108	104857	0.75	0.43	0.32	132.66
18	277079	158110	118969	0.85	0.49	0.37	132.90
19	301991	173735	128256	0.93	0.53	0.39	135.46
20-24岁	**1960048**	**1116085**	**843963**	**6.02**	**3.43**	**2.59**	**132.24**
20	307261	179263	127998	0.94	0.55	0.39	140.05
21	339603	195298	144305	1.04	0.60	0.44	135.34
22	407423	232910	174513	1.25	0.71	0.54	133.46
23	435040	245623	189417	1.34	0.75	0.58	129.67
24	470721	262991	207730	1.44	0.81	0.64	126.60
25-29岁	**2466995**	**1370543**	**1096452**	**7.57**	**4.21**	**3.37**	**125.00**
25	495311	275861	219450	1.52	0.85	0.67	125.71
26	474813	264133	210680	1.46	0.81	0.65	125.37
27	501688	278237	223451	1.54	0.85	0.69	124.52
28	502958	279834	223124	1.54	0.86	0.68	125.42
29	492225	272478	219747	1.51	0.84	0.67	124.00
30-34岁	**2452836**	**1340650**	**1112186**	**7.53**	**4.12**	**3.41**	**120.54**
30	543761	299960	243801	1.67	0.92	0.75	123.03
31	501810	275204	226606	1.54	0.84	0.70	121.45
32	459304	250954	208350	1.41	0.77	0.64	120.45
33	493016	268096	224920	1.51	0.82	0.69	119.20
34	454945	246436	208509	1.40	0.76	0.64	118.19
35-39岁	**2116488**	**1145666**	**970822**	**6.50**	**3.52**	**2.98**	**118.01**
35	420464	227537	192927	1.29	0.70	0.59	117.94
36	436001	236139	199862	1.34	0.72	0.61	118.15
37	411772	224452	187320	1.26	0.69	0.58	119.82
38	429104	232483	196621	1.32	0.71	0.60	118.24
39	419147	225055	194092	1.29	0.69	0.60	115.95
40-44岁	**1793696**	**943836**	**849860**	**5.51**	**2.90**	**2.61**	**111.06**
40	371553	198303	173250	1.14	0.61	0.53	114.46
41	393258	209236	184022	1.21	0.64	0.56	113.70
42	350999	184919	166080	1.08	0.57	0.51	111.34
43	318082	166301	151781	0.98	0.51	0.47	109.57
44	359804	185077	174727	1.10	0.57	0.54	105.92

3-1c 续表

单位：人、%

年龄	人口数			占总人口比重			性别比
	合计	男	女	合计	男	女	(女=100)
45-49岁	**2225415**	**1119301**	**1106114**	**6.83**	**3.44**	**3.40**	**101.19**
45	378588	192713	185875	1.16	0.59	0.57	103.68
46	441780	221850	219930	1.36	0.68	0.68	100.87
47	458294	230234	228060	1.41	0.71	0.70	100.95
48	457005	229421	227584	1.40	0.70	0.70	100.81
49	489748	245083	244665	1.50	0.75	0.75	100.17
50-54岁	**2494825**	**1266370**	**1228455**	**7.66**	**3.89**	**3.77**	**103.09**
50	513113	255618	257495	1.58	0.78	0.79	99.27
51	490017	247805	242212	1.50	0.76	0.74	102.31
52	532682	269865	262817	1.64	0.83	0.81	102.68
53	460607	235298	225309	1.41	0.72	0.69	104.43
54	498406	257784	240622	1.53	0.79	0.74	107.13
55-59岁	**2181091**	**1138382**	**1042709**	**6.70**	**3.49**	**3.20**	**109.18**
55	502843	261741	241102	1.54	0.80	0.74	108.56
56	461212	238744	222468	1.42	0.73	0.68	107.32
57	504854	267232	237622	1.55	0.82	0.73	112.46
58	454464	238765	215699	1.40	0.73	0.66	110.69
59	257718	131900	125818	0.79	0.40	0.39	104.83
60-64岁	**1630055**	**852657**	**777398**	**5.00**	**2.62**	**2.39**	**109.68**
60	249409	128107	121302	0.77	0.39	0.37	105.61
61	301550	160075	141475	0.93	0.49	0.43	113.15
62	361502	189380	172122	1.11	0.58	0.53	110.03
63	386177	204767	181410	1.19	0.63	0.56	112.88
64	331417	170328	161089	1.02	0.52	0.49	105.74
65-69岁	**1500049**	**765477**	**734572**	**4.60**	**2.35**	**2.25**	**104.21**
65	340109	176459	163650	1.04	0.54	0.50	107.83
66	329217	167671	161546	1.01	0.51	0.50	103.79
67	300863	152536	148327	0.92	0.47	0.46	102.84
68	282323	143150	139173	0.87	0.44	0.43	102.86
69	247537	125661	121876	0.76	0.39	0.37	103.11
70-74岁	**1001740**	**511405**	**490335**	**3.08**	**1.57**	**1.51**	**104.30**
70	243430	124380	119050	0.75	0.38	0.37	104.48
71	229265	119705	109560	0.70	0.37	0.34	109.26
72	193014	98157	94857	0.59	0.30	0.29	103.48
73	174141	88561	85580	0.53	0.27	0.26	103.48
74	161890	80602	81288	0.50	0.25	0.25	99.16
75-79岁	**710747**	**343475**	**367272**	**2.18**	**1.05**	**1.13**	**93.52**
75	163232	81028	82204	0.50	0.25	0.25	98.57
76	148356	72555	75801	0.46	0.22	0.23	95.72
77	136944	66324	70620	0.42	0.20	0.22	93.92
78	132327	63052	69275	0.41	0.19	0.21	91.02
79	129888	60516	69372	0.40	0.19	0.21	87.23
80-84岁	**526900**	**232025**	**294875**	**1.62**	**0.71**	**0.91**	**78.69**
80	119605	54959	64646	0.37	0.17	0.20	85.02
81	106371	48050	58321	0.33	0.15	0.18	82.39
82	108224	48517	59707	0.33	0.15	0.18	81.26
83	99372	42246	57126	0.31	0.13	0.18	73.95
84	93328	38253	55075	0.29	0.12	0.17	69.46
85-89岁	**331564**	**122957**	**208607**	**1.02**	**0.38**	**0.64**	**58.94**
85	84695	33181	51514	0.26	0.10	0.16	64.41
86	74661	28415	46246	0.23	0.09	0.14	61.44
87	69245	25395	43850	0.21	0.08	0.13	57.91
88	55772	19696	36076	0.17	0.06	0.11	54.60
89	47191	16270	30921	0.14	0.05	0.09	52.62
90岁及以上	**166383**	**51620**	**114763**	**0.51**	**0.16**	**0.35**	**44.98**

3-2　各地区人口年龄构成(一)

单位：人、%

地　区	人　口　数				比　　重			
	合计	0-14岁	15-64岁	65岁及以上	合计	0-14岁	15-64岁	65岁及以上
广　东	**126012510**	**23749882**	**91449628**	**10813000**	**100.00**	**18.85**	**72.57**	**8.58**
广州市	**18676605**	**2590189**	**14626083**	**1460333**	**100.00**	**13.87**	**78.31**	**7.82**
荔湾区	1238305	165607	903514	169184	100.00	13.37	72.96	13.66
越秀区	1038643	141708	731951	164984	100.00	13.64	70.47	15.88
海珠区	1819037	205847	1399457	213733	100.00	11.32	76.93	11.75
天河区	2241826	259453	1850366	132007	100.00	11.57	82.54	5.89
白云区	3742991	441995	3093120	207876	100.00	11.81	82.64	5.55
黄埔区	1264447	195273	998916	70258	100.00	15.44	79.00	5.56
番禺区	2658397	354425	2150648	153324	100.00	13.33	80.90	5.77
花都区	1642360	272335	1260728	109297	100.00	16.58	76.76	6.65
南沙区	846584	129243	654230	63111	100.00	15.27	77.28	7.45
从化区	717684	141509	512326	63849	100.00	19.72	71.39	8.90
增城区	1466331	282794	1070827	112710	100.00	19.29	73.03	7.69
韶关市	**2855131**	**616617**	**1864025**	**374489**	**100.00**	**21.60**	**65.29**	**13.12**
武江区	373686	72821	259298	41567	100.00	19.49	69.39	11.12
浈江区	364319	60525	256208	47586	100.00	16.61	70.33	13.06
曲江区	290455	58431	193867	38157	100.00	20.12	66.75	13.14
始兴县	198060	44745	125691	27624	100.00	22.59	63.46	13.95
仁化县	186009	41811	118523	25675	100.00	22.48	63.72	13.80
翁源县	322482	79739	202014	40729	100.00	24.73	62.64	12.63
乳源瑶族自治县	187276	44528	120078	22670	100.00	23.78	64.12	12.11
新丰县	195430	44804	125256	25370	100.00	22.93	64.09	12.98
乐昌市	383498	92262	237104	54132	100.00	24.06	61.83	14.12
南雄市	353916	76951	225986	50979	100.00	21.74	63.85	14.40
深圳市	**17494398**	**2638112**	**14297323**	**558963**	**100.00**	**15.08**	**81.73**	**3.20**
罗湖区	1143801	193957	887317	62527	100.00	16.96	77.58	5.47
福田区	1553225	247544	1220714	84967	100.00	15.94	78.59	5.47
南山区	1795826	265299	1447030	83497	100.00	14.77	80.58	4.65
宝安区	4476554	614087	3764558	97909	100.00	13.72	84.09	2.19
龙岗区	4135273	687797	3319551	127925	100.00	16.63	80.27	3.09
盐田区	214225	34950	169285	9990	100.00	16.31	79.02	4.66
龙华区	2528872	361943	2109654	57275	100.00	14.31	83.42	2.26
坪山区	551333	89135	448448	13750	100.00	16.17	81.34	2.49
光明区	1095289	143400	930766	21123	100.00	13.09	84.98	1.93
珠海市	**2439585**	**387469**	**1890228**	**161888**	**100.00**	**15.88**	**77.48**	**6.64**
香洲区	1384317	212277	1085732	86308	100.00	15.33	78.43	6.23
斗门区	608899	108766	449145	50988	100.00	17.86	73.76	8.37
金湾区	446369	66426	355351	24592	100.00	14.88	79.61	5.51
汕头市	**5502031**	**1226029**	**3688950**	**587052**	**100.00**	**22.28**	**67.05**	**10.67**
龙湖区	630749	117937	452764	60048	100.00	18.70	71.78	9.52
金平区	777024	127091	542555	107378	100.00	16.36	69.82	13.82
濠江区	269471	58630	181982	28859	100.00	21.76	67.53	10.71
潮阳区	1654276	423441	1071504	159331	100.00	25.60	64.77	9.63
潮南区	1231638	332704	779749	119185	100.00	27.01	63.31	9.68
澄海区	874444	155271	617196	101977	100.00	17.76	70.58	11.66
南澳县	64429	10955	43200	10274	100.00	17.00	67.05	15.95
佛山市	**9498863**	**1434700**	**7365754**	**698409**	**100.00**	**15.10**	**77.54**	**7.35**
禅城区	1330262	187959	1025985	116318	100.00	14.13	77.13	8.74
南海区	3667247	557465	2860687	249095	100.00	15.20	78.01	6.79
顺德区	3229090	484802	2522418	221870	100.00	15.01	78.12	6.87
三水区	803226	124215	611835	67176	100.00	15.46	76.17	8.36
高明区	469038	80259	344829	43950	100.00	17.11	73.52	9.37

3-2 续表 1

单位：人、%

地 区	人口数				比重			
	合计	0-14岁	15-64岁	65岁及以上	合计	0-14岁	15-64岁	65岁及以上
江门市	**4798090**	**768500**	**3405385**	**624205**	**100.00**	**16.02**	**70.97**	**13.01**
蓬江区	853007	137313	627738	87956	100.00	16.10	73.59	10.31
江海区	364694	58773	275540	30381	100.00	16.12	75.55	8.33
新会区	909277	146411	640449	122417	100.00	16.10	70.43	13.46
台山市	907744	131565	626578	149601	100.00	14.49	69.03	16.48
开平市	748777	123183	518194	107400	100.00	16.45	69.21	14.34
鹤山市	530684	90302	380942	59440	100.00	17.02	71.78	11.20
恩平市	483907	80953	335944	67010	100.00	16.73	69.42	13.85
湛江市	**6981236**	**1820622**	**4327861**	**832753**	**100.00**	**26.08**	**61.99**	**11.93**
赤坎区	414539	87242	287384	39913	100.00	21.05	69.33	9.63
霞山区	653403	143838	444811	64754	100.00	22.01	68.08	9.91
坡头区	337723	87361	208707	41655	100.00	25.87	61.80	12.33
麻章区	525790	121579	351776	52435	100.00	23.12	66.90	9.97
遂溪县	824608	213243	498315	113050	100.00	25.86	60.43	13.71
徐闻县	633258	169608	386062	77588	100.00	26.78	60.96	12.25
廉江市	1363470	383433	799470	180567	100.00	28.12	58.63	13.24
雷州市	1321091	373761	797044	150286	100.00	28.29	60.33	11.38
吴川市	907354	240557	554292	112505	100.00	26.51	61.09	12.40
茂名市	**6174050**	**1671103**	**3756693**	**746254**	**100.00**	**27.07**	**60.85**	**12.09**
茂南区	1035411	242127	684216	109068	100.00	23.38	66.08	10.53
电白区	1503737	406656	922278	174803	100.00	27.04	61.33	11.62
高州市	1328657	345654	801102	181901	100.00	26.02	60.29	13.69
化州市	1291668	385377	749769	156522	100.00	29.84	58.05	12.12
信宜市	1014577	291289	599328	123960	100.00	28.71	59.07	12.22
肇庆市	**4113594**	**911433**	**2716397**	**485764**	**100.00**	**22.16**	**66.03**	**11.81**
端州区	602402	111922	430368	60112	100.00	18.58	71.44	9.98
鼎湖区	209116	40722	146961	21433	100.00	19.47	70.28	10.25
高要区	741591	153390	491892	96309	100.00	20.68	66.33	12.99
广宁县	408112	94726	251922	61464	100.00	23.21	61.73	15.06
怀集县	805177	223448	493802	87927	100.00	27.75	61.33	10.92
封开县	374848	89343	233173	52332	100.00	23.83	62.20	13.96
德庆县	331438	78854	208841	43743	100.00	23.79	63.01	13.20
四会市	640910	119028	459438	62444	100.00	18.57	71.69	9.74
惠州市	**6042852**	**1254406**	**4375841**	**412605**	**100.00**	**20.76**	**72.41**	**6.83**
惠城区	2090578	428147	1535269	127162	100.00	20.48	73.44	6.08
惠阳区	1404137	249180	1088526	66431	100.00	17.75	77.52	4.73
博罗县	1210878	254212	856712	99954	100.00	20.99	70.75	8.25
惠东县	1018076	248464	686855	82757	100.00	24.41	67.47	8.13
龙门县	319183	74403	208479	36301	100.00	23.31	65.32	11.37
梅州市	**3873239**	**909979**	**2405085**	**558175**	**100.00**	**23.49**	**62.09**	**14.41**
梅江区	435616	77926	304221	53469	100.00	17.89	69.84	12.27
梅县区	556735	114911	361158	80666	100.00	20.64	64.87	14.49
大埔县	330948	74956	199564	56428	100.00	22.65	60.30	17.05
丰顺县	478731	115593	292970	70168	100.00	24.15	61.20	14.66
五华县	916961	271230	532672	113059	100.00	29.58	58.09	12.33
平远县	190482	38176	121380	30926	100.00	20.04	63.72	16.24
蕉岭县	184355	35830	117826	30699	100.00	19.44	63.91	16.65
兴宁市	779411	181357	475294	122760	100.00	23.27	60.98	15.75

3-2　续表 2

单位：人、%

地　区	人口数				比重			
	合计	0-14岁	15-64岁	65岁及以上	合计	0-14岁	15-64岁	65岁及以上
汕尾市	**2738482**	**707061**	**1741822**	**289599**	**100.00**	**25.82**	**63.61**	**10.58**
城　区	450959	95213	310658	45088	100.00	21.11	68.89	10.00
海丰县	802454	196514	527121	78819	100.00	24.49	65.69	9.82
陆河县	249242	67294	153461	28487	100.00	27.00	61.57	11.43
陆丰市	1235827	348040	750582	137205	100.00	28.16	60.74	11.10
河源市	**2837686**	**717521**	**1786947**	**333218**	**100.00**	**25.29**	**62.97**	**11.74**
源城区	703607	163573	490262	49772	100.00	23.25	69.68	7.07
紫金县	551095	153292	326793	71010	100.00	27.82	59.30	12.89
龙川县	595471	155332	357171	82968	100.00	26.09	59.98	13.93
连平县	285224	71098	176462	37664	100.00	24.93	61.87	13.21
和平县	353903	95976	208127	49800	100.00	27.12	58.81	14.07
东源县	348386	78250	228132	42004	100.00	22.46	65.48	12.06
阳江市	**2602959**	**585241**	**1692946**	**324772**	**100.00**	**22.48**	**65.04**	**12.48**
江城区	814688	162825	557320	94543	100.00	19.99	68.41	11.60
阳东区	478299	102613	319617	56069	100.00	21.45	66.82	11.72
阳西县	434076	98710	281024	54342	100.00	22.74	64.74	12.52
阳春市	875896	221093	534985	119818	100.00	25.24	61.08	13.68
清远市	**3969473**	**926143**	**2582140**	**461190**	**100.00**	**23.33**	**65.05**	**11.62**
清城区	1119901	236362	777428	106111	100.00	21.11	69.42	9.48
清新区	618523	142843	404097	71583	100.00	23.09	65.33	11.57
佛冈县	315502	75682	204157	35663	100.00	23.99	64.71	11.30
阳山县	367175	94165	223107	49903	100.00	25.65	60.76	13.59
连山壮族瑶族自治县	95136	23410	59246	12480	100.00	24.61	62.28	13.12
连南瑶族自治县	134691	35548	83114	16029	100.00	26.39	61.71	11.90
英德市	941325	231968	600070	109287	100.00	24.64	63.75	11.61
连州市	377220	86165	230921	60134	100.00	22.84	61.22	15.94
东莞市	**10466625**	**1372875**	**8723730**	**370020**	**100.00**	**13.12**	**83.35**	**3.54**
市辖区	10466625	1372875	8723730	370020	100.00	13.12	83.35	3.54
中山市	**4418060**	**693109**	**3460791**	**264160**	**100.00**	**15.69**	**78.33**	**5.98**
市辖区	4418060	693109	3460791	264160	100.00	15.69	78.33	5.98
潮州市	**2568387**	**495815**	**1731779**	**340793**	**100.00**	**19.30**	**67.43**	**13.27**
湘桥区	575795	96922	398915	79958	100.00	16.83	69.28	13.89
潮安区	1175150	228734	804222	142194	100.00	19.46	68.44	12.10
饶平县	817442	170159	528642	118641	100.00	20.82	64.67	14.51
揭阳市	**5577814**	**1424146**	**3523114**	**630554**	**100.00**	**25.53**	**63.16**	**11.30**
榕城区	931868	196473	625750	109645	100.00	21.08	67.15	11.77
揭东区	931719	207680	603401	120638	100.00	22.29	64.76	12.95
揭西县	674829	162802	413696	98331	100.00	24.12	61.30	14.57
惠来县	1040779	324525	609072	107182	100.00	31.18	58.52	10.30
普宁市	1998619	532666	1271195	194758	100.00	26.65	63.60	9.74
云浮市	**2383350**	**598812**	**1486734**	**297804**	**100.00**	**25.12**	**62.38**	**12.50**
云城区	408537	97128	270678	40731	100.00	23.77	66.26	9.97
云安区	235390	58775	146971	29644	100.00	24.97	62.44	12.59
新兴县	430831	92285	279413	59133	100.00	21.42	64.85	13.73
郁南县	371661	93284	224364	54013	100.00	25.10	60.37	14.53
罗定市	936931	257340	565308	114283	100.00	27.47	60.34	12.20

3-2a 各地区人口年龄构成(一)(城市)

单位：人、%

地区	人口数				比重			
	合计	0-14岁	15-64岁	65岁及以上	合计	0-14岁	15-64岁	65岁及以上
广东	**76387659**	**12324718**	**59155611**	**4907330**	**100.00**	**16.13**	**77.44**	**6.42**
广州市	**14878353**	**1974015**	**11764227**	**1140111**	**100.00**	**13.27**	**79.07**	**7.66**
荔湾区	1238305	165607	903514	169184	100.00	13.37	72.96	13.66
越秀区	1038643	141708	731951	164984	100.00	13.64	70.47	15.88
海珠区	1819037	205847	1399457	213733	100.00	11.32	76.93	11.75
天河区	2241826	259453	1850366	132007	100.00	11.57	82.54	5.89
白云区	2781103	317787	2324381	138935	100.00	11.43	83.58	5.00
黄埔区	1126425	165029	902231	59165	100.00	14.65	80.10	5.25
番禺区	2315247	313140	1874991	127116	100.00	13.53	80.98	5.49
花都区	1042688	174069	813156	55463	100.00	16.69	77.99	5.32
南沙区	462387	73843	362605	25939	100.00	15.97	78.42	5.61
从化区	228603	43135	168996	16472	100.00	18.87	73.93	7.21
增城区	584089	114397	432579	37113	100.00	19.59	74.06	6.35
韶关市	**952247**	**178141**	**662139**	**111967**	**100.00**	**18.71**	**69.53**	**11.76**
武江区	313011	58427	221001	33583	100.00	18.67	70.60	10.73
浈江区	278074	44412	199508	34154	100.00	15.97	71.75	12.28
曲江区	147569	29943	99551	18075	100.00	20.29	67.46	12.25
始兴县								
仁化县								
翁源县								
乳源瑶族自治县								
新丰县								
乐昌市	102619	23029	67299	12291	100.00	22.44	65.58	11.98
南雄市	110974	22330	74780	13864	100.00	20.12	67.39	12.49
深圳市	**17438289**	**2632061**	**14249206**	**557022**	**100.00**	**15.09**	**81.71**	**3.19**
罗湖区	1143801	193957	887317	62527	100.00	16.96	77.58	5.47
福田区	1553225	247544	1220714	84967	100.00	15.94	78.59	5.47
南山区	1791801	265290	1443039	83472	100.00	14.81	80.54	4.66
宝安区	4476554	614087	3764558	97909	100.00	13.72	84.09	2.19
龙岗区	4085484	682303	3277044	126137	100.00	16.70	80.21	3.09
盐田区	214225	34950	169285	9990	100.00	16.31	79.02	4.66
龙华区	2528872	361943	2109654	57275	100.00	14.31	83.42	2.26
坪山区	549038	88587	446829	13622	100.00	16.13	81.38	2.48
光明区	1095289	143400	930766	21123	100.00	13.09	84.98	1.93
珠海市	**1898013**	**301150**	**1477329**	**119534**	**100.00**	**15.87**	**77.84**	**6.30**
香洲区	1331277	208521	1037613	85143	100.00	15.66	77.94	6.40
斗门区	245780	44312	183115	18353	100.00	18.03	74.50	7.47
金湾区	320956	48317	256601	16038	100.00	15.05	79.95	5.00
汕头市	**2530788**	**497140**	**1757034**	**276614**	**100.00**	**19.64**	**69.43**	**10.93**
龙湖区	530241	98277	383432	48532	100.00	18.53	72.31	9.15
金平区	761608	124074	531897	105637	100.00	16.29	69.84	13.87
濠江区	190147	42341	126892	20914	100.00	22.27	66.73	11.00
潮阳区	358885	78535	242156	38194	100.00	21.88	67.47	10.64
潮南区	422737	109201	275213	38323	100.00	25.83	65.10	9.07
澄海区	267170	44712	197444	25014	100.00	16.74	73.90	9.36
南澳县								
佛山市	**8538876**	**1300767**	**6624864**	**613245**	**100.00**	**15.23**	**77.58**	**7.18**
禅城区	1115246	154126	859912	101208	100.00	13.82	77.11	9.07
南海区	3470385	531175	2707929	231281	100.00	15.31	78.03	6.66
顺德区	3184098	479252	2486556	218290	100.00	15.05	78.09	6.86
三水区	377355	67426	278562	31367	100.00	17.87	73.82	8.31
高明区	391792	68788	291905	31099	100.00	17.56	74.51	7.94

3-2a　续表 1　　　　单位：人、%

地　区	人口数				比重			
	合计	0-14岁	15-64岁	65岁及以上	合计	0-14岁	15-64岁	65岁及以上
江门市	**2821211**	**471638**	**2053255**	**296318**	**100.00**	**16.72**	**72.78**	**10.50**
蓬江区	826984	132919	610477	83588	100.00	16.07	73.82	10.11
江海区	364694	58773	275540	30381	100.00	16.12	75.55	8.33
新会区	481500	80731	345559	55210	100.00	16.77	71.77	11.47
台山市	357132	58448	256716	41968	100.00	16.37	71.88	11.75
开平市	337647	58899	238253	40495	100.00	17.44	70.56	11.99
鹤山市	257132	48228	187280	21624	100.00	18.76	72.83	8.41
恩平市	196122	33640	139430	23052	100.00	17.15	71.09	11.75
湛江市	**1988010**	**469750**	**1331821**	**186439**	**100.00**	**23.63**	**66.99**	**9.38**
赤坎区	406012	84953	282086	38973	100.00	20.92	69.48	9.60
霞山区	617141	133926	422611	60604	100.00	21.70	68.48	9.82
坡头区	69248	16896	44146	8206	100.00	24.40	63.75	11.85
麻章区	118440	27293	81814	9333	100.00	23.04	69.08	7.88
遂溪县	20740	4526	12445	3769	100.00	21.82	60.00	18.17
徐闻县								
廉江市	253790	69358	163509	20923	100.00	27.33	64.43	8.24
雷州市	247281	68009	160328	18944	100.00	27.50	64.84	7.66
吴川市	255358	64789	164882	25687	100.00	25.37	64.57	10.06
茂名市	**1820721**	**438321**	**1214979**	**167421**	**100.00**	**24.07**	**66.73**	**9.20**
茂南区	656192	150221	443350	62621	100.00	22.89	67.56	9.54
电白区	241593	56521	160631	24441	100.00	23.40	66.49	10.12
高州市	318402	68326	222094	27982	100.00	21.46	69.75	8.79
化州市	285182	76317	183718	25147	100.00	26.76	64.42	8.82
信宜市	319352	86936	205186	27230	100.00	27.22	64.25	8.53
肇庆市	**1254121**	**242526**	**905936**	**105659**	**100.00**	**19.34**	**72.24**	**8.42**
端州区	602402	111922	430368	60112	100.00	18.58	71.44	9.98
鼎湖区	118036	23378	85510	9148	100.00	19.81	72.44	7.75
高要区	116457	27679	81028	7750	100.00	23.77	69.58	6.65
广宁县								
怀集县								
封开县								
德庆县								
四会市	417226	79547	309030	28649	100.00	19.07	74.07	6.87
惠州市	**2668887**	**519276**	**2015473**	**134138**	**100.00**	**19.46**	**75.52**	**5.03**
惠城区	1622750	335983	1195843	90924	100.00	20.70	73.69	5.60
惠阳区	1023888	179266	802123	42499	100.00	17.51	78.34	4.15
博罗县	22249	4027	17507	715	100.00	18.10	78.69	3.21
惠东县								
龙门县								
梅州市	**952698**	**204941**	**639198**	**108559**	**100.00**	**21.51**	**67.09**	**11.39**
梅江区	392785	70131	276442	46212	100.00	17.85	70.38	11.77
梅县区	251207	59434	169092	22681	100.00	23.66	67.31	9.03
大埔县								
丰顺县								
五华县	14388	4030	8475	1883	100.00	28.01	58.90	13.09
平远县								
蕉岭县								
兴宁市	294318	71346	185189	37783	100.00	24.24	62.92	12.84

3-2a 续表 2

单位：人、%

地　　区	人口数				比重			
	合计	0-14岁	15-64岁	65岁及以上	合计	0-14岁	15-64岁	65岁及以上
汕尾市	**527989**	**117112**	**361893**	**48984**	**100.00**	**22.18**	**68.54**	**9.28**
城　区	303634	63815	212407	27412	100.00	21.02	69.95	9.03
海丰县								
陆河县								
陆丰市	224355	53297	149486	21572	100.00	23.76	66.63	9.62
河源市	**631400**	**149958**	**435454**	**45988**	**100.00**	**23.75**	**68.97**	**7.28**
源城区	631400	149958	435454	45988	100.00	23.75	68.97	7.28
紫金县								
龙川县								
连平县								
和平县								
东源县								
阳江市	**1005216**	**218910**	**691911**	**94395**	**100.00**	**21.78**	**68.83**	**9.39**
江城区	559976	114101	389332	56543	100.00	20.38	69.53	10.10
阳东区	183508	43228	127123	13157	100.00	23.56	69.27	7.17
阳西县								
阳春市	261732	61581	175456	24695	100.00	23.53	67.04	9.44
清远市	**1238100**	**287929**	**842224**	**107947**	**100.00**	**23.26**	**68.03**	**8.72**
清城区	654214	145477	451995	56742	100.00	22.24	69.09	8.67
清新区	236594	62325	157534	16735	100.00	26.34	66.58	7.07
佛冈县								
阳山县								
连山壮族瑶族自治县								
连南瑶族自治县								
英德市	205285	47112	141718	16455	100.00	22.95	69.03	8.02
连州市	142007	33015	90977	18015	100.00	23.25	64.07	12.69
东莞市	**9557552**	**1264828**	**7970632**	**322092**	**100.00**	**13.23**	**83.40**	**3.37**
市辖区	9557552	1264828	7970632	322092	100.00	13.23	83.40	3.37
中山市	**2742775**	**434197**	**2148672**	**159906**	**100.00**	**15.83**	**78.34**	**5.83**
市辖区	2742775	434197	2148672	159906	100.00	15.83	78.34	5.83
潮州市	**933560**	**168627**	**651609**	**113324**	**100.00**	**18.06**	**69.80**	**12.14**
湘桥区	426902	71821	296727	58354	100.00	16.82	69.51	13.67
潮安区	506658	96806	354882	54970	100.00	19.11	70.04	10.85
饶平县								
揭阳市	**1435906**	**315242**	**973717**	**146947**	**100.00**	**21.95**	**67.81**	**10.23**
榕城区	645532	133770	438065	73697	100.00	20.72	67.86	11.42
揭东区	301771	66489	203161	32121	100.00	22.03	67.32	10.64
揭西县								
惠来县								
普宁市	488603	114983	332491	41129	100.00	23.53	68.05	8.42
云浮市	**572947**	**138189**	**384038**	**50720**	**100.00**	**24.12**	**67.03**	**8.85**
云城区	312362	75336	211461	25565	100.00	24.12	67.70	8.18
云安区	20083	4463	13708	1912	100.00	22.22	68.26	9.52
新兴县								
郁南县								
罗定市	240502	58390	158869	23243	100.00	24.28	66.06	9.66

3-2b　各地区人口年龄构成(一)(镇)

单位：人、%

地　区	人口数				比重			
	合计	0-14岁	15-64岁	65岁及以上	合计	0-14岁	15-64岁	65岁及以上
广　东	**17048413**	**3838352**	**11541774**	**1668287**	**100.00**	**22.51**	**67.70**	**9.79**
广州市	**1218371**	**188409**	**955437**	**74525**	**100.00**	**15.46**	**78.42**	**6.12**
荔湾区								
越秀区								
海珠区								
天河区								
白云区	264504	27384	224949	12171	100.00	10.35	85.05	4.60
黄埔区	39683	10956	26058	2669	100.00	27.61	65.67	6.73
番禺区	66073	7140	54300	4633	100.00	10.81	82.18	7.01
花都区	101246	17246	78506	5494	100.00	17.03	77.54	5.43
南沙区	158019	21555	122306	14158	100.00	13.64	77.40	8.96
从化区	100105	13301	82551	4253	100.00	13.29	82.46	4.25
增城区	488741	90827	366767	31147	100.00	18.58	75.04	6.37
韶关市	**684648**	**164920**	**435753**	**83975**	**100.00**	**24.09**	**63.65**	**12.27**
武江区	2827	741	1701	385	100.00	26.21	60.17	13.62
浈江区	33602	4186	22973	6443	100.00	12.46	68.37	19.17
曲江区	28292	5889	18261	4142	100.00	20.82	64.54	14.64
始兴县	81780	19482	52462	9836	100.00	23.82	64.15	12.03
仁化县	76629	17445	50208	8976	100.00	22.77	65.52	11.71
翁源县	114951	30548	72199	12204	100.00	26.57	62.81	10.62
乳源瑶族自治县	86827	20611	57225	8991	100.00	23.74	65.91	10.36
新丰县	102680	24783	67170	10727	100.00	24.14	65.42	10.45
乐昌市	96819	25881	57217	13721	100.00	26.73	59.10	14.17
南雄市	60241	15354	36337	8550	100.00	25.49	60.32	14.19
深圳市	**6320**	**557**	**5610**	**153**	**100.00**	**8.81**	**88.77**	**2.42**
罗湖区								
福田区								
南山区	4025	9	3991	25	100.00	0.22	99.16	0.62
宝安区								
龙岗区								
盐田区								
龙华区								
坪山区	2295	548	1619	128	100.00	23.88	70.54	5.58
光明区								
珠海市	**309077**	**46197**	**246106**	**16774**	**100.00**	**14.95**	**79.63**	**5.43**
香洲区	51981	3753	47111	1117	100.00	7.22	90.63	2.15
斗门区	149473	27258	113133	9082	100.00	18.24	75.69	6.08
金湾区	107623	15186	85862	6575	100.00	14.11	79.78	6.11
汕头市	**1359381**	**319706**	**897238**	**142437**	**100.00**	**23.52**	**66.00**	**10.48**
龙湖区								
金平区								
濠江区	5458	1014	3666	778	100.00	18.58	67.17	14.25
潮阳区	621039	159810	407364	53865	100.00	25.73	65.59	8.67
潮南区	311173	82395	196874	31904	100.00	26.48	63.27	10.25
澄海区	370442	67948	254835	47659	100.00	18.34	68.79	12.87
南澳县	51269	8539	34499	8231	100.00	16.66	67.29	16.05
佛山市	**503633**	**74555**	**395933**	**33145**	**100.00**	**14.80**	**78.62**	**6.58**
禅城区	215016	33833	166073	15110	100.00	15.74	77.24	7.03
南海区	52028	6064	42632	3332	100.00	11.66	81.94	6.40
顺德区								
三水区	210331	30650	167646	12035	100.00	14.57	79.71	5.72
高明区	26258	4008	19582	2668	100.00	15.26	74.58	10.16

3-2b 续表 1

单位：人、%

地 区	人口数				比重			
	合计	0-14岁	15-64岁	65岁及以上	合计	0-14岁	15-64岁	65岁及以上
江门市	**423723**	**71275**	**299864**	**52584**	**100.00**	**16.82**	**70.77**	**12.41**
蓬江区								
江海区								
新会区	122281	20203	85421	16657	100.00	16.52	69.86	13.62
台山市	76134	10406	51750	13978	100.00	13.67	67.97	18.36
开平市	92388	18544	64687	9157	100.00	20.07	70.02	9.91
鹤山市	77300	11752	60257	5291	100.00	15.20	77.95	6.84
恩平市	55620	10370	37749	7501	100.00	18.64	67.87	13.49
湛江市	**1185454**	**308270**	**748116**	**129068**	**100.00**	**26.00**	**63.11**	**10.89**
赤坎区								
霞山区	4351	1182	2750	419	100.00	27.17	63.20	9.63
坡头区	77379	22836	46594	7949	100.00	29.51	60.22	10.27
麻章区	108138	15571	85051	7516	100.00	14.40	78.65	6.95
遂溪县	268796	70172	169267	29357	100.00	26.11	62.97	10.92
徐闻县	238402	63370	151424	23608	100.00	26.58	63.52	9.90
廉江市	190022	50101	112998	26923	100.00	26.37	59.47	14.17
雷州市	165010	46360	101602	17048	100.00	28.10	61.57	10.33
吴川市	133356	38678	78430	16248	100.00	29.00	58.81	12.18
茂名市	**868859**	**242352**	**520200**	**106307**	**100.00**	**27.89**	**59.87**	**12.24**
茂南区	43810	11043	27271	5496	100.00	25.21	62.25	12.55
电白区	366207	97717	227157	41333	100.00	26.68	62.03	11.29
高州市	171899	43767	102822	25310	100.00	25.46	59.82	14.72
化州市	187564	58796	107304	21464	100.00	31.35	57.21	11.44
信宜市	99379	31029	55646	12704	100.00	31.22	55.99	12.78
肇庆市	**844493**	**186011**	**563835**	**94647**	**100.00**	**22.03**	**66.77**	**11.21**
端州区								
鼎湖区	36277	6573	26430	3274	100.00	18.12	72.86	9.03
高要区	162638	29843	114355	18440	100.00	18.35	70.31	11.34
广宁县	164249	40252	104250	19747	100.00	24.51	63.47	12.02
怀集县	221882	54277	145480	22125	100.00	24.46	65.57	9.97
封开县	124170	27478	80272	16420	100.00	22.13	64.65	13.22
德庆县	99967	21667	66561	11739	100.00	21.67	66.58	11.74
四会市	35310	5921	26487	2902	100.00	16.77	75.01	8.22
惠州市	**1730389**	**387692**	**1227877**	**114820**	**100.00**	**22.40**	**70.96**	**6.64**
惠城区	132379	26203	98994	7182	100.00	19.79	74.78	5.43
惠阳区	121096	22840	92038	6218	100.00	18.86	76.00	5.13
博罗县	690344	141825	503240	45279	100.00	20.54	72.90	6.56
惠东县	640377	160968	436704	42705	100.00	25.14	68.19	6.67
龙门县	146193	35856	96901	13436	100.00	24.53	66.28	9.19
梅州市	**1045097**	**261738**	**651387**	**131972**	**100.00**	**25.04**	**62.33**	**12.63**
梅江区	6393	1170	4140	1083	100.00	18.30	64.76	16.94
梅县区	44110	9189	27636	7285	100.00	20.83	62.65	16.52
大埔县	154719	39999	93379	21341	100.00	25.85	60.35	13.79
丰顺县	254264	61170	158342	34752	100.00	24.06	62.27	13.67
五华县	317195	89135	196452	31608	100.00	28.10	61.93	9.96
平远县	95296	20823	62545	11928	100.00	21.85	65.63	12.52
蕉岭县	101777	22635	66040	13102	100.00	22.24	64.89	12.87
兴宁市	71343	17617	42853	10873	100.00	24.69	60.07	15.24

3-2b 续表 2

单位：人、%

地区	人口数				比重			
	合计	0-14岁	15-64岁	65岁及以上	合计	0-14岁	15-64岁	65岁及以上
汕尾市	**1033314**	**264187**	**668340**	**100787**	**100.00**	**25.57**	**64.68**	**9.75**
城 区	41739	8908	28872	3959	100.00	21.34	69.17	9.49
海丰县	537278	133214	357815	46249	100.00	24.79	66.60	8.61
陆河县	133178	35530	84033	13615	100.00	26.68	63.10	10.22
陆丰市	321119	86535	197620	36964	100.00	26.95	61.54	11.51
河源市	**744768**	**206130**	**469656**	**68982**	**100.00**	**27.68**	**63.06**	**9.26**
源城区	31550	4084	27016	450	100.00	12.94	85.63	1.43
紫金县	207394	58096	128207	21091	100.00	28.01	61.82	10.17
龙川县	197714	61107	118396	18211	100.00	30.91	59.88	9.21
连平县	105906	27640	65954	12312	100.00	26.10	62.28	11.63
和平县	115301	33564	71380	10357	100.00	29.11	61.91	8.98
东源县	86903	21639	58703	6561	100.00	24.90	67.55	7.55
阳江市	**404604**	**95270**	**263936**	**45398**	**100.00**	**23.55**	**65.23**	**11.22**
江城区	53343	9916	35926	7501	100.00	18.59	67.35	14.06
阳东区	62768	12261	43297	7210	100.00	19.53	68.98	11.49
阳西县	189866	45644	127207	17015	100.00	24.04	67.00	8.96
阳春市	98627	27449	57506	13672	100.00	27.83	58.31	13.86
清远市	**925109**	**232547**	**594953**	**97609**	**100.00**	**25.14**	**64.31**	**10.55**
清城区	266427	58552	181570	26305	100.00	21.98	68.15	9.87
清新区	40346	9960	25751	4635	100.00	24.69	63.83	11.49
佛冈县	136789	34901	90058	11830	100.00	25.51	65.84	8.65
阳山县	154401	42227	94682	17492	100.00	27.35	61.32	11.33
连山壮族瑶族自治县	38758	9444	24957	4357	100.00	24.37	64.39	11.24
连南瑶族自治县	61042	15227	38737	7078	100.00	24.95	63.46	11.60
英德市	192781	53395	118896	20490	100.00	27.70	61.67	10.63
连州市	34565	8841	20302	5422	100.00	25.58	58.74	15.69
东莞市	**87319**	**9118**	**74894**	**3307**	**100.00**	**10.44**	**85.77**	**3.79**
市辖区	87319	9118	74894	3307	100.00	10.44	85.77	3.79
中山市	**1099098**	**171251**	**872789**	**55058**	**100.00**	**15.58**	**79.41**	**5.01**
市辖区	1099098	171251	872789	55058	100.00	15.58	79.41	5.01
潮州市	**715083**	**137131**	**478855**	**99097**	**100.00**	**19.18**	**66.96**	**13.86**
湘桥区	78845	12780	55509	10556	100.00	16.21	70.40	13.39
潮安区	241602	47266	162879	31457	100.00	19.56	67.42	13.02
饶平县	394636	77085	260467	57084	100.00	19.53	66.00	14.46
揭阳市	**1389331**	**354446**	**870483**	**164402**	**100.00**	**25.51**	**62.65**	**11.83**
榕城区	89992	19099	59521	11372	100.00	21.22	66.14	12.64
揭东区	205611	44396	133129	28086	100.00	21.59	64.75	13.66
揭西县	209233	45799	132192	31242	100.00	21.89	63.18	14.93
惠来县	437430	126609	264155	46666	100.00	28.94	60.39	10.67
普宁市	447065	118543	281486	47036	100.00	26.52	62.96	10.52
云浮市	**470342**	**116590**	**300512**	**53240**	**100.00**	**24.79**	**63.89**	**11.32**
云城区								
云安区	47599	11963	30328	5308	100.00	25.13	63.72	11.15
新兴县	185930	40835	126544	18551	100.00	21.96	68.06	9.98
郁南县	160255	40721	99422	20112	100.00	25.41	62.04	12.55
罗定市	76558	23071	44218	9269	100.00	30.14	57.76	12.11

3-2c 各地区人口年龄构成(一)(乡村)

单位：人、%

地 区	人口数				比重			
	合计	0-14岁	15-64岁	65岁及以上	合计	0-14岁	15-64岁	65岁及以上
广 东	**32576438**	**7586812**	**20752243**	**4237383**	**100.00**	**23.29**	**63.70**	**13.01**
广州市	**2579881**	**427765**	**1906419**	**245697**	**100.00**	**16.58**	**73.90**	**9.52**
荔湾区								
越秀区								
海珠区								
天河区								
白云区	697384	96824	543790	56770	100.00	13.88	77.98	8.14
黄埔区	98339	19288	70627	8424	100.00	19.61	71.82	8.57
番禺区	277077	34145	221357	21575	100.00	12.32	79.89	7.79
花都区	498426	81020	369066	48340	100.00	16.26	74.05	9.70
南沙区	226178	33845	169319	23014	100.00	14.96	74.86	10.18
从化区	388976	85073	260779	43124	100.00	21.87	67.04	11.09
增城区	393501	77570	271481	44450	100.00	19.71	68.99	11.30
韶关市	**1218236**	**273556**	**766133**	**178547**	**100.00**	**22.46**	**62.89**	**14.66**
武江区	57848	13653	36596	7599	100.00	23.60	63.26	13.14
浈江区	52643	11927	33727	6989	100.00	22.66	64.07	13.28
曲江区	114594	22599	76055	15940	100.00	19.72	66.37	13.91
始兴县	116280	25263	73229	17788	100.00	21.73	62.98	15.30
仁化县	109380	24366	68315	16699	100.00	22.28	62.46	15.27
翁源县	207531	49191	129815	28525	100.00	23.70	62.55	13.74
乳源瑶族自治县	100449	23917	62853	13679	100.00	23.81	62.57	13.62
新丰县	92750	20021	58086	14643	100.00	21.59	62.63	15.79
乐昌市	184060	43352	112588	28120	100.00	23.55	61.17	15.28
南雄市	182701	39267	114869	28565	100.00	21.49	62.87	15.63
深圳市	**49789**	**5494**	**42507**	**1788**	**100.00**	**11.03**	**85.37**	**3.59**
罗湖区								
福田区								
南山区								
宝安区								
龙岗区	49789	5494	42507	1788	100.00	11.03	85.37	3.59
盐田区								
龙华区								
坪山区								
光明区								
珠海市	**232495**	**40122**	**166793**	**25580**	**100.00**	**17.26**	**71.74**	**11.00**
香洲区	1059	3	1008	48	100.00	0.28	95.18	4.53
斗门区	213646	37196	152897	23553	100.00	17.41	71.57	11.02
金湾区	17790	2923	12888	1979	100.00	16.43	72.45	11.12
汕头市	**1611862**	**409183**	**1034678**	**168001**	**100.00**	**25.39**	**64.19**	**10.42**
龙湖区	100508	19660	69332	11516	100.00	19.56	68.98	11.46
金平区	15416	3017	10658	1741	100.00	19.57	69.14	11.29
濠江区	73866	15275	51424	7167	100.00	20.68	69.62	9.70
潮阳区	674352	185096	421984	67272	100.00	27.45	62.58	9.98
潮南区	497728	141108	307662	48958	100.00	28.35	61.81	9.84
澄海区	236832	42611	164917	29304	100.00	17.99	69.63	12.37
南澳县	13160	2416	8701	2043	100.00	18.36	66.12	15.52
佛山市	**456354**	**59378**	**344957**	**52019**	**100.00**	**13.01**	**75.59**	**11.40**
禅城区								
南海区	144834	20226	110126	14482	100.00	13.96	76.04	10.00
顺德区	44992	5550	35862	3580	100.00	12.34	79.71	7.96
三水区	215540	26139	165627	23774	100.00	12.13	76.84	11.03
高明区	50988	7463	33342	10183	100.00	14.64	65.39	19.97

3-2c 续表 1

单位：人、%

地 区	人口数				比重			
	合计	0-14岁	15-64岁	65岁及以上	合计	0-14岁	15-64岁	65岁及以上
江门市	**1553156**	**225587**	**1052266**	**275303**	**100.00**	**14.52**	**67.75**	**17.73**
蓬江区	26023	4394	17261	4368	100.00	16.89	66.33	16.79
江海区								
新会区	305496	45477	209469	50550	100.00	14.89	68.57	16.55
台山市	474478	62711	318112	93655	100.00	13.22	67.04	19.74
开平市	318742	45740	215254	57748	100.00	14.35	67.53	18.12
鹤山市	196252	30322	133405	32525	100.00	15.45	67.98	16.57
恩平市	232165	36943	158765	36457	100.00	15.91	68.38	15.70
湛江市	**3807772**	**1042602**	**2247924**	**517246**	**100.00**	**27.38**	**59.04**	**13.58**
赤坎区	8527	2289	5298	940	100.00	26.84	62.13	11.02
霞山区	31911	8730	19450	3731	100.00	27.36	60.95	11.69
坡头区	191096	47629	117967	25500	100.00	24.92	61.73	13.34
麻章区	299212	78715	184911	35586	100.00	26.31	61.80	11.89
遂溪县	535072	138545	316603	79924	100.00	25.89	59.17	14.94
徐闻县	394856	106238	234638	53980	100.00	26.91	59.42	13.67
廉江市	919658	263974	522963	132721	100.00	28.70	56.86	14.43
雷州市	908800	259392	535114	114294	100.00	28.54	58.88	12.58
吴川市	518640	137090	310980	70570	100.00	26.43	59.96	13.61
茂名市	**3484470**	**990430**	**2021514**	**472526**	**100.00**	**28.42**	**58.01**	**13.56**
茂南区	335409	80863	213595	40951	100.00	24.11	63.68	12.21
电白区	895937	252418	534490	109029	100.00	28.17	59.66	12.17
高州市	838356	233561	476186	128609	100.00	27.86	56.80	15.34
化州市	818922	250264	458747	109911	100.00	30.56	56.02	13.42
信宜市	595846	173324	338496	84026	100.00	29.09	56.81	14.10
肇庆市	**2014980**	**482896**	**1246626**	**285458**	**100.00**	**23.97**	**61.87**	**14.17**
端州区								
鼎湖区	54803	10771	35021	9011	100.00	19.65	63.90	16.44
高要区	462496	95868	296509	70119	100.00	20.73	64.11	15.16
广宁县	243863	54474	147672	41717	100.00	22.34	60.56	17.11
怀集县	583295	169171	348322	65802	100.00	29.00	59.72	11.28
封开县	250678	61865	152901	35912	100.00	24.68	60.99	14.33
德庆县	231471	57187	142280	32004	100.00	24.71	61.47	13.83
四会市	188374	33560	123921	30893	100.00	17.82	65.78	16.40
惠州市	**1643576**	**347438**	**1132491**	**163647**	**100.00**	**21.14**	**68.90**	**9.96**
惠城区	335449	65961	240432	29056	100.00	19.66	71.67	8.66
惠阳区	259153	47074	194365	17714	100.00	18.16	75.00	6.84
博罗县	498285	108360	335965	53960	100.00	21.75	67.42	10.83
惠东县	377699	87496	250151	40052	100.00	23.17	66.23	10.60
龙门县	172990	38547	111578	22865	100.00	22.28	64.50	13.22
梅州市	**1875444**	**443300**	**1114500**	**317644**	**100.00**	**23.64**	**59.43**	**16.94**
梅江区	36438	6625	23639	6174	100.00	18.18	64.87	16.94
梅县区	261418	46288	164430	50700	100.00	17.71	62.90	19.39
大埔县	176229	34957	106185	35087	100.00	19.84	60.25	19.91
丰顺县	224467	54423	134628	35416	100.00	24.25	59.98	15.78
五华县	585378	178065	327745	79568	100.00	30.42	55.99	13.59
平远县	95186	17353	58835	18998	100.00	18.23	61.81	19.96
蕉岭县	82578	13195	51786	17597	100.00	15.98	62.71	21.31
兴宁市	413750	92394	247252	74104	100.00	22.33	59.76	17.91

3-2c 续表 2

单位：人、%

地区	人口数				比重			
	合计	0-14岁	15-64岁	65岁及以上	合计	0-14岁	15-64岁	65岁及以上
汕尾市	**1177179**	**325762**	**711589**	**139828**	**100.00**	**27.67**	**60.45**	**11.88**
城　区	105586	22490	69379	13717	100.00	21.30	65.71	12.99
海丰县	265176	63300	169306	32570	100.00	23.87	63.85	12.28
陆河县	116064	31764	69428	14872	100.00	27.37	59.82	12.81
陆丰市	690353	208208	403476	78669	100.00	30.16	58.44	11.40
河源市	**1461518**	**361433**	**881837**	**218248**	**100.00**	**24.73**	**60.34**	**14.93**
源城区	40657	9531	27792	3334	100.00	23.44	68.36	8.20
紫金县	343701	95196	198586	49919	100.00	27.70	57.78	14.52
龙川县	397757	94225	238775	64757	100.00	23.69	60.03	16.28
连平县	179318	43458	110508	25352	100.00	24.24	61.63	14.14
和平县	238602	62412	136747	39443	100.00	26.16	57.31	16.53
东源县	261483	56611	169429	35443	100.00	21.65	64.80	13.55
阳江市	**1193139**	**271061**	**737099**	**184979**	**100.00**	**22.72**	**61.78**	**15.50**
江城区	201369	38808	132062	30499	100.00	19.27	65.58	15.15
阳东区	232023	47124	149197	35702	100.00	20.31	64.30	15.39
阳西县	244210	53066	153817	37327	100.00	21.73	62.99	15.28
阳春市	515537	132063	302023	81451	100.00	25.62	58.58	15.80
清远市	**1806264**	**405667**	**1144963**	**255634**	**100.00**	**22.46**	**63.39**	**14.15**
清城区	199260	32333	143863	23064	100.00	16.23	72.20	11.57
清新区	341583	70558	220812	50213	100.00	20.66	64.64	14.70
佛冈县	178713	40781	114099	23833	100.00	22.82	63.84	13.34
阳山县	212774	51938	128425	32411	100.00	24.41	60.36	15.23
连山壮族瑶族自治县	56378	13966	34289	8123	100.00	24.77	60.82	14.41
连南瑶族自治县	73649	20321	44377	8951	100.00	27.59	60.25	12.15
英德市	543259	131461	339456	72342	100.00	24.20	62.49	13.32
连州市	200648	44309	119642	36697	100.00	22.08	59.63	18.29
东莞市	**821754**	**98929**	**678204**	**44621**	**100.00**	**12.04**	**82.53**	**5.43**
市辖区	821754	98929	678204	44621	100.00	12.04	82.53	5.43
中山市	**576187**	**87661**	**439330**	**49196**	**100.00**	**15.21**	**76.25**	**8.54**
市辖区	576187	87661	439330	49196	100.00	15.21	76.25	8.54
潮州市	**919744**	**190057**	**601315**	**128372**	**100.00**	**20.66**	**65.38**	**13.96**
湘桥区	70048	12321	46679	11048	100.00	17.59	66.64	15.77
潮安区	426890	84662	286461	55767	100.00	19.83	67.10	13.06
饶平县	422806	93074	268175	61557	100.00	22.01	63.43	14.56
揭阳市	**2752577**	**754458**	**1678914**	**319205**	**100.00**	**27.41**	**60.99**	**11.60**
榕城区	196344	43604	128164	24576	100.00	22.21	65.28	12.52
揭东区	424337	96795	267111	60431	100.00	22.81	62.95	14.24
揭西县	465596	117003	281504	67089	100.00	25.13	60.46	14.41
惠来县	603349	197916	344917	60516	100.00	32.80	57.17	10.03
普宁市	1062951	299140	657218	106593	100.00	28.14	61.83	10.03
云浮市	**1340061**	**344033**	**802184**	**193844**	**100.00**	**25.67**	**59.86**	**14.47**
云城区	96175	21792	59217	15166	100.00	22.66	61.57	15.77
云安区	167708	42349	102935	22424	100.00	25.25	61.38	13.37
新兴县	244901	51450	152869	40582	100.00	21.01	62.42	16.57
郁南县	211406	52563	124942	33901	100.00	24.86	59.10	16.04
罗定市	619871	175879	362221	81771	100.00	28.37	58.43	13.19

3–3　各地区人口年龄构成(二)

单位：人、%

地　区	人口数				比重			
	合计	0–15岁	16–59岁	60岁及以上	合计	0–15岁	16–59岁	60岁及以上
广　东	**126012510**	**24937244**	**85510200**	**15565066**	**100.00**	**19.79**	**67.86**	**12.35**
广州市	**18676605**	**2721175**	**13824832**	**2130598**	**100.00**	**14.57**	**74.02**	**11.41**
荔湾区	1238305	175841	817141	245323	100.00	14.20	65.99	19.81
越秀区	1038643	148943	658619	231081	100.00	14.34	63.41	22.25
海珠区	1819037	217091	1291708	310238	100.00	11.93	71.01	17.06
天河区	2241826	274896	1774255	192675	100.00	12.26	79.14	8.59
白云区	3742991	467735	2962900	312356	100.00	12.50	79.16	8.35
黄埔区	1264447	202536	955585	106326	100.00	16.02	75.57	8.41
番禺区	2658397	370133	2061211	227053	100.00	13.92	77.54	8.54
花都区	1642360	285173	1200355	156832	100.00	17.36	73.09	9.55
南沙区	846584	134778	619591	92215	100.00	15.92	73.19	10.89
从化区	717684	148338	479509	89837	100.00	20.67	66.81	12.52
增城区	1466331	295711	1003958	166662	100.00	20.17	68.47	11.37
韶关市	**2855131**	**650076**	**1680343**	**524712**	**100.00**	**22.77**	**58.85**	**18.38**
武江区	373686	77884	236263	59539	100.00	20.84	63.23	15.93
浈江区	364319	65028	233097	66194	100.00	17.85	63.98	18.17
曲江区	290455	61859	176061	52535	100.00	21.30	60.62	18.09
始兴县	198060	46770	114448	36842	100.00	23.61	57.78	18.60
仁化县	186009	43797	107347	34865	100.00	23.55	57.71	18.74
翁源县	322482	83329	180492	58661	100.00	25.84	55.97	18.19
乳源瑶族自治县	187276	46707	108051	32518	100.00	24.94	57.70	17.36
新丰县	195430	46821	111501	37108	100.00	23.96	57.05	18.99
乐昌市	383498	96725	209838	76935	100.00	25.22	54.72	20.06
南雄市	353916	81156	203245	69515	100.00	22.93	57.43	19.64
深圳市	**17494398**	**2736210**	**13826361**	**931827**	**100.00**	**15.64**	**79.03**	**5.33**
罗湖区	1143801	202636	843172	97993	100.00	17.72	73.72	8.57
福田区	1553225	257934	1164330	130961	100.00	16.61	74.96	8.43
南山区	1795826	276141	1389905	129780	100.00	15.38	77.40	7.23
宝安区	4476554	634433	3670492	171629	100.00	14.17	81.99	3.83
龙岗区	4135273	711665	3203897	219711	100.00	17.21	77.48	5.31
盐田区	214225	37065	160892	16268	100.00	17.30	75.10	7.59
龙华区	2528872	373503	2051955	103414	100.00	14.77	81.14	4.09
坪山区	551333	93340	433524	24469	100.00	16.93	78.63	4.44
光明区	1095289	149493	908194	37602	100.00	13.65	82.92	3.43
珠海市	**2439585**	**407217**	**1788355**	**244013**	**100.00**	**16.69**	**73.31**	**10.00**
香洲区	1384317	223513	1030912	129892	100.00	16.15	74.47	9.38
斗门区	608899	113809	419876	75214	100.00	18.69	68.96	12.35
金湾区	446369	69895	337567	38907	100.00	15.66	75.63	8.72
汕头市	**5502031**	**1293903**	**3354493**	**853635**	**100.00**	**23.52**	**60.97**	**15.51**
龙湖区	630749	124939	415502	90308	100.00	19.81	65.87	14.32
金平区	777024	134771	482663	159590	100.00	17.34	62.12	20.54
濠江区	269471	62624	164528	42319	100.00	23.24	61.06	15.70
潮阳区	1654276	446012	979854	228410	100.00	26.96	59.23	13.81
潮南区	1231638	349779	713594	168265	100.00	28.40	57.94	13.66
澄海区	874444	164405	560397	149642	100.00	18.80	64.09	17.11
南澳县	64429	11373	37955	15101	100.00	17.65	58.91	23.44
佛山市	**9498863**	**1505174**	**6994049**	**999640**	**100.00**	**15.85**	**73.63**	**10.52**
禅城区	1330262	196535	968768	164959	100.00	14.77	72.83	12.40
南海区	3667247	583495	2727102	356650	100.00	15.91	74.36	9.73
顺德区	3229090	510280	2399189	319621	100.00	15.80	74.30	9.90
三水区	803226	130520	577294	95412	100.00	16.25	71.87	11.88
高明区	469038	84344	321696	62998	100.00	17.98	68.59	13.43

3-3 续表 1

单位：人、%

地 区	人口数				比重			
	合计	0-15岁	16-59岁	60岁及以上	合计	0-15岁	16-59岁	60岁及以上
江门市	**4798090**	**812039**	**3109744**	**876307**	**100.00**	**16.92**	**64.81**	**18.26**
蓬江区	853007	144219	584288	124500	100.00	16.91	68.50	14.60
江海区	364694	62304	258846	43544	100.00	17.08	70.98	11.94
新会区	909277	154813	584031	170433	100.00	17.03	64.23	18.74
台山市	907744	140216	558091	209437	100.00	15.45	61.48	23.07
开平市	748777	130426	467712	150639	100.00	17.42	62.46	20.12
鹤山市	530684	95175	352495	83014	100.00	17.93	66.42	15.64
恩平市	483907	84886	304281	94740	100.00	17.54	62.88	19.58
湛江市	**6981236**	**1902291**	**3906972**	**1171973**	**100.00**	**27.25**	**55.96**	**16.79**
赤坎区	414539	92227	263737	58575	100.00	22.25	63.62	14.13
霞山区	653403	151399	407730	94274	100.00	23.17	62.40	14.43
坡头区	337723	89734	188979	59010	100.00	26.57	55.96	17.47
麻章区	525790	129447	322472	73871	100.00	24.62	61.33	14.05
遂溪县	824608	221580	447126	155902	100.00	26.87	54.22	18.91
徐闻县	633258	175989	346289	110980	100.00	27.79	54.68	17.53
廉江市	1363470	400254	712458	250758	100.00	29.36	52.25	18.39
雷州市	1321091	390938	716607	213546	100.00	29.59	54.24	16.16
吴川市	907354	250723	501574	155057	100.00	27.63	55.28	17.09
茂名市	**6174050**	**1762071**	**3374695**	**1037284**	**100.00**	**28.54**	**54.66**	**16.80**
茂南区	1035411	254904	629176	151331	100.00	24.62	60.77	14.62
电白区	1503737	426750	833165	243822	100.00	28.38	55.41	16.21
高州市	1328657	367385	710359	250913	100.00	27.65	53.46	18.88
化州市	1291668	405678	669291	216699	100.00	31.41	51.82	16.78
信宜市	1014577	307354	532704	174519	100.00	30.29	52.51	17.20
肇庆市	**4113594**	**961401**	**2477224**	**674969**	**100.00**	**23.37**	**60.22**	**16.41**
端州区	602402	122411	395325	84666	100.00	20.32	65.62	14.05
鼎湖区	209116	43151	135642	30323	100.00	20.63	64.86	14.50
高要区	741591	160742	451764	129085	100.00	21.68	60.92	17.41
广宁县	408112	99777	221891	86444	100.00	24.45	54.37	21.18
怀集县	805177	232023	451454	121700	100.00	28.82	56.07	15.11
封开县	374848	94171	208198	72479	100.00	25.12	55.54	19.34
德庆县	331438	83450	186135	61853	100.00	25.18	56.16	18.66
四会市	640910	125676	426815	88419	100.00	19.61	66.60	13.80
惠州市	**6042852**	**1320967**	**4114493**	**607392**	**100.00**	**21.86**	**68.09**	**10.05**
惠城区	2090578	452677	1447892	190009	100.00	21.65	69.26	9.09
惠阳区	1404137	261471	1041144	101522	100.00	18.62	74.15	7.23
博罗县	1210878	268432	797301	145145	100.00	22.17	65.84	11.99
惠东县	1018076	260360	638954	118762	100.00	25.57	62.76	11.67
龙门县	319183	78027	189202	51954	100.00	24.45	59.28	16.28
梅州市	**3873239**	**959955**	**2137008**	**776276**	**100.00**	**24.78**	**55.17**	**20.04**
梅江区	435616	83985	275780	75851	100.00	19.28	63.31	17.41
梅县区	556735	120273	321794	114668	100.00	21.60	57.80	20.60
大埔县	330948	79412	172570	78966	100.00	24.00	52.14	23.86
丰顺县	478731	121598	257567	99566	100.00	25.40	53.80	20.80
五华县	916961	286223	475767	154971	100.00	31.21	51.89	16.90
平远县	190482	40094	108905	41483	100.00	21.05	57.17	21.78
蕉岭县	184355	37411	104314	42630	100.00	20.29	56.58	23.12
兴宁市	779411	190959	420311	168141	100.00	24.50	53.93	21.57

3-3　续表 2

单位：人、%

地　区	人口数				比重			
	合计	0−15岁	16−59岁	60岁及以上	合计	0−15岁	16−59岁	60岁及以上
汕尾市	**2738482**	**743032**	**1587776**	**407674**	**100.00**	**27.13**	**57.98**	**14.89**
城　区	450959	100582	285593	64784	100.00	22.30	63.33	14.37
海丰县	802454	206181	485701	110572	100.00	25.69	60.53	13.78
陆河县	249242	70887	137927	40428	100.00	28.44	55.34	16.22
陆丰市	1235827	365382	678555	191890	100.00	29.57	54.91	15.53
河源市	**2837686**	**759901**	**1610543**	**467242**	**100.00**	**26.78**	**56.76**	**16.47**
源城区	703607	173325	455121	75161	100.00	24.63	64.68	10.68
紫金县	551095	161961	291082	98052	100.00	29.39	52.82	17.79
龙川县	595471	164634	317119	113718	100.00	27.65	53.26	19.10
连平县	285224	74580	156439	54205	100.00	26.15	54.85	19.00
和平县	353903	101028	184520	68355	100.00	28.55	52.14	19.31
东源县	348386	84373	206262	57751	100.00	24.22	59.21	16.58
阳江市	**2602959**	**614543**	**1546140**	**442276**	**100.00**	**23.61**	**59.40**	**16.99**
江城区	814688	171390	513458	129840	100.00	21.04	63.03	15.94
阳东区	478299	107560	294986	75753	100.00	22.49	61.67	15.84
阳西县	434076	103133	256258	74685	100.00	23.76	59.04	17.21
阳春市	875896	232460	481438	161998	100.00	26.54	54.97	18.50
清远市	**3969473**	**969051**	**2352143**	**648279**	**100.00**	**24.41**	**59.26**	**16.33**
清城区	1119901	248304	722163	149434	100.00	22.17	64.48	13.34
清新区	618523	150332	369734	98457	100.00	24.30	59.78	15.92
佛冈县	315502	79383	185457	50662	100.00	25.16	58.78	16.06
阳山县	367175	97836	199149	70190	100.00	26.65	54.24	19.12
连山壮族瑶族自治县	95136	24411	53255	17470	100.00	25.66	55.98	18.36
连南瑶族自治县	134691	37132	75013	22546	100.00	27.57	55.69	16.74
英德市	941325	241130	543310	156885	100.00	25.62	57.72	16.67
连州市	377220	90523	204062	82635	100.00	24.00	54.10	21.91
东莞市	**10466625**	**1438667**	**8455333**	**572625**	**100.00**	**13.75**	**80.78**	**5.47**
市辖区	10466625	1438667	8455333	572625	100.00	13.75	80.78	5.47
中山市	**4418060**	**726552**	**3299728**	**391780**	**100.00**	**16.45**	**74.69**	**8.87**
市辖区	4418060	726552	3299728	391780	100.00	16.45	74.69	8.87
潮州市	**2568387**	**522731**	**1553345**	**492311**	**100.00**	**20.35**	**60.48**	**19.17**
湘桥区	575795	102342	358530	114923	100.00	17.77	62.27	19.96
潮安区	1175150	240382	727911	206857	100.00	20.46	61.94	17.60
饶平县	817442	180007	466904	170531	100.00	22.02	57.12	20.86
揭阳市	**5577814**	**1500376**	**3178807**	**898631**	**100.00**	**26.90**	**56.99**	**16.11**
榕城区	931868	206970	564532	160366	100.00	22.21	60.58	17.21
揭东区	931719	218809	540008	172902	100.00	23.48	57.96	18.56
揭西县	674829	171548	365659	137622	100.00	25.42	54.19	20.39
惠来县	1040779	341740	548122	150917	100.00	32.84	52.66	14.50
普宁市	1998619	561309	1160486	276824	100.00	28.08	58.06	13.85
云浮市	**2383350**	**629912**	**1337816**	**415622**	**100.00**	**26.43**	**56.13**	**17.44**
云城区	408537	101638	249522	57377	100.00	24.88	61.08	14.04
云安区	235390	61470	132317	41603	100.00	26.11	56.21	17.67
新兴县	430831	97850	254074	78907	100.00	22.71	58.97	18.32
郁南县	371661	97514	198188	75959	100.00	26.24	53.32	20.44
罗定市	936931	271440	503715	161776	100.00	28.97	53.76	17.27

3-3a 各地区人口年龄构成(二)(城市)

单位：人、%

地 区	人口数				比重			
	合计	0-15岁	16-59岁	60岁及以上	合计	0-15岁	16-59岁	60岁及以上
广 东	**76387659**	**12974667**	**56106536**	**7306456**	**100.00**	**16.99**	**73.45**	**9.56**
广州市	**14878353**	**2076997**	**11121492**	**1679864**	**100.00**	**13.96**	**74.75**	**11.29**
荔湾区	1238305	175841	817141	245323	100.00	14.20	65.99	19.81
越秀区	1038643	148943	658619	231081	100.00	14.34	63.41	22.25
海珠区	1819037	217091	1291708	310238	100.00	11.93	71.01	17.06
天河区	2241826	274896	1774255	192675	100.00	12.26	79.14	8.59
白云区	2781103	335053	2228788	217262	100.00	12.05	80.14	7.81
黄埔区	1126425	171681	864427	90317	100.00	15.24	76.74	8.02
番禺区	2315247	327010	1798261	189976	100.00	14.12	77.67	8.21
花都区	1042688	182086	777821	82781	100.00	17.46	74.60	7.94
南沙区	462387	76555	346044	39788	100.00	16.56	74.84	8.60
从化区	228603	46157	158700	23746	100.00	20.19	69.42	10.39
增城区	584089	121684	405728	56677	100.00	20.83	69.46	9.70
韶关市	**952247**	**192587**	**601988**	**157672**	**100.00**	**20.22**	**63.22**	**16.56**
武江区	313011	62961	201712	48338	100.00	20.11	64.44	15.44
浈江区	278074	47939	182037	48098	100.00	17.24	65.46	17.30
曲江区	147569	32187	90819	24563	100.00	21.81	61.54	16.65
始兴县								
仁化县								
翁源县								
乳源瑶族自治县								
新丰县								
乐昌市	102619	25075	59966	17578	100.00	24.44	58.44	17.13
南雄市	110974	24425	67454	19095	100.00	22.01	60.78	17.21
深圳市	**17438289**	**2729250**	**13780355**	**928684**	**100.00**	**15.65**	**79.02**	**5.33**
罗湖区	1143801	202636	843172	97993	100.00	17.72	73.72	8.57
福田区	1553225	257934	1164330	130961	100.00	16.61	74.96	8.43
南山区	1791801	276131	1385936	129734	100.00	15.41	77.35	7.24
宝安区	4476554	634433	3670492	171629	100.00	14.17	81.99	3.83
龙岗区	4085484	705275	3163387	216822	100.00	17.26	77.43	5.31
盐田区	214225	37065	160892	16268	100.00	17.30	75.10	7.59
龙华区	2528872	373503	2051955	103414	100.00	14.77	81.14	4.09
坪山区	549038	92780	431997	24261	100.00	16.90	78.68	4.42
光明区	1095289	149493	908194	37602	100.00	13.65	82.92	3.43
珠海市	**1898013**	**316849**	**1400863**	**180301**	**100.00**	**16.69**	**73.81**	**9.50**
香洲区	1331277	219660	984012	127605	100.00	16.50	73.91	9.59
斗门区	245780	45865	172537	27378	100.00	18.66	70.20	11.14
金湾区	320956	51324	244314	25318	100.00	15.99	76.12	7.89
汕头市	**2530788**	**528004**	**1594050**	**408734**	**100.00**	**20.86**	**62.99**	**16.15**
龙湖区	530241	104428	352469	73344	100.00	19.69	66.47	13.83
金平区	761608	131626	472940	157042	100.00	17.28	62.10	20.62
濠江区	190147	45196	114216	30735	100.00	23.77	60.07	16.16
潮阳区	358885	84056	219028	55801	100.00	23.42	61.03	15.55
潮南区	422737	114578	253670	54489	100.00	27.10	60.01	12.89
澄海区	267170	48120	181727	37323	100.00	18.01	68.02	13.97
南澳县								
佛山市	**8538876**	**1365420**	**6292964**	**880492**	**100.00**	**15.99**	**73.70**	**10.31**
禅城区	1115246	161420	810548	143278	100.00	14.47	72.68	12.85
南海区	3470385	555637	2582944	331804	100.00	16.01	74.43	9.56
顺德区	3184098	504568	2365054	314476	100.00	15.85	74.28	9.88
三水区	377355	71302	260897	45156	100.00	18.90	69.14	11.97
高明区	391792	72493	273521	45778	100.00	18.50	69.81	11.68

3-3a 续表 1

单位：人、%

地区	人口数				比重			
	合计	0-15岁	16-59岁	60岁及以上	合计	0-15岁	16-59岁	60岁及以上
江门市	**2821211**	**502053**	**1896947**	**422211**	**100.00**	**17.80**	**67.24**	**14.97**
蓬江区	826984	139659	568815	118510	100.00	16.89	68.78	14.33
江海区	364694	62304	258846	43544	100.00	17.08	70.98	11.94
新会区	481500	86307	317779	77414	100.00	17.92	66.00	16.08
台山市	357132	63792	232926	60414	100.00	17.86	65.22	16.92
开平市	337647	62874	216624	58149	100.00	18.62	64.16	17.22
鹤山市	257132	51360	174816	30956	100.00	19.97	67.99	12.04
恩平市	196122	35757	127141	33224	100.00	18.23	64.83	16.94
湛江市	**1988010**	**499114**	**1216045**	**272851**	**100.00**	**25.11**	**61.17**	**13.72**
赤坎区	406012	89870	258881	57261	100.00	22.13	63.76	14.10
霞山区	617141	141256	387469	88416	100.00	22.89	62.78	14.33
坡头区	69248	17456	40433	11359	100.00	25.21	58.39	16.40
麻章区	118440	30487	74383	13570	100.00	25.74	62.80	11.46
遂溪县	20740	4706	10901	5133	100.00	22.69	52.56	24.75
徐闻县								
廉江市	253790	74489	147835	31466	100.00	29.35	58.25	12.40
雷州市	247281	72273	145585	29423	100.00	29.23	58.87	11.90
吴川市	255358	68577	150558	36223	100.00	26.86	58.96	14.19
茂名市	**1820721**	**473653**	**1110354**	**236714**	**100.00**	**26.01**	**60.98**	**13.00**
茂南区	656192	159152	410858	86182	100.00	24.25	62.61	13.13
电白区	241593	60712	145956	34925	100.00	25.13	60.41	14.46
高州市	318402	76750	201719	39933	100.00	24.10	63.35	12.54
化州市	285182	82501	166588	36093	100.00	28.93	58.41	12.66
信宜市	319352	94538	185233	39581	100.00	29.60	58.00	12.39
肇庆市	**1254121**	**261835**	**839822**	**152464**	**100.00**	**20.88**	**66.96**	**12.16**
端州区	602402	122411	395325	84666	100.00	20.32	65.62	14.05
鼎湖区	118036	25243	79472	13321	100.00	21.39	67.33	11.29
高要区	116457	29636	75682	11139	100.00	25.45	64.99	9.56
广宁县								
怀集县								
封开县								
德庆县								
四会市	417226	84545	289343	43338	100.00	20.26	69.35	10.39
惠州市	**2668887**	**549444**	**1913126**	**206317**	**100.00**	**20.59**	**71.68**	**7.73**
惠城区	1622750	356069	1127873	138808	100.00	21.94	69.50	8.55
惠阳区	1023888	188931	768624	66333	100.00	18.45	75.07	6.48
博罗县	22249	4444	16629	1176	100.00	19.97	74.74	5.29
惠东县								
龙门县								
梅州市	**952698**	**218110**	**578897**	**155691**	**100.00**	**22.89**	**60.76**	**16.34**
梅江区	392785	75876	251212	65697	100.00	19.32	63.96	16.73
梅县区	251207	62236	154624	34347	100.00	24.77	61.55	13.67
大埔县								
丰顺县								
五华县	14388	4188	7674	2526	100.00	29.11	53.34	17.56
平远县								
蕉岭县								
兴宁市	294318	75810	165387	53121	100.00	25.76	56.19	18.05

3-3a 续表 2

单位：人、%

地　区	人口数				比重			
	合计	0-15岁	16-59岁	60岁及以上	合计	0-15岁	16-59岁	60岁及以上
汕尾市	**527989**	**123451**	**333124**	**71414**	**100.00**	**23.38**	**63.09**	**13.53**
城　区	303634	67557	196149	39928	100.00	22.25	64.60	13.15
海丰县								
陆河县								
陆丰市	224355	55894	136975	31486	100.00	24.91	61.05	14.03
河源市	**631400**	**158918**	**403104**	**69378**	**100.00**	**25.17**	**63.84**	**10.99**
源城区	631400	158918	403104	69378	100.00	25.17	63.84	10.99
紫金县								
龙川县								
连平县								
和平县								
东源县								
阳江市	**1005216**	**232406**	**638360**	**134450**	**100.00**	**23.12**	**63.50**	**13.38**
江城区	559976	120153	360040	79783	100.00	21.46	64.30	14.25
阳东区	183508	46173	117993	19342	100.00	25.16	64.30	10.54
阳西县								
阳春市	261732	66080	160327	35325	100.00	25.25	61.26	13.50
清远市	**1238100**	**304266**	**775174**	**158660**	**100.00**	**24.58**	**62.61**	**12.81**
清城区	654214	153208	417862	83144	100.00	23.42	63.87	12.71
清新区	236594	65563	145188	25843	100.00	27.71	61.37	10.92
佛冈县								
阳山县								
连山壮族瑶族自治县								
连南瑶族自治县								
英德市	205285	50273	130312	24700	100.00	24.49	63.48	12.03
连州市	142007	35222	81812	24973	100.00	24.80	57.61	17.59
东莞市	**9557552**	**1326853**	**7728268**	**502431**	**100.00**	**13.88**	**80.86**	**5.26**
市辖区	9557552	1326853	7728268	502431	100.00	13.88	80.86	5.26
中山市	**2742775**	**456767**	**2049527**	**236481**	**100.00**	**16.65**	**74.72**	**8.62**
市辖区	2742775	456767	2049527	236481	100.00	16.65	74.72	8.62
潮州市	**933560**	**177549**	**591143**	**164868**	**100.00**	**19.02**	**63.32**	**17.66**
湘桥区	426902	75846	266975	84081	100.00	17.77	62.54	19.70
潮安区	506658	101703	324168	80787	100.00	20.07	63.98	15.95
饶平县								
揭阳市	**1435906**	**334146**	**888160**	**213600**	**100.00**	**23.27**	**61.85**	**14.88**
榕城区	645532	141056	397070	107406	100.00	21.85	61.51	16.64
揭东区	301771	70066	184607	47098	100.00	23.22	61.17	15.61
揭西县								
惠来县								
普宁市	488603	123024	306483	59096	100.00	25.18	62.73	12.09
云浮市	**572947**	**146995**	**352773**	**73179**	**100.00**	**25.66**	**61.57**	**12.77**
云城区	312362	78995	196380	36987	100.00	25.29	62.87	11.84
云安区	20083	4895	12409	2779	100.00	24.37	61.79	13.84
新兴县								
郁南县								
罗定市	240502	63105	143984	33413	100.00	26.24	59.87	13.89

3-3b 各地区人口年龄构成(二)(镇)

单位：人、%

地区	人口数				比重			
	合计	0-15岁	16-59岁	60岁及以上	合计	0-15岁	16-59岁	60岁及以上
广东	**17048413**	**4040234**	**10617007**	**2391172**	**100.00**	**23.70**	**62.28**	**14.03**
广州市	**1218371**	**197163**	**911018**	**110190**	**100.00**	**16.18**	**74.77**	**9.04**
荔湾区								
越秀区								
海珠区								
天河区								
白云区	264504	29792	216981	17731	100.00	11.26	82.03	6.70
黄埔区	39683	11079	24450	4154	100.00	27.92	61.61	10.47
番禺区	66073	7446	52043	6584	100.00	11.27	78.77	9.96
花都区	101246	18363	74646	8237	100.00	18.14	73.73	8.14
南沙区	158019	22631	115203	20185	100.00	14.32	72.90	12.77
从化区	100105	13864	79787	6454	100.00	13.85	79.70	6.45
增城区	488741	93988	347908	46845	100.00	19.23	71.18	9.58
韶关市	**684648**	**173918**	**393110**	**117620**	**100.00**	**25.40**	**57.42**	**17.18**
武江区	2827	763	1550	514	100.00	26.99	54.83	18.18
浈江区	33602	4759	20655	8188	100.00	14.16	61.47	24.37
曲江区	28292	6101	16569	5622	100.00	21.56	58.56	19.87
始兴县	81780	20731	47920	13129	100.00	25.35	58.60	16.05
仁化县	76629	18555	45769	12305	100.00	24.21	59.73	16.06
翁源县	114951	32117	64969	17865	100.00	27.94	56.52	15.54
乳源瑶族自治县	86827	21813	51940	13074	100.00	25.12	59.82	15.06
新丰县	102680	26198	60183	16299	100.00	25.51	58.61	15.87
乐昌市	96819	27023	50742	19054	100.00	27.91	52.41	19.68
南雄市	60241	15858	32813	11570	100.00	26.32	54.47	19.21
深圳市	**6320**	**570**	**5496**	**254**	**100.00**	**9.02**	**86.96**	**4.02**
罗湖区								
福田区								
南山区	4025	10	3969	46	100.00	0.25	98.61	1.14
宝安区								
龙岗区								
盐田区								
龙华区								
坪山区	2295	560	1527	208	100.00	24.40	66.54	9.06
光明区								
珠海市	**309077**	**48481**	**233926**	**26670**	**100.00**	**15.69**	**75.69**	**8.63**
香洲区	51981	3849	45919	2213	100.00	7.40	88.34	4.26
斗门区	149473	29058	106498	13917	100.00	19.44	71.25	9.31
金湾区	107623	15574	81509	10540	100.00	14.47	75.74	9.79
汕头市	**1359381**	**336439**	**818932**	**204010**	**100.00**	**24.75**	**60.24**	**15.01**
龙湖区								
金平区								
濠江区	5458	1064	3279	1115	100.00	19.49	60.08	20.43
潮阳区	621039	168001	375939	77099	100.00	27.05	60.53	12.41
潮南区	311173	86987	179588	44598	100.00	27.95	57.71	14.33
澄海区	370442	71505	229752	69185	100.00	19.30	62.02	18.68
南澳县	51269	8882	30374	12013	100.00	17.32	59.24	23.43
佛山市	**503633**	**77668**	**378329**	**47636**	**100.00**	**15.42**	**75.12**	**9.46**
禅城区	215016	35115	158220	21681	100.00	16.33	73.59	10.08
南海区	52028	6297	41021	4710	100.00	12.10	78.84	9.05
顺德区								
三水区	210331	32116	160641	17574	100.00	15.27	76.38	8.36
高明区	26258	4140	18447	3671	100.00	15.77	70.25	13.98

3-3b 续表 1 单位：人、%

地　区	人口数				比重			
	合计	0-15岁	16-59岁	60岁及以上	合计	0-15岁	16-59岁	60岁及以上
江门市	**423723**	**74597**	**274688**	**74438**	**100.00**	**17.61**	**64.83**	**17.57**
蓬江区								
江海区								
新会区	122281	21222	77812	23247	100.00	17.36	63.63	19.01
台山市	76134	10818	45813	19503	100.00	14.21	60.17	25.62
开平市	92388	19445	59555	13388	100.00	21.05	64.46	14.49
鹤山市	77300	12400	57353	7547	100.00	16.04	74.20	9.76
恩平市	55620	10712	34155	10753	100.00	19.26	61.41	19.33
湛江市	**1185454**	**321638**	**677704**	**186112**	**100.00**	**27.13**	**57.17**	**15.70**
赤坎区								
霞山区	4351	1211	2548	592	100.00	27.83	58.56	13.61
坡头区	77379	23493	42409	11477	100.00	30.36	54.81	14.83
麻章区	108138	16895	80435	10808	100.00	15.62	74.38	9.99
遂溪县	268796	73300	153160	42336	100.00	27.27	56.98	15.75
徐闻县	238402	66026	137029	35347	100.00	27.70	57.48	14.83
廉江市	190022	52203	100217	37602	100.00	27.47	52.74	19.79
雷州市	165010	48232	91154	25624	100.00	29.23	55.24	15.53
吴川市	133356	40278	70752	22326	100.00	30.20	53.05	16.74
茂名市	**868859**	**255278**	**466041**	**147540**	**100.00**	**29.38**	**53.64**	**16.98**
茂南区	43810	11556	24489	7765	100.00	26.38	55.90	17.72
电白区	366207	102536	205673	57998	100.00	28.00	56.16	15.84
高州市	171899	46648	91037	34214	100.00	27.14	52.96	19.90
化州市	187564	62300	95489	29775	100.00	33.22	50.91	15.87
信宜市	99379	32238	49353	17788	100.00	32.44	49.66	17.90
肇庆市	**844493**	**195908**	**515400**	**133185**	**100.00**	**23.20**	**61.03**	**15.77**
端州区								
鼎湖区	36277	6793	24700	4784	100.00	18.73	68.09	13.19
高要区	162638	31356	106646	24636	100.00	19.28	65.57	15.15
广宁县	164249	42759	92960	28530	100.00	26.03	56.60	17.37
怀集县	221882	56992	133636	31254	100.00	25.69	60.23	14.09
封开县	124170	28924	72255	22991	100.00	23.29	58.19	18.52
德庆县	99967	22960	60181	16826	100.00	22.97	60.20	16.83
四会市	35310	6124	25022	4164	100.00	17.34	70.86	11.79
惠州市	**1730389**	**409519**	**1149947**	**170923**	**100.00**	**23.67**	**66.46**	**9.88**
惠城区	132379	27930	93647	10802	100.00	21.10	70.74	8.16
惠阳区	121096	23602	88132	9362	100.00	19.49	72.78	7.73
博罗县	690344	150163	472726	67455	100.00	21.75	68.48	9.77
惠东县	640377	169722	407059	63596	100.00	26.50	63.57	9.93
龙门县	146193	38102	88383	19708	100.00	26.06	60.46	13.48
梅州市	**1045097**	**278246**	**581218**	**185633**	**100.00**	**26.62**	**55.61**	**17.76**
梅江区	6393	1218	3667	1508	100.00	19.05	57.36	23.59
梅县区	44110	9552	24320	10238	100.00	21.65	55.13	23.21
大埔县	154719	42971	81637	30111	100.00	27.77	52.76	19.46
丰顺县	254264	64421	140332	49511	100.00	25.34	55.19	19.47
五华县	317195	95808	177224	44163	100.00	30.20	55.87	13.92
平远县	95296	22051	56785	16460	100.00	23.14	59.59	17.27
蕉岭县	101777	23743	59329	18705	100.00	23.33	58.29	18.38
兴宁市	71343	18482	37924	14937	100.00	25.91	53.16	20.94

3-3b　续表 2　　　　单位：人、%

地　区	人口数				比重			
	合计	0-15岁	16-59岁	60岁及以上	合计	0-15岁	16-59岁	60岁及以上
汕尾市	**1033314**	**278510**	**609882**	**144922**	**100.00**	**26.95**	**59.02**	**14.02**
城　区	41739	9251	26688	5800	100.00	22.16	63.94	13.90
海丰县	537278	139834	330474	66970	100.00	26.03	61.51	12.46
陆河县	133178	37904	75594	19680	100.00	28.46	56.76	14.78
陆丰市	321119	91521	177126	52472	100.00	28.50	55.16	16.34
河源市	**744768**	**219264**	**425688**	**99816**	**100.00**	**29.44**	**57.16**	**13.40**
源城区	31550	4556	26007	987	100.00	14.44	82.43	3.13
紫金县	207394	62282	115253	29859	100.00	30.03	55.57	14.40
龙川县	197714	64656	106940	26118	100.00	32.70	54.09	13.21
连平县	105906	28989	58806	18111	100.00	27.37	55.53	17.10
和平县	115301	35909	64475	14917	100.00	31.14	55.92	12.94
东源县	86903	22872	54207	9824	100.00	26.32	62.38	11.30
阳江市	**404604**	**99954**	**240512**	**64138**	**100.00**	**24.70**	**59.44**	**15.85**
江城区	53343	10244	32712	10387	100.00	19.20	61.32	19.47
阳东区	62768	12834	39844	10090	100.00	20.45	63.48	16.08
阳西县	189866	48556	116502	24808	100.00	25.57	61.36	13.07
阳春市	98627	28320	51454	18853	100.00	28.71	52.17	19.12
清远市	**925109**	**242508**	**543974**	**138627**	**100.00**	**26.21**	**58.80**	**14.98**
清城区	266427	60665	169501	36261	100.00	22.77	63.62	13.61
清新区	40346	10432	23454	6460	100.00	25.86	58.13	16.01
佛冈县	136789	36745	82704	17340	100.00	26.86	60.46	12.68
阳山县	154401	44294	85308	24799	100.00	28.69	55.25	16.06
连山壮族瑶族自治县	38758	9919	22652	6187	100.00	25.59	58.44	15.96
连南瑶族自治县	61042	15907	35303	9832	100.00	26.06	57.83	16.11
英德市	192781	55384	107180	30217	100.00	28.73	55.60	15.67
连州市	34565	9162	17872	7531	100.00	26.51	51.71	21.79
东莞市	**87319**	**9500**	**72654**	**5165**	**100.00**	**10.88**	**83.21**	**5.92**
市辖区	87319	9500	72654	5165	100.00	10.88	83.21	5.92
中山市	**1099098**	**178497**	**836544**	**84057**	**100.00**	**16.24**	**76.11**	**7.65**
市辖区	1099098	178497	836544	84057	100.00	16.24	76.11	7.65
潮州市	**715083**	**145312**	**428113**	**141658**	**100.00**	**20.32**	**59.87**	**19.81**
湘桥区	78845	13636	50217	14992	100.00	17.29	63.69	19.01
潮安区	241602	49696	146892	45014	100.00	20.57	60.80	18.63
饶平县	394636	81980	231004	81652	100.00	20.77	58.54	20.69
揭阳市	**1389331**	**373615**	**782897**	**232819**	**100.00**	**26.89**	**56.35**	**16.76**
榕城区	89992	20088	53187	16717	100.00	22.32	59.10	18.58
揭东区	205611	47056	118663	39892	100.00	22.89	57.71	19.40
揭西县	209233	48139	117298	43796	100.00	23.01	56.06	20.93
惠来县	437430	133416	237918	66096	100.00	30.50	54.39	15.11
普宁市	447065	124916	255831	66318	100.00	27.94	57.22	14.83
云浮市	**470342**	**123649**	**270934**	**75759**	**100.00**	**26.29**	**57.60**	**16.11**
云城区								
云安区	47599	12516	27584	7499	100.00	26.29	57.95	15.75
新兴县	185930	44132	116084	25714	100.00	23.74	62.43	13.83
郁南县	160255	42904	88121	29230	100.00	26.77	54.99	18.24
罗定市	76558	24097	39145	13316	100.00	31.48	51.13	17.39

3-3c 各地区人口年龄构成(二)(乡村)

单位：人、%

地 区	人口数				比重			
	合计	0-15岁	16-59岁	60岁及以上	合计	0-15岁	16-59岁	60岁及以上
广 东	**32576438**	**7922343**	**18786657**	**5867438**	**100.00**	**24.32**	**57.67**	**18.01**
广州市	**2579881**	**447015**	**1792322**	**340544**	**100.00**	**17.33**	**69.47**	**13.20**
荔湾区								
越秀区								
海珠区								
天河区								
白云区	697384	102890	517131	77363	100.00	14.75	74.15	11.09
黄埔区	98339	19776	66708	11855	100.00	20.11	67.83	12.06
番禺区	277077	35677	210907	30493	100.00	12.88	76.12	11.01
花都区	498426	84724	347888	65814	100.00	17.00	69.80	13.20
南沙区	226178	35592	158344	32242	100.00	15.74	70.01	14.26
从化区	388976	88317	241022	59637	100.00	22.70	61.96	15.33
增城区	393501	80039	250322	63140	100.00	20.34	63.61	16.05
韶关市	**1218236**	**283571**	**685245**	**249420**	**100.00**	**23.28**	**56.25**	**20.47**
武江区	57848	14160	33001	10687	100.00	24.48	57.05	18.47
浈江区	52643	12330	30405	9908	100.00	23.42	57.76	18.82
曲江区	114594	23571	68673	22350	100.00	20.57	59.93	19.50
始兴县	116280	26039	66528	23713	100.00	22.39	57.21	20.39
仁化县	109380	25242	61578	22560	100.00	23.08	56.30	20.63
翁源县	207531	51212	115523	40796	100.00	24.68	55.67	19.66
乳源瑶族自治县	100449	24894	56111	19444	100.00	24.78	55.86	19.36
新丰县	92750	20623	51318	20809	100.00	22.24	55.33	22.44
乐昌市	184060	44627	99130	40303	100.00	24.25	53.86	21.90
南雄市	182701	40873	102978	38850	100.00	22.37	56.36	21.26
深圳市	**49789**	**6390**	**40510**	**2889**	**100.00**	**12.83**	**81.36**	**5.80**
罗湖区								
福田区								
南山区								
宝安区								
龙岗区	49789	6390	40510	2889	100.00	12.83	81.36	5.80
盐田区								
龙华区								
坪山区								
光明区								
珠海市	**232495**	**41887**	**153566**	**37042**	**100.00**	**18.02**	**66.05**	**15.93**
香洲区	1059	4	981	74	100.00	0.38	92.63	6.99
斗门区	213646	38886	140841	33919	100.00	18.20	65.92	15.88
金湾区	17790	2997	11744	3049	100.00	16.85	66.01	17.14
汕头市	**1611862**	**429460**	**941511**	**240891**	**100.00**	**26.64**	**58.41**	**14.94**
龙湖区	100508	20511	63033	16964	100.00	20.41	62.71	16.88
金平区	15416	3145	9723	2548	100.00	20.40	63.07	16.53
濠江区	73866	16364	47033	10469	100.00	22.15	63.67	14.17
潮阳区	674352	193955	384887	95510	100.00	28.76	57.08	14.16
潮南区	497728	148214	280336	69178	100.00	29.78	56.32	13.90
澄海区	236832	44780	148918	43134	100.00	18.91	62.88	18.21
南澳县	13160	2491	7581	3088	100.00	18.93	57.61	23.47
佛山市	**456354**	**62086**	**322756**	**71512**	**100.00**	**13.60**	**70.72**	**15.67**
禅城区								
南海区	144834	21561	103137	20136	100.00	14.89	71.21	13.90
顺德区	44992	5712	34135	5145	100.00	12.70	75.87	11.44
三水区	215540	27102	155756	32682	100.00	12.57	72.26	15.16
高明区	50988	7711	29728	13549	100.00	15.12	58.30	26.57

3-3c　续表 1

单位：人、%

地　区	人口数				比重			
	合计	0-15岁	16-59岁	60岁及以上	合计	0-15岁	16-59岁	60岁及以上
江门市	**1553156**	**235389**	**938109**	**379658**	**100.00**	**15.16**	**60.40**	**24.44**
蓬江区	26023	4560	15473	5990	100.00	17.52	59.46	23.02
江海区								
新会区	305496	47284	188440	69772	100.00	15.48	61.68	22.84
台山市	474478	65606	279352	129520	100.00	13.83	58.88	27.30
开平市	318742	48107	191533	79102	100.00	15.09	60.09	24.82
鹤山市	196252	31415	120326	44511	100.00	16.01	61.31	22.68
恩平市	232165	38417	142985	50763	100.00	16.55	61.59	21.87
湛江市	**3807772**	**1081539**	**2013223**	**713010**	**100.00**	**28.40**	**52.87**	**18.73**
赤坎区	8527	2357	4856	1314	100.00	27.64	56.95	15.41
霞山区	31911	8932	17713	5266	100.00	27.99	55.51	16.50
坡头区	191096	48785	106137	36174	100.00	25.53	55.54	18.93
麻章区	299212	82065	167654	49493	100.00	27.43	56.03	16.54
遂溪县	535072	143574	283065	108433	100.00	26.83	52.90	20.27
徐闻县	394856	109963	209260	75633	100.00	27.85	53.00	19.15
廉江市	919658	273562	464406	181690	100.00	29.75	50.50	19.76
雷州市	908800	270433	479868	158499	100.00	29.76	52.80	17.44
吴川市	518640	141868	280264	96508	100.00	27.35	54.04	18.61
茂名市	**3484470**	**1033140**	**1798300**	**653030**	**100.00**	**29.65**	**51.61**	**18.74**
茂南区	335409	84196	193829	57384	100.00	25.10	57.79	17.11
电白区	895937	263502	481536	150899	100.00	29.41	53.75	16.84
高州市	838356	243987	417603	176766	100.00	29.10	49.81	21.08
化州市	818922	260877	407214	150831	100.00	31.86	49.73	18.42
信宜市	595846	180578	298118	117150	100.00	30.31	50.03	19.66
肇庆市	**2014980**	**503658**	**1122002**	**389320**	**100.00**	**25.00**	**55.68**	**19.32**
端州区								
鼎湖区	54803	11115	31470	12218	100.00	20.28	57.42	22.29
高要区	462496	99750	269436	93310	100.00	21.57	58.26	20.18
广宁县	243863	57018	128931	57914	100.00	23.38	52.87	23.75
怀集县	583295	175031	317818	90446	100.00	30.01	54.49	15.51
封开县	250678	65247	135943	49488	100.00	26.03	54.23	19.74
德庆县	231471	60490	125954	45027	100.00	26.13	54.41	19.45
四会市	188374	35007	112450	40917	100.00	18.58	59.70	21.72
惠州市	**1643576**	**362004**	**1051420**	**230152**	**100.00**	**22.03**	**63.97**	**14.00**
惠城区	335449	68678	226372	40399	100.00	20.47	67.48	12.04
惠阳区	259153	48938	184388	25827	100.00	18.88	71.15	9.97
博罗县	498285	113825	307946	76514	100.00	22.84	61.80	15.36
惠东县	377699	90638	231895	55166	100.00	24.00	61.40	14.61
龙门县	172990	39925	100819	32246	100.00	23.08	58.28	18.64
梅州市	**1875444**	**463599**	**976893**	**434952**	**100.00**	**24.72**	**52.09**	**23.19**
梅江区	36438	6891	20901	8646	100.00	18.91	57.36	23.73
梅县区	261418	48485	142850	70083	100.00	18.55	54.64	26.81
大埔县	176229	36441	90933	48855	100.00	20.68	51.60	27.72
丰顺县	224467	57177	117235	50055	100.00	25.47	52.23	22.30
五华县	585378	186227	290869	108282	100.00	31.81	49.69	18.50
平远县	95186	18043	52120	25023	100.00	18.96	54.76	26.29
蕉岭县	82578	13668	44985	23925	100.00	16.55	54.48	28.97
兴宁市	413750	96667	217000	100083	100.00	23.36	52.45	24.19

3-3c 续表 2

单位：人、%

地区	人口数				比重			
	合计	0-15岁	16-59岁	60岁及以上	合计	0-15岁	16-59岁	60岁及以上
汕尾市	**1177179**	**341071**	**644770**	**191338**	**100.00**	**28.97**	**54.77**	**16.25**
城　区	105586	23774	62756	19056	100.00	22.52	59.44	18.05
海丰县	265176	66347	155227	43602	100.00	25.02	58.54	16.44
陆河县	116064	32983	62333	20748	100.00	28.42	53.71	17.88
陆丰市	690353	217967	364454	107932	100.00	31.57	52.79	15.63
河源市	**1461518**	**381719**	**781751**	**298048**	**100.00**	**26.12**	**53.49**	**20.39**
源城区	40657	9851	26010	4796	100.00	24.23	63.97	11.80
紫金县	343701	99679	175829	68193	100.00	29.00	51.16	19.84
龙川县	397757	99978	210179	87600	100.00	25.14	52.84	22.02
连平县	179318	45591	97633	36094	100.00	25.42	54.45	20.13
和平县	238602	65119	120045	53438	100.00	27.29	50.31	22.40
东源县	261483	61501	152055	47927	100.00	23.52	58.15	18.33
阳江市	**1193139**	**282183**	**667268**	**243688**	**100.00**	**23.65**	**55.93**	**20.42**
江城区	201369	40993	120706	39670	100.00	20.36	59.94	19.70
阳东区	232023	48553	137149	46321	100.00	20.93	59.11	19.96
阳西县	244210	54577	139756	49877	100.00	22.35	57.23	20.42
阳春市	515537	138060	269657	107820	100.00	26.78	52.31	20.91
清远市	**1806264**	**422277**	**1032995**	**350992**	**100.00**	**23.38**	**57.19**	**19.43**
清城区	199260	34431	134800	30029	100.00	17.28	67.65	15.07
清新区	341583	74337	201092	66154	100.00	21.76	58.87	19.37
佛冈县	178713	42638	102753	33322	100.00	23.86	57.50	18.65
阳山县	212774	53542	113841	45391	100.00	25.16	53.50	21.33
连山壮族瑶族自治县	56378	14492	30603	11283	100.00	25.71	54.28	20.01
连南瑶族自治县	73649	21225	39710	12714	100.00	28.82	53.92	17.26
英德市	543259	135473	305818	101968	100.00	24.94	56.29	18.77
连州市	200648	46139	104378	50131	100.00	22.99	52.02	24.98
东莞市	**821754**	**102314**	**654411**	**65029**	**100.00**	**12.45**	**79.64**	**7.91**
市辖区	821754	102314	654411	65029	100.00	12.45	79.64	7.91
中山市	**576187**	**91288**	**413657**	**71242**	**100.00**	**15.84**	**71.79**	**12.36**
市辖区	576187	91288	413657	71242	100.00	15.84	71.79	12.36
潮州市	**919744**	**199870**	**534089**	**185785**	**100.00**	**21.73**	**58.07**	**20.20**
湘桥区	70048	12860	41338	15850	100.00	18.36	59.01	22.63
潮安区	426890	88983	256851	81056	100.00	20.84	60.17	18.99
饶平县	422806	98027	235900	88879	100.00	23.18	55.79	21.02
揭阳市	**2752577**	**792615**	**1507750**	**452212**	**100.00**	**28.80**	**54.78**	**16.43**
榕城区	196344	45826	114275	36243	100.00	23.34	58.20	18.46
揭东区	424337	101687	236738	85912	100.00	23.96	55.79	20.25
揭西县	465596	123409	248361	93826	100.00	26.51	53.34	20.15
惠来县	603349	208324	310204	84821	100.00	34.53	51.41	14.06
普宁市	1062951	313369	598172	151410	100.00	29.48	56.27	14.24
云浮市	**1340061**	**359268**	**714109**	**266684**	**100.00**	**26.81**	**53.29**	**19.90**
云城区	96175	22643	53142	20390	100.00	23.54	55.26	21.20
云安区	167708	44059	92324	31325	100.00	26.27	55.05	18.68
新兴县	244901	53718	137990	53193	100.00	21.93	56.35	21.72
郁南县	211406	54610	110067	46729	100.00	25.83	52.06	22.10
罗定市	619871	184238	320586	115047	100.00	29.72	51.72	18.56

第一部分　全部数据资料

第四卷　教育

4-1 全省分年龄、性别、受教育程度的3岁及以上人口

单位：人

年 龄	3岁及以上人口			未上过学		
	合计	男	女	小计	男	女
总 计	**121623816**	**64529347**	**57094469**	**2904977**	**968789**	**1936188**
3	1881713	1001835	879878	625276	332992	292284
4	1722188	920747	801441	235784	125135	110649
5-9岁	**8562360**	**4597464**	**3964896**	**166866**	**88121**	**78745**
5	1640368	879344	761024	103849	54832	49017
6	1704891	916223	788668	35913	18726	17187
7	1713992	919239	794753	11705	6293	5412
8	1858151	997516	860635	8614	4587	4027
9	1644958	885142	759816	6785	3683	3102
10-14岁	**7194927**	**3884271**	**3310656**	**31356**	**16831**	**14525**
10	1550049	838651	711398	6347	3428	2919
11	1545939	833619	712320	7002	3726	3276
12	1492496	804102	688394	7099	3733	3366
13	1347825	727239	620586	5998	3262	2736
14	1258618	680660	577958	4910	2682	2228
15-19岁	**6335235**	**3556607**	**2778628**	**12182**	**7263**	**4919**
15	1187362	648420	538942	2826	1625	1201
16	1255507	696989	558518	2314	1415	899
17	1226088	691944	534144	2156	1305	851
18	1266982	723245	543737	2494	1477	1017
19	1399296	796009	603287	2392	1441	951
20-24岁	**9399562**	**5260488**	**4139074**	**17677**	**10461**	**7216**
20	1523315	866469	656846	3136	1881	1255
21	1645504	928081	717423	3236	1909	1327
22	1939866	1092134	847732	3543	2101	1442
23	2067806	1150223	917583	3757	2234	1523
24	2223071	1223581	999490	4005	2336	1669
25-29岁	**11901905**	**6549206**	**5352699**	**21818**	**12358**	**9460**
25	2345827	1290622	1055205	4122	2377	1745
26	2268422	1244950	1023472	4278	2464	1814
27	2401959	1319212	1082747	4447	2514	1933
28	2428549	1340695	1087854	4430	2502	1928
29	2457148	1353727	1103421	4541	2501	2040
30-34岁	**13183618**	**7173902**	**6009716**	**24745**	**13005**	**11740**
30	2827235	1551394	1275841	5123	2841	2282
31	2693251	1470989	1222262	4900	2638	2262
32	2508167	1363953	1144214	4676	2513	2163
33	2691253	1459971	1231282	5133	2582	2551
34	2463712	1327595	1136117	4913	2431	2482
35-39岁	**11079219**	**5950175**	**5129044**	**26691**	**12203**	**14488**
35	2247395	1209158	1038237	4848	2315	2533
36	2279256	1224382	1054874	5193	2470	2723
37	2152573	1158484	994089	5080	2375	2705
38	2286974	1229744	1057230	5720	2559	3161
39	2113021	1128407	984614	5850	2484	3366
40-44岁	**9023058**	**4785408**	**4237650**	**36158**	**12024**	**24134**
40	1888522	1007001	881521	5932	2211	3721
41	2007610	1069880	937730	7091	2522	4569
42	1770595	939638	830957	7050	2305	4745
43	1599341	845519	753822	7350	2360	4990
44	1756990	923370	833620	8735	2626	6109

4-1 续表 1

单位：人

年 龄	3岁及以上人口			未上过学		
	合计	男	女	小计	男	女
45—49岁	**9820206**	**5096764**	**4723442**	**67647**	**17968**	**49679**
45	1809144	944434	864710	10072	2872	7200
46	2027292	1051162	976130	12259	3398	8861
47	2036634	1055517	981117	13623	3625	9998
48	1969512	1021433	948079	14959	3834	11125
49	1977624	1024218	953406	16734	4239	12495
50—54岁	**8966587**	**4653924**	**4312663**	**112137**	**27251**	**84886**
50	2003186	1033423	969763	19665	4783	14882
51	1840536	955329	885207	20837	5220	15617
52	1933035	1003094	929941	24387	5924	18463
53	1547730	803799	743931	22097	5313	16784
54	1642100	858279	783821	25151	6011	19140
55—59岁	**6988172**	**3605405**	**3382767**	**125696**	**26730**	**98966**
55	1634284	851887	782397	25932	5901	20031
56	1514762	782099	732663	24756	5475	19281
57	1653043	859004	794039	28275	6172	22103
58	1409359	724062	685297	27722	5742	21980
59	776724	388353	388371	19011	3440	15571
60—64岁	**4752066**	**2393321**	**2358745**	**173750**	**34279**	**139471**
60	786599	393237	393362	22250	4376	17874
61	878774	448217	430557	29120	5998	23122
62	1041697	526392	515305	37795	7544	30251
63	1100879	557998	542881	43383	8567	34816
64	944117	467477	476640	41202	7794	33408
65—69岁	**4144845**	**2028352**	**2116493**	**223202**	**41741**	**181461**
65	956714	474527	482187	44377	8330	36047
66	926940	453234	473706	46368	8539	37829
67	823046	400169	422877	45052	8477	36575
68	771150	374704	396446	45401	8492	36909
69	666995	325718	341277	42004	7903	34101
70—74岁	**2653440**	**1313194**	**1340246**	**214213**	**45943**	**168270**
70	650866	322254	328612	44718	9200	35518
71	615586	308891	306695	45768	10262	35506
72	512119	251791	260328	42670	9376	33294
73	460045	226550	233495	40858	8943	31915
74	414824	203708	211116	40199	8162	32037
75—79岁	**1688428**	**803478**	**884950**	**214616**	**42118**	**172498**
75	396656	193348	203308	42830	8662	34168
76	359402	173234	186168	42032	8279	33753
77	322325	153454	168871	41479	8219	33260
78	310610	145593	165017	42685	8222	34463
79	299435	137849	161586	45590	8736	36854
80—84岁	**1238268**	**550340**	**687928**	**244396**	**47285**	**197111**
80	281763	129622	152141	47079	9208	37871
81	251856	114058	137798	47357	9590	37767
82	255512	114658	140854	51221	10224	40997
83	232596	101249	131347	49344	9221	40123
84	216541	90753	125788	49395	9042	40353
85岁及以上	**1088019**	**404466**	**683553**	**330767**	**55081**	**275686**

4-1　续表 2　　　　　　　　　　　　　　　　　　　　　　　　单位：人

年　龄	学前教育			小　学		
	小计	男	女	小计	男	女
总　计	**5202168**	**2758368**	**2443800**	**26054418**	**12294766**	**13759652**
3	1256437	668843	587594			
4	1486404	795612	690792			
5–9岁	**2176773**	**1168165**	**1008608**	**6082281**	**3265246**	**2817035**
5	1345231	721068	624163	191288	103444	87844
6	584939	316573	268366	1059333	567213	492120
7	126090	66686	59404	1546786	829914	716872
8	72244	38215	34029	1738132	932784	805348
9	48269	25623	22646	1546742	831891	714851
10–14岁	**121566**	**65184**	**56382**	**3929033**	**2120426**	**1808607**
10	38210	20640	17570	1442858	779737	663121
11	30341	16237	14104	1366947	736793	630154
12	20626	11090	9536	737352	401101	336251
13	15947	8479	7468	264231	140553	123678
14	16442	8738	7704	117645	62242	55403
15–19岁	**21907**	**12044**	**9863**	**190485**	**108065**	**82420**
15	9811	5348	4463	49465	26812	22653
16	5182	2893	2289	33342	18687	14655
17	2686	1503	1183	31493	17849	13644
18	2295	1239	1056	36147	20968	15179
19	1933	1061	872	40038	23749	16289
20–24岁	**7156**	**3868**	**3288**	**233202**	**136104**	**97098**
20	1795	987	808	38164	23108	15056
21	1257	685	572	38371	22882	15489
22	1279	674	605	47589	27833	19756
23	1407	769	638	51804	29881	21923
24	1418	753	665	57274	32400	24874
25–29岁	**6181**	**3109**	**3072**	**356216**	**196730**	**159486**
25	1476	765	711	62035	35073	26962
26	1224	627	597	62810	35170	27640
27	1261	609	652	71292	39443	31849
28	1143	570	573	77362	42363	34999
29	1077	538	539	82717	44681	38036
30–34岁	**5237**	**2522**	**2715**	**559127**	**289074**	**270053**
30	1168	563	605	100579	53567	47012
31	1050	502	548	106851	55903	50948
32	1051	488	563	107115	55286	51829
33	1010	508	502	123925	63604	60321
34	958	461	497	120657	60714	59943
35–39岁	**4184**	**1982**	**2202**	**629620**	**299577**	**330043**
35	860	398	462	116081	57562	58519
36	871	424	447	122356	59312	63044
37	774	363	411	120097	57271	62826
38	876	414	462	134028	62934	71094
39	803	383	420	137058	62498	74560
40–44岁	**4586**	**1908**	**2678**	**877769**	**384359**	**493410**
40	760	343	417	138709	62116	76593
41	968	388	580	173749	78315	95434
42	931	403	528	172016	75569	96447
43	904	371	533	176990	76625	100365
44	1023	403	620	216305	91734	124571

4-1 续表 3 单位：人

年 龄	学前教育			小 学		
	小计	男	女	小计	男	女
45-49岁	**7517**	**2706**	**4811**	**1586743**	**646328**	**940415**
45	1197	476	721	243792	101851	141941
46	1439	527	912	299671	123012	176659
47	1487	554	933	324654	132259	192395
48	1655	570	1085	341760	137939	203821
49	1739	579	1160	376866	151267	225599
50-54岁	**11960**	**4203**	**7757**	**2337973**	**979262**	**1358711**
50	2104	749	1355	429551	173986	255565
51	2306	838	1468	464303	195709	268594
52	2599	907	1692	516114	217501	298613
53	2242	760	1482	442578	185910	256668
54	2709	949	1760	485427	206156	279271
55-59岁	**12514**	**4158**	**8356**	**2046853**	**831034**	**1215819**
55	2742	948	1794	479952	200817	279135
56	2583	897	1686	437862	178913	258949
57	2903	984	1919	472665	194302	278363
58	2679	845	1834	418038	165949	252089
59	1607	484	1123	238336	91053	147283
60-64岁	**13612**	**4188**	**9424**	**1780256**	**714504**	**1065752**
60	1821	563	1258	252496	97824	154672
61	2436	762	1674	315447	128021	187426
62	3008	932	2076	394047	158898	235149
63	3314	990	2324	430821	175602	255219
64	3033	941	2092	387445	154159	233286
65-69岁	**15573**	**4617**	**10956**	**1921419**	**782072**	**1139347**
65	3144	966	2178	411722	166082	245640
66	3292	983	2309	412939	165791	247148
67	3259	942	2317	387455	156968	230487
68	3067	855	2212	375843	154338	221505
69	2811	871	1940	333460	138893	194567
70-74岁	**14364**	**4654**	**9710**	**1405876**	**618138**	**787738**
70	3056	955	2101	332905	142115	190790
71	3257	1103	2154	324345	143224	181121
72	2839	888	1951	276127	121717	154410
73	2665	893	1772	248651	110867	137784
74	2547	815	1732	223848	100215	123633
75-79岁	**12320**	**3769**	**8551**	**909205**	**406091**	**503114**
75	2598	819	1779	215720	96778	118942
76	2561	803	1758	194534	87092	107442
77	2375	732	1643	172988	77564	95424
78	2371	709	1662	165541	73701	91840
79	2415	706	1709	160422	70956	89466
80-84岁	**11355**	**3457**	**7898**	**658770**	**293461**	**365309**
80	2356	706	1650	149067	66669	82398
81	2344	754	1590	134281	60565	73716
82	2396	758	1638	136309	61684	74625
83	2151	660	1491	124272	55095	69177
84	2108	579	1529	114841	49448	65393
85岁及以上	**12522**	**3379**	**9143**	**549590**	**224295**	**325295**

4-1　续表 4　　　　单位：人

年　龄	初　中			高　中			大学专科		
	小计	男	女	小计	男	女	小计	男	女
总　计	**44714248**	**24895602**	**19818646**	**22965096**	**13224360**	**9740736**	**10824882**	**5690177**	**5134705**
3									
4									
5–9岁	**135756**	**75545**	**60211**	**684**	**387**	**297**			
5									
6	24706	13711	10995						
7	29411	16346	13065						
8	38834	21743	17091	327	187	140			
9	42805	23745	19060	357	200	157			
10–14岁	**3001667**	**1623809**	**1377858**	**109641**	**57114**	**52527**	**1023**	**567**	**456**
10	61993	34484	27509	402	212	190	112	78	34
11	140839	76440	64399	592	317	275	116	60	56
12	726253	387561	338692	927	492	435	117	63	54
13	1034288	559875	474413	27045	14890	12155	172	103	69
14	1038294	565449	472845	80675	41203	39472	506	263	243
15–19岁	**2013146**	**1207046**	**806100**	**3101756**	**1715863**	**1385893**	**600016**	**316956**	**283060**
15	579964	327932	252032	532250	279281	252969	11372	6498	4874
16	365520	213920	151600	822725	444573	378152	23566	13909	9657
17	326704	199747	126957	793149	435080	358069	52136	28661	23475
18	346751	217206	129545	546291	315169	231122	192107	100611	91496
19	394207	248241	145966	407341	241760	165581	320835	167277	153558
20–24岁	**3057479**	**1860791**	**1196688**	**2491351**	**1459405**	**1031946**	**2041064**	**1044951**	**996113**
20	446263	281523	164740	399401	237909	161492	361068	187630	173438
21	517380	321189	196191	435740	256976	178764	365942	188310	177632
22	639481	390322	249159	518310	304673	213637	415246	214201	201045
23	691129	416114	275015	550455	320556	229899	439848	223658	216190
24	763226	451643	311583	587445	339291	248154	458960	231152	227808
25–29岁	**4368831**	**2526779**	**1842052**	**3165775**	**1819318**	**1346457**	**2157758**	**1097704**	**1060054**
25	824796	484580	340216	622227	358141	264086	462956	233208	229748
26	810101	471478	338623	599676	343742	255934	429972	217662	212310
27	880915	508143	372772	637860	366389	271471	434040	220349	213691
28	914127	526996	387131	647678	372550	275128	418457	214367	204090
29	938892	535582	403310	658334	378496	279838	412333	212118	200215
30–34岁	**5464443**	**3043648**	**2420795**	**3384846**	**1926061**	**1458785**	**1987822**	**1012217**	**975605**
30	1115798	631318	484480	757755	434819	322936	455605	233039	222566
31	1091800	612376	479424	704812	402848	301964	417433	213044	204389
32	1037112	577721	459391	645203	366617	278586	377091	191775	185316
33	1150221	636511	513710	677099	383509	293590	389335	197629	191706
34	1069512	585722	483790	599977	338268	261709	348358	176730	171628
35–39岁	**5080286**	**2753277**	**2327009**	**2566649**	**1438035**	**1128614**	**1394949**	**713561**	**681388**
35	998043	543944	454099	530024	297357	232667	305178	155607	149571
36	1037712	563146	474566	527335	294832	232503	294521	150678	143843
37	985621	536015	449606	493683	276964	216719	271627	138707	132920
38	1057711	574007	483704	524584	294169	230415	279327	142488	136839
39	1001199	536165	465034	491023	274713	216310	244296	126081	118215
40–44岁	**4432179**	**2357805**	**2074374**	**1974581**	**1111288**	**863293**	**902529**	**475769**	**426760**
40	896653	479517	417136	439620	246944	192676	211245	109261	101984
41	965786	516091	449695	457389	257219	200170	212426	110987	101439
42	869926	463317	406609	388612	218600	170012	177583	93546	84037
43	799645	424932	374713	335975	189233	146742	149959	79857	70102
44	900169	473948	426221	352985	199292	153693	151316	82118	69198

4−1 续表 5

单位：人

年 龄	初 中			高 中			大学专科		
	小计	男	女	小计	男	女	小计	男	女
45−49岁	**5134377**	**2692300**	**2442077**	**1804068**	**1032964**	**771104**	**689180**	**384061**	**305119**
45	940249	492502	447747	350665	198034	152631	145888	79783	66105
46	1065263	553858	511405	381916	217018	164898	151127	83964	67163
47	1063210	555862	507348	378806	216376	162430	144499	80378	64121
48	1031583	542638	488945	353585	203692	149893	128802	72900	55902
49	1034072	547440	486632	339096	197844	141252	118864	67036	51828
50−54岁	**4500216**	**2436659**	**2063557**	**1274207**	**757089**	**517118**	**405644**	**238426**	**167218**
50	1030978	547002	483976	325516	190542	134974	111033	63648	47385
51	921667	496260	425407	270649	159863	110786	89488	51913	37575
52	962407	520757	441650	269994	160984	109010	86689	50917	35772
53	772804	423245	349559	199776	119821	79955	59827	36167	23660
54	812360	449395	362965	208272	125879	82393	58607	35781	22826
55−59岁	**3163527**	**1743539**	**1419988**	**1190157**	**711151**	**479006**	**262564**	**158345**	**104219**
55	795414	439644	355770	222650	134159	88491	59462	36472	22990
56	711592	390372	321220	233254	139154	94100	59365	35715	23650
57	746247	412740	333507	290848	173456	117392	65426	38872	26554
58	602665	333075	269590	275165	165139	110026	51318	31105	20213
59	307609	167708	139901	168240	99243	68997	26993	16181	10812
60−64岁	**1700193**	**973224**	**726969**	**880488**	**536192**	**344296**	**138073**	**86058**	**52015**
60	292857	161353	131504	176588	103710	72878	26715	15966	10749
61	318401	182153	136248	177040	107792	69248	24799	15567	9232
62	373316	214614	158702	191700	116997	74703	28687	18246	10441
63	392840	229290	163550	184890	114103	70787	31093	19509	11584
64	322779	185814	136965	150270	93590	56680	26779	16770	10009
65−69岁	**1297063**	**758732**	**538331**	**536314**	**343821**	**192493**	**105072**	**66713**	**38359**
65	314630	183040	131590	144590	91818	52772	26118	16278	9840
66	295877	170938	124939	132244	84013	48231	25245	15754	9491
67	254301	148044	106257	104214	67300	36914	20056	12717	7339
68	233892	137767	96125	87135	56327	30808	18136	11771	6365
69	198363	118943	79420	68131	44363	23768	15517	10193	5324
70−74岁	**686732**	**423593**	**263139**	**238867**	**156589**	**82278**	**64427**	**43983**	**20444**
70	185999	113497	72502	62183	41368	20815	15651	10679	4972
71	163603	101529	62074	57566	38086	19480	15039	10356	4683
72	127007	77930	49077	45767	29688	16079	12691	8579	4112
73	111409	68874	42535	39969	25698	14271	11424	7766	3658
74	98714	61763	36951	33382	21749	11633	9622	6603	3019
75−79岁	**357581**	**223867**	**133714**	**128289**	**82657**	**45632**	**36201**	**24411**	**11790**
75	91021	57613	33408	29413	19121	10292	8497	5798	2699
76	79767	50537	29230	27076	17432	9644	7477	5010	2467
77	67992	42533	25459	25164	16152	9012	6860	4582	2278
78	62453	38499	23954	24667	15858	8809	6983	4660	2323
79	56348	34685	21663	21969	14094	7875	6384	4361	2023
80−84岁	**194290**	**119668**	**74622**	**75026**	**48578**	**26448**	**25368**	**17226**	**8142**
80	50340	31111	19229	20006	13065	6941	6250	4280	1970
81	40020	24746	15274	16052	10288	5764	5346	3578	1768
82	38930	24018	14912	15088	9802	5286	5308	3595	1713
83	34149	21008	13141	12820	8341	4479	4582	3127	1455
84	30851	18785	12066	11060	7082	3978	3882	2646	1236
85岁及以上	**126482**	**75320**	**51162**	**42397**	**27848**	**14549**	**13192**	**9229**	**3963**

4-1　续表 6　　　　单位：人

年　龄	大学本科			硕士研究生			博士研究生		
	小计	男	女	小计	男	女	小计	男	女
总　计	**8075009**	**4213472**	**3861537**	**789146**	**423599**	**365547**	**93872**	**60214**	**33658**
3									
4									
5-9岁									
5									
6									
7									
8									
9									
10-14岁	**597**	**314**	**283**	**33**	**19**	**14**	**11**	**7**	**4**
10	127	72	55						
11	102	46	56						
12	107	54	53	15	8	7			
13	133	72	61	11	5	6			
14	128	70	58	7	6	1	11	7	4
15-19岁	**394748**	**188704**	**206044**	**664**	**393**	**271**	**331**	**273**	**58**
15	1649	903	746	8	5	3	17	16	1
16	2796	1535	1261	25	21	4	37	36	1
17	17606	7683	9923	93	58	35	65	58	7
18	140623	66400	74223	203	114	89	71	61	10
19	232074	112183	119891	335	195	140	141	102	39
20-24岁	**1462548**	**703904**	**758644**	**85095**	**38671**	**46424**	**3990**	**2333**	**1657**
20	272655	132962	139693	654	330	324	179	139	40
21	280002	134513	145489	3288	1431	1857	288	186	102
22	296963	144224	152739	16798	7710	9088	657	396	261
23	298930	143113	155817	29303	13246	16057	1173	652	521
24	313998	149092	164906	35052	15954	19098	1693	960	733
25-29岁	**1621054**	**795794**	**825260**	**186227**	**86893**	**99334**	**18045**	**10521**	**7524**
25	327416	157690	169726	38020	17246	20774	2779	1542	1237
26	319650	154750	164900	37401	17144	20257	3310	1913	1397
27	330640	161930	168710	37804	17665	20139	3700	2170	1530
28	324729	161873	162856	36592	17085	19507	4031	2389	1642
29	318619	159551	159068	36410	17753	18657	4225	2507	1718
30-34岁	**1553955**	**783442**	**770513**	**181036**	**90079**	**90957**	**22407**	**13854**	**8553**
30	345077	172163	172914	41205	20081	21124	4925	3003	1922
31	323001	161682	161319	38617	19066	19551	4787	2930	1857
32	296338	149362	146976	35127	17438	17689	4454	2753	1701
33	305671	155542	150129	34546	17400	17146	4313	2686	1627
34	283868	144693	139175	31541	16094	15447	3928	2482	1446
35-39岁	**1220097**	**644583**	**575514**	**140338**	**76630**	**63708**	**16405**	**10327**	**6078**
35	260775	135061	125714	28235	14794	13441	3351	2120	1231
36	259230	135950	123280	28679	15434	13245	3359	2136	1223
37	244166	129339	114827	28310	15435	12875	3215	2015	1200
38	250568	133926	116642	30618	17031	13587	3542	2216	1326
39	205358	110307	95051	24496	13936	10560	2938	1840	1098
40-44岁	**701974**	**385336**	**316638**	**81563**	**49593**	**31970**	**11719**	**7326**	**4393**
40	172333	92927	79406	20718	12116	8602	2552	1566	986
41	167508	90646	76862	19929	11981	7948	2764	1731	1033
42	136232	74704	61528	15781	9646	6135	2464	1548	916
43	113391	62813	50578	13144	8092	5052	1983	1236	747
44	112510	64246	48264	11991	7758	4233	1956	1245	711

4-1 续表 7 单位：人

年 龄	大学本科			硕士研究生			博士研究生		
	小计	男	女	小计	男	女	小计	男	女
45–49岁	**473174**	**281823**	**191351**	**49271**	**33005**	**16266**	**8229**	**5609**	**2620**
45	104656	60619	44037	10860	7113	3747	1765	1184	581
46	103438	61250	42188	10553	7024	3529	1626	1111	515
47	97955	58166	39789	10578	7079	3499	1822	1218	604
48	86567	52635	33932	9078	6186	2892	1523	1039	484
49	80558	49153	31405	8202	5603	2599	1493	1057	436
50–54岁	**287985**	**184951**	**103034**	**30836**	**21905**	**8931**	**5629**	**4178**	**1451**
50	75411	46485	28926	7606	5283	2323	1322	945	377
51	63517	40071	23446	6587	4599	1988	1182	856	326
52	62926	40495	22431	6690	4691	1999	1229	918	311
53	42950	28630	14320	4616	3328	1288	840	625	215
54	43181	29270	13911	5337	4004	1333	1056	834	222
55–59岁	**160400**	**109702**	**50698**	**21826**	**16932**	**4894**	**4635**	**3814**	**821**
55	41390	28712	12678	5577	4282	1295	1165	952	213
56	38620	26321	12299	5572	4303	1269	1158	949	209
57	39636	26913	12723	5749	4483	1266	1294	1082	212
58	27605	18917	8688	3465	2720	745	702	570	132
59	13149	8839	4310	1463	1144	319	316	261	55
60–64岁	**57898**	**38709**	**19189**	**6434**	**5044**	**1390**	**1362**	**1123**	**239**
60	12220	8149	4071	1401	1087	314	251	209	42
61	10156	6816	3340	1147	918	229	228	190	38
62	11562	7903	3659	1304	1033	271	278	225	53
63	12789	8555	4234	1406	1095	311	343	287	56
64	11171	7286	3885	1176	911	265	262	212	50
65–69岁	**42359**	**27720**	**14639**	**3263**	**2486**	**777**	**580**	**450**	**130**
65	10918	7083	3835	1006	761	245	209	169	40
66	9996	6479	3517	849	644	205	130	93	37
67	7994	5184	2810	617	462	155	98	75	23
68	7158	4741	2417	445	356	89	73	57	16
69	6293	4233	2060	346	263	83	70	56	14
70–74岁	**27612**	**19239**	**8373**	**1145**	**892**	**253**	**204**	**163**	**41**
70	5972	4159	1813	341	248	93	41	33	8
71	5695	4092	1603	260	198	62	53	41	12
72	4789	3428	1361	189	153	36	40	32	8
73	4861	3337	1524	169	141	28	39	31	8
74	6295	4223	2072	186	152	34	31	26	5
75–79岁	**29443**	**19955**	**9488**	**657**	**524**	**133**	**116**	**86**	**30**
75	6383	4386	1997	166	148	18	28	23	5
76	5765	3937	1828	153	116	37	37	28	9
77	5331	3561	1770	121	101	20	15	10	5
78	5761	3836	1925	125	91	34	24	17	7
79	6203	4235	1968	92	68	24	12	8	4
80–84岁	**28526**	**20266**	**8260**	**429**	**322**	**107**	**108**	**77**	**31**
80	6550	4492	2058	93	73	20	22	18	4
81	6357	4465	1892	78	56	22	21	16	5
82	6137	4482	1655	110	88	22	13	7	6
83	5164	3718	1446	83	59	24	31	20	11
84	4318	3109	1209	65	46	19	21	16	5
85岁及以上	**12639**	**9030**	**3609**	**329**	**211**	**118**	**101**	**73**	**28**

4—1a 全省分年龄、性别、受教育程度的3岁及以上人口(城市)

单位：人

年龄	3岁及以上人口			未上过学		
	合计	男	女	小计	男	女
总 计	**74018406**	**39551247**	**34467159**	**1025723**	**370982**	**654741**
3	1058942	564438	494504	269705	144131	125574
4	937457	503505	433952	83876	45134	38742
5—9岁	**4424057**	**2394380**	**2029677**	**64545**	**34759**	**29786**
5	871045	469591	401454	39686	21290	18396
6	888975	480695	408280	13194	7057	6137
7	883772	478429	405343	4725	2600	2125
8	957158	518700	438458	3831	2117	1714
9	823107	446965	376142	3109	1695	1414
10—14岁	**3535009**	**1930558**	**1604451**	**13773**	**7545**	**6228**
10	771738	422371	349367	2947	1628	1319
11	759790	414831	344959	3125	1700	1425
12	731452	398174	333278	3180	1721	1459
13	664435	362481	301954	2520	1375	1145
14	607594	332701	274893	2001	1121	880
15—19岁	**3944352**	**2224885**	**1719467**	**5453**	**3314**	**2139**
15	649949	356262	293687	1181	697	484
16	775324	433073	342251	1008	636	372
17	790030	449234	340796	996	620	376
18	808856	464358	344498	1136	666	470
19	920193	521958	398235	1132	695	437
20—24岁	**6419491**	**3575182**	**2844309**	**8223**	**4921**	**3302**
20	1038533	586186	452347	1492	895	597
21	1123311	629844	493467	1542	886	656
22	1324288	742287	582001	1671	998	673
23	1415080	784153	630927	1735	1061	674
24	1518279	832712	685567	1783	1081	702
25—29岁	**8141872**	**4485031**	**3656841**	**9617**	**5597**	**4020**
25	1601774	879498	722276	1825	1059	766
26	1548310	848835	699475	1858	1084	774
27	1638797	901192	737605	1967	1173	794
28	1659257	918098	741159	1961	1154	807
29	1693734	937408	756326	2006	1127	879
30—34岁	**9269864**	**5071621**	**4198243**	**11309**	**6151**	**5158**
30	1976163	1090032	886131	2299	1306	993
31	1896613	1041666	854947	2243	1219	1024
32	1771931	968625	803306	2207	1246	961
33	1897935	1036140	861795	2358	1233	1125
34	1727222	935158	792064	2202	1147	1055
35—39岁	**7614793**	**4106133**	**3508660**	**11814**	**5592**	**6222**
35	1564652	845799	718853	2184	1089	1095
36	1569300	846476	722824	2307	1131	1176
37	1478382	798125	680257	2200	1053	1147
38	1575596	850340	725256	2541	1188	1353
39	1426863	765393	661470	2582	1131	1451
40—44岁	**6086271**	**3250003**	**2836268**	**16024**	**5542**	**10482**
40	1279442	686599	592843	2594	1003	1591
41	1358972	728060	630912	3032	1138	1894
42	1194846	638198	556648	3106	1064	2042
43	1079826	574784	505042	3313	1091	2222
44	1173185	622362	550823	3979	1246	2733

4-1a 续表 1

单位：人

年 龄	3岁及以上人口			未上过学		
	合计	男	女	小计	男	女
45-49岁	**6295412**	**3314638**	**2980774**	**29037**	**8061**	**20976**
45	1198629	632559	566070	4412	1286	3126
46	1320815	694311	626504	5468	1575	3893
47	1308130	687910	620220	5817	1611	4206
48	1248565	657623	590942	6398	1725	4673
49	1219273	642235	577038	6942	1864	5078
50-54岁	**5209093**	**2740843**	**2468250**	**44502**	**11472**	**33030**
50	1216505	638939	577566	7991	2087	5904
51	1095912	576945	518967	8448	2287	6161
52	1129517	594552	534965	9816	2543	7273
53	862557	453426	409131	8563	2156	6407
54	904602	476981	427621	9684	2399	7285
55-59岁	**3775337**	**1938767**	**1836570**	**46503**	**10065**	**36438**
55	890529	465951	424578	9856	2320	7536
56	831392	429759	401633	9336	2147	7189
57	908457	468030	440427	10601	2290	8311
58	742889	376969	365920	10071	2080	7991
59	402070	198058	204012	6639	1228	5411
60-64岁	**2399126**	**1176107**	**1223019**	**64008**	**12394**	**51614**
60	423229	208263	214966	8087	1580	6507
61	441002	218578	222424	10593	2097	8496
62	519878	255924	263954	13808	2663	11145
63	546165	267644	278521	16347	3178	13169
64	468852	225698	243154	15173	2876	12297
65-69岁	**2012454**	**952748**	**1059706**	**76438**	**14334**	**62104**
65	470629	225723	244906	16219	2978	13241
66	457468	216591	240877	16318	3030	13288
67	396705	186508	210197	15413	2881	12532
68	370783	174204	196579	15058	2885	12173
69	316869	149722	167147	13430	2560	10870
70-74岁	**1243897**	**596099**	**647798**	**62254**	**13760**	**48494**
70	307142	147824	159318	13607	2890	10717
71	292633	141270	151363	14069	3295	10774
72	240153	113852	126301	12428	2851	9577
73	215723	102655	113068	11583	2544	9039
74	188246	90498	97748	10567	2180	8387
75-79岁	**713048**	**331010**	**382038**	**54311**	**10726**	**43585**
75	170503	81139	89364	10852	2250	8602
76	155180	73020	82160	10904	2182	8722
77	134672	62250	72422	10356	2035	8321
78	129699	59171	70528	10602	2049	8553
79	122994	55430	67564	11597	2210	9387
80-84岁	**518729**	**231106**	**287623**	**64287**	**12423**	**51864**
80	118507	54139	64368	12136	2304	9832
81	106324	47800	58524	12499	2543	9956
82	107448	48003	59445	13519	2709	10810
83	96918	42933	53985	13019	2442	10577
84	89532	38231	51301	13114	2425	10689
85岁及以上	**419202**	**164193**	**255009**	**90044**	**15061**	**74983**

4-1a 续表 2

单位：人

年龄	学前教育			小学		
	小计	男	女	小计	男	女
总计	**2900892**	**1549720**	**1351172**	**12064444**	**5770132**	**6294312**
3	789237	420307	368930			
4	853581	458371	395210			
5-9岁	**1127864**	**609288**	**518576**	**3166911**	**1714301**	**1452610**
5	748706	403217	345489	82653	45084	37569
6	266108	145360	120748	598290	321955	276335
7	53279	28606	24673	811998	439570	372428
8	35322	18977	16345	898929	486841	412088
9	24449	13128	11321	775041	420851	354190
10-14岁	**62322**	**34058**	**28264**	**1826143**	**999849**	**826294**
10	20036	11008	9028	719007	393086	325921
11	15926	8643	7283	671369	366534	304835
12	10260	5597	4663	299698	166182	133516
13	8122	4450	3672	92771	50471	42300
14	7978	4360	3618	43298	23576	19722
15-19岁	**11135**	**6284**	**4851**	**86073**	**50931**	**35142**
15	4843	2733	2110	18807	10476	8331
16	2586	1519	1067	14313	8295	6018
17	1385	789	596	15044	9027	6017
18	1256	674	582	18101	10925	7176
19	1065	569	496	19808	12208	7600
20-24岁	**4026**	**2157**	**1869**	**113831**	**70373**	**43458**
20	1052	562	490	19459	12333	7126
21	711	393	318	19043	11922	7121
22	704	359	345	23099	14397	8702
23	790	422	368	24870	15182	9688
24	769	421	348	27360	16539	10821
25-29岁	**3328**	**1676**	**1652**	**172500**	**100993**	**71507**
25	798	408	390	29865	17993	11872
26	634	310	324	30032	17916	12116
27	668	331	337	34303	20174	14129
28	646	324	322	37342	21574	15768
29	582	303	279	40958	23336	17622
30-34岁	**3062**	**1485**	**1577**	**291707**	**157805**	**133902**
30	623	294	329	51500	28784	22716
31	609	285	324	55269	30330	24939
32	636	305	331	56333	30321	26012
33	612	316	296	65434	35128	30306
34	582	285	297	63171	33242	29929
35-39岁	**2350**	**1130**	**1220**	**325100**	**162279**	**162821**
35	477	232	245	60927	31595	29332
36	486	240	246	63378	32227	31151
37	443	204	239	61738	30998	30740
38	505	238	267	69145	34128	35017
39	439	216	223	69912	33331	36581
40-44岁	**2507**	**1098**	**1409**	**463041**	**212807**	**250234**
40	424	186	238	71685	33776	37909
41	536	222	314	90934	42910	48024
42	503	224	279	90419	41741	48678
43	491	219	272	94629	43160	51469
44	553	247	306	115374	51220	64154

4-1a 续表 3 单位：人

年 龄	学前教育			小 学		
	小计	男	女	小计	男	女
45-49岁	**3969**	**1578**	**2391**	**805418**	**345741**	**459677**
45	663	280	383	129668	57027	72641
46	793	313	480	156795	68075	88720
47	782	313	469	164588	70728	93860
48	849	335	514	171934	73016	98918
49	882	337	545	182433	76895	105538
50-54岁	**5754**	**2206**	**3548**	**1100840**	**478579**	**622261**
50	1029	392	637	206879	87777	119102
51	1137	446	691	224718	98569	126149
52	1272	486	786	246702	107738	138964
53	1031	395	636	201621	87591	114030
54	1285	487	798	220920	96904	124016
55-59岁	**5348**	**1951**	**3397**	**870048**	**360098**	**509950**
55	1246	479	767	211346	90718	120628
56	1120	435	685	190754	80099	110655
57	1254	467	787	204316	85324	118992
58	1122	377	745	171025	68512	102513
59	606	193	413	92607	35445	57162
60-64岁	**5339**	**1739**	**3600**	**708825**	**276059**	**432766**
60	744	251	493	103711	39975	63736
61	978	315	663	124587	49327	75260
62	1195	383	812	155202	60856	94346
63	1231	387	844	170511	66593	103918
64	1191	403	788	154814	59308	95506
65-69岁	**5572**	**1656**	**3916**	**778201**	**300440**	**477761**
65	1154	364	790	165450	63532	101918
66	1206	358	848	168144	64525	103619
67	1131	330	801	156851	60258	96593
68	1112	315	797	153446	59686	93760
69	969	289	680	134310	52439	81871
70-74岁	**4838**	**1622**	**3216**	**570361**	**231181**	**339180**
70	1047	338	709	134407	53423	80984
71	1097	391	706	133965	54528	79437
72	1006	317	689	112896	45689	67207
73	872	311	561	101520	41473	60047
74	816	265	551	87573	36068	51505
75-79岁	**3583**	**1100**	**2483**	**329514**	**132156**	**197358**
75	784	243	541	79559	32396	47163
76	742	226	516	72908	29714	43194
77	648	204	444	61814	24760	37054
78	698	204	494	58699	23226	35473
79	711	223	488	56534	22060	34474
80-84岁	**3343**	**991**	**2352**	**248748**	**98652**	**150096**
80	663	187	476	54738	21833	32905
81	698	221	477	50621	20282	30339
82	712	222	490	51960	20740	31220
83	637	185	452	47310	18803	28507
84	633	176	457	44119	16994	27125
85岁及以上	**3734**	**1023**	**2711**	**207183**	**77888**	**129295**

4－1a 续表 4 单位：人

年 龄	初 中			高 中			大学专科		
	小计	男	女	小计	男	女	小计	男	女
总 计	**24947323**	**13879919**	**11067404**	**16555876**	**9362363**	**7193513**	**8692979**	**4513163**	**4179816**
3									
4									
5－9岁	**64276**	**35774**	**28502**	**461**	**258**	**203**			
5									
6	11383	6323	5060						
7	13770	7653	6117						
8	18863	10640	8223	213	125	88			
9	20260	11158	9102	248	133	115			
10－14岁	**1565913**	**854588**	**711325**	**65529**	**33784**	**31745**	**773**	**437**	**336**
10	29277	16377	12900	264	140	124	92	66	26
11	68770	37637	31133	418	229	189	91	49	42
12	417449	224224	193225	659	340	319	96	53	43
13	545026	297469	247557	15762	8580	7182	118	72	46
14	505391	278881	226510	48426	24495	23931	376	197	179
15－19岁	**1061174**	**655219**	**405955**	**2074196**	**1151639**	**922557**	**399764**	**209605**	**190159**
15	247985	142643	105342	368004	194422	173582	7829	4582	3247
16	176184	106163	70021	562331	305047	257284	16671	10175	6496
17	187921	117993	69928	536164	295257	240907	34930	19588	15342
18	207758	133262	74496	345294	201107	144187	125601	65546	60055
19	241326	155158	86168	262403	155806	106597	214733	109714	105019
20－24岁	**1776922**	**1107793**	**669129**	**1701656**	**995736**	**705920**	**1545323**	**783638**	**761685**
20	273980	175867	98113	269352	159566	109786	258307	131166	127141
21	308386	195392	112994	297597	174586	123011	271880	138278	133602
22	372219	232227	139992	354882	208322	146560	316069	162038	154031
23	394961	244139	150822	376706	219792	156914	340730	172639	168091
24	427376	260168	167208	403119	233470	169649	358337	179517	178820
25－29岁	**2449742**	**1459155**	**990587**	**2206242**	**1274530**	**931712**	**1709094**	**865623**	**843471**
25	458822	277596	181226	428036	247526	180510	363861	182455	181406
26	448494	268630	179864	414296	238563	175733	339298	171168	168130
27	490346	291271	199075	442990	255957	187033	343882	173948	169934
28	514649	305643	209006	453296	262142	191154	331727	168973	162754
29	537431	316015	221416	467624	270342	197282	330326	169079	161247
30－34岁	**3267024**	**1869567**	**1397457**	**2497975**	**1424748**	**1073227**	**1638456**	**827265**	**811191**
30	657913	383116	274797	550003	317299	232704	369614	187809	181805
31	652366	376336	276030	519125	297850	221275	342332	173471	168861
32	624213	357067	267146	477613	271832	205781	312084	157751	154333
33	694097	394688	299409	504432	286207	218225	323853	162734	161119
34	638435	358360	280075	446802	251560	195242	290573	145500	145073
35－39岁	**2936147**	**1623064**	**1313083**	**1916318**	**1063584**	**852734**	**1176968**	**592162**	**584806**
35	588500	328669	259831	394645	220259	174386	255471	128377	127094
36	600607	333094	267513	392092	217647	174445	247525	124522	123003
37	566034	313772	252262	367877	204334	163543	229660	115336	114324
38	612059	337955	274104	394230	218704	175526	237822	119308	118514
39	568947	309574	259373	367474	202640	164834	206490	104619	101871
40－44岁	**2609835**	**1399520**	**1210315**	**1514344**	**837118**	**677226**	**762736**	**395651**	**367085**
40	516408	280504	235904	331939	183632	148307	179093	91140	87953
41	563519	303994	259525	349291	193094	156197	179820	92475	87345
42	512685	274993	237692	298496	164862	133634	150101	77801	72300
43	478357	255251	223106	260594	143912	116682	126531	66350	60181
44	538866	284778	254088	274024	151618	122406	127191	67885	59306

4-1a 续表 5 单位：人

年 龄	初 中			高 中			大学专科		
	小计	男	女	小计	男	女	小计	男	女
45-49岁	**2992736**	**1568651**	**1424085**	**1408776**	**787422**	**621354**	**579377**	**317310**	**262067**
45	562658	295620	267038	273789	151225	122564	122615	65845	56770
46	629380	327822	301558	298023	165494	132529	127053	69336	57717
47	619735	324093	295642	296337	165230	131107	121789	66583	55206
48	597121	313420	283701	276652	155358	121294	108185	60259	47926
49	583842	307696	276146	263975	150115	113860	99735	55287	44448
50-54岁	**2451623**	**1308018**	**1143605**	**978081**	**560138**	**417943**	**335501**	**192162**	**143339**
50	578588	305656	272932	253386	143963	109423	92823	52123	40700
51	511693	272201	239492	210949	120622	90327	74645	42215	32430
52	528447	282345	246102	207403	119175	88228	71721	41015	30706
53	408346	219097	189249	150605	86510	64095	48758	28685	20073
54	424549	228719	195830	155738	89868	65870	47554	28124	19430
55-59岁	**1601587**	**842282**	**759305**	**862861**	**480122**	**382739**	**217724**	**126072**	**91652**
55	410477	218936	191541	165424	94381	71043	48512	28683	19829
56	367038	193241	173797	172595	96824	75771	49002	28402	20600
57	382495	201547	180948	211965	117500	94465	54747	31278	23469
58	294771	154002	140769	193958	107139	86819	42778	24717	18061
59	146806	74556	72250	118919	64278	54641	22685	12992	9693
60-64岁	**820654**	**431006**	**389648**	**620598**	**342541**	**278057**	**118681**	**71070**	**47611**
60	146286	75223	71063	128345	69207	59138	23114	13282	9832
61	150346	79055	71291	122763	67820	54943	21105	12734	8371
62	178064	93949	84115	134886	74632	60254	24531	15031	9500
63	188857	100711	88146	128925	71514	57411	26747	16087	10660
64	157101	82068	75033	105679	59368	46311	23184	13936	9248
65-69岁	**651447**	**342384**	**309063**	**366533**	**209985**	**156548**	**91250**	**55718**	**35532**
65	154113	81042	73071	99731	56867	42864	22649	13557	9092
66	148283	76892	71391	91244	51891	39353	22029	13236	8793
67	127320	66543	60777	70510	40650	29860	17386	10581	6805
68	119711	63160	56551	58624	33602	25022	15701	9820	5881
69	102020	54747	47273	46424	26975	19449	13485	8524	4961
70-74岁	**356771**	**195901**	**160870**	**168052**	**99179**	**68873**	**54860**	**35914**	**18946**
70	96404	52881	43523	42353	25382	16971	13454	8844	4610
71	85170	46902	38268	40016	23756	16260	12829	8478	4351
72	65619	35569	30050	32800	19156	13644	10826	7007	3819
73	58374	31990	26384	28997	16828	12169	9675	6303	3372
74	51204	28559	22645	23886	14057	9829	8076	5282	2794
75-79岁	**177275**	**97250**	**80025**	**90073**	**51621**	**38452**	**29873**	**19024**	**10849**
75	45508	25534	19974	20615	11956	8659	7020	4534	2486
76	39693	22160	17533	19131	11006	8125	6210	3935	2275
77	33360	18214	15146	17708	10076	7632	5636	3544	2092
78	31039	16511	14528	17340	9916	7424	5770	3611	2159
79	27675	14831	12844	15279	8667	6612	5237	3400	1837
80-84岁	**99708**	**54250**	**45458**	**53704**	**31428**	**22276**	**21490**	**13971**	**7519**
80	25386	13861	11525	14128	8313	5815	5191	3374	1817
81	20417	11002	9415	11415	6556	4859	4545	2918	1627
82	20007	10778	9229	10803	6313	4490	4503	2916	1587
83	17749	9859	7890	9349	5556	3793	3912	2558	1354
84	16149	8750	7399	8009	4690	3319	3339	2205	1134
85岁及以上	**64489**	**35497**	**28992**	**30477**	**18530**	**11947**	**11109**	**7541**	**3568**

4-1a　续表 6

单位：人

年　龄	大学本科			硕士研究生			博士研究生		
	小计	男	女	小计	男	女	小计	男	女
总　计	**6987644**	**3642775**	**3344869**	**753799**	**404689**	**349110**	**89726**	**57504**	**32222**
3									
4									
5-9岁									
5									
6									
7									
8									
9									
10-14岁	**519**	**275**	**244**	**29**	**17**	**12**	**8**	**5**	**3**
10	115	66	49						
11	91	39	52						
12	98	50	48	12	7	5			
13	106	60	46	10	4	6			
14	109	60	49	7	6	1	8	5	3
15-19岁	**305727**	**147334**	**158393**	**546**	**322**	**224**	**284**	**237**	**47**
15	1278	691	587	7	4	3	15	14	1
16	2180	1192	988	19	15	4	32	31	1
17	13452	5857	7595	80	51	29	58	52	6
18	109480	52034	57446	169	93	76	61	51	10
19	179337	87560	91777	271	159	112	118	89	29
20-24岁	**1186696**	**572458**	**614238**	**79177**	**35992**	**43185**	**3637**	**2114**	**1523**
20	214162	105391	108771	569	282	287	160	124	36
21	220922	106940	113982	2977	1286	1691	253	161	92
22	239506	116404	123102	15545	7183	8362	593	359	234
23	246976	118064	128912	27239	12265	14974	1073	589	484
24	265130	125659	139471	32847	14976	17871	1558	881	677
25-29岁	**1398231**	**685414**	**712817**	**176129**	**82180**	**93949**	**16989**	**9863**	**7126**
25	280149	134741	145408	35854	16314	19540	2564	1406	1158
26	275238	133119	142119	35325	16226	19099	3135	1819	1316
27	285435	139607	145828	35729	16701	19028	3477	2030	1447
28	281148	139898	141250	34677	16141	18536	3811	2249	1562
29	276261	138049	138212	34544	16798	17746	4002	2359	1643
30-34岁	**1366165**	**685609**	**680556**	**172761**	**85784**	**86977**	**21405**	**13207**	**8198**
30	300358	149500	150858	39189	19082	20107	4664	2842	1822
31	283255	141238	142017	36848	18143	18705	4566	2794	1772
32	261024	130847	130177	33545	16623	16922	4276	2633	1643
33	270024	136693	133331	32988	16580	16408	4137	2561	1576
34	251504	127331	124173	30191	15356	14835	3762	2377	1385
35-39岁	**1094886**	**574695**	**520191**	**135413**	**73697**	**61716**	**15797**	**9930**	**5867**
35	232092	119380	112712	27126	14154	12972	3230	2044	1186
36	232074	120760	111314	27614	14808	12806	3217	2047	1170
37	220017	115633	104384	27321	14865	12456	3092	1930	1162
38	226277	120283	105994	29609	16409	13200	3408	2127	1281
39	184426	98639	85787	23743	13461	10282	2850	1782	1068
40-44岁	**627095**	**343044**	**284051**	**79321**	**48128**	**31193**	**11368**	**7095**	**4273**
40	154686	83083	71603	20145	11761	8384	2468	1514	954
41	149768	80921	68847	19398	11637	7761	2674	1669	1005
42	121800	66665	55135	15334	9344	5990	2402	1504	898
43	101182	55728	45454	12801	7870	4931	1928	1203	725
44	99659	56647	43012	11643	7516	4127	1896	1205	691

4-1a 续表 7

单位：人

年 龄	大学本科			硕士研究生			博士研究生		
	小计	男	女	小计	男	女	小计	男	女
45-49岁	**420288**	**248446**	**171842**	**47841**	**31996**	**15845**	**7970**	**5433**	**2537**
45	92583	53247	39336	10540	6889	3651	1701	1140	561
46	91458	53797	37661	10267	6827	3440	1578	1072	506
47	87031	51297	35734	10283	6870	3413	1768	1185	583
48	77155	46518	30637	8789	5975	2814	1482	1017	465
49	72061	43587	28474	7962	5435	2527	1441	1019	422
50-54岁	**257488**	**163040**	**94448**	**29836**	**21164**	**8672**	**5468**	**4064**	**1404**
50	67165	40915	26250	7358	5107	2251	1286	919	367
51	56785	35310	21475	6387	4461	1926	1150	834	316
52	56507	35840	20667	6466	4525	1941	1183	885	298
53	38357	25177	13180	4458	3206	1252	818	609	209
54	38674	25798	12876	5167	3865	1302	1031	817	214
55-59岁	**145717**	**98132**	**47585**	**21057**	**16337**	**4720**	**4492**	**3708**	**784**
55	37161	25382	11779	5378	4126	1252	1129	926	203
56	35032	23520	11512	5385	4163	1222	1130	928	202
57	36274	24239	12035	5556	4335	1221	1249	1050	199
58	25159	16985	8174	3327	2606	721	678	551	127
59	12091	8006	4085	1411	1107	304	306	253	53
60-64岁	**53562**	**35396**	**18166**	**6162**	**4833**	**1329**	**1297**	**1069**	**228**
60	11357	7502	3855	1343	1042	301	242	201	41
61	9317	6171	3146	1098	881	217	215	178	37
62	10678	7207	3471	1249	988	261	265	215	50
63	11875	7852	4023	1347	1050	297	325	272	53
64	10335	6664	3671	1125	872	253	250	203	47
65-69岁	**39347**	**25427**	**13920**	**3129**	**2387**	**742**	**537**	**417**	**120**
65	10159	6497	3662	960	729	231	194	157	37
66	9307	5955	3352	813	615	198	124	89	35
67	7415	4757	2658	589	441	148	90	67	23
68	6630	4334	2296	432	348	84	69	54	15
69	5836	3884	1952	335	254	81	60	50	10
70-74岁	**25494**	**17541**	**7953**	**1077**	**850**	**227**	**190**	**151**	**39**
70	5511	3799	1712	319	235	84	40	32	8
71	5191	3694	1497	248	190	58	48	36	12
72	4363	3088	1275	179	146	33	36	29	7
73	4509	3045	1464	156	132	24	37	29	8
74	5920	3915	2005	175	147	28	29	25	4
75-79岁	**27685**	**18547**	**9138**	**628**	**504**	**124**	**106**	**82**	**24**
75	5980	4061	1919	160	143	17	25	22	3
76	5412	3659	1753	146	112	34	34	26	8
77	5020	3312	1708	115	95	20	15	10	5
78	5408	3549	1859	121	89	32	22	16	6
79	5865	3966	1899	86	65	21	10	8	2
80-84岁	**26966**	**19023**	**7943**	**394**	**304**	**90**	**89**	**64**	**25**
80	6166	4186	1980	83	68	15	16	13	3
81	6046	4216	1830	67	50	17	16	12	4
82	5829	4235	1594	104	84	20	11	6	5
83	4836	3453	1383	79	58	21	27	19	8
84	4089	2933	1156	61	44	17	19	14	5
85岁及以上	**11778**	**8394**	**3384**	**299**	**194**	**105**	**89**	**65**	**24**

4-1b 全省分年龄、性别、受教育程度的3岁及以上人口(镇)

单位：人

年 龄	3岁及以上人口			未上过学		
	合计	男	女	小计	男	女
总 计	**16396458**	**8543077**	**7853381**	**495972**	**169993**	**325979**
3	283647	151413	132234	110356	58831	51525
4	266086	142017	124069	43421	22970	20451
5-9岁	**1406547**	**752599**	**653948**	**30020**	**15888**	**14132**
5	258473	138280	120193	18453	9782	8671
6	276946	148527	128419	6725	3479	3246
7	283036	151189	131847	2108	1132	976
8	309292	165160	144132	1533	802	731
9	278800	149443	129357	1201	693	508
10-14岁	**1230117**	**658504**	**571613**	**5955**	**3112**	**2843**
10	263405	141521	121884	1129	604	525
11	266415	142668	123747	1359	703	656
12	255974	137100	118874	1332	685	647
13	228860	122403	106457	1202	626	576
14	215463	114812	100651	933	494	439
15-19岁	**960089**	**524051**	**436038**	**2017**	**1136**	**881**
15	201882	108089	93793	538	306	232
16	207955	111267	96688	393	215	178
17	192093	103602	88491	333	183	150
18	181047	100777	80270	407	230	177
19	177112	100316	76796	346	202	144
20-24岁	**1020023**	**569221**	**450802**	**2355**	**1373**	**982**
20	177521	101020	76501	440	261	179
21	182590	102939	79651	449	263	186
22	208155	116937	91218	427	243	184
23	217686	120447	97239	507	293	214
24	234071	127878	106193	532	313	219
25-29岁	**1293038**	**693632**	**599406**	**2932**	**1609**	**1323**
25	248742	135263	113479	550	319	231
26	245299	131982	113317	558	319	239
27	261474	139783	121691	621	323	298
28	266334	142763	123571	587	335	252
29	271189	143841	127348	616	313	303
30-34岁	**1460918**	**761631**	**699287**	**3331**	**1737**	**1594**
30	307311	161402	145909	675	378	297
31	294828	154119	140709	672	347	325
32	276932	144374	132558	637	336	301
33	300302	155735	144567	663	354	309
34	281545	146001	135544	684	322	362
35-39岁	**1347938**	**698376**	**649562**	**3524**	**1619**	**1905**
35	262279	135822	126457	637	312	325
36	273955	141767	132188	702	344	358
37	262419	135907	126512	682	321	361
38	282274	146921	135353	717	330	387
39	267011	137959	129052	786	312	474
40-44岁	**1143091**	**591569**	**551522**	**4940**	**1635**	**3305**
40	237527	122099	115428	775	280	495
41	255380	132584	122796	1008	361	647
42	224750	116521	108229	952	320	632
43	201433	104434	96999	992	304	688
44	224001	115931	108070	1213	370	843

4-1b 续表 1

单位：人

年 龄	3岁及以上人口			未上过学		
	合计	男	女	小计	男	女
45-49岁	**1299379**	**662825**	**636554**	**9807**	**2660**	**7147**
45	231927	119162	112765	1408	437	971
46	264697	135001	129696	1739	494	1245
47	270210	137373	132837	1966	555	1411
48	263942	134389	129553	2200	574	1626
49	268603	136900	131703	2494	600	1894
50-54岁	**1262669**	**646711**	**615958**	**17364**	**4248**	**13116**
50	273568	138866	134702	2909	693	2216
51	254607	130579	124028	3208	824	2384
52	270836	138677	132159	3768	940	2828
53	224566	115075	109491	3437	811	2626
54	239092	123514	115578	4042	980	3062
55-59岁	**1031744**	**528256**	**503488**	**20486**	**4374**	**16112**
55	240912	124195	116717	4119	934	3185
56	222158	113596	108562	4020	904	3116
57	239732	123742	115990	4571	1025	3546
58	212006	108328	103678	4620	954	3666
59	116936	58395	58541	3156	557	2599
60-64岁	**722885**	**364557**	**358328**	**29651**	**6013**	**23638**
60	113961	56867	57094	3607	696	2911
61	136222	69564	66658	5033	1085	3948
62	160317	81088	79229	6577	1381	5196
63	168537	85587	82950	7445	1533	5912
64	143848	71451	72397	6989	1318	5671
65-69岁	**632342**	**310127**	**322215**	**38946**	**7576**	**31370**
65	145976	72345	73631	7806	1553	6253
66	140255	68972	71283	8023	1556	6467
67	125478	61125	64353	7754	1524	6230
68	118044	57350	60694	7995	1515	6480
69	102589	50335	52254	7368	1428	5940
70-74岁	**407803**	**205690**	**202113**	**38206**	**8762**	**29444**
70	100294	50050	50244	7934	1738	6196
71	93688	47916	45772	8200	1946	6254
72	78952	39782	39170	7758	1781	5977
73	70181	35334	34847	7223	1719	5504
74	64688	32608	32080	7091	1578	5513
75-79岁	**264633**	**128993**	**135640**	**36663**	**7704**	**28959**
75	62921	31181	31740	7651	1661	5990
76	55866	27659	28207	7198	1538	5660
77	50709	24880	25829	6965	1463	5502
78	48584	23370	25214	7222	1457	5765
79	46553	21903	24650	7627	1585	6042
80-84岁	**192639**	**87209**	**105430**	**41486**	**8620**	**32866**
80	43651	20524	23127	7832	1663	6169
81	39161	18208	20953	8079	1783	6296
82	39840	18138	21702	8849	1906	6943
83	36306	16070	20236	8353	1676	6677
84	33681	14269	19412	8373	1592	6781
85岁及以上	**170870**	**65696**	**105174**	**54512**	**10126**	**44386**

4-1b 续表 2

单位：人

年龄	学前教育			小学		
	小计	男	女	小计	男	女
总计	**795552**	**421810**	**373742**	**4273056**	**2000052**	**2273004**
3	173291	92582	80709			
4	222665	119047	103618			
5-9岁	**354252**	**189677**	**164575**	**995745**	**532328**	**463417**
5	206451	110366	96085	33569	18132	15437
6	104558	56665	47893	160816	85724	75092
7	23045	12040	11005	252045	134800	117245
8	12138	6363	5775	288119	153823	134296
9	8060	4243	3817	261196	139849	121347
10-14岁	**20379**	**10856**	**9523**	**691826**	**370260**	**321566**
10	6258	3361	2897	244122	130894	113228
11	5057	2697	2360	235121	125781	109340
12	3513	1883	1630	137739	74356	63383
13	2669	1426	1243	51848	27337	24511
14	2882	1489	1393	22996	11892	11104
15-19岁	**3885**	**2124**	**1761**	**33377**	**18492**	**14885**
15	1726	928	798	9387	5048	4339
16	926	502	424	5904	3288	2616
17	492	272	220	5453	2921	2532
18	424	239	185	6052	3413	2639
19	317	183	134	6581	3822	2759
20-24岁	**1169**	**676**	**493**	**37099**	**21087**	**16012**
20	283	178	105	5678	3402	2276
21	204	118	86	5938	3523	2415
22	204	120	84	7647	4310	3337
23	228	129	99	8413	4667	3746
24	250	131	119	9423	5185	4238
25-29岁	**1015**	**506**	**509**	**59451**	**31759**	**27692**
25	221	118	103	10151	5561	4590
26	210	102	108	10463	5663	4800
27	236	109	127	11815	6267	5548
28	169	89	80	13049	7034	6015
29	179	88	91	13973	7234	6739
30-34岁	**773**	**391**	**382**	**95041**	**47287**	**47754**
30	212	113	99	16963	8686	8277
31	152	74	78	18419	9269	9150
32	166	77	89	18212	9053	9159
33	129	67	62	20837	10286	10551
34	114	60	54	20610	9993	10617
35-39岁	**615**	**285**	**330**	**106407**	**48891**	**57516**
35	125	53	72	19740	9468	10272
36	133	60	73	20870	9789	11081
37	120	59	61	20386	9241	11145
38	131	63	68	22736	10383	12353
39	106	50	56	22675	10010	12665
40-44岁	**591**	**251**	**340**	**139724**	**59863**	**79861**
40	102	54	48	22617	9678	12939
41	122	44	78	28324	12466	15858
42	125	51	74	27785	12036	15749
43	116	50	66	27620	11574	16046
44	126	52	74	33378	14109	19269

4-1b 续表 3

单位：人

年龄	学前教育			小学		
	小计	男	女	小计	男	女
45-49岁	**1026**	**376**	**650**	**245718**	**97994**	**147724**
45	154	61	93	37411	15411	22000
46	207	90	117	46119	18468	27651
47	217	79	138	50975	20265	30710
48	238	85	153	53065	21046	32019
49	210	61	149	58148	22804	35344
50-54岁	**1678**	**620**	**1058**	**365251**	**150189**	**215062**
50	298	117	181	66249	26332	39917
51	307	118	189	72440	30127	42313
52	373	128	245	80110	33153	46957
53	311	109	202	70038	28825	41213
54	389	148	241	76414	31752	44662
55-59岁	**1978**	**621**	**1357**	**332328**	**131332**	**200996**
55	446	148	298	76950	31557	45393
56	393	124	269	69954	27739	42215
57	452	140	312	76028	30406	45622
58	412	130	282	69490	26844	42646
59	275	79	196	39906	14786	25120
60-64岁	**2116**	**663**	**1453**	**297917**	**117481**	**180436**
60	267	70	197	41276	15588	25688
61	384	126	258	53670	21329	32341
62	486	154	332	66414	26340	40074
63	522	172	350	72208	28939	43269
64	457	141	316	64349	25285	39064
65-69岁	**2455**	**774**	**1681**	**313385**	**126207**	**187178**
65	481	156	325	68072	27109	40963
66	512	162	350	67561	26909	40652
67	513	156	357	63034	25395	37639
68	470	132	338	60658	24441	36217
69	479	168	311	54060	22353	31707
70-74岁	**2278**	**748**	**1530**	**223402**	**98588**	**124814**
70	502	137	365	53318	22664	30654
71	524	201	323	50807	22426	28381
72	435	154	281	44068	19698	24370
73	429	135	294	39193	17579	21614
74	388	121	267	36016	16221	19795
75-79岁	**1828**	**571**	**1257**	**145186**	**64987**	**80199**
75	392	123	269	34905	15624	19281
76	405	130	275	30591	13750	16841
77	334	114	220	27767	12536	15231
78	338	112	226	26465	11835	14630
79	359	92	267	25458	11242	14216
80-84岁	**1725**	**533**	**1192**	**104649**	**47104**	**57545**
80	356	124	232	23623	10564	13059
81	358	111	247	21485	9848	11637
82	359	116	243	21686	9908	11778
83	320	88	232	19735	8889	10846
84	332	94	238	18120	7895	10225
85岁及以上	**1833**	**509**	**1324**	**86550**	**36203**	**50347**

4-1b　续表 4　　　　　　单位：人

年　龄	初中			高中			大学专科		
	小计	男	女	小计	男	女	小计	男	女
总　计	**6379030**	**3435115**	**2943915**	**2763036**	**1599125**	**1163911**	**1046919**	**576116**	**470803**
3									
4									
5–9岁	**26445**	**14654**	**11791**	**85**	**52**	**33**			
5									
6	4847	2659	2188						
7	5838	3217	2621						
8	7466	4155	3311	36	17	19			
9	8294	4623	3671	49	35	14			
10–14岁	**493818**	**264902**	**228916**	**18008**	**9306**	**8702**	**89**	**49**	**40**
10	11825	6623	5202	56	34	22	9	3	6
11	24798	13445	11353	62	32	30	12	6	6
12	113263	60107	53156	111	59	52	8	6	2
13	168759	90561	78198	4349	2435	1914	21	14	7
14	175173	94166	81007	13430	6746	6684	39	20	19
15–19岁	**296658**	**169658**	**127000**	**496422**	**265397**	**231025**	**80675**	**44191**	**36484**
15	105582	58971	46611	83154	41960	41194	1318	767	551
16	59853	33454	26399	137980	72172	65808	2625	1484	1141
17	44039	25333	18706	133217	70401	62816	6544	3587	2957
18	42821	25271	17550	89530	49824	39706	26102	13992	12110
19	44363	26629	17734	52541	31040	21501	44086	24361	19725
20–24岁	**360860**	**209757**	**151103**	**274764**	**159723**	**115041**	**201835**	**107173**	**94662**
20	49306	30043	19263	45152	26949	18203	43942	24209	19733
21	58785	35152	23633	47537	28192	19345	38065	20250	17815
22	75485	44243	31242	56502	32859	23643	39216	20864	18352
23	83210	47647	35563	60481	34777	25704	39580	20608	18972
24	94074	52672	41402	65092	36946	28146	41032	21242	19790
25–29岁	**564631**	**305864**	**258767**	**355891**	**198618**	**157273**	**194507**	**99639**	**94868**
25	104423	57818	46605	69527	39327	30200	40773	20963	19810
26	104642	57285	47357	67944	37873	30071	38768	19871	18897
27	114637	61821	52816	71920	40080	31840	39107	19999	19108
28	118563	63904	54659	72861	40594	32267	38360	19622	18738
29	122366	65036	57330	73639	40744	32895	37499	19184	18315
30–34岁	**717607**	**371202**	**346405**	**362021**	**198089**	**163932**	**170253**	**86812**	**83441**
30	142874	74765	68109	81525	44791	36734	40063	20449	19614
31	141655	73557	68098	74676	40998	33678	36043	18400	17643
32	136049	70580	65469	68766	37630	31136	31845	15992	15853
33	151793	77926	73867	72180	39232	32948	32867	16736	16131
34	145236	74374	70862	64874	35438	29436	29435	15235	14200
35–39岁	**737209**	**375286**	**361923**	**293188**	**161732**	**131456**	**121211**	**64255**	**56956**
35	138714	70567	68147	58421	32056	26365	26108	13619	12489
36	149034	75751	73283	59667	32576	27091	25527	13496	12031
37	144215	73430	70785	57031	31481	25550	23314	12322	10992
38	156516	80193	76323	60751	33605	27146	23999	12794	11205
39	148730	75345	73385	57318	32014	25304	22263	12024	10239
40–44岁	**631844**	**324563**	**307281**	**222985**	**126709**	**96276**	**86801**	**47448**	**39353**
40	130915	66245	64670	50901	28421	22480	19253	10386	8867
41	140284	72115	68169	52079	29536	22543	20144	10897	9247
42	124027	63896	60131	43883	25000	18883	17106	9285	7821
43	111548	57773	53775	37126	21313	15813	14819	8144	6675
44	125070	64534	60536	38996	22439	16557	15479	8736	6743

4-1b 续表 5

单位：人

年龄	初中			高中			大学专科		
	小计	男	女	小计	男	女	小计	男	女
45-49岁	**729075**	**375218**	**353857**	**200465**	**118525**	**81940**	**72994**	**42748**	**30246**
45	130594	66925	63669	38162	22126	16036	15036	8699	6337
46	149699	76374	73325	42071	24713	17358	15768	9213	6555
47	151655	77640	74015	41860	24734	17126	15203	8878	6325
48	147768	76239	71529	39538	23514	16024	13947	8249	5698
49	149359	78040	71319	38834	23438	15396	13040	7709	5331
50-54岁	**655665**	**349736**	**305929**	**149746**	**93311**	**56435**	**49185**	**31482**	**17703**
50	147763	77114	70649	37309	22582	14727	12669	7724	4945
51	132538	70367	62171	30499	18832	11667	10390	6615	3775
52	139350	74153	65197	31702	19903	11799	10541	6762	3779
53	115006	62059	52947	24361	15445	8916	7767	5101	2666
54	121008	66043	54965	25875	16549	9326	7818	5280	2538
55-59岁	**483905**	**263572**	**220333**	**149670**	**96703**	**52967**	**32021**	**22643**	**9378**
55	120329	65566	54763	27985	17973	10012	7781	5407	2374
56	108347	58758	49589	29174	18708	10466	7488	5188	2300
57	112780	61661	51119	35705	23100	12605	7585	5310	2275
58	94023	51217	42806	35466	23186	12280	6128	4509	1619
59	48426	26370	22056	21340	13736	7604	3039	2229	810
60-64岁	**267278**	**153438**	**113840**	**108924**	**73945**	**34979**	**13711**	**10472**	**3239**
60	44727	24632	20095	20805	13432	7373	2603	1930	673
61	51113	29322	21791	22755	15212	7543	2643	2010	633
62	59478	34262	25216	23767	16191	7576	2925	2224	701
63	61595	36072	25523	23008	15960	7048	3052	2362	690
64	50365	29150	21215	18589	13150	5439	2488	1946	542
65-69岁	**198403**	**117768**	**80635**	**67462**	**48730**	**18732**	**9464**	**7375**	**2089**
65	48600	28386	20214	18057	12871	5186	2414	1848	566
66	45014	26467	18547	16435	11809	4626	2192	1679	513
67	39042	22994	16048	12868	9291	3577	1835	1440	395
68	35564	21358	14206	11353	8337	3016	1625	1276	349
69	30183	18563	11620	8749	6422	2327	1398	1132	266
70-74岁	**105476**	**67982**	**37494**	**30542**	**23074**	**7468**	**6374**	**5314**	**1060**
70	28440	17866	10574	8299	6175	2124	1467	1208	259
71	24801	16149	8652	7486	5652	1834	1510	1260	250
72	19520	12609	6911	5625	4266	1359	1240	1029	211
73	17091	11047	6044	4842	3684	1158	1149	957	192
74	15624	10311	5313	4290	3297	993	1008	860	148
75-79岁	**58306**	**38044**	**20262**	**17346**	**13294**	**4052**	**4087**	**3411**	**676**
75	14797	9715	5082	3942	3028	914	948	799	149
76	12955	8583	4372	3647	2772	875	821	693	128
77	11193	7291	3902	3450	2650	800	792	652	140
78	10231	6563	3668	3310	2551	759	779	658	121
79	9130	5892	3238	2997	2293	704	747	609	138
80-84岁	**31143**	**20252**	**10891**	**10085**	**7755**	**2330**	**2453**	**2058**	**395**
80	8116	5245	2871	2759	2112	647	692	596	96
81	6376	4224	2152	2166	1662	504	502	415	87
82	6181	4034	2147	2036	1575	461	508	418	90
83	5578	3583	1995	1654	1275	379	419	361	58
84	4892	3166	1726	1470	1131	339	332	268	64
85岁及以上	**20707**	**13219**	**7488**	**5432**	**4162**	**1270**	**1259**	**1046**	**213**

4-1b 续表 6

单位：人

年 龄	大学本科			硕士研究生			博士研究生		
	小计	男	女	小计	男	女	小计	男	女
总 计	**621441**	**329064**	**292377**	**19438**	**10472**	**8966**	**2014**	**1330**	**684**
3									
4									
5-9岁									
5									
6									
7									
8									
9									
10-14岁	**41**	**19**	**22**	**1**		**1**			
10	6	2	4						
11	6	4	2						
12	7	4	3	1		1			
13	12	4	8						
14	10	5	5						
15-19岁	**46988**	**23009**	**23979**	**47**	**26**	**21**	**20**	**18**	**2**
15	174	106	68	1	1		2	2	
16	270	148	122	1	1		3	3	
17	2006	899	1107	4	2	2	5	4	1
18	15694	7797	7897	14	8	6	3	3	
19	28844	14059	14785	27	14	13	7	6	1
20-24岁	**139301**	**68211**	**71090**	**2494**	**1128**	**1366**	**146**	**93**	**53**
20	32685	15956	16729	25	14	11	10	8	2
21	31451	15354	16097	140	73	67	21	14	7
22	28126	14068	14058	524	217	307	24	13	11
23	24370	11881	12489	856	417	439	41	28	13
24	22669	10952	11717	949	407	542	50	30	20
25-29岁	**109288**	**53178**	**56110**	**4903**	**2193**	**2710**	**420**	**266**	**154**
25	22053	10705	11348	961	394	567	83	58	25
26	21630	10379	11251	1013	447	566	71	43	28
27	22046	10696	11350	1006	438	568	86	50	36
28	21697	10678	11019	962	450	512	86	57	29
29	21862	10720	11142	961	464	497	94	58	36
30-34岁	**106453**	**53300**	**53153**	**4971**	**2516**	**2455**	**468**	**297**	**171**
30	23767	11641	12126	1109	508	601	123	71	52
31	22067	10883	11184	1052	536	516	92	55	37
32	20233	10162	10071	944	490	454	80	54	26
33	20756	10555	10201	993	520	473	84	59	25
34	19630	10059	9571	873	462	411	89	58	31
35-39岁	**82153**	**44162**	**37991**	**3300**	**1932**	**1368**	**331**	**214**	**117**
35	17734	9290	8444	743	423	320	57	34	23
36	17241	9306	7935	704	402	302	77	43	34
37	15928	8623	7305	679	383	296	64	47	17
38	16677	9094	7583	670	407	263	77	52	25
39	14573	7849	6724	504	317	187	56	38	18
40-44岁	**54554**	**30005**	**24549**	**1440**	**951**	**489**	**212**	**144**	**68**
40	12530	6764	5766	379	238	141	55	33	22
41	13017	6903	6114	348	223	125	54	39	15
42	10547	5705	4842	286	201	85	39	27	12
43	8969	5118	3851	212	136	76	31	22	9
44	9491	5515	3976	215	153	62	33	23	10

4-1b 续表 7　　　　单位：人

年　龄	大学本科			硕士研究生			博士研究生		
	小计	男	女	小计	男	女	小计	男	女
45-49岁	**39293**	**24583**	**14710**	**842**	**614**	**228**	**159**	**107**	**52**
45	8940	5347	3593	183	129	54	39	27	12
46	8900	5510	3390	164	114	50	30	25	5
47	8106	5063	3043	191	137	54	37	22	15
48	6998	4537	2461	168	134	34	20	11	9
49	6349	4126	2223	136	100	36	33	22	11
50-54岁	**23058**	**16589**	**6469**	**635**	**476**	**159**	**87**	**60**	**27**
50	6189	4173	2016	159	115	44	23	16	7
51	5084	3600	1484	126	86	40	15	10	5
52	4828	3515	1313	139	105	34	25	18	7
53	3519	2627	892	114	89	25	13	9	4
54	3438	2674	764	97	81	16	11	7	4
55-59岁	**10796**	**8569**	**2227**	**475**	**384**	**91**	**85**	**58**	**27**
55	3147	2486	661	133	108	25	22	16	6
56	2658	2080	578	107	85	22	17	10	7
57	2459	1981	478	123	99	24	29	20	9
58	1771	1411	360	84	69	15	12	8	4
59	761	611	150	28	23	5	5	4	1
60-64岁	**3090**	**2383**	**707**	**161**	**130**	**31**	**37**	**32**	**5**
60	639	485	154	30	27	3	7	7	
61	590	454	136	29	21	8	5	5	
62	624	498	126	37	31	6	9	7	2
63	658	512	146	37	28	9	12	9	3
64	579	434	145	28	23	5	4	4	
65-69岁	**2122**	**1612**	**510**	**84**	**65**	**19**	**21**	**20**	**1**
65	510	394	116	28	21	7	8	7	1
66	493	368	125	23	20	3	2	2	
67	412	308	104	15	12	3	5	5	
68	365	281	84	12	8	4	2	2	
69	342	261	81	6	4	2	4	4	
70-74岁	**1482**	**1191**	**291**	**36**	**25**	**11**	**7**	**6**	**1**
70	321	254	67	13	8	5			
71	352	275	77	5	4	1	3	3	
72	297	239	58	6	4	2	3	2	1
73	247	207	40	7	6	1			
74	265	216	49	5	3	2	1	1	
75-79岁	**1199**	**972**	**227**	**13**	**9**	**4**	**5**	**1**	**4**
75	280	228	52	3	2	1	3	1	2
76	246	191	55	2	2		1		1
77	204	170	34	4	4				
78	235	193	42	3	1	2	1		1
79	234	190	44	1		1			
80-84岁	**1070**	**868**	**202**	**18**	**11**	**7**	**10**	**8**	**2**
80	265	214	51	4	2	2	4	4	
81	187	158	29	6	5	1	2	2	
82	217	179	38	2	1	1	2	1	1
83	243	197	46	3	1	2	1		1
84	158	120	38	3	2	1	1	1	
85岁及以上	**553**	**413**	**140**	**18**	**12**	**6**	**6**	**6**	

4-1c 全省分年龄、性别、受教育程度的3岁及以上人口(乡村)

单位：人

年 龄	3岁及以上人口			未上过学		
	合计	男	女	小计	男	女
总 计	**31208952**	**16435023**	**14773929**	**1383282**	**427814**	**955468**
3	539124	285984	253140	245215	130030	115185
4	518645	275225	243420	108487	57031	51456
5-9岁	**2731756**	**1450485**	**1281271**	**72301**	**37474**	**34827**
5	510850	271473	239377	45710	23760	21950
6	538970	287001	251969	15994	8190	7804
7	547184	289621	257563	4872	2561	2311
8	591701	313656	278045	3250	1668	1582
9	543051	288734	254317	2475	1295	1180
10-14岁	**2429801**	**1295209**	**1134592**	**11628**	**6174**	**5454**
10	514906	274759	240147	2271	1196	1075
11	519734	276120	243614	2518	1323	1195
12	505070	268828	236242	2587	1327	1260
13	454530	242355	212175	2276	1261	1015
14	435561	233147	202414	1976	1067	909
15-19岁	**1430794**	**807671**	**623123**	**4712**	**2813**	**1899**
15	335531	184069	151462	1107	622	485
16	272228	152649	119579	913	564	349
17	243965	139108	104857	827	502	325
18	277079	158110	118969	951	581	370
19	301991	173735	128256	914	544	370
20-24岁	**1960048**	**1116085**	**843963**	**7099**	**4167**	**2932**
20	307261	179263	127998	1204	725	479
21	339603	195298	144305	1245	760	485
22	407423	232910	174513	1445	860	585
23	435040	245623	189417	1515	880	635
24	470721	262991	207730	1690	942	748
25-29岁	**2466995**	**1370543**	**1096452**	**9269**	**5152**	**4117**
25	495311	275861	219450	1747	999	748
26	474813	264133	210680	1862	1061	801
27	501688	278237	223451	1859	1018	841
28	502958	279834	223124	1882	1013	869
29	492225	272478	219747	1919	1061	858
30-34岁	**2452836**	**1340650**	**1112186**	**10105**	**5117**	**4988**
30	543761	299960	243801	2149	1157	992
31	501810	275204	226606	1985	1072	913
32	459304	250954	208350	1832	931	901
33	493016	268096	224920	2112	995	1117
34	454945	246436	208509	2027	962	1065
35-39岁	**2116488**	**1145666**	**970822**	**11353**	**4992**	**6361**
35	420464	227537	192927	2027	914	1113
36	436001	236139	199862	2184	995	1189
37	411772	224452	187320	2198	1001	1197
38	429104	232483	196621	2462	1041	1421
39	419147	225055	194092	2482	1041	1441
40-44岁	**1793696**	**943836**	**849860**	**15194**	**4847**	**10347**
40	371553	198303	173250	2563	928	1635
41	393258	209236	184022	3051	1023	2028
42	350999	184919	166080	2992	921	2071
43	318082	166301	151781	3045	965	2080
44	359804	185077	174727	3543	1010	2533

4-1c 续表 1 单位：人

年 龄	3岁及以上人口			未上过学		
	合计	男	女	小计	男	女
45-49岁	**2225415**	**1119301**	**1106114**	**28803**	**7247**	**21556**
45	378588	192713	185875	4252	1149	3103
46	441780	221850	219930	5052	1329	3723
47	458294	230234	228060	5840	1459	4381
48	457005	229421	227584	6361	1535	4826
49	489748	245083	244665	7298	1775	5523
50-54岁	**2494825**	**1266370**	**1228455**	**50271**	**11531**	**38740**
50	513113	255618	257495	8765	2003	6762
51	490017	247805	242212	9181	2109	7072
52	532682	269865	262817	10803	2441	8362
53	460607	235298	225309	10097	2346	7751
54	498406	257784	240622	11425	2632	8793
55-59岁	**2181091**	**1138382**	**1042709**	**58707**	**12291**	**46416**
55	502843	261741	241102	11957	2647	9310
56	461212	238744	222468	11400	2424	8976
57	504854	267232	237622	13103	2857	10246
58	454464	238765	215699	13031	2708	10323
59	257718	131900	125818	9216	1655	7561
60-64岁	**1630055**	**852657**	**777398**	**80091**	**15872**	**64219**
60	249409	128107	121302	10556	2100	8456
61	301550	160075	141475	13494	2816	10678
62	361502	189380	172122	17410	3500	13910
63	386177	204767	181410	19591	3856	15735
64	331417	170328	161089	19040	3600	15440
65-69岁	**1500049**	**765477**	**734572**	**107818**	**19831**	**87987**
65	340109	176459	163650	20352	3799	16553
66	329217	167671	161546	22027	3953	18074
67	300863	152536	148327	21885	4072	17813
68	282323	143150	139173	22348	4092	18256
69	247537	125661	121876	21206	3915	17291
70-74岁	**1001740**	**511405**	**490335**	**113753**	**23421**	**90332**
70	243430	124380	119050	23177	4572	18605
71	229265	119705	109560	23499	5021	18478
72	193014	98157	94857	22484	4744	17740
73	174141	88561	85580	22052	4680	17372
74	161890	80602	81288	22541	4404	18137
75-79岁	**710747**	**343475**	**367272**	**123642**	**23688**	**99954**
75	163232	81028	82204	24327	4751	19576
76	148356	72555	75801	23930	4559	19371
77	136944	66324	70620	24158	4721	19437
78	132327	63052	69275	24861	4716	20145
79	129888	60516	69372	26366	4941	21425
80-84岁	**526900**	**232025**	**294875**	**138623**	**26242**	**112381**
80	119605	54959	64646	27111	5241	21870
81	106371	48050	58321	26779	5264	21515
82	108224	48517	59707	28853	5609	23244
83	99372	42246	57126	27972	5103	22869
84	93328	38253	55075	27908	5025	22883
85岁及以上	**497947**	**174577**	**323370**	**186211**	**29894**	**156317**

4-1c 续表 2

单位：人

年 龄	学前教育			小 学		
	小计	男	女	小计	男	女
总 计	**1505724**	**786838**	**718886**	**9716918**	**4524582**	**5192336**
3	293909	155954	137955			
4	410158	218194	191964			
5-9岁	**694657**	**369200**	**325457**	**1919625**	**1018617**	**901008**
5	390074	207485	182589	75066	40228	34838
6	214273	114548	99725	300227	159534	140693
7	49766	26040	23726	482743	255544	227199
8	24784	12875	11909	551084	292120	258964
9	15760	8252	7508	510505	271191	239314
10-14岁	**38865**	**20270**	**18595**	**1411064**	**750317**	**660747**
10	11916	6271	5645	479729	255757	223972
11	9358	4897	4461	460457	244478	215979
12	6853	3610	3243	299915	160563	139352
13	5156	2603	2553	119612	62745	56867
14	5582	2889	2693	51351	26774	24577
15-19岁	**6887**	**3636**	**3251**	**71035**	**38642**	**32393**
15	3242	1687	1555	21271	11288	9983
16	1670	872	798	13125	7104	6021
17	809	442	367	10996	5901	5095
18	615	326	289	11994	6630	5364
19	551	309	242	13649	7719	5930
20-24岁	**1961**	**1035**	**926**	**82272**	**44644**	**37628**
20	460	247	213	13027	7373	5654
21	342	174	168	13390	7437	5953
22	371	195	176	16843	9126	7717
23	389	218	171	18521	10032	8489
24	399	201	198	20491	10676	9815
25-29岁	**1838**	**927**	**911**	**124265**	**63978**	**60287**
25	457	239	218	22019	11519	10500
26	380	215	165	22315	11591	10724
27	357	169	188	25174	13002	12172
28	328	157	171	26971	13755	13216
29	316	147	169	27786	14111	13675
30-34岁	**1402**	**646**	**756**	**172379**	**83982**	**88397**
30	333	156	177	32116	16097	16019
31	289	143	146	33163	16304	16859
32	249	106	143	32570	15912	16658
33	269	125	144	37654	18190	19464
34	262	116	146	36876	17479	19397
35-39岁	**1219**	**567**	**652**	**198113**	**88407**	**109706**
35	258	113	145	35414	16499	18915
36	252	124	128	38108	17296	20812
37	211	100	111	37973	17032	20941
38	240	113	127	42147	18423	23724
39	258	117	141	44471	19157	25314
40-44岁	**1488**	**559**	**929**	**275004**	**111689**	**163315**
40	234	103	131	44407	18662	25745
41	310	122	188	54491	22939	31552
42	303	128	175	53812	21792	32020
43	297	102	195	54741	21891	32850
44	344	104	240	67553	26405	41148

4-1c 续表 3　　单位：人

年 龄	学前教育			小 学		
	小计	男	女	小计	男	女
45-49岁	**2522**	**752**	**1770**	**535607**	**202593**	**333014**
45	380	135	245	76713	29413	47300
46	439	124	315	96757	36469	60288
47	488	162	326	109091	41266	67825
48	568	150	418	116761	43877	72884
49	647	181	466	136285	51568	84717
50-54岁	**4528**	**1377**	**3151**	**871882**	**350494**	**521388**
50	777	240	537	156423	59877	96546
51	862	274	588	167145	67013	100132
52	954	293	661	189302	76610	112692
53	900	256	644	170919	69494	101425
54	1035	314	721	188093	77500	110593
55-59岁	**5188**	**1586**	**3602**	**844477**	**339604**	**504873**
55	1050	321	729	191656	78542	113114
56	1070	338	732	177154	71075	106079
57	1197	377	820	192321	78572	113749
58	1145	338	807	177523	70593	106930
59	726	212	514	105823	40822	65001
60-64岁	**6157**	**1786**	**4371**	**773514**	**320964**	**452550**
60	810	242	568	107509	42261	65248
61	1074	321	753	137190	57365	79825
62	1327	395	932	172431	71702	100729
63	1561	431	1130	188102	80070	108032
64	1385	397	988	168282	69566	98716
65-69岁	**7546**	**2187**	**5359**	**829833**	**355425**	**474408**
65	1509	446	1063	178200	75441	102759
66	1574	463	1111	177234	74357	102877
67	1615	456	1159	167570	71315	96255
68	1485	408	1077	161739	70211	91528
69	1363	414	949	145090	64101	80989
70-74岁	**7248**	**2284**	**4964**	**612113**	**288369**	**323744**
70	1507	480	1027	145180	66028	79152
71	1636	511	1125	139573	66270	73303
72	1398	417	981	119163	56330	62833
73	1364	447	917	107938	51815	56123
74	1343	429	914	100259	47926	52333
75-79岁	**6909**	**2098**	**4811**	**434505**	**208948**	**225557**
75	1422	453	969	101256	48758	52498
76	1414	447	967	91035	43628	47407
77	1393	414	979	83407	40268	43139
78	1335	393	942	80377	38640	41737
79	1345	391	954	78430	37654	40776
80-84岁	**6287**	**1933**	**4354**	**305373**	**147705**	**157668**
80	1337	395	942	70706	34272	36434
81	1288	422	866	62175	30435	31740
82	1325	420	905	62663	31036	31627
83	1194	387	807	57227	27403	29824
84	1143	309	834	52602	24559	28043
85岁及以上	**6955**	**1847**	**5108**	**255857**	**110204**	**145653**

4-1c 续表 4

单位：人

年 龄	初 中			高 中			大学专科		
	小计	男	女	小计	男	女	小计	男	女
总 计	**13387895**	**7580568**	**5807327**	**3646184**	**2262872**	**1383312**	**1084984**	**600898**	**484086**
3									
4									
5-9岁	**45035**	**25117**	**19918**	**138**	**77**	**61**			
5									
6	8476	4729	3747						
7	9803	5476	4327						
8	12505	6948	5557	78	45	33			
9	14251	7964	6287	60	32	28			
10-14岁	**941936**	**504319**	**437617**	**26104**	**14024**	**12080**	**161**	**81**	**80**
10	20891	11484	9407	82	38	44	11	9	2
11	47271	25358	21913	112	56	56	13	5	8
12	195541	103230	92311	157	93	64	13	4	9
13	320503	171845	148658	6934	3875	3059	33	17	16
14	357730	192402	165328	18819	9962	8857	91	46	45
15-19岁	**655314**	**382169**	**273145**	**531138**	**298827**	**232311**	**119577**	**63160**	**56417**
15	226397	126318	100079	81092	42899	38193	2225	1149	1076
16	129483	74303	55180	122414	67354	55060	4270	2250	2020
17	94744	56421	38323	123768	69422	54346	10662	5486	5176
18	96172	58673	37499	111467	64238	47229	40404	21073	19331
19	108518	66454	42064	92397	54914	37483	62016	33202	28814
20-24岁	**919697**	**543241**	**376456**	**514931**	**303946**	**210985**	**293906**	**154140**	**139766**
20	122977	75613	47364	84897	51394	33503	58819	32255	26564
21	150209	90645	59564	90606	54198	36408	55997	29782	26215
22	191777	113852	77925	106926	63492	43434	59961	31299	28662
23	212958	124328	88630	113268	65987	47281	59538	30411	29127
24	241776	138803	102973	119234	68875	50359	59591	30393	29198
25-29岁	**1354458**	**761760**	**592698**	**603642**	**346170**	**257472**	**254157**	**132442**	**121715**
25	261551	149166	112385	124664	71288	53376	58322	29790	28532
26	256965	145563	111402	117436	67306	50130	51906	26623	25283
27	275932	155051	120881	122950	70352	52598	51051	26402	24649
28	280915	157449	123466	121521	69814	51707	48370	25772	22598
29	279095	154531	124564	117071	67410	49661	44508	23855	20653
30-34岁	**1479812**	**802879**	**676933**	**524850**	**303224**	**221626**	**179113**	**98140**	**80973**
30	315011	173437	141574	126227	72729	53498	45928	24781	21147
31	297779	162483	135296	111011	64000	47011	39058	21173	17885
32	276850	150074	126776	98824	57155	41669	33162	18032	15130
33	304331	163897	140434	100487	58070	42417	32615	18159	14456
34	285841	152988	132853	88301	51270	37031	28350	15995	12355
35-39岁	**1406930**	**754927**	**652003**	**357143**	**212719**	**144424**	**96770**	**57144**	**39626**
35	270829	144708	126121	76958	45042	31916	23599	13611	9988
36	288071	154301	133770	75576	44609	30967	21469	12660	8809
37	275372	148813	126559	68775	41149	27626	18653	11049	7604
38	289136	155859	133277	69603	41860	27743	17506	10386	7120
39	283522	151246	132276	66231	40059	26172	15543	9438	6105
40-44岁	**1190500**	**633722**	**556778**	**237252**	**147461**	**89791**	**52992**	**32670**	**20322**
40	249330	132768	116562	56780	34891	21889	12899	7735	5164
41	261983	139982	122001	56019	34589	21430	12462	7615	4847
42	233214	124428	108786	46233	28738	17495	10376	6460	3916
43	209740	111908	97832	38255	24008	14247	8609	5363	3246
44	236233	124636	111597	39965	25235	14730	8646	5497	3149

4-1c 续表 5

单位：人

年 龄	初中			高中			大学专科		
	小计	男	女	小计	男	女	小计	男	女
45—49岁	**1412566**	**748431**	**664135**	**194827**	**127017**	**67810**	**36809**	**24003**	**12806**
45	246997	129957	117040	38714	24683	14031	8237	5239	2998
46	286184	149662	136522	41822	26811	15011	8306	5415	2891
47	291820	154129	137691	40609	26412	14197	7507	4917	2590
48	286694	152979	133715	37395	24820	12575	6670	4392	2278
49	300871	161704	139167	36287	24291	11996	6089	4040	2049
50—54岁	**1392928**	**778905**	**614023**	**146380**	**103640**	**42740**	**20958**	**14782**	**6176**
50	304627	164232	140395	34821	23997	10824	5541	3801	1740
51	277436	153692	123744	29201	20409	8792	4453	3083	1370
52	294610	164259	130351	30889	21906	8983	4427	3140	1287
53	249452	142089	107363	24810	17866	6944	3302	2381	921
54	266803	154633	112170	26659	19462	7197	3235	2377	858
55—59岁	**1078035**	**637685**	**440350**	**177626**	**134326**	**43300**	**12819**	**9630**	**3189**
55	264608	155142	109466	29241	21805	7436	3169	2382	787
56	236207	138373	97834	31485	23622	7863	2875	2125	750
57	250972	149532	101440	43178	32856	10322	3094	2284	810
58	213871	127856	86015	45741	34814	10927	2412	1879	533
59	112377	66782	45595	27981	21229	6752	1269	960	309
60—64岁	**612261**	**388780**	**223481**	**150966**	**119706**	**31260**	**5681**	**4516**	**1165**
60	101844	61498	40346	27438	21071	6367	998	754	244
61	116942	73776	43166	31522	24760	6762	1051	823	228
62	135774	86403	49371	33047	26174	6873	1231	991	240
63	142388	92507	49881	32957	26629	6328	1294	1060	234
64	115313	74596	40717	26002	21072	4930	1107	888	219
65—69岁	**447213**	**298580**	**148633**	**102319**	**85106**	**17213**	**4358**	**3620**	**738**
65	111917	73612	38305	26802	22080	4722	1055	873	182
66	102580	67579	35001	24565	20313	4252	1024	839	185
67	87939	58507	29432	20836	17359	3477	835	696	139
68	78617	53249	25368	17158	14388	2770	810	675	135
69	66160	45633	20527	12958	10966	1992	634	537	97
70—74岁	**224485**	**159710**	**64775**	**40273**	**34336**	**5937**	**3193**	**2755**	**438**
70	61155	42750	18405	11531	9811	1720	730	627	103
71	53632	38478	15154	10064	8678	1386	700	618	82
72	41868	29752	12116	7342	6266	1076	625	543	82
73	35944	25837	10107	6130	5186	944	600	506	94
74	31886	22893	8993	5206	4395	811	538	461	77
75—79岁	**122000**	**88573**	**33427**	**20870**	**17742**	**3128**	**2241**	**1976**	**265**
75	30716	22364	8352	4856	4137	719	529	465	64
76	27119	19794	7325	4298	3654	644	446	382	64
77	23439	17028	6411	4006	3426	580	432	386	46
78	21183	15425	5758	4017	3391	626	434	391	43
79	19543	13962	5581	3693	3134	559	400	352	48
80—84岁	**63439**	**45166**	**18273**	**11237**	**9395**	**1842**	**1425**	**1197**	**228**
80	16838	12005	4833	3119	2640	479	367	310	57
81	13227	9520	3707	2471	2070	401	299	245	54
82	12742	9206	3536	2249	1914	335	297	261	36
83	10822	7566	3256	1817	1510	307	251	208	43
84	9810	6869	2941	1581	1261	320	211	173	38
85岁及以上	**41286**	**26604**	**14682**	**6488**	**5156**	**1332**	**824**	**642**	**182**

4-1c 续表 6

单位：人

年龄	大学本科			硕士研究生			博士研究生		
	小计	男	女	小计	男	女	小计	男	女
总计	**465924**	**241633**	**224291**	**15909**	**8438**	**7471**	**2132**	**1380**	**752**
3									
4									
5–9岁									
5									
6									
7									
8									
9									
10–14岁	**37**	**20**	**17**	**3**	**2**	**1**	**3**	**2**	**1**
10	6	4	2						
11	5	3	2						
12	2		2	2	1	1			
13	15	8	7	1	1				
14	9	5	4				3	2	1
15–19岁	**42033**	**18361**	**23672**	**71**	**45**	**26**	**27**	**18**	**9**
15	197	106	91						
16	346	195	151	5	5		2	2	
17	2148	927	1221	9	5	4	2	2	
18	15449	6569	8880	20	13	7	7	7	
19	23893	10564	13329	37	22	15	16	7	9
20–24岁	**136551**	**63235**	**73316**	**3424**	**1551**	**1873**	**207**	**126**	**81**
20	25808	11615	14193	60	34	26	9	7	2
21	27629	12219	15410	171	72	99	14	11	3
22	29331	13752	15579	729	310	419	40	24	16
23	27584	13168	14416	1208	564	644	59	35	24
24	26199	12481	13718	1256	571	685	85	49	36
25–29岁	**113535**	**57202**	**56333**	**5195**	**2520**	**2675**	**636**	**392**	**244**
25	25214	12244	12970	1205	538	667	132	78	54
26	22782	11252	11530	1063	471	592	104	51	53
27	23159	11627	11532	1069	526	543	137	90	47
28	21884	11297	10587	953	494	459	134	83	51
29	20496	10782	9714	905	491	414	129	90	39
30–34岁	**81337**	**44533**	**36804**	**3304**	**1779**	**1525**	**534**	**350**	**184**
30	20952	11022	9930	907	491	416	138	90	48
31	17679	9561	8118	717	387	330	129	81	48
32	15081	8353	6728	638	325	313	98	66	32
33	14891	8294	6597	565	300	265	92	66	26
34	12734	7303	5431	477	276	201	77	47	30
35–39岁	**43058**	**25726**	**17332**	**1625**	**1001**	**624**	**277**	**183**	**94**
35	10949	6391	4558	366	217	149	64	42	22
36	9915	5884	4031	361	224	137	65	46	19
37	8221	5083	3138	310	187	123	59	38	21
38	7614	4549	3065	339	215	124	57	37	20
39	6359	3819	2540	249	158	91	32	20	12
40–44岁	**20325**	**12287**	**8038**	**802**	**514**	**288**	**139**	**87**	**52**
40	5117	3080	2037	194	117	77	29	19	10
41	4723	2822	1901	183	121	62	36	23	13
42	3885	2334	1551	161	101	60	23	17	6
43	3240	1967	1273	131	86	45	24	11	13
44	3360	2084	1276	133	89	44	27	17	10

4-1c 续表 7

单位：人

年龄	大学本科			硕士研究生			博士研究生		
	小计	男	女	小计	男	女	小计	男	女
45-49岁	**13593**	**8794**	**4799**	**588**	**395**	**193**	**100**	**69**	**31**
45	3133	2025	1108	137	95	42	25	17	8
46	3080	1943	1137	122	83	39	18	14	4
47	2818	1806	1012	104	72	32	17	11	6
48	2414	1580	834	121	77	44	21	11	10
49	2148	1440	708	104	68	36	19	16	3
50-54岁	**7439**	**5322**	**2117**	**365**	**265**	**100**	**74**	**54**	**20**
50	2057	1397	660	89	61	28	13	10	3
51	1648	1161	487	74	52	22	17	12	5
52	1591	1140	451	85	61	24	21	15	6
53	1074	826	248	44	33	11	9	7	2
54	1069	798	271	73	58	15	14	10	4
55-59岁	**3887**	**3001**	**886**	**294**	**211**	**83**	**58**	**48**	**10**
55	1082	844	238	66	48	18	14	10	4
56	930	721	209	80	55	25	11	11	
57	903	693	210	70	49	21	16	12	4
58	675	521	154	54	45	9	12	11	1
59	297	222	75	24	14	10	5	4	1
60-64岁	**1246**	**930**	**316**	**111**	**81**	**30**	**28**	**22**	**6**
60	224	162	62	28	18	10	2	1	1
61	249	191	58	20	16	4	8	7	1
62	260	198	62	18	14	4	4	3	1
63	256	191	65	22	17	5	6	6	
64	257	188	69	23	16	7	8	5	3
65-69岁	**890**	**681**	**209**	**50**	**34**	**16**	**22**	**13**	**9**
65	249	192	57	18	11	7	7	5	2
66	196	156	40	13	9	4	4	2	2
67	167	119	48	13	9	4	3	3	
68	163	126	37	1		1	2	1	1
69	115	88	27	5	5		6	2	4
70-74岁	**636**	**507**	**129**	**32**	**17**	**15**	**7**	**6**	**1**
70	140	106	34	9	5	4	1	1	
71	152	123	29	7	4	3	2	2	
72	129	101	28	4	3	1	1	1	
73	105	85	20	6	3	3	2	2	
74	110	92	18	6	2	4	1		1
75-79岁	**559**	**436**	**123**	**16**	**11**	**5**	**5**	**3**	**2**
75	123	97	26	3	3				
76	107	87	20	5	2	3	2	2	
77	107	79	28	2	2				
78	118	94	24	1	1		1	1	
79	104	79	25	5	3	2	2		2
80-84岁	**490**	**375**	**115**	**17**	**7**	**10**	**9**	**5**	**4**
80	119	92	27	6	3	3	2	1	1
81	124	91	33	5	1	4	3	2	1
82	91	68	23	4	3	1			
83	85	68	17	1		1	3	1	2
84	71	56	15	1		1	1	1	
85岁及以上	**308**	**223**	**85**	**12**	**5**	**7**	**6**	**2**	**4**

4-2　各地区分性别、受教育程度的15岁及以上人口

单位：人

地　　区	15岁及以上人口			未上过学		
	合计	男	女	小计	男	女
广　东	**102262628**	**54125030**	**48137598**	**1845695**	**405710**	**1439985**
广州市	**16086416**	**8468472**	**7617944**	**113710**	**26037**	**87673**
荔湾区	1072698	546756	525942	8653	2385	6268
越秀区	896935	432272	464663	4579	982	3597
海珠区	1613190	808887	804303	7069	1361	5708
天河区	1982373	1039475	942898	7503	1972	5531
白云区	3300996	1775078	1525918	19261	4258	15003
黄埔区	1069174	594275	474899	7947	1721	6226
番禺区	2303972	1214876	1089096	18616	4487	14129
花都区	1370025	734443	635582	10678	2730	7948
南沙区	717341	401170	316171	12633	2301	10332
从化区	576175	299685	276490	6427	1252	5175
增城区	1183537	621555	561982	10344	2588	7756
韶关市	**2238514**	**1122876**	**1115638**	**85779**	**11813**	**73966**
武江区	300865	148485	152380	5808	863	4945
浈江区	303794	156136	147658	5745	1049	4696
曲江区	232024	118535	113489	7425	1124	6301
始兴县	153315	74145	79170	6809	782	6027
仁化县	144198	72656	71542	7758	957	6801
翁源县	242743	121608	121135	8028	1127	6901
乳源瑶族自治县	142748	72244	70504	6401	977	5424
新丰县	150626	76498	74128	3462	570	2892
乐昌市	291236	146209	145027	19180	2797	16383
南雄市	276965	136360	140605	15163	1567	13596
深圳市	**14856286**	**8201408**	**6654878**	**88757**	**15562**	**73195**
罗湖区	949844	478211	471633	6047	932	5115
福田区	1305681	671691	633990	6869	1048	5821
南山区	1530527	814004	716523	7888	1571	6317
宝安区	3862467	2189594	1672873	20961	3671	17290
龙岗区	3447476	1879265	1568211	24149	4368	19781
盐田区	179275	97354	81921	1117	177	940
龙华区	2166929	1238138	928791	10973	1760	9213
坪山区	462198	270416	191782	3801	743	3058
光明区	951889	562735	389154	6952	1292	5660
珠海市	**2052116**	**1097060**	**955056**	**25385**	**5456**	**19929**
香洲区	1172040	616472	555568	10946	2486	8460
斗门区	500133	269583	230550	10095	1950	8145
金湾区	379943	211005	168938	4344	1020	3324
汕头市	**4276002**	**2137014**	**2138988**	**175712**	**44317**	**131395**
龙湖区	512812	256892	255920	15075	3916	11159
金平区	649933	316005	333928	13506	2968	10538
濠江区	210841	106426	104415	19351	3418	15933
潮阳区	1230835	613020	617815	54012	14432	39580
潮南区	898934	452485	446449	49510	14440	35070
澄海区	719173	365518	353655	19099	4090	15009
南澳县	53474	26668	26806	5159	1053	4106
佛山市	**8064163**	**4385243**	**3678920**	**85232**	**20366**	**64866**
禅城区	1142303	600495	541808	9583	2306	7277
南海区	3109782	1704184	1405598	28046	6873	21173
顺德区	2744288	1498635	1245653	33895	8397	25498
三水区	679011	373435	305576	9356	1720	7636
高明区	388779	208494	180285	4352	1070	3282

4-2 续表 1

单位：人

地　区	15岁及以上人口			未上过学		
	合计	男	女	小计	男	女
江门市	**4029590**	**2078153**	**1951437**	**47352**	**10620**	**36732**
蓬江区	715694	369622	346072	6452	1527	4925
江海区	305921	160864	145057	4400	758	3642
新会区	762866	394852	368014	12271	2772	9499
台山市	776179	394652	381527	8995	2176	6819
开平市	625594	314208	311386	7492	1581	5911
鹤山市	440382	233182	207200	3147	747	2400
恩平市	402954	210773	192181	4595	1059	3536
湛江市	**5160614**	**2658885**	**2501729**	**185135**	**44545**	**140590**
赤坎区	327297	158315	168982	3298	844	2454
霞山区	509565	254066	255499	5621	1346	4275
坡头区	250362	130982	119380	9962	2457	7505
麻章区	404211	211814	192397	14361	4317	10044
遂溪县	611365	317503	293862	23181	6015	17166
徐闻县	463650	238551	225099	18735	4198	14537
廉江市	980037	513145	466892	34118	8809	25309
雷州市	947330	491179	456151	53856	11853	42003
吴川市	666797	343330	323467	22003	4706	17297
茂名市	**4502947**	**2322587**	**2180360**	**129298**	**30243**	**99055**
茂南区	793284	405346	387938	9894	2146	7748
电白区	1097081	572658	524423	60371	14969	45402
高州市	983003	505367	477636	30014	6649	23365
化州市	906291	471787	434504	12622	3194	9428
信宜市	723288	367429	355859	16397	3285	13112
肇庆市	**3202161**	**1642191**	**1559970**	**72322**	**12456**	**59866**
端州区	490480	242943	247537	4735	990	3745
鼎湖区	168394	87725	80669	4060	702	3358
高要区	588201	305617	282584	14306	2788	11518
广宁县	313386	157800	155586	6627	1219	5408
怀集县	581729	290158	291571	19076	2681	16395
封开县	285505	146042	139463	10128	1630	8498
德庆县	252584	129129	123455	5711	1026	4685
四会市	521882	282777	239105	7679	1420	6259
惠州市	**4788446**	**2577227**	**2211219**	**66009**	**15563**	**50446**
惠城区	1662431	883101	779330	17864	4368	13496
惠阳区	1154957	652439	502518	10889	3031	7858
博罗县	956666	509340	447326	13324	3112	10212
惠东县	769612	405168	364444	19081	4062	15019
龙门县	244780	127179	117601	4851	990	3861
梅州市	**2963260**	**1473572**	**1489688**	**59221**	**10823**	**48398**
梅江区	357690	177236	180454	2435	719	1716
梅县区	441824	218943	222881	6179	1108	5071
大埔县	255992	128534	127458	5931	939	4992
丰顺县	363138	186214	176924	7931	1686	6245
五华县	645731	320289	325442	15884	3200	12684
平远县	152306	75056	77250	6258	649	5609
蕉岭县	148525	73195	75330	3023	446	2577
兴宁市	598054	294105	303949	11580	2076	9504

4-2　续表 2　　单位：人

地　区	15岁及以上人口			未上过学		
	合计	男	女	小计	男	女
汕尾市	**2031421**	**1047568**	**983853**	**135648**	**33016**	**102632**
城　区	355746	184298	171448	19153	5147	14006
海丰县	605940	315609	290331	21629	5243	16386
陆河县	181948	92211	89737	6260	1674	4586
陆丰市	887787	455450	432337	88606	20952	67654
河源市	**2120165**	**1069051**	**1051114**	**50827**	**9463**	**41364**
源城区	540034	272790	267244	5241	1044	4197
紫金县	397803	200211	197592	12748	2130	10618
龙川县	440139	218898	221241	9895	1929	7966
连平县	214126	106938	107188	8523	1369	7154
和平县	257927	129740	128187	7901	1504	6397
东源县	270136	140474	129662	6519	1487	5032
阳江市	**2017718**	**1046387**	**971331**	**63062**	**14568**	**48494**
江城区	651863	332054	319809	15009	3935	11074
阳东区	375686	200460	175226	8948	2293	6655
阳西县	335366	176917	158449	16756	4092	12664
阳春市	654803	336956	317847	22349	4248	18101
清远市	**3043330**	**1559161**	**1484169**	**102187**	**17886**	**84301**
清城区	883539	455470	428069	14164	2597	11567
清新区	475680	242505	233175	16359	2814	13545
佛冈县	239820	123197	116623	4477	909	3568
阳山县	273010	137958	135052	16855	2857	13998
连山壮族瑶族自治县	71726	36523	35203	1680	334	1346
连南瑶族自治县	99143	48841	50302	4456	1107	3349
英德市	709357	367535	341822	33427	5011	28416
连州市	291055	147132	143923	10769	2257	8512
东莞市	**9093750**	**5163718**	**3930032**	**63027**	**16286**	**46741**
市辖区	9093750	5163718	3930032	63027	16286	46741
中山市	**3724951**	**2009120**	**1715831**	**40438**	**9643**	**30795**
市辖区	3724951	2009120	1715831	40438	9643	30795
潮州市	**2072572**	**1046002**	**1026570**	**85027**	**16155**	**68872**
湘桥区	478873	235285	243588	8734	1689	7045
潮安区	946416	482687	463729	31703	7209	24494
饶平县	647283	328030	319253	44590	7257	37333
揭阳市	**4153668**	**2107347**	**2046321**	**133410**	**33788**	**99622**
榕城区	735395	370768	364627	17272	5704	11568
揭东区	724039	373320	350719	14562	4810	9752
揭西县	512027	260629	251398	11648	3218	8430
惠来县	716254	358210	358044	58961	11142	47819
普宁市	1465953	744420	721533	30967	8914	22053
云浮市	**1784538**	**911988**	**872550**	**38157**	**7104**	**31053**
云城区	311409	160664	150745	4713	890	3823
云安区	176615	92675	83940	7159	1176	5983
新兴县	338546	170901	167645	5057	896	4161
郁南县	278377	142304	136073	8433	1734	6699
罗定市	679591	345444	334147	12795	2408	10387

4-2 续表 3

单位：人

地区	学前教育			小学		
	小计	男	女	小计	男	女
广东	**160988**	**60564**	**100424**	**16043104**	**6909094**	**9134010**
广州市	**10848**	**4206**	**6642**	**1591427**	**679684**	**911743**
荔湾区	892	376	516	118306	50509	67797
越秀区	493	213	280	59969	21319	38650
海珠区	725	288	437	132922	53284	79638
天河区	932	391	541	97745	41114	56631
白云区	1898	668	1230	315240	136923	178317
黄埔区	582	202	380	92789	39653	53136
番禺区	2246	900	1346	229782	101656	128126
花都区	942	389	553	157022	68573	88449
南沙区	738	246	492	115159	49378	65781
从化区	395	158	237	72219	29338	42881
增城区	1005	375	630	200274	87937	112337
韶关市	**4038**	**1133**	**2905**	**476599**	**185090**	**291509**
武江区	363	118	245	38996	15535	23461
浈江区	409	147	262	43599	18722	24877
曲江区	245	72	173	42384	16641	25743
始兴县	363	75	288	37065	12815	24250
仁化县	379	91	288	35903	14237	21666
翁源县	309	105	204	52831	20156	32675
乳源瑶族自治县	288	85	203	41714	17571	24143
新丰县	227	72	155	28170	10539	17631
乐昌市	729	222	507	75463	31791	43672
南雄市	726	146	580	80474	27083	53391
深圳市	**6196**	**1997**	**4199**	**953286**	**392549**	**560737**
罗湖区	427	116	311	60343	23322	37021
福田区	483	138	345	68052	27328	40724
南山区	610	284	326	71331	29291	42040
宝安区	1491	479	1012	238333	96695	141638
龙岗区	1689	556	1133	262528	109445	153083
盐田区	62	20	42	11119	4464	6655
龙华区	861	232	629	113886	44459	69427
坪山区	215	70	145	45517	21085	24432
光明区	358	102	256	82177	36460	45717
珠海市	**1961**	**755**	**1206**	**222343**	**99789**	**122554**
香洲区	1082	448	634	96176	42574	53602
斗门区	545	175	370	83169	36818	46351
金湾区	334	132	202	42998	20397	22601
汕头市	**10257**	**3823**	**6434**	**1009608**	**434064**	**575544**
龙湖区	768	260	508	92573	40465	52108
金平区	982	362	620	119791	47666	72125
濠江区	1182	366	816	52816	25035	27781
潮阳区	3283	1379	1904	282581	120256	162325
潮南区	2214	819	1395	248075	109884	138191
澄海区	1715	589	1126	198957	83867	115090
南澳县	113	48	65	14815	6891	7924
佛山市	**11282**	**4686**	**6596**	**1217578**	**560578**	**657000**
禅城区	1330	512	818	126094	55381	70713
南海区	4516	1906	2610	489500	231908	257592
顺德区	4341	1829	2512	432845	198211	234634
三水区	626	257	369	109630	48867	60763
高明区	469	182	287	59509	26211	33298

4-2　续表 4　　　　单位：人

地　区	学前教育			小　学		
	小计	男	女	小计	男	女
江门市	**4788**	**1874**	**2914**	**779691**	**331821**	**447870**
蓬江区	871	310	561	101169	42006	59163
江海区	269	97	172	52827	22232	30595
新会区	1195	478	717	177936	76452	101484
台山市	1126	423	703	175909	75602	100307
开平市	685	288	397	129331	53895	75436
鹤山市	219	91	128	77226	33938	43288
恩平市	423	187	236	65293	27696	37597
湛江市	**15783**	**6150**	**9633**	**1025116**	**443034**	**582082**
赤坎区	353	165	188	27126	11382	15744
霞山区	610	271	339	53001	21506	31495
坡头区	961	404	557	56121	24845	31276
麻章区	1586	647	939	75831	34872	40959
遂溪县	2253	862	1391	125047	56191	68856
徐闻县	1355	487	868	118305	50252	68053
廉江市	2984	1268	1716	207138	91329	115809
雷州市	3911	1408	2503	225526	95821	129705
吴川市	1770	638	1132	137021	56836	80185
茂名市	**11293**	**4083**	**7210**	**937391**	**405438**	**531953**
茂南区	832	323	509	121561	52044	69517
电白区	4342	1599	2743	281949	131742	150207
高州市	4123	1442	2681	232454	97894	134560
化州市	804	336	468	139298	57745	81553
信宜市	1192	383	809	162129	66013	96116
肇庆市	**11155**	**3819**	**7336**	**636764**	**251461**	**385303**
端州区	965	380	585	48509	19517	28992
鼎湖区	566	198	368	32776	13957	18819
高要区	2326	878	1448	144484	60583	83901
广宁县	837	310	527	72712	27502	45210
怀集县	3410	938	2472	137176	49390	87786
封开县	1100	387	713	69104	26265	42839
德庆县	1050	392	658	46023	17695	28328
四会市	901	336	565	85980	36552	49428
惠州市	**6428**	**2578**	**3850**	**759368**	**342690**	**416678**
惠城区	2135	846	1289	193731	84678	109053
惠阳区	1278	544	734	156809	75248	81561
博罗县	1031	427	604	171145	74442	96703
惠东县	1636	627	1009	185994	85893	100101
龙门县	348	134	214	51689	22429	29260
梅州市	**4372**	**1419**	**2953**	**511248**	**191080**	**320168**
梅江区	294	126	168	30398	12322	18076
梅县区	464	138	326	56453	19881	36572
大埔县	333	84	249	54935	20084	34851
丰顺县	850	247	603	92382	39163	53219
五华县	1285	468	817	140273	52272	88001
平远县	302	64	238	30983	10131	20852
蕉岭县	113	35	78	21573	7563	14010
兴宁市	731	257	474	84251	29664	54587

4-2 续表 5

单位：人

地　区	学前教育			小　学		
	小计	男	女	小计	男	女
汕尾市	**7897**	**3513**	**4384**	**599320**	**271713**	**327607**
城　区	1351	561	790	89858	41654	48204
海丰县	1622	696	926	174382	77525	96857
陆河县	428	180	248	47648	20972	26676
陆丰市	4496	2076	2420	287432	131562	155870
河源市	**3910**	**1298**	**2612**	**398322**	**158742**	**239580**
源城区	472	169	303	59413	23556	35857
紫金县	716	262	454	79980	30997	48983
龙川县	922	270	652	91331	34931	56400
连平县	383	119	264	50830	20302	30528
和平县	840	251	589	63831	26274	37557
东源县	577	227	350	52937	22682	30255
阳江市	**5940**	**2300**	**3640**	**482268**	**214170**	**268098**
江城区	1835	758	1077	126544	56460	70084
阳东区	877	363	514	88773	41188	47585
阳西县	1408	562	846	94599	44530	50069
阳春市	1820	617	1203	172352	71992	100360
清远市	**4653**	**1638**	**3015**	**753633**	**330665**	**422968**
清城区	1177	422	755	165761	68892	96869
清新区	824	297	527	125731	53397	72334
佛冈县	295	123	172	50979	22009	28970
阳山县	449	154	295	79963	36148	43815
连山壮族瑶族自治县	95	28	67	16371	6892	9479
连南瑶族自治县	342	148	194	28599	12443	16156
英德市	1054	329	725	200148	90622	109526
连州市	417	137	280	86081	40262	45819
东莞市	**11436**	**4923**	**6513**	**1070022**	**496867**	**573155**
市辖区	11436	4923	6513	1070022	496867	573155
中山市	**4832**	**2003**	**2829**	**613550**	**275238**	**338312**
市辖区	4832	2003	2829	613550	275238	338312
潮州市	**6517**	**1916**	**4601**	**568439**	**234876**	**333563**
湘桥区	779	330	449	96194	36877	59317
潮安区	2217	750	1467	287887	121757	166130
饶平县	3521	836	2685	184358	76242	108116
揭阳市	**13465**	**4953**	**8512**	**1074280**	**464041**	**610239**
榕城区	2038	792	1246	183967	78646	105321
揭东区	1993	845	1148	190216	85032	105184
揭西县	1835	742	1093	124636	54902	69734
惠来县	2867	686	2181	219634	90265	129369
普宁市	4732	1888	2844	355827	155196	200631
云浮市	**3937**	**1497**	**2440**	**362851**	**145504**	**217347**
云城区	330	114	216	55775	22625	33150
云安区	523	177	346	44163	18426	25737
新兴县	526	149	377	67524	26828	40696
郁南县	590	203	387	57556	23361	34195
罗定市	1968	854	1114	137833	54264	83569

4-2　续表 6　　　　　　　　　　　　　　　　　　　　　　单位：人

地　区	初　中			高　中			大学专科		
	小计	男	女	小计	男	女	小计	男	女
广　东	**41576825**	**23196248**	**18380577**	**22854771**	**13166859**	**9687912**	**10823859**	**5689610**	**5134249**
广州市	**5180293**	**2884583**	**2295710**	**4096264**	**2289602**	**1806662**	**2526701**	**1292357**	**1234344**
荔湾区	317213	171012	146201	319555	167973	151582	159639	81101	78538
越秀区	187217	94514	92703	257787	128916	128871	147608	70939	76669
海珠区	522584	279396	243188	421670	218620	203050	227769	110465	117304
天河区	352222	191783	160439	561659	312020	249639	458154	234620	223534
白云区	1222052	697208	524844	859793	491401	368392	516138	264773	251365
黄埔区	310485	179573	130912	279796	169775	110021	174645	94633	80012
番禺区	719004	401354	317650	592778	332227	260551	346023	170903	175120
花都区	626324	352356	273968	272785	156138	116647	155964	82508	73456
南沙区	264165	157577	106588	173177	108286	64891	87704	48402	39302
从化区	223519	119087	104432	117845	66928	50917	91598	50693	40905
增城区	435508	240723	194785	239419	137318	102101	161459	83320	78139
韶关市	**887187**	**491924**	**395263**	**453368**	**255550**	**197818**	**197855**	**107383**	**90472**
武江区	105048	54422	50626	78154	39994	38160	39046	20139	18907
浈江区	101361	55358	46003	80337	43371	36966	36692	19461	17231
曲江区	93904	51091	42813	51060	28649	22411	26689	15389	11300
始兴县	64391	34966	29425	27922	16430	11492	10702	5840	4862
仁化县	58183	33608	24575	24288	14202	10086	10581	5744	4837
翁源县	121429	65932	55497	38465	22688	15777	13382	7377	6005
乳源瑶族自治县	53224	30968	22256	23935	13561	10374	10763	5658	5105
新丰县	72875	39283	33592	30030	17423	12607	10789	5889	4900
乐昌市	116871	66267	50604	49493	29006	20487	18810	10450	8360
南雄市	99901	60029	39872	49684	30226	19458	20401	11436	8965
深圳市	**5127719**	**2965639**	**2162080**	**3619929**	**2142007**	**1477922**	**2479218**	**1289381**	**1189837**
罗湖区	249424	134044	115380	265885	140517	125368	185290	87372	97918
福田区	289414	161550	127864	311768	171513	140255	246149	116075	130074
南山区	288473	165242	123231	333012	184904	148108	286883	141109	145774
宝安区	1626437	938958	687479	891875	546857	345018	581037	317777	263260
龙岗区	1239039	710194	528845	860175	499704	360471	577402	295092	282310
盐田区	50754	29793	20961	52833	30676	22157	30862	15502	15360
龙华区	739840	440578	299262	558442	346820	211622	408225	220992	187233
坪山区	193466	115540	77926	110813	70423	40390	56342	32000	24342
光明区	450872	269740	181132	235126	150593	84533	107028	63462	43566
珠海市	**649638**	**369304**	**280334**	**524558**	**297985**	**226573**	**295016**	**152462**	**142554**
香洲区	315155	175808	139347	312693	172055	140638	185556	94203	91353
斗门区	196422	112121	84301	127468	74843	52625	50262	26428	23834
金湾区	138061	81375	56686	84397	51087	33310	59198	31831	27367
汕头市	**1688579**	**890984**	**797595**	**937673**	**524162**	**413511**	**299985**	**159171**	**140814**
龙湖区	163136	87302	75834	131730	69143	62587	67644	34055	33589
金平区	198831	100350	98481	179991	94245	85746	85009	43411	41598
濠江区	69273	38200	31073	45006	25881	19125	18841	11120	7721
潮阳区	542752	276484	266268	264144	152924	111220	61725	35250	26475
潮南区	407212	217436	189776	162279	93691	68588	19724	10817	8907
澄海区	290780	162042	128738	144735	82614	62121	41674	21520	20154
南澳县	16595	9170	7425	9788	5664	4124	5368	2998	2370
佛山市	**3270445**	**1892617**	**1377828**	**1946293**	**1108537**	**837756**	**924966**	**481848**	**443118**
禅城区	426619	234797	191822	292987	160245	132742	158631	81262	77369
南海区	1288476	752392	536084	720138	409961	310177	357739	187322	170417
顺德区	1095649	639489	456160	691084	397605	293479	298972	154207	144765
三水区	298709	175928	122781	147340	86470	60870	62186	33844	28342
高明区	160992	90011	70981	94744	54256	40488	47438	25213	22225

4−2 续表 7

单位：人

地　区	初　中			高　中			大学专科		
	小计	男	女	小计	男	女	小计	男	女
江门市	**1643012**	**879315**	**763697**	**986758**	**556762**	**429996**	**348050**	**181947**	**166103**
蓬江区	234377	125996	108381	186389	102992	83397	103782	52751	51031
江海区	120035	66235	53800	74801	43415	31386	36724	19306	17418
新会区	262952	144043	118909	196643	112159	84484	68913	36811	32102
台山市	335801	175695	160106	193056	107694	85362	41386	22125	19261
开平市	270643	141219	129424	156045	85889	70156	40773	20833	19940
鹤山市	202834	111386	91448	97272	56289	40983	33513	17284	16229
恩平市	216370	114741	101629	82552	48324	34228	22959	12837	10122
湛江市	**2350488**	**1272228**	**1078260**	**968577**	**561615**	**406962**	**357407**	**196958**	**160449**
赤坎区	95373	46124	49249	97506	49924	47582	50447	26001	24446
霞山区	165084	79957	85127	154706	81223	73483	71890	38014	33876
坡头区	115095	63067	52028	41964	25365	16599	15416	8753	6663
麻章区	165079	89732	75347	80022	48521	31501	22761	11317	11444
遂溪县	310423	168141	142282	105298	61962	43336	31553	16955	14598
徐闻县	207729	114322	93407	73267	43704	29563	30946	18049	12897
廉江市	516334	284916	231418	147260	86683	60577	48270	27230	21040
雷州市	442702	246418	196284	155140	96133	59007	46914	28360	18554
吴川市	332669	179551	153118	113414	68100	45314	39210	22279	16931
茂名市	**2003549**	**1070507**	**933042**	**923025**	**540540**	**382485**	**317124**	**173045**	**144079**
茂南区	300441	154793	145648	200903	112123	88780	93975	48246	45729
电白区	458452	255944	202508	192817	113287	79530	70291	39791	30500
高州市	422960	227893	195067	203889	121756	82133	57209	31197	26012
化州市	497944	260621	237323	174162	104526	69636	50737	28818	21919
信宜市	323752	171256	152496	151254	88848	62406	44912	24993	19919
肇庆市	**1513452**	**832058**	**681394**	**607076**	**347892**	**259184**	**216932**	**119599**	**97333**
端州区	137543	66652	70891	157215	83101	74114	74801	39485	35316
鼎湖区	69368	39233	30135	34400	19585	14815	16178	8715	7463
高要区	297745	165519	132226	85731	50968	34763	25339	14923	10416
广宁县	170879	92895	77984	43724	25810	17914	12524	6782	5742
怀集县	311776	173886	137890	76310	44467	31843	22770	12696	10074
封开县	138149	77996	60153	46853	28176	18677	13766	7946	5820
德庆县	134196	71920	62276	45831	27340	18491	13267	7254	6013
四会市	253796	143957	109839	117012	68445	48567	38287	21798	16489
惠州市	**2239863**	**1261826**	**978037**	**972258**	**556971**	**415287**	**445267**	**235602**	**209665**
惠城区	658432	365098	293334	398372	222350	176022	223050	114746	108304
惠阳区	587407	344165	243242	239729	141694	98035	99066	54302	44764
博罗县	493737	275039	218698	174780	101581	73199	65667	35058	30609
惠东县	385293	214286	171007	113811	65272	48539	39913	22137	17776
龙门县	114994	63238	51756	45566	26074	19492	17571	9359	8212
梅州市	**1441264**	**741747**	**699517**	**626989**	**359382**	**267607**	**185820**	**99234**	**86586**
梅江区	125554	61647	63907	110267	57946	52321	38889	19967	18922
梅县区	222756	112101	110655	107449	60891	46558	31628	15999	15629
大埔县	126485	67799	58686	47857	28564	19293	12834	6994	5840
丰顺县	169125	92706	76419	64081	37166	26915	18405	9974	8431
五华县	339644	177624	162020	105870	63052	42818	27170	15041	12129
平远县	68718	36736	31982	28595	17717	10878	10969	6155	4814
蕉岭县	65988	33140	32848	39079	22161	16918	11350	5999	5351
兴宁市	322994	159994	163000	123791	71885	51906	34575	19105	15470

4–2　续表 8　　　　单位：人

地　区	初　中			高　中			大学专科		
	小计	男	女	小计	男	女	小计	男	女
汕尾市	**851182**	**480022**	**371160**	**293305**	**175956**	**117349**	**97255**	**56123**	**41132**
城　区	128401	69932	58469	69554	40543	29011	31710	17244	14466
海丰县	272755	150834	121921	94838	57099	37739	27041	16181	10860
陆河县	84238	45474	38764	27831	15516	12315	10837	5928	4909
陆丰市	365788	213782	152006	101082	62798	38284	27667	16770	10897
河源市	**1013721**	**540179**	**473542**	**412771**	**232493**	**180278**	**157860**	**83495**	**74365**
源城区	231056	117498	113558	136919	74678	62241	66973	34692	32281
紫金县	208788	112821	95967	64358	37010	27348	21411	11675	9736
龙川县	213841	111560	102281	83228	47568	35660	27560	15487	12073
连平县	98848	54157	44691	36059	20723	15336	13738	7312	6426
和平县	122310	67058	55252	42153	23891	18262	14607	7594	7013
东源县	138878	77085	61793	50054	28623	21431	13571	6735	6836
阳江市	**832361**	**454327**	**378034**	**397350**	**230220**	**167130**	**165159**	**91090**	**74069**
江城区	241386	125774	115612	157183	86478	70705	76534	40656	35878
阳东区	162709	89420	73289	74856	44421	30435	28072	16017	12055
阳西县	138072	77813	60259	54958	32910	22048	20679	11910	8769
阳春市	290194	161320	128874	110353	66411	43942	39874	22507	17367
清远市	**1334775**	**744008**	**590767**	**480723**	**273640**	**207083**	**239727**	**125180**	**114547**
清城区	368583	203649	164934	154779	87079	67700	118838	61452	57386
清新区	225159	125571	99588	72259	42001	30258	22592	11826	10766
佛冈县	115236	61854	53382	43620	25056	18564	16972	9019	7953
阳山县	119537	68125	51412	35333	19695	15638	14624	7628	6996
连山壮族瑶族自治县	33020	17873	15147	12245	7081	5164	5018	2649	2369
连南瑶族自治县	42435	22837	19598	13388	7295	6093	6273	3208	3065
英德市	302554	174130	128424	105715	62183	43532	40861	21997	18864
连州市	128251	69969	58282	43384	23250	20134	14549	7401	7148
东莞市	**4240921**	**2493678**	**1747243**	**2322569**	**1395375**	**927194**	**811493**	**443183**	**368310**
市辖区	4240921	2493678	1747243	2322569	1395375	927194	811493	443183	368310
中山市	**1613216**	**924649**	**688567**	**862897**	**493391**	**369506**	**346716**	**179405**	**167311**
市辖区	1613216	924649	688567	862897	493391	369506	346716	179405	167311
潮州市	**840527**	**473236**	**367291**	**375106**	**218296**	**156810**	**123366**	**65604**	**57762**
湘桥区	176501	93154	83347	111630	61122	50508	46185	23869	22316
潮安区	401882	227063	174819	154030	90809	63221	45575	23633	21942
饶平县	262144	153019	109125	109446	66365	43081	31606	18102	13504
揭阳市	**1935061**	**1037006**	**898055**	**751014**	**433470**	**317544**	**180829**	**98287**	**82542**
榕城区	280548	145811	134737	172325	98188	74137	57059	29683	27376
揭东区	314386	167978	146408	160242	91570	68672	32766	17792	14974
揭西县	268331	143243	125088	80225	45406	34819	19024	9956	9068
惠来县	317640	181161	136479	86669	56057	30612	21927	13693	8234
普宁市	754156	398813	355343	251553	142249	109304	50053	27163	22890
云浮市	**919572**	**496411**	**423161**	**296268**	**173013**	**123255**	**107113**	**58256**	**48857**
云城区	139962	75611	64351	62132	35436	26696	29403	15718	13685
云安区	90794	52526	38268	21674	13607	8067	7344	4193	3151
新兴县	168853	90248	78605	62766	35273	27493	21887	11388	10499
郁南县	147417	79423	67994	45231	27030	18201	13518	7464	6054
罗定市	372546	198603	173943	104465	61667	42798	34961	19493	15468

4-2 续表 9

单位：人

地区	大学本科			硕士研究生			博士研究生		
	小计	男	女	小计	男	女	小计	男	女
广 东	**8074412**	**4213158**	**3861254**	**789113**	**423580**	**365533**	**93861**	**60207**	**33654**
广州市	**2250826**	**1125643**	**1125183**	**272408**	**139462**	**132946**	**43939**	**26898**	**17041**
荔湾区	135684	66744	68940	11491	5906	5585	1265	750	515
越秀区	199840	95170	104670	34175	17058	17117	5267	3161	2106
海珠区	257098	123052	134046	35662	17655	18007	7691	4766	2925
天河区	418193	212399	205794	71918	36449	35469	14047	8727	5320
白云区	332385	162598	169787	28897	14250	14647	5332	2999	2333
黄埔区	177927	95002	82925	22705	12200	10505	2298	1516	782
番禺区	343448	175224	168224	45764	24289	21475	6311	3836	2475
花都区	137873	67098	70775	7915	4310	3605	522	341	181
南沙区	58838	32199	26639	4503	2501	2002	424	280	144
从化区	61829	31101	30728	2168	1005	1163	175	123	52
增城区	127711	65056	62655	7210	3839	3371	607	399	208
韶关市	**127838**	**66675**	**61163**	**5284**	**2937**	**2347**	**566**	**371**	**195**
武江区	31027	16040	14987	2259	1261	998	164	113	51
浈江区	34066	17137	16929	1356	737	619	229	154	75
曲江区	9934	5335	4599	340	205	135	43	29	14
始兴县	5906	3156	2750	144	72	72	13	9	4
仁化县	6947	3716	3231	147	92	55	12	9	3
翁源县	8104	4118	3986	174	94	80	21	11	10
乳源瑶族自治县	6188	3276	2912	222	141	81	13	7	6
新丰县	4936	2652	2284	122	60	62	15	10	5
乐昌市	10394	5517	4877	268	146	122	28	13	15
南雄市	10336	5728	4608	252	129	123	28	16	12
深圳市	**2223745**	**1194245**	**1029500**	**328885**	**180477**	**148408**	**28551**	**19551**	**9000**
罗湖区	159175	79644	79531	21523	11140	10383	1730	1124	606
福田区	305503	152877	152626	71899	37383	34516	5544	3779	1765
南山区	429822	227544	202278	101140	56407	44733	11368	7652	3716
宝安区	454000	257182	196818	45544	25985	19559	2789	1990	799
龙岗区	434806	232320	202486	44272	25165	19107	3416	2421	995
盐田区	27927	14338	13589	4138	2090	2048	463	294	169
龙华区	303017	165558	137459	29585	16286	13299	2100	1453	647
坪山区	46231	27208	19023	5330	2989	2341	483	358	125
光明区	63264	37574	25690	5454	3032	2422	658	480	178
珠海市	**299846**	**153893**	**145953**	**29507**	**15106**	**14401**	**3862**	**2310**	**1552**
香洲区	222129	114154	107975	24989	12770	12219	3314	1974	1340
斗门区	30072	16142	13930	1924	1000	924	176	106	70
金湾区	47645	23597	24048	2594	1336	1258	372	230	142
汕头市	**147215**	**76637**	**70578**	**6114**	**3330**	**2784**	**859**	**526**	**333**
龙湖区	39883	20630	19253	1807	1012	795	196	109	87
金平区	48272	25037	23235	3050	1648	1402	501	318	183
濠江区	4227	2327	1900	128	70	58	17	9	8
潮阳区	21980	12090	9890	317	186	131	41	19	22
潮南区	9719	5296	4423	185	91	94	16	11	5
澄海区	21531	10434	11097	600	307	293	82	55	27
南澳县	1603	823	780	27	16	11	6	5	1
佛山市	**571691**	**296243**	**275448**	**33724**	**18465**	**15259**	**2952**	**1903**	**1049**
禅城区	117707	60926	56781	8592	4570	4022	760	496	264
南海区	209629	107482	102147	10758	5756	5002	980	584	396
顺德区	174807	91531	83276	11694	6681	5013	1001	685	316
三水区	49064	25223	23841	1946	1026	920	154	100	54
高明区	20484	11081	9403	734	432	302	57	38	19

4-2　续表 10　　　　单位：人

地　区	大学本科			硕士研究生			博士研究生		
	小计	男	女	小计	男	女	小计	男	女
江门市	**210482**	**110531**	**99951**	**8563**	**4672**	**3891**	**894**	**611**	**283**
蓬江区	77697	41246	36451	4421	2409	2012	536	385	151
江海区	16039	8359	7680	754	414	340	72	48	24
新会区	41322	21245	20077	1515	820	695	119	72	47
台山市	19335	10611	8724	543	309	234	28	17	11
开平市	20119	10228	9891	449	239	210	57	36	21
鹤山市	25504	13080	12424	615	334	281	52	33	19
恩平市	10466	5762	4704	266	147	119	30	20	10
湛江市	**247114**	**128257**	**118857**	**9492**	**5116**	**4376**	**1502**	**982**	**520**
赤坎区	50569	22385	28184	2194	1195	999	431	295	136
霞山区	54338	29411	24927	3694	1948	1746	621	390	231
坡头区	10200	5707	4493	611	364	247	32	20	12
麻章区	43467	21827	21640	975	496	479	129	85	44
遂溪县	13188	7159	6029	376	193	183	46	25	21
徐闻县	13025	7365	5660	239	144	95	49	30	19
廉江市	23327	12572	10755	537	285	252	69	53	16
雷州市	18766	10899	7867	446	238	208	69	49	20
吴川市	20234	10932	9302	420	253	167	56	35	21
茂名市	**175927**	**95682**	**80245**	**4683**	**2603**	**2080**	**657**	**446**	**211**
茂南区	62794	34031	28763	2504	1374	1130	380	266	114
电白区	28064	14891	13173	704	380	324	91	55	36
高州市	31723	18138	13585	561	355	206	70	43	27
化州市	30107	16199	13908	546	296	250	71	52	19
信宜市	23239	12423	10816	368	198	170	45	30	15
肇庆市	**140397**	**72656**	**67741**	**3737**	**2035**	**1702**	**326**	**215**	**111**
端州区	64520	31597	32923	2018	1104	914	174	117	57
鼎湖区	10792	5202	5590	234	119	115	20	14	6
高要区	18073	9838	8235	173	104	69	24	16	8
广宁县	5926	3196	2730	139	78	61	18	8	10
怀集县	10981	5971	5010	208	114	94	22	15	7
封开县	6267	3567	2700	128	67	61	10	8	2
德庆县	6344	3417	2927	153	81	72	9	4	5
四会市	17494	9868	7626	684	368	316	49	33	16
惠州市	**282618**	**152455**	**130163**	**15164**	**8609**	**6555**	**1471**	**933**	**538**
惠城区	157813	84583	73230	10029	5789	4240	1005	643	362
惠阳区	56587	31662	24925	2899	1608	1291	293	185	108
博罗县	35684	18948	16736	1184	664	520	114	69	45
惠东县	23024	12431	10593	815	434	381	45	26	19
龙门县	9510	4831	4679	237	114	123	14	10	4
梅州市	**130051**	**67391**	**62660**	**3817**	**2182**	**1635**	**478**	**314**	**164**
梅江区	47674	23202	24472	1939	1138	801	240	169	71
梅县区	16366	8532	7834	472	256	216	57	37	20
大埔县	7436	3968	3468	157	89	68	24	13	11
丰顺县	10151	5159	4992	187	100	87	26	13	13
五华县	15264	8441	6823	306	170	136	35	21	14
平远县	6371	3530	2841	103	67	36	7	7	
蕉岭县	7199	3734	3465	186	106	80	14	11	3
兴宁市	19590	10825	8765	467	256	211	75	43	32

4-2 续表 11　　单位：人

地　区	大学本科			硕士研究生			博士研究生		
	小计	男	女	小计	男	女	小计	男	女
汕尾市	**45018**	**26155**	**18863**	**1626**	**949**	**677**	**170**	**121**	**49**
城　区	14967	8741	6226	688	429	259	64	47	17
海丰县	13076	7698	5378	543	296	247	54	37	17
陆河县	4629	2426	2203	72	38	34	5	3	2
陆丰市	12346	7290	5056	323	186	137	47	34	13
河源市	**79735**	**41681**	**38054**	**2789**	**1555**	**1234**	**230**	**145**	**85**
源城区	37962	19980	17982	1879	1094	785	119	79	40
紫金县	9584	5198	4386	191	102	89	27	16	11
龙川县	13069	6998	6071	270	137	133	23	18	5
连平县	5604	2879	2725	118	66	52	23	11	12
和平县	6162	3115	3047	109	47	62	14	6	8
东源县	7354	3511	3843	222	109	113	24	15	9
阳江市	**69130**	**38330**	**30800**	**2226**	**1259**	**967**	**222**	**123**	**99**
江城区	31968	17226	14742	1273	698	575	131	69	62
阳东区	11098	6546	4552	314	194	120	39	18	21
阳西县	8678	4972	3706	195	111	84	21	17	4
阳春市	17386	9586	7800	444	256	188	31	19	12
清远市	**122254**	**63057**	**59197**	**4898**	**2780**	**2118**	**480**	**307**	**173**
清城区	56647	29269	27378	3308	1921	1387	282	189	93
清新区	12341	6371	5970	363	195	168	52	33	19
佛冈县	8021	4107	3914	198	108	90	22	12	10
阳山县	6101	3262	2839	125	78	47	23	11	12
连山壮族瑶族自治县	3243	1642	1601	48	22	26	6	2	4
连南瑶族自治县	3573	1769	1804	75	33	42	2	1	1
英德市	24907	12884	12023	617	330	287	74	49	25
连州市	7421	3753	3668	164	93	71	19	10	9
东莞市	**531701**	**288053**	**243648**	**37510**	**21972**	**15538**	**5071**	**3381**	**1690**
市辖区	531701	288053	243648	37510	21972	15538	5071	3381	1690
中山市	**228701**	**116965**	**111736**	**13649**	**7205**	**6444**	**952**	**621**	**331**
市辖区	228701	116965	111736	13649	7205	6444	952	621	331
潮州市	**71176**	**34573**	**36603**	**2057**	**1105**	**952**	**357**	**241**	**116**
湘桥区	37432	17454	19978	1186	634	552	232	156	76
潮安区	22392	11060	11332	648	350	298	82	56	26
饶平县	11352	6059	5293	223	121	102	43	29	14
揭阳市	**64245**	**34966**	**29279**	**1200**	**732**	**468**	**164**	**104**	**60**
榕城区	21879	11739	10140	274	178	96	33	27	6
揭东区	9654	5163	4491	197	111	86	23	19	4
揭西县	6137	3052	3085	169	96	73	22	14	8
惠来县	8319	5062	3257	209	129	80	28	15	13
普宁市	18256	9950	8306	351	218	133	58	29	29
云浮市	**54702**	**29070**	**25632**	**1780**	**1029**	**751**	**158**	**104**	**54**
云城区	18304	9790	8514	744	450	294	46	30	16
云安区	4832	2505	2327	109	53	56	17	12	5
新兴县	11429	5829	5600	459	258	201	45	32	13
郁南县	5501	3016	2485	119	69	50	12	4	8
罗定市	14636	7930	6706	349	199	150	38	26	12

4−2a　各地区分性别、受教育程度的15岁及以上人口(城市)

单位：人

地　　区	15岁及以上人口			未上过学		
	合计	男	女	小计	男	女
广　东	**64062941**	**34158366**	**29904575**	**593824**	**139413**	**454411**
广州市	**12904338**	**6744906**	**6159432**	**76320**	**18108**	**58212**
荔湾区	1072698	546756	525942	8653	2385	6268
越秀区	896935	432272	464663	4579	982	3597
海珠区	1613190	808887	804303	7069	1361	5708
天河区	1982373	1039475	942898	7503	1972	5531
白云区	2463316	1319578	1143738	13409	3121	10288
黄埔区	961396	536337	425059	6814	1476	5338
番禺区	2002107	1045894	956213	13675	3483	10192
花都区	868619	460657	407962	5069	1380	3689
南沙区	388544	221370	167174	5210	981	4229
从化区	185468	92092	93376	877	184	693
增城区	469692	241588	228104	3462	783	2679
韶关市	**774106**	**378841**	**395265**	**14249**	**2089**	**12160**
武江区	254584	123917	130667	3362	535	2827
浈江区	233662	117410	116252	3205	616	2589
曲江区	117626	57336	60290	2261	293	1968
始兴县						
仁化县						
翁源县						
乳源瑶族自治县						
新丰县						
乐昌市	79590	37775	41815	2281	330	1951
南雄市	88644	42403	46241	3140	315	2825
深圳市	**14806228**	**8169737**	**6636491**	**88134**	**15437**	**72697**
罗湖区	949844	478211	471633	6047	932	5115
福田区	1305681	671691	633990	6869	1048	5821
南山区	1526511	810505	716006	7845	1556	6289
宝安区	3862467	2189594	1672873	20961	3671	17290
龙岗区	3403181	1851914	1551267	23580	4261	19319
盐田区	179275	97354	81921	1117	177	940
龙华区	2166929	1238138	928791	10973	1760	9213
坪山区	460451	269595	190856	3790	740	3050
光明区	951889	562735	389154	6952	1292	5660
珠海市	**1596863**	**834056**	**762807**	**14934**	**3222**	**11712**
香洲区	1122756	581347	541409	10132	2106	8026
斗门区	201468	106658	94810	2409	554	1855
金湾区	272639	146051	126588	2393	562	1831
汕头市	**2033648**	**1006267**	**1027381**	**68821**	**17849**	**50972**
龙湖区	431964	216396	215568	8839	2302	6537
金平区	637534	309911	327623	12722	2723	9999
濠江区	147806	73106	74700	12895	2182	10713
潮阳区	280350	135987	144363	13104	3331	9773
潮南区	313536	157739	155797	17233	6422	10811
澄海区	222458	113128	109330	4028	889	3139
南澳县						
佛山市	**7238109**	**3914404**	**3323705**	**71813**	**17465**	**54348**
禅城区	961120	499876	461244	6931	1682	5249
南海区	2939210	1606985	1332225	25639	6357	19282
顺德区	2704846	1475723	1229123	33227	8229	24998
三水区	309929	159738	150191	3318	508	2810
高明区	323004	172082	150922	2698	689	2009

4-2a 续表 1

单位：人

地　区	15岁及以上人口			未上过学		
	合计	男	女	小计	男	女
江门市	**2349573**	**1197698**	**1151875**	**17702**	**3880**	**13822**
蓬江区	694065	358519	335546	6122	1478	4644
江海区	305921	160864	145057	4400	758	3642
新会区	400769	202089	198680	3261	642	2619
台山市	298684	150491	148193	949	252	697
开平市	278748	136873	141875	1577	412	1165
鹤山市	208904	105888	103016	783	191	592
恩平市	162482	82974	79508	610	147	463
湛江市	**1518260**	**758095**	**760165**	**21097**	**5310**	**15787**
赤坎区	321059	155121	165938	3201	827	2374
霞山区	483215	240607	242608	5019	1217	3802
坡头区	52352	26377	25975	1005	216	789
麻章区	91147	48978	42169	1598	476	1122
遂溪县	16214	8455	7759	513	137	376
徐闻县						
廉江市	184432	91248	93184	1758	422	1336
雷州市	179272	91619	87653	4298	1216	3082
吴川市	190569	95690	94879	3705	799	2906
茂名市	**1382400**	**696695**	**685705**	**17140**	**4116**	**13024**
茂南区	505971	256030	249941	4131	843	3288
电白区	185072	94148	90924	7227	1878	5349
高州市	250076	125432	124644	2228	524	1704
化州市	208865	106500	102365	1675	447	1228
信宜市	232416	114585	117831	1879	424	1455
肇庆市	**1011595**	**521368**	**490227**	**9973**	**2228**	**7745**
端州区	490480	242943	247537	4735	990	3745
鼎湖区	94658	49169	45489	1570	338	1232
高要区	88778	45224	43554	896	217	679
广宁县						
怀集县						
封开县						
德庆县						
四会市	337679	184032	153647	2772	683	2089
惠州市	**2149611**	**1163836**	**985775**	**20363**	**5232**	**15131**
惠城区	1286767	676150	610617	12933	3072	9861
惠阳区	844622	477459	367163	7327	2139	5188
博罗县	18222	10227	7995	103	21	82
惠东县						
龙门县						
梅州市	**747757**	**362840**	**384917**	**5085**	**1295**	**3790**
梅江区	322654	159498	163156	2069	601	1468
梅县区	191773	92210	99563	976	185	791
大埔县						
丰顺县						
五华县	10358	5018	5340	241	56	185
平远县						
蕉岭县						
兴宁市	222972	106114	116858	1799	453	1346

4−2a　续表 2　　　　单位：人

地　区	15岁及以上人口			未上过学		
	合计	男	女	小计	男	女
汕尾市	**410877**	**211308**	**199569**	**19215**	**5499**	**13716**
城　区	239819	122828	116991	10146	2848	7298
海丰县						
陆河县						
陆丰市	171058	88480	82578	9069	2651	6418
河源市	**481442**	**241185**	**240257**	**4557**	**904**	**3653**
源城区	481442	241185	240257	4557	904	3653
紫金县						
龙川县						
连平县						
和平县						
东源县						
阳江市	**786306**	**395907**	**390399**	**10450**	**2690**	**7760**
江城区	445875	223913	221962	6086	1858	4228
阳东区	140280	72535	67745	1109	257	852
阳西县						
阳春市	200151	99459	100692	3255	575	2680
清远市	**950171**	**467011**	**483160**	**15303**	**2379**	**12924**
清城区	508737	251899	256838	6829	1200	5629
清新区	174269	84500	89769	3785	464	3321
佛冈县						
阳山县						
连山壮族瑶族自治县						
连南瑶族自治县						
英德市	158173	79556	78617	2602	370	2232
连州市	108992	51056	57936	2087	345	1742
东莞市	**8292724**	**4691528**	**3601196**	**54946**	**14224**	**40722**
市辖区	8292724	4691528	3601196	54946	14224	40722
中山市	**2308578**	**1235647**	**1072931**	**21771**	**5759**	**16012**
市辖区	2308578	1235647	1072931	21771	5759	16012
潮州市	**764933**	**383473**	**381460**	**17731**	**3911**	**13820**
湘桥区	355081	174637	180444	5829	1105	4724
潮安区	409852	208836	201016	11902	2806	9096
饶平县						
揭阳市	**1120664**	**565107**	**555557**	**20314**	**6965**	**13349**
榕城区	511762	257078	254684	12095	4194	7901
揭东区	235282	120210	115072	3061	959	2102
揭西县						
惠来县						
普宁市	373620	187819	185801	5158	1812	3346
云浮市	**434758**	**218457**	**216301**	**3906**	**851**	**3055**
云城区	237026	121189	115837	2386	490	1896
云安区	15620	8126	7494	178	38	140
新兴县						
郁南县						
罗定市	182112	89142	92970	1342	323	1019

4-2a 续表 3 单位：人

地 区	学前教育			小 学		
	小计	男	女	小计	男	女
广 东	**67888**	**27696**	**40192**	**7071390**	**3055982**	**4015408**
广州市	**8027**	**3211**	**4816**	**1080077**	**456336**	**623741**
荔湾区	892	376	516	118306	50509	67797
越秀区	493	213	280	59969	21319	38650
海珠区	725	288	437	132922	53284	79638
天河区	932	391	541	97745	41114	56631
白云区	1380	512	868	215571	95049	120522
黄埔区	523	185	338	75454	32029	43425
番禺区	1800	742	1058	179827	78422	101405
花都区	564	247	317	81275	34864	46411
南沙区	322	102	220	45214	19414	25800
从化区	71	26	45	14318	5288	9030
增城区	325	129	196	59476	25044	34432
韶关市	**751**	**262**	**489**	**98335**	**36628**	**61707**
武江区	261	87	174	26676	10128	16548
浈江区	237	82	155	26893	11259	15634
曲江区	73	28	45	14980	5277	9703
始兴县						
仁化县						
翁源县						
乳源瑶族自治县						
新丰县						
乐昌市	55	17	38	13141	4810	8331
南雄市	125	48	77	16645	5154	11491
深圳市	**6169**	**1989**	**4180**	**947618**	**389690**	**557928**
罗湖区	427	116	311	60343	23322	37021
福田区	483	138	345	68052	27328	40724
南山区	609	284	325	70942	29038	41904
宝安区	1491	479	1012	238333	96695	141638
龙岗区	1664	548	1116	257379	106883	150496
盐田区	62	20	42	11119	4464	6655
龙华区	861	232	629	113886	44459	69427
坪山区	214	70	144	45387	21041	24346
光明区	358	102	256	82177	36460	45717
珠海市	**1334**	**492**	**842**	**140394**	**60467**	**79927**
香洲区	933	335	598	89091	37788	51303
斗门区	186	64	122	25390	10553	14837
金湾区	215	93	122	25913	12126	13787
汕头市	**4553**	**1704**	**2849**	**410783**	**174897**	**235886**
龙湖区	593	201	392	69449	30140	39309
金平区	968	357	611	116304	46100	70204
濠江区	822	260	562	38205	17782	20423
潮阳区	1024	449	575	58832	25440	33392
潮南区	525	214	311	78425	34182	44243
澄海区	621	223	398	49568	21253	28315
南澳县						
佛山市	**10069**	**4279**	**5790**	**1061033**	**486188**	**574845**
禅城区	945	386	559	97614	41689	55925
南海区	4284	1825	2459	454064	214724	239340
顺德区	4265	1807	2458	424799	194246	230553
三水区	266	137	129	42200	17320	24880
高明区	309	124	185	42356	18209	24147

4-2a　续表 4

单位：人

地　　区	学前教育			小　　学		
	小计	男	女	小计	男	女
江门市	**1883**	**733**	**1150**	**339221**	**139250**	**199971**
蓬江区	814	290	524	95692	39599	56093
江海区	269	97	172	52827	22232	30595
新会区	226	80	146	70848	28520	42328
台山市	182	68	114	35863	14770	21093
开平市	192	105	87	41386	16816	24570
鹤山市	78	31	47	25260	10362	14898
恩平市	122	62	60	17345	6951	10394
湛江市	**2681**	**1225**	**1456**	**176957**	**73566**	**103391**
赤坎区	350	164	186	25974	10845	15129
霞山区	529	238	291	47892	19258	28634
坡头区	123	46	77	7244	2919	4325
麻章区	335	167	168	13271	6030	7241
遂溪县	26	14	12	3880	1673	2207
徐闻县						
廉江市	301	155	146	19455	7654	11801
雷州市	566	243	323	29305	12564	16741
吴川市	451	198	253	29936	12623	17313
茂名市	**1845**	**746**	**1099**	**169442**	**70403**	**99039**
茂南区	426	180	246	54678	22654	32024
电白区	579	193	386	34682	16081	18601
高州市	499	217	282	31193	12588	18605
化州市	215	99	116	20700	8445	12255
信宜市	126	57	69	28189	10635	17554
肇庆市	**2044**	**886**	**1158**	**120922**	**51221**	**69701**
端州区	965	380	585	48509	19517	28992
鼎湖区	301	139	162	14821	6620	8201
高要区	260	140	120	13379	5830	7549
广宁县						
怀集县						
封开县						
德庆县						
四会市	518	227	291	44213	19254	24959
惠州市	**2641**	**1070**	**1571**	**233208**	**105655**	**127553**
惠城区	1617	629	988	131570	56553	75017
惠阳区	1014	437	577	99011	47867	51144
博罗县	10	4	6	2627	1235	1392
惠东县						
龙门县						
梅州市	**690**	**295**	**395**	**66541**	**25505**	**41036**
梅江区	273	116	157	25677	10571	15106
梅县区	154	62	92	18211	6662	11549
大埔县						
丰顺县						
五华县	36	13	23	2035	718	1317
平远县						
蕉岭县						
兴宁市	227	104	123	20618	7554	13064

4－2a 续表 5

单位：人

地　区	学前教育			小　学		
	小计	男	女	小计	男	女
汕尾市	**2946**	**1414**	**1532**	**105277**	**47491**	**57786**
城　区	868	372	496	58491	26761	31730
海丰县						
陆河县						
陆丰市	2078	1042	1036	46786	20730	26056
河源市	**423**	**155**	**268**	**51861**	**20421**	**31440**
源城区	423	155	268	51861	20421	31440
紫金县						
龙川县						
连平县						
和平县						
东源县						
阳江市	**1746**	**719**	**1027**	**130207**	**54762**	**75445**
江城区	1227	533	694	73013	31853	41160
阳东区	166	65	101	24535	10377	14158
阳西县						
阳春市	353	121	232	32659	12532	20127
清远市	**952**	**362**	**590**	**165430**	**65704**	**99726**
清城区	550	195	355	80318	31827	48491
清新区	237	100	137	39033	15178	23855
佛冈县						
阳山县						
连山壮族瑶族自治县						
连南瑶族自治县						
英德市	94	37	57	25022	10203	14819
连州市	71	30	41	21057	8496	12561
东莞市	**10266**	**4417**	**5849**	**937658**	**433362**	**504296**
市辖区	10266	4417	5849	937658	433362	504296
中山市	**3170**	**1389**	**1781**	**355093**	**160085**	**195008**
市辖区	3170	1389	1781	355093	160085	195008
潮州市	**1698**	**626**	**1072**	**185289**	**78246**	**107043**
湘桥区	541	205	336	64445	24951	39494
潮安区	1157	421	736	120844	53295	67549
饶平县						
揭阳市	**2704**	**1116**	**1588**	**234828**	**102202**	**132626**
榕城区	1469	593	876	117440	51208	66232
揭东区	407	185	222	51777	22712	29065
揭西县						
惠来县						
普宁市	828	338	490	65611	28282	37329
云浮市	**1296**	**606**	**690**	**61216**	**23903**	**37313**
云城区	215	73	142	34297	13422	20875
云安区	19	7	12	2488	978	1510
新兴县						
郁南县						
罗定市	1062	526	536	24431	9503	14928

4-2a　续表 6

单位：人

地　　区	初　　中			高　　中			大学专科		
	小计	男	女	小计	男	女	小计	男	女
广　东	**23317134**	**12989557**	**10327577**	**16489886**	**9328321**	**7161565**	**8692206**	**4512726**	**4179480**
广州市	**3825573**	**2109831**	**1715742**	**3438214**	**1894256**	**1543958**	**2167055**	**1098886**	**1068169**
荔湾区	317213	171012	146201	319555	167973	151582	159639	81101	78538
越秀区	187217	94514	92703	257787	128916	128871	147608	70939	76669
海珠区	522584	279396	243188	421670	218620	203050	227769	110465	117304
天河区	352222	191783	160439	561659	312020	249639	458154	234620	223534
白云区	895044	509782	385262	663653	373627	290026	394119	198512	195607
黄埔区	272248	157590	114658	256846	156143	100703	160865	87614	73251
番禺区	601856	332098	269758	515201	284207	230994	315472	153866	161606
花都区	368820	203556	165264	184590	102871	81719	121425	64159	57266
南沙区	126699	75660	51039	104213	65586	38627	57336	32190	25146
从化区	44899	21601	23298	48540	25632	22908	47382	25271	22111
增城区	136771	72839	63932	104500	58661	45839	77286	40149	37137
韶关市	**247802**	**123457**	**124345**	**218612**	**114593**	**104019**	**105255**	**55647**	**49608**
武江区	82381	40722	41659	72014	36266	35748	37209	19187	18022
浈江区	70008	36536	33472	67349	35344	32005	31649	16293	15356
曲江区	41521	19871	21650	34662	18572	16090	15708	8773	6935
始兴县									
仁化县									
翁源县									
乳源瑶族自治县									
新丰县									
乐昌市	28286	13458	14828	21187	11350	9837	8759	4737	4022
南雄市	25606	12870	12736	23400	13061	10339	11930	6657	5273
深圳市	**5105052**	**2950832**	**2154220**	**3607767**	**2133864**	**1473903**	**2474310**	**1286204**	**1188106**
罗湖区	249424	134044	115380	265885	140517	125368	185290	87372	97918
福田区	289414	161550	127864	311768	171513	140255	246149	116075	130074
南山区	286240	163263	122977	332072	184019	148053	286571	140824	145747
宝安区	1626437	938958	687479	891875	546857	345018	581037	317777	263260
龙岗区	1218821	697477	521344	849264	492586	356678	573221	292379	280842
盐田区	50754	29793	20961	52833	30676	22157	30862	15502	15360
龙华区	739840	440578	299262	558442	346820	211622	408225	220992	187233
坪山区	193250	115429	77821	110502	70283	40219	55927	31821	24106
光明区	450872	269740	181132	235126	150593	84533	107028	63462	43566
珠海市	**454338**	**250397**	**203941**	**417129**	**230306**	**186823**	**257169**	**130509**	**126660**
香洲区	295384	160703	134681	302426	164478	137948	179712	90340	89372
斗门区	70425	39068	31357	54870	31178	23692	28106	14649	13457
金湾区	88529	50626	37903	59833	34650	25183	49351	25520	23831
汕头市	**676390**	**351060**	**325330**	**540793**	**288111**	**252682**	**211573**	**109867**	**101706**
龙湖区	134230	71325	62905	117017	60523	56494	61511	30928	30583
金平区	195395	98520	96875	177273	92746	84527	84080	42953	41127
濠江区	47214	25135	22079	34052	19400	14652	11199	6489	4710
潮阳区	80152	38795	41357	85077	44993	40084	30084	16609	13475
潮南区	132692	69767	62925	72932	41006	31926	7808	4107	3701
澄海区	86707	47518	39189	54442	29443	24999	16891	8781	8110
南澳县									
佛山市	**2879778**	**1654386**	**1225392**	**1786302**	**1009637**	**776665**	**858100**	**444948**	**413152**
禅城区	347660	188061	159599	254547	137831	116716	136981	69884	67097
南海区	1210000	704336	505664	684311	388008	296303	344472	180362	164110
顺德区	1077695	628105	449590	681380	391861	289519	296863	153049	143814
三水区	114069	62424	51645	82313	44199	38114	36181	18608	17573
高明区	130354	71460	58894	83751	47738	36013	43603	23045	20558

4-2a 续表 7

单位：人

地区	初中			高中			大学专科		
	小计	男	女	小计	男	女	小计	男	女
江门市	**836881**	**433714**	**403167**	**681991**	**373212**	**308779**	**281360**	**146706**	**134654**
蓬江区	225363	121142	104221	181696	100261	81435	102195	51936	50259
江海区	120035	66235	53800	74801	43415	31386	36724	19306	17418
新会区	122726	63521	59205	116317	63525	52792	50497	26937	23560
台山市	108857	54172	54685	112406	59518	52888	27051	14444	12607
开平市	103265	49926	53339	90137	47697	42440	27562	14384	13178
鹤山市	84928	43707	41221	56569	30694	25875	21816	10964	10852
恩平市	71707	35011	36696	50065	28102	21963	15515	8735	6780
湛江市	**526390**	**257776**	**268614**	**445602**	**238000**	**207602**	**190489**	**102016**	**88473**
赤坎区	92326	44548	47778	96058	49109	46949	50086	25817	24269
霞山区	151541	72891	78650	149351	78104	71247	70724	37395	33329
坡头区	16565	8196	8369	12167	6430	5737	7716	4292	3424
麻章区	33148	17106	16042	29890	17536	12354	6599	3487	3112
遂溪县	8105	4357	3748	2504	1591	913	905	533	372
徐闻县									
廉江市	75357	36068	39289	55264	29526	25738	20239	10968	9271
雷州市	71567	35727	35840	51587	28973	22614	15609	9229	6380
吴川市	77781	38883	38898	48781	26731	22050	18611	10295	8316
茂名市	**477706**	**233543**	**244163**	**440337**	**239210**	**201127**	**165014**	**87747**	**77267**
茂南区	158771	76999	81772	157493	84618	72875	74433	39790	34643
电白区	61924	32405	29519	53052	28543	24509	17985	9892	8093
高州市	86069	42213	43856	85731	47151	38580	27190	13079	14111
化州市	82538	40119	42419	66964	37122	29842	22433	12517	9916
信宜市	88404	41807	46597	77097	41776	35321	22973	12469	10504
肇庆市	**349766**	**182684**	**167082**	**294451**	**160767**	**133684**	**130412**	**71209**	**59203**
端州区	137543	66652	70891	157215	83101	74114	74801	39485	35316
鼎湖区	32488	18016	14472	22484	12301	10183	12898	6935	5963
高要区	29353	14521	14832	22398	12055	10343	10741	6459	4282
广宁县									
怀集县									
封开县									
德庆县									
四会市	150382	83495	66887	92354	53310	39044	31972	18330	13642
惠州市	**888099**	**501196**	**386903**	**529448**	**297368**	**232080**	**266697**	**139612**	**127085**
惠城区	474191	259000	215191	329765	180412	149353	181067	92900	88167
惠阳区	403571	236223	167348	196014	114780	81234	84539	46088	38451
博罗县	10337	5973	4364	3669	2176	1493	1091	624	467
惠东县									
龙门县									
梅州市	**296250**	**139808**	**156442**	**221640**	**115632**	**106008**	**80755**	**41357**	**39398**
梅江区	106354	51802	54552	102225	53322	48903	37088	19031	18057
梅县区	81799	38990	42809	56019	29007	27012	21779	10626	11153
大埔县									
丰顺县									
五华县	6231	3152	3079	1326	811	515	343	195	148
平远县									
蕉岭县									
兴宁市	101866	45864	56002	62070	32492	29578	21545	11505	10040

4-2a　续表 8

单位：人

地　区	初　中			高　中			大学专科		
	小计	男	女	小计	男	女	小计	男	女
汕尾市	**152378**	**81205**	**71173**	**79985**	**46925**	**33060**	**35202**	**19346**	**15856**
城　区	84475	44591	39884	49311	28253	21058	25497	13534	11963
海丰县									
陆河县									
陆丰市	67903	36614	31289	30674	18672	12002	9705	5812	3893
河源市	**196799**	**99030**	**97769**	**125757**	**67695**	**58062**	**63305**	**32504**	**30801**
源城区	196799	99030	97769	125757	67695	58062	63305	32504	30801
紫金县									
龙川县									
连平县									
和平县									
东源县									
阳江市	**282563**	**142952**	**139611**	**210723**	**114697**	**96026**	**101313**	**53647**	**47666**
江城区	152467	76937	75530	119531	63719	55812	63808	33104	30704
阳东区	59624	30980	28644	34874	20019	14855	13083	7129	5954
阳西县									
阳春市	70472	35035	35437	56318	30959	25359	24422	13414	11008
清远市	**365842**	**189069**	**176773**	**207079**	**110812**	**96267**	**116495**	**58111**	**58384**
清城区	189260	98048	91212	105865	57737	48128	74943	36470	38473
清新区	76326	39797	36529	34604	18771	15833	12397	6245	6152
佛冈县									
阳山县									
连山壮族瑶族自治县									
连南瑶族自治县									
英德市	56852	30123	26729	40145	21315	18830	19068	10249	8819
连州市	43404	21101	22303	26465	12989	13476	10087	5147	4940
东莞市	**3849215**	**2252631**	**1596584**	**2144660**	**1281108**	**863552**	**749706**	**407760**	**341946**
市辖区	3849215	2252631	1596584	2144660	1281108	863552	749706	407760	341946
中山市	**975284**	**553014**	**422270**	**540917**	**304615**	**236302**	**236319**	**121011**	**115308**
市辖区	975284	553014	422270	540917	304615	236302	236319	121011	115308
潮州市	**285637**	**153750**	**131887**	**165212**	**91060**	**74152**	**67413**	**34658**	**32755**
湘桥区	124275	63849	60426	91784	49275	42509	41371	21457	19914
潮安区	161362	89901	71461	73428	41785	31643	26042	13201	12841
饶平县									
揭阳市	**456433**	**234429**	**222004**	**286002**	**157290**	**128712**	**88295**	**45955**	**42340**
榕城区	189028	97171	91857	126597	70206	56391	45997	23470	22527
揭东区	92454	48170	44284	67580	37631	29949	15503	8226	7277
揭西县									
惠来县									
普宁市	174951	89088	85863	91825	49453	42372	26795	14259	12536
云浮市	**188958**	**94793**	**94165**	**107265**	**59163**	**48102**	**45969**	**25026**	**20943**
云城区	101294	52759	48535	53742	30234	23508	27022	14482	12540
云安区	7513	4107	3406	4521	2504	2017	642	351	291
新兴县									
郁南县									
罗定市	80151	37927	42224	49002	26425	22577	18305	10193	8112

4-2a 续表 9 单位：人

地区	大学本科			硕士研究生			博士研究生		
	小计	男	女	小计	男	女	小计	男	女
广东	**6987125**	**3642500**	**3344625**	**753770**	**404672**	**349098**	**89718**	**57499**	**32219**
广州市	**2004286**	**1003804**	**1000482**	**262004**	**134333**	**127671**	**42782**	**26141**	**16641**
荔湾区	135684	66744	68940	11491	5906	5585	1265	750	515
越秀区	199840	95170	104670	34175	17058	17117	5267	3161	2106
海珠区	257098	123052	134046	35662	17655	18007	7691	4766	2925
天河区	418193	212399	205794	71918	36449	35469	14047	8727	5320
白云区	247926	122730	125196	27103	13407	13696	5111	2838	2273
黄埔区	164971	88330	76641	21500	11534	9966	2175	1436	739
番禺区	324808	166129	158679	43441	23280	20161	6027	3667	2360
花都区	99650	49516	50134	6808	3784	3024	418	280	138
南沙区	45032	24887	20145	4132	2299	1833	386	251	135
从化区	28100	13464	14636	1200	566	634	81	60	21
增城区	82984	41383	41601	4574	2395	2179	314	205	109
韶关市	**84534**	**43583**	**40951**	**4123**	**2282**	**1841**	**445**	**300**	**145**
武江区	30284	15629	14655	2238	1250	988	159	113	46
浈江区	32788	16420	16368	1310	710	600	223	150	73
曲江区	8128	4347	3781	257	151	106	36	24	12
始兴县									
仁化县									
翁源县									
乳源瑶族自治县									
新丰县									
乐昌市	5720	2986	2734	151	84	67	10	3	7
南雄市	7614	4201	3413	167	87	80	17	10	7
深圳市	**2220225**	**1192013**	**1028212**	**328475**	**180212**	**148263**	**28478**	**19496**	**8982**
罗湖区	159175	79644	79531	21523	11140	10383	1730	1124	606
福田区	305503	152877	152626	71899	37383	34516	5544	3779	1765
南山区	429729	227466	202263	101135	56403	44732	11368	7652	3716
宝安区	454000	257182	196818	45544	25985	19559	2789	1990	799
龙岗区	431940	230453	201487	43956	24953	19003	3356	2374	982
盐田区	27927	14338	13589	4138	2090	2048	463	294	169
龙华区	303017	165558	137459	29585	16286	13299	2100	1453	647
坪山区	45670	26921	18749	5241	2940	2301	470	350	120
光明区	63264	37574	25690	5454	3032	2422	658	480	178
珠海市	**279638**	**142070**	**137568**	**28221**	**14394**	**13827**	**3706**	**2199**	**1507**
香洲区	217307	111146	106161	24539	12534	12005	3232	1917	1315
斗门区	18678	9861	8817	1281	660	621	123	71	52
金湾区	43653	21063	22590	2401	1200	1201	351	211	140
汕头市	**114613**	**59389**	**55224**	**5366**	**2928**	**2438**	**756**	**462**	**294**
龙湖区	38366	19878	18488	1767	991	776	192	108	84
金平区	47251	24554	22697	3041	1641	1400	500	317	183
濠江区	3318	1801	1517	91	52	39	10	5	5
潮阳区	11925	6285	5640	133	78	55	19	7	12
潮南区	3855	2004	1851	60	32	28	6	5	1
澄海区	9898	4867	5031	274	134	140	29	20	9
南澳县									
佛山市	**535531**	**277745**	**257786**	**32610**	**17910**	**14700**	**2873**	**1846**	**1027**
禅城区	107487	55487	52000	8216	4375	3841	739	481	258
南海区	204874	105111	99763	10599	5685	4914	967	577	390
顺德区	173948	91076	82872	11669	6665	5004	1000	685	315
三水区	30041	15702	14339	1425	771	654	116	69	47
高明区	19181	10369	8812	701	414	287	51	34	17

4-2a 续表 10 单位：人

地 区	大学本科			硕士研究生			博士研究生		
	小计	男	女	小计	男	女	小计	男	女
江门市	**181939**	**95443**	**86496**	**7808**	**4215**	**3593**	**788**	**545**	**243**
蓬江区	77239	41026	36213	4410	2403	2007	534	384	150
江海区	16039	8359	7680	754	414	340	72	48	24
新会区	35470	18106	17364	1331	702	629	93	56	37
台山市	13003	7081	5922	360	179	181	13	7	6
开平市	14272	7336	6936	326	178	148	31	19	12
鹤山市	18950	9654	9296	488	264	224	32	21	11
恩平市	6966	3881	3085	139	75	64	13	10	3
湛江市	**146849**	**75617**	**71232**	**7055**	**3843**	**3212**	**1140**	**742**	**398**
赤坎区	50445	22324	28121	2189	1193	996	430	294	136
霞山区	53863	29178	24685	3677	1938	1739	619	388	231
坡头区	6999	3958	3041	516	310	206	17	10	7
麻章区	6090	4059	2031	197	104	93	19	13	6
遂溪县	275	148	127	6	2	4			
徐闻县									
廉江市	11861	6336	5525	179	103	76	18	16	2
雷州市	6230	3598	2632	96	59	37	14	10	4
吴川市	11086	6016	5070	195	134	61	23	11	12
茂名市	**107431**	**58915**	**48516**	**3068**	**1731**	**1337**	**417**	**284**	**133**
茂南区	53465	29479	23986	2248	1244	1004	326	223	103
电白区	9406	5027	4379	194	115	79	23	14	9
高州市	16867	9471	7396	271	169	102	28	20	8
化州市	14117	7621	6496	200	114	86	23	16	7
信宜市	13576	7317	6259	155	89	66	17	11	6
肇庆市	**100950**	**50665**	**50285**	**2848**	**1552**	**1296**	**229**	**156**	**73**
端州区	64520	31597	32923	2018	1104	914	174	117	57
鼎湖区	9903	4721	5182	179	89	90	14	10	4
高要区	11691	5966	5725	56	32	24	4	4	
广宁县									
怀集县									
封开县									
德庆县									
四会市	14836	8381	6455	595	327	268	37	25	12
惠州市	**195793**	**105960**	**89833**	**12157**	**6975**	**5182**	**1205**	**768**	**437**
惠城区	145266	77534	67732	9429	5455	3974	929	595	334
惠阳区	50148	28238	21910	2723	1515	1208	275	172	103
博罗县	379	188	191	5	5		1	1	
惠东县									
龙门县									
梅州市	**73876**	**37238**	**36638**	**2607**	**1497**	**1110**	**313**	**213**	**100**
梅江区	46819	22767	24052	1912	1121	791	237	167	70
梅县区	12427	6450	5977	384	210	174	24	18	6
大埔县									
丰顺县									
五华县	141	71	70	5	2	3			
平远县									
蕉岭县									
兴宁市	14489	7950	6539	306	164	142	52	28	24

4-2a 续表 11

单位：人

地　区	大学本科			硕士研究生			博士研究生		
	小计	男	女	小计	男	女	小计	男	女
汕尾市	**15293**	**9063**	**6230**	**531**	**329**	**202**	**50**	**36**	**14**
城　区	10530	6160	4370	459	279	180	42	30	12
海丰县									
陆河县									
陆丰市	4763	2903	1860	72	50	22	8	6	2
河源市	**36793**	**19336**	**17457**	**1836**	**1068**	**768**	**111**	**72**	**39**
源城区	36793	19336	17457	1836	1068	768	111	72	39
紫金县									
龙川县									
连平县									
和平县									
东源县									
阳江市	**47546**	**25475**	**22071**	**1602**	**882**	**720**	**156**	**83**	**73**
江城区	28494	15226	13268	1133	623	510	116	60	56
阳东区	6692	3599	3093	171	95	76	26	14	12
阳西县									
阳春市	12360	6650	5710	298	164	134	14	9	5
清远市	**75402**	**38453**	**36949**	**3388**	**1939**	**1449**	**280**	**182**	**98**
清城区	47994	24674	23320	2753	1598	1155	225	150	75
清新区	7686	3838	3848	186	98	88	15	9	6
佛冈县									
阳山县									
连山壮族瑶族自治县									
连南瑶族自治县									
英德市	14021	7059	6962	341	183	158	28	17	11
连州市	5701	2882	2819	108	60	48	12	6	6
东莞市	**505059**	**273525**	**231534**	**36310**	**21226**	**15084**	**4904**	**3275**	**1629**
市辖区	505059	273525	231534	36310	21226	15084	4904	3275	1629
中山市	**164259**	**83512**	**80747**	**11004**	**5775**	**5229**	**761**	**487**	**274**
市辖区	164259	83512	80747	11004	5775	5229	761	487	274
潮州市	**40307**	**20303**	**20004**	**1436**	**779**	**657**	**210**	**140**	**70**
湘桥区	25632	13126	12506	1045	564	481	159	105	54
潮安区	14675	7177	7498	391	215	176	51	35	16
饶平县									
揭阳市	**31600**	**16842**	**14758**	**424**	**266**	**158**	**64**	**42**	**22**
榕城区	18906	10084	8822	202	129	73	28	23	5
揭东区	4411	2270	2141	78	49	29	11	8	3
揭西县									
惠来县									
普宁市	8283	4488	3795	144	88	56	25	11	14
云浮市	**25201**	**13549**	**11652**	**897**	**536**	**361**	**50**	**30**	**20**
云城区	17315	9272	8043	716	434	282	39	23	16
云安区	253	140	113	6	1	5			
新兴县									
郁南县									
罗定市	7633	4137	3496	175	101	74	11	7	4

4-2b　各地区分性别、受教育程度的15岁及以上人口(镇)

单位：人

地　区	15岁及以上人口			未上过学		
	合计	男	女	小计	男	女
广　东	**13210061**	**6838544**	**6371517**	**306220**	**69192**	**237028**
广州市	**1029962**	**555819**	**474143**	**8677**	**1897**	**6780**
荔湾区						
越秀区						
海珠区						
天河区						
白云区	237120	128805	108315	1121	233	888
黄埔区	28727	14042	14685	255	44	211
番禺区	58933	33053	25880	740	193	547
花都区	84000	44395	39605	622	124	498
南沙区	136464	75176	61288	2701	475	2226
从化区	86804	50458	36346	311	68	243
增城区	397914	209890	188024	2927	760	2167
韶关市	**519728**	**251948**	**267780**	**16834**	**2138**	**14696**
武江区	2086	1046	1040	92	7	85
浈江区	29416	17265	12151	675	166	509
曲江区	22403	11718	10685	920	149	771
始兴县	62298	28499	33799	1652	139	1513
仁化县	59184	28459	30725	1854	250	1604
翁源县	84403	39082	45321	1857	203	1654
乳源瑶族自治县	66216	32131	34085	2003	263	1740
新丰县	77897	37842	40055	926	124	802
乐昌市	70938	34169	36769	4326	568	3758
南雄市	44887	21737	23150	2529	269	2260
深圳市	**5763**	**4320**	**1443**	**54**	**18**	**36**
罗湖区						
福田区						
南山区	4016	3499	517	43	15	28
宝安区						
龙岗区						
盐田区						
龙华区						
坪山区	1747	821	926	11	3	8
光明区						
珠海市	**262880**	**158243**	**104637**	**3826**	**1101**	**2725**
香洲区	48228	34334	13894	786	370	416
斗门区	122215	67485	54730	1607	381	1226
金湾区	92437	56424	36013	1433	350	1083
汕头市	**1039675**	**525259**	**514416**	**40313**	**10355**	**29958**
龙湖区						
金平区						
濠江区	4444	2241	2203	540	134	406
潮阳区	461229	234349	226880	16103	4624	11479
潮南区	228778	114800	113978	10836	2933	7903
澄海区	302494	152601	149893	9286	1980	7306
南澳县	42730	21268	21462	3548	684	2864
佛山市	**429078**	**246168**	**182910**	**5841**	**1382**	**4459**
禅城区	181183	100619	80564	2652	624	2028
南海区	45964	26390	19574	476	106	370
顺德区						
三水区	179681	106173	73508	2376	540	1836
高明区	22250	12986	9264	337	112	225

4-2b 续表 1

单位：人

地　区	15岁及以上人口			未上过学		
	合计	男	女	小计	男	女
江门市	**352448**	**189263**	**163185**	**4850**	**1180**	**3670**
蓬江区						
江海区						
新会区	102078	54081	47997	1748	378	1370
台山市	65728	33908	31820	1303	370	933
开平市	73844	39004	34840	852	168	684
鹤山市	65548	38174	27374	488	162	326
恩平市	45250	24096	21154	459	102	357
湛江市	**877184**	**446467**	**430717**	**21338**	**5295**	**16043**
赤坎区						
霞山区	3169	1600	1569	87	19	68
坡头区	54543	27550	26993	1686	424	1262
麻章区	92567	46940	45627	1932	669	1263
遂溪县	198624	100282	98342	4311	1171	3140
徐闻县	175032	88497	86535	3359	681	2678
廉江市	139921	72631	67290	3355	821	2534
雷州市	118650	61372	57278	3740	981	2759
吴川市	94678	47595	47083	2868	529	2339
茂名市	**626507**	**322550**	**303957**	**18834**	**4558**	**14276**
茂南区	32767	17152	15615	512	131	381
电白区	268490	138379	130111	12539	2988	9551
高州市	128132	66530	61602	3076	743	2333
化州市	128768	66534	62234	1355	404	951
信宜市	68350	33955	34395	1352	292	1060
肇庆市	**658482**	**338622**	**319860**	**11432**	**2372**	**9060**
端州区						
鼎湖区	29704	16576	13128	452	82	370
高要区	132795	71865	60930	2861	729	2132
广宁县	123997	60265	63732	1629	365	1264
怀集县	167605	84531	83074	3001	585	2416
封开县	96692	49088	47604	2182	345	1837
德庆县	78300	39550	38750	1031	203	828
四会市	29389	16747	12642	276	63	213
惠州市	**1342697**	**706793**	**635904**	**16014**	**3446**	**12568**
惠城区	106176	57978	48198	1015	246	769
惠阳区	98256	54617	43639	745	182	563
博罗县	548519	290518	258001	5313	1272	4041
惠东县	479409	249231	230178	7638	1507	6131
龙门县	110337	54449	55888	1303	239	1064
梅州市	**783359**	**385822**	**397537**	**11306**	**2164**	**9142**
梅江区	5223	2678	2545	85	26	59
梅县区	34921	18117	16804	332	61	271
大埔县	114720	55008	59712	1565	236	1329
丰顺县	193094	98030	95064	2851	753	2098
五华县	228060	111628	116432	2797	599	2198
平远县	74473	35784	38689	1947	194	1753
蕉岭县	79142	37737	41405	895	144	751
兴宁市	53726	26840	26886	834	151	683

4-2b 续表 2

单位：人

地 区	15岁及以上人口			未上过学		
	合计	男	女	小计	男	女
汕尾市	**769127**	**392901**	**376226**	**31755**	**7356**	**24399**
城 区	32831	17303	15528	1101	192	909
海丰县	404064	207931	196133	9068	2197	6871
陆河县	97648	48837	48811	1979	510	1469
陆丰市	234584	118830	115754	19607	4457	15150
河源市	**538638**	**260333**	**278305**	**7159**	**1288**	**5871**
源城区	27466	14686	12780	152	31	121
紫金县	149298	72692	76606	2379	432	1947
龙川县	136607	63337	73270	1145	191	954
连平县	78266	37973	40293	2181	367	1814
和平县	81737	38529	43208	641	115	526
东源县	65264	33116	32148	661	152	509
阳江市	**309334**	**160793**	**148541**	**8617**	**2132**	**6485**
江城区	43427	22490	20937	1943	553	1390
阳东区	50507	28620	21887	1602	502	1100
阳西县	144222	73603	70619	3519	759	2760
阳春市	71178	36080	35098	1553	318	1235
清远市	**692562**	**348478**	**344084**	**18851**	**3463**	**15388**
清城区	207875	110906	96969	3753	749	3004
清新区	30386	15665	14721	1067	216	851
佛冈县	101888	49894	51994	874	159	715
阳山县	112174	53279	58895	4198	763	3435
连山壮族瑶族自治县	29314	14209	15105	422	74	348
连南瑶族自治县	45815	21881	23934	1245	296	949
英德市	139386	69718	69668	6231	1000	5231
连州市	25724	12926	12798	1061	206	855
东莞市	**78201**	**44248**	**33953**	**476**	**110**	**366**
市辖区	78201	44248	33953	476	110	366
中山市	**927847**	**508526**	**419321**	**9631**	**2072**	**7559**
市辖区	927847	508526	419321	9631	2072	7559
潮州市	**577952**	**290445**	**287507**	**26700**	**5464**	**21236**
湘桥区	66065	31745	34320	1223	265	958
潮安区	194336	99096	95240	6696	1526	5170
饶平县	317551	159604	157947	18781	3673	15108
揭阳市	**1034885**	**526390**	**508495**	**38236**	**10280**	**27956**
榕城区	70893	36137	34756	1608	495	1113
揭东区	161215	84577	76638	4662	1687	2975
揭西县	163434	82823	80611	2404	738	1666
惠来县	310821	156272	154549	23211	5548	17663
普宁市	328522	166581	161941	6351	1812	4539
云浮市	**353752**	**175156**	**178596**	**5476**	**1121**	**4355**
云城区						
云安区	35636	18554	17082	1454	253	1201
新兴县	145095	70937	74158	1129	229	900
郁南县	119534	59047	60487	2197	510	1687
罗定市	53487	26618	26869	696	129	567

4-2b 续表 3 单位：人

地 区	学前教育			小 学		
	小计	男	女	小计	男	女
广 东	**24965**	**9648**	**15317**	**2585485**	**1097464**	**1488021**
广州市	**795**	**304**	**491**	**129179**	**56925**	**72254**
荔湾区						
越秀区						
海珠区						
天河区						
白云区	138	51	87	18888	8089	10799
黄埔区	7	1	6	2992	1050	1942
番禺区	95	38	57	8523	4099	4424
花都区	42	14	28	7535	3022	4513
南沙区	132	58	74	26028	11764	14264
从化区	42	26	16	5848	2596	3252
增城区	339	116	223	59365	26305	33060
韶关市	**655**	**203**	**452**	**101752**	**36144**	**65608**
武江区	7	1	6	431	165	266
浈江区	23	10	13	6208	3010	3198
曲江区	31	7	24	4660	1825	2835
始兴县	50	15	35	10443	2874	7569
仁化县	103	25	78	9653	3436	6217
翁源县	78	38	40	13302	4136	9166
乳源瑶族自治县	68	25	43	13664	5124	8540
新丰县	79	25	54	10773	3693	7080
乐昌市	112	32	80	17896	7069	10827
南雄市	104	25	79	14722	4812	9910
深圳市	**2**		**2**	**519**	**297**	**222**
罗湖区						
福田区						
南山区	1		1	389	253	136
宝安区						
龙岗区						
盐田区						
龙华区						
坪山区	1		1	130	44	86
光明区						
珠海市	**409**	**203**	**206**	**37637**	**18972**	**18665**
香洲区	148	112	36	6884	4651	2233
斗门区	166	58	108	16903	7601	9302
金湾区	95	33	62	13850	6720	7130
汕头市	**2097**	**852**	**1245**	**258301**	**112666**	**145635**
龙湖区						
金平区						
濠江区	20	2	18	1271	623	648
潮阳区	787	347	440	92250	39985	52265
潮南区	585	239	346	65910	29497	36413
澄海区	606	219	387	86908	37022	49886
南澳县	99	45	54	11962	5539	6423
佛山市	**626**	**225**	**401**	**69053**	**33159**	**35894**
禅城区	385	126	259	28480	13692	14788
南海区	71	30	41	7888	3971	3917
顺德区						
三水区	132	51	81	28041	13280	14761
高明区	38	18	20	4644	2216	2428

4-2b　续表 4　　　　单位：人

地　区	学前教育			小　学		
	小计	男	女	小计	男	女
江门市	**721**	**330**	**391**	**75699**	**34023**	**41676**
蓬江区						
江海区						
新会区	345	151	194	26248	11733	14515
台山市	250	118	132	16776	7553	9223
开平市	63	26	37	15441	6673	8768
鹤山市	30	19	11	9969	4940	5029
恩平市	33	16	17	7265	3124	4141
湛江市	**1918**	**796**	**1122**	**147147**	**61063**	**86084**
赤坎区						
霞山区	1		1	465	185	280
坡头区	188	87	101	11230	4844	6386
麻章区	149	59	90	10257	4596	5661
遂溪县	302	121	181	28056	12126	15930
徐闻县	348	150	198	32380	13030	19350
廉江市	228	97	131	22663	9180	13483
雷州市	497	205	292	24893	10223	14670
吴川市	205	77	128	17203	6879	10324
茂名市	**1753**	**700**	**1053**	**132356**	**58259**	**74097**
茂南区	41	10	31	7478	3303	4175
电白区	858	343	515	61888	28447	33441
高州市	644	265	379	28155	12132	16023
化州市	113	52	61	19145	8292	10853
信宜市	97	30	67	15690	6085	9605
肇庆市	**1953**	**762**	**1191**	**117613**	**46403**	**71210**
端州区						
鼎湖区	58	19	39	6112	2651	3461
高要区	434	159	275	28660	12420	16240
广宁县	287	122	165	21844	7892	13952
怀集县	617	227	390	28262	10670	17592
封开县	254	101	153	18078	6803	11275
德庆县	262	113	149	10507	4154	6353
四会市	41	21	20	4150	1813	2337
惠州市	**1704**	**706**	**998**	**229093**	**101267**	**127826**
惠城区	105	54	51	13927	6324	7603
惠阳区	77	30	47	15208	6951	8257
博罗县	519	225	294	80922	35041	45881
惠东县	868	339	529	102618	46453	56165
龙门县	135	58	77	16418	6498	9920
梅州市	**834**	**298**	**536**	**123901**	**45746**	**78155**
梅江区	10	2	8	879	345	534
梅县区	16	6	10	4106	1576	2530
大埔县	91	32	59	19469	6705	12764
丰顺县	263	89	174	39554	16805	22749
五华县	279	112	167	32620	11395	21225
平远县	80	14	66	10786	3082	7704
蕉岭县	36	20	16	8372	2732	5640
兴宁市	59	23	36	8115	3106	5009

4-2b 续表 5

单位：人

地　区	学前教育			小　学		
	小计	男	女	小计	男	女
汕尾市	**1850**	**825**	**1025**	**220945**	**96272**	**124673**
城　区	92	40	52	8462	3979	4483
海丰县	1162	531	631	109066	46710	62356
陆河县	135	60	75	21995	9394	12601
陆丰市	461	194	267	81422	36189	45233
河源市	**639**	**268**	**371**	**76321**	**26990**	**49331**
源城区	10	2	8	2505	950	1555
紫金县	195	88	107	20551	7443	13108
龙川县	130	52	78	18173	5771	12402
连平县	140	47	93	14958	5573	9385
和平县	87	43	44	11115	3765	7350
东源县	77	36	41	9019	3488	5531
阳江市	**686**	**273**	**413**	**73764**	**32181**	**41583**
江城区	70	28	42	9925	4562	5363
阳东区	124	52	72	13820	7060	6760
阳西县	347	139	208	31930	13680	18250
阳春市	145	54	91	18089	6879	11210
清远市	**950**	**316**	**634**	**157681**	**65753**	**91928**
清城区	365	132	233	47926	20886	27040
清新区	35	19	16	8867	3937	4930
佛冈县	61	29	32	14817	5725	9092
阳山县	172	53	119	24260	9753	14507
连山壮族瑶族自治县	24	8	16	4541	1603	2938
连南瑶族自治县	93	32	61	9945	3978	5967
英德市	182	38	144	39669	16444	23225
连州市	18	5	13	7656	3427	4229
东莞市	**56**	**29**	**27**	**9951**	**4566**	**5385**
市辖区	56	29	27	9951	4566	5385
中山市	**1015**	**380**	**635**	**150321**	**67575**	**82746**
市辖区	1015	380	635	150321	67575	82746
潮州市	**2451**	**717**	**1734**	**155840**	**63764**	**92076**
湘桥区	153	100	53	14145	5098	9047
潮安区	340	98	242	59753	24627	35126
饶平县	1958	519	1439	81942	34039	47903
揭阳市	**3162**	**1211**	**1951**	**258072**	**111960**	**146112**
榕城区	95	44	51	20992	8842	12150
揭东区	577	270	307	43508	20202	23306
揭西县	619	272	347	31083	13924	17159
惠来县	997	250	747	82844	34394	48450
普宁市	874	375	499	79645	34598	45047
云浮市	**689**	**250**	**439**	**60340**	**23479**	**36861**
云城区						
云安区	168	66	102	7994	3327	4667
新兴县	189	56	133	20397	7801	12596
郁南县	223	82	141	21126	8288	12838
罗定市	109	46	63	10823	4063	6760

4-2b　续表 6

单位：人

地　区	初中			高中			大学专科		
	小计	男	女	小计	男	女	小计	男	女
广　东	**5858767**	**3155559**	**2703208**	**2744943**	**1589767**	**1155176**	**1046830**	**576067**	**470763**
广州市	**357252**	**201482**	**155770**	**215260**	**125245**	**90015**	**178457**	**96343**	**82114**
荔湾区									
越秀区									
海珠区									
天河区									
白云区	69761	39492	30269	51492	30456	21036	53580	29810	23770
黄埔区	5459	2846	2613	4610	2349	2261	5196	2381	2815
番禺区	20170	11686	8484	16586	10362	6224	6194	3467	2727
花都区	31795	17848	13947	16854	9427	7427	8956	4524	4432
南沙区	59056	34690	24366	28388	17380	11008	13363	7168	6195
从化区	22601	12569	10032	13609	8294	5315	27450	16730	10720
增城区	148410	82351	66059	83721	46977	36744	63718	32263	31455
韶关市	**198181**	**101133**	**97048**	**119654**	**67141**	**52513**	**51734**	**28747**	**22987**
武江区	980	530	450	333	197	136	157	88	69
浈江区	10664	6615	4049	7568	4674	2894	3584	2375	1209
曲江区	10553	5964	4589	3956	2400	1556	1505	914	591
始兴县	22290	10289	12001	16062	8799	7263	7048	3830	3218
仁化县	19889	9841	10048	14792	7964	6828	7333	3979	3354
翁源县	35166	16253	18913	19742	10881	8861	8328	4615	3713
乳源瑶族自治县	19794	10214	9580	16605	9031	7574	8465	4469	3996
新丰县	32628	15896	16732	21137	11485	9652	8182	4415	3767
乐昌市	28920	15151	13769	12609	7351	5258	4678	2693	1985
南雄市	17297	10380	6917	6850	4359	2491	2454	1369	1085
深圳市	**2449**	**2090**	**359**	**1251**	**1025**	**226**	**727**	**464**	**263**
罗湖区									
福田区									
南山区	2233	1979	254	940	885	55	312	285	27
宝安区									
龙岗区									
盐田区									
龙华区									
坪山区	216	111	105	311	140	171	415	179	236
光明区									
珠海市	**110591**	**68825**	**41766**	**65125**	**42090**	**23035**	**27524**	**16429**	**11095**
香洲区	19362	14776	4586	10030	7387	2643	5723	3776	1947
斗门区	48691	27549	21142	33455	20163	13292	12807	6849	5958
金湾区	42538	26500	16038	21640	14540	7100	8994	5804	3190
汕头市	**467310**	**245334**	**221976**	**206731**	**120938**	**85793**	**45475**	**24963**	**20512**
龙湖区									
金平区									
濠江区	1174	701	473	921	497	424	422	235	187
潮阳区	226786	115515	111271	100488	59588	40900	18186	10495	7691
潮南区	106721	56066	50655	37504	22049	15455	4839	2728	2111
澄海区	119912	66111	53801	59681	34193	25488	17267	8834	8433
南澳县	12717	6941	5776	8137	4611	3526	4761	2671	2090
佛山市	**207578**	**125759**	**81819**	**85822**	**52721**	**33101**	**41937**	**23088**	**18849**
禅城区	78959	46736	32223	38440	22414	16026	21650	11378	10272
南海区	24465	14929	9536	8435	4998	3437	3209	1673	1536
顺德区									
三水区	92739	57033	35706	34996	22863	12133	15794	9253	6541
高明区	11415	7061	4354	3951	2446	1505	1284	784	500

4-2b 续表 7

单位：人

地区	初中			高中			大学专科		
	小计	男	女	小计	男	女	小计	男	女
江门市	**163219**	**89945**	**73274**	**78529**	**47668**	**30861**	**19508**	**10642**	**8866**
蓬江区									
江海区									
新会区	38708	21441	17267	26252	15638	10614	6311	3407	2904
台山市	28856	15061	13795	14081	8363	5718	2941	1588	1353
开平市	36953	20255	16698	15156	9087	6069	3468	1775	1693
鹤山市	33624	19912	13712	14765	9352	5413	4209	2392	1817
恩平市	25078	13276	11802	8275	5228	3047	2579	1480	1099
湛江市	**392015**	**202166**	**189849**	**181366**	**106378**	**74988**	**70371**	**38612**	**31759**
赤坎区									
霞山区	1565	771	794	854	519	335	142	79	63
坡头区	26878	13733	13145	10182	6065	4117	3003	1640	1363
麻章区	22381	12637	9744	14419	8903	5516	8294	3546	4748
遂溪县	88241	44548	43693	51937	28902	23035	18087	9237	8850
徐闻县	72611	36972	35639	38573	21689	16884	19041	10979	8062
廉江市	71980	37427	34553	27974	16977	10997	9751	5939	3812
雷州市	57678	30127	27551	21280	13431	7849	6961	4260	2701
吴川市	50681	25951	24730	16147	9892	6255	5092	2932	2160
茂名市	**277898**	**145621**	**132277**	**130152**	**76649**	**53503**	**41890**	**24192**	**17698**
茂南区	16812	9002	7810	5993	3673	2320	1364	739	625
电白区	110066	59292	50774	53086	30666	22420	19742	11210	8532
高州市	53955	28189	25766	28590	17065	11525	8491	5150	3341
化州市	64920	32746	32174	30641	18036	12605	7740	4482	3258
信宜市	32145	16392	15753	11842	7209	4633	4553	2611	1942
肇庆市	**309661**	**165701**	**143960**	**143408**	**81953**	**61455**	**48172**	**27152**	**21020**
端州区									
鼎湖区	16424	9674	6750	4937	3158	1779	1332	764	568
高要区	70436	40271	30165	23330	14175	9155	5077	2952	2125
广宁县	61228	30494	30734	25855	14313	11542	8470	4592	3878
怀集县	75552	39811	35741	38894	21423	17471	13197	7491	5706
封开县	39476	20747	18729	22810	13080	9730	9082	5312	3770
德庆县	30182	14825	15357	22064	12474	9590	9126	5028	4098
四会市	16363	9879	6484	5518	3330	2188	1888	1013	875
惠州市	**654789**	**356263**	**298526**	**268374**	**152412**	**115962**	**108448**	**58667**	**49781**
惠城区	46075	25994	20081	23774	14086	9688	15193	8042	7151
惠阳区	59782	34243	25539	14862	9022	5840	5254	2945	2309
博罗县	269422	146876	122546	116957	66647	50310	45830	24673	21157
惠东县	234387	126519	107868	84941	47773	37168	30149	16647	13502
龙门县	45123	22631	22492	27840	14884	12956	12022	6360	5662
梅州市	**367311**	**182586**	**184725**	**186871**	**104620**	**82251**	**56407**	**30731**	**25676**
梅江区	2782	1462	1320	1100	645	455	254	132	122
梅县区	20090	10324	9766	7792	4710	3082	1739	992	747
大埔县	51332	24938	26394	28446	15682	12764	8436	4544	3892
丰顺县	90159	47330	42829	39796	22298	17498	12624	6763	5861
五华县	110122	53936	56186	56714	31529	25185	14946	8223	6723
平远县	30833	15040	15793	18184	10384	7800	7708	4325	3383
蕉岭县	30839	14270	16569	24420	12966	11454	8441	4410	4031
兴宁市	31154	15286	15868	10419	6406	4013	2259	1342	917

4-2b 续表 8

单位：人

地区	初中			高中			大学专科		
	小计	男	女	小计	男	女	小计	男	女
汕尾市	**326022**	**178217**	**147805**	**128286**	**75232**	**53054**	**39240**	**23020**	**16220**
城　区	11075	6204	4871	5768	3303	2465	3073	1712	1361
海丰县	180061	96604	83457	71913	42562	29351	21684	12842	8842
陆河县	43006	22407	20599	19812	10616	9196	7303	4051	3252
陆丰市	91880	53002	38878	30793	18751	12042	7180	4415	2765
河源市	**250501**	**121486**	**129015**	**131121**	**71148**	**59973**	**48615**	**26369**	**22246**
源城区	15838	8094	7744	6225	3886	2339	2050	1293	757
紫金县	71128	35100	36028	36308	19417	16891	12398	6770	5628
龙川县	59742	26704	33038	35634	18800	16834	13887	7693	6194
连平县	34460	17401	17059	16383	9223	7160	7299	3903	3396
和平县	34169	15934	18235	22758	11983	10775	8726	4531	4195
东源县	35164	18253	16911	13813	7839	5974	4255	2179	2076
阳江市	**127399**	**68077**	**59322**	**64096**	**38050**	**26046**	**24622**	**14294**	**10328**
江城区	16944	8989	7955	9898	5727	4171	3657	2077	1580
阳东区	20845	12238	8607	9821	6048	3773	3113	1960	1153
阳西县	55636	29052	26584	32785	18815	13970	13431	7534	5897
阳春市	33974	17798	16176	11592	7460	4132	4421	2723	1698
清远市	**313447**	**168833**	**144614**	**120555**	**67721**	**52834**	**51450**	**27000**	**24450**
清城区	106397	61376	45021	30804	18172	12632	12151	6231	5920
清新区	14262	7925	6337	3636	2190	1446	1334	706	628
佛冈县	43794	21298	22496	24321	13272	11049	11467	6096	5371
阳山县	45096	22667	22429	22856	11876	10980	10708	5574	5134
连山壮族瑶族自治县	11066	5472	5594	6936	3745	3191	3627	1948	1679
连南瑶族自治县	18033	9059	8974	8869	4611	4258	4567	2374	2193
英德市	62052	34098	27954	20122	12136	7986	6803	3683	3120
连州市	12747	6938	5809	3011	1719	1292	793	388	405
东莞市	**42464**	**24530**	**17934**	**17832**	**10781**	**7051**	**5111**	**2953**	**2158**
市辖区	42464	24530	17934	17832	10781	7051	5111	2953	2158
中山市	**425060**	**246359**	**178701**	**214837**	**124808**	**90029**	**79485**	**41985**	**37500**
市辖区	425060	246359	178701	214837	124808	90029	79485	41985	37500
潮州市	**226715**	**125761**	**100954**	**112564**	**66583**	**45981**	**32673**	**18475**	**14198**
湘桥区	25943	14052	11891	12635	7351	5284	2874	1451	1423
潮安区	83655	47016	36639	31742	19321	12421	8617	4686	3931
饶平县	117117	64693	52424	68187	39911	28276	21182	12338	8844
揭阳市	**474660**	**251607**	**223053**	**197363**	**115049**	**82314**	**46497**	**26732**	**19765**
榕城区	26869	14159	12710	16117	9691	6426	4266	2370	1896
揭东区	69073	37400	31673	33859	19608	14251	7184	4069	3115
揭西县	81092	41530	39562	34346	18972	15374	10561	5639	4922
惠来县	131971	71555	60416	50953	31674	19279	15132	9402	5730
普宁市	165655	86963	78692	62088	35104	26984	9354	5252	4102
云浮市	**164245**	**83784**	**80461**	**75746**	**41555**	**34191**	**28487**	**15209**	**13278**
云城区									
云安区	16485	9323	7162	4377	2818	1559	1706	991	715
新兴县	61886	30915	30971	37180	19397	17783	14794	7696	7098
郁南县	55489	27892	27597	27424	15156	12268	9050	4920	4130
罗定市	30385	15654	14731	6765	4184	2581	2937	1602	1335

4-2b 续表 9

单位：人

地　区	大学本科			硕士研究生			博士研究生		
	小计	男	女	小计	男	女	小计	男	女
广　东	**621400**	**329045**	**292355**	**19437**	**10472**	**8965**	**2014**	**1330**	**684**
广州市	**133326**	**69960**	**63366**	**6370**	**3238**	**3132**	**646**	**425**	**221**
荔湾区									
越秀区									
海珠区									
天河区									
白云区	41258	20271	20987	815	351	464	67	52	15
黄埔区	9030	4714	4316	1072	591	481	106	66	40
番禺区	5752	2817	2935	762	328	434	111	63	48
花都区	17544	9124	8420	606	284	322	46	28	18
南沙区	6583	3517	3066	191	107	84	22	17	5
从化区	16365	9878	6487	536	265	271	42	32	10
增城区	36794	19639	17155	2388	1312	1076	252	167	85
韶关市	**30168**	**16035**	**14133**	**688**	**366**	**322**	**62**	**41**	**21**
武江区	83	57	26	3	1	2			
浈江区	666	399	267	24	13	11	4	3	1
曲江区	746	440	306	31	18	13	1	1	
始兴县	4638	2502	2136	104	44	60	11	7	4
仁化县	5438	2885	2553	114	73	41	8	6	2
翁源县	5827	2908	2919	94	43	51	9	5	4
乳源瑶族自治县	5440	2898	2542	166	101	65	11	6	5
新丰县	4078	2159	1919	85	39	46	9	6	3
乐昌市	2340	1277	1063	49	22	27	8	6	2
南雄市	912	510	402	18	12	6	1	1	
深圳市	**654**	**365**	**289**	**94**	**53**	**41**	**13**	**8**	**5**
罗湖区									
福田区									
南山区	93	78	15	5	4	1			
宝安区									
龙岗区									
盐田区									
龙华区									
坪山区	561	287	274	89	49	40	13	8	5
光明区									
珠海市	**16507**	**9890**	**6617**	**1121**	**633**	**488**	**140**	**100**	**40**
香洲区	4766	2972	1794	447	233	214	82	57	25
斗门区	8059	4589	3470	489	270	219	38	25	13
金湾区	3682	2329	1353	185	130	55	20	18	2
汕头市	**19004**	**9907**	**9097**	**396**	**212**	**184**	**48**	**32**	**16**
龙湖区									
金平区									
濠江区	92	47	45	4	2	2			
潮阳区	6526	3732	2794	94	58	36	9	5	4
潮南区	2328	1262	1066	52	24	28	3	2	1
澄海区	8575	4104	4471	227	116	111	32	22	10
南澳县	1483	762	721	19	12	7	4	3	1
佛山市	**17480**	**9428**	**8052**	**690**	**368**	**322**	**51**	**38**	**13**
禅城区	10220	5439	4781	376	195	181	21	15	6
南海区	1340	648	692	77	34	43	3	1	2
顺德区									
三水区	5353	3000	2353	225	132	93	25	21	4
高明区	567	341	226	12	7	5	2	1	1

4-2b　续表 10　　　　单位：人

地　区	大学本科			硕士研究生			博士研究生		
	小计	男	女	小计	男	女	小计	男	女
江门市	**9697**	**5332**	**4365**	**200**	**127**	**73**	**25**	**16**	**9**
蓬江区									
江海区									
新会区	2409	1296	1113	53	35	18	4	2	2
台山市	1494	839	655	25	15	10	2	1	1
开平市	1879	1002	877	27	14	13	5	4	1
鹤山市	2414	1364	1050	41	28	13	8	5	3
恩平市	1501	831	670	54	35	19	6	4	2
湛江市	**61767**	**31467**	**30300**	**1128**	**600**	**528**	**134**	**90**	**44**
赤坎区									
霞山区	54	26	28	1	1				
坡头区	1343	736	607	30	19	11	3	2	1
麻章区	34403	16143	18260	651	332	319	81	55	26
遂溪县	7512	4085	3427	167	87	80	11	5	6
徐闻县	8578	4906	3672	116	73	43	26	17	9
廉江市	3881	2140	1741	86	48	38	3	2	1
雷州市	3558	2122	1436	39	20	19	4	3	1
吴川市	2438	1309	1129	38	20	18	6	6	
茂名市	**23179**	**12304**	**10875**	**398**	**232**	**166**	**47**	**35**	**12**
茂南区	550	286	264	15	6	9	2	2	
电白区	10040	5275	4765	250	143	107	21	15	6
高州市	5158	2940	2218	49	37	12	14	9	5
化州市	4784	2481	2303	61	33	28	9	8	1
信宜市	2647	1322	1325	23	13	10	1	1	
肇庆市	**25692**	**13980**	**11712**	**497**	**270**	**227**	**54**	**29**	**25**
端州区									
鼎湖区	377	219	158	7	6	1	5	3	2
高要区	1954	1133	821	36	21	15	7	5	2
广宁县	4578	2430	2148	93	53	40	13	4	9
怀集县	7947	4246	3701	124	71	53	11	7	4
封开县	4715	2653	2062	89	42	47	6	5	1
德庆县	5015	2692	2323	107	59	48	6	2	4
四会市	1106	607	499	41	18	23	6	3	3
惠州市	**62002**	**32793**	**29209**	**2109**	**1142**	**967**	**164**	**97**	**67**
惠城区	5738	3041	2697	306	164	142	43	27	16
惠阳区	2266	1214	1052	57	28	29	5	2	3
博罗县	28558	15214	13344	917	524	393	81	46	35
惠东县	18126	9631	8495	656	345	311	26	17	9
龙门县	7314	3693	3621	173	81	92	9	5	4
梅州市	**36109**	**19311**	**16798**	**566**	**332**	**234**	**54**	**34**	**20**
梅江区	109	64	45	4	2	2			
梅县区	838	443	395	4	2	2	4	3	1
大埔县	5305	2832	2473	69	36	33	7	3	4
丰顺县	7714	3914	3800	118	69	49	15	9	6
五华县	10434	5749	4685	136	79	57	12	6	6
平远县	4864	2695	2169	68	47	21	3	3	
蕉岭县	5978	3099	2879	150	88	62	11	8	3
兴宁市	867	515	352	17	9	8	2	2	

4-2b 续表 11　　单位：人

地　区	大学本科			硕士研究生			博士研究生		
	小计	男	女	小计	男	女	小计	男	女
汕尾市	**20284**	**11549**	**8735**	**685**	**386**	**299**	**60**	**44**	**16**
城　区	3103	1770	1333	147	95	52	10	8	2
海丰县	10621	6213	4408	449	242	207	40	30	10
陆河县	3378	1777	1601	39	22	17	1		1
陆丰市	3182	1789	1393	50	27	23	9	6	3
河源市	**23855**	**12537**	**11318**	**386**	**221**	**165**	**41**	**26**	**15**
源城区	657	409	248	25	18	7	4	3	1
紫金县	6242	3385	2857	85	49	36	12	8	4
龙川县	7764	4056	3708	128	66	62	4	4	
连平县	2785	1428	1357	49	25	24	11	6	5
和平县	4194	2131	2063	43	26	17	4	1	3
东源县	2213	1128	1085	56	37	19	6	4	2
阳江市	**9946**	**5666**	**4280**	**185**	**107**	**78**	**19**	**13**	**6**
江城区	963	540	423	23	12	11	4	2	2
阳东区	1155	743	412	26	17	9	1		1
阳西县	6460	3561	2899	104	55	49	10	8	2
阳春市	1368	822	546	32	23	9	4	3	1
清远市	**28812**	**14938**	**13874**	**723**	**399**	**324**	**93**	**55**	**38**
清城区	6128	3152	2976	311	180	131	40	28	12
清新区	1148	650	498	34	21	13	3	1	2
佛冈县	6396	3229	3167	140	76	64	18	10	8
阳山县	4799	2543	2256	70	44	26	15	6	9
连山壮族瑶族自治县	2664	1343	1321	33	16	17	1		1
连南瑶族自治县	3009	1505	1504	53	25	28	1	1	
英德市	4236	2278	1958	77	33	44	14	8	6
连州市	432	238	194	5	4	1	1	1	
东莞市	**2149**	**1180**	**969**	**139**	**85**	**54**	**23**	**14**	**9**
市辖区	2149	1180	969	139	85	54	23	14	9
中山市	**45441**	**24195**	**21246**	**1922**	**1057**	**865**	**135**	**95**	**40**
市辖区	45441	24195	21246	1922	1057	865	135	95	40
潮州市	**20521**	**9406**	**11115**	**376**	**198**	**178**	**112**	**77**	**35**
湘桥区	8905	3323	5582	117	55	62	70	50	20
潮安区	3381	1735	1646	137	76	61	15	11	4
饶平县	8235	4348	3887	122	67	55	27	16	11
揭阳市	**16564**	**9347**	**7217**	**296**	**184**	**112**	**35**	**20**	**15**
榕城区	922	516	406	23	19	4	1	1	
揭东区	2306	1318	988	44	21	23	2	2	
揭西县	3258	1705	1553	61	36	25	10	7	3
惠来县	5606	3388	2218	97	57	40	10	4	6
普宁市	4472	2420	2052	71	51	20	12	6	6
云浮市	**18243**	**9455**	**8788**	**468**	**262**	**206**	**58**	**41**	**17**
云城区									
云安区	3402	1748	1654	37	19	18	13	9	4
新兴县	9115	4606	4509	369	210	159	36	27	9
郁南县	3973	2174	1799	47	23	24	5	2	3
罗定市	1753	927	826	15	10	5	4	3	1

4–2c　各地区分性别、受教育程度的15岁及以上人口(乡村)

单位：人

地　区	15岁及以上人口			未上过学		
	合计	男	女	小计	男	女
广　东	**24989626**	**13128120**	**11861506**	**945651**	**197105**	**748546**
广州市	**2152116**	**1167747**	**984369**	**28713**	**6032**	**22681**
荔湾区						
越秀区						
海珠区						
天河区						
白云区	600560	326695	273865	4731	904	3827
黄埔区	79051	43896	35155	878	201	677
番禺区	242932	135929	107003	4201	811	3390
花都区	417406	229391	188015	4987	1226	3761
南沙区	192333	104624	87709	4722	845	3877
从化区	303903	157135	146768	5239	1000	4239
增城区	315931	170077	145854	3955	1045	2910
韶关市	**944680**	**492087**	**452593**	**54696**	**7586**	**47110**
武江区	44195	23522	20673	2354	321	2033
浈江区	40716	21461	19255	1865	267	1598
曲江区	91995	49481	42514	4244	682	3562
始兴县	91017	45646	45371	5157	643	4514
仁化县	85014	44197	40817	5904	707	5197
翁源县	158340	82526	75814	6171	924	5247
乳源瑶族自治县	76532	40113	36419	4398	714	3684
新丰县	72729	38656	34073	2536	446	2090
乐昌市	140708	74265	66443	12573	1899	10674
南雄市	143434	72220	71214	9494	983	8511
深圳市	**44295**	**27351**	**16944**	**569**	**107**	**462**
罗湖区						
福田区						
南山区						
宝安区						
龙岗区	44295	27351	16944	569	107	462
盐田区						
龙华区						
坪山区						
光明区						
珠海市	**192373**	**104761**	**87612**	**6625**	**1133**	**5492**
香洲区	1056	791	265	28	10	18
斗门区	176450	95440	81010	6079	1015	5064
金湾区	14867	8530	6337	518	108	410
汕头市	**1202679**	**605488**	**597191**	**66578**	**16113**	**50465**
龙湖区	80848	40496	40352	6236	1614	4622
金平区	12399	6094	6305	784	245	539
濠江区	58591	31079	27512	5916	1102	4814
潮阳区	489256	242684	246572	24805	6477	18328
潮南区	356620	179946	176674	21441	5085	16356
澄海区	194221	99789	94432	5785	1221	4564
南澳县	10744	5400	5344	1611	369	1242
佛山市	**396976**	**224671**	**172305**	**7578**	**1519**	**6059**
禅城区						
南海区	124608	70809	53799	1931	410	1521
顺德区	39442	22912	16530	668	168	500
三水区	189401	107524	81877	3662	672	2990
高明区	43525	23426	20099	1317	269	1048

4-2c 续表 1

单位：人

地　　区	15岁及以上人口			未上过学		
	合计	男	女	小计	男	女
江门市	**1327569**	**691192**	**636377**	**24800**	**5560**	**19240**
蓬江区	21629	11103	10526	330	49	281
江海区						
新会区	260019	138682	121337	7262	1752	5510
台山市	411767	210253	201514	6743	1554	5189
开平市	273002	138331	134671	5063	1001	4062
鹤山市	165930	89120	76810	1876	394	1482
恩平市	195222	103703	91519	3526	810	2716
湛江市	**2765170**	**1454323**	**1310847**	**142700**	**33940**	**108760**
赤坎区	6238	3194	3044	97	17	80
霞山区	23181	11859	11322	515	110	405
坡头区	143467	77055	66412	7271	1817	5454
麻章区	220497	115896	104601	10831	3172	7659
遂溪县	396527	208766	187761	18357	4707	13650
徐闻县	288618	150054	138564	15376	3517	11859
廉江市	655684	349266	306418	29005	7566	21439
雷州市	649408	338188	311220	45818	9656	36162
吴川市	381550	200045	181505	15430	3378	12052
茂名市	**2494040**	**1303342**	**1190698**	**93324**	**21569**	**71755**
茂南区	254546	132164	122382	5251	1172	4079
电白区	643519	340131	303388	40605	10103	30502
高州市	604795	313405	291390	24710	5382	19328
化州市	568658	298753	269905	9592	2343	7249
信宜市	422522	218889	203633	13166	2569	10597
肇庆市	**1532084**	**782201**	**749883**	**50917**	**7856**	**43061**
端州区						
鼎湖区	44032	21980	22052	2038	282	1756
高要区	366628	188528	178100	10549	1842	8707
广宁县	189389	97535	91854	4998	854	4144
怀集县	414124	205627	208497	16075	2096	13979
封开县	188813	96954	91859	7946	1285	6661
德庆县	174284	89579	84705	4680	823	3857
四会市	154814	81998	72816	4631	674	3957
惠州市	**1296138**	**706598**	**589540**	**29632**	**6885**	**22747**
惠城区	269488	148973	120515	3916	1050	2866
惠阳区	212079	120363	91716	2817	710	2107
博罗县	389925	208595	181330	7908	1819	6089
惠东县	290203	155937	134266	11443	2555	8888
龙门县	134443	72730	61713	3548	751	2797
梅州市	**1432144**	**724910**	**707234**	**42830**	**7364**	**35466**
梅江区	29813	15060	14753	281	92	189
梅县区	215130	108616	106514	4871	862	4009
大埔县	141272	73526	67746	4366	703	3663
丰顺县	170044	88184	81860	5080	933	4147
五华县	407313	203643	203670	12846	2545	10301
平远县	77833	39272	38561	4311	455	3856
蕉岭县	69383	35458	33925	2128	302	1826
兴宁市	321356	161151	160205	8947	1472	7475

4-2c 续表 2

单位：人

地 区	15岁及以上人口			未上过学		
	合计	男	女	小计	男	女
汕尾市	**851417**	**443359**	**408058**	**84678**	**20161**	**64517**
城 区	83096	44167	38929	7906	2107	5799
海丰县	201876	107678	94198	12561	3046	9515
陆河县	84300	43374	40926	4281	1164	3117
陆丰市	482145	248140	234005	59930	13844	46086
河源市	**1100085**	**567533**	**532552**	**39111**	**7271**	**31840**
源城区	31126	16919	14207	532	109	423
紫金县	248505	127519	120986	10369	1698	8671
龙川县	303532	155561	147971	8750	1738	7012
连平县	135860	68965	66895	6342	1002	5340
和平县	176190	91211	84979	7260	1389	5871
东源县	204872	107358	97514	5858	1335	4523
阳江市	**922078**	**489687**	**432391**	**43995**	**9746**	**34249**
江城区	162561	85651	76910	6980	1524	5456
阳东区	184899	99305	85594	6237	1534	4703
阳西县	191144	103314	87830	13237	3333	9904
阳春市	383474	201417	182057	17541	3355	14186
清远市	**1400597**	**743672**	**656925**	**68033**	**12044**	**55989**
清城区	166927	92665	74262	3582	648	2934
清新区	271025	142340	128685	11507	2134	9373
佛冈县	137932	73303	64629	3603	750	2853
阳山县	160836	84679	76157	12657	2094	10563
连山壮族瑶族自治县	42412	22314	20098	1258	260	998
连南瑶族自治县	53328	26960	26368	3211	811	2400
英德市	411798	218261	193537	24594	3641	20953
连州市	156339	83150	73189	7621	1706	5915
东莞市	**722825**	**427942**	**294883**	**7605**	**1952**	**5653**
市辖区	722825	427942	294883	7605	1952	5653
中山市	**488526**	**264947**	**223579**	**9036**	**1812**	**7224**
市辖区	488526	264947	223579	9036	1812	7224
潮州市	**729687**	**372084**	**357603**	**40596**	**6780**	**33816**
湘桥区	57727	28903	28824	1682	319	1363
潮安区	342228	174755	167473	13105	2877	10228
饶平县	329732	168426	161306	25809	3584	22225
揭阳市	**1998119**	**1015850**	**982269**	**74860**	**16543**	**58317**
榕城区	152740	77553	75187	3569	1015	2554
揭东区	327542	168533	159009	6839	2164	4675
揭西县	348593	177806	170787	9244	2480	6764
惠来县	405433	201938	203495	35750	5594	30156
普宁市	763811	390020	373791	19458	5290	14168
云浮市	**996028**	**518375**	**477653**	**28775**	**5132**	**23643**
云城区	74383	39475	34908	2327	400	1927
云安区	125359	65995	59364	5527	885	4642
新兴县	193451	99964	93487	3928	667	3261
郁南县	158843	83257	75586	6236	1224	5012
罗定市	443992	229684	214308	10757	1956	8801

4-2c 续表 3

单位：人

地　区	学前教育			小　学		
	小计	男	女	小计	男	女
广　东	**68135**	**23220**	**44915**	**6386229**	**2755648**	**3630581**
广州市	**2026**	**691**	**1335**	**382171**	**166423**	**215748**
荔湾区						
越秀区						
海珠区						
天河区						
白云区	380	105	275	80781	33785	46996
黄埔区	52	16	36	14343	6574	7769
番禺区	351	120	231	41432	19135	22297
花都区	336	128	208	68212	30687	37525
南沙区	284	86	198	43917	18200	25717
从化区	282	106	176	52053	21454	30599
增城区	341	130	211	81433	36588	44845
韶关市	**2632**	**668**	**1964**	**276512**	**112318**	**164194**
武江区	95	30	65	11889	5242	6647
浈江区	149	55	94	10498	4453	6045
曲江区	141	37	104	22744	9539	13205
始兴县	313	60	253	26622	9941	16681
仁化县	276	66	210	26250	10801	15449
翁源县	231	67	164	39529	16020	23509
乳源瑶族自治县	220	60	160	28050	12447	15603
新丰县	148	47	101	17397	6846	10551
乐昌市	562	173	389	44426	19912	24514
南雄市	497	73	424	49107	17117	31990
深圳市	**25**	**8**	**17**	**5149**	**2562**	**2587**
罗湖区						
福田区						
南山区						
宝安区						
龙岗区	25	8	17	5149	2562	2587
盐田区						
龙华区						
坪山区						
光明区						
珠海市	**218**	**60**	**158**	**44312**	**20350**	**23962**
香洲区	1	1		201	135	66
斗门区	193	53	140	40876	18664	22212
金湾区	24	6	18	3235	1551	1684
汕头市	**3607**	**1267**	**2340**	**340524**	**146501**	**194023**
龙湖区	175	59	116	23124	10325	12799
金平区	14	5	9	3487	1566	1921
濠江区	340	104	236	13340	6630	6710
潮阳区	1472	583	889	131499	54831	76668
潮南区	1104	366	738	103740	46205	57535
澄海区	488	147	341	62481	25592	36889
南澳县	14	3	11	2853	1352	1501
佛山市	**587**	**182**	**405**	**87492**	**41231**	**46261**
禅城区						
南海区	161	51	110	27548	13213	14335
顺德区	76	22	54	8046	3965	4081
三水区	228	69	159	39389	18267	21122
高明区	122	40	82	12509	5786	6723

4-2c　续表 4　　　　单位：人

地　区	学前教育			小　学		
	小计	男	女	小计	男	女
江门市	**2184**	**811**	**1373**	**364771**	**158548**	**206223**
蓬江区	57	20	37	5477	2407	3070
江海区						
新会区	624	247	377	80840	36199	44641
台山市	694	237	457	123270	53279	69991
开平市	430	157	273	72504	30406	42098
鹤山市	111	41	70	41997	18636	23361
恩平市	268	109	159	40683	17621	23062
湛江市	**11184**	**4129**	**7055**	**701012**	**308405**	**392607**
赤坎区	3	1	2	1152	537	615
霞山区	80	33	47	4644	2063	2581
坡头区	650	271	379	37647	17082	20565
麻章区	1102	421	681	52303	24246	28057
遂溪县	1925	727	1198	93111	42392	50719
徐闻县	1007	337	670	85925	37222	48703
廉江市	2455	1016	1439	165020	74495	90525
雷州市	2848	960	1888	171328	73034	98294
吴川市	1114	363	751	89882	37334	52548
茂名市	**7695**	**2637**	**5058**	**635593**	**276776**	**358817**
茂南区	365	133	232	59405	26087	33318
电白区	2905	1063	1842	185379	87214	98165
高州市	2980	960	2020	173106	73174	99932
化州市	476	185	291	99453	41008	58445
信宜市	969	296	673	118250	49293	68957
肇庆市	**7158**	**2171**	**4987**	**398229**	**153837**	**244392**
端州区						
鼎湖区	207	40	167	11843	4686	7157
高要区	1632	579	1053	102445	42333	60112
广宁县	550	188	362	50868	19610	31258
怀集县	2793	711	2082	108914	38720	70194
封开县	846	286	560	51026	19462	31564
德庆县	788	279	509	35516	13541	21975
四会市	342	88	254	37617	15485	22132
惠州市	**2083**	**802**	**1281**	**297067**	**135768**	**161299**
惠城区	413	163	250	48234	21801	26433
惠阳区	187	77	110	42590	20430	22160
博罗县	502	198	304	87596	38166	49430
惠东县	768	288	480	83376	39440	43936
龙门县	213	76	137	35271	15931	19340
梅州市	**2848**	**826**	**2022**	**320806**	**119829**	**200977**
梅江区	11	8	3	3842	1406	2436
梅县区	294	70	224	34136	11643	22493
大埔县	242	52	190	35466	13379	22087
丰顺县	587	158	429	52828	22358	30470
五华县	970	343	627	105618	40159	65459
平远县	222	50	172	20197	7049	13148
蕉岭县	77	15	62	13201	4831	8370
兴宁市	445	130	315	55518	19004	36514

4-2c 续表 5

单位：人

地 区	学前教育			小 学		
	小计	男	女	小计	男	女
汕尾市	**3101**	**1274**	**1827**	**273098**	**127950**	**145148**
城 区	391	149	242	22905	10914	11991
海丰县	460	165	295	65316	30815	34501
陆河县	293	120	173	25653	11578	14075
陆丰市	1957	840	1117	159224	74643	84581
河源市	**2848**	**875**	**1973**	**270140**	**111331**	**158809**
源城区	39	12	27	5047	2185	2862
紫金县	521	174	347	59429	23554	35875
龙川县	792	218	574	73158	29160	43998
连平县	243	72	171	35872	14729	21143
和平县	753	208	545	52716	22509	30207
东源县	500	191	309	43918	19194	24724
阳江市	**3508**	**1308**	**2200**	**278297**	**127227**	**151070**
江城区	538	197	341	43606	20045	23561
阳东区	587	246	341	50418	23751	26667
阳西县	1061	423	638	62669	30850	31819
阳春市	1322	442	880	121604	52581	69023
清远市	**2751**	**960**	**1791**	**430522**	**199208**	**231314**
清城区	262	95	167	37517	16179	21338
清新区	552	178	374	77831	34282	43549
佛冈县	234	94	140	36162	16284	19878
阳山县	277	101	176	55703	26395	29308
连山壮族瑶族自治县	71	20	51	11830	5289	6541
连南瑶族自治县	249	116	133	18654	8465	10189
英德市	778	254	524	135457	63975	71482
连州市	328	102	226	57368	28339	29029
东莞市	**1114**	**477**	**637**	**122413**	**58939**	**63474**
市辖区	1114	477	637	122413	58939	63474
中山市	**647**	**234**	**413**	**108136**	**47578**	**60558**
市辖区	647	234	413	108136	47578	60558
潮州市	**2368**	**573**	**1795**	**227310**	**92866**	**134444**
湘桥区	85	25	60	17604	6828	10776
潮安区	720	231	489	107290	43835	63455
饶平县	1563	317	1246	102416	42203	60213
揭阳市	**7599**	**2626**	**4973**	**581380**	**249879**	**331501**
榕城区	474	155	319	45535	18596	26939
揭东区	1009	390	619	94931	42118	52813
揭西县	1216	470	746	93553	40978	52575
惠来县	1870	436	1434	136790	55871	80919
普宁市	3030	1175	1855	210571	92316	118255
云浮市	**1952**	**641**	**1311**	**241295**	**98122**	**143173**
云城区	115	41	74	21478	9203	12275
云安区	336	104	232	33681	14121	19560
新兴县	337	93	244	47127	19027	28100
郁南县	367	121	246	36430	15073	21357
罗定市	797	282	515	102579	40698	61881

4-2c　续表 6

单位：人

地　区	初　中			高　中			大学专科		
	小计	男	女	小计	男	女	小计	男	女
广　东	**12400924**	**7051132**	**5349792**	**3619942**	**2248771**	**1371171**	**1084823**	**600817**	**484006**
广州市	**997468**	**573270**	**424198**	**442790**	**270101**	**172689**	**181189**	**97128**	**84061**
荔湾区									
越秀区									
海珠区									
天河区									
白云区	257247	147934	109313	144648	87318	57330	68439	36451	31988
黄埔区	32778	19137	13641	18340	11283	7057	8584	4638	3946
番禺区	96978	57570	39408	60991	37658	23333	24357	13570	10787
花都区	225709	130952	94757	71341	43840	27501	25583	13825	11758
南沙区	78410	47227	31183	40576	25320	15256	17005	9044	7961
从化区	156019	84917	71102	55696	33002	22694	16766	8692	8074
增城区	150327	85533	64794	51198	31680	19518	20455	10908	9547
韶关市	**441204**	**267334**	**173870**	**115102**	**73816**	**41286**	**40866**	**22989**	**17877**
武江区	21687	13170	8517	5807	3531	2276	1680	864	816
浈江区	20689	12207	8482	5420	3353	2067	1459	793	666
曲江区	41830	25256	16574	12442	7677	4765	9476	5702	3774
始兴县	42101	24677	17424	11860	7631	4229	3654	2010	1644
仁化县	38294	23767	14527	9496	6238	3258	3248	1765	1483
翁源县	86263	49679	36584	18723	11807	6916	5054	2762	2292
乳源瑶族自治县	33430	20754	12676	7330	4530	2800	2298	1189	1109
新丰县	40247	23387	16860	8893	5938	2955	2607	1474	1133
乐昌市	59665	37658	22007	15697	10305	5392	5373	3020	2353
南雄市	56998	36779	20219	19434	12806	6628	6017	3410	2607
深圳市	**20218**	**12717**	**7501**	**10911**	**7118**	**3793**	**4181**	**2713**	**1468**
罗湖区									
福田区									
南山区									
宝安区									
龙岗区	20218	12717	7501	10911	7118	3793	4181	2713	1468
盐田区									
龙华区									
坪山区									
光明区									
珠海市	**84709**	**50082**	**34627**	**42304**	**25589**	**16715**	**10323**	**5524**	**4799**
香洲区	409	329	80	237	190	47	121	87	34
斗门区	77306	45504	31802	39143	23502	15641	9349	4930	4419
金湾区	6994	4249	2745	2924	1897	1027	853	507	346
汕头市	**544879**	**294590**	**250289**	**190149**	**115113**	**75036**	**42937**	**24341**	**18596**
龙湖区	28906	15977	12929	14713	8620	6093	6133	3127	3006
金平区	3436	1830	1606	2718	1499	1219	929	458	471
濠江区	20885	12364	8521	10033	5984	4049	7220	4396	2824
潮阳区	235814	122174	113640	78579	48343	30236	13455	8146	5309
潮南区	167799	91603	76196	51843	30636	21207	7077	3982	3095
澄海区	84161	48413	35748	30612	18978	11634	7516	3905	3611
南澳县	3878	2229	1649	1651	1053	598	607	327	280
佛山市	**183089**	**112472**	**70617**	**74169**	**46179**	**27990**	**24929**	**13812**	**11117**
禅城区									
南海区	54011	33127	20884	27392	16955	10437	10058	5287	4771
顺德区	17954	11384	6570	9704	5744	3960	2109	1158	951
三水区	91901	56471	35430	30031	19408	10623	10211	5983	4228
高明区	19223	11490	7733	7042	4072	2970	2551	1384	1167

4-2c 续表 7

单位：人

地区	初中			高中			大学专科		
	小计	男	女	小计	男	女	小计	男	女
江门市	**642912**	**355656**	**287256**	**226238**	**135882**	**90356**	**47182**	**24599**	**22583**
蓬江区	9014	4854	4160	4693	2731	1962	1587	815	772
江海区									
新会区	101518	59081	42437	54074	32996	21078	12105	6467	5638
台山市	198088	106462	91626	66569	39813	26756	11394	6093	5301
开平市	130425	71038	59387	50752	29105	21647	9743	4674	5069
鹤山市	84282	47767	36515	25938	16243	9695	7488	3928	3560
恩平市	119585	66454	53131	24212	14994	9218	4865	2622	2243
湛江市	**1432083**	**812286**	**619797**	**341609**	**217237**	**124372**	**96547**	**56330**	**40217**
赤坎区	3047	1576	1471	1448	815	633	361	184	177
霞山区	11978	6295	5683	4501	2600	1901	1024	540	484
坡头区	71652	41138	30514	19615	12870	6745	4697	2821	1876
麻章区	109550	59989	49561	35713	22082	13631	7868	4284	3584
遂溪县	214077	119236	94841	50857	31469	19388	12561	7185	5376
徐闻县	135118	77350	57768	34694	22015	12679	11905	7070	4835
廉江市	368997	211421	157576	64022	40180	23842	18280	10323	7957
雷州市	313457	180564	132893	82273	53729	28544	24344	14871	9473
吴川市	204207	114717	89490	48486	31477	17009	15507	9052	6455
茂名市	**1247945**	**691343**	**556602**	**352536**	**224681**	**127855**	**110220**	**61106**	**49114**
茂南区	124858	68792	56066	37417	23832	13585	18178	7717	10461
电白区	286462	164247	122215	86679	54078	32601	32564	18689	13875
高州市	282936	157491	125445	89568	57540	32028	21528	12968	8560
化州市	350486	187756	162730	76557	49368	27189	20564	11819	8745
信宜市	203203	113057	90146	62315	39863	22452	17386	9913	7473
肇庆市	**854025**	**483673**	**370352**	**169217**	**105172**	**64045**	**38348**	**21238**	**17110**
端州区									
鼎湖区	20456	11543	8913	6979	4126	2853	1948	1016	932
高要区	197956	110727	87229	40003	24738	15265	9521	5512	4009
广宁县	109651	62401	47250	17869	11497	6372	4054	2190	1864
怀集县	236224	134075	102149	37416	23044	14372	9573	5205	4368
封开县	98673	57249	41424	24043	15096	8947	4684	2634	2050
德庆县	104014	57095	46919	23767	14866	8901	4141	2226	1915
四会市	87051	50583	36468	19140	11805	7335	4427	2455	1972
惠州市	**696975**	**404367**	**292608**	**174436**	**107191**	**67245**	**70122**	**37323**	**32799**
惠城区	138166	80104	58062	44833	27852	16981	26790	13804	12986
惠阳区	124054	73699	50355	28853	17892	10961	9273	5269	4004
博罗县	213978	122190	91788	54154	32758	21396	18746	9761	8985
惠东县	150906	87767	63139	28870	17499	11371	9764	5490	4274
龙门县	69871	40607	29264	17726	11190	6536	5549	2999	2550
梅州市	**777703**	**419353**	**358350**	**218478**	**139130**	**79348**	**48658**	**27146**	**21512**
梅江区	16418	8383	8035	6942	3979	2963	1547	804	743
梅县区	120867	62787	58080	43638	27174	16464	8110	4381	3729
大埔县	75153	42861	32292	19411	12882	6529	4398	2450	1948
丰顺县	78966	45376	33590	24285	14868	9417	5781	3211	2570
五华县	223291	120536	102755	47830	30712	17118	11881	6623	5258
平远县	37885	21696	16189	10411	7333	3078	3261	1830	1431
蕉岭县	35149	18870	16279	14659	9195	5464	2909	1589	1320
兴宁市	189974	98844	91130	51302	32987	18315	10771	6258	4513

4-2c　续表 8　　　　　　　　　　　　　　　　单位：人

地　区	初　中			高　中			大学专科		
	小计	男	女	小计	男	女	小计	男	女
汕尾市	**372782**	**220600**	**152182**	**85034**	**53799**	**31235**	**22813**	**13757**	**9056**
城　区	32851	19137	13714	14475	8987	5488	3140	1998	1142
海丰县	92694	54230	38464	22925	14537	8388	5357	3339	2018
陆河县	41232	23067	18165	8019	4900	3119	3534	1877	1657
陆丰市	206005	124166	81839	39615	25375	14240	10782	6543	4239
河源市	**566421**	**319663**	**246758**	**155893**	**93650**	**62243**	**45940**	**24622**	**21318**
源城区	18419	10374	8045	4937	3097	1840	1618	895	723
紫金县	137660	77721	59939	28050	17593	10457	9013	4905	4108
龙川县	154099	84856	69243	47594	28768	18826	13673	7794	5879
连平县	64388	36756	27632	19676	11500	8176	6439	3409	3030
和平县	88141	51124	37017	19395	11908	7487	5881	3063	2818
东源县	103714	58832	44882	36241	20784	15457	9316	4556	4760
阳江市	**422399**	**243298**	**179101**	**122531**	**77473**	**45058**	**39224**	**23149**	**16075**
江城区	71975	39848	32127	27754	17032	10722	9069	5475	3594
阳东区	82240	46202	36038	30161	18354	11807	11876	6928	4948
阳西县	82436	48761	33675	22173	14095	8078	7248	4376	2872
阳春市	185748	108487	77261	42443	27992	14451	11031	6370	4661
清远市	**655486**	**386106**	**269380**	**153089**	**95107**	**57982**	**71782**	**40069**	**31713**
清城区	72926	44225	28701	18110	11170	6940	31744	18751	12993
清新区	134571	77849	56722	34019	21040	12979	8861	4875	3986
佛冈县	71442	40556	30886	19299	11784	7515	5505	2923	2582
阳山县	74441	45458	28983	12477	7819	4658	3916	2054	1862
连山壮族瑶族自治县	21954	12401	9553	5309	3336	1973	1391	701	690
连南瑶族自治县	24402	13778	10624	4519	2684	1835	1706	834	872
英德市	183650	109909	73741	45448	28732	16716	14990	8065	6925
连州市	72100	41930	30170	13908	8542	5366	3669	1866	1803
东莞市	**349242**	**216517**	**132725**	**160077**	**103486**	**56591**	**56676**	**32470**	**24206**
市辖区	349242	216517	132725	160077	103486	56591	56676	32470	24206
中山市	**212872**	**125276**	**87596**	**107143**	**63968**	**43175**	**30912**	**16409**	**14503**
市辖区	212872	125276	87596	107143	63968	43175	30912	16409	14503
潮州市	**328175**	**193725**	**134450**	**97330**	**60653**	**36677**	**23280**	**12471**	**10809**
湘桥区	26283	15253	11030	7211	4496	2715	1940	961	979
潮安区	156865	90146	66719	48860	29703	19157	10916	5746	5170
饶平县	145027	88326	56701	41259	26454	14805	10424	5764	4660
揭阳市	**1003968**	**550970**	**452998**	**267649**	**161131**	**106518**	**46037**	**25600**	**20437**
榕城区	64651	34481	30170	29611	18291	11320	6796	3843	2953
揭东区	152859	82408	70451	58803	34331	24472	10079	5497	4582
揭西县	187239	101713	85526	45879	26434	19445	8463	4317	4146
惠来县	185669	109606	76063	35716	24383	11333	6795	4291	2504
普宁市	413550	222762	190788	97640	57692	39948	13904	7652	6252
云浮市	**566369**	**317834**	**248535**	**113257**	**72295**	**40962**	**32657**	**18021**	**14636**
云城区	38668	22852	15816	8390	5202	3188	2381	1236	1145
云安区	66796	39096	27700	12776	8285	4491	4996	2851	2145
新兴县	106967	59333	47634	25586	15876	9710	7093	3692	3401
郁南县	91928	51531	40397	17807	11874	5933	4468	2544	1924
罗定市	262010	145022	116988	48698	31058	17640	13719	7698	6021

4–2c 续表 9 单位：人

地　区	大学本科			硕士研究生			博士研究生		
	小计	男	女	小计	男	女	小计	男	女
广　东	**465887**	**241613**	**224274**	**15906**	**8436**	**7470**	**2129**	**1378**	**751**
广州市	**113214**	**51879**	**61335**	**4034**	**1891**	**2143**	**511**	**332**	**179**
荔湾区									
越秀区									
海珠区									
天河区									
白云区	43201	19597	23604	979	492	487	154	109	45
黄埔区	3926	1958	1968	133	75	58	17	14	3
番禺区	12888	6278	6610	1561	681	880	173	106	67
花都区	20679	8458	12221	501	242	259	58	33	25
南沙区	7223	3795	3428	180	95	85	16	12	4
从化区	17364	7759	9605	432	174	258	52	31	21
增城区	7933	4034	3899	248	132	116	41	27	14
韶关市	**13136**	**7057**	**6079**	**473**	**289**	**184**	**59**	**30**	**29**
武江区	660	354	306	18	10	8	5		5
浈江区	612	318	294	22	14	8	2	1	1
曲江区	1060	548	512	52	36	16	6	4	2
始兴县	1268	654	614	40	28	12	2	2	
仁化县	1509	831	678	33	19	14	4	3	1
翁源县	2277	1210	1067	80	51	29	12	6	6
乳源瑶族自治县	748	378	370	56	40	16	2	1	1
新丰县	858	493	365	37	21	16	6	4	2
乐昌市	2334	1254	1080	68	40	28	10	4	6
南雄市	1810	1017	793	67	30	37	10	5	5
深圳市	**2866**	**1867**	**999**	**316**	**212**	**104**	**60**	**47**	**13**
罗湖区									
福田区									
南山区									
宝安区									
龙岗区	2866	1867	999	316	212	104	60	47	13
盐田区									
龙华区									
坪山区									
光明区									
珠海市	**3701**	**1933**	**1768**	**165**	**79**	**86**	**16**	**11**	**5**
香洲区	56	36	20	3	3				
斗门区	3335	1692	1643	154	70	84	15	10	5
金湾区	310	205	105	8	6	2	1	1	
汕头市	**13598**	**7341**	**6257**	**352**	**190**	**162**	**55**	**32**	**23**
龙湖区	1517	752	765	40	21	19	4	1	3
金平区	1021	483	538	9	7	2	1	1	
濠江区	817	479	338	33	16	17	7	4	3
潮阳区	3529	2073	1456	90	50	40	13	7	6
潮南区	3536	2030	1506	73	35	38	7	4	3
澄海区	3058	1463	1595	99	57	42	21	13	8
南澳县	120	61	59	8	4	4	2	2	
佛山市	**18680**	**9070**	**9610**	**424**	**187**	**237**	**28**	**19**	**9**
禅城区									
南海区	3415	1723	1692	82	37	45	10	6	4
顺德区	859	455	404	25	16	9	1		1
三水区	13670	6521	7149	296	123	173	13	10	3
高明区	736	371	365	21	11	10	4	3	1

4−2c　续表 10　　　　单位：人

地　区	大学本科			硕士研究生			博士研究生		
	小计	男	女	小计	男	女	小计	男	女
江门市	**18846**	**9756**	**9090**	**555**	**330**	**225**	**81**	**50**	**31**
蓬江区	458	220	238	11	6	5	2	1	1
江海区									
新会区	3443	1843	1600	131	83	48	22	14	8
台山市	4838	2691	2147	158	115	43	13	9	4
开平市	3968	1890	2078	96	47	49	21	13	8
鹤山市	4140	2062	2078	86	42	44	12	7	5
恩平市	1999	1050	949	73	37	36	11	6	5
湛江市	**38498**	**21173**	**17325**	**1309**	**673**	**636**	**228**	**150**	**78**
赤坎区	124	61	63	5	2	3	1	1	
霞山区	421	207	214	16	9	7	2	2	
坡头区	1858	1013	845	65	35	30	12	8	4
麻章区	2974	1625	1349	127	60	67	29	17	12
遂溪县	5401	2926	2475	203	104	99	35	20	15
徐闻县	4447	2459	1988	123	71	52	23	13	10
廉江市	7585	4096	3489	272	134	138	48	35	13
雷州市	8978	5179	3799	311	159	152	51	36	15
吴川市	6710	3607	3103	187	99	88	27	18	9
茂名市	**45317**	**24463**	**20854**	**1217**	**640**	**577**	**193**	**127**	**66**
茂南区	8779	4266	4513	241	124	117	52	41	11
电白区	8618	4589	4029	260	122	138	47	26	21
高州市	9698	5727	3971	241	149	92	28	14	14
化州市	11206	6097	5109	285	149	136	39	28	11
信宜市	7016	3784	3232	190	96	94	27	18	9
肇庆市	**13755**	**8011**	**5744**	**392**	**213**	**179**	**43**	**30**	**13**
端州区									
鼎湖区	512	262	250	48	24	24	1	1	
高要区	4428	2739	1689	81	51	30	13	7	6
广宁县	1348	766	582	46	25	21	5	4	1
怀集县	3034	1725	1309	84	43	41	11	8	3
封开县	1552	914	638	39	25	14	4	3	1
德庆县	1329	725	604	46	22	24	3	2	1
四会市	1552	880	672	48	23	25	6	5	1
惠州市	**24823**	**13702**	**11121**	**898**	**492**	**406**	**102**	**68**	**34**
惠城区	6809	4008	2801	294	170	124	33	21	12
惠阳区	4173	2210	1963	119	65	54	13	11	2
博罗县	6747	3546	3201	262	135	127	32	22	10
惠东县	4898	2800	2098	159	89	70	19	9	10
龙门县	2196	1138	1058	64	33	31	5	5	
梅州市	**20066**	**10842**	**9224**	**644**	**353**	**291**	**111**	**67**	**44**
梅江区	746	371	375	23	15	8	3	2	1
梅县区	3101	1639	1462	84	44	40	29	16	13
大埔县	2131	1136	995	88	53	35	17	10	7
丰顺县	2437	1245	1192	69	31	38	11	4	7
五华县	4689	2621	2068	165	89	76	23	15	8
平远县	1507	835	672	35	20	15	4	4	
蕉岭县	1221	635	586	36	18	18	3	3	
兴宁市	4234	2360	1874	144	83	61	21	13	8

4-2c 续表 11

单位：人

地　区	大学本科			硕士研究生			博士研究生		
	小计	男	女	小计	男	女	小计	男	女
汕尾市	**9441**	**5543**	**3898**	**410**	**234**	**176**	**60**	**41**	**19**
城　区	1334	811	523	82	55	27	12	9	3
海丰县	2455	1485	970	94	54	40	14	7	7
陆河县	1251	649	602	33	16	17	4	3	1
陆丰市	4401	2598	1803	201	109	92	30	22	8
河源市	**19087**	**9808**	**9279**	**567**	**266**	**301**	**78**	**47**	**31**
源城区	512	235	277	18	8	10	4	4	
紫金县	3342	1813	1529	106	53	53	15	8	7
龙川县	5305	2942	2363	142	71	71	19	14	5
连平县	2819	1451	1368	69	41	28	12	5	7
和平县	1968	984	984	66	21	45	10	5	5
东源县	5141	2383	2758	166	72	94	18	11	7
阳江市	**11638**	**7189**	**4449**	**439**	**270**	**169**	**47**	**27**	**20**
江城区	2511	1460	1051	117	63	54	11	7	4
阳东区	3251	2204	1047	117	82	35	12	4	8
阳西县	2218	1411	807	91	56	35	11	9	2
阳春市	3658	2114	1544	114	69	45	13	7	6
清远市	**18040**	**9666**	**8374**	**787**	**442**	**345**	**107**	**70**	**37**
清城区	2525	1443	1082	244	143	101	17	11	6
清新区	3507	1883	1624	143	76	67	34	23	11
佛冈县	1625	878	747	58	32	26	4	2	2
阳山县	1302	719	583	55	34	21	8	5	3
连山壮族瑶族自治县	579	299	280	15	6	9	5	2	3
连南瑶族自治县	564	264	300	22	8	14	1		1
英德市	6650	3547	3103	199	114	85	32	24	8
连州市	1288	633	655	51	29	22	6	3	3
东莞市	**24493**	**13348**	**11145**	**1061**	**661**	**400**	**144**	**92**	**52**
市辖区	24493	13348	11145	1061	661	400	144	92	52
中山市	**19001**	**9258**	**9743**	**723**	**373**	**350**	**56**	**39**	**17**
市辖区	19001	9258	9743	723	373	350	56	39	17
潮州市	**10348**	**4864**	**5484**	**245**	**128**	**117**	**35**	**24**	**11**
湘桥区	2895	1005	1890	24	15	9	3	1	2
潮安区	4336	2148	2188	120	59	61	16	10	6
饶平县	3117	1711	1406	101	54	47	16	13	3
揭阳市	**16081**	**8777**	**7304**	**480**	**282**	**198**	**65**	**42**	**23**
榕城区	2051	1139	912	49	30	19	4	3	1
揭东区	2937	1575	1362	75	41	34	10	9	1
揭西县	2879	1347	1532	108	60	48	12	7	5
惠来县	2713	1674	1039	112	72	40	18	11	7
普宁市	5501	3042	2459	136	79	57	21	12	9
云浮市	**11258**	**6066**	**5192**	**415**	**231**	**184**	**50**	**33**	**17**
云城区	989	518	471	28	16	12	7	7	
云安区	1177	617	560	66	33	33	4	3	1
新兴县	2314	1223	1091	90	48	42	9	5	4
郁南县	1528	842	686	72	46	26	7	2	5
罗定市	5250	2866	2384	159	88	71	23	16	7

4-3 各地区分性别、受教育程度的16-59岁人口

单位：人

地区	16-59岁人口			未上过学		
	合计	男	女	小计	男	女
广 东	**85510200**	**45983459**	**39526741**	**441925**	**137638**	**304287**
广州市	**13824832**	**7391306**	**6433526**	**34388**	**13336**	**21052**
荔湾区	817141	422175	394966	1821	732	1089
越秀区	658619	322478	336141	1031	413	618
海珠区	1291708	657217	634491	1753	681	1072
天河区	1774255	939372	834883	2893	1126	1767
白云区	2962900	1610037	1352863	7973	2674	5299
黄埔区	955585	540229	415356	2731	1013	1718
番禺区	2061211	1102180	959031	5295	2208	3087
花都区	1200355	654203	546152	3855	1683	2172
南沙区	619591	355182	264409	2644	953	1691
从化区	479509	253902	225607	1201	590	611
增城区	1003958	534331	469627	3191	1263	1928
韶关市	**1680343**	**859051**	**821292**	**15506**	**3994**	**11512**
武江区	236263	117862	118401	1138	323	815
浈江区	233097	122460	110637	1079	463	616
曲江区	176061	92394	83667	965	351	614
始兴县	114448	56436	58012	937	296	641
仁化县	107347	55474	51873	1452	307	1145
翁源县	180492	90998	89494	1181	472	709
乳源瑶族自治县	108051	56186	51865	836	213	623
新丰县	111501	57487	54014	437	209	228
乐昌市	209838	107602	102236	4707	905	3802
南雄市	203245	102152	101093	2774	455	2319
深圳市	**13826361**	**7708971**	**6117390**	**36627**	**8553**	**28074**
罗湖区	843172	427334	415838	2316	490	1826
福田区	1164330	604438	559892	2496	524	1972
南山区	1389905	748985	640920	3264	852	2412
宝安区	3670492	2097368	1573124	8729	2067	6662
龙岗区	3203897	1762251	1441646	9815	2333	7482
盐田区	160892	88688	72204	376	92	284
龙华区	2051955	1182984	868971	4494	981	3513
坪山区	433524	256120	177404	1807	454	1353
光明区	908194	540803	367391	3330	760	2570
珠海市	**1788355**	**967678**	**820677**	**7218**	**2452**	**4766**
香洲区	1030912	548692	482220	3731	1323	2408
斗门区	419876	229309	190567	2228	688	1540
金湾区	337567	189677	147890	1259	441	818
汕头市	**3354493**	**1697756**	**1656737**	**38776**	**10343**	**28433**
龙湖区	415502	209579	205923	3555	1054	2501
金平区	482663	236549	246114	3351	1012	2339
濠江区	164528	84516	80012	5028	768	4260
潮阳区	979854	490905	488949	12392	3069	9323
潮南区	713594	364582	349012	9598	3024	6574
澄海区	560397	292146	268251	3845	1188	2657
南澳县	37955	19479	18476	1007	228	779
佛山市	**6994049**	**3886640**	**3107409**	**21044**	**8237**	**12807**
禅城区	968768	519283	449485	2103	921	1182
南海区	2727102	1523177	1203925	7856	3091	4765
顺德区	2399189	1342040	1057149	7880	3196	4684
三水区	577294	325557	251737	2368	685	1683
高明区	321696	176583	145113	837	344	493

4-3 续表 1

单位：人

地　区	16-59岁人口			未上过学		
	合计	男	女	小计	男	女
江门市	**3109744**	**1625971**	**1483773**	**10047**	**3819**	**6228**
蓬江区	584288	307745	276543	1839	737	1102
江海区	258846	138815	120031	1093	380	713
新会区	584031	308379	275652	2255	805	1450
台山市	558091	283792	274299	1542	638	904
开平市	467712	237584	230128	1492	556	936
鹤山市	352495	190186	162309	947	369	578
恩平市	304281	159470	144811	879	334	545
湛江市	**3906972**	**2029991**	**1876981**	**32482**	**10913**	**21569**
赤坎区	263737	126977	136760	723	316	407
霞山区	407730	203884	203846	1140	461	679
坡头区	188979	99546	89433	1704	503	1201
麻章区	322472	171597	150875	2736	1121	1615
遂溪县	447126	234450	212676	3536	1380	2156
徐闻县	346289	181650	164639	3459	1258	2201
廉江市	712458	374831	337627	5375	1848	3527
雷州市	716607	376885	339722	10173	2858	7315
吴川市	501574	260171	241403	3636	1168	2468
茂名市	**3374695**	**1742012**	**1632683**	**25499**	**7411**	**18088**
茂南区	629176	323231	305945	1933	784	1149
电白区	833165	437449	395716	12449	3006	9443
高州市	710359	362589	347770	5377	1536	3841
化州市	669291	350125	319166	2422	990	1432
信宜市	532704	268618	264086	3318	1095	2223
肇庆市	**2477224**	**1302647**	**1174577**	**12075**	**4388**	**7687**
端州区	395325	196626	198699	840	331	509
鼎湖区	135642	72860	62782	542	224	318
高要区	451764	243107	208657	1980	859	1121
广宁县	221891	114636	107255	979	440	539
怀集县	451454	231108	220346	4205	1141	3064
封开县	208198	109774	98424	1382	492	890
德庆县	186135	96875	89260	930	407	523
四会市	426815	237661	189154	1217	494	723
惠州市	**4114493**	**2247385**	**1867108**	**19351**	**7042**	**12309**
惠城区	1447892	778478	669414	6658	2361	4297
惠阳区	1041144	595403	445741	4505	1750	2755
博罗县	797301	432418	364883	3200	1201	1999
惠东县	638954	341179	297775	4194	1391	2803
龙门县	189202	99907	89295	794	339	455
梅州市	**2137008**	**1066028**	**1070980**	**10726**	**4900**	**5826**
梅江区	275780	137250	138530	768	375	393
梅县区	321794	158710	163084	1189	525	664
大埔县	172570	87345	85225	976	419	557
丰顺县	257567	133797	123770	1435	682	753
五华县	475767	237102	238665	2996	1296	1700
平远县	108905	54237	54668	628	250	378
蕉岭县	104314	51260	53054	455	197	258
兴宁市	420311	206327	213984	2279	1156	1123

4-3 续表 2

单位：人

地区	16–59岁人口			未上过学		
	合计	男	女	小计	男	女
汕尾市	**1587776**	**821822**	**765954**	**42949**	**9535**	**33414**
城 区	285593	149190	136403	5676	1584	4092
海丰县	485701	253505	232196	5484	1500	3984
陆河县	137927	68580	69347	1449	497	952
陆丰市	678555	350547	328008	30340	5954	24386
河源市	**1610543**	**822822**	**787721**	**8583**	**3667**	**4916**
源城区	455121	231513	223608	1310	529	781
紫金县	291082	148913	142169	1911	809	1102
龙川县	317119	159372	157747	1734	816	918
连平县	156439	79201	77238	1349	472	877
和平县	184520	94644	89876	1127	518	609
东源县	206262	109179	97083	1152	523	629
阳江市	**1546140**	**807361**	**738779**	**10407**	**3586**	**6821**
江城区	513458	263559	249899	2399	980	1419
阳东区	294986	158573	136413	1389	543	846
阳西县	256258	135282	120976	3143	931	2212
阳春市	481438	249947	231491	3476	1132	2344
清远市	**2352143**	**1226225**	**1125918**	**21019**	**5700**	**15319**
清城区	722163	378809	343354	2907	930	1977
清新区	369734	190832	178902	3467	811	2656
佛冈县	185457	96188	89269	996	379	617
阳山县	199149	102679	96470	3281	867	2414
连山壮族瑶族自治县	53255	27509	25746	311	134	177
连南瑶族自治县	75013	38140	36873	915	351	564
英德市	543310	286500	256810	7533	1623	5910
连州市	204062	105568	98494	1609	605	1004
东莞市	**8455333**	**4854862**	**3600471**	**26086**	**9238**	**16848**
市辖区	8455333	4854862	3600471	26086	9238	16848
中山市	**3299728**	**1808699**	**1491029**	**13531**	**4734**	**8797**
市辖区	3299728	1808699	1491029	13531	4734	8797
潮州市	**1553345**	**799265**	**754080**	**18868**	**4680**	**14188**
湘桥区	358530	178389	180141	1879	666	1213
潮安区	727911	378403	349508	7870	2314	5556
饶平县	466904	242473	224431	9119	1700	7419
揭阳市	**3178807**	**1625107**	**1553700**	**29991**	**8524**	**21467**
榕城区	564532	286600	277932	3301	1251	2050
揭东区	540008	282128	257880	3123	1320	1803
揭西县	365659	186495	179164	2375	1013	1362
惠来县	548122	277741	270381	14145	2465	11680
普宁市	1160486	592143	568343	7047	2475	4572
云浮市	**1337816**	**691860**	**645956**	**6752**	**2586**	**4166**
云城区	249522	130637	118885	810	329	481
云安区	132317	70420	61897	1067	334	733
新兴县	254074	130188	123886	761	335	426
郁南县	198188	102409	95779	1299	508	791
罗定市	503715	258206	245509	2815	1080	1735

4-3 续表 3

单位：人

地 区	学前教育			小 学		
	小计	男	女	小计	男	女
广 东	**71431**	**31152**	**40279**	**8768523**	**3843721**	**4924802**
广州市	**5414**	**2388**	**3026**	**867646**	**406391**	**461255**
荔湾区	311	150	161	47333	22859	24474
越秀区	206	103	103	19730	8458	11272
海珠区	334	159	175	63208	29380	33828
天河区	526	247	279	54714	25073	29641
白云区	1134	440	694	204900	96171	108729
黄埔区	276	113	163	50556	23894	26662
番禺区	1060	505	555	130135	61970	68165
花都区	525	244	281	88542	43006	45536
南沙区	316	132	184	65099	28923	36176
从化区	191	85	106	31559	14298	17261
增城区	535	210	325	111870	52359	59511
韶关市	**1442**	**509**	**933**	**239949**	**89610**	**150339**
武江区	161	74	87	19483	8178	11305
浈江区	164	66	98	19019	9260	9759
曲江区	74	24	50	18388	7285	11103
始兴县	82	25	57	18555	5762	12793
仁化县	145	46	99	18800	6813	11987
翁源县	101	53	48	26898	10253	16645
乳源瑶族自治县	104	38	66	23372	9611	13761
新丰县	67	38	29	11790	4526	7264
乐昌市	248	74	174	38994	15203	23791
南雄市	296	71	225	44650	12719	31931
深圳市	**3672**	**1311**	**2361**	**686461**	**294820**	**391641**
罗湖区	222	71	151	38871	16063	22808
福田区	281	87	194	45022	19189	25833
南山区	422	217	205	46330	20969	25361
宝安区	888	314	574	177440	74206	103234
龙岗区	946	334	612	188309	81621	106688
盐田区	35	13	22	7199	3146	4053
龙华区	516	157	359	80804	32318	48486
坪山区	131	47	84	35970	17259	18711
光明区	231	71	160	66516	30049	36467
珠海市	**1098**	**521**	**577**	**132579**	**62578**	**70001**
香洲区	662	334	328	59225	28621	30604
斗门区	252	102	150	46323	20321	26002
金湾区	184	85	99	27031	13636	13395
汕头市	**4291**	**1682**	**2609**	**570367**	**237137**	**333230**
龙湖区	296	98	198	54516	23398	31118
金平区	382	170	212	54511	21792	32719
濠江区	496	148	348	31944	13229	18715
潮阳区	1489	634	855	158572	62271	96301
潮南区	975	378	597	154053	65643	88410
澄海区	608	240	368	109697	47723	61974
南澳县	45	14	31	7074	3081	3993
佛山市	**5295**	**2639**	**2656**	**678345**	**340701**	**337644**
禅城区	507	256	251	59847	29404	30443
南海区	2203	1085	1118	287257	146936	140321
顺德区	2094	1052	1042	244507	121824	122683
三水区	325	156	169	59684	29159	30525
高明区	166	90	76	27050	13378	13672

4-3　续表 4　　　　单位：人

地　区	学前教育			小　学		
	小计	男	女	小计	男	女
江门市	**1952**	**929**	**1023**	**324308**	**141735**	**182573**
蓬江区	349	151	198	45973	21076	24897
江海区	149	68	81	28817	12791	16026
新会区	451	186	265	78005	34498	43507
台山市	397	211	186	64181	26238	37943
开平市	267	141	126	48884	20731	28153
鹤山市	106	44	62	34114	16289	17825
恩平市	233	128	105	24334	10112	14222
湛江市	**5938**	**2634**	**3304**	**477868**	**196462**	**281406**
赤坎区	172	90	82	10825	4860	5965
霞山区	297	158	139	24248	10433	13815
坡头区	341	158	183	27343	11135	16208
麻章区	680	335	345	39043	18221	20822
遂溪县	777	315	462	49303	21185	28118
徐闻县	516	247	269	61357	26037	35320
廉江市	1016	473	543	83582	34108	49474
雷州市	1459	560	899	122146	47556	74590
吴川市	680	298	382	60021	22927	37094
茂名市	**3786**	**1431**	**2355**	**437236**	**176826**	**260410**
茂南区	378	176	202	57108	25027	32081
电白区	1487	541	946	156433	67131	89302
高州市	1205	422	783	101489	36733	64756
化州市	328	149	179	50431	21295	29136
信宜市	388	143	245	71775	26640	45135
肇庆市	**4761**	**2088**	**2673**	**291168**	**117342**	**173826**
端州区	489	227	262	20837	9023	11814
鼎湖区	205	106	99	15413	6874	8539
高要区	916	440	476	68150	29465	38685
广宁县	312	157	155	25948	10094	15854
怀集县	1453	496	957	73490	25621	47869
封开县	495	228	267	29774	10776	18998
德庆县	493	238	255	17921	7144	10777
四会市	398	196	202	39635	18345	21290
惠州市	**3664**	**1645**	**2019**	**478178**	**227590**	**250588**
惠城区	1358	589	769	122522	57654	64868
惠阳区	839	380	459	111943	56307	55636
博罗县	453	230	223	94893	44009	50884
惠东县	854	370	484	122517	57486	65031
龙门县	160	76	84	26303	12134	14169
梅州市	**1430**	**652**	**778**	**206893**	**79273**	**127620**
梅江区	180	79	101	14178	6897	7281
梅县区	167	70	97	22249	8599	13650
大埔县	77	36	41	19821	7387	12434
丰顺县	181	72	109	38997	16808	22189
五华县	483	232	251	61654	21862	39792
平远县	73	29	44	12851	3726	9125
蕉岭县	37	21	16	8169	2879	5290
兴宁市	232	113	119	28974	11115	17859

4-3 续表 5

单位：人

地区	学前教育			小学		
	小计	男	女	小计	男	女
汕尾市	**4688**	**2124**	**2564**	**385166**	**161243**	**223923**
城区	702	308	394	58296	25911	32385
海丰县	964	442	522	113705	48228	65477
陆河县	146	47	99	24075	9150	14925
陆丰市	2876	1327	1549	189090	77954	111136
河源市	**1270**	**546**	**724**	**173195**	**71839**	**101356**
源城区	244	106	138	32233	14268	17965
紫金县	260	125	135	33634	13114	20520
龙川县	262	105	157	35864	14202	21662
连平县	104	34	70	22536	8652	13884
和平县	204	82	122	25923	11083	14840
东源县	196	94	102	23005	10520	12485
阳江市	**2011**	**920**	**1091**	**241976**	**102147**	**139829**
江城区	780	399	381	60564	26493	34071
阳东区	271	122	149	45425	20573	24852
阳西县	418	167	251	52259	22051	30208
阳春市	542	232	310	83728	33030	50698
清远市	**1768**	**734**	**1034**	**409165**	**178480**	**230685**
清城区	393	159	234	88673	38294	50379
清新区	342	147	195	68164	27482	40682
佛冈县	107	52	55	26034	11519	14515
阳山县	172	72	100	41877	17653	24224
连山壮族瑶族自治县	26	9	17	7598	3218	4380
连南瑶族自治县	188	88	100	16681	7522	9159
英德市	412	152	260	120776	53626	67150
连州市	128	55	73	39362	19166	20196
东莞市	**7175**	**3448**	**3727**	**776760**	**375694**	**401066**
市辖区	7175	3448	3727	776760	375694	401066
中山市	**2603**	**1235**	**1368**	**399188**	**187712**	**211476**
市辖区	2603	1235	1368	399188	187712	211476
潮州市	**2232**	**787**	**1445**	**295925**	**118268**	**177657**
湘桥区	375	199	176	42447	17121	25326
潮安区	893	342	551	161753	67863	93890
饶平县	964	246	718	91725	33284	58441
揭阳市	**5244**	**2129**	**3115**	**548478**	**221104**	**327374**
榕城区	786	337	449	82675	32918	49757
揭东区	668	322	346	82329	36530	45799
揭西县	688	309	379	50255	21252	29003
惠来县	1091	294	797	143640	50874	92766
普宁市	2011	867	1144	189579	79530	110049
云浮市	**1697**	**800**	**897**	**147672**	**56769**	**90903**
云城区	176	66	110	25505	10369	15136
云安区	146	50	96	20821	7550	13271
新兴县	148	68	80	25173	10267	14906
郁南县	171	86	85	20547	7824	12723
罗定市	1056	530	526	55626	20759	34867

4-3　续表 6　　　　单位：人

地　　区	初　　中			高　　中			大学专科		
	小计	男	女	小计	男	女	小计	男	女
广　东	**36634520**	**20293912**	**16340608**	**20421140**	**11691893**	**8729247**	**10430154**	**5435492**	**4994662**
广州市	**4508876**	**2528030**	**1980846**	**3526669**	**1985295**	**1541374**	**2401583**	**1220456**	**1181127**
荔湾区	234377	127203	107174	241222	126730	114492	148909	74635	74274
越秀区	121993	64389	57604	174181	88956	85225	121816	57124	64692
海珠区	425477	230956	194521	311385	163513	147872	205454	97806	107648
天河区	296500	164359	132141	501343	281938	219405	435524	222623	212901
白云区	1112639	636982	475657	777298	444014	333284	501237	255824	245413
黄埔区	276682	160860	115822	255179	155825	99354	170105	91777	78328
番禺区	655505	367302	288203	546940	307660	239280	333981	163950	170031
花都区	567775	320578	247197	244029	138885	105144	151227	79392	71835
南沙区	241679	143093	98586	160980	100479	60501	85896	47184	38712
从化区	190928	100813	90115	102477	57024	45453	89723	49400	40323
增城区	385321	211495	173826	211635	120271	91364	157711	80741	76970
韶关市	**735655**	**395990**	**339665**	**373146**	**204213**	**168933**	**184584**	**97537**	**87047**
武江区	84101	43000	41101	63726	32011	31715	35558	17834	17724
浈江区	78228	42573	35655	66131	35330	30801	33767	17459	16308
曲江区	77565	41113	36452	43410	23742	19668	25633	14534	11099
始兴县	55271	28519	26752	23650	13449	10201	9995	5245	4750
仁化县	49965	28061	21904	20100	11318	8782	9883	5201	4682
翁源县	101707	52888	48819	29943	16585	13358	12517	6657	5860
乳源瑶族自治县	46579	26331	20248	20635	11403	9232	10241	5271	4970
新丰县	59907	31299	28608	24131	13374	10757	10202	5408	4794
乐昌市	98270	54031	44239	39651	22494	17157	17501	9409	8092
南雄市	84062	48175	35887	41769	24507	17262	19287	10519	8768
深圳市	**4806156**	**2797143**	**2009013**	**3353919**	**1998346**	**1355573**	**2409267**	**1248698**	**1160569**
罗湖区	216049	118039	98010	232946	122875	110071	176202	81923	94279
福田区	253084	144509	108575	269230	150775	118455	227804	106168	121636
南山区	250303	147688	102615	290466	164237	126229	271076	132635	138441
宝安区	1559788	901786	658002	851619	523624	327995	573621	312980	260641
龙岗区	1159131	667062	492069	802116	466537	335579	566659	288379	278280
盐田区	45624	27242	18382	46893	27632	19261	29363	14628	14735
龙华区	700712	419333	281379	530720	331280	199440	402920	217685	185235
坪山区	184591	110336	74255	103851	66252	37599	55472	31472	24000
光明区	436874	261148	175726	226078	145134	80944	106150	62828	43322
珠海市	**574751**	**327428**	**247323**	**467982**	**266015**	**201967**	**280472**	**143461**	**137011**
香洲区	275837	155648	120189	275275	152133	123142	173630	87054	86576
斗门区	174485	98410	76075	116073	67484	48589	48881	25438	23443
金湾区	124429	73370	51059	76634	46398	30236	57961	30969	26992
汕头市	**1463087**	**757805**	**705282**	**840482**	**463234**	**377248**	**288152**	**150666**	**137486**
龙湖区	139239	74076	65163	113719	58904	54815	63998	31543	32455
金平区	146886	72624	74262	147525	75405	72120	80407	40188	40219
濠江区	61894	33071	28823	42183	23941	18242	18662	10994	7668
潮阳区	478708	237728	240980	246536	141108	105428	60171	34076	26095
潮南区	366176	192027	174149	153605	87626	65979	19387	10560	8827
澄海区	255954	140716	115238	128055	71274	56781	40387	20498	19889
南澳县	14230	7563	6667	8859	4976	3883	5140	2807	2333
佛山市	**2986948**	**1733231**	**1253717**	**1802077**	**1025036**	**777041**	**902900**	**467798**	**435102**
禅城区	372594	206640	165954	259745	142386	117359	151016	76527	74489
南海区	1190317	696376	493941	670375	381022	289353	350888	182999	167889
顺德区	1015768	594058	421710	650486	374059	276427	293739	150896	142843
三水区	269929	159078	110851	133836	77912	55924	60639	32720	27919
高明区	138340	77079	61261	87635	49657	37978	46618	24656	21962

4-3 续表 7

单位：人

地区	初中			高中			大学专科		
	小计	男	女	小计	男	女	小计	男	女
江门市	**1345772**	**707468**	**638304**	**875848**	**486025**	**389823**	**336859**	**173855**	**163004**
蓬江区	194056	104501	89555	162494	89078	73416	99437	49907	49530
江海区	108367	59135	49232	67708	38949	28759	36099	18863	17236
新会区	219338	117883	101455	175421	98561	76860	66520	35020	31500
台山市	261371	132080	129291	170882	92827	78055	40150	21132	19018
开平市	216342	109931	106411	140621	75915	64706	39895	20137	19758
鹤山市	172663	94331	78332	86254	49372	36882	32575	16594	15981
恩平市	173635	89607	84028	72468	41323	31145	22183	12202	9981
湛江市	**1972166**	**1038681**	**933485**	**828558**	**468786**	**359772**	**338709**	**183360**	**155349**
赤坎区	72239	34251	37988	81105	40923	40182	47122	23817	23305
霞山区	129297	61256	68041	130315	67401	62914	66365	34376	31989
坡头区	99259	53089	46170	35383	20772	14611	14552	8157	6395
麻章区	143517	76954	66563	69760	41682	28078	22343	11005	11338
遂溪县	257529	135639	121890	92452	52866	39586	30214	15917	14297
徐闻县	178152	95253	82899	60505	34858	25647	29323	16727	12596
廉江市	428824	229826	198998	124287	70711	53576	46008	25406	20602
雷州市	381094	205142	175952	137672	82959	54713	45136	26907	18229
吴川市	282255	147271	134984	97079	56614	40465	37646	21048	16598
茂名市	**1642207**	**852186**	**790021**	**785998**	**446644**	**339354**	**302216**	**161617**	**140599**
茂南区	245897	125176	120721	171244	93268	77976	88620	44464	44156
电白区	397220	216510	180710	169538	97519	72019	67712	37828	29884
高州市	339784	174602	165182	175815	101947	73868	54895	29294	25601
化州市	395587	202651	192936	142013	82036	59977	48216	26809	21407
信宜市	263719	133247	130472	127388	71874	55514	42773	23222	19551
肇庆市	**1288357**	**695197**	**593160**	**532173**	**298363**	**233810**	**207289**	**112564**	**94725**
端州区	106270	50608	55662	132240	68791	63449	69900	36199	33701
鼎湖区	61367	34249	27118	31360	17682	13678	15851	8481	7370
高要区	259518	142260	117258	78180	45667	32513	24844	14532	10312
广宁县	140213	73796	66417	36591	20700	15891	11908	6271	5637
怀集县	272494	148429	124065	67005	37562	29443	21784	11904	9880
封开县	116413	63583	52830	40901	23866	17035	12980	7301	5679
德庆县	109587	57192	52395	38258	21801	16457	12562	6693	5869
四会市	222495	125080	97415	107638	62294	45344	37460	21183	16277
惠州市	**2022773**	**1134724**	**888049**	**866071**	**493072**	**372999**	**431056**	**225736**	**205320**
惠城区	586752	325452	261300	350450	194872	155578	214947	109317	105630
惠阳区	548176	321461	226715	220655	130320	90335	96442	52557	43885
博罗县	442521	244504	198017	155745	89426	66319	63993	33757	30236
惠东县	348370	191071	157299	100742	57001	43741	38778	21271	17507
龙门县	96954	52236	44718	38479	21453	17026	16896	8834	8062
梅州市	**1116058**	**552430**	**563628**	**497613**	**272359**	**225254**	**173938**	**89828**	**84110**
梅江区	91940	45439	46501	85018	43795	41223	35436	17448	17988
梅县区	166599	80676	85923	85067	45644	39423	30107	14761	15346
大埔县	96084	49096	46988	36151	20179	15972	12044	6325	5719
丰顺县	136500	72452	64048	52760	29378	23382	17527	9291	8236
五华县	280967	140774	140193	88570	50660	37910	25856	13952	11904
平远县	55682	27851	27831	23067	13368	9699	10285	5550	4735
蕉岭县	48423	23328	25095	29578	15914	13664	10541	5330	5211
兴宁市	239863	112814	127049	97402	53421	43981	32142	17171	14971

4-3　续表 8　　　　　　　　　　　　　　　　　　　　　　　　　　　　　　　单位：人

地　区	初　中			高　中			大学专科		
	小计	男	女	小计	男	女	小计	男	女
汕尾市	**755614**	**416341**	**339273**	**259819**	**152751**	**107068**	**93708**	**53380**	**40328**
城　区	112302	59923	52379	62659	36106	26553	30630	16446	14184
海丰县	242885	131046	111839	83336	49180	34156	25968	15329	10639
陆河县	73441	38110	35331	23790	12771	11019	10385	5589	4796
陆丰市	326986	187262	139724	90034	54694	35340	26725	16016	10709
河源市	**843397**	**434242**	**409155**	**351388**	**191932**	**159456**	**151336**	**78339**	**72997**
源城区	198786	99969	98817	119084	63446	55638	64250	32649	31601
紫金县	172096	89365	82731	53151	29473	23678	20418	10866	9552
龙川县	169741	84269	85472	70055	38577	31478	26311	14422	11889
连平县	82841	43238	39603	30792	17063	13729	13150	6852	6298
和平县	101625	53440	48185	35446	19325	16121	13999	7099	6900
东源县	118308	63961	54347	42860	24048	18812	13208	6451	6757
阳江市	**713182**	**377683**	**335499**	**348458**	**197268**	**151190**	**159820**	**87039**	**72781**
江城区	202086	102731	99355	140562	76272	64290	74355	39166	35189
阳东区	141853	75906	65947	67257	39232	28025	27489	15551	11938
阳西县	122848	67160	55688	48720	28553	20167	20075	11398	8677
阳春市	246395	131886	114509	91919	53211	38708	37901	20924	16977
清远市	**1155682**	**632477**	**523205**	**409131**	**226378**	**182753**	**230405**	**118325**	**112080**
清城区	322160	176286	145874	134531	74253	60278	114821	58675	56146
清新区	198584	107997	90587	64690	36617	28073	21932	11332	10600
佛冈县	97701	51361	46340	36213	20270	15943	16313	8494	7819
阳山县	103726	57585	46141	29978	16097	13881	13993	7143	6850
连山壮族瑶族自治县	27385	14567	12818	9959	5545	4414	4736	2416	2320
连南瑶族自治县	36542	19560	16982	11208	5956	5252	5903	2922	2981
英德市	262632	148072	114560	87776	49526	38250	38947	20511	18436
连州市	106952	57049	49903	34776	18114	16662	13760	6832	6928
东莞市	**4052718**	**2384708**	**1668010**	**2224053**	**1336447**	**887606**	**800998**	**436427**	**364571**
市辖区	4052718	2384708	1668010	2224053	1336447	887606	800998	436427	364571
中山市	**1500831**	**859618**	**641213**	**805460**	**459064**	**346396**	**338758**	**174300**	**164458**
市辖区	1500831	859618	641213	805460	459064	346396	338758	174300	164458
潮州市	**719161**	**394873**	**324288**	**326942**	**184480**	**142462**	**118099**	**61428**	**56671**
湘桥区	140092	72422	67670	92076	48500	43576	43643	21899	21744
潮安区	352658	195393	157265	137516	78547	58969	44392	22700	21692
饶平县	226411	127058	99353	97350	57433	39917	30064	16829	13235
揭阳市	**1662147**	**870289**	**791858**	**691320**	**392360**	**298960**	**177057**	**95652**	**81405**
榕城区	238709	120676	118033	160618	90302	70316	56444	29301	27143
揭东区	262682	137499	125183	149253	83886	65367	32346	17477	14869
揭西县	217815	113213	104602	69876	38133	31743	18431	9498	8933
惠来县	280367	155685	124682	79284	50223	29061	21190	13107	8083
普宁市	662574	343216	319358	232289	129816	102473	48646	26269	22377
云浮市	**768982**	**403368**	**365614**	**254033**	**143825**	**110208**	**102948**	**55026**	**47922**
云城区	121626	64604	57022	54629	30581	24048	28016	14673	13343
云安区	79532	44619	34913	18635	11259	7376	7188	4061	3127
新兴县	141137	73319	67818	53944	29410	24534	21161	10818	10343
郁南县	119610	62174	57436	38101	21831	16270	12926	6974	5952
罗定市	307077	158652	148425	88724	50744	37980	33657	18500	15157

4-3 续表 9

单位：人

地区	大学本科			硕士研究生			博士研究生		
	小计	男	女	小计	男	女	小计	男	女
广 东	**7874286**	**4077336**	**3796950**	**776848**	**414096**	**362752**	**91373**	**58219**	**33154**
广州市	**2170193**	**1073852**	**1096341**	**267258**	**135577**	**131681**	**42805**	**25981**	**16824**
荔湾区	130609	63365	67244	11311	5764	5547	1248	737	511
越秀区	181498	83747	97751	33059	16254	16805	5105	3034	2071
海珠区	241829	113149	128680	34781	16972	17809	7487	4601	2886
天河区	398751	200336	198415	70360	35274	35086	13644	8396	5248
白云区	324145	157196	166949	28372	13844	14528	5202	2892	2310
黄埔区	175235	93169	82066	22565	12095	10470	2256	1483	773
番禺区	336829	170922	165907	45253	23905	21348	6213	3758	2455
花都区	136065	65846	70219	7836	4245	3591	501	324	177
南沙区	58103	31676	26427	4465	2473	1992	409	269	140
从化区	61156	30619	30537	2121	970	1151	153	103	50
增城区	125973	63827	62146	7135	3781	3354	587	384	203
韶关市	**124339**	**63992**	**60347**	**5176**	**2849**	**2327**	**546**	**357**	**189**
武江区	29722	15104	14618	2215	1228	987	159	110	49
浈江区	33162	16448	16714	1324	712	612	223	149	74
曲江区	9650	5117	4533	334	200	134	42	28	14
始兴县	5806	3064	2742	140	68	72	12	8	4
仁化县	6845	3629	3216	147	92	55	10	7	3
翁源县	7953	3987	3966	172	92	80	20	11	9
乳源瑶族自治县	6057	3178	2879	215	134	81	12	7	5
新丰县	4833	2565	2268	120	59	61	14	9	5
乐昌市	10178	5334	4844	261	139	122	28	13	15
南雄市	10133	5566	4567	248	125	123	26	15	11
深圳市	**2177081**	**1163533**	**1013548**	**325285**	**177577**	**147708**	**27893**	**18990**	**8903**
罗湖区	153679	75902	77777	21206	10890	10316	1681	1081	600
福田区	290558	143284	147274	70552	36319	34233	5303	3583	1720
南山区	416801	219361	197440	100081	55550	44531	11162	7476	3686
宝安区	450346	254647	195699	45321	25798	19523	2740	1946	794
龙岗区	429610	228712	200898	43949	24902	19047	3362	2371	991
盐田区	26912	13644	13268	4045	2012	2033	445	279	166
龙华区	300340	163692	136648	29382	16115	13267	2067	1423	644
坪山区	45913	26973	18940	5309	2971	2338	480	356	124
光明区	62922	37318	25604	5440	3020	2420	653	475	178
珠海市	**291520**	**148293**	**143227**	**28992**	**14716**	**14276**	**3743**	**2214**	**1529**
香洲区	214807	109262	105545	24526	12423	12103	3219	1894	1325
斗门区	29562	15782	13780	1901	983	918	171	101	70
金湾区	47151	23249	23902	2565	1310	1255	353	219	134
汕头市	**142594**	**73216**	**69378**	**5927**	**3176**	**2751**	**817**	**497**	**320**
龙湖区	38260	19458	18802	1731	944	787	188	104	84
金平区	46168	23487	22681	2959	1574	1385	474	297	177
濠江区	4176	2286	1890	128	70	58	17	9	8
潮阳区	21640	11820	9820	310	182	128	36	17	19
潮南区	9603	5224	4379	181	89	92	16	11	5
澄海区	21180	10152	11028	591	301	290	80	54	26
南澳县	1567	789	778	27	16	11	6	5	1
佛山市	**561257**	**289013**	**272244**	**33294**	**18130**	**15164**	**2889**	**1855**	**1034**
禅城区	113783	58225	55558	8431	4441	3990	742	483	259
南海区	206629	105451	101178	10621	5650	4971	956	567	389
顺德区	172146	89685	82461	11585	6600	4985	984	670	314
三水区	48436	24739	23697	1926	1010	916	151	98	53
高明区	20263	10913	9350	731	429	302	56	37	19

4-3　续表 10　　　　单位：人

地　区	大学本科			硕士研究生			博士研究生		
	小计	男	女	小计	男	女	小计	男	女
江门市	**205766**	**107060**	**98706**	**8332**	**4496**	**3836**	**860**	**584**	**276**
蓬江区	75342	39623	35719	4278	2301	1977	520	371	149
江海区	15803	8180	7623	742	405	337	68	44	24
新会区	40429	20552	19877	1497	804	693	115	70	45
台山市	19004	10347	8657	536	302	234	28	17	11
开平市	19721	9912	9809	436	228	208	54	33	21
鹤山市	25176	12825	12351	610	330	280	50	32	18
恩平市	10291	5621	4670	233	126	107	25	17	8
湛江市	**240551**	**123296**	**117255**	**9248**	**4916**	**4332**	**1452**	**943**	**509**
赤坎区	49017	21308	27709	2112	1126	986	422	286	136
霞山区	51871	27559	24312	3592	1863	1729	605	377	228
坡头区	9763	5356	4407	605	358	247	29	18	11
麻章区	43304	21707	21597	968	492	476	121	80	41
遂溪县	12899	6934	5965	370	189	181	46	25	21
徐闻县	12693	7100	5593	235	140	95	49	30	19
廉江市	22779	12135	10644	524	276	248	63	48	15
雷州市	18427	10626	7801	438	232	206	62	45	17
吴川市	19798	10571	9227	404	240	164	55	34	21
茂名市	**172588**	**93005**	**79583**	**4525**	**2460**	**2065**	**640**	**432**	**208**
茂南区	61204	32778	28426	2420	1299	1121	372	259	113
电白区	27567	14513	13054	670	348	322	89	53	36
高州市	31183	17674	13509	543	339	204	68	42	26
化州市	29699	15867	13832	529	280	249	66	48	18
信宜市	22935	12173	10762	363	194	169	45	30	15
肇庆市	**137441**	**70532**	**66909**	**3648**	**1966**	**1682**	**312**	**207**	**105**
端州区	62620	30277	32343	1964	1058	906	165	112	53
鼎湖区	10654	5115	5539	231	116	115	19	13	6
高要区	17982	9767	8215	170	101	69	24	16	8
广宁县	5785	3093	2692	137	77	60	18	8	10
怀集县	10798	5828	4970	204	113	91	21	14	7
封开县	6120	3454	2666	123	66	57	10	8	2
德庆县	6227	3319	2908	148	77	71	9	4	5
四会市	17255	9679	7576	671	358	313	46	32	14
惠州市	**277034**	**148260**	**128774**	**14941**	**8426**	**6515**	**1425**	**890**	**535**
惠城区	154357	81960	72397	9875	5660	4215	973	613	360
惠阳区	55451	30881	24570	2849	1570	1279	284	177	107
博罗县	35212	18572	16640	1174	654	520	110	65	45
惠东县	22646	12134	10512	809	430	379	44	25	19
龙门县	9368	4713	4655	234	112	122	14	10	4
梅州市	**126239**	**64235**	**62004**	**3656**	**2052**	**1604**	**455**	**299**	**156**
梅江区	46172	21990	24182	1852	1062	790	236	165	71
梅县区	15909	8161	7748	454	240	214	53	34	19
大埔县	7244	3808	3436	150	83	67	23	12	11
丰顺县	9961	5003	4958	181	98	83	25	13	12
五华县	14904	8138	6766	302	167	135	35	21	14
平远县	6211	3391	2820	102	66	36	6	6	
蕉岭县	6921	3482	3439	179	100	79	11	9	2
兴宁市	18917	10262	8655	436	236	200	66	39	27

4-3 续表 11

单位：人

地区	大学本科			硕士研究生			博士研究生		
	小计	男	女	小计	男	女	小计	男	女
汕尾市	**44117**	**25443**	**18674**	**1558**	**894**	**664**	**157**	**111**	**46**
城　区	14610	8467	6143	659	402	257	59	43	16
海丰县	12792	7468	5324	519	280	239	48	32	16
陆河县	4568	2379	2189	68	34	34	5	3	2
陆丰市	12147	7129	5018	312	178	134	45	33	12
河源市	**78414**	**40609**	**37805**	**2739**	**1510**	**1229**	**221**	**138**	**83**
源城区	37260	19413	17847	1840	1057	783	114	76	38
紫金县	9400	5048	4352	187	99	88	25	14	11
龙川县	12866	6831	6035	264	133	131	22	17	5
连平县	5527	2814	2713	117	65	52	23	11	12
和平县	6073	3044	3029	109	47	62	14	6	8
东源县	7288	3459	3829	222	109	113	23	14	9
阳江市	**67903**	**37384**	**30519**	**2173**	**1218**	**955**	**210**	**116**	**94**
江城区	31349	16780	14569	1240	674	566	123	64	59
阳东区	10957	6440	4517	309	189	120	36	17	19
阳西县	8583	4898	3685	192	108	84	20	16	4
阳春市	17014	9266	7748	432	247	185	31	19	12
清远市	**119740**	**61156**	**58584**	**4776**	**2685**	**2091**	**457**	**290**	**167**
清城区	55200	28193	27007	3209	1839	1370	269	180	89
清新区	12150	6223	5927	356	192	164	49	31	18
佛冈县	7877	3996	3881	195	106	89	21	11	10
阳山县	5979	3175	2804	121	76	45	22	11	11
连山壮族瑶族自治县	3188	1596	1592	46	22	24	6	2	4
连南瑶族自治县	3500	1707	1793	74	33	41	2	1	1
英德市	24549	12617	11932	614	327	287	71	46	25
连州市	7297	3649	3648	161	90	71	17	8	9
东莞市	**525729**	**284029**	**241700**	**36897**	**21585**	**15312**	**4917**	**3286**	**1631**
市辖区	525729	284029	241700	36897	21585	15312	4917	3286	1631
中山市	**224958**	**114369**	**110589**	**13481**	**7073**	**6408**	**918**	**594**	**324**
市辖区	224958	114369	110589	13481	7073	6408	918	594	324
潮州市	**69756**	**33444**	**36312**	**2014**	**1070**	**944**	**348**	**235**	**113**
湘桥区	36632	16819	19813	1159	609	550	227	154	73
潮安区	22108	10842	11266	639	346	293	82	56	26
饶平县	11016	5783	5233	216	115	101	39	25	14
揭阳市	**63240**	**34236**	**29004**	**1179**	**716**	**463**	**151**	**97**	**54**
榕城区	21696	11613	10083	270	175	95	33	27	6
揭东区	9391	4968	4423	196	110	86	20	16	4
揭西县	6034	2970	3064	166	95	71	19	12	7
惠来县	8178	4957	3221	200	122	78	27	14	13
普宁市	17941	9728	8213	347	214	133	52	28	24
云浮市	**53826**	**28379**	**25447**	**1749**	**1004**	**745**	**157**	**103**	**54**
云城区	17985	9547	8438	730	439	291	45	29	16
云安区	4803	2483	2320	108	52	56	17	12	5
新兴县	11258	5691	5567	447	248	199	45	32	13
郁南县	5405	2940	2465	117	68	49	12	4	8
罗定市	14375	7718	6657	347	197	150	38	26	12

4-3a　各地区分性别、受教育程度的16-59岁人口(城市)

单位：人

地　区	16-59岁人口			未上过学		
	合计	男	女	小计	男	女
广　东	**56106536**	**30350841**	**25755695**	**181301**	**60018**	**121283**
广州市	**11121492**	**5895430**	**5226062**	**25388**	**9596**	**15792**
荔湾区	817141	422175	394966	1821	732	1089
越秀区	658619	322478	336141	1031	413	618
海珠区	1291708	657217	634491	1753	681	1072
天河区	1774255	939372	834883	2893	1126	1767
白云区	2228788	1203852	1024936	6073	1964	4109
黄埔区	864427	490186	374241	2458	899	1559
番禺区	1798261	951234	847027	4391	1860	2531
花都区	777821	417334	360487	2307	948	1359
南沙区	346044	201176	144868	1409	502	907
从化区	158700	79486	79214	174	88	86
增城区	405728	210920	194808	1078	383	695
韶关市	**601988**	**297487**	**304501**	**2820**	**802**	**2018**
武江区	201712	98757	102955	760	224	536
浈江区	182037	92698	89339	690	295	395
曲江区	90819	44931	45888	292	103	189
始兴县						
仁化县						
翁源县						
乳源瑶族自治县						
新丰县						
乐昌市	59966	28505	31461	589	115	474
南雄市	67454	32596	34858	489	65	424
深圳市	**13780355**	**7679391**	**6100964**	**36330**	**8472**	**27858**
罗湖区	843172	427334	415838	2316	490	1826
福田区	1164330	604438	559892	2496	524	1972
南山区	1385936	745518	640418	3223	837	2386
宝安区	3670492	2097368	1573124	8729	2067	6662
龙岗区	3163387	1736861	1426526	9561	2268	7293
盐田区	160892	88688	72204	376	92	284
龙华区	2051955	1182984	868971	4494	981	3513
坪山区	431997	255397	176600	1805	453	1352
光明区	908194	540803	367391	3330	760	2570
珠海市	**1400863**	**739570**	**661293**	**4665**	**1545**	**3120**
香洲区	984012	514998	469014	3154	1002	2152
斗门区	172537	92576	79961	727	261	466
金湾区	244314	131996	112318	784	282	502
汕头市	**1594050**	**796727**	**797323**	**15917**	**4410**	**11507**
龙湖区	352469	177669	174800	2393	793	1600
金平区	472940	231716	241224	3185	966	2219
濠江区	114216	57274	56942	3250	492	2758
潮阳区	219028	106079	112949	3273	687	2586
潮南区	253670	129754	123916	2779	1171	1608
澄海区	181727	94235	87492	1037	301	736
南澳县						
佛山市	**6292964**	**3475469**	**2817495**	**18294**	**7204**	**11090**
禅城区	810548	429322	381226	1593	698	895
南海区	2582944	1438499	1144445	7396	2903	4493
顺德区	2365054	1321547	1043507	7753	3140	4613
三水区	260897	137148	123749	967	215	752
高明区	273521	148953	124568	585	248	337

4-3a 续表 1 单位：人

地　区	16-59岁人口			未上过学		
	合计	男	女	小计	男	女
江门市	**1896947**	**980745**	**916202**	**4654**	**1773**	**2881**
蓬江区	568815	299485	269330	1794	716	1078
江海区	258846	138815	120031	1093	380	713
新会区	317779	163136	154643	749	280	469
台山市	232926	117641	115285	309	115	194
开平市	216624	107011	109613	330	123	207
鹤山市	174816	89774	85042	248	105	143
恩平市	127141	64883	62258	131	54	77
湛江市	**1216045**	**608622**	**607423**	**4133**	**1607**	**2526**
赤坎区	258881	124429	134452	714	312	402
霞山区	387469	193235	194234	1071	433	638
坡头区	40433	20588	19845	186	54	132
麻章区	74383	40395	33988	284	122	162
遂溪县	10901	5813	5088	71	26	45
徐闻县						
廉江市	147835	73296	74539	353	148	205
雷州市	145585	74751	70834	802	249	553
吴川市	150558	76115	74443	652	263	389
茂名市	**1110354**	**561215**	**549139**	**2998**	**1165**	**1833**
茂南区	410858	208933	201925	729	315	414
电白区	145956	74993	70963	1237	417	820
高州市	201719	101097	100622	382	145	237
化州市	166588	85422	81166	291	124	167
信宜市	185233	90770	94463	359	164	195
肇庆市	**839822**	**438559**	**401263**	**1831**	**729**	**1102**
端州区	395325	196626	198699	840	331	509
鼎湖区	79472	42129	37343	236	104	132
高要区	75682	38952	36730	116	44	72
广宁县						
怀集县						
封开县						
德庆县						
四会市	289343	160852	128491	639	250	389
惠州市	**1913126**	**1047861**	**865265**	**8446**	**3098**	**5348**
惠城区	1127873	599017	528856	5105	1751	3354
惠阳区	768624	439459	329165	3300	1337	1963
博罗县	16629	9385	7244	41	10	31
惠东县						
龙门县						
梅州市	**578897**	**280339**	**298558**	**1376**	**676**	**700**
梅江区	251212	124756	126456	658	322	336
梅县区	154624	74100	80524	235	96	139
大埔县						
丰顺县						
五华县	7674	3755	3919	49	26	23
平远县						
蕉岭县						
兴宁市	165387	77728	87659	434	232	202

4-3a 续表 2

单位：人

地区	16-59岁人口			未上过学		
	合计	男	女	小计	男	女
汕尾市	**333124**	**172380**	**160744**	**6660**	**1959**	**4701**
城 区	196149	101277	94872	3393	1016	2377
海丰县						
陆河县						
陆丰市	136975	71103	65872	3267	943	2324
河源市	**403104**	**203187**	**199917**	**1118**	**464**	**654**
源城区	403104	203187	199917	1118	464	654
紫金县						
龙川县						
连平县						
和平县						
东源县						
阳江市	**638360**	**323149**	**315211**	**1933**	**746**	**1187**
江城区	360040	181890	178150	1158	499	659
阳东区	117993	61179	56814	251	86	165
阳西县						
阳春市	160327	80080	80247	524	161	363
清远市	**775174**	**385579**	**389595**	**3417**	**876**	**2541**
清城区	417862	209155	208707	1463	445	1018
清新区	145188	70832	74356	1129	170	959
佛冈县						
阳山县						
连山壮族瑶族自治县						
连南瑶族自治县						
英德市	130312	66637	63675	543	174	369
连州市	81812	38955	42857	282	87	195
东莞市	**7728268**	**4418615**	**3309653**	**23551**	**8334**	**15217**
市辖区	7728268	4418615	3309653	23551	8334	15217
中山市	**2049527**	**1113989**	**935538**	**8109**	**3037**	**5072**
市辖区	2049527	1113989	935538	8109	3037	5072
潮州市	**591143**	**301292**	**289851**	**4484**	**1414**	**3070**
湘桥区	266975	132948	134027	1315	444	871
潮安区	324168	168344	155824	3169	970	2199
饶平县						
揭阳市	**888160**	**451385**	**436775**	**4328**	**1737**	**2591**
榕城区	397070	200921	196149	2190	845	1345
揭东区	184607	95418	89189	707	309	398
揭西县						
惠来县						
普宁市	306483	155046	151437	1431	583	848
云浮市	**352773**	**179850**	**172923**	**849**	**374**	**475**
云城区	196380	101873	94507	489	202	287
云安区	12409	6560	5849	23	11	12
新兴县						
郁南县						
罗定市	143984	71417	72567	337	161	176

4－3a 续表 3

单位：人

地区	学前教育			小学		
	小计	男	女	小计	男	女
广东	**36636**	**16832**	**19804**	**4209751**	**1929130**	**2280621**
广州市	**4173**	**1877**	**2296**	**596118**	**277456**	**318662**
荔湾区	311	150	161	47333	22859	24474
越秀区	206	103	103	19730	8458	11272
海珠区	334	159	175	63208	29380	33828
天河区	526	247	279	54714	25073	29641
白云区	849	337	512	149792	70168	79624
黄埔区	255	108	147	41685	19573	22112
番禺区	928	458	470	102612	48394	54218
花都区	356	165	191	49648	23431	26217
南沙区	181	65	116	27189	12236	14953
从化区	40	13	27	5901	2417	3484
增城区	187	72	115	34306	15467	18839
韶关市	**340**	**142**	**198**	**45075**	**17501**	**27574**
武江区	127	58	69	12901	5260	7641
浈江区	97	36	61	11428	5481	5947
曲江区	26	10	16	5612	2028	3584
始兴县						
仁化县						
翁源县						
乳源瑶族自治县						
新丰县						
乐昌市	31	11	20	6576	2383	4193
南雄市	59	27	32	8558	2349	6209
深圳市	**3659**	**1306**	**2353**	**682103**	**292578**	**389525**
罗湖区	222	71	151	38871	16063	22808
福田区	281	87	194	45022	19189	25833
南山区	421	217	204	45959	20727	25232
宝安区	888	314	574	177440	74206	103234
龙岗区	934	329	605	184388	79644	104744
盐田区	35	13	22	7199	3146	4053
龙华区	516	157	359	80804	32318	48486
坪山区	131	47	84	35904	17236	18668
光明区	231	71	160	66516	30049	36467
珠海市	**745**	**323**	**422**	**83580**	**38844**	**44736**
香洲区	523	226	297	53002	24299	28703
斗门区	91	37	54	14209	6244	7965
金湾区	131	60	71	16369	8301	8068
汕头市	**2057**	**833**	**1224**	**227507**	**95937**	**131570**
龙湖区	255	84	171	40428	17622	22806
金平区	377	169	208	52660	21005	31655
濠江区	390	127	263	22785	9312	13473
潮阳区	493	217	276	31014	12402	18612
潮南区	241	106	135	50470	21851	28619
澄海区	301	130	171	30150	13745	16405
南澳县						
佛山市	**4881**	**2473**	**2408**	**594115**	**297508**	**296607**
禅城区	381	204	177	44525	21451	23074
南海区	2116	1054	1062	268101	136834	131267
顺德区	2084	1050	1034	239913	119333	120580
三水区	179	96	83	21419	9916	11503
高明区	121	69	52	20157	9974	10183

4-3a　续表 4　　　　单位：人

地　区	学前教育			小　学		
	小计	男	女	小计	男	女
江门市	**918**	**419**	**499**	**145090**	**64121**	**80969**
蓬江区	340	149	191	44321	20292	24029
江海区	149	68	81	28817	12791	16026
新会区	110	41	69	29997	13134	16863
台山市	77	33	44	11286	4688	6598
开平市	107	64	43	14152	5934	8218
鹤山市	48	18	30	11463	5283	6180
恩平市	87	46	41	5054	1999	3055
湛江市	**1373**	**727**	**646**	**82704**	**35666**	**47038**
赤坎区	170	89	81	10269	4552	5717
霞山区	267	139	128	22037	9321	12716
坡头区	46	15	31	3244	1324	1920
麻章区	197	112	85	6957	3261	3696
遂溪县	11	7	4	1240	557	683
徐闻县						
廉江市	206	118	88	8420	3565	4855
雷州市	262	118	144	16138	6790	9348
吴川市	214	129	85	14399	6296	8103
茂名市	**742**	**343**	**399**	**77477**	**32733**	**44744**
茂南区	204	105	99	23671	10361	13310
电白区	191	60	131	19335	8636	10699
高州市	169	81	88	14184	5593	8591
化州市	119	59	60	8106	3681	4425
信宜市	59	38	21	12181	4462	7719
肇庆市	**1100**	**552**	**548**	**59604**	**27516**	**32088**
端州区	489	227	262	20837	9023	11814
鼎湖区	152	84	68	7425	3576	3849
高要区	165	93	72	7239	3293	3946
广宁县						
怀集县						
封开县						
德庆县						
四会市	294	148	146	24103	11624	12479
惠州市	**1750**	**758**	**992**	**160916**	**77824**	**83092**
惠城区	1051	447	604	86010	39756	46254
惠阳区	694	311	383	72843	37076	35767
博罗县	5		5	2063	992	1071
惠东县						
龙门县						
梅州市	**388**	**166**	**222**	**31060**	**13688**	**17372**
梅江区	170	74	96	12521	6171	6350
梅县区	99	40	59	9847	4018	5829
大埔县						
丰顺县						
五华县	14	7	7	765	266	499
平远县						
蕉岭县						
兴宁市	105	45	60	7927	3233	4694

4-3a 续表 5

单位：人

地区	学前教育			小学		
	小计	男	女	小计	男	女
汕尾市	**2030**	**1018**	**1012**	**70677**	**31124**	**39553**
城区	526	250	276	39475	17941	21534
海丰县						
陆河县						
陆丰市	1504	768	736	31202	13183	18019
河源市	**219**	**95**	**124**	**27447**	**12198**	**15249**
源城区	219	95	124	27447	12198	15249
紫金县						
龙川县						
连平县						
和平县						
东源县						
阳江市	**828**	**398**	**430**	**68810**	**29434**	**39376**
江城区	575	293	282	36524	16301	20223
阳东区	107	44	63	14786	6327	8459
阳西县						
阳春市	146	61	85	17500	6806	10694
清远市	**471**	**206**	**265**	**94953**	**39502**	**55451**
清城区	219	90	129	43855	18322	25533
清新区	149	69	80	25897	10144	15753
佛冈县						
阳山县						
连山壮族瑶族自治县						
连南瑶族自治县						
英德市	62	29	33	15621	6925	8696
连州市	41	18	23	9580	4111	5469
东莞市	**6509**	**3103**	**3406**	**689687**	**331976**	**357711**
市辖区	6509	3103	3406	689687	331976	357711
中山市	**1729**	**852**	**877**	**233018**	**110814**	**122204**
市辖区	1729	852	877	233018	110814	122204
潮州市	**708**	**292**	**416**	**100673**	**44191**	**56482**
湘桥区	230	101	129	29145	12195	16950
潮安区	478	191	287	71528	31996	39532
饶平县						
揭阳市	**1156**	**516**	**640**	**110693**	**46718**	**63975**
榕城区	598	261	337	52172	21546	30626
揭东区	157	87	70	23799	10381	13418
揭西县						
惠来县						
普宁市	401	168	233	34722	14791	19931
云浮市	**860**	**433**	**427**	**28444**	**11801**	**16643**
云城区	140	50	90	16842	6992	9850
云安区	5	3	2	1037	404	633
新兴县						
郁南县						
罗定市	715	380	335	10565	4405	6160

4-3a　续表 6　　　　　　　　　　　　　　　　　　　　　　　　　　单位：人

地　区	初　中			高　中			大学专科		
	小计	男	女	小计	男	女	小计	男	女
广　东	**20898805**	**11690626**	**9208179**	**14792445**	**8380615**	**6411830**	**8357114**	**4304906**	**4052208**
广州市	**3297614**	**1837985**	**1459629**	**2926787**	**1628778**	**1298009**	**2046986**	**1030498**	**1016488**
荔湾区	234377	127203	107174	241222	126730	114492	148909	74635	74274
越秀区	121993	64389	57604	174181	88956	85225	121816	57124	64692
海珠区	425477	230956	194521	311385	163513	147872	205454	97806	107648
天河区	296500	164359	132141	501343	281938	219405	435524	222623	212901
白云区	820431	469236	351195	599366	338260	261106	380565	190489	190076
黄埔区	243073	141689	101384	234239	143474	90765	156577	84922	71655
番禺区	547077	303490	243587	472399	261544	210855	303720	147116	156604
花都区	337381	186962	150419	165436	91829	73607	117408	61533	55875
南沙区	115909	69178	46731	96570	60964	35606	55919	31273	24646
从化区	36538	17424	19114	41090	21452	19638	46041	24351	21690
增城区	118858	63099	55759	89556	50118	39438	75053	38626	36427
韶关市	**192687**	**93785**	**98902**	**178422**	**91851**	**86571**	**96410**	**49390**	**47020**
武江区	64424	31367	33057	58384	28896	29488	33780	16929	16851
浈江区	52291	27145	25146	55259	28749	26510	28866	14407	14459
曲江区	32875	15214	17661	29063	15226	13837	14795	8032	6763
始兴县									
仁化县									
翁源县									
乳源瑶族自治县									
新丰县									
乐昌市	22544	10330	12214	16589	8652	7937	7915	4078	3837
南雄市	20553	9729	10824	19127	10328	8799	11054	5944	5110
深圳市	**4784516**	**2783000**	**2001516**	**3342929**	**1990834**	**1352095**	**2404480**	**1245589**	**1158891**
罗湖区	216049	118039	98010	232946	122875	110071	176202	81923	94279
福田区	253084	144509	108575	269230	150775	118455	227804	106168	121636
南山区	248090	145726	102364	289533	163356	126177	270764	132350	138414
宝安区	1559788	901786	658002	851619	523624	327995	573621	312980	260641
龙岗区	1139872	654967	484905	792313	460020	332293	562573	285719	276854
盐田区	45624	27242	18382	46893	27632	19261	29363	14628	14735
龙华区	700712	419333	281379	530720	331280	199440	402920	217685	185235
坪山区	184423	110250	74173	103597	66138	37459	55083	31308	23775
光明区	436874	261148	175726	226078	145134	80944	106150	62828	43322
珠海市	**397592**	**220651**	**176941**	**368240**	**203529**	**164711**	**243209**	**121944**	**121265**
香洲区	256841	141098	115743	265388	144816	120572	167863	83251	84612
斗门区	61236	33944	27292	49469	27826	21643	27116	13949	13167
金湾区	79515	45609	33906	53383	30887	22496	48230	24744	23486
汕头市	**559780**	**286443**	**273337**	**471171**	**247058**	**224113**	**201386**	**102612**	**98774**
龙湖区	112904	59944	52960	99951	51035	48916	57909	28449	29460
金平区	143753	70990	72763	144910	73983	70927	79484	39735	39749
濠江区	41677	21358	20319	31692	17784	13908	11050	6381	4669
潮阳区	65677	30442	35235	77574	40260	37314	29138	15875	13263
潮南区	119082	61839	57243	69556	38769	30787	7700	4027	3673
澄海区	76687	41870	34817	47488	25227	22261	16105	8145	7960
南澳县									
佛山市	**2628339**	**1515042**	**1113297**	**1650494**	**931951**	**718543**	**836559**	**431265**	**405294**
禅城区	299084	163119	135965	223013	121041	101972	129550	65263	64287
南海区	1117824	652022	465802	636502	360356	276146	337709	176100	161609
顺德区	998863	583356	415507	640956	368429	272527	291646	149749	141897
三水区	99788	54714	45074	72690	38468	34222	34831	17635	17196
高明区	112780	61831	50949	77333	43657	33676	42823	22518	20305

4—3a 续表 7

单位：人

地 区	初 中			高 中			大学专科		
	小计	男	女	小计	男	女	小计	男	女
江门市	**686484**	**352333**	**334151**	**602414**	**325586**	**276828**	**271451**	**139680**	**131771**
蓬江区	186660	100563	86097	158160	86589	71571	97869	49107	48762
江海区	108367	59135	49232	67708	38949	28759	36099	18863	17236
新会区	101380	51731	49649	101141	54388	46753	48357	25356	23001
台山市	81279	39449	41830	100677	52530	48147	26193	13773	12420
开平市	80168	37702	42466	80619	42015	38604	26900	13865	13035
鹤山市	72949	37439	35510	49879	26804	23075	21053	10413	10640
恩平市	55681	26314	29367	44230	24311	19919	14980	8303	6677
湛江市	**421923**	**202021**	**219902**	**378289**	**199036**	**179253**	**178127**	**93536**	**84591**
赤坎区	69665	32922	36743	79863	40250	39613	46775	23645	23130
霞山区	117752	55308	62444	125537	64699	60838	65224	33775	31449
坡头区	13034	6322	6712	9710	5044	4666	7087	3879	3208
麻章区	28568	14439	14129	25755	15008	10747	6405	3341	3064
遂溪县	6339	3282	3057	2134	1327	807	838	475	363
徐闻县									
廉江市	61431	28913	32518	46520	24226	22294	19170	10132	9038
雷州市	60062	29114	30948	47114	26164	20950	15027	8778	6249
吴川市	65072	31721	33351	41656	22318	19338	17601	9511	8090
茂名市	**387445**	**185622**	**201823**	**378163**	**202068**	**176095**	**155380**	**80604**	**74776**
茂南区	126958	60789	66169	135314	71384	63930	69543	36310	33233
电白区	52597	27094	25503	46244	24670	21574	16995	9166	7829
高州市	69502	33202	36300	74654	40545	34109	26054	12207	13847
化州市	66066	31539	34527	56805	30990	25815	21140	11510	9630
信宜市	72322	32998	39324	65146	34479	30667	21648	11411	10237
肇庆市	**293020**	**152234**	**140786**	**258172**	**139660**	**118512**	**124409**	**67134**	**57275**
端州区	106270	50608	55662	132240	68791	63449	69900	36199	33701
鼎湖区	28775	15806	12969	20305	11081	9224	12615	6740	5875
高要区	25302	12177	13125	20534	11000	9534	10601	6362	4239
广宁县									
怀集县									
封开县									
德庆县									
四会市	132673	73643	59030	85093	48788	36305	31293	17833	13460
惠州市	**809295**	**458363**	**350932**	**471452**	**264564**	**206888**	**256681**	**132956**	**123725**
惠城区	422019	231263	190756	288053	157022	131031	173459	87824	85635
惠阳区	377445	221429	156016	180165	105632	74533	82150	44522	37628
博罗县	9831	5671	4160	3234	1910	1324	1072	610	462
惠东县									
龙门县									
梅州市	**222195**	**103512**	**118683**	**175114**	**88738**	**86376**	**74501**	**36665**	**37836**
梅江区	78187	38583	39604	78574	40254	38320	33703	16568	17135
梅县区	64907	30542	34365	46294	23187	23107	20758	9822	10936
大埔县									
丰顺县									
五华县	5248	2538	2710	1128	665	463	331	183	148
平远县									
蕉岭县									
兴宁市	73853	31849	42004	49118	24632	24486	19709	10092	9617

4-3a　续表 8　　　　　　　　　　　　　　　　　　单位：人

地　区	初　中			高　中			大学专科		
	小计	男	女	小计	男	女	小计	男	女
汕尾市	**132432**	**69187**	**63245**	**71875**	**41566**	**30309**	**33946**	**18389**	**15557**
城　区	72980	37783	35197	44313	25091	19222	24692	12930	11762
海丰县									
陆河县									
陆丰市	59452	31404	28048	27562	16475	11087	9254	5459	3795
河源市	**166807**	**82939**	**83868**	**108863**	**57101**	**51762**	**60641**	**30508**	**30133**
源城区	166807	82939	83868	108863	57101	51762	60641	30508	30133
紫金县									
龙川县									
连平县									
和平县									
东源县									
阳江市	**236967**	**117310**	**119657**	**183962**	**98654**	**85308**	**97589**	**50959**	**46630**
江城区	124828	61718	63110	106010	55850	50160	61827	31769	30058
阳东区	52609	26827	25782	30711	17404	13307	12738	6857	5881
阳西县									
阳春市	59530	28765	30765	47241	25400	21841	23024	12333	10691
清远市	**312651**	**159635**	**153016**	**175692**	**92148**	**83544**	**110722**	**54014**	**56708**
清城区	160845	82520	78325	90399	48313	42086	71416	34029	37387
清新区	67792	34618	33174	30504	16084	14420	11961	5906	6055
佛冈县									
阳山县									
连山壮族瑶族自治县									
连南瑶族自治县									
英德市	48627	25704	22923	33390	17326	16064	17935	9412	8523
连州市	35387	16793	18594	21399	10425	10974	9410	4667	4743
东莞市	**3678410**	**2154865**	**1523545**	**2050923**	**1225504**	**825419**	**739496**	**401205**	**338291**
市辖区	3678410	2154865	1523545	2050923	1225504	825419	739496	401205	338291
中山市	**903749**	**513483**	**390266**	**499909**	**281115**	**218794**	**230151**	**117115**	**113036**
市辖区	903749	513483	390266	499909	281115	218794	230151	117115	113036
潮州市	**239467**	**127568**	**111899**	**140515**	**75112**	**65403**	**64312**	**32265**	**32047**
湘桥区	96449	48733	47716	74788	38689	36099	38982	19606	19376
潮安区	143018	78835	64183	65727	36423	29304	25330	12659	12671
饶平县									
揭阳市	**387734**	**195386**	**192348**	**265663**	**144959**	**120704**	**86797**	**45115**	**41682**
榕城区	159018	79859	79159	118669	65151	53518	45460	23142	22318
揭东区	76266	39079	37187	63861	35144	28717	15337	8107	7230
揭西县									
惠来县									
普宁市	152450	76448	76002	83133	44664	38469	26000	13866	12134
云浮市	**159698**	**79262**	**80436**	**93396**	**50803**	**42593**	**43881**	**23463**	**20418**
云城区	88238	45475	42763	47239	26189	21050	25686	13483	12203
云安区	6465	3467	2998	4001	2202	1799	624	336	288
新兴县									
郁南县									
罗定市	64995	30320	34675	42156	22412	19744	17571	9644	7927

4—3a 续表 9

单位：人

地　区	大学本科			硕士研究生			博士研究生		
	小计	男	女	小计	男	女	小计	男	女
广　东	**6801015**	**3517481**	**3283534**	**742074**	**395596**	**346478**	**87395**	**55637**	**31758**
广州市	**1925736**	**953424**	**972312**	**256989**	**130549**	**126440**	**41701**	**25267**	**16434**
荔湾区	130609	63365	67244	11311	5764	5547	1248	737	511
越秀区	181498	83747	97751	33059	16254	16805	5105	3034	2071
海珠区	241829	113149	128680	34781	16972	17809	7487	4601	2886
天河区	398751	200336	198415	70360	35274	35086	13644	8396	5248
白云区	240103	117624	122479	26618	13036	13582	4991	2738	2253
黄埔区	162626	86673	75953	21375	11439	9936	2139	1409	730
番禺区	318268	161884	156384	42934	22897	20037	5932	3591	2341
花都区	98127	48459	49668	6753	3738	3015	405	269	136
南沙区	44396	24443	19953	4098	2274	1824	373	241	132
从化区	27665	13140	14525	1177	548	629	74	53	21
增城区	81864	40604	41260	4523	2353	2170	303	198	105
韶关市	**81770**	**41515**	**40255**	**4033**	**2211**	**1822**	**431**	**290**	**141**
武江区	28988	14696	14292	2194	1217	977	154	110	44
浈江区	31911	15755	16156	1278	685	593	217	145	72
曲江区	7870	4149	3721	251	146	105	35	23	12
始兴县									
仁化县									
翁源县									
乳源瑶族自治县									
新丰县									
乐昌市	5566	2854	2712	146	79	67	10	3	7
南雄市	7435	4061	3374	164	84	80	15	9	6
深圳市	**2173631**	**1161355**	**1012276**	**324885**	**177320**	**147565**	**27822**	**18937**	**8885**
罗湖区	153679	75902	77777	21206	10890	10316	1681	1081	600
福田区	290558	143284	147274	70552	36319	34233	5303	3583	1720
南山区	416708	219283	197425	100076	55546	44530	11162	7476	3686
宝安区	450346	254647	195699	45321	25798	19523	2740	1946	794
龙岗区	426801	226892	199909	43641	24696	18945	3304	2326	978
盐田区	26912	13644	13268	4045	2012	2033	445	279	166
龙华区	300340	163692	136648	29382	16115	13267	2067	1423	644
坪山区	45365	26693	18672	5222	2924	2298	467	348	119
光明区	62922	37318	25604	5440	3020	2420	653	475	178
珠海市	**271520**	**136614**	**134906**	**27721**	**14013**	**13708**	**3591**	**2107**	**1484**
香洲区	210020	106277	103743	24082	12190	11892	3139	1839	1300
斗门区	18305	9600	8705	1265	648	617	119	67	52
金湾区	43195	20737	22458	2374	1175	1199	333	201	132
汕头市	**110321**	**56218**	**54103**	**5193**	**2781**	**2412**	**718**	**435**	**283**
龙湖区	36754	18716	18038	1691	923	768	184	103	81
金平区	45148	23005	22143	2950	1567	1383	473	296	177
濠江区	3271	1763	1508	91	52	39	10	5	5
潮阳区	11712	6114	5598	130	76	54	17	6	11
潮南区	3776	1954	1822	60	32	28	6	5	1
澄海区	9660	4666	4994	271	131	140	28	20	8
南澳县									
佛山市	**525273**	**270640**	**254633**	**32196**	**17586**	**14610**	**2813**	**1800**	**1013**
禅城区	103620	52828	50792	8060	4249	3811	722	469	253
南海区	201889	103090	98799	10464	5580	4884	943	560	383
顺德区	171296	89236	82060	11560	6584	4976	983	670	313
三水区	29494	15274	14220	1414	762	652	115	68	47
高明区	18974	10212	8762	698	411	287	50	33	17

4-3a　续表 10　　　　单位：人

地　区	大学本科			硕士研究生			博士研究生		
	小计	男	女	小计	男	女	小计	男	女
江门市	**177575**	**92257**	**85318**	**7602**	**4055**	**3547**	**759**	**521**	**238**
蓬江区	74886	39404	35482	4267	2295	1972	518	370	148
江海区	15803	8180	7623	742	405	337	68	44	24
新会区	34641	17466	17175	1313	686	627	91	54	37
台山市	12738	6873	5865	354	173	181	13	7	6
开平市	14003	7122	6881	315	168	147	30	18	12
鹤山市	18662	9431	9231	483	260	223	31	21	10
恩平市	6842	3781	3061	128	68	60	8	7	1
湛江市	**141549**	**71651**	**69898**	**6842**	**3663**	**3179**	**1105**	**715**	**390**
赤坎区	48897	21250	27647	2107	1124	983	421	285	136
霞山区	51403	27332	24071	3575	1853	1722	603	375	228
坡头区	6599	3635	2964	513	307	206	14	8	6
麻章区	6006	3998	2008	195	102	93	16	12	4
遂溪县	262	137	125	6	2	4			
徐闻县									
廉江市	11545	6081	5464	174	99	75	16	14	2
雷州市	6078	3475	2603	90	53	37	12	10	2
吴川市	10759	5743	5016	182	123	59	23	11	12
茂名市	**104804**	**56793**	**48011**	**2941**	**1613**	**1328**	**404**	**274**	**130**
茂南区	51951	28280	23671	2169	1172	997	319	217	102
电白区	9158	4839	4319	177	98	79	22	13	9
高州市	16492	9150	7342	256	155	101	26	19	7
化州市	13853	7403	6450	188	102	86	20	14	6
信宜市	13350	7121	6229	151	86	65	17	11	6
肇庆市	**98691**	**49091**	**49600**	**2778**	**1493**	**1285**	**217**	**150**	**67**
端州区	62620	30277	32343	1964	1058	906	165	112	53
鼎湖区	9774	4642	5132	177	87	90	13	9	4
高要区	11667	5949	5718	54	30	24	4	4	
广宁县									
怀集县									
封开县									
德庆县									
四会市	14630	8223	6407	583	318	265	35	25	10
惠州市	**191454**	**102751**	**88703**	**11964**	**6814**	**5150**	**1168**	**733**	**435**
惠城区	141992	75056	66936	9283	5330	3953	901	568	333
惠阳区	49085	27509	21576	2676	1479	1197	266	164	102
博罗县	377	186	191	5	5		1	1	
惠东县									
龙门县									
梅州市	**71489**	**35301**	**36188**	**2476**	**1390**	**1086**	**298**	**203**	**95**
梅江区	45340	21575	23765	1826	1046	780	233	163	70
梅县区	12095	6184	5911	367	195	172	22	16	6
大埔县									
丰顺县									
五华县	134	68	66	5	2	3			
平远县									
蕉岭县									
兴宁市	13920	7474	6446	278	147	131	43	24	19

4-3a 续表 11 单位：人

地区	大学本科			硕士研究生			博士研究生		
	小计	男	女	小计	男	女	小计	男	女
汕尾市	**14949**	**8795**	**6154**	**510**	**310**	**200**	**45**	**32**	**13**
城 区	10288	5973	4315	444	266	178	38	27	11
海丰县									
陆河县									
陆丰市	4661	2822	1839	66	44	22	7	5	2
河源市	**36105**	**18782**	**17323**	**1797**	**1031**	**766**	**107**	**69**	**38**
源城区	36105	18782	17323	1797	1031	766	107	69	38
紫金县									
龙川县									
连平县									
和平县									
东源县									
阳江市	**46568**	**24724**	**21844**	**1557**	**847**	**710**	**146**	**77**	**69**
江城区	27909	14806	13103	1101	599	502	108	55	53
阳东区	6599	3529	3070	168	92	76	24	13	11
阳西县									
阳春市	12060	6389	5671	288	156	132	14	9	5
清远市	**73702**	**37160**	**36542**	**3300**	**1866**	**1434**	**266**	**172**	**94**
清城区	46773	23758	23015	2675	1533	1142	217	145	72
清新区	7562	3738	3824	182	96	86	12	7	5
佛冈县									
阳山县									
连山壮族瑶族自治县									
连南瑶族自治县									
英德市	13769	6871	6898	338	180	158	27	16	11
连州市	5598	2793	2805	105	57	48	10	4	6
东莞市	**499214**	**269592**	**229622**	**35725**	**20856**	**14869**	**4753**	**3180**	**1573**
市辖区	499214	269592	229622	35725	20856	14869	4753	3180	1573
中山市	**161267**	**81444**	**79823**	**10858**	**5661**	**5197**	**737**	**468**	**269**
市辖区	161267	81444	79823	10858	5661	5197	737	468	269
潮州市	**39369**	**19558**	**19811**	**1409**	**754**	**655**	**206**	**138**	**68**
湘桥区	24889	12534	12355	1022	543	479	155	103	52
潮安区	14480	7024	7456	387	211	176	51	35	16
饶平县									
揭阳市	**31313**	**16654**	**14659**	**417**	**260**	**157**	**59**	**40**	**19**
榕城区	18736	9967	8769	199	127	72	28	23	5
揭东区	4392	2255	2137	78	49	29	10	7	3
揭西县									
惠来县									
普宁市	8185	4432	3753	140	84	56	21	10	11
云浮市	**24715**	**13162**	**11553**	**881**	**523**	**358**	**49**	**29**	**20**
云城区	17006	9037	7969	702	423	279	38	22	16
云安区	248	136	112	6	1	5			
新兴县									
郁南县									
罗定市	7461	3989	3472	173	99	74	11	7	4

4-3b　各地区分性别、受教育程度的16-59岁人口(镇)

单位：人

地　区	16-59岁人口			未上过学		
	合计	男	女	小计	男	女
广　东	**10617007**	**5568183**	**5048824**	**66218**	**20085**	**46133**
广州市	**911018**	**498429**	**412589**	**2429**	**900**	**1529**
荔湾区						
越秀区						
海珠区						
天河区						
白云区	216981	118747	98234	346	121	225
黄埔区	24450	12080	12370	64	19	45
番禺区	52043	29860	22183	182	76	106
花都区	74646	40032	34614	184	45	139
南沙区	115203	65172	50031	507	203	304
从化区	79787	46808	32979	70	25	45
增城区	347908	185730	162178	1076	411	665
韶关市	**393110**	**192870**	**200240**	**2986**	**624**	**2362**
武江区	1550	794	756	14		14
浈江区	20655	13128	7527	102	75	27
曲江区	16569	8940	7629	113	39	74
始兴县	47920	21930	25990	202	42	160
仁化县	45769	22217	23552	322	69	253
翁源县	64969	29973	34996	204	66	138
乳源瑶族自治县	51940	25652	26288	237	50	187
新丰县	60183	29490	30693	86	38	48
乐昌市	50742	24638	26104	1192	177	1015
南雄市	32813	16108	16705	514	68	446
深圳市	**5496**	**4190**	**1306**	**43**	**16**	**27**
罗湖区						
福田区						
南山区	3969	3467	502	41	15	26
宝安区						
龙岗区						
盐田区						
龙华区						
坪山区	1527	723	804	2	1	1
光明区						
珠海市	**233926**	**143253**	**90673**	**1387**	**582**	**805**
香洲区	45919	32953	12966	563	316	247
斗门区	106498	59522	46976	433	131	302
金湾区	81509	50778	30731	391	135	256
汕头市	**818932**	**420549**	**398383**	**7853**	**2354**	**5499**
龙湖区						
金平区						
濠江区	3279	1707	1572	143	53	90
潮阳区	375939	192822	183117	3402	986	2416
潮南区	179588	91110	88478	2208	689	1519
澄海区	229752	119313	110439	1554	505	1049
南澳县	30374	15597	14777	546	121	425
佛山市	**378329**	**222075**	**156254**	**1463**	**540**	**923**
禅城区	158220	89961	68259	510	223	287
南海区	41021	24059	16962	128	57	71
顺德区						
三水区	160641	96984	63657	750	224	526
高明区	18447	11071	7376	75	36	39

4—3b 续表 1

单位：人

地区	16—59岁人口			未上过学		
	合计	男	女	小计	男	女
江门市	**274688**	**149411**	**125277**	**1062**	**392**	**670**
蓬江区						
江海区						
新会区	77812	41928	35884	323	121	202
台山市	45813	23668	22145	179	57	122
开平市	59555	31779	27776	240	80	160
鹤山市	57353	34012	23341	216	98	118
恩平市	34155	18024	16131	104	36	68
湛江市	**677704**	**345904**	**331800**	**3648**	**1384**	**2264**
赤坎区						
霞山区	2548	1332	1216	10	7	3
坡头区	42409	21377	21032	244	75	169
麻章区	80435	40827	39608	553	274	279
遂溪县	153160	77393	75767	608	254	354
徐闻县	137029	69717	67312	559	192	367
廉江市	100217	52506	47711	376	168	208
雷州市	91154	47020	44134	868	304	564
吴川市	70752	35732	35020	430	110	320
茂名市	**466041**	**239154**	**226887**	**3385**	**971**	**2414**
茂南区	24489	12842	11647	103	40	63
电白区	205673	106368	99305	2303	550	1753
高州市	91037	46603	44434	506	180	326
化州市	95489	49319	46170	195	110	85
信宜市	49353	24022	25331	278	91	187
肇庆市	**515400**	**268851**	**246549**	**2054**	**807**	**1247**
端州区						
鼎湖区	24700	14240	10460	59	25	34
高要区	106646	59109	47537	532	249	283
广宁县	92960	45722	47238	297	127	170
怀集县	133636	67674	65962	693	229	464
封开县	72255	37350	34905	275	102	173
德庆县	60181	30287	29894	138	54	84
四会市	25022	14469	10553	60	21	39
惠州市	**1149947**	**613575**	**536372**	**4279**	**1441**	**2838**
惠城区	93647	51694	41953	384	134	250
惠阳区	88132	49569	38563	254	92	162
博罗县	472726	253983	218743	1548	526	1022
惠东县	407059	214267	192792	1838	594	1244
龙门县	88383	44062	44321	255	95	160
梅州市	**581218**	**285970**	**295248**	**1983**	**927**	**1056**
梅江区	3667	1908	1759	19	10	9
梅县区	24320	12228	12092	53	23	30
大埔县	81637	38868	42769	291	108	183
丰顺县	140332	71864	68468	586	310	276
五华县	177224	86844	90380	514	243	271
平远县	56785	27345	29440	200	72	128
蕉岭县	59329	28200	31129	153	70	83
兴宁市	37924	18713	19211	167	91	76

4-3b　续表 2

单位：人

地　区	16-59岁人口			未上过学		
	合计	男	女	小计	男	女
汕尾市	**609882**	**312502**	**297380**	**9474**	**2193**	**7281**
城　区	26688	14173	12515	369	64	305
海丰县	330474	170501	159973	2614	778	1836
陆河县	75594	37125	38469	400	135	265
陆丰市	177126	90703	86423	6091	1216	4875
河源市	**425688**	**206220**	**219468**	**1345**	**516**	**829**
源城区	26007	13935	12072	74	16	58
紫金县	115253	56523	58730	417	198	219
龙川县	106940	49141	57799	220	85	135
连平县	58806	28674	30132	387	124	263
和平县	64475	30243	34232	98	40	58
东源县	54207	27704	26503	149	53	96
阳江市	**240512**	**125594**	**114918**	**1377**	**440**	**937**
江城区	32712	17218	15494	223	93	130
阳东区	39844	23078	16766	237	109	128
阳西县	116502	59409	57093	665	160	505
阳春市	51454	25889	25565	252	78	174
清远市	**543974**	**278230**	**265744**	**3830**	**1037**	**2793**
清城区	169501	92672	76829	840	285	555
清新区	23454	12068	11386	235	46	189
佛冈县	82704	40707	41997	182	76	106
阳山县	85308	41078	44230	815	198	617
连山壮族瑶族自治县	22652	11075	11577	64	25	39
连南瑶族自治县	35303	17288	18015	222	93	129
英德市	107180	54181	52999	1330	261	1069
连州市	17872	9161	8711	142	53	89
东莞市	**72654**	**41554**	**31100**	**204**	**66**	**138**
市辖区	72654	41554	31100	204	66	138
中山市	**836544**	**465231**	**371313**	**3484**	**1098**	**2386**
市辖区	836544	465231	371313	3484	1098	2386
潮州市	**428113**	**219239**	**208874**	**4899**	**1221**	**3678**
湘桥区	50217	24306	25911	244	109	135
潮安区	146892	76337	70555	1396	394	1002
饶平县	231004	118596	112408	3259	718	2541
揭阳市	**782897**	**400483**	**382414**	**8155**	**2244**	**5911**
榕城区	53187	27207	25980	332	135	197
揭东区	118663	62952	55711	960	386	574
揭西县	117298	59408	57890	618	279	339
惠来县	237918	121027	116891	4946	995	3951
普宁市	255831	129889	125942	1299	449	850
云浮市	**270934**	**134899**	**136035**	**878**	**332**	**546**
云城区						
云安区	27584	14485	13099	239	68	171
新兴县	116084	57256	58828	199	86	113
郁南县	88121	43794	44327	292	110	182
罗定市	39145	19364	19781	148	68	80

4-3b 续表 3

单位：人

地区	学前教育			小学		
	小计	男	女	小计	男	女
广东	**11004**	**4922**	**6082**	**1405009**	**601846**	**803163**
广州市	**409**	**175**	**234**	**74835**	**35265**	**39570**
荔湾区						
越秀区						
海珠区						
天河区						
白云区	76	35	41	11019	5118	5901
黄埔区	5		5	1319	436	883
番禺区	13	5	8	4899	2587	2312
花都区	19	8	11	4013	1711	2302
南沙区	60	34	26	14641	7021	7620
从化区	33	20	13	3352	1596	1756
增城区	203	73	130	35592	16796	18796
韶关市	**268**	**103**	**165**	**50173**	**17332**	**32841**
武江区	1		1	209	83	126
浈江区	11	6	5	2214	1492	722
曲江区	11	2	9	2157	831	1326
始兴县	20	7	13	4824	1176	3648
仁化县	48	16	32	4686	1599	3087
翁源县	38	24	14	6937	2298	4639
乳源瑶族自治县	29	13	16	7444	2782	4662
新丰县	24	13	11	4537	1641	2896
乐昌市	35	9	26	8775	3091	5684
南雄市	51	13	38	8390	2339	6051
深圳市	**1**		**1**	**437**	**265**	**172**
罗湖区						
福田区						
南山区	1		1	371	242	129
宝安区						
龙岗区						
盐田区						
龙华区						
坪山区				66	23	43
光明区						
珠海市	**274**	**167**	**107**	**25368**	**13477**	**11891**
香洲区	138	107	31	6048	4205	1843
斗门区	89	37	52	10385	4751	5634
金湾区	47	23	24	8935	4521	4414
汕头市	**797**	**326**	**471**	**142276**	**60870**	**81406**
龙湖区						
金平区						
濠江区	8	2	6	721	317	404
潮阳区	333	144	189	51966	21592	30374
潮南区	239	97	142	39358	16973	22385
澄海区	179	71	108	44617	19513	25104
南澳县	38	12	26	5614	2475	3139
佛山市	**252**	**107**	**145**	**41217**	**21191**	**20026**
禅城区	126	52	74	15322	7953	7369
南海区	31	12	19	4808	2587	2221
顺德区						
三水区	84	38	46	18607	9380	9227
高明区	11	5	6	2480	1271	1209

4-3b　续表 4　　　　单位：人

地　区	学前教育			小　学		
	小计	男	女	小计	男	女
江门市	**314**	**166**	**148**	**36895**	**17097**	**19798**
蓬江区						
江海区						
新会区	124	65	59	12221	5493	6728
台山市	116	63	53	6752	3052	3700
开平市	31	13	18	8415	3741	4674
鹤山市	18	10	8	6296	3430	2866
恩平市	25	15	10	3211	1381	1830
湛江市	**868**	**416**	**452**	**66737**	**27361**	**39376**
赤坎区						
霞山区				188	79	109
坡头区	79	42	37	5882	2456	3426
麻章区	73	33	40	5151	2371	2780
遂溪县	154	60	94	10988	4699	6289
徐闻县	189	99	90	17170	7187	9983
廉江市	85	42	43	7149	2806	4343
雷州市	217	105	112	13693	5374	8319
吴川市	71	35	36	6516	2389	4127
茂名市	**657**	**285**	**372**	**62558**	**25922**	**36636**
茂南区	14	2	12	3573	1539	2034
电白区	337	141	196	33732	14491	19241
高州市	230	108	122	10782	3997	6785
化州市	43	22	21	7762	3554	4208
信宜市	33	12	21	6709	2341	4368
肇庆市	**984**	**473**	**511**	**55171**	**22653**	**32518**
端州区						
鼎湖区	15	10	5	3287	1499	1788
高要区	178	76	102	14813	6617	8196
广宁县	143	74	69	8089	3114	4975
怀集县	334	161	173	14978	5708	9270
封开县	127	61	66	7344	2803	4541
德庆县	162	80	82	4440	1864	2576
四会市	25	11	14	2220	1048	1172
惠州市	**1009**	**470**	**539**	**149064**	**69940**	**79124**
惠城区	71	38	33	9336	4517	4819
惠阳区	40	20	20	10897	5196	5701
博罗县	295	146	149	49043	22884	26159
惠东县	532	233	299	71326	33650	37676
龙门县	71	33	38	8462	3693	4769
梅州市	**296**	**147**	**149**	**50218**	**19143**	**31075**
梅江区	2		2	352	154	198
梅县区	7	4	3	1357	566	791
大埔县	29	15	14	7980	2872	5108
丰顺县	67	26	41	16006	7180	8826
五华县	127	67	60	13717	4838	8879
平远县	21	8	13	4595	1220	3375
蕉岭县	21	15	6	3454	1166	2288
兴宁市	22	12	10	2757	1147	1610

4–3b 续表 5

单位：人

地　区	学前教育			小　学		
	小计	男	女	小计	男	女
汕尾市	**1082**	**487**	**595**	**141458**	**58761**	**82697**
城　区	49	18	31	5535	2540	2995
海丰县	770	366	404	73064	30853	42211
陆河县	53	22	31	11234	4351	6883
陆丰市	210	81	129	51625	21017	30608
河源市	**307**	**134**	**173**	**35711**	**13471**	**22240**
源城区	6	2	4	2072	790	1282
紫金县	115	56	59	9035	3606	5429
龙川县	65	23	42	8216	2772	5444
连平县	39	12	27	6633	2488	4145
和平县	44	25	19	4887	1805	3082
东源县	38	16	22	4868	2010	2858
阳江市	**301**	**137**	**164**	**40133**	**17080**	**23053**
江城区	26	15	11	4409	1983	2426
阳东区	44	20	24	8072	4245	3827
阳西县	166	74	92	19148	7834	11314
阳春市	65	28	37	8504	3018	5486
清远市	**339**	**125**	**214**	**87513**	**36758**	**50755**
清城区	109	43	66	26698	12236	14462
清新区	15	8	7	5281	2184	3097
佛冈县	33	16	17	8171	3340	4831
阳山县	76	25	51	11842	4602	7240
连山壮族瑶族自治县	8	3	5	1987	726	1261
连南瑶族自治县	35	12	23	5235	2202	3033
英德市	58	18	40	24763	9849	14914
连州市	5		5	3536	1619	1917
东莞市	**31**	**15**	**16**	**7123**	**3419**	**3704**
市辖区	31	15	16	7123	3419	3704
中山市	**560**	**254**	**306**	**104431**	**49124**	**55307**
市辖区	560	254	306	104431	49124	55307
潮州市	**732**	**286**	**446**	**76921**	**29554**	**47367**
湘桥区	111	85	26	5645	2024	3621
潮安区	139	49	90	32230	12850	19380
饶平县	482	152	330	39046	14680	24366
揭阳市	**1272**	**527**	**745**	**131503**	**53342**	**78161**
榕城区	51	22	29	9672	3786	5886
揭东区	206	99	107	19533	9132	10401
揭西县	316	162	154	11377	5118	6259
惠来县	395	114	281	50652	18604	32048
普宁市	304	130	174	40269	16702	23567
云浮市	**251**	**122**	**129**	**25267**	**9821**	**15446**
云城区						
云安区	56	19	37	4056	1501	2555
新兴县	84	35	49	9098	3731	5367
郁南县	69	43	26	7724	3020	4704
罗定市	42	25	17	4389	1569	2820

4-3b 续表 6

单位：人

地 区	初 中			高 中			大学专科		
	小计	男	女	小计	男	女	小计	男	女
广 东	**5071872**	**2685885**	**2385987**	**2421998**	**1376847**	**1045151**	**1008164**	**545624**	**462540**
广州市	**322748**	**181558**	**141190**	**196095**	**113429**	**82666**	**175622**	**94461**	**81161**
荔湾区									
越秀区									
海珠区									
天河区									
白云区	63517	35878	27639	47141	27672	19469	52903	29373	23530
黄埔区	4337	2225	2112	3804	1895	1909	5038	2295	2743
番禺区	18275	10597	7678	15955	9983	5972	6114	3417	2697
花都区	28755	16207	12548	14884	8354	6530	8714	4357	4357
南沙区	53877	31392	22485	26250	15938	10312	13137	6996	6141
从化区	20171	11174	8997	12211	7365	4846	27205	16582	10623
增城区	133816	74085	59731	75850	42222	33628	62511	31441	31070
韶关市	**163349**	**79947**	**83402**	**97732**	**52949**	**44783**	**48273**	**25974**	**22299**
武江区	818	421	397	269	147	122	154	86	68
浈江区	7981	5068	2913	6188	3794	2394	3488	2298	1190
曲江区	8715	4772	3943	3403	2012	1391	1407	838	569
始兴县	18549	7955	10594	13231	6964	6267	6433	3318	3115
仁化县	16344	7778	8566	12162	6339	5823	6733	3524	3209
翁源县	29224	12855	16369	15156	7871	7285	7605	4011	3594
乳源瑶族自治县	16629	8265	8364	14128	7521	6607	7978	4112	3866
新丰县	26612	12643	13969	17173	9026	8147	7670	4000	3670
乐昌市	23766	11852	11914	10177	5740	4437	4431	2492	1939
南雄市	14711	8338	6373	5845	3535	2310	2374	1295	1079
深圳市	**2381**	**2048**	**333**	**1187**	**995**	**192**	**701**	**449**	**252**
罗湖区									
福田区									
南山区	2213	1962	251	933	881	52	312	285	27
宝安区									
龙岗区									
盐田区									
龙华区									
坪山区	168	86	82	254	114	140	389	164	225
光明区									
珠海市	**101587**	**63189**	**38398**	**60671**	**39250**	**21421**	**27069**	**16102**	**10967**
香洲区	18609	14237	4372	9660	7136	2524	5649	3718	1931
斗门区	44148	24816	19332	30446	18334	12112	12530	6655	5875
金湾区	38830	24136	14694	20565	13780	6785	8890	5729	3161
汕头市	**412876**	**212469**	**200407**	**191617**	**110497**	**81120**	**44317**	**24077**	**20240**
龙湖区									
金平区									
濠江区	1011	584	427	882	469	413	420	235	185
潮阳区	201164	100462	100702	94823	55769	39054	17729	10157	7572
潮南区	95512	49049	46463	35138	20348	14790	4767	2675	2092
澄海区	104398	56690	47708	53412	29847	23565	16850	8514	8336
南澳县	10791	5684	5107	7362	4064	3298	4551	2496	2055
佛山市	**194199**	**117772**	**76427**	**81508**	**49871**	**31637**	**41581**	**22846**	**18735**
禅城区	73510	43521	29989	36732	21345	15387	21466	11264	10202
南海区	23374	14290	9084	8087	4782	3305	3180	1653	1527
顺德区									
三水区	87018	53600	33418	32949	21462	11487	15666	9157	6509
高明区	10297	6361	3936	3740	2282	1458	1269	772	497

4-3b 续表 7

单位：人

地 区	初 中			高 中			大学专科		
	小计	男	女	小计	男	女	小计	男	女
江门市	**137685**	**74690**	**62995**	**70161**	**41702**	**28459**	**18856**	**10064**	**8792**
蓬江区									
江海区									
新会区	32548	17623	14925	23979	14030	9949	6186	3294	2892
台山市	22506	11376	11130	12021	6873	5148	2742	1413	1329
开平市	32033	17318	14715	13654	8004	5650	3364	1679	1685
鹤山市	30642	18178	12464	13611	8590	5021	4126	2325	1801
恩平市	19956	10195	9761	6896	4205	2691	2438	1353	1085
湛江市	**322913**	**161327**	**161586**	**154629**	**88262**	**66367**	**66635**	**35597**	**31038**
赤坎区									
霞山区	1362	665	697	797	479	318	137	76	61
坡头区	23401	11613	11788	8610	4936	3674	2837	1512	1325
麻章区	18974	10589	8385	12425	7610	4815	8186	3463	4723
遂溪县	71158	34921	36237	45624	24920	20704	17141	8520	8621
徐闻县	61139	30230	30909	31683	17215	14468	17820	10001	7819
廉江市	56180	28198	27982	23377	13745	9632	9186	5447	3739
雷州市	48099	24151	23948	18333	11202	7131	6421	3802	2619
吴川市	42600	20960	21640	13780	8155	5625	4907	2776	2131
茂名市	**227021**	**115271**	**111750**	**109807**	**62388**	**47419**	**39330**	**22031**	**17299**
茂南区	13942	7373	6569	5007	2924	2083	1294	676	618
电白区	94040	49375	44665	46375	26094	20281	18763	10437	8326
高州市	42451	21013	21438	24053	13802	10251	7863	4582	3281
化州市	50869	25123	25746	24670	14043	10627	7142	3984	3158
信宜市	25719	12387	13332	9702	5525	4177	4268	2352	1916
肇庆市	**261742**	**136937**	**124805**	**124429**	**69295**	**55134**	**45323**	**24834**	**20489**
端州区									
鼎湖区	14987	8800	6187	4662	2942	1720	1305	740	565
高要区	63008	35478	27530	21310	12807	8503	4846	2755	2091
广宁县	50056	24105	25951	21828	11719	10109	7982	4182	3800
怀集县	63435	32498	30937	33813	17978	15835	12446	6890	5556
封开县	31842	16088	15754	19551	10905	8646	8427	4777	3650
德庆县	23725	11172	12553	18203	9933	8270	8494	4526	3968
四会市	14689	8796	5893	5062	3011	2051	1823	964	859
惠州市	**589630**	**318684**	**270946**	**237456**	**133596**	**103860**	**105219**	**56205**	**49014**
惠城区	41646	23477	18169	21322	12544	8778	14913	7841	7072
惠阳区	55656	31847	23809	13844	8329	5515	5146	2866	2280
博罗县	243499	132168	111331	104696	59159	45537	44494	23643	20851
惠东县	211355	112781	98574	74347	41371	32976	29178	15905	13273
龙门县	37474	18411	19063	23247	12193	11054	11488	5950	5538
梅州市	**289701**	**138503**	**151198**	**150607**	**80781**	**69826**	**52751**	**27707**	**25044**
梅江区	2062	1057	1005	879	502	377	242	121	121
梅县区	14648	7047	7601	5848	3308	2540	1596	861	735
大埔县	38803	17937	20866	21509	11190	10319	7817	4023	3794
丰顺县	71588	36687	34901	32477	17578	14899	11925	6226	5699
五华县	90588	42729	47859	47900	25863	22037	14076	7507	6569
平远县	25071	11572	13499	14927	7988	6939	7175	3859	3316
蕉岭县	23177	10462	12715	18816	9608	9208	7815	3903	3912
兴宁市	23764	11012	12752	8251	4744	3507	2105	1207	898

4-3b 续表 8

单位：人

地 区	初 中			高 中			大学专科		
	小计	男	女	小计	男	女	小计	男	女
汕尾市	**287131**	**153060**	**134071**	**112721**	**64775**	**47946**	**37463**	**21627**	**15836**
城 区	9598	5296	4302	5127	2909	2218	2862	1560	1302
海丰县	159116	83370	75746	63360	36794	26566	20712	12075	8637
陆河县	36763	18394	18369	16838	8693	8145	6944	3776	3168
陆丰市	81654	46000	35654	27396	16379	11017	6945	4216	2729
河源市	**207789**	**97041**	**110748**	**110440**	**58204**	**52236**	**46208**	**24398**	**21810**
源城区	15409	7830	7579	5743	3599	2144	2027	1276	751
紫金县	57875	27585	30290	29876	15519	14357	11712	6218	5494
龙川县	47815	20141	27674	29758	15075	14683	13109	7032	6077
连平县	28209	13550	14659	13845	7490	6355	6895	3592	3303
和平县	27785	12257	15528	19161	9816	9345	8323	4193	4130
东源县	30696	15678	15018	12057	6705	5352	4142	2087	2055
阳江市	**109183**	**56511**	**52672**	**55883**	**32307**	**23576**	**23633**	**13453**	**10180**
江城区	14298	7331	6967	9209	5242	3967	3569	2010	1559
阳东区	18436	10718	7718	8921	5400	3521	2984	1850	1134
阳西县	48633	24628	24005	28428	16012	12416	12965	7140	5825
阳春市	27816	13834	13982	9325	5653	3672	4115	2453	1662
清远市	**271771**	**144035**	**127736**	**102512**	**56228**	**46284**	**49015**	**25125**	**23890**
清城区	95979	54800	41179	27867	16144	11723	11748	5960	5788
清新区	12390	6702	5688	3116	1814	1302	1265	664	601
佛冈县	36992	17673	19319	19998	10740	9258	10899	5642	5257
阳山县	38045	18578	19467	19588	9986	9602	10171	5174	4997
连山壮族瑶族自治县	8943	4308	4635	5599	2934	2665	3402	1761	1641
连南瑶族自治县	15113	7575	7538	7459	3809	3650	4241	2122	2119
英德市	53686	28798	24888	16525	9523	7002	6519	3434	3085
连州市	10623	5601	5022	2360	1278	1082	770	368	402
东莞市	**40646**	**23438**	**17208**	**17285**	**10419**	**6866**	**5073**	**2931**	**2142**
市辖区	40646	23438	17208	17285	10419	6866	5073	2931	2142
中山市	**399341**	**231075**	**168266**	**203779**	**117730**	**86049**	**78053**	**41034**	**37019**
市辖区	399341	231075	168266	203779	117730	86049	78053	41034	37019
潮州市	**193407**	**103739**	**89668**	**100523**	**57948**	**42575**	**31048**	**17158**	**13890**
湘桥区	21304	11142	10162	11106	6188	4918	2772	1374	1398
潮安区	72694	39851	32843	28552	16904	11648	8397	4507	3890
饶平县	99409	52746	46663	60865	34856	26009	19879	11277	8602
揭阳市	**401940**	**207799**	**194141**	**178913**	**102101**	**76812**	**44833**	**25385**	**19448**
榕城区	23401	11883	11518	14559	8507	6052	4231	2342	1889
揭东区	57765	30627	27138	31037	17583	13454	7044	3956	3088
揭西县	62266	31167	31099	29389	15727	13662	10087	5274	4813
惠来县	114956	60455	54501	46857	28599	18258	14516	8901	5615
普宁市	143552	73667	69885	57071	31685	25386	8955	4912	4043
云浮市	**134832**	**66792**	**68040**	**64043**	**34120**	**29923**	**27161**	**14166**	**12995**
云城区									
云安区	14499	7946	6553	3651	2250	1401	1642	935	707
新兴县	51524	25273	26251	31630	16195	15435	14184	7221	6963
郁南县	43895	21238	22657	23541	12641	10900	8648	4598	4050
罗定市	24914	12335	12579	5221	3034	2187	2687	1412	1275

4-3b 续表 9

单位：人

地 区	大学本科			硕士研究生			博士研究生		
	小计	男	女	小计	男	女	小计	男	女
广　东	**611710**	**321500**	**290210**	**19106**	**10219**	**8887**	**1926**	**1255**	**671**
广州市	**131965**	**69057**	**62908**	**6296**	**3183**	**3113**	**619**	**401**	**218**
荔湾区									
越秀区									
海珠区									
天河区									
白云区	41113	20161	20952	803	340	463	63	49	14
黄埔区	8722	4566	4156	1060	583	477	101	61	40
番禺区	5732	2804	2928	762	328	434	111	63	48
花都区	17431	9043	8388	600	279	321	46	28	18
南沙区	6519	3465	3054	190	106	84	22	17	5
从化区	16196	9772	6424	516	250	266	33	24	9
增城区	36252	19246	17006	2365	1297	1068	243	159	84
韶关市	**29596**	**15551**	**14045**	**673**	**351**	**322**	**60**	**39**	**21**
武江区	82	56	26	3	1	2			
浈江区	643	379	264	24	13	11	4	3	1
曲江区	731	427	304	31	18	13	1	1	
始兴县	4551	2422	2129	100	40	60	10	6	4
仁化县	5353	2814	2539	114	73	41	7	5	2
翁源县	5704	2802	2902	92	41	51	9	5	4
乳源瑶族自治县	5325	2809	2516	159	94	65	11	6	5
新丰县	3988	2085	1903	84	38	46	9	6	3
乐昌市	2310	1250	1060	48	21	27	8	6	2
南雄市	909	507	402	18	12	6	1	1	
深圳市	**641**	**358**	**283**	**92**	**51**	**41**	**13**	**8**	**5**
罗湖区									
福田区									
南山区	93	78	15	5	4	1			
宝安区									
龙岗区									
盐田区									
龙华区									
坪山区	548	280	268	87	47	40	13	8	5
光明区									
珠海市	**16327**	**9766**	**6561**	**1107**	**624**	**483**	**136**	**96**	**40**
香洲区	4731	2949	1782	441	230	211	80	55	25
斗门区	7947	4509	3438	483	265	218	37	24	13
金湾区	3649	2308	1341	183	129	54	19	17	2
汕头市	**18763**	**9718**	**9045**	**388**	**208**	**180**	**45**	**30**	**15**
龙湖区									
金平区									
濠江区	90	45	45	4	2	2			
潮阳区	6424	3651	2773	91	57	34	7	4	3
潮南区	2311	1253	1058	52	24	28	3	2	1
澄海区	8489	4039	4450	222	113	109	31	21	10
南澳县	1449	730	719	19	12	7	4	3	1
佛山市	**17377**	**9349**	**8028**	**682**	**362**	**320**	**50**	**37**	**13**
禅城区	10163	5397	4766	371	192	179	20	14	6
南海区	1333	643	690	77	34	43	3	1	2
顺德区									
三水区	5320	2973	2347	222	129	93	25	21	4
高明区	561	336	225	12	7	5	2	1	1

4-3b　续表 10

单位：人

地　区	大学本科			硕士研究生			博士研究生		
	小计	男	女	小计	男	女	小计	男	女
江门市	**9502**	**5166**	**4336**	**189**	**118**	**71**	**24**	**16**	**8**
蓬江区									
江海区									
新会区	2375	1265	1110	53	35	18	3	2	1
台山市	1470	818	652	25	15	10	2	1	1
开平市	1786	926	860	27	14	13	5	4	1
鹤山市	2395	1348	1047	41	28	13	8	5	3
恩平市	1476	809	667	43	26	17	6	4	2
湛江市	**61035**	**30883**	**30152**	**1113**	**591**	**522**	**126**	**83**	**43**
赤坎区									
霞山区	53	25	28	1	1				
坡头区	1324	723	601	29	18	11	3	2	1
麻章区	34350	16105	18245	647	331	316	76	51	25
遂溪县	7312	3929	3383	164	85	79	11	5	6
徐闻县	8330	4706	3624	113	70	43	26	17	9
廉江市	3778	2053	1725	84	46	38	2	1	1
雷州市	3483	2060	1423	37	20	17	3	2	1
吴川市	2405	1282	1123	38	20	18	5	5	
茂名市	**22853**	**12033**	**10820**	**385**	**220**	**165**	**45**	**33**	**12**
茂南区	540	280	260	14	6	8	2	2	
电白区	9864	5134	4730	239	132	107	20	14	6
高州市	5090	2876	2214	48	36	12	14	9	5
化州市	4739	2443	2296	61	33	28	8	7	1
信宜市	2620	1300	1320	23	13	10	1	1	
肇庆市	**25161**	**13562**	**11599**	**483**	**262**	**221**	**53**	**28**	**25**
端州区									
鼎湖区	374	216	158	6	5	1	5	3	2
高要区	1916	1101	815	36	21	15	7	5	2
广宁县	4461	2345	2116	91	52	39	13	4	9
怀集县	7805	4134	3671	122	70	52	10	6	4
封开县	4599	2568	2031	84	41	43	6	5	1
德庆县	4909	2600	2309	104	56	48	6	2	4
四会市	1097	598	499	40	17	23	6	3	3
惠州市	**61045**	**32024**	**29021**	**2087**	**1124**	**963**	**158**	**91**	**67**
惠城区	5631	2955	2676	303	163	140	41	25	16
惠阳区	2235	1191	1044	55	26	29	5	2	3
博罗县	28165	14899	13266	908	515	393	78	43	35
惠东县	17808	9376	8432	650	341	309	25	16	9
龙门县	7206	3603	3603	171	79	92	9	5	4
梅州市	**35064**	**18413**	**16651**	**547**	**317**	**230**	**51**	**32**	**19**
梅江区	107	62	45	4	2	2			
梅县区	803	414	389	4	2	2	4	3	1
大埔县	5137	2689	2448	64	31	33	7	3	4
丰顺县	7555	3781	3774	113	67	46	15	9	6
五华县	10156	5514	4642	134	77	57	12	6	6
平远县	4726	2577	2149	67	46	21	3	3	
蕉岭县	5741	2887	2854	144	83	61	8	6	2
兴宁市	839	489	350	17	9	8	2	2	

4-3b 续表 11

单位：人

地区	大学本科			硕士研究生			博士研究生		
	小计	男	女	小计	男	女	小计	男	女
汕尾市	**19850**	**11205**	**8645**	**647**	**354**	**293**	**56**	**40**	**16**
城　区	3004	1696	1308	134	82	52	10	8	2
海丰县	10371	6011	4360	431	228	203	36	26	10
陆河县	3326	1736	1590	35	18	17	1		1
陆丰市	3149	1762	1387	47	26	21	9	6	3
河源市	**23469**	**12215**	**11254**	**381**	**217**	**164**	**38**	**24**	**14**
源城区	648	401	247	25	18	7	3	3	
紫金县	6130	3287	2843	82	47	35	11	7	4
龙川县	7628	3946	3682	126	64	62	3	3	
连平县	2738	1387	1351	49	25	24	11	6	5
和平县	4130	2080	2050	43	26	17	4	1	3
东源县	2195	1114	1081	56	37	19	6	4	2
阳江市	**9804**	**5552**	**4252**	**180**	**102**	**78**	**18**	**12**	**6**
江城区	951	530	421	23	12	11	4	2	2
阳东区	1125	721	404	24	15	9	1		1
阳西县	6387	3502	2885	101	52	49	9	7	2
阳春市	1341	799	542	32	23	9	4	3	1
清远市	**28210**	**14489**	**13721**	**696**	**382**	**314**	**88**	**51**	**37**
清城区	5930	3013	2917	293	166	127	37	25	12
清新区	1117	629	488	32	20	12	3	1	2
佛冈县	6274	3136	3138	138	75	63	17	9	8
阳山县	4690	2466	2224	67	43	24	14	6	8
连山壮族瑶族自治县	2617	1302	1315	31	16	15	1		1
连南瑶族自治县	2944	1449	1495	53	25	28	1	1	
英德市	4208	2257	1951	77	33	44	14	8	6
连州市	430	237	193	5	4	1	1	1	
东莞市	**2131**	**1167**	**964**	**138**	**85**	**53**	**23**	**14**	**9**
市辖区	2131	1167	964	138	85	53	23	14	9
中山市	**44863**	**23783**	**21080**	**1906**	**1045**	**861**	**127**	**88**	**39**
市辖区	44863	23783	21080	1906	1045	861	127	88	39
潮州市	**20110**	**9071**	**11039**	**366**	**189**	**177**	**107**	**73**	**34**
湘桥区	8853	3283	5570	113	51	62	69	50	19
潮安区	3333	1695	1638	136	76	60	15	11	4
饶平县	7924	4093	3831	117	62	55	23	12	11
揭阳市	**15959**	**8887**	**7072**	**291**	**180**	**111**	**31**	**18**	**13**
榕城区	917	512	405	23	19	4	1	1	
揭东区	2072	1146	926	44	21	23	2	2	
揭西县	3177	1639	1538	60	36	24	8	6	2
惠来县	5494	3303	2191	93	53	40	9	3	6
普宁市	4299	2287	2012	71	51	20	11	6	5
云浮市	**17985**	**9251**	**8734**	**459**	**254**	**205**	**58**	**41**	**17**
云城区									
云安区	3391	1738	1653	37	19	18	13	9	4
新兴县	8969	4486	4483	360	202	158	36	27	9
郁南县	3900	2119	1781	47	23	24	5	2	3
罗定市	1725	908	817	15	10	5	4	3	1

4-3c 各地区分性别、受教育程度的16-59岁人口(乡村)

单位：人

地 区	16-59岁人口			未上过学		
	合计	男	女	小计	男	女
广 东	**18786657**	**10064435**	**8722222**	**194406**	**57535**	**136871**
广州市	**1792322**	**997447**	**794875**	**6571**	**2840**	**3731**
荔湾区						
越秀区						
海珠区						
天河区						
白云区	517131	287438	229693	1554	589	965
黄埔区	66708	37963	28745	209	95	114
番禺区	210907	121086	89821	722	272	450
花都区	347888	196837	151051	1364	690	674
南沙区	158344	88834	69510	728	248	480
从化区	241022	127608	113414	957	477	480
增城区	250322	137681	112641	1037	469	568
韶关市	**685245**	**368694**	**316551**	**9700**	**2568**	**7132**
武江区	33001	18311	14690	364	99	265
浈江区	30405	16634	13771	287	93	194
曲江区	68673	38523	30150	560	209	351
始兴县	66528	34506	32022	735	254	481
仁化县	61578	33257	28321	1130	238	892
翁源县	115523	61025	54498	977	406	571
乳源瑶族自治县	56111	30534	25577	599	163	436
新丰县	51318	27997	23321	351	171	180
乐昌市	99130	54459	44671	2926	613	2313
南雄市	102978	53448	49530	1771	322	1449
深圳市	**40510**	**25390**	**15120**	**254**	**65**	**189**
罗湖区						
福田区						
南山区						
宝安区						
龙岗区	40510	25390	15120	254	65	189
盐田区						
龙华区						
坪山区						
光明区						
珠海市	**153566**	**84855**	**68711**	**1166**	**325**	**841**
香洲区	981	741	240	14	5	9
斗门区	140841	77211	63630	1068	296	772
金湾区	11744	6903	4841	84	24	60
汕头市	**941511**	**480480**	**461031**	**15006**	**3579**	**11427**
龙湖区	63033	31910	31123	1162	261	901
金平区	9723	4833	4890	166	46	120
濠江区	47033	25535	21498	1635	223	1412
潮阳区	384887	192004	192883	5717	1396	4321
潮南区	280336	143718	136618	4611	1164	3447
澄海区	148918	78598	70320	1254	382	872
南澳县	7581	3882	3699	461	107	354
佛山市	**322756**	**189096**	**133660**	**1287**	**493**	**794**
禅城区						
南海区	103137	60619	42518	332	131	201
顺德区	34135	20493	13642	127	56	71
三水区	155756	91425	64331	651	246	405
高明区	29728	16559	13169	177	60	117

4-3c 续表 1

单位：人

地　区	16-59岁人口			未上过学		
	合计	男	女	小计	男	女
江门市	**938109**	**495815**	**442294**	**4331**	**1654**	**2677**
蓬江区	15473	8260	7213	45	21	24
江海区						
新会区	188440	103315	85125	1183	404	779
台山市	279352	142483	136869	1054	466	588
开平市	191533	98794	92739	922	353	569
鹤山市	120326	66400	53926	483	166	317
恩平市	142985	76563	66422	644	244	400
湛江市	**2013223**	**1075465**	**937758**	**24701**	**7922**	**16779**
赤坎区	4856	2548	2308	9	4	5
霞山区	17713	9317	8396	59	21	38
坡头区	106137	57581	48556	1274	374	900
麻章区	167654	90375	77279	1899	725	1174
遂溪县	283065	151244	131821	2857	1100	1757
徐闻县	209260	111933	97327	2900	1066	1834
廉江市	464406	249029	215377	4646	1532	3114
雷州市	479868	255114	224754	8503	2305	6198
吴川市	280264	148324	131940	2554	795	1759
茂名市	**1798300**	**941643**	**856657**	**19116**	**5275**	**13841**
茂南区	193829	101456	92373	1101	429	672
电白区	481536	256088	225448	8909	2039	6870
高州市	417603	214889	202714	4489	1211	3278
化州市	407214	215384	191830	1936	756	1180
信宜市	298118	153826	144292	2681	840	1841
肇庆市	**1122002**	**595237**	**526765**	**8190**	**2852**	**5338**
端州区						
鼎湖区	31470	16491	14979	247	95	152
高要区	269436	145046	124390	1332	566	766
广宁县	128931	68914	60017	682	313	369
怀集县	317818	163434	154384	3512	912	2600
封开县	135943	72424	63519	1107	390	717
德庆县	125954	66588	59366	792	353	439
四会市	112450	62340	50110	518	223	295
惠州市	**1051420**	**585949**	**465471**	**6626**	**2503**	**4123**
惠城区	226372	127767	98605	1169	476	693
惠阳区	184388	106375	78013	951	321	630
博罗县	307946	169050	138896	1611	665	946
惠东县	231895	126912	104983	2356	797	1559
龙门县	100819	55845	44974	539	244	295
梅州市	**976893**	**499719**	**477174**	**7367**	**3297**	**4070**
梅江区	20901	10586	10315	91	43	48
梅县区	142850	72382	70468	901	406	495
大埔县	90933	48477	42456	685	311	374
丰顺县	117235	61933	55302	849	372	477
五华县	290869	146503	144366	2433	1027	1406
平远县	52120	26892	25228	428	178	250
蕉岭县	44985	23060	21925	302	127	175
兴宁市	217000	109886	107114	1678	833	845

4-3c　续表 2　　　　单位：人

地　区	16—59岁人口			未上过学		
	合计	男	女	小计	男	女
汕尾市	**644770**	**336940**	**307830**	**26815**	**5383**	**21432**
城　区	62756	33740	29016	1914	504	1410
海丰县	155227	83004	72223	2870	722	2148
陆河县	62333	31455	30878	1049	362	687
陆丰市	364454	188741	175713	20982	3795	17187
河源市	**781751**	**413415**	**368336**	**6120**	**2687**	**3433**
源城区	26010	14391	11619	118	49	69
紫金县	175829	92390	83439	1494	611	883
龙川县	210179	110231	99948	1514	731	783
连平县	97633	50527	47106	962	348	614
和平县	120045	64401	55644	1029	478	551
东源县	152055	81475	70580	1003	470	533
阳江市	**667268**	**358618**	**308650**	**7097**	**2400**	**4697**
江城区	120706	64451	56255	1018	388	630
阳东区	137149	74316	62833	901	348	553
阳西县	139756	75873	63883	2478	771	1707
阳春市	269657	143978	125679	2700	893	1807
清远市	**1032995**	**562416**	**470579**	**13772**	**3787**	**9985**
清城区	134800	76982	57818	604	200	404
清新区	201092	107932	93160	2103	595	1508
佛冈县	102753	55481	47272	814	303	511
阳山县	113841	61601	52240	2466	669	1797
连山壮族瑶族自治县	30603	16434	14169	247	109	138
连南瑶族自治县	39710	20852	18858	693	258	435
英德市	305818	165682	140136	5660	1188	4472
连州市	104378	57452	46926	1185	465	720
东莞市	**654411**	**394693**	**259718**	**2331**	**838**	**1493**
市辖区	654411	394693	259718	2331	838	1493
中山市	**413657**	**229479**	**184178**	**1938**	**599**	**1339**
市辖区	413657	229479	184178	1938	599	1339
潮州市	**534089**	**278734**	**255355**	**9485**	**2045**	**7440**
湘桥区	41338	21135	20203	320	113	207
潮安区	256851	133722	123129	3305	950	2355
饶平县	235900	123877	112023	5860	982	4878
揭阳市	**1507750**	**773239**	**734511**	**17508**	**4543**	**12965**
榕城区	114275	58472	55803	779	271	508
揭东区	236738	123758	112980	1456	625	831
揭西县	248361	127087	121274	1757	734	1023
惠来县	310204	156714	153490	9199	1470	7729
普宁市	598172	307208	290964	4317	1443	2874
云浮市	**714109**	**377111**	**336998**	**5025**	**1880**	**3145**
云城区	53142	28764	24378	321	127	194
云安区	92324	49375	42949	805	255	550
新兴县	137990	72932	65058	562	249	313
郁南县	110067	58615	51452	1007	398	609
罗定市	320586	167425	153161	2330	851	1479

4-3c 续表 3　　单位：人

地区	学前教育			小学		
	小计	男	女	小计	男	女
广东	**23791**	**9398**	**14393**	**3153763**	**1312745**	**1841018**
广州市	**832**	**336**	**496**	**196693**	**93670**	**103023**
荔湾区						
越秀区						
海珠区						
天河区						
白云区	209	68	141	44089	20885	23204
黄埔区	16	5	11	7552	3885	3667
番禺区	119	42	77	22624	10989	11635
花都区	150	71	79	34881	17864	17017
南沙区	75	33	42	23269	9666	13603
从化区	118	52	66	22306	10285	12021
增城区	145	65	80	41972	20096	21876
韶关市	**834**	**264**	**570**	**144701**	**54777**	**89924**
武江区	33	16	17	6373	2835	3538
浈江区	56	24	32	5377	2287	3090
曲江区	37	12	25	10619	4426	6193
始兴县	62	18	44	13731	4586	9145
仁化县	97	30	67	14114	5214	8900
翁源县	63	29	34	19961	7955	12006
乳源瑶族自治县	75	25	50	15928	6829	9099
新丰县	43	25	18	7253	2885	4368
乐昌市	182	54	128	23643	9729	13914
南雄市	186	31	155	27702	8031	19671
深圳市	**12**	**5**	**7**	**3921**	**1977**	**1944**
罗湖区						
福田区						
南山区						
宝安区						
龙岗区	12	5	7	3921	1977	1944
盐田区						
龙华区						
坪山区						
光明区						
珠海市	**79**	**31**	**48**	**23631**	**10257**	**13374**
香洲区	1	1		175	117	58
斗门区	72	28	44	21729	9326	12403
金湾区	6	2	4	1727	814	913
汕头市	**1437**	**523**	**914**	**200584**	**80330**	**120254**
龙湖区	41	14	27	14088	5776	8312
金平区	5	1	4	1851	787	1064
濠江区	98	19	79	8438	3600	4838
潮阳区	663	273	390	75592	28277	47315
潮南区	495	175	320	64225	26819	37406
澄海区	128	39	89	34930	14465	20465
南澳县	7	2	5	1460	606	854
佛山市	**162**	**59**	**103**	**43013**	**22002**	**21011**
禅城区						
南海区	56	19	37	14348	7515	6833
顺德区	10	2	8	4594	2491	2103
三水区	62	22	40	19658	9863	9795
高明区	34	16	18	4413	2133	2280

4-3c　续表 4

单位：人

地　区	学前教育			小　学		
	小计	男	女	小计	男	女
江门市	**720**	**344**	**376**	**142323**	**60517**	**81806**
蓬江区	9	2	7	1652	784	868
江海区						
新会区	217	80	137	35787	15871	19916
台山市	204	115	89	46143	18498	27645
开平市	129	64	65	26317	11056	15261
鹤山市	40	16	24	16355	7576	8779
恩平市	121	67	54	16069	6732	9337
湛江市	**3697**	**1491**	**2206**	**328427**	**133435**	**194992**
赤坎区	2	1	1	556	308	248
霞山区	30	19	11	2023	1033	990
坡头区	216	101	115	18217	7355	10862
麻章区	410	190	220	26935	12589	14346
遂溪县	612	248	364	37075	15929	21146
徐闻县	327	148	179	44187	18850	25337
廉江市	725	313	412	68013	27737	40276
雷州市	980	337	643	92315	35392	56923
吴川市	395	134	261	39106	14242	24864
茂名市	**2387**	**803**	**1584**	**297201**	**118171**	**179030**
茂南区	160	69	91	29864	13127	16737
电白区	959	340	619	103366	44004	59362
高州市	806	233	573	76523	27143	49380
化州市	166	68	98	34563	14060	20503
信宜市	296	93	203	52885	19837	33048
肇庆市	**2677**	**1063**	**1614**	**176393**	**67173**	**109220**
端州区						
鼎湖区	38	12	26	4701	1799	2902
高要区	573	271	302	46098	19555	26543
广宁县	169	83	86	17859	6980	10879
怀集县	1119	335	784	58512	19913	38599
封开县	368	167	201	22430	7973	14457
德庆县	331	158	173	13481	5280	8201
四会市	79	37	42	13312	5673	7639
惠州市	**905**	**417**	**488**	**168198**	**79826**	**88372**
惠城区	236	104	132	27176	13381	13795
惠阳区	105	49	56	28203	14035	14168
博罗县	153	84	69	43787	20133	23654
惠东县	322	137	185	51191	23836	27355
龙门县	89	43	46	17841	8441	9400
梅州市	**746**	**339**	**407**	**125615**	**46442**	**79173**
梅江区	8	5	3	1305	572	733
梅县区	61	26	35	11045	4015	7030
大埔县	48	21	27	11841	4515	7326
丰顺县	114	46	68	22991	9628	13363
五华县	342	158	184	47172	16758	30414
平远县	52	21	31	8256	2506	5750
蕉岭县	16	6	10	4715	1713	3002
兴宁市	105	56	49	18290	6735	11555

4–3c 续表 5

单位：人

地区	学前教育			小学		
	小计	男	女	小计	男	女
汕尾市	**1576**	**619**	**957**	**173031**	**71358**	**101673**
城 区	127	40	87	13286	5430	7856
海丰县	194	76	118	40641	17375	23266
陆河县	93	25	68	12841	4799	8042
陆丰市	1162	478	684	106263	43754	62509
河源市	**744**	**317**	**427**	**110037**	**46170**	**63867**
源城区	19	9	10	2714	1280	1434
紫金县	145	69	76	24599	9508	15091
龙川县	197	82	115	27648	11430	16218
连平县	65	22	43	15903	6164	9739
和平县	160	57	103	21036	9278	11758
东源县	158	78	80	18137	8510	9627
阳江市	**882**	**385**	**497**	**133033**	**55633**	**77400**
江城区	179	91	88	19631	8209	11422
阳东区	120	58	62	22567	10001	12566
阳西县	252	93	159	33111	14217	18894
阳春市	331	143	188	57724	23206	34518
清远市	**958**	**403**	**555**	**226699**	**102220**	**124479**
清城区	65	26	39	18120	7736	10384
清新区	178	70	108	36986	15154	21832
佛冈县	74	36	38	17863	8179	9684
阳山县	96	47	49	30035	13051	16984
连山壮族瑶族自治县	18	6	12	5611	2492	3119
连南瑶族自治县	153	76	77	11446	5320	6126
英德市	292	105	187	80392	36852	43540
连州市	82	37	45	26246	13436	12810
东莞市	**635**	**330**	**305**	**79950**	**40299**	**39651**
市辖区	635	330	305	79950	40299	39651
中山市	**314**	**129**	**185**	**61739**	**27774**	**33965**
市辖区	314	129	185	61739	27774	33965
潮州市	**792**	**209**	**583**	**118331**	**44523**	**73808**
湘桥区	34	13	21	7657	2902	4755
潮安区	276	102	174	57995	23017	34978
饶平县	482	94	388	52679	18604	34075
揭阳市	**2816**	**1086**	**1730**	**306282**	**121044**	**185238**
榕城区	137	54	83	20831	7586	13245
揭东区	305	136	169	38997	17017	21980
揭西县	372	147	225	38878	16134	22744
惠来县	696	180	516	92988	32270	60718
普宁市	1306	569	737	114588	48037	66551
云浮市	**586**	**245**	**341**	**93961**	**35147**	**58814**
云城区	36	16	20	8663	3377	5286
云安区	85	28	57	15728	5645	10083
新兴县	64	33	31	16075	6536	9539
郁南县	102	43	59	12823	4804	8019
罗定市	299	125	174	40672	14785	25887

4-3c　续表 6　　　　单位：人

地　区	初　中			高　中			大学专科		
	小计	男	女	小计	男	女	小计	男	女
广　东	**10663843**	**5917401**	**4746442**	**3206697**	**1934431**	**1272266**	**1064876**	**584962**	**479914**
广州市	**888514**	**508487**	**380027**	**403787**	**243088**	**160699**	**178975**	**95497**	**83478**
荔湾区									
越秀区									
海珠区									
天河区									
白云区	228691	131868	96823	130791	78082	52709	67769	35962	31807
黄埔区	29272	16946	12326	17136	10456	6680	8490	4560	3930
番禺区	90153	53215	36938	58586	36133	22453	24147	13417	10730
花都区	201639	117409	84230	63709	38702	25007	25105	13502	11603
南沙区	71893	42523	29370	38160	23577	14583	16840	8915	7925
从化区	134219	72215	62004	49176	28207	20969	16477	8467	8010
增城区	132647	74311	58336	46229	27931	18298	20147	10674	9473
韶关市	**379619**	**222258**	**157361**	**96992**	**59413**	**37579**	**39901**	**22173**	**17728**
武江区	18859	11212	7647	5073	2968	2105	1624	819	805
浈江区	17956	10360	7596	4684	2787	1897	1413	754	659
曲江区	35975	21127	14848	10944	6504	4440	9431	5664	3767
始兴县	36722	20564	16158	10419	6485	3934	3562	1927	1635
仁化县	33621	20283	13338	7938	4979	2959	3150	1677	1473
翁源县	72483	40033	32450	14787	8714	6073	4912	2646	2266
乳源瑶族自治县	29950	18066	11884	6507	3882	2625	2263	1159	1104
新丰县	33295	18656	14639	6958	4348	2610	2532	1408	1124
乐昌市	51960	31849	20111	12885	8102	4783	5155	2839	2316
南雄市	48798	30108	18690	16797	10644	6153	5859	3280	2579
深圳市	**19259**	**12095**	**7164**	**9803**	**6517**	**3286**	**4086**	**2660**	**1426**
罗湖区									
福田区									
南山区									
宝安区									
龙岗区	19259	12095	7164	9803	6517	3286	4086	2660	1426
盐田区									
龙华区									
坪山区									
光明区									
珠海市	**75572**	**43588**	**31984**	**39071**	**23236**	**15835**	**10194**	**5415**	**4779**
香洲区	387	313	74	227	181	46	118	85	33
斗门区	69101	39650	29451	36158	21324	14834	9235	4834	4401
金湾区	6084	3625	2459	2686	1731	955	841	496	345
汕头市	**490431**	**258893**	**231538**	**177694**	**105679**	**72015**	**42449**	**23977**	**18472**
龙湖区	26335	14132	12203	13768	7869	5899	6089	3094	2995
金平区	3133	1634	1499	2615	1422	1193	923	453	470
濠江区	19206	11129	8077	9609	5688	3921	7192	4378	2814
潮阳区	211867	106824	105043	74139	45079	29060	13304	8044	5260
潮南区	151582	81139	70443	48911	28509	20402	6920	3858	3062
澄海区	74869	42156	32713	27155	16200	10955	7432	3839	3593
南澳县	3439	1879	1560	1497	912	585	589	311	278
佛山市	**164410**	**100417**	**63993**	**70075**	**43214**	**26861**	**24760**	**13687**	**11073**
禅城区									
南海区	49119	30064	19055	25786	15884	9902	9999	5246	4753
顺德区	16905	10702	6203	9530	5630	3900	2093	1147	946
三水区	83123	50764	32359	28197	17982	10215	10142	5928	4214
高明区	15263	8887	6376	6562	3718	2844	2526	1366	1160

4–3c 续表 7 单位：人

地区	初中			高中			大学专科		
	小计	男	女	小计	男	女	小计	男	女
江门市	**521603**	**280445**	**241158**	**203273**	**118737**	**84536**	**46552**	**24111**	**22441**
蓬江区	7396	3938	3458	4334	2489	1845	1568	800	768
江海区									
新会区	85410	48529	36881	50301	30143	20158	11977	6370	5607
台山市	157586	81255	76331	58184	33424	24760	11215	5946	5269
开平市	104141	54911	49230	46348	25896	20452	9631	4593	5038
鹤山市	69072	38714	30358	22764	13978	8786	7396	3856	3540
恩平市	97998	53098	44900	21342	12807	8535	4765	2546	2219
湛江市	**1227330**	**675333**	**551997**	**295640**	**181488**	**114152**	**93947**	**54227**	**39720**
赤坎区	2574	1329	1245	1242	673	569	347	172	175
霞山区	10183	5283	4900	3981	2223	1758	1004	525	479
坡头区	62824	35154	27670	17063	10792	6271	4628	2766	1862
麻章区	95975	51926	44049	31580	19064	12516	7752	4201	3551
遂溪县	180032	97436	82596	44694	26619	18075	12235	6922	5313
徐闻县	117013	65023	51990	28822	17643	11179	11503	6726	4777
廉江市	311213	172715	138498	54390	32740	21650	17652	9827	7825
雷州市	272933	151877	121056	72225	45593	26632	23688	14327	9361
吴川市	174583	94590	79993	41643	26141	15502	15138	8761	6377
茂名市	**1027741**	**551293**	**476448**	**298028**	**182188**	**115840**	**107506**	**58982**	**48524**
茂南区	104997	57014	47983	30923	18960	11963	17783	7478	10305
电白区	250583	140041	110542	76919	46755	30164	31954	18225	13729
高州市	227831	120387	107444	77108	47600	29508	20978	12505	8473
化州市	278652	145989	132663	60538	37003	23535	19934	11315	8619
信宜市	165678	87862	77816	52540	31870	20670	16857	9459	7398
肇庆市	**733595**	**406026**	**327569**	**149572**	**89408**	**60164**	**37557**	**20596**	**16961**
端州区									
鼎湖区	17605	9643	7962	6393	3659	2734	1931	1001	930
高要区	171208	94605	76603	36336	21860	14476	9397	5415	3982
广宁县	90157	49691	40466	14763	8981	5782	3926	2089	1837
怀集县	209059	115931	93128	33192	19584	13608	9338	5014	4324
封开县	84571	47495	37076	21350	12961	8389	4553	2524	2029
德庆县	85862	46020	39842	20055	11868	8187	4068	2167	1901
四会市	75133	42641	32492	17483	10495	6988	4344	2386	1958
惠州市	**623848**	**357677**	**266171**	**157163**	**94912**	**62251**	**69156**	**36575**	**32581**
惠城区	123087	70712	52375	41075	25306	15769	26575	13652	12923
惠阳区	115075	68185	46890	26646	16359	10287	9146	5169	3977
博罗县	189191	106665	82526	47815	28357	19458	18427	9504	8923
惠东县	137015	78290	58725	26395	15630	10765	9600	5366	4234
龙门县	59480	33825	25655	15232	9260	5972	5408	2884	2524
梅州市	**604162**	**310415**	**293747**	**171892**	**102840**	**69052**	**46686**	**25456**	**21230**
梅江区	11691	5799	5892	5565	3039	2526	1491	759	732
梅县区	87044	43087	43957	32925	19149	13776	7753	4078	3675
大埔县	57281	31159	26122	14642	8989	5653	4227	2302	1925
丰顺县	64912	35765	29147	20283	11800	8483	5602	3065	2537
五华县	185131	95507	89624	39542	24132	15410	11449	6262	5187
平远县	30611	16279	14332	8140	5380	2760	3110	1691	1419
蕉岭县	25246	12866	12380	10762	6306	4456	2726	1427	1299
兴宁市	142246	69953	72293	40033	24045	15988	10328	5872	4456

4-3c　续表 8　　　　单位：人

地　区	初　中			高　中			大学专科		
	小计	男	女	小计	男	女	小计	男	女
汕尾市	**336051**	**194094**	**141957**	**75223**	**46410**	**28813**	**22299**	**13364**	**8935**
城　区	29724	16844	12880	13219	8106	5113	3076	1956	1120
海丰县	83769	47676	36093	19976	12386	7590	5256	3254	2002
陆河县	36678	19716	16962	6952	4078	2874	3441	1813	1628
陆丰市	185880	109858	76022	35076	21840	13236	10526	6341	4185
河源市	**468801**	**254262**	**214539**	**132085**	**76627**	**55458**	**44487**	**23433**	**21054**
源城区	16570	9200	7370	4478	2746	1732	1582	865	717
紫金县	114221	61780	52441	23275	13954	9321	8706	4648	4058
龙川县	121926	64128	57798	40297	23502	16795	13202	7390	5812
连平县	54632	29688	24944	16947	9573	7374	6255	3260	2995
和平县	73840	41183	32657	16285	9509	6776	5676	2906	2770
东源县	87612	48283	39329	30803	17343	13460	9066	4364	4702
阳江市	**367032**	**203862**	**163170**	**108613**	**66307**	**42306**	**38598**	**22627**	**15971**
江城区	62960	33682	29278	25343	15180	10163	8959	5387	3572
阳东区	70808	38361	32447	27625	16428	11197	11767	6844	4923
阳西县	74215	42532	31683	20292	12541	7751	7110	4258	2852
阳春市	159049	89287	69762	35353	22158	13195	10762	6138	4624
清远市	**571260**	**328807**	**242453**	**130927**	**78002**	**52925**	**70668**	**39186**	**31482**
清城区	65336	38966	26370	16265	9796	6469	31657	18686	12971
清新区	118402	66677	51725	31070	18719	12351	8706	4762	3944
佛冈县	60709	33688	27021	16215	9530	6685	5414	2852	2562
阳山县	65681	39007	26674	10390	6111	4279	3822	1969	1853
连山壮族瑶族自治县	18442	10259	8183	4360	2611	1749	1334	655	679
连南瑶族自治县	21429	11985	9444	3749	2147	1602	1662	800	862
英德市	160319	93570	66749	37861	22677	15184	14493	7665	6828
连州市	60942	34655	26287	11017	6411	4606	3580	1797	1783
东莞市	**333662**	**206405**	**127257**	**155845**	**100524**	**55321**	**56429**	**32291**	**24138**
市辖区	333662	206405	127257	155845	100524	55321	56429	32291	24138
中山市	**197741**	**115060**	**82681**	**101772**	**60219**	**41553**	**30554**	**16151**	**14403**
市辖区	197741	115060	82681	101772	60219	41553	30554	16151	14403
潮州市	**286287**	**163566**	**122721**	**85904**	**51420**	**34484**	**22739**	**12005**	**10734**
湘桥区	22339	12547	9792	6182	3623	2559	1889	919	970
潮安区	136946	76707	60239	43237	25220	18017	10665	5534	5131
饶平县	127002	74312	52690	36485	22577	13908	10185	5552	4633
揭阳市	**872473**	**467104**	**405369**	**246744**	**145300**	**101444**	**45427**	**25152**	**20275**
榕城区	56290	28934	27356	27390	16644	10746	6753	3817	2936
揭东区	128651	67793	60858	54355	31159	23196	9965	5414	4551
揭西县	155549	82046	73503	40487	22406	18081	8344	4224	4120
惠来县	165411	95230	70181	32427	21624	10803	6674	4206	2468
普宁市	366572	193101	173471	92085	53467	38618	13691	7491	6200
云浮市	**474452**	**257314**	**217138**	**96594**	**58902**	**37692**	**31906**	**17397**	**14509**
云城区	33388	19129	14259	7390	4392	2998	2330	1190	1140
云安区	58568	33206	25362	10983	6807	4176	4922	2790	2132
新兴县	89613	48046	41567	22314	13215	9099	6977	3597	3380
郁南县	75715	40936	34779	14560	9190	5370	4278	2376	1902
罗定市	217168	115997	101171	41347	25298	16049	13399	7444	5955

4-3c 续表 9　　　　单位：人

地　区	大学本科			硕士研究生			博士研究生		
	小计	男	女	小计	男	女	小计	男	女
广　东	**461561**	**238355**	**223206**	**15668**	**8281**	**7387**	**2052**	**1327**	**725**
广州市	**112492**	**51371**	**61121**	**3973**	**1845**	**2128**	**485**	**313**	**172**
荔湾区									
越秀区									
海珠区									
天河区									
白云区	42929	19411	23518	951	468	483	148	105	43
黄埔区	3887	1930	1957	130	73	57	16	13	3
番禺区	12829	6234	6595	1557	680	877	170	104	66
花都区	20507	8344	12163	483	228	255	50	27	23
南沙区	7188	3768	3420	177	93	84	14	11	3
从化区	17295	7707	9588	428	172	256	46	26	20
增城区	7857	3977	3880	247	131	116	41	27	14
韶关市	**12973**	**6926**	**6047**	**470**	**287**	**183**	**55**	**28**	**27**
武江区	652	352	300	18	10	8	5		5
浈江区	608	314	294	22	14	8	2	1	1
曲江区	1049	541	508	52	36	16	6	4	2
始兴县	1255	642	613	40	28	12	2	2	
仁化县	1492	815	677	33	19	14	3	2	1
翁源县	2249	1185	1064	80	51	29	11	6	5
乳源瑶族自治县	732	369	363	56	40	16	1	1	
新丰县	845	480	365	36	21	15	5	3	2
乐昌市	2302	1230	1072	67	39	28	10	4	6
南雄市	1789	998	791	66	29	37	10	5	5
深圳市	**2809**	**1820**	**989**	**308**	**206**	**102**	**58**	**45**	**13**
罗湖区									
福田区									
南山区									
宝安区									
龙岗区	2809	1820	989	308	206	102	58	45	13
盐田区									
龙华区									
坪山区									
光明区									
珠海市	**3673**	**1913**	**1760**	**164**	**79**	**85**	**16**	**11**	**5**
香洲区	56	36	20	3	3				
斗门区	3310	1673	1637	153	70	83	15	10	5
金湾区	307	204	103	8	6	2	1	1	
汕头市	**13510**	**7280**	**6230**	**346**	**187**	**159**	**54**	**32**	**22**
龙湖区	1506	742	764	40	21	19	4	1	3
金平区	1020	482	538	9	7	2	1	1	
濠江区	815	478	337	33	16	17	7	4	3
潮阳区	3504	2055	1449	89	49	40	12	7	5
潮南区	3516	2017	1499	69	33	36	7	4	3
澄海区	3031	1447	1584	98	57	41	21	13	8
南澳县	118	59	59	8	4	4	2	2	
佛山市	**18607**	**9024**	**9583**	**416**	**182**	**234**	**26**	**18**	**8**
禅城区									
南海区	3407	1718	1689	80	36	44	10	6	4
顺德区	850	449	401	25	16	9	1		1
三水区	13622	6492	7130	290	119	171	11	9	2
高明区	728	365	363	21	11	10	4	3	1

4-3c　续表 10　　　　单位：人

地　区	大学本科			硕士研究生			博士研究生		
	小计	男	女	小计	男	女	小计	男	女
江门市	**18689**	**9637**	**9052**	**541**	**323**	**218**	**77**	**47**	**30**
蓬江区	456	219	237	11	6	5	2	1	1
江海区									
新会区	3413	1821	1592	131	83	48	21	14	7
台山市	4796	2656	2140	157	114	43	13	9	4
开平市	3932	1864	2068	94	46	48	19	11	8
鹤山市	4119	2046	2073	86	42	44	11	6	5
恩平市	1973	1031	942	62	32	30	11	6	5
湛江市	**37967**	**20762**	**17205**	**1293**	**662**	**631**	**221**	**145**	**76**
赤坎区	120	58	62	5	2	3	1	1	
霞山区	415	202	213	16	9	7	2	2	
坡头区	1840	998	842	63	33	30	12	8	4
麻章区	2948	1604	1344	126	59	67	29	17	12
遂溪县	5325	2868	2457	200	102	98	35	20	15
徐闻县	4363	2394	1969	122	70	52	23	13	10
廉江市	7456	4001	3455	266	131	135	45	33	12
雷州市	8866	5091	3775	311	159	152	47	33	14
吴川市	6634	3546	3088	184	97	87	27	18	9
茂名市	**44931**	**24179**	**20752**	**1199**	**627**	**572**	**191**	**125**	**66**
茂南区	8713	4218	4495	237	121	116	51	40	11
电白区	8545	4540	4005	254	118	136	47	26	21
高州市	9601	5648	3953	239	148	91	28	14	14
化州市	11107	6021	5086	280	145	135	38	27	11
信宜市	6965	3752	3213	189	95	94	27	18	9
肇庆市	**13589**	**7879**	**5710**	**387**	**211**	**176**	**42**	**29**	**13**
端州区									
鼎湖区	506	257	249	48	24	24	1	1	
高要区	4399	2717	1682	80	50	30	13	7	6
广宁县	1324	748	576	46	25	21	5	4	1
怀集县	2993	1694	1299	82	43	39	11	8	3
封开县	1521	886	635	39	25	14	4	3	1
德庆县	1318	719	599	44	21	23	3	2	1
四会市	1528	858	670	48	23	25	5	4	1
惠州市	**24535**	**13485**	**11050**	**890**	**488**	**402**	**99**	**66**	**33**
惠城区	6734	3949	2785	289	167	122	31	20	11
惠阳区	4131	2181	1950	118	65	53	13	11	2
博罗县	6670	3487	3183	261	134	127	31	21	10
惠东县	4838	2758	2080	159	89	70	19	9	10
龙门县	2162	1110	1052	63	33	30	5	5	
梅州市	**19686**	**10521**	**9165**	**633**	**345**	**288**	**106**	**64**	**42**
梅江区	725	353	372	22	14	8	3	2	1
梅县区	3011	1563	1448	83	43	40	27	15	12
大埔县	2107	1119	988	86	52	34	16	9	7
丰顺县	2406	1222	1184	68	31	37	10	4	6
五华县	4614	2556	2058	163	88	75	23	15	8
平远县	1485	814	671	35	20	15	3	3	
蕉岭县	1180	595	585	35	17	18	3	3	
兴宁市	4158	2299	1859	141	80	61	21	13	8

4-3c 续表 11 单位：人

地 区	大学本科			硕士研究生			博士研究生		
	小计	男	女	小计	男	女	小计	男	女
汕尾市	**9318**	**5443**	**3875**	**401**	**230**	**171**	**56**	**39**	**17**
城 区	1318	798	520	81	54	27	11	8	3
海丰县	2421	1457	964	88	52	36	12	6	6
陆河县	1242	643	599	33	16	17	4	3	1
陆丰市	4337	2545	1792	199	108	91	29	22	7
河源市	**18840**	**9612**	**9228**	**561**	**262**	**299**	**76**	**45**	**31**
源城区	507	230	277	18	8	10	4	4	
紫金县	3270	1761	1509	105	52	53	14	7	7
龙川县	5238	2885	2353	138	69	69	19	14	5
连平县	2789	1427	1362	68	40	28	12	5	7
和平县	1943	964	979	66	21	45	10	5	5
东源县	5093	2345	2748	166	72	94	17	10	7
阳江市	**11531**	**7108**	**4423**	**436**	**269**	**167**	**46**	**27**	**19**
江城区	2489	1444	1045	116	63	53	11	7	4
阳东区	3233	2190	1043	117	82	35	11	4	7
阳西县	2196	1396	800	91	56	35	11	9	2
阳春市	3613	2078	1535	112	68	44	13	7	6
清远市	**17828**	**9507**	**8321**	**780**	**437**	**343**	**103**	**67**	**36**
清城区	2497	1422	1075	241	140	101	15	10	5
清新区	3471	1856	1615	142	76	66	34	23	11
佛冈县	1603	860	743	57	31	26	4	2	2
阳山县	1289	709	580	54	33	21	8	5	3
连山壮族瑶族自治县	571	294	277	15	6	9	5	2	3
连南瑶族自治县	556	258	298	21	8	13	1		1
英德市	6572	3489	3083	199	114	85	30	22	8
连州市	1269	619	650	51	29	22	6	3	3
东莞市	**24384**	**13270**	**11114**	**1034**	**644**	**390**	**141**	**92**	**49**
市辖区	24384	13270	11114	1034	644	390	141	92	49
中山市	**18828**	**9142**	**9686**	**717**	**367**	**350**	**54**	**38**	**16**
市辖区	18828	9142	9686	717	367	350	54	38	16
潮州市	**10277**	**4815**	**5462**	**239**	**127**	**112**	**35**	**24**	**11**
湘桥区	2890	1002	1888	24	15	9	3	1	2
潮安区	4295	2123	2172	116	59	57	16	10	6
饶平县	3092	1690	1402	99	53	46	16	13	3
揭阳市	**15968**	**8695**	**7273**	**471**	**276**	**195**	**61**	**39**	**22**
榕城区	2043	1134	909	48	29	19	4	3	1
揭东区	2927	1567	1360	74	40	34	8	7	1
揭西县	2857	1331	1526	106	59	47	11	6	5
惠来县	2684	1654	1030	107	69	38	18	11	7
普宁市	5457	3009	2448	136	79	57	20	12	8
云浮市	**11126**	**5966**	**5160**	**409**	**227**	**182**	**50**	**33**	**17**
云城区	979	510	469	28	16	12	7	7	
云安区	1164	609	555	65	32	33	4	3	1
新兴县	2289	1205	1084	87	46	41	9	5	4
郁南县	1505	821	684	70	45	25	7	2	5
罗定市	5189	2821	2368	159	88	71	23	16	7

4-4　各地区分性别、受教育程度的25岁及以上人口

单位：人

地　　区	25岁及以上人口			未上过学		
	合计	男	女	小计	男	女
广　东	**86527831**	**45307935**	**41219896**	**1815836**	**387986**	**1427850**
广州市	**13188588**	**6905234**	**6283354**	**109999**	**23772**	**86227**
荔湾区	941000	475341	465659	8468	2279	6189
越秀区	792212	377865	414347	4486	926	3560
海珠区	1398643	699145	699498	6903	1256	5647
天河区	1471058	771349	699709	7092	1712	5380
白云区	2609247	1404886	1204361	18635	3857	14778
黄埔区	899047	496120	402927	7266	1314	5952
番禺区	1869411	985334	884077	18071	4156	13915
花都区	1152345	613139	539206	10219	2466	7753
南沙区	629626	346776	282850	12518	2225	10293
从化区	435226	219952	215274	6275	1167	5108
增城区	990773	515327	475446	10066	2414	7652
韶关市	**1978925**	**983078**	**995847**	**85109**	**11406**	**73703**
武江区	263386	129124	134262	5739	823	4916
浈江区	249724	127589	122135	5680	1003	4677
曲江区	203974	102678	101296	7361	1087	6274
始兴县	139127	66668	72459	6756	750	6006
仁化县	131891	65972	65919	7712	929	6783
翁源县	218832	108705	110127	7943	1077	6866
乳源瑶族自治县	127713	64237	63476	6369	955	5414
新丰县	134566	67579	66987	3412	538	2874
乐昌市	261903	129784	132119	19057	2726	16331
南雄市	247809	120742	127067	15080	1518	13562
深圳市	**12514600**	**6867530**	**5647070**	**86963**	**14419**	**72544**
罗湖区	813501	407071	406430	5912	850	5062
福田区	1107896	561207	546689	6748	973	5775
南山区	1272138	670612	601526	7709	1455	6254
宝安区	3242109	1829575	1412534	20524	3405	17119
龙岗区	2927132	1589454	1337678	23754	4110	19644
盐田区	152500	82145	70355	1103	169	934
龙华区	1801627	1026288	775339	10623	1530	9093
坪山区	392575	226773	165802	3740	700	3040
光明区	805122	474405	330717	6850	1227	5623
珠海市	**1704784**	**906823**	**797961**	**24993**	**5206**	**19787**
香洲区	969837	506708	463129	10735	2358	8377
斗门区	443244	235877	207367	9978	1876	8102
金湾区	291703	164238	127465	4280	972	3308
汕头市	**3577919**	**1770767**	**1807152**	**173723**	**43214**	**130509**
龙湖区	445885	222187	223698	14894	3798	11096
金平区	573218	276264	296954	13305	2850	10455
濠江区	168184	82177	86007	19269	3369	15900
潮阳区	987251	486598	500653	53447	14122	39325
潮南区	719959	359803	360156	48778	14057	34721
澄海区	633440	318844	314596	18895	3976	14919
南澳县	49982	24894	25088	5135	1042	4093
佛山市	**6959481**	**3733889**	**3225592**	**83680**	**19435**	**64245**
禅城区	994737	518084	476653	9368	2175	7193
南海区	2677894	1447492	1230402	27444	6521	20923
顺德区	2366463	1272285	1094178	33349	8058	25291
三水区	577689	314520	263169	9244	1658	7586
高明区	342698	181508	161190	4275	1023	3252

4-4 续表 1

单位：人

地　区	25岁及以上人口			未上过学		
	合计	男	女	小计	男	女
江门市	**3559056**	**1814268**	**1744788**	**46509**	**10098**	**36411**
蓬江区	604872	306623	298249	6341	1465	4876
江海区	259044	135433	123611	4299	697	3602
新会区	681921	349312	332609	12135	2688	9447
台山市	702732	354276	348456	8833	2065	6768
开平市	556465	276427	280038	7339	1484	5855
鹤山市	393392	205897	187495	3053	695	2358
恩平市	360630	186300	174330	4509	1004	3505
湛江市	**4373207**	**2215326**	**2157881**	**182791**	**43103**	**139688**
赤坎区	268608	131529	137079	3171	762	2409
霞山区	438188	213941	224247	5511	1277	4234
坡头区	222704	114670	108034	9870	2403	7467
麻章区	297415	155057	142358	14136	4180	9956
遂溪县	529771	271595	258176	22882	5833	17049
徐闻县	411543	208357	203186	18520	4071	14449
廉江市	837629	430245	407384	33614	8463	25151
雷州市	799399	406140	393259	53331	11563	41768
吴川市	567950	283792	284158	21756	4551	17205
茂名市	**3766275**	**1896249**	**1870026**	**127518**	**29128**	**98390**
茂南区	653160	326117	327043	9629	1981	7648
电白区	926081	472837	453244	59879	14679	45200
高州市	825344	413232	412112	29650	6408	23242
化州市	755292	383335	371957	12291	2984	9307
信宜市	606398	300728	305670	16069	3076	12993
肇庆市	**2712438**	**1368287**	**1344151**	**71158**	**11786**	**59372**
端州区	389938	188139	201799	4647	946	3701
鼎湖区	138539	71727	66812	4021	677	3344
高要区	506122	256915	249207	14133	2688	11445
广宁县	280105	138731	141374	6532	1164	5368
怀集县	477946	235010	242936	18690	2465	16225
封开县	243375	123374	120001	9975	1534	8441
德庆县	220265	111697	108568	5581	951	4630
四会市	456148	242694	213454	7579	1361	6218
惠州市	**4043871**	**2144885**	**1898986**	**64463**	**14630**	**49833**
惠城区	1363757	711584	652173	17372	4079	13293
惠阳区	978784	544758	434026	10491	2780	7711
博罗县	818132	428666	389466	13080	2964	10116
惠东县	664733	346788	317945	18758	3871	14887
龙门县	218465	113089	105376	4762	936	3826
梅州市	**2595123**	**1277648**	**1317475**	**57909**	**10069**	**47840**
梅江区	296182	146491	149691	2308	645	1663
梅县区	398697	197058	201639	6062	1040	5022
大埔县	229195	114174	115021	5814	877	4937
丰顺县	316756	161397	155359	7756	1599	6157
五华县	540373	262704	277669	15470	2968	12502
平远县	139922	68374	71548	6199	611	5588
蕉岭县	137206	67343	69863	2980	419	2561
兴宁市	536792	260107	276685	11320	1910	9410

4-4　续表 2　　　　单位：人

地　区	25岁及以上人口			未上过学		
	合计	男	女	小计	男	女
汕尾市	**1687844**	**861030**	**826814**	**133807**	**31950**	**101857**
城　区	295950	152543	143407	18904	5002	13902
海丰县	523407	269467	253940	21275	5036	16239
陆河县	151144	75338	75806	6107	1579	4528
陆丰市	717343	363682	353661	87521	20333	67188
河源市	**1833425**	**916488**	**916937**	**49952**	**8971**	**40981**
源城区	458268	229280	228988	5099	964	4135
紫金县	343515	170763	172752	12547	2014	10533
龙川县	383118	188379	194739	9689	1817	7872
连平县	191686	95040	96646	8404	1310	7094
和平县	229856	114798	115058	7803	1447	6356
东源县	226982	118228	108754	6410	1419	4991
阳江市	**1790638**	**917125**	**873513**	**62450**	**14200**	**48250**
江城区	572910	288631	284279	14851	3842	11009
阳东区	334843	176519	158324	8868	2241	6627
阳西县	297275	154347	142928	16638	4024	12614
阳春市	585610	297628	287982	22093	4093	18000
清远市	**2662200**	**1348236**	**1313964**	**101203**	**17335**	**83868**
清城区	742938	375981	366957	14010	2500	11510
清新区	416071	208631	207440	16207	2733	13474
佛冈县	213008	108478	104530	4392	863	3529
阳山县	244305	122687	121618	16715	2777	13938
连山壮族瑶族自治县	64505	32747	31758	1649	320	1329
连南瑶族自治县	87147	42431	44716	4410	1079	3331
英德市	630368	324039	306329	33147	4856	28291
连州市	263858	133242	130616	10673	2207	8466
东莞市	**7636806**	**4285698**	**3351108**	**61317**	**15226**	**46091**
市辖区	7636806	4285698	3351108	61317	15226	46091
中山市	**3210648**	**1709578**	**1501070**	**39556**	**9125**	**30431**
市辖区	3210648	1709578	1501070	39556	9125	30431
潮州市	**1809769**	**908740**	**901029**	**84293**	**15737**	**68556**
湘桥区	414041	204403	209638	8612	1626	6986
潮安区	828253	418877	409376	31359	7009	24350
饶平县	567475	285460	282015	44322	7102	37220
揭阳市	**3376699**	**1698910**	**1677789**	**131066**	**32529**	**98537**
榕城区	625466	311903	313563	17017	5544	11473
揭东区	609945	311257	298688	14263	4641	9622
揭西县	427007	215386	211621	11357	3051	8306
惠来县	561430	279259	282171	58228	10769	47459
普宁市	1152851	581105	571746	30201	8524	21677
云浮市	**1545535**	**778146**	**767389**	**37377**	**6647**	**30730**
云城区	274732	139680	135052	4625	828	3797
云安区	150942	77953	72989	7088	1134	5954
新兴县	295178	147924	147254	4966	848	4118
郁南县	248418	125767	122651	8297	1655	6642
罗定市	576265	286822	289443	12401	2182	10219

4-4 续表 3

单位：人

地　　区	学前教育			小　　学		
	小计	男	女	小计	男	女
广　东	**131925**	**44652**	**87273**	**15619417**	**6664925**	**8954492**
广州市	**8265**	**2819**	**5446**	**1553280**	**656468**	**896812**
荔湾区	681	263	418	115531	48829	66702
越秀区	333	126	207	58453	20435	38018
海珠区	498	171	327	129924	51547	78377
天河区	599	212	387	94390	39119	55271
白云区	1417	431	986	305817	131086	174731
黄埔区	465	142	323	91044	38528	52516
番禺区	1875	685	1190	223976	98175	125801
花都区	638	218	420	152514	65806	86708
南沙区	639	190	449	113638	48391	65247
从化区	302	109	193	70986	28607	42379
增城区	818	272	546	197007	85945	111062
韶关市	**3564**	**866**	**2698**	**471388**	**182051**	**289337**
武江区	308	87	221	38425	15220	23205
浈江区	327	103	224	42782	18170	24612
曲江区	194	46	148	41963	16376	25587
始兴县	338	61	277	36833	12698	24135
仁化县	357	79	278	35592	14045	21547
翁源县	246	67	179	52066	19709	32357
乳源瑶族自治县	254	59	195	41334	17362	23972
新丰县	200	56	144	27808	10348	17460
乐昌市	674	192	482	74778	31377	43401
南雄市	666	116	550	79807	26746	53061
深圳市	**4564**	**1154**	**3410**	**928165**	**376663**	**551502**
罗湖区	315	58	257	58590	22247	36343
福田区	341	67	274	66129	26071	40058
南山区	385	164	221	69507	28104	41403
宝安区	1113	281	832	231530	92412	139118
龙岗区	1259	340	919	255986	105349	150637
盐田区	54	14	40	10940	4331	6609
龙华区	641	119	522	110623	42412	68211
坪山区	176	51	125	44639	20493	24146
光明区	280	60	220	80221	35244	44977
珠海市	**1622**	**582**	**1040**	**217723**	**96879**	**120844**
香洲区	897	353	544	93921	41187	52734
斗门区	446	124	322	81875	36027	45848
金湾区	279	105	174	41927	19665	22262
汕头市	**8743**	**3031**	**5712**	**978129**	**418026**	**560103**
龙湖区	620	190	430	90462	39278	51184
金平区	769	252	517	117625	46501	71124
濠江区	1094	318	776	52002	24612	27390
潮阳区	2784	1120	1664	273397	115752	157645
潮南区	1837	620	1217	235682	103894	131788
澄海区	1536	487	1049	194260	81159	113101
南澳县	103	44	59	14701	6830	7871
佛山市	**9700**	**3747**	**5953**	**1191286**	**544126**	**647160**
禅城区	1116	375	741	123038	53565	69473
南海区	3921	1566	2355	477711	224488	253223
顺德区	3772	1500	2272	424639	192989	231650
三水区	501	178	323	107528	47569	59959
高明区	390	128	262	58370	25515	32855

4-4　续表 4

单位：人

地　区	学前教育			小　学		
	小计	男	女	小计	男	女
江门市	**3798**	**1303**	**2495**	**769191**	**325489**	**443702**
蓬江区	743	239	504	99323	40841	58482
江海区	208	57	151	52039	21708	30331
新会区	1022	385	637	175972	75276	100696
台山市	870	273	597	173924	74481	99443
开平市	529	195	334	127517	52868	74649
鹤山市	163	59	104	76230	33297	42933
恩平市	263	95	168	64186	27018	37168
湛江市	**12803**	**4543**	**8260**	**997157**	**426693**	**570464**
赤坎区	223	83	140	26177	10833	15344
霞山区	362	140	222	51301	20538	30763
坡头区	838	338	500	55100	24260	30840
麻章区	1241	462	779	73328	33410	39918
遂溪县	1854	677	1177	121873	54356	67517
徐闻县	1117	351	766	116064	48931	67133
廉江市	2392	934	1458	201852	88071	113781
雷州市	3292	1085	2207	218141	91745	126396
吴川市	1484	473	1011	133321	54549	78772
茂名市	**9764**	**3236**	**6528**	**909201**	**388540**	**520661**
茂南区	556	169	387	116319	48864	67455
电白区	3945	1388	2557	274420	127063	147357
高州市	3772	1232	2540	227533	95003	132530
化州市	528	189	339	132995	53993	79002
信宜市	963	258	705	157934	63617	94317
肇庆市	**8539**	**2405**	**6134**	**617287**	**240493**	**376794**
端州区	633	211	422	46995	18631	28364
鼎湖区	525	175	350	32367	13690	18677
高要区	1719	527	1192	139477	57619	81858
广宁县	611	182	429	71418	26717	44701
怀集县	2916	689	2227	130918	46158	84760
封开县	746	197	549	67387	25357	42030
德庆县	712	215	497	44506	16903	27603
四会市	677	209	468	84219	35418	48801
惠州市	**4915**	**1740**	**3175**	**734913**	**327636**	**407277**
惠城区	1600	563	1037	186940	80403	106537
惠阳区	933	338	595	150329	71005	79324
博罗县	776	286	490	166507	71646	94861
惠东县	1367	479	888	180282	82618	97664
龙门县	239	74	165	50855	21964	28891
梅州市	**3463**	**923**	**2540**	**501525**	**185727**	**315798**
梅江区	193	75	118	29582	11843	17739
梅县区	403	106	297	55343	19264	36079
大埔县	286	63	223	54236	19692	34544
丰顺县	775	212	563	90674	38207	52467
五华县	838	221	617	136726	50393	86333
平远县	277	48	229	30728	9988	20740
蕉岭县	100	28	72	21348	7433	13915
兴宁市	591	170	421	82888	28907	53981

4-4 续表 5

单位：人

地区	学前教育			小学		
	小计	男	女	小计	男	女
汕尾市	**6341**	**2672**	**3669**	**572327**	**257642**	**314685**
城　区	1111	442	669	86756	39915	46841
海丰县	1196	470	726	167443	73659	93784
陆河县	357	137	220	46523	20349	26174
陆丰市	3677	1623	2054	271605	123719	147886
河源市	**3201**	**915**	**2286**	**391588**	**154920**	**236668**
源城区	277	62	215	57781	22609	35172
紫金县	569	182	387	78299	30081	48218
龙川县	789	195	594	89979	34168	55811
连平县	343	102	241	50252	19970	30282
和平县	728	190	538	63161	25898	37263
东源县	495	184	311	52116	22194	29922
阳江市	**5026**	**1793**	**3233**	**473635**	**209112**	**264523**
江城区	1510	583	927	123915	54915	69000
阳东区	726	281	445	87122	40216	46906
阳西县	1251	469	782	93105	43640	49465
阳春市	1539	460	1079	169493	70341	99152
清远市	**3984**	**1254**	**2730**	**740956**	**323177**	**417779**
清城区	984	307	677	162219	66804	95415
清新区	639	185	454	123172	51921	71251
佛冈县	249	95	154	50108	21482	28626
阳山县	395	128	267	79139	35673	43466
连山壮族瑶族自治县	87	24	63	16123	6742	9381
连南瑶族自治县	301	127	174	28125	12163	15962
英德市	961	276	685	196805	88622	108183
连州市	368	112	256	85265	39770	45495
东莞市	**9129**	**3602**	**5527**	**1030335**	**471880**	**558455**
市辖区	9129	3602	5527	1030335	471880	558455
中山市	**3852**	**1387**	**2465**	**598225**	**265584**	**332641**
市辖区	3852	1387	2465	598225	265584	332641
潮州市	**5901**	**1610**	**4291**	**558453**	**229672**	**328781**
湘桥区	653	259	394	94594	36019	58575
潮安区	1910	601	1309	281873	118657	163216
饶平县	3338	750	2588	181986	74996	106990
揭阳市	**11589**	**4029**	**7560**	**1028303**	**442446**	**585857**
榕城区	1783	660	1123	180213	76636	103577
揭东区	1703	695	1008	185544	82523	103021
揭西县	1580	610	970	120883	52907	67976
惠来县	2543	542	2001	202057	83337	118720
普宁市	3980	1522	2458	339606	147043	192563
云浮市	**3162**	**1041**	**2121**	**356350**	**141701**	**214649**
云城区	263	79	184	55042	22147	32895
云安区	482	154	328	43561	18082	25479
新兴县	451	111	340	66547	26255	40292
郁南县	518	155	363	56620	22821	33799
罗定市	1448	542	906	134580	52396	82184

4-4　续表 6　　　　单位：人

地　　区	初　　中			高　　中			大学专科		
	小计	男	女	小计	男	女	小计	男	女
广　东	**36506200**	**20128411**	**16377789**	**17261664**	**9991591**	**7270073**	**8182779**	**4327703**	**3855076**
广州市	**4637590**	**2549882**	**2087708**	**3184626**	**1772157**	**1412469**	**1809833**	**927416**	**882417**
荔湾区	289597	153779	135818	266092	139111	126981	131700	66798	64902
越秀区	169770	83510	86260	223101	109682	113419	131538	63097	68441
海珠区	477238	251823	225415	358940	184018	174922	187347	92046	95301
天河区	301486	161231	140255	397135	219227	177908	303741	158053	145688
白云区	1058877	597752	461125	646911	373443	273468	323251	167797	155454
黄埔区	281001	160400	120601	222224	134918	87306	135161	72945	62216
番禺区	644274	356694	287580	460111	258362	201749	263341	132957	130384
花都区	565036	314202	250834	213040	120583	92457	114135	58718	55417
南沙区	242239	142885	99354	135823	84723	51100	69536	37762	31774
从化区	205677	107969	97708	85465	48287	37178	40066	20499	19567
增城区	402395	219637	182758	175784	99803	75981	110017	56744	53273
韶关市	**829959**	**457474**	**372485**	**338261**	**194192**	**144069**	**152345**	**83451**	**68894**
武江区	97342	49897	47445	61076	31411	29665	32445	16714	15731
浈江区	94946	51125	43821	61322	32889	28433	27358	14739	12619
曲江区	89046	48150	40896	40083	22788	17295	16768	9467	7301
始兴县	61383	33274	28109	20210	12342	7868	8639	4822	3817
仁化县	55156	31762	23394	18165	10877	7288	8931	4965	3966
翁源县	113187	61008	52179	27854	17232	10622	10643	6032	4611
乳源瑶族自治县	48554	28244	20310	17067	10015	7052	8649	4601	4048
新丰县	68143	36435	31708	22720	13491	9229	8261	4530	3731
乐昌市	108948	61433	47515	34279	20536	13743	15304	8667	6637
南雄市	93254	56146	37108	35485	22611	12874	15347	8914	6433
深圳市	**4377174**	**2490191**	**1886983**	**2878987**	**1708546**	**1170441**	**2000386**	**1049632**	**950754**
罗湖区	215730	114448	101282	216185	113430	102755	156095	73927	82168
福田区	239221	128885	110336	244668	131594	113074	207874	97659	110215
南山区	252269	141653	110616	260995	144048	116947	226927	110216	116711
宝安区	1371536	778872	592664	716845	443575	273270	465816	259156	206660
龙岗区	1077950	609046	468904	689263	401803	287460	457588	236794	220794
盐田区	45214	25994	19220	40765	23824	16941	25731	12814	12917
龙华区	620184	362893	257291	439476	275155	164321	327272	180373	146899
坪山区	168816	99242	69574	85093	54175	30918	45584	25877	19707
光明区	386254	229158	157096	185697	120942	64755	87499	52816	34683
珠海市	**589831**	**330515**	**259316**	**416359**	**234882**	**181477**	**225250**	**116163**	**109087**
香洲区	285625	156737	128888	248674	135381	113293	152855	76832	76023
斗门区	179686	101410	78276	101596	59260	42336	41793	21997	19796
金湾区	124520	72368	52152	66089	40241	25848	30602	17334	13268
汕头市	**1421096**	**750909**	**670187**	**653329**	**373036**	**280293**	**226392**	**120717**	**105675**
龙湖区	146605	77955	68650	102264	54190	48074	56046	28298	27748
金平区	183819	92020	91799	150899	79212	71687	69155	35501	33654
濠江区	57537	31219	26318	25887	15309	10578	9395	5657	3738
潮阳区	440329	225724	214605	159780	96909	62871	41778	24232	17546
潮南区	316910	171370	145540	97552	58985	38567	12860	7329	5531
澄海区	260308	143990	116318	108406	63423	44983	32618	17102	15516
南澳县	15588	8631	6957	8541	5008	3533	4540	2598	1942
佛山市	**2941780**	**1678951**	**1262829**	**1529249**	**862763**	**666486**	**718155**	**370123**	**348032**
禅城区	386932	210608	176324	238182	129320	108862	131373	67079	64294
南海区	1154980	665469	489511	564413	318721	245692	275667	141793	133874
顺德区	975326	560561	414765	539846	305985	233861	233752	120009	113743
三水区	273445	158804	114641	108972	64611	44361	44609	23818	20791
高明区	151097	83509	67588	77836	44126	33710	32754	17424	15330

4-4 续表 7

单位：人

地 区	初 中			高 中			大学专科		
	小计	男	女	小计	男	女	小计	男	女
江门市	**1536173**	**813286**	**722887**	**775145**	**438051**	**337094**	**257922**	**135606**	**122316**
蓬江区	214116	112828	101288	152429	82925	69504	72730	37331	35399
江海区	107778	59011	48767	56571	33654	22917	24355	12901	11454
新会区	247105	134072	113033	157294	90353	66941	52961	27965	24996
台山市	319930	166220	153710	151120	84790	66330	31914	17280	14634
开平市	254529	131488	123041	119161	65680	53481	31205	16182	15023
鹤山市	189668	102943	86725	75508	43610	31898	27735	14285	13450
恩平市	203047	106724	96323	63062	37039	26023	17022	9662	7360
湛江市	**2051260**	**1093478**	**957782**	**694528**	**404849**	**289679**	**269105**	**151787**	**117318**
赤坎区	88061	41947	46114	77581	39366	38215	42326	21940	20386
霞山区	152132	72552	79580	122747	63096	59651	60460	31703	28757
坡头区	103691	56128	47563	31496	19248	12248	12250	6943	5307
麻章区	143611	77488	66123	45043	27503	17540	12548	7745	4803
遂溪县	273681	146218	127463	76949	45991	30958	21671	12593	9078
徐闻县	185950	101170	84780	54401	33079	21322	24519	14483	10036
廉江市	445173	241209	203964	101385	61410	39975	34237	19886	14351
雷州市	367410	203206	164204	108695	68892	39803	33509	20776	12733
吴川市	291551	153560	137991	76231	46264	29967	27585	15718	11867
茂名市	**1756100**	**920233**	**835867**	**612290**	**360530**	**251760**	**219033**	**121865**	**97168**
茂南区	267447	134645	132802	150003	81547	68456	65863	35016	30847
电白区	396100	217771	178329	124402	74684	49718	44857	25187	19670
高州市	372551	197361	175190	126696	76073	50623	39674	22639	17035
化州市	434724	221987	212737	114909	70591	44318	36710	21135	15575
信宜市	285278	148469	136809	96280	57635	38645	31929	17888	14041
肇庆市	**1339326**	**730860**	**608466**	**433563**	**251258**	**182305**	**152854**	**83031**	**69823**
端州区	128666	61384	67282	112755	57500	55255	55196	28020	27176
鼎湖区	64610	36204	28406	24748	14417	10331	8155	4400	3755
高要区	267792	147036	120756	61231	36857	24374	16056	9019	7037
广宁县	155693	83654	72039	31564	19247	12317	9349	5101	4248
怀集县	250965	140781	110184	49493	30749	18744	16237	9385	6852
封开县	118281	66987	51294	31522	20135	11387	10169	6116	4053
德庆县	118963	63472	55491	35117	21652	13465	10217	5694	4523
四会市	234356	131342	103014	87133	50701	36432	27475	15296	12179
惠州市	**1959247**	**1084298**	**874949**	**702750**	**402358**	**300392**	**335561**	**179574**	**155987**
惠城区	566496	306144	260352	292386	160348	132038	164941	85537	79404
惠阳区	506419	291444	214975	178181	105459	72722	81495	44695	36800
博罗县	438257	239833	198424	122842	71985	50857	46527	25517	21010
惠东县	340635	188148	152487	75539	44616	30923	29264	16624	12640
龙门县	107440	58729	48711	33802	19950	13852	13334	7201	6133
梅州市	**1315477**	**670331**	**645146**	**472694**	**276980**	**195714**	**145242**	**79488**	**65754**
梅江区	118505	57428	61077	83256	43303	39953	32236	16774	15462
梅县区	208976	104295	104681	89525	51820	37705	24302	12965	11337
大埔县	117942	62762	55180	34769	21796	12973	9911	5556	4355
丰顺县	151370	82614	68756	44702	27043	17659	13256	7397	5859
五华县	288844	149501	139343	66560	41570	24990	19232	10970	8262
平远县	64267	34198	30069	23899	15166	8733	9289	5328	3961
蕉岭县	63500	31726	31774	33527	19223	14304	9567	5172	4395
兴宁市	302073	147807	154266	96456	57059	39397	27449	15326	12123

4-4 续表 8

单位：人

地　区	初　中			高　中			大学专科		
	小计	男	女	小计	男	女	小计	男	女
汕尾市	**690561**	**392087**	**298474**	**183500**	**115381**	**68119**	**64211**	**39187**	**25024**
城　区	110709	60230	50479	46559	27817	18742	18879	11326	7553
海丰县	237513	131115	106398	64516	40117	24399	20272	12328	7944
陆河县	71602	37956	33646	15442	9145	6297	7493	4229	3264
陆丰市	270737	162786	107951	56983	38302	18681	17567	11304	6263
河源市	**925821**	**489377**	**436444**	**276365**	**161095**	**115270**	**118631**	**64591**	**54040**
源城区	209265	105151	104114	98820	54424	44396	52039	27269	24770
紫金县	187883	100651	87232	41102	24823	16279	15454	8734	6720
龙川县	196252	101537	94715	55166	32855	22311	20392	11885	8507
连平县	91949	50073	41876	25680	15425	10255	10479	5721	4758
和平县	113729	61967	51762	27945	16494	11451	11376	6141	5235
东源县	126743	69998	56745	27652	17074	10578	8891	4841	4050
阳江市	**770378**	**417226**	**353152**	**297679**	**173268**	**124411**	**123148**	**68784**	**54364**
江城区	225897	116707	109190	125339	68586	56753	54112	29202	24910
阳东区	151634	82697	68937	55335	33001	22334	21825	12462	9363
阳西县	125750	70167	55583	38202	23095	15107	15245	8836	6409
阳春市	267097	147655	119442	78803	48586	30217	31966	18284	13682
清远市	**1206576**	**667931**	**538645**	**343007**	**198169**	**144838**	**158060**	**83169**	**74891**
清城区	332795	182209	150586	114659	63004	51655	65533	33350	32183
清新区	202211	111904	90307	46484	27489	18995	16909	8876	8033
佛冈县	106634	56737	49897	31907	18816	13091	12973	6951	6022
阳山县	107144	61071	46073	24303	14071	10232	11356	6088	5268
连山壮族瑶族自治县	30597	16442	14155	9226	5572	3654	4012	2177	1835
连南瑶族自治县	37471	19917	17554	8943	5024	3919	4804	2544	2260
英德市	270556	155088	115468	76595	46702	29893	31210	17314	13896
连州市	119168	64563	54605	30890	17491	13399	11263	5869	5394
东莞市	**3619957**	**2093995**	**1525962**	**1823396**	**1097748**	**725648**	**644415**	**352760**	**291655**
市辖区	3619957	2093995	1525962	1823396	1097748	725648	644415	352760	291655
中山市	**1422416**	**804919**	**617497**	**677246**	**385291**	**291955**	**272264**	**140145**	**132119**
市辖区	1422416	804919	617497	677246	385291	291955	272264	140145	132119
潮州市	**746783**	**419956**	**326827**	**268981**	**163078**	**105903**	**94104**	**51693**	**42411**
湘桥区	163465	85662	77803	84683	47850	36833	37494	20129	17365
潮安区	352693	198893	153800	108448	66512	41936	33942	17930	16012
饶平县	230625	135401	95224	75850	48716	27134	22668	13634	9034
揭阳市	**1546307**	**832890**	**713417**	**493774**	**294339**	**199435**	**120425**	**67338**	**53087**
榕城区	243490	125608	117882	129049	74316	54733	38059	20510	17549
揭东区	267985	142131	125854	111804	65403	46401	22057	12210	9847
揭西县	222619	118228	104391	53266	31263	22003	12802	6975	5827
惠来县	226550	135542	91008	51980	36133	15847	14198	9234	4964
普宁市	585663	311381	274282	147675	87224	60451	33309	18409	14900
云浮市	**822388**	**439622**	**382766**	**205935**	**123620**	**82315**	**75443**	**41183**	**34260**
云城区	126648	67887	58761	48420	27543	20877	23099	12188	10911
云安区	80362	46165	34197	13729	9157	4572	3763	2157	1606
新兴县	154421	81793	72628	42229	24866	17363	16735	8919	7816
郁南县	135349	72440	62909	32690	20293	12397	10337	5817	4520
罗定市	325608	171337	154271	68867	41761	27106	21509	12102	9407

4-4 续表 9 单位：人

地区	大学本科			硕士研究生			博士研究生		
	小计	男	女	小计	男	女	小计	男	女
广东	**6217116**	**3320550**	**2896566**	**703354**	**384516**	**318838**	**89540**	**57601**	**31939**
广州市	**1611336**	**825477**	**785859**	**231341**	**121303**	**110038**	**42318**	**25940**	**16378**
荔湾区	116832	57898	58934	10853	5645	5208	1246	739	507
越秀区	167972	81066	86906	31406	15929	15477	5153	3094	2059
海珠区	199505	97873	101632	30868	15821	15047	7420	4590	2830
天河区	294142	152607	141535	58807	30692	28115	13666	8496	5170
白云区	224280	114696	109584	25187	13059	12128	4872	2765	2107
黄埔区	138100	74749	63351	21538	11644	9894	2248	1480	768
番禺区	219599	113229	106370	32082	17371	14711	6082	3705	2377
花都区	88797	46723	42074	7480	4111	3369	486	312	174
南沙区	50533	27923	22610	4290	2409	1881	410	268	142
从化区	24240	12229	12011	2045	965	1080	170	120	50
增城区	87336	46484	40852	6785	3657	3128	565	371	194
韶关市	**93084**	**50617**	**42467**	**4680**	**2667**	**2013**	**535**	**354**	**181**
武江区	25794	13663	12131	2098	1200	898	159	109	50
浈江区	15868	8736	7132	1221	675	546	220	149	71
曲江区	8237	4553	3684	280	182	98	42	29	13
始兴县	4838	2652	2186	117	60	57	13	9	4
仁化县	5847	3223	2624	119	83	36	12	9	3
翁源县	6728	3486	3242	146	84	62	19	10	9
乳源瑶族自治县	5275	2862	2413	198	132	66	13	7	6
新丰县	3903	2123	1780	105	48	57	14	10	4
乐昌市	8630	4727	3903	212	116	96	21	10	11
南雄市	7964	4592	3372	184	87	97	22	12	10
深圳市	**1906913**	**1039447**	**867466**	**304139**	**168714**	**135425**	**27309**	**18764**	**8545**
罗湖区	138771	70395	68376	20235	10630	9605	1668	1086	582
福田区	269335	136308	133027	68191	35974	32217	5389	3676	1713
南山区	355222	188016	167206	88269	49581	38688	10855	7375	3480
宝安区	388808	224945	163863	43290	25048	18242	2647	1881	766
龙岗区	376241	205632	170609	41879	24100	17779	3212	2280	932
盐田区	24345	12719	11626	3899	1993	1906	449	287	162
龙华区	262725	146842	115883	28088	15585	12503	1995	1379	616
坪山区	38951	23012	15939	5108	2879	2229	468	344	124
光明区	52515	31578	20937	5180	2924	2256	626	456	170
珠海市	**199500**	**106769**	**92731**	**25831**	**13619**	**12212**	**3675**	**2208**	**1467**
香洲区	152389	80578	71811	21584	11392	10192	3157	1890	1267
斗门区	25910	14138	11772	1794	944	850	166	101	65
金湾区	21201	12053	9148	2453	1283	1170	352	217	135
汕头市	**110850**	**58624**	**52226**	**4849**	**2715**	**2134**	**808**	**495**	**313**
龙湖区	33233	17458	15775	1575	915	660	186	105	81
金平区	34822	18316	16506	2340	1304	1036	484	308	176
濠江区	2899	1639	1260	86	47	39	15	7	8
潮阳区	15466	8588	6878	236	135	101	34	16	18
潮南区	6192	3477	2715	137	65	72	11	6	5
澄海区	16891	8424	8467	453	234	219	73	49	24
南澳县	1347	722	625	22	15	7	5	4	1
佛山市	**452161**	**235859**	**216302**	**30683**	**17080**	**13603**	**2787**	**1805**	**982**
禅城区	96011	50173	45838	7978	4308	3670	739	481	258
南海区	163225	83149	80076	9628	5244	4384	905	541	364
顺德区	144163	76341	67822	10666	6186	4480	950	656	294
三水区	31499	16849	14650	1748	941	807	143	92	51
高明区	17263	9347	7916	663	401	262	50	35	15

4-4　续表 10

单位：人

地　区	大学本科			硕士研究生			博士研究生		
	小计	男	女	小计	男	女	小计	男	女
江门市	**161958**	**85674**	**76284**	**7523**	**4181**	**3342**	**837**	**580**	**257**
蓬江区	54751	28463	26288	3926	2159	1767	513	372	141
江海区	13049	6985	6064	679	376	303	66	44	22
新会区	34028	17780	16248	1295	726	569	109	67	42
台山市	15620	8867	6753	495	283	212	26	17	9
开平市	15762	8284	7478	374	214	160	49	32	17
鹤山市	20462	10680	9782	522	296	226	51	32	19
恩平市	8286	4615	3671	232	127	105	23	16	7
湛江市	**155849**	**85359**	**70490**	**8265**	**4564**	**3701**	**1449**	**950**	**499**
赤坎区	28583	15179	13404	2064	1129	935	422	290	132
霞山区	41669	22418	19251	3393	1831	1562	613	386	227
坡头区	8854	4984	3870	575	348	227	30	18	12
麻章区	6751	3858	2893	632	328	304	125	83	42
遂溪县	10500	5738	4762	317	166	151	44	23	21
徐闻县	10745	6132	4613	187	115	72	40	25	15
廉江市	18466	9979	8487	444	241	203	66	52	14
雷州市	14630	8635	5995	333	197	136	58	41	17
吴川市	15651	8436	7215	320	209	111	51	32	19
茂名市	**127753**	**70023**	**57730**	**4016**	**2285**	**1731**	**600**	**409**	**191**
茂南区	40721	22381	18340	2262	1261	1001	360	253	107
电白区	21796	11685	10111	600	332	268	82	48	34
高州市	24963	14193	10770	448	287	161	57	36	21
化州市	22654	12171	10483	420	240	180	61	45	16
信宜市	17619	9593	8026	286	165	121	40	27	13
肇庆市	**86052**	**46386**	**39666**	**3351**	**1865**	**1486**	**308**	**203**	**105**
端州区	39012	20293	18719	1863	1039	824	171	115	56
鼎湖区	3878	2040	1838	216	111	105	19	13	6
高要区	5544	3064	2480	150	92	58	20	13	7
广宁县	4807	2594	2213	114	64	50	17	8	9
怀集县	8551	4684	3867	159	87	72	17	12	5
封开县	5176	2978	2198	111	63	48	8	7	1
德庆县	5036	2739	2297	125	68	57	8	3	5
四会市	14048	7994	6054	613	341	272	48	32	16
惠州市	**226914**	**125808**	**101106**	**13769**	**7983**	**5786**	**1339**	**858**	**481**
惠城区	123941	68517	55424	9153	5397	3756	928	596	332
惠阳区	47983	27351	20632	2692	1520	1172	261	166	95
博罗县	29005	15772	13233	1037	601	436	101	62	39
惠东县	18155	10036	8119	695	372	323	38	24	14
龙门县	7830	4132	3698	192	93	99	11	10	1
梅州市	**95001**	**51867**	**43134**	**3367**	**1968**	**1399**	**445**	**295**	**150**
梅江区	28036	15168	12868	1831	1088	743	235	167	68
梅县区	13623	7304	6319	410	229	181	53	35	18
大埔县	6091	3348	2743	126	70	56	20	10	10
丰顺县	8060	4234	3826	142	81	61	21	10	11
五华县	12427	6925	5502	246	139	107	30	17	13
平远县	5168	2968	2200	88	60	28	7	7	
蕉岭县	6011	3239	2772	160	93	67	13	10	3
兴宁市	15585	8681	6904	364	208	156	66	39	27

4-4 续表 11

单位：人

地区	大学本科			硕士研究生			博士研究生		
	小计	男	女	小计	男	女	小计	男	女
汕尾市	**35579**	**21197**	**14382**	**1364**	**805**	**559**	**154**	**109**	**45**
城　区	12364	7378	4986	610	390	220	58	43	15
海丰县	10653	6438	4215	487	269	218	52	35	17
陆河县	3566	1912	1654	49	28	21	5	3	2
陆丰市	8996	5469	3527	218	118	100	39	28	11
河源市	**65176**	**35060**	**30116**	**2482**	**1424**	**1058**	**209**	**135**	**74**
源城区	33135	17704	15431	1744	1024	720	108	73	35
紫金县	7495	4179	3316	141	83	58	25	16	9
龙川县	10603	5787	4816	226	118	108	22	17	5
连平县	4458	2369	2089	100	60	40	21	10	11
和平县	5012	2614	2398	89	41	48	13	6	7
东源县	4473	2407	2066	182	98	84	20	13	7
阳江市	**56181**	**31518**	**24663**	**1931**	**1109**	**822**	**210**	**115**	**95**
江城区	26026	14098	11928	1136	634	502	124	64	60
阳东区	9015	5432	3583	280	172	108	38	17	21
阳西县	6911	4010	2901	154	90	64	19	16	3
阳春市	14229	7978	6251	361	213	148	29	18	11
清远市	**103567**	**54365**	**49202**	**4404**	**2548**	**1856**	**443**	**288**	**155**
清城区	49395	25821	23574	3072	1805	1267	271	181	90
清新区	10093	5318	4775	309	174	135	47	31	16
佛冈县	6569	3435	3134	157	87	70	19	12	7
阳山县	5139	2810	2329	95	60	35	19	9	10
连山壮族瑶族自治县	2769	1448	1321	38	20	18	4	2	2
连南瑶族自治县	3032	1551	1481	60	26	34	1		1
英德市	20497	10844	9653	531	292	239	66	45	21
连州市	6073	3138	2935	142	84	58	16	8	8
东莞市	**409314**	**227014**	**182300**	**34349**	**20388**	**13961**	**4594**	**3085**	**1509**
市辖区	409314	227014	182300	34349	20388	13961	4594	3085	1509
中山市	**183461**	**95732**	**87729**	**12742**	**6810**	**5932**	**886**	**585**	**301**
市辖区	183461	95732	87729	12742	6810	5932	886	585	301
潮州市	**49167**	**25792**	**23375**	**1751**	**972**	**779**	**336**	**230**	**106**
湘桥区	23252	12123	11129	1062	581	481	226	154	72
潮安区	17414	8915	8499	539	309	230	75	51	24
饶平县	8501	4754	3747	150	82	68	35	25	10
揭阳市	**44136**	**24647**	**19489**	**952**	**599**	**353**	**147**	**93**	**54**
榕城区	15609	8456	7153	219	150	69	27	23	4
揭东区	6420	3547	2873	147	89	58	22	18	4
揭西县	4352	2267	2085	128	73	55	20	12	8
惠来县	5679	3579	2100	168	108	60	27	15	12
普宁市	12076	6798	5278	290	179	111	51	25	26
云浮市	**43164**	**23315**	**19849**	**1565**	**917**	**648**	**151**	**100**	**51**
云城区	15903	8558	7345	690	422	268	42	28	14
云安区	1848	1048	800	92	44	48	17	12	5
新兴县	9378	4865	4513	407	235	172	44	32	12
郁南县	4499	2524	1975	96	58	38	12	4	8
罗定市	11536	6320	5216	280	158	122	36	24	12

4-4a　各地区分性别、受教育程度的25岁及以上人口(城市)

单位：人

地　　区	25岁及以上人口			未上过学		
	合计	男	女	小计	男	女
广　东	**53699098**	**28358299**	**25340799**	**580148**	**131178**	**448970**
广州市	**10571512**	**5501372**	**5070140**	**73372**	**16334**	**57038**
荔湾区	941000	475341	465659	8468	2279	6189
越秀区	792212	377865	414347	4486	926	3560
海珠区	1398643	699145	699498	6903	1256	5647
天河区	1471058	771349	699709	7092	1712	5380
白云区	1983904	1066157	917747	12961	2847	10114
黄埔区	801797	444409	357388	6149	1079	5070
番禺区	1614302	843544	770758	13176	3181	9995
花都区	735066	386577	348489	4768	1216	3552
南沙区	337151	189037	148114	5153	943	4210
从化区	132268	63104	69164	844	165	679
增城区	364111	184844	179267	3372	730	2642
韶关市	**658855**	**319891**	**338964**	**14074**	**1980**	**12094**
武江区	221029	106857	114172	3306	500	2806
浈江区	188740	94698	94042	3161	587	2574
曲江区	104145	50316	53829	2227	272	1955
始兴县						
仁化县						
翁源县						
乳源瑶族自治县						
新丰县						
乐昌市	68380	31808	36572	2258	318	1940
南雄市	76561	36212	40349	3122	303	2819
深圳市	**12472154**	**6840634**	**5631520**	**86345**	**14298**	**72047**
罗湖区	813501	407071	406430	5912	850	5062
福田区	1107896	561207	546689	6748	973	5775
南山区	1268495	667452	601043	7666	1440	6226
宝安区	3242109	1829575	1412534	20524	3405	17119
龙岗区	2889961	1566478	1323483	23190	4007	19183
盐田区	152500	82145	70355	1103	169	934
龙华区	1801627	1026288	775339	10623	1530	9093
坪山区	390943	226013	164930	3729	697	3032
光明区	805122	474405	330717	6850	1227	5623
珠海市	**1303143**	**677038**	**626105**	**14647**	**3041**	**11606**
香洲区	927854	476552	451302	9936	1988	7948
斗门区	179184	93592	85592	2358	522	1836
金湾区	196105	106894	89211	2353	531	1822
汕头市	**1727185**	**846896**	**880289**	**67969**	**17362**	**50607**
龙湖区	374867	187014	187853	8687	2200	6487
金平区	563214	271413	291801	12526	2610	9916
濠江区	121548	59173	62375	12834	2146	10688
潮阳区	225777	107781	117996	13021	3290	9731
潮南区	252689	126175	126514	16929	6258	10671
澄海区	189090	95340	93750	3972	858	3114
南澳县						
佛山市	**6240650**	**3329441**	**2911209**	**70395**	**16607**	**53788**
禅城区	834779	430080	404699	6747	1567	5180
南海区	2527345	1363498	1163847	25058	6013	19045
顺德区	2331466	1252233	1079233	32688	7894	24794
三水区	265103	135460	129643	3267	483	2784
高明区	281957	148170	133787	2635	650	1985

4-4a 续表 1 单位：人

地　区	25岁及以上人口			未上过学		
	合计	男	女	小计	男	女
江门市	**2022556**	**1016745**	**1005811**	**17262**	**3618**	**13644**
蓬江区	585081	296549	288532	6012	1416	4596
江海区	259044	135433	123611	4299	697	3602
新会区	350491	174248	176243	3194	600	2594
台山市	260636	130034	130602	897	218	679
开平市	242868	117882	124986	1526	385	1141
鹤山市	183329	91790	91539	743	167	576
恩平市	141107	70809	70298	591	135	456
湛江市	**1256775**	**616918**	**639857**	**20637**	**5034**	**15603**
赤坎区	263115	128766	134349	3074	745	2329
霞山区	414163	201803	212360	4913	1151	3762
坡头区	46423	23077	23346	998	212	786
麻章区	65405	33263	32142	1554	445	1109
遂溪县	14630	7539	7091	506	136	370
徐闻县						
廉江市	147727	71610	76117	1689	382	1307
雷州市	145465	72568	72897	4250	1188	3062
吴川市	159847	78292	81555	3653	775	2878
茂名市	**1098448**	**535289**	**563159**	**16783**	**3902**	**12881**
茂南区	416471	203494	212977	4001	768	3233
电白区	151804	75770	76034	7160	1843	5317
高州市	184308	89176	95132	2186	498	1688
化州市	164347	80831	83516	1616	410	1206
信宜市	181518	86018	95500	1820	383	1437
肇庆市	**813161**	**410153**	**403008**	**9808**	**2142**	**7666**
端州区	389938	188139	201799	4647	946	3701
鼎湖区	71205	37037	34168	1556	329	1227
高要区	64157	31394	32763	887	214	673
广宁县						
怀集县						
封开县						
德庆县						
四会市	287861	153583	134278	2718	653	2065
惠州市	**1785016**	**950393**	**834623**	**19662**	**4809**	**14853**
惠城区	1064977	549579	515398	12564	2860	9704
惠阳区	704989	392409	312580	6999	1931	5068
博罗县	15050	8405	6645	99	18	81
惠东县						
龙门县						
梅州市	**637067**	**306912**	**330155**	**4884**	**1172**	**3712**
梅江区	263744	130143	133601	1953	535	1418
梅县区	168456	80824	87632	947	167	780
大埔县						
丰顺县						
五华县	8980	4259	4721	236	52	184
平远县						
蕉岭县						
兴宁市	195887	91686	104201	1748	418	1330

4-4a 续表 2 单位：人

地 区	25岁及以上人口			未上过学		
	合计	男	女	小计	男	女
汕尾市	**339052**	**173525**	**165527**	**18781**	**5263**	**13518**
城 区	196528	100516	96012	9976	2755	7221
海丰县						
陆河县						
陆丰市	142524	73009	69515	8805	2508	6297
河源市	**407814**	**202598**	**205216**	**4428**	**832**	**3596**
源城区	407814	202598	205216	4428	832	3596
紫金县						
龙川县						
连平县						
和平县						
东源县						
阳江市	**681162**	**339173**	**341989**	**10283**	**2606**	**7677**
江城区	387985	193353	194632	5989	1806	4183
阳东区	120137	60974	59163	1087	244	843
阳西县						
阳春市	173040	84846	88194	3207	556	2651
清远市	**813685**	**394749**	**418936**	**15148**	**2286**	**12862**
清城区	433597	211440	222157	6752	1147	5605
清新区	149462	70961	78501	3753	449	3304
佛冈县						
阳山县						
连山壮族瑶族自治县						
连南瑶族自治县						
英德市	134596	67326	67270	2572	354	2218
连州市	96030	45022	51008	2071	336	1735
东莞市	**6938361**	**3878759**	**3059602**	**53367**	**13241**	**40126**
市辖区	6938361	3878759	3059602	53367	13241	40126
中山市	**1979289**	**1046111**	**933178**	**21121**	**5378**	**15743**
市辖区	1979289	1046111	933178	21121	5378	15743
潮州市	**676186**	**337050**	**339136**	**17512**	**3779**	**13733**
湘桥区	314727	154443	160284	5758	1066	4692
潮安区	361459	182607	178852	11754	2713	9041
饶平县						
揭阳市	**914745**	**456407**	**458338**	**19889**	**6720**	**13169**
榕城区	431775	214765	217010	11920	4084	7836
揭东区	196192	99208	96984	2998	920	2078
揭西县						
惠来县						
普宁市	286778	142434	144344	4971	1716	3255
云浮市	**362282**	**178245**	**184037**	**3781**	**774**	**3007**
云城区	207699	104502	103197	2333	453	1880
云安区	12410	6527	5883	174	35	139
新兴县						
郁南县						
罗定市	142173	67216	74957	1274	286	988

4-4a 续表 3

单位：人

地　　区	学前教育			小　　学		
	小计	男	女	小计	男	女
广　东	**52727**	**19255**	**33472**	**6871486**	**2934678**	**3936808**
广州市	**5929**	**2077**	**3852**	**1051008**	**438803**	**612205**
荔湾区	681	263	418	115531	48829	66702
越秀区	333	126	207	58453	20435	38018
海珠区	498	171	327	129924	51547	78377
天河区	599	212	387	94390	39119	55271
白云区	1023	336	687	208627	90736	117891
黄埔区	419	130	289	73980	31085	42895
番禺区	1457	539	918	174876	75474	99402
花都区	363	126	237	78403	33158	45245
南沙区	273	75	198	44480	18931	25549
从化区	37	11	26	14001	5123	8878
增城区	246	88	158	58343	24366	33977
韶关市	**582**	**178**	**404**	**96810**	**35743**	**61067**
武江区	214	61	153	26265	9912	16353
浈江区	188	61	127	26311	10875	15436
曲江区	43	11	32	14791	5168	9623
始兴县						
仁化县						
翁源县						
乳源瑶族自治县						
新丰县						
乐昌市	42	11	31	12986	4722	8264
南雄市	95	34	61	16457	5066	11391
深圳市	**4546**	**1150**	**3396**	**922588**	**373864**	**548724**
罗湖区	315	58	257	58590	22247	36343
福田区	341	67	274	66129	26071	40058
南山区	384	164	220	69122	27854	41268
宝安区	1113	281	832	231530	92412	139118
龙岗区	1243	336	907	250924	102844	148080
盐田区	54	14	40	10940	4331	6609
龙华区	641	119	522	110623	42412	68211
坪山区	175	51	124	44509	20449	24060
光明区	280	60	220	80221	35244	44977
珠海市	**1065**	**357**	**708**	**137054**	**58405**	**78649**
香洲区	753	243	510	86991	36523	50468
斗门区	141	42	99	24843	10235	14608
金湾区	171	72	99	25220	11647	13573
汕头市	**3854**	**1341**	**2513**	**399297**	**168733**	**230564**
龙湖区	464	141	323	67723	29149	38574
金平区	756	247	509	114168	44953	69215
濠江区	751	220	531	37579	17454	20125
潮阳区	917	390	527	57503	24713	32790
潮南区	418	158	260	74607	32288	42319
澄海区	548	185	363	47717	20176	27541
南澳县						
佛山市	**8609**	**3404**	**5205**	**1037250**	**471377**	**565873**
禅城区	779	277	502	95075	40211	54864
南海区	3715	1495	2220	442880	207707	235173
顺德区	3701	1480	2221	416687	189086	227601
三水区	178	78	100	41223	16753	24470
高明区	236	74	162	41385	17620	23765

4-4a　续表 4　　　　单位：人

地　区	学前教育			小　学		
	小计	男	女	小计	男	女
江门市	**1359**	**433**	**926**	**333715**	**135890**	**197825**
蓬江区	686	219	467	93917	38474	55443
江海区	208	57	151	52039	21708	30331
新会区	146	35	111	69872	27927	41945
台山市	101	28	73	35330	14468	20862
开平市	107	46	61	40626	16404	24222
鹤山市	54	19	35	24906	10155	14751
恩平市	57	29	28	17025	6754	10271
湛江市	**1741**	**681**	**1060**	**170224**	**69562**	**100662**
赤坎区	221	82	139	25052	10308	14744
霞山区	298	115	183	46282	18343	27939
坡头区	94	36	58	7127	2854	4273
麻章区	215	93	122	12693	5672	7021
遂溪县	18	10	8	3781	1613	2168
徐闻县						
廉江市	141	62	79	18547	7086	11461
雷州市	416	161	255	27851	11712	16139
吴川市	338	122	216	28891	11974	16917
茂名市	**1422**	**495**	**927**	**163338**	**66800**	**96538**
茂南区	269	83	186	52353	21283	31070
电白区	521	158	363	33839	15562	18277
高州市	404	164	240	30209	12006	18203
化州市	162	69	93	19684	7862	11822
信宜市	66	21	45	27253	10087	17166
肇庆市	**1359**	**505**	**854**	**117093**	**48837**	**68256**
端州区	633	211	422	46995	18631	28364
鼎湖区	273	124	149	14586	6460	8126
高要区	120	51	69	12625	5364	7261
广宁县						
怀集县						
封开县						
德庆县						
四会市	333	119	214	42887	18382	24505
惠州市	**1954**	**698**	**1256**	**223472**	**99430**	**124042**
惠城区	1212	419	793	126839	53630	73209
惠阳区	739	277	462	94079	44609	49470
博罗县	3	2	1	2554	1191	1363
惠东县						
龙门县						
梅州市	**492**	**189**	**303**	**64746**	**24481**	**40265**
梅江区	176	67	109	24936	10135	14801
梅县区	114	42	72	17665	6353	11312
大埔县						
丰顺县						
五华县	33	11	22	1986	696	1290
平远县						
蕉岭县						
兴宁市	169	69	100	20159	7297	12862

4-4a 续表 5

单位：人

地 区	学前教育			小 学		
	小计	男	女	小计	男	女
汕尾市	**2358**	**1097**	**1261**	**100004**	**44584**	**55420**
城 区	668	274	394	56147	25454	30693
海丰县						
陆河县						
陆丰市	1690	823	867	43857	19130	24727
河源市	**242**	**58**	**184**	**50448**	**19594**	**30854**
源城区	242	58	184	50448	19594	30854
紫金县						
龙川县						
连平县						
和平县						
东源县						
阳江市	**1326**	**503**	**823**	**126913**	**52818**	**74095**
江城区	971	395	576	71091	30729	40362
阳东区	86	27	59	23840	9978	13862
阳西县						
阳春市	269	81	188	31982	12111	19871
清远市	**671**	**194**	**477**	**161374**	**63312**	**98062**
清城区	424	120	304	78250	30607	47643
清新区	137	39	98	37912	14533	23379
佛冈县						
阳山县						
连山壮族瑶族自治县						
连南瑶族自治县						
英德市	60	16	44	24374	9792	14582
连州市	50	19	31	20838	8380	12458
东莞市	**8096**	**3180**	**4916**	**901257**	**410529**	**490728**
市辖区	8096	3180	4916	901257	410529	490728
中山市	**2481**	**945**	**1536**	**345279**	**153954**	**191325**
市辖区	2481	945	1536	345279	153954	191325
潮州市	**1441**	**494**	**947**	**181401**	**76170**	**105231**
湘桥区	440	147	293	63403	24383	39020
潮安区	1001	347	654	117998	51787	66211
饶平县						
揭阳市	**2263**	**892**	**1371**	**228338**	**98736**	**129602**
榕城区	1286	498	788	114819	49797	65022
揭东区	332	146	186	50614	22119	28495
揭西县						
惠来县						
普宁市	645	248	397	62905	26820	36085
云浮市	**937**	**384**	**553**	**59877**	**23056**	**36821**
云城区	159	45	114	33761	13064	20697
云安区	15	4	11	2452	956	1496
新兴县						
郁南县						
罗定市	763	335	428	23664	9036	14628

4-4a 续表 6 单位：人

地区	初中			高中			大学专科		
	小计	男	女	小计	男	女	小计	男	女
广东	**20479038**	**11226545**	**9252493**	**12714034**	**7180946**	**5533088**	**6747119**	**3519483**	**3227636**
广州市	**3403741**	**1853271**	**1550470**	**2687749**	**1473159**	**1214590**	**1594277**	**813465**	**780812**
荔湾区	289597	153779	135818	266092	139111	126981	131700	66798	64902
越秀区	169770	83510	86260	223101	109682	113419	131538	63097	68441
海珠区	477238	251823	225415	358940	184018	174922	187347	92046	95301
天河区	301486	161231	140255	397135	219227	177908	303741	158053	145688
白云区	768269	433522	334747	505988	288056	217932	264786	136651	128135
黄埔区	245429	140260	105169	202944	123528	79416	123949	67288	56661
番禺区	537304	294103	243201	398870	220617	178253	240492	120376	120116
花都区	330829	180762	150067	148668	81712	66956	89519	45850	43669
南沙区	115131	67990	47141	81351	50989	30362	46668	25566	21102
从化区	41951	19816	22135	34693	17759	16934	22971	11459	11512
增城区	126737	66475	60262	69967	38460	31507	51566	26281	25285
韶关市	**233032**	**114655**	**118377**	**165061**	**86855**	**78206**	**87045**	**46675**	**40370**
武江区	76541	37396	39145	56114	28345	27769	31121	15999	15122
浈江区	65698	33701	31997	52210	27228	24982	24880	13289	11591
曲江区	39551	18782	20769	26830	14520	12310	13557	7616	5941
始兴县									
仁化县									
翁源县									
乳源瑶族自治县									
新丰县									
乐昌市	27097	12755	14342	13453	7233	6220	7525	4102	3423
南雄市	24145	12021	12124	16454	9529	6925	9962	5669	4293
深圳市	**4356957**	**2477078**	**1879879**	**2870387**	**1702451**	**1167936**	**1996522**	**1047158**	**949364**
罗湖区	215730	114448	101282	216185	113430	102755	156095	73927	82168
福田区	239221	128885	110336	244668	131594	113074	207874	97659	110215
南山区	250146	139772	110374	260195	143300	116895	226710	110014	116696
宝安区	1371536	778872	592664	716845	443575	273270	465816	259156	206660
龙岗区	1060057	597917	462140	681755	396588	285167	454334	234688	219646
盐田区	45214	25994	19220	40765	23824	16941	25731	12814	12917
龙华区	620184	362893	257291	439476	275155	164321	327272	180373	146899
坪山区	168615	99139	69476	84801	54043	30758	45191	25711	19480
光明区	386254	229158	157096	185697	120942	64755	87499	52816	34683
珠海市	**410508**	**222284**	**188224**	**332412**	**181745**	**150667**	**196014**	**99115**	**96899**
香洲区	267803	143198	124605	240518	129266	111252	148699	73991	74708
斗门区	63461	34612	28849	46585	26179	20406	24063	12517	11546
金湾区	79244	44474	34770	45309	26300	19009	23252	12607	10645
汕头市	**597412**	**308605**	**288807**	**396485**	**213504**	**182981**	**168555**	**87960**	**80595**
龙湖区	120871	63784	57087	91459	47724	43735	51739	26083	25656
金平区	180833	90446	90387	148983	78149	70834	68489	35176	33313
濠江区	41004	22026	18978	19638	11608	8030	7335	4378	2957
潮阳区	70677	33961	36716	52853	28529	24324	21729	12100	9629
潮南区	107968	57138	50830	44944	26085	18859	5327	2902	2425
澄海区	76059	41250	34809	38608	21409	17199	13936	7321	6615
南澳县									
佛山市	**2586759**	**1464761**	**1121998**	**1402865**	**785677**	**617188**	**670960**	**344663**	**326297**
禅城区	316419	169148	147271	206465	110925	95540	113450	57742	55708
南海区	1083812	622519	461293	537203	302598	234605	264909	136248	128661
顺德区	959204	550422	408782	531893	301362	230531	232191	119174	113017
三水区	105150	56577	48573	58811	32202	26609	30352	15573	14779
高明区	122174	66095	56079	68493	38590	29903	30058	15926	14132

4-4a 续表 7 单位：人

地区	初中			高中			大学专科		
	小计	男	女	小计	男	女	小计	男	女
江门市	**778622**	**397866**	**380756**	**532976**	**290957**	**242019**	**210222**	**109740**	**100482**
蓬江区	205514	108237	97277	148545	80654	67891	71589	36738	34851
江海区	107778	59011	48767	56571	33654	22917	24355	12901	11454
新会区	114927	58658	56269	91253	49958	41295	40117	20987	19130
台山市	104727	51668	53059	86282	45598	40684	21989	11807	10182
开平市	98070	46931	51139	68960	36466	32494	21804	11407	10397
鹤山市	79382	40350	39032	43449	23480	19969	18684	9302	9382
恩平市	68224	33011	35213	37916	21147	16769	11684	6598	5086
湛江市	**471355**	**226295**	**245060**	**325458**	**171297**	**154161**	**156483**	**84017**	**72466**
赤坎区	85322	40574	44748	76404	38706	37698	42077	21809	20268
霞山区	139530	66044	73486	118318	60510	57808	59545	31209	28336
坡头区	15460	7515	7945	9027	4754	4273	6793	3756	3037
麻章区	29485	14887	14598	14087	8031	6056	4476	2568	1908
遂溪县	7314	3871	3443	2076	1340	736	701	434	267
徐闻县									
廉江市	65833	30548	35285	35829	19356	16473	15705	8848	6857
雷州市	58661	28818	29843	36707	20440	16267	12342	7226	5116
吴川市	69750	34038	35712	33010	18160	14850	14844	8167	6677
茂名市	**425001**	**202105**	**222896**	**278207**	**146696**	**131511**	**129107**	**69048**	**60059**
茂南区	142264	66857	75407	118999	61498	57501	58944	31154	27790
电白区	56190	28889	27301	31448	17062	14386	14657	7985	6672
高州市	73770	35133	38637	44461	23422	21039	19091	10086	9005
化州市	73706	34843	38863	39264	21286	17978	18266	10120	8146
信宜市	79071	36383	42688	44035	23428	20607	18149	9703	8446
肇庆市	**323590**	**166446**	**157144**	**211432**	**113164**	**98268**	**90764**	**47595**	**43169**
端州区	128666	61384	67282	112755	57500	55255	55196	28020	27176
鼎湖区	30352	16671	13681	15240	8543	6697	5813	3134	2679
高要区	26370	12839	13531	15290	8196	7094	6635	3555	3080
广宁县									
怀集县									
封开县									
德庆县									
四会市	138202	75552	62650	68147	38925	29222	23120	12886	10234
惠州市	**758420**	**417700**	**340720**	**393859**	**218632**	**175227**	**218105**	**114250**	**103855**
惠城区	406358	215780	190578	247586	132898	114688	146940	75493	71447
惠阳区	342820	196660	146160	144175	84407	59768	70412	38307	32105
博罗县	9242	5260	3982	2098	1327	771	753	450	303
惠东县									
龙门县									
梅州市	**276804**	**128537**	**148267**	**171078**	**89162**	**81916**	**66296**	**34703**	**31593**
梅江区	100150	48093	52057	76311	39266	37045	30814	16006	14808
梅县区	75237	35303	39934	46437	24292	22145	16992	8788	8204
大埔县									
丰顺县									
五华县	5518	2738	2780	887	580	307	225	131	94
平远县									
蕉岭县									
兴宁市	95899	42403	53496	47443	25024	22419	18265	9778	8487

4-4a 续表 8 单位：人

地区	初中			高中			大学专科		
	小计	男	女	小计	男	女	小计	男	女
汕尾市	**128404**	**68487**	**59917**	**55256**	**33307**	**21949**	**21314**	**12945**	**8369**
城　区	72875	38338	34537	33657	19787	13870	14207	8512	5695
海丰县									
陆河县									
陆丰市	55529	30149	25380	21599	13520	8079	7107	4433	2674
河源市	**178974**	**89174**	**89800**	**90461**	**49127**	**41334**	**49269**	**25575**	**23694**
源城区	178974	89174	89800	90461	49127	41334	49269	25575	23694
紫金县									
龙川县									
连平县									
和平县									
东源县									
阳江市	**266597**	**133602**	**132995**	**158262**	**86209**	**72053**	**76770**	**41286**	**35484**
江城区	144310	72212	72098	95641	50864	44777	45381	24122	21259
阳东区	55697	28616	27081	23511	13515	9996	10337	5576	4761
阳西县									
阳春市	66590	32774	33816	39110	21830	17280	21052	11588	9464
清远市	**332071**	**169657**	**162414**	**148549**	**79003**	**69546**	**86420**	**44219**	**42201**
清城区	171290	88042	83248	79602	41698	37904	52111	26185	25926
清新区	69516	35621	33895	21311	11834	9477	9959	5000	4959
佛冈县									
阳山县									
连山壮族瑶族自治县									
连南瑶族自治县									
英德市	50088	26173	23915	29112	15865	13247	15973	8743	7230
连州市	41177	19821	21356	18524	9606	8918	8377	4291	4086
东莞市	**3276363**	**1885294**	**1391069**	**1677856**	**1004147**	**673709**	**596166**	**324807**	**271359**
市辖区	3276363	1885294	1391069	1677856	1004147	673709	596166	324807	271359
中山市	**861954**	**482616**	**379338**	**418949**	**234423**	**184526**	**184652**	**93772**	**90880**
市辖区	861954	482616	379338	418949	234423	184526	184652	93772	90880
潮州市	**259664**	**138716**	**120948**	**125574**	**70565**	**55009**	**55103**	**28981**	**26122**
湘桥区	116481	59327	57154	71145	39019	32126	34422	18454	15968
潮安区	143183	79389	63794	54429	31546	22883	20681	10527	10154
饶平县									
揭阳市	**384969**	**196168**	**188801**	**196697**	**109727**	**86970**	**60394**	**32141**	**28253**
榕城区	163583	83331	80252	95958	53457	42501	30423	16157	14266
揭东区	80543	41544	38999	47823	27057	20766	10964	5883	5081
揭西县									
惠来县									
普宁市	140843	71293	69550	52916	29213	23703	19007	10101	8906
云浮市	**167841**	**83228**	**84613**	**74461**	**41139**	**33322**	**32681**	**17368**	**15313**
云城区	91814	47454	44360	42216	23569	18647	21539	11338	10201
云安区	7001	3778	3223	2073	1363	710	482	275	207
新兴县									
郁南县									
罗定市	69026	31996	37030	30172	16207	13965	10660	5755	4905

4-4a 续表 9 单位：人

地 区	大学本科			硕士研究生			博士研究生		
	小计	男	女	小计	男	女	小计	男	女
广 东	**5494702**	**2922708**	**2571994**	**674047**	**368358**	**305689**	**85797**	**55148**	**30649**
广州市	**1491308**	**762061**	**729247**	**222867**	**116945**	**105922**	**41261**	**25257**	**16004**
荔湾区	116832	57898	58934	10853	5645	5208	1246	739	507
越秀区	167972	81066	86906	31406	15929	15477	5153	3094	2059
海珠区	199505	97873	101632	30868	15821	15047	7420	4590	2830
天河区	294142	152607	141535	58807	30692	28115	13666	8496	5170
白云区	193983	99070	94913	23566	12292	11274	4701	2647	2054
黄埔区	126432	68648	57784	20369	10990	9379	2126	1401	725
番禺区	211184	108818	102366	31133	16895	14238	5810	3541	2269
花都区	75677	39880	35797	6449	3616	2833	390	257	133
南沙区	39754	22074	17680	3965	2226	1739	376	243	133
从化区	16575	8171	8404	1118	542	576	78	58	20
增城区	49252	25956	23296	4333	2297	2036	295	191	104
韶关市	**58089**	**31402**	**26687**	**3737**	**2114**	**1623**	**425**	**289**	**136**
武江区	25233	13345	11888	2080	1190	890	155	109	46
浈江区	14895	8161	6734	1183	651	532	214	145	69
曲江区	6896	3786	3110	215	137	78	35	24	11
始兴县									
仁化县									
翁源县									
乳源瑶族自治县									
新丰县									
乐昌市	4881	2591	2290	130	73	57	8	3	5
南雄市	6184	3519	2665	129	63	66	13	8	5
深圳市	**1903825**	**1037469**	**866356**	**303747**	**168456**	**135291**	**27237**	**18710**	**8527**
罗湖区	138771	70395	68376	20235	10630	9605	1668	1086	582
福田区	269335	136308	133027	68191	35974	32217	5389	3676	1713
南山区	355153	187956	167197	88264	49577	38687	10855	7375	3480
宝安区	388808	224945	163863	43290	25048	18242	2647	1881	766
龙岗区	373726	203969	169757	41579	23895	17684	3153	2234	919
盐田区	24345	12719	11626	3899	1993	1906	449	287	162
龙华区	262725	146842	115883	28088	15585	12503	1995	1379	616
坪山区	38447	22757	15690	5021	2830	2191	455	336	119
光明区	52515	31578	20937	5180	2924	2256	626	456	170
珠海市	**183257**	**97032**	**86225**	**24658**	**12956**	**11702**	**3528**	**2103**	**1425**
香洲区	148883	78327	70556	21191	11178	10013	3080	1838	1242
斗门区	16422	8794	7628	1195	624	571	116	67	49
金湾区	17952	9911	8041	2272	1154	1118	332	198	134
汕头市	**88607**	**46539**	**42068**	**4291**	**2415**	**1876**	**715**	**437**	**278**
龙湖区	32199	16930	15269	1543	899	644	182	104	78
金平区	34642	18225	16417	2334	1300	1034	483	307	176
濠江区	2335	1302	1033	62	34	28	10	5	5
潮阳区	8960	4738	4222	102	55	47	15	5	10
潮南区	2456	1324	1132	37	20	17	3	2	1
澄海区	8015	4020	3995	213	107	106	22	14	8
南澳县									
佛山市	**431439**	**224636**	**206803**	**29659**	**16563**	**13096**	**2714**	**1753**	**961**
禅城区	87489	45614	41875	7635	4129	3506	720	467	253
南海区	159392	81205	78187	9483	5178	4305	893	535	358
顺德区	143510	75987	67523	10643	6172	4471	949	656	293
三水区	24752	13031	11721	1262	699	563	108	64	44
高明区	16296	8799	7497	636	385	251	44	31	13

4-4a　续表 10　　　　　　　　　　　　　　　　　　　单位：人

地　区	大学本科			硕士研究生			博士研究生		
	小计	男	女	小计	男	女	小计	男	女
江门市	**140773**	**73937**	**66836**	**6881**	**3782**	**3099**	**746**	**522**	**224**
蓬江区	54391	28287	26104	3916	2153	1763	511	371	140
江海区	13049	6985	6064	679	376	303	66	44	22
新会区	29755	15403	14352	1141	626	515	86	54	32
台山市	10964	6075	4889	333	165	168	13	7	6
开平市	11477	6065	5412	271	162	109	27	16	11
鹤山市	15655	8058	7597	425	239	186	31	20	11
恩平市	5482	3064	2418	116	61	55	12	10	2
湛江市	**103258**	**55699**	**47559**	**6499**	**3601**	**2898**	**1120**	**732**	**388**
赤坎区	28485	15126	13359	2059	1127	932	421	289	132
霞山区	41289	22226	19063	3377	1821	1556	611	384	227
坡头区	6411	3635	2776	496	305	191	17	10	7
麻章区	2696	1462	1234	180	92	88	19	13	6
遂溪县	229	133	96	5	2	3			
徐闻县									
廉江市	9818	5223	4595	148	89	59	17	16	1
雷州市	5145	2962	2183	80	52	28	13	9	4
吴川市	9185	4932	4253	154	113	41	22	11	11
茂名市	**81457**	**44397**	**37060**	**2739**	**1577**	**1162**	**394**	**269**	**125**
茂南区	37286	20489	16797	2044	1148	896	311	214	97
电白区	7804	4157	3647	165	102	63	20	12	8
高州市	13923	7700	6223	238	148	90	26	19	7
化州市	11468	6129	5339	160	98	62	21	14	7
信宜市	10976	5922	5054	132	81	51	16	10	6
肇庆市	**56272**	**29852**	**26420**	**2619**	**1460**	**1159**	**224**	**152**	**72**
端州区	39012	20293	18719	1863	1039	824	171	115	56
鼎湖区	3206	1682	1524	166	85	81	13	9	4
高要区	2172	1141	1031	55	31	24	3	3	
广宁县									
怀集县									
封开县									
德庆县									
四会市	11882	6736	5146	535	305	230	37	25	12
惠州市	**157268**	**87620**	**69648**	**11163**	**6539**	**4624**	**1113**	**715**	**398**
惠城区	113991	62842	51149	8620	5097	3523	867	560	307
惠阳区	42982	24627	18355	2538	1437	1101	245	154	91
博罗县	295	151	144	5	5		1	1	
惠东县									
龙门县									
梅州市	**50069**	**27055**	**23014**	**2397**	**1407**	**990**	**301**	**206**	**95**
梅江区	27362	14801	12561	1810	1075	735	232	165	67
梅县区	10697	5668	5029	345	195	150	22	16	6
大埔县									
丰顺县									
五华县	92	49	43	3	2	1			
平远县									
蕉岭县									
兴宁市	11918	6537	5381	239	135	104	47	25	22

4-4a 续表 11

单位：人

地　区	大学本科			硕士研究生			博士研究生		
	小计	男	女	小计	男	女	小计	男	女
汕尾市	**12427**	**7521**	**4906**	**461**	**288**	**173**	**47**	**33**	**14**
城　区	8553	5118	3435	405	250	155	40	28	12
海丰县									
陆河县									
陆丰市	3874	2403	1471	56	38	18	7	5	2
河源市	**32183**	**17169**	**15014**	**1707**	**1001**	**706**	**102**	**68**	**34**
源城区	32183	17169	15014	1707	1001	706	102	68	34
紫金县									
龙川县									
连平县									
和平县									
东源县									
阳江市	**39438**	**21276**	**18162**	**1427**	**797**	**630**	**146**	**76**	**70**
江城区	23478	12602	10876	1015	568	447	109	55	54
阳东区	5403	2924	2479	151	81	70	25	13	12
阳西县									
阳春市	10557	5750	4807	261	148	113	12	8	4
清远市	**66070**	**34098**	**31972**	**3117**	**1806**	**1311**	**265**	**174**	**91**
清城区	42401	21999	20402	2549	1497	1052	218	145	73
清新区	6693	3388	3305	168	89	79	13	8	5
佛冈县									
阳山县									
连山壮族瑶族自治县									
连南瑶族自治县									
英德市	12086	6202	5884	307	165	142	24	16	8
连州市	4890	2509	2381	93	55	38	10	5	5
东莞市	**387507**	**214839**	**172668**	**33303**	**19731**	**13572**	**4446**	**2991**	**1455**
市辖区	387507	214839	172668	33303	19731	13572	4446	2991	1455
中山市	**133806**	**69077**	**64729**	**10339**	**5488**	**4851**	**708**	**458**	**250**
市辖区	133806	69077	64729	10339	5488	4851	708	458	250
潮州市	**34033**	**17505**	**16528**	**1256**	**703**	**553**	**202**	**137**	**65**
湘桥区	21995	11429	10566	929	514	415	154	104	50
潮安区	12038	6076	5962	327	189	138	48	33	15
饶平县									
揭阳市	**21785**	**11757**	**10028**	**354**	**229**	**125**	**56**	**37**	**19**
榕城区	13597	7310	6287	164	110	54	25	21	4
揭东区	2847	1493	1354	61	39	22	10	7	3
揭西县									
惠来县									
普宁市	5341	2954	2387	129	80	49	21	9	12
云浮市	**21831**	**11767**	**10064**	**826**	**500**	**326**	**47**	**29**	**18**
云城区	15173	8150	7023	668	407	261	36	22	14
云安区	209	115	94	4	1	3			
新兴县									
郁南县									
罗定市	6449	3502	2947	154	92	62	11	7	4

4-4b　各地区分性别、受教育程度的25岁及以上人口(镇)

单位：人

地　区	25岁及以上人口			未上过学		
	合计	男	女	小计	男	女
广　东	**11229949**	**5745272**	**5484677**	**301848**	**66683**	**235165**
广州市	**790834**	**420700**	**370134**	**8494**	**1777**	**6717**
荔湾区						
越秀区						
海珠区						
天河区						
白云区	139706	75413	64293	1094	213	881
黄埔区	26888	13023	13865	251	40	211
番禺区	47855	26861	20994	725	188	537
花都区	62225	32548	29677	612	116	496
南沙区	121993	66595	55398	2678	457	2221
从化区	47101	25244	21857	297	62	235
增城区	345066	181016	164050	2837	701	2136
韶关市	**460138**	**219593**	**240545**	**16733**	**2082**	**14651**
武江区	1954	966	988	92	7	85
浈江区	23532	13336	10196	669	161	508
曲江区	21001	10888	10113	915	147	768
始兴县	54560	24540	30020	1643	137	1506
仁化县	52542	24987	27555	1840	243	1597
翁源县	75170	34239	40931	1844	195	1649
乳源瑶族自治县	57978	27895	30083	1993	256	1737
新丰县	68005	32532	35473	916	118	798
乐昌市	64389	30541	33848	4303	553	3750
南雄市	41007	19669	21338	2518	265	2253
深圳市	**5275**	**3920**	**1355**	**54**	**18**	**36**
罗湖区						
福田区						
南山区	3643	3160	483	43	15	28
宝安区						
龙岗区						
盐田区						
龙华区						
坪山区	1632	760	872	11	3	8
光明区						
珠海市	**228796**	**136353**	**92443**	**3763**	**1062**	**2701**
香洲区	41051	29450	11601	771	360	411
斗门区	105825	57358	48467	1580	367	1213
金湾区	81920	49545	32375	1412	335	1077
汕头市	**870203**	**436320**	**433883**	**39867**	**10106**	**29761**
龙湖区						
金平区						
濠江区	3913	1968	1945	537	132	405
潮阳区	371242	187289	183953	15926	4523	11403
潮南区	183616	91542	92074	10669	2842	7827
澄海区	271460	135666	135794	9208	1935	7273
南澳县	39972	19855	20117	3527	674	2853
佛山市	**374474**	**212349**	**162125**	**5786**	**1353**	**4433**
禅城区	159958	88004	71954	2621	608	2013
南海区	40925	23313	17612	474	105	369
顺德区						
三水区	153246	89259	63987	2355	528	1827
高明区	20345	11773	8572	336	112	224

4-4b 续表 1

单位：人

地区	25岁及以上人口			未上过学		
	合计	男	女	小计	男	女
江门市	**318182**	**168802**	**149380**	**4788**	**1142**	**3646**
蓬江区						
江海区						
新会区	92838	48829	44009	1729	368	1361
台山市	61088	31344	29744	1294	365	929
开平市	65945	34251	31694	837	156	681
鹤山市	56752	32464	24288	477	155	322
恩平市	41559	21914	19645	451	98	353
湛江市	**727683**	**365907**	**361776**	**20974**	**5093**	**15881**
赤坎区						
霞山区	2888	1435	1453	87	19	68
坡头区	48659	24187	24472	1668	417	1251
麻章区	45631	25018	20613	1870	637	1233
遂溪县	168729	84614	84115	4230	1130	3100
徐闻县	155001	77021	77980	3305	653	2652
廉江市	120946	60914	60032	3303	786	2517
雷州市	104305	53041	51264	3676	943	2733
吴川市	81524	39677	41847	2835	508	2327
茂名市	**534525**	**269601**	**264924**	**18603**	**4409**	**14194**
茂南区	28206	14600	13606	506	127	379
电白区	229950	116235	113715	12420	2916	9504
高州市	109512	55538	53974	3035	714	2321
化州市	107362	54193	53169	1325	382	943
信宜市	59495	29035	30460	1317	270	1047
肇庆市	**571735**	**290828**	**280907**	**11193**	**2237**	**8956**
端州区						
鼎湖区	27074	14904	12170	446	79	367
高要区	116596	62140	54456	2817	706	2111
广宁县	108906	51882	57024	1598	345	1253
怀集县	138964	69719	69245	2911	529	2382
封开县	84079	42212	41867	2140	323	1817
德庆县	69171	34695	34476	1006	193	813
四会市	26945	15276	11669	275	62	213
惠州市	**1144743**	**594698**	**550045**	**15657**	**3233**	**12424**
惠城区	82383	44325	38058	992	227	765
惠阳区	87094	47826	39268	724	168	556
博罗县	468217	243725	224492	5198	1201	3997
惠东县	410907	211559	199348	7471	1413	6058
龙门县	96142	47263	48879	1272	224	1048
梅州市	**677329**	**329815**	**347514**	**11035**	**2015**	**9020**
梅江区	4835	2455	2380	83	24	59
梅县区	32438	16829	15609	323	57	266
大埔县	100235	47649	52586	1527	220	1307
丰顺县	168591	85033	83558	2779	712	2067
五华县	183380	87689	95691	2711	553	2158
平远县	66819	31774	35045	1919	176	1743
蕉岭县	72206	34300	37906	879	134	745
兴宁市	48825	24086	24739	814	139	675

4-4b　续表 2　　　　单位：人

地　区	25岁及以上人口			未上过学		
	合计	男	女	小计	男	女
汕尾市	**649317**	**327756**	**321561**	**31314**	**7109**	**24205**
城　区	28739	15043	13696	1085	185	900
海丰县	349346	177567	171779	8873	2085	6788
陆河县	79541	39223	40318	1936	482	1454
陆丰市	191691	95923	95768	19420	4357	15063
河源市	**462643**	**220869**	**241774**	**6994**	**1197**	**5797**
源城区	22713	11746	10967	149	29	120
紫金县	125577	60473	65104	2326	398	1928
龙川县	117981	53807	64174	1105	169	936
连平县	70278	33777	36501	2143	351	1792
和平县	69737	32622	37115	625	106	519
东源县	56357	28444	27913	646	144	502
阳江市	**277216**	**142060**	**135156**	**8553**	**2087**	**6466**
江城区	40058	20509	19549	1936	547	1389
阳东区	45578	25543	20035	1588	489	1099
阳西县	125068	62654	62414	3498	749	2749
阳春市	66512	33354	33158	1531	302	1229
清远市	**616550**	**306939**	**309611**	**18671**	**3364**	**15307**
清城区	186804	98410	88394	3711	728	2983
清新区	27328	13937	13391	1062	215	847
佛冈县	89113	42967	46146	848	143	705
阳山县	98935	46569	52366	4164	743	3421
连山壮族瑶族自治县	25769	12444	13325	415	73	342
连南瑶族自治县	40023	18907	21116	1229	287	942
英德市	124782	61832	62950	6188	971	5217
连州市	23796	11873	11923	1054	204	850
东莞市	**68208**	**38025**	**30183**	**465**	**103**	**362**
市辖区	68208	38025	30183	465	103	362
中山市	**802987**	**433766**	**369221**	**9488**	**1985**	**7503**
市辖区	802987	433766	369221	9488	1985	7503
潮州市	**496830**	**249068**	**247762**	**26515**	**5356**	**21159**
湘桥区	49861	24951	24910	1200	253	947
潮安区	169065	85364	83701	6632	1491	5141
饶平县	277904	138753	139151	18683	3612	15071
揭阳市	**848977**	**428959**	**420018**	**37503**	**9885**	**27618**
榕城区	61674	31077	30597	1586	479	1107
揭东区	136622	71082	65540	4584	1646	2938
揭西县	139918	70270	69648	2321	686	1635
惠来县	248999	124268	124731	22791	5335	17456
普宁市	261764	132262	129502	6221	1739	4482
云浮市	**303304**	**148944**	**154360**	**5398**	**1070**	**4328**
云城区						
云安区	29374	15070	14304	1446	247	1199
新兴县	121777	59468	62309	1107	217	890
郁南县	104687	51118	53569	2166	491	1675
罗定市	47466	23288	24178	679	115	564

4-4b 续表 3

单位：人

地 区	学前教育			小 学		
	小计	男	女	小计	男	女
广 东	**19911**	**6848**	**13063**	**2515009**	**1057885**	**1457124**
广州市	**634**	**217**	**417**	**126461**	**55224**	**71237**
荔湾区						
越秀区						
海珠区						
天河区						
白云区	92	26	66	18342	7745	10597
黄埔区	5		5	2966	1036	1930
番禺区	87	33	54	8235	3923	4312
花都区	24	7	17	7361	2910	4451
南沙区	110	46	64	25679	11536	14143
从化区	22	12	10	5701	2497	3204
增城区	294	93	201	58177	25577	32600
韶关市	**537**	**124**	**413**	**100670**	**35504**	**65166**
武江区	7	1	6	426	160	266
浈江区	12	2	10	6099	2922	3177
曲江区	30	7	23	4631	1807	2824
始兴县	36	7	29	10356	2836	7520
仁化县	97	23	74	9563	3383	6180
翁源县	46	13	33	13090	4010	9080
乳源瑶族自治县	49	10	39	13536	5047	8489
新丰县	60	13	47	10595	3596	6999
乐昌市	106	28	78	17768	6999	10769
南雄市	94	20	74	14606	4744	9862
深圳市	**2**		**2**	**515**	**294**	**221**
罗湖区						
福田区						
南山区	1		1	385	250	135
宝安区						
龙岗区						
盐田区						
龙华区						
坪山区	1		1	130	44	86
光明区						
珠海市	**360**	**174**	**186**	**36792**	**18389**	**18403**
香洲区	143	109	34	6730	4529	2201
斗门区	132	38	94	16560	7368	9192
金湾区	85	27	58	13502	6492	7010
汕头市	**1724**	**648**	**1076**	**249902**	**108335**	**141567**
龙湖区						
金平区						
濠江区	18		18	1260	618	642
潮阳区	608	255	353	88934	38292	50642
潮南区	472	178	294	62478	27773	34705
澄海区	537	174	363	85356	36164	49192
南澳县	89	41	48	11874	5488	6386
佛山市	**547**	**181**	**366**	**67691**	**32289**	**35402**
禅城区	337	98	239	27963	13354	14609
南海区	62	26	36	7717	3873	3844
顺德区						
三水区	113	40	73	27441	12896	14545
高明区	35	17	18	4570	2166	2404

4-4b　续表 4　　　　单位：人

地　区	学前教育			小　学		
	小计	男	女	小计	男	女
江门市	**604**	**255**	**349**	**74503**	**33274**	**41229**
蓬江区						
江海区						
新会区	322	139	183	25970	11563	14407
台山市	196	79	117	16584	7445	9139
开平市	46	16	30	15155	6514	8641
鹤山市	16	10	6	9681	4719	4962
恩平市	24	11	13	7113	3033	4080
湛江市	**1349**	**496**	**853**	**142912**	**58543**	**84369**
赤坎区						
霞山区	1		1	457	180	277
坡头区	151	62	89	10944	4680	6264
麻章区	115	44	71	9983	4430	5553
遂溪县	143	51	92	27257	11654	15603
徐闻县	225	76	149	31431	12460	18971
廉江市	140	49	91	22084	8824	13260
雷州市	406	159	247	23964	9688	14276
吴川市	168	55	113	16792	6627	10165
茂名市	**1530**	**576**	**954**	**128648**	**56021**	**72627**
茂南区	37	9	28	7189	3134	4055
电白区	757	290	467	60248	27433	32815
高州市	592	232	360	27713	11864	15849
化州市	73	30	43	18182	7709	10473
信宜市	71	15	56	15316	5881	9435
肇庆市	**1266**	**386**	**880**	**113824**	**44208**	**69616**
端州区						
鼎湖区	55	17	38	6033	2602	3431
高要区	340	108	232	27967	12006	15961
广宁县	178	62	116	21334	7591	13743
怀集县	361	93	268	26702	9782	16920
封开县	151	40	111	17583	6527	11056
德庆县	150	52	98	10114	3925	6189
四会市	31	14	17	4091	1775	2316
惠州市	**1264**	**464**	**800**	**221345**	**96710**	**124635**
惠城区	84	38	46	13489	6065	7424
惠阳区	46	10	36	14770	6677	8093
博罗县	384	155	229	78195	33353	44842
惠东县	675	236	439	98818	44301	54517
龙门县	75	25	50	16073	6314	9759
梅州市	**622**	**180**	**442**	**121456**	**44358**	**77098**
梅江区	9	2	7	873	341	532
梅县区	13	5	8	4021	1525	2496
大埔县	61	18	43	19151	6525	12626
丰顺县	236	74	162	38786	16359	22427
五华县	164	49	115	31739	10901	20838
平远县	70	7	63	10662	3016	7646
蕉岭县	25	13	12	8257	2668	5589
兴宁市	44	12	32	7967	3023	4944

4–4b 续表 5

单位：人

地区	学前教育			小学		
	小计	男	女	小计	男	女
汕尾市	**1342**	**541**	**801**	**211511**	**91135**	**120376**
城　区	73	28	45	8086	3777	4309
海丰县	815	344	471	104165	43981	60184
陆河县	91	32	59	21324	9016	12308
陆丰市	363	137	226	77936	34361	43575
河源市	**452**	**162**	**290**	**74625**	**26088**	**48537**
源城区	6		6	2423	902	1521
紫金县	137	55	82	19938	7120	12818
龙川县	82	22	60	17804	5585	12219
连平县	123	40	83	14761	5464	9297
和平县	43	16	27	10894	3643	7251
东源县	61	29	32	8805	3374	5431
阳江市	**482**	**154**	**328**	**72439**	**31379**	**41060**
江城区	49	18	31	9810	4493	5317
阳东区	105	41	64	13584	6886	6698
阳西县	230	71	159	31249	13288	17961
阳春市	98	24	74	17796	6712	11084
清远市	**808**	**231**	**577**	**155111**	**64262**	**90849**
清城区	320	105	215	47013	20343	26670
清新区	24	10	14	8708	3846	4862
佛冈县	38	14	24	14506	5548	8958
阳山县	139	35	104	23934	9555	14379
连山壮族瑶族自治县	20	6	14	4475	1571	2904
连南瑶族自治县	85	27	58	9796	3893	5903
英德市	167	31	136	39077	16111	22966
连州市	15	3	12	7602	3395	4207
东莞市	**49**	**25**	**24**	**9658**	**4372**	**5286**
市辖区	49	25	24	9658	4372	5286
中山市	**807**	**261**	**546**	**146607**	**65176**	**81431**
市辖区	807	261	546	146607	65176	81431
潮州市	**2260**	**622**	**1638**	**153420**	**62482**	**90938**
湘桥区	134	90	44	13860	4942	8918
潮安区	287	73	214	58663	24058	34605
饶平县	1839	459	1380	80897	33482	47415
揭阳市	**2733**	**991**	**1742**	**247689**	**106994**	**140695**
榕城区	71	29	42	20669	8670	11999
揭东区	509	231	278	42193	19479	22714
揭西县	528	224	304	30168	13424	16744
惠来县	868	194	674	77996	32314	45682
普宁市	757	313	444	76663	33107	43556
云浮市	**539**	**160**	**379**	**59230**	**22848**	**36382**
云城区						
云安区	150	57	93	7897	3273	4624
新兴县	145	35	110	20008	7567	12441
郁南县	175	48	127	20750	8077	12673
罗定市	69	20	49	10575	3931	6644

4-4b　续表 6　　　　单位：人

地　区	初　中			高　中			大学专科		
	小计	男	女	小计	男	女	小计	男	女
广　东	**5201249**	**2776144**	**2425105**	**1973757**	**1164647**	**809110**	**764320**	**424703**	**339617**
广州市	**326066**	**181616**	**144450**	**162757**	**93994**	**68763**	**93842**	**48810**	**45032**
荔湾区									
越秀区									
海珠区									
天河区									
白云区	61309	34122	27187	33592	19680	13912	15411	8379	7032
黄埔区	5127	2614	2513	4056	2028	2028	4705	2128	2577
番禺区	18453	10583	7870	13185	8151	5034	4777	2677	2100
花都区	28461	15727	12734	12009	6754	5255	7659	3819	3840
南沙区	55075	32136	22939	22504	13775	8729	10395	5613	4782
从化区	20943	11447	9496	10176	6020	4156	5855	2998	2857
增城区	136698	74987	61711	67235	37586	29649	45040	23196	21844
韶关市	**188120**	**95135**	**92985**	**85807**	**49132**	**36675**	**41925**	**23325**	**18600**
武江区	925	494	431	297	177	120	140	84	56
浈江区	10045	6124	3921	4699	2893	1806	1459	887	572
曲江区	10082	5657	4425	3507	2148	1359	1215	745	470
始兴县	21477	9849	11628	10801	6086	4715	6180	3400	2780
仁化县	19063	9356	9707	10529	5703	4826	6557	3605	2952
翁源县	33399	15225	18174	14509	8185	6324	7115	4001	3114
乳源瑶族自治县	18602	9511	9091	11782	6615	5167	7130	3785	3345
新丰县	30913	14896	16017	15553	8565	6988	6560	3536	3024
乐昌市	27321	14211	13110	9056	5368	3688	3839	2253	1586
南雄市	16293	9812	6481	5074	3392	1682	1730	1029	701
深圳市	**2324**	**1984**	**340**	**1092**	**880**	**212**	**610**	**368**	**242**
罗湖区									
福田区									
南山区	2123	1881	242	800	748	52	217	202	15
宝安区									
龙岗区									
盐田区									
龙华区									
坪山区	201	103	98	292	132	160	393	166	227
光明区									
珠海市	**100779**	**62053**	**38726**	**51214**	**33062**	**18152**	**21456**	**12795**	**8661**
香洲区	17442	13234	4208	7961	5959	2002	4073	2773	1300
斗门区	44647	24909	19738	24939	14778	10161	10653	5675	4978
金湾区	38690	23910	14780	18314	12325	5989	6730	4347	2383
汕头市	**389881**	**205607**	**184274**	**140578**	**85104**	**55474**	**33764**	**18791**	**14973**
龙湖区									
金平区									
濠江区	1070	642	428	704	398	306	262	145	117
潮阳区	185355	94870	90485	63091	39220	23871	12798	7490	5308
潮南区	82344	43812	38532	22807	14145	8662	3217	1884	1333
澄海区	109119	59735	49384	46831	27255	19576	13424	6944	6480
南澳县	11993	6548	5445	7145	4086	3059	4063	2328	1735
佛山市	**187103**	**112395**	**74708**	**68594**	**41808**	**26786**	**29754**	**16103**	**13651**
禅城区	70513	41460	29053	31717	18395	13322	17923	9337	8586
南海区	22112	13402	8710	6929	4070	2859	2493	1278	1215
顺德区									
三水区	83923	51047	32876	26548	17241	9307	8378	4899	3479
高明区	10555	6486	4069	3400	2102	1298	960	589	371

4-4b 续表 7 单位：人

地区	初中			高中			大学专科		
	小计	男	女	小计	男	女	小计	男	女
江门市	**152350**	**83039**	**69311**	**62926**	**38156**	**24770**	**15092**	**8421**	**6671**
蓬江区									
江海区									
新会区	36542	20054	16488	21706	13073	8633	4672	2569	2103
台山市	27599	14305	13294	11985	7184	4801	2221	1256	965
开平市	34112	18525	15587	11592	6798	4794	2685	1409	1276
鹤山市	30434	17726	12708	10708	6699	4009	3441	1987	1454
恩平市	23663	12429	11234	6935	4402	2533	2073	1200	873
湛江市	**353169**	**178608**	**174561**	**133231**	**78802**	**54429**	**50235**	**29812**	**20423**
赤坎区									
霞山区	1452	703	749	730	440	290	115	67	48
坡头区	24676	12423	12253	7689	4645	3044	2383	1323	1060
麻章区	20001	11118	8883	8110	5061	3049	3213	2293	920
遂溪县	80346	39930	40416	38021	21304	16717	12364	7102	5262
徐闻县	66389	33300	33089	29965	16938	13027	16164	9295	6869
廉江市	64369	32447	31922	20956	12823	8133	6799	4174	2625
雷州市	50780	26115	24665	16700	10780	5920	5631	3487	2144
吴川市	45156	22572	22584	11060	6811	4249	3566	2071	1495
茂名市	**246831**	**126976**	**119855**	**87028**	**52400**	**34628**	**32391**	**18788**	**13603**
茂南区	14395	7662	6733	4703	2926	1777	962	524	438
电白区	97419	51606	45813	35532	20988	14544	15238	8541	6697
高州市	48478	24857	23621	18581	11254	7327	6689	4105	2584
化州市	57944	28493	29451	19693	11909	7784	6076	3588	2488
信宜市	28595	14358	14237	8519	5323	3196	3426	2030	1396
肇庆市	**277927**	**147473**	**130454**	**106127**	**62159**	**43968**	**39230**	**22302**	**16928**
端州区									
鼎湖区	15226	8870	6356	4029	2604	1425	999	570	429
高要区	63673	36030	27643	16573	10253	6320	3688	2158	1530
广宁县	56357	27587	28770	18672	10518	8154	6820	3688	3132
怀集县	64074	33823	30251	27204	15618	11586	10875	6232	4643
封开县	35442	18459	16983	16982	9990	6992	7541	4494	3047
德庆县	27885	13544	14341	17937	10312	7625	7771	4326	3445
四会市	15270	9160	6110	4730	2864	1866	1536	834	702
惠州市	**585488**	**314298**	**271190**	**187008**	**107285**	**79723**	**80542**	**43836**	**36706**
惠城区	40165	22351	17814	14621	8682	5939	7759	4100	3659
惠阳区	53662	30358	23304	12001	7308	4693	4065	2307	1758
博罗县	239763	128489	111274	84047	47708	36339	36040	19426	16614
惠东县	209462	111985	97477	56223	32512	23711	22926	12824	10102
龙门县	42436	21115	21321	20116	11075	9041	9752	5179	4573
梅州市	**333541**	**163889**	**169652**	**132931**	**76476**	**56455**	**46387**	**25762**	**20625**
梅江区	2646	1377	1269	944	556	388	195	104	91
梅县区	19143	9816	9327	6813	4191	2622	1434	852	582
大埔县	48326	23260	25066	19425	11185	8240	7098	3910	3188
丰顺县	82062	42693	39369	28476	16477	11999	9720	5307	4413
五华县	94188	45264	48924	33408	19167	14241	11953	6673	5280
平远县	28255	13620	14635	14874	8643	6231	6820	3898	2922
蕉岭县	29544	13572	15972	20884	11176	9708	7358	3914	3444
兴宁市	29377	14287	15090	8107	5081	3026	1809	1104	705

4-4b　续表 8　　　　单位：人

地　区	初　中			高　中			大学专科		
	小计	男	女	小计	男	女	小计	男	女
汕尾市	**277039**	**151413**	**125626**	**81514**	**50038**	**31476**	**29351**	**17525**	**11826**
城　区	9683	5429	4254	4331	2490	1841	2573	1440	1133
海丰县	158661	84770	73891	50833	30855	19978	16721	10033	6688
陆河县	37549	19188	18361	10347	5907	4440	5524	3113	2411
陆丰市	71146	42026	29120	16003	10786	5217	4533	2939	1594
河源市	**232403**	**111044**	**121359**	**87897**	**49375**	**38522**	**39643**	**21940**	**17703**
源城区	13452	6581	6871	4466	2823	1643	1633	1042	591
紫金县	65363	31774	33589	22673	12687	9986	9848	5508	4340
龙川县	55776	24499	31277	24985	13465	11520	11409	6461	4948
连平县	32385	16205	16180	12544	7227	5317	5993	3260	2733
和平县	32579	15052	17527	14282	7861	6421	7574	4007	3567
东源县	32848	16933	15915	8947	5312	3635	3186	1662	1524
阳江市	**119406**	**63257**	**56149**	**48509**	**28935**	**19574**	**19548**	**11465**	**8083**
江城区	16082	8474	7608	8594	4935	3659	2836	1614	1222
阳东区	19498	11388	8110	7442	4573	2869	2380	1526	854
阳西县	51839	26751	25088	22241	12792	9449	10623	5991	4632
阳春市	31987	16644	15343	10232	6635	3597	3709	2334	1375
清远市	**288435**	**153892**	**134543**	**86475**	**49554**	**36921**	**41812**	**22222**	**19590**
清城区	97444	55593	41851	23296	13763	9533	9603	4980	4623
清新区	12916	7186	5730	2616	1574	1042	1056	559	497
佛冈县	40885	19619	21266	17897	9830	8067	9419	4996	4423
阳山县	41746	20845	20901	15720	8352	7368	8952	4722	4230
连山壮族瑶族自治县	10389	5083	5306	4944	2758	2186	3111	1699	1412
连南瑶族自治县	16598	8231	8367	5854	3099	2755	3785	1996	1789
英德市	56490	30895	25595	13902	8843	5059	5303	2964	2339
连州市	11967	6440	5527	2246	1335	911	583	306	277
东莞市	**37195**	**21076**	**16119**	**14898**	**8988**	**5910**	**4018**	**2373**	**1645**
市辖区	37195	21076	16119	14898	8988	5910	4018	2373	1645
中山市	**367609**	**210140**	**157469**	**173934**	**100500**	**73434**	**64599**	**34089**	**30510**
市辖区	367609	210140	157469	173934	100500	73434	64599	34089	30510
潮州市	**201952**	**111953**	**89999**	**78463**	**48968**	**29495**	**24011**	**14082**	**9929**
湘桥区	23489	12698	10791	8274	5348	2926	1908	1050	858
潮安区	73081	41009	32072	21831	13977	7854	6008	3372	2636
饶平县	105382	58246	47136	48358	29643	18715	16095	9660	6435
揭阳市	**383266**	**204354**	**178912**	**132201**	**80093**	**52108**	**32971**	**19361**	**13610**
榕城区	23496	12341	11155	12084	7441	4643	3084	1730	1354
揭东区	58248	31378	26870	24193	14351	9842	5068	2919	2149
揭西县	70442	35745	34697	26007	14516	11491	7882	4314	3568
惠来县	100213	55854	44359	32719	21438	11281	10247	6551	3696
普宁市	130867	69036	61831	37198	22347	14851	6690	3847	2843
云浮市	**150365**	**75942**	**74423**	**50573**	**28938**	**21635**	**23139**	**12533**	**10606**
云城区									
云安区	14648	8229	6419	3083	2017	1066	1291	743	548
新兴县	56800	28157	28643	23278	12784	10494	12180	6464	5716
郁南县	51705	25713	25992	19146	10897	8249	7333	4008	3325
罗定市	27212	13843	13369	5066	3240	1826	2335	1318	1017

4-4b 续表 9

单位：人

地　　区	大学本科			硕士研究生			博士研究生		
	小计	男	女	小计	男	女	小计	男	女
广　东	**435111**	**237825**	**197286**	**16896**	**9318**	**7578**	**1848**	**1219**	**629**
广州市	**66290**	**35700**	**30590**	**5685**	**2970**	**2715**	**605**	**392**	**213**
荔湾区									
越秀区									
海珠区									
天河区									
白云区	9079	4881	4198	736	330	406	51	37	14
黄埔区	8618	4525	4093	1054	586	468	106	66	40
番禺区	1915	1070	845	371	176	195	107	60	47
花都区	5465	2914	2551	589	274	315	45	27	18
南沙区	5361	2920	2441	170	96	74	21	16	5
从化区	3544	1919	1625	522	258	264	41	31	10
增城区	32308	17471	14837	2243	1250	993	234	155	79
韶关市	**25711**	**13931**	**11780**	**578**	**322**	**256**	**57**	**38**	**19**
武江区	64	42	22	3	1	2			
浈江区	524	331	193	21	13	8	4	3	1
曲江区	598	363	235	22	13	9	1	1	
始兴县	3970	2178	1792	86	40	46	11	7	4
仁化县	4787	2598	2189	98	70	28	8	6	2
翁源县	5078	2569	2509	82	37	45	7	4	3
乳源瑶族自治县	4725	2569	2156	150	96	54	11	6	5
新丰县	3329	1772	1557	71	30	41	8	6	2
乐昌市	1955	1110	845	35	15	20	6	4	2
南雄市	681	399	282	10	7	3	1	1	
深圳市	**573**	**315**	**258**	**92**	**53**	**39**	**13**	**8**	**5**
罗湖区									
福田区									
南山区	69	60	9	5	4	1			
宝安区									
龙岗区									
盐田区									
龙华区									
坪山区	504	255	249	87	49	38	13	8	5
光明区									
珠海市	**13273**	**8132**	**5141**	**1026**	**591**	**435**	**133**	**95**	**38**
香洲区	3464	2223	1241	390	211	179	77	52	25
斗门区	6815	3941	2874	462	257	205	37	25	12
金湾区	2994	1968	1026	174	123	51	19	18	1
汕头市	**14132**	**7531**	**6601**	**310**	**167**	**143**	**45**	**31**	**14**
龙湖区									
金平区									
濠江区	59	31	28	3	2	1			
潮阳区	4448	2588	1860	74	46	28	8	5	3
潮南区	1582	887	695	44	19	25	3	2	1
澄海区	6781	3348	3433	173	89	84	31	22	9
南澳县	1262	677	585	16	11	5	3	2	1
佛山市	**14318**	**7842**	**6476**	**635**	**344**	**291**	**46**	**34**	**12**
禅城区	8522	4559	3963	343	179	164	19	14	5
南海区	1063	526	537	72	32	40	3	1	2
顺德区									
三水区	4257	2464	1793	209	126	83	22	18	4
高明区	476	293	183	11	7	4	2	1	1

4-4b 续表 10

单位：人

地 区	大学本科			硕士研究生			博士研究生		
	小计	男	女	小计	男	女	小计	男	女
江门市	**7722**	**4384**	**3338**	**175**	**117**	**58**	**22**	**14**	**8**
蓬江区									
江海区									
新会区	1850	1033	817	43	28	15	4	2	2
台山市	1188	695	493	19	14	5	2	1	1
开平市	1489	815	674	24	14	10	5	4	1
鹤山市	1951	1137	814	36	26	10	8	5	3
恩平市	1244	704	540	53	35	18	3	2	1
湛江市	**24930**	**14054**	**10876**	**756**	**414**	**342**	**127**	**85**	**42**
赤坎区									
霞山区	45	25	20	1	1				
坡头区	1121	621	500	24	14	10	3	2	1
麻章区	1907	1193	714	351	187	164	81	55	26
遂溪县	6215	3364	2851	142	74	68	11	5	6
徐闻县	7402	4222	3180	99	63	36	21	14	7
廉江市	3219	1768	1451	73	41	32	3	2	1
雷州市	3113	1852	1261	32	15	17	3	2	1
吴川市	1908	1009	899	34	19	15	5	5	
茂名市	**19123**	**10206**	**8917**	**335**	**199**	**136**	**36**	**26**	**10**
茂南区	401	210	191	11	6	5	2	2	
电白区	8093	4318	3775	225	131	94	18	12	6
高州市	4379	2479	1900	38	29	9	7	4	3
化州市	4017	2051	1966	44	24	20	8	7	1
信宜市	2233	1148	1085	17	9	8	1	1	
肇庆市	**21699**	**11806**	**9893**	**421**	**231**	**190**	**48**	**26**	**22**
端州区									
鼎湖区	276	155	121	5	4	1	5	3	2
高要区	1505	858	647	27	17	10	6	4	2
广宁县	3858	2043	1815	77	44	33	12	4	8
怀集县	6723	3578	3145	105	58	47	9	6	3
封开县	4156	2333	1823	80	42	38	4	4	
德庆县	4213	2292	1921	89	49	40	6	2	4
四会市	968	547	421	38	17	21	6	3	3
惠州市	**51438**	**27764**	**23674**	**1865**	**1025**	**840**	**136**	**83**	**53**
惠城区	4955	2689	2266	282	152	130	36	21	15
惠阳区	1773	971	802	50	26	24	3	1	2
博罗县	23707	12876	10831	814	477	337	69	40	29
惠东县	14740	7972	6768	570	300	270	22	16	6
龙门县	6263	3256	3007	149	70	79	6	5	1
梅州市	**30831**	**16822**	**14009**	**478**	**285**	**193**	**48**	**28**	**20**
梅江区	82	50	32	3	1	2			
梅县区	684	378	306	3	2	1	4	3	1
大埔县	4587	2501	2086	55	29	26	5	1	4
丰顺县	6422	3343	3079	98	62	36	12	6	6
五华县	9096	5015	4081	110	62	48	11	5	6
平远县	4155	2368	1787	61	43	18	3	3	
蕉岭县	5114	2737	2377	134	78	56	11	8	3
兴宁市	691	430	261	14	8	6	2	2	

4-4b 续表 11　　单位：人

地　区	大学本科			硕士研究生			博士研究生		
	小计	男	女	小计	男	女	小计	男	女
汕尾市	**16601**	**9615**	**6986**	**590**	**340**	**250**	**55**	**40**	**15**
城　区	2768	1597	1171	130	89	41	10	8	2
海丰县	8841	5255	3586	399	216	183	38	28	10
陆河县	2741	1468	1273	28	17	11	1		1
陆丰市	2251	1295	956	33	18	15	6	4	2
河源市	**20258**	**10841**	**9417**	**336**	**200**	**136**	**35**	**22**	**13**
源城区	559	351	208	22	16	6	3	2	1
紫金县	5214	2882	2332	67	41	26	11	8	3
龙川县	6704	3542	3162	113	61	52	3	3	
连平县	2276	1201	1075	44	24	20	9	5	4
和平县	3698	1913	1785	38	23	15	4	1	3
东源县	1807	952	855	52	35	17	5	3	2
阳江市	**8121**	**4685**	**3436**	**140**	**85**	**55**	**18**	**13**	**5**
江城区	730	415	315	17	11	6	4	2	2
阳东区	956	624	332	24	16	8	1		1
阳西县	5300	2961	2339	79	43	36	9	8	1
阳春市	1135	685	450	20	15	5	4	3	1
清远市	**24525**	**13007**	**11518**	**631**	**357**	**274**	**82**	**50**	**32**
清城区	5087	2701	2386	292	171	121	38	26	12
清新区	910	525	385	33	21	12	3	1	2
佛冈县	5395	2747	2648	110	60	50	15	10	5
阳山县	4214	2276	1938	54	36	18	12	5	7
连山壮族瑶族自治县	2386	1238	1148	29	16	13			
连南瑶族自治县	2633	1354	1279	43	20	23			
英德市	3576	1980	1596	66	30	36	13	7	6
连州市	324	186	138	4	3	1	1	1	
东莞市	**1777**	**998**	**779**	**126**	**77**	**49**	**22**	**13**	**9**
市辖区	1777	998	779	126	77	49	22	13	9
中山市	**38073**	**20548**	**17525**	**1747**	**979**	**768**	**123**	**88**	**35**
市辖区	38073	20548	17525	1747	979	768	123	88	35
潮州市	**9793**	**5363**	**4430**	**310**	**169**	**141**	**106**	**73**	**33**
湘桥区	816	467	349	111	54	57	69	49	20
潮安区	2434	1305	1129	115	69	46	14	10	4
饶平县	6543	3591	2952	84	46	38	23	14	9
揭阳市	**12344**	**7111**	**5233**	**237**	**151**	**86**	**33**	**19**	**14**
榕城区	665	370	295	18	16	2	1	1	
揭东区	1793	1059	734	32	17	15	2	2	
揭西县	2512	1327	1185	49	28	21	9	6	3
惠来县	4077	2529	1548	79	49	30	9	4	5
普宁市	3297	1826	1471	59	41	18	12	6	6
云浮市	**13579**	**7170**	**6409**	**423**	**242**	**181**	**58**	**41**	**17**
云城区									
云安区	815	479	336	31	16	15	13	9	4
新兴县	7883	4019	3864	340	198	142	36	27	9
郁南县	3366	1861	1505	41	21	20	5	2	3
罗定市	1515	811	704	11	7	4	4	3	1

4－4c　各地区分性别、受教育程度的25岁及以上人口(乡村)

单位：人

地　区	25岁及以上人口			未上过学		
	合计	男	女	小计	男	女
广　东	**21598784**	**11204364**	**10394420**	**933840**	**190125**	**743715**
广州市	**1826242**	**983162**	**843080**	**28133**	**5661**	**22472**
荔湾区						
越秀区						
海珠区						
天河区						
白云区	485637	263316	222321	4580	797	3783
黄埔区	70362	38688	31674	866	195	671
番禺区	207254	114929	92325	4170	787	3383
花都区	355054	194014	161040	4839	1134	3705
南沙区	170482	91144	79338	4687	825	3862
从化区	255857	131604	124253	5134	940	4194
增城区	281596	149467	132129	3857	983	2874
韶关市	**859932**	**443594**	**416338**	**54302**	**7344**	**46958**
武江区	40403	21301	19102	2341	316	2025
浈江区	37452	19555	17897	1850	255	1595
曲江区	78828	41474	37354	4219	668	3551
始兴县	84567	42128	42439	5113	613	4500
仁化县	79349	40985	38364	5872	686	5186
翁源县	143662	74466	69196	6099	882	5217
乳源瑶族自治县	69735	36342	33393	4376	699	3677
新丰县	66561	35047	31514	2496	420	2076
乐昌市	129134	67435	61699	12496	1855	10641
南雄市	130241	64861	65380	9440	950	8490
深圳市	**37171**	**22976**	**14195**	**564**	**103**	**461**
罗湖区						
福田区						
南山区						
宝安区						
龙岗区	37171	22976	14195	564	103	461
盐田区						
龙华区						
坪山区						
光明区						
珠海市	**172845**	**93432**	**79413**	**6583**	**1103**	**5480**
香洲区	932	706	226	28	10	18
斗门区	158235	84927	73308	6040	987	5053
金湾区	13678	7799	5879	515	106	409
汕头市	**980531**	**487551**	**492980**	**65887**	**15746**	**50141**
龙湖区	71018	35173	35845	6207	1598	4609
金平区	10004	4851	5153	779	240	539
濠江区	42723	21036	21687	5898	1091	4807
潮阳区	390232	191528	198704	24500	6309	18191
潮南区	283654	142086	141568	21180	4957	16223
澄海区	172890	87838	85052	5715	1183	4532
南澳县	10010	5039	4971	1608	368	1240
佛山市	**344357**	**192099**	**152258**	**7499**	**1475**	**6024**
禅城区						
南海区	109624	60681	48943	1912	403	1509
顺德区	34997	20052	14945	661	164	497
三水区	159340	89801	69539	3622	647	2975
高明区	40396	21565	18831	1304	261	1043

4-4c 续表 1

单位：人

地 区	25岁及以上人口			未上过学		
	合计	男	女	小计	男	女
江门市	**1218318**	**628721**	**589597**	**24459**	**5338**	**19121**
蓬江区	19791	10074	9717	329	49	280
江海区						
新会区	238592	126235	112357	7212	1720	5492
台山市	381008	192898	188110	6642	1482	5160
开平市	247652	124294	123358	4976	943	4033
鹤山市	153311	81643	71668	1833	373	1460
恩平市	177964	93577	84387	3467	771	2696
湛江市	**2388749**	**1232501**	**1156248**	**141180**	**32976**	**108204**
赤坎区	5493	2763	2730	97	17	80
霞山区	21137	10703	10434	511	107	404
坡头区	127622	67406	60216	7204	1774	5430
麻章区	186379	96776	89603	10712	3098	7614
遂溪县	346412	179442	166970	18146	4567	13579
徐闻县	256542	131336	125206	15215	3418	11797
廉江市	568956	297721	271235	28622	7295	21327
雷州市	549629	280531	269098	45405	9432	35973
吴川市	326579	165823	160756	15268	3268	12000
茂名市	**2133302**	**1091359**	**1041943**	**92132**	**20817**	**71315**
茂南区	208483	108023	100460	5122	1086	4036
电白区	544327	280832	263495	40299	9920	30379
高州市	531524	268518	263006	24429	5196	19233
化州市	483583	248311	235272	9350	2192	7158
信宜市	365385	185675	179710	12932	2423	10509
肇庆市	**1327542**	**667306**	**660236**	**50157**	**7407**	**42750**
端州区						
鼎湖区	40260	19786	20474	2019	269	1750
高要区	325369	163381	161988	10429	1768	8661
广宁县	171199	86849	84350	4934	819	4115
怀集县	338982	165291	173691	15779	1936	13843
封开县	159296	81162	78134	7835	1211	6624
德庆县	151094	77002	74092	4575	758	3817
四会市	141342	73835	67507	4586	646	3940
惠州市	**1114112**	**599794**	**514318**	**29144**	**6588**	**22556**
惠城区	216397	117680	98717	3816	992	2824
惠阳区	186701	104523	82178	2768	681	2087
博罗县	334865	176536	158329	7783	1745	6038
惠东县	253826	135229	118597	11287	2458	8829
龙门县	122323	65826	56497	3490	712	2778
梅州市	**1280727**	**640921**	**639806**	**41990**	**6882**	**35108**
梅江区	27603	13893	13710	272	86	186
梅县区	197803	99405	98398	4792	816	3976
大埔县	128960	66525	62435	4287	657	3630
丰顺县	148165	76364	71801	4977	887	4090
五华县	348013	170756	177257	12523	2363	10160
平远县	73103	36600	36503	4280	435	3845
蕉岭县	65000	33043	31957	2101	285	1816
兴宁市	292080	144335	147745	8758	1353	7405

4-4c　续表 2　　　　　　　　　　　　　　　　　　　　　　　　　　单位：人

地　区	25岁及以上人口			未上过学		
	合计	男	女	小计	男	女
汕尾市	**699475**	**359749**	**339726**	**83712**	**19578**	**64134**
城　区	70683	36984	33699	7843	2062	5781
海丰县	174061	91900	82161	12402	2951	9451
陆河县	71603	36115	35488	4171	1097	3074
陆丰市	383128	194750	188378	59296	13468	45828
河源市	**962968**	**493021**	**469947**	**38530**	**6942**	**31588**
源城区	27741	14936	12805	522	103	419
紫金县	217938	110290	107648	10221	1616	8605
龙川县	265137	134572	130565	8584	1648	6936
连平县	121408	61263	60145	6261	959	5302
和平县	160119	82176	77943	7178	1341	5837
东源县	170625	89784	80841	5764	1275	4489
阳江市	**832260**	**435892**	**396368**	**43614**	**9507**	**34107**
江城区	144867	74769	70098	6926	1489	5437
阳东区	169128	90002	79126	6193	1508	4685
阳西县	172207	91693	80514	13140	3275	9865
阳春市	346058	179428	166630	17355	3235	14120
清远市	**1231965**	**646548**	**585417**	**67384**	**11685**	**55699**
清城区	122537	66131	56406	3547	625	2922
清新区	239281	123733	115548	11392	2069	9323
佛冈县	123895	65511	58384	3544	720	2824
阳山县	145370	76118	69252	12551	2034	10517
连山壮族瑶族自治县	38736	20303	18433	1234	247	987
连南瑶族自治县	47124	23524	23600	3181	792	2389
英德市	370990	194881	176109	24387	3531	20856
连州市	144032	76347	67685	7548	1667	5881
东莞市	**630237**	**368914**	**261323**	**7485**	**1882**	**5603**
市辖区	630237	368914	261323	7485	1882	5603
中山市	**428372**	**229701**	**198671**	**8947**	**1762**	**7185**
市辖区	428372	229701	198671	8947	1762	7185
潮州市	**636753**	**322622**	**314131**	**40266**	**6602**	**33664**
湘桥区	49453	25009	24444	1654	307	1347
潮安区	297729	150906	146823	12973	2805	10168
饶平县	289571	146707	142864	25639	3490	22149
揭阳市	**1612977**	**813544**	**799433**	**73674**	**15924**	**57750**
榕城区	132017	66061	65956	3511	981	2530
揭东区	277131	140967	136164	6681	2075	4606
揭西县	287089	145116	141973	9036	2365	6671
惠来县	312431	154991	157440	35437	5434	30003
普宁市	604309	306409	297900	19009	5069	13940
云浮市	**879949**	**450957**	**428992**	**28198**	**4803**	**23395**
云城区	67033	35178	31855	2292	375	1917
云安区	109158	56356	52802	5468	852	4616
新兴县	173401	88456	84945	3859	631	3228
郁南县	143731	74649	69082	6131	1164	4967
罗定市	386626	196318	190308	10448	1781	8667

4-4c 续表 3 单位：人

地区	学前教育			小学		
	小计	男	女	小计	男	女
广东	**59287**	**18549**	**40738**	**6232922**	**2672362**	**3560560**
广州市	**1702**	**525**	**1177**	**375811**	**162441**	**213370**
荔湾区						
越秀区						
海珠区						
天河区						
白云区	302	69	233	78848	32605	46243
黄埔区	41	12	29	14098	6407	7691
番禺区	331	113	218	40865	18778	22087
花都区	251	85	166	66750	29738	37012
南沙区	256	69	187	43479	17924	25555
从化区	243	86	157	51284	20987	30297
增城区	278	91	187	80487	36002	44485
韶关市	**2445**	**564**	**1881**	**273908**	**110804**	**163104**
武江区	87	25	62	11734	5148	6586
浈江区	127	40	87	10372	4373	5999
曲江区	121	28	93	22541	9401	13140
始兴县	302	54	248	26477	9862	16615
仁化县	260	56	204	26029	10662	15367
翁源县	200	54	146	38976	15699	23277
乳源瑶族自治县	205	49	156	27798	12315	15483
新丰县	140	43	97	17213	6752	10461
乐昌市	526	153	373	44024	19656	24368
南雄市	477	62	415	48744	16936	31808
深圳市	**16**	**4**	**12**	**5062**	**2505**	**2557**
罗湖区						
福田区						
南山区						
宝安区						
龙岗区	16	4	12	5062	2505	2557
盐田区						
龙华区						
坪山区						
光明区						
珠海市	**197**	**51**	**146**	**43877**	**20085**	**23792**
香洲区	1	1		200	135	65
斗门区	173	44	129	40472	18424	22048
金湾区	23	6	17	3205	1526	1679
汕头市	**3165**	**1042**	**2123**	**328930**	**140958**	**187972**
龙湖区	156	49	107	22739	10129	12610
金平区	13	5	8	3457	1548	1909
濠江区	325	98	227	13163	6540	6623
潮阳区	1259	475	784	126960	52747	74213
潮南区	947	284	663	98597	43833	54764
澄海区	451	128	323	61187	24819	36368
南澳县	14	3	11	2827	1342	1485
佛山市	**544**	**162**	**382**	**86345**	**40460**	**45885**
禅城区						
南海区	144	45	99	27114	12908	14206
顺德区	71	20	51	7952	3903	4049
三水区	210	60	150	38864	17920	20944
高明区	119	37	82	12415	5729	6686

4-4c　续表 4　　　　单位：人

地　区	学前教育			小　学		
	小计	男	女	小计	男	女
江门市	**1835**	**615**	**1220**	**360973**	**156325**	**204648**
蓬江区	57	20	37	5406	2367	3039
江海区						
新会区	554	211	343	80130	35786	44344
台山市	573	166	407	122010	52568	69442
开平市	376	133	243	71736	29950	41786
鹤山市	93	30	63	41643	18423	23220
恩平市	182	55	127	40048	17231	22817
湛江市	**9713**	**3366**	**6347**	**684021**	**298588**	**385433**
赤坎区	2	1	1	1125	525	600
霞山区	63	25	38	4562	2015	2547
坡头区	593	240	353	37029	16726	20303
麻章区	911	325	586	50652	23308	27344
遂溪县	1693	616	1077	90835	41089	49746
徐闻县	892	275	617	84633	36471	48162
廉江市	2111	823	1288	161221	72161	89060
雷州市	2470	765	1705	166326	70345	95981
吴川市	978	296	682	87638	35948	51690
茂名市	**6812**	**2165**	**4647**	**617215**	**265719**	**351496**
茂南区	250	77	173	56777	24447	32330
电白区	2667	940	1727	180333	84068	96265
高州市	2776	836	1940	169611	71133	98478
化州市	293	90	203	95129	38422	56707
信宜市	826	222	604	115365	47649	67716
肇庆市	**5914**	**1514**	**4400**	**386370**	**147448**	**238922**
端州区						
鼎湖区	197	34	163	11748	4628	7120
高要区	1259	368	891	98885	40249	58636
广宁县	433	120	313	50084	19126	30958
怀集县	2555	596	1959	104216	36376	67840
封开县	595	157	438	49804	18830	30974
德庆县	562	163	399	34392	12978	21414
四会市	313	76	237	37241	15261	21980
惠州市	**1697**	**578**	**1119**	**290096**	**131496**	**158600**
惠城区	304	106	198	46612	20708	25904
惠阳区	148	51	97	41480	19719	21761
博罗县	389	129	260	85758	37102	48656
惠东县	692	243	449	81464	38317	43147
龙门县	164	49	115	34782	15650	19132
梅州市	**2349**	**554**	**1795**	**315323**	**116888**	**198435**
梅江区	8	6	2	3773	1367	2406
梅县区	276	59	217	33657	11386	22271
大埔县	225	45	180	35085	13167	21918
丰顺县	539	138	401	51888	21848	30040
五华县	641	161	480	103001	38796	64205
平远县	207	41	166	20066	6972	13094
蕉岭县	75	15	60	13091	4765	8326
兴宁市	378	89	289	54762	18587	36175

4−4c 续表 5

单位：人

地区	学前教育			小学		
	小计	男	女	小计	男	女
汕尾市	**2641**	**1034**	**1607**	**260812**	**121923**	**138889**
城区	370	140	230	22523	10684	11839
海丰县	381	126	255	63278	29678	33600
陆河县	266	105	161	25199	11333	13866
陆丰市	1624	663	961	149812	70228	79584
河源市	**2507**	**695**	**1812**	**266515**	**109238**	**157277**
源城区	29	4	25	4910	2113	2797
紫金县	432	127	305	58361	22961	35400
龙川县	707	173	534	72175	28583	43592
连平县	220	62	158	35491	14506	20985
和平县	685	174	511	52267	22255	30012
东源县	434	155	279	43311	18820	24491
阳江市	**3218**	**1136**	**2082**	**274283**	**124915**	**149368**
江城区	490	170	320	43014	19693	23321
阳东区	535	213	322	49698	23352	26346
阳西县	1021	398	623	61856	30352	31504
阳春市	1172	355	817	119715	51518	68197
清远市	**2505**	**829**	**1676**	**424471**	**195603**	**228868**
清城区	240	82	158	36956	15854	21102
清新区	478	136	342	76552	33542	43010
佛冈县	211	81	130	35602	15934	19668
阳山县	256	93	163	55205	26118	29087
连山壮族瑶族自治县	67	18	49	11648	5171	6477
连南瑶族自治县	216	100	116	18329	8270	10059
英德市	734	229	505	133354	62719	70635
连州市	303	90	213	56825	27995	28830
东莞市	**984**	**397**	**587**	**119420**	**56979**	**62441**
市辖区	984	397	587	119420	56979	62441
中山市	**564**	**181**	**383**	**106339**	**46454**	**59885**
市辖区	564	181	383	106339	46454	59885
潮州市	**2200**	**494**	**1706**	**223632**	**91020**	**132612**
湘桥区	79	22	57	17331	6694	10637
潮安区	622	181	441	105212	42812	62400
饶平县	1499	291	1208	101089	41514	59575
揭阳市	**6593**	**2146**	**4447**	**552276**	**236716**	**315560**
榕城区	426	133	293	44725	18169	26556
揭东区	862	318	544	92737	40925	51812
揭西县	1052	386	666	90715	39483	51232
惠来县	1675	348	1327	124061	51023	73038
普宁市	2578	961	1617	200038	87116	112922
云浮市	**1686**	**497**	**1189**	**237243**	**95797**	**141446**
云城区	104	34	70	21281	9083	12198
云安区	317	93	224	33212	13853	19359
新兴县	306	76	230	46539	18688	27851
郁南县	343	107	236	35870	14744	21126
罗定市	616	187	429	100341	39429	60912

4-4c　续表 6　　　　单位：人

地　区	初　中			高　中			大学专科		
	小计	男	女	小计	男	女	小计	男	女
广　东	**10825913**	**6125722**	**4700191**	**2573873**	**1645998**	**927875**	**671340**	**383517**	**287823**
广州市	**907783**	**514995**	**392788**	**334120**	**205004**	**129116**	**121714**	**65141**	**56573**
荔湾区									
越秀区									
海珠区									
天河区									
白云区	229299	130108	99191	107331	65707	41624	43054	22767	20287
黄埔区	30445	17526	12919	15224	9362	5862	6507	3529	2978
番禺区	88517	52008	36509	48056	29594	18462	18072	9904	8168
花都区	205746	117713	88033	52363	32117	20246	16957	9049	7908
南沙区	72033	42759	29274	31968	19959	12009	12473	6583	5890
从化区	142783	76706	66077	40596	24508	16088	11240	6042	5198
增城区	138960	78175	60785	38582	23757	14825	13411	7267	6144
韶关市	**408807**	**247684**	**161123**	**87393**	**58205**	**29188**	**23375**	**13451**	**9924**
武江区	19876	12007	7869	4665	2889	1776	1184	631	553
浈江区	19203	11300	7903	4413	2768	1645	1019	563	456
曲江区	39413	23711	15702	9746	6120	3626	1996	1106	890
始兴县	39906	23425	16481	9409	6256	3153	2459	1422	1037
仁化县	36093	22406	13687	7636	5174	2462	2374	1360	1014
翁源县	79788	45783	34005	13345	9047	4298	3528	2031	1497
乳源瑶族自治县	29952	18733	11219	5285	3400	1885	1519	816	703
新丰县	37230	21539	15691	7167	4926	2241	1701	994	707
乐昌市	54530	34467	20063	11770	7935	3835	3940	2312	1628
南雄市	52816	34313	18503	13957	9690	4267	3655	2216	1439
深圳市	**17893**	**11129**	**6764**	**7508**	**5215**	**2293**	**3254**	**2106**	**1148**
罗湖区									
福田区									
南山区									
宝安区									
龙岗区	17893	11129	6764	7508	5215	2293	3254	2106	1148
盐田区									
龙华区									
坪山区									
光明区									
珠海市	**78544**	**46178**	**32366**	**32733**	**20075**	**12658**	**7780**	**4253**	**3527**
香洲区	380	305	75	195	156	39	83	68	15
斗门区	71578	41889	29689	30072	18303	11769	7077	3805	3272
金湾区	6586	3984	2602	2466	1616	850	620	380	240
汕头市	**433803**	**236697**	**197106**	**116266**	**74428**	**41838**	**24073**	**13966**	**10107**
龙湖区	25734	14171	11563	10805	6466	4339	4307	2215	2092
金平区	2986	1574	1412	1916	1063	853	666	325	341
濠江区	15463	8551	6912	5545	3303	2242	1798	1134	664
潮阳区	184297	96893	87404	43836	29160	14676	7251	4642	2609
潮南区	126598	70420	56178	29801	18755	11046	4316	2543	1773
澄海区	75130	43005	32125	22967	14759	8208	5258	2837	2421
南澳县	3595	2083	1512	1396	922	474	477	270	207
佛山市	**167918**	**101795**	**66123**	**57790**	**35278**	**22512**	**17441**	**9357**	**8084**
禅城区									
南海区	49056	29548	19508	20281	12053	8228	8265	4267	3998
顺德区	16122	10139	5983	7953	4623	3330	1561	835	726
三水区	84372	51180	33192	23613	15168	8445	5879	3346	2533
高明区	18368	10928	7440	5943	3434	2509	1736	909	827

4-4c 续表 7 单位：人

地　区	初　中			高　中			大学专科		
	小计	男	女	小计	男	女	小计	男	女
江门市	**605201**	**332381**	**272820**	**179243**	**108938**	**70305**	**32608**	**17445**	**15163**
蓬江区	8602	4591	4011	3884	2271	1613	1141	593	548
江海区									
新会区	95636	55360	40276	44335	27322	17013	8172	4409	3763
台山市	187604	100247	87357	52853	32008	20845	7704	4217	3487
开平市	122347	66032	56315	38609	22416	16193	6716	3366	3350
鹤山市	79852	44867	34985	21351	13431	7920	5610	2996	2614
恩平市	111160	61284	49876	18211	11490	6721	3265	1864	1401
湛江市	**1226736**	**688575**	**538161**	**235839**	**154750**	**81089**	**62387**	**37958**	**24429**
赤坎区	2739	1373	1366	1177	660	517	249	131	118
霞山区	11150	5805	5345	3699	2146	1553	800	427	373
坡头区	63555	36190	27365	14780	9849	4931	3074	1864	1210
麻章区	94125	51483	42642	22846	14411	8435	4859	2884	1975
遂溪县	186021	102417	83604	36852	23347	13505	8606	5057	3549
徐闻县	119561	67870	51691	24436	16141	8295	8355	5188	3167
廉江市	314971	178214	136757	44600	29231	15369	11733	6864	4869
雷州市	257969	148273	109696	55288	37672	17616	15536	10063	5473
吴川市	176645	96950	79695	32161	21293	10868	9175	5480	3695
茂名市	**1084268**	**591152**	**493116**	**247055**	**161434**	**85621**	**57535**	**34029**	**23506**
茂南区	110788	60126	50662	26301	17123	9178	5957	3338	2619
电白区	242491	137276	105215	57422	36634	20788	14962	8661	6301
高州市	250303	137371	112932	63654	41397	22257	13894	8448	5446
化州市	303074	158651	144423	55952	37396	18556	12368	7427	4941
信宜市	177612	97728	79884	43726	28884	14842	10354	6155	4199
肇庆市	**737809**	**416941**	**320868**	**116004**	**75935**	**40069**	**22860**	**13134**	**9726**
端州区									
鼎湖区	19032	10663	8369	5479	3270	2209	1343	696	647
高要区	177749	98167	79582	29368	18408	10960	5733	3306	2427
广宁县	99336	56067	43269	12892	8729	4163	2529	1413	1116
怀集县	186891	106958	79933	22289	15131	7158	5362	3153	2209
封开县	82839	48528	34311	14540	10145	4395	2628	1622	1006
德庆县	91078	49928	41150	17180	11340	5840	2446	1368	1078
四会市	80884	46630	34254	14256	8912	5344	2819	1576	1243
惠州市	**615339**	**352300**	**263039**	**121883**	**76441**	**45442**	**36914**	**21488**	**15426**
惠城区	119973	68013	51960	30179	18768	11411	10242	5944	4298
惠阳区	109937	64426	45511	22005	13744	8261	7018	4081	2937
博罗县	189252	106084	83168	36697	22950	13747	9734	5641	4093
惠东县	131173	76163	55010	19316	12104	7212	6338	3800	2538
龙门县	65004	37614	27390	13686	8875	4811	3582	2022	1560
梅州市	**705132**	**377905**	**327227**	**168685**	**111342**	**57343**	**32559**	**19023**	**13536**
梅江区	15709	7958	7751	6001	3481	2520	1227	664	563
梅县区	114596	59176	55420	36275	23337	12938	5876	3325	2551
大埔县	69616	39502	30114	15344	10611	4733	2813	1646	1167
丰顺县	69308	39921	29387	16226	10566	5660	3536	2090	1446
五华县	189138	101499	87639	32265	21823	10442	7054	4166	2888
平远县	36012	20578	15434	9025	6523	2502	2469	1430	1039
蕉岭县	33956	18154	15802	12643	8047	4596	2209	1258	951
兴宁市	176797	91117	85680	40906	26954	13952	7375	4444	2931

4-4c 续表 8

单位：人

地 区	初 中			高 中			大学专科		
	小计	男	女	小计	男	女	小计	男	女
汕尾市	**285118**	**172187**	**112931**	**46730**	**32036**	**14694**	**13546**	**8717**	**4829**
城 区	28151	16463	11688	8571	5540	3031	2099	1374	725
海丰县	78852	46345	32507	13683	9262	4421	3551	2295	1256
陆河县	34053	18768	15285	5095	3238	1857	1969	1116	853
陆丰市	144062	90611	53451	19381	13996	5385	5927	3932	1995
河源市	**514444**	**289159**	**225285**	**98007**	**62593**	**35414**	**29719**	**17076**	**12643**
源城区	16839	9396	7443	3893	2474	1419	1137	652	485
紫金县	122520	68877	53643	18429	12136	6293	5606	3226	2380
龙川县	140476	77038	63438	30181	19390	10791	8983	5424	3559
连平县	59564	33868	25696	13136	8198	4938	4486	2461	2025
和平县	81150	46915	34235	13663	8633	5030	3802	2134	1668
东源县	93895	53065	40830	18705	11762	6943	5705	3179	2526
阳江市	**384375**	**220367**	**164008**	**90908**	**58124**	**32784**	**26830**	**16033**	**10797**
江城区	65505	36021	29484	21104	12787	8317	5895	3466	2429
阳东区	76439	42693	33746	24382	14913	9469	9108	5360	3748
阳西县	73911	43416	30495	15961	10303	5658	4622	2845	1777
阳春市	168520	98237	70283	29461	20121	9340	7205	4362	2843
清远市	**586070**	**344382**	**241688**	**107983**	**69612**	**38371**	**29828**	**16728**	**13100**
清城区	64061	38574	25487	11761	7543	4218	3819	2185	1634
清新区	119779	69097	50682	22557	14081	8476	5894	3317	2577
佛冈县	65749	37118	28631	14010	8986	5024	3554	1955	1599
阳山县	65398	40226	25172	8583	5719	2864	2404	1366	1038
连山壮族瑶族自治县	20208	11359	8849	4282	2814	1468	901	478	423
连南瑶族自治县	20873	11686	9187	3089	1925	1164	1019	548	471
英德市	163978	98020	65958	33581	21994	11587	9934	5607	4327
连州市	66024	38302	27722	10120	6550	3570	2303	1272	1031
东莞市	**306399**	**187625**	**118774**	**130642**	**84613**	**46029**	**44231**	**25580**	**18651**
市辖区	306399	187625	118774	130642	84613	46029	44231	25580	18651
中山市	**192853**	**112163**	**80690**	**84363**	**50368**	**33995**	**23013**	**12284**	**10729**
市辖区	192853	112163	80690	84363	50368	33995	23013	12284	10729
潮州市	**285167**	**169287**	**115880**	**64944**	**43545**	**21399**	**14990**	**8630**	**6360**
湘桥区	23495	13637	9858	5264	3483	1781	1164	625	539
潮安区	136429	78495	57934	32188	20989	11199	7253	4031	3222
饶平县	125243	77155	48088	27492	19073	8419	6573	3974	2599
揭阳市	**778072**	**432368**	**345704**	**164876**	**104519**	**60357**	**27060**	**15836**	**11224**
榕城区	56411	29936	26475	21007	13418	7589	4552	2623	1929
揭东区	129194	69209	59985	39788	23995	15793	6025	3408	2617
揭西县	152177	82483	69694	27259	16747	10512	4920	2661	2259
惠来县	126337	79688	46649	19261	14695	4566	3951	2683	1268
普宁市	313953	171052	142901	57561	35664	21897	7612	4461	3151
云浮市	**504182**	**280452**	**223730**	**80901**	**53543**	**27358**	**19623**	**11282**	**8341**
云城区	34834	20433	14401	6204	3974	2230	1560	850	710
云安区	58713	34158	24555	8573	5777	2796	1990	1139	851
新兴县	97621	53636	43985	18951	12082	6869	4555	2455	2100
郁南县	83644	46727	36917	13544	9396	4148	3004	1809	1195
罗定市	229370	125498	103872	33629	22314	11315	8514	5029	3485

4-4c 续表 9 单位：人

地 区	大学本科			硕士研究生			博士研究生		
	小计	男	女	小计	男	女	小计	男	女
广 东	**287303**	**160017**	**127286**	**12411**	**6840**	**5571**	**1895**	**1234**	**661**
广州市	**53738**	**27716**	**26022**	**2789**	**1388**	**1401**	**452**	**291**	**161**
荔湾区									
越秀区									
海珠区									
天河区									
白云区	21218	10745	10473	885	437	448	120	81	39
黄埔区	3050	1576	1474	115	68	47	16	13	3
番禺区	6500	3341	3159	578	300	278	165	104	61
花都区	7655	3929	3726	442	221	221	51	28	23
南沙区	5418	2929	2489	155	87	68	13	9	4
从化区	4121	2139	1982	405	165	240	51	31	20
增城区	5776	3057	2719	209	110	99	36	25	11
韶关市	**9284**	**5284**	**4000**	**365**	**231**	**134**	**53**	**27**	**26**
武江区	497	276	221	15	9	6	4		4
浈江区	449	244	205	17	11	6	2	1	1
曲江区	743	404	339	43	32	11	6	4	2
始兴县	868	474	394	31	20	11	2	2	
仁化县	1060	625	435	21	13	8	4	3	1
翁源县	1650	917	733	64	47	17	12	6	6
乳源瑶族自治县	550	293	257	48	36	12	2	1	1
新丰县	574	351	223	34	18	16	6	4	2
乐昌市	1794	1026	768	47	28	19	7	3	4
南雄市	1099	674	425	45	17	28	8	3	5
深圳市	**2515**	**1663**	**852**	**300**	**205**	**95**	**59**	**46**	**13**
罗湖区									
福田区									
南山区									
宝安区									
龙岗区	2515	1663	852	300	205	95	59	46	13
盐田区									
龙华区									
坪山区									
光明区									
珠海市	**2970**	**1605**	**1365**	**147**	**72**	**75**	**14**	**10**	**4**
香洲区	42	28	14	3	3				
斗门区	2673	1403	1270	137	63	74	13	9	4
金湾区	255	174	81	7	6	1	1	1	
汕头市	**8111**	**4554**	**3557**	**248**	**133**	**115**	**48**	**27**	**21**
龙湖区	1034	528	506	32	16	16	4	1	3
金平区	180	91	89	6	4	2	1	1	
濠江区	505	306	199	21	11	10	5	2	3
潮阳区	2058	1262	796	60	34	26	11	6	5
潮南区	2154	1266	888	56	26	30	5	2	3
澄海区	2095	1056	1039	67	38	29	20	13	7
南澳县	85	45	40	6	4	2	2	2	
佛山市	**6404**	**3381**	**3023**	**389**	**173**	**216**	**27**	**18**	**9**
禅城区									
南海区	2770	1418	1352	73	34	39	9	5	4
顺德区	653	354	299	23	14	9	1		1
三水区	2490	1354	1136	277	116	161	13	10	3
高明区	491	255	236	16	9	7	4	3	1

4-4c 续表 10

单位：人

地 区	大学本科			硕士研究生			博士研究生		
	小计	男	女	小计	男	女	小计	男	女
江门市	**13463**	**7353**	**6110**	**467**	**282**	**185**	**69**	**44**	**25**
蓬江区	360	176	184	10	6	4	2	1	1
江海区									
新会区	2423	1344	1079	111	72	39	19	11	8
台山市	3468	2097	1371	143	104	39	11	9	2
开平市	2796	1404	1392	79	38	41	17	12	5
鹤山市	2856	1485	1371	61	31	30	12	7	5
恩平市	1560	847	713	63	31	32	8	4	4
湛江市	**27661**	**15606**	**12055**	**1010**	**549**	**461**	**202**	**133**	**69**
赤坎区	98	53	45	5	2	3	1	1	
霞山区	335	167	168	15	9	6	2	2	
坡头区	1322	728	594	55	29	26	10	6	4
麻章区	2148	1203	945	101	49	52	25	15	10
遂溪县	4056	2241	1815	170	90	80	33	18	15
徐闻县	3343	1910	1433	88	52	36	19	11	8
廉江市	5429	2988	2441	223	111	112	46	34	12
雷州市	6372	3821	2551	221	130	91	42	30	12
吴川市	4558	2495	2063	132	77	55	24	16	8
茂名市	**27173**	**15420**	**11753**	**942**	**509**	**433**	**170**	**114**	**56**
茂南区	3034	1682	1352	207	107	100	47	37	10
电白区	5899	3210	2689	210	99	111	44	24	20
高州市	6661	4014	2647	172	110	62	24	13	11
化州市	7169	3991	3178	216	118	98	32	24	8
信宜市	4410	2523	1887	137	75	62	23	16	7
肇庆市	**8081**	**4728**	**3353**	**311**	**174**	**137**	**36**	**25**	**11**
端州区									
鼎湖区	396	203	193	45	22	23	1	1	
高要区	1867	1065	802	68	44	24	11	6	5
广宁县	949	551	398	37	20	17	5	4	1
怀集县	1828	1106	722	54	29	25	8	6	2
封开县	1020	645	375	31	21	10	4	3	1
德庆县	823	447	376	36	19	17	2	1	1
四会市	1198	711	487	40	19	21	5	4	1
惠州市	**18208**	**10424**	**7784**	**741**	**419**	**322**	**90**	**60**	**30**
惠城区	4995	2986	2009	251	148	103	25	15	10
惠阳区	3228	1753	1475	104	57	47	13	11	2
博罗县	5003	2745	2258	218	119	99	31	21	10
惠东县	3415	2064	1351	125	72	53	16	8	8
龙门县	1567	876	691	43	23	20	5	5	
梅州市	**14101**	**7990**	**6111**	**492**	**276**	**216**	**96**	**61**	**35**
梅江区	592	317	275	18	12	6	3	2	1
梅县区	2242	1258	984	62	32	30	27	16	11
大埔县	1504	847	657	71	41	30	15	9	6
丰顺县	1638	891	747	44	19	25	9	4	5
五华县	3239	1861	1378	133	75	58	19	12	7
平远县	1013	600	413	27	17	10	4	4	
蕉岭县	897	502	395	26	15	11	2	2	
兴宁市	2976	1714	1262	111	65	46	17	12	5

4-4c 续表 11

单位：人

地区	大学本科			硕士研究生			博士研究生		
	小计	男	女	小计	男	女	小计	男	女
汕尾市	**6551**	**4061**	**2490**	**313**	**177**	**136**	**52**	**36**	**16**
城　区	1043	663	380	75	51	24	8	7	1
海丰县	1812	1183	629	88	53	35	14	7	7
陆河县	825	444	381	21	11	10	4	3	1
陆丰市	2871	1771	1100	129	62	67	26	19	7
河源市	**12735**	**7050**	**5685**	**439**	**223**	**216**	**72**	**45**	**27**
源城区	393	184	209	15	7	8	3	3	
紫金县	2281	1297	984	74	42	32	14	8	6
龙川县	3899	2245	1654	113	57	56	19	14	5
连平县	2182	1168	1014	56	36	20	12	5	7
和平县	1314	701	613	51	18	33	9	5	4
东源县	2666	1455	1211	130	63	67	15	10	5
阳江市	**8622**	**5557**	**3065**	**364**	**227**	**137**	**46**	**26**	**20**
江城区	1818	1081	737	104	55	49	11	7	4
阳东区	2656	1884	772	105	75	30	12	4	8
阳西县	1611	1049	562	75	47	28	10	8	2
阳春市	2537	1543	994	80	50	30	13	7	6
清远市	**12972**	**7260**	**5712**	**656**	**385**	**271**	**96**	**64**	**32**
清城区	1907	1121	786	231	137	94	15	10	5
清新区	2490	1405	1085	108	64	44	31	22	9
佛冈县	1174	688	486	47	27	20	4	2	2
阳山县	925	534	391	41	24	17	7	4	3
连山壮族瑶族自治县	383	210	173	9	4	5	4	2	2
连南瑶族自治县	399	197	202	17	6	11	1		1
英德市	4835	2662	2173	158	97	61	29	22	7
连州市	859	443	416	45	26	19	5	2	3
东莞市	**20030**	**11177**	**8853**	**920**	**580**	**340**	**126**	**81**	**45**
市辖区	20030	11177	8853	920	580	340	126	81	45
中山市	**11582**	**6107**	**5475**	**656**	**343**	**313**	**55**	**39**	**16**
市辖区	11582	6107	5475	656	343	313	55	39	16
潮州市	**5341**	**2924**	**2417**	**185**	**100**	**85**	**28**	**20**	**8**
湘桥区	441	227	214	22	13	9	3	1	2
潮安区	2942	1534	1408	97	51	46	13	8	5
饶平县	1958	1163	795	66	36	30	12	11	1
揭阳市	**10007**	**5779**	**4228**	**361**	**219**	**142**	**58**	**37**	**21**
榕城区	1347	776	571	37	24	13	1	1	
揭东区	1780	995	785	54	33	21	10	9	1
揭西县	1840	940	900	79	45	34	11	6	5
惠来县	1602	1050	552	89	59	30	18	11	7
普宁市	3438	2018	1420	102	58	44	18	10	8
云浮市	**7754**	**4378**	**3376**	**316**	**175**	**141**	**46**	**30**	**16**
云城区	730	408	322	22	15	7	6	6	
云安区	824	454	370	57	27	30	4	3	1
新兴县	1495	846	649	67	37	30	8	5	3
郁南县	1133	663	470	55	37	18	7	2	5
罗定市	3572	2007	1565	115	59	56	21	14	7

4-5　全省分年龄、性别的15岁及以上文盲人口

单位：人、%

年龄	15岁及以上人口			文盲人口			文盲人口占15岁及以上人口比重		
	合计	男	女	合计	男	女	合计	男	女
总　计	**102262628**	**54125030**	**48137598**	**1825257**	**393622**	**1431635**	**1.78**	**0.73**	**2.97**
15-19岁	**6335235**	**3556607**	**2778628**	**14513**	**8394**	**6119**	**0.23**	**0.24**	**0.22**
15	1187362	648420	538942	4279	2357	1922	0.36	0.36	0.36
16	1255507	696989	558518	2956	1735	1221	0.24	0.25	0.22
17	1226088	691944	534144	2404	1420	984	0.20	0.21	0.18
18	1266982	723245	543737	2497	1465	1032	0.20	0.20	0.19
19	1399296	796009	603287	2377	1417	960	0.17	0.18	0.16
20-24岁	**9399562**	**5260488**	**4139074**	**14998**	**8891**	**6107**	**0.16**	**0.17**	**0.15**
20	1523315	866469	656846	2896	1705	1191	0.19	0.20	0.18
21	1645504	928081	717423	2756	1651	1105	0.17	0.18	0.15
22	1939866	1092134	847732	2989	1779	1210	0.15	0.16	0.14
23	2067806	1150223	917583	3075	1810	1265	0.15	0.16	0.14
24	2223071	1223581	999490	3282	1946	1336	0.15	0.16	0.13
25-29岁	**11901905**	**6549206**	**5352699**	**17700**	**10113**	**7587**	**0.15**	**0.15**	**0.14**
25	2345827	1290622	1055205	3450	2013	1437	0.15	0.16	0.14
26	2268422	1244950	1023472	3445	2028	1417	0.15	0.16	0.14
27	2401959	1319212	1082747	3626	2090	1536	0.15	0.16	0.14
28	2428549	1340695	1087854	3548	1980	1568	0.15	0.15	0.14
29	2457148	1353727	1103421	3631	2002	1629	0.15	0.15	0.15
30-34岁	**13183618**	**7173902**	**6009716**	**20750**	**10721**	**10029**	**0.16**	**0.15**	**0.17**
30	2827235	1551394	1275841	4156	2321	1835	0.15	0.15	0.14
31	2693251	1470989	1222262	4022	2122	1900	0.15	0.14	0.16
32	2508167	1363953	1144214	3909	2059	1850	0.16	0.15	0.16
33	2691253	1459971	1231282	4458	2228	2230	0.17	0.15	0.18
34	2463712	1327595	1136117	4205	1991	2214	0.17	0.15	0.19
35-39岁	**11079219**	**5950175**	**5129044**	**23664**	**10155**	**13509**	**0.21**	**0.17**	**0.26**
35	2247395	1209158	1038237	4186	1910	2276	0.19	0.16	0.22
36	2279256	1224382	1054874	4504	1996	2508	0.20	0.16	0.24
37	2152573	1158484	994089	4455	1983	2472	0.21	0.17	0.25
38	2286974	1229744	1057230	5112	2102	3010	0.22	0.17	0.28
39	2113021	1128407	984614	5407	2164	3243	0.26	0.19	0.33
40-44岁	**9023058**	**4785408**	**4237650**	**35740**	**11209**	**24531**	**0.40**	**0.23**	**0.58**
40	1888522	1007001	881521	5673	2024	3649	0.30	0.20	0.41
41	2007610	1069880	937730	6880	2351	4529	0.34	0.22	0.48
42	1770595	939638	830957	7031	2153	4878	0.40	0.23	0.59
43	1599341	845519	753822	7315	2171	5144	0.46	0.26	0.68
44	1756990	923370	833620	8841	2510	6331	0.50	0.27	0.76

4-5 续表

单位：人、%

年 龄	15岁及以上人口			文盲人口			文盲人口占15岁及以上人口比重		
	合计	男	女	合计	男	女	合计	男	女
45—49岁	**9820206**	**5096764**	**4723442**	**70831**	**17867**	**52964**	**0.72**	**0.35**	**1.12**
45	1809144	944434	864710	10185	2756	7429	0.56	0.29	0.86
46	2027292	1051162	976130	12604	3270	9334	0.62	0.31	0.96
47	2036634	1055517	981117	14211	3612	10599	0.70	0.34	1.08
48	1969512	1021433	948079	15865	3886	11979	0.81	0.38	1.26
49	1977624	1024218	953406	17966	4343	13623	0.91	0.42	1.43
50—54岁	**8966587**	**4653924**	**4312663**	**123169**	**29408**	**93761**	**1.37**	**0.63**	**2.17**
50	2003186	1033423	969763	21213	4991	16222	1.06	0.48	1.67
51	1840536	955329	885207	22896	5628	17268	1.24	0.59	1.95
52	1933035	1003094	929941	27002	6405	20597	1.40	0.64	2.21
53	1547730	803799	743931	24504	5821	18683	1.58	0.72	2.51
54	1642100	858279	783821	27554	6563	20991	1.68	0.76	2.68
55—59岁	**6988172**	**3605405**	**3382767**	**137198**	**29065**	**108133**	**1.96**	**0.81**	**3.20**
55	1634284	851887	782397	28575	6567	22008	1.75	0.77	2.81
56	1514762	782099	732663	26931	5816	21115	1.78	0.74	2.88
57	1653043	859004	794039	31060	6730	24330	1.88	0.78	3.06
58	1409359	724062	685297	30074	6158	23916	2.13	0.85	3.49
59	776724	388353	388371	20558	3794	16764	2.65	0.98	4.32
60—64岁	**4752066**	**2393321**	**2358745**	**183991**	**36119**	**147872**	**3.87**	**1.51**	**6.27**
60	786599	393237	393362	23840	4611	19229	3.03	1.17	4.89
61	878774	448217	430557	30983	6332	24651	3.53	1.41	5.73
62	1041697	526392	515305	40331	8014	32317	3.87	1.52	6.27
63	1100879	557998	542881	45802	9027	36775	4.16	1.62	6.77
64	944117	467477	476640	43035	8135	34900	4.56	1.74	7.32
65—69岁	**4144845**	**2028352**	**2116493**	**227227**	**42267**	**184960**	**5.48**	**2.08**	**8.74**
65	956714	474527	482187	45825	8523	37302	4.79	1.80	7.74
66	926940	453234	473706	47397	8720	38677	5.11	1.92	8.16
67	823046	400169	422877	45989	8597	37392	5.59	2.15	8.84
68	771150	374704	396446	45707	8521	37186	5.93	2.27	9.38
69	666995	325718	341277	42309	7906	34403	6.34	2.43	10.08
70—74岁	**2653440**	**1313194**	**1340246**	**210746**	**44590**	**166156**	**7.94**	**3.40**	**12.40**
70	650866	322254	328612	44647	9089	35558	6.86	2.82	10.82
71	615586	308891	306695	45079	9847	35232	7.32	3.19	11.49
72	512119	251791	260328	41971	9112	32859	8.20	3.62	12.62
73	460045	226550	233495	39939	8624	31315	8.68	3.81	13.41
74	414824	203708	211116	39110	7918	31192	9.43	3.89	14.77
75—79岁	**1688428**	**803478**	**884950**	**205876**	**39994**	**165882**	**12.19**	**4.98**	**18.74**
75	396656	193348	203308	41523	8347	33176	10.47	4.32	16.32
76	359402	173234	186168	40425	7842	32583	11.25	4.53	17.50
77	322325	153454	168871	39876	7878	31998	12.37	5.13	18.95
78	310610	145593	165017	40616	7748	32868	13.08	5.32	19.92
79	299435	137849	161586	43436	8179	35257	14.51	5.93	21.82
80—84岁	**1238268**	**550340**	**687928**	**230729**	**44117**	**186612**	**18.63**	**8.02**	**27.13**
80	281763	129622	152141	44763	8608	36155	15.89	6.64	23.76
81	251856	114058	137798	44866	9000	35866	17.81	7.89	26.03
82	255512	114658	140854	48312	9495	38817	18.91	8.28	27.56
83	232596	101249	131347	46611	8641	37970	20.04	8.53	28.91
84	216541	90753	125788	46177	8373	37804	21.32	9.23	30.05
85岁及以上	**1088019**	**404466**	**683553**	**308125**	**50712**	**257413**	**28.32**	**12.54**	**37.66**

4–5a 全省分年龄、性别的15岁及以上文盲人口(城市)

单位：人、%

年龄	15岁及以上人口			文盲人口			文盲人口占15岁及以上人口比重		
	合计	男	女	合计	男	女	合计	男	女
总　计	**64062941**	**34158366**	**29904575**	**573435**	**127171**	**446264**	**0.90**	**0.37**	**1.49**
15–19岁	**3944352**	**2224885**	**1719467**	**6238**	**3631**	**2607**	**0.16**	**0.16**	**0.15**
15	649949	356262	293687	1840	1040	800	0.28	0.29	0.27
16	775324	433073	342251	1283	766	517	0.17	0.18	0.15
17	790030	449234	340796	1031	607	424	0.13	0.14	0.12
18	808856	464358	344498	1082	618	464	0.13	0.13	0.13
19	920193	521958	398235	1002	600	402	0.11	0.11	0.10
20–24岁	**6419491**	**3575182**	**2844309**	**6047**	**3556**	**2491**	**0.09**	**0.10**	**0.09**
20	1038533	586186	452347	1273	725	548	0.12	0.12	0.12
21	1123311	629844	493467	1174	678	496	0.10	0.11	0.10
22	1324288	742287	582001	1209	706	503	0.09	0.10	0.09
23	1415080	784153	630927	1194	702	492	0.08	0.09	0.08
24	1518279	832712	685567	1197	745	452	0.08	0.09	0.07
25–29岁	**8141872**	**4485031**	**3656841**	**6318**	**3682**	**2636**	**0.08**	**0.08**	**0.07**
25	1601774	879498	722276	1272	737	535	0.08	0.08	0.07
26	1548310	848835	699475	1220	731	489	0.08	0.09	0.07
27	1638797	901192	737605	1251	766	485	0.08	0.08	0.07
28	1659257	918098	741159	1263	718	545	0.08	0.08	0.07
29	1693734	937408	756326	1312	730	582	0.08	0.08	0.08
30–34岁	**9269864**	**5071621**	**4198243**	**7736**	**4103**	**3633**	**0.08**	**0.08**	**0.09**
30	1976163	1090032	886131	1494	870	624	0.08	0.08	0.07
31	1896613	1041666	854947	1521	805	716	0.08	0.08	0.08
32	1771931	968625	803306	1508	836	672	0.09	0.09	0.08
33	1897935	1036140	861795	1688	850	838	0.09	0.08	0.10
34	1727222	935158	792064	1525	742	783	0.09	0.08	0.10
35–39岁	**7614793**	**4106133**	**3508660**	**8809**	**3765**	**5044**	**0.12**	**0.09**	**0.14**
35	1564652	845799	718853	1566	720	846	0.10	0.09	0.12
36	1569300	846476	722824	1689	741	948	0.11	0.09	0.13
37	1478382	798125	680257	1593	729	864	0.11	0.09	0.13
38	1575596	850340	725256	1944	791	1153	0.12	0.09	0.16
39	1426863	765393	661470	2017	784	1233	0.14	0.10	0.19
40–44岁	**6086271**	**3250003**	**2836268**	**14278**	**4434**	**9844**	**0.23**	**0.14**	**0.35**
40	1279442	686599	592843	2181	774	1407	0.17	0.11	0.24
41	1358972	728060	630912	2644	930	1714	0.19	0.13	0.27
42	1194846	638198	556648	2785	828	1957	0.23	0.13	0.35
43	1079826	574784	505042	2997	876	2121	0.28	0.15	0.42
44	1173185	622362	550823	3671	1026	2645	0.31	0.16	0.48

4-5a 续表 单位：人、%

年 龄	15岁及以上人口			文盲人口			文盲人口占15岁及以上人口比重		
	合计	男	女	合计	男	女	合计	男	女
45-49岁	**6295412**	**3314638**	**2980774**	**28750**	**7344**	**21406**	**0.46**	**0.22**	**0.72**
45	1198629	632559	566070	4170	1133	3037	0.35	0.18	0.54
46	1320815	694311	626504	5219	1350	3869	0.40	0.19	0.62
47	1308130	687910	620220	5704	1455	4249	0.44	0.21	0.69
48	1248565	657623	590942	6525	1617	4908	0.52	0.25	0.83
49	1219273	642235	577038	7132	1789	5343	0.58	0.28	0.93
50-54岁	**5209093**	**2740843**	**2468250**	**48415**	**12123**	**36292**	**0.93**	**0.44**	**1.47**
50	1216505	638939	577566	8416	2089	6327	0.69	0.33	1.10
51	1095912	576945	518967	9186	2420	6766	0.84	0.42	1.30
52	1129517	594552	534965	10739	2664	8075	0.95	0.45	1.51
53	862557	453426	409131	9443	2336	7107	1.09	0.52	1.74
54	904602	476981	427621	10631	2614	8017	1.18	0.55	1.87
55-59岁	**3775337**	**1938767**	**1836570**	**50531**	**10871**	**39660**	**1.34**	**0.56**	**2.16**
55	890529	465951	424578	10853	2588	8265	1.22	0.56	1.95
56	831392	429759	401633	10079	2231	7848	1.21	0.52	1.95
57	908457	468030	440427	11634	2484	9150	1.28	0.53	2.08
58	742889	376969	365920	10842	2237	8605	1.46	0.59	2.35
59	402070	198058	204012	7123	1331	5792	1.77	0.67	2.84
60-64岁	**2399126**	**1176107**	**1223019**	**67794**	**12934**	**54860**	**2.83**	**1.10**	**4.49**
60	423229	208263	214966	8688	1664	7024	2.05	0.80	3.27
61	441002	218578	222424	11386	2202	9184	2.58	1.01	4.13
62	519878	255924	263954	14768	2844	11924	2.84	1.11	4.52
63	546165	267644	278521	17224	3348	13876	3.15	1.25	4.98
64	468852	225698	243154	15728	2876	12852	3.35	1.27	5.29
65-69岁	**2012454**	**952748**	**1059706**	**76672**	**13954**	**62718**	**3.81**	**1.46**	**5.92**
65	470629	225723	244906	16479	2931	13548	3.50	1.30	5.53
66	457468	216591	240877	16504	2950	13554	3.61	1.36	5.63
67	396705	186508	210197	15382	2784	12598	3.88	1.49	5.99
68	370783	174204	196579	14924	2801	12123	4.02	1.61	6.17
69	316869	149722	167147	13383	2488	10895	4.22	1.66	6.52
70-74岁	**1243897**	**596099**	**647798**	**59803**	**12757**	**47046**	**4.81**	**2.14**	**7.26**
70	307142	147824	159318	13354	2775	10579	4.35	1.88	6.64
71	292633	141270	151363	13473	3024	10449	4.60	2.14	6.90
72	240153	113852	126301	11897	2624	9273	4.95	2.30	7.34
73	215723	102655	113068	10988	2315	8673	5.09	2.26	7.67
74	188246	90498	97748	10091	2019	8072	5.36	2.23	8.26
75-79岁	**713048**	**331010**	**382038**	**50672**	**9612**	**41060**	**7.11**	**2.90**	**10.75**
75	170503	81139	89364	10249	2049	8200	6.01	2.53	9.18
76	155180	73020	82160	10171	1972	8199	6.55	2.70	9.98
77	134672	62250	72422	9750	1868	7882	7.24	3.00	10.88
78	129699	59171	70528	9785	1787	7998	7.54	3.02	11.34
79	122994	55430	67564	10717	1936	8781	8.71	3.49	13.00
80-84岁	**518729**	**231106**	**287623**	**59249**	**11136**	**48113**	**11.42**	**4.82**	**16.73**
80	118507	54139	64368	11198	2060	9138	9.45	3.81	14.20
81	106324	47800	58524	11585	2315	9270	10.90	4.84	15.84
82	107448	48003	59445	12456	2379	10077	11.59	4.96	16.95
83	96918	42933	53985	11986	2197	9789	12.37	5.12	18.13
84	89532	38231	51301	12024	2185	9839	13.43	5.72	19.18
85岁及以上	**419202**	**164193**	**255009**	**82123**	**13269**	**68854**	**19.59**	**8.08**	**27.00**

4-5b 全省分年龄、性别的15岁及以上文盲人口(镇)

单位：人、%

年 龄	15岁及以上人口			文盲人口			文盲人口占15岁及以上人口比重		
	合计	男	女	合计	男	女	合计	男	女
总 计	**13210061**	**6838544**	**6371517**	**299165**	**66215**	**232950**	**2.26**	**0.97**	**3.66**
15-19岁	**960089**	**524051**	**436038**	**2288**	**1286**	**1002**	**0.24**	**0.25**	**0.23**
15	201882	108089	93793	743	404	339	0.37	0.37	0.36
16	207955	111267	96688	456	249	207	0.22	0.22	0.21
17	192093	103602	88491	361	198	163	0.19	0.19	0.18
18	181047	100777	80270	385	226	159	0.21	0.22	0.20
19	177112	100316	76796	343	209	134	0.19	0.21	0.17
20-24岁	**1020023**	**569221**	**450802**	**2018**	**1206**	**812**	**0.20**	**0.21**	**0.18**
20	177521	101020	76501	392	241	151	0.22	0.24	0.20
21	182590	102939	79651	385	225	160	0.21	0.22	0.20
22	208155	116937	91218	367	208	159	0.18	0.18	0.17
23	217686	120447	97239	427	265	162	0.20	0.22	0.17
24	234071	127878	106193	447	267	180	0.19	0.21	0.17
25-29岁	**1293038**	**693632**	**599406**	**2358**	**1341**	**1017**	**0.18**	**0.19**	**0.17**
25	248742	135263	113479	463	268	195	0.19	0.20	0.17
26	245299	131982	113317	434	256	178	0.18	0.19	0.16
27	261474	139783	121691	497	272	225	0.19	0.19	0.18
28	266334	142763	123571	468	278	190	0.18	0.19	0.15
29	271189	143841	127348	496	267	229	0.18	0.19	0.18
30-34岁	**1460918**	**761631**	**699287**	**2697**	**1420**	**1277**	**0.18**	**0.19**	**0.18**
30	307311	161402	145909	530	307	223	0.17	0.19	0.15
31	294828	154119	140709	555	288	267	0.19	0.19	0.19
32	276932	144374	132558	514	271	243	0.19	0.19	0.18
33	300302	155735	144567	537	290	247	0.18	0.19	0.17
34	281545	146001	135544	561	264	297	0.20	0.18	0.22
35-39岁	**1347938**	**698376**	**649562**	**3132**	**1379**	**1753**	**0.23**	**0.20**	**0.27**
35	262279	135822	126457	541	256	285	0.21	0.19	0.23
36	273955	141767	132188	615	280	335	0.22	0.20	0.25
37	262419	135907	126512	613	279	334	0.23	0.21	0.26
38	282274	146921	135353	645	288	357	0.23	0.20	0.26
39	267011	137959	129052	718	276	442	0.27	0.20	0.34
40-44岁	**1143091**	**591569**	**551522**	**4768**	**1482**	**3286**	**0.42**	**0.25**	**0.60**
40	237527	122099	115428	724	254	470	0.30	0.21	0.41
41	255380	132584	122796	926	305	621	0.36	0.23	0.51
42	224750	116521	108229	925	290	635	0.41	0.25	0.59
43	201433	104434	96999	1002	284	718	0.50	0.27	0.74
44	224001	115931	108070	1191	349	842	0.53	0.30	0.78

4－5b 续表 单位：人、%

年龄	15岁及以上人口			文盲人口			文盲人口占15岁及以上人口比重		
	合计	男	女	合计	男	女	合计	男	女
45－49岁	**1299379**	**662825**	**636554**	**9907**	**2527**	**7380**	**0.76**	**0.38**	**1.16**
45	231927	119162	112765	1391	401	990	0.60	0.34	0.88
46	264697	135001	129696	1759	460	1299	0.66	0.34	1.00
47	270210	137373	132837	1988	523	1465	0.74	0.38	1.10
48	263942	134389	129553	2221	557	1664	0.84	0.41	1.28
49	268603	136900	131703	2548	586	1962	0.95	0.43	1.49
50－54岁	**1262669**	**646711**	**615958**	**18442**	**4316**	**14126**	**1.46**	**0.67**	**2.29**
50	273568	138866	134702	3017	697	2320	1.10	0.50	1.72
51	254607	130579	124028	3394	803	2591	1.33	0.61	2.09
52	270836	138677	132159	4046	952	3094	1.49	0.69	2.34
53	224566	115075	109491	3700	819	2881	1.65	0.71	2.63
54	239092	123514	115578	4285	1045	3240	1.79	0.85	2.80
55－59岁	**1031744**	**528256**	**503488**	**21901**	**4551**	**17350**	**2.12**	**0.86**	**3.45**
55	240912	124195	116717	4401	991	3410	1.83	0.80	2.92
56	222158	113596	108562	4247	892	3355	1.91	0.79	3.09
57	239732	123742	115990	4956	1061	3895	2.07	0.86	3.36
58	212006	108328	103678	4967	1000	3967	2.34	0.92	3.83
59	116936	58395	58541	3330	607	2723	2.85	1.04	4.65
60－64岁	**722885**	**364557**	**358328**	**30667**	**6165**	**24502**	**4.24**	**1.69**	**6.84**
60	113961	56867	57094	3751	698	3053	3.29	1.23	5.35
61	136222	69564	66658	5161	1116	4045	3.79	1.60	6.07
62	160317	81088	79229	6862	1425	5437	4.28	1.76	6.86
63	168537	85587	82950	7702	1541	6161	4.57	1.80	7.43
64	143848	71451	72397	7191	1385	5806	5.00	1.94	8.02
65－69岁	**632342**	**310127**	**322215**	**39219**	**7619**	**31600**	**6.20**	**2.46**	**9.81**
65	145976	72345	73631	7976	1575	6401	5.46	2.18	8.69
66	140255	68972	71283	8021	1567	6454	5.72	2.27	9.05
67	125478	61125	64353	7879	1519	6360	6.28	2.49	9.88
68	118044	57350	60694	8013	1528	6485	6.79	2.66	10.68
69	102589	50335	52254	7330	1430	5900	7.15	2.84	11.29
70－74岁	**407803**	**205690**	**202113**	**37293**	**8394**	**28899**	**9.14**	**4.08**	**14.30**
70	100294	50050	50244	7817	1654	6163	7.79	3.30	12.27
71	93688	47916	45772	7977	1805	6172	8.51	3.77	13.48
72	78952	39782	39170	7588	1747	5841	9.61	4.39	14.91
73	70181	35334	34847	6993	1661	5332	9.96	4.70	15.30
74	64688	32608	32080	6918	1527	5391	10.69	4.68	16.80
75－79岁	**264633**	**128993**	**135640**	**34980**	**7241**	**27739**	**13.22**	**5.61**	**20.45**
75	62921	31181	31740	7367	1601	5766	11.71	5.13	18.17
76	55866	27659	28207	6912	1416	5496	12.37	5.12	19.48
77	50709	24880	25829	6678	1382	5296	13.17	5.55	20.50
78	48584	23370	25214	6820	1389	5431	14.04	5.94	21.54
79	46553	21903	24650	7203	1453	5750	15.47	6.63	23.33
80－84岁	**192639**	**87209**	**105430**	**38964**	**8087**	**30877**	**20.23**	**9.27**	**29.29**
80	43651	20524	23127	7443	1568	5875	17.05	7.64	25.40
81	39161	18208	20953	7584	1665	5919	19.37	9.14	28.25
82	39840	18138	21702	8269	1763	6506	20.76	9.72	29.98
83	36306	16070	20236	7865	1586	6279	21.66	9.87	31.03
84	33681	14269	19412	7803	1505	6298	23.17	10.55	32.44
85岁及以上	**170870**	**65696**	**105174**	**50531**	**9201**	**41330**	**29.57**	**14.01**	**39.30**

4-5c　全省分年龄、性别的15岁及以上文盲人口(乡村)

单位：人、%

年　龄	15岁及以上人口			文盲人口			文盲人口占15岁及以上人口比重		
	合计	男	女	合计	男	女	合计	男	女
总　计	**24989626**	**13128120**	**11861506**	**952657**	**200236**	**752421**	**3.81**	**1.53**	**6.34**
15-19岁	**1430794**	**807671**	**623123**	**5987**	**3477**	**2510**	**0.42**	**0.43**	**0.40**
15	335531	184069	151462	1696	913	783	0.51	0.50	0.52
16	272228	152649	119579	1217	720	497	0.45	0.47	0.42
17	243965	139108	104857	1012	615	397	0.41	0.44	0.38
18	277079	158110	118969	1030	621	409	0.37	0.39	0.34
19	301991	173735	128256	1032	608	424	0.34	0.35	0.33
20-24岁	**1960048**	**1116085**	**843963**	**6933**	**4129**	**2804**	**0.35**	**0.37**	**0.33**
20	307261	179263	127998	1231	739	492	0.40	0.41	0.38
21	339603	195298	144305	1197	748	449	0.35	0.38	0.31
22	407423	232910	174513	1413	865	548	0.35	0.37	0.31
23	435040	245623	189417	1454	843	611	0.33	0.34	0.32
24	470721	262991	207730	1638	934	704	0.35	0.36	0.34
25-29岁	**2466995**	**1370543**	**1096452**	**9024**	**5090**	**3934**	**0.37**	**0.37**	**0.36**
25	495311	275861	219450	1715	1008	707	0.35	0.37	0.32
26	474813	264133	210680	1791	1041	750	0.38	0.39	0.36
27	501688	278237	223451	1878	1052	826	0.37	0.38	0.37
28	502958	279834	223124	1817	984	833	0.36	0.35	0.37
29	492225	272478	219747	1823	1005	818	0.37	0.37	0.37
30-34岁	**2452836**	**1340650**	**1112186**	**10317**	**5198**	**5119**	**0.42**	**0.39**	**0.46**
30	543761	299960	243801	2132	1144	988	0.39	0.38	0.41
31	501810	275204	226606	1946	1029	917	0.39	0.37	0.40
32	459304	250954	208350	1887	952	935	0.41	0.38	0.45
33	493016	268096	224920	2233	1088	1145	0.45	0.41	0.51
34	454945	246436	208509	2119	985	1134	0.47	0.40	0.54
35-39岁	**2116488**	**1145666**	**970822**	**11723**	**5011**	**6712**	**0.55**	**0.44**	**0.69**
35	420464	227537	192927	2079	934	1145	0.49	0.41	0.59
36	436001	236139	199862	2200	975	1225	0.50	0.41	0.61
37	411772	224452	187320	2249	975	1274	0.55	0.43	0.68
38	429104	232483	196621	2523	1023	1500	0.59	0.44	0.76
39	419147	225055	194092	2672	1104	1568	0.64	0.49	0.81
40-44岁	**1793696**	**943836**	**849860**	**16694**	**5293**	**11401**	**0.93**	**0.56**	**1.34**
40	371553	198303	173250	2768	996	1772	0.74	0.50	1.02
41	393258	209236	184022	3310	1116	2194	0.84	0.53	1.19
42	350999	184919	166080	3321	1035	2286	0.95	0.56	1.38
43	318082	166301	151781	3316	1011	2305	1.04	0.61	1.52
44	359804	185077	174727	3979	1135	2844	1.11	0.61	1.63

4-5c 续表

单位：人、%

年 龄	15岁及以上人口			文盲人口			文盲人口占15岁及以上人口比重		
	合计	男	女	合计	男	女	合计	男	女
45-49岁	**2225415**	**1119301**	**1106114**	**32174**	**7996**	**24178**	**1.45**	**0.71**	**2.19**
45	378588	192713	185875	4624	1222	3402	1.22	0.63	1.83
46	441780	221850	219930	5626	1460	4166	1.27	0.66	1.89
47	458294	230234	228060	6519	1634	4885	1.42	0.71	2.14
48	457005	229421	227584	7119	1712	5407	1.56	0.75	2.38
49	489748	245083	244665	8286	1968	6318	1.69	0.80	2.58
50-54岁	**2494825**	**1266370**	**1228455**	**56312**	**12969**	**43343**	**2.26**	**1.02**	**3.53**
50	513113	255618	257495	9780	2205	7575	1.91	0.86	2.94
51	490017	247805	242212	10316	2405	7911	2.11	0.97	3.27
52	532682	269865	262817	12217	2789	9428	2.29	1.03	3.59
53	460607	235298	225309	11361	2666	8695	2.47	1.13	3.86
54	498406	257784	240622	12638	2904	9734	2.54	1.13	4.05
55-59岁	**2181091**	**1138382**	**1042709**	**64766**	**13643**	**51123**	**2.97**	**1.20**	**4.90**
55	502843	261741	241102	13321	2988	10333	2.65	1.14	4.29
56	461212	238744	222468	12605	2693	9912	2.73	1.13	4.46
57	504854	267232	237622	14470	3185	11285	2.87	1.19	4.75
58	454464	238765	215699	14265	2921	11344	3.14	1.22	5.26
59	257718	131900	125818	10105	1856	8249	3.92	1.41	6.56
60-64岁	**1630055**	**852657**	**777398**	**85530**	**17020**	**68510**	**5.25**	**2.00**	**8.81**
60	249409	128107	121302	11401	2249	9152	4.57	1.76	7.54
61	301550	160075	141475	14436	3014	11422	4.79	1.88	8.07
62	361502	189380	172122	18701	3745	14956	5.17	1.98	8.69
63	386177	204767	181410	20876	4138	16738	5.41	2.02	9.23
64	331417	170328	161089	20116	3874	16242	6.07	2.27	10.08
65-69岁	**1500049**	**765477**	**734572**	**111336**	**20694**	**90642**	**7.42**	**2.70**	**12.34**
65	340109	176459	163650	21370	4017	17353	6.28	2.28	10.60
66	329217	167671	161546	22872	4203	18669	6.95	2.51	11.56
67	300863	152536	148327	22728	4294	18434	7.55	2.82	12.43
68	282323	143150	139173	22770	4192	18578	8.07	2.93	13.35
69	247537	125661	121876	21596	3988	17608	8.72	3.17	14.45
70-74岁	**1001740**	**511405**	**490335**	**113650**	**23439**	**90211**	**11.35**	**4.58**	**18.40**
70	243430	124380	119050	23476	4660	18816	9.64	3.75	15.81
71	229265	119705	109560	23629	5018	18611	10.31	4.19	16.99
72	193014	98157	94857	22486	4741	17745	11.65	4.83	18.71
73	174141	88561	85580	21958	4648	17310	12.61	5.25	20.23
74	161890	80602	81288	22101	4372	17729	13.65	5.42	21.81
75-79岁	**710747**	**343475**	**367272**	**120224**	**23141**	**97083**	**16.92**	**6.74**	**26.43**
75	163232	81028	82204	23907	4697	19210	14.65	5.80	23.37
76	148356	72555	75801	23342	4454	18888	15.73	6.14	24.92
77	136944	66324	70620	23448	4628	18820	17.12	6.98	26.65
78	132327	63052	69275	24011	4572	19439	18.15	7.25	28.06
79	129888	60516	69372	25516	4790	20726	19.64	7.92	29.88
80-84岁	**526900**	**232025**	**294875**	**132516**	**24894**	**107622**	**25.15**	**10.73**	**36.50**
80	119605	54959	64646	26122	4980	21142	21.84	9.06	32.70
81	106371	48050	58321	25697	5020	20677	24.16	10.45	35.45
82	108224	48517	59707	27587	5353	22234	25.49	11.03	37.24
83	99372	42246	57126	26760	4858	21902	26.93	11.50	38.34
84	93328	38253	55075	26350	4683	21667	28.23	12.24	39.34
85岁及以上	**497947**	**174577**	**323370**	**175471**	**28242**	**147229**	**35.24**	**16.18**	**45.53**